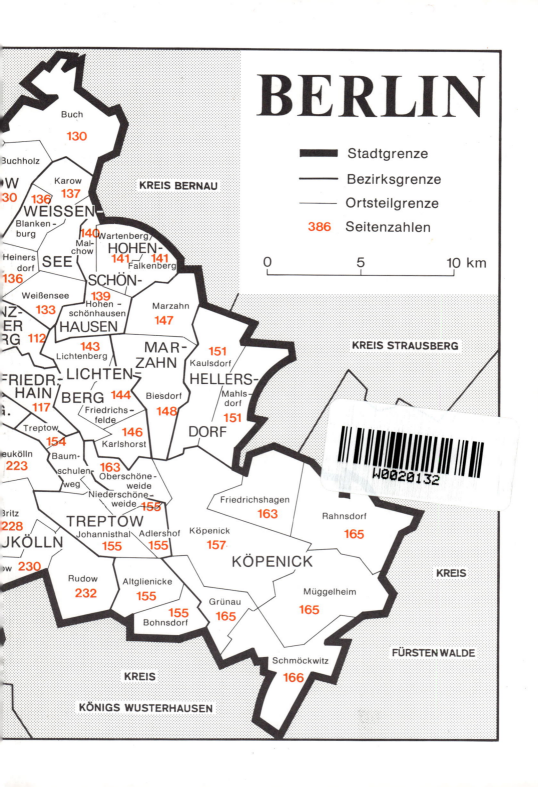

Kunstführer Berlin

Kunstführer Berlin

Von Eva und Helmut Börsch-Supan,
Günther Kühne, Hella Reelfs

Mit 247 Fotos, Rissen,
Plänen und Übersichtskarten
sowie 34 Farbabbildungen

Vierte, neu bearbeitete und erweiterte Auflage

Philipp Reclam jun. Stuttgart

Die vorliegende vierte Auflage führt die erstmals 1977 und
in dritter Auflage 1980 in Reclams Universal-Bibliothek
erschienene Ausgabe von *Reclams Kunstführer Deutschland 7:
Berlin. Kunstdenkmäler und Museen,* verändert fort.

Alle Rechte vorbehalten
© 1977, 1991 Philipp Reclam jun. GmbH & Co., Stuttgart
Einbandentwurf: Reichert Buchgestaltung Stuttgart, unter Verwendung eines Fotos
(Quadriga des Brandenburger Tores) von Erhard Pansegrau, Berlin
Satz: Setzerei Lihs, Ludwigsburg
Druck und buchbinderische Verarbeitung:
Wilhelm Röck, Weinsberg
Printed in Germany 1991
RECLAM ist ein eingetragenes Warenzeichen
der Philipp Reclam jun. GmbH & Co., Stuttgart
ISBN 3-15-010366-5

VORWORT ZUR 1. AUFLAGE

Der älteste ausführliche Kunstführer Berlins ist Friedrich Nicolais 1769 in der ersten und 1786, im Todesjahr Friedrichs d. Gr., in der erweiterten dritten Auflage erschienene »Beschreibung der königlichen Residenzstädte Berlin und Potsdam, aller daselbst befindlichen Merkwürdigkeiten und der umliegenden Gegend«. Obschon das Werk eine der ersten Beschreibungen einer deutschen Stadt für den Reisenden ist, wird es an Gründlichkeit von keinem anderen Reisehandbuch des 18. Jh. in Deutschland übertroffen. Unmittelbar nach dem Ende des Siebenjährigen Krieges begonnen, ist das Unternehmen ein Zeichen des Selbstbewußtseins der Hauptstadt Preußens, die sich nun mit anderen großen Kunstzentren Europas zu messen wagt und ihre Sehenswürdigkeiten katalogisiert. Was Nicolai zu verzeichnen hatte, waren im wesentlichen Errungenschaften der letzten hundert Jahre, das, was seit der Zeit des Großen Kurfürsten entstanden war. Aber auch den dürftigeren Spuren einer älteren Vergangenheit ist er mit der Liebe und dem Eifer eines patriotischen Heimatforschers nachgegangen.

Nicolai beschrieb die Stadt, als ihr Umfang noch nicht viel mehr als den heutigen Bezirk Mitte ausmachte. Darüber hinaus behandelte er auch das, was vor den Toren lag, und damit einen natürlichen Ausstrahlungsbereich, der z. B. die Residenzstadt Potsdam mit einschloß, die Nachbarstadt, mit der Berlin seit dem 17. Jh. in einem fruchtbaren künstlerischen Dialog stand. Der vorliegende Kunstführer muß sich aus praktischen Gründen auf die politischen Grenzen Groß-Berlins beschränken, wie sie 1920 nach der Eingemeindung von 8 Städten, 59 Landgemeinden und 27 Gutsbezirken gezogen worden sind, nachdem die sich rasch entwickelnden Ortschaften in der Umgebung der Reichshauptstadt mehr und mehr zusammengewachsen waren. Diese Ortschaften, von denen einige auch Nicolai erwähnenswert fand, waren hauptsächlich Bauerndörfer, von denen die meisten als Gründungen im Zug der Kolonisation des 13. Jh. nachweisbar sind. So kommt es, daß die Geschichte so vieler Ortsteile und Vororte

Berlins sich ähnelt und daß eine vielfach mittelalterliche Dorfkirche mit Anger noch heute ihren Kern bildet. In manchen an der Peripherie gelegenen Orten hat sich noch etwas vom dörflichen Charakter erhalten; sonst haben sie alle nach der Gründerzeit früher oder später das Schicksal einer raschen Umwandlung in städtische Wohnbezirke erlitten, in einer Zeit also, als die Stilunsicherheit keine allgemeinverbindliche und damit die Harmonie eines Gesamtbildes garantierende Architektursprache mehr gelten ließ. Dennoch sind auch in den letzten hundert Jahren noch beachtenswerte Ortsbilder entstanden.

Ginge man heute mit Nicolais Führer durch das alte Berlin, wäre man betroffen darüber, wie wenig von dem noch vorhanden ist, was dort beschrieben wurde. Bei kaum einer anderen großen Stadt, die den Anspruch erhebt, eine kulturelle Metropole zu sein, würde der Vergleich eines durch zweihundert Jahre voneinander getrennten Einst und Jetzt so große Veränderungen erweisen. Jedoch würde man auch bemerken, wieviel Bedeutendes, das Nicolai noch nicht gesehen hat, seitdem entstanden ist. Auf das Rokoko, das zusammen mit dem Barock als eine erste Blütezeit berlinischer Baukunst angesehen werden kann, folgten so wichtige Epochen wie der Frühklassizismus, die Zeit Schinkels, der zusammen mit seiner Schule das Gesicht Berlins entscheidend prägte, und schließlich können viele Bauten des 20. Jh. in Berlin – nicht nur solche seines ersten Drittels – als überragende Leistungen der neueren Architektur neben die großen Werke der Vergangenheit gestellt werden. Es sei nur Hans Scharouns Philharmonie genannt. Freilich ist auch allzuviele von dem, was nach der Zeit Nicolais entstanden ist, ebenso wie Älteres nicht mehr vorhanden. Der Abriß von Schinkels Bauakademie, einer richtungweisenden Architektur, im Jahre 1961 ist ein Beispiel für die Bereitschaft der Stadt, Bedeutendes leichtfertig zu opfern. Die katastrophalen Zerstörungen im 2. Weltkrieg sind nicht allein für den Verlust an gewachsener Bausubstanz verantwortlich zu machen. Der Wille zum Neuen ist tief im Armutsgefühl

6   Vorwort zur 1. Auflage

des Kolonialen verankert, denn das zur Macht
gelangte Preußen mußte seine Hauptstadt mit
Paris, Wien oder Rom vergleichen. Schon zur
Zeit des Großen Kurfürsten hatten in seinem
Herrschaftsbereich gelegene Städte wie Kleve
oder Magdeburg Berlin die historische Ehrwürdigkeit voraus. Dieser Trieb zur Veränderung, der zuweilen zur Gigantomanie ausartete, hat nach 1945 die durch den Krieg entstandene Situation genutzt, soweit nicht nur
primitive Bedarfserfüllung vorgeherrscht hat.
Die Wilhelminische Zeit, das Dritte Reich
und die jüngste Vergangenheit einschließlich
der Gegenwart sind in der Nichtachtung des
Historischen aus ungesundem Geltungsbedürfnis besonders rigoros gewesen. Das Beste
und Berlins Architektur Charakterisierende ist
in den Zeiten geleistet worden, als die Stadt
wie schon in den ersten Jahrhunderten ihrer
Existenz nicht vom Zwang zu übertriebener
Repräsentation beherrscht wurde und vielleicht auch die Armut an Tradition besonders
ernsthaftes Bildungsstreben hervorbrachte: in
der Zeit Friedrich Wilhelms I., in der Schinkel-Zeit und in den zwanziger Jahren dieses
Jahrhunderts. Oder in Zeiten, als Kräfte vorhanden waren, welche die Repräsentation mit
künstlerischem Sinn zu erfüllen verstanden
wie in der Epoche Schlüters.
Die Berliner Verhältnisse können an der Preisgabe ihres künstlerisch bedeutendsten Bauwerkes, des Berliner Stadtschlosses, das man,
statt es wiederherzustellen, 1950 dem Erdboden gleichgemacht hat, oder an dem
Schicksal der gotischen und barocken Sakralbauten der Innenstadt in diesem Jahrhundert
verdeutlicht werden. Die Marienkirche als
einzige gotische Kirche neben der seit 1905
profanierten Hl.-Geist-Kapelle sowie die
Sophienkirche und die Hedwigskirche (wenigstens im Äußeren) als einzige Bauten des
18. Jh. sind erhalten oder gänzlich wiederhergestellt. Die Parochialkirche wurde nach Beschädigungen im Krieg notdürftig restauriert.
Die Nikolaikirche, die Klosterkirche, die Luisenstadtkirche, die Französische Kirche und
die Deutsche Kirche am Gendarmenmarkt
stehen seit den Kriegszerstörungen als Ruinen
da. Die Ruinen der Dorotheenstädtischen Kirche, der Garnisonkirche, der Bethlehemskirche und der Dreifaltigkeitskirche sind verschwunden. Bezeichnend ist auch, daß die

meisten Denkmäler und andere Skulpturen
(sofern sie noch vorhanden sind) heute nicht
mehr an dem Platz stehen, für den sie geschaffen wurden.
Der Achtung vor Historischem hat nicht nur
der Wille zum Neuen, sondern auch die fehlende Kontinuität eines maßgebenden Standards in der künstlerischen Leistung Abbruch
getan, auch dies ein Merkmal des Kolonialen.
Die überragenden Genies der Berliner Baukunst − gleiches gilt für die Skulptur − stehen
trotz ihrer Schülergefolgschaft isoliert da:
Schlüter, Knobelsdorff, Schinkel, Schadow
und Rauch. Wer heute nach Berlin kommt,
um Werke dieser größten Berliner Künstler zu
studieren, wird enttäuscht sein, wie kläglich
die Reste sind. Auf dem Gebiet der Malerei
sind die Verhältnisse nicht ganz so schlecht,
aber nirgends findet man Blechen oder Menzel ihrer Bedeutung entsprechend ausgestellt.
Je weiter man ins 18. und 17. Jh. zurückgeht,
um so weniger ist noch sichtbar von den vielen Malern, die hier tätig waren.
Wer als Kunstinteressierter Berlin besucht,
kommt deshalb wohl mehr wegen der importierten Kunst in den Museen als wegen des
hier in Architektur, Plastik und Malerei Gewachsenen. *Berlin ist keine Kunststadt, es ist
eine Museumsstadt.* Das Verhältnis von dem,
was die Mauern der Stadt an künstlerischer
Atmosphäre mitteilen, zu dem, was sie in ihren Museen bewahrt, ist charakteristisch für
ihren Geist, für ihr Bestreben, mangelnde eigene Geschichtlichkeit durch das Sammeln
von Hervorbringungen aller Kulturen der Welt
zu ersetzen. So konnten die Staatlichen Museen zu einer einzigartigen Darstellung der
Weltkunstgeschichte in Originalen werden,
aber diese gleichsam standortlose Überschau
läßt auch die Wurzeln dieses Gebildes in der
Geschichte der Stadt vergessen. Das weit gespannte, auch schon von wissenschaftlichen
Sehweisen gesteuerte Sammelinteresse begegnet bereits beim Großen Kurfürsten. Doch
auch die Kunstsammlungen, die Nicolai gesehen hat, sind heute fast restlos zerstreut, und
was Berlin als Museumsstadt heute zeigt, ist
zum weitaus größten Teil erst im 19. und
20. Jh. zusammengetragen worden. Die Dynamik der Staatlichen Museen seit ihrer Gründung 1830 und ihr Anspruch, die gesamte
Weltkultur zu repräsentieren, entwickelten

Vorwort zur 1. Auflage   7

eine Anziehungskraft, die außerhalb ihres Bereiches kaum andere Museen duldete. Private Sammlungen, aus denen in London und Paris eigene Museen entstanden, wurden hier durch das Geschick Wilhelm von Bodes den Staatlichen Museen einverleibt. Die weitgehende Zentralisierung des musealen Kunstbesitzes der Stadt ergibt nicht nur ein in einzigartiger Weise geschlossenes Bild, sie kommt auch der wissenschaftlichen Leistung der Museen zugute, die heute in einer entwickelten Museumsdidaktik mit Beschriftungen, Führungsblättern und Katalogen das kunst- und kulturgeschichtliche Wissen einem breiten Publikum mitzuteilen suchen. Der Nachteil der wissenschaftlichen Ausrichtung der Staatlichen Museen wie ihrer unübersehbaren Fülle von Reichtümern ist die Vernachlässigung des Künstlerischen, dessen, was vergangene Kunst lebendig erhält, was die schöpferischen Kräfte der Gegenwart anregt oder auch die Empfindung bereichert. Enger verbunden mit dem kulturellen Leben der Stadt sind wegen ihrer lokalgeschichtlichen Bezüge die Schlösser mit ihrem bedeutenden Kunstbesitz, das Berlin Museum, das Brücke-Museum und das Märkische Museum. Angesichts des Auseinanderklaffens von Besitz an internationaler Kunst in den Museen und bodenständiger Kunst- und Kulturleistung kommt diesen Institutionen eine besondere Bedeutung zu.

Ein Kunstführer muß all diesen Gegebenheiten Rechnung tragen und sollte nicht einem Schematismus des Katalogisierens folgen. Das Problem der Museen ist es, den Dingen, die als einzelne Werke geschaffen wurden und oft dazu da waren, daß man mit ihnen lebte, ihre Individualität in der Masse zu bewahren, so daß sie nicht nur vom Besucher, der einen Gesamteindruck von der Sammlung zu gewinnen sucht, registriert werden, sondern daß etwas von ihrer Aussage verstanden wird. Daher erscheint die Anregung zum Sehen des einzelnen Kunstwerkes als vordringliche Aufgabe des Kunstführers dort, wo kunstgeschichtliche Information auf andere Weise durch Beschriftungen und Druckschriften leicht verfügbar ist. Wo Kataloge fehlen, ist manchmal eine Aufzählung der ausgestellten Werke nützlich.

Der Mangel an historischen Bauten und einer Atmosphäre, wie sie bedeutende Kunststädte bieten, lenkt die Aufmerksamkeit der Besucher verstärkt auf das Schaffen der neueren Zeit. Es erscheint sinnvoll, aus der unübersehbaren, weil in der Ausdehnung der Stadt sich verlierenden Fülle des Neuen das Bemerkenswerte herauszugreifen, nicht zuletzt, um das Gute auf diese Weise vor der allzu großen Masse des Mittelmäßigen und Schlechten auszuzeichnen. Ähnliches gilt für neuere Skulptur und Malerei im Stadtbild und in öffentlichen Gebäuden. Auf Bauten des 19. Jh. wird auch deswegen nachdrücklich aufmerksam gemacht, um sie vor drohendem Abriß zu bewahren. Weniger Gelungenes wird erwähnt, wenn es einen unübersehbaren Anspruch erhebt und bezeichnend für eine bestimmte Geisteshaltung ist. Dörfliche Ortsbilder und relativ bescheidene städtische Wohnbebauung des 19. Jh. erhalten vor dem drohenden Hintergrund neuer Baumethoden eine eigenartige Intensität der Aussage, die ihre Erwähnung rechtfertigt.

Anders als in Führern klassischer Kunststätten nimmt der Wohnbau einen breiten Raum ein, nicht nur, weil die neuere Zeit darauf mehr Wert legt als auf Repräsentationsbauten, sondern weil auf diesem Gebiet, wie auch auf dem des Industriebaues, Berlin Herausragendes geleistet hat. Wichtig sind für die Stadt auch ihre gärtnerischen Anlagen. Schon Friedrich d. Gr. hatte den Tiergarten als ein Erholungsgebiet für die Bevölkerung gestalten lassen. Die Notwendigkeit der Gärten für ein gesundes Leben in der Stadt wurde um so klarer begriffen, als man erst in der zweiten Hälfte des 19. Jh. die Berlin umgebende Landschaft in ihrer zurückhaltenden Schönheit verstehen lernte (Theodor Fontane) und verkehrstechnisch als Erholungsgebiet erschloß. Auch auf dem Gebiet des Gartenbaus war es also Armut, die die schöpferische Kraft anspornte.

Neben den gärtnerischen Anlagen kommt den Friedhöfen eine besondere Bedeutung zu, vor allem den kleinen innerstädtischen, im 19. Jh. angelegten, weil die oft von hervorragenden Künstlern gestalteten Gräber die große Epoche der Geistesgeschichte Berlins in ergreifender Dichte vergegenwärtigen. Auch im Zustand des Verfalls bezeugen die Anlagen die geschichtliche Wahrheit um so eindrucksvol-

8   *Vorwort zur 1. Auflage. Zur 4. Auflage*

ler, je mehr in der Stadt selbst die geballte Macht des Neuen den Betrachter überwältigen will.

Das gegenwärtige Kunstleben Berlins läßt sich auf dem Gebiet der Architektur in einem Kunstführer erschließen. Auf den ebenso wichtigen Gebieten der Malerei und der Skulptur ist dies nicht möglich. Hier ist der Berlin-Besucher darauf angewiesen, sich in der Vielzahl der Privatgalerien mit ihren wechselnden Ausstellungen selber ein Bild zusammenzusetzen, das jedoch stets fragmentarisch sein wird. Vielleicht kann einmal

die [1978 eröffnete] Berlinische Galerie zu einer Übersicht auf diesem Gebiet – wenigstens für West-Berlin – verhelfen.

Die Verfasser danken herzlich allen, die die Arbeit an diesem Führer durch Auskünfte, Ratschläge, Verbesserungen und sonstige Hilfen unterstützt haben; besonders gedankt sei Herrn Hans-Werner Klünner, Berlin, für die aufmerksame kritische Durchsicht des Führers. Hinweise auf Versäumnisse und Irrtümer sind auch weiterhin stets erwünscht.

1977   *HB-S*

Zur 4. Auflage

Vierzehn Jahre nach Erscheinen der 1. Auflage war eine gründliche Überarbeitung notwendig, denn Berlin verändert sein Gesicht schnell. Die Konkurrenz von Ost und West, stimuliert durch den Rausch der 750-Jahr-Feiern von 1987, hat die Veränderungen beschleunigt. So sind die achtziger Jahre, besonders in West-Berlin, durch postmoderne Vitalität gekennzeichnet, eine Parallele zur Gründerzeit. Ein neues, nicht immer unproblematisches Geschichtsbewußtsein hat späte Restaurierungen und Rekonstruktionen bewirkt, so der Nikolaikirche, des Französischen Domes und des Schauspielhauses von Schinkel. Gleichzeitig ist jedoch Bewahrenswertes zerstört worden oder es verfällt, wie auf den Friedhöfen, deren Bestand nicht noch einmal überprüft werden konnte. Unter dem Zwang eines politischen Aktionismus haben es verantwortungsbewußte Denkmalpfleger und Museumsbeamte – trotz allgemein wachsender Sensibilität für die Zerstörung der Umwelt – schwer, sich gegen einen rücksichtslosen Umgang mit historischen Bauten und beweglichen Kunstwerken zu wehren. So rückt denn immer mehr Schutzbedürftiges in

unseren Blick, z. B. die Großkirchen der Kaiserzeit. Die rasch fortschreitende »Möblierung« der Stadt mit Skulpturen und Brunnen, wobei das Motiv der Selbstdarstellung der Künstler oft das der zweckmäßigen Gestaltung eines bewohnten Umfeldes überwiegt, birgt damit sogleich die Gefahr einer baldigen Entfernung in sich. Auch dadurch haben sich Veränderungen ergeben. Gleiches gilt für die Fassadenmalerei. Der Prozeß der Wiedervereinigung und andere politische Funktionen der Stadt werden in den neunziger Jahren zu neuen tiefgreifenden Veränderungen im Stadtbild und in den Museen führen. Straßen und Gebäude im Ostteil werden umbenannt werden.

Weit mehr ist bemerkenswert, als in diesem Führer verzeichnet werden kann. Geschichte, auch Kunstgeschichte, wird nicht verstanden, indem nur das Herausragende betrachtet wird. Einzelnes kennenzulernen, soll dazu anleiten, die Stadt als Ganzes zu begreifen, und zwar nicht nur den Geist einzelner Epochen, sondern auch ihren Ungeist.

1991   *HB-S*

Zur Anlage des Bandes

Die Beiträge sind mit den Namenszeichen der Autoren versehen, die das Stadtgebiet im wesentlichen nach folgender Aufteilung bearbeitet haben:

Eva Börsch-Supan (EB-S): Architektur des 19. Jh., Museen;
Helmut Börsch-Supan (HB-S): Architektur vor dem 19. Jh., Museen;
Günther Kühne (GK): Architektur des 20. Jh.;
Hella Reelfs (HR): Skulptur.

Die Anordnung des Führers will nach Möglichkeit das Zusammenwachsen der Großstadt aus den einzelnen Ortskernen und deren Ausdehnung widerspiegeln, um die historischen Zusammenhänge bewußt zu machen, nimmt dabei jedoch auch auf die neueren politischen Einheiten, die Verwaltungsbezirke und die langjährige Teilung in Ost und West Rücksicht. Aus diesem Grunde ist mit dem Bezirk Mitte begonnen. Anschließend sind aus praktischen Erwägungen die übrigen Ost-Berliner Bezirke vom Zentrum zur Peripherie gehend behandelt. Für den westlichen Teil der Stadt beginnt die Beschreibung mit Kreuzberg, da ein Teil dieses Bezirks, die Friedrichstadt und die Köpenicker Vorstadt, noch zum Berliner Stadtgebiet des 18. Jh. gehören; sie wird nach dem gleichen Prinzip vom historischen Zentrum aus nach außen gehend fortgesetzt.

Innerhalb der einzelnen Bezirke ist, soweit sie aus mehreren Ortsteilen bestehen, an erster Stelle derjenige behandelt, der bei der Organisation Groß-Berlins von 1920 als der größte Sitz der Verwaltung des Bezirks geworden ist und diesem den Namen gegeben hat (eine Ausnahme bildet nur Tiergarten). Bei den einzelnen Ortsteilen wiederum beginnt die Beschreibung mit dem historischen Kern, folgt dann aber mehr räumlichen als chronologischen Ordnungen. Bei allen Bezirken ist die Lage der einzelnen Objekte in einem jeweils vorangestellten Plan durch Ziffern bezeichnet, die auf Marginalien im Text verweisen. Ein Register am Schluß des Bandes ordnet die Objekte alphabetisch und unter sachlichem Gesichtspunkt.

Die Museen sind als Sammlungen am Ende des Hauptteils behandelt, als Gebäude erscheinen sie dagegen im Zusammenhang mit den übrigen Baudenkmälern.

Ein ● neben dem Text soll auf künstlerisch-kunsthistorisch herausragende Bauten oder Details aufmerksam machen. Zusätzlich wurde – auf S. 34 – eine Liste von *Hauptsehenswürdigkeiten* zusammengestellt.

HB-S

Erklärung der wichtigsten Abkürzungen

Es ist das Prinzip des Kunstführers, einen ohne weiteres lesbaren Text zu bieten. Einige immer wiederkehrende Wörter und Begriffe wurden zum Teil abgekürzt. Obwohl diese Abkürzungen auch sonst gebräuchlich und wohl jedermann verständlich sind, werden sie im folgenden erklärt:

Anf.	Anfang	N	Norden, Nord-
angebl.	angeblich	n. Chr.	nach Christus
beg.	begonnen	nördl.	nördlich
bes.	besonders, besondere(-r, -s)	O	Osten, Ost-
bez.	bezeichnet	östl.	östlich
bzw.	beziehungsweise	rd.	rund
ca.	zirka	rekonstr.	rekonstruiert
d. Ä.	der Ältere	restaur.	restauriert
dat.	datiert	roman.	romanisch
d. Gr.	der Große	S	Süden, Süd-
d. J.	der Jüngere des Jahres (usw.)	s., →	siehe
d. T.	(Johannes) der Täufer	s. a.	siehe auch
ehem.	ehemalig	s. d.	siehe dort
erb.	erbaut	sign.	signiert
ev.	evangelisch	sog.	sogenannt
Ev.	(Johannes der) Evangelist	St.	Sankt
geb., *	geboren	südl.	südlich
gegr.	gegründet	u. a.	unter anderem; und andere
gen.	genannt	u. ä.	und ähnliche(s)
gest., †	gestorben	urspr.	ursprünglich
got.	gotisch	v. a.	vor allem
griech.	griechisch	v. Chr.	vor Christus
hl.	heilig, Heilige(r)	vermutl.	vermutlich
hll.	heilige, Heilige (Mz.)	vgl.	vergleiche
i. J.	im Jahre	viell.	vielleicht
i. ü.	im übrigen	W	Westen, West-
Jh.	Jahrhundert	wahrscheinl.	wahrscheinlich
kath.	katholisch	westl.	westlich
kgl.	königlich	zerst.	zerstört
klassizist.	klassizistisch	z. T.	zum Teil
lt.	laut	zugeschr.	zugeschrieben
mittelalterl.	mittelalterlich	z. Z.	zur Zeit

KUNSTGESCHICHTLICHE EINFÜHRUNG

Anfang und Aufstieg

Der Raum von Groß-Berlin tritt in der Kunstgeschichte, sieht man von älteren Bodenfunden ab, erst seit dem späten 12. Jh. mit bemerkenswerteren Denkmalen hervor. Romanische Architektur aus der Zeit der Kolonisierung des Barnim und des Teltow um 1230 ist, vom Juliusturm der Spandauer Zitadelle abgesehen, fast nur noch in Dorfkirchen, kaum mehr in den zu diesem Gebiet gehörenden Städten Spandau, Berlin-Cölln und Köpenick erhalten. Die romanische Nikolaikirche in Berlin, im Grundriß ergraben, gibt durch die im Westbau erhaltenen Reste eine Vorstellung von der technischen Vollkommenheit dieser Architektur. Von den etwa 15 noch vorhandenen Dorfkirchen Berlins aus dem 13. Jh. ist die reichste und reinste Veranschaulichung der Baugesinnung dieser Zeit die von Marienfelde. Der logischen Addition der im Volumen regelmäßig abgestuften Bauteile Westturm, Langhaus, Chor und Apsis entspricht der klar ersichtliche Aufbau aus sorgfältig zu gleichmäßigen Quadern behauenen Feldsteinen, hartem Granit in unterschiedlicher Färbung. In der Wucht der äußeren Erscheinung klingt etwas an von der Disziplin und der Anstrengung bei der Ausführung. Marienfelde ist wie Mariendorf und Tempelhof eine Gründung der Templer. Die Quadertechnik scheint jedoch besonders von dem Zisterzienserkloster Zinna in der Mark auszugehen. Dank der Solidität ihrer Bauweise haben viele dieser Dorfkirchen sich erhalten.

Das rational planende Vorgehen bei der Kolonisation brachte eine Gleichförmigkeit in der Anlage der Dörfer mit sich. Meistens waren es Angerdörfer, bei denen die Kirche in der Mitte einer länglichen, von den Bauernhöfen umgebenen Dorfaue gebaut wurde. In den meisten Fällen sind die alten Ortskerne noch mehr oder weniger deutlich erkennbar. Manchmal sind sie nahezu intakt erhalten (Lübars, Heiligensee, Marienfelde, Bohnsdorf). Nach der Aufteilung des Landes kam es im späteren Mittelalter zu keiner Dorfgründung mehr. Erst

Friedrich d. Gr. hat neue Ortschaften für Kolonisten angelegt, nachdem der Große Kurfürst und Friedrich Wilhelm I. für Hugenotten und böhmische Emigranten in bestehenden Dörfern Erweiterungen geschaffen hatten (Französisch-Buchholz, Böhmisch-Rixdorf). Die Granitbauweise der Sakralarchitektur zeigt schon am Ende des 13. Jh. ein Nachlassen der Sorgfalt. Später wurden die Feldsteine nur noch gespalten, die unregelmäßig umrissenen glatten Flächen nach außen gelegt und die Zwischenräume mit Mörtel und Steinsplittern gefüllt.

Die Gotik und damit auch der Gewölbebau hielten mit dem leichter formbaren Backstein im letzten Drittel des 13. Jh. ihren Einzug. Ein Neubau der Nikolaikirche in Berlin und die neu gegründete Marienkirche sowie die Klosterkirche der Franziskaner in Berlin stammen aus dieser Zeit, letztere die künstlerisch bedeutendste Leistung der Gotik in der Stadt, vor allem wegen der Chorlösung, die von der Zisterzienser-Klosterkirche in Chorin abhängig ist, dem höchsten Maßstab für die Backsteingotik in der Mark. Daran und an den Leistungen anderer norddeutscher Hansestädte gemessen, muß der Beitrag Berlins auf dem Gebiet der gotischen Baukunst als bescheiden gelten. Mit Schmuckformen hielt man sich zurück. Das gilt auch für das 14. und 15. Jh. Die Spandauer Nikolaikirche und der letzte Neubau der Berliner Nikolaikirche, im letzten Viertel des 14. Jh. nach dem großen Stadtbrand von 1380 begonnen, spiegeln in der nüchternen Großformigkeit die heimische Stilhaltung. Reicher waren die Staffelgiebel der gotischen Petrikirche in Cölln (1730 zerstört) und des Domes mit einer Doppelturmfassade (ehem. Dominikanerkonvent, 1297 zuerst erwähnt, 1747 abgerissen, an der Südwestecke des Marx-Engels-Platzes gelegen).

Auch auf dem Gebiet des Profanbaues scheint Berlin nichts Herausragendes geleistet zu haben. Von dem in seinen ältesten Teilen wohl aus dem 13. Jh. stammenden, 1861 abgebrochenen Rathaus ist die Gerichtslaube 1870 im Park von Babelsberg aufgestellt worden. Über

12 Kunstgeschichtliche Einführung. Anfang und Aufstieg

den ersten, 1443–51 in Backstein ausgeführten Schloßbau Kurfürst Friedrichs II. ist nur wenig bekannt. Bis zur Sprengung des Schlosses 1950/51 war von diesem Bau nur noch ein runder Turm, der »Grüne Hut«, erhalten. Die mittelalterlichen Wohnhäuser waren wohl hauptsächlich Holz- oder Fachwerkbauten und somit schnell vergänglich. Auch die gotischen Befestigungsanlagen – Stadtmauern mit Toren und Türmen – scheinen künstlerisch anspruchslos gewesen zu sein. Reste sind in Berlin und Spandau erhalten.

Die Dürftigkeit der Kunstgeschichte Berlins zeigt sich auch in Plastik und Malerei. Der schöne Grabstein des Konrad von Belitz im Märkischen Museum mit seiner schlichten, in den Stein gegrabenen Umrißzeichnung steht recht vereinzelt da. Daneben ist die Bauplastik der Klosterkirche bemerkenswert.

In der Malerei stehen die frühesten Zeugnisse, Reste von Wandmalereien in der Dahlemer Annenkirche (Ende 14. Jh.) und Gewölbemalereien in Buckow (Mitte 15. Jh.), auf einer sehr bescheidenen Stufe. Wo die Eleganz des internationalen Weichen Stiles rein auftritt wie in dem Epitaph des Grafen Johann von Hohenlohe, jetzt in Buckow (vor 1420), muß man mit Import, hier vermutlich aus Nürnberg, rechnen. Für die erhaltenen Gemälde des späteren 15. Jh., hauptsächlich Epitaphien, ist eine steife Haltung bei geringer Beweglichkeit der Phantasie in den Motiven auffällig. Die einzige Künstlerpersönlichkeit, die man glaubt greifen zu können, ist der wohl aus dem Fränkischen stammende, bei Michael Wohlgemut in Nürnberg geschulte Meister des Wins-Epitaphs. Der berühmte Totentanz in der Marienkirche (um 1485) beeindruckt mehr durch seine Idee als durch die Ausführung.

In der Regierungszeit Joachims I. (1499 bis 1535), der der katholischen Kirche treu blieb, führte der Einfluß Nürnbergs zu der Bestellung des bronzenen Grabdenkmals des Kurfürsten Johann (in der Gruft des Berliner Domes) bei Peter Vischer; 1532 vollendet, ist es das älteste bedeutende Zeugnis der Skulptur in Berlin. Neben Nürnberg wurde Sachsen für den Import von Kunst wichtig. Arbeiten der Werkstatt Lucas Cranachs gelangten in Berliner Kirchen. Wie aus mehreren Porträts der kurfürstlichen Familie von 1529 geschlossen werden kann, war Lucas Cranach d. Ä. in diesem Jahr vermutlich in Berlin, doch bezeichnenderweise kann von diesen Porträts keines als Meisterwerk gelten. Der Palas der Spandauer Zitadelle ist möglicherweise der einzige erhaltene Bau aus dieser Zeit.

Zu einer Blüte gelangte die Kunst in Berlin durch die Verpflichtung auswärtiger Kräfte unter Joachim II. (1535–1571). Mit dem Neubau des mit Sgraffiti und Skulpturen reich gezierten Schlosses in Berlin seit etwa 1539 erhielt die Stadt ein bedeutendes Werk der Renaissance-Architektur. Die Erasmuskapelle im Berliner Schloß gab bis 1950/51 eine Vorstellung von der dynamischen, der einheimischen Tradition gänzlich fremden Stilgebärde dieses Baues. Hans Schenk gen. Scheußlich aus Schneeberg in Sachsen war der führende Bildhauer bei diesem Unternehmen. Seine Virtuosität und sein Gedankenreichtum lassen sich noch an einigen Epitaphien in und aus Berliner Kirchen, sein Humor an einem Relief – wohl aus dem Berliner Schloß – im Jagdschloß Grunewald bewundern, wo sich als weitere Überbleibsel des Residenzschlosses Joachims II. noch 2 reich skulptierte Konsolen befinden. Das 1542 errichtete Jagdschloß Grunewald ist das noch am vollständigsten vorhandene einer größeren Anzahl von Jagdschlössern Joachims. Das größte von ihnen war das Köpenicker Schloß. Kurz bevor der Kurfürst sich 1539 der Reformation anschloß, stattete er die Domkirche mit mancherlei Kunstschätzen aus, von denen 9 Tafeln mit Passionsszenen von 1537/38 im Jagdschloß Grunewald erhalten sind. Der ältere und der jüngere Lucas Cranach blieben die wichtigsten Lieferanten von Gemälden für den Hof. Die heute noch in den Schlössern und in der Gemäldegalerie bewahrten Cranach-Gemälde aus dem ältesten Bestand machen nur einen kleinen Teil von dem aus, was im 16. Jh. an Werken dieser Künstler in Berlin war. Joachim II. als typischer Renaissance-Fürst scheint der erste gewesen zu sein, der in Berlin Kunst gesammelt hat. Sein Bildnis vom jüngeren Cranach ist eines der besten Werke dieses Malers.

In der 2. Hälfte des 16. Jh. öffnet sich Berlin auch stärker ausländischen Einflüssen. Michel Ribestein, von dem aus den 50er und 60er Jahren mehrere Epitaphien erhalten sind, hat

Kunstgeschichtliche Einführung. Anfang und Aufstieg   13

sich offenbar an Niederländern der Richtung Maerten van Heemskerks geschult. Ein schönes Bildnis Joachims II. von 1562 in der Nikolaikirche stammt vielleicht von dem Italiener Johann Bapt. Perini, der zeitweise Hofmaler in Berlin war. Unter den Italienern im Dienste des Kurfürsten ist vor allem Francesco Chiaramella de Gandino zu nennen, dem der Plan des 1557 begonnenen Ausbaus der Festung Spandau zugeschrieben wird, eines überragenden Werkes der Festungsbaukunst in Deutschland.

Der von Joachim II. hervorgerufene Aufschwung der Künste wirkte noch unter seinen Nachfolgern Johann Georg (1571–98) und Joachim Friedrich (1598–1608) fort. Der aus Sachsen 1578 nach Berlin gekommene italienische Festungsbaumeister Rocco Guerini Graf zu Lynar, die führende Künstlerpersönlichkeit in Berlin während der letzten beiden Jahrzehnte des 16. Jh., setzte in Spandau das Werk Gandinos fort. Der Bau des Berliner Stadtschlosses wurde ebenfalls weitergeführt, aber in kargeren Formen. Ab 1580 wird das sog. Haus der Herzogin an der Spree nach Zeichnungen Lynars ausgeführt, 1591–95 der Querflügel zwischen den Höfen unter der Bauleitung Peter Niurons aus Lugano. Härter und starrer wird auch die Formensprache in der Malerei und der Skulptur. In den Bildnissen tritt das Lebendige zurück hinter einer manchmal schematischen Wiedergabe von Stoffmustern und Schmuck. Nathan Mau, Martin Schulz und Andreas Riehl sind die wichtigsten Porträtisten um die Jahrhundertwende.

Die Kunstpflege der Kurfürsten regte in der 2. Jahrhunderthälfte die mächtigeren Patrizier und Adligen zur Nachahmung an. Was aus dieser Zeit an Werken bekannt geworden ist, diente hauptsächlich dem Totengedächtnis und besteht aus gemalten und in Stein gehauenen Epitaphien. Besonders die Berliner Nikolaikirche war ehemals reich an derartigen Denkmälern. Das aufwendigste noch erhaltene Werk der Skulptur dieser Epoche ist der 1581 geweihte Lynar-Altar in der Spandauer Nikolaikirche.

Mit Johann Sigismund (1608–19) sank das Niveau wieder tief ab. Der Übertritt des Kurfürsten zum Calvinismus 1612 war der Kunst nicht förderlich und hatte einen Bildersturm

zur Folge. Während der Regierung Georg Wilhelms (1619–40) ließ der 30jährige Krieg die künstlerische Wirksamkeit vollends erlahmen. Einzig das Ribbecksche Haus von 1624 in der Breiten Straße, das 1629 durch Balthasar Benzelt aus Dresden umgebaut wurde, ist als beachtliches Zeugnis der Baukunst dieser Zeit erhalten.

Mit Friedrich Wilhelm, dem Großen Kurfürsten (1640–88), beginnt nach dem Ende des Krieges langsam der wirtschaftliche und damit auch der kulturelle Wiederaufbau. Der Kurfürst hatte in Holland studiert und mit der Wissenschaft dieses Landes auch dessen Kunst schätzen gelernt. Die 1646 geschlossene Ehe mit der oranischen Prinzessin Luise Henriette, einer Tochter des kunstliebenden Friedrich Heinrich von Oranien-Nassau, befestigte die kulturellen Verbindungen mit Holland. Der 1628 zum Hofmaler bestallte Maler tschechischer Abstammung Matthias Czwiczek bezeichnet mit seiner naiven, sorgfältigen, dabei auch monumentalen Malerei noch eine von den Künstlern um 1600 nicht allzu weit entfernte Stilstufe, von der sich die nach dem 30jährigen Krieg in Berlin herrschende Kunstauffassung deutlich abhebt. Während in den ersten Jahren des Wiederaufbaus nur wenige Künstler aus Holland und Flandern nach Berlin gezogen werden konnten, vor allem die Architekten Johann Gregor Memhardt (1650) und Michael Matthias Smids (1653), der Bildnismaler Willem van Honthorst (1646) und der Bildgießer Jakob Voulleaumé (1649), mehren sich seit etwa 1660 die Berufungen nun auch aus Italien, so z. B. der Architekten Philipp und Ludwig de Chieze aus Piemont. Weitaus die meisten Künstler kamen jedoch nach wie vor aus den Niederlanden, die Architekten Rutger van Langervelt (1678) und Cornelis Ryckwaert (1667), die Maler Jacques Vaillant (1672), Hendrik de Fromantiou (1670), Frans de Hamilton (1661), Willem Frederik van Royen (1669) oder Nicolaus Wieling (1667), der Bildhauer Bartholomäus Eggers (1687). Daneben arbeiteten Künstler in Holland für den Großen Kurfürsten. Diejenigen, die die Berufung nach Berlin annahmen, waren begreiflicherweise keine überragenden Begabungen. Sie hatten als Spezialisten bestimmte Fachrichtungen zu pflegen. Die Baumeister mußten sich oft mit technischen

14 Kunstgeschichtliche Einführung. Die Stadt unter den Königen

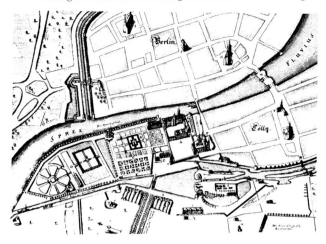

Berlin und Cölln 1652.
Ausschnitt aus dem Plan von
Johann Gregor Memhardt

Aufgaben wie Festungs-, Kanal- und Schleusenbau befassen. Die Bildnismaler Abraham und Gedeon Romandon waren Hugenotten. Aber einige der vom Kurfürsten nach Berlin gezogenen Künstler waren auch Deutsche, der Architekt Arnold Nering, wohl der größte Berliner Baumeister vor Schlüter, die Maler Ottmar Elliger oder Michael Conrad Hirt. Um 1660 war Michael Willmann kurze Zeit Hofmaler in Berlin.
Die Aufbauarbeit des Großen Kurfürsten war auch im Künstlerischen durch Planmäßigkeit gekennzeichnet und trug wiederum die Züge einer Kolonisierung. Was in Berlin entstand, war nicht hier gewachsen, sondern dem Boden gleichsam eingepflanzt. Darin bestand eine gewisse Fortsetzung einer alten Tradition. Die künstlerisch anspruchsvollste Aufgabe der Architektur war der Ausbau des Berliner Schlosses, die umfassendste die Befestigung der Stadt Berlin (durch Johann Gregor Memhardt) und die Anlage der Vorstädte Friedrichswerder und Dorotheenstadt mit der Straße Unter den Linden.
In Köpenick entstand Rutger van Langervelts Schloßbau für den Kurprinzen Friedrich (seit 1677) mit der Kapelle von Arnold Nering (1684/85). Mit der Anlage des Lustgartens (1646) beginnt für Berlin die Geschichte der Gartenkunst. Andere Gärten wurden im 17. Jh. in Niederschönhausen, Blankenfelde,

Malchow, Rudow und Buch angelegt. Dem Großen Kurfürsten werden auch die Anfänge der Berliner Kunstsammlungen verdankt.

Die Stadt unter den Königen

In der Epoche Friedrichs III. (1688–1713, als König in Preußen seit 1701 Friedrich I.) kann Berlin dank der vielseitigen und genialen Begabung Andreas Schlüters zum erstenmal in seiner Geschichte mit Gipfelleistungen aufwarten. Der Ehrgeiz Friedrichs vermochte es, obgleich der König weniger Kunstsinn besaß als sein Vater, die Künste über die zuvor weitgehend von der Nützlichkeit bestimmten Ziele hinaus zu einer berauschenden Prachtentfaltung zu steigern, allerdings nicht ohne ein Element von Strenge, manchmal auch mit einem Eingeständnis der Fragwürdigkeit irdischer Macht, so in Schlüters Kriegermasken am Zeughaus, bei den Särgen für das Königspaar und im Grabmal Männlich (in St. Nikolai). Sowohl in der Architektur wie in der Skulptur war dieser Aufschwung nur durch ein Einströmen italienischer und französischer Stilelemente möglich. Formen des italienischen Barock verwenden Arnold Nering und Andreas Schlüter, Französisches begegnet vor allem im Zeughaus, für das vermutlich François Blondel Pläne geliefert hat, und bei dem

Kunstgeschichtliche Einführung. Die Stadt unter den Königen

Berlin 1688. Ausschnitt aus dem Plan von Johann Bernhard Schultz

in Paris geschulten Schweden Johann Eosander Göthe, der den modernen französischen Dekorationsstil Jean Berains um 1700 nach Berlin brachte. Die politische Rangerhöhung Brandenburgs wird durch Umbau und Erweiterung des Berliner Schlosses nach Schlüters und später nach Eosanders Plänen in der großartigsten Weise sinnfällig gemacht. Die Stuckdekorationen der Prunkräume hatten in Deutschland nicht ihresgleichen. Außer dem Schloß Monbijou entstanden im Umkreis von Berlin weitere Schlösser: Charlottenburg, 1695 von Nering begonnen, seit 1702 von Eosander erweitert, Niederschönhausen, ebenfalls von Nering und Eosander, Friedrichsfelde, Rosenthal und Blankenfelde.

Hatte der Große Kurfürst mit dem Bau der Dorotheenstädtischen Kirche den religiösen Bedürfnissen der rasch anwachsenden Bevölkerungszahl Berlins nur mit Zurückhaltung Rechnung getragen, der Stadt allerdings den ersten Kirchenbau seit der Gotik geschenkt, so äußert sich unter Friedrich I. die Verbindung der Religion mit dem neuen Selbstbewußtsein des Staates in einer Anzahl Kirchenbauten; die Schlichtheit der meisten von ihnen, besonders in der Innenausstattung, ist jedoch bemerkenswert. Es entstanden die Kirche vor dem Köpenicker Tor (Luisenstädtische Kirche, 1694), die Parochialkirche, der aufwendigste der Neubauten, deren genialer Plan von Nering nur stark reduziert verwirklicht wurde (1695), die Doppelkirche für die deutsche und französische Gemeinde auf dem Friedrichswerder, der Umbau eines Reithauses (1700), die Deutsche und die Französische Kirche auf dem Gendarmenmarkt sowie die Garnisonkirche (1701), die Waisenhauskirche vor dem Stralauer Tor (erst 1727 vollendet), die Sophienkirche und die Charlottenburger Parochialkirche (Luisenkirche, 1712). Die meisten dieser Kirchen hat Martin Grünberg gebaut. Die üppig dekorierte Kapelle des Charlottenburger Schlosses von Eosander zeigt noch heute den Gegensatz zwischen der höfischen Sprache, die theologische Aussage und Repräsentation des Königtums zugleich sinnfällig zu machen hatte, und der bürgerlich-protestantischen Zurückhaltung gegenüber bildlichem Schmuck.

Malerei und Skulptur mußten sich unter Friedrich I. vor allem in den Dienst der Repräsentationsarchitektur stellen. Das bedeutete – für die Schloßräume – die Weiterentwicklung einer bereits unter dem Großen Kurfürsten gepflegten figürlichen Deckenmalerei vor allem mit allegorischen Inhalten, die in erster Linie politische Ideen des Königshauses auszudrücken hatten. Für diese Aufgaben standen neben den Niederländern Jacques Vaillant, Augustin und Matthäus Terwesten und Anthonie de Coxie die einheimischen Maler Samuel Theo-

Kunstgeschichtliche Einführung. Die Stadt unter den Königen

Mauerstraße und Böhmische Kirche. Kupferstich von Johann Georg Rosenberg 1776

dor Gericke, Johann Friedrich Wentzel und Paul Carl Leygebe zur Verfügung. Diese rasch aufblühende Gattung, hauptsächlich an italienischen, aber auch an niederländischen Vorbildern orientiert, konnte in Berlin kein eigenständiges Stilgepräge entwickeln, ganz im Gegensatz zur plastischen Ornamentik, die durch Schlüters Persönlichkeit zu einer eigentümlich flüssigen und zugleich kraftvollen Ausdrucksweise gelangte. Seit ca. 1700 wurde dieser Stil durch den von Eosander aus Frankreich importierten Regence-Stil mit seinen zierlicheren, kleinteiligeren, eher kurzatmig rhythmisierten Formen überlagert. Neben Schlüter waren in Berlin die Bildhauer Wilhelm Hulot, Johann Samuel Nahl, Georg Friedrich Weihenmeyer und Martin Brückner tätig. 1704–10 wirkte hier auch Balthasar Permoser. Außer den dekorativen Aufgaben, wozu auch der Schmuck der Fassaden und der Gärten gehörte, stellte sich der Skulptur vor allem die des Denkmals, nun in Berlin erstmals losgelöst vom Sepulkralen. Andreas Schlüters Denkmal des Großen Kurfürsten (1696–1709), von Johann Jacobi gegossen, ist vielleicht das künstlerisch bedeutendste Reiterstandbild nördlich der Alpen. Ihm trat

1697 seine Statue Friedrichs III. an die Seite.
Die Indienstnahme der Skulptur für den Ruhm des Königtums ließ auch die Medaillenkunst mit Raimund Falz und Christian Wermuth einen Höhepunkt erreichen. Daneben blühten die Teppichwirkerei dank französischer Fachkräfte in der Manufaktur von Philipp Mercier, der später die Manufakturen von Jean Barraband und Charles Vigne folgten, sowie andere Zweige des Kunstgewerbes, die Fayence- und Glasherstellung und die Goldschmiedekunst.
Das autonome Tafelbild mußte bei einer derart auf Repräsentation bezogenen Kunstübung – mit Ausnahme des Porträts – in den Hintergrund treten, wenn auch weiterhin Künstler berufen wurden, vor allem aus Holland (Michiel Carree und Abraham Begeyn). Unter den Bildnismalern orientierten sich Gedeon Romandon und der tüchtige Friedrich Wilhelm Weidemann an der englischen Porträtkunst im Umkreis Godfrey Knellers. Der Flame Anthonie Schoonjans war 1702 in Berlin hauptsächlich für die Königin tätig. Gegen Ende seiner Regierungszeit, 1711, gelang es Friedrich I. mit der Berufung des Franzosen

Antoine Pesne, einen hervorragenden Porträtmaler nach Berlin zu ziehen, der über das ganze 18. Jh. hin die Malerei in dieser Stadt entscheidend prägen sollte.

Um den bildenden Künsten einen festen Platz im Staat zu sichern und um ein den Staat in seiner Kunstpolitik beratendes Gremium zu schaffen, auch um in der Öffentlichkeit für ein Kunstverständnis zu werben, wurde nach französischem Vorbild 1696 die »Akademie der Künste und der Mechanischen Wissenschaften« gegründet. In ihr wurden alle bedeutenden künstlerischen Kräfte vereinigt. Nach relativ kurzer Blütezeit verlor diese Institution jedoch stark an Bedeutung.

Die Ausgaben für die künstlerische Repräsentation des jungen Königtums überstiegen die Finanzkraft des armen Landes. Nach dem Tod Friedrichs I. 1713 schränkte der Nachfolger Friedrich Wilhelm I. (1713–40) die Ausgaben für Kunst nicht nur drastisch ein (die meisten im Dienst des Hofes stehenden Künstler wurden entlassen), sondern prägte ihr einen seinem Sinn für Disziplin entsprechenden spartanischen Charakter auf. Die neue Nüchternheit entsprach auch den einheimischen Traditionen. So besitzt die Kunst dieser Zeit die Ausstrahlung von Echtheit und Bodenständigkeit, die für die nicht zu übersehende Dürftigkeit auf vielen Gebieten teilweise entschädigen kann. Zu den eindrucksvollsten Leistungen gelangte dieser Stil auf dem Gebiet der Architektur. Die Frömmigkeit des Königs verschonte den Kirchenbau einigermaßen von den Sparmaßnahmen. Nach einem Explosionsunglück wurde 1720–22 die Garnisonkirche neu aufgebaut. Es entstanden die Französische Kirche in der Klosterstraße (1721), der Turm der Sophienkirche (1734), die Böhmische Kirche (1735), die Dreifaltigkeitskirche (1737–39). Die Jerusalemer Kirche wurde 1726–31, die Gertraudenkirche am Spittelmarkt 1739 umgebaut. Der Umbau der Petrikirche von 1725 bis zum Tod des Königs war ein kostspieliges, von schweren Unglücksfällen beeinträchtigtes Unternehmen. Der Aus-

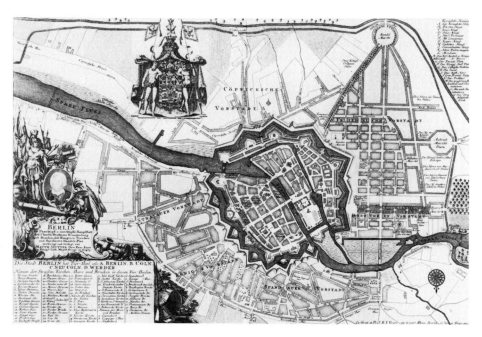

Berlin 1740. Plan von Matth. Seutter

Kunstgeschichtliche Einführung. Die Stadt unter den Königen

Die Straße vom Schloß zur Neustadt (Unter den Linden) am Forum Fridericianum. Links Kronprinzenpalais und Oper, rechts Zeughaus. Kupferstich von Schmidt 1744

bau der Hauptstadt lag dem Soldatenkönig so sehr am Herzen, daß er den Bau ansehnlicher Adelspalais veranlaßte. Die meisten entstanden gegen Ende seiner Regierungszeit nach der Vergrößerung der Friedrichstadt nach Westen auf Grundstücken, die der König unter der Bedingung verschenkte, daß stattliche Paläste auf ihnen erbaut würden. Stilelemente des süddeutschen Barock mischten sich hier mit französischen und einheimischen. Philipp Gerlach, der Schlüter-Schüler Martin Böhme und dessen Schüler Friedrich Wilhelm Diterichs sowie Johann Grael waren die bevorzugten Architekten.

Malerei und Skulptur fallen neben den Leistungen der Baukunst schroff ab. Einzig Antoine Pesne, dessen anfänglich blühender Stil bald nach 1713 jedoch zunehmend trockener wird, leistet Respektables. Die Porträtdarstellung, vornehmlich von Offizieren, und die Wiedergabe von Jagdereignissen werden zur wichtigsten Aufgabe, der sich die deutschen Hofmaler Weidemann, Georg Lisiewski, Johann Christoph Merck, Dismar Degen oder Johann Harper mit oft nur handwerklicher Routine entledigen. Die Skulptur verkümmert gänzlich. In Monbijou, am Hof der Königin Sophie Dorothea, erhält sich jedoch ein Rest der künstlerischen Freizügigkeit der Zeit Friedrichs I.

Seit der Mitte der 1730er Jahre beginnt, vom Kronprinzen Friedrich geweckt, eine neue Entwicklung, das friderizianische Rokoko. Der mit dem Kronprinzen befreundete Georg Wenzeslaus von Knobelsdorff, Architekt, Entwerfer von Ornamenten und Maler, als solcher Schüler Pesnes, war die geniale Persönlichkeit, dessen Intentionen mit denen des Kronprinzen harmonierten. An dessen Hof in Rheinsberg herrschte die kunstfreundlichste Atmosphäre, in der französische, in geringerem Maße auch italienische und niederländische Anregungen mit den eigenen schöpferischen Impulsen und preußischen Stilelementen zu einem unverwechselbaren Ausdruck gediehen. Die Werke Watteaus und seiner Nachfolger (Lancret und Pater), die der Kronprinz mit Leidenschaft sammelte, waren vorbildlich. Pesne wurde in den Kreis mit einbezogen und gelangte zu einer neuen Stil-

Kunstgeschichtliche Einführung. Die Stadt unter den Königen   19

phase, in der nicht nur lebensfrohe Porträts entstanden, sondern auch Landschaften, Genrestücke, mythologische Szenen, auch als Deckenbilder und da wie ironische Paraphrasen der Allegorien aus der Zeit Friedrichs I. anmutend.

In Berlin wirkte sich der neue Aufschwung der Künste erst aus, nachdem Friedrich 1740 die Regierung übernommen hatte. Knobelsdorffs Opernhaus (1740–43), der erste Bau eines neuen Stadtzentrums, des Forum Fridericianum, vertritt bereits einen eleganten Klassizismus, dem das Palais des Prinzen Heinrich von Johann Boumann (seit 1748) nacheiferte, während Knobelsdorff im Neuen Flügel des Charlottenburger Schlosses (1740–47), insbesondere in der Goldenen Galerie, das friderizianische Rokoko einem ersten Höhepunkt zuführte. Dieses Rokoko ist aus dem französischen entwickelt, unterscheidet sich von diesem aber durch eine größere Leichtigkeit, Zierlichkeit und Freiheit des Formenspiels, hinter der jedoch immer ein spezifisch preußisches Element von Straffheit und Kargheit hervortritt. Zu Knobelsdorff gesellten sich Johann August Nahl (als hervorragender Erfinder von Ornamenten), Friedrich Christian Glume, Johann Michael und Johann Christian Hoppenhaupt, Benjamin Giese und Melchior Kambly als Bildhauer, die auch immer wieder zu dekorativen Aufgaben herangezogen wurden, Matthias Heynitschek und Friedrich Wilhelm Höder als Zeichner und Dekorationsmaler. Da der König bald schon Potsdam bevorzugte, wirkte sich für Berlin und Charlottenburg die Förderung der Künste, die man sich beim Regierungsantritt für diese Orte erhofft hatte, doch nicht ganz in dem erwarteten Maße aus.

Ein Erlahmen des Schwunges ist seit der Mitte des Jahrhunderts, verursacht auch durch die Schlesischen Kriege, festzustellen. Bezeichnend ist eine Abschwächung der Zuneigung des Königs zu Watteau und seinen Nachfolgern sowie eine Vernachlässigung der zeitgenössischen Maler, auf der anderen Seite aber eine Hinwendung zu den großen Meistern der Renaissance und des Barock, die er nun in seiner Bildergalerie in Sanssouci sammelte. Die Maler Charles Amédée Philippe Vanloo und Blaise Nicolas Lesueur, die er 1748 aus Paris berief, sind Sterne zweiter Ordnung,

ebenso die Bildhauer François Gaspard Adam und Sigisbert Michel. Nach Knobelsdorffs Tod 1753 fehlt es auch an einem überragenden Architekten. Der 1747 von Boumann begonnene (und 1750 vollendete) Dom am Lustgarten als Ersatz für den im gleichen Jahr abgerissenen alten war künstlerisch unbedeutend. Nach dem 7jährigen Krieg kam es in Berlin zu einem neuen Aufschwung der Bautätigkeit, die nun weniger den Zwecken der Hofhaltung als der Verschönerung der Stadt diente. Seit 1769 entstanden ganz oder größtenteils auf Kosten des Königs die sog. Immediatbauten mit imposanten Fassaden für empfohlene Privatpersonen. Schauarchitekturen waren auch die Kolonnaden am Spittelmarkt (1774) und die Königskolonnaden (1777–80) von Carl von Gontard, ebenso dessen gewaltige Turmbauten auf dem Gendarmenmarkt. Gontard war der bedeutendste Architekt der spätfriderizianischen Epoche, der barockes Gedankengut noch einmal in großartiger Weise wieder aufleben ließ. Neben ihm wirkte vor allem Georg Christian Unger, dessen Zeichnung für die Bibliothek Georg Friedrich Boumann ausführte; Philipp Daniel Boumann baute Schloß Bellevue in einem spröden Klassizismus (1785).

In der Malerei war die Schule Pesnes durch die Porträtisten Joachim Martin Falbe, Johann Gottlieb Glume und vor allem durch Christian Bernhard Rode tonangebend, der in seinen zahlreichen Historienbildern, den gelehrten Neigungen der Zeit folgend, vielfach neue Themen erschlossen hat. Daneben wirkten Johann Christoph Frisch, die drei Kinder Georg Lisiewskis: Christian Friedrich Reinhold, Anna Dorothea (Therbusch) und Anna Rosina (de Gasc), ferner David Matthieu und sein Sohn Georg David. Die Landschaftsmaler, soweit sie nicht Phantasiestücke malten wie Johann Carl Wilhelm Rosenberg und Carl Friedrich Fechhelm, lieferten hauptsächlich Stadtansichten, so Johann Friedrich Meyer, Johann Friedrich und Carl Traugott Fechhelm, Jacob Philipp Hackert und die Stecher Johann David Schleuen und Johann Georg Rosenberg. Das Vorbild Bellottos in Dresden wird bei diesen Vedutenmalern mehr oder weniger deutlich spürbar. Georg Friedrich Schmidt ist der brillanteste Stecher und Radierer, den Berlin im 18. Jh. aufzuweisen hat. Nach dem 7jährigen

20 Kunstgeschichtliche Einführung. Die Stadt unter den Königen

Krieg entwickelte sich, auch aufgrund des schwer erkämpften Sieges, ein neues bürgerliches Selbstbewußtsein, das besonders auf dem Gebiet der Malerei die Kunst weitgehend vom Geschmack des Königs unabhängig machte, der sich seinerseits nicht sehr um die Maler kümmerte. Der bedeutendste dieser bürgerlichen Künstler ist der Danziger Daniel Chodowiecki, der durch seinen Erfindungsreichtum und seinen gesunden Menschenverstand mit seinen Illustrationen weiteste Verbreitung fand. Viele Stoffe, die das 19. Jh. als Historienbilder darstellte, hat er als Illustrator zuerst behandelt. Für die Wiederbelebung der Akademie, die seit 1786 regelmäßig Kunstausstellungen veranstaltete, war er der kräftigste Motor. Neben Chodowiecki ist Johann Wilhelm Meil als Zeichner und Radierer bedeutend.

In der Skulptur ragen im ausgehenden Rokoko einzig Pierre Antoine Tassaert und Friedrich Elias Meyer hervor. Auf dem Gebiet des Kunstgewerbes versuchte die Königliche Porzellan-Manufaktur, 1763 gegründet nach älteren Manufakturen von Kaspar Wegely und Johann Ernst Gotzkowski, Meißen zu überrunden. Gutes leistete sie vor allem mit Tafelgeschirren. In der Kunsttischlerei hatte die Konzeption des Rokoko-Interieurs eine Einheit von Wanddekoration und Mobiliar verlangt und die führenden Bildhauer und Dekorateure wie Nahl, Kambly und die Hoppenhaupts zu Höchstleistungen angespornt. Gegen Ende des Jahrhunderts verselbständigte sich das Möbel wieder. In den Brüdern Spindler besaß Berlin bedeutende Schöpfer von Intarsien. Die klassizistischen Möbel der Berliner und Potsdamer Tischler wie Johann Christian Fiedler und David Hacker, ein Roentgen-Schüler, gehören zu den nobelsten der Zeit. Aus diesen Leistungen entwickelte sich das schlichte bürgerliche Möbel der frühen 19. Jh., bei dem die klare Form die Schönheit des Holzes, mit Vorliebe Mahagoni, zur Geltung bringt. Die vorzüglichsten Beispiele auf diesem Gebiet werden Karl Friedrich Schinkel verdankt.

Die kurze Regierungszeit Friedrich Wilhelms II. (1786–97) ist dennoch reich an künstlerischen Taten. Das Rokoko wurde endgültig überwunden, und der Klassizismus behauptete sich auf allen Gebieten der Kunst. In

der Architektur war der 1786 nach Berlin gekommene Carl Gotthard Langhans sein hervorragendster Vertreter, das Werk, in dem er sich am engsten an griechische Bauten anschloß, das Brandenburger Tor. Dem Stilpluralismus dieser Epoche folgend, hat er seinen Vorstellungen jedoch auch in anderen Formen Ausdruck verliehen. Der Turmaufsatz der Marienkirche ist das erste Beispiel der Neogotik in Berlin; beim Belvedere im Schloßpark von Charlottenburg werden komplizierte Durchdringungen von geometrischen Körpern vorgeführt. Die Kolonnaden in der Mohrenstraße sind in einer geschmeidigen und beschwingten Formensprache gestaltet, die noch viel barocke Elemente enthält. Friedrich Gilly, der früh verstorbene, geniale Lehrer Schinkels, vertrat einen strengeren und schwereren, an französischer Revolutionsarchitektur geschulten Klassizismus. Dieser Haltung folgt Heinrich Gentz in der 1798 bis 1802 (unter Friedrich Wilhelm III.) erbauten Münze, während er in anderen nicht erhaltenen Bauten noch stärker die Weichheit des Frühklassizismus zeigte.

Das Vornehmste leistete diese Zeit in den Innenräumen. Friedrich Wilhelm II. ließ im Berliner Schloß die sogenannten Königskammern ausstatten, bei denen neben Langhans und Gontard auch Erdmannsdorff mitwirkte, der schon 20 Jahre zuvor in Wörlitz bahnbrechend für die neue Baugesinnung gewirkt hatte. Auch in den Schlössern Monbijou, Bellevue, Charlottenburg und Friedrichsfelde (hier bereits 1785), auf der Pfaueninsel und in Palaisbauten wurden viele Räume klassizistisch gestaltet oder umgestaltet. Mit einer bis dahin nicht gekannten Unduldsamkeit verfuhr man aufgrund eines moralischen Anspruches mit der vorangegangenen Epoche und zerstörte dabei viele Interieurs des Rokoko. – Mit Friedrich Wilhelm II. setzte sich auch, vor allem vom Wörlitzer Beispiel inspiriert, der englische Landschaftsgarten in Berlin durch. Ältere Anlagen wie Monbijou, Charlottenburg, Niederschönhausen, zum Teil auch der Tiergarten, wurden umgestaltet. Als neue Anlagen kamen die Pfaueninsel und der Garten von Schloß Bellevue dazu.

Die Hinwendung zur Antike gab der Skulptur in Berlin einen neuen Auftrieb. Johann Gottfried Schadow gelangte über die Nach-

Kunstgeschichtliche Einführung. Die Stadt unter den Königen   21

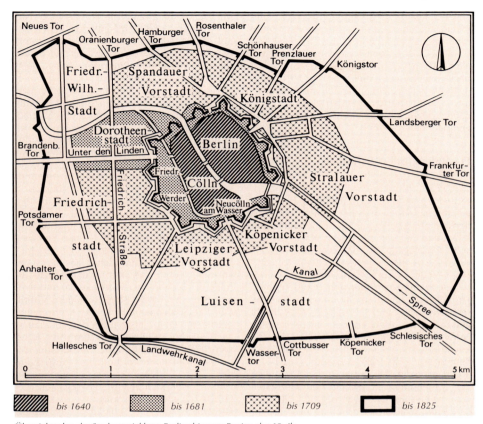

Übersichtsplan der Stadtentwicklung Berlins bis zum Beginn des 19. Jh.

ahmung der Antike hinaus zu einer überzeugend gegenwärtigen Bildhauerei. In ihr kam spezifisch berlinischer Wirklichkeitssinn erstmals über die damit verbundenen Beschränktheiten hinaus zu einem wahrhaft hinreißenden Ausdruck. Bodenständiges erreichte in seinem Werk zum ersten Mal obersten europäischen Rang. Das Grabmal des Grafen von der Mark und die Prinzessinnengruppe sind Höhepunkte seines Schaffens. Die wichtigste Aufgabe, die sich in der Zeit Friedrich Wilhelms II. der Skulptur – und auch der Architektur – stellte, war die eines Denkmals für Friedrich d. Gr.; Rauchs erst 1851 eingeweihtes Reiterstandbild brachte die Lösung. – Die Malerei verlor in der Epoche Friedrich Wilhelms II. an Bedeutung. Die Dekorationsmaler, die er beschäftigte, z. B. Johann Christoph Kimpfel und Johann Gottfried Niedlich, besaßen nur bescheidene Talente.
Mit Friedrich Wilhelm II. läßt der geschmackbildende Einfluß nach, durch den die Souveräne früher ihren Regierungsepochen ein eigenes Gesicht gegeben hatten. Mit dem Erstarken des Bürgertums machte sich die Entwicklung der Kunst weitgehend unabhängig davon. Nur Friedrich Wilhelm IV. und Kaiser Wilhelm II. haben später noch einmal energisch in den Gang der Kunstgeschichte eingegriffen oder es zu tun versucht. Die Akademie war seit dem Ende des 18. Jh. eine mächtige Instanz. Auch waren nun die Künstler im eigenen Lande so zahlreich, daß nicht mehr durch Berufungen von außen Richtungsänderungen

22   Kunstgeschichtliche Einführung. Das Jahrhundert Schinkels

angeordnet werden konnten. Das erwachende Nationalgefühl verlangte die Förderung der einheimischen Kunst. Obschon Berlin seine Weltoffenheit nicht verlor und vor allem französischen Einflüssen zugänglich blieb, hat Friedrich Wilhelm III. (1797–1840) nach diesem Prinzip gehandelt und konnte es tun, weil ihm hervorragende Begabungen auf nahezu allen Gebieten der Kunst zur Verfügung standen.   HB-S

Das Jahrhundert Schinkels

Architektur und Gartenkunst

Auf einen fast völligen Stillstand des Bauwesens in napoleonischer Zeit folgte nach den Befreiungskriegen ein künstlerischer Aufschwung, der vor allem von Karl Friedrich Schinkel ausging. Mit der Wache (1816/17) wandelte er den eigenen Stil von romantischer Neugotik zum Klassizismus. Damit bestätigte er die von Oper und Brandenburger Tor vorgezeichnete Tradition und hob sie mit seinen strengen und sehr reinen, dabei leicht und frei wirkenden Formen auf eine neue Stufe. Beim Schauspielhaus (1818–21) fand er ein elegantes Gliederungsprinzip für große Baumassen. Das Alte Museum (1823–29) drückt den die Zeit bewegenden Gedanken der ästhetischen Erziehung der Menschen denkmalhaft aus und war zugleich, als Pendant zum Schloß und Abschluß des Lustgartens, eine glänzende städtebauliche Tat. Im kubischen Rohziegelbau der Bauakademie (1832–36) fand Schinkel über den Klassizismus hinaus neue Zweckformen für kommende Bauaufgaben des 19. Jh. Schinkels Sinn für das Individuelle führte in den Parks der Umgebung von Potsdam zu Schöpfungen, die antike Formen (teilweise fast im Charakter von Rekonstruktionen) überzeugend in die südlichen Ideallandschaften angeähnelten Gärten einfügen. Von diesem Komplex liegt Glienicke heute im Berliner Stadtgebiet. Seinem Dekorationsstil, in zahlreichen Innenräumen für die preußischen Prinzen in älteren Palais entwickelt, sind ruhige Flächen und sparsam eingesetzter, mehr ornamentaler als malerischer, immer pflanzenhaft durchgebildeter und im Detail oft reicher Schmuck eigen. Die Stileinheit dieser Werke spiegelt sich in jedem seiner Möbel-, Geräte- und Gefäßentwürfe und wirkte auf das Berliner Kunsthandwerk. Ebenso machte Schinkels Fähigkeit, schlichte Bauten durch harmonische Proportionen und feine Profile zu adeln, Schule.

Schinkels Formen, die klare kubische Baugestalt und das feine, gräzisierende Detail, prägten die Berliner Architektur bis nach 1870. Darin fanden die Nachfolger einen Halt in dem die Zeit verunsichernden Historismus. Gewissermaßen ein Schinkel-Schüler war auch Friedrich Wilhelm IV. (1840–61), der über seine Architekten Persius und Stüler entscheidend auf das Bauwesen, besonders im Kirchenbau und dem mehr privaten Bereich der Potsdamer Gärten, einwirkte.

Mit dem Neuen Museum (1841–50) und der Nationalgalerie (1865–69) wurde Schinkels Konzept erweitert; Wohnbauten und repräsentative Staatsbauten folgten klassizistischen Formen, technische oder zweckbetonte Behördenbauten in Rohziegelmaterial und Wölbetechnik bis in die 80er Jahre dem Vorbild der Bauakademie. Glückliche Schöpfungen entstanden im Kirchenbau; in den 40er Jahren altchristliche Basiliken, mit Turm und Annexen zu malerischen Gruppen verbunden, später eine schlankere und reichere Ausprägung des »Rundbogenstils«. Das bedeutendste Werk dieser Richtung ist die Michaelkirche (1851–61) von August Soller.

Die größte Stärke der Schinkel-Schule war der villenartige Wohnbau, der vor allem unter Friedrich Hitzig von ländlich einfachen, spröden Formen der 40er Jahre zu repräsentativeren überging. Zunächst wurde in Tiergartennähe, später in Villenkolonien im Südwesten gebaut.

Der Theoretiker Carl Boetticher befruchtete mit einer konstruktiven Auslegung der griechischen Baukunst noch einmal die Schinkel-Schule der 60er Jahre. Der bedeutendste Vertreter dieser »tektonischen« Richtung war Martin Gropius. Seine Villen hatten Würfelform und eine friesartige Zone unter dem als Holzkonstruktion gekennzeichneten Dach. Die Monumentalform einer solchen Villa, zugleich ein Nachfolger der Bauakademie, ist das Kunstgewerbemuseum (1877–81). Von Schinkel unterscheidet sich Gropius durch deutliche Renaissanceformen.

Kunstgeschichtliche Einführung. Das Jahrhundert Schinkels

Schloßbrücke, Lustgarten,
Altes Museum und Dom
(um 1903; vgl. Abb. S. 73)

Der noble Versuch, in einer »hellenischen Renaissance« Schinkels Präzision mit dem neuen Vorbild-Stil zu verbinden, wurde schnell von dem auf plastisch bewegte Fassaden zielenden Geschmackswandel überholt. Richard Lucae folgte ihm mit dem Palais Borsig 1875 auf gemäßigte Weise. Aber nachdem noch am Anfang des Kaiserreiches ein schwer gewordener Klassizismus, durch das nun leicht erreichbare gute Steinmaterial veredelt – z. B. in der Börse und den Banken der Gründerjahre –, der neuen Repräsentation genügt hatte, wurde seit ca. 1875 der lange zurückgehaltene plastisch bewegte Historismus der Pariser École des Beaux-Arts, der neben Renaissanceformen auch bereits barocke verarbeitete, in breitem Strom übernommen. Bei der rapiden Entwicklung Berlins zur Weltstadt beherrschte diese laute Architektur mit Kolossalordnungen, Ädikulen, Vorsprüngen, Kuppeln und Turmaufsätzen bald das Straßenbild. Der Reichstag von Paul Wallot (1884–94) war im politischen, der Domneubau von Raschdorff (1894–1905) im kirchlichen Bereich Ausdruck des neuen Selbstgefühls. Doch nicht nur öffentliche Bauten, sondern auch Mietshäuser übernahmen diese Formen herrschaftlicher Fassaden, hinter denen sich enge, lichtlose, mehrfach hintereinandergestaffelte Hinterhofbauten verbargen.
Im Villenbau wurden historische Formen individueller, daher oft ansprechender verwendet. Hier erscheinen schon in den 80er Jahren burgartige Formen und Giebel im Stil der deutschen Renaissance, die dann, neben solchen der Backsteingotik, auch bei Mietshäusern, Rathäusern usw. den Eindruck gewachsener Stadtzusammenhänge erzeugen sollten. Auf dieser Vorstellung basierten viele Projekte des Stadtbaurats Ludwig Hoffmann, der »Inseln des Geschmacks« in der anonymen Stadtlandschaft anzulegen wünschte. Dabei bediente er sich verschiedener Stilformen, so im Märkischen Museum (1901–07) der Gotik, im Virchow-Krankenhaus (1899–1906) des Barock, oft mit einem alles einbindenden weichen Duktus, der schon dem Formgefühl des Jugendstils entsprach. *EB-S*

24 Kunstgeschichtliche Einführung. Das Jahrhundert Schinkels

Städtebaulich begann in der 1. Hälfte des 19. Jh. die Ausdehnung Berlins nach SO (Köpenick). 1862 legte ein Bebauungsplan des Polizeipräsidiums (»Hobrecht-Plan«) – von dem Ingenieur James Hobrecht nach Pariser Vorbild (Haussmann) entworfen – das Straßennetz weit über das damals bebaute Gebiet hinaus fest. Eine große Ringstraße sollte das ganze Stadtgebiet umfassen; sie wurde im S mit zahlreichen Plätzen ausgebaut, deren Namen noch heute an Generale und Schlachtorte der Befreiungskriege erinnern. Die nördl. Führung wurde nur in großen Zügen festgelegt, die westl. Verbindung blieb unklar. Dieser Plan entfesselte wilde Bauspekulationen, die zur rücksichtslosen Ausnutzung im Inneren der Baublockgrenzen führten. Das Ziel der Planung war – wie in Paris – die Schaffung eines repräsentativen Stadtbildes bei gleichzeitiger Vorsorge gegen innere Unruhen: Breite, übersichtliche Straßenzüge sollten den Bau von Barrikaden unmöglich machen, die hierarchisch geordnete Bevölkerungsmischung in Vorderhäusern und Hinterhofgebäuden die Konzentration unerwünschter Elemente in bestimmten Stadtteilen verhindern. Hinderlich für die städtebauliche und verkehrstechnische Entwicklung der Stadt waren die zahlreichen, in einem Ring um das Zentrum liegenden Kopfbahnhöfe (der ursprünglich voneinander unabhängigen, privaten Eisenbahngesellschaften). Durch Anlage der Ringbahn (seit 1871) und der Stadtbahn (1882) wurden die notwendigen Verkehrsverbindungen hergestellt.
Die städtische Baupolitik verbesserte sich wesentlich erst mit der Bauordnung von 1925. Den amtlichen Planungen des 19. Jh. standen jedoch bemerkenswerte private Initiativen gegenüber. In den 60er Jahren riefen Unternehmer wie W. Carstenn und H. Quistorp – nach englischem Vorbild – Gartenstädte ins Leben, die z. T. noch heute geschätzte Wohninseln im Siedlungsgefüge der Stadt bilden (die Villenkolonien Westend, Lichterfelde und Friedenau). Gegen Ende des Jahrhunderts entstand, unter kräftiger Mithilfe des auch ökonomisch interessierten Reichskanzlers Bismarck, die Villenkolonie Grunewald. Zu den letzten städtebaulichen Maßnahmen der ausgehenden Monarchie gehörte die Anlage großer Ausfallstraßen (Kaiserdamm / Döberitzer

Heerstraße, Kurfürstendamm, Hohenzollerndamm) und einiger Wohnanlagen in aufgelokkerter Bauweise.   GK
Auf dem Gebiet der Gartenkunst setzte der 1816 nach Berlin berufene Peter Joseph Lenné die Tradition des 18. Jh. auf die glänzendste Weise fort. Seit 1816 war er in Glienicke tätig. 1821 gestaltete er den Park von Friedrichsfelde, seit 1822 die Pfaueninsel, 1832 den Lustgarten, 1832–39 den Tiergarten, 1846 bis 1848 den Friedrichshain. In der 2. Jahrhunderthälfte wirkten die Ideen Lennés in großen Parkanlagen für die rasch anwachsende Bevölkerung Berlins fort. Gustav Meyer gestaltete den Humboldthain (1870–72), den Treptower Park (1876–88) und den Kleinen Tiergarten (1876) – Erholungszentren besonders für die dichtbesiedelten Wohngebiete. Eine Dramatisierung erfuhr der Landschaftsgarten im Viktoriapark in Kreuzberg von Hermann Mächtig (1888–94). Der Hobrecht-Plan von 1862 sah auch innerhalb des bebauten Stadtgebietes an wichtigen Plätzen Schmuckanlagen vor, in denen Formen des barocken Gartens wieder auflebten.   HB-S

Malerei und Skulptur

Den wichtigsten Beitrag zur *Malerei* der Frühromantik hat in Berlin ebenfalls Schinkel geleistet, der in den ersten beiden Jahrzehnten des Jahrhunderts, später seltener, ideale Landschaften von hohem geistigem Anspruch schuf. Sein Hauptwerk sind die Entwürfe zu den Fresken der Vorhalle des Alten Museums. Die Aufgeschlossenheit einzelner Kreise für die Ideen der Frühromantik bestätigt sich in den Ankäufen von Werken Caspar David Friedrichs durch das Königshaus seit 1810, später auch durch den Verleger Georg Andreas Reimer. Die Skepsis gegenüber dieser Geisteshaltung wird andererseits darin deutlich, daß weder Schinkels noch Friedrichs Malerei in Berlin eine breitere Nachfolge fand. Blechen, der bedeutendste Berliner Landschaftsmaler, der auf Friedrich und Schinkel aufbaute, konnte sich nicht wirklich durchsetzen, obgleich er zahlreiche Schüler hatte und seine impulsive Malweise ebenso wie sein Kolorit weiterwirkten (z. B. bei Eduard Hildebrand, Julius Jacob oder Albert Hertel). In der Landschaftsmalerei dominierte

Kunstgeschichtliche Einführung. Das Jahrhundert Schinkels   25

die sachliche Vedute, deren bester Vertreter
Eduard Gaertner war. Friedrich Wilhelm
Klose, Wilhelm Brücke, Eduard Biermann,
Maximilian Roch, später auch Carl Graeb
arbeiteten in vergleichbarer Weise. Johann
Erdmann Hummel gewann der Wirklichkeit
durch eine manieristische Zuspitzung eine
überwirkliche Dimension ab.
Die wachsende Prosperität der preußischen
Hauptstadt und ihre Anziehungskraft boten
der Bildnismalerei einen guten Nährboden.
Vom Beginn des Jahrhunderts an bis zum
Ende und darüber hinaus reicht eine Kette
tüchtiger, zumeist auf dem Boden sachlicher
Wiedergabe bleibender Porträtisten: Friedrich
Georg Weitsch, Eduard Magnus, Johann Eduard Wolff, Carl Begas, Ludwig Knaus und
andere. Franz Krüger weitete das Porträt in
seinen Paraden zur Darstellung der ganzen
Berliner Gesellschaft aus. Carl Steffeck war
sein bester Schüler.
Auf dem Gebiet der Historienmalerei kann
Berlin, seit dem 17. Jh. um Veranschaulichung patriotischer Ideen und Erinnerungen
bemüht, auch in Fortsetzung der Arbeiten
Rodes, schon um 1800 mit Darstellungen aus
der vaterländischen Geschichte aufwarten
(Johann Carl Heinrich Kretschmar, Weitsch,
später Carl Wilhelm Kolbe d. J.). Diese Werke
sind für die führenden Künstler der Düsseldorfer Schule, die 1826 Berlin verließen, für Wilhelm Schadow, Julius Hübner, Eduard Bendemann und Carl Friedrich Lessing, eine Voraussetzung. Malerisch am großartigsten und
zugleich auch am ehrlichsten und engagierte-
sten ist das patriotische Historienbild bei
Adolph Menzel, der auch in anderen Gattungen, als Illustrator und als Zeichner, aufgrund
seines technischen Könnens und der Schärfe
sowohl des Sehens wie des Denkens in Berlin unübertroffen ist. Wilhelm Camphausen,
Georg Bleibtreu, Carl Röchling, Anton von
Werner und andere pflegten in der zweiten
Jahrhunderthälfte das politische Historienbild ohne vergleichbare künstlerische Intelligenz.
Die idealistische Richtung der Nazarener
konnte sich hier nicht durchsetzen. Cornelius,
den Friedrich Wilhelm IV. 1841 aus München
berief, übte kaum eine wesentliche Wirkung
aus, eher schon Wilhelm von Kaulbach. Auch
in der Genremalerei hatte die volksnahe Er-

zählweise Theodor Hosemanns z. B. mehr Erfolg als die idealisierte.
Während Berlin auf dem Gebiet der Malerei –
im Urteil des 19. Jh. wenigstens – hinter München und Düsseldorf zurückblieb, ist es auf
dem der *Skulptur* dank der von Schadow eingeleiteten Entwicklung mit Abstand führend
gewesen. Neben Schadow blühte im Beginn
des Jahrhunderts schon das Talent Christian
Daniel Rauchs auf, der mit dem Luisen-
Monument (1811–14) sein erstes Meisterwerk
schuf. Der Sieg über Napoleon, später auch
die Verherrlichung von Geistesgrößen veran-
laßten die Errichtung zahlreicher Denkmäler,
bei denen Rauch die verehrende Idealisierung
durch Wirklichkeitsnähe im Detail glaubhaft
machte. Die gleiche Synthese machte ihn als
Porträtisten beliebt. Er bildete viele Schüler
aus, die seinen Stil weiterführten, aber auch
den Inhalt der plastischen Darstellung teils
zum Genrehaften, teils zum Sinnlich-Erregen-
den (Theodor Kalide) hin erweiterten, unter
ihnen Gustav Bläser, Friedrich Drake, Albert
Wolff und als wichtigster Reinhold Begas. Neben Rauch wirkten, nicht weit entfernt von
seinem Stil, Friedrich Tieck und die Schadow-
Schüler Ludwig und Carl Wichmann, ferner
Emil Wolff. Der begabte Rudolf Schadow
starb jung 1822 in Rom. Ohne eine ständige
und enge Verbindung mit Rom und dadurch
auch mit der Antike ist die Blüte der Berliner
Bildhauerei des 19. Jh. nicht vorstellbar. Ihre
Thematik war, vom Porträt abgesehen, weitgehend antikisch. Das Religiöse trat zurück.
In der zweiten Generation der Rauch-Schule
ändert sich das nicht. Der Stil wird jedoch
barocker, theatralischer. Die lockere Oberfläche spielt mit dem Licht. Statt der gesammelten Erscheinung wird mehr die ausstrahlende
Wirkung erstrebt. Die führenden Namen sind
Gustav Eberlein und Rudolf Siemering als
Schüler Bläsers, Erdmann Encke und Fritz
Schaper als Schüler Albert Wolffs, Karl Begas
d. J. und Joseph Uphues als Schüler Reinhold
Begas' und Alexander Calandrelli als Schüler
Drakes. Die Denkmalfreudigkeit Berlins erreichte einen letzten Höhepunkt in der Siegesallee (1898–1901), einer Verherrlichung der
gesamten brandenburgisch-preußischen Geschichte durch eine Folge von 32 Denkmälern.   *HB-S*

Berlin im 20. Jahrhundert

Architektur

Als der Stadtbaurat Ludwig Hoffmann nach 28jähriger Amtszeit am 1. April 1924 – viele meinten: zu spät – aus seinem Amte schied, konnte sich eine jüngere Architektengeneration endlich freier entfalten, die allzu lange darauf hatte warten müssen. Doch schon während seiner langen Amtsdauer ist eine ermutigende Reihe neuer Bauten entstanden, welche die Überwindung des Historismus und seiner pomphaften Auswüchse, die man allgemein als »wilhelminisch« bezeichnet, angedeutet haben. Zu den Architekten dieser Bauten gehörten Alfred Messel mit seinen weltbekannten, im 2. Weltkrieg zerstörten Wertheim-Bauten am Leipziger Platz (seit 1897), Paul Mebes mit seinen Wohnhausgruppen für den Beamten-Wohnungs-Verein, die, an Vorbildern »um 1800« (so der Titel seines zweibändigen Abbildungswerkes) orientiert, spätere Entwicklungen vorwegnahmen, und vor allem Peter Behrens, der mit seiner umfangreichen Tätigkeit für die AEG das Umfeld dessen absteckte, was man heute mit dem Begriff »industrial design« umschreibt. Zu seinem Arbeitsbereich gehörten nicht nur die Bauten dieses Elektrokonzerns, für die stellvertretend die Turbinenfabrik an der Huttenstraße (1909) hier genannt sei, sondern auch die Gestaltung der Industrieerzeugnisse (z. B. Lampen und Elektrogeräte) und noch so geringfügig erscheinender Kleinigkeiten wie des Firmenzeichens – der heute in aller Welt geläufigen drei Antiquabuchstaben. In Peter Behrens' Berliner Büro arbeiteten zeitweilig, das sei nicht vergessen, Walter Gropius (als Büroleiter), Ludwig Mies van der Rohe und auch Le Corbusier.
Ebenfalls nicht zu vergessen ist in dieser Reihe Hermann Muthesius, hauptsächlich mit seinen bürgerlichen Wohnhäusern in den Gartenvorstädten. In Verbindung mit seinem Namen muß selbstverständlich der Deutsche Werkbund genannt werden, der 1907 zwar in München gegründet worden ist, seine Geschäftsstelle aber am Schöneberger Ufer in Berlin hatte. Muthesius war Gründungsmitglied und 2. Vorsitzender des Werkbundes; Theodor Heuss gehörte ihm seit 1913 an.

Ludwig Hoffmanns Weggang aus dem Amt fiel zeitlich zusammen mit dem Wiederbeginn bedeutender Bautätigkeiten nach dem Ende der Inflation. Sein Nachfolger Martin Wagner kam aus dem Umkreis der genossenschaftlichen Bauhütten und hatte gute Kontakte zu den jungen Architekten, die sich nach Beendigung des 1. Weltkriegs im »Arbeitsrat für Kunst«, in der »Novembergruppe« und in der fast logenhaft wirkenden »Gläsernen Kette« zusammengeschlossen hatten. Der Briefwechsel ihrer Mitglieder, angefüllt mit Visionen einer so phantastischen wie humanen Architektur, ist heute noch erregend zu lesen. Einige dieser Architekten fanden später zu der Architektenvereinigung »Der Ring«, deren Geschäftsführer Hugo Häring war. Diese Architekten bestimmten mengenmäßig zwar nur einen kleineren Teil des Bauvolumens, sie waren aber der Qualität nach die führenden Geister. Zu ihnen gehörten vor allem die Brüder Bruno und Max Taut, Hans und Wassili Luckhardt, Erich Mendelsohn, Hans Scharoun, Ludwig Mies van der Rohe, Bruno Paul, Peter Behrens, aber auch Hans Poelzig und Heinrich Tessenow. Alle diese Architekten waren höchst individuelle Persönlichkeiten; sie über einen Kamm zu scheren wäre unbillig, und doch haben sie gemeinsam an der Formung des architektonischen Bildes Berlins gearbeitet, das als Leistung des 1. Drittels des 20. Jh. Weltrang beanspruchen darf – vielleicht ist es die einzige architektonische Leistung Berlins, die diesen Rang wirklich verdient.
Vor allem sind hier die großen Siedlungsgebiete am inneren Stadtrand zu nennen: Lindenhof in Schöneberg (1918/19, Martin Wagner), Freie Scholle in Tegel (1924–26, Bruno Taut), Hufeisensiedlung Britz (1925–27, Bruno Taut und Martin Wagner), Onkel Toms Hütte in Zehlendorf (1926–31, Bruno Taut, Otto Rudolf Salvisberg, Hugo Häring), Siemensstadt (1929–31, Hans Scharoun, Walter Gropius, Hugo Häring, Otto Bartning, Paul Rudolf Henning, Fred Forbat) und die Weiße Stadt in Reinickendorf (1929/30, Wilhelm Büning, Otto Rudolf Salvisberg, Bruno Ahrends). Hinzu kommen einzelne Wohnbauten von Paul Mebes und Paul Emmerich, Erwin Gutkind, Anton Brenner, Max Taut und Franz Hoffmann, Alexander Klein, Hans und Was-

Kunstgeschichtliche Einführung. Berlin im 20. Jahrhundert 27

sili Luckhardt, Ludwig Mies van der Rohe, Hans Scharoun, Heinrich Tessenow und anderen. Die gleichen Architekten schufen bedeutende Geschäftshäuser, Verwaltungsgebäude und öffentliche Bauten: Bruno und Max Taut errichteten gleichzeitig mit Erich Mendelsohn die Gewerkschaftshäuser, Peter Behrens baute die beiden Bürohäuser »Alexander« und »Berolina« am Alexanderplatz, Bruno Paul das Kathreinerhaus am Kleistpark, Hans Poelzig das »Haus des Rundfunks« nahe dem Funkturm von Heinrich Straumer. Von Heinrich Tessenow stammt das Stadtbad Mitte in der Gartenstraße, von Martin Wagner und Richard Ermisch die hervorragend in die Havellandschaft eingebettete Anlage des Strandbades Wannsee. Nicht zu vergessen ist die erste Anlage eines Verkehrsflughafens in Deutschland, des sog. »Alten Hafens« in Tempelhof von Heinrich Kosina und Paul Mahlberg, der bis 1945 gedient hat. Einige bedeutende Kirchenbauten gehören ebenfalls dieser Zeit an, so die Kirche am Hohenzollernplatz von Fritz Höger, die Kreuzkirche in Schmargendorf von Ernst und Günther Paulus, die Kirche auf dem Tempelhofer Feld von Fritz Bräuning – allen voran aber die Gustav-Adolf-Kirche nahe dem Bahnhof Jungfernheide von Otto Bartning. Unter den Industriebauten ragen besonders die für die Siemenswerke hervor, die Hans Hertlein geschaffen hat. Die Verkehrsbauten, darunter die für die U-Bahn von Alfred Grenander, haben nicht minderen Rang.

Der Abbruch dieser für Berlin bedeutenden Bautätigkeit begann schon um 1930 mit der ihrem Höhepunkt zueilenden Weltwirtschaftskrise; er wurde besiegelt durch die Ereignisse des Jahres 1933. Die meisten der genannten Architekten wanderten aus oder erhielten praktisch Berufsverbot; nur wenige konnten sich mit unbedeutenden Aufgaben über die Zeit des Nationalsozialismus bringen.

Das Bauen jener Jahre wurde zunächst bestimmt durch zufällig und in Eile entstehende Bauten, so für das Hauptgebäude der Reichshauptbank (Heinrich Wolf) und das Reichsluftfahrtministerium (Ernst Sagebiel, früher im Büro Mendelsohn). Erst 1937, mit der Ernennung Albert Speers zum »Generalbauinspektor für die Reichshauptstadt«, tauchten die gigantomanischen Planungen mit überlangen Achsen und riesenhaften Plätzen für noch riesenhaftere Bauten auf, die durchweg Torso blieben – wenn sie überhaupt begonnen wurden – und deren Anfänge zum Teil nach dem Kriege wieder beseitigt wurden. Geblieben sind die Neubauten am Flughafen Tempelhof (Ernst Sagebiel), am Fehrbelliner Platz (Otto Firle und andere), die Messebauten an der Masurenallee (Richard Ermisch) und die Anlagen des Olympiastadions, von Walter und Werner March zu den Olympischen Spielen 1936 als »Reichssportfeld« erbaut – doch schon vor 1933 geplant und zunächst als Erweiterung und Umbau des 1912 vom Vater Otto March erbauten »Deutschen Stadions« begonnen. Geblieben sind die steifen Laternenreihen des Ost-West-Straßenzuges von Unter den Linden bis zum heutigen Theodor-Heuss-Platz.

Nach dem Zusammenbruch 1945 wurde zunächst Hans Scharoun Berlins erster Stadtbaurat nach dem 2. Weltkrieg. Die Anfänge waren schwer; erst viel später – nach Währungsreformen und Blockade – kam das Bauen wieder in Gang, das dann, wie andernorts auch, für viele Jahre vom Zwang des Wiederherstellens von Wohn-, Arbeits- und Schulraum bestimmt war. Herausragende Zeugnisse neuen Bauwillens in West-Berlin waren zunächst die Bauten des wiederaufgebauten Hansaviertels nach Plänen bedeutender in- und ausländischer Architekten (1957), gleichzeitig das Wohnhaus (»Unité d'habitation«) von Le Corbusier neben dem Olympiastadion und die Kongreßhalle im Tiergarten von Hugh Stubbins. Erst in den 60er Jahren bekamen die »Heroen« des Neuen Bauens der 20er Jahre Gelegenheit, einige ihrer Bauideen zu verwirklichen: Hans Scharoun baute die Philharmonie (1963); der Bau der benachbarten Staatsbibliothek, erst 1978 vollendet, geht ebenfalls noch auf die Pläne Scharouns zurück; Ludwig Mies van der Rohe baute die Neue Nationalgalerie am Landwehrkanal (1968); Walter Gropius leitete zu Beginn der 60er Jahre die Planung der später nach ihm benannten »Gropiusstadt« südlich der Tautschen Hufeisensiedlung ein und erlebte damit im Laufe der folgenden Jahre – nach eigenen Worten – eine bittere Enttäuschung. Das zweite große Wohngebiet wurde als »Märki-

Brüderstraße um 1948 mit Blick auf die nach 1960 abgetragene Ruine der Petrikirche

sches Viertel« am nördlichen Stadtrand gebaut; seine Planer waren Werner Düttmann, Hans Müller und Georg Heinrichs: Wohl keine der Stadterweiterungen in Deutschland ist – mit Recht – so in das Kreuzfeuer der Kritik geraten wie diese. Spekulationsbauten blühten (und verblühten) allenthalben.

Mitte der 70er Jahre begann eine Besinnung auf bescheidenere planerische Ziele (»Stadtreparatur«) unter Abkehr von der großflächigen Kahlschlagsanierung. Das Internationale Congress Centrum (Ralf Schüler und Ursulina Schüler-Witte) war einer der letzten Großbauten; mit dem Baubeginn des Kunstgewerbemuseums an der Tiergartenstraße (Rolf Gutbrod) wurde das Ensemble der Museen abendländischer Kulturen der Stiftung Preußischer Kulturbesitz eingeleitet.

Die Entwicklung der 80er Jahre war – in beiden Teilen der Stadt – gekennzeichnet durch bemühte Anstrengungen zur »Verschönerung« der Innenstadt, nicht zuletzt im Blick auf das 750-Jahre-Stadtjubiläum, das 1987 mit gleicher Intensität, getrennt, diesseits und jenseits der Mauer, begangen worden ist. Die im Westteil seit 1973 vorbereitete, mehrmals verschobene, schließlich in zwei Phasen, 1984 und 1987, gefeierte »Internationale Bauausstellung« (IBA) gliederte sich in zwei recht unterschiedliche Teile: 1. »Stadtneubau« (Leitung: Josef Paul Kleihues) und 2. »Behutsame Stadterneuerung« (Leitung: Hardt-Waltherr Hämer). Der Schwerpunkt des Stadtneubaus lag in der südlichen Friedrichstadt zwischen Kochstraße und Mehringplatz, bezog aber auch einige Neubaugebiete im Tiergartenviertel (irreführend als »Südliches« bezeichnet), am Prager Platz in Wilmersdorf und das Gebiet am Tegeler Hafen ein. Unverkennbar ist ein ehrgeiziges Streben nach repräsentativ

Kunstgeschichtliche Einführung. Berlin im 20. Jahrhundert 29

wirkenden Bauten und weltberühmten Architektennamen, während stadt- und sozialpolitische Aspekte des Wohnens oft vernachlässigt blieben. Bei der behutsamen Stadterneuerung, die den Behörden abgerungen werden mußte, stand jedoch gerade dieser Gedanke im Vordergrund, auch wenn ihre Ergebnisse nicht immer den angestrebten Idealen entsprechen. Während die Neubaugebiete nach Ablauf der Ausstellung in die Zuständigkeit der Verwaltung zurückgegeben wurden, arbeitet die »Behutsame Stadterneuerung« als »STERN-GmbH« weiter.

Ein anderer wesentlicher Aspekt der 80er Jahre in Berlin (West) war die Fortsetzung der Kulturbauten: Museen, Kammermusiksaal und Universitätsbauten. Die jahrelangen Diskussionen um das »Kulturforum« mit wechselnden Planvarianten, ausgelöst durch die »Neubau«-IBA, haben sich beruhigt; neuen Diskussionsstoff indes liefern die Pläne für das Projekt des »Deutschen Historischen Museums« und für die Erweiterung des Berlin Museums, der Amerika-Gedenkbibliothek sowie der Akademie der Künste am Tiergarten.

Ost-Berlin ist nach der Spaltung der Stadt (1948) auch auf architektonisch-planerischem Gebiet eigene Wege gegangen, die sich, in enger Anlehnung an die jeweiligen Strömungen in der Sowjetunion – am deutlichsten abzulesen an der »Stalinallee« (heute Karl-Marx-Allee) – an planwirtschaftlich-technokratischen Zielen orientierten. Im Stadtzentrum war zunächst das Bestreben spürbar, dem Rang des Ostteils der Stadt als Hauptstadt der DDR durch repräsentative Bauten Rechnung zu tragen: Staatsratsgebäude, Fernsehturm, Palast der Republik. Zu öffentlichen Auseinandersetzungen um Planungs- oder Baufragen kam es kaum; es wurde, wenn Beschlüsse der zuständigen Gremien vorlagen, mit Hilfe des planwirtschaftlichen Instrumentariums relativ schnell gebaut. Um die Nikolaikirche ist ein kleinmaßstäbliches »Nikolaiviertel« als Ersatz für die zerstörte Altstadt entstanden, das zum Stadtjubiläum mit den Mitteln industrialisierten Bauens aus dem Boden gestampft wurde. Der Platz der Akademie (früher Gendarmenmarkt) hat sich belebt; mit der Rekonstruktion kriegszerstörter oder gar verschwundener Baudenkmäler ging man ziemlich großzügig um.

Seit Mitte der 70er Jahre beherrscht der Neubau großer Wohngebiete, aus einheitlichen Typen industriell montiert, die Bauszene: Marzahn, Hellersdorf, Hohenschönhausen; vor der Stadt Hönow. Seit dem Stadtjubiläum wendet man sich wieder verstärkt der Innenstadt zu: Neue Wohnhäuser entstehen in Baulücken aus gleichförmigen Betonplatten, deren steriler Monotonie man durch künstlerische Objekte am Bau und im Straßenraum naiv zu begegnen sucht.

Die politischen Ereignisse seit dem Herbst 1989 haben mit der Wiedervereinigung der Stadt 1990 völlig veränderte Verhältnisse geschaffen, deren Auswirkungen in der Planungs- und Baupolitik erst langsam sichtbar werden – abgesehen vom Verschwinden die Ost- und Westteile der Stadt trennenden Mauer. Die bisherigen Planungen an der Nahtstelle, die – überwiegend im Ostteil der Stadt – nur wenig Rücksicht auf historisch gewachsene Strukturen genommen haben, bedürfen sorgfältiger Revision, um überstürzte Fehlentscheidungen zu vermeiden. *GK*

Malerei und Skulptur

Sucht man nach einer Zäsur, die den Beginn der »modernen« *Malerei* in Berlin signalisiert, so wird man sie am ehesten in dem Auftreten Edvard Munchs 1892 und der Schließung einer Ausstellung seiner Werke auf Betreiben Anton von Werners finden. Hier wurde der Konflikt zwischen der offiziellen Kunst und einer Malerei, die demonstrativ auf erhabene Inhalte verzichtete, deutlich. In der Malweise gibt es indes Verbindungen zwischen beiden Lagern. Von Anton von Werner oder von Arthur Kampf kennt man prachtvoll locker gemalte Studien.

Die führende Persönlichkeit der oppositionellen Malerei war Max Liebermann. Um ihn bildete sich die »Gruppe der XI«, die 1898 in der »Berliner Secession« wiederum mit Liebermann an der Spitze aufging. Walter Leistikow, Philipp Franck und Karl Hagemeister waren vor allem Darsteller der märkischen Landschaft in großzügiger Form, mit Pathos, aber doch naturnah. Ludwig von Hofmann war einer idealen Vorstellung der Einheit von Mensch und Natur verpflichtet, wogegen Franz Skarbina in der Nachfolge Menzels die

30   Kunstgeschichtliche Einführung. Berlin im 20. Jahrhundert

Realität schilderte. In den Arbeiterszenen von Hans Baluschek wird ein sozialkritischer Ton angeschlagen. Otto Nagel widmete sich ausschließlich der tristen Seite des Berliner Arbeitermilieus, während Heinrich Zille als Zeichner ihm auch humorvolle Züge abgewann. Käthe Kollwitz, seit 1891 in Berlin, hob die sozial engagierte Kunst in ihren graphischen Arbeiten und Skulpturen auf das höchste Niveau. Lovis Corinth stieß 1900, Max Slevogt 1901, Max Beckmann 1906, Lesser Ury (seit 1887 in Berlin) 1915 zur »Secession«, so daß Berlin das Zentrum des deutschen Impressionismus bildete. Die Modernität dieser Malerei wurde durch eine neue revolutionäre Welle überboten, die 1910 zur Gründung der »Neuen Secession« unter Max Pechstein führte. Ihr traten die nach Berlin übergesiedelten »Brücke«-Künstler bei. Statt einer objektiven Schilderung der Umwelt wurde im Gegenstand mehr das Echo einer übersteigerten subjektiven Empfindung gesucht, wofür die Hektik des weltstädtischen Berlin ein Stimulans bot. Die 1910 von Herwarth Walden gegründete Zeitschrift »Der Sturm« war ein Kristallisationspunkt vieler bedeutender Künstler der Moderne, auch des Auslands. 1910 zog Walden Kokoschka hierher. In Waldens Galerie ergänzten Ausstellungen seine publizistische Tätigkeit.

Die Malerei Berlins verlor in dieser Zeit weitgehend ihre lokal bedingten Züge, die in der »Secession« von 1898 noch erhalten geblieben waren. Die Stadt wurde zum internationalen Umschlagplatz künstlerischer Ideen. Obgleich die Monarchie noch bestand, gab es nicht mehr den Willen einer ordnenden politischen Kraft, welche die Kunst formte, sondern das Fluidum der Weltstadt bot den nach Freiheit strebenden Künsten lediglich ein günstiges Klima.

Der Zusammenbruch von 1918 und die Revolution hatten erneut eine aufputschende Wirkung. Georg Tappert, Max Pechstein, Conrad Felixmüller, Otto Dix, George Grosz, Ludwig Meidner und andere schlossen sich in der »Novembergruppe« zusammen und äußerten sich aggressiv, zumeist sozialkritisch. El Lissitzky und Moholy-Nagy vertraten eine streng abstrakte Richtung. Kandinsky lebte 1921 und 1933 hier. Hannah Höch war die Exponentin der Berliner Dada-Bewegung. Aber auch eher lyrische Begabungen wie Hans Purrmann und Rudolf Levy wurden von Berlin in der Nachkriegszeit angezogen. Die moderne Abteilung der Nationalgalerie im Kronprinzenpalais (seit 1919) spiegelte diese Lebendigkeit. – Mit der Machtergreifung der Nationalsozialisten endete diese Epoche abrupt, obgleich sich schon gegen Ende der 20er Jahre wie allenthalben in Europa Ermüdungserscheinungen der revolutionären Kunst bemerkbar machten. Die besten Maler Berlins emigrierten oder erhielten Mal- und Ausstellungsverbot.

Nach 1945 war Karl Hofer die führende Persönlichkeit des Wiederaufbaus in der Kunst. Er wandte sich heftig gegen die Strömung der gegenstandslosen Malerei. Die namhaftesten Vertreter dieser Richtung waren bzw. sind in Berlin Theodor Werner, Hann Trier und Fred Thieler. Ein die ausgewogene Form betonender gemilderter Expressionismus hat in Hans Orlowski, Alexander Camaro, Friedrich Ahlers-Hestermann, Ernst Schumacher, Max Kaus, Peter Janssen und Carl-Heinz Kliemann gute Vertreter gefunden. Werner Heldt führte innerhalb dieser Richtung die Tradition der Berliner Stadtlandschaft fort.

Berlin ist reich an jüngeren Begabungen. Die Stadt zieht viele Künstler durch ihr anregendes, nicht zuletzt durch die politische Lage bestimmtes Klima an. Ein Umschlagplatz neuer Ideen ist sie jedoch kaum. Die Gruppe der »Jungen Wilden« – Karl Horst Hödicke, Salomé, Luciano Castelli, Rainer Fetting, Helmut Middendorf und andere – konnte noch einmal seit 1977 mit einem Ausdruck forcierter Vitalität und mit selbstbewußt-ruder Gestik den Blick auf sich und die Stadt lenken und entsprach damit auch dem in der Politik in den 80er Jahren vorherrschenden Geist. Obgleich die Künstler die Verhältnisse in sehr verschiedener Weise verarbeiten, zeichnet sich doch eine Art von berlinischem Lokalstil ab.

In der *Skulptur* war der Bruch zwischen konservativ-offizieller und modern-revolutionärer Kunst nicht so schroff wie in der Malerei. Mit Louis Tuaillon begann um 1900, angeregt durch die Deutschrömer, eine Strömung, die sich durch plastische Formstrenge als Ausdruck menschlicher Haltung von der Richtung der Enkelschüler Rauchs unterschied. Hugo Lederer entwickelte einen neuen monumentalen Denkmalstil.

Kunstgeschichtliche Einführung. Berlin im 20. Jahrhundert   31

Mit der Monarchie endete indes die Zeit, in der das Denkmal die vornehmste plastische Aufgabe war. Neben dem Porträt wurde die anonyme menschliche Figur, meist als Akt, das wichtigste Motiv. Die klassizistische Richtung erhielt unter dem Einfluß des Jugendstils Geschmeidigkeit bei Fritz Klimsch, dem frühen Georg Kolbe und bei Richard Scheibe. Wilhelm Lehmbruck, der von 1914 bis zu seinem Tod 1919 in Berlin wirkte, drang zu einer neuen Klärung der Form, zugleich aber auch zu einer Vertiefung des Ausdrucks vor. Als Tierbildhauer ragten August Gaul, später Philipp Harth und Renée Sintenis hervor. Während Ernesto de Fiori auf eine aufgelockerte Oberfläche Wert legte, die pulsierendes Leben suggeriert, setzten sich Neigungen zu linearer Strenge und Abstraktion in den 20er Jahren bei Ewald Mataré, Emy Roeder, Edwin Scharff, Gerhard Marcks und Georg Kolbe durch, am weitesten, bis zur Gegenstandslosigkeit gehend bei Rudolf Belling.

Das leere Pathos des von den Nationalsozialisten geförderten Klassizismus in der Plastik konnte sich bruchloser aus der Kunst der 20er Jahre entwickeln als die entsprechende Malerei. Josef Thorak ist ein Beispiel. Joachim Karsch pflegte abseits dieser Hauptströmung eine sensible und melancholische, Hermann Blumenthal eine straff geordnete, gerüsthafte Menschendarstellung.

Nach 1945 waren Richard Scheibe und Gustav Seitz die wichtigsten Vertreter einer relativ naturnahen Darstellungsweise und hatten auch als Hochschullehrer großen Einfluß. Zur abbildfernen, bis zur Gegenstandslosigkeit gehenden Richtung gehören Hans Uhlmann, Karl Hartung und Bernhard Heiliger. Ludwig Gabriel Schrieber entwickelte sich von einer stark abstrahierten wieder zu einer ausdrucksvoll ansprechenden Menschendarstellung und übte eine starke Wirkung als Lehrer aus.

Die führende Position in der deutschen Bildhauerkunst, die Berlin seit Schadow innehatte, wird auch heute durch eine große Anzahl von Begabungen mit sehr unterschiedlichen Richtungen behauptet.

Der wirtschaftliche Aufschwung der 80er Jahre hat dem Stadtbild eine Vielzahl von Skulpturen, besonders Brunnen, von sehr unterschiedlicher Qualität und Geschmacksrichtung beschert; hauptsächlich sind es Werke einheimischer Künstler. Sowohl Pathos wie spielerischer, ja unernster Umgang mit dem monumentalen, Dauer beanspruchenden Werk sind möglich.

In Ost-Berlin haben Malerei und Skulptur nach 1945 vor allem an die sozialkritischen realistischen Tendenzen der 20er Jahre angeknüpft, jedoch von der Entwicklung in der DDR ein optimistisches Bild zumeist mit Stilmitteln eines beruhigten Nachexpressionismus zu zeichnen versucht. Heinrich Ehmsen, Max Lingner und Otto Nagel waren die älteren — inzwischen verstorbenen — Berliner Maler, die in den ersten Jahren nach dem Zusammenbruch eine führende Rolle spielten. Abstrakte Tendenzen sind nur vereinzelt geduldet worden, so in der architekturgebundenen Metallplastik von Fritz Kühn. Auf dem Gebiet der Skulptur besitzt Ost-Berlin vergleichsweise größeres Gewicht als auf dem der Malerei, wo in Dresden und Leipzig interessantere Begabungen leben. Fritz Cremer, Heinrich Drake und Werner Stötzer sind die bekanntesten Ost-Berliner Bildhauer der Gegenwart. Wegen der tieferen Verwurzelung in Traditionen ist im Bereich der Skulptur die Verbindung zu West-Berlin und damit zur westlichen Kultur enger als auf dem Gebiet der Malerei. Die wenigen neueren Berliner Künstler, die sowohl im Osten als auch im Westen Geltung besitzen, sind fast ausnahmslos Bildhauer.

Die Überwindung der künstlerischen Gegensätze von Ost und West nach der Wiedervereinigung ist im Gange. Über das Schicksal propagandistischer Kunst im Ostteil ist noch nicht entschieden.

HB-S

Zeittafel zur Geschichte Berlins

v. Chr.	
Um 8000	Beginn der Besiedlung des Raumes.
11.–10. Jh.	Verdichtung der Besiedlung.
Um 700	Frühgermanische Landnahme von Nordwesten her.
1. Jh. n. Chr.	Besiedlung durch die Semnonen.
Um 200	Abwanderung der Semnonen nach Süddeutschland, danach spärliche germanische Besiedlung.
6./7. Jh.	Landnahme durch Slawen.
8. Jh.	Burgwallanlage südlich von Spandau.
Um 825	Älteste slawische Burganlage von Köpenick.
1134–1170	Albrecht d. Bär, erster Markgraf von Brandenburg aus dem Hause der *Askanier*. Führende Gestalt der deutschen Ostkolonisation.
1157	Eroberung des Landes durch Albrecht d. Bären.
1170–1184	Otto I. Unter ihm Kolonisation und Christianisierung des westlichen Teltow (südlich der Spree). Um diese Zeit Gründung von Berlin und Cölln.
1184–1205	Otto II.
1197	Erste Erwähnung von Spandau.
1205–1220	Albrecht II.
1221–1231	Markgräfin Mechthild als Lehnsvormund ihrer Söhne.
1231–1267	Johann I. († 1266) und Otto III.
1237	Erste urkundliche Erwähnung von Cölln.
1244	Erste urkundliche Erwähnung von Berlin.
Um 1247	Erste Ringmauer um Berlin.
1266–1281	Johann II.
1266–1308	Otto IV. mit dem Pfeil.
1307	Vereinigung von Berlin und Cölln zu einer Stadt.
1308–1319	Waldemar d. Gr.
Um 1319	Gemeinsame Stadtmauer von Berlin und Cölln.
1319–1320	Heinrich d. Kind. Mit ihm endet das Geschlecht der Askanier.
1323–1347	Ludwig I. d. Ä. Er erhält die Mark als Reichslehen von seinem alten Vater, Kaiser Ludwig d. Baiern aus dem Hause *Wittelsbach*.
1324	Kämpfe zwischen der auf päpstlicher Seite stehenden sächsisch-askanischen Partei und den kaisertreuen Anhängern der Wittelsbacher führen zur Ermordung des Propstes von Bernau. Berlin wird mit dem päpstlichen Bann belegt (erst 1347 aufgehoben).
1348	Stadtbrand.
1348–1350	Herrschaft des falschen Markgrafen Waldemar.
1350–1365	Ludwig II. d. Römer.
1365–1373	Otto d. Faule von Wittelsbach. Er verkauft seine Rechte an der Mark an Kaiser Karl IV.
1373–1378	Kaiser Karl IV. aus dem Hause *Luxemburg*. Er läßt 1375 als ein Inventar seines Besitzes »Das Landbuch der Mark« anlegen.
1376, 1380	Verheerende Stadtbrände.
1378–1415	Sigismund (ab 1410 König). Verunsicherung des Landes durch mächtige Adelsfamilien (v. Quitzow, v. Bredow).
1398–1411	Verpfändung der Mark an Markgraf Jobst von Mähren.
1411–1415	Verwaltung der Mark durch den Burggrafen Friedrich VI. von Nürnberg aus dem Hause *Hohenzollern*.
1415–1440	Friedrich VI. wird die Mark als Kurfürstentum übertragen. Er heißt als Kurfürst Friedrich I.
1432	Befestigung des Zusammenschlusses von Berlin und Cölln zur Stärkung der Stadt gegen den Kurfürsten.
1440–1470	Friedrich II. Eisenzahn.
1443–1451	Bau des Schlosses in Cölln.
1448	Aufstand der Berliner und Cöllner Bürger gegen den Kurfürsten (»Berliner Unwille«).
1470–1486	Albrecht Achilles.
1484	Stadtbrand.
1486–1499	Johann Cicero.
1499–1535	Joachim I. Nestor.
1510	Judenverfolgung.
1535–1571	Joachim II. Hektor.
1539	Übertritt Joachims II. zur Reformation.
1557–1594	Bau der Zitadelle Spandau.
1571–1598	Johann Georg.
1576, 1598, 1611	Schwere Pestepidemien.
1598–1608	Joachim Friedrich.
1608–1619	Johann Sigismund.
1613	Übertritt Johann Sigismunds vom lutherischen zum reformierten Bekenntnis. Danach Streitigkeiten zwischen den Reformierten und den Lutheranern.
1619–1640	Georg Wilhelm. Die Stadt leidet unter dem 30jährigen Krieg und unter der Pest (1630/31).
1638–1643	Rückzug des Hofes nach Königsberg.
1640–1688	Friedrich Wilhelm, der Große Kurfürst. Gesundung und Ausbau der Stadt. Anlage des Friedrichswerder, der Dorotheenstadt und der Friedrichstadt.
1658–1683	Ausbau Berlins zur Festung.

Zeittafel zur Geschichte Berlins   33

1685	Aufnahme der Hugenotten, der aus Frankreich vertriebenen Reformierten.
1688–1713	Friedrich III.
1701	Friedrich III. krönt sich in Königsberg zum König in Preußen und heißt als solcher Friedrich I.
1709	Die fünf Magistrate von Berlin, Cölln, Friedrichswerder, Dorotheenstadt und Friedrichstadt werden vereinigt. Der Sitz des vereinigten Magistrats ist das Cöllnische Rathaus.
1713–1740	Friedrich Wilhelm I.
1732–1734	Abriß der Stadtbefestigung und Errichtung einer Zollmauer.
1740–1786	Friedrich II., d. Gr.
1760	Besetzung Berlins im 7jährigen Krieg durch russische und österreichische Truppen.
1786–1797	Friedrich Wilhelm II.
1797–1840	Friedrich Wilhelm III.
1806–1808	Besetzung Berlins durch die Franzosen.
1809	Wahl einer Stadtverordnetenversammlung nach der Steinschen Städteordnung. Gründung der Universität.
1840–1861	Friedrich Wilhelm IV.
1847	Der erste (vereinigte) Landtag Preußens in Berlin.
1848	Revolution in Berlin.
1861–1888	Wilhelm I.
1866	Berlin wird Hauptstadt des Norddeutschen Bundes.
1871	König Wilhelm I. wird Deutscher Kaiser, Berlin wird Hauptstadt des Deutschen Reiches.
1888	Friedrich III.
1888–1918	Wilhelm II.
1911	Gründung des Zweckverbandes »Groß-Berlin«.
1918	Ausrufung der Republik.
1920	Zusammenfassung Berlins und seiner Vororte (8 Städte, 59 Landgemeinden und 27 Gutsbezirke) zu einer einzigen, in 20 Bezirke unterteilten Stadtgemeinde.
1933	Adolf Hitler wird Reichskanzler.
1935	Das Reichsstatthaltergesetz beendet die Existenz Preußens.
1939–1945	Der 2. Weltkrieg verursacht in Berlin schwerste Zerstörungen.
1945	Teilung der Stadt in vier den Siegermächten unterstehende Sektoren.
1946	Berlin wird Stadtstaat.
1947	Formelle Auflösung des Landes Preußen durch die Alliierten.
1948–1949	Blockade West-Berlins durch die Sowjets und Spaltung der Stadt.
1950	Inkrafttreten der neuen Verfassung Berlins in West-Berlin.
1961	Bau der Mauer.
1972	Viermächteabkommen, das die Bindung West-Berlins an die Bundesrepublik entwickelt und Besuche von West-Berlinern im Ostteil der Stadt ermöglicht.
1989	Zusammenbruch der SED-Herrschaft. Beginn des Abbruchs der Mauer. Zusammenarbeit der Behörden in beiden Stadthälften.
1990	Wiedervereinigung.
1991	Beschluß, den Regierungssitz nach Berlin zu verlegen.

HB-S

Hauptsehenswürdigkeiten

Kirchen

Nikolaikirche, S. 37
Parochialkirche, S. 43
Ehem. Klosterkirche, S. 45
Marienkirche (Ausstattung), S. 46
St. Michael, S. 60
Dom, S. 62
Friedrich-Werdersche Kirche, S. 76
Sophienkirche, S. 95
Dorfkirche Blankenburg, S. 137
Thomaskirche, S. 180

Matthäuskirche, S. 205
Nazarethkirche, S. 216
Dorfkirche Buckow, S. 230
Dorfkirche Tempelhof, S. 235
Dorfkirche Marienfelde, S. 238
Kaiser-Wilhelm-Gedächtnis-Kirche, S. 291
Kirche Maria Regina Martyrum, S. 306
Gustav-Adolf-Kirche, S. 308
Kirche am Hohenzollernplatz, S. 314
Kreuzkirche, S. 319
Annenkirche Dahlem, S. 329
Nikolaikirche Spandau, S. 376

Profanbauten und Denkmäler

Neptunbrunnen, S. 51
Ribbeckhaus, S. 53
Ermelerhaus, S. 56
Granitschale beim Alten Museum, S. 62
Altes Museum, S. 67
Portal der ehem. Bauakademie, S. 74
Ehem. Zeughaus, S. 78
Neue Wache, S. 79
Forum Fridericianum (mit Staatsoper, St.-Hedwigs-
   Kathedrale und Alter Bibliothek), S. 80
Feldherrenstatuen, S. 82
Reiterdenkmal Friedrichs d. Gr., S. 85
Brandenburger Tor, S. 88
Ehem. Gendarmenmarkt (mit Schauspielhaus, Deut-
   schem und Französischem Dom), S. 91
Dorotheenstädtischer Friedhof, S. 104
Grabmal Scharnhorst (Invalidenfriedhof), S. 106
Schloß Friedrichsfelde, S. 145
Schloß Köpenick, S. 157
Berlin Museum, S. 167
Ehem. Kunstgewerbemuseum, S. 172
Friedhöfe vor dem Halleschen Tor, S. 174
Kreuzberg-Denkmal, S. 178
Friedhöfe an der Bergmannstraße, S. 185
Turbinenfabrik der AEG, S. 192
Hansaviertel, S. 195
Schloß Bellevue, S. 198
Statuen und Ehrenmale im Tiergarten, S. 200
Kongreßhalle, S. 203

Philharmonie, S. 205
Neue Nationalgalerie, S. 207
Ehem. Shell-Haus, S. 210
Großsiedlung Britz (»Hufeisensiedlung«), S. 229
Matthäi-Friedhof, S. 246
Königskolonnaden (Kleistkolonnaden), S. 247
Herrenhaus Steglitz, S. 251
Lilienthal-Gedenkstätte, S. 260
Schloß Charlottenburg (mit Reiterdenkmal des
   Großen Kurfürsten und Bauten im Garten),
   S. 263
Haus des Rundfunks, S. 295
Friedhof Heerstraße, S. 298
Le-Corbusier-Haus, S. 299
Olympiastadion und ehem. Reichssportfeld, S. 300
Wohnhaus Sternefeld, S. 301
Wohnhäuser Heerstr. 161, Am Rupenhorn 24
   und 6, S. 301
Großsiedlung Siemensstadt, S. 305
Ehem. Joachimsthalsches Gymnasium, S. 312
Ehem. Universum-Kino (Schaubühne), S. 313
Max-Planck-Institut für Bildungsforschung,
   S. 317
Großsiedlung Onkel Toms Hütte, S. 327
Jagdschloß Grunewald, S. 334
Wohnhäuser Potsdamer Chaussee 48, 49,
   S. 340
Pfaueninsel, S. 343
Schloß und Park Kleinglienicke, S. 348
Schloß Tegel (Humboldt-Museum), S. 366
Zitadelle Spandau, S. 374

BEZIRK MITTE

Die mittelalterl. Doppelstadt wurde an einer Stelle gegründet, wo die Spree sich in 3 Läufe teilte und 2 Inseln bildete, Cölln links vom mittleren Lauf, Berlin rechts. Der Berlin im O und N umschließende Spree-Arm verlief ungefähr auf dem heutigen S-Bahn-Gelände zwischen Jannowitzbrücke und Marx-Engels-Platz.
Da der nördl. Zipfel der Cöllner Insel sumpfig war, beschränkte sich die erste Bebauung auf den südl. Teil. Brüderstraße und Breite Straße sind die alten Hauptstraßen Cöllns in südost-nordwestl. Richtung. Im Zuge der Gertraudenstraße und des Mühlendammes lagen die alten Flußübergänge. Die (zerst.) Petrikirche am südöstl. Ende der Brüderstraße bildete das Zentrum.
Berlin wurde parallel zur Spree von 4 Hauptstraßen durchzogen: Heiligegeiststraße–Poststraße, Spandauer Straße, Rosenstraße–Jüdenstraße sowie Klosterstraße. Die Flußübergänge und Tore in SW-NO-Richtung lagen im Verlauf der Rathausstraße, in östl. Richtung bei der Schicklerstraße, in nordwestl. Richtung in der Fortsetzung der Spandauer Straße. Im S beherrschte die Nikolaikirche, im N die Marienkirche das Stadtbild.
Das beiden Stadtgemeinden gemeinsame Rathaus lag auf der Langen Brücke (heute Rathausbrücke), das »Hohe Haus«, die markgräfliche, später kurfürstliche Residenz, in der Klosterstraße neben dem Grauen Kloster. Berlin und Cölln waren von einer Mauer umgeben, außerhalb derer Vorstädte entstanden. Ein noch engerer Zusammenschluß der beiden Städte 1432 richtete sich gegen die kurfürstliche Gewalt, die jedoch die Oberhand behielt. Die Städte wurden getrennt. Die 1443–51 in Cölln entstandene Zwingburg war seit 1470 ständige Residenz der Kurfürsten. Im 30jährigen Krieg verarmte und verfiel die wohlhabende Stadt. Die berlinischen Vorstädte brannten 1640 ab, die cöllnischen südl. der Insel 1641.
Nach dem Ende des Krieges förderte der Große Kurfürst die Gesundung und bauliche Entwicklung der Residenz. Auf dem großenteils kurfürstlichen Land westl. von Cölln entwickelte sich um die schon 1647 angelegte, nach W führende Lindenallee eine neue Vorstadt. 1658–83 wurde von Johann Gregor Memhardt eine neue Befestigungsanlage mit 13 Bastionen erbaut, die das Stadtgebiet von Berlin nicht wesentlich vergrößerte, westl. und südl. der Spree-Insel jedoch ein sichelförmiges Gebiet mit den Vorstädten Neu-Cölln, dem Friedrichswerder (1662 so benannt) und der abgetrennten N-Spitze der Spree-Insel mit Wällen und Graben einschloß. Die seit 1674 zwischen Spree und Linden entstehende Dorotheenstadt mit einem System sich rechtwinklig kreuzender Straßen wurde mit eigenem Wall zum N mit einem Wassergraben umgeben.
Südl. davon entwickelte sich unter Friedrich I. in Fortsetzung des Straßensystems der Dorotheenstadt die Friedrichstadt. Die Wilhelmstraße, die westlichste der N-S-Straßen, wurde unter Friedrich Wilhelm I. mit Adelspalais bebaut, an die sich nach W bis zur Stadtmauer ausgedehnte Gärten anschlossen. Im weiteren Verlauf des Ringes um das alte Zentrum wuchsen die Köpenicker Vorstadt (von der Lindenstraße bis zur Spree), die Stralauer Vorstadt (bis zur Elisabethstraße), die Königsvorstadt (bis zur Kleinen Alexanderstraße) und die Spandauer Vorstadt im N. In der Regierungszeit Friedrichs I. (1688–1713) stieg die Bevölkerungszahl Berlins von 18 000 auf mehr als das Dreifache.
Unter Friedrich Wilhelm I. wurde besonders die Dorotheenstadt nach W sowie die Friedrichstadt nach W und nach S erweitert. Das »Quarré« (Pariser Platz), das »Oktogon« (Leipziger Platz) und das »Rondeel« (Belle-Alliance-Platz, jetzt Mehringplatz) bilden im W deutlich voneinander unterschiedene Plätze hinter den Stadttoren, die der König 1732–34 im Verlauf einer hohen, Berlin in weitem Umkreis umgebenden Mauer errichten ließ. Diese Mauer sollte Desertionen verhindern und der Steuerkontrolle dienen.
Unter Friedrich d. Gr. wuchs das Stadtgebiet nur unwesentlich. Im N entstand zwischen Hamburger und Rosenthaler Tor und der Invalidenstraße die Kolonie Neu-Voigtland.
Obgleich seit dem Tod Friedrichs d. Gr. 1786 bis zur Mitte des 19. Jh. die Bevölkerungszahl von 150 000 auf 400 000 anstieg, wurde der benötigte Wohnraum fast ausschließlich innerhalb der Mauer geschaffen. Erst mit ihrer Beseitigung 1867/68 dehnte sich das Stadtgebiet sehr rasch über die alten Grenzen hinweg aus. Eine zusätzliche Umklammerung der Stadt, die den Straßenverkehr und das Wachstum behinderte, bildete eine vom Stettiner Bahnhof im N (Nordbahnhof) bis zum Köpenicker Tor zum größten Teil längs der Mauer geführte Eisenbahnlinie, welche die außerhalb liegenden Bahnhöfe (Stettiner, Hamburger, Potsdamer, Anhalter) und den einzigen innerhalb der Mauern liegenden, den Frankfurter, miteinander verband. Durch den Bau der die Stadt in größerem Radius umziehenden Ringbahn seit 1871 entfiel auch dieses Hemmnis. Damals zählte die Stadt bereits 823 000 Einwohner.

Mitte: Nikolaikirche 37

Die Grenzen des 1920 gebildeten Bezirks Mitte folgen nur im W und im NO ungefähr dem ehem. Verlauf der Ringmauer. Im O gehören große Teile des alten Stadtgebiets zum Bezirk Friedrichshain, im S zum Bezirk Kreuzberg. Andererseits ist im NW das ehemals außerhalb der Ringmauer gelegene Gebiet bis zur Bernauer, Liesen- und Boyenstraße in den Bezirk Mitte einbezogen worden.

Nachdem vor 1939 bereits viel historische Bausubstanz neuerer Architektur weichen mußte, haben die Zerstörungen des 2. Weltkrieges große Teile des Stadtkerns vernichtet. Beim Wiederaufbau wurde nur an wenigen Stellen, u. a. in der Umgebung des Forum Fridericianum (Unter den Linden), der Zustand vor der Zerstörung rekonstruiert. Der Neugestaltung der Innenstadt wurde vieles, was den Krieg überstanden hatte, sei es auch nur als Ruine, geopfert, auch wesentliche Teile des Grundrisses der Stadt.

Hervorstechende Merkmale des Wiederaufbaus sind die große Breite der Hauptstraßen, die auf ein erwartetes immenses Ansteigen des Autoverkehrs zugeschnitten sind, und die entsprechende Proportionierung der Neubauten. Diese Neubauten und die konservierten älteren Bauten bieten sich vielfach nicht mehr in geschlossenen Zusammenhängen, sondern isoliert, rings von Freiraum umgeben, dar. Dadurch sind viele Gebäude, die urspr. in relativ dichte Bebauung einbezogen waren und nur aus geringer Distanz gesehen wurden, nun auch aus der Ferne zu betrachten. Städtische Innenräume gibt es kaum noch. Die Diskrepanz zwischen barocker oder klassizistischer und moderner Proportionierung bestimmt große Teile des Stadtkerns. Ältere Bausubstanz (v. a. aus der 1. Hälfte des 19. Jh.) ist hauptsächlich noch im N des Bezirks erhalten.   *HB-S*

Ehem. ev. Pfarrkirche St. Nikolai (Molkenmarkt), bis zu ihrer Zerstörung die älteste und vornehmste Pfarrkirche Berlins. 1

Vermutl. um 1232, als Berlin Stadtrecht erhalten hatte, wurde eine 3schiffige, 6 Achsen lange, flachgedeckte Pfeilerbasilika mit Querschiff, gestrecktem Chor und Hauptapsis sowie Nebenapsiden an den Querschiffarmen errichtet. Von dieser aus Granitquadern erbauten Anlage ist noch der massige W-Bau vorhanden, der urspr. wohl 4 Geschosse besaß, und im Inneren sind beim 5. südl. Pfeiler ergrabene Fundamente sichtbar gemacht. Der roman. Grundriß ist im Fußboden markiert.

Ehem. Nikolaikirche nach der Rekonstruktion ab 1982

Für das letzte Drittel des 13. Jh. wird ein Neubau in Backstein als got. Hallenkirche angenommen, die ab 1379/80 der bestehenden Kirche weichen mußte. Diese ist eine 3schiffige Hallenkirche von 8 Jochen mit 7seitigem Umgang hinter dem 3seitigen Schluß des Mittelschiffes und rings um den ganzen Bau angeordneten Kapellen. 1487 war der Bau noch nicht vollendet. Er besaß Kreuzgewölbe und vor dem Chor ein Sterngewölbe. An der SW-Ecke wurden 1452 die 2geschossige Liebfrauenkapelle mit Staffelgiebeln im O und W und wohl etwas später die Doppelkapelle an der N-Seite beim Beginn des Chores angebaut. Größere Um- und Einbauten erfolgten 1715. Von den beiden Türmen war in got. Zeit nur der südliche ausgebaut und mit einem spitzen Helm versehen, während der nördliche mit einem Giebel abschloß. 1878 wurde der obere Teil des S-Turmes abgetragen und die heute noch bestehende Lösung der oberen Turmgeschosse in rotem Klinker mit spitzen Helmen nach dem Entwurf Hermann Blankensteins hergestellt.

Die Kirche ist 1982–87 als Konzertsaal und Museum für Kunst und Kultur in Berlin vom Mittelalter bis zum Barock wiederaufgebaut worden, nachdem die Kriegsruine seit 1944/45 dem Verfall preisgegeben war.

Die Reste der ehem. überreichen Ausstattung sind heute mit Ausstellungsstücken aus dem Märkischen Museum gemischt. — An der N-Seite des Turmraumes befindet sich die nur fragmentarisch erhaltene, teilweise rekonstruierte *Grabkapelle* des Finanzministers *Johann Andreas v. Kraut* (1723), ein Hauptwerk des Berliner Barock, von dem Schlüter-Schüler Johann Georg Glume, mit der bewegten Marmorbüste des Verstorbenen über dem Sarg, flankiert von den Allegorien der Frömmigkeit (mit einem Buch) und der Güte (mit einem Herz). Beim Eingang stehen Chronos und eine Auferstehungsgruppe. Das schöne schmiedeeiserne Gitter von 1725 ist unvollständig. — Beim Eintritt in das Langhaus folgt rechts zwischen Grabplatten ein anderes Meisterwerk, das beschädigte *Denkmal* des Hofgoldschmieds *Daniel Männlich* von Andreas Schlüter (1700) in Gestalt einer Todespforte. Über der geschwungenen Verdachung mit kräftigem Profil steht eine verhüllte Urne, ehem. hinter dem Medaillonbildnis des Ehepaares Männlich, zwischen der Gestalt des Todes, der ein heftig sich sträubendes Kind packt, und einem weinenden Genius. — Im Untergeschoß der Liebfrauenkapelle neben der Empore von Blankenstein befand sich das Erbbegräbnis der Familie Kötteritzsch (Anf. 17. Jh.) mit rekonstruiertem Renaissancestuck. — Die 4. Kapelle auf der S-Seite war die des Kanzlers Lamprecht Diestelmeyer (1588), die letzte, mit Resten einer barocken Ausstattung, die des Severin Schindler (1737). — Am südl. Chorpfeiler befindet sich noch das schwer beschädigte Epitaph des Gerichtsadvokaten Vollrath Didde (1719). Reste weiterer Epitaphien, darunter das des Christian Köppen (1736), eine trauernde Frau und ein Genius mit Fackel, sind an der Chorwand angebracht. — In der 1. Kapelle nördl. des Chorscheitels finden sich Reste spätmittelalterl. Wandmalereien. — Die Grabkapelle des berühmten Historikers Samuel v. Pufendorf (1694) war die erste östl. der Sakristei, an deren S-Wand ein Porträt des Kurfürsten Joachim II. von Giovanni Battista Perrini

Mitte: Nikolaikirche. Nikolaiviertel. Knoblauchhaus

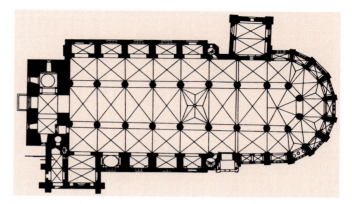

Nikolaikirche. Grundriß

(1562) hängt. In den Kapellen der N-Seite sind Bauornamentik der Renaissance vom Berliner Schloß sowie Glocken von 1423, 1712, 1784, 1787 und 1844 ausgestellt. In der W-Wand ist eine Öffnung mit Goldschmuck des 17. Jh. aus Gräbern in St. Nikolai. Ferner ist hier neben anderen Grabplatten das bedeutende *Sandsteinepitaph* von Hans Schenk gen. Scheußlich mit Christus als Sieger (1559) für *Paul Schultheiß* nachlässig aufgestellt.
In Langhaus und Chor sind in einer Reihe von *Vitrinen* Gegenstände zur Dokumentation folgender Bereiche ausgestellt (beginnend im NW): Slawischer Silberschmuck des 11. Jh.; Schüsseln, Waffen, Münzen des 12. und 13. Jh. aus Bodenfunden; Tongefäße des 13. und 14. Jh.; Formziegel; Bronzegefäße; Waffen des 15. Jh.; Münzwesen; Gerichtswesen; Kirchengerät des 14.–17. Jh.; darunter 3 Reliefs mit Passionsszenen aus St. Nikolai von 1480/90 und ein Kruzifix aus der Klosterkirche, Ende 15. Jh.; Waffen und Rüstungen, 15. Jh.; Münzen und Druckschriften des 16. Jh., dazwischen 2 reichverzierte Harnische von 1540 und 1553; Wissenschaftspflege des 17. Jh.; Wetterfahnen; Jagdwesen, Keramik, Zinngeschirr des 16. und 17. Jh.; Harnische des 16. Jh.; Münzen und Waffen des 17. Jh., Silberschmuck des 17. Jh.
Im Chor sind folgende *Skulpturen* aufgestellt: Pietà aus Tempelhof (1. Drittel 15. Jh); Hl. Anna selbdritt aus St. Laurentius in Köpenick (Anf. 16. Jh.); Gottvater aus der Spittelkirche (um 1500); Verlobung Josephs mit Maria und Heimsuchung aus der Marienkirche (um 1500); Hl. Lukas mit Stierkopf und Hl. Johannes mit Adlerkopf (1485); Gruppe von einer Kreuzigung aus Hohenschönhausen (Anf. 16. Jh.). – Auf der Empore ist eine Ausstellung zur Geschichte der Kirche zu sehen.   HB-S

Das zum Stadtjubiläum 1985–87 erbaute neue **Nikolaiviertel** wurde nach Plänen von Günter Stahn angelegt. Dabei wurden vereinfachte *Kopien* der 1871 abgebrochenen (und zum Schloßpark Babelsberg verbrachten) **Gerichtslaube** und des **Gasthauses »Zum Nußbaum«** (urspr. Standort Fischerstr. 23) einbezogen.   GK

In der Umgebung der Nikolaikirche wurden mehrere Skulpturen wenig glücklich aufgestellt. Vom 1871 enthüllten Reiterdenkmal Friedrich Wilhelms III. im Lustgarten von Albert Wolff stammen die erst 1876 fertiggestellten bronzenen Sockelfiguren, die jetzt beziehungslos vor der N- und der S-Seite der Kirche stehen, die *Allegorie der Wissenschaft*, ein Mann mit Denkermiene, der ein Buch und einen Globus hält, sowie *Klio*, die Muse der Geschichtsschreibung. – Am Ende der Propststraße steht in ungünstiger Frontalansicht die monumentale Bronzegruppe des *Hl. Georg* von August Kiß (1855; 1849 konzipiert) auf gewaltigem tumbenförmigem Sockel aus rotem Granit. Das von Rauch bes. in der Pferdedarstellung gerühmte Erzbildwerk hatte der Künstler 1865 Wilhelm I. als beziehungsreiche Huldigung geschenkt; der König ließ es mitten im Ersten Schloßhof aufrichten. Das Thema ist vom Pathos der Spätromantik inspiriert: der »Sieg des Christlich-Guten über das Heidnisch-Böse« in der heldenhaften Schönheit des Ritters, der mehr als mit den beiden hoch erhobenen Waffen Schwert und Lanze durch seinen bannenden Blick das Ungeheuer bezwingt. Das rassige Pferd, ungezügelt, in höchster Erregung, wird gleichsam im Bewußtsein seiner Aufgabe als Sieger über das Edle über das mißgestaltete Schuppentier geschildert. (Abb. S. 40.)   HR, HB-S

Knoblauchhaus (Poststr. 23). Das 1759–61 erbaute 3stöckige Haus trägt seinen Namen von der Familie, die es bis 1928 besaß. Sein barocker Ursprung wird in der vorgebauchten und leicht vorspringenden Achse an der Poststraße deutlich. Der Fries kräftiger Akanthusranken über dem 1. Obergeschoß und die Verdachungen des mittleren und der äußeren Fenster dieses Stockwerks haben dem Bau 1835 jedoch einen klassizist. Charakter aufgeprägt, der bei einer Restaurierung 1987

August Kiß: Hl. Georg (1855), Propststraße/Spreeufer (zu S. 39)

Mitte: Ephraim-Palais. Palais Schwerin

Ephraim-Palais – Beispiel einer Gesamtrekonstruktion

durch den dunkelrosa Anstrich nicht glücklich abgeschwächt wurde.

In 12 Räumen werden als **Dependance des Märkischen Museums** Erinnerungen an die Familie Knoblauch und KPM-Porzellan des 19. Jh. gezeigt. *HB-S*

4 **Ephraim-Palais**
(Ecke Poststraße/Mühlendamm)

1762–66 baute Friedrich Wilhelm Diterichs ein Haus von 1700 für den Hofjuwelier und Münzpächter Veitel Ephraim um. 1935 fiel der 1895 gründlich renovierte Bau der Umgestaltung der Mühlendammbrücke zum Opfer. Die in West-Berlin gelagerten Steine der Fassade wurden 1983 in den Ostteil der Stadt transportiert, um die (1987 abgeschlossene) totale Rekonstruktion des Palais zu ermöglichen. Dabei wurde es um fast 12 m in die Poststraße zurückgesetzt. Die Farbe entspricht nicht dem urspr. Zustand.

Das 4stöckige Palais mit seiner abgerundeten Ecke, dem breiten, von toskanischen Doppelsäulen getragenen Balkon, über dem kleinere bis zum Attikageschoß aufgipfeln, den reichen vergoldeten Balkongittern, dem Skulpturenschmuck, der mit 8 Sandsteinvasen bekrönten Dachbalustrade und den 3achsigen Risaliten zum Mühlendamm und zur Poststraße hin galt als das schönste Privathaus Berlins.

Die vom Märkischen Museum für Ausstellungszwecke genutzten Innenräume sind in einem abgekürzten Rokoko uniform gestaltet. In einem für Repräsentationszwecke genutzten Raum im 1. Obergeschoß des Mühlendammflügels wurde die Kopie einer aus dem 1888 abgerissenen Wartenbergschen Palais, der »Alten Post«, stammenden Stuckdecke nach Entwürfen Schlüters von etwa 1704 eingebaut. *HB-S*

Ehem. Palais Schwerin (Molkenmarkt 3) 5

Das für den Staatsminister Otto v. Schwerin erbaute Palais wurde 1704 vollendet; die Pläne stammen von Jean de Bodt. 1937 wurde es abgetragen und um einige Meter zurückgesetzt wiederaufgebaut. Dabei wurden die Sandsteinteile durch Kopien ersetzt.

Auffallend sind der breite, an den Ecken von Putzquadern gefaßte Mittelrisalit und 2 Balkone, welche die urspr. asymmetrische Anlage des Eingangs unter dem rechten Balkon kaschierten.

42　　Mitte: Münze. Altes Stadthaus. Parochialkirche

Parochialkirche. Längsschnitt. Zeichnung von C. H. Horst

Reiche Verwendung von plastischem Schmuck zeigt sich im Giebel mit dem Schwerinschen Wappen und, in den Rundbogenfeldern über den Fenstern des 1. Geschosses, Reliefs von Kindergruppen. Die beiden äußeren Paare stellen die 4 Elemente dar und die mittlere Dreiergruppe noch einmal Erde, Luft und Wasser. – Im Inneren ist eine reiche *Treppenanlage* mit prachtvoll geschnitztem Geländer (um 1700) erhalten.　　　　HB-S

6　Das anstoßende Gebäude von 1936, die **Münze**, ist mit einer Kopie des von Johann Gottfried Schadow nach Entwurf von Friedrich Gilly 1798–1802 geschaffenen Frieses von der Münze am Werderschen Markt (1886 abgebrochen) geschmückt. Die hochbedeutenden Originale sind magaziniert.　　　　HB-S

Ehem. Haus des Ministerrats der DDR, Altes　7 Stadthaus, jetzt Sitz von Bundesbehörden (Kloster-, Stralauer, Jüden-, Parochialstraße)

Der 1902–11 von Ludwig Hoffmann errichtete Monumentalbau sollte als Stadthaus städtische Behörden aufnehmen, die im (»Roten«) Rathaus keinen Platz mehr gefunden hatten, und zugleich repräsentative Funktionen erfüllen, wofür in der Mitte die »Stadthalle« vorgesehen war.

Außen zeigt sich der Repräsentationsanspruch in dem zylindrischen, kuppelgedeckten hohen Turm an der Jüdenstraße. Die Fassaden, die Eingangshalle und die Stadthalle sind mit

Mitte: Altes Stadthaus. Parochialkirche 43

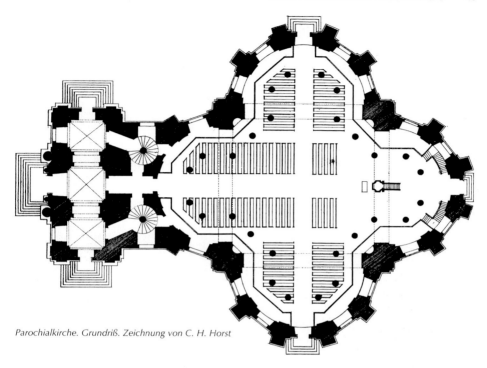

Parochialkirche. Grundriß. Zeichnung von C. H. Horst

grauem Muschelkalkstein verkleidet. Über einem hohen Rustika-Sockel, der Erdgeschoß und ein Zwischengeschoß umfaßt, erhebt sich eine durch 2½ Geschosse reichende toskanische Säulenordnung. Die Mittelrisalite an der Jüden- und der Klosterstraße sind 5achsig betont, die Seitenrisalite (die den durchstoßenden Flügeln an der Stralauer und Parochialstraße entsprechen) 3achsig. Bekrönt wurde das Gebäude von einem schweren Mansarddach, das bei einem Umbau 1960/61 durch ein Attikageschoß mit Walmdach ersetzt wurde. Der *Turm*, 101 m hoch, besteht aus 2 abgesetzten Trommeln und einem Säulenkranz; er erhebt sich auf einem quadratischen Sockel in Höhe des Dachgeschosses und wird von einer parabolischen Kuppel gekrönt.

An der Ausstattung des Gebäudes waren zahlreiche Bildhauer beteiligt: Ignatius Taschner (Fortuna auf dem Turm, Attikafiguren in der Klosterstraße, Figur in der Turmhalle, Brunnenfigur), Georg Wrba (Stadthalle, Kartusche an der Straßenecke), Wilhelm Widemann (4 Turmfiguren nach O, 4 Attikafiguren darunter), Josef Rauch (4 Turmfiguren an der Jüdenstraße, 11 Attikafiguren darunter, 3 Giebelkartuschen, Fassadenplastik), Franz Naager (Brunnenbecken, dekorative Fassadenplastik).
GK

Ev. Parochialkirche (Kloster-/Parochialstraße). 8
Die Kirche, 1695–1703 erbaut, ist der erste •
der bedeutenden barocken Sakralbauten Berlins. Johann Arnold Nering entwarf die regelmäßige 4-Konchen-Anlage mit innen gerundeter, außen polygonal gebrochener Wandung. Der Einsturz des Gewölbes über dem zentralen Quadrat 1698 hatte die Vereinfachung des urspr. Planes durch Martin Grünberg zur Folge: Strebepfeiler statt Wandsäulen an den Konchen, Beschränkung des Hauptgesimses, das urspr. den ganzen Bau umziehen sollte, auf den westl. Vorbau, Dächer in Form von halben 10seitigen Pyramiden statt Halbkuppeln und Verzicht auf eine phantasievolle Laterne als bekrönende Mitte. Erst unter Friedrich Wilhelm I. wurde 1713/14 der *Turm* von Philipp Gerlach nach Zeichnungen de Bodts ausgeführt. Über dem 3 Achsen breiten und

Ruine der ehem. Klosterkirche der Franziskaner. Im Hintergrund das Stadtgericht Mitte

1 Achse tiefen 2geschossigen Unterbau mit Attika erhebt sich zunächst ein Turmgeschoß auf quadratischem Grundriß und darüber das luftige, aus einer reichen Säulenstellung gebildete Glockengeschoß, das 1715 das für den Schlüterschen Münzturm bestimmte Geläut (1717 durch ein besseres ersetzt) aufnahm. Den Abschluß bildete eine obeliskartige Spitze. Der obere Turmteil fiel dem 2. Weltkrieg zum Opfer. *HB-S*

9 **Ehem. Palais Podewils** (Klosterstr. 68)

Das 1701–04 nach einem Entwurf Jean de Bodts errichtete Palais erwarb 1732 der Staatsminister v. Podewils und ließ das Innere umbauen. Nach Veräußerung durch die Nachkommen 1761 wechselte das Haus mehrfach den Besitzer und gelangte schließlich 1874 an den Magistrat. Nach Kriegszerstörungen wurde es ab 1952 instand gesetzt, ab 1966 erneut restauriert.

Charakteristisch ist die zwischen rahmenden Doppelpilastern zurückspringende Nische in Höhe der beiden Obergeschosse über dem Portal. Nach verschiedenen entstellenden Veränderungen der Fassade wurde die ursprüngliche Gestaltung bei einer Restaurierung nach dem 2. Weltkrieg wiederhergestellt. 1875 wurde der Flügel in der Parochialstraße erweitert. *HB-S*

10 Östl. davon in der Waisenstraße, **Nr. 14–16**, sind 3 an die Reste der mittelalterl. **Stadtmauer** (spätes 13. Jh.) angelehnte Häuser wieder aufgebaut, von denen das mittlere die historische **Gaststätte »Zur letzten Instanz«** enthält. Im Kern aus dem 16. Jh. stammend, zeigt die äußere Erscheinung Formen des 18. Jh.   HB-S

11 **Ehem. Klosterkirche der Franziskaner** und **Graues Kloster** (Kloster-/Grunerstraße)

1249 ist eine Niederlassung der Franziskaner in Berlin bezeugt. Das jetzige Langhaus und der Langchor sind vermutlich Mitte der 1260er Jahre vollendet; das Chorhaupt wurde nach 1290 angefügt. Genaue Baudaten fehlen. 1838–45 wurde die baufällig gewordene Kirche restauriert, wobei der Charakter der Bettelordenskirche durch die Hinzufügung von 2 schlanken flankierenden Türmen und einer Vorhalle verfälscht wurde. Diese Zutaten beseitigte man bei einer erneuten Restaurierung 1926–30. 1945 wurde die Kirche schwer beschädigt und nach dem Krieg als Ruine erhalten.

Die Trümmer der ebenfalls im Krieg zerstörten Gebäude des Grauen Klosters, das nach der Säkularisation (seit 1574) das berühmte Gymnasium beherbergte, wurden 1968 abgeräumt. Die Tradition der Schule wird in West-Berlin fortgeführt, wo sich auch die Reste ihrer Kunstsammlungen (in der Gemäldegalerie des Museums Dahlem) befinden.

Kirche und Kloster der Franziskaner, das »Graue Kloster«, waren das qualitätvollste Werk got. Baukunst in Berlin. Die Kirche, ein Backsteinbau, war eine 3schiffige, mit Kreuzgewölben versehene Pfeilerbasilika von 4 Jochen und einem 1schiffigen, 2jochigen Chor, an den sich das Chorhaupt aus den 7 Seiten eines Zehnecks anschließt, eine Gestaltung von großer Schönheit. Einer etwas älteren Bauperiode gehört der Rest der N-Wand in Feldsteinmauerwerk an. An den Chor grenzt im N eine 2jochige Kapelle mit $^5/_8$-Schluß. Im Winkel zwischen der W-Wand, der Kapelle und der N-Wand des Chores befindet sich ein Treppenturm.

Die beiden nördl. der Ruine aufgestellten Sandsteinkapitelle stammen vom Berliner Stadtschloß.   HB-S

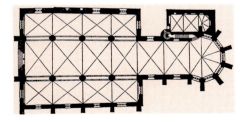

Klosterkirche der Franziskaner. Grundriß

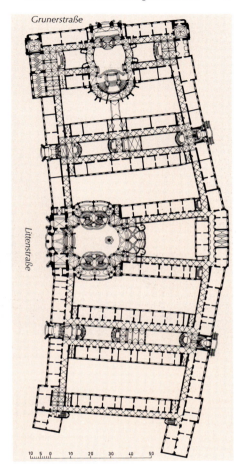

Stadtgericht Mitte. Grundriß des Erdgeschosses

12 **Stadtgericht Mitte,** ehem. Land- und Amtsgericht (Littenstr. 13–17/Grunerstraße)

Das Land- und Amtsgericht wurde 1896–1905 erbaut. Der Entwurf entstand im Ministerium der öffentlichen Arbeiten (Paul Thoemer, Rudolf Mönnich), die Ausführung unter Rudolf Mönnich durch Otto Schmalz, der den Entwurf stark veränderte und dem Bau die äußere Form gab; auf ihn sind v. a. die aufwendigen Treppenhäuser und der Mittelteil der Fassade an der Littenstraße zurückzuführen. Nach leichteren Kriegsschäden wurde der Bau vereinfacht; so hat man Türme und Aufbauten weggelassen. Der nördl. Trakt an der Grunerstraße wurde Mitte der 60er Jahre zugunsten einer Straßenverbreiterung abgebrochen.

Mitte: Stadtgericht Mitte. Marienkirche

Marienkirche von Südosten

Das Gebäude, vergleichbar nur den »Justizpalästen« anderer Hauptstädte, ist als Putzbau mit Werksteinteilen in einer dem süddeutschen Barock angenäherten Form ausgeführt, enthält jedoch auch starke Jugendstileinflüsse. In dem über 220 m langen Gebäude mit 4 Binnenflügeln und 5 Innenhöfen sind außer 2 Plenarsälen 72 Sitzungssäle untergebracht. Die als Repräsentationsräume gemeinten *Treppenhäuser* erweisen sich mit ihren weiten Schwüngen als typische Kinder des Jugendstils, wenn sie auch gotisierend (beim Amtsgericht) und barockisierend (beim Landgericht) verkleidet sind. – Der Bau wurde beispielgebend für nachfolgende, kleinere Gerichtsgebäude in Moabit, Schöneberg, Lichtenberg und Pankow. GK

13 **Ev. Pfarrkirche St. Marien** (Neuer Markt)
- *Im Zuge der Vergrößerung Berlins nach N wurde um 1270 am Neuen Markt als zweite Pfarrkirche der Stadt die Marienkirche erbaut.*

Ein verhältnismäßig schlichtes Beispiel der norddeutschen Backsteingotik. Der recht regelmäßige Steinschnitt des Granitsockels und das einfach gestufte N-Portal aus dem gleichen Material sprechen dafür, daß ein großer Teil der vorhandenen Bausubstanz noch aus dem 13. Jh. stammt. Vielleicht hat der Stadtbrand von 1380 nur das Dach und die Gewölbe zerstört. Die Kirche ist eine 6jochige, 3schiffige Halle und hat einen erhöhten 1schiffigen Chor mit $^5/_{10}$-Schluß. Gegen 1405 scheint der Wiederaufbau abgeschlossen gewesen zu sein. Langhaus und Chor sind mit Kreuzrippengewölben versehen; nur die westl. Travée besitzt ein Netzgewölbe, das vor 1418 entstand, als diese nach W erweitert und der massige W-Bau in der Breite des Langhauses errichtet wurde, der ebenfalls Netzgewölbe besitzt (das mittlere von 1893/ 1894). Die urspr. Begrenzung des Langhauses markieren die diagonal gestellten Strebepfeiler an der Außenmauer, ohne daß bekannt

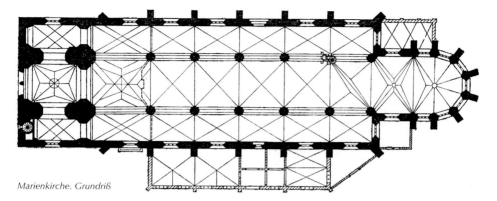

Marienkirche. Grundriß

wäre, wie der originale westl. Abschluß ausgesehen hat.
1490 war der *Turm* so weit gediehen, daß eine Glocke aufgehängt werden konnte. 1514 brannte er ab und wurde 1538 erneuert; 1663–66 wurde er von Matthias Smids nach abermaligem Brand wieder aufgebaut. 1789/1790 erhielt er den heute noch bestehenden Aufsatz von Carl Gotthard Langhans, eine originelle Mischung klassizist. und got. Formen, die Berliner Turmlösungen des frühen 18. Jh. paraphrasiert. – Ein bemerkenswertes Beispiel der Nachgotik des 17. Jh. ist das Hauptportal um 1613, jetzt mit modernen Türflügeln von Achim Kühn.
1728/29 wurde an der S-Seite die Hallenwand durchbrochen und der Kirchenraum durch eine 2jochige Ratsloge neben der got. Sakristei erweitert. 1893/94 wiederholte man bei einer durchgreifenden Restaurierung den Giebel der Sakristei bei diesem Anbau. Auf diese Restaurierung geht im Inneren die Orgelempore zurück. Nach Beschädigungen 1945 wurde die Kirche alsbald wiederhergestellt und zuletzt 1969 restauriert.

Das Innere mit seiner reichen, nach 1945 durch Stücke aus der Klosterkirche und aus St. Nikolai vermehrten Ausstattung, Zeugnis für das Vorherrschen der lutherischen Konfession im Bürgertum, gibt den besten Überblick über die Entwicklung der Malerei und Skulptur in Berlin vom 14. bis zum 18. Jh.
Die Vorhalle enthält im nördl. Teil den 1861 wiederentdeckten *Totentanz* (Wandmalerei um 1485, mehrfach restaur., zuletzt 1955–58). In 28 Szenen ist der Tod mit den Vertretern verschiedener Stände dargestellt. – Am südwestl. Pfeiler der Turmhalle 3 Grabplatten mit ganzfigurigen Reliefporträts des Joachim Steinbrecher († 1598), der Elisabeth Kellers († 1599) und des Georg Steinbrecher († 1598).

Das künstlerisch bedeutendste Stück der Ausstattung des Langhauses ist die *Marmorkanzel* (mit Schalldeckel aus Holz) von Andreas Schlüter (1703; Abb. S. 48), die mit einer Gruppe von 4 ionischen Säulen verbunden ist. In einer kühnen Operation wurde urspr. die untere Hälfte des 2. nördl. Langhauspfeilers gegen diese Säulengruppe mit aufruhender Steinplatte ausgetauscht. Die Kanzel war nach S gerichtet und gab dem Raum, barockem Empfinden entsprechend, eine quergelagerte Richtung, der auch die Bestuhlung folgte. Bei der Wiederherstellung der Kirche nach dem Krieg wurde sie an den heutigen Platz versetzt und um 90° gedreht. Die Engel sind das beherrschende Motiv der unteren Zone; die Ausbildung der Voluten unter dem Kanzelkorb zu bandartigen Gebilden, an denen die Engel die Kanzel zu tragen scheinen, überrascht als Erfindung. Tragen und Getragensein durch überirdische Mächte erklären als Idee der Kanzel auch das kühne Unternehmen des Einbaus in den Pfeiler. Das mittlere Relief der Kanzel ist nicht gedeutet; seitlich sind Caritas (rechts) und Fides (links) dargestellt.
Im Langhaus (S-Seite) befinden sich an den Wänden, beginnend beim südwestl. Pfeiler, folgende Kunstwerke: Cranach-Kreis: Kreuzabnahme (um 1520/30). – Michel Ribestein (?): Christus die Hölle bezwingend, Epitaph für Peter Matthias und seine Frau Anna (1553), aus St. Nikolai. – Schrein eines großen Schnitzaltars mit 3 sitzenden Heiligen (Anf. 16. Jh.), aus der Klosterkirche. – Hl. Bernhardin von Siena (um 1450, lt. Inschrift 1584 restaur. durch Thurneisser), großes Relief aus der Klosterkirche. – Grabstein der Frau Rosina Stiller († 1712). – Michel Ribestein: Auferweckung des Lazarus (1552), aus St. Nikolai. – Michel Ribestein: Christi Höllenfahrt, Epitaph für Simon Mehlmann (1562), aus St. Nikolai. – Michel Ribestein (zugeschr.): Kreuzigung (1562). – Grabstein des Christoph Stiller († 1716). – Links neben dem S-Eingang Grabstein der Anna Stiller († 1719). – Nikolaus Winkler (?): Gefangennahme Christi (um 1515). – Hans Schenk gen. Scheußlich: *Epitaph für Joachim Zerer* (1543), ein Hauptwerk der Berliner Re-

Marienkirche.
Kanzel von
Andreas Schlüter (1703)
(zu S. 47)

naissance-Skulptur. – Grabstein der Philippine Christians († 1687). – Michel Ribestein: Ezechiel sieht die Toten erwachen (1559). – Christus im Schiff auf dem See Genezareth, Relief (um 1700). – Marmortafel zum Gedächtnis an Sibylla Seger († 1654) und ihre Tochter Sibylla Cautius († 1677). – Grabstein des Martino Sartorio und seiner Ehefrau († 1708). – Michel Ribestein: Christus im Hause des Simeon (1565). – Grabstein des Daniel Pollborn († 1691). – Grabdenkmal des Joh. Gottlieb Hacker († 1704) und seiner Frau († 1710), mit klagenden Putten. – Scheintür für das Simonsche Erbbegräbnis mit einer liegenden Frau, die eine Urne hält, von Bartholomäus Damart (1715). – Grabstein für Martin und Katharina Weise († 1693 bzw. 1671). – Stark zerstörter Grabstein des Joachim Berchelmann († 1631) und seiner Frau. – Grabstein des Martin Rücker († 1703). – Grabstein für Jacob und Magdalena Flaccus († 1562 und 1560), mit Reliefs: Christus am Ölberg und Abendmahl. – Über der Tür zur alten Bibliothek: Gedächtnismal für Anna Schilling († 1698). – Grabstein für Anna Ritter († 1595). – Grabstein für Lowisa und Ludwig Lubath († 1667 und 1671).

Im Chor befinden sich: Kreuzigung, Epitaph für Paul Blankenfelde (um 1440), aus der Klosterkirche. – Meister des Epitaphs Wins: Beweinung Christi, mit gemaltem Rahmen, im Stil altertümliches Epitaph für ein Mitglied der Familie Blankenfelde (1516). – Anbetung des Kindes (Ende 15. Jh.). – Grabstein für Balthasar v. Schlieben († 1639). – Marmortafel mit vergoldeter Sandsteinfassung als Gedenkstein für Katharina Elisabeth Seidel († 1673). – Zwischen den Oberfenstern: Epitaph für Joh. Joachim Lietzmann († 1712). – Der Altar ist als Ersatz für einen 1757 abgebrochenen got. Schnitzaltar bis 1762 nach Zeichnung von Andreas Krüger, einem Mitarbeiter Knobelsdorffs, gefertigt worden. Die Gemälde von Bernhard Rode: Christus am Ölberg, Kreuzabnahme sowie Christus und der ungläubige Thomas, sind Zeugnisse der Rembrandt-Verehrung des

Mitte: Marienkirche. Heiliggeist-Kapelle. »Rotes Rathaus«   49

18. Jh. in Berlin. – Davor steht die *Bronzetaufe* von 1437 mit Christus, Maria und den 12 Aposteln auf der Wandung, 1613 hierher versetzt. – An der N-Seite folgt das bedeutende *Grabmal des brandenburgischen Generalfeldmarschalls Graf Otto* v. *Sparr* von Artus Quellinus aus Amsterdam (1662). Die Tür unter dem Relief führt zu der Sparrschen Gruft. – Cranach-Schule: Beweinung Christi. – Über der Tür zur Sakristei: St. Georg (Ende 15. Jh.), Holzfigur aus der Klosterkirche. – Hll. Genoveva und Barbara, spätgot. Holzfiguren. – Lucas-Cranach-Werkstatt: Anbetung des Kindes mit Stiftern (1526).
An der O-Wand des nördl. Seitenschiffes befindet sich das *Grabmal der Familie Röbel*: Ehrenreich v. Röbel († 1630) und seine Ehefrau Anna († 1642) vor dem Gekreuzigten kniend, links und rechts Glaube und Wahrheit, im Aufsatz Johannes Ev., die Hoffnung und Paulus. Die Starre spätmanieristischer Figurendarstellung gerät in Bewegung, am heftigsten in der Ornamentik des Knorpelstils. – Grabstein für 3 Kinder des Predigers Martin Lubath († 1654–61).
An der N - W a n d schließen sich an: Grabstein für Sibylla Otto († 1677). – Emanuel Bardou: frühklassizist. Denkmal für den Prediger Friedrich Roloff († 1743) und seine Ehefrau († 1773) mit einer Statue der Hoffnung. – Denkmal für Margaretha Hoffmann († 1741). – Martin Schulz (zugeschr.): *Gedächtnisbild für Johann Kötteritzsch* († 1609) und seine Ehefrau *Caritas* († 1615), aus St. Nikolai, mit einer Darstellung des Innenraumes dieser Kirche, Hauptwerk der Berliner Malerei dieser Zeit mit einer Verbindung spätmanieristisch-ekstatischer Darstellungsweise in den Heiligenfiguren und einer sachlichen Schilderung in Porträts und Innenraum. – Hölzerner Sarkophag mit Urne und 2 trauernden Putten ohne Inschrift (Ende 18. Jh.). – Denkmal für Johann Kern († 1671). – Grabstein für Joh. Melchior Leonhard († 1697). – Grabstein für Andreas Weber († 1694). – 4 Gemälde: Erschaffung der Eva, Sündenfall, Kains Brudermord, Hagar mit dem Engel (2. Hälfte 16. Jh.). – Kopie nach einer bedeutenden, wohl kölnischen Tafel der 1. Hälfte des 15. Jh.: Maria mit dem Kind, umgeben von Heiligen, aus der Klosterkirche. – Verkündigung an Maria, umgeben von Propheten und mit einer Engelsglorie darüber (um 1600). – Michel Ribestein: Jüngstes Gericht, Epitaph für den Bürgermeister Hans Tempelhoff (1558), aus St. Nikolai. – Auferstehung Christi, Epitaph für ein unbekanntes Ehepaar (um 1600). – Doppelepitaph für Margarete Tieffenbach († 1687) und ihre Tochter Anna Ludloff († 1687), 2 Marmortafeln in reich geschnitztem Akanthusrahmen. – Reste des Epitaphs Wins: Kreuzigung, Epitaph für Thomas v. Blankenfelde (1505). – Michael Conrad Hirt (?): Jakobs Traum, Epitaph für Heinrich Rötzlow (um 1645).
An den Wänden der Turmpfeiler: Arbeiter im Weinberg, Epitaph für ein unbekanntes Ehepaar (2. Hälfte 16. Jh.). – *Jesus lehrt im Tempel*, Epitaph für Marcus Goltze (1612), aus St. Nikolai, ein bedeutendes spätmanieristisches Werk unter dem Einfluß Hans van Aachens. – Der *Orgelprospekt* von Johann Georg Glume und Paul de Ritter war erst 1742 vollendet. Die mehrfach umgebaute Orgel von Joachim Wagner wurde bereits 1721 eingeweiht.

Im südl. Vorraum befindet sich ein Epitaph mit der Familie Diestelmeyer vor dem Gekreuzigten (um 1600). – Bei der Wiederherstellung der Kirche 1945–47 wurde die 1728 angebaute Magistratsloge abgetrennt und als eigene Kapelle ausgestaltet. Auf dem modernen Altar: Schrein mit Maria auf der Mondsichel in der Mitte, auf den Flügeln die hll. Paulus und Andreas, Schnitzfiguren um 1500; auf der Rückseite Gemälde: Joachims Opfer, Maria im Tempel, Joachim und der Engel und Verlobung Mariens. – 2 Flügel des 1759 abgebrochenen Hauptaltars: Mariä Tempelgang, Verlobung Mariens, Darstellung im Tempel, der zwölfjährige Jesus im Tempel, Geißelung, Dornenkrönung, Kreuzigung und Grablegung (um 1470). – Schnitzaltar mit Anna selbdritt zwischen den hll. Sebastian und Barbara (Ende 15. Jh.). – Votivbild des Kanzlers Lamprecht Diestelmeyer († 1588). – Epitaph mit der Familie Steinbrecher vor dem Gekreuzigten (Ende 16. Jh.).
Ein Kreuz aus Kalkstein vor dem Hauptportal erinnert an die Ermordung des Propstes Nikolaus von Bernau am 16. August 1325. – Die *Bronzestatue Martin Luthers* von dem aufwendigen Luther-Denkmal von Martin Paul Otto und Robert Toberenz (1893–95) wurde 1989, nun nördl. der Kirche, wieder aufgestellt. *HB-S*

Ehem. Heiliggeist-Kapelle, Mensa des Wirtschaftswissenschaftlichen Instituts der Humboldt-Universität (Spandauer Str. 1–2 a)   14

Die Kapelle gehörte zu dem 1272 zuerst erwähnten, 1825 abgerissenen Heiliggeist-Spital am ehem. Spandauer Tor und diente bis zur Einbeziehung in den Neubau der **Handelshochschule** *(1905/06 von Wilhelm Cremer und Richard Wolffenstein, nach Kriegsbeschädigungen vereinfacht wiederhergestellt) dem Gottesdienst.*

Der 1313 erstmals genannte Backsteinbau auf Feldsteinsockel erhielt 1476 im Inneren Sterngewölbe. Vermutlich damals wurde auch der O-Giebel reich, aber nicht sehr klar ausgestaltet. An der S-Seite sind vermauerte Spitzbogen zu erkennen. Bemalte Brüstungstafeln sind auf West-Berliner Dorfkirchen verteilt. *HB-S*

Rathaus Stadtmitte, »Rotes Rathaus«, Sitz der Landesregierung (Rathaus-, Spandauer, Jüdenstraße); Farbabb. 1.   15

Das Rathaus wurde 1861–69 von Hermann Friedrich Waesemann erbaut, der jedoch wesentliche Formen aus den Entwürfen der vorangegangenen Konkurrenzen übernahm und bis in die 70er Jahre ausgestattet. Im 2. Weltkrieg stark beschädigt; 1951–56 wiederhergestellt.

Der rote Ziegelbau (daher »Rotes Rathaus«) bedeckt als Baublock von 99 × 88 m ein ganzes Straßenviertel. Er faßt die gleichmäßig gereihten Fensterbahnen der 4 Geschosse unter einem mächtigen, vorkragenden Konsolgesims zusammen. Abgeflachte Eckrisalite, rudi-

50 Mitte

Neptunbrunnen und Rotes Rathaus

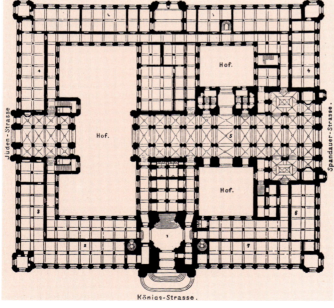

Rotes Rathaus Grundriß des Erdgeschosses

Mitte: »Rotes Rathaus«. Neptunbrunnen. Fernsehturm 51

mentäre Türme, geben einen schwachen Hinweis auf den mächtigen, 74 m hohen, platt geschlossenen Turm über der Fassadenmitte, die in hoher Nische als Durchfahrt geöffnet ist. 8kantige, in Säulen durchbrochene Eckvorlagen (wie an der Kathedrale zu Laon) betonen den Höhenzug und erleichtern die Massigkeit des Turmes.

Trotz des Ziegelbaus und vorherrschenden Rundbogens haben die Formen des Rathauses wenig mit denen des gleichzeitigen Berliner Kirchenbaus zu tun; der betont profane Charakter kommt von Anklängen an italienische und anglo-normannische mittelalterl. Stadtpaläste; Turm und absolute Größe weisen auch auf das Londoner Parlament als Vorbild. Mit der Stilwahl, mit dem Fehlen jeglicher klassizist. Reminiszenz im Berlin der Schinkel-Nachfolge wird deutlich, daß man der königlich-staatlichen Bautradition etwas völlig anderes entgegensetzen wollte.

Ein Relieffries mit stadtgeschichtlichen Themen von Alexander Calandrelli, Ludwig Brodwolf, Otto Geyer und Rudolf Schweinitz läuft unter den Fenstern der Hauptgeschosse um den Bau.   *EB-S*

16 **Neptunbrunnen** (Rathaus-/Spandauer Straße)
● *Der Monumentalbrunnen von Reinhold Begas wurde nach einer hervorragenden Restaurierung 1969 zwischen Marienkirche und Rathaus neu aufgestellt. Er entstand in dieser Form als Auftrag der Stadt für den Dönhoffplatz, war dann aber als Geschenk an den Kaiser 1888 für den Schloßplatz bestimmt und dort 1891 als einer der größten Brunnen der Welt errichtet worden. (Farbabb. 1).*

Ein älterer Entwurf Begas' in Erinnerung an die römischen Jugendtage und die Freundschaft mit Böcklin liegt dem Brunnen zugrunde und bestimmte ihn zu einem letztlich malerisch aufzufassenden Werk des 19. Jh. mit einer Hauptansicht, auch wenn die Zeitgenossen den Geist des Bernini oder der großen deutschen Renaissance-Brunnen apostrophierten: Denn die überaus naturalistische Durchbildung der aus dem Felssockel kommenden wasserspeienden Tritonen, der auf Wasser und Meeresgetier lebhaft agierenden Putten, des auf der Muschel hoch balancierenden Meeresgottes ist in dieser von Beiwerk überladenen Erzählweise als gänzlich unbarocker Grundzug, auch wenn man mit dem Standort vor der Schloßfassade vielleicht gerade den barocken Bezug wollte. Die naturalistisch feinen, an Naturabgüsse erinnernden Einzelmotive waren von je das Entzücken der Betrachter, und die unterschiedlichen Reaktionen der so gut beobachteten Kinder sind liebenswerte Zeugnisse der Begasschen Kunst. In den ruhig lagernden weiblichen Aktfiguren auf dem Brunnenrand – als Kontrast zu den bewegteren männlichen Figuren und dem flirrenden Reichtum überhaupt – erkennt man jedoch rein plastisch empfundene Wesen als Personifika-

tionen der großen deutschen (!) Ströme: Rhein (mit Weinlaub und Fischnetz), Weichsel (mit Holzklötzen), Oder (mit Ziege und Schaffellen als Bezug auf den Breslauer Wollmarkt) und Elbe (mit Früchten und Ähren).

Eine künstliche hellgrüne Patina der Bronzen wurde mit dem roten Ton des hochpolierten schwedischen Granitbeckens wirkungsvoll verbunden und erhebt das naturalistische Werk in eine Kunstsphäre, die zugleich eine dem Historismus der Gründerzeit willkommene Altertümlichkeit suggeriert.   *HR*

In gleicher Ausrichtung zum Roten Rathaus, weiter vorn, hat man die beiden überlebensgroßen Bronzestatuen *»Aufbauhelfer«* und *»Trümmerfrau«* von Fritz Cremer 1958 aufgestellt, jedoch so weit voneinander entfernt, daß das Gegenbildliche nicht zum Ausdruck kommt.   *HR*

Das 1986 eingeweihte **Marx-Engels-Forum** in der Achse 17
von Fernsehturm und Neptunbrunnen gilt als modernes Gegenstück zu der nur noch unvollständig erhaltenen Geschichtsdarstellung in Denkmälern westl. des Marx-Engels-Platzes. Bemerkenswert ist die Vielfalt der Stilmittel. Im Zentrum stehen die monumentalen Gestalten von *Marx* und *Engels* (Ludwig Engelhardt), deren naive Einfachheit wohl Volksnähe suggerieren soll. Arno Fischer und Peter Voigt hatten die Idee, auf Edelstahlstelen authentische Fotografien der Zeitgeschichte kleinformatig abzubilden. Ein 5teiliges Marmorrelief von Werner Stötzer schließt das Ensemble gegen die Kulisse des Palastes der Republik ab. 2 beidseitig gestaltete Bronzereliefs von Margrit Midell begrenzen den Komplex nach der entgegengesetzten Richtung.   *HB-S*

Der 365 m hohe **Fernsehturm**, der einzige in- 18
nerstädtisch liegende Fernsehturm Europas, ist nach einer Idee Hermann Henselmanns aus einem Wettbewerb (1959) in d. J. 1965 bis 1969 vom Kollektiv Günter Kollmann u. a. in der üblichen Form einer sich verjüngenden Betonröhre errichtet worden. Über dem kugelförmigen Turmkopf aus 140 Edelstahl-Segmenten, der bei Sonnenbestrahlung unbeabsichtigt ein kreuzförmiges Symbol erkennen läßt, liegen Antennen für Fernseh- und Hörfunk. Der Stahlbetonschaft ist 250 m hoch; der 7geschossige Turmkopf enthält in 203 m Höhe ein Aussichtsgeschoß, darüber ein drehbares Café mit 200 Plätzen.   *GK*
Die Umbauung des Turmes ist 1969–72 nach Plänen des Kollektivs Walter Herzog u. a. errichtet worden. Die 2geschossigen **Pavillonbauten** enthalten Ausstellungsräume und ein Restaurant. Die unfunktionell geneigten Dachflächen ergeben einen modisch-dekorativen Effekt. Die vorgelagerte **Terrasse** mit Wasserspielen und Lichteffekten leitet zu einer geometrischen Freiflächengestaltung

52 Mitte: Alexanderplatz. Karl-Marx-Allee. Volksbühne

über, welche die Sechseckformen der Turmumbauung fortsetzt.

Die große Freifläche um den Fernsehturm, in der die Marienkirche recht beziehungslos wirkt, wird im NW flankiert von **Geschäftsbauten** (1970) nach Entwürfen des Kollektivs Wolfgang Radke u. a.

19 Im SO des Platzes liegen die **Rathaus-Passagen** (1968–72) nach Entwürfen von Heinz Graffunder und dem Kollektiv Lothar Köhler: ein 2geschossiger Ladenbereich mit Passagen und Innenhöfen, darüber ein Terrassengeschoß und 9 Wohngeschosse in Plattenbauweise aus vorfabrizierten Elementen.   *GK*

20 A l e x a n d e r p l a t z

Der Alexanderplatz, urspr. Ochsenmarkt, 1805 benannt nach dem Zaren Alexander I., einer der Markt- und Exerzierplätze vor den Toren Berlins, entwickelte sich seit dem 19. Jh. zu einem wichtigen Verkehrsplatz mit Bahnhof (zunächst Stadtbahn, später Fernbahn) und als Kreuzungspunkt von 3 U-Bahn-Linien (für eine 4., noch nicht ausgeführte existiert lediglich seit 1927 ein 2gleisiger Bahnsteig).

Zu dem ersten, in den Anfängen steckengebliebenen Umbau des Platzes von 1928–31 nach einem Konzept des Stadtbaurats Martin

21 Wagner gehören die **Bürohäuser** »**Alexander**« und »**Berolina**« von Peter Behrens. Die 8geschossigen Stahlbetonskelettbauten rahmen den (jetzt fahrverkehrsfreien) Zugang zum Bahnhof und zur Rathausstraße. Maßstab und architektonische Durchbildung dieser Bauten stehen in einem wohltuenden Gegensatz zu den späteren Bauten der 60er und 70er Jahre.

Vor den Häusern steht eine 10 m hohe Weltzeituhr (1969), eine Stahlkonstruktion mit geätzten Aluminiumplatten und farbiger Emaille von Erich John.

22 Weitere Bauten sind das **Warenhaus** »**Kaufhof**« (früher »**Centrum**«; 1967–70), vom Kollektiv Josef Kaiser und Günter Kuhnert er-

23 baut, das **Interhotel** »**Stadt Berlin**« (1967–70) vom Kollektiv Roland Korn, Heinz Scharlipp

24 und Hans-Erich Bogatzky, das **Haus des Lehrers** (1961–64) von Hermann Henselmann mit einem 7 m hohen und 125 m langen umlaufenden, realistischen *Bildfries* von Walter Womacka, das **Haus der Elektroindustrie**

25 (1967–69), ein ungegliederter Rasterbau vom Kollektiv Heinz Mehlan, Peter Skujin, Emil

26 Leibold, das **Haus des Reisens** (1969–71) vom Kollektiv Roland Korn, Johannes Brieske, Roland Steiger.

An der Ecke Memhard- und Karl-Liebknecht-Straße liegt das Haus des **Berliner Verlages** 27 mit einem freigestellten, verglasten Treppenhaus vom Kollektiv Karl-Ernst Swora, Rainer Hanslik, Günter Derdau (1970–73).

Die Spiralform der Pflasterung des Platzes (nur aus großer Höhe erkennbar) mündet in dem mit Emailleplatten dekorierten Brunnen der Völkerfreundschaft, dessen Buntheit wohl als ein folkloristisches Element verstanden sein will, von Walter Womacka (1969).   GK

K a r l - M a r x - A l l e e   28

Aus der Reihe der zwischen 1959 und 1965 von verschiedenen Kollektiven errichteten scheibenförmigen **Wohnhochhäuser** in der Karl-Marx-Allee, zwischen dem Alexanderplatz und dem Strausberger Platz, ragt (Nr. 31) das nördl. etwas zurückliegende **Ho-**   29 **tel** »**Berolina**« hervor, 1961–63 vom Kollektiv Josef Kaiser und Günter Kuhnert errichtet; 13 Geschosse aus vorfabrizierten Elementen einer Großplattenbauweise, mit blauen Keramikplatten verkleidet. Daneben liegt das **Kino** »**International**«, 1961–63 von Josef Kaiser und Herbert Aust erbaut.   *GK*

*Im Atrium des **Restaurants** »Moskau« (Karl-Marx-Allee 30 34) steht ein Brunnen mit einer wabenartig aus Drei- und Vierecken gebildeten Kugel in geschweißter Stahlkonstruktion von Fritz Kühn (1965).   HB-S*

[Fortsetzung der modernen Bebauung südöstl. des Strausberger Platzes im Bezirk Friedrichshain → S. 120.]

Volksbühne (Rosa-Luxemburg-Platz)   31

Am einstigen Bülowplatz wurde 1913–15 von Oskar Kaufmann dieser erste moderne Theaterbau Berlins für den Volksbühnenverein errichtet (als Teil einer geplanten, jedoch in den Anfängen steckengebliebenen Sanierung des sog. Scheunenviertels). Das im 2. Weltkrieg völlig ausgebrannte Haus wurde in vereinfachter Form durch das Architektenkollektiv H. Richter wieder aufgebaut und im April 1954 wieder eröffnet.

Die Hauptfront mit schwach vorgewölbter Ordnung aus 6 hohen Säulen mit Eingängen dazwischen und hohen Foyerfenstern schloß ein geschwungenes Mansarddach ab. Der Bühnenturm war mit einem flachgeneigten Dreiecksgiebel gedeckt. Heute sind alle Dächer flach.

Im Foyer die Büste des Dramatikers Friedrich Wolf von Gustav Seitz (1906–69).   GK

Die den R o s a - L u x e m b u r g - P l a t z umgebenden 31 **Wohnbauten** (Weydinger-, Rosa-Luxemburg-, Kleine Alexander-, Linien- und Hirtenstraße) wurden 1928/29 von Hans Poelzig erbaut. Das dazugehörige **Kino** „**Babylon**" (Rosa-Luxemburg-Str. 30; unter Denkmalschutz) ist eines der letzten Großkinos der Stadt.   *GK*

Karl-Marx-Allee gegen den Alexanderplatz

32 Brüderstraße (vgl. Abb. S. 28)
Nr. 13 ist das **Nicolaihaus.** Um 1710 wurde das urspr. 2stöckige Gebäude um 1 Stockwerk erhöht und umgebaut. Aus dieser Zeit stammt noch die Treppe mit dem schönen geschnitzten Geländer. 1787/88 erwarb Friedrich Nicolai das Haus, in dem er seine berühmte Verlagsbuchhandlung unterbrachte. Er ließ es nochmals durch Carl Friedrich Zelter (bekannt als Komponist und Freund Goethes) umbauen, außer dem Inneren auch die Fassade verändern, bei der die mittlere und die äußeren Achsen durch gequaderte Lisenen eingefaßt sind. Haustür um 1800. Der reizvolle Innenhof, der durch Seitenflügel und Quergebäude gebildet wird, besitzt auf 2 Seiten eine Galerie.

Im Quergebäude wurde 1977 die aus dem Kreis Schinkels stammende Treppe des 1935 abgerissenen Weydingerhauses in der Unterwasserstraße mit 2 *Stuckreliefs* (Raub der Proserpina, Diana und Endymion), um 1830 vermutlich von Christian Friedrich Tieck, eingebaut.

Nr. 10 (Ecke Sperlingsgasse, »**Galgenhaus**«), ein 5achsiges, 3stöckiges Haus vom Ende des 17. Jh. war 1690 im Besitz des Ministers v. Happe. Die Quaderung des Erdgeschosses, der Schlußstein über dem rundbogigen Portal und die Vergitterung der Fenster im Erdgeschoß stammen aus dieser Zeit. Von einer klassizist. Umgestaltung 1805 rühren die Ornamente der Fensterverdachungen des 1. Obergeschosses sowie die Akanthusranken und der Zahnschnitt unter dem Hauptgesims her.
Im Inneren sind aus der Zeit vor 1700 das Treppenhaus und eine reiche Stuckdecke im rechten Raum des Erdgeschosses erhalten. HB-S

Breite Straße

In der nordöstl. parallel zur Brüderstraße verlaufenden Breiten Straße sind, nachdem einer Straßenverbreiterung 1966/67 u. a. Nr. 11, das Ermelerhaus (→ S. 56), zum Opfer gefallen ist, nur noch auf einer Straßenseite alte Häuser vorhanden.

Nr. 35, das **Ribbeckhaus,** ist das älteste Haus 33
Berlins, von Hans Georg v. Ribbeck und sei-

54 Mitte: Breite Straße

Breite Straße mit (v. r.) Stadtbibliothek, Ribbeckhaus und Marstall

ner Frau Katharina v. Brösicke lt. Inschrift über dem Portal 1624 erbaut. 1628 kaufte die Herzogin Anna Sophie von Braunschweig-Lüneburg, eine Tochter des Kurfürsten Johann Sigismund, das urspr. 2geschossige Haus und ließ es durch Balthasar Benzelt aus Dresden umbauen. 1803/04 wurde es um ein Geschoß erhöht. Dabei wurden die 4 mit Beschlagwerk versehenen Giebel geringfügig verändert. Das skulptierte Portal (nach Kriegszerstörung ergänzt) zeigt Knorpelwerk und im Giebel darüber, von Engeln flankiert, die Wappen der Erbauer. – Das Innere des im 2. Weltkrieg schwer beschädigten, 1964 bis 1966 vereinfacht wiederhergestellten Hauses ist modern.
Nr. 34, die **Stadtbibliothek,** 1964/65 von Heinz Mehlan, ist bemerkenswert v. a. durch das Portal von Fritz Kühn mit 117 Varianten des Buchstabens A auf Stahlplatten.
Nr. 36 ist der 3stöckige, urspr. 14 Achsen lange **Marstall.** Nach einem Brand 1665 führte Michael Matthias Smids den großen Bau mit 2 Binnenhöfen bis 1670 aus. Vor der Kriegsbeschädigung war der Giebel mit einem bewegten hölzernen Relief (ein Reiter auf ei-

Friedrichsgracht mit Gertraudenbrücke (vorn) und Jungfernbrücke

nem Flügelroß, umgeben von Pferden, Troßbuben und Hunden) geschmückt. Es schließt der **Neue Marstall**, 1896–1902 von Ernst v. Ihne, an, der sich in den Formen an das damals gegenüber gelegene Schloß (→ S. 61) anlehnte. 1945 schwer beschädigt, wurde das Gebäude bis 1968 wiederhergestellt. In einem Flügel das **Stadtarchiv**. *HB-S*

Friedrichsgracht
Der Spree-Arm, der das alte Stadtgebiet von Cölln südlich und westlich umfließt, wurde 1681 von holländischen Facharbeitern neu kanalisiert. Der südl. Teil ist die Friedrichsgracht.
Von den alten Brücken, welche die Friedrichsgracht überqueren, ist noch die ehem. Spreegassen-, später **Jungfernbrücke** benannte in ihrer Form von 1798 erhalten. Die technische Zweckform der sog. Sinusoiden-Zugbrücke ist im Sinne der Revolutionsarchitektur zur Schau gestellt. *HB-S*

Auf den neoroman. Pfeilern der **Gertraudenbrücke** steht zur Erinnerung an die alte Stadtbrücke und an das Gertraudenhospital (daher der Name des südwestl. gelegenen Spittelmarkts) Rudolph Siemerings große *Bronze-Gruppe der hl. Gertrud* von 1896. Die Äbtissin, von statuenhafter Würde und in kleidsamer romantisch-mittelalterl. Tracht, reicht dem Wanderburschen – im Kontrast dazu ganz genremäßig aufgefaßt – einen Trunk. Lilie und Spinnrocken bedeuten Jungfräulichkeit und häusliche Armenfürsorge, der kredenzte Wein ist Zeichen der »Gertraudenminne«. Die Mäuse am Sockel weisen die Stadtheilige als Beschützerin der Gräber und Äcker aus, worauf auch die Verse an den Seitenwänden des Sockels Bezug nehmen. Das von Siemering neu belebte Wachsausschmelzverfahren hat hier ein Meisterwerk der Erzbildnerei (gegossen in Lauchhammer) zustande gebracht, was nicht allein an den nur bei dieser Technik möglichen »freistehenden« Motiven zu bewundern ist, sondern an der gesamten, vom Künstler im Wachsmodell sorgfältigst überarbeiteten »Haut«. *HR*

56   Mitte: Märkisches Ufer. Haus des ADGB

37 Auf der alten **Fischerinsel** südöstl. der Gertraudenstraße ist unter Zerstörung des historischen Stadtgrundrisses seit 1965 ein Hochhausviertel aus 6 vielgeschossigen **Wohnhochhäusern** entstanden. Die Entwürfe stammen von den Kollektiven Joachim Näther (Städtebau) und Hans-Peter Schmiedel (Hochbau).   *GK*

38 **Am Märkischen Ufer** südl. der Friedrichsgracht sind erhalten:
Nr. 18, ein 5achsiger Bau aus dem Beginn des 18. Jh., hat einen Mittelrisalit, den ein Segmentgiebel krönt. Die Einfahrt ist von Pilastern flankiert, über denen ein Triglyphenfries liegt. Das 1. Geschoß zeigt noch lebhaften Wechsel der Fensterverdachungen; sonst ist die Fassade bei der Wiederherstellung stark vereinfacht worden.
Nr. 16 ist ein 6achsiger Bau aus der 2. Hälfte des 18. Jh. mit einem 2 Achsen breiten Mittelrisalit und 4 Geschossen, von denen das 4. über der Traufleiste ansetzt. Die Fassade wurde 1830 erneuert.
Die Häuser Nr. 16 und 18 werden als **Otto-Nagel-Haus** (→ S. 461) für Ausstellungszwecke genutzt.

Neben **Nr. 14**, einem Bau vom Ende des 19. Jh., ist als **Nr. 12** eines der am gegenüberliegenden Ufer (Friedrichsgracht 15) abgebrochenen Häuser wieder aufgebaut. Die um 1740 geschaffene Fassade ist 5achsig, durch Pfeiler, Gesimse und Fensterverdachungen und -gesimse gegliedert. Die Freitreppe war typisch für viele Berliner Häuser.

● Daneben (Nr. 10) steht das **Ermelerhaus** (ehem. Breite Str. 11), einst v. a. wegen seiner vorzüglichen Innenausstattung, von der Teile im Krieg verlorengingen, eines der schönsten Häuser Berlins. Der Armeelieferant Friedrich Damm hatte es 1760–62 anstelle eines älteren Gebäudes mit 2 Seitenflügeln neu erbauen lassen. Nachdem es 1804 der Tabakwarenfabrikant Neumann erworben hatte, erhielt es 1805 seine klassizist. F a s s a d e mit dem Rankenfries über dem 1. und dem Palmettenfries über dem 2. Obergeschoß. Der Fries über dem Portal stellt Tabakhandel und -fabrikation dar. Die Attika des Mittelrisalits bekrönen die Statuen von Merkur und Justitia. Die Inschrift »W. E. & C.« bezieht sich auf Wilhelm Ferdinand Ermeler, der das Haus 1824 erwarb. 1914 wurde es Eigentum der Stadt Berlin. Nachdem die Kriegsschäden 1952/53 beseitigt worden waren, mußte das Haus 1966/67 bei der Verbreiterung der Breiten Straße weichen. Beim Wiederaufbau an der jetzigen Stelle 1968/69 wurde seine Erscheinung beeinträchtigt durch Hinzufügung eines Kellergeschosses als Sockel und der Freitreppe vor dem seiner alten Türen beraubten Eingang, dessen Oberkante urspr. mit der Oberkante der Erdgeschoßfenster abschloß. – Das I n n e r e hatte seit 1932 als Zweigstelle des Märkischen Museums gedient und die Abteilung Berliner Kunst- und Kulturgeschichte des 18. und frühen 19. Jh. aufgenommen. Jetzt ist es eine Gaststätte.
Vom Vestibül gehören Wandgestaltung und die sternengeschmückte Kassettendecke der Umgestaltung von 1805 an. Beim Treppenhaus sind das schöne schmiedeeiserne Geländer und die Putten als Laternenträger original (um 1761). Der in eine Nische gemalte illusionistische Ausblick auf eine Mondscheinlandschaft fehlt. Nur noch 2 Räume geben eine Vorstellung von der urspr. Schönheit der Innenausstattung: Der *Festsaal* besitzt einen alten Kamin mit Spiegel darüber, geschnitzte Boiserien an den Wänden und einen Deckenplafond vermutl. von Joh. Christoph Frisch: Athena verteidigt Frieden und Glück. Die Wandbilder und Supraporten mit Ruinenlandschaften von Carl Friedrich Fechhelm (1762) sind Kriegsverluste. *Ehem. Schlafzimmer* mit gemalter Treillage (Spaliergerüst) und zartem Deckenstuck als Rosenlaube. In der Mitte der Decke öffnet sich ein Opaion mit 2 Putten vor dem gemalten Himmel. Die Wandbilder gegenüber den Fenstern, Ausblicke auf das am Wilhelmbecker See bei Summt gelegene Landgut Friedrich Damms, sind ebenso wie die beiden Supraporten Kriegsverluste. Hervorzuheben ist der elegante Ofen in der zurückhaltend stuckierten Nische.   *HB-S*

Haus des Allgemeinen Deutschen Gewerk-   39
schaftsbundes (Wallstr. 61–65 / Inselstr. 6)
Von Max Taut und Franz Hoffmann 1922/23 errichtet und später von Walter Würzbach erweitert (Wallstr. 64/ 65). Die bildhauerischen Arbeiten Rudolf Bellings, eines Freundes von Max Taut, sind nicht mehr vorhanden.

Das Haus des ADGB ist Berlins erster Stahlbeton-Rasterbau. Das sichtbare, schlanke Betonskelett überzieht den 7geschossigen Bau mit einem klaren Netz aus fast quadratischen Maschen, das die Konstruktion von außen erkennen läßt. Die Felder wurden mit Ziegeln ausgemauert und geputzt; schmale Klinkerbänder fassen sie ein. Je Feld sind 2 hohe Fenster angeordnet. An der Inselstraße ist der Bau um 3 Geschosse herabgezont. Es gibt keine Betonung der senkrechten Konstruktionselemente (zu jener Zeit wurde noch gern »gotisiert«), auch keine waagerechte Zusammenfassung zu Fensterbändern ohne Rücksicht auf die dahinterliegende Raumteilung. Was man

Mitte 57

Friedrichsgracht, Märkisches Ufer (nach 1950). Rechts das (translozierte) Ermelerhaus

58   *Mitte: Märkisches Museum. Köllnischer Park. AOK*

heute Rasterbau nennt, hieß in jenen Jahren »Rahmenkonstruktion«.   *GK*

Geschäftshaus, heute Dietz-Verlag (Wallstr. 76–79). Von Fritz Crzellitzer 1912 erbautes 5geschossiges Bürohaus mit 10 Achsen, das 4. Obergeschoß abgesetzt. Fassade mit Majolikaplatten ornamentiert.   *GK*

40 Neben dem Märkischen Museum liegt (Wall-, Ecke Inselstraße) das **ehem. Köllnische Gymnasium** (um 1865). Die erhaltenen Teile zeigen die Gliederung mit doppelten Stichbogenfenstern, unter ihnen im 1. Stock feinteilige Terracotta-Rosetten, im 2. Ziegelmuster.
EB-S

41 **Märkisches Museum** (Am Köllnischen Park 5); Farbabb. 2

● *1901–07 von Ludwig Hoffmann erbaut, im 2. Weltkrieg schwer beschädigt und bis 1958 fast vollständig wiederaufgebaut. – Zu den Sammlungen → S. 458.*

Das Gebäude erweckt den Anschein eines in verschiedenen Epochen von der Gotik bis zur Renaissance gewachsenen Komplexes und bedient sich auch im Inneren wechselnder Stilformen, die den Sammlungsbeständen den jeweils passenden Rahmen verleihen sollten. Das so urspr. als Einheit von Architekturform und Sammlungsinhalt konzipierte Museum folgt in dieser Idee dem 1894–99 errichteten Bayerischen Nationalmuseum Gabriel v. Seidls in München. Während der massige Turm dem der Bischofsburg in Wittstock nachgebildet ist, wurde das Motiv der durchbrochenen Giebel von St. Katharinen in Brandenburg entlehnt.

Rechts vom Eingang an der Wallstraße steht eine 1905 geschaffene Kopie des *Rolands von Brandenburg* (1474).   *HB-S*

42 **Köllnischer Park**
Der kleine Rundbau aus Backstein mit kuppelartiger Bekrönung aus Sandstein hinter dem Märkischen Museum, der **Wusterhausensche Bär**, ist ein 1718 unter Friedrich Wilhelm I. erneuerter Rest der Memhardtschen Stadtbefestigung (1658–83). Er stand urspr. auf der Mitte des Wehrs hinter der Bastion VI (westl. des Märkischen Museums), das den Wasserstand im Festungsgraben regulierte. 1893 wurde der Turm hierher versetzt.   *HB-S*
Auf dem Platz und in den Anlagen hinter dem Märkischen Museum finden sich die verschiedenartigsten *Skulpturen*, meist größere Sandsteinarbeiten, ohne übergreifende Konzeption aufgestellt – eine Art »Volkspark« im kleinen durch die Verbindung mit dem **Bärenzwinger** (um 1920/30) und einem **Kinderspielplatz,** der seinerseits mit 2 originellen *Krokodilrutschbahnen* und

einer guten, aus 4 Kamelen gebildeten *Kletterfigur* aus Beton Aufmerksamkeit erregt. – In einem vom Museumsgebäude gebildeten Winkel fand ein hübscher *Neorenaissance-Brunnen* mit feiner Sandsteinornamentik Platz; einst zierte er einen Villengarten in Köpenick-Hirschgarten. – Die großartige Sandsteingruppe »*Herkules mit dem Löwen*« von Conrad Boy nach einer Skizze von Schadow 1792 stand einst auf der Friedrichbrücke beim Schloß Monbijou, dann auf der Herkulesbrücke am Lützowplatz. (Das Gegenstück, »*Herkules im Kampf mit dem Kentauren Nessus*«, ist seit 1945 verschollen.)
Das an der Wallstraße aufgestellte *Zille-Denkmal* von Heinrich Drake (1965, Bronze) zeigt den mit vorgerutschter Brille und Zigarrenstummel breit dastehenden volkstümlichen Zeichner beim Skizzieren und einen lässig dicht hinter ihm stehenden Burschen mit Melone, der ihm über die Schulter blickt – Genreplastik von fast panoptikumsartiger Wirkung, trotz Übergröße, strenger Staffelung der Figuren und Rücknahme von Details in der Kleidung durch großzügige Charakterisierung bis zu den vornehmlich als Formen sprechenden Hüten.   *HR*

Das Gebäude der **ehem. Landesversiche-** 43
rungsanstalt Berlin (Am Köllnischen Park 3) wurde 1903/04 von Alfred Messel als 4geschossiger Backsteinbau in einer dem Barock angenäherten Stilfassung errichtet. Die Fassade ist durch Klinkerpfeiler gegliedert, die Brüstungsfelder sind mit Reliefplatten aus Hardtheimer Kalkstein versehen.   *GK*

Ehem. Zentralverwaltung der Allgemeinen 44
Ortskrankenkasse (Rungestr. 3–6/Am Köllnischen Park)
Das Gebäude wurde 1930/31 von Albert Gottheiner für die Allgemeine Ortskrankenkasse errichtet. Nach dem Krieg längere Zeit von der SED-Parteihochschule Karl Marx genutzt.

Der 6geschossige, 104 m lange Hauptbau an der Rungestraße wurde als Stahlrahmenbau ohne Innenstützen konstruiert. Der 8achsige Mittelteil mit Portal und breiter Freitreppe erfährt eine Hervorhebung mit durchlaufenden Pfeilervorlagen; 4. und 5. Obergeschoß sind hier zu einem hohen Saalgeschoß zusammengefaßt. Die Fassade ist mit blaurot getönten Ilse-Klinkern im Geschmack jener Jahre verkleidet; die Pfeilervorlagen, die Brüstungsfelder des Erd- und des 1. Obergeschosses sowie das Hauptgesims über dem 4. Obergeschoß sind in expressionistischer Manier dekorativ behandelt. An den Pfeilervorlagen der durchlaufend verglasten Treppenhäuser beiderseits des Mittelteils figürliche Terracotta-Skulpturen.   *GK*

Mitte 59

St. Michael (zu S. 60)

45 **Kath. Kirche St. Michael**
● (Heinrich-Heine-Platz; Abb. S. 59)

1851–61 von August Soller als zweiter kath. Kirchenbau Berlins (nach St. Hedwig) errichtet, auf baumbestandenem Platz, am ehem. Engelbecken, wurde St. Michael im 2. Weltkrieg Ruine und bisher nur in der Chor- und Querschiffspartie wieder ausgebaut.

Die bedeutendste Kirche der Schinkel-Schule – für Fontane die schönste Kirche Berlins überhaupt – ist durch großzügige Formen und Renaissance-Anklänge, bes. eine Vierungskuppel, ausgezeichnet. Mit der versuchten Synthese mittelalterl. und klassischer Formen folgte Soller Ideen Schinkels. Die eher zierliche Kuppel, deren kreisrunder Tambour auf einem kubischen Sockel steht, beherrscht die Chor- und Querschiffspartie und wirkt auch über die turmlose Fassade hin in die Ferne. Die Fassade ist durch eine hohe Rundbogennische und einen darüberliegenden Glockengiebel gegliedert, der dem Hallenbau den Anschein einer Basilika und einen stark italienischen Charakter verleiht. Ein doppeltes Konsolgesims profiliert kräftig die Giebelschrägen; die bewegte Figur des Erzengels Michael von August Kiss löst die architektonische Strenge auf. Auch sonst ist die architektonische Gliederung kräftig und gleichmäßig; zwischen den (heute abgetragenen) hohen Rundbogenfenstern stehen Strebepfeiler als Widerlager der Gewölbe, die jedoch, unter dem breiten Kranzgesims endend, keinen gotisierenden Eindruck erwecken. Das sparsam an den Apsiden, reich am Portal verwendete Ornament auf Terracottaplatten ist klassizistisch, fein und präzise.

Der Innenraum folgte auf Anweisung Friedrich Wilhelms IV. mit gereihten Flachkuppeln dem Vorbild von Sansovinos S. Salvatore in Venedig (1507 ff.). Doch hat Soller die kräftige rhythmische Spannung des Renaissance-Raumes durch eine gleichmäßige Reihung ersetzt, die Seitenschiffe durch breite Gurtbogen vom Mittelschiff getrennt und stark reduziert, damit den Raumeindruck dem nicht ausgeführten »antikischen« Entwurf Schinkels zur Werderkirche angeähnelt. *EB-S*

Maximilian Roch: Schloß Berlin und Lange Brücke mit Denkmal des Großen Kurfürsten. 1834 (Schloß Charlottenburg)

Johann Erdmann Hummel: Die Granitschale im Berliner Lustgarten. 1831. (Nationalgalerie / Galerie der Romantik.) Das Gemälde zeigt die provisorische Aufstellung vor dem ehem. Schloß und dem Dom.

46 Links von der Fassade, westl., liegt in der Annenstraße die einfache Ziegelfront der **Altlutherischen Kapelle**, um 1860. EB-S

47 **Ehem. Schloß** (Marx-Engels-Platz)

Das 1950/51 gesprengte Schloß, das 1944/45 schwer beschädigt worden war, bildete seit der Renaissance den städtebaulichen Kern Berlins und nahm zuletzt als Rechteck von 192 × 116 m mit 2 geräumigen Innenhöfen den größten Teil des heutigen Marx-Engels-Platzes ein. Von der Burg Kurfürst Friedrichs II. (1443–51) war noch ein Rundturm erhalten. Joachim II. ließ durch Caspar Theyß seit 1538 die mittelalterl. Zwingburg in ein repräsentatives Schloß verwandeln, das unter seinen Nachfolgern Johann Georg und Joachim Friedrich weiter ausgebaut wurde. Noch vor dem Ende des 30jährigen Krieges setzte der Große Kurfürst die Bauarbeiten fort. Seine endgültige imponierende Erscheinung erhielt das Schloß aber erst durch Schlüter unter Friedrich I. seit 1698.
Die lange, 3½geschossige, oben durch eine Balustrade abgeschlossene Front zum Schloßplatz (gegenüber dem Neuen Marstall) war durch 2 3achsige Risalite mit Portalen gegliedert. Je 4 die beiden mittleren Geschosse verklammernde korinthische Säulen trugen ein Gebälk.

Die östl. Ecke bildete ein barock verkleideter Rundturm vom Bau Joachims II. Die Spree-Front zeigte in malerischer Gruppierung ältere Bauteile. Die dem Lustgarten zugewandte Front, die längste des Schlosses (vgl. Abb. oben), war ebenfalls durch 2 Portale gegliedert, die jedoch die Form des am früheren Staatsratsgebäude (→ S. 65) kopierten besaßen. Die ehemals zur Schloßfreiheit (wo 1897 das Nationaldenkmal Kaiser Wilhelms I. von Reinhold Begas errichtet wurde) nach W gewandte Front war in der Mitte durch ein gewaltiges 3teiliges Portal von Johann Eosander Göthe, eine Nachbildung des Severus-Bogens in Rom, betont, das 1708–15 ausgeführt wurde. Darüber errichteten Friedrich August Stüler und Alb. Dietrich Schadow 1845–53 die 8seitige Schloßkapelle mit der beherrschenden Kuppel, die dem Schloß eine eindeutige Ausrichtung nach W gab. – Die Raumgestaltungen des Inneren reichten von der Zeit Joachims II. (Erasmuskapelle) bis ins 19. Jh., besaßen ihren Höhepunkt jedoch in den Schöpfungen Schlüters. HB-S

48 **Ehem. Lustgarten**
(nördl. Teil des Marx-Engels-Platzes)

Der Lustgarten, 1646 durch den Großen Kurfürsten als zum Schloß gehöriger Park mit Botanischem Garten und Küchengarten angelegt, nahm vom Schloß an den

62   Mitte: Lustgarten. Dom

ganzen nördl. Teil der Spree-Insel ein. Hier befanden sich ein Orangen- und ein Grottenlusthaus. Friedrich Wilhelm I. machte den Garten zu einem Exerzierplatz. Beim Bau des Alten Museums wurde der vorher mit Pappeln umstandene Platz 1832 durch Lenné als eine geometrisch geordnete Parkanlage neu gestaltet. 1935 hat man den Lustgarten mit Ausnahme des westl. Teiles planiert und gepflastert. Nach dem 2. Weltkrieg wurde er mit dem Schloßplatz und der Schloßfreiheit zum Marx-Engels-Platz vereinigt.   HB-S

● **Granitschale** beim Alten Museum (Marx-Engels-Platz)

Die große Granitschale von beinahe 7 m Durchmesser, als ein Weltwunder einst bestaunt, steht seit 1981 wieder an ihrer alten Stelle vor der Freitreppe des Alten Museums, nachdem ihr 1935 bei der Umwandlung des Lustgartens zu einem Aufmarschgelände ein Platz nördl. vom Dom zugewiesen worden war. Beim Rücktransport zerbrach die Schale, die als Werk Schinkels in vieler Hinsicht Beachtung verdient.

Durch die Steinschleiferkunst der Cantian-Werkstätten wurde – zur Kostenersparnis wie aus vaterländischem Stolz – das Augenmerk auf einheimische Materialien gerichtet. Eine von König Friedrich Wilhelm III. 1827 bestellte Riesenschale, für die Cantian in einem der Markgrafensteine der Rauenschen Berge bei Fürstenwalde einen geeigneten Findling entdeckt hatte, bewog Schinkel, für das zu schaffende »Prachtstück« den Ehrenplatz seines Museumsbaus am Lustgarten, die Mitte der Rotunde, in Vorschlag zu bringen, in unmittelbarer Nähe der berühmten antiken Granitwannen und umstanden von dem Kranz der 14 Fuß hohen Säulen aus Granitmonolithen.

Das Profil der Rundschale entspricht dem einer 1823 entworfenen Brunnenschale am Lustgarten, und für die Mittelstütze wie für 3 oder 4 äußere Fußstützen liegen Zeichnungen und schriftliche Angaben Schinkels vor. Nur hat sich das schöne erste Projekt, eine Aufstellung auf bronzenen Löwen, nicht verwirklichen lassen, da Cantian in einer Art technischen Größenwahns von der urspr. vorgesehenen Breite von 12–17 Fuß (= 3,77 bis 5,34 m) auf die überraschend möglichen von 22 Fuß (= 6,91 m) beharrte, wodurch Schinkel die Wirkung der Rotunde mit ihrem Statuenschmuck bedroht sah und Beschädigungen und Bauverzögerungen befürchten mußte. Ein entsprechendes, direkt an den König gerichtetes Gesuch hatte Erfolg und bestimmte, Schinkels Vorschlag folgend, die Aufstellung am Fuß der Freitreppe. Cantian hatte inzwischen die höchst komplizierten Vorarbeiten – Sprengung, Wenden des Felsbrockens mit über 100 Mann, Bearbeitung am Ort und Transport durch Wälder und über die Spree auf einem eigens gebauten Kahn – in einem illustrierten Bericht nüchtern und stolz zugleich zur Publikation vorbereitet, und der Malerfreund Johann Erdmann Hummel, Experte für Spiegeleffekte, gab in Ölgemälden (Nationalgalerie und Märkisches Museum) die wunderbaren Lichteffekte der Schale beim gefährlichen Wenden auf dem Packhof 1830, unter der Schleifmaschine 1831 und in der noch provisorischen Aufstellung im Lustgarten 1832 wieder. Zur Einweihung 1834 saßen 42 Personen auf dem Schalenrand beim Festfrühstück – biedermeierlicher Ab-

schluß eines hochgemut begonnenen, mit der Antike wetteifernden Projektes, gab es doch nach Schinkels Worten »nirgends in der Welt eine ähnliche Schale von dieser Kolossalität«.   HR

Dom (Marx-Engels-Platz)   49
●
Der am ehem. Lustgarten 1894–1905 von Julius Raschdorff als »Hauptkirche des preußischen Protestantismus in Berlin« in einer der italienischen Hochrenaissance nachempfundenen Stilfassung erbaute Dom ist 1945 stark beschädigt worden; lediglich die Gruftkirche konnte in der Folgezeit vorübergehend für Gottesdienste benutzt werden. Ende 1974 begann die Instandsetzung des Äußeren, u. a. mit finanzieller Hilfe der Evangelischen Kirche in Deutschland (EKD). Seinen Namen leitet der Dom von der 1747 abgetragenen Domkirche am Schloßplatz her. Er ist der dritte Kirchenbau an dieser Stelle: Den von Johann Boumann d. Ä. 1747–50 erbauten ersten Dom am Lustgarten hatte Karl Friedrich Schinkel 1817 innen und 1820–22 außen in hellenischen Formen umgebaut, jedoch unter Wahrung der Substanz (vgl. Abb. S. 61). 1893 wurde er zugunsten des Raschdorffschen Dom abgerissen.

Nach langwierigem Planungsverfahren (1867/68 hatte es einen öffentlichen, internationalen Architektenwettbewerb gegeben; erst 1892 hatte der preußische Landtag die Summe von 10 Millionen Goldmark bewilligt, auf deren Einhaltung der Kaiser sehr bedacht war) wurde unter dem Einfluß Wilhelms II. die Entscheidung zugunsten des Raschdorffschen Projekts gefällt.

Die Kirche ist ein 114 m langer und 73 m tiefer Zentralbau mit hoher Kuppel (Höhe bis zum Fuß der Laterne: 75 m) aus schlesischem Sandstein. Sie ist in Haupt(Predigt)kirche, Gruftkirche und Kirche für Taufen und Trauungen gegliedert. Von den 12 Zugängen liegen 9 an der Lustgartenseite, einer gegenüber dem früheren Schloß und 2 am Spreekai.

Der Raschdorffsche Dom ist eigentlich immer auf Kritik gestoßen: »Höhepunkt des Verfalls« (Walter Wendland), »Lärmend protziger Schwall« (P. O. Rave). Erst seit jüngster Zeit wird er als Dokument seiner Zeit in die Baugeschichte eingeordnet.   GK

Die Tauf- und Traukirche wird seit 1980 wieder benutzt. Das bemerkenswerteste Ausstattungsstück ist das um 1820 von Carl Begas für den Schinkelschen Dom gemalte Altarbild, ein »Pfingstwunder«.

Gruftkirche. Von den zahlreichen, z.T. reich verzierten Sarkophagen der alten – nicht zugänglichen – Hohenzollerngruft sind folgende hervorzuheben:

Der *Sarkophag für Königin Sophie Charlotte* wurde nach Schlüters Modell in 143 Tagen für die feierlichen Beisetzungszeremonien am 25. Juni 1705 gefertigt. Das neue Königtum ist Hauptthema der bildnerischen Gestaltung: Ein kronenbesäter, hermelingefütterter Mantel liegt über dem Sarkophagdeckel, die Königskrone steht über dem am Kopfende aufgerichteten Porträtmedaillon wie über beiden seitlichen Kartuschen, die Inschrift und Wappen ●

Dom. Gruftkirche. Sarkophag für Königin Sophie Charlotte, nach Modell von Andreas Schlüter (1705)

Mitte: Dom, Gruftkirche

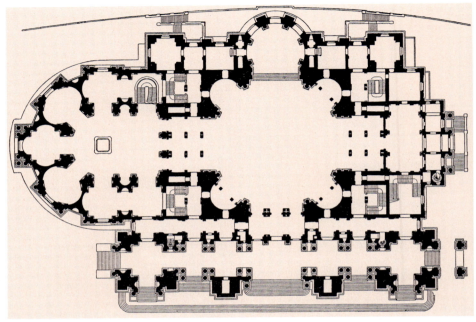

Dom. Grundriß

der welfischen Prinzessin tragen und jeweils von 2 Welfenrössern gestützt werden, während der preußische Adler die 2 Ecken zu Füßen beherrscht, das riesige Königlich Preußische und Kurfürstlich Brandenburgische Wappen rahmend. Allegorische Reliefs an den stark gebauchten Sarkophagseiten bringen die Tugenden der Verstorbenen zum Ausdruck; die zu Füßen hockende Gestalt des Todes, eine vom schwingenden Mantel umhüllte Freifigur, schreibt den Namen der Königin in das große Buch der Ewigkeit. Diese Todesgestalt ist von furchtbarem Leben erfüllt durch ihre momentane Haltung und Tätigkeit, was noch verstärkt wird durch den Kontrast zu der einen Figur

Dom. Gruftkirche. Platte des Grabmals für Kurfürst Johann Cicero von Peter und Johannes Vischer (1530)

am Kopfende, der im Kronenmantel Schlummernden, wohl einer Allegorie des ewigen Schlafes; ihr gegenüber die Allegorie der Vergänglichkeit.

● Schlüters *Sarkophag* des 1713 verstorbenen *Königs Friedrich I.* ist auf den der Königin derart bezogen, daß man sich, bes. auch in Hinblick auf die einseitig erhöhten allegorischen Frauenfiguren, die Konzeption beider Werke bereits 1705 denken muß. Hier wird das gerahmte Bildnis von den feinen Gestalten der »Kurmark« und der »Borussia« begleitet, während an der Vorderseite dem Tod eine große Klagefigur entspricht, einen Seifenkugeln blasenden Putto neben sich als Zeichen der Vanitas, der Vergänglichkeit.

● Als Schlüter 1708 den Auftrag für den *Sarkophag des Prinzen Friedrich Ludwig,* des erstgeborenen Sohnes des Kronprinzen Wilhelm, erhielt, gab er dem Auferstehungsglauben ergreifenden Ausdruck: Zu Häupten die Königskrone, zu Füßen der mächtige, wie ein Wächter hockende Adler, richtet sich ein nackter Knabe von idealer Schönheit, überlebensgroß gebildet, mit sprechender Geste empor; er ruht noch auf dem Leichentuch über dem hermelingefütterten Mantel, der den Sarkophagdeckel mit seinen 4 grausigen Totenkopfgriffen halb bedeckt. Das Kind ist kein Porträt im eigentlichen Sinne, sondern Verkörperung der sich erhebenden Seele – so wird dem fast übermächtig vorgetragenen Gedanken von Tod und Vergänglichkeit der verheißungsvolle der Auferstehung hinzugefügt.

Daß der theologische und dynastische Gehalt unvermittelt zum Ausdruck kommt, sich in den verschiedenartigen, das Gefühl erregenden Gestalten, in den lebhaft agierenden Wappentieren ebenso ausspricht wie in der ornamentalen Pracht und kraftvollen Plastizität der Sarkophage, ist Schlüters unverbildetem Genie zu verdanken, dem die meisterhafte Gießerkunst von Johann Jacobi zur Seite stand. Die Sarkophage sind aus einer leichter als Bronze zu behandelnden Blei-Zinn-Legierung, die Figuren vergoldete Bleigüsse.

● Als ein Meisterwerk der älteren Erzbildnerei sei noch das mächtige *Bronze-Grabmal für den Kurfürsten Johann Cicero* genannt, das Joachim I. in Nürnberg bei Peter Vischer bestellt hatte und das dessen Sohn Johannes nach dem Entwurf des Vaters 1530 vollendet hat. Johann Cicero ruht als vollplastische Figur, gewappnet und mit allen Würdezeichen des Kurfürstenamtes versehen, auf dem Tischgrab. Das Kissen unter seinem Kopf und der Stand der Füße bezeichnen die für das Mittelalter bedeutungsvolle Darstellungsweise des Toten zwischen Liegen und Stehen. Eine weitere Eigentümlichkeit dieses Grabtypus ist die Wiederholung der Figur des Verstorbenen in flachem Relief auf der Bodenplatte.   *HR*

50 **Ehem. Gebäude des Staatsrates der DDR** (Marx-Engels-Platz, zwischen Breiter Straße und Mühlengraben)

1962–64 von einem Architektenkollektiv unter Roland Korn für das bis 1989 höchste Gremium der DDR errichtet. Für die Verbreiterung der Breiten Straße wurden historische Gebäude abgetragen, z. B. das Ermelerhaus.

Der 3geschossige Stahlskelettbau ist natursteinverkleidet. Der Front unsymmetrisch vorgesetzt (östl. liegen 7, westl. 3 Großachsen) wurde eine Nachbildung des ehem. Portals IV vom abgerissenen Stadtschloß (Eosander Göthe, 1707–13). – Das Gebäude enthält Arbeitsräume, Sitzungs- und Festsäle. Das Treppenhaus an der S-Seite hat monumentale Glasmalereien von Walter Womacka erhalten, realistische Darstellungen aus der Geschichte der deutschen Arbeiterbewegung. Im Sitzungssaal befindet sich eine frei gestaltete Stahlwand von Fritz Kühn, die stilistische Ähnlichkeiten mit Arbeiten des gleichen Künstlers im Landtagsgebäude Hannover aufweist. Im Bankettsaal ein 45 m langer Fries von G. Brendel, auf Meißener Porzellanplatten gemalt.

Der Kanzleiflügel an der Breiten Straße wurde als 5geschossiger Stahlbetonskelettbau mit Fensterrahmenplatten vom Kollektiv Pätzmann errichtet.   *GK*

Ehem. Ministerium für Auswärtige Angele- 51 **genheiten** (Marx-Engels-Platz)

1964–67 vom Kollektiv Josef Kaiser errichtet. Für den Bau mußte die im 2. Weltkrieg zwar angeschlagene, doch keineswegs zerstörte Bauakademie von 1832–35 (→ Schinkelklause, S. 74) abgerissen werden, eines der Hauptwerke Karl Friedrich Schinkels.

Der 44 m hohe und 145 m lange Baukörper des Ministeriums, am westl. Ufer des südwestl. Spree-Armes (Kupfergraben), orientiert sich stilistisch an gleichzeitigen westeuropäischen Büro- und Verwaltungsbauten und bleibt architektonisch ohne Aussage. Über 3 monolithischen Stahlbetongeschossen erheben sich 7 weitere in Stahlbeton-Montagebauweise mit 7,20 m Achsmaß auf 3hüftigem Grundriß. Der Bau trägt eine Leichtmetall-Vorhangfassade (damals die erste der DDR) auf halbiertem Achsmaß (3,60 m), mit beschichteter Oberfläche und stark plastisch wirkender, senkrechter Gliederung. Die beiden ersten Obergeschosse sind durch 2 waagerechte Ornamentbänder markiert. Der in der Mitte zum Spree-Arm liegende Haupteingang ist durch eine überdachte Vorfahrt betont. An der Rückseite, zur Friedrich-Werderschen Kirche hin, liegt ein verglaster Gartensaal. Die Innengestaltung, bereichert durch architekturgebundene bildkünstlerische Werke, gilt als repräsentativ.   *GK*

Mitte: Ehem. Palast der Republik. Großbauten im Zentrum

Ehem. Palast der Republik. Front zum Marx-Engels-Platz

52 Ehem. Palast der Republik
(Marx-Engels-Platz)

Der Bau nimmt zwischen der O-Seite des Platzes und dem nordöstl. Spree-Arm etwa die Stelle des 1950 abgerissenen Stadtschlosses ein. Die Absicht, diesen Platz als repräsentativen Mittelpunkt des Stadtgefüges wieder zu bebauen, bestand von vornherein, nur hatten sich formale und inhaltliche Vorstellungen im Laufe von zweieinhalb Jahrzehnten stark verändert. Als 1973 mit dem Bau begonnen wurde (Fertigstellung: 1976), wurden noch Modelle veröffentlicht, die von der Ausführung stark abweichen; so noch in dem 1974 erschienenen »Architekturführer DDR, Berlin« von Joachim Schulz und Werner Gräbner. Die Planung lag in Händen des Kollektivs Heinz Graffunder, Karl-Ernst Swora; Technologie der Einrichtungen: Klaus Wever.

Der 180 × 90 m messende und 32 m hohe Bau wird von einer 30 bzw. 36 m hohen Stahlskelettkonstruktion getragen. Die Fassadenverkleidungen bestehen aus weißem Marmor und getönten Spiegelglasscheiben zwischen bronzefarbenen Aluminiumsprossen. An der Karl-Liebknecht-Straße gegenüber dem Dom, dort, wo früher die Lustgartenfassade des Schlosses mit dem Apothekenflügel und den Portalen IV (jetzt als Kopie am ehem. Staatsratsgebäude) und V stand, liegt jetzt der Eingang zum Kleinen Saal, welcher ehemals der Volkskammer, der obersten Volksvertretung der DDR, als Sitzungssaal diente. Von diesem Eingang sind auch die meisten gastronomischen Einrichtungen des Hauses zugänglich, die insgesamt 1500 Besuchern Platz bieten. Herzstück des Baues ist der große Kongreßsaal mit 5000 Plätzen für Kulturveranstaltungen und Kongresse. Er kann in seinem Fassungsvermögen den jeweiligen Anforderungen angepaßt werden. GK

Neuere Großbauten der 1970/80er Jahre im Stadtzentrum, die von den sonst üblichen Serientypen auffallend abweichen, sind das **Hotel Metropol** (Friedrichstr. 150–153), das 53 **Palasthotel** (Karl-Liebknecht-Str. 5, benach- 54 bart dem Palast der Republik) von schwedischen Unternehmen, das **Grand Hotel** (Fried- 55 richstr. 158–164) als leicht historisierender Prachtbau, ebenso das **Dom-Hotel** (Platz der Akademie) der Architekten Karl-Heinz Bäthge und Bernd Seidel, 1987–91, das Hochhaus des **Internationalen Handelszentrums** (am 56 Bahnhof Friedrichstraße), nach Plänen der japanischen Kajima Corporation, 1976–78. GK

Mitte: Museumsinsel, Altes Museum 67

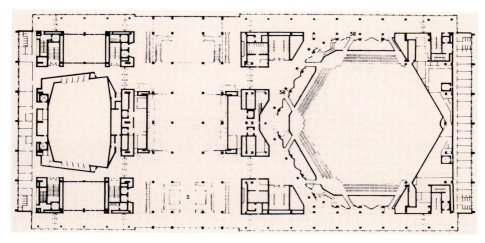

Ehem. Palast der Republik. Grundriß des 4. Geschosses (= 3. Obergeschoß) mit Plenarsaal und Konferenzräumen (links), Rangfoyer (Mitte) und Großem Saal (rechts)

Die Gebäude der Museumsinsel

57 Altes Museum (Marx-Engels-Platz)

Eine Ausstellung der vom napoleonischen Kunstraub zurückgekehrten Kunstwerke aus den Schlössern 1815 weckte das öffentliche Interesse für ein Museum, dem Friedrich Wilhelm III. mit Erwerb der Sammlungen Giustiniani (1815) und Solly (1821) Rechnung trug. Entwürfe Hirts und Schinkels für eine Einrichtung innerhalb der Akademie der Künste Unter den Linden blieben unbefriedigend; so drang 1822 ein selbständiger Entwurf Schinkels durch, für den er den Bauplatz gegenüber dem Schloß, an der N-Seite des Lustgartens, durch Zuschütten eines Kanals gewann. Das Museum wurde 1823–29 erbaut und 1830 eröffnet. Im 2. Weltkrieg brannte es aus; seine Wiederherstellung war 1966 abgeschlossen. – Zu den Sammlungsbeständen →S. 395.

In den Architekturformen wie in dem städtebaulich hervorragenden Platz drückte Schinkel die geistige Bedeutung aus, die seine Zeit dem Museum zumaß. Die (zur Beleuchtung von Gemälden ungeeignete) S-Seite öffnet sich zum Lustgarten in einer kolossalen ionischen Säulenhalle mit vorgelagerter Treppe. Die übrigen Seiten des 4flügeligen Baues sind glatt geschlossen und zeigen in gleichmäßigen Fensterreihen seine Zweistöckigkeit. Ein Mitteltrakt, blockhaft den Hauptbau überragend, enthält einen durch beide Geschosse reichenden K u p p e l s a a l, der nach Vorbild des römischen Pantheon und der Rotunden der Vatikanischen Museen Skulpturen antiker Götter enthält. Die Rotunde betritt man unmittelbar von der Säulenhalle durch eine prachtvolle *Tür* in durchbrochenem Eisenguß (1860 vollendet). Eine doppelläufige Treppe, früher mit bedeutendem Blick auf Schloß, Schloßbrücke und Unter den Linden, führt ins Obergeschoß. Die Rückwand der Halle zeigte nach Schinkels Entwurf (1828–34) von C. A. Hermann 1841–47 ausgeführte Fresken, eine geistige Entwicklungsgeschichte der Menschheit, eingebunden in einen Tageszeitenzyklus.

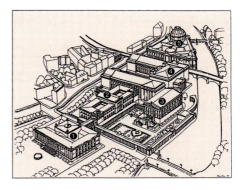

Museumsinsel: 1 Altes Museum. 2 Neues Museum. 3 Nationalgalerie. 4 Pergamon-Museum. 5 Bode-Museum, ehem. Kaiser-Friedrich-Museum

Mitte: Museumsinsel, Altes Museum

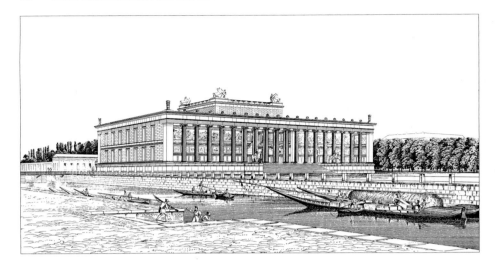

Altes Museum. Nach einem Stich in Schinkels »Sammlung architektonischer Entwürfe«

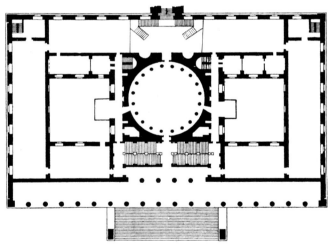

Altes Museum. Grundriß des Erdgeschosses, jetziger Zustand

Außerhalb dieser im geistigen Sinne repräsentativen Motive war das Museum zweckhaft geplant. Das Souterrain enthielt Kupferstich-, Münz-, antike Kleinkunstsammlungen und Verwaltungsräume, das Erdgeschoß antike Skulpturen, das Obergeschoß Gemälde. Einheitlich war die architektonische Gliederung: 2 Säulenreihen unter quergerichteten Architraven in den Skulpturensälen, darüber Scherwände für die Gemäldekabinette.

Zur geistigen Repräsentation gehörte auch der von Schinkel vorgesehene *plastische Schmuck* des Äußeren, den Berliner Bildhauer kongenial ausführten. Die Adler, die über den Säulenkapitellen die Gesimslinie rhythmisch auflockerten, weisen wie die Inschrift auf den Staat als Stifter des Museums hin. Zur Vorstellung der »ästhetischen Erziehung« der Menschen gehören die kniend die Flammen schützenden Frauengestalten auf den Ecken des Gebäudes (ausgeführt von Ludwig Wichmann) und die Dioskuren mit Pferden (1827/28 von Friedrich Tieck) auf der S-Seite, ferner die Grazie bzw. Muse mit Pegasus (1861 von Hugo Hagen und Hermann Schievelbein) auf der N-Seite der Kuppelummantelung. Nur bei den Bronzen auf den Treppenwangen, einer kämpfenden Amazone von August Kiß 1842 und einem Löwenkämpfer von Albert Wolff 1861, ging man von einem fertigen künstlerischen Entwurf aus, der mit dem Programm des Museums nichts zu tun hatte.

Die Restaurierung nach dem 2. Weltkrieg schuf das Äußere (bis auf die Fresken) getreu wieder. Innen ist nur die Rotunde (farbig etwas zu trüb) wiederhergestellt. Das Untergeschoß enthält die Sammlung der Handzeichnungen und Kupferstiche, Archiv und Diensträume. *EB-S*

58 **Eiserne Brücke** (Bodestraße, Kupfergraben). Anstelle einer alten Holzbrücke wurde 1796 ein Neubau errichtet, der bis 1825 bestanden hat. Die jetzige Brücke wurde 1914–16 nach einem Entwurf von Walter Köppen als Eisenkonstruktion mit Muschelkalk erbaut. Die Brüstungsmauern sind durch Bronzefelder belebt. 1977/78 restauriert. *GK*

59 **Neues Museum** (Bode-/Museumstraße)
● *Nach der Fertigstellung des Alten Museums, dessen Konzeption kaum Veränderungen erlaubte, verlangten Wachstum der Sammlungen und neu erwachtes Interesse für weitere Sammelgebiete einen Ergänzungsbau, für den Friedrich Wilhelm IV. und August Stüler den nördl. anschließenden Teil der Spree-Insel, damals weitgehend Hafengelände, als idealen, im Baugrund jedoch problematischen Bauplatz erkannten. Stülers Gesamtentwurf mit einem Komplex von Bauten der Kunst und Wissenschaft konstituierte bereits 1841 den Gedanken der »Museumsinsel«, wenn auch nur das Neue Museum und die Nationalgalerie der hier festgelegten Form folgten. Das Neue Museum wurde 1841–46 erbaut, im Inneren erst 1855 vollendet. Im 2. Weltkrieg brannte es teilweise aus, doch blieben Stützen und Deckengewölbe weitgehend erhalten. Bei den 1988 begonnenen Wiederherstellungsarbeiten mußten der NW-Flügel und die SO-Kuppel aus statischen Gründen abgetragen werden.*

Der 3stöckige, von N nach S gerichtete trapezförmige Bau war bis 1966 durch einen auf einem Bogen ruhenden Gang (1945 schwer beschädigt) mit dem Alten Museum verbunden. Ein 2 Innenhöfe abtrennender Mitteltrakt, der an beiden Langseiten durch erhöhte Tempelfronten den klassizist. Stil und damit den geistigen Anspruch des Baues betont, enthielt das als Festsaal ausgestattete Treppenhaus mit einem offenen Dachstuhl (nach Schinkels Entwurf für das Königsschloß auf der Athener Akropolis), Karyatiden nach dem Vorbild des Erechtheion und – urspr. nicht geplante – Fresken von Wilhelm v. Kaulbach mit kulturgeschichtlichen Themen.

An der O-Seite rahmen den Bau 2 Flachkuppeln auf fensterlosen Risaliten. Sie bilden innen 2 reich ausgemalte Kuppelsäle. Die Wände zeigen in jedem Geschoß eine andere klassizist. Form der gleichmäßig gereihten Fenster.

Ein – sparsames – *plastisches Bildprogramm* erläuterte den Bildungsauftrag des Museums: An der W-Seite die Dachfiguren des Landesreichtums (Schievelbein) und der Kunst (Möller) an der N- und S-Ecke, des Friedens (Drake) über dem Giebel mit dem Relief »Die vom Genius beflügelte Bildhauerei und Töpferei« von Kiß; darunter die (lat.) Inschrift: »Nur der Unwissende verachtet die Kunst.« Der Giebel der O-Seite zeigt, unter der Borussia-Figur (Bläser), »Die Künste im Studium des Altertums« von Drake; darunter die Bauinschrift; die seitlichen Risalite sind mit Atlanten (Personifikationen der Künste) und Medaillons mit Büsten antiker Götter verziert.

Kolonnaden an der S- und O-Seite des Erdgeschosses verbinden den Bau mit dem säulenumschlossenen G a r t e n h o f, in dem auch

Neues Museum. Beispiel dekorativer Verkleidung der Gewölbekonstruktion

die Nationalgalerie steht, so daß die Baugruppe stilvoll zusammengebunden ist.
Um das »magazinartige Aufspeichern« der Kunstwerke zu vermeiden, suchte Stüler innerhalb eines interessanten, durch Hohlziegel leicht gehaltenen konstruktiven Gerüstes von Stützen und Wölbungen formale Varianten. Durch bezügliche szenische oder landschaftliche Gemälde in den Wandpartien über den Kunstwerken wurden diese kulturgeschichtlich erläutert. Am weitesten ging diese historische Bemühung im Ägyptischen Hof.

Im früheren Ägyptischen Museum (Erdgeschoß, N-Hälfte) befinden sich noch Steinsarkophage. An einigen Wänden und Gewölben ist noch die grazile ornamentale Dekoration, die zu Stülers künstlerischen Stärken gehörte, sowie Wandmalerei (Rügen-Landschaften von Bellermann) erhalten.   EB-S

60 **Nationalgalerie** (Bodestraße)
● *Die Bauidee gehört zur Planung Friedrich Wilhelms IV. und Stülers für die Spree-Insel (vgl. S. 69). Als erhöhter Tempel primär wegen der städtebaulichen Fernwirkung entworfen, sollte das Obergeschoß einen Festsaal, der Unterbau Hörsäle enthalten. Das Tempelmotiv sowie die aufwendige Freitreppe, der kryptenartige Eingang, das Reiterstandbild gehören aber auch zur Planung eines Denkmals Friedrichs d. Gr., die in Entwürfen Friedrich Gillys, Schinkels und Persius' vorliegt.*
Als 1861 der Konsul Wagener seine Sammlung zeitgenössischer deutscher Malerei dem Staat mit der Auflage vermachte, eine Nationalgalerie zu gründen, griff man auf diesen Baugedanken zurück, der so zu einem Denkmal nationaler Kunst umgeprägt wurde. Der Plan war für ein Museum zwar nicht günstig, die Höhe und damals relativ freie Lage garantierten jedoch gutes Licht. Stülers detaillierte Entwürfe entstanden 1862/63; ausgeführt wurde der Bau nach seinem Tod (1865) von Johann Heinrich Strack 1866–76. Strack entwarf v. a. die Innenausstattung selbständig. Das Gebäude wurde 1944/45 schwer beschädigt, das innere Treppenhaus völlig zerstört, und bis 1955 wiederhergestellt. Die Gemälde der Nationalgalerie bis zum Impressionismus sollen später hier vereinigt werden. – Zu den Sammlungsbeständen →S. 461.

Als spätester Museumsbau der Schinkel-Schule zeigt die Nationalgalerie die klassizist. Formen festlich mit plastischer Bauornamentik bereichert. Sie folgt dem Typ eines römischen Pseudoperipteros, eines Tempels korinthischer Ordnung auf (12 m) hohem Sockel, bei dem nur die Säulen der Stirnwand freistehen, die anderen Seiten Halbsäulenvorlagen haben. Zarte Gesimse, rechteckige Tafeln mit Girlanden und den Namen deutscher Künstler gliedern die Wände zwischen den Halbsäulen; die Fenster sind als funktionell nötige, aber nicht zum künstlerischen Konzept gehörige Einschnitte unterbetont. Der Sockel enthält zu ebener Erde ein Magazin- und Verwaltungsgeschoß und ein urspr. für Skulpturen vorgesehenes Hauptgeschoß, der Säulenbau ein Hauptgeschoß mit Seitenlichträumen, im Obergeschoß mit Oberlichträumen und in der Mitte große, durch beide Geschosse reichende Oberlichtsäle. An der nördl. Schmalwand ist die Tempelform durch einen halbrunden Abschluß verändert. Er stammt aus dem Hörsaalkonzept, folgt auch, urspr. von offenen Kolonnaden begleitet, der Form der Spree-Insel und ergibt innen eine Reihe intimer, allerdings sehr hoher Kabinette.
Die südl. Hauptseite ist durch eine vorgeschobene doppelläufige *Prachttreppe* betont. Sie führt auf die Säulenhalle, deren Rückwand ein Fries mit der Entwicklungsgeschichte der deutschen Kunst von Moritz Schulz schmückt, deren antikisierende Tür aber normalerweise kein Eingang ist. Der eigentliche Eingang ist eine Rundbogentür zwischen den Treppenwangen, mit dem Rei-

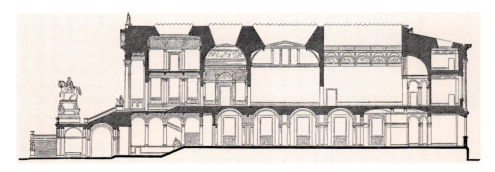

Nationalgalerie. Längsschnitt

Bode-Museum, ehem. Kaiser-Friedrich-Museum

terstandbild des Gründers, Friedrich Wilhelms IV., darüber, das Alexander Calandrelli 1886 nach Entwurf von Gustav Bläser in Bronze gegossen hat. Auf den Treppenwangen stehen am Ansatz und am oberen Ende Personifikationen der Bildhauerei und Malerei von Moritz Schulz, an den anderen Knicken flache Schalen. Wittigs Giebelrelief (nach Entwurf von Schulz) stellt Germania als Beschützerin der Künste dar, das Mittelakroter von Rudolf Schweinitz die 3 bildenden Künste.

I n n e n geht vom Niveau des 1. Geschosses nach links das Treppenhaus zu den Obergeschossen aus, das in seiner Architekturform, aber nicht in der Dekoration wiederhergestellt ist. Geradeaus betritt man den *Quersaal*, dessen Tonnengewölbe von schwarzen Marmorsäulen mit vergoldeten Basen und Kapitellen getragen wird. Die Wände sind hauptsächlich mit gelbem Stuckmarmor verkleidet, die Gewölbezone enthält dekorative Malerei und Stukkatur; in den Lünetten Szenen der Nibelungen-Sage von Ernst Ewald. Dieser Raum zeigt als einziger noch den Charakter der urspr. Innenausstattung von Strack. — Die Marmordekoration und -säulen der anschlie-

ßenden Skulpturensäle wurden bei einem Umbau 1911 verkleidet, um ruhige, gut beleuchtete Bilderräume zu erhalten. Auch in den hohen Sälen des Obergeschosses sind die Wände verkleidet, die Gewölbedekoration durch ein mattes Oberlicht abgehängt. *EB-S*

Bode-Museum, ehem. Kaiser-Friedrich-Museum (Am Kupfergraben, Zugang über Monbijoubrücke); Farbabb. 4

Erst im Kaiserreich, als die Konzentration Richard Schönes (des ersten Fachgelehrten im Amte des Generaldirektors der königlichen Museen, 1880–1905) auf künstlerische und wissenschaftliche Spitzenleistungen, dann die expansive Energie Wilhelm v. Bodes (seit 1880 im Direktorium und 1906–20 Amtsnachfolger Schönes), dazu bedeutende Geldmittel und das auf alle menschlichen Kunstäußerungen erweiterte Interesse den raschen Aufschwung der Museen zu Weltrang ermöglichten, wurde das Konzept der Museumsinsel (vgl. S. 69) wiederaufgegriffen – nun jedoch dem gewandelten Zeitgeschmack entsprechend in reicheren Formen und unter völliger Ausnutzung des noch verfügbaren Platzes. Eine Konkurrenz von 1882, an der sich viele Architekten beteiligten, befriedigte nicht; Bode forderte 1883 in einer Denkschrift über ein Renaissancemuseum vielfältige

72   Mitte: Pergamon-Museum. Am Kupfergraben. Schloßbrücke

Innenraumgliederung (für wohnraumartige Ensembles) und einen adäquaten Stil des Außenbaus. Dem entsprach das 1897–1904 von Ernst v. Ihne ausgeführte Kaiser-Friedrich-Museum an der N-Spitze der Spree-Insel. – Im 2. Weltkrieg schwer beschädigt, ist das Museum seit 1953 wieder benutzt. – Zu den Sammlungsbeständen → S. 404 ff.

Städtebaulich geschickt ist der dreieckige Bau durch eine abgerundete Spitze mit Kuppel betont. Die Außenarchitektur ist ein etwas grob geformtes Neubarock, das die Bauglieder plastisch betont – eine von Wilhelm II. bevorzugte, damals bereits etwas veraltete Stilrichtung. – Innen teilen ein Diagonaltrakt, mit dem Hauptraum, der sog. Basilika, und Treppenhäusern am Anfang und Ende, sowie mehrere Quertrakte die vielteilige, von 5 Innenhöfen beleuchtete Anlage.   *EB-S*

62 **Pergamon-Museum** (Am Kupfergraben, Zugang über einen Steg)
●
Die rasche Vermehrung der Sammlung antiker Architektur und des Vorderasiatischen Museums, der Abzweig eines seit etwa 1900 geplanten Deutschen Museums aus der Skulpturen- und Gemäldesammlung, erzwangen einen das Gelände bis zum Neuen Museum und der Nationalgalerie vollständig ausnutzenden Neubau mit sehr hohen Oberlichtsälen. So wurde 1912–30 das Pergamon-Museum nach 1907 geschaffenen Plänen Alfred Messels († 1909) von Ludwig Hoffmann erbaut, der Messels Pläne eigenwillig veränderte. – Im 2. Weltkrieg beschädigt, wurde der Bau bereits 1953–55 wiederhergestellt. 1982 erhielt das Museum einen verglasten Eingangstrakt. – Zu den Sammlungsbeständen → S. 475 ff.

Das Gebäude ist eine tiefe 3-Flügel-Anlage mit hohem, bis auf das Erdgeschoß fensterlosem Mittelbau. Die langen Flügel tragen über dem Sockelgeschoß eine kolossale dorische Pilastergliederung, die an den verbreiterten Stirnseiten zu einer Halbsäulenreihe unter eingezogenem, leicht vorspringendem, wegen der Oberlichtkonstruktion ziemlich steilem Giebel gesteigert ist. Mit der Wahl klassizist. Formen, die dem späten Jugendstil wieder nahelegten, betonte Ludwig Hoffmann, der hier Messels Formen abwandelte, den Zusammenhang mit den südl. anschließenden Museen der Schinkel-Schule. Die Detailformen sind groß, flächig und wenig gegliedert; eine schlanke konische Steinform und flache Platten an den Säulen und am Giebel lassen die historischen Architekturformen abstrakt erscheinen und betonen den Stein als Einzelform, der im ganzen Bau als Masse von erdrückender Wirkung ist. Eine Kolonnade zwi-

schen den Flügeln und ein säulenverzierter Eingang am Mitteltrakt, die nicht ausgeführt wurden, hätten dies allerdings gemildert.

Im H o f, 1983 zum »Forum« gestaltet, Abgüsse bekannter Antiken sowie ein klassizist. korinthisches Kapitell, wohl 1. Hälfte 19. Jh.   *EB-S*

A m K u p f e r g r a b e n. In der Straße gegen-   63
über der Museumsinsel sind einige Häuser
des 18. und frühen 19. Jh. erhalten.
Am bemerkenswertesten ist **Nr. 7**, das jetzige **Max-Planck-Haus.** Das ebenso elegante wie schlichte Haus hat Georg Friedrich Boumann um 1753 vermutlich nach einem Entwurf Knobelsdorffs erbaut. Die mittleren 3 Achsen sind durch eine doppelarmige Freitreppe mit schmiedeeisernem Geländer, Portal und korinthische Pilaster hervorgehoben. Der S- und der W-Flügel wurden um 1822 angebaut. Die elliptische Treppe im Inneren hat ein eisernes Rokoko-Geländer.
Nr. 6a ist 1833 (das oberste Stockwerk fehlt, Fassade vereinfacht wiederhergestellt), **Nr. 6** 1832, **Nr. 5** 1828/29 erbaut (3geschossig, 1978 wiederhergestellt). In der vom Kupfergraben abzweigenden B a u h o f s t r a ß e sind Häuser des 19. Jh. erhalten. **Nr. 1** von 1828 ist 1856 aufgestockt worden.   *HB-S*

Marx-Engels-Brücke, ehem. Schloßbrücke   64
Die Straße Unter den Linden setzt sich an ihrem östl.   ●
Ausgang in voller Breite, mit leichtem, der ehemals anschließenden Schloßfront entsprechendem Richtungsknick, in Schinkels 1819 entworfener, 1821–24 ausgeführter Schloßbrücke fort. Gußeiserne Brüstungsplatten am Geländer zeigen gegenständige Seepferde oder Tritonen, dazwischen in pfeilerartigen Feldern Delphine. Die kräftigen, schlängelnd bewegten Körperformen kontrastieren mit den scharfkantigen Rahmenprofilen. – Auf 8 Granitsockeln, denen Adler mit verschiedenen Kreismedaillons (von Wilhelm Wolff) angeheftet waren, stehen seit 1984 wieder die 1981 anläßlich des 200. Geburtstages von Schinkel aus West-Berlin zurückgekehrten Marmorgruppen von Kriegern mit Nike-, Iris und Athena-Darstellungen, Werke, die Schinkel von Anfang an konzipiert hatte, um die Brücke auch zu einem Denkmal der Befreiungskriege zu machen, die aber erst 1842–57 geschaffen und seit 1853 aufgestellt wurden. Die Gruppen stammen von folgenden Bildhauern (von O nach W): rechts: Emil Wolff (1847), Hermann Schievelbein (1853), Carl Heinrich Möller (1851), Friedrich Drake (1853); links: August Wredow (1857), Gustav Bläser (1854), Albert Wolff (1853) und Ludwig Wichmann (1853).   *EB-S*

U n t e r d e n L i n d e n
1647 wurde auf Veranlassung des Großen Kurfürsten der Weg zum Tiergarten von der Hundebrücke (später

Mitte: Unter den Linden. Kronprinzenpalais   73

Marx-Engels-Brücke (Schloßbrücke) und Dom (vgl. Abb. S. 23)

Schloßbrücke) bis zur heutigen Schadowstraße mit 6 Reihen von Linden- und Nußbäumen bepflanzt. Bei der Anlage der Befestigungen auf dem Friedrichswerder seit 1658 mußten die Bäume wieder gefällt werden. Als 1673 mit der Anlage der Neustadt, seit 1676 »Dorotheenstadt« genannt, begonnen wurde, bildeten die Linden die südl. Begrenzung. Nach der Erweiterung der Dorotheenstadt nach W und der Anlage des »Quarrés« (Pariser Platz) wurde 1736 die Lindenallee bis dorthin verlängert. Friedrich d. Gr. machte die Linden durch die Bauten des Forum Fridericianum zur Hauptachse der Stadt. Ein mit Bänken bestandener Kiesweg in der Mitte lud zum Promenieren ein. 1771–76 wurden die Wohngebäude an den Linden zum großen Teil erneuert und mit prächtigen Fassaden versehen, wobei Adelspalais und Bürgerhäuser sich nicht voneinander unterschieden. Schon im Verlauf des 19. Jh. wurde infolge von Spekulation und Repräsentationsbedürfnis die Gestalt des 18. Jh. weitgehend zerstört. Dem zunehmenden Verkehr ist seit 1902 nach und nach auch die urspr. Einteilung in Bürgersteig, Fahrdamm, Reitweg und Mittelpromenade geopfert worden. Heute hat nur der östl. Teil der Straße seinen historischen Charakter weitgehend bewahrt bzw. durch den Wiederaufbau nach 1945 zurückgewonnen.   HB-S

Ehem. Kronprinzenpalais, Palais Unter den Linden, Kultur- und Gästehaus des Senats (Unter den Linden 3)   65
Nerings Bau von 1687 hatte Johann Heinrich Strack 1856/57 für den späteren Kaiser Friedrich III. umgestaltet. Das im Krieg zerstörte, danach völlig abgerissene Gebäude wurde 1969 (R. Paulick) am alten Platz äußerlich rekonstruiert. – Seit 1919 beherbergte das Palais die moderne Abteilung der Nationalgalerie, die 1937 wegen Hitlers kunstfeindlicher Haltung geschlossen werden mußte.
Das schlichte Barockgebäude hatte seit Stracks Umbau ein 3. Geschoß und eine im Ornament reiche, aber feine und spröde Dekoration von korinthischen Pilastern und Gesimsen, zwischen die damals auch die Helme und Adler von der Fensterverzierung des alten Baues, die heute fehlen, eingefügt wurden. Die heutige, auf Weiß- und Brauntöne abgestimmte Farbigkeit entspricht nicht der ursprünglichen.   EB-S
Seit 1981 steht östl. des ehem. Kronprinzenpalais das 1860–64 für den Dönhoffplatz geschaffene Bronze-

Mitte: Unter den Linden. Prinzessinnenpalais. »Schinkelklause«

Unter den Linden um 1820. Blick vom Palais des Markgrafen von Schwedt zum Schloß. Kupferstich von Schmidt nach Zeichnung von Calau

standbild des *Freiherrn vom Stein* von Hermann Schievelbein, ein später Ausläufer berlinisch-klassizist. Denkmalskulptur. Der weitsichtige Reformer ist durch die würdige Erscheinung mit der ruhig weisenden Rechten charakterisiert. Die Statuen an den Ecken symbolisieren Vaterlandsliebe, Willenskraft, Frömmigkeit und Wahrheitsliebe als Eigenschaften Steins. Die nach dem Tod Schievelbeins (1867) von Hugo Hagen ausgeführten Reliefs erzählen ausführlich die Geschichte der Freiheitskriege nach. *HB-S*

66 **Ehem. Prinzessinnenpalais,** Operncafé (Unter den Linden 5 / Oberwallstraße)

Das Palais entstand durch die Verbindung von 2 i. J. 1730 erbauten Häusern mit einem 1733 von Friedrich Wilhelm Diterichs errichteten Mittelteil. General v. Becheffer und der Großkanzler v. Cocceji waren die Besitzer. 1755 erwarb Markgraf Friedrich Heinrich von Brandenburg-Schwedt das Haus, 1788 Prinz Ludwig, der Bruder Friedrich Wilhelms III., in dessen Besitz es 1796 gelangte. 1811 wurde von Heinrich Gentz zu den Linden hin der Kopfbau als Wohnung für die Töchter des Königs angefügt, ferner eine Verbindung zum Kronprinzenpalais. Nach völliger Kriegszerstörung wurde der Außenbau 1962/63 rekonstruiert, das Innere modern ausgestaltet.

Das langgestreckte, 2geschossige Palais hat seine Hauptfront zur Oberwallstraße. Die Komposition dieser Front enthält zur Mitte hin eine Steigerung. Die reichere Gestaltung ist für die Spätzeit Friedrich Wilhelms I. bezeichnend. Dagegen gliedern glatte Pilaster über rustiziertem Sockel gleichmäßig die Linden-Fassade von Gentz. Der Triglyphenfries antwortet dem gegenüberliegenden Zeughaus.

HB-S

An der Werderschen Rosenstraße (Ecke Oberwallstr. 5), auf dem rückwärtigen Gelände des Kronprinzenpalais, wurde an einer 1969/70 erbauten Gaststätte, der sog. **»Schinkelklause«** — ungewollt bedeutsam in der Verkennung seiner Idee – das *linke Portal* der ehemals benachbarten, 1961 abgerissenen **Bauakademie** Schinkels (vgl. S. 65) kopiert. Als Ziegelbau von rigoroser konstruktiver Sachlichkeit war sie das weit über das 19. Jh. hinaus wirkende Muster eines Zweckbaues, von einer »zurückhaltenden Schönheit«, die ohne anspruchsvolle historische Formzitate auskam. Nur die klassizist. Gestalt der Schmuckplatten zeigte noch die geistige Heimat von Schinkels Kunst in der Antike. Das linke Portal, Eingang in die Bauakademie (das rechte war der im selben Haus untergebrachten Gewerbeschule zugeordnet), zeigt auf den von Kiß nach Schinkels Entwurf modellierten Terracottaplatten eine symbolische Entwicklungsgeschichte der Baukunst. Über reinen Pflanzengebilden, die auch die Türlaibung ausfüllen, stehen Verkörperungen von Säulenordnungen, vom tektonisch Schweren zum pflanzenhaft

Linkes Portal der Bauakademie. Nach einem Stich in Schinkels »Sammlung architektonischer Entwürfe«

76 Mitte: »Schinkelklause«. Friedrich-Werdersche Kirche

Leichten und zugleich vom geschichtlich Frühen zum Späteren aufsteigend. Links ist in der Kallimachos-Legende von der Entstehung des korinthischen Kapitells als Nachbildung eines Korbes mit Pflanzen die Analogie der Baukunst zur Natur dargestellt. In den Platten, die von der Stichbogenwölbung zum waagerechten Gesims überleiten, wachsen geflügelte Genien aus Akanthuskelchen. In den beiden Zwickeln jedoch ist mit der Orpheus- und der Amphion-Legende eine andere Analogie der Baukunst berührt, die zur Musik. Die Vorstellung von der Architektur als »erstarrter Tonkunst«, die Goethe in der Reflexion 1133 entwickelt, war im frühen 19. Jh. Klassizisten und Romantikern gemeinsam. Sie besagte nicht nur, daß ästhetisch gelungene Proportionen eine der Musik vergleichbare Harmonie besäßen, sondern auch, daß sie damit etwas von der kosmischen Harmonie in den Bereich der menschlichen Umgebung übertragen könnten.
Die *Bronzetür*, deren 8 Felder Porträtköpfe von Baumeistern und Bildhauern in einem Palmettenstern zeigen, ist in ihrer flauen Oberfläche ebenfalls eine Kopie.
Am 8eckigen Turmteil der Gaststätte sind in Dreiergruppen querformatige *Terracottaplatten* angebracht, die in den Sohlbänken der Fenster der Bauakademie saßen. Sie stellen Handwerke und Künste, im Fall des gestürzten Jünglings neben der zerbrochenen Säule auch eine geschichtliche Allegorie dar. *EB-S*

68 **Ehem. ev. Friedrich-Werdersche Kirche**
● (Werderstraße); Farbabb. 6.
Die Kirche, 1824–30 von Schinkel erbaut und lange eine Kriegsruine, wurde bis 1987 wiederhergestellt. Seitdem zeigt die Nationalgalerie hier Berliner Bildhauerwerke des 19. Jh.
Die Kirche ist ein neugot. Saalbau mit vieleckig gebrochenem Chor in voller Langhausbreite. Mit der südl. 2-Turm-Fassade lag sie früher städtebaulich glücklich an einer Ecke des kleinen Werderschen Marktes. – Der Außenbau vermeidet die für den kleinen Maßstab zu aufwendigen Formen einer Kathedrale und folgt, auch mit den flach geschlossenen Türmen und den hohen, breiten Fenstern, dem Typ einer englischen Kapelle. Er ist mit wenigen Motiven einheitlich gegliedert. Die senkrechten Linien der Strebepfeiler und der Fenster werden durch waagerechte Gesimse in Emporenhöhe und als oberer Abschluß ausgewogen. Wie eine dünne ausgespannte Haut wirkt die Mauer zwischen den flachen Strebepfeilern. Es ist deutlich, daß das konstruktive Gerüst nach innen gezogen ist und ein sehr flaches Dach über den Gewölben ruht. An der *Fassade* liegt zwischen den Turmrisaliten ein großes Fenster; darunter 2 spitzbogige Portale.
In den Portalzwickeln Engelfiguren. Darüber die große freiplastische Figur des Erzengels Michael, nach Modell von Ludwig Wichmann in Terracotta gebrannt, 1987 restauriert. Nach Schinkels Willen verlieh sie der Kirche auch den Charakter als »Monument« der Befreiungskriege.
Der Innenraum hat durch eingezogene Strebepfeiler den Charakter einer Halle mit sehr schmalen Abseiten und Emporen und folgt mit den schönen Kreuzgewölben, deren Ziegelmalerei und imitierte Sandsteinrippen ein Sterngewölbe vortäuschen, dem Blattwerk der Kapitelle sowie dem ganzen Raumeindruck mehr Vorbildern der deutschen Gotik des 14. Jh. als englischen. – Auch in der Technik des Rohziegelbaues knüpfte Schinkel an die heimische mittelalterl. Bautradition an, um im steinlosen Preußen ein billiges, aber wetterfestes Baumaterial in seiner eigentümlichen Schönheit einzuführen, und machte damit im Berliner Kirchenbau des 19. Jh. Schule.
Sämtliche Verzierungen wurden in Terracotta gebrannt. Die 5 Glasgemälde im Chor mit harfenden Engeln hat Schinkel entworfen. Die anderen Fenster zeigen nur in den Rosetten ornamentale Glasmalerei. Die gußeisernen bronzierten Türen tragen je 10 Kreismedaillons von Friedrich Tieck mit Engeln und religiösen Attributen. *EB-S*

Als **Abteilung der Nationalgalerie** sind in der Friedrich- ●
Werderschen Kirche *Berliner Skulpturen des 19. Jh.* ausgestellt: Johann Gottfried und Rudolf Schadow: Wandgrab Dorothee Louise Scheffler (1809; urspr. alte Friedrich-Werdersche Kirche). Hans Christian Genelli: Kenotaph für Julie Gräfin Voß (nach 1798; urspr. Schloßpark Buch). Friedrich Tieck und August Wittig: Schinkel (um 1850/55; urspr. Altes Museum, Vorhalle). Emil Wolff: Eros (1836); Ergänzung einer antiken Hermes-Statue. Christian Daniel Rauch: Ergänzung einer antiken weiblichen Gewandstatue. Rudolf Schadow: Sandalenbinderin (1820). August Kiß und Gustav Bläser: Glaube, Liebe, Hoffnung (1865–69). Christian Daniel Rauch: Liegefigur der Königin Luise, 2. reichere Fassung (vgl. S. 279; 1827; ehem. Antikentempel, Sanssouci). Friedrich Drake: Christian Daniel Rauch (1864; ehem. Altes Museum, Vorhalle). Friedrich Tieck: Persephone; Elektra (1824; ehem. Berliner Schloß, Teesalon). Hugo Hagen: Johann Gottfried Schadow (1866–69; ehem. Altes Museum, Vorhalle). Johann Gottfried Schadow: Sitzende Victoria, Relief (1788; aus dem Parolesaal des Berliner Schlosses). Emil Wolff: Ergänzung einer antiken Gruppe des Dionysos und der Ariadne; Psyche (um 1835). Johann Gottfried Schadow: Die eheliche Treue (1802; vom Grabmal des Grafen Friedrich Wilhelm v. Arnim in Boitzenburg). Christian Daniel Rauch: Ergänzung einer antiken Victoria-Statue. Friedrich Tieck nach Entwurf Schinkels: Terracottaplatten der Bauakademie. Ludwig Wichmann: Johann Joachim Winckelmann (nach 1840; urspr. Altes Museum, Vorhalle). Johann Gottfried Schadow: Doppelstandbild der Kronprinzessin Luise und der Prinzessin Friederike von Preu-

Friedrich-Werdersche Kirche. Inneres. Nach einem Stich in Schinkels »Sammlung architektonischer Entwürfe«

Mitte: Ehem. Reichsbank. Zeughaus

Andreas Schlüter: Maske eines sterbenden Kriegers. Fensterbogenschlußstein im Innenhof des ehem. Zeughauses

ßen (1795; Gipsmodell für die Marmorstatue S. 462 f.). Bertel Thorvaldsen: Perseus entführt Andromeda (1839). – Auf der E m p o r e sind Elfenbeinmodelle der Werderschen Kirche (1832) und der Nikolaikirche (um 1846) von Franciscus Joseph Friedrich ausgestellt, ferner die Schinkel-Statuette von Friedrich Drake (um 1860) und die Marmorbüste Schinkels von Friedrich Tieck (1819). HB-S

Auf dem Vorplatz, zum Werderschen Markt hin, steht der *Bärenbrunnen*, 1928 von Hugo Lederer aus rotem Lavatuffstein geschaffen, offenbar in falsch verstandener farblicher Angleichung an die Werdersche Kirche. Eine gemütlich dasitzende Bärenmutter sieht den paarweis auf dem Brunnenrand spielenden Kindern zu. (Rekonstruktion 1958 nach Kriegszerstörung.) HR

69 **Ehem. Reichsbank**
(Unterwasser-/Kreuz-/Kurstraße)

Nach einem Wettbewerb von 1933, zu dem auch Ludwig Mies van der Rohe einen sehr bemerkenswerten Entwurf eingereicht hatte, wurde das Gebäude 1934–38 vom Reichsbankbaudirektor Heinrich Wolf errichtet. 1959–89 Sitz des Zentralkomitees der SED.

Das 5geschossige Bürohaus mit 4 Innenhöfen folgt dem Stil der Baujahre, jedoch ohne allzu stark hervorgekehrte Repräsentationsabsichten. Die 4geschossige Hauptfassade, wie die übrigen mit Sandstein verkleidet, zeigt im Erdgeschoß eine Pfeilerreihe mit zurückversetzten Fenstern, während die Obergeschosse als einfache Lochfassade ausgeführt sind. GK

Ehem. Zeughaus (Unter den Linden) 70

Das Zeughaus, der größte noch erhaltene Berliner Bau aus der Epoche König Friedrichs I., betont die Bedeutung des Militärwesens für Preußen.

Der Bau wurde 1695 unter der Leitung von Arnold Nering begonnen, der bald darauf starb. Martin Grünberg (bis 1698) und Andreas Schlüter (1689–99) führten ihn weiter; Jean de Bodt vollendete ihn, wie die Inschrift über dem Hauptportal besagt, 1706. Im Inneren zogen sich die Bauarbeiten jedoch noch länger hin. An der Planung war nach Auskunft eines Stiches von Broebes *vermutl. François Blondel beteiligt. De Bodt gestaltete v. a. den Mittelrisalit der Hauptfront.*

1944/45 wurde der Bau schwer beschädigt, 1948–65 wiederhergestellt. Das Innere, das bereits 1877–80 durch Hitzig umgebaut worden war, nachdem der Bau nicht mehr als Arsenal, sondern als Museum des brandenburgisch-preußischen Militärwesens benutzt wurde, läßt heute nichts mehr von seiner urspr. Gestaltung erkennen. Reste der Zeughausbestände, einer der größten Waffen- und Uniformsammlungen, befinden sich in West-Berlin. In den großen Räumen war das 1952 gegr. Museum für Deutsche Geschichte untergebracht, das zentrale historische Museum der DDR, das die Entwicklung, allerdings erst seit 1789, aus marxistischer Sicht dargeboten hat. Das Haus wird vom Deutschen Historischen Museum genutzt werden.

Die 4 F r o n t e n der quadratischen Anlage mit ihren je 19 Achsen sind im wesentlichen gleichartig gebildet; nur an der zu den Linden gekehrten Fassade ist der 3achsige Mittelrisalit mit 4 freistehenden toskanischen Säulen etwas weiter vorgezogen und das Portal reicher ausgebildet, und an der Rückfront fehlt der Giebel. Der 2geschossige verputzte Ziegelbau mit Gesimsen, Fenstergewänden und Verdachungen, einer Attika und Bildwerken aus Sandstein zeigt im Untergeschoß Quaderung, im Obergeschoß seitlich der Mittelrisalite toskanische Pilaster zwischen den Fenstern und ein dorisches Gebälk. Die durch Baluster aufgelockerte Attika ist von Trophäen bekrönt. Die äußeren 5 Achsen der Fronten sind durch eine Tür im Erdgeschoß und eine reichere Trophäengruppe mit flankierenden Sitzfiguren (Sklaven) als Einheit erfaßbar, zugleich aber doch mit den zur Mitte hin anschließenden 3 Achsen geschmeidig verbunden. Es entsteht ein geistreiches Spiel von sanften Stufungen.

Die Rundbogenöffnungen des Erdgeschosses besitzen Helme als Keilsteine. Die Giebelreliefs zeigen in der Hauptfront Minerva, die Unterricht in der Kriegskunst und in der Herstellung von Waffen erteilt, an der O-Seite Trophäen und eine Kartusche mit dem preußischen Adler und der Königskrone, an der W-Seite 2 Famen zu seiten einer Wappenkartusche und Genien mit Trophäen. Seitlich des Hauptportals stehen links Personifikationen der Ingenieurkunst und der Geometrie, rechts der Arithmetik und der Feuerwerkskunst (1969 kopiert). Über dem Mittelportal wird das bronzene Brustbild König Friedrichs I. von Wilhelm Hulot, gegossen von Johann Jacobi, von 2 Adlern flankiert; darüber folgen 2 weibliche Allegorien und Trophäen zu seiten einer Wappenkartusche mit der Königskrone und der Kette des Schwarzen Adlerordens, schließlich eine Inschrifttafel. Außer Hulot war an dem bildnerischen Schmuck Georg Friedrich Weihenmeyer beteiligt.

Andreas Schlüter hat die künstlerisch bedeutendste Bauornamentik im I n n e n h o f, dessen architektonische Gestaltung im wesentlichen der des Äußeren folgt, mit den 22 Masken sterbender Krieger sowie den Schlußsteinen über den Portalen geschaffen. Während die Außenfronten den Sieg feiern, zeigt der Innenhof mit barockem Pessimismus und Wirklichkeitssinn die Todesqualen, die der Krieg verursacht. An der N-Front des Außenbaues stammen von Schlüter die Schlußsteine über dem Mittelportal (2 Menschen mit Fuchsschwänzen) und den Seitentüren (je ein Gorgonenhaupt). HB-S

Neue Wache (Unter den Linden; Abb. S. 80)

Zwischen Universität und Zeughaus, im sog. Kastanienwäldchen, liegt die Neue Wache, von Schinkel 1816 entworfen, 1817/18 erbaut – ein kleiner Bau, der sich durch seine klare Form an dieser Stelle behauptet. Es war der erste Staatsbau nach den Befreiungskriegen und Schinkels Durchbruch von romantischen Architekturphantasien zu einem schlichten, aber geistvollen und belebten Klassizismus. Der Bau auf quadratischem Grundriß mit vorspringenden Eckrisaliten (»einem römischen Castrum ungefähr nachgebildet«) ist besonders durch das scharfgeschnittene Konsolgesims über eine bloß kubische Gestalt hinaus akzentuiert. In fühlbarer Spannung zu diesem festen Baukörper steht die dorische Säulenhalle mit Giebel an der Front, die den Bau auch in die Tiefe öffnet. Überzeugend weist die Tempelform über die Sphäre lediglich militärischer Repräsentation hinaus; obwohl die strenge dorische Ordnung kaum bereichert ist, wirkt sie leicht und frei. Die tiefen Schatten lassen die Säulen schlank, die Abstände weit erscheinen.

Die Victorien von Gottfried Schadow am Gebälk sind bewegter, individueller als der kanonische Metopen-Triglyphen-Rhythmus; sie betonen nochmals die Säulen und lassen das Gebälk mehr als neutrale Hintergrundfläche denn als lastende Masse empfinden. In der bewegten Kampfgruppe des Giebels – nach Schinkels Entwurf 1842–46 von August Kiß ausgeführt – konzentriert sich die lebendige Energie des Baues, jedoch eingespannt in ein festbegrenztes Feld und innerhalb der Gesamtanlage fast schmuckhaft zierlich wirkend. Nachdem die Wache 1918 ihre Funktion verloren hatte, gestaltete Heinrich Tessenow sie 1930/31 innen zu einem schlichten Gefallenen-Ehrenmal um. Obwohl der Bau im 2. Weltkrieg und danach nur wenig Schaden erlitt – eine Säule zerbrach, wegen unterlassener Reparatur stürzte 1950 die rechte Hälfte der Giebelhalle ein, die dann wieder aufgerichtet wurde –, ist der Innenraum zu einem (künstlerisch unbedeutenden) **Mahnmal für die Opfer des Faschismus und Militarismus** umgestaltet. *EB-S*

Mitte: Singakademie. Ehem. Finanzministerium. Forum Fridericianum

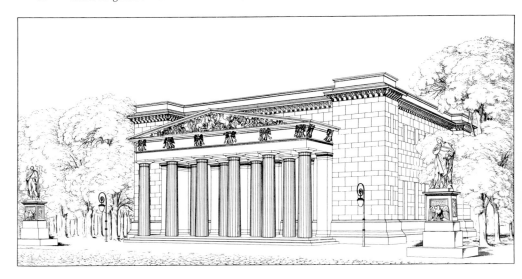

Neue Wache Unter den Linden mit Denkmälern Bülows und Scharnhorsts. Nach einem Stich in Schinkels »Sammlung architektonischer Entwürfe« (zu S. 79)

72 Ehem. Singakademie,
Maxim-Gorki-Theater (Am Festungsgraben 2)

Der 1824–27 von Carl Theodor Ottmer errichtete Bau liegt hinter der Neuen Wache im Kastanienwäldchen. Die Singakademie war ein Verein zur Pflege geistlicher Musik, 1792 von Karl Friedrich Fasch gegründet. Unter Goethes Freund Carl Friedrich Zelter entstand der Neubau, in dem außer Konzerten auch Vorträge (z. B. Alexander v. Humboldts »Kosmos«) stattfanden.

Ottmers Bau, der in Lage und Umriß einem Entwurf Schinkels von 1821 folgt, öffnet seine giebelbekrönte Schmalseite nach S. Zwischen hohen korinthischen Pilastern liegen 3 Türen, an denen sich das Pilastermotiv wiederholt. Während die Wandflächen graphisch mit Rahmenprofilen gegliedert sind, liegen in der Kapitellzone Felder mit gegenständigen geflügelten Löwen um eine Lyra. – Die Innenräume wurden mehrfach, zuletzt nach dem Krieg für die Nutzung als Theater, umgebaut.
EB-S

73 Ehem. Finanzministerium
(Am Festungsgraben 1)

Das einstige Finanzministerium ist 1863/64 durch Heinrich Bürde als Umbau eines 1751–53 von Christian Friedrich Feldmann erbauten Adelspalais entstanden.

Der gegenüber den älteren Teilen erhöhte, nur 2 Achsen tiefe, aber sehr breite Bau – rechts vor der Singakademie – hat klare spätklassizist. Formen. Jedes Geschoß ist verschieden behandelt, so daß die waagerechte Reihung nicht eintönig wirkt. Ein Konsolgesims mit Balustrade, eine Säuleneinfahrt mit Balkon setzen Akzente.

Ein 1934 aus dem um 1830 ausgestatteten Weydingerhaus (Unterwasserstr. 5) eingebauter Saal blieb erhalten. Geschnitzte Türen (die Eingangstür gilt als Schinkels Entwurf), architektonisch gerahmte Spiegel, weiße Stuckmarmorwände mit blauen Nischen und gelben Pilastern, Deckenmalerei mit Ornamenten und Tierkreiszeichen geben dem nicht großen Raum seinen architektonisch gehaltenen Schmuck.
EB-S

Ehem. Forum Fridericianum;
Bebelplatz (Abb. S. 18)

Mit dem Zeughaus hatte die 1647 angelegte Lindenallee einen monumentalen Bau erhalten, an den sich nach den Plänen Friedrichs d. Gr. und Knobelsdorffs (um 1740) eine Gestaltung des Opernplatzes als Forum Fridericianum mit der Oper, einem Akademiegebäude gegenüber und einem neuen Königspalast jenseits der Linden als ein neues Stadtzentrum im W anschließen sollte. Man wollte zeigen, daß Königtum, Kunst und Wissenschaft zusammengehören. Ausgeführt wurde jedoch nur die Oper. Bis 1780 entstanden die anderen Monumentalbauten in lockerer Komposition.
HB-S

Mitte: Forum Fridericianum. Deutsche Staatsoper

Eduard Gaertner: Blick auf Hedwigskirche, Alte Bibliothek und Knobelsdorffs Opernhaus. Teil des Berlin-Panoramas vom Dach der Friedrich-Werderschen Kirche. 1834. (Berlin-Charlottenburg, Schinkel-Pavillon)

74 **Deutsche Staatsoper** (Bebelplatz; Unter den
● Linden 7; Abb. S. 82)

Nach Plänen von Georg Wenzeslaus v. Knobelsdorff wurde 1741–1743 das Opernhaus, das erste freistehende Gebäude für Opernaufführungen (und für große Redouten) als ein Putzbau mit Sandsteingliederung unter der Leitung von Johann Georg Fünck errichtet. Unzweckmäßigkeiten der Inneneinrichtung, wachsendes Publikum und steigende Ansprüche der Bühnentechnik bewirkten 1787 einen ersten, die Inneneinrichtung betreffenden Umbau von Carl Gotthard Langhans. 1843 zerstörte ein Brand das Haus. Carl Ferdinand Langhans führte den bereits 1844 abgeschlossenen Wiederaufbau durch, wobei die flachen Risalite an den Längsfronten vorgezogen und die Freitreppen geopfert wurden. Der Giebelschmuck wurde von Ernst Rietschel neu entworfen und in Zinkguß ausgeführt. 1869 erhielt die S-Seite, ebenfalls nach Plänen von Langhans, einen Anbau. Ein das Dach überragender Schnürboden am südl. Ende entstellte 1910 den Außenbau schwer. Die urspr. Idee des Baues wurde vollends vernichtet durch einen Umbau 1926–28, bei dem der Schnürboden als ein eigenes Geschoß brutal aus dem durch seitliche Anbauten verbreiterten und aus dem Gleichgewicht gebrachten Baukörper herauswuchs. – Nach zweimaliger Zerstörung im 2. Weltkrieg wurde 1950–55 der Zustand von 1928

durch Richard Paulick und K. Hemmerling wiederhergestellt, wobei jedoch der Aufbau für den Schnürboden eine ansprechendere Wandgliederung erhielt.

Die Idee eines Tempels für Apollo erklärt den urspr. langgestreckten rechteckigen Grundriß und den 6säuligen korinthischen Portikus mit Giebel an der N-Seite, das früheste Beispiel des palladianischen Klassizismus in Berlin. Das Formspiel des Rokoko war auf die Innenräume beschränkt. Urspr. besaß der Baukörper in der Mitte der Längswände je einen schwach vorspringenden Risalit mit 6 Pilastern, eine Attika, auf der 6 Statuen standen, und ein Mittelportal, zu dem eine Freitreppe führte. Die südl. Schmalseite war der nördlichen analog gebildet, jedoch ohne Portikus.

Zu beiden Seiten der 4 Portale setzen Nischen mit Statuen antiker Dichter und darüber Giebelreliefs mit mythologischen, auf Apollo, Pan, Amphion, Arion und Orpheus bezüglichen Darstellungen die Geschoßgliederung fort. Das nördl. Giebelrelief zeigte urspr. ein Opfer an Apollo, das südliche Orpheus und die wilden Tiere.

HB-S

82 Mitte: Deutsche Staatsoper. Anlagen. Denkmäler

Deutsche Staatsoper

Anlagen (Bebelplatz, beim Operncafé)
Von den Marmor-Standbildern der ruhmreichen Heerführer des Siebenjährigen Krieges, die Friedrich d. Gr. und Friedrich Wilhelm II. auf dem Wilhelmplatz und andernorts haben errichten lassen und die nach der Mitte des 19. Jh. durch Bronzegüsse (z.T. in freier Nachbildung von Kiß) ersetzt worden sind, ist keines mehr aufgestellt, so daß die Anfänge der großartigen Berliner Porträtstatuen-Kunst von Tassaert und Schadow (und mit ihr die vieldiskutierte Frage, ob Zeitkostüm, ob ideale Gewandung) im Vergleich nicht mehr gewürdigt und bedacht werden können.
In einer Neuaufstellung von H. Mehlan 1964 findet man ● *nurmehr als Abschluß der Grünanlagen zwischen Oper und Operncafé die bronzenen Standbilder der Helden der Befreiungskriege Ludwig Graf Yorck v. Wartenburg (1759–1830), Gebhard Leberecht Fürst Blücher (1742–1819) und August Graf Neidhardt v. Gneisenau (1760–1831) sowie – alle übertreffend – weiter vorn zur Straße gewandt das Marmordenkmal für Gerhard v. Scharnhorst (1755–1813).*
Dem *Scharnhorst-Denkmal* von Rauch (restaur.) liegt ein Entwurf Schinkels zugrunde; es sollte mit der korrespondierenden Statue des Generals v. Bülow untrennbar zur Neuen Wache gehören, wie es Schinkel in seiner »Sammlung architektonischer Entwürfe« 1819 dargestellt hat (→ Abb. S. 80). Beide Standbilder haben diesen Ehrenplatz bis Mai 1950 innegehabt. Manches im Aufbau der Statue klärt sich durch die alte Aufstellung rechts vor der Königswache, so der geschlossenere Umriß rechts und die Wendung des nachdenklichen Hauptes nach links (innen), womit die Klugheit des

Schöpfers des siegreichen Heeres (Landwehr) gekennzeichnet wird. 3 herrliche Sockelreliefs nehmen gleichfalls darauf Bezug: Athena als Lehrerin bei wissenschaftlichen Studien, als Helferin beim Herstellen der Lanzenschäfte und als Vorkämpferin und Beschützerin zugleich im Freiheitskampf. Die Schönheit der beiden Jünglingsgestalten, ihre Zuordnung zur Göttin in jeweils klarster Dreifigurenkomposition und die zarteste Reliefbehandlung zeigen, wie sehr Rauch den griechischen Geist des Freundes verstand. Die beiden Denkmäler waren die ersten, die unter Rauchs Leitung in den 1819 neu eingerichteten Königlichen Werkstätten in der Klosterstraße gearbeitet wurden, nachdem Christian Friedrich Tieck mit italienischen Gehilfen und mit feinstem Statuenmarmor von Carrara übergesiedelt war.
Das 7,85 m hohe *Denkmal des Fürsten Blücher* ließ Friedrich Wilhelm III. (nach Auftrag 1819) 1828 gleichfalls von Rauch errichten; als bronzenes Monument beherrschte es die Linden zwischen Prinzessinnenpalais und Oper. Wie die marmornen auf der Gegenseite war es mit lanzettförmigen Gittern geschützt (Krügers Paradebild von 1828 in der Nationalgalerie gibt anschaulich die Situation für alle 3 Heldenstandbilder wieder, zeigt ihre »Gegenwärtigkeit«, erhoben über dem Volke).
Blücher, in Generalsuniform, hat den linken Fuß symbolisch auf ein zerbrochenes Haubitzenrohr gesetzt, mit dem gezückten Husarensäbel in der Rechten blickt der »Marschall Vorwärts« dem Feind entgegen. Der 2fach gegliederte mächtige Sockel läßt im Umriß und in den architektonischen Details Schinkels auf Fernwirkung bedachtes Auge erkennen; die Flachreliefs von Rauch sind erst in der Nahsicht mit all ihren erzählerischen

Christian Daniel Rauch: Denkmäler für Blücher (links) und Scharnhorst (rechts) in den Anlagen bei der Deutschen Staatsoper

84 Mitte: Blücher-Denkmal. St.-Hedwigs-Kathedrale

und artistischen Feinheiten lesbar. – Am unteren Sockel das Wappen des gefürsteten Helden, an den Seiten von einem schreitenden und ruhenden Löwen als Sinnbildern von Kampfbereitschaft und Frieden begleitet. Darüber, fest eingespannt in das architektonische Gefüge, ein volkstümlich erzählender Fries (rechts beginnend): Aufruf vor dem Breslauer Rathaus mit Freiwilligen, Abschied der Küraissiere, Auszug der Ulanen und Landwehr mit Musik, Husaren im Kampf, Dragoner am Biwakfeuer, Husaren und Infanterie im Vormarsch und schließlich der Einzug in Paris mit Blücher und dem gesamten Generalstab an der Spitze, wo die geraubte Quadriga vom Brandenburger Tor schon zur Rückführung bereitsteht. In diesem von Einfällen und naturgetreuen Details fast überreichen Fries – die Genrefiguren Hirt, Mädchen am Dorfbrunnen, Marketenderin als lyrische Fermaten – hat Rauch einen ganz neuen räumlichen Reliefstil gefunden, der bei seinen Nachfolgern – z.T. verhängnisvoll – Schule gemacht hat. Das obere Postament nimmt dagegen den klassischen, medaillenartigen Reliefstil wieder auf, dem idealistischen Thema entsprechend: Victorien auf Vorder- und Rückseite, schwebend mit Widmungstafel bzw. über Trophäen schreitend. An der rechten Seite: Nemesis übergibt dem in römischer Rüstung erscheinenden Blücher das Racheschwert, während eine Victoria schon dem Sieg entgegenschreitet, im Hintergrund Fortuna; im Relief darunter: der Genius des Todes, auf Grabmälern ruhend, zwischen den Flußgöttern der Katzbach und der Loire. Auf der linken Seite: die thronende Borussia (= Preußen) reicht Blücher den Lorbeer, während eine Victoria Trophäen errichtet, im Hintergrund Altar mit Fürstenmantel und -krone. Darunter: sitzende Victoria, die Taten des Helden einem Schild einschreibend, mit seitlich knienden Victorien, Kandelaber mit Lorbeer schmückend. – Der einzigartige Bronzeguß konnte nur den geübten französischen Künstlern, dem Gießer Lequine und dem Ziseleur Vuarin, anvertraut werden. 1855 ließ Friedrich Wilhelm IV., im Maßstab kleiner, die *Standbilder des Generals Yorck* und *des Feldmarschalls v. Gneisenau*, Bronzen nach Modellen von Rauch auf roten Granitsockeln, seitlich hinzufügen:

Yorck willensstark beide Arme auf das Schwert gestützt, Gneisenau mit großer, dirigierender Gebärde. So fand Rauch, über Jahrzehnte hinweg, neue sprechende Haltungen bei Wahrung statuarischer Gesetzmäßigkeiten, aufs glücklichste von einfachen, wohlproportionierten Sockeln unterstützt. HR

Kath. St.-Hedwigs-Kathedrale (Bebelplatz) 75
Die den Schutzheiligen Schlesiens geweihte kath. Hedwigskirche ist neben dem Dom der einzige Kirchenbau, den Friedrich d. Gr. in Berlin veranlaßt hat. Da 1746 der inzwischen auf rd. 10 000 Gläubige angewachsenen Katholikengemeinde die Parochialrechte verliehen worden waren, durch die Erwerbung Schlesiens eine Gunstbezeigung gegenüber dieser kath. Provinz opportun erschien, Friedrich aber auch aus eigenem Antrieb ein Beispiel seiner religiösen Toleranz geben wollte, gestattete er den Bau einer kath. Kirche als zweites Gebäude des Forum Fridericianum, der an das Pantheon in Rom erinnern sollte. Der Entwurf aufgrund von Skizzen des Königs wird Knobelsdorff zugeschrieben.
Die Ausführung des 1747 begonnenen Baues leitete Johann Boumann. 1755–71 ruhten die Arbeiten und gelangten erst 1773 zu einem Abschluß, ohne daß die urspr. Planung voll zur Ausführung gekommen wäre. (Abb. S. 81.) 1886/87 wurde das rote Ziegeldach durch eine Kupferbedeckung ersetzt und mit einer Laterne versehen, ähnlich der urspr. geplanten. Gleichzeitig wurde das Innere renoviert.
Die 5 von Georg Franz Ebenhech in elegantem Rokoko entworfenen Szenen aus dem Leben Christi – Verkündigung, Christus am Ölberg, Kreuzabnahme, Auferstehung, Himmelfahrt – führte Wilhelm Achtermann erst 1837 aus. Nach dessen Modell schuf Nikolaus Geiger 1897 das *Giebelrelief*, eine Anbetung der Könige.
1930–32 wurde das Innere der Kirche, seit 1930 Kathedrale des Bistums Berlin, erneut umgestaltet. 1943 ausgebrannt, wurde der Bau 1952–63 nach Plänen von Hans Schwip-

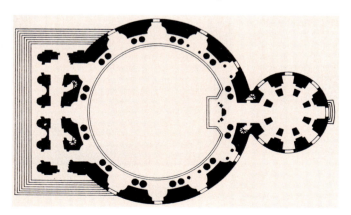

St.-Hedwigs-Kathedrale. Grundriß

pert im Inneren in einem karge Form und moderne Materialwirkung vereinigenden Stil wiederhergestellt. Am Außenbau wurde die Kuppel, eine kühne Stahlbetonkonstruktion, vereinfacht und im Umriß verändert. Eine letzte Überformung erhielt der Bau 1976–78 innen durch Hans Schädel und Hermann Jünemann.

Links vom Hauptaltar steht eine vorzügliche Mondsichelmadonna (südwestdeutsch, Anf. 16. Jh.). Papst Johannes Paul II. hat 1982 für den Hauptaltar der Unterkirche die edel gebildete Holzstatue eines sitzenden Petrus (Siena, um 1400) gestiftet. Hervorzuheben ist ferner eine Pietà (süddeutsch, um 1420). – In der Unterkirche befindet sich das Grab des 1943 beim Transport zum KZ Dachau verstorbenen Dompropstes Bernhard Lichtenberg unter einer bronzenen Platte von Hubert Elsässer (1977). *HB-S*

76 **Alte Bibliothek** (Bebelplatz; Abb. S. 81)
● *Gegenüber der Oper erbaute Georg Friedrich Boumann 1775–80 die Königliche Bibliothek nach Plänen von Georg Christian Unger. Die Fassade kopiert einen rd. 50 Jahre älteren Entwurf Joseph Emanuel Fischer v. Erlachs für die Wiener Hofburg. Die Büchersammlung des Großen Kurfürsten, seit 1661 im Berliner Schloß, hatten Friedrich I. und v. a. Friedrich d. Gr. erheblich vergrößert. Nach der Fertigstellung der neuen Staatsbibliothek 1914 nahm der Bau Aula und Hörsäle der Universität auf. Er wurde 1945 zerstört und 1967–69 wiederaufgebaut.*

Die geschwungene Form, ein Rückgriff auf den Barock, kontrastiert mit der klassizist. Strenge des Opernhauses. Der außen 4geschossige Bau war innen lediglich 2geschossig. Die beiden unteren Stockwerke sind als hoher Sockel mit kräftiger Putzbänderung für die durch korinthische Pilaster und Säulen (letztere an den Eckbauten und dem Mittelrisalit) zusammengefaßten beiden Obergeschosse ausgebildet. Dem lebhaft geschwungenen Grundriß entspricht in der Dachzone eine bewegte Gestaltung durch plastischen Schmuck auf der Attika. Hinter der Fassade verbirgt sich eine völlig moderne Architektur. Die Gestaltung der 3 großen Türöffnungen im Risalit entspricht nicht der urspr., schon im 19. Jh. veränderten Konzeption, zu der auch Statuen gehörten, welche die 5 Portale flankierten. Die Adler und die Krone auf den dekorativen Bekrönungen der Attika wurden weggelassen. *HB-S*

77 **Altes Palais,** ehem. Palais Kaiser Wilhelms I. (Unter den Linden 9)
Das Palais wurde 1834–37 von Carl Ferdinand Langhans anstelle des aus dem 17. Jh. stammenden Schwedt-

schen Palais (später Generalkommandogebäude) erbaut. Der Planung von Langhans gingen großartige Projekte Schinkels voran, die Prinz Wilhelm jedoch als zu aufwendig ablehnte. Das Innere wurde 1854 durch Johann Heinrich Strack verändert. 1945 brannte das Palais, das seit 1926 mit der Innenausstattung aus der Zeit Wilhelms I. als Museum zugänglich war, ab. 1963/64 erfolgte die Wiederherstellung für Universitätsinstitute durch das Kollektiv Fritz Meinhardt.

Die 3geschossige, 13 Achsen breite Fassade zeigt einen noblen Klassizismus, dem bes. das friesartige Obergeschoß mit Wappen und Putten zwischen den Fenstern eine persönliche, von den Formen Schinkels durchaus abweichende Physiognomie verleiht. Von der Bibliothek, an die er stößt, setzt sich der Bau durch Strenge und Geradlinigkeit ab, doch erforderte das von der einspringenden, rückwärts mit ausladendem Risalit versehenen Bibliothek eingeengte Gebäude einen komplizierten Grundriß.

Rechts neben dem Palais führte urspr. die schmale Oranische Gasse zu den rückwärts angebauten Stallungen. *EB-S*

Von dem angrenzenden **Niederländischen Palais**, einem 1753 von Andreas Krüger errichteten, 1787 von Michael Philipp Boumann veränderten Gebäude, ist nach der Kriegszerstörung nur die Freitreppe geblieben. Die 3stöckige Fassade des heutigen Baues mit Balkon über dem zentralen Portal und Kartusche über dem darüber gelegenen Fenster ist von dem **ehem. Gouverneurshaus** (Ecke Rathaus-/Jüdenstraße) hierher versetzt worden (es war 1721 von Friedrich Wilhelm Diterichs erbaut und 1732 von Friedrich Wilhelm I. als Wohnung für den Gouverneur erworben worden). In der heutigen Erscheinung ist die Fassade ein Pasticcio. *HB-S*

Reiterdenkmal Friedrichs d. Gr. (Unter den Linden). ●
Das 13,5 m hohe Reiterstandbild von Christian Daniel Rauch ist sicher das bedeutendste Denkmal des 19. Jh. in Deutschland.

Die Planung des Denkmals begann 1791 und beschäftigte zahlreiche Künstler, unter ihnen Friedrich Gilly, Carl Gotthard Langhans, Schadow und Schinkel. Erst 1836 fiel die Entscheidung zugunsten eines Reiterstandbilds in Uniform, des »Alten Fritz«, wie er im Bewußtsein der Bevölkerung lebte, und zugunsten Rauchs. 1840 wurde der Grundstein gelegt, 1851 wurde es enthüllt. Im Zuge einer Neubewertung der preußischen Geschichte ist es 1980 in der Straßenmitte wieder aufgestellt worden, ungefähr auf seinem früheren Platz beim Alten Palais (6 m weiter östlich), wo es 1950 in einer bilderstürmerischen Aktion beseitigt worden war.

Christian Daniel Rauch: Denkmal König Friedrichs d. Gr. (1851)

Erst 1963 hatte man es im Park von Sanssouci wieder aufgerichtet.
Es war die Absicht, in dem reich gestuften Bau zusammen mit dem König auch die hervorragendsten Persönlichkeiten seines Landes, freilich v. a. die Militärs, zu ehren, die seine politische Lebensleistung mit ermöglicht hatten. Über 3 Stufen aus rotbraunem Granit erhebt sich das Bronzemonument. Über einer Zone mit den Namen bedeutender Zeitgenossen sind in der mittleren Zone Reliefs und vollplastische Figuren angebracht, an den Ecken die Reiterstatuen der Generäle Herzog Ferdinand von Braunschweig, Prinz Heinrich von Preußen, Hans Joachim v. Zieten und Friedrich Wilhelm v. Seydlitz. Die Vorderseite zeigt Jacob Keith und Markgraf Carl Albrecht von Brandenburg (Relief), davor August Wilhelm Prinz von Preußen, umgeben von Johann Dietrich v. Hülsen, Heinrich Sigismund v. d. Heyde, Hans Sigismund v. Lestwitz und Joachim Bernhard v. Prittwitz. Die südl. Langseite zeigt Leopold Fürst von Anhalt-Dessau und Kurt Christoph Graf v. Schwerin (Relief), davor den Erbprinzen Leopold Maximilian von Anhalt-Dessau, F. L. Graf v. Gessler, G. V. v. Wedell, G. C. Frhr. v. d. Goltz und H. C. v. Wartenberg. Die nördl. Langseite zeigt Friedrich Wilhelm Prinz von Preußen und W. S. v. Belling (Relief), davor H. C. v. Winterfeldt, umgeben von B. F. v. Tauentzien, C. W.

Mitte: Humboldt-Universität. Deutsche Staatsbibliothek   87

v. Dieskau, F. W. v. Kleist und Eugen Prinz von Württemberg. Auf der Rückseite schließlich stehen C. W. Graf v. Finckenstein, J. H. C. Graf v. Carmer, Schöpfer des neuen öffentlichen Rechts in Preußen, E. W. v. Schlabrendorff, Minister von Schlesien, Carl Heinrich Graun, Komponist, Gotthold Ephraim Lessing und Immanuel Kant vor dem Relief einer Victoria mit dem Genius des Friedens. Die Zone darüber ist durch sitzende Gestalten der 4 Kardinaltugenden akzentuiert, zwischen denen in Reliefs das Leben Friedrichs bis zu seiner Apotheose in historisch-allegorischen Szenen, die allgemein bekannt waren, erzählt wird. Trotz der Fülle von Einzelheiten ist die große Gesamtform mit dem König als absolut dominierender Erscheinung gewahrt. *HB-S*

78 **Humboldt-Universität** (Unter den Linden)
Das Gebäude der Humboldt-Universität (bis 1945 Friedrich-Wilhelm-Universität), der dritte Bau des Forum Fridericianum, wurde 1748–66 von Johann Boumann als Palais für den Prinzen Heinrich, den zweitältesten Bruder Friedrichs d. Gr., erbaut. Zu Lebzeiten des Prinzen Heinrich (1726–1802) besaß es eine reiche Ausstattung. 1809 wurde hier die neu gegründete Universität untergebracht. Am Ende des 19. Jh. war von der alten Einrichtung im wesentlichen nur noch der Festsaal vorhanden, der 1945 den Kriegszerstörungen zum Opfer fiel. 1949–67 wurde der Bau restauriert. Auf den seitlichen Risaliten fanden 1967 Attikafiguren vom zerstörten Potsdamer Stadtschloß einen neuen Platz.

Von den übrigen Palaisbauten Unter den Linden war dieser durch seinen Grundriß als 3-Flügel-Anlage, durch seine Frontlänge und durch sein relativ flaches Dach unterschieden; eine Balustrade bzw. statuenbesetzte Attiken als oberer Abschluß brachten es zur Geltung und hoben die kubische Gestalt des Baukörpers hervor. Die Geschoßteilung und die 6 korinthischen Säulen vor dem Mittelrisalit lehnen sich eng an die Oper an und tragen zur Vereinheitlichung der Platzanlage bei. Der klassizist. Tenor wird jedoch durch die bekrönende Ornamentik der Rundbogenfenster des Mittelrisalits, Köpfe, Blumen- und Fruchtgewinde, gestört, ebenso durch die Rokoko-Ornamentik des kleinen Balkons. Den Eindruck des Wuchtigen erweckt andererseits die Putzquaderung in allen 3 Geschossen. Ein eigenartiges Motiv sind auch die beiden übereck gestellten Torpfeiler, die Kindergruppen tragen. Die urspr. nur 13 m breiten Flügel erhielten durch die 7 Achsen breiten Stirnbauten ein massiges Aussehen. Sie wurden 1913–19 durch Ludwig Hoffmann auf die Breite der Stirnbauten gebracht und nach N verlängert, so daß auch auf der N-Seite ein tiefer Hof entstand. *HB-S*

Die beiden 1883 enthüllten *Marmordenkmäler* für die Brüder Humboldt am Eingang zur Universität sind Resultate eines Wettbewerbs. Martin Paul Ottos im konventionellen Stil der Sitzfigur auf hohem Postament geschaffenes Denkmal für *Wilhelm v. Humboldt* (1767–1835), den Mitbegründer der Universität, wurde vom Staat bezahlt; Reinhold Begas mußte seine im Stil des späten 18. Jh. geistreich skizzierten Entwürfe aufgeben, da das von einem Komitee finanzierte Denkmal für *Alexander v. Humboldt* (1769–1859) die Gegenfigur bilden sollte. Der Staatsmann und Sprachgelehrte Wilhelm v. Humboldt ist auf einem antiken Thron mit einem Buch auf dem Schoß dargestellt; Archäologie, Rechtswissenschaft und Philologie werden als allegorische Figuren in den Sockelreliefs kommentierend vorgeführt. Begas stellte Alexander v. Humboldt in ungezwungener Haltung dar; die exotische Pflanze in der Hand und der Globus zur Seite deuten sein Gelehrtenleben an. In den (verwitterten) Sockelreliefs gibt Begas Beispiele seines berühmten malerischen Flachrelief-Stils: Natur und Wissenschaft in Gestalt schöner Frauen, Kinder nährend und sie lehrend.
Das Denkmal für den Historiker und Nobelpreisträger *Theodor Mommsen* (1817–1903) von Adolf Brütt, für den Vorgarten der Universität bestimmt, wurde 1909 enthüllt; heute steht es wieder am urspr. Ort vor dem W-Flügel des Gebäudes. Der Aufstellungsort hat den Künstler möglicherweise bestärkt, den Humboldt-Sitzbildern ein »moderneres« folgen zu lassen. Seiner Gestalt fehlt alles Beiwerk, Sockel und Thron gehen fast ineinander über und sind von ägyptischer Blockhaftigkeit. Die jugendstilig schwingenden Falten des Talars leiten den Blick aufwärts, alles Augenmerk ist auf das charakteristisch-schöne, nachdenkliche Haupt des Greises gerichtet, an dessen »expressivem Kopfe« sich damals »so und soviele versucht haben« (Adolph Menzel 1902). – Gleicherweise versetzt hat man das Denkmal für den Physiker und Physiologen *Hermann v. Helmholtz* (1821–94). Geschaffen von Ernst Herter in Tiroler Marmor auf gelbgrün geflammtem Sockel, 1899 eingeweiht, vertritt es den konventionellen Statuentypus der Rauch-Schule, hier mit dozierender Geste des Gelehrten im Talar.
Dagegen an alter Stelle steht auf der Seite am Kastanienwäldchen das Bronzedenkmal für den Chemiker *Eilhard Mitscherlich* (1794–1863) von Ferdinand Hartzer, ebenfalls noch 1894 in Anlehnung an Rauchsche Denkmäler.
Die Kolossalbüste des 1818–31 an der Universität lehrenden Philosophen *Georg Wilhelm Friedrich Hegel* (1770–1831) von Gustav Bläser, heute auf dem H e g e l p l a t z, war 1871 an der Dorotheenstraße aufgestellt worden. *HR*

Deutsche Staatsbibliothek, ehem. Preußische   79
Staatsbibliothek (Unter den Linden 8)
Das Gebäude der ehem. Preußischen, seit 1955 Deutschen Staatsbibliothek, einer Gründung des Großen Kurfürsten (1661), wurde 1903–14 in repräsentativem Stil von Ernst v. Ihne erbaut, nachdem hier das Akademiegebäude von 1743 (zuvor Alter Marstall) abgerissen worden war. Der berühmte, 1945 zerstörte Kuppellese-

88 Mitte: Komische Oper. UdSSR-Botschaftsgebäude. Brandenburger Tor

saal wurde Anfang der 70er Jahre gesprengt; er wird nicht wieder aufgebaut.

1939 hatte die Preußische Staatsbibliothek einen Bestand von etwa 3 Millionen Bänden. Seit 1991 mit der (ehem. West-Berliner) Staatsbibliothek der Stiftung Preußischer Kulturbesitz (s. S. 209) zusammengelegt, beziffern beide Häuser ihren Gesamtbestand auf ca. 8 Millionen Bände. Das Haus Unter den Linden ist für die älteren Bestände vorgesehen (Präsenz- und Forschungsbibliothek), das Haus an der Potsdamer Straße für die jüngeren, etwa ab 1945 (Ausleih- und Arbeitsbibliothek).

Der Baukomplex liegt auf einem Grundstück von 106 × 170 m, das im N bis zur Clara-Zetkin-Straße (früher: Dorotheenstraße) reicht und seitlich von der Universitäts- und der Charlottenstraße begrenzt wird. Über einem rustizierten Sockel erheben sich 2 Hauptgeschosse; das steile Dach (über dem Mittelteil eine Kuppel) ist von einer Attika gefaßt. Ein 3achsiger Mittelrisalit, durch Halbsäulen gegliedert und von einem Flachgiebel gekrönt, kennzeichnet den Haupteingang. Die Linden-Front des Gebäudes wird von 1achsigen Nebenrisaliten gefaßt; zwischen diesen und dem Mittelrisalit liegen jeweils 5achsige Felder. Die Gebäudeflügel gruppieren sich um 6 Innenhöfe. Den 3geschossigen Außenfassaden entsprechen im Inneren 13 Magazingeschosse. *GK*

Der Haupteingang führt zu einem stillen G a r t e n h o f mit einem Springbrunnen. Hier fand 1961 anläßlich der 300-Jahr-Feier der Bibliotheksgründung die große Bronzestatue »*Lesender Arbeiter*« von Werner Stötzer ihre Aufstellung; das zugehörige Relief von ca. 2 m Höhe auf der Gegenseite paraphrasiert das zugrunde gelegte Gedicht von Brecht »*Wer baute das siebentorige Theben?*«, wobei die Textzeilen mit den kritischen Fragen versetzt zu 4 vielfigurigen Szenen zum Thema Arbeit, Kampf und Trauer erscheinen, in waagerechter Anordnung in sensiblem Bezug zur Fläche bzw. zum bildtafelartigen Charakter.

Im I n n e r e n der Staatsbibliothek findet man im Treppenhaus oben links das schöne Bronzewerk »*Lesendes Mädchen*« von Eugen Fellini (1864–1919); das Genremotiv eines auf der Erde sitzenden Kindes mit einem großen Buch im Schoß ist durch großartiges Modelé fern aller Verniedlichung. – In einem modernisierten Lesesaal hängt das große Bildnis Alexander v. Humboldts von Julius Schrader 1859. – Die reiche **Porträtsammlung** (Skulpturen und Gemälde, 18.–20. Jh.) ist erhalten, jedoch nicht allgemein zugänglich. *HR*

80 Komische Oper (Behrenstr. 55–57)

Die Komische Oper geht in ihrem Kern auf einen Bau zurück, im 1891/92 von den Wiener Architekten Ferdinand Fellner und Hermann Gottfried Helmer als »Theater Unter den Linden«, später »Metropoltheater«, erbaut wurde. Schon unter diesem Namen hat es als Operettentheater Weltruhm gewonnen.

Die alte Straßenfront zeigte einen 4geschossigen Festsaalbau mit hervorgehobenem, 3achsigem Mittelrisalit, 2 4achsigen seitlichen Flügeln und 1achsigen Seitenrisaliten. Der hufeisenförmige Theaterbau lag hinter diesem Vorderhaus. Dieses Vorderhaus wurde im 2. Weltkrieg stark zerstört. Seine Wiederherstellung 1966/67 durch das Architektenkollektiv Kunz Nierade wurde mit einem gründlichen Umbau verbunden, wobei technische und Verwaltungsbauteile hinzugefügt wurden, die bis zur Straße Unter den Linden reichen. Der Zuschauerraum ist unverändert geblieben; die Front zur Behrenstraße ist bis auf die Erdgeschoßzone völlig fensterlos. Der vorspringende und über die Dachkante hochgezogene Eingangsbau ist mit ornamentierten Kupferplatten von Fritz Kühn verkleidet. *GK*

Botschaftsgebäude der UdSSR (Unter den Linden 63/65) 81

Der Neubau entstand 1950–53 in dem für jene Zeit in der UdSSR verbindlichen Stil auf dem erweiterten Gelände der früheren Botschaft nach Plänen des Kollektivs A. Stryshewskij, Lebedinskij, Sichert und Friedrich Skujin.

Unter Mißachtung des »Lindenstatuts« wurde die geschlossene Front der Straße durch Bildung eines Ehrenhofes unterbrochen. Der Mittelbau mit dem Haupteingang ist durch eine Laterne auf einem mit dem Staatswappen und 4 Skulpturen geschmückten Sockel betont. *GK*

Brandenburger Tor (Pariser Platz) 82 ●

Das Brandenburger Tor am westl. Ende der Linden ist das einzige noch existierende Berliner Stadttor von urspr. 18. An die verschwundenen erinnern nur einige Namen von Plätzen: Oranienburger Tor, Schönhauser Tor, Prenzlauer Tor, Königstor (Bernauer Tor), Schlesisches Tor, Kottbusser Tor, Hallesches Tor. Die Stadtmauer, um deren Verlauf diese Tore errichtet worden waren, hatte Friedrich Wilhelm I. 1732–34 erbauen lassen, nun nicht mehr mit einem fortifikatorischen, sondern mit einem steuerlichen und polizeilichen Zweck, auch um Desertionen zu verhindern. Die Sicherungsanlage bestand nur links der Spree in einer massiven Mauer; rechts der Spree begnügte man sich mit einem Palisadenzaun.

Das Brandenburger Tor wurde 1788–91, im wesentlichen 1789, dem Jahr der Französischen Revolution also, von Carl Gotthard Langhans nach dem Vorbild der Propyläen in Athen erbaut und bedeutet damit erstmals in der Berliner Baukunst die Hinwendung zum Griechentum. Es ersetzte einen bescheidenen Vorgängerbau, der durch eine Radierung Chodowieckis bekannt ist. Urspr. schloß das eigentliche Tor mit seitlich anstoßenden Trak-

Brandenburger Tor, Stadtseite, 1798. Stich von Berger nach Lütke

ten an die Stadtmauer an. Als diese 1867/68 abgerissen wurde, veränderte man auch diese Verbindungsbauten nach einem Entwurf von Hermann Blankenstein. Das 1945 schwer beschädigte Tor wurde 1956/57 wiederhergestellt. Die Quadriga wurde 1956–58 in der West-Berliner Gießerei Noack neu getrieben und anschließend wiederaufgestellt. Dabei entfernte man den preußischen Adler und das Eiserne Kreuz. 1990/91 erneut restauriert, Adler und Kreuz wieder angebracht.

Städtebaulich besaß dieser Bau eine von den übrigen Toren hervorgehobene Bedeutung als Abschluß der Linden und Verbindung der Innenstadt mit dem Tiergarten. Das erklärt seine besondere künstlerische und symbolische Aussage und damit auch den Umstand, weshalb es nicht den Erfordernissen des Verkehrs geopfert wurde.

Das Baumaterial ist Sandstein. An den eigentlichen Torbau schließt links und rechts eine offene 3schiffige Halle an: die umgestalteten ehem. Verbindungsbauten zur früheren Stadtmauer. Zur Anlage des Tores gehören ferner 2 freistehende und parallel zur Straße angeordnete, 2geschossige Bauten (einst für die Wache und die Steuerbehörde); von den Linden her erwecken sie den Eindruck dorischer Peripteraltempel, sind in Wahrheit aber nur zur Straße und zum Pariser Platz hin von Säulen umgeben. Das Tor selbst hat 5 Durchfahrten; diese sind durch Mauern getrennt, deren Stirnseiten zur Stadt und zum Tiergarten hin dorische Säulen mit Basen verdecken. Darauf ruhen ein dorisches Gebälk und eine Attika, auf der, durch einen Sockel nochmals herausgehoben, die Quadriga mit der Siegesgöttin steht.

Das Tor drückt durch seine architektonische Gestalt, in Umkehrung der Funktion eines mittelalterl. Stadttores, die Offenheit der selbstbewußten Residenzstadt gegen die Umwelt und ihre geistige Freizügigkeit aus. Abgeschwächt ist auch die Bedeutung als Siegestor, da die vom Absolutismus gepflegte römische Tradition des Triumphtores nur in der Attika mit der Quadriga anklingt. Die Epoche,

Triumphzug des Friedens. Rechter Teil des Reliefs auf der Stadtseite des Brandenburger Tores von Unger und Boy nach Schadow

in der Friedrich d. Gr. durch seine Feldzüge den preußischen Staat festigte, galt als abgeschlossen.

Deutlicher wird der Sinn des Tores, das 1791 den Namen »Friedenstor« erhielt, durch den *bildhauerischen Schmuck* artikuliert. Die *Siegesgöttin* nach Entwurf von Johann Gottfried Schadow wird auf der Stadtseite durch das *Relief* darunter – nach Entwurf Schadows von Unger und Boy ausgeführt – als Friedensbringerin erklärt. Sie erscheint hier, von Genien gezogen, hinter den Gestalten der Tugenden, unter ihnen Herkules, der Neid und Zwietracht bezwingt, als Verkörperung der Stärke. Es folgen die Freude, der Überfluß, die 3 bildenden Künste, die Musik und Urania, die Muse der Astronomie. Das Herkules-Motiv, das auf die vorangegangenen Kriege anspielt, wird durch die *Reliefs in den Durchgängen* mit den Taten des Herkules (von Bardou, Bettkober, Eckstein, Meyer, Ränz und den Brüdern Wohler) wieder aufgegriffen. An die Kriege erinnern auch die *Metopen* mit Darstellungen der Kämpfe zwischen Lapithen und Kentauren nach dem Vorbild der Metopen des Parthenon. Schließlich wurde die Idee der aufblühenden Kultur nach der Beendigung des Krieges durch die Statuen des *Mars*, der sein Schwert in die Scheide steckt (von Boy und Carl Wichmann nach Entwurf Schadows), und der *Minerva* (von Meltzer) ausgedrückt. Urspr. standen die Statuen an den Seitenflügeln in Nischen zur Stadt hin. Nach dem Umbau von 1868 wurden sie an die seitlichen Außenmauern des Tores versetzt. Die etwa 5 m hohe *Quadriga*, die 1793 von Emanuel Jury in Kupfer getrieben wurde, galt als ein Wahrzeichen Berlins und wurde als solches 1807 von Napoleon nach Paris entführt. Ihre Rückkehr 1814 glich einem Triumphzug. Seitdem galt sie als Symbol des Sieges in den Freiheitskriegen. Dem wurde durch die Einfügung des Eisernen Kreuzes in den Kranz auf dem Stab der Siegesgöttin nach Entwurf Schinkels Ausdruck verliehen. HB-S

Das **Botschaftsgebäude Polens** an der N-Seite der Straße Unter den Linden (Nr. 72) wurde 1963/64 als Stahlbetonskelett-Montagebau nach Plänen des Kollektivs Emil Leibold und Christian Seyfarth errichtet.

Einziger Schmuck dieses Baues ist eine Portalgestaltung von Fritz Kühn, die auf geätzten Aluminiumscheiben stilisierte Darstellungen von Lindenblättern zeigt. GK

Wohnhaus Schadow (Schadowstr. 10/11)

Das 1805 fertiggestellte Wohnhaus des Bildhauers Johann Gottfried Schadow in einer nördl. Seitenstraße der Linden, im 2. Weltkrieg beschädigt, wurde 1959 restauriert.

Dem urspr. 2stöckigen Bau mit einem nördl. Seitenflügel wurde 1851 ein südl. Seitenflügel hinzugefügt; gleichzeitig hat man das ganze Gebäude um ein Geschoß erhöht. Die äußeren Achsen des 7achsigen, mit Putzquaderung versehenen Hauses sind als schwache Risalite ausgebildet. Der Einfahrt links ant-

Platz der Akademie (Gendarmenmarkt) mit Schauspielhaus und Französischem Dom

wortet rechts nur ein Fenster, über dem jedoch wie über der Einfahrt ein vielfiguriges *Stuckrelief* als Hauptschmuck der urspr. Fassade angebracht ist.
Nach Zeichnungen von Armand Charles Caraffe und unter wissenschaftlicher Beratung des Archäologen Alois Hirt hat Schadow in Gemeinschaft mit seinen Schülern Hagemann, Rauch und Rudolf Schadow *links* die Kunst des Altertums in ihren Hauptepochen dargestellt (schlichte Naturnachahmung: Der Töpfer Dibutades modelliert das Bildnis des Geliebten seiner Tochter; Epoche der Götterbildung: Phidias enthüllt vor Perikles die Statue des olympischen Zeus; Epoche des leidenschaftlichen Ausdrucks: Agesander und seine Söhne vor dem Modell des Laokoon; Epoche der Anmut und der Grazie: Phryne und Praxiteles) und *rechts* große Beschützer der Kunst (Perikles mit Protogenes, Phidias und Iktinos; Alexander mit Deinokrates, Lysipp und Apelles; Cosimo de' Medici mit Ghiberti, Masaccio und Brunelleschi; Papst Julius II. mit Michelangelo, Raffael und Bramante). – Im Obergeschoß wurde 1851 ein Relief mit dem Bildnis Schadows von Hermann Schievelbein eingefügt.
Im H a u s f l u r sind *Gipsabgüsse* eingemauert: links 3 Aktstudien, z.T. nach Bronzeabgüssen der Nationalgalerie 1960 wiederholt; rechts die 3 Parzen vom Grabmal Blumenthal in Horst in der Prignitz, dann 2 Genien (Tod und Schlaf) vom Grabmal des Grafen von der Mark und zuletzt anstelle von 2 zerstörten Reliefs der Schadow-Schule die Allegorie der Spinnerei und Erfindung des korinthischen Kapitells von Friedrich Tieck, beides Abgüsse von den Türgewänden der Bauakademie. – Im

1. S t o c k befindet sich ein Fresko von Eduard Bendemann (1837), der *Brunnen des Lebens*, umgeben von den Schönen Künsten, z.T. Porträts von Mitgliedern der Familie Schadow, zu der auch Bendemann als Schwiegersohn des Bildhauers gehörte. HB-S

P l a t z   d e r   A k a d e m i e , ehem. Gendarmenmarkt
Der Platz hieß bis zur Umbenennung 1950 anläßlich der 250-Jahr-Feier der Akademie der Wissenschaften (ehem. Kurfürstlich Brandenburgische Sozietät der Wissenschaften) Gendarmenmarkt, nach der Hauptwache und den Ställen des Regiments Gensdarmes, die bis 1773 die Deutsche Kirche umstanden. 1774 erbaute Johann Boumann hier das Komödienhaus, den ältesten Vorgänger von Schinkels Schauspielhaus. Eine einheitliche Bebauung mit 3stöckigen Häusern größtenteils nach Entwürfen Georg Christian Ungers seit 1777 und die gleichartigen Turmbauten, Ausdruck königlichen Ordnungswillens, machten den Platz zu einer der großartigsten barocken Anlagen dieser Art. Vorbild soll die Piazza del Popolo in Rom gewesen sein. In dem 1901 erbauten Haus in der Wilhelm-Külz-Straße gegenüber dem Schauspielhaus, z. Z. Sitz der 1946 neu gegründeten Akademie der Wissenschaften, befand sich urspr. die 1772 gegründete Königliche Seehandlung. Gegenüber der Französischen Kirche hatte die Direktion der General-Lotterie, ebenfalls einer Schöpfung Friedrichs d. Gr., ihren Sitz. In der Charlottenstr. 49 befand sich das Weinhaus Lutter & Wegner, berühmt v. a. durch die Zusammenkünfte von Ludwig Devrient und E. T. A. Hoffmann. Bei der Wiederherstellung des Platzes bis 1987 wurde die Randbebauung durch 5geschossige

92 Mitte: Französischer Dom. Deutscher Dom

Bauten in Großplattenbauweise mit historisierenden Dekor ergänzt.   HB-S

85 **Französisch-Reformierte Friedrichstadtkirche**
● **Französischer Dom** (Platz der Akademie)
Der schlichte Bau am ehem. Gendarmenmarkt nördl. des Schauspielhauses wurde 1701–05 nach Entwürfen von Louis Cayart für die französische Gemeinde nach dem Vorbild der 1624 erbauten und 1688 zerstörten Hauptkirche der Hugenotten in Charenton errichtet. 1905 wurde die Kirche von Otto March umgebaut. – An diesen Bau schließt östl. die barock empfundene Turmanlage Carl v. Gontards von 1780 an (bis 1785 von Georg Christian Unger ausgeführt). 1943 zerstört, wurden Kirche und Turm 1977–87 wiederhergestellt. Dabei wurde der Boden der Kirche um mehr als 2 m erhöht, um darunter Gemeinderäume zu gewinnen. Das wiederum erforderte die Anlage der Freitreppe im O.

Der Grundriß besteht aus einem Rechteck mit halbkreisförmigen Anbauten an den Schmalseiten im N und S sowie einem schmaleren rechteckigen Trakt für Wohn- und Diensträume im O. – Als ein selbständiges zentriertes Gebilde ohne proportionalen und formalen Zusammenhang mit der Kirche ist der T u r m b a u aufgeführt. Über einem kubischen Kern, dem nach N, O und S je ein 6säuliger Portikus mit einem 1achsigen, 2 Geschosse hohen Bauteil vorgesetzt ist, erhebt sich der steile, von 12 Säulen umstellte Zylinder des Turmes. Gebälk und Balustrade legen sich wie ein Ring um diesen Zylinder, der in einem darüberliegenden Geschoß, durch Pilaster geteilt, 12 Ovalfenster zeigt. Eine hohe, ebenfalls 12geteilte Kuppel mit einer Statue krönt den Turmhelm. Seitliche Attiken an den Portiken und niedrige Türme mit quadratischer Grundfläche dort, wo die Attiken im rechten Winkel zusammenstoßen, entsprechen der Logik des Aufbaus aus stereometrischen Gebilden, die sich durchdringen. Das gleiche Formempfinden begegnet in dem Sockel mit den 3 Freitreppen.

Der plastische Schmuck, nach Entwürfen Chodowieckis und Rodes von Constantin Sartori ausgeführt, steht statuarisch frei vor dem Himmel und in den Giebelfeldern der Portiken vor dem flachen Reliefgrund. Die Giebelreliefs zeigen: Christus und die Samariterin (S), die Bergpredigt (O), Gang nach Emmaus (N). Die Statuen auf den Giebeln stellen Tugenden dar: die Dankbarkeit, eine ungedeutete Figur mit einer Kette in den Händen und den 3 Grazien, die Mäßigung (S), Hoffnung, Liebe, Glauben (O), Geduld, Mitleid und Güte (N). In den Nischen des östl. Portikus (von links): Jeremias, Ezechiel, Joseph von Arimathia, Daniel, Samuel, Jesaias und darüber die Reliefs: Taufe Christi, Anbetung des Christkindes, Kreuzigung, Auferstehung (über der Tür),

Himmelfahrt, Ausgießung des Hl. Geistes, Abendmahl. In den Nischen des Kuppeltambours stehen die Statuen der Apostel Thomas, Matthäus, Bartholomäus, Thaddäus, Simon, Matthias. Die Relieffelder darüber zeigen Allegorien der Unschuld, der Andacht, des Eifers, der Liebe, der Wohltätigkeit und der Glückseligkeit. Auf der Kuppel die »Triumphierende Religion« (1983 von Achim Kühn rekonstruiert).   HB-S

*Im Turm befindet sich seit 1929 ein kleines **Hugenottenmuseum**. Einige bemerkenswerte Stücke seien genannt. E. Bardou: Marmorbüste Friedrichs d. Gr.; J. M. Falbe (?): Pastor Alphonse des Vignoles; Fragment der Kuppelfigur des Französischen Domes; Susette Henry: Gaspard Molière; Ch. F. R. Lisiewski (?): Jean Pierre Erman; Susette Henry: Joh. Peter Friedr. Ancillon; Louise Henry geb. Claude: Hugenottenfamilie.*   HB-S

Neue Kirche, Deutscher Dom   86
(Platz der Akademie)   ●
Die schnell wachsende Bevölkerung der Friedrichstadt, für die die 1680 erweiterte Jerusalemer Kirche (Kreuzberg, Ecke Lindenstraße / Jerusalemer Straße, 1961 beseitigt; Neubau weiter südlich) bald nicht mehr ausreichte, machte einen weiteren Kirchenbau erforderlich, der 1701–08 nach Entwurf von Martin Grünberg ausgeführt wurde. Der Turm gedieh zunächst nicht über einen querrechteckigen Vorbau bis zur Höhe des Hauptgesimses hinaus. Den Stumpf brach man ab, als der 1780 von Carl v. Gontard entworfene gewaltige Turm, gleich dem der Französischen Kirche, aufgeführt wurde. Ungenügende Fundamentierung hatte 1781 den Einsturz des begonnenen Turmes zur Folge, der danach unter der Bauleitung Georg Christian Ungers bis 1785 neu errichtet wurde. Die im 19. Jh. baufällig gewordene Kirche wurde 1881/82 von Hermann v. d. Hude über dem urspr. Grundriß neu erbaut. Statt der schmucklosen Wandgliederung des Ursprungsbaues wurden außen und innen reichere Formen einschließlich figürlich-plastischen Schmucks (Attikafiguren, Reliefs) im Sinne des Neubarock und statt der flachen Decken Gewölbe verwendet, so daß sich die Kirche in ihrer architektonischen Haltung dem reich instrumentierten Turmbau nun enger anpaßte. Die 1943 ausgebrannte Kirche und der Turm werden – erstgenannte als Ausstellungshaus – seit 1984 wiederhergestellt.

Einzigartig ist an dem aus dem Plan der Parochialkirche abgeleiteten Grundriß die Anlage von 5 Konchen um die Seiten eines zentralen Fünfecks. Kanzel und Altar kamen auf diese Weise vor einen Pfeiler gegenüber dem Eingang unter dem vorgebauten Turm zu stehen.

Der plastische Schmuck ist von Bernhard Rode entworfen und von Föhr ausgeführt worden. Die Giebelreliefs zeigen das Opfer zu Lystra (N), Predigt des Paulus in Athen (O), Abschied des Apostels Paulus von den Ephesern (S). Die Statuen stellen Tugenden dar: Keuschheit, Mäßigkeit (N), Treue, Mildtätigkeit, Freundschaft (O), Demut, Klugheit, Standhaftigkeit (S). Die Sitzgruppen auf den Ecktürmen symbolisieren die 3 christlichen Kar-

Mitte: Deutscher Dom. Schauspielhaus   93

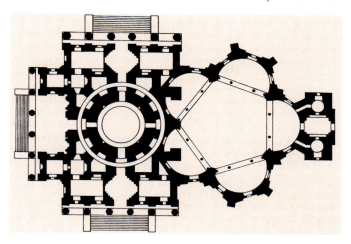

Deutscher Dom. Grundriß

dinaltugenden Glaube, Hoffnung, Liebe und die Langmut. In den Nischen des O-Flügels stehen die Statuen (von links) von Abraham, Moses, David, Johannes d.T., Stephanus und Paulus. Darüber in Reliefs die Szenen: Abraham gibt die Gefangenen frei, Moses lehrt das Gesetz, David und Simei, Jesus und die Opfergabe der Witwe (über der Tür), Johannes predigt in der Wüste, Stephanus teilt Almosen aus, Paulus vor dem Altar des unbekannten Gottes. In den Nischen des Tambours die Figuren der Apostel Thomas, Jacobus d.J., Simon, Johannes, Petrus und Andreas. – Rekonstruktion der Kuppelfigur »Triumphierende Tugend« 1984–86 durch Achim Kühn.   HB-S

Schauspielhaus (Platz der Akademie)
Zwischen Deutschem und Französischem Dom steht das Schauspielhaus, 1818–21 von Karl Friedrich Schinkel anstelle eines 1817 abgebrannten Vorgängerbaues von Carl Gotthard Langhans erbaut. 1881 erhielt der vorher in Putz ausgeführte Bau eine Sandsteinummantelung, um ihn dauerhafter zu machen. Wiederherstellung des im 2. Weltkrieg ausgebrannten Baues in der äußeren Gestalt 1967–84. Im ausgekernten Inneren Einbau eines unproportioniert großen Konzertsaales unter Verwendung Schinkelscher Detailformen.

Schinkel löste die Aufgabe, außer einem Theater auch einen Konzertsaal sowie Proben- und Magazinräume unterzubringen, durch eine 3teilige Anlage. Dabei ist der erhöhte Mittelteil längsgerichtet; die Seitenflügel richten ihre überaus breiten Giebel quer. Der Mittelbau springt vor, ist vorn seitlich um je 3 Achsen verbreitert und trägt über steiler Freitreppe eine ionische Säulenhalle. Ihr Giebel wiederholt sich am Bühnenhaus und gibt der Vorderansicht eine reiche vertikale Staffelung, die an der Rückseite, mit nur flachen Vorsprüngen, gleichsam in die Fläche projiziert ist.

Den vielfältig gestaffelten Bau bindet eine einheitliche architektonische Gliederung zusammen: Zwischen dem gequaderten Sockelgeschoß und dem Gebälk liegt eine 2geschossige Pilastergliederung wie ein Raster über der Wand. Die Zwischenräume enthalten je nach Bedarf Fenster oder Füllwände. Nur an den Gebäudekanten und, als Ersatz für Säulen, unter den seitlichen und rückwärtigen Giebeln machen kolossale Pilaster die übergreifende Ordnung deutlich. Dieses Rastersystem ist innerhalb des Klassizismus ein neues Prinzip, das aus modernem Zweckdenken und der Kenntnis got. Gerüstbauweise stammt, aber dennoch dem antiken Formenapparat organisch eingefügt ist. Es läßt den kolossalen Bau leicht und offen erscheinen und erlaubt dem Betrachter, in der Harmonie der unter- und übergeordneten Teile eine sinnvolle Ordnung, eine lebendige Abwandlung des Gleichartigen zu erkennen.

Der *plastische Schmuck,* in Form und Themen ganz an die Antike angelehnt, ist von Friedrich Tieck ausgeführt oder, wie die Musen an den Giebeln, zumindest modelliert. Bis auf die erst 1851 vollendeten musizierenden Eroten auf Löwe und Panther auf den Treppenwangen entstand alles nach Schinkels Skizzen in d. J. 1819–21: Apoll in einem Greifengespann auf dem vorderen, ein Pegasus auf dem hinteren Giebel des Bühnenhauses (beide Plastiken 1969–78 von Achim Kühn nachge-

Mitte: Schauspielhaus. Mohrenkolonnaden

schaffen), auf dem Giebel der Säulenhalle und auf den seitlichen Giebeln die 9 Musen. In den Giebelfeldern: vorn oben als reine Symboldarstellung Eros vor einem Thron, neben ihm Psychen und die Masken der Tragödie und Komödie, über dem Portikus die Geschichte der Niobiden als Beispiel für eine tragische dramatische Mythe; an der N-Seite ein Triumphzug des Bacchus und der Ariadne, der auf den Ursprung des griechischen Theaters aus den Bacchanalien hinweist, an der S-Seite die Befreiung der Eurydike aus dem Hades durch Orpheus' Gesang, ein Symbol für die seelenbewegende Kraft der Musik.

Von der bes. im Konzertsaal künstlerisch bedeutenden Innenausstattung, die ähnliche Themen umspielte, ist nichts erhalten. *EB-S*

- *Schiller-Denkmal.* Am 10. November 1859, dem mit Enthusiasmus gefeierten 100. Geburtstag Friedrich Schillers, wurde vor dem Schauspielhaus der Grundstein zu seinem Denkmal, dem ersten Berliner Dichterdenkmal, gelegt. Der Entwurf von Reinhold Begas kam 1864–69 zur Ausführung. 1935 wurde das Denkmal entfernt. Die Statue des Dichters stand 1951–87 im Lietzenseepark. – Die Bewegung der Statue ist ganz auf den Hintergrund abgestimmt; es ist, als sei der Dichter die Haupttreppe herabgestiegen. Das lorbeerbekränzte Haupt ist Danneckers Büste von 1794 nachgebildet. Die 4 auf dem Brunnenrand sitzenden Gestalten stellen die Lyrik (vorn links), das Drama (vorn rechts), die Philosophie (Rückseite links) und die Geschichte dar. Sockel und Stufen sind kopiert, letztere in zu lebhaft geflecktem Marmor. *HB-S*

88 Mohrenkolonnaden (Mohrenstr. 37b, 40/41)

- *Die einzige noch in situ vorhandene Anlage dieser Art (von urspr. 4) wurde 1787 zusammen mit einer breiten* Brücke über den Festungsgraben als Zugang zur Friedrichstadt nach Entwurf von Carl Gotthard Langhans gebaut.

Die Kolonnaden, unweit des Platzes der Akademie, südöstl., bestehen aus 5 Arkaden auf gekuppelten toskanischen Säulen. Bei der mittleren, die als Risalit vorspringt und mit einem Dreiecksgiebel bekrönt ist, bedingt die größere Tiefe der Laibung, daß die gekuppelten Säulen hintereinander stehen und von Pfeilern eingefaßt sind. Die Enden schwingen in je einer zum Viertelkreis gebogenen Arkade zur Ebene der Häuserfronten zurück. Unter dem Gesims verläuft ein Triglyphenfries. Die Rückwände besitzen Öffnungen für Läden, darüber Stichbogenfenster, die von Putten flankiert werden.

Der *plastische Schmuck* der Giebelfelder nach Entwürfen von Bernhard Rode – im S Merkur und Neptun, im N Merkur und Pluto (Kopie) – und der liegenden Figuren auf den Giebeln sowie über den gebogenen Endigungen – Flußgötter der 4 Erdteile, Europa und Amerika im S, Afrika und Asien im N – stammen aus dem Umkreis Schadows. Trotz klassizist. (dorischer) Einzelformen besitzt die Anlage einen Schwung und eine organische Geschmeidigkeit, die noch dem Rokoko verpflichtet sind. *HB-S*

Neuere (Wohn-)Bebauung entstand in den 1970er Jahren an der Leipziger Straße, ehem. der Hauptverkehrsader Berlins und Straße der großen Warenhäuser, nach Plänen der Kollektive Joachim Näther und Werner Strassenmeier, insgesamt etwa 2000 Wohnungen.

Mohrenkolonnaden. Nördlicher Teil

Mitte: Südwestlicher Bereich. Sophienkirche   **95**

25- bis 26geschossige Wohngebäude wechseln mit 11geschossigen Wohnhausscheiben und Flachbauten für gesellschaftliche Funktionen.   _GK_

Zwischen den Neubauten der Leipziger Straße (etwa im Bereich des früheren Dönhoffplatzes) wurde 1979 eine Kopie der 1929 abgebrochenen südl. Kolonnade aufgebaut, die Carl v. Gontard 1776 westl. des Spittelmarktes auf der Brücke über den ehem. Festungsgraben errichtet hatte (**Spittelkolonnaden**). Die nördl. Kolonnade wurde im 2. Weltkrieg schwer beschädigt und 1960 beseitigt. Vor die halbkreisförmige ionische Säulenhalle ist eine Nachbildung der _Postmeilensäule_ gestellt, die 1730 auf dem Dönhoffplatz errichtet worden war. In dieser Umgebung befremdet der menschliche Maßstab – paradoxerweise.   _HB-S_

Seit 1980 (zuvor jahrzehntelang nach Köpenick versetzt) steht ungefähr an alter Stelle auf dem S p i t t e l - m a r k t (der Name erinnert an das Gertraudenhospital) wieder der **Spindler-Brunnen**, eine Arbeit der Marmorschleiferei M. L. Schleicher nach Entwürfen von Walter Kyllmann und Adolf Heyden in schwedischem Granit, 1891 für die Färberei Spindler. Es ist ein höchst dekoratives Werk der Neorenaissance, ornamentlos, ganz auf die schwingenden Konturen des reich profilierten Schaftes und der beiden großen, je aus einem Block geschliffenen Schalen abgestimmt.   _HR_

Westl. des ehem. Gendarmenmarktes an der Ecke G l i n k a s t r a ß e (**Nr. 5**) und J o h a n n e s - D i e c k - m a n n - S t r a ß e sind 2 von urspr. 3 pavillonartig freistehenden 2geschossigen Bauten mit Mansarddach erhalten, die 1738 als **Pfarrhäuser** errichtet worden sind. Das dritte, im Krieg zerstörte Haus bewohnte der Schleiermacher, der in der südl. davon gelegenen, ebenfalls zerstörten Dreifaltigkeitskirche predigte. Mauern mit rundbogigen Toren und Giebeln darüber jeweils in der Mitte schließen den Komplex zusammen.   _HB-S_

Ehem. Reichspostamt (Leipziger Straße / Mauerstraße), mit **Postmuseum**. 1871–73 von Carl Schwatlo in Neurenaissance-Formen errichtet und 1893–98 nach Entwurf von Ernst Hake und Plänen von F. Ahrens und H. Techow erweitert. Nach starken Kriegszerstörungen wurden die aufwendige Fassade und das Innere vereinfacht wiederhergestellt. 1984 begannen Rekonstruktionsarbeiten; 1985 erhielt der Lichthof erneut ein Glaszeltdach.   _GK_

Ehem. Haus der Ministerien, zuvor Reichsluftfahrtministerium (Leipziger / Otto-Grotewohl-Straße)

Der riesige Gebäudekomplex wurde 1935/36 in überraschend kurzer Bauzeit von Ernst Sagebiel, einem früheren Mitarbeiter Erich Mendelsohns, fertiggestellt; im Oktober 1935 wurden schon die ersten tausend Räume bezogen. Dieser Bau, der erste Großbau des »Dritten Reiches«, zeigt in Entwurf und Detaillierung Merkmale einer überhasteten Arbeit; gleichwohl hat er den Krieg überstanden und diente einigen Ministerien der DDR-Regierung.

Im N begrenzt die Leipziger Straße den Komplex, im O die Otto-Grotewohl-Straße (früher Wilhelmstraße); im S reicht er bis zur Niederkirchnerstraße (der früheren Prinz-Albrecht-Straße). Die Hauptteile des Baues sind 5- bis 7geschossig, anschließende Flügel 4- und 1geschossig. An der Ecke Leipziger und Otto-Grotewohl-Straße springt er zurück; in der Ecke liegt ziemlich unscheinbar der Haupteingang. Die Mitte der langen Flügel an der Otto-Grotewohl-Straße nimmt ein vergitterter »Ehrenhof« ein, an dem Repräsentationsräume liegen. Der Bau wurde – wegen der Kürze der verlangten Bauzeit – als Stahl- bzw. Stahlbetonskelettbau ausgeführt und mit Muschelkalksteinplatten verblendet. Zugrunde gelegt ist ein festes Achsensystem, das in Verbindung mit der Verwendung vereinheitlichter Bauteile wesentlich zur schnellen Fertigstellung beitrug. Die künstlerische Ausstattung ist nicht mehr erhalten.   _GK_

Vor der Gartenfront des Gebäudekomplexes in der Leipziger Straße steht auf dem Rasen, ohne Sockel, die große Bronzefigur _»Der Denker«_ von Richard Scheibe, 1938; das Athletische ist dem Körperideal der Entstehungszeit entsprechend betont, jedoch durch feine Mimik und Gestik dem Thema genähert.   _HR_

Ehem. Preußischer Landtag (Leipziger Str. 3 bis 4 / Niederkirchnerstraße). Das **ehem. Landtagsgebäude** (bis 1918 Abgeordnetenhaus, nach der Wiedervereinigung für das Berliner Abgeordnetenhaus vorgesehen) wurde 1892–97 von Friedrich Schulze in monumentalen Renaissance-Formen an der Niederkirchnerstraße (ehem. Prinz-Albrecht-Straße) errichtet, leicht in der Achse gegenüber dem ehem. Kunstgewerbemuseum (Martin-Gropius-Bau) verschoben. Der Mittelbau ist durch Kolossalsäulen vor Haupt- und Mezzaningeschoß betont. Das **ehem. Herrenhaus** an der Leipziger Straße, durch einen Ehrenhof hervorgehoben, wurde von Schulze bis 1904 fertiggestellt. Beide Gebäude, durch einen Zwischenbau verbunden, dienten mit dem benachbarten »Haus der Ministerien« der DDR-Staatsverwaltung.   _GK_

*

Ev. Sophienkirche (Sophienstraße)

Die Kirche der Spandauer Vorstadt, eine Stiftung der dritten Gemahlin Friedrichs I., Sophie Luise, wurde 1712 erbaut. Der 1732–34 von Johann Friedrich Grael auf Kosten Friedrich Wilhelms I. errichtete Turm variiert die Idee des Schlüterschen Münzturmes und des Turmes

Sophienkirche. Turm. Im Vordergrund die Häuser Große Hamburger Str. 29 und 31

Mitte: Sophienkirche. Alter Jüdischer Friedhof. Synagoge   97

der 1968 beseitigten Potsdamer Garnisonkirche von Philipp Gerlach.

Der schlichte rechteckige Saalbau mit Giebeln an den Schmalseiten hat seinen architektonischen Schmuck in dem 69 m hohen, reich gegliederten *Turm*. Die Steinbalustrade, die urspr. den rechteckigen Block der 3 unteren Turmgeschosse abschloß, wurde in den 20er Jahren des 19. Jh. durch eine Eisenbrüstung ersetzt. Die Sakristei an der südl. Langseite ist ein Anbau von 1834. Das Innere veränderten Adolf Heyden und Kurt Berndt 1892 im neubarocken Geschmack und bereicherten dabei auch die urspr. hausartige O-Fassade mit einfachem Dreiecksgiebel durch einen lebhaft geschwungenen Umriß. Hinzu kamen auch die beiden Rundfenster und statt eines Portals in der Mitte 2 Eingänge unter den seitlichen Fenstern.   *HB-S*

Der **Alte Kirchhof**, von der Sophienstraße (Nr. 2/3) zugänglich, bewahrt eines der wenigen erhaltenen figürlichen Grabmäler des Rokoko: das von einem schönen geschmiedeten Gitter geschützte Sandsteinmal für den Schiffsbauer *Koepjohann* und seine Ehefrau († 1766). Ein anmutig bewegter Engel in wirkungsvoller Draperie hält eine geöffnete Buch mit dem Wort der Offenbarung des Johannes vom seligen Sterben, während er den Fuß auf ein sich mit Krone und Talern ergießendes Füllhorn setzt – Gaben der Fortuna, Zeichen der Vergänglichkeit irdischer Macht. Das Winkelmaß auf dem Podest deutet den Beruf des Verstorbenen an, ein sich verhüllender Putto die Klage.

An der S-Wand der Kirche das schlichte Epitaph für den Dichter *Karl Wilhelm Ramler* (1725–98) und einige z.T. sehr beschädigte barocke Sandstein-Epitaphien.

Vor der S-Wand der Kirche, nahe dem Eingang, steht nur noch der schön proportionierte Grabaltar des einst mit einer schlichten Marmorurne bekrönten Grabmals für *Thomas Hotho* († 1780); auf dem heutigen Kinderspielplatz die Familiengrabstelle des Historikers *Leopold v. Ranke* (1795–1886) mit zerstörtem Bildnis.

Auf der N-Seite ist ein schlichtes Eisenkreuz (Schinkel-Entwurf) mit von Sternen besetzten Dreipaßenden zu nennen, dann der (aus rotem Granit 1883 erneuerte) Obelisk für *Carl Friedrich Zelter* (1758–1832), den ihm die Singakademie 1833 hatte setzen lassen, und das leider beschädigte Urnengrabmal für *Johann August Buchholtz* (1706–93), eines der einst für die Berliner Friedhöfe charakteristischen Sandsteinwerke des Louisseize. Hier am Urnenrand die sich in den Schwanz beißende Schlange als Ewigkeitssymbol, von einem Laubgewinde höchst dekorativ umhangen.   *HR*

Alter Jüdischer Friedhof (Große Hamburger / Oranienburger Straße). Ein Gedächtnismal an der Großen Hamburger Straße erinnert an die Zerstörung des Altersheims und des 1672 angelegten Friedhofes 1943 durch die Gestapo. Einige Grabsteine der Barockzeit mit hebräischen Inschriften hat man in einer Mauer der heutigen

Parkanlage eingelassen und auf der Rasenfläche für *Moses Mendelssohn* (1729–86) ein schlichtes Gedenkgrab neu errichtet.   *HR*

Monbijouplatz   98

Hier stand das langgestreckte 1geschossige Schloß Monbijou, dessen Kernbau Johann Eosander Göthe 1703 für den königlichen Minister Graf v. Wartenberg errichtet hatte und das nach dessen Sturz 1710 in den Besitz Sophie Dorotheas, der Mutter Friedrichs d. Gr., gelangte. Für sie wurde es 1740–42 und 1754 durch Knobelsdorff auf eine Länge von 55 Achsen erweitert. 1877 richtete man hier das Hohenzollern-Museum ein. Seine Bestände werden heute, soweit sie nicht verloren sind, in Potsdam-Sanssouci, im Kunstgewerbemuseum in Köpenick, im Schloß Charlottenburg und im Jagdschloß Grunewald bewahrt. Die Ruinen des im Krieg zerstörten Schlosses wurden beseitigt. Auf dem Gelände entstand 1960 eine Grünanlage.   *HB-S*

Das zur Oranienburger Straße hin gelegene, zunächst als Ruine erhaltene Domkandidatenstift *von August Stüler, 1858–73, ein italianisierender Backsteinbau, wurde 1972 abgerissen.*   *EB-S*

Die Monumentalbüste Adelbert von Chamissos (1781 bis 1838) aus Carrara-Marmor von Julius Moser, 1888, hart an der Straße vor den fast baumlosen Anlagen des ehem. Monbijouparks, wirkt wegen ihrer Größe deplaciert. Die ansprechenden Züge des Dichters und ein gut proportionierter Sockel aus poliertem schwedischem Granit mildern hier die sonst oft schwer erträglichen Übermaße.   *HR*

Synagoge (Oranienburger Str. 29/30)   99

Hinter dem Freigelände beim Monbijouplatz, auf dem ehemals Schloß Monbijou und das Domkandidatenstift standen, liegt die Ruine dieses 1859–66 ausgeführten Baues von Eduard Knoblauch in reichen orientalisierenden Stilformen. In der »Kristallnacht« (9./10. Nov. 1938) durch Polizeihauptmann und Feuerwehr zunächst gerettet, wurde der Bau 1943 durch Bomben schwer beschädigt. 1988 begann der Wiederaufbau als jüdisches Kulturzentrum.

Zwischen 2 vorgezogenen Türmen, dessen linker noch den 8kantigen Aufsatz und die steile blattgeschmückte Kuppel hat, springt die Eingangswand zurück; hinter ihr erhebt sich der 12eckige Tambour, auf dem eine große Kuppel saß. Unter dieser einstigen Kuppel liegt die Vorhalle, der in einem durch das Baugrundstück bedingten Achsenknick ein großer Rechtecksaal mit Emporen folgte (Ruine um 1970 abgebrochen). Dieser von August Stüler reich dekorierte Saal wirkte nur nach innen; die Straßenfront ist die einzige Außenarchitektur der Synagoge und konzentriert deshalb alle repräsentativen Motive. Neben orientalischen Formen – die Eingangsarkaden sind Vorbildern aus der Alhambra von Granada recht genau nachgebildet – ste-

98　*Mitte*

Synagoge Oranienburger Straße vor der Zerstörung

Mitte: Oranienburger Straße. Umgebung Sophienkirche. Garnisonfriedhof

hen mittelalterl. Elemente wie die Maßwerk-
füllung der Arkaden. Die bei allem Reichtum
fühlbare logische Gliederung, der Kontrast
der kubisch massiven, glatten Wandteile und
der durchbrochenen, schmuckhaften Abschnitte sind jedoch ein typischer Zug des
19. Jh. und lassen auch in diesem Stilkleid
die Berliner Schule erkennen. *EB-S*

00 Das gegenüberliegende Haus O r a n i e n -
b u r g e r S t r a ß e **Nr. 71/72**, 1791 von C. G.
Langhans für die Große Landesloge erbaut,
urspr. 2geschossig (3. und 4. Geschoß wurden 1839 hinzugefügt), besitzt an den Enden
rundbogige Portale mit schönen Männerköp-
fen im Scheitel. Die alten Türen sind, wenn
auch beschädigt, noch vorhanden. *HB-S*

01 Das **ehem. Postfuhramt** (Oranienburger Str.
35−36, Ecke Tucholskystraße) ist ein Rohziegelbau von Carl Schwatlo von 1875−81.
Durch seine überaus reiche, scharf ausgeformte und im Detail noch sehr qualitätvolle
Terracotta-Ornamentik wirkt er repräsentativ
wie bis dahin kein Berliner Behördenbau. Die
als Eingang ausgebildete, tief ausgenischte abgeschrägte Ecke ist durch eine flache Achteck-
kuppel und 2 Nebenkuppeln ausgezeichnet.
Ein weiterer Akzent entsteht durch den Saal-
anbau an der Tucholskystraße, der mit plastischen Gruppen und einer Balustrade bekrönt
ist. *EB-S*

2 Die **ev. St.-Johannes-Evangelist-Kirche** (Auguststr. 90) wurde (anstelle eines bescheidenen Gotteshauses von 1859) 1898−1900
nach Plänen Max Spittas als Backsteinbau in
neuroman. Formen in der Straßenfront errichtet. Über dem einladenden Portal eine Rosette
und ein hoher Giebel. *GK*

In der U m g e b u n g d e r S o p h i e n k i r c h e ist die
Bebauung des 19. Jh. mit einzelnen Häusern aus dem
18. großenteils noch vorhanden, aber zumeist ver-
kommen.

In der (restaur.) S o p h i e n s t r a ß e stehen noch viele
3 Häuser aus dem 19. Jh. Bemerkenswert ist das **Haus des
Berliner Handwerkervereins** (Nr. 18) mit einem Portal
von 1904. − **Nr. 11**, 2geschossig mit 6 Achsen, stammt
aus der Zeit um 1780.

4 Das Eckhaus T u c h o l s k y s t r. **34** / A u g u s t s t r. **8**,
um 1830, besitzt einen schönen Fries mit girlanden-
tragenden Putten und einen Rankenfries. − Das Haus
Auguststr. 14−16 (um 1860), 3geschossig, ist durch
die hohe rundbogige Mitteldurchfahrt, Mäanderfries
und Akanthusranken gekennzeichnet. − **Nr. 69** ist ein
schlichtes 2geschossiges Haus aus der 1. Hälfte des

19. Jh. − Bei **Nr. 26 B** aus der gleichen Zeit sind die
beiden Obergeschosse durch 4 ionische Pilaster zusammengefaßt. Das Untergeschoß ist verdorben.

Am K o p p e n p l a t z steht bei der Einmündung der 105
Großen Hamburger Straße das 1855 nach Entwurf von
Friedrich August Stüler errichtete schlichte *Denkmal für
Christian Koppe*, 4 korinthische Säulen auf Stufen mit
Gebälk vor einer Rückwand mit Inschrift. − Das Eck-
haus **Nr. 11**, die Hollmannsche Wilhelmine-Amalien-
Stiftung, ist ein qualitätvoller Bau der Schinkel-Zeit mit
schönem Gesims.

In der G i p s s t r a ß e ist das Wohnhaus **Nr. 10** mit 106
Mäanderornamentik um 1820 zu datieren. − **Nr. 11**
ist ein bemerkenswertes 2geschossiges und 9achsiges
Haus (um 1800) mit schöner, symmetrisch organisierter
Fassade und mit Mäanderschmuck über den mittleren
Fenstern des Erdgeschosses sowie am Hauptgesims
des flachen Mittelrisalits. − **Nr. 13** aus der Mitte des
19. Jh. besitzt 2 reizvolle skulptierte Dreiecksgiebel im
2. Obergeschoß.

J o a c h i m s t r a ß e . **Nr. 5** ist ein klassizist. 2geschossi-
ger Bau. − **Nr. 20**, 3geschossig und 7 Achsen breit, ist 107
um 1770 entstanden und zeigt im Erdgeschoß Muschel-
bekrönungen an den Fenstern, über denen des 1. Obergeschosses Blattmotive und darunter Tuchgehänge.

Die L i n i e n s t r a ß e wurde 1705 als nördl. Begrenzung der Spandauer Vorstadt und der Königsvorstadt
angelegt. − **Nr. 62** aus dem 1. Viertel des 19. Jh. ist 108
3geschossiges, 6 Achsen breites Haus mit schöner
Stuckornamentik (Frauenkopf und Ranken) über dem
Portal.

In der G r o ß e n H a m b u r g e r S t r a ß e ist **Nr. 19a** 109
(um 1800) ein 2geschossiges, 6achsiges Haus.

N e u e S c h ö n h a u s e r S t r a ß e . **Nr. 8** aus der Zeit 110
um 1770, möglicherweise von Unger, besitzt eine
3geschossige und 7achsige Fassade, deren rundbogige
Fenster im Erdgeschoß mit Köpfen und Blumengehän-
gen an die der Universität erinnern. Die gut erhaltene
Treppe windet sich um eine runde Mittelöffnung nach
oben. − **Nr. 6**, um 1789, besitzt eine gut erhaltene,
später jedoch veränderte Fassade von 3 Geschossen
und 3 Achsen. *HB-S*

Garnisonfriedhof (Kleine Rosenthaler Straße) 111
Der 1722 angelegte Friedhof ist heute der stillste und ●
von besonderem Stimmungswert durch seine schwarzen Kreuze unter hohen Bäumen. Denn außer einigen
frühen, gutproportionierten S t e i n g r a b m ä l e r n im
Typus der Ara − so für *Georg Fr. Wilhelm v. Winterfeld,
Georg Wilhelm v. Schir* († 1800) und *Johann Carl Ludwig Braun* († 1835) − finden sich, wenngleich von starkem Rost befallen, E i s e n g u ß - K r e u z e aus dem ganzen 19. Jh.; offenbar ist diese einst vom Geist der Freiheitskriege geprägte Form als Ausdruck des Preußisch-
Schlichten auch dem hohen Militär generationenlang
als angemessen erschienen. Man sieht reiche Varianten der Grundform in Umriß und Binnenornamentik:
das ganz schlichte große Kreuz für *Ludwig Ph. v. Toll*
(† 1851), das Kreuz mit feinen Profilen und Palmetten-
enden für *Fr. Wilhelm v. Graumann* († 1834), das Kreuz
mit gotisierenden Dreipaßenden für *Jeanette v. Stülp-*

100   *Mitte: Garnisonfriedhof. Theater. Ehem. Tierärztliche Hochschule*

nagel († 1865), 2 feine, ganz in Stege aufgelöste Kreuzarme auf der Grabstelle *Carl Fr. v. d. Knesebeck* (1768–1848), die noch ein schönes Gitter mit Eselsrückenbogen einfriedet.
Ferner seien noch 3 nebeneinander stehende stelenartige Platten von ca. 1860 genannt, deren Bekrönungen mit Eselsrückenumriß sich durch reichstes durchbrochenes Maßwerk auszeichnen, sowie Kreuze mit romanisierender Reliefornamentik an den Enden für *Werner Baron v. d. Osten-Sacken* († 1889). Das Grabmal für den Dichter *Friedrich Baron de la Motte-Fouqué* (1777–1843), eine von einem Eisenkreuz gekrönte Marmor-Stele, sei als wenig gelungene biedermeierliche Mischform doch auch erwähnt.
Unter den S t e l e n fällt eine aus rotem Granit mit einem schönfigurigen Bronze-Relief eines schreibenden Genius auf – das Grabmal für Generalleutnant *v. Hotzendorff* († 1829) –, ganz besonders aber, nahe dem Eingang, die 3,50 m hoch ragende Eisenguß-Stele für Generalleutnant *L. M. H. G. v. Brauchitsch* (1757–1827), die Ludwig Wichmann entworfen hat; die sehr große aufsatzartige Bekrönung wird von einem auf einer Akanthusblüte stehenden weiblichen Genius bestimmt, dessen ausgebreitete Flügel den oberen Kontur bilden, während eine Palmette sein Haupt überragt; die Relieffläche ist meisterhaft durch die ausgebreiteten Arme mit den Blumenkränzen in den Händen und von unten aufsteigende Ranken gefüllt.   *HR*
Das Grabmal des Generals *Ernst Ludwig v. Tippelskirch* (1774–1840) von August Soller, eine Stele aus Zinkguß auf schwarzem Marmorsockel, wandelt diese klassizist. Grabmalform ins Reiche ab durch gerundeten Abschluß und räumlich vor- und zurücktretenden plastischen Schmuck.   *EB-S*

112   **Berliner Ensemble,** ehem. Theater am Schiffbauerdamm (Bertolt-Brecht-Pl. 1). Erbaut 1891 bis 1892 als »Neues Theater« von Heinrich Seeling. Die städtebaulich wirksame Ecke durch einen reich dekorierten Turm hervorgehoben. Reiche Innenausstattung in barocken, bis zum Rokoko reichenden Formen. – 1928 Uraufführungsort der »Dreigroschenoper« von Brecht und Weill, seit 1954 Spielstätte des von Brecht gegründeten »Berliner Ensembles«.   *GK*

113   **Friedrichstadtpalast** (Friedrichstr. 107). Als Ersatzbau für den 1980 geschlossenen und 5 Jahre später abgebrochenen »Friedrichstadtpalast« (1865–68 von Friedrich Hitzig erbaut, 1919 von Hans Poelzig zum berühmten »Großen Schauspielhaus« umgebaut) 1981–84 gegenüber der Einmündung der Reinhardtstraße von Walter Schwarz und Manfred Prasser in postmodernistisch-orientalisierenden Formen errichtet.   *GK*

114   **Metropol-Theater** (Friedrichstr. 101/102). Erbaut 1910 als Lichtspieltheater im »Admirals

palast« von Heinrich Schweitzer und Alexander Diepenbrock, mit Schwimm- und Badeanstalt, einer Eislaufhalle und anderen Vergnügungsstätten. Reiche Fassade mit dekorativen Elementen, gegliedert durch 5 dorische Kolossal-Halbsäulen aus Granit. 1922 Umbau zum Theater durch Cremer und Wolffenstein. 1940 von Paul Baumgarten d. Ä. verändert. 1945–55 Domizil der Deutschen Staatsoper.
                                                GK

Deutsches Theater (Schumannstr. 13 a)   11

Das unter der Intendanz von Max Reinhardt (1905–20 und 1925–32) berühmte Schauspielhaus ging aus dem 1850 von Eduard Titz errichteten, 1872 und 1883 umgebauten Friedrich-Wilhelmstädtischen Theater hervor.
Von der alten Form ist nach dem Wiederaufbau, der allerdings klassizist. Anklänge zeigt, nichts mehr zu erkennen. Die Fensterreihen der nebenan liegenden **Kammerspiele** (ehem. Friedrich-Wilhelmstädtisches Kasino) zeigen noch etwas vom ursprünglich spätklassizist. Charakter des Gebäudes.
Als Dekoration des Foyers schuf Edvard Munch 1906/07 den »Lebensfries«. Der Zyklus von 8 Gemälden, der im Dritten Reich veräußert worden war, wurde 1966 von der Neuen Nationalgalerie erworben (vgl. S. 471)   *EB-S*

Ehem. Tierärztliche Hochschule   1
(Hermann-Matern-Str. 56)

Das ehem. »Lehrgebäude der Tierarzneischule« wurde 1839/40 von Ludwig Ferdinand Hesse erbaut. (Staatliche Verwaltungen.)
Eine große, 3stöckige 3-Flügel-Anlage in klassizist. Formen, mit gerade abschließenden Fenstern und betonten, die waagerechte Ausdehnung des Baues unterstreichenden Stockwerksgesimsen erhält durch einen erhöhten Mitteltrakt mit andersartigen Architekturformen einen festlichen Akzent. Große Rundbogenöffnungen, deren Rechteckrahmung ein von Schinkel eingeführtes antikes Motiv ist, markieren die Eingänge, Treppen und Hörsäle in diesem Bauteil. Eine kleine Rundbogengalerie leitet zum Giebel über; da sie aus einer Attika entwickelt ist, reicht sie seitlich nicht bis zum Gesims hinab.   *EB-S*

Beim Beginn der Reinhardtstraße an der Friedrichstraße zweigt halbrechts ein Weg zum Gelände des **Instituts für Lebensmittelhygiene** der Humboldt-Universität ab. Hier liegt ca. 300 m hinter dem Eingang das

Ehem. Anatomische Theater der Tierarznei   1
schule (Zugang Reinhardtstr. 24) von Carl

Ehem. Anatomisches Theater der Tierarzneischule. Hörsaal

102   *Mitte: Wohnbauten westlich der Friedrichstraße. Charité*

Gotthard Langhans (1789/90). Der villenartige 2geschossige Bau stellt sich als ein über quadratischem Grundriß errichteter Block von 5 Achsen dar, bei dem an der Eingangsseite ein 1achsiger Portalbau, an den übrigen 3 Seiten die 3 mittleren Achsen als kräftiger Risalit vorgezogen sind. Die Mitte wird von einer Flachkuppel auf niedrigem Tambour überragt. Der von einem Dreiecksgiebel bekrönte Portalbau erweckt den Eindruck eines Antentempels, bei dem die mittleren (toskanischen) Säulen zur Seite gerückt sind, um der Tür mit halbkreisförmigem Oberlicht und dem Stuckornament eines Löwenfells darüber Raum zu geben. Alle Fensterachsen zeigen als Formeinheit zusammengefaßt quadratische Fenster unten und, durch eine Balustrade davon getrennt, Rundbogenfenster darüber. An die urspr. Bestimmung des Hauses erinnern die Tierschädel als Keilsteine. Ein dorischer Triglyphenfries umzieht das Gebäude. – In den gleichen Formen wurde im späteren 19. Jh. (1876) an der O-Seite ein **Erweiterungsbau** angefügt.

Das **Innere** enthält unter der mit maßwerkartigen Kassetten ornamentierten Kuppel einen runden *Hörsaal* mit ansteigenden Sitzreihen. Zwischen den halbkreisförmigen Fenstern des Tambours befinden sich Malereien von Bernhard Rode, Hirten und Landleute mit Hunden, Pferden, Rindern, Schafen und Ziegen.

Reizvoll ist ein in der Nähe gelegenes **Stallgebäude** aus Backstein mit 2 8eckigen Türmen in Formen der Schinkel-Schule.   *HB-S*

Westl. der Friedrichstraße sind ältere **Wohnbauten** in den 1970er Jahren restauriert worden:

Hermann-Matern-Straße (ehem. Luisenstraße). **Nr. 8–11** sind 4geschossige Häuser mit schlichten Fassaden, um 1841. – **Nr. 18** mit Erker im 1. Obergeschoß ist um 1839 entstanden.

118   Die Marienstraße ist mit Häusern aus der 1. Hälfte des 19. Jh. relativ vollständig erhalten und 1970–73 restauriert worden (in der Farbigkeit zu bunt).

● In der Schumannstraße liegt, **Nr. 14a**, das schönste Wohnhaus des Viertels (um 1842–45). Die Mitte des 4geschossigen Hauses wird außer durch das Rundbogenportal durch das Zusammenrücken der Fenster betont. Die zierlichen Kränze unter den Fenstern des Obergeschosses und die kleinen Ornamente unter den streng gezeichneten Fensterverdachungen im 1. und 2. Geschoß erinnern an frühklassizist. Vornehmheit. Von den (urspr.) Doppelfenstern öffnen sich die vorderen nach außen; sie liegen in der Ebene der Mauerfläche und lassen so die Wand dünn erscheinen.   *HB-S*

119   **Charité** (Schumannstr. 20–21)
Die Charité, ein großer Komplex von Krankenhäusern zwischen Humboldt-Hafen und Hermann-Matern-Stra-

ße, ging aus einem Pesthaus hervor, das Friedrich I. 1708 vor den Toren der Stadt erbaute. Danach wurde die Anlage als Hospital und Arbeitshaus genutzt und 1726/27 erweitert. Vorbildlich wurde die Verbindung von Krankenhaus und einer Schule für Ärzte.

Das **alte Hauptgebäude** entstand 1785 und wurde später vielfach umgebaut. Die heutigen Anlagen des berühmten Krankenhauses stammen größtenteils aus dem 19. Jh. 1975 begannen Rekonstruktion und Erweiterung, als deren erster Bau 1976–82 von Karl-Ernst Swora ein Hochhaus für die **Chirurgische Klinik** errichtet wurde.   *HB-S*

Auf dem Gelände der Charité (westl. der Hermann-Matern-Straße) finden sich vor den einzelnen Kliniken zahlreiche *Bildnisse* der dort tätig gewesenen großen Ärzte, die meisten als überlebensgroße Bronzebüsten auf roten Granitsockeln oder stelenartig in Stein eingelassen: *F. Griesinger* (1868), *Franz König* (1832–1910) von Ferdinand Hartzer, *Otto Heubner* (1843–1926), *Althoff* von Ferdinand Hartzer (1902), *Ernst v. Leyden* (1832–1910) von E. Boermel (1913), *Friedrich Kraus* (1858–1936) von Hugo Lederer (1927), *Iwan Petrowitsch Pawlow* (1849–1936), *A. Hardeleben* und die Marmorbildnisse *Johannes Müllers* (1801–58; von H. Heidel, 1861) und *Rudolf Virchows* (1821–1902; von B. Achnow, 1882), ferner die für die Außenaufstellung zu kleine Bronzeköpf *Ferdinand Sauerbruchs* (1875–1951) von Georg Kolbe (1939).

Das ansprechende *Denkmal* für den Augenarzt *Albrecht v. Graefe* (1828–70) an der Hermann-Matern-Straße (gegenüber Nr. 14), 1882 von Rudolph Siemering in Verbindung mit der Firma Gropius & Schmieden geschaffen, zeigt den Arzt als Statue in einer Nische vor einem antikischen Sessel, wobei der Kontrast von lebenswahrer Porträtfigur in Tageskleidern und distanzierendem architektonischem Motiv ausgekostet wird. Seitlich je ein erzählendes Relief in Terracotta (die Bemalung eigens von Bastanier sign.): Links kommen verschiedene Augenkranke, liebevoll geführt, heran, rechts ist die Freude über ihre Heilung augenfällig. Das in großen Lettern daruntergesetzte Schiller-Wort aus »Wilhelm Tell« über die »edle Himmelsgabe, das Licht« gibt den hochgestimmten Tenor. Die erbauende Friedhofsdenkmäler erinnernde Schauwand war in bewußter Gestaltung einst malerisch von Efeu umrankt und nach vorn grabstättenartig mit einem reich geschmiedeten Akanthusgitter begrenzt.

Ebenfalls an alter Stelle im Charité-Bereich, auf dem Karlplatz, erhebt sich das damals umkämpfte *Denkmal für Rudolf Virchow* (1821–1902), 1906–10 von Fritz Klimsch in neuer symbolischer Thematik und als bewußte Abkehr vom üblichen Standbild geschaffen. Während das Bildnis nur mehr – wenngleich überlebensgroß und in Marmor – als Relief in den Steinsockel eingelassen worden ist, wird die Tat des Forschers und Arztes, der Kampf gegen die Krankheit, in einer herkulisch gebildeten Aktfigur dargestellt, die eine Sphinx niederringt. Das kühle, grobkörnige Kalksteinmaterial und der in strengsten Formen dorischer Herkunft gebil-

Denkmal für Albrecht von Graefe (1882) von Rudolph Siemering mit Martin Gropius und Heino Schmieden

dete sehr hohe Sockel erheben die Gruppe ins Monumentale, Allgemeine.

21 Das *Denkmal für Robert Koch* (1843–1910) auf dem Robert-Koch-Platz schuf 1916 Louis Tuaillon als großes marmornes Sitzbild. Er gab der aktiv aufrecht sitzenden Gestalt mit dem frei zur Seite gewendeten Haupt durch einen streng horizontal gegliederten Sockel das rechte Fundament. HR

22 In der Chausseestraße (**Nr. 13**) das **ehem. Borsig-Haus,** 1899 von Reimer und Körte als Verwaltungsgebäude für Borsig erbaut. Historisierende Sandsteinfassade; über dem Hauptportal die lebensgroße Bronzefigur eines Schmiedes. GK

23 **Französischer Friedhof** (Chausseestr. 127)
Links vom Hauptweg des 1780 angelegten Friedhofes steht als sein bedeutendstes Denkmal das Grabmal des Erziehers Friedrich Wilhelms IV., *Friedrich Ancillon* (1767–1837), von Karl Friedrich Schinkel. Nach dem Vorbild der römischen Scipionensarkophage liegt eine elastische Volutenform über einem wie ein architektonisches Gebälk geformten Sarkophag, der in einem Streifen das Reliefbildnis und eine ausführliche Inschrift enthält. Der erste Auftrag des Kronprinzen an Schinkel – eine hohe, von einer Figur bekrönten Granitsäule – konnte nicht ausgeführt werden; so darf in dem erst 1840 nach einer Zeichnung entstandenen Sarkophag eines der letzten Werke Schinkels erkannt werden, wobei dieser die Ausführung des Sockels in Oderberger Granit mit dem Vermerk »geschliffen, nicht poliert« für den Steinschleifer Cantian versah und die Ausführung in Großkunzendorfer Marmor festlegte. Die Aufstellung geschah 1841 mit vergoldeten Inschriften.
Nahe dem Ancillon-Monument das von den Freunden gesetzte Grabmal für den Schauspieler *Ludwig Devrient* (1784–1832), ein bedeutendes Zeugnis der Königl. Eisengießerei in Gestalt eines überhöhten Cippus, von einer Henkelschale bekrönt. An der einen Seite die zuein-

104   *Mitte: Friedhöfe an der Chausseestraße*

ander geneigten Masken der Komödie und der Tragödie mit Narrenzepter bzw. Schwert, an der anderen ein Genius mit Kranz. – Das lange gesuchte Grab von *Daniel Chodowiecki* (1726–1801) erhielt nach 1960 einen neuen Stein. – Das große Baldachingrab des Kommerzienrats und Sammlers *Ludwig Ravené* († 1861) stammt von Friedrich August Stüler. Innerhalb eines zarten Gitters erhebt sich eine offene romanisierende Bogenhalle; unter ihr auf dem Sarkophag die Liegefigur des Toten (nach Modell von Gustav Bläser). Der Bau gleicht einer kleinen Kapelle, mit dem durchbrochenen Kamm am Dachfirst aber auch einem Reliquienschrein. Der schwarze polierte Syenit erhöht die sakrale Feierlichkeit der Form und verleiht den Details metallische Härte.   *EB-S/HR*

123 **Friedhof der Dorotheenstädtischen und Friedrich-**
 ● **Werderschen Gemeinden** (Chausseestr. 126)
Der von Pappeln gesäumte Zugangsweg in den seit 1762 benutzten Friedhof führt auf die große *Marmorstatue Martin Luthers* (ehem. in der Dorotheenstädtischen Kirche), eine vergrößerte Kopie von Schadows 1821 für den Wittenberger Marktplatz geschaffener Denkmalsfigur, 1909 von Ernst Waegener.
 ● Links dahinter das Grabmal für Schinkels Freund *Peter Christian Wilhelm Beuth* (1781–1853, als preußischer Staatsmann der bedeutendste Förderer des Gewerbes und der Kunstindustrie), eine Stele in rotem Granit mit dem Bildnismedaillon von Christian Daniel Rauch, modelliert nach seiner Büste von 1848. Beuth, der nach eigenen Worten nicht bei den vielen schwarzen Kreuzen liegen wollte, erhielt ein Denkmal im antiken Stil. Das Gitter ist heute entfernt, der Verlust ist doppelt fühlbar, da es als Teil des Grabmals unmittelbar auf dem erhöhten Steinsockel aufsaß. – Auch die sonst fehlenden Eisengitter in antiken oder got. Formen, die einst gerade auch diesem Friedhof ein Gepräge gegeben haben, sind in der Vorstellung wachzurufen: Durch sie erhielten die Grabstellen ihre angemessene Umfriedung, sie legten die Blickpunkte fest und gaben den heute oft unvermittelt aufragenden Stelen andere optische Proportionen. Das Schwarz der Gitter korrespondierte mit den großen Eisenkreuzen der Königl. Eisengießerei, von denen sich nur wenige erhalten haben. Die gräzisierenden Stelen, die Schinkel wie den Cippus mit neuem Geist erfüllt hat, sind hier bes. bei Künstler- und Gelehrtengräbern anzutreffen.
Das mächtige Steinmonument rechter Hand, in der Achse des nach links führenden Hauptweges, errichtete der Baurat Gottlieb Chr. *Cantian* für seine 1818/19 verstorbenen Eltern vermutl. erst in den 30er Jahren. Der riesige Cippus, einem römischen an der Via Appia nachempfunden, zeigt an der Vorder- und Rückseite den Opferkranz biedermeierlich aus Blumen gewunden, gerahmt von je 2 gekreuzten gesenkten Fackeln; unantik ist auch die Einbindung des Monuments in die 3seitige Mauerumfassung.
In dem rechts zurückspringenden Bezirk, etwa in der Mitte des rechten Weges, ist als ältestes Grabmal das (stark beschädigte) 2 m hohe Sandsteingrab für den Lederfabrikanten *Jacob Fröhlich* (1737–1807) zu finden, ein urnenbekrönter, rechteckiger Grabaltar von schönen Proportionen, mit Inschrifttafeln und einer Öllampe

im Relief unter gedrücktem Halbkreisbogen. Die Henkel der Deckelurne, über die einst der Schleier gelegt war, fehlen. – Die kleine breite Stele aus weißem Marmor für den Medizinstudenten *August Eduard Bertuch* aus Weimar (1812–34) war einst von einem niedrigen Eisengitter aus sich mehrfach überkreuzenden got. Spitzbogen umgeben, ein Beispiel für die Verbindung antiker und got. Elemente.
An der Außenmauer rechter Hand bilden 3 gleichartige Stelen vor rechteckig vertieften Wandfeldern die Grabstätte des v. a. für den preußischen Hof tätigen Goldschmieds *George Hoßauer* (1794–1874). Ihre feinen Bekrönungen folgen der von Schinkel entworfenen Stele für den Chemiker *Hermbstaedt* (1833) am Ende der Mauer, hier mit weiblichen, Kränze haltenden Genien.
Linker Hand, in der Achse der Kapelle, das – versetzte – Grabmal für *Georg Wilhelm Friedrich Hegel* (1770–1831), ein kleiner Cippus aus Granit ohne Bildnis. – Das – versetzte – Grabmal für *Johann Gottlieb Fichte* (1762–1814) daneben war ein 4 m hoch aufragender Obelisk aus der Kgl. Eisengießerei (nach Entwurf Schinkels?) mit dem Eichenlaub umkränzten vergoldeten Profilbildnis von der Hand Ludwig Wichmanns – ein sprechendes Zeichen der patriotischen »eisernen« Zeit, zumal mit dem Wort des Propheten Daniel (12,3): »Die Lehrer aber werden leuchten wie des Himmels Glanz; die, so viele zur Gerechtigkeit weisen, wie die Sterne immer und ewiglich.« 1950 hat man den Obelisken in Stein ersetzt und dabei auch die Proportionen verändert.
Der Staatsminister *Rudolf v. Delbrück* (1817–1903) erhielt eine rote Granitstele mit einem Bildnismedaillon von J. Kopf (1884) in klassischer »Prägung«; ein bes. reiches neugot. Eisengitter ist hierher übernommen.
Bedeutend ist das stark verrostete Eisengußdenkmal für den Mitbegründer der Freundschen Eisengießerei in Charlottenburg, *Martin August Freund* (1806–27), eine große Lekythos mit würfelförmigem Postament, entworfen von seinem Bruder, dem Kopenhagener Bildhauer Hermann Ernst Freund, und in Gleiwitz gegossen. Ganz der attischen klassischen Kunst nachempfunden ist das Reliefbild, die Norne Skuld vor einem schreitenden Pferd.   *HR* ●
3 nahe beieinander liegende Grabmäler, als Kleinarchitekturen Dokumente der Schinkel-Schule, variierten die Grundform einer Säulenädikula über einer Hermenbüste. Sie sind jeweils von einem reich, aber streng gestalteten Eisengitter umschlossen: Beim Grabmal des Industriellen *August Borsig* (1804–54), 1857 von J. H. Strack, liegt über der dorischen Ädikula in 2seitiger Giebel mit straffen Bandvoluten und Akroteren. Vor Borsigs Büste von Rauch (1855) wurde später als vollplastische Gruppe das von einem Knaben gehaltene Bildnisrelief seiner 1887 verstorbenen Frau aufgestellt. – Dem Grabmal Borsigs nachgebildet ist das des Architekten *Johann Heinrich Strack* (1805–80) von dessen Sohn Heinrich Strack. – Das – zerstörte – Grabmal des Architekten *Friedrich August Stüler* (1800–65), 1867 von J. H. Strack, war ein Denkmal der Freundschaft. Strack, der sonst rein klassizist. Formen wählte, charakterisierte mit einem Rundbogen Stülers Bauweise, mit

der aus dem Akanthus am Giebel aufwachsenden Kreuzblume dessen Frömmigkeit und verwendete für die Säulen den von Stüler bevorzugten Pavonazetta-Marmor. Die Büste war von Hermann Schievelbein.

• Das Grabmal für *Karl Friedrich Schinkel* (1781–1841) wurde auf Vorschlag seines Freundes Beuth einem eigenen Entwurf nachgebildet, dem einer griechischen Stele nachempfundenen Mal für Hermbstaedt (s. S. 104). Ein zartgliedriger, geflügelter Genius steht in den Ranken der Bekrönung (erneuert). Das vergoldete Porträtmedaillon folgt Rauchs Modell von 1836; das – stark verrostete – Gitter nach Entwurf von Gustav Stier verwendet Ornamentformen Schinkels zwischen durchbrochenen Pfeilern.

Dahinter erhebt sich die monumentale Grabkapelle der *Familie Hitzig* – Julius Eduard H., Kriminalist (1780–1849); Friedrich H., Architekt (1811–81); Eduard H., Psychiater (1838–1907) –, 1882 von Hermann Ende. *EB-S*
Hinter der Hitzig-Kapelle der Stein für *John Heartfield* (1891–1968) mit seinem Signet H.
Die Grabstele aus rotem Granit für den Bildhauer *Christian Daniel Rauch* (1777–1857) ist von einem mit flehender Gebärde aufblickenden Genius bekrönt und mit dem Reliefbildnis von August Wolff (1859) geschmückt.

• Am Ende des langen Hauptweges erhebt sich das 3 m hohe Grabmal, das Johann Gottfried Schadow 1833 seiner zweiten Frau *Henriette Schadow* setzte, eine abgeschnittene Säule aus Sandstein mit einer Deckelurne aus grauem Marmor als Symbol der Vergänglichkeit. Die schöne, wie in Ton modellierte Urne hat kein antikes Vorbild. – Daneben wirkt die überaus realistisch durchgebildete Porträtstatuette auf *Johann Gottfried Schadows* (1764–1850) Grab kleinlich. Diese Figur hatte bereits 1822 sein junger Schüler Heinrich Kaehler geschaffen, und sie soll Schadow so gefallen haben, daß er sie für sein Grabmal bestimmte. Der Bronzeguß von 1850 (inzwischen durch einen Nachguß ersetzt, das Original in der Dorotheenstädtischen Kirchengemeinde) wurde auf einen unterteilten, kleinteilig verzierten Pfeiler gesetzt. Denkt man sich die Statue in größerem Format, wird man leichter die großen Züge erkennen: den klaren Kontrapost, die sinnvolle Anbringung der Bildhauerwerkzeuge, das Schöpferisch-Nachdenkliche in Kopfhaltung und Gesichtszügen. Das Lebenswahre bei Vermeidung kleinlicher realistischer Details wird Schadow hier bejaht haben. – Der schlichten Stele für den Sohn *Felix Schadow* (1819–61) schräg dahinter fehlt das Medaillon.

Wendet man sich zurück, so sind im linken Friedhofteil noch bemerkenswert der hohe Granitobelisk für den klassischen Philologen *August Böckh* (1785–1867) mit dem feinlinigen Bronze-Bildnismedaillon von Reinhold Begas und in der Nähe die Granitstele für den Bildhauer *Hermann Schievelbein* (1817–67).

An der Außenwand links ein zierlich in Renaissanceformen mit Nischenfiguren gegliedertes Wandgrabmal für den Architekten *Albert Dietrich Schadow* (1797–1869).
– Rechts davon die anspruchsvolle, aus weißen, gelben und grünen glasierten Formsteinen errichtete Wand um Bertel Thorvaldsens Christus-Figur, ein von dem Baurat

Grabmal August Borsigs auf dem Dorotheenstädtischen Friedhof von Johann Heinrich Strack (1857). Büste von Christian Daniel Rauch (1855). Lithographie aus »Architektonisches Skizzenbuch«

(und Erfinder der Ziegelringöfen) Fr. Ed. Hoffmann (1818–1900) errichtetes Grabmal für seine Frau und 5 Kinder.

An der Mauer zum Französischen Friedhof finden sich, gleichsam zu einer nationalen Gedenkstätte vereint, die Gräber von *Bertolt Brecht* (1898–1956), *Johannes R. Becher* (1891–1958) und *Heinrich Mann* (1871–1950); des letzteren Urne wurde erst 1961 hier beigesetzt und das Grab mit dem ausdrucksvollen bronzenen Porträtkopf (von Gustav Seitz, 1950) geschmückt. – An derselben Wand ein violett schimmerndes Marmorkreuz für den Arzt *Christoph Wilhelm Hufeland* (1762–1836) und seine Familie, betont christlich in der Haltung.
Alles übertrumpfend schließlich das nach der Kapelle das nach eigenem Entwurf völlig aus Granit gestaltete Grabmonument des Architekten *Hermann Alexander Wentzel* (1820–99) und seiner mäzenatisch tätigen Frau *Maria Elisabeth* (1833–99), ein Temenos in dorischem Stil, der bedenken läßt, wie wenig doch die Grabmäler dem wahren Rang der hier bestatteten Persönlichkeiten entsprechen. *HR*

Invalidenfriedhof (Scharnhorststr. 33) 124
Der 1748 angelegte Friedhof war urspr. nur als letzte Ruhestätte für die »lahmen Kriegsleut« des Invaliden-

106   Mitte: Invalidenfriedhof

Grabmal Gerhard von Scharnhorsts. Nach einem Stich in Schinkels »Sammlung architektonischer Entwürfe«

hauses gedacht. Nach den Freiheitskriegen und 1848 wurde er zunehmend zu einer Gedächtnisstätte preußisch-deutscher Geschichte durch die Gräber der mit dem Eisernen Kreuz und dem Orden Pour le mérite ausgezeichneten hohen Offiziere. Da Berlin seit 1810 Sitz der Kriegsakademie war, erhielt der Friedhof (und seine nächste Umgebung mit der 1852 als Nationaldenkmal errichteten Säule und den zahlreichen Gefallenenmälern) bis in den 2. Weltkrieg eine besondere Funktion für den Heldenkult, den allerdings nach dem erhofften siegreichen Ende die von Wilhelm Kreis und Albert Speer in gigantischem Maße geplante Soldatenhalle an der N-S-Achse weitgehend hätte übernehmen sollen.

Seine Lage machte den Friedhof beim Mauerbau 1961 zum Grenzgelände. Zahlreiche Grabsteine wurden entfernt, bei den wenigen erhaltenen fehlen figürliche Schmuckteile und Gitter; auch die alten Bäume, wie die berühmte Friedrichseiche oder die für die Gefühlsstimmung entscheidend mitsprechenden Trauerweiden und -ulmen, sind nicht mehr da.

Unbeschädigt hat das bedeutendste Monument die Zeiten überdauert: das von Karl Friedrich Schinkel 1824 für den Prager Friedhof entworfene Grabmal für den General Gerhard v. Scharnhorst (1755–1813), das nicht zuletzt deswegen – im fremden Land – eher Denkmal- als Grabmalcharakter haben sollte. 1826 erfolgte durch die Mitglieder des preußischen Generalstabs und unter Anführung von Gneisenau der Auftrag; nach Umbettung der Gebeine konnte das Grabmal 1834 enthüllt werden. Der alte Typus des freistehenden Hochsarkophages ist hier in architektonischer Weise abgewandelt, da der Marmorsarkophag – auf 2 schweren Sockeln ruhend – durch seine blockhafte Form und als Träger

Mitte: Invalidenfriedhof. Hedwigsfriedhof. Geologisches Zentralinstitut   107

eines reliefierten Frieses wie ein zweites Postament für den mächtigen, auf dem Deckel ruhenden Löwen wirkt. Christian Daniel Rauch modellierte den Löwen nach der Natur; im Gegensatz zu Thorvaldsens 1818 für das Luzerner Kriegerdenkmal entworfenem Löwen, der in illusionistischer Weise in einer Felshöhle tödlich getroffen liegt, erhielt er durch das Motiv des Schlafens einen ganz anderen Symbolwert: Der Friede ist gemeint und zugleich die mögliche Erweckung stärkster Kräfte bei Gefahr. Als einer der ersten glänzend gelungenen Bronzegüsse der Kgl. Eisengießerei (aus dem Metall alter Kanonen, das Prinz August geschenkt hatte) markiert er den Neubeginn der gerade in Berlin zu besonderem Ruhm aufsteigenden Erzbildnerei. Friedrich Tieck schuf nach Schinkels Entwürfen die Friesszenen aus dem Leben Scharnhorsts in antikischer Überhöhung. Wie jedoch Schinkel den reichbewegten Reliefstil durch Zurücksetzung und markante, horizontal gelagerte Steinblöcke einzubinden verstand und auch den ruhenden Löwen dem blockhaften Umriß unterordnete, ohne seiner Lebenskraft etwas zu nehmen, ist ein grandioses Beispiel dafür, daß große Architekten oft die besten Denkmäler entwerfen.

Vorn, vor der Schmalseite der Scharnhorst-Grabstätte, findet man nur noch die schlichte niedrige Rückmauer der Grabanlage für den Feldmarschall *Hermann v. Boyen* (1771–1848) und dessen Familie; die einst hochragenden Ecksäulen mit ihren von Victorien bekrönten Kapitellen sind nicht erhalten. – Rechts vom Scharnhorst-Monument das von Schinkel entworfene große Eisengußmal für *Job v. Witzleben* (1783–1837). Unter einem in den kantigen Formen der italianisierenden Frühgotik gebildeten Baldachin stand einst die Statue der Siegesgöttin; erhalten haben sich die 4 Adler auf den kleinen Dreiecksgiebeln, die sich mit ihren ausgebreiteten Schwingen in einer fast heraldischen Figuration vor dem Himmel abheben. – Weiter rechts folgt das Grabmal für *Ludwig v. Falkenhausen* (1844–1936), ein Marmormal der Bildhauer Dammann und Rochlitz in guter Nachfolge klassizist. Werke: Gesenkte Fackeln begrenzen die Ära, auf der ein mächtiger Helm über Schwert und Lorbeerkranz ruht.

Das Denkmal für *Hans Karl v. Winterfeldt* (1707–57), schräg rechts dahinter, wurde erst zu seinem 100. Todestag errichtet. An dem hohen Granitsockel ist das sehr realistische Bildnis (im Typus der Imago clipeata) des durch seine Freundschaft mit Friedrich d. Gr. berühmt gewordenen Generals angebracht. Ein Zitat seines Königs am rückwärtigen Teil des Sockels (»Er war ein guter Mensch, ein Seelenmensch. Er war mein Freund.«) bezeugt die historisch-volksnahe Betrachtungsweise der Biedermeierzeit. In grünpatinierter Bronze erhebt sich ein großes starres Tropaion, das auf den Fahnenbändern die Ruhmestaten der Schlesischen Kriege verzeichnet und durch die Schriftrolle auf das Bündnis zwischen Rußland und Preußen 1840 hinweist.

Auf dem ältesten Teil des Friedhofes vorn rechts ragen 2 mächtige Eisengußmale für die Brüder *Otto Lorenz* (1765–1824) und *Georg Dubislav v. Pirch* (1763–1838) empor: auf hohem lorbeergeschmücktem Sockel der Federbuschhelm über Schwert und Eichenkranz – in Übersteigerung jenen schönen klassizist. Typus der Ara

aufnehmend, wie er nahebei in dem ältesten Grabmal zu finden ist, dem schönen Sandsteinmonument für den Invalidenhaus-Kommandanten *Lodewig v. Diezelski* († 1799) nach einem Entwurf des Malers Bernhard Rode, ein beispielhaftes Werk für den strengen Berliner Klassizismus der Jahrhundertwende. Das Bildnis des Verstorbenen ist ganz antikisch als Profilkopf im Rund von einer Lorbeergirlande umhangen; auf den anderen Altarseiten schöne Inschriften; die zurückgesetzte Plinthe trägt als Krönung den antiken Federbuschhelm auf dem leicht schräg gelegten Schild über Schwert und Lorbeerkranz.

Friedrich Wilhelm v. Rohdich († 1796) erhielt 1920 in Form einer großen elliptischen Urne ein Gedenkmal aus Sandstein, wohl als Ersatz für das zerstörte. – Das Denkmal für *Ernst Otto v. Reineck* († 1791), ein Sandsteinmonument in Gestalt einer Säule mit Urne und einem Waffengehänge mit Lorbeerkranz am Sockel, ist stark beschädigt.

Von den wenigen Grabmälern neueren Datums sei die große Sitzfigur eines Jünglings von Arnold Rechberg für *Max Hoffmann* (1869–1927) genannt.   HR

St.-Hedwigs-Friedhof (Liesenstr. 8). Auf dem ganz im N   125
des Stadtbezirks Mitte gelegenen, 1834 angelegten kath. Friedhof waren bis nach dem 2. Weltkrieg die Gräber des Kunstschriftstellers und Sammlers *Graf Athanasius Raczynski* (1788–1874), des Museumsdirektors *Ignaz W. M. v. Olfers* (1793–1872), des Hofmalers *Carl Jos. Begas* (1794–1854) und des Malers *Peter v. Cornelius* (1783–1867) erhalten. Sie sind, da der Friedhof unmittelbar an der Grenze zwischen Ost- und West-Berlin lag, bei Anlegung des »Todesstreifens« beseitigt worden.   HR

Zentrales Geologisches Institut, Museum für Naturkunde, Landwirtschaftlich-Gärtnerische Fakultät (Invalidenstr. 42–44)   126

Auf dem ehem. Gelände der Kgl. Eisengießerei schuf August Tiede zwischen 1875 und 1889 eine 3teilige Gruppe von wissenschaftlichen und Museumsbauten: 1875–78 links die Geologische Landesanstalt (heute Zentrales Geologisches Institut), rechts 1876–80 die Landwirtschaftliche Hochschule (heute Sitz der Landwirtschaftlich-Gärtnerischen Fakultät der Humboldt-Universität), dazwischen 1883–89 das Museum für Naturkunde.

Das Gebäude des Geologischen Zentralinstituts, links an der Straße, und das Hochschulgebäude rechts sind Pendants, das rechte nur etwas reicher ornamentiert. Der zurückgesetzte Museumsbau in der Mitte hat hinter seinem blockhaften Eingangstrakt einen breiten Querriegel mit 4 nach rückwärts gehenden Saalbauten. Alle 3 Gebäude haben zentrale Lichthöfe in Glas-Eisen-Konstruktion mit umgebenden Bogengalerien.

Die beiden seitlichen Bauten sind 3geschossige Blöcke von 15 × 11 Fensterachsen, mit Werksteinfassaden in den klaren Formen der noch von Schinkel beeinflußten »Hellenischen Renaissance«. Die gleichmäßigen Rundbogenfenster sind nur im Obergeschoß durch Pilaster gegliedert; Eckrisalite mit turmandeutenden Zeltdächern, durch Giebelädikulen im 2. Stock und Adler in den Fensterzwickeln des 1. Stockes ausgezeichnet, fassen die Baumasse zusammen. Das Mittelportal ist durch einen Giebel aus der Fensterreihe hervorgehoben.

Die Architektur des Naturkundemuseums in der Mitte hat im Kern die gleichen Formen wie die seitlichen Bauten, doch steigert ein 3achsiger Mittelrisalit mit repräsentativen Formen die Gesamterscheinung und zentriert die gesamte Anlage. Die dabei verwendeten Formen (Segmentbogen über dem Portal, korinthische Säulen im Obergeschoß unter pavillonartigem Mansarddach) überschreiten die Formenwelt der Schinkel-Nachfolge; sie sind aus der damals modernen französischen Neurenaissance und dem Neubarock übernommen.

Neben dem Portal die Statuen von *Johannes Müller*, einem Physiologen und Anatom (1801–58), und von dem Geologen *Leopold v. Buch* (1774–1853).

Die rückwärtigen Gebäude sind ohne repräsentative Fassaden in funktionellem Ziegelbau mit Stichbogenfenstern gehalten. EB-S

Auf dem Pappelplatz an der Invalidenstraße steht der *Geldzähler-Brunnen* aus Muschelkalk (1912) von Ernst Wenck. Eine der für den Bildhauer charakteristischen, athletisch gebildeten Aktfiguren kniet auf dem Brunnenpfeiler über einem gerundeten Becken, unter dem ein 8eckiges Becken folgt. Der beabsichtigte Wechsel von Flächen und gerundeten, körperhaften Formen wirkt angesichts der unstimmigen Proportionen ungelöst, auch das gesuchte Motiv des Geldzählens eines weit überlebensgroßen Athleten überzeugt nicht.
HR

Ev. Elisabethkirche (Invaliden-/Elisabethkirchstraße)

Schinkels Bau wurde im 2. Weltkrieg zur Ruine. Der Entwurf von 1828 mußte bei der Ausführung 1832–34 vereinfacht werden, um Geld für die 3 anderen Kirchen der nördl. Vorstädte (Nazareth, St. Paul, St. Johannes) abzuzweigen.

Ein hoher und breiter Saalbau, der innen 2 Emporenreihen übereinander enthielt, ist durch feine klassizist. Profile gegliedert. Die Vorhalle mit 4 eingestellten Pfeilern wiederholt das Giebelmotiv mit Akroteren und einem kreisrunden Mittelakzent. Im flachen Halbkreis tritt die Apsis an der Rückseite her-

127

128

Elisabethkirche. Nach einem Stich in Schinkels »Sammlung architektonischer Entwürfe«

Waldemar Grzimek:
Heinrich-Heine-Denkmal
(1955)

vor, neben der Türen in die eingebaute Sakristei und in die Taufkapelle führten. *EB-S*

29 *Heinrich-Heine-Denkmal* (Ecke Veteranen-/Brunnenstraße). Das Dichterdenkmal vor den Anlagen des **Volksparks am Weinberg** hat Waldemar Grzimek 1955 als überlebensgroße Sitzfigur geschaffen. Durch gesuchte kontrastreiche Anordnung der Gliedmaßen hat er dem alten Typus der Sitzfigur eine neue moderne Note zu geben versucht, wobei durch Wahl und großzügige Behandlung der Kleidung die ganz vom Körper bestimmten Bewegungsmotive gut unterstützt werden. »Arbeiterbluse« und Hocker sind als antibürgerliche Attribute zu lesen; Haltung und zugespitzte Mimik sollen die konventionslose, geistreiche Überlegenheit des Dichters kennzeichnen. Aber gerade die vielen der Figur mitgegebenen Züge bewirken auch den Eindruck einer dem Denkmalsgedanken abträglichen Momentaufnahme. Der kubusförmige Steinsockel ist durch einen umlaufenden Bronzefries mit angedeuteten Themen der Hauptwerke Heines dem Bronzebildwerk sinnvoll und optisch wirksam verbunden. *HR*

Ev. Zionskirche (Zionskirchplatz)
1866–73 von August Orth nach dem Baden-Badener Attentat (1861) auf Wilhelm I. als Votivkirche errichtet.

Der Bau entspricht seiner Lage auf erhöhtem Platz im Blickpunkt von 5 einmündenden Straßen durch eine stark vertikale Form und ein reiches Erscheinungsbild. Vor dem kurzen

Zionskirche. Holzschnitt von P. Meurer nach W. Cremer. Um 1875

Mitte: Stadtbad. Heinrich-Zille-Park. St. Adalbert   111

Langhaus steht in Mittelschiffbreite, in gleichen Architekturformen, der Unterbau des nach oben 8kantigen, in einen schlanken, gemauerten Helm auslaufenden Turmes. Den Gegenpol zu dieser aufgestaffelten Turmpartie bilden Chor und Querhaus, deren Teile nebeneinander geordnet sind. Der »Rundbogenstil« der Berliner Schule erscheint hier in einer Endphase, in der die Mauern weitgehend durchbrochen oder mit Schmuck verkleidet sind. Die Wiederkehr gleicher Formen – der hohen, maßwerkdurchbrochenen Fenster, der gestaffelten Strebepfeiler, der dagegen die Waagerechte betonenden Zwerggalerien, Konsolfriese und Brüstungen – schließt den Bau zu künstlerischer Einheit zusammen.   *EB-S*

131   Stadtbad Mitte (Gartenstraße 5)

Die erste moderne Schwimmhalle Berlins nach dem 1. Weltkrieg entstand 1929/30 nach Plänen des Architekten Carlo Jelkmann vom Bezirksbauamt Mitte; die Gestaltung des Innenraumes lag in den Händen von Heinrich Tessenow.

Auffallend ist die großzügige Verglasung der waagerechten Decke und der Seitenwände mit 8 m hohen und 3 m breiten Fenstern. Die Wände sind mit weißlichen Keramikplatten verkleidet. Außer der 60 m langen, 27 m breiten und 12 m hohen Schwimmhalle mit Sprunganlagen (Beckenmaße: 50 × 15 m) sind Brause- und Wannenbäder, medizinische Bäder und ein russisch-römisches Dampfbad vorhanden.   *GK*

Im **Heinrich-Zille-Park** (ehem. Sophienpark), hinter   132 dem Stadtbad zur B e r g s t r a ß e hin, fand 1948 das in Betonguß 1930 blockhaft gestaltete *Heinrich-Zille-Denkmal* von Paul Kentsch seine Neuaufstellung (einst im Gartenhof des Theaters in der Kottbusser Straße).

Kath. St.-Adalbert-Kirche (Wilhelm-Pieck-Str.   133 168). Hinter einem Wohnhaus wurde 1933 die Kirche als rechteckiger Saal (Klinkerbau) in spätexpressionistischen Formen von Clemens Holzmeister erbaut. Besonders eindrucksvoll sind die 3 Apsiden – eine runde zwischen 2 kubischen – an der Rückfront der Kirche zur Linienstraße.   *GK*

BEZIRK PRENZLAUER BERG

Der 1920 gebildete Verwaltungsbezirk, der nördl. an den Bezirk Mitte anschließt, enthält keine alten Ortskerne und war bis zum Beginn des 19. Jh. nur dünn besiedelt. Von den an der S-Grenze gelegenen Stadttoren Schönhauser, Prenzlauer, Bernauer (Königstor) und Landsberger Tor führten Wege nach N und NO: die heutige Schönhauser und die Prenzlauer Allee, die Greifswalder Straße und die Lenin- bzw. Landsberger Allee. Das heutige Straßennetz entspricht im wesentlichen der alten Felderteilung.

Als zu Beginn des 19. Jh. in der Stadt nicht mehr begraben werden durfte, wurde eine Reihe von Friedhöfen hier angelegt: für die Gemeinden von St. Petri, St. Georgen, St. Marien, St. Nikolai und der Klosterkirche, der Sophienkirche und für die jüdische Gemeinde. Bis zur Mitte des Jahrhunderts war die Bebauung von S her erst wenig über die Ringmauer vorgedrungen. Nach deren Beseitigung 1867/68 wuchs die Stadt explosionsartig. Die Bebauung aufgrund der Hobrechtschen Planung (1862) reichte gegen 1890 im O des Bezirkes ungefähr bis zur Friedenstraße, im N und NW über die heutige Dimitroffstraße hinaus. In der Zeit vor dem 2. Weltkrieg hatte der Bezirk – mit Friedrichshain und Kreuzberg – die höchste Wohndichte in Berlin, die an einigen Stellen Werte von 2000 Einwohnern je Hektar erreichte.

HB-S

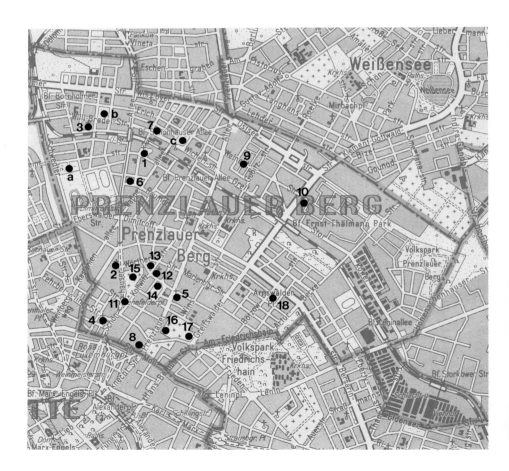

Das Straßennetz ist verhältnismäßig großzügig bemessen. An einigen Stellen sind durch Freilassen einiger Baublöcke geometrische, meist rechteckige Schmuck-
b c plätze entstanden: Falkplatz, Arnimplatz, Humannplatz. Die größte Freifläche im Bezirk ist der frühere Exerzierplatz zwischen Eberswalder und Gaudy-, Cantian- und Schwedter Straße, der heutige
d **Friedrich-Ludwig-Jahn-Sportpark.** *HB-S/GK*

Kirchen

Diagonal auf dem Platz an der Kreuzung Stargarder / Greifenhagener Straße steht die
1 **ev. Gethsemanekirche**, 1891–93 von August
● Orth; als kreuzförmiger Backstein-Hallenbau im Rundbogenstil der Zionskirche verwandt, jedoch schlichter und kompakter. Der vorgestellte Turm wirkt durch hohe Maßwerkfenster. Der Innenraum ist durch ein Sterngewölbe auf schlanken Bündelpfeilern und kurvig ausschwingende Emporen als 8seitiger Zentralraum interpretiert, in dessen Mitte urspr. die Kanzel stand. *EB-S*

Vor der Kirche urspr. eine Kopie des *Segnenden Christus* von Thorvaldsen (jetzt auf dem Gemeindefriedhof in Weißensee).

In der Flucht der Schönhauser Allee (Nr. 161, gegenüber der Einmündung der Wörther Straße) stehen Turm und Gemeindehaus der
2 **ev. Segenskirche**, 1905–08 von Dinklage und Paulus. Unter einer zierlichen Erker- und Loggia-Gruppe die Durchfahrt zu der als Zentralbau in italienisierenden Formen erbauten Kirche. *EB-S*

3 Die **kath. St.-Augustinus-Kirche** (Dänenstr. 17/18) baute Josef Bachem 1927/28 (mit Heinrich Horvatin) in expressionistisch nachempfundenen Formen. Der Klinkerbau mit einem breit aus dem Dach ragenden Turm liegt in der Straßenfront. 2 spitzbogige Portale führen zur Kirche, ein weiteres zum rechts anschließenden 5geschossigen Wohnhausteil. Der Kirchsaal besitzt ein Kuppelgewölbe mit Oberlicht. *GK*

4 Den Gebäudekomplex der **kath. Herz-Jesu-Kirche** (Fehrbelliner Str. 98/99) – eine 3schiffige, kreuzförmige Basilika und ein **Pfarrhaus** in neuroman. Stil mit Hausteinfassaden – schuf Christoph Hehl 1897–99. Ausmalung der Kirche 1911 durch Friedrich Stummel. – Auf dem Grundstücksteil an der Schönhauser Allee 182 hatte Hehl zuvor 2 5geschossige Gebäude für die **Theresienschule**, ein **Altersheim** und den **Kindergarten** errichtet. *GK*

Die **ev. Immanuelkirche** (Prenzlauer Allee 28, 5 Ecke Immanuelkirchstraße), ein romanisierender Ziegelbau, 1891–93 von Bernhard Kühn, nutzt ihre städtebauliche Situation zu asymmetrischer Gestaltung. Der hohe, aus 2 Formkomplexen addierte Turm an der NW-Ecke akzentuiert sowohl die W-Fassade mit ihrer aufwendigen Vorhalle wie die Giebelreihe des nördl. Seitenschiffs. (Farbabb. 8.)

Mit Skulpturen, Mosaikdarstellungen Christi an den Portalen, der Innenausmalung und -ausstattung ist das gesamte künstlerische und ikonographische Programm der Kirche erhalten. *EB-S*

Wohnbauten

Unter den älteren Wohnbauten verdienen die der Häuserblöcke Schönhauser Allee, Buchholzer, 6 Greifenhagener und Gneiststraße genannt zu werden. Die 5geschossigen Wohnhäuser wurden in sehr einfacher, karger Backsteinarchitektur von nicht bekannten Architekten zwischen 1868 und etwa 1880 in Blockrandbebauung (ohne Innenbebauung der Blöcke!) als Zweispännerwohnungen erbaut; nur an den Eckhäusern wurden von dem im Blockwinkel liegenden Treppenhaus je 3 Wohnungen erschlossen. Dadurch gab es keine der sog. »Berliner Zimmer«. (Bauherr war der Berliner Gemeinnützige Baugesellschaft, die an der Schönhauser Allee [Nr. 59] auch ein **Siechenhaus** errichtet hat, das noch heute betrieben wird.)

Der Beamten-Wohnungsverein zu Berlin hat 1901/02 an der Wichert-, Greifenhagener, Roden- 7 berg- und Scherenbergstraße 5geschossige Wohnbauten mit Innenhöfen errichten lassen, deren Architekt Erich Köhn war.

Eine weitere Gruppe desselben Vereins, ebenfalls von Erich Köhn, wurde 1903–06 an der Wilhelm- 8 Pieck-Straße (damals: Lothringer Straße) nahe der Prenzlauer Allee erbaut (**Nr. 3–6**).

Die **Wohnstadt »Carl Legien«** an der Erich- 9 Weinert-Straße (damals: Carmen-Sylva- ● Straße; Carl Legien war der 1920 verstorbene Vorsitzende des Allgemeinen Deutschen Gewerkschaftsbundes) wurde 1929/30 von Bruno Taut und Franz Hillinger für die Gehag (Gemeinnützige Heimstätten-Aktiengesellschaft) erbaut: 4geschossige Putzbauten an 3seitig umschlossenen Wohnhöfen, die zur durchgehenden Erich-Weinert-Straße offen sind; die Kopfbauten sind 5geschossig. Trotz relativ dichter Bebauung – infolge hoher Grundstückskosten – konnten die Architekten den Eindruck der Enge vermeiden. Vorhanden sind ein zentrales Heizwerk, 2 zentrale Waschhäuser und an der Erich-Weinert-Straße ein **Ladenzentrum** mit **Café** und **Gaststätte**.

Wohnbauten in der
Erich-Weinert-Straße
(zu S. 113)

10 Kurz zuvor (1926/27) hatte Bruno Taut an der G r e l l -
und R i e t z e s t r a ß e, ebenfalls für die Gehag, eine
später erweiterte Wohnanlage mit zunächst 151 Wohnungen errichtet, 4geschossige, urspr. weiß gestrichene
Putzbauten, deren großzügige Rundung von der Greifswalder Straße gut zu erkennen ist.   GK

K o l l w i t z s t r a ß e
11 Das *Senefelder-Denkmal,* eine überlebensgroße Sitzfigur aus Carraramarmor von Rudolf Pohle, 1892, steht
am Anfang der heutigen Kollwitzstraße auf dem S e n e -
f e l d e r p l a t z. Der Erfinder der Lithographie (1771 bis
1834) ist in nachdenklicher Pose, mit der Steinplatte in
der Hand und malerisch um den Sitz verteilten Werk-
zeugen, dargestellt. 2 dicke Putten, vorn vor dem Postament, deuten in spielerisch-barocker Weise auf den
Druckvorgang hin: Die eine hat den Namen Senefelder
auf den Sockel geschrieben, der andere liest ihn in
einem Spiegel.
12 Im (zerstörten) Haus **Nr. 25** hat die v. a. wegen ihrer
bekenntnishaften, Krieg und Elend anklagenden Werke
hochverehrte Graphikerin und Bildhauerin Käthe Kollwitz 1891–1943 gewohnt und hilfsbereit gewirkt. Ihr zu
Ehren wurde hier ihre Plastik *»Die Mutter«* in einer
Kalksteinkopie von F. Diederich 1951 aufgestellt. – Ihr
13 *Denkmal* auf dem K o l l w i t z p l a t z schuf Gustav Seitz
● 1958 in Gestalt einer ruhig dasitzenden alten Frau mit
den ernsten Gesichtszügen der Künstlerin. Sie blickt
in unbestimmbare Ferne, die rechte Hand ruhend im
Schloß, die linke auf eine große Graphikmappe gestützt, die sich dem blockhaften Umriß einfügt – ein
großes Denkmal des in sich ruhenden, leiderfahrenen

Menschen, Inbegriff der Mutter. Das von den vielen
Kindern der dicht bebauten Gegend geliebte und umspielte Bronzewerk zeigt eine besonders schöne Patina.
              HR

Parallel zur Kollwitzstraße, zwischen Belfor-
ter und Knaackstraße, liegt das 1915 still-
gelegte älteste Berliner **Wasserwerk**. Der 14
schlanke, über quadratischem Unterbau
kreisförmige Steigrohrturm wurde 1856 von
Gill erbaut; das zugehörige Wasserbecken ist
überdacht und bildet ein Aussichtsplateau.
1873 entstand der breite Hochbehälter, ein
dicker Rundturm mit Wohngeschossen, die
sich unter dem Kranzgesims in gekuppelten
Fenstern zwischen Lisenen markieren.   EB-S

Alter Jüdischer Friedhof (Schönhauser Allee 23–25) 15
Der 1827 angelegte Friedhof darf wegen Einsturzgefah-
ren nur mit Genehmigung der Jüdischen Gemeinde
(Oranienburger Str. 29) betreten werden. Hier fanden
auf dem Erbbegräbnis der Familie der Maler *Max Liebermann* (1847–1935) und seine durch Freitod aus dem
Leben geschiedene hochbetagte Witwe, deren Abho-
lung nach Theresienstadt beschlossen war, ihre letzte
Ruhestätte.   HR

Friedhof St. Marien und St. Nikolai (Prenzlauer Allee 7) 16
An der hinteren Außenmauer (gegenüber dem Eingang)
des 1802 angelegten und 1858 erweiterten Friedhofes
stehen verfallene oder durch Schuppen und aufgehäufte

Prenzlauer Berg: Kollwitz-Denkmal. Friedhöfe

Gustav Seitz:
Käthe-Kollwitz-Denkmal
(1958) auf dem
Kollwitzplatz

Materialien unzugängliche Reste von großartigen Wandgräbern der Gilly- und frühen Schinkel-Zeit in der Art auf die Kirchhofsmauer projizierter Mausoleumstore. So hat man bei den Erbbegräbnissen an den Ewigkeitswert antiker Grabbauten erinnern wollen. Auch einfachere Wandgliederungen strengster klassizist. Prägung (Foerstner 1817, Richter 1814, Haacke, Bier 1820) finden sich neben got.-klassizist. Mischformen (Keibel 1821) und neugot. Wandgestaltungen.
Kurz vor dem Umknicken dieser Mauer zum erweiterten Teil sieht man linker Hand den 2,50 m hohen, von einer großen Urne bekrönten Grabpfeiler für den Maler Bernhard Rode (1725–97), geschmückt mit einem von Lorbeergirlanden umwundenen Reliefbildnis. Die Akademie der Künste hat lt. Inschrift ihrem ehem. Direktor 1852 (nach Umbettung der Gebeine vom Schützenfriedhof) das Denkmal errichtet, offensichtlich in dem einst in Berlin vom Rode vielfach entworfenen Typus.
Rechts vom Eingang das Kriegerdenkmal für die 1914–18 Gefallenen der Gemeinde, bekrönt von einer schönen stilisierten Gewandfigur mit gesenkter Fackel von Robert Saake, 1927. HR

Friedhof St. Georgen (Greifswalder Str. 229) 17

Aus den frühen Jahrzehnten dieses 1814 eröffneten Friedhofes findet man noch zahlreiche – z.T. stark be-

116   Prenzlauer Berg: Friedhof St. Georgen. Arnswalder Platz

schädigte – Eisengitter in den klaren Formen einfacher oder sich mehrfach überschneidender Spitzbögen, ein spezifisch in Berlin verbreitetes Muster.
Rechts vom Mittelweg hat sich auf dem Grab für *E. G. Kleinstüber* († 1834) eine große, sehr gute Trauerfigur aus Gußeisen erhalten, die, wenngleich stark verrostet und nur noch mit den Spuren einstiger Bemalung, einen Begriff von der Qualität der Kgl. Eisengießerei auch auf diesem Gebiet zu geben vermag.
Im hinteren rechten Teil das gründerzeitliche Erbbegräbnis der Familie *Riedel* mit einem weißen Marmorsarkophag, dessen Deckel von einem Engel emporgehoben wird.
An der rückwärtigen Mauer das verfallene Erbbegräbnis der Familie *Ende* (1828), eine monumental durchgestaltete Fassadenarchitektur noch ganz in dem von Gilly und Gentz vertretenen Klassizismus. – In einem zweckentfremdeten Mausoleum links an der Rückmauer sind 5 große barocke Epitaphien bzw. Grabsteine mit langen Inschriften und reich skulptierten Rahmen aus der alten Georgskirche untergebracht.
Im linken Teil des Friedhofes erhebt sich unübersehbar das Erbbegräbnis der Familie *Pintsch* in Form einer dorischen Tempelruine, vermutl. 1912 anläßlich des Todes des Kommerzienrats Julius Pintsch errichtet. – Rechts vom Pintsch-Temenos ein schönes Kalksteinmonument

als Bogenarchitektur mit renaissancistischem Bildhauerschmuck für die Familie *Jahn*, dahinter ein intakt erhaltenes Jugendstilgrab für *Heinrich Heider* († 1903): eine in seitliche Bänke überleitende Wandarchitektur mit stumpfen Ecksäulen vorn, pathetisch in seiner ornamentlosen Plastizität und durch den hochpolierten schwarzen Granit.   *HR*

Der gewaltige, 1959 restaurierte *Fruchtbarkeitsbrunnen* auf dem **A r n s w a l d e r P l a t z** von Hugo Lederer, aus rotem Porphyr 1927–34 errichtet in einer dicht besiedelten Arbeitergegend, ist ein merkwürdig verspätetes »Jugendstil«-Monument des einst durch sein Hamburger Bismarck-Denkmal berühmt gewordenen Akademielehrers. Seitlich der freistehenden runden Schale mit 8 m Durchmesser, die gewiß ohne die Granitschale im Lustgarten nicht zu denken ist, erheben sich 2 schräg aufgerichtete Stiere zu einer Höhe von 5 m aus einer gestuften Sockelmauerung, die auch den rechtwinklig angegliederten Sitzfiguren bauplastische Züge gibt. Es sind – dem von der Stadt geforderten Thema entsprechend – gleichfalls die Fruchtbarkeit verkörpernde Gestalten mit ihren Attributen: Schäfer mit Widder, Schnitterin mit Ährenbündel, Fischer mit gefülltem Netz und Mutter mit Kind in achsenbetonter Stilisierung.   *HR*

●
18

BEZIRK FRIEDRICHSHAIN

Der Bezirk östl. des Stadtkerns, von Karl-Marx- und Frankfurter Allee von W nach O als Hauptachse durchquert, reicht vom N-Ufer der Spree bis zur N-Grenze des namengebenden Parkes, während die O-Grenze hauptsächlich entlang der Ringbahn verläuft. Südl. liegt das große, vom Hauptbahnhof (urspr. Schlesischer Bahnhof, 1842) bis zum Bahnhof Ostkreuz reichende Industriegelände, im SO das alte Dorf Stralau (→ S. 122).
Ein großer Teil des Bezirks, das ehem. Stralauer Viertel, lag innerhalb der von Friedrich Wilhelm I. erbauten Stadtmauer, war aber bis zur Mitte des 19. Jh. erst locker mit Häusern besetztes Gartenland. Der dann in der 2. Hälfte des 19. Jh. dicht bebaute Arbeiterwohnbezirk wurde im 2. Weltkrieg stark in Mitleidenschaft gezogen, so daß die Einwohnerzahl von rd. 350 000 vor dem Krieg auf 150 000 (1962) absank und ein großer Teil der Bebauung heute aus Neubauten besteht.   HB-S

Friedrichshain

Bartholomäuskirche. Entwurf Friedrich August Stülers. Stahlstich von Ernst Jättnig. Um 1855

1 Bei der Hans-Beimler-Straße, vor dem ehem. Königstor, liegt auf einer Anhöhe die **ev. Bartholomäuskirche** (seit 1984 **Antikriegsmuseum**) von Friedrich August Stüler, 1854–58 erbaut und nach Kriegsbeschädigung vereinfacht wiederhergestellt. Sie folgte dem Prinzip der Matthäikirche Stülers, einen 3schiffigen Saalbau mit 3 parallelen Satteldächern zu decken, verwendet jedoch nicht romanisierende, sondern gotisierende Formen und hat daher schlankere Proportionen. Der Turm steht zwischen 2 offenen Vorhallen, die in Breite und Form den Seitenschiffen entsprechen.
EB-S

Volkspark Friedrichshain 2
1840 beschloß die Berliner Stadtverordnetenversammlung anläßlich des 100. Jahrestages der Thronbesteigung Friedrichs d. Gr. die Anlage des Friedrichshains, einer Art östl. Gegenstücks zum Tiergarten, als Erholungsstätte für die Bevölkerung. 1846–48 entstand nach Plänen Peter Joseph Lennés der westl., 1874–76 nach Plänen Gustav Meyers der östl. Teil jenseits der Virchowstraße. Die 1941/42 errichteten Flaktürme, in denen 1945 große Bestände der Berliner Museen zugrunde gingen, sind später gesprengt und ihre Trümmerberge

Friedrichshain: Volkspark. Städt. Krankenhaus   119

gärtnerisch gestaltet worden (»Großer«, »Kleiner Bun-
kerberg«). Die von der urspr. Konzeption weitgehend
abweichende Neuplanung nach den Kriegszerstörungen stammt von Reinhold Lingner. 1969–73 wurde der
östl. Teil umgestaltet.   HB-S
Das Parkgelände wird nördl. von der Straße
Am Friedrichshain, südl. von der Leninallee,
westl. von der Frieden- und östl. von der
Dimitroffstraße begrenzt. Die Virchowstraße
quert.
Der *Märchenbrunnen* am westl. Eingang (Königstor)
geht auf ein Projekt der 1890er Jahre zurück, das dem
Magistrat 1901 vorlag, aber erst 1913 nach dem Entwurf
des Stadtbaurats Ludwig Hoffmann verwirklicht werden
konnte. Eine 9fache Arkatur mit seitlichen, von Doppelpilastern gefaßten Bögen grenzt den Brunnenplatz
(34 × 54 m) im Halbkreis gegen den Park ab. In den
Bogenöffnungen vervollständigten einst große Stein-
schalen mit Fontänen die prächtige, auf der Balustrade
mit jagdbaren Tieren (von Josef Rauch) besetzte Schau-
architektur, die eher in einen barocken Schloßpark als
in ein dicht besiedeltes Stadtviertel paßt. Die Anlage ist
ein kostspieliges Paradebeispiel wilhelminischer, der
Volksbeglückung zugedachter Kunstpflege – und wurde
Mitte der 70er Jahre nach umfassendster Restaurierung
der arbeitenden Bevölkerung nochmals geschenkt. –
Die Ikonographie ist verständlich; anstelle mythologi-
scher Figuren säumen hier die 4fach gestuften Wasserbecken – mit dem Froschkönig und seinen 6 speienden
Gesellen, einer großen Fontäne und 9 kleineren – die
genrehaften Märchenfiguren von Ignaz Taschner (1912/
1913): Schneewittchen mit den 7 Zwergen, Rotkäpp-
chen, die 7 Raben, der Gestiefelte Kater, Hänsel und
Gretel, Aschenputtel, Brüderlein und Schwesterlein,
Dornröschen. Die Aufstellung auf akzentuierend gesetzten Pfeilern im Zusammenhang der architektonischen Konzeption ließ Taschner auf die Idee kommen,
die älteren Märchenkinder als Sitzende oder Kniende zu
bilden; ihr Zueinander und die Hinwendung zu ihren
Tieren ist von reizender Erfindung, auch verbot das
schöne Kalksteinmaterial kleinliches Beiwerk.
Die einst an den Seitenausgängen aufgestellten »Grusel-
gestalten« (Rübezahl und Frau Holle, Menschenfresser
und Riesentochter), Skulpturen Georg Wrbas, fehlen
heute, ebenso die von Hoffmann konzipierten steinernen Bänke mit ihren Seitenpfosten vor hohen geschnittenen Buchenhecken, die auch – hinter einem geschmiedeten Eingangstor – den Zugangsweg säumten
und den Überraschungseffekt verstärkten.
Das *Ehrenmal für den gemeinsamen Kampf der polni-
schen Soldaten und deutschen Antifaschisten* an der
Virchowstraße im N ist eine 1971/72 entstandene Ge-
meinschaftsarbeit Polens und der DDR nach Entwürfen
des Kollektivs G. Mertel, Z. Wolska, T. Lodziana und
A. Wittig. Es ist eines der seltenen abstrakter gestalteten
Denkmäler in Form einer riesigen Stele, die hoch oben
durch ein wie vom Sturmwind bewegtes Fahnentuch
aus Bronze akzentuiert wird. Die Aufstellung über einer
Treppenanlage auf der Höhe des Trümmerberges, mit
einer abgerückten Inschriftmauer, ist sehr wirkungsvoll.

Hier, hinter dem Eingang an der Virchowstraße, hat
man in einem kleinen umfriedeten Bezirk ein monu-
mentales Marmorwerk von E. Gomansky (1898) aufgestellt, das *Sitzbild einer Mutter* mit einem vom Spiel
ermüdeten Knaben im Schoß.
Im östl. Teil des Parkes steht eine »*Wasserglocke*«, ein
aus Granit und Stahl geschaffener Brunnen von Achim
Kühn (1973), der es erlaubt, sich unter einem kuppelartigen Gebilde aus Wasserstrahlen aufzuhalten, ohne
naß zu werden.   HR

Von dem im SO-Teil des Friedrichshains
westl. der Virchowstraße gelegenen, 1868 bis
1874 von Martin Gropius und Heino Schmieden erbauten ersten **Städtischen Krankenhaus**   3
(Leninallee 171), einer Anlage im Pavillonsystem, erhielten sich bes. zur Virchowstraße
hin einzelne Gebäude und die Nebeneingang.
Von dem im Park liegenden Haupteingang, dem reichsten Teil der einfachen Anlage, erhielt sich nur die *Eingangshalle* und das
linke, allerdings durch abgetragenes Kranzgesims und Balkons in der architektonischen
Erscheinung entstellte **Verwaltungsgebäude**,
dem ein zweites rechts entsprach; dazwischen
ein schmaler, 1stöckiger Verbindungsgang,
den der giebelgekrönte Eingang durchschnitt.
Hellrote Ziegel mit gelben Lagerstreifen, Stich-
bogenwölbungen und Schmuckbänder aus
Formziegeln prägten das Erscheinungsbild,
das z. B. an den Gurtbogen der Eingangswöl-
bung erkennbar ist. Im durchbrochenen Bron-
zegitter innerhalb diagonaler Palmettensterne
ein Engel mit Inschrift (»Salus intrantibus«) und
die Daten 1870, 1874. – Von den **Neubauten**
zwischen 1926 und 1930, die sich in Form und
Material dem alten Bestand einfügen, ist die
Frauenstation interessant, bei der flache Gie-
belformen als expressionistische Abwandlung
des Stichbogens erscheinen. (Von der urspr.
Anlage gibt heute noch das kleinere Wenckebach-Krankenhaus [→ S. 236] von Gropius
und Schmieden eine Vorstellung.)   *EB-S*

In den Anlagen an der Leninallee westl. des Kranken-
hauses liegt der **Ehrenfriedhof der Märzgefallenen** der   4
Revolution von 1848, eine gärtnerisch schön gestaltete
Anlage mit einigen alten Grabkreuzen und kleinen
Eisengußmälern in Gestalt von kanonenrohrartigen
Schäften, die eine Kugel mit gesenkten gekreuzten
Fackeln bekrönt sind. – Auf die Gräber von hier 1918
beigesetzten 9 kommunistischen Matrosen weist die
übergroße realistische Bronzefigur eines *Matrosen* von
H. Kies (1960) nachdrücklich hin.   HR

Das von Fritz Cremer 1968 an der F r i e d e n s t r a ß e   5
errichtete *Denkmal für die antifaschistischen Kämpfer*

im *Spanischen Bürgerkrieg* ist ein Beispiel dafür, daß die expressionistisch aufgefaßte, im Umriß sprechende Darstellung einer Aktion sich kaum verbinden läßt mit den Forderungen der sozialistischen Kunst nach realistischer Wiedergabe. Der riesenhafte, im Vorstürmen die Rechte zur Faust ballende und mit der Linken das Schwert schwingende Mann wirkt in seinem plumpen Mantel und mit den groben Zügen von nahem enttäuschend und durch die quasi reliefhafte Bildung anatomisch falsch; auch die beiden freistehenden Sockel – der linke ist schräg, um das Aufspringen aus den Graben anzudeuten – haben nur für die frontale Fernsicht Aussagewert. Die seitlich placierte große Bronzeplatte mit einzelnen Kriegsszenen ist eine Art Neuerweckung der Moritatentafel. Was im 19. Jh. auf den Denkmalsockeln im Fries erzählerisch abgehandelt wurde, wird neuerdings oft gesondert im Relief gebracht – hier durch in Aufsicht gegebene kleinfigurige Massenszenen (Erschießungen, Madrid, Flüchtlinge, Börsenjobber am runden Tisch, Waffenausteilung), wobei die Gleichartigkeit der Figuren mit ihren runden Köpfen zugleich eine vereinheitlichende Organisierung im Sinne einer Reliefplastik bewirkt. *HR*

6 Auf dem Leninplatz wurde am 19. April 1970, zum 100. Geburtstag, das *Lenin-Denkmal* enthüllt. Das 19 m hohe Monument (1968/69) des sowjetischen Bildhauers Nikolaj W. Tomskij beherrscht den Platz, zumal eine geschwungene, gestufte Hochhauswand dahinter die durch die Fahne aufgerufene Bewegung offenbar wiederholen soll. Die aus den roten Granitblöcken sich lösende Monumentalfigur, auf einem Sockel von 26 m Durchmesser mit einem Relief zur deutsch-sowjetischen Klassenbrüderschaft, erhob auch durch das Material im Sinne der Felssymbolik einen Ewigkeitsanspruch. *HR*

Die **ev. Auferstehungskirche** (Friedenstr. 84), 7 1892–95 von Hermann Blankenstein und August Menken als 3schiffige Hallenkirche in neoroman. Formen errichtet, wurde nach starken Kriegszerstörungen vereinfacht wiederaufgebaut. *GK*

Die **kath. St.-Pius-Kirche** (Palisadenstr. 72), 8 eine 3schiffige Basilika mit quadratischem Chor, baute Max Hasak 1893/94 in backsteingot. Formen. Der W-Turm, mit Vorhalle, ist nach Kriegsschäden verkürzt und mit quergerichtetem Satteldach wiederaufgebaut worden. *GK*

Am Kotikowplatz (fr. Petersburger Platz) steht die 1906–08 von G. Werner und Jürgen Kröger erbaute **ev. Pfingstkirche**, deren Eingangs- 9 und Fenstergruppe, spätgot. Motive in einer ornamentalen Auffassung zeigend, ein Formgefühl des Jugendstils ausspricht – auch in verschliffenen Umriß der Turmhaube. *EB-S*

Karl-Marx-Allee

Die Wohnbauten an der Karl-Marx-Allee (vor 1961: Stalinallee, bis zum Ende des 2. Weltkriegs: Große Frankfurter Straße und Frankfurter Allee) sind 1949–60 nach Plänen mehrerer Architekten errichtet worden. Sie spiegeln den Wandel der jeweils erwünschten Architekturauffassung.

Die **Laubenganghäuser** an der S-Seite der 10 Karl-Marx-Allee (Nr. 102/104, 126/128), nahe dem U-Bahnhof Marchlewskistraße, sind 1949 – noch aufgrund einer Planung Hans Scharouns – nach Plänen des Kollektivs Ludmilla Herzenstein errichtet worden; sie enthalten Einraumwohnungen und im Erdgeschoß Läden. – Die benachbarten **Wohnhäuser** an der Hildegard-Jadamowitz-Straße wurden ebenfalls schon 1949 nach Entwürfen des Kollektivs Helmut Riedel gebaut. – Westl. anschließend, an der Weberwiese, liegt das von Hermann Henselmann 1951/52 errichtete 8geschossige **Punkthaus**, damals als »Hochhaus« bezeichnet. Dieses Haus markiert die Abkehr vom funktionellen Bauen und den Übergang zu einer historisierenden Bauweise, die mit der Bezeich-

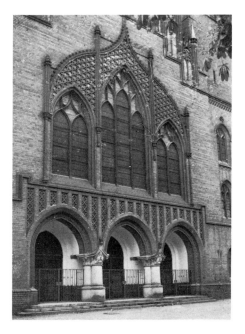

Pfingstkirche. Eingangsfront

Karl-Marx-Allee. Block C (Nord)

nung »Sozialistischer Realismus« versehen wurde.

Erst als Folge der sog. »Geheimrede« Nikita S. Chruschtschows (1956) wurde wieder ein Wechsel in Richtung auf rationellere Baumethoden vollzogen, der jedoch – wegen der unvermeidlichen Anlaufzeiten – erst nach einigen Jahren sichtbar werden konnte.

In östl. Richtung trifft man zunächst (Nr. 131a) auf das **Filmtheater »Kosmos«**, 1961/1962 vom Kollektiv Josef Kaiser und Herbert Aust errichtet, das den Historismus schon überwunden hat. – Weiter westl. folgt der 260 m lange **Block C-Nord** nach Entwürfen des Kollektivs Richard Paulick, mit einem architektonisch hervorgehobenen 9geschossigen Mittelteil. Er zeigt ebenso wie der gegenüberliegende **Block B-Süd** (Entwurf: Kollektiv Egon Hartmann) und die turmartig hervorgehobenen Bauten am Strausberger Platz (»**Haus des Kindes**« und »**Haus Berlin**«, 1951–53, nach Entwurf des Kollektivs Hermann Henselmann) die Kennzeichen der stalinistischen Architekturepisode. – Das gleiche gilt für die beiden **östl. Kopfbauten**, an der Kreuzung mit der Bersarinstraße (Frankfurter Tor) 1957–60 von Hermann Henselmann errichtet, die mit ihren Kuppeln, maßstäblich verzerrt, das Motiv der Gontard-Türme an den Kirchen auf dem Platz der Akademie (Gendarmenmarkt) aufnehmen. GK

Die Mitte des Strausberger Platzes nimmt ein *Brunnen* ein, dessen mittlere Fontäne ein von Fritz Kühn

122 Friedrichshain: Wohnbauten, Kirchen, Stralau

1967 geschaffener Ring aus getriebenen Kupferplatten mit Diamantquaderung unterschiedlicher Größe umgibt. *HB-S*

[Zur Bebauung der Karl-Marx-Allee nordwestl. des Strausberger Platzes im Bezirk Mitte → S. 52.]

14 Nördl. der Frankfurter Allee, welche die Karl-Marx-Allee nach O fortsetzt, liegt an der Proskauer, Schreiner- und Bänschstraße ein 5geschossiger Putzbau mit urspr. 116 Wohnungen und 6 Läden, den Alfred Messel 1897/98 für den Berliner Spar- und Bauverein errichtet hat. Er ist z. T. erhalten. *GK*

15 Die **ev. Samariterkirche**, 1892−94 von Gotthilf Ludwig Möckel auf dem damals noch nicht umbauten Samariterplatz errichtet, bildet als kreuzförmige Anlage 3 mit Diagonalrippen verzierte Giebel und einen hohen Turm in der Achse der Bänschstraße aus. Mit glasierten Steinen gemauerte, teils gerundete Kanten geben den Flächen des neugot. Backsteinbaus kleinteilige Gliederung. Innen gehen die Gurtbogen der zentralen Vierung, sich überschneidend, bis zum Boden herab. *EB-S*

16 Die **Wohnhausgruppe** an der Weisbachstraße (Weisbachstr. 1−8, Kochhannstr. 13−15, Ebertystr. 11−13, Ebelingstr. 11−14) wurde 1898−1905 von Alfred Messel für den »Verein zur Verbesserung der kleinen Wohnungen in Berlin« erbaut. Die 16 Mietshäuser enthielten 388 Wohnungen und 18 Läden. 1906 wurde die Gruppe durch den Bau einer Badeanstalt mit Gesellschaftsraum und Unterkunftshalle ergänzt. (Die Häuser Ebertystr. 13 und Ebelingstr. 11 sind zerstört.) Die 5geschossigen, reich gegliederten Wohnbauten mit steilen Ziegeldächern liegen als Blockrandbebauung um einen großen Innenhof gruppiert. Die Fassaden sind geputzt, ihre Architekturteile aus Ziegel. Treibende Kraft beim Bau dieser Häuser war Valentin Weisbach, der mit dem Verein urspr. die Absicht verfolgte, ältere Häuser aufzukaufen und durch Sanierung billige Wohnungen zu schaffen − was aus finanziellen Gründen nicht möglich gewesen ist. *GK*

17 In der Frankfurter Allee, nahe dem S-Bahnhof, ist seit 1955 ein *Brunnen* aufgestellt mit Karl Latts 1933 gegossener Bronzefigur eines knienden Jünglings, der einen Fisch in der erhobenen Linken, ein Fischnetz in der gesenkten Rechten hält. *HB-S*

18 Die **ev. Zwinglikirche** an der NO-Ecke des Rudolfplatzes wurde 1905−08 von Jürgen Kröger erbaut. Das um den auch die Eingangshalle enthaltenden Eckturm herumgeführte Schiff bildet zwei unterschiedliche Ansichten aus, die durch den Wechsel von Haustein- und Backsteinmaterial und verschiedene Stilanleihen historisch gewachsen erscheinen sollen. Am Portal Bronzestatue Zwinglis von Martin Götze 1907. *EB-S*

Stralau

Das alte Dorf Stralau mit dem Kern in Alt-Stralau liegt im SO des Bezirks Friedrichshain auf einer Halbinsel zwischen Spree und Rummelsburger See. Bodenfunde deuten auf eine Besiedlung schon in der 2. Hälfte des 12. Jh. oder früher. 1244 wird das Dorf zuerst erwähnt. Es bestand 1397 aus 11 Höfen. Seit dem 18. Jh. ein beliebtes Ausflugsziel, verlor es jedoch in der 2. Hälfte des 19. Jh. viel von seinem Reiz, als sich Industrie ansiedelte. 1801 zählte Stralau 75 Einwohner, 1856 143 in 24 Häusern. *HB-S*

Dorfkirche Stralau (Tunnelstraße). Die malerisch nahe der Spitze der Halbinsel gelegene Kirche, ein 1schiffiger Bau mit polygonalem Chor und etwas eingezogenem massivem Turm an der W-Front, ist 1464 als Putzbau auf einem Feldsteinsockel errichtet worden. 1823 bis 1824 hat Friedrich Wilhelm Langerhans den hölzernen, zuletzt barocken Turm in got. Formen aus Backstein neu errichtet. In dieser Gestalt wurde er 1936−38 erneuert. Von jener Restaurierung stammt auch die Vorhalle. Der 1945 schwer beschädigte Bau wurde 1949 wiederhergestellt, so die Kreuzgewölbe des 3jochigen Langhauses und das 5teilige Gewölbe des Chores.

1962 überführte man aus der Kirche in Massen bei Finsterwalde den *Schnitzaltar* vom Anfang des 16. Jh. mit Maria zwischen den hll. Barbara und Ursula. Die gemalten *Seitentafeln* mit den hll. Petrus und Paulus stammen aus dem Brandenburger Dom. Die *Taufe* aus Kalkstein wird in das 13. oder 14. Jh. datiert. 2 Fenster enthalten die einzigen Reste spätgot. *Glasmalerei* in Berlin, eine Geißelung Christi (Ende 15. Jh.) und einen hl. Georg als Drachentöter (Fragment, 2. Hälfte 16. Jh.). *HB-S*

Dorfkirche Stralau

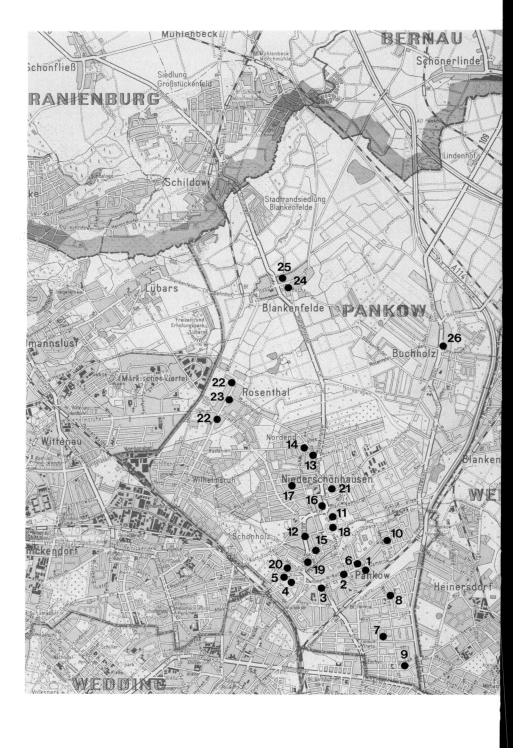

Pankow

BEZIRK PANKOW

1920 wurde der Verwaltungsbezirk Pankow aus den Dörfern Pankow, Niederschönhausen (→ S. 126), Rosenthal (→ S. 129), Blankenfelde (→ S. 129), Heinersdorf, Buchholz (→ S. 130), Blankenburg, Buch (→ S. 130) und Karow gebildet. Heinersdorf, Blankenburg und Karow schieden 1985 aus und wurden dem Bezirk Weißensee angegliedert.

Pankow

Das wohl schon um 1230 gegründete große Angerdorf wird 1370 erstmals genannt, als Markgraf Otto es den Städten Berlin und Cölln verkauft. 1451 gehörte Pankow dem Kurfürsten und der Stadt Berlin. Johann Cicero liebte den Ort und besaß hier ein kleines Schloß. Nach mehrfachem Besitzerwechsel seit 1525 erwarb 1691 Friedrich III. das Dorf. Im 18. Jh. entstanden hier Sommersitze wohlhabender Berliner Familien. 1624 zählte Pankow 188 Einwohner (12 Bauern- und Kossätenhöfe); zwischen 1801 und 1856 stieg ihre Zahl von 286 auf 1343, bis 1874 auf 3019. Durch die guten Verkehrsverbindungen mit Berlin (Ausbau der Schönhauser Allee als Chaussee 1824) verschmolz Pankow am Ende des Jahrhunderts mit Berlin und nahm einen städtischen Charakter an. 1905 zählte der Ort 29066 Einwohner.

HB-S

Der Kern liegt in der Johannes-R.-Becher-Straße (früher: Breite Straße). Die Dorfaue zeichnet sich noch ab. Die Bebauung ist städtisch und reicht im wesentlichen vom späten 19. Jh. bis zur Gegenwart. Einzelne Häuser gehören noch der Schinkel-Nachfolge an, so ein Teil der Villa **Nr. 46**. HB-S 1

Aus der Mitte des 18. Jh. stammt noch das reizvolle 1geschossige und 7 Achsen lange sog. **Kavalier-** oder **Hildebrand-Haus** (Nr. 45) 1 mit Krüppelwalmdach und Freitreppe. Dem landläufigen Typus des Bauernhauses ist durch sparsame künstlerische Mittel städtische Eleganz verliehen. Reizvoll ist die Tür.

Die 4 Sandsteinputten davor (Mitte 18. Jh., Kopien), vermutl. aus dem Park von Niederschönhausen, stammen wohl aus 2 verschiedenen Serien. 3 stellen anscheinend die Elemente Feuer, Erde und Luft dar. – Hinter dem Haus ein **Park**. HB-S

Die **Dorfkirche** (ev. Pfarrkirche Zu den 2 vier Evangelisten; Johannes-R.-Becher-Straße) stammt in ihrem nachlässig aus Feldsteinen aufgemauerten O-Teil mit Kantenverstärkung in Backstein aus dem 15. Jh. und zeichnet

126 Pankow mit Niederschönhausen

sich durch Größe und ansprechende Gestaltung des O-Giebels mit Fenstern, Blenden und Fialen vor den übrigen Berliner Dorfkirchen aus. Alle Fenster wurden mit Ausnahme des mittleren in der O-Wand 1832 vergrößert. 1858/59 fügte August Stüler, geschickt sich der Formsprache des Altbaus anpassend, im W einen 3schiffigen Bau mit schlanken Türmen am O-Ende der Seitenschiffe an. Die Eleganz dieser Erweiterung fehlt dem 1908 hinzugefügten westl. Vorbau, der die reizvolle W-Fassade Stülers größtenteils verdeckt. HB-S

3 Das **Rathaus** (Johannes-R.-Becher-Str. 24a bis 26 / Neue Schönholzer Str. 36) wurde 1901–03 von Wilhelm Johow am westl. Ende der alten Dorfaue als 3geschossiger »stattlicher Klinkerbau« mit hohem Turm als Landmarke und in freier Verwendung märkischer Backsteinformen errichtet. Erweiterungsbau 1927–29 von Albert Poeschke und Rudolf Klante in sachlicher Gestaltung. GK

4 Den **Bürgerpark** (Wilhelm-Kuhr-Straße, Cottastraße), 1854 am Panke-Strand als Privatpark für H. Killisch v. Horn angelegt, hat 1907 die Gemeinde erworben. Umgestaltung 1965–67 durch Erwin Stein. Triumphbogenförmiges Portal, italienisierend. – Anschließend am rechten Panke-Ufer der **Volkspark**, in den 1920er Jahren angelegt; heute ein Teil des Grünzugs, der sich über Niederschönhausen bis zum *Volkspark Schönholzer Heide* nach Wilhelmsruh erstreckt. GK

6 Die **Wohnhausgruppe** am Amalienpark (zwischen Johannes-R.-Becher- und Wolfshagener Straße) wurde 1896 von Otto March für die »Landhausgesellschaft Pankow« errichtet: 2geschossige, pavillonartige Putzbauten, die sich um eine gärtnerisch gestaltete Platzanlage ordnen. Durch Ausbau der Keller- und Dachgeschosse ergab sich eine stärkere Ausnutzung. An barocken Formen orientierter Landhausstil mit abgewalmten Mansarddächern. GK

7 Die **ev. Hoffnungskirche** (Ecke Elsa-Brändström- [früher: Lindenpromenade] und Trelleborger Straße) wurde 1912/13 von Walter Köppen erbaut. Im Grundriß und in der architektonischen Haltung (seitlich angefügter, 55 m hoher, kuppelgekrönter Turm, hohes Walmdach, Anklänge an vereinfachte Barockformen, Kanzelaltar) lehnt sie sich an Vorbilder aus dem 18. Jh. an, bes. an die erst 1968 abgerissene Garnisonkirche in Potsdam. GK
Die in der Umgebung der Kirche in der 2. Hälfte der 1920er Jahre entstandene, maßstäblich bescheidene **Wohnbebauung** nimmt in ihrer architektonischen Ausformung ebenfalls barockisierende Züge auf, so daß

eine leicht an Potsdamer Wohngegenden erinnernde Stimmung aufkommt. GK

Eine Reihe von **Wohngebäuden**, die im Ortsteil Pankow gleichfalls in den 20er Jahren errichtet wurden, hauptsächlich südl. der Stettiner Bahn, repräsentieren den hohen Stand des damaligen Wohnungsbaus. Dazu zählen – im Bereich um Kissingenstraße und -platz, Neumann- und Granitzstraße – 2 geschlossene Wohnblöcke von Otto Rudolf Salvisberg, etwa 1928–30 erbaut (Kissingen-, Borkum-, Lohme-, Sellin-, Lauterbachstraße), Wohnbauten von Paul Mebes und Paul Emmerich (Kissingenplatz, Neumann-, Granitzstraße, Miltenberger Weg und Kissingen-, Neumann-, Stubnitzstraße) sowie eine Hauszeile von Walter Hämer (Neumannstr. 58–60). GK 8
Am südl. Rand des Bezirks liegt zwischen Thule-, Tal-, Hardanger Straße und Eschengraben ein geschlossener 4geschossiger **Wohnblock** von Erwin Gutkind (1926). 9
Nördl. der Bahnlinie (in der Nähe des Städt. Krankenhauses) wurden 1925–30 für die »Pankower Heimstätte« **Wohnbauten** in traditionellen Formen errichtet (Mendel-, Klaustaler, Achtermann-, Bleicheroder Straße), deren Architekten Fenten und Klante sowie Joseph Tiedemann sind. GK 10

Niederschönhausen

Niederschönhausen an der Straße nach Prenzlau auf bereits in vorchristlicher Zeit besiedeltem Boden wird 1375 erstmals genannt, jedoch deuten die Reste eines Feldsteinquaderbaues des 13. Jh. im W-Teil der Dorfkirche auf eine Gründung im Zuge der Besiedlung des Barnim im 13. Jh. 1664 entstand am S-Ende ein kleines Schloß mit einem Garten, nachdem eine Gräfin Dohna aus dem Hause Holland-Brederode das Dorf erworben hatte. 1624 zählte es 119 Einwohner. 1680 kam es in den Besitz von Joachim Ernst v. Grumbkow, von dem es 1691 Friedrich III. kaufte. Dieser bestimmte durch seine Schloßanlage die Entwicklung des Ortes im 18. Jh. (mit 18 Bauern- und Kossätenhöfen 1717). 1753 wurde westl. vom Schloß der Garten Schönholz angelegt, und um 1768 entstand am W-Rand des Gartens eine Kolonie von böhmischen Leinewebern, die 1801 69, 1856 115 Einwohner in 16 Häusern zählte. Nachdem schon seit dem 18. Jh. Sommerhäuser der Berliner hier erbaut worden waren, entwickelte sich in der Gründerzeit das Dorf rasch zu einem städtischen Wohngebiet. 1892 wurde Niederschönhausen Amtsbezirk, der seine Selbständigkeit 1920 bei der Eingemeindung verlor. HB-S

Die Spuren der dörflichen Vergangenheit sind fast restlos verschwunden. Der einstige Dorfkern liegt in der Ossietzkystraße (früher: Schloßstraße). Teil dieser jetzt unterbrochenen Straße steht das renovierte zierliche **Hofgärtnerhaus** von Johann Heinrich Strack, um 1850–60. Spätklassizist. **Villen** der Schinkel-Nachfolge sind in der Grabbeallee und nördl. davon in der Schönhauser Straße (**Nr. 40, 42**) so- 13

Pankow: Niederschönhausen. Kirchen. Schloß

14 wie der **Ahornallee** (**Nr. 9, 6**; in Rosenthal) erhalten. In der Nähe des **Majakowskiringes** sind einige ehemals von Prominenten bewohnte Villen des 19. und
15 20. Jh. (bes. **Majakowskiring 2**) in guten Zustand gebracht worden. *HB-S*

16 Die **ev. Friedenskirche** (Ossietzkyplatz), ehem. Dorfkirche, enthält in ihren W-Teilen noch Granitquaderwerk des 13. Jh. Die jetzige Erscheinung des Baues wird ganz durch den gelungenen Um- und Erweiterungsbau von 1869–71 in reich gegliederten spätroman. Formen bestimmt. Über dem Querschiff, dem eine halbrunde 2geschossige Apsis angefügt ist, erhebt sich der beherrschende 8seitige Vierungsturm mit niedrigem Zeltdach.
Vor der W-Front ein Grabstein (für C. C. Engel, † 1791) in Form einer Urne auf Felssockel. *HB-S*

17 Die **kath. St.-Maria-Magdalenen-Kirche** (Platanenstraße) wurde von Felix Sturm 1929/30 in spätexpressionistischen Formen als Klinkerbau mit breitem, gebrochenem W-Turm errichtet. Über dem Portal ein Terracottarelief »Noli me tangere« von W. Halbhuber. Der basilikaartige Raum ist mit parabolischen Gewölben überdeckt. *GK*

Schloß Niederschönhausen 18
(Ossietzkystr. 65)
Nach Erwerbung des Dorfes erbaute 1664 eine Gräfin Dohna ein Schloß, dessen Grundmauern im heutigen Bau erhalten sind. Ein Umbau erfolgte, wohl durch Arnold Nering, nachdem Friedrich III. 1691 das Schloß gekauft hatte. Ein Stich von Johann Bapt. Broebes zeigt es als nun 7achsigen 2geschossigen Bau mit Mansarddach. Die beiden äußeren Achsen besaßen ein Mezzanin und deuteten durch kräftige Vorsprünge eine 3-Flügel-Anlage an.

Auf der Gartenseite ist das fein gestufte Wandrelief mit einer Pilasterstellung im Obergeschoß, flachem Gebälk darüber und halbrundem, von sitzenden Figuren bekröntem Giebel über der Mittelachse aus der kurfürstlichen Zeit noch erhalten.

*Bei einem Umbau durch Johann Eosander Göthe 1704 erhielt der Bau im N und S schmalere, mit der Gartenfront bündige Pavillons. Ein schiffbarer Graben führte nun zum Schloß Charlottenburg. Das im S und SO von der Panke umflossene, fast quadratische Broderieparterre mit anschließendem Heckenquartier muß besonders reizvoll gewesen sein.
Seit 1740 wohnte hier Elisabeth Christine, die Gemahlin Friedrichs d. Gr. 1760 wurde das Schloß von russischen Truppen verwüstet. Bei einem Umbau 1764 opferte Johann Boumann die reiche Gliederung einer mehr blockhaften Erscheinung.*

Schloß Niederschönhausen. Historische Ansicht der Gartenseite. Radierung von J. D. Schleuen. Um 1765

Die Hoffront des Mitteltraktes wurde über die seitlichen Risalite hinaus vorgezogen. So entstand Raum für ein kunstvolles Treppenhaus. Anstelle der Pavillons erweiterte man den Bau, der ein Satteldach erhielt, an beiden Enden um 3 Achsen. Der neue 3achsige Mittelrisalit besitzt im Erdgeschoß eine schwere Quaderung. Die Wandfläche des Obergeschosses wird, ebenfalls in klassizist. Sinn, wie eine Abfolge von Rundbogenarkaden mit schweren Pfeilern empfunden. – Die reiche Innendekoration aus verschiedenen Epochen des 18. Jh. ist erhalten.

Nach gründlicher Renovierung durch Erich Schonert 1935/36 war das Schloß bis 1945 öffentlich zugänglich. Nach dem 2. Weltkrieg diente es unterschiedlichen Zwecken, bis 1990 als Gästehaus der DDR-Regierung. In jüngster Zeit ist der Bau durch einen dunklen graubraunen Spritzputz mit weißen Lisenen und Pilastern anstelle des urspr. ockerfarbenen Glattputzes arg entstellt worden. Ähnliches gilt für den ummauerten, bis Frühjahr 1991 gesperrten Teil des Parks mit seinen etwa 300 Jahre alten Bäumen. HB-S

Schloßpark. Den bereits im späten 18. Jh. in englischen Formen umgestalteten Park veränderte Peter Joseph Lenné erneut 1828–31. Eindrucksvoll ist die nach O führende Schloßallee. HB-S

Die Anlage der **Wohnbauten** an der Grabbeallee (früher: Lindenstraße) – 1908/09 von Paul Mebes und Paul Emmerich für den Beamten-Wohnungs-Verein zu Berlin errichtet (Mebes war technischer Direktor dieses Vereins) – entspricht fast genau der ein Jahr vorher entstandenen am Fritschweg in Steglitz (→ S. 255); die Funktion der Wohnstraße übernimmt hier die – allerdings als Sackgasse geführte – Paul-Franke-Straße. Fassaden ebenfalls in Rathenower Handstrichziegeln, bildhauerischer Schmuck ebenfalls von Walter Schmarje. Die Zahl der Wohnungen beträgt hier in Niederschönhausen 174; sie liegen – wie in Steglitz – überwiegend als Zweispänner in Baublöcken, die nicht tiefer als 9–10 m sind; nur in den Eckbauten sind Dreispänner angeordnet. GK

An der Schönholzer Heide (Heinrich-Mann-, Cottastraße) haben Paul Mebes und Paul Emmerich 1929–31 ein **Altenheim** im Pavillonstil errichtet, das aus 2geschossigen Putzbauten mit Satteldächern besteht. Es wird seit dem 2. Weltkrieg für staatliche Zwecke benutzt (bis 1990 Internat der Parteihochschule). GK

In dem an der Dietzgenstraße gelegenen romantischen **Brosepark**, der zu dem Sommerhaus des Berliner Bankiers und Kunstsammlers Wilhelm Brose, eines Freundes von Schinkel und Beuth, gehörte, steht eine Bronzestatue von Reinhold Felderhoff, eine *Mutter mit Kind* (1911). HB-S

Grabbeallee. Wohnbauten von Mebes und Emmerich

Pankow: Niederschönhausen. Rosenthal. Blankenfelde

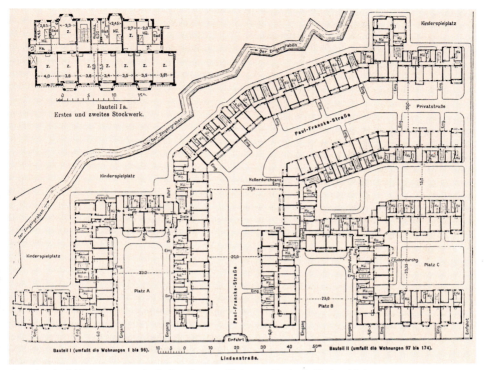

Lageplan der Wohnhausgruppe des Berliner Beamten-Wohnungs-Vereins in Niederschönhausen

Rosenthal

Das Angerdorf wird 1375 zuerst erwähnt, jedoch stammt die Kirche bereits aus dem 13. Jh. Wie das benachbarte Blankenfelde besaß auch Rosenthal um 1700 eine einfache (verschwundene) Schloßanlage mit Garten. 1624 zählte der Ort 216 Einwohner, 1801 239, 1856 400.   *HB-S*

Trotz des Zusammenhangs mit der Vorortbesiedlung hat der Ortskern in der Hauptstraße sein dörfliches Aussehen mit überwiegend 1geschossigen **Häusern** (Stuckfassaden bei **Nr. 152**, **165**, **109** und **96**) und Dorfanger bewahrt. Zum **Gutshof** bei der Kirche gehören ein schlichtes 7achsiges Haus mit Krüppelwalmdach und ein markanter gestreckter Stall zwischen Kopfbauten, ein Backsteingebäude in Formen der Schinkel-Schule.   *HB-S*

Die **Dorfkirche** (Hauptstraße) zeigt mittelalterl. Substanz (13. Jh.) nur noch in den aus Granitquadern gemauerten Wänden des Langhauses. Die Fenster sind vergrößert.

1880 wurden Querschiff und Chor aus gelben Ziegeln statt eines barocken O-Teils von 1705 erbaut. 1902/03 folgte der aufwendige Turm.   *HB-S*

Blankenfelde

Das Straßendorf wird 1375 erstmals erwähnt, dürfte jedoch schon um 1230 gegründet worden sein. König Friedrich I. ließ hier um 1700 einen inzwischen verschwundenen Lustgarten mit einfachem Schloßbau anlegen. Im 16. Jh. bestand das Dorf aus 17 Bauernhöfen. 1624 zählte es 193 Einwohner, 1801 243, 1856 367, 1874 442. Die Entwicklung des Ortes stagnierte durch die Anlage von Rieselfeldern ringsum. Nach der Eingemeindung von 1920 wurde nördl. des Dorfes eine Siedlung angelegt, wodurch sich die Einwohnerzahl auf ca. 2500 erhöhte.   *HB-S*

Der dörfliche Charakter hat sich bis heute erhalten. – Das **Herrenhaus** (Hauptstr. 28) von 1850 ist durch

130   *Pankow: Blankenfelde. Buchholz. Buch*

modernen Verputz verdorben. Einzelne **Häuser** zeigen noch die Stuckfassaden der 2. Hälfte des 19. Jh., teils schlichter, teils reicher, so **Nr. 38** (**Ev. Pfarramt**), **29**, **9**. **Nr. 23** ist ein charakteristisches schlichtes Bauernhaus mit Krüppelwalmdach.   *HB-S*

25   Die **Dorfkirche** (Haupt-/Schildower Straße) ist ein wenig sorgfältig aus Feldsteinen aufgeführter rechteckiger Saalbau des 14. Jh. mit verbrettertem Dachturm. 1680 wurde die Kirche durch Joachim Ernst v. Grumbkow, den Besitzer des Dorfes, renoviert. Bei dieser Gelegenheit entstand der Gruftbau an der S-Seite; ein Sandsteinrelief über der (neueren) Tür mit dem Allianzwappen Grumbkow/Grote deutet darauf. Bei einer Restaurierung 1938–41 wurden die schmalen Spitzbogenfenster wiederhergestellt und die unregelmäßigen Rundbogenblenden des O-Giebels (2 weitere vermauert) wieder geöffnet.

Die Torpfeiler des **Friedhofes** besitzen stark verwitterte barocke Sandsteinkapitelle.   *HB-S*

Buchholz

Das Dorf an der uckermärkischen Straße, 1242 zuerst erwähnt, zählte im 16. Jh. 15 Hüfner und 19 Kossäten. Seit sich 1688 Hugenotten hier angesiedelt hatten, hieß es Französisch-Buchholz. 1801 besaß der Ort 313 Einwohner, 1856 bereits 810 in 90 Häusern, 1874 1154, 1959 9637.   *HB-S*

Der Kern des Angerdorfes liegt in der Hauptstraße, zwischen Bucher und Blankenfelder Straße. Die Dorfaue zeichnet sich noch ab, ist aber als Anlage zerstört. Die **Bebauung** ist noch weitgehend ländlich, jedoch von geringem Reiz.   *HB-S*

26   Die **Dorfkirche** (Hauptstraße) besteht aus einem rechteckigen, sorgfältig gemauerten Granitquaderbau der 2. Hälfte des 13. Jh., einem weit ausladenden Querhaus mit halbrunder Apsis aus Backstein von 1852 (statt des urspr. Chorquadrats mit Apsis) und einem Turm von 1886. 1852 wurden ferner Portal und Fenster des Langhauses vergrößert und das Motiv der Staffelgiebel von den Querhausfassaden auf die W-Wand übertragen. Am meisten spricht die O-Ansicht des Querhauses durch seine Großzügigkeit an.   *HB-S*

Buch

Das Dorf wird 1375 als Wentzschenbuk erstmals genannt, dürfte also eine urspr. wendische Siedlung sein. Ein germanisches bronzezeitliches Dorf wurde durch Funde ermittelt. 1375 gab es hier ein Lehnschulzengut, einen Krug, eine Mühle und 21 Kossätenhöfe. 1450 ist das ganze Dorf im Besitz der Herren v. Röbel. 1670 gelangt es an die Freiherren v. Pöllnitz, 1724 an den Staatsminister v. Viereck, von dem es der Staatsminister v. Voß erbte. 1898 erwarb die Stadt Berlin das Gut. Im 16. Jh. gab es hier 10 Hüfner und 16 Kossäten. 1624 betrug die Einwohnerzahl 186, 1801 228, 1856 260. Bald nachdem Buch Bahnstation geworden war (1875), begann die Anlage der Kolonie Buch westl. der Bahn. Seit 1899 entstanden hier ausgedehnte Kliniken. 1927 zählte Buch bereits 4413 Einwohner.   *HB-S*

Kern des einstigen Straßendorfes an der NO-Grenze des Bezirks Pankow (und damit Berlins) ist Alt-Buch. Von den Resten der dörflichen Bebauung ist am eindrucksvollsten der nach 1823 erbaute große **Dorfkrug** (Alt-Buch 40, Ecke Karower Straße).   *HB-S*

Kirche (Alt-Buch)   2

1731–36 von Friedrich Wilhelm Dieterichs anstelle einer mittelalterl. Anlage erbaut. Bauherr war Adam Otto v. Viereck.

Unter den Berliner Dorfkirchen nimmt die Kirche in Buch durch ihre künstlerisch anspruchsvolle Form einen besonderen Rang ein. Der Grundriß besteht aus einer quadratischen Mitte, an die im O und W tiefere, im N und S flachere Joche angefügt sind. Hauptansichtsseite ist die S-Front. Der 3achsige Mittelrisalit mit Sandsteinsäulen vor hohen Postamenten, 2geschossig mit Rundbogenfenstern unten und Rundfenstern darüber, flankiert von den Seitenansichten der O- und W-Flügel, besitzt einen Dreiecksgiebel über ringsumlaufendem dorischem Gebälk. Eine Attika mit Vasen und Figuren (von denen nur noch die linke, ein Evangelist Johannes, erhalten ist) von vorzüglicher Qualität leiten zum Unterbau des Turmes über. Der im 2. Weltkrieg zerstörte Turm bestand aus einem hohen, durch Doppelpilaster eingefaßten Geschoß, Haube und 8seitiger Laterne. Eine Verwandtschaft mit dem Mittelbau des Charlottenburger Schlosses ist bemerkt worden.

Das Innere hatte vor der Zerstörung Deckenfresken und Stuckdekorationen an der zentralen Kuppel und eine reich geschnitzte Herrschaftsloge. Verloren sind auch der Orgelprospekt und der Schalldeckel der Kanzel. Kanzel und Altartisch sind erhalten, ebenso das Grabmal des Staatsministers Adam Otto v. Viereck († 1758) von Johann Georg Glume, 1763.

Kirche Buch. Querschnitt nach der Bauaufnahme 1891/1947

132   *Pankow: Buch. Schloß. Städt. Klinikum*

Im Winkel von S- und O-Flügel steht außen ein stark verwitterter *Taufstein* mit Renaissance-Ornamentik aus der alten Kirche.   *HB-S*

28 Der **Garten** wurde von Gerhard Bernhard v. Pöllnitz 1669/70 als holländischer Garten angelegt und erstreckte sich als schmales Rechteck von S nach N, noch erkennbar im Verlauf der Hauptwege. Nach mehrfachen Wandlungen im 18. Jh. wurde er 1813 nach S und W ausgedehnt und als Landschaftsgarten gestaltet; u. a. legte man den Teich an. Der urspr. künstlerische Charakter der Anlage ist heute weitgehend verwischt.

29 Das 3flügelige **Schloß**, ein nach 1724 erfolgter Umbau eines älteren Hauses möglicherweise von Diterichs, ist 1964 abgerissen worden. Erhalten sind nur **Nebengebäude**, ein in einem stumpfen Winkel geknickter Stall und ein 2stöckiger Wohntrakt mit einer bemerkenswerten neugot. Fassadengliederung um 1800. Verschwunden ist auch die barocke Orangerie mit ihrer eigenartig als got. Burg gestalteten Rückfront aus dem Anfang des 19. Jh.   *HB-S*

Städt. Klinikum Berlin-Buch. Von den seit 1899 im Ortsteil Buch errichteten Kliniken und Krankenhäusern seien folgende genannt:

30 **Ehem. Hufeland-Hospital** (Buch II) an der Karower Str. 11, in historisierenden Backsteinformen (1899–1906); ehem. Lungenheilstätte, heute **Ludwig-Hoffmann-Krankenhaus** 31 (Buch IV), Alt-Buch 74 (1900–05); **Betriebszentrale** Schwanebecker Chaussee (1900–06); **ehem. Alte-Leute-Heim**, heute 32 zum Ludwig-Hoffmann-Krankenhaus gehörend (Buch III), Zepernicker Str. 1 (1904 bis 1909); **Zentralapotheke**, Karower Str. 11 (1910); **Genesungsheim** (Buch I), Wilt- 33 bergstr. 50 (1910–14); **Dr.-Heim-(Tbc-)- 34 Krankenhaus** (Buch V), Hobrechtsfelder Chaussee 96–100 (1913–16 und 1927–29). – Die von Hoffmann sorgfältig komponierten, in sich geschlossenen Anlagen setzen die mit dem Bau des Rudolf-Virchow-Krankenhauses Bez. Wedding (→ S. 219) begonnene Linie fort.

In jüngerer Zeit sind zahlreiche Neubauten hinzugekommen, u. a. die **Robert-Rössle- 35 Klinik** am Lindenberger Weg (1961–68, Kollektiv R. Jaenisch). Vor der **Nuklearmedizinischen Klinik** steht eine Stahlskulptur von Achim Kühn, »*Atom im Dienste der Menschen*«.   *GK*

BEZIRK WEISSENSEE

Der Verwaltungsbezirk Weißensee wurde 1920 aus Weißensee, Hohenschönhausen, Malchow, Wartenberg und Falkenberg gebildet. 1985 wurden Hohenschönhausen, Malchow, Wartenberg und ein Teil von Falkenberg zu einem eigenen Verwaltungsbezirk Hohenschönhausen ausgegliedert (der andere Teil Falkenbergs fiel an Marzahn). Dafür kamen Heinersdorf (S. 136), Blankenburg (S. 136) und Karow (S. 137) hinzu.

Weißensee

1242 wird ein Konrad v. Weißensee erwähnt, dessen Name auf die Existenz des 1313 zuerst urkundlich gesicherten Dorfes Weißensee an der Straße nach Bernau deutet. Im späten Mittelalter entstanden hier 4 Adelshöfe, wodurch die Zahl der Bauern und Kossäten verringert wurde. 1745 vereinigte Carl v. Nüßler die Adelshöfe, baute ein Herrenhaus und legte einen Park am Weißen See an. 1800 zählte der Ort 185 Einwohner, 1856 376 in 33 Häusern. 1859 errichtete Friedrich Wilhelm Lüdersdorff als Besitzer des Rittergutes einen neuen Schloßbau und veränderte den Park. 1872 wurde der Besitz an Gustav Adolf Schön veräußert, der das Gelände des Rittergutes südl. des Dorfes dem Wohnbau erschloß. Die Siedlung Neuweißensee, deren Anfänge südl. der Berliner Allee liegen, entwickelte sich wegen der Nähe zu Berlin, wohin seit 1876 eine Pferdeeisenbahn fuhr, sehr rasch. 1880 wurde Neuweißensee mit 3891 Einwohnern in 255 Häusern selbständige Gemeinde und 1905 wieder mit Weißensee vereinigt. 1900 besaßen beide Orte zusammen ca. 35 000 Einwohner.

HB-S

Der Ortskern liegt im Bereich von Falkenberger Straße und Berliner Allee. Die Spuren der dörflichen Vergangenheit sind, abgesehen von der Kirche, völlig getilgt. Gegenüber der Kirche steht noch ein Haus in Formen der Schinkel-Schule. Das einstmals stattliche **Schloß** von 1859 ist völlig verunstaltet. HB-S 1

Ev. Kirche (Falkenberger Straße). Der älteste 2 Teil ist der Unterbau des Turmes in grobem Feldsteinmauerwerk, der Ende 13. bis Anfang 14. Jh. datiert wird. Der westl. Teil des Langhauses in Backstein stammt aus dem 15. Jh. 1863 wurde die mittelalterl. Apsis beseitigt und der Bau nach O verlängert. 1899 nahm Kirchenbaurat Theodor Prüfer abermals eine Erweiterung durch Anbau des Querschiffs und des Chorpolygons (mit $^5/_8$-Schluß) vor. Der

Wohngebäude an der Buschallee (Nordseite) von Bruno Taut

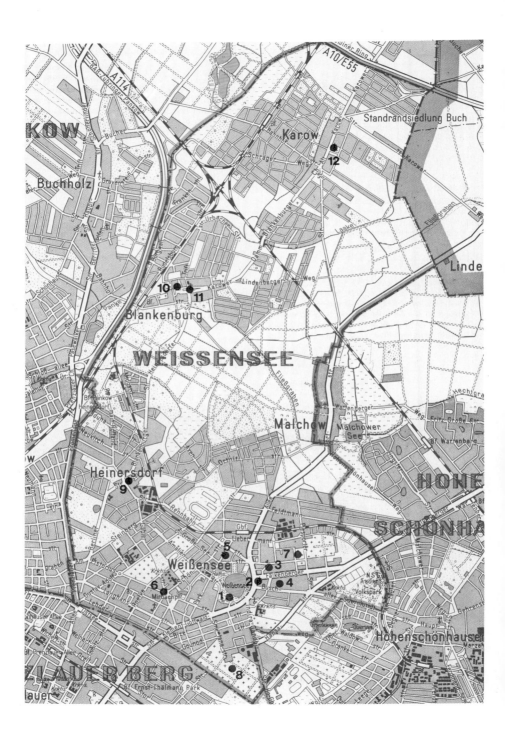

Turm in Backstein von 1822 war vor der Zerstörung im 2. Weltkrieg mit einer eleganten Lisenengliederung ein relativ frühes Beispiel von Neugotik aus dem Schinkel-Kreis. Urspr. saß auf dem quadratischen Unterbau mit Fialen an den Ecken ein schlankes Oktogon als Aufsatz, das ebenfalls mit Fialen besetzt war und einen spitzen Helm trug. Nach der Zerstörung 1943 wurde der Turm 1948/49 nach Plänen von Herbert Erbs vereinfacht wiederaufgebaut. *HB-S*

3 **Wohngebäude.** An der Trierer Straße hat Bruno Taut für die Gehag 1926–28 4geschossige Wohnbauten errichtet, anschließend (1928–30) für dieselbe Baugesellschaft 3- und 4geschossige Wohnbauten an der
4 Buschallee und der Gartenstraße. Die etwa 1 km langen Hauszeilen ziehen sich weit bis Hohenschönhausen hin. Die Hauszeilen an der Trierer Straße wurden nach einem Vorschlag des Malers Karl Schmidt-Rottluff durch geschoßhohe Farbbänder gegliedert.
5 An der Großen See-, der Rennbahn- und der Parkstraße haben die Architekten Paul Mebes und Paul Emmerich in d. J. 1930/31 eine Blockrandbebauung mit Zeilen errichtet. *GK*

Die **ev. Bethanienkirche** (Mirbachplatz), 6 1900–02 von Ludwig v. Tiedemann und Robert Leibnitz in Formen der märkischen Backsteingotik mit hohem Kalksteinsockel auf kreuzförmigem Grundriß gebaut, wurde im 2. Weltkrieg stark zerstört. Erhalten ist der 65 m hohe *Turm* mit kreuzenden Satteldächern und hoher Spitze, ebenso eine Seitenkapelle. *GK*

Jüdischer Friedhof der jüdischen Gemeinde 7 Adass Jisroel (Wittlicher Str. 24)
1869 bildete sich als Abspaltung von der Jüdischen Gemeinde die Religionsgemeinschaft Adass Jisroel, die genötigt war, 1878 einen eigenen Friedhof anzulegen. Die Anlage ist in 8 Felder geteilt. Die Grabmäler sind schlichter als auf anderen jüdischen Friedhöfen. Auffallend ist nur die aus schmiedeeisernen Stäben gebildete Grabstätte Mugdan (nach 1907). *HB-S*

Jüdischer Friedhof (Herbert-Baum-Str. 45) 8
1878 wurde für die anwachsende Jüdische Gemeinde ein neuer Friedhof in Weißensee angelegt und 1880 eingeweiht. Er ist der größte jüdische Friedhof Europas.

Jüdischer Friedhof Weißensee. Eingangsgebäude

Nach einem Wettbewerb führte Hugo Licht in der N-Ecke **Einfahrtstor** mit Portierswohnung, **Leichenhalle**, **Trauerhalle** und die **Einfriedung** in einer würdigen hellen Ziegelarchitektur aus, bei der trotz Anlehnung an die italienische Renaissance die Herkunft aus der Schinkel-Schule noch deutlich ist.

Der Friedhof, auf dem über 100000 Juden bestattet sind, enthält eine Fülle von Gräbern, die sowohl für die Geschichte des Judentums in Berlin als auch für die Kunstgeschichte bedeutsam sind. Unmittelbar hinter dem Eingang liegt ein Rondell mit einem Gedenkstein für die 6 Millionen von den Nationalsozialisten ermordeten Juden. Rechts vom Eingang ist nahe der Trauerhalle eine Ehrenreihe für herausragende Persönlichkeiten der Gemeinde angelegt. Künstlerisch herausragend sind hier die Grabmäler für den Philosophen *Hermann Cohen* (†1918) in Sarkophagform und die Stele für den Maler *Lesser Ury* (†1931) mit schöner Schrift. Repräsentative Erbbegräbnisse, hauptsächlich im nördl. Teil des Friedhofs, erinnern an den Einfluß bedeutender Familien. An der W-Ecke des Friedhofs liegt das Erbbegräbnis *Michaelis* von August Orth mit einer Säulenhalle, die von einer Kuppel bekrönt ist. An der W-Mauer sind hervorzuheben das klassizist. Mausoleum in rotem Granit für den Verleger *Rudolf Mosse* (†1920) und das fassadenartige Grabmal für *Moritz Becker* von Martin Dülfer, um 1905. Von dort trifft man auf dem Querweg auf das vielleicht aufwendigste (schwer beschädigte) Grabmal für *Anna und Sigmund Aschrott* von Bruno Schmitz. Von dem südl. gelegenen Rondell kommt man auf dem nach O führenden Weg zu dem von Otto Stichling für *Abraham Cohen* 1903 gestalteten Grabmal in bewegtfeierlichem Jugendstil. An der O-Mauer befinden sich nahe dem Eingang das von Louis Lachmann um 1910 geschaffene Mausoleum *Katz-Lachmann*, weiter südl. das 1919 für *Eugen Panofsky* von Ludwig Hoffmann gestaltete 5teilige Familiengrab, das in schwerer später Neoromantik errichtete Mausoleum für *Mathilde Mecklenburg* (†1907) sowie das stilistisch verwandte für *Hermann Hoffmann* (†1907). Am 2. Weg parallel zur O-Mauer befindet sich in der Nähe des Eingangs das edle Grabmal für *Markus Goldschmidt* (†1922), ein mit schlichten Rundbogenarkaden eingegrenzter Bezirk. Weiter südl. folgt das Erbbegräbnis für den Bankier *Oskar Loewenberg* (†1919), eine streng gestaltete Wand mit Kanneluren und 5 rechteckigen Öffnungen, in die spitzgiebelige Doppelstelen wie Türflügel eingestellt sind. Westl. davon liegt das neoroman. Mausoleum für *Julius Appelbaum*. Auf dem nach S führenden Weg gelangt man zu dem üppigen Grabmal für *Rosalie Ernst* (†1899) in Form eines Ziboriums. Im südwestl. Teil des Friedhofs ist ein 1927 nach dem Entwurf von Alexander Beer gestalteter Ehrenhain für die gefallenen jüdischen Soldaten des 1. Weltkriegs angelegt. Am dem Weg, der vom Eingang in der Indira-Gandhi-Straße halbrechts nach N führt, liegt im 3. Feld rechts das 1924 von Walter Gropius für den Kaufmann *Albert Mendel* geschaffene Grabmal in Form eines Sarges vor einer asymmetrisch gestalteten Wand. Es folgt links das aus mehreren Findlingen bestehende Grabmal *Dridso* von 1921. Am Ende des Weges nach rechts gehend gelangt man zu dem Grabmal des Kammersängers *Joseph Schwarz*

(†1926), einem dorischen Tempel. In der Nähe der O-Mauer an der Indira-Gandhi-Straße liegt das aus streng rhythmisierten Pfeilern und einem abschließenden Gebälk bestehende Grabmal für *Netti Garfunkel* (†1925). Bemerkenswert ist ferner in der Nähe des Eingangs an dieser Straße das Grabmal des 1922 gestorbenen Architekten *Louis Fränkel*, eine vermutlich von ihm selbst entworfene fünffach abgestufte spitzbogige Stele.   *HB-S*

Heinersdorf

1319 wird Heinersdorf (Heinrichsdorf) erstmals erwähnt, als Markgraf Waldemar das Dorf den Vorstehern des Heiliggeist-Hospitals in Berlin verkaufte. 1624 gab es hier 93 Einwohner, 1801 77, 1856 234, 1874 nur 180. Erst nach 1900 wurde Heinersdorf vom Wachstum der Stadt erfaßt. 1959 zählte der Ort, der seit 1920–85 zum Bezirk Pankow gehörte, 5337 Einwohner.   HB-S

Der Kern liegt in der R o m a i n - R o l l a n d - S t r a ß e (früher: Kronprinzenstraße) bei der Kreuzung der Berliner und der Blankenburger Straße. Verkehrslage und Einbeziehung in die städtische Entwicklung haben nur wenige Reste des dörflichen O r t s b i l d e s übriggelassen. 2. Hälfte des 19. Jh. mit Stuck dekorierten **Bauernhäusern Nr. 43, 48, 49** oder **60**. *HB-S*

Die **Dorfkirche** (Romain-Rolland-Straße), die 1319 bereits vorhanden war, zeigt mittelalterl. Granitmauerwerk nur noch in den Langhauswänden. Die aus Backstein erbaute Vorhalle an der S-Seite stammt aus dem späten Mittelalter. 1893 wurde der W-Turm mit quergestelltem Satteldach und spitzem Aufsatz als Reminiszenz an märkische Backsteingotik hinzugefügt; 1934/35 kam das klobige Querschiff mit dem platt schließenden Chor hinzu.   *HB-S*

Blankenburg

Das 1375 zuerst erwähnte, aber wohl schon in der 1. Hälfte des 13. Jh. gegr. Angerdorf besaß im 16. Jh. 12 Bauernhöfe. 1624 zählte es 145 Einwohner, 1801 185, 1856 350 in 31 Wohnhäusern. Erst seit dem Anfang des 20. Jh. wurde der Ort, seit 1876 Bahnstation, von der Ausdehnung Berlins erfaßt. Nach 1920 entstanden rings um den alten Kern Siedlungen von Einfamilienhäusern. 1959 besaß Blankenburg 6273 Einwohner. HB-S

Das O r t s b i l d ist noch weitgehend intakt, der Dorfanger mit Baumbestand erhalten. – A l t - B l a n k e n b u r g Nr. 3 ist der **Gutshof**, ein schlichtes, 11 Achsen langes, 2stöckiges Gebäude; die mittleren 3 Achsen sind durch leichtes Zusammenziehen hervorgehoben.   *HB-S*

Weißensee: Blankenburg. Karow   137

11 Eindrucksvoll ist die **Dorfkirche** (Alt-Blankenburg/Priesterstege), ein Granitquaderbau der Mitte des 13. Jh., mit wuchtigem Turm auf quadratischem Grundriß und gleich breitem Langhaus. Der verputzte Turmaufsatz mit barocken Rundbogenfenstern trug bis zur Restaurierung 1939/40 statt des nahezu flachen Daches ein Zeltdach mit barocker Laterne. Die Stichbogenfenster des Langhauses sind barock. Der O-Giebel zeigt 4 schlanke Spitzbogenblenden. Auf der S-Seite sind ein Rundbogenportal und ein got., mit Ziegeln eingefaßtes Portal vorhanden. Spätgotisch ist der Sakristeianbau an der N-Seite.

Im Inneren von der Decke herabhängender barocker *Taufengel* und ovaler, mit üppiger Akanthusschnitzerei umgebener *Altaraufsatz*. *HB-S*

Karow

1375 wird das vermutl. nach der Familie Kare genannte Dorf erstmals erwähnt, ist jedoch wohl schon um die Mitte des 13. Jh. gegründet worden. Die Kirche ist eine Filiale von Buch. Mit diesem Ort ist Karow auch durch die Besitzverhältnisse eng verbunden gewesen. 1624 zählte Karow 145 Einwohner auf 11 Bauern- und 9 Kossätenhöfen (1801: 150, 1856: 285, 1927: 1769). 1882

wurde Karow Bahnstation und damit von der städtischen Entwicklung erfaßt, die die Gründung der Kolonie Karow südl. der Bahn zur Folge hatte. *HB-S*

Der Ortskern Alt-Karow des langgestreckten Straßendorfes ist mit zumeist 1stöckiger Bebauung größtenteils noch im Zustand des späten 19. Jh. erhalten. Bemerkenswerte Stuckfassaden an den **Häusern** Alt-Karow **Nr. 44, 17, 54** und **6**. *HB-S*

Die in der 1. Hälfte des 13. Jh. aus relativ grob bearbeiteten Granitblöcken errichtete **Dorf-** 12 **kirche** (Alt-Karow) entspricht in der gestuften Anlage von Langhaus, Chorquadrat und halbrunder Apsis den Kirchen in Marienfelde und Mariendorf, besaß jedoch keinen Turm. Ein bis 1824 vorhandener Dachturm stammte von 1552. 1845–47 erhielt der Bau einen zu aufwendigen Akzent in dem 3geschossigen, mit dem Langhaus durch ein 1achsiges »Gelenk« verbundenen, aus gelben Ziegeln gemauerten Turm, der einen 8seitigen Aufsatz und ein Pyramidendach trägt. Die Fenster des alten Baues sind verändert; an der S-Seite erkennt man noch ihre urspr. Form. Der Sakristeianbau an der N-Seite ist spätmittelalterlich. Das Langhaus besitzt eine flache Tonne aus neuerer Zeit.

Kanzel und *Taufe* stammen von 1622. An den Emporenbrüstungen befinden sich 33 *Gemälde* mit alt- und neutestamentlichen Szenen, um 1600. *HB-S*

Hohenschönhausen 139

BEZIRK HOHENSCHÖNHAUSEN

Der Verwaltungsbezirk wurde 1985 gebildet und besteht aus den früher zu Weißensee gehörenden Orten Hohenschönhausen, Malchow (S. 140), Wartenberg (S. 141) und einem Teil von Falkenberg (S. 141).

Hohenschönhausen

Spuren eines altgermanischen Gräberfeldes wurden 1884 gefunden. 1375 wird der Ort als Schönhusen alta genannt. 1450 befand sich hier ein Rittersitz im Besitz von Hans Glinicke. 1624 gab es 10 Hüfner und 3 Kossäten im Ort, insgesamt 102 Einwohner, deren Zahl bis 1801 auf 159, bis 1856 auf 442 (in 31 Wohnhäusern) stieg. Auf dem Gebiet des Rittersitzes entstand in der 2. Hälfte des 19. Jh. die Kolonie Neu-Hohenschönhausen, eine selbständige Landgemeinde, die 1911 wieder mit Hohenschönhausen vereinigt wurde. 1966 betrug die Einwohnerzahl 20976. Große Teile des Ortes sind in den 1920/30er Jahren bebaut worden. Seit 1984 entsteht nordöstl. des alten Ortskerns eine Großsiedlung für ca. 100000 Bewohner. *HB-S*

Der alte Kern in der Hauptstraße erinnert mit mehreren 1stöckigen Bauernhäusern (**Nr. 12** und **39** mit Stuckfassaden) noch an die dörfliche Vergangenheit. Die Dorfaue ist in Resten erhalten. **Hauptstr. 38** ist eine reich komponierte Villa mit Turm aus der Schinkel-Nachfolge. *HB-S*

Die **Dorfkirche** (Ecke Haupt-/Wartenberger Straße) ist eine der kleinsten in Berlin. Der älteste Teil ist der wohl noch aus dem 13. Jh. stammende, in sorgfältiger Granitquadertechnik gemauerte platte Chorschluß, dem ein breiteres, fast quadratisches Langhaus im 14. oder 15. Jh. in nachlässigerer Mauertechnik aus Feldsteinen angefügt wurde. Spätmittelalterlich ist auch die im N an den Chor angebaute Sakristei. An der S-Seite des Langhauses ist eine Vorhalle in Formen der 2. Hälfte des 19. Jh. angefügt. Ihr ist eine zweite am Chor von 1924 angeglichen. Der wohl 1738 aufgesetzte Dachturm wurde im 2. Weltkrieg zerstört. – Das Innere ist gewölbt. Die spätmittelalterl. Gewölbe des Langhauses ruhen auf einem in der Mitte des Raumes stehenden Pfeiler.

Ein seit 1924 hier befindlicher *Flügelaltar* von etwa 1450 aus der Kirche in Wartenberg ersetzt das 1875 in

Herrenhaus Malchow

das Märkische Museum verbrachte angestammte Retabel. Ebenfalls aus Wartenberg stammen die Figuren von 2 weiblichen Heiligen (Anf. 15 Jh.). *Kanzel* und *Emporen* sind Werke des 17. Jh. *HB-S*

2 Das **Wohnhaus Lemke** (Oberseestr. 60) ist 1932 nach Plänen Ludwig Mies van der Rohes errichtet worden: 1 geschossiger Winkelbau aus dunkelrotem Mauerwerk mit einer zum Garten angelegten Terrasse, zu der sich Wohnraum und Atelier mit großen, verglasten Flächen öffnen. *GK*

Malchow

Das Angerdorf an der nach Bernau führenden Straße findet erstmals in einer Urkunde von 1344 Erwähnung, jedoch deutet die Kirche auf eine Gründung schon im 13. Jh. 1624 besaß Malchow 12 Bauern- und 12 Kossätenhöfe mit 173 Einwohnern. 1801 betrug die Zahl 233, 1856 451. Ein Rittersitz ist 1375 erwähnt. Er gehörte bis 1684 der Familie Barfuß, danach Paul v. Fuchs, Geheimsekretär des Großen Kurfürsten und Minister Friedrichs I. *HB-S*

Das Ortsbild ist wenig reizvoll, obgleich die Bebauung größtenteils noch ländlich ist. Die Dorfaue ist noch erkennbar, aber durch Asphaltwege zerteilt und besitzt keinen alten Baumbestand mehr. – Die **Dorfkirche** des 3 13. Jh. mit der Gruft des Paul v. Fuchs ist 1945 zerstört worden; Mauerwerk des polygonalen Chores blieb bis zu ca. 2 m Höhe erhalten. *HB-S*

Das stattliche **Herrenhaus** gegenüber der 4 Kirchenruine mit 3achsigem, an den Ecken abgerundetem mittlerem Vorbau und seitlich angeschobenen pavillonartigen Flügelbauten ist im Kern eine barocke Anlage. Das Äußere wurde 1865/66 in spätklassizist. Formen überarbeitet. Aus dieser Zeit stammen auch die schönen **Stallgebäude** in gelbem Backstein.

Der verwilderte **Garten** hinter dem Herrenhaus ist in seiner ersten Anlage noch aus dem 17. Jh. *HB-S*

Wartenberg

Das Dorf wird 1375 zuerst genannt, jedoch deutet die Kirche auf eine Gründung spätestens in der 1. Hälfte des 13. Jh. 1624 zählte der Ort 130 Einwohner (1801: 144, 1856: 261). Die umgebenden Rieselfelder verhindern eine Entwicklung des Ortes. HB-S

Die Dorfaue in der D o r f s t r a ß e ist noch erkennbar. Auch der Dorfteich ist erhalten. Das bäuerliche O r t s - b i l d mit z.T. schönen, wenn auch verfallenden **Bauernhäusern** (**Nr. 4**) ist durch Neubauten mit städtischem Charakter gestört. – An die 1945 gesprengte **Dorfkirche**, die ähnlich der in Marienfelde war, erinnert nur noch ein bewachsener Trümmerhaufen auf dem **Friedhof**. HB-S

Falkenberg

1370 wird Falkenberg an der nach Freienwalde führenden Straße erstmals erwähnt. 1624 zählte der Ort mit 9 Hüfnern und 6 Kossäten 110 Einwohner, 1801 waren es 164, 1856 266, 1962 1074. Seit 1875 gehört Falkenberg zu den Berliner Stadtgütern. HB-S

Das O r t s b i l d des Straßendorfes ist wenig interessant. – Auf den Torpfeilern zum **Friedhof** stehen 2 Sandsteinputten des 18. Jh. – Von der 1945 gesprengten mittelalterl. **Kirche** ist nur noch der Grundriß in niedrigem Mauerwerk zu erkennen. An die Gruft, in der die Eltern der Brüder Alexander und Wilhelm v. Humboldt beigesetzt wurden, erinnert eine 1969 angebrachte Gedenktafel. HB-S

BEZIRK LICHTENBERG

Gleichzeitig mit der Eingemeindung der Stadt Lichtenberg nach Berlin wurde 1920 auch der Verwaltungsbezirk gebildet, der außer Lichtenberg die Landgemeinden Friedrichsfelde, Biesdorf, Karlshorst, Kaulsdorf, Mahlsdorf, Marzahn und Hellersdorf sowie den Gutsbezirk Wuhlgarten umfaßte. Als 1979 der Verwaltungsbezirk Marzahn gebildet wurde, verblieben bei dem Bezirk nur noch Lichtenberg, der südl. Teil von Friedrichsfelde (S. 144) und Karlshorst (S. 146).

Lichtenberg

1288 wird das Dorf erstmals genannt. Bodenfunde deuten auf eine Besiedlung des Gebietes seit der Jungsteinzeit. Seit 1391 befand sich das Dorf im Besitz der Stadt Berlin. 1624 zählte es auf 17 Bauern- und 13 Kossätenhöfen 219 Einwohner, 1801 371, 1856 828 (in 76 Häusern). Bereits im 18. Jh. war der Ort zu einem beliebten Sommeraufenthalt Berliner Bürger geworden. Seit 1771 wurde der Friedrichsberg besiedelt; 1808 konstituierte sich der Ortsbezirk Boxhagen-Rummelsburg, der 1889 zur Gemeinde erhoben wurde. Die städtische Besiedlung begann in Lichtenberg relativ früh. 1875 zählte der Ort bereits 12379 Einwohner, 1905 55391. 1907 wurde Lichtenberg zur Stadt erhoben, die 1920 mit der Eingemeindung nach Berlin, damals mit 144662 Einwohnern, ihre Selbständigkeit verlor. HB-S

Lichtenberg hat sein Zentrum an der W-Grenze des Bezirks in der J a c q u e s - D u c l o s - S t r a ß e (ehem. Möllendorffstraße). Die Dorfaue des einstigen Angerdorfes ist als Grünanlage erhalten, und gegenüber der Kirche steht auch noch ein 1stöckiges Haus von 1848/49. Sonst ist das O r t s b i l d ganz städtisch und bes. im nördl. Gebiet völlig von neuen, gewaltigen und trotz ihrer Buntheit einförmigen **Wohnbauten** aus Fertigteilen geprägt. HB-S

1 Der rechteckige Saalbau der **Dorfkirche** (Loeperplatz) aus Granitquadern stammt aus der 2. Hälfte des 13. Jh. Die auffällig massiven Strebepfeiler an der W-Wand stehen vermutl. in einem Zusammenhang mit der 1792 unternommenen Errichtung des Dachturmes, dessen heutige Form auf eine Restaurierung von 1966 zurückgeht. Nachdem die Kirche im 2. Weltkrieg ausgebrannt war, wurde sie bereits 1952/53 erneuert. Damals hat man den O-Giebel mit den 3 Spitzbogenblenden versehen. HB-S

2 Das **Rathaus** (Jacques-Duclos-Str. 5 / Rathausstraße) wurde 1897/98 vom Gemeindebaumeister Knipping an spitzer Straßenecke in backsteingot. Formen mit Ziergiebel und hoher Spitze erbaut. Die beiden Gebäudeflügel sind im rückwärtigen Teil geschlossen. GK

3 Die **ev. Glaubenskirche** (Roedeliusplatz) erbauten 1903–05 Ludwig v. Tiedemann und Robert Leibnitz als 2schiffige Hallenkirche in Backstein mit 2 Querschiffen und hohem Kalksteinsockel. Im W eine Doppelturmfront. Fassadendetails sind wie die Netzgewölbe im Innern an spätgot. Formen orientiert. GK

4 Die **ev. Erlöserkirche** (Nöldnerstr. 43) von Max Spitta entstand 1890–92 als erste der zahlreichen Großkirchen des ev.-kirchlichen Hilfsvereins, in enger Anlehnung an die Apostelkirche in Hannover von Conrad Wilhelm Hase. Der Ziegelbau zeigt klare neugot. Formen und konzentriert seine Wirkung in dem zur Straße vorgestellten, folgerichtig über Strebepfeiler, Giebel und Ecktürmchen zum spitzen Helm aufsteigenden Turm. Innen wirkt die kreuzförmige Basilika durch das sehr breite Mittelschiff und die als Umgang mit Emporen ausgebildeten Seitenschiffe saalartig. EB-S

5 Der **Schulbau** am N ö l d n e r p l a t z (Schlichtallee, Fischerstraße), 1927–35 nach Entwürfen von Max Taut als Klinkerbau errichtet, umfaßte urspr. ein Lyzeum, eine Mittel- und eine Berufsschule mit 2 Turnhallen und gemeinsamer Aula, die im 2. Weltkrieg zerstört wurde. GK

6 Neuere **Wohnkomplexe** sind seit 1969 an der F r a n k f u r t e r A l l e e (Süd) entstanden. Sie enthalten Wohnungen für etwa 16000 Einwohner; die Entwürfe stammen von den Kollektiven Heinz Mehlan u. a. GK

7 Das **Kraftwerk Klingenberg** (Köpenicker Chaussee in Rummelsburg, am rechten Ufer der Spree) wurde 1924–26 von den Architekten Walter Klingenberg und Werner Issel, für damalige Verhältnisse modern und für einen stark automatisierten Betrieb, errichtet. Anlieferung der Kohle sowohl über Gleisanschluß als auch auf dem Wasserweg. Das Wasser der Spree wurde gleichzeitig als Kühlwasser benutzt. Großenteils sichtbare Stahlkonstruktion, mit verschiedenen, teilweise dekorativen Verbänden ausgemauert. Die urspr. 8 Rauchrohre wurden bei einem Umbau in den

Kraftwerk Klingenberg. Spreefront. Zustand 1961, vor dem Umbau

60er Jahren durch 2 Rohre neuzeitlicher Konstruktion ersetzt. GK

8 **Städt. Zentralfriedhof** (Gudrunstraße)
Der von Hermann Mächtig entworfene Friedhof wurde 1881 eröffnet. Von jeher war er Ruhestätte zahlreicher Führer der politischen Linken in Deutschland. Mies van der Rohes 1934 abgetragenes expressionistisches Ehrenmal für Rosa Luxemburg und Karl Liebknecht (1926 geweiht) hat man nicht rekonstruiert, 1983 lediglich seine Konturen durch Mauerwerk angedeutet.

Rechts vom Haupteingang wurde 1949–51 die »Gedenkstätte der Sozialisten« neu geschaffen: im Mittelpunkt ein hohes unregelmäßiges stelenartiges Granitmal mit 12 radial gelegten Steinplatten, auf denen die Namen großer Arbeiterführer stehen.

Jenseits der die Anlage umziehenden Rundmauer findet sich am Rondell des alten Friedhofes das Grabmal für den Maler *Paul Meyerheim* (1842–1915) in Form einer Stele mit einer Urne als Hochrelief in einer Nische.

Das Grab von *Käthe Kollwitz* (1867–1945) liegt an einem Sandquerweg (dem 3. vom Hauptweg) linker Hand; der Stein (Grabstätte Schmidt) trägt ihr Relief »Ruht im Frieden seiner Hände« von 1936. Rechts daneben das Grab des Malers *Otto Nagel* (1894–1967). HR

Friedrichsfelde

Das Dorf an der Straße nach Frankfurt a. d. Oder, das 1265 zuerst erwähnt wird, hieß bis 1699 Rosenfelde. Seit 1682 erwarb der Generaldirektor der Marine Benjamin Raule, der sich hier ein Lusthaus erbaute, nach und nach den größten Teil des Dorfes, das 1624 bereits 235 Einwohner zählte. Nachdem Raule 1696 in Ungnade gefallen war, gelangte die Besitzung an den Kurfürsten. Friedrich Wilhelm I. schenkte das Schloßgut 1717 dem Markgrafen Albrecht Friedrich von Brandenburg-Schwedt. Wegen der Nähe zu Berlin entwickelte sich Friedrichsfelde im 19. Jh. rasch. 1801 zählte der Ort 479 Einwohner, 1856 bereits 1405, 1880 ca. 3200, 1900 ca. 7200. 1881 erhielt er einen Bahnhof. HB-S

Der Siedlungskern liegt in der Alfred-Kowalke-Straße. Hier wurde 1891 die alte **Dorfkirche** abgerissen und durch einen Neubau ersetzt; nach Kriegszerstörung stark vereinfacht wiederaufgebaut (H. Erbs, 1951). Die Dorfaue ist als kleine Grünanlage vorhanden. HB-S

Auf dem Weg von der Straße Am Tierpark zum Schloß liegt rechts das gut erhaltene **ehem. Küchengebäude** von 1762, ein 1geschossiger Trakt zwischen 2geschossigen

Kopfbauten. Sein Mansarddach ruht auf einer Reihe toskanischer Säulen, deren äußerste verdoppelt sind. *HB-S*

1 **Schloß** (im Tierpark)
● Das für den Generaldirektor der kurfürstlichen Marine Benjamin Raule 1695 in der Art eines holländischen Landhauses erbaute Schloß bestand aus einem 5 Achsen breiten Bau mit niedrigem Erdgeschoß und 2 Obergeschossen. Die mittlere Achse war als Risalit vorgezogen und mit einer Freitreppe sowie einem Dreiecksgiebel versehen. Pavillonartige 2stöckige Flügel wurden um 1705 seitlich angefügt. Eine Pilasterordnung rhythmisierte die Wand. Diese Anlage ist in der Vorderfront noch erhalten. 1719 wurde das Schloß, das nach dem Sturz Raules 1696 an Friedrich III. gefallen und 1717 von Friedrich Wilhelm I. dem Markgrafen Albrecht Friedrich von Brandenburg-Schwedt geschenkt worden war, von Martin Böhme an beiden Enden um je 3 Achsen erweitert. Der Mittelgiebel wurde aufwendiger gestaltet. 1762 kam die Anlage in den Besitz des Prinzen Ferdinand von Preußen, des jüngsten Bruders Friedrichs d. Gr. 1785 erwarb sie der Herzog Peter von Kurland. Nachdem sie seit 1797 noch zweimal den Besitzer gewechselt hatte, erwarb die Familie v. Treskow das Schloß 1816. Das urspr. abgewalmte Satteldach hat man vermutl. am Anfang des 19. Jh. zu einem Mansarddach verändert und die urspr. reich bewegten Bekrönungen der 5 mittleren Achsen durch Dreiecksgiebel ersetzt.

Nach dem 2. Weltkrieg verkam der Bau so sehr, daß bei der Wiederherstellung 1968–81 im Inneren nur wenige originale Teile gerettet werden konnten, so das reich geschnitzte Treppengeländer von 1719, Fragmente der klassizist. Architekturmalerei im *Treppenhaus* und des Stucks im *Festsaal* von 1785, die indessen eine zuverlässige Rekonstruktion dieser beiden Räume erlaubten. Die übrigen 14 Schauräume sind mit Tapeten und Ausstattungsstücken unterschiedlicher Provenienz ausgestattet.

Der *Gartensaal* enthält eine Landschaftstapete von etwa 1770 aus der Oberförsterei Zinna, vielleicht von Carl Friedrich Fechhelm, und 4 reich geschnitzte Tabourets um 1710 aus dem Berliner Schloß. Östl. schließen an ein »*Jagdzimmer*« mit einer Tapete aus Ostrau bei Halle und 2 Zimmer mit vorzüglichen gemalten Wandbespannungen (Rocaillen- und Blumenmotive) aus Schloß Lohm bei Kyritz (um 1750). Über dem Kamin des ersten Raumes hängt ein Bildnis des Prinzen Ferdinand von Preußen aus der Pesne-Werkstatt. Weitere 5 Bildnisse Pesnes und seiner Schule befinden sich in dem Raum an der SO-Ecke: Königin Elisabeth Christine von Preußen (2), Prinzessin Philippine Charlotte von Preußen, Sophie Caroline Hedwig v. Tettau, eine Gräfin Truchseß zu Wald-

Schloß Friedrichsfelde, Gartenseite. Kolorierter Stich eines unbekannten Künstlers (Ausschnitt). Um 1815

146 Lichtenberg: Friedrichsfelde. Karlshorst

burg. Westl. des Gartensaales folgen 3 Räume, von denen der erste eine qualitätvolle Rokokotapete besitzt. – Die Räume des O b e r g e s c h o s s e s sind im Anschluß an den üppig dekorierten Festsaal in einem klassizist. Stil nachempfunden. Bemerkenswert sind 2 Bilder (von 12) der Amor-und-Psyche-Tapete von Dufour in Paris (1815/1816), ein Ofen aus Fayence und Eisen (1780) und 2 Bildnisse der Pesne-Werkstatt: Prinzessin Friederike von Preußen und Luise Eleonore v. Wreech.
Am A u ß e n b a u wirken die frei erfundenen Giebelreliefs mit Herkules (S) von Baldur Schönfelder und Neptun (N) von Werner Richter unglücklich. HB-S

12 **Tierpark,** ehem. Schloßpark (Am Tierpark 125)
Zu der Schloßanlage gehörte von Anfang an ein Garten in Form eines langgestreckten, von Kanälen eingefaßten Rechtecks, bestehend aus einem kleineren Lustgarten (Nordparterre) vor dem Schloß, einem Hintergarten (Südparterre) und daran anschließend einem Tiergarten. Diese Einteilung zeichnet sich noch heute ab. 1821 wurde der Garten durch Lenné in einen Landschaftsgarten verwandelt und nach O erweitert. Von der Gestaltung Lennés ist kaum noch etwas vorhanden. Das nördl. Parterre wurde nach einem Entwurf Christoph Friedrich Reichnows von 1767 rekonstruiert. Das Südparterre soll mit Blumenornamenten im Rasen, modernen Bronzeskulpturen, Brücken und großen laternenartigen Gehäusen den Eindruck einer Anlage des 18. Jh. erwecken. Der größte Teil des Geländes ist nach Planungen von Reinhold Lingner und Heinrich Dathe (1955) in einen Tierpark verwandelt worden. HB-S
Am Zugangsweg zum Haupteingang, der ein geschmiedetes *Eingangstor* von Fritz Kühn erhalten hat, steht die Bronzegruppe »*Junge Pferde*« (1937) von Fritz Drake. – Vor dem Schloß finden sich einerseits 2 *Sandsteinfiguren* in leerer Nachempfindung barocker Parkfiguren, zum andern – noch problematischer – 4 Bronzegruppen in Lebensgröße, *Kinder mit Zootieren,* zugespitzt im Ausdruck und modisch-realistisch in der Kleidung, ohne Plinthe auf jeweils einem Treppenpodest zum Parterre aufgestellt.
Die »zoo-gemäße« Plastik ist zahlreich: Rechter Hand, am Wisentgehege, ein röhrender *Riesenhirsch* in Lebensgröße, eine Rekonstruktion in Bronze nach sorgfältigen paläontologischen Studien von Erich Oehme (1961) – interessant als neue Spezies innerhalb der Kunstbildnerei, da derartige Nachbildungen bisher in naturkundlichen Museen ihren Ort hatten.
Die beiden monumentalen *Löwengruppen* vor dem **Alfred-Brehm-Haus** (1963, Heinz Graffunder u. a.) sind erst durch bedenkliche Neuaufstellung entstanden. (Urspr. waren die Löwen einzeln versetzt, über Waffen und Fahnen liegend, auf den diagonal vorspringenden Sockelpfeilern des Kaiser-Wilhelm-I.-Denkmals von Reinhold Begas [1892–97] an der Schloßfreiheit. Ihr Wesen war attributiv zu verstehen: Die ruhige Haltung über den Trophäen sollte den geschichtlichen Ruhm, das Aufgerecht-Wachsame die Verteidigungsbereitschaft verkörpern.) Die überaus naturalistische Neuaufstellung auf aus Granitblöcken gefügten Felsbrocken gibt ihnen eine falsche Bedeutung von Wildheit, ihr paarweises Sitzen einen anekdotischen Zug. Als frühe Werke von August Kraus und

August Gaul (wobei besonders Gaul mit Verve die kleinen Begas-Modelle ins Große übertrug: der aufgereckte Löwe!), sind sie im Œuvre dieser Bildhauer extreme Beispiele naturalistisch-malerischer Plastik, die es zu überwinden galt. – Im Raubtierhaus steht (von Otto Maerker) die Bronzebüste *Alfred Brehms,* dessen »Tierleben« (1863/69) draußen in der Tierplastik sein spätes Echo findet.
Am Außenring gibt es eine weitere bronzene »Nachschöpfung« von Erich Oehme: die vor 150000 Jahren ausgestorbene *Säbelzahnkatze* (1964), in bedrohlicher Aktion aufgerichtet angreifend; nahebei, über der Freilichtbühne, ein riesiger Bronze-*Hirsch* auf hohem Sockel von H. Darsow.
Auf dem Kinderspielplatz hat ein großer *Bär* von Wrba seinen Platz gefunden, im Kindertierpark ein *junger Elch* von Harry Christlieb; der Spielplatz bietet noch ein originelles *Klettergerüst* aus Bronze mit Tierfabelszenen.
Oberhalb des Ententeiches erhebt sich der sog. **Lenné-Tempel** mit einer neckischen *Brunnengruppe* aus Bronze von Senta Baldamus, und am Lennéring steht die Büste (1964) des Parkschöpfers *Peter Joseph Lenné* (1789–1866) von derselben Bildhauerin. Nördl. des Lennéhügels wurde die 1898 von Jeremias Christensen für das Berliner Rathaus geschaffene »*Sprea*« (Marmor) aufgestellt. – Zwischen Cafeteria und Schloß fällt die Gruppe abwehrbereiter *Moschusochsen* von W. Löber auf; wegen ihres Keramikmaterials und einer geschlossenen Formgebung ist sie als weniger realistisches Werk hier eine Ausnahme. HR

Die Wohnbebauung **»Sonnenhof«** (Archenholdstraße 13
[früher: Walderseestraße], Delbrückstraße, Marie-Curie-Allee [früher: Capriviallee] und Bietzkestraße [früher: Fürst-Bismarck-Straße] wurde 1926/27 als 3- und 4geschossige, geschlossene Randbebauung in Stahlbetonbauweise von Erwin Gutkind errichtet. Im begrünten Innenhof ein **Kindergarten.** – In der Nachbarschaft (B i e t z k e - und L i n c o l n s t r a ß e) weitere 14
Wohnbauten von Paul Mebes und Paul Emmerich (1926/27). GK

Das **Hans-Loch-Viertel** (Hans-Loch-Straße; 1961–66) 15
mit etwa 5000 Wohnungen ist vom Kollektiv Werner Dutschke u. a. geplant worden. 4geschossige Typenbauten wechseln mit 17geschossigen Mittelganghäusern. GK

Karlshorst

1893 kaufte eine Vereinigung, die sich den Bau von Eigenheimen für Minderbemittelte zur Aufgabe gemacht hatte, Terrain nördl. und südl. der Eisenbahnlinie nach Fürstenwalde. Die Kolonie erhielt nach dem 1828/29 von Karl v. Treskow angelegten Vorwerk (in der Waldowallee) den Namen Karlshorst. 1895 waren 8 Häuser fertiggestellt. Die Einwohnerzahl der rasch sich entwickelnden Gartenstadt stieg von 214 (1895) auf ca. 23000 (1932). HB-S

Marzahn 147

BEZIRK MARZAHN

Im Zuge der Errichtung einer Satellitenstadt wurde 1979 aus Marzahn, dem N-Teil von Friedrichsfelde, einem Teil von Falkenberg, Hellersdorf, Biesdorf (S. 148), Kaulsdorf und Mahlsdorf – Orten, die vorher zu Lichtenberg und Weißensee gehört hatten – ein neuer Stadtbezirk gebildet. 1986 wurde Hellersdorf mit Kaulsdorf und Mahlsdorf, also der östl. Teil Marzahns, zu einem gesonderten Stadtbezirk ausgegliedert.

Marzahn

Der Ort an der Landsberger Chaussee wird *1300* zuerst erwähnt. *1624* ist das Dorf mit 96 Einwohnern auf 8 Bauern- und 5 Kossätenhöfen relativ klein; *1856* zählt es 442, *1925* 934 Einwohner.   *HB-S*

Der Kern ist Alt-Marzahn. Die Dorfaue ist in Resten noch vorhanden. Die älteren **Bauernhäuser** sind fast durchweg schmucklos; das Ortsbild im ganzen ist wenig ansprechend. – Seit 1975 ist nach Plänen von Roland Korn, Peter Schweizer u. a. eine **Wohnstadt** für ca. 150 000 Einwohner entstanden. Die Gebäude wur-

Alt-Marzahn mit der Dorfkirche

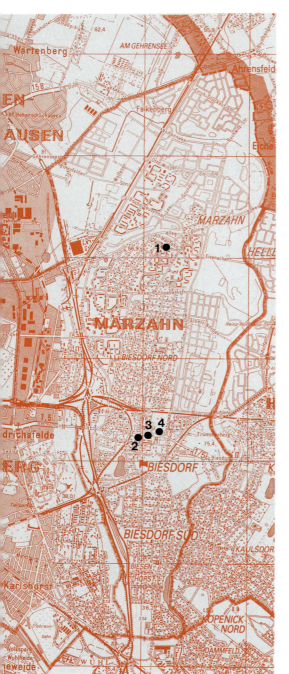

den in industrieller Montagebauweise (Großplatten) errichtet. *HB-S*

Die mittelalterl. **Dorfkirche** (Alt-Marzahn) 1
wurde abgerissen und 1871 durch einen Neubau aus gelben Ziegeln und in got. Formen ersetzt (Entwurf Friedrich August Stüler, Ausführung Edward Bürkner). Den Eindruck bestimmen die Treppengiebel an Turm und O-Wand. *HB-S*

Biesdorf

Die erste Erwähnung des Angerdorfes mit Gutshof, Kirche und 24 Kossätenhöfen an der Straße nach Frankfurt a. d. Oder findet sich 1375. Im 16. Jh. besaß der Ort 19 Höfe. 1624 zählte er 235 Einwohner, 1801 288, 1856 563 in 41 Häusern. 1839 Dorfbrand. *HB-S*

Der Ortskern liegt im Bereich von Alt-Biesdorf, zwischen Mozart- und Globsower Straße. Der Dorfanger ist erhalten. Bebauung des 19. Jh. (nach dem Dorfbrand 1839) findet sich bes. noch an seinem S-Rand (**Alt-Biesdorf 15**, **16**, **18** [3 einheitliche Häuser]; 2
63, **60** und **24**). *HB-S*

Die **Dorfkirche** (Alt-Biesdorf) besitzt Reste des 3
in das 14. Jh. dat., relativ sorgfältigen Granitquaderbaues in den Wänden des Langhauses. Die halbrunde Apsis und der got. W-Turm sind nicht ungeschickte Zutaten von 1896/97. Nach der Kriegszerstörung wurde dieser Zustand 1950/51 wiederhergestellt. *HB-S*

An dem zur Straße abfallenden Hang liegt inmitten eines hauptsächlich mit Buchen bestandenen Parkes das 1868 von Gropius und Schmieden erbaute **Schloß** (Alt-Biesdorf 55) 4
des Rittergutsbesitzers H. H. v. Rüxleben. 1887
erwarb es Werner v. Siemens, 1927 die Stadt Berlin. Der Kern des urspr. 2geschossigen Baues (Obergeschoß nach Kriegsschaden abgetragen) auf T-förmigem Grundriß greift durch Anbauten in die Fläche aus. Eine hohe 3 × 3 Joche große Vorhalle auf Säulen und Pfeilern schiebt sich nach W vor. Durch sie bietet sich ein reizvoller Blick auf eine Allee. Im S ist eine Veranda vorgebaut, eine zweite, weiter ausladende im W. Im Winkel zwischen diesen Veranden ragt der hohe 8seitige Turm auf, dessen oberstes Geschoß ein von 8 korinthischen Säulen getragener Monopteros ist. 2 Balkone am Turm werden von Faunsmasken gestützt. *HB-S*
Die Anlage des **Parks** stammt von Albert Brodersen, 1891–98.

Schloß Biesdorf

150 *Hellersdorf*

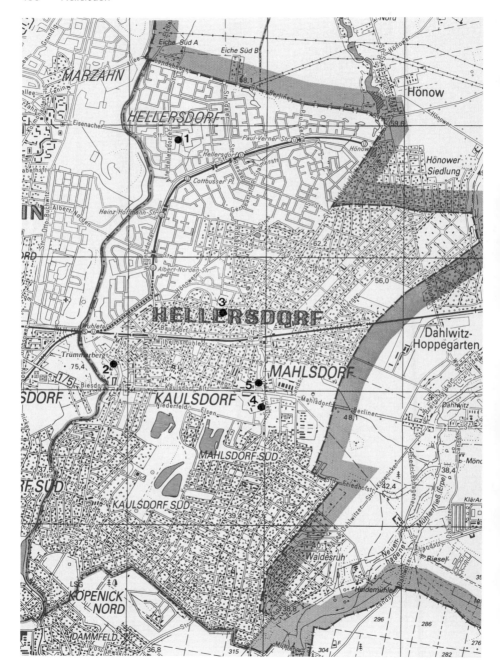

BEZIRK HELLERSDORF

1986 wurde der östl. Teil des erst seit 1979 bestehenden Bezirks Marzahn mit Hellersdorf, Kaulsdorf und Mahlsdorf wieder ausgegliedert und ein 11. Ost-Berliner Stadtbezirk gebildet. Der Ausbau des Bezirks zum Wohngebiet mit typisierten Wohnhochhäusern (Großplattenbauweise) ist eingeleitet.

Hellersdorf

Hellersdorf wird 1375 erstmals genannt. 1437 ist von dem »wüsten Dorf« die Rede. 1800 gab es hier 17 Einwohner. HB-S

1 Ortskern ist Alt-Hellersdorf. Das am Stadtrand gelegene, von Rieselfeldern umgebene Dorf bestand bis in jüngere Zeit nur aus wenigen Häusern in landschaftlich völlig reizloser Umgebung. *HB-S*

Kaulsdorf

Das Dorf wird 1347 zuerst genannt. Funde deuten auf eine Besiedlung des Gebietes durch Germanen im 2. Jahrtausend v. Chr. HB-S

2 Das ehem. Angerdorf wird von der Straße (Alt-Kaulsdorf) nach Frankfurt a. d. Oder durchschnitten. Seinen Ortskern hat es in der Dorfstraße. Die an einem Hang gelegene Siedlung hat ihren ländlich-ruhigen Charakter weitgehend bewahrt. Die Bebauung besteht im wesentlichen noch aus **Bauernhäusern** des 19. Jh., charakteristisch bes. **Dorfstr. 35**, **36**, **33** und **8**. Ecke Dorfstraße / Alt-Kaulsdorf liegt ein 2geschossiger, klar gegliederter klassizist. Bau, der durch die Benutzung als Fabrik entstellt wurde. *HB-S*

2 Der 1715 barock überformte rechteckige Saalbau der **Dorfkirche** (Dorfstraße) ist im Kern mittelalterlich. An der N-Seite wurde im 15. Jh. eine Sakristei angefügt. Anstelle des Fachwerkturmes errichtete man 1875 den zu kleinteiligen W-Turm in rotem Backstein. Statt eines spitzen Helmes erhielt er 1946 ein Zeltdach. *HB-S*

3 Die **kath. Pfarrkirche St. Martin** (Giesestraße, Ecke Nentwigstr. 1) ist ein Klinkerbau mit markant-wuchtigem Turm von Josef Bachem, 1929/30.

Bemerkenswert auch wegen seiner Glasfenster und einem Altarwandmosaik von Carl Crodel, 1943 bzw. 1946, sowie verschiedener älterer Kunstwerke, u. a. einem italienischen Renaissance-Tabernakel. *HB-S*

Mahlsdorf

Mahlsdorf wird 1345 zuerst genannt; die Kirche deutet jedoch auf eine Gründung bereits im 13. Jh. Bodenfunde belegen eine Besiedlung des Gebietes schon seit der jüngeren Steinzeit. 1624 zählte der Ort 188 Einwohner, 1801 257. 1895 erhielt Mahlsdorf einen Bahnhof. Wenig später setzt die Vorortentwicklung ein. 1925 betrug die Einwohnerzahl ca. 8500. HB-S

Der Ortskern des früheren Straßendorfes liegt in der Hönower Straße, dem Hultschiner Damm und in Alt-Mahlsdorf (der nach Frankfurt a. d. Oder führenden Straße). Dieser alte Kern hat seinen dörflichen Charakter mit **Bauernhöfen**, bis auf wenige schlicht und ohne Stuckfront der Wohnhäuser (Ausnahme z. B. **Hultschiner Damm 361** oder der **Dorfkrug Alt-Mahlsdorf**), bewahrt, wenn auch der bauliche Zustand der Häuser zumeist schlecht ist. **Hönower Str. 61** ist ein Haus des 18. Jh. mit Mansarddach. *HB-S*

4 Das **Gutshaus** am S-Ende des Dorfes (Hultschiner Damm 333; **»Gemeinnützige Sammlung der Gründerzeit«**) ist ein 11achsiger, 1geschossiger Bau mit Krüppelwalm. Die Mittelachse mit Portal und Freitreppe ist 2geschossig, oben durch rundbogige Drillingsfenster und flachen Giebel, Motive der Schinkel-Nachfolge, hervorgehoben. *HB-S*

5 Die **Dorfkirche** (Hönower Str. 13) ist ein rechteckiger kleiner Saalbau mit eingezogenem längsrechteckigem Chor in sorgfältig gearbeitetem Granitquaderwerk, wohl um die Mitte des 13. Jh. Die 3 urspr. spitzbogigen Fenster am platten Chorschluß wurden bei der Restaurierung 1898 wieder geöffnet, erhielten dabei aber Rundbögen. Original ist das spitzbogige W-Portal. Die übrigen Fenster des Langhauses waren schon 1699 gebrochen worden. Der Dachturm mit einem parallel zum Langhausdach verlaufenden Satteldach ist spätmittelalterlich und anscheinend nachträglich erhöht worden. Die Turmfenster saßen urspr. tiefer. An beiden Seiten des Chores sind Sakristeien angebaut.
Im Inneren *Kanzel* um 1620, 1699 verändert. *HB-S*

Treptow (Nordwestteil)

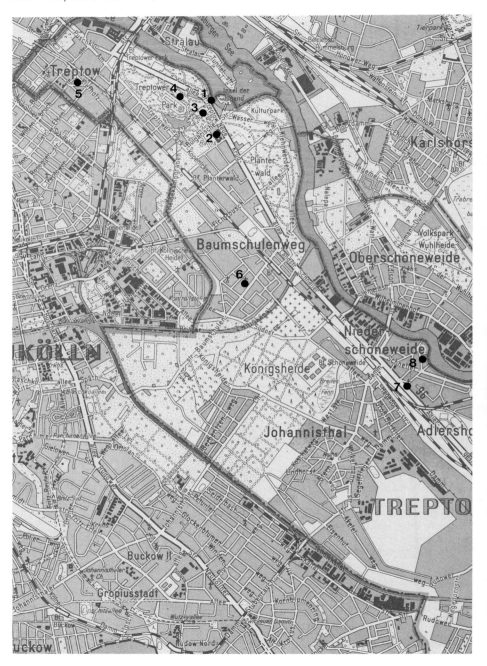

Treptow (Südostteil) 153

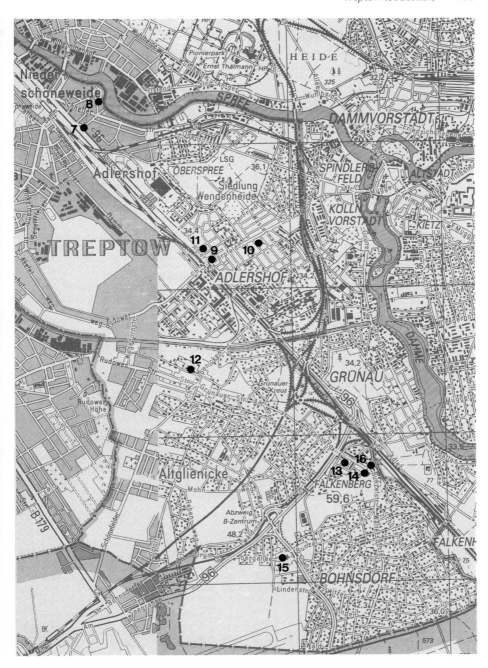

154　*Treptow*

BEZIRK TREPTOW

Zum Bezirk Treptow gehören – neben Treptow selbst – die Ortsteile Baumschulenweg (s. u.), Niederschöneweide (→ S. 155), Johannisthal (→ S. 155), Adlershof (→ S. 155), Altglienicke (→ S. 155) und Bohnsdorf (→ S. 155).

Treptow

1568 erscheint in der sonst unbesiedelten Cöllnischen Heide am Weg von Cölln nach Köpenick der Ortsname Trepkow bei einer Fischerei, aus der später ein Vorwerk entstand. Friedrich Nicolai erwähnt es 1786 als »ein Haus im Walde an der Spree, woselbst der Magistratsförster wohnet. Dabey ist ein Wirtshaus, wohin aus Berlin oft Spazierfahrten geschehen, und einige Kolonistenwohnungen«, die seit 1775 entstanden waren. Der Charakter als Ausflugsort erhielt sich. 1817 wurde das Vorwerk aufgelöst. Als zwischen 1829 und 1840 die Cöllnische Heide größtenteils abgeholzt wurde, blieb der Schlesische Busch am S-Ufer des Landwehrkanals als Park erhalten. Zwischen 1876 und 1888 gestaltete Gustav Meyer die Gelände nördl. und südl. von Alt-Treptow am W-Ufer der Spree als Park. 1874 wurde ein Amtsbezirk Treptow mit 506 Einwohnern gebildet.　　　　　　　　　　　　　　*HB-S*

1　An die Anfänge des Ortes kann die **Gaststätte Zenner** (Alt-Treptow 14–17) nur noch vage erinnern. 1821/22 errichtete Carl Ferdinand Langhans hier anstelle eines älteren Gasthauses einen noblen, von Schinkel beeinflußten Bau. Nach Kriegszerstörungen wurde 1955 für den Wiederaufbau eine neuere Stilmischung gewählt.　　　　　　　　*HB-S*

Der beherrschende Bau des alten Zentrums ist das 1909–11 von den Architekten Heinrich
2　Reinhardt und Georg Süßenguth erbaute **Rathaus** (Neue Krugallee 2–6).　　*HB-S*

In den **Anlagen** neben dem Rathaus findet sich der *Fischerbrunnen* von Reinhold Felderhoff (1916, 1925 aufgestellt), ein dem klassischen Stil nachempfundener Jüngling aus griechischem Marmor. Der Begas-Schüler verrät sich in der momentanen Bewegung und der malerischen Behandlung des Netzes.　　　　*HR*

3　**Archenhold-Sternwarte** (Alt-Treptow 1). Auf Initiative von Friedrich Simon Archenhold wurde für die Gewerbeausstellung 1896 ein Riesenfernrohr errichtet, das in den Jahren 1908/09 eine 2geschossige, hufeisenförmige Umbauung in klassizisierenden Formen von Konrad Reimer und Friedrich Körte erhielt. 1977–83 restauriert.　　　　　　　　　　　　　　　*GK*

Treptower Park (Am Treptower Park und Puschkinallee)　4
Durch die vorbeifließende Spree erhält der ausgedehnte Park seinen besonderen Reiz. Nach einer Planung von 1861 in d. J. 1876–88 ausgeführt, ist er im wesentlichen in der großzügigen Wegführung Gustav Meyers erhalten. An *Meyer* erinnert östl. des S-Bahnhofs Treptower Park eine *Marmorbüste* auf rotem Granitsockel von Albert August Manthe (1890).
Nördl. der Puschkinallee in der Nähe von Alt-Treptow wurde 1959 nach Plänen von G. Pniower ein **Sommerblumengarten** angelegt und mit zeitgenössischen Bildhauerarbeiten, hauptsächlich von Künstlern aus der DDR, geschmückt. – 1969 wurde der **Rosengarten** angelegt, mit mehreren *Brunnen* von Stephan Horota und Achim Kühn (1973).
Südl. der Puschkinallee ist die bemerkenswerteste Veränderung der alten Anlage das 1946–49 an der Stelle eines Spielplatzes angelegte **Sowjetische Ehrenmal** von J. B. Belopolskij (Architekt), E. W. Wutschetitsch (Bildhauer) und S. S. Walerius (Ingenieurin), neben der ehem. Stalinallee das gewichtigste Zeugnis stalinistischer Kunst in Berlin. Die große Sitzfigur einer Trauernden (»*Mutter Heimat*«), auf die 2 massige Triumphbogen zuführen, ist als Anfang des Programms einem Mausoleum mit der 13 m hohen Bronzefigur eines Sowjetsoldaten mit einem Kind im Arm als Siegessymbol und Abschluß der Anlage gegenübergestellt. 2 riesige Wände aus rotem Granit, wie ein gesprengter Giebel angeordnet, stellen gesenkte *Fahnen* dar und bilden die mittlere Zäsur des Hauptweges. Davor knien Bronzefiguren von 2 Soldaten. Jenseits dieser Zäsur folgen in der Mitte 5 Felder mit jeweils riesigen Lorbeerkränzen. Seitlich wird auf jeweils 8 Kalksteinkenotaphen in insgesamt zweimal 16 Reliefs die Geschichte des Krieges von 1941–45 geschildert, wobei die Darstellungen rechts und links identisch sind. An den Stirnwänden der Blöcke sind Aussprüche Stalins in Goldbuchstaben eingemeißelt, rechts in deutsch, links in russisch.　　*HB-S*

Die **ev. Bekenntniskirche** (Plesser Str. 3/4), in　5
die Häuserfront eingebunden, wurde 1930/31 von Curt Steinberg geschaffen. Die Wandflächen des die Gemeinderäume einschließenden Gebäudes sind mit roten Keramikplatten verkleidet. 2 Glockentürme flankieren den Mitteltrakt.　　　　　　　　　　　　*GK*

Baumschulenweg

Seit etwa 1890 entstand südöstl. des alten Treptow-Kerns, an dem nach der Späthschen Baumschule benannten Weg, eine dichte Bebauung. 1962 zählte der Ortsteil 27 645 Einwohner.　　　　　　*HB-S*

Die **ev. Kirche Zum Vaterhaus** (Baumschulenstr. 82–83) wurde 1910/11 von den Architekten Reinhardt und Süßenguth erbaut. Eine　6
weit zurückgesetzte, doppeltürmige Anlage,

die mit ihren Nebengebäuden – darunter eine **Schule** (Nr. 79–81) – in die Straßenfront eingebunden ist, doch einen gärtnerisch gestalteten Vorplatz bildet. *GK*

Niederschöneweide

Die Siedlung Schöneweide – seit 1871 Niederschöneweide – entstand im 18. Jh. in der Umgebung eines Teerofens. Seit 1878 selbständige Gemeinde, entwickelte sich der Ort seit dem Ende des 19. Jh. zu einer Industriegegend. 1962 betrug die Einwohnerzahl 12 113. *HB-S*

7 Die **ev. Friedenskirche** (Britzer/Grünauer Straße), 1928–30 von Fritz Schupp und Martin Kremmer erbaut, ein kubisch gegliederter Klinkerverblendbau mit kräftigem W-Turm, ist der Neuen Sachlichkeit zuzurechnen. Die 1944 ausgebrannte Kirche wurde 1951–53 vereinfacht wiederaufgebaut. *GK*

8 Die »**Spreesiedlung**« (zwischen der Hainstraße und der Spree) wurde 1932 von Paul Mebes und Paul Emmerich gebaut. 48 Wohnhäuser sind in 9 4geschossigen Zeilen in Putzbauweise zusammengefaßt; 4 kurze Zeilen öffnen sich zum Spree-Ufer. Die Hauszeilen sind von der Hainstraße durch Wohnwege erschlossen. *GK*

Johannisthal

Auf Initiative des »Markgräflich Carlschen Kammerrats« Johann Werner wurden 1753 hier ein Gut angelegt und 10 Kolonisten angesiedelt, die als Wollspinner und Strohhutflechter tätig waren. Um 1800 zählte die Kolonie 72 Einwohner, um 1855 gegen 100. Der Ort wurde eine bevorzugte Sommerfrische der Berliner. Durch die Entwicklung der Fabrikvororte Ober- und Niederschöneweide am Ende des 19. Jh. verlor Johannisthal seinen Reiz als Erholungsort, vergrößerte sich aber rasch, so daß der Ort 1910 bereits 3939 Einwohner zählte. *HB-S*

Adlershof

Adlershof wurde 1753 von Friedrich d. Gr. als eine Siedlung von Kolonisten angelegt, die hauptsächlich den Seidenbau betrieben. Außer niedrigen Zweifamilienhäusern entstand ein größeres Gutshaus. 1879 wurde Adlershof Gemeindebezirk. Sei den 70er Jahren stieg durch Zuzug von Fabrikarbeitern die Bevölkerungszahl rasch an, bis 1895 auf 559, bis 1910 auf 9114. *HB-S*

Der westl. Teil der D ö r p f e l d s t r a ß e ist das alte Zentrum. Ein einziges 1stöckiges Haus erinnert hier (**Nr. 28**) noch an die Anfänge des Ortes. *HB-S*

Die **ev. Verklärungskirche** (Arndtstraße) hat 10 Robert Leibnitz nach einem Entwurf von Baurat Klutmann 1899–1900 erbaut und als Klinkerbau in Formen des Übergangsstils mit hohem Kalksteinsockel gestaltet. Dem 3schiffigen Langhaus mit einer Holzdecke trapezförmigen Querschnitts ist ein hoher, spitzer Turm vorgesetzt. *GK*

Aus den Jahren 1925–27 stammt die Wohnbebauung **Adlergestell** in der Nähe des S-Bahnhofs Adlershof, von 11 Ludwig Hilberseimer als 4geschossige Putzbauten in Zeilenbauweise errichtet. *GK*

Altglienicke

1375 ist das Dorf erstmals erwähnt.

Das O r t s b i l d spiegelt – obschon ungepflegt – in dem Zentrum um K ö p e n i c k e r , S e m m e l w e i s - (hier an der Ecke der **Dorfkrug**) und G r ü n a u e r S t r a ß e noch den Übergang von der dörflichen Bebauung zur Vorortentwicklung des späten 19. Jh. *HB-S*

Die mittelalterl. **Kirche** (Semmelweis-/Köpe- 12 nicker Straße) wurde 1757 durch einen Putzbau und dieser 1895 durch die jetzt noch vorhandene Backsteinkirche ersetzt. *HB-S*

Die **Kolonie Falkenberg**, nahe dem S-Bahnhof Grünau, 13 wurde 1911–14 und 1919/20 von Bruno Taut als genossenschaftliche Siedlung mit 2geschossigen Reihenhäusern erbaut, die sich um den »A k a z i e n h o f« gruppieren. Taut hat hier weitgehend Farbe als Gestaltungsmittel angewendet (im Volksmund: »Tuschkastensiedlung«); die Farben wechseln von Dunkelrot zu hellem Ocker, kontrastieren zu weißen Bauteilen, dann gibt es wieder, von Haus zu Haus wechselnd, hellbraune, gelbe und blaue Töne. – Das als Krönung vom Architekten geplante Volkshaus konnte nicht ausgeführt werden; so blieb die Siedlung ohne eigentlichen Mittelpunkt ein Torso. *GK*

Bohnsdorf

1375 wird Bohnsdorf erstmals erwähnt, 1450 eine Kirche genannt. 1624 bestand der Ort aus 7 Bauern- und 2 Kossätenhöfen. 1763 wurde östl. davon die Kolonie Neu-Bohnsdorf angelegt, die um 1800 103 Einwohner zählte. 1860 wurden Alt- und Neu-Bohnsdorf vereinigt. Im 19. Jh. wuchs der Ort nur langsam und zählte 1910 713 Einwohner. 1920–38 gehörte er zum Verwaltungsbezirk Köpenick, seitdem zu Treptow. *HB-S*

Zentrum ist der D o r f p l a t z. Das dörfliche O r t s b i l d mit baumbestandener Dorfaue und Teich ist reizvoll, obgleich ein Teil der **Bauernhäuser** häßlich verputzt ist.

14 Eine Stuckfassade besitzt **Nr. 3**. – In der Buntzelstraße am O-Ende des Ortes ist **Nr. 4** eine Villa aus
der Schinkel-Nachfolge.   *HB-S*

15 Die am O-Rand der Dorfaue gelegene **Dorfkirche** ist ein 1755–57 durch den Maurermeister Abraham Lehmann nach Entwurf von
Johann Friedrich Lehmann errichteter Neubau
an der Stelle einer mittelalterl. Kirche. Der
schlichte, mit gequaderten Lisenen gegliederte Saalbau mit einem Turm an der NO-
Ecke erhielt 1888 eine Vorhalle, einen mit

5 Seiten eines Achtecks geschlossenen Chor-
anbau im O und eine Sakristei ebenfalls über
polygonalem Grundriß im N. Diese Teile passen sich in der Form dem barocken Kern an.
1937–39 wurde bei einer abermaligen Erneuerung der reichgegliederte Turm mit einem spitzen Helm versehen.   *HB-S*

An der Richter- und Buntzelstraße befindet sich die
Werkstatt des 1967 verstorbenen Kunstschmieds **Fritz
Kühn** (*1910), die von seinem Sohn Achim Kühn wei-
terbetrieben wird.   *HB-S*

BEZIRK KÖPENICK

In dem flächengrößten südöstl. Berliner Verwaltungsbezirk ist Köpenick mit den Orten Oberschöneweide (→ S. 163), Spindlersfeld, Grünau (→ S. 165), Karolinenhof, Schmöckwitz (→ S. 166), Müggelheim (→ S. 165), Rahnsdorf (→ S. 165) und Friedrichshagen (→ S. 163) zusammengeschlossen.

Köpenick

Köpenick ist neben Berlin/Cölln und Spandau der dritte aus dem Mittelalter stammende städtische Kern von Groß-Berlin. Der Ursprung der Siedlung ist auf der Schloßinsel, dem S-Teil der Altstadtinsel, zu suchen. Funde aus der Steinzeit, der Jüngeren Bronzezeit und der Jüngeren Eisenzeit, bes. bei 1955–58 durchgeführten Grabungen, haben eine lange Vorgeschichte der Besiedlung dieses Platzes erwiesen. Eine älteste slawische Burganlage wird in das 9. Jh. datiert. Sie wurde mehrfach zerstört und wiederhergestellt. Hier residierte der slawische Fürst Jacza, der 1157 von Albrecht d. Bären besiegt wurde. 1209 wird die Burg im Besitz des Markgrafen der Niederlausitz erwähnt. 1245 wird erstmals ein askanischer Burgvogt genannt. Wann Köpenick Stadtrechte erhalten hat, ist nicht bekannt. 1298 wird es »oppidum«, 1325 »civitas« genannt. Im 13. Jh. bildete sich am O-Ufer der Dahme der Kietz (offene, urspr. oft von Slawen bewohnte Siedlung in Anlehnung an eine deutsche Burg). 1478 brannte die Stadt ab. 1558 ließ Joachim II. auf der Schloßinsel ein stattliches Jagdschloß erbauen, das die Stadt, die damals etwa 100 Häuser zählte, überragte. Im 30jährigen Krieg wurde Köpenick verwüstet und erholte sich erst wieder im späten 17. Jh. Seitdem nahm die Bevölkerung ständig zu. Seidenspinnerei und andere Textilindustrie begründeten einen zunehmenden Wohlstand bis zum Beginn des 19. Jh. In der Gründerzeit entstanden hier zahlreiche Wäschereibetriebe, so bes. 1873 der Großbetrieb Spindlersfeld. Durch Eingemeindungen dehnte sich das Stadtgebiet aus und wuchs am Beginn des 20. Jh. mit den Berliner Vororten zusammen. Seit 1920 gehört Köpenick zu Berlin. HB-S

Auf einer Insel beim Zusammenfluß von Spree und Dahme (hier auch Wendische Spree genannt) liegt die Altstadt, auf dem südl. abgetrennten Zipfel dieser Insel das Schloß. Die **Altstadt** ist im wesentlichen im Vorkriegszustand erhalten. Häuser des 18. und frühen 19. Jh. sind bes. in Alt-Köpenick (**Nr. 6–14** und **Nr. 15**) noch vorhanden. HB-S

Ev. Laurentiuskirche (Alt-Köpenick). Der heutige Bau entstand nach einem Entwurf von Butzke 1838–41 als flachgedeckter rechteckiger Saal mit fast quadratischem Chor und Emporen an der Stelle einer 1837 abgetragenen Feldsteinbasilika des 13. Jh., die am Ende des 15. Jh. in eine Hallenkirche verwandelt worden war. HB-S 1

Rathaus (Alt-Köpenick 21), 1901–04 von Hans Schütte und Hugo Kinzer als Klinkerverblendbau in got. Backsteinformen erbaut. Der 3geschossige Bau erhielt seitlich einen hohen Turm mit 2 Halbtürmen und auskragendem Uhrengeschoß. Erweiterungsbauten 1926/27 und 1936–39; 1974 restauriert. – Das Rathaus war 1906 Schauplatz der »Köpenickiade« des Schusters Wilhelm Voigt, bekannt als »Hauptmann von Köpenick«. GK 2

Schloß 3

Während das Aussehen der mittelalterl. Burg unbekannt ist, sind wir über den Neubau des seit 1558 errichteten Jagdschlosses für Joachim II., der 1571 hier starb, durch einen Bauvertrag mit dem Köpenicker Baumeister Wilhelm Zacharias und durch einen Stich Merians relativ gut unterrichtet. Es waren 2 3geschossige Flügel an der Stelle des heutigen Galerieanbaus und parallel zum jetzigen Schloß, durch 2 Mauern zu einem Geviert ergänzt, an dessen Ecken Rundtürme aufragten.

Schloß Köpenick. Ansicht von der Wasserseite. Stich von J. B. Broebes nach Zeichnung von Langervelt. 1733

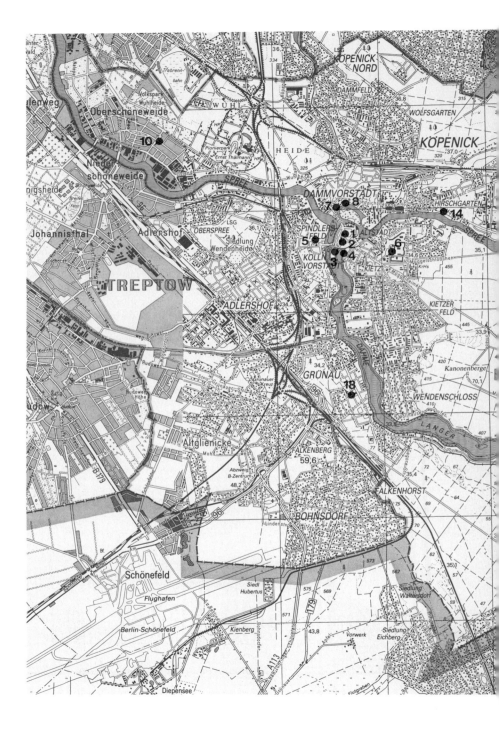

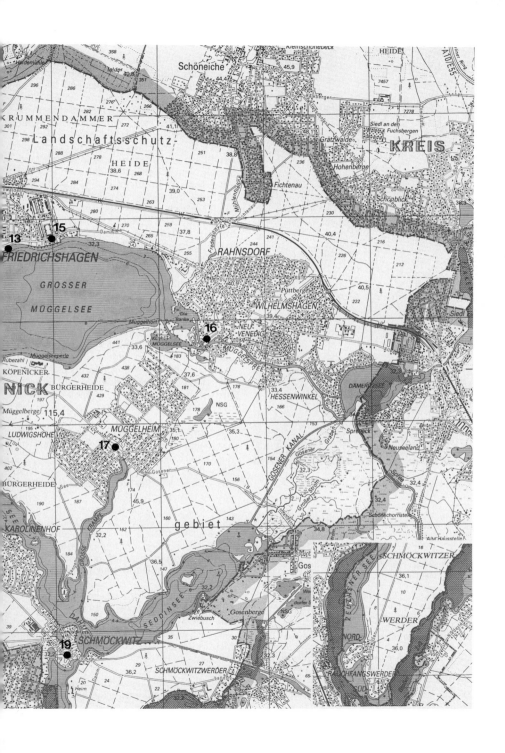

Schloß Köpenick. Balkon an der Wasserfront

1674 wurde Köpenick der Aufenthaltsort für den Kurprinzen Friedrich, für den der holländische Architekt Rutger van Langervelt 1677 einen großen Neubau in Form einer nach N geöffneten 3-Flügel-Anlage begann. Der Mitteltrakt ist möglicherweise nicht über die Fundamente hinaus gediehen, die 1938 freigelegt worden sind.
Als Friedrich III. 1688 bei seinem Regierungsantritt Köpenick als Wohnsitz aufgab, verlor das Schloß an Bedeutung, jedoch gingen die Bauarbeiten noch bis 1705 fort. 1749–82 war es Witwensitz der Markgräfin Marie Henriette von Brandenburg-Schwedt. 1851 wurde im Schloß ein Lehrerseminar eingerichtet, was Veränderungen im Inneren zur Folge hatte. Ab 1926 Studentenheim. Seit 1963 ist hier das **Kunstgewerbemuseum** (→ S. 453) untergebracht.

Erhalten ist der 1681 vollendete **westl. Seitenflügel**, bei dem zum Hof hin die ungegliederte Wand des südl. Risalits den geplanten Anschluß des Haupttraktes erkennen läßt. Die stattliche *Front an der Dahme* ist eine Parallele zu den Anlagen der Stadtschlösser in Berlin und Potsdam. Durch die Zusammenfassung von 2 bzw. in der Mitte 3 Fensterachsen in allen 3 Geschossen zu geschlossenen Blöcken, die durch vorspringende Wandflächen — im Mittelrisalit zu Pilastern ausgebildet — seitlich und unten gerahmt sind, erhält der Baukörper eine energische Rhythmisierung. Zugleich wird das Hochstreben der Mauern betont. Der Mittelrisalit ist durch Schmuckformen (Balkon, Fensterumrahmungen und -bedachungen sowie den Giebel) herausgehoben. Die äußeren Teile des Baublocks werden als turmartige Gebilde empfunden und erinnern in ihren knappen und wuchtigen Formen noch an einen Festungsbau. Die *Hoffront* wiederholt im wesentlichen die Ansicht der Wasserseite. Eine energischere Mittenbetonung erfolgt hier jedoch durch das Sandsteinportal (mit den noch zugehörigen Türen), das mit dem Balkon und mit dem Fenster darüber zu einer Einheit zusammengefaßt ist. Der Giebel zeigt die Figuren von Venus und Adonis. — Die **Innenräume** werden im Zusammenhang des Kunstgewerbemuseums (→ S. 453) beschrieben.
Der **Torbau** aus Sandstein, der von 2 Torhäuschen flankiert wird, trägt zum Hof hin das Datum 1682.
Gegenüber dem Schloß wurde 1684/85 in eleganteren Formen die **Schloßkapelle** (Farbabb. 9) nach Entwürfen von Arnold Nering (seit 1684 der Nachfolger Langervelts) errichtet, ein je 3 Achsen breiter und tiefer Bau mit angefügtem Chor über 3 Seiten eines Achtecks. Über einer ionischen Pilasterordnung liegt ein Attikageschoß, in dem sich die Pilastergliederung fortsetzt und in bekrönenden Sandsteinfiguren ausläuft: die 4 Aposteln zum Hof hin, nach den Seiten Moses (links) und Melchisedek (rechts). Überdacht wird der Bau durch eine kantige Kuppel mit Laterne. — Das **Innere** mit einem Tonnengewölbe aus Holz ist reich, aber doch klassizistisch streng stuckiert. Über korinthischen Pilastern liegt ein Gebälk mit Akanthusfries. Ornamentbänder und Kassetten gliedern die Decke.
Über der reich geschnitzten Kanzel ist die Johann Michael Döbel zugeschriebene Marmorbüste der Kur-

Köpenick 161

Köpenick. Schloßkapelle. Inneres

Köpenick

Alexander-von-Humboldt-Schule

Rudolf Belling:
Dorothea-Gruppe an der
Alexander-von-Humboldt-Schule

prinzessin Elisabeth Henriette († 1683) angebracht. Die Orgel stammt von 1845.

Die Kapelle wird flankiert von 1stöckigen **Flügelbauten**, je 6 Achsen lang, von denen die 3 äußeren pavillonartig vorspringen. Der Trakt bildet eine Art Echo auf den im Rücken liegenden Bau Langervelts. Diesem fügte Nering 1688 im N die 2geschossige Rundbogenarchitektur der **Galerie** an, bei der die Arkaden urspr. oben und unten mit großen Fenstern versehen waren. Damals scheint man das Projekt des Haupttraktes bereits aufgegeben zu haben. Eine entsprechende Galerie auf der S-Seite war vermutl. geplant, wie ein Stich von Broebes zeigt.

Der barocke **Garten** wurde 1804–06 landschaftlich umgestaltet und 1963/64 erneuert. Hier stehen ein Sandsteindenkmal für *Marianne v. Schmettau* († 1771) und das 1898 gestiftete Denkmal für *Johann Julius Hecker*, den Gründer des ersten preußischen Lehrerseminars (1748). – Auf dem S c h l o ß h o f zum Park hin eine Sandsteinstatue des *Meleager* (Ende 17. Jh., Kopie). *HB-S*

5 **Alexander-v.-Humboldt-Schule,** ehem. Dorotheen-Lyzeum (Oberspreestr. 173–181, Ecke Mentzelstraße). Die Schule wurde 1928/29 von Max Taut als Ziegelbau errichtet, der 4geschossige Trakt an der Oberspreestraße für Aula und Verwaltung, der 5geschossige Flügel an der ruhigen Nebenstraße für die Klassenräume. Über dem viertelkreisförmigen Bau an der Straßenecke, der auch den Haupteingang aufnimmt, liegen die Pausenflure. Die Fassaden waren über einem Sockel aus dunklen Klinkern mit Siegersdorfer Keramikplatten verkleidet, die nach dem Krieg durch einen glatten Putz ersetzt worden sind. Flachdach. (Die flachen Dächer der Turnhallen hinter dem Klassenflügel wurden als Gymnastikterrassen verwendet.)

Am Haupteingang eine expressionistische keramische *Wandskulptur* von Tauts Freund Rudolf Belling. *GK*

5 Das **Salvador-Allende-Viertel** (Salvador-Allende- und Pablo-Neruda-Straße) wurde 1971–73 nach Entwürfen der Kollektive Helmut Stingl und Edith Diehl mit 2670 Wohnungen in Typenbauweise errichtet. Große, nicht ganz geschlossene Höfe aus Hochhausketten umschließen Freiflächen, die mit gesellschaftlichen Folgeeinrichtungen ausgestattet sind. *GK*

7 In den **Anlagen** am P l a t z d e s 2 3 . A p r i l erhebt sich, in einer gereckten Faust endend, eine riesige Stele als *Gedächtnismal für die Köpenicker Blutwoche 1933* (Ermordung von Kommunisten durch Nationalsozialisten) mit einem Flachrelief zweier stürzender Jünglinge auf der Vorderseite und weiteren Reliefdarstellungen (Berufe) auf der die Stele halb hinterfangenden Rückmauer, eine Arbeit von Walter Sutkowski. *HR*

Das **ev. Gemeindehaus** (Am Generalshof 1a) 8 ist ein 4geschossiger, aus der Straßenflucht zurückweichender Putzbau in kubischen Formen der Neuen Sachlichkeit mit waagerechten Fensterbändern. Erbaut 1927/28 von Otto Firle. *GK*

Der **Müggelturm** südl. des Großen Müggel- 9 sees (zwischen Wendenschloß und Müggelheim) wurde – nach einem Brand des im 19. Jh. errichteten Holzturmes – 1960/61 nach Plänen des Studentenkollektivs Jörg Streitparth, Siegfried Wagner und Klaus Weißhaupt errichtet. 30 m hoher Aussichtsturm als Stahlbetonkonstruktion, verglaste Treppenpodeste, kein Aufzug. In den zugehörigen Flachbauteilen sind Restaurants untergebracht. *GK*

Oberschöneweide

Ev. Christuskirche (Firlstraße). 1907/08 von 10 Robert Leibnitz in historisierend monumentalisierenden Formen aus Backstein auf hohem Kalksteinsockel errichtet. Vierungsturm mit hoher Spitze und 4 Ecktürmchen. *GK*

Friedrichshagen

Friedrichshagen ist wie Müggelheim und Grünau eine friderizianische Gründung, die 1753 durch den Kriegs- und Domänenrat Johann Friedrich v. Pfeiffer für 100 Familien von Baumwollspinnern angelegt wurde. In der 2. Hälfte des 19. Jh. entwickelte es sich zu einem beliebten Ausflugsort der Berliner. Um 1900 bildete sich hier eine Kolonie von Dichtern, Künstlern und Wissenschaftlern, unter ihnen Gerhart Hauptmann, Richard Dehmel, Wilhelm Bölsche, Walter Leistikow. *HB-S*

Das Zentrum von Friedrichshagen liegt in der Bölschestraße bei der neugot. **ev. Christo-** 11 **phoruskirche,** die 1903 von Jürgen Kröger anstelle eines Saalbaues von 1800 errichtet wurde.

In der B ö l s c h e s t r a ß e und einigen östl. anschließen- 11 den Quer- und Parallelstraßen sind noch einige der ganz kleinen **Häuser der Baumwoll- bzw. Seidenspinner** erhalten (die Straße war mit Maulbeerbäumen zur Seidenraupenzucht bepflanzt); teilweise mit spätklassizist. Stuckverzierung um 1870.

164 Köpenick: Friedrichshagen

Ehem. Villa Josef-Nawrocki-Str. 10 in Friedrichshagen

Wasserwerk Friedrichshagen. Schieberhaus für Filter, Filtergewölbe, Fördermaschinenhaus

Köpenick: Friedrichshagen. Rahnsdorf. Müggelheim. Grünau   165

12 **Nr. 10** der im Winkel südl. des Müggelseedamms zum See hinunterführenden J o s e f - N a w r o c k i - S t r a ß e ist eine um 1870 entstandene Villa mit Belvederegeschoß unter Rundbogenarkaden und mit Turm. Das Haus ist würfelförmig und hat nach 3 Seiten den gleichen 2achsigen Giebelrisalit mit Balkon oder Erker. Zur 4. Seite ein niedrigerer Eingangstrakt mit Säulenhalle.

13 M ü g g e l s e e d a m m. **Nr. 218:** eines der kleinen Häuser mit fast komisch wirkender reicher Fassadenarchitektur.

Am W-Rand des Ortes, nördl. des Müggelseedamms finden sich Reste der 1870 von dem Bankier Hirt gegr. Villenkolonie **Hirschgarten**, deren Bebauungsplan **14** Eduard Titz entwarf. – **Müggelseedamm 10** liegt, jetzt als Kinderwohnheim restaur., eine großartige Villa in noch vorwiegend spätklassizist. Formen um 1880, die im Hauptgeschoß reiche Fensterädikulen hat.

Am O-Rand des Ortes (Müggelseedamm 301–308, Werlseestraße) liegt das 1888–93 **15** erbaute, nach 1894 erweiterte **Wasserwerk** ● von Richard Schultze. Die große Anlage ist mit Bezug auf die Landschaft in neugot. Stilformen von großer Variationsbreite in rotem Backstein ausgeführt. Beamtenwohnhäuser in Villenformen, Maschinenhäuser, paarweise an den hohen Schornstein gelehnt, von einer an preußische Ordensremter erinnernden Gestalt, direkt am See; an der Straße gestreckte Fabrikhallen in Art märkischer Klosteranlagen und über den grasbedeckten Filtern kleine Häuser in Kapellenform, die sich weit nach N erstrecken, ergeben ein eigentümliches Bild.   *EB-S*

Rahnsdorf

1375 wird Rahnsdorf am östl. Ufer des Großen Müggelsees als zu Köpenick gehörend erstmals erwähnt. Der Ort wurde hauptsächlich von Fischern bewohnt. Fontane schreibt über ihn: »*Rahnsdorf hatte, seiner schönen Lage halber, immer die Anziehungskraft der Residenzler, die hier, in einer zerstreuten Villenkolonie, die heiße Jahreszeit, insonderheit auch die Ferienwochen ihrer Kinder zuzubringen liebten.*«   *HB-S*

Der A n l a g e nach ist Rahnsdorf ein Rundling, dessen Kern die Dorfstraße im westl. Teil des Ortes bildet. Östl. schließt sich die von Spree-Armen durchzogene Kolonie **Neu-Venedig** an, noch weiter östl. am Ufer des Dämeritzsees der **Hessenwinkel**; nördl. bzw. nordöstl. liegen die modernen Ortsteile **Rahnsdorfer Mühle** und **Wilhelmshagen**.   *HB-S*

Das alte Fischerdorf mit zumeist 1stöckigen Häusern **16** (hervorzuheben D o r f s t r a ß e **Nr. 8**, **11**, **14**, **16** und **25**

mit Stuckfassaden) rings um die mit Bäumen bestandene Dorfaue ist weitgehend im Zustand des späten 19. Jh. (nach Dorfbrand 1873) erhalten und dank der abseitigen Lage idyllisch ruhig. Auf der Dorfaue ein *Denkstein* für den Fischermeister *August Herrmann* (1842–1915) mit Relief von Paul Gruson 1929.   *HB-S*

Die **Dorfkirche** (Dorfstraße) wurde 1887 **16** durch Friedrich Adler und Karl Koppen aus gelben Ziegeln in roman.-got. Mischstil anstelle der 1873 zerstörten barocken Kirche errichtet.   *HB-S*

Müggelheim

Müggelheim wurde 1747 von Friedrich d. Gr. als eine Kolonie für 20 protestantische Auswandererfamilien aus der Pfalz gegründet. Um 1800 zählte der Ort 139 Einwohner. Nach 1870 entwickelte er sich etwas rascher, bes. als 1890 die Chaussee nach Köpenick angelegt wurde, besaß indes 1910 immer noch nur 179 Einwohner. Erst seit den 1920er Jahren wuchs der Ort in verstärktem Maß, v. a. nach N.   *HB-S*

Der Ortskern in A l t - M ü g g e l h e i m mit seiner rhombenförmigen Dorfaue, der Kirche und den ringsum liegenden 1stöckigen (durchweg unschön verputzten) **Häusern** gibt noch eine Vorstellung von der Planmäßigkeit der urspr. Anlage, die den Grundriß mittelalterl. Angerdörfer im Sinne des 18. Jh. systematisiert.   *HB-S*

Die **Dorfkirche** von 1803/04 auf quadratischem Grundriß mit Walmdach ist in ihren Formen noch an das 18. Jh. Die gegenüberliegenden Seiten sind jeweils gleichartig gebildet: eine Tür mit einem kleinen Fenster darüber, flankiert von 2 großen Fenstern, oder ein Fenster zwischen rechteckigen Nischen.   *HB-S*

Grünau

Das am W-Ufer der Dahme gelegene Grünau wurde 1749 von Friedrich d. Gr. als eine Kolonie mit 4 Familien gegründet. Um 1800 zählte der Ort 59 Einwohner. Der 1866 eingerichtete Haltepunkt der Berlin-Görlitzer Eisenbahn zog den Ort, der als Ausflugsziel beliebt wurde, in den Einflußbereich Berlins und hatte den Bau von Landhäusern zur Folge. 1871 hatte Grünau 288 Einwohner. Erst Anfang des 20. Jh. erhielt der Ort, der sich seit dem Ende des 19. Jh. zu einem Vorort Berlins entwickelte und 1910 bereits 3317 Einwohner zählte, eine eigene Kirche. Kaiser Wilhelm II. bevorzugte Grünau zur Abhaltung von Regatten.   *HB-S*

166 *Köpenick: Grünau. Schmöckwitz*

Beispiele für **Landhäuser** des 19. Jh. finden sich **Regat-**
18 **tastr. 73** und in der Wassersportallee. – Die **Friedens-**
kirche (Ecke Kochelsee-/Eibseestraße) stammt von
1904–06 (Tiedemann, Walther).   *HB-S*

Schmöckwitz

Schmöckwitz auf einem bereits in der Steinzeit besie-
delten Gebiet am W-Ufer der Dahme ist ein wohl urspr.
slawisches Fischerdorf und wird 1375 erstmals erwähnt.
Um 1800 zählte das Fischerdorf, das nur geringe Acker-
flächen besaß, 115 Einwohner. 1860 brannte es ab.
1910 zählte Schmöckwitz 360 Einwohner.   *HB-S*

19 Der Ortskern ist wahrscheinl. in Alt-Schmöckwitz
auf der Halbinsel zwischen Seddin- und Zeuthener See
anzunehmen. Hier ist die Dorfaue als rundlicher Platz
mit Rasen erhalten und spiegelt in der uneinheitlichen

Bebauung den Übergang vom Fischerdorf zum Villenvorort. – Die Villenkolonie **Karolinenhof** nordwestl. ist
eine Gründung von 1895.   *HB-S*

Die **Dorfkirche** verdient Fontanes herbes 19
Urteil als »trister Bau« nicht. Der rechteckige
Putzbau, 1799 von dem Spandauer Maurer-
meister Abraham Bocksfeld, ist in seiner Ein-
fachheit charaktervoll und zeittypisch. Das
Dach ist an der fensterlosen O-Seite abge-
walmt. Die Portale an der S- und W-Seite mit
Fenstern darüber sind mit einer großflächigen
Quaderung gerahmt. An der W-Front ist dieses
Motiv mit dem schwach vorgezogenen Turm
verknüpft, den ein Zeltdach abschließt.

Vor der Kirche ein *Denkmal für die Gefallenen des*
1. Weltkrieges von Georg Hengstenberg, ein Genius
mit Fackel und Lorbeerkranz, auf einem Löwen sitzend.   *HB-S*

BEZIRK KREUZBERG

Der Bezirk Kreuzberg, seit 1921 so genannt nach der höchsten Erhebung der Tempelhofer Berge, die seit der Enthüllung des Nationaldenkmals für die Befreiungskriege 1815 diesen Namen führt, gehört in seinem nördl. der Gitschiner und der Skalitzer Straße gelegenen Teil zu dem von 1732/34 bis 1867/68 von der Ringmauer umschlossenen Stadtgebiet. Das westl. der Lindenstraße gelegene Viertel bis zur Zimmerstraße im N gehört zur Friedrichstadt. Weiter östl. schließt sich der südl. Teil der Köpenicker Vorstadt, später Luisenstadt genannt, an. Westl. der Friedrichstadt im Gebiet um den Anhalter Bahnhof, vor dem Halleschen Tor und vor dem Kottbusser Tor liegen die Anfänge einer nach 1800 einsetzenden Bebauung des südl. Gebietes, die sich indes erst seit 1862 nach dem Plan Hobrechts in der heutigen Dichte entwickelte. 1861 wurden das Gebiet vor dem Halleschen Tor, der Kreuzberg und der nördl. Teil der Hasenheide nach Berlin eingemeindet. Im O entstand 1867 der Görlitzer Bahnhof. 1939 zählte der Bezirk 332 000 Einwohner. Große Teile Kreuzbergs wurden im Bombenkrieg zerstört, v. a. die südl. Friedrichstadt und der westl. Teil der Luisenstadt.

Mit Ausnahme des Alten Kammergerichts wurden künstlerisch bedeutende Bauten, die im Krieg zur Ruine geworden waren und deren Wiederaufbau in diesem Teil West-Berlins noch etwas historische Substanz bewahrt hätte, nach 1945 beseitigt, so das Palais des Prinzen Albrecht in der Wilhelmstr. 102 (1949), das ebenfalls von Schinkel erbaute Feilnerhaus in der Feilnerstr. 1 und die Jerusalemer Kirche von 1728–31 auf der Kreuzung von Koch- und Lindenstraße (1879 völlig überformt; 1961 abgetragen, 1968 weiter südlich [Lindenstr. 85] durch einen Neubau von Sigrid Kreßmann-Zschach ersetzt). HB-S

1 **Berlin Museum,** Altes Kammergericht (Lindenstr. 14, Ecke Hollmannstraße)

1734/35 ließ Friedrich Wilhelm I. den massigen Bau nach Plänen von Philipp Gerlach als Kollegiengebäude für den 1516 von Joachim I. gestifteten Gerichtshof aufführen. 1913 wurde das Gericht in den damaligen Neubau am Kleistpark (→ S. 248) verlegt. – Bis weit in das 19. Jh. hinein war das Kammergericht die einzige imposante Architektur (abgesehen von der – nun durch einen Neubau a. a. O. ersetzten – Jerusalemer Kirche) in einer relativ bescheiden bebauten Umgebung. Nach schweren Kriegszerstörungen ist der Außenbau 1963–69, schon vom Abriß bedroht, in den urspr. Formen wiederhergestellt worden. Das Innere wurde dagegen bis auf die Gewölbe im Erdgeschoß für die Zwecke des Berlin Museums (→ S. 400) durch den Architekten Günter Hönow modern ausgebaut. Für die Jüdische Abteilung ist ein sich dicht an die S-Fassade herandrängender Neubau von Daniel Libeskind vorgesehen.

Als einziges größeres profanes Gebäude repräsentiert das Kammergericht heute in West-Berlin die Epoche des Soldatenkönigs. Der Bau ist eine 3-Flügel-Anlage, deren Hof von der Lindenstraße abgewandt ist, so daß sich von dort her die Architektur als mächtiger,

Die Ruinen Kreuzbergs 1945

von einem Mansardwalmdach überspannter Block darstellt. In der strengen Gliederung der Hauptfassade zeichnen sich jedoch die 2 Achsen breiten Flügel ab. Die Mittelachse mit dem Portal und einem Balkon darüber ist durch Pilaster eingefaßt und wird bekrönt von einem aus dem Dach hervorragenden Dreiecksgiebel mit Wappenkartusche. Rechts und links vom Giebel sind allegorische Figuren der Justitia und der Caritas angeordnet. Zum Portal führt eine Rampe hinauf. Der Bürgersteig in der Umgebung des Gebäudes ist in altertümlicher Weise mit Feldsteinen gepflastert. Dem nördl. anschließenden Hof mit einer Einfahrt entsprach urspr. ein gleichartiger an der S-Seite. *HB-S*

2 Die unter dem Namen **Wohnhäuser am Berlin Museum** zusammengefaßten Wohnbauten unterschiedlichsten Charakters sind aus Wettbewerben der »IBA« (Internationale Bauausstellung 1984/87) hervorgegangen: Der mächtige Backsteinbau **Lindenstr. 15–19** (Architekten Werner Kreis, Peter und Ulrich Schaad) beeinträchtigt in starker Weise den Maßstab des benachbarten Berlin Museums; der papageienbunte Bau Arata Isozakis liegt verborgen im Hof des ehem. Victoria-Gebäudes (s. u.);

weitere Bauten von Hielscher/Mügge, Demblin/Jourdan/Müller/Albrecht, Kollhoff/Ovaska u. a. setzen eigenwillige Akzente. *GK*

Wohnhof an der Jerusalems- und Neuen Kirche (Markgrafenstr. 5–8, Lindenstr. 81–84). »Abrundende Blockschließung« als Motiv für ein 4- bis 5geschossiges Wohnhaus, errichtet mit Beteiligung einer Selbstbaugenossenschaft. Erbaut 1984–86 als IBA-Projekt von Herman Hertzberger, in der Tradition des Neuen Bauens stehend. *GK*

Ehem. Verwaltungsgebäude der Victoria-Versicherung (Lindenstr. 20–25)

Der Bau, der heute u. a. die Senatsverwaltung für Stadtentwicklung und Umweltschutz beherbergt, liegt auf einem Grundstück, das bis zur Alten Jakobstraße reicht. Dort hatte 1902–04 Wilhelm Walther ein einfacheres – im 2. Weltkrieg zerstörtes – Verwaltungsgebäude errichtet. Das 130 m lange Gebäude an der Lindenstraße, nach Kriegsschäden stark vereinfacht wiederhergestellt, wurde 1906–13 in 3 Abschnitten ebenfalls von Wilhelm Walther in übersteigerten Barockformen errichtet.

Die 12 Höfe des Baukomplexes sind in unterschiedlichen Stilfassungen ausgestattet. Die Front an der Lindenstraße wird durch einen stark betonten Mittelrisalit, 2 Eckrisalite und

Kreuzberg: Wohn- und Geschäftsbauten   169

2 weitere Risalite gegliedert, zwischen denen sich 4 zurückliegende Fassadenabschnitte ergeben. Der 5geschossige Mauerwerksbau ist in den beiden unteren Geschossen mit einer Rustikaverkleidung versehen. Darauf liegen 2 weitere Geschosse und über einem stark profilierten Hauptgesims ein fünftes, das in das hohe Dach einbezogen ist. Die Fassadenverkleidungen bestehen aus Muschelkalkstein und Basaltlava. GK

5 Das »**Kreuzberghaus zum Alten Fritz**« an der Einmündung der Junkerstraße in die Lindenstraße wurde 1966/1967 von Hans E. Chr. Müller und Georg Heinrichs für den Verlag Axel Springer errichtet. Das Gebäude enthält Wohnungen und Apartments, eine Gaststätte und Fabrikationsräume. GK

6 Wohngebiet Ritter-/Lindenstraße. Nördl. und südl. der Ritterstraße, bis hin zur Oranienstraße, sind 1982–86 eine Anzahl »**Stadthäuser**« in sog. postmodernen Formen entstanden, die später von der IBA übernommen wurden. Grundlage war eine städtebauliche Studie von Rob Krier. Außer diesem waren 11 Berliner Architektengruppen beteiligt. Kriers Versuch, einem der Häuser eine Fassade als Variation der Fassade des verlorenen Feilnerhauses nach K. F. Schinkel zu geben, ist mißlungen. GK

Verlagshaus Axel Springer (Kochstr. 50)   7
Das Gebäude wurde 1961–66 von den Architekten Melchiorre Bega und Gino Franzi, Mailand, und Franz Heinrich Sobotka und Gustav Müller, Berlin, auf historischem Boden des alten Berliner Zeitungsviertels errichtet. An dieser Stelle befand sich früher das Verlagshaus August Scherl, während sich die Baugruppe des früheren Ullstein-Verlages an der Kochstr. 22–26 und der benachbarten Charlotten- und Markgrafenstraße erstreckte. Diese Gebäude sind im 2. Weltkrieg bis auf Reste zerstört worden, die in den Nachkriegsjahren abgetragen wurden.

Das Verlagshaus besteht aus dem 19geschossigen Büro- und Redaktionsbau, dem westl. anschließenden 142 m langen, 6geschossigen Druckereigebäude sowie einem Lager- und Technikteil.

Vom Dach des Hochhauses malte Oskar Kokoschka 1966 für Axel Springer ein Panorama Berlins, das im Vestibül des Hauses hängt. GK

Wohnhäuser der IBA im Bereich Friedrich-/Wilhelmstraße   8
Friedrichstr. 32/33 von Raimund Abraham; **Friedrichstr. 43**, **Kochstr. 62/63** von Peter Eisenman u. a.; **Kochstr. 5** von Hans Kammerer, Walter Belz und Klaus Kucher. Alle Häuser sind Mitte der 1980er Jahre aus

Berlin Museum (Altes Kammergericht)

170   Kreuzberg: Wohnbauten. Verwaltungsgebäude

IBA-Wettbewerben entstanden; der Aufmerksamkeitswert spielte bei der Auswahl erkennbar eine wichtigere Rolle als die erstrebte Wiederherstellung des tradierten städtischen Gefüges.
Kochstr. 1–4 / Wilhelmstr. 36–38, 7geschossige Randbebauung in Ziegelrohbau, 1986–88 von Aldo Rossi und Gianni Braghieri. Auffallend die Treppenhausschlitze mit überhohen Scheingiebeln; eine freistehende, weiß gestrichene Ecksäule ist als Erinnerung an eine Berliner Bautradition gemeint. – **Wilhelmstr. 119–120,** ebenfalls 1986–88, 5geschossige Blockrandbebauung von Dietrich v. Beulwitz, »Selbstbauterrasse«, flankiert von einem 12geschossigen schlanken, maniert wirkenden Wohnturm (Architekt Pietro Derossi), als Erinnerung an alte süddeutsche und oberitalienische Geschlechtertürme. *GK*

9   **Haus des Deutschen Metallarbeiter-Verbandes** (Alte Jakobstr. 148–155)

Das Haus, heute der IG Metall gehörend, wurde 1929/ 1930 von Erich Mendelsohn und Rudolf Reichel auf einem spitzwinkligen Grundstück zwischen der Alten Jakobstraße und einer neuen Straße erbaut, die erst Mitte der 70er Jahre die abgeknickte Führung der Lindenstraße aufgenommen hat.

Ein 5geschossiger Stahlbetonskelettbau mit gleichmäßiger Fensterreihung. Der konkav geschwungene Kopfbau ist durch ein hohes, weiteres Geschoß betont, das Vorstands- und Sitzungsräume aufnimmt; er ist durch Natursteinverkleidung und bronzegefaßte Fenster repräsentativ gestaltet. In der trapezförmigen Eingangshalle als Blickfang vor hoher Verglasung eine gewendelte Treppe.

Der Bau ist Teil einer größeren Planung Mendelsohns, die nie verwirklicht wurde; lediglich der Durchbruch zur Lindenstraße wurde in den 70er Jahren ausgeführt, im Gegensatz zur Mendelsohnschen Planung aber mit unmaßstäblichen Wohnhochhaus-Scheiben besetzt, die dem Eindruck des Gewerkschaftshauses Abbruch tun.   *GK*

10   **Patentamt** (Gitschiner Str. 97)

Erbaut als Reichspatentamt 1903–05 von den Architekten Hermann Solf und Franz Wichards. Nach leichteren Kriegsschäden in den 50er Jahren vereinfacht wiederhergestellt. Heute Dienststelle Berlin des Deutschen Patentamtes. Haupteingang Gitschiner Straße; der Nebeneingang an der Ecke Alte Jakobstraße dient der Dienststelle Berlin des Europäischen Patentamtes.

5geschossiger, verputzter Massivbau mit Architekturteilen aus Sandstein; Sockel mit bayerischem Granit verkleidet. Hohe Ziegeldächer, durch Ziergiebel stark gegliedert.   *GK*

11   Mehringplatz

Der frühere Belle-Alliance-Platz ist um 1730 am südl. Ende der Friedrichstadt als »Rondell« angelegt worden. Er lag noch innerhalb der Akzisemauer am Halleschen Tor und wurde zunächst als Exerzierplatz benutzt. Die

ihn umgebende Bebauung ist mehrmals erneuert worden; eine letzte, aus der Zeit des ausgehenden 19. Jh. stammende 5geschossige Bebauung wurde im 2. Weltkrieg zerstört. Die urspr. Anlage bestand aus einem Kreis mit 3 nördl. ausstrahlenden Straßen, der Friedrichstraße (in der Mitte), der Wilhelmstraße (nach NW) und der Lindenstraße (nach NO) – ähnlich der Piazza del Popolo in Rom. – Nach einer Planung Hans Scharouns wurde die Neubauung 1975 abgeschlossen.

Unter Aufgabe des überlieferten Konzepts sind nun die Wilhelm- und die Lindenstraße abgeknickt und als Verkehrszüge seitlich am Mehringplatz vorbeigeführt, der selbst fahrverkehrsfrei ist. Die Rundung ist mit einem 5geschossigen Ring aus **Wohnbauten** wiederhergestellt worden, dem ein 3geschossiger Ring so vorgesetzt wurde, daß sich ein intimer, kreisförmiger Straßenzug ergibt (Architekt: Werner Düttmann). Abweichend von der früheren Bebauung wurde der die Friedrichstraße nach S fortsetzende Durchlaß brückenartig überbaut. – Am westl. Ende des Ringes das **Verwaltungsgebäude der Allgemeinen Ortskrankenkasse,** ein bis zu 15 Geschossen gestaffelter Bau von Hans Scharoun und Bodo Fleischer.

Im Kontrast zur urspr. Planung Scharouns wurde eine weitere Umbauung des Platzes aus rechtwinklig aufgestellten, scheibenförmigen **Wohnhochhäusern** ausgeführt (Architekt: Werner Düttmann), die zu dem Maßstab des Platzes in einem nicht zu übersehenden Mißverhältnis stehen.   *GK*

Auf dem Mehringplatz erhebt sich aus einem kreisrunden Brunnenbecken die fast 19 m hohe *Friedenssäule* (1843), Erinnerung an den 1815 siegreich beendeten Freiheitskrieg. Mit ihrem Sockel aus schlesischem Marmor und mit dem Schaft aus poliertem Granit ist sie ein Meisterwerk der Cantianschen Steinwerkstätten, während die über einem korinthischen Kapitell schwebend charakterisierende Victoria, in zartgrüner Patinierung, heute als das großartigste Zeugnis von der Rauch geprägten Erzbildnerei in West-Berlin anzusehen ist; in kleinerem Maßstab hatte man sie gleichzeitig mit der Grundsteinlegung 1840 (dem 25. Jahrestag), gewiß sinnbezogen auf dieses Denkmal, im Charlottenburger Schloßpark aufgestellt.
Die seit 1876 hinzugefügten allegorischen Marmorgruppen der am Siege von Belle Alliance beteiligten Staaten sind nicht erhalten; dagegen findet man südl. – einst vor der Kulisse des Halleschen Tores, jetzt vor dem öden Brückentrakt – 2 spätklassizist. brave Frauenfiguren, links »*Der Friede*« von Albert Wolff (1879), rechts »*Die Geschichtsschreibung*« von Ferdinand Hartzer. *HR*
Am nördl. Eingang zur U-Bahn eine Aluminiumskulptur, 2 gehende Beine, von Rainer Kriester »*Wohin gehen wir?*« (1974/75).   *HB-S*

Ruine des Anhalter Bahnhofs. Zeichnung von Gerhard Ulrich

Hebbel-Theater (Stresemannstr. 29)
Der erste Theaterbau, den der aus Ungarn stammende Architekt Oskar Kaufmann in Berlin errichtet hat (1907/1908). Sein Bauherr war Eugen Robert.
Die Fassade des in die Straßenfront eingebundenen Hauses besteht aus grobbehauenen Quadern, die seitlich bis zum 3. Obergeschoß reichen. Rechts führt eine kleine Privatstraße zum Bühneneingang. In der Mitte über dem 3türigen Portal befindet sich eine balkonartige Terrasse mit dem hohen, geschwungenen Foyerfenster. Jugendstilige Ornamente, hohes Satteldach, an der Straßenseite ein glatter, flach geneigter Dreiecksgiebel. – Das Theater mit rd. 800 Plätzen besitzt eine Folge sehr intimer Räume. Kassenhalle, Erdgeschoß- und Hauptfoyer, Theaterraum sind durch sehr geschickte Verwendung verschiedener Hölzer ausgezeichnet. Der Zuschauerraum ist nach geringen Kriegsschäden in der oberen Zone vereinfacht. *GK*

Wohnhausgruppe (Hallesches Ufer, Mehringplatz). Als Abschluß der neuen städtebaulichen Situation südwestl. des Mehringplatzes haben Hermann Fehling und Daniel Gogel 1968 ein 8- bis 14geschossiges Wohnhaus erbaut, das an Scharoun angelehnte Traditionen des Neuen Bauens zeitgemäß fortführt. *GK*

Postgiroamt (Hallesches Ufer 40–60). Der als Postscheckamt 1965–71 von Prosper Lemoine erbaute Gebäudekomplex umfaßt einen 23geschossigen Hochhaustrakt und einen 2geschossigen Flachbau. Stahlbetonskelettbauten; das Hochhaus ist mit einer dunkelgrauen Aluminiumfassade verkleidet. Die Lage am Landwehrkanal gibt dem Bau die Bedeutung einer Landmarke. *GK*

Am Askanischen Platz liegt der Rest der Ruine des **Anhalter Bahnhofs**, 1874–80 von Franz Schwechten. Wie fast alle Berliner Bahnhöfe ein Kopfbahnhof, war an seiner Fassade der Übergang von einer architektonisch repräsentativen zu einer mehr von der Ingenieurstechnik geprägten Auffassung abzulesen. Ein Riegelbau mit hohen Rundbogenfenstern, der eine Eingangshalle vor dem erhöhten Mittelteil hatte, enthielt die Wartesäle. Hinter ihm erhob sich eine (doppelte) Fensterwand in breitem Bogen. Sie entsprach der Form der Bahnhofshalle und beleuchtete diese. *EB-S*

172   Kreuzberg: Lukaskirche. Martin-Gropius-Bau. Verkehr-und-Technik-Museum

16 **Ev. Lukaskirche,** in der Flucht der Bernburger Straße (Nr. 3–5), 1859–61 – einen Entwurf Stülers leicht verändernd – von Gustav Möller erbaut. Zwischen **Pfarr-** und **Küsterwohnhaus** spannt sich eine 5achsige rundbogige *Arkadenhalle*, hinter der die **Kirche** und links von ihr der *Turm* liegen. Urspr. staffelten sich über der Wand- und Arkadenzone die Giebel der Wohntrakte, des Kirchenschiffes und des obersten Turmgeschosses unter schlankem Helm. Beim Wiederaufbau der kriegszerstörten Kirche wurde alles vereinfacht: die Giebel weggelassen, der Turm flach geschlossen, womit er dem Entwurf Stülers wieder ähnlicher wurde. *EB-S*

17 **Martin-Gropius-Bau,** ehem. Kunstgewerbe-
● museum (Stresemannstr. 110)

An der zum Bezirk Mitte (und damit früher bereits zu Ost-Berlin) gehörenden Niederkirchnerstraße, der ehem. Prinz-Albrecht-Straße, der 1877–81 von Gropius & Schmieden errichtete Bau, in dem 1881–1921 das Kunstgewerbemuseum untergebracht war. Nach schwerer Beschädigung im Krieg lange dem Verfall preisgegeben, wurde er 1979–81 von Winnetou Kampmann und Ute Weström wiederaufgebaut. Seit 1981 wird er als Ausstellungsgebäude und Museum (Berlinische Galerie, → S. 402, Jüdische Abteilung des Berlin Museums, → S. 402, und Werkbund-Archiv) genutzt.

Das bedeutendste Gebäude der jüngeren Schinkel-Schule bezieht sich als 3stöckiger Kubus in Rohziegelbau mit 3geteilten Fenstern auf Schinkels (zerst.) Bauakademie, doch zeigt es sich in der reichen palazzoartigen Erscheinung mit vorherrschend Renaissanceformen im Dekor, mit Fensterarchitekturen in Sandstein, als Werk des späteren 19. Jh.

Auf dem Grundquadrat von knapp 70 m erhebt sich der Bau glattflächig in einem Granitsockel, den beiden fast gleichartigen Hauptgeschossen und dem als Frieszone charakterisierten 3. Geschoß, dessen Dreifenstergruppen zwischen Mosaik- und glasierten Terracottaplatten im Zusammenhang des ganzen Baues wie ein Triglyphen- und Metopenfries wirken. Das wuchtig ausladende Kranzgesims, Stockwerksgesimse aus Sandstein mit Ranken- und Figurenfriesen aus Terracotta betonen die waagerechte Lagerung des Baues, zu der die schlanken Stützen der Fenster (im 1. Stock unter geradem Gebälk, im 2. unter Giebeln) ein Gegengewicht bilden. Eine Vor-

halle vor dem Portal und eine entsprechende rückwärtige Ausladung für ein Treppenhaus sind die einzigen Vorsprünge aus der scharf geschnittenen kubischen Baumasse.

Diese Masse ist jedoch durch das zarte, mehr graphisch als plastisch hervortretende Terracotta-Relief der Ziegelbauten der Schinkel-Schule und durch neuere und farbige Dekorationsmittel belebt. Die Absicht war, alle kunsthandwerklichen Techniken an diesem den Schätzen vergangenen Kunsthandwerks geweihten Bau sprechen zu lassen und das gegenwärtige technische und künstlerische Vermögen vollständig zu zeigen. Die Reliefs schufen Rudolph Siemering, Ludwig Brunow und Otto Lessing; die glasierten Tonreliefs der »Metopen« entwarf Noack; für die venezianischen Glasmosaiken an der N-Seite und den übrigen Ecken, die diese Form in glanzvollem Material steigern, entwarfen Ernst Ewald und Friedrich Geselschap figürliche Gruppen, die Momente künstlerischer Blütezeit in verschiedenen Kulturen symbolisieren.

Die Innendisposition entspricht der Klarheit des Außenbaus. Auf Vestibül und Treppenhaus folgt ein rechteckiger glasbedeckter Innenhof mit schlanken Pfeilerarkaden unter Stichbogen als Zentrum der Anlage.   *EB-S*

Das **ehem. Pumpwerk III der Stadtentwässerung** an der   18
Schöneberger Straße (unmittelbar gegenüber dem auf dem zugeschütteten Schöneberger Hafenbecken angelegten **Mendelssohn-Bartholdy-Park**) wurde 1873–76 als Teil des von Rudolf Virchow geforderten und von Hobrecht geplanten Entwässerungssystems errichtet. Ornamentierter Backsteinbau in historisierenden Formen mit hohem, 4gliedrigem Schornstein. Schornstein und Pumpwerk stehen seit 1972 unter Denkmalschutz. Der Bau wird jetzt als **Lapidarium** genutzt (vgl. S. 201).   *GK*

Museum für Verkehr und Technik (Trebbiner   19
Str. 8–9). Das 1908 von Max Buchholz erbaute Verwaltungsgebäude der Markt- und Kühlhallengesellschaft wurde 1980–83 von Ulrich Wolff und Wolfgang Peters zur »Keimzelle« des neuen Museums für Verkehr und Technik umgebaut, wobei man den urspr. Zustand der Fassade und des Daches wiederherstellte und einen 5geschossigen Neubau anfügte. Seit dieser Zeit wurden Teile des anschließenden ehem. Güterbahnhofs einbezogen und zu Museumshallen umgebaut; dazu gehören die beiden Lokomotivschuppen und das ehem. Beamtengebäude. Das Museum ist eine Einrichtung »im Werden«. Anfang 1991 ist der 1. Abschnitt des ehem. Güterbahnhofs als Museumsbau eröffnet worden (Architekten Wolff und Peters, Pitz und Brenne). Dieselben Architekten entwarfen auch den Neubau (Abt.

Martin-Gropius-Bau. Westseite

Luftfahrt); Baubeginn 1991. Das Freigelände nimmt Bahngleise auf, dazu Einrichtungen des Straßenverkehrs, Mühlen u. dgl. GK

Amerika-Gedenkbibliothek, Berliner Zentralbibliothek (Blücherplatz)

Die Gedenkbibliothek – für West-Berlin die zentrale Stadtbibliothek, nachdem durch die Teilung die alte Stadtbibliothek im Ost-Berliner Bezirk Mitte verblieben ist – wurde nach einem Architekten-Wettbewerb, den Gerhard Jobst, Willy Kreuer und Hartmut Wille gewonnen hatten, von den genannten Architekten unter Hinzuziehung Fritz Bornemanns 1952–54 erbaut. Anlaß gab die Stiftung »Luftbrückendank« zur Erinnerung an die Versorgung West-Berlins durch die alliierte Luftbrücke 1948/49. Bornemann hatte – abweichend von der Ausschreibung – eine Freihandbibliothek nach angelsächsischem und skandinavischem Vorbild vorgeschlagen; dieser Entwurf wurde dem Ausführungsprojekt zugrunde gelegt. Vorbereitungen zu sehr umfangreichen Erweiterungsbauten sind im Gang.

Ein leicht geschwungener Baukörper, der sich zum Blücherplatz und zur (allerdings durch den Hochbahnviadukt abgetrennten) Achse Hallesches Tor – Mehringplatz – Friedrichstraße öffnet, nimmt im Erdgeschoß alle *Publikumsräume* auf: Ausleihe, Präsenzbibliothek, Freihandbibliothek. Der Präsenzbestand umfaßt etwa 20000 (nicht ausleihbare) Bände, die Freihandbücherei etwa 70000 Bände, auch wissenschaftliche und Fachliteratur. Der Raum ist nur durch Glaswände gegliedert, die freien Durchblick gestatten, auch nach außen. Darunter liegt das *Magazin* für etwa 400000 Bände; darüber befinden sich 5 Geschosse mit internen *Arbeitsräumen*. Die Konstruktion des Stahlbetonskelettbaus ist sichtbar gelassen; die Felder sind mit keramischen Platten belegt und in regelmäßigem Rhythmus sparsam verglast.

Im Tiefgeschoß liegen um einen Innenhof die *Kinderbücherei* und die umfangreiche *Berlin-Abteilung*. – In der Eingangshalle erinnert eine Schriftwand an den Anlaß zum Bau dieser Bibliothek. GK

Ev. Kirche zum Hl. Kreuz (Blücherstraße). Die vieltürmige Kuppelkirche in got. Stilformen, von Johannes Otzen 1885–88 erbaut, verwirklicht den prot. Typ der Predigtkirche. Der Grundriß zeigt ein griechisches Kreuz. Der Umriß der Kirche, zuweilen als »preußische Pickelhaube« bezeichnet, bestimmt die städtebauliche Wirkung. Die für die Gemeinde inzwischen viel zu große Kirche wird von der Architektengruppe »Wassertorplatz« für die gewandelten Ansprüche umgebaut. GK

174 Kreuzberg: Friedhöfe vor dem Halleschen Tor

22 Die beiden restaurierten Marmorgruppen von der alten
Belle-Alliance-Brücke am Halleschen Tor, »Die Schiff-
fahrt« von Otto Geyer (1879) und »Der Fischfang« von
Julius Moser (1880), stehen seit 1988 wieder an ihrem
alten Ort. HR

23 **Friedhöfe vor dem Halleschen Tor: Friedhöfe der**
● **Dreifaltigkeitsgemeinde, der Jerusalems- und Neuen**
Kirchengemeinde, der Böhmischen Gemeinde und der
Brüdergemeine (Mehringdamm, Zossener Straße)
Die Friedhöfe vor dem einstigen Halleschen Tor sind in
West-Berlin die bedeutendsten. 1735 als Armenkirchhof
der Friedrichstädtischen Gemeinde und als der »Böh-
men Begrabung« angelegt, gewann der fern von den
Kirchen gelegene Platz nach der ersten Erweiterung und
Verschönerung 1766 das Interesse zahlender Familien.
Eine 2. Erweiterung (1798) der Jerusalems- und Neuen
Kirchengemeinde entlang der Zossener Straße bis zur
Baruther Straße und eine 3. von 1819 – jenseits des seit
1739 bestehenden Dreifaltigkeitskirchhofes – an der
Baruther Straße (mit Eingang Mehringdamm) ließen den
großen, von Binnenmauern entsprechend gegliederten
Komplex entstehen; ein altes Tor im nördl. Teil erinnert
an den seit 1826 abgeschlossenen selbständigen Platz
der Brüdergemeine.
Durch die (unnötige?) Neuanlage einer Straße Mitte der
1970er Jahre wurde der nördl. Rand des Friedhofs emp-
findlich beeinträchtigt und mit einer häßlichen Mauer
aus Betonsteinen versehen. Beim Einbrechen der neuen
Zufahrt Zossener Straße wurde zudem eine großartige
Wandgestaltung der Gilly-Schule rüde angeschnitten;
auch ging so die Ausrichtung zur alten Friedrichstadt
gänzlich verloren. Die Grabmäler jedoch erinnern an
das friderizianische Berlin wie an das durch Kunst und
Wissenschaft blühende bürgerliche Berlin des 19. Jh. –
die großen Schauspieler der Friedrichstadt nicht verges-
sen. 6 figürliche Sandsteinmäler des Louis-seize sind
wichtige Zeugnisse der fast ganz verlorenen Bildhauer-
kunst von Schadow; Gruftgewölbe (Mausoleen) der Zeit
um 1800 und die von ihnen abgeleiteten fassadenarti-
gen Wandgestaltungen belegen den von David Gilly,
seinem Sohn Friedrich Gilly, Heinrich Gentz und dem
jungen Schinkel bes. vertretenen Dorismus.
Am Eingangsweg Zossener Straße hat man 4 Grabsteine
aufgereiht: den Marmor-Cippus mit Bildnismedaillon
für den Theologen *August Neander* (1789–1850), den
kleinen Gedenkstein für die beiden urspr. im Deutschen
Dom beigesetzten berühmtesten Künstler am Hofe
Friedrichs d. Gr., den Baumeister *Georg Wenzeslaus v.*
Knobelsdorff (1699–1753) und den Maler *Antoine*
Pesne (1683–1757), den Cippus aus rotem Granit mit
marmornem Bildnismedaillon für den Naturforscher *Pe-*
trus Simon Pallas (1741–1811), gesetzt von der Petersburger und Berliner Akademie 1835, und die meister-
● hafte Ara für den Oberfinanzrat *Friedrich Wehling*
(1743–1809) mit einem Bildnismedaillon, einem figürlichen Relief aus feinstem Eisenguß und mit einer Am-
phore und gesenkten Fackeln an den Schmalseiten.
Gegenüber, an der urspr. Rückmauer, erhebt sich
● »*Ebens Begräbniß 1798*«, ein Gruftgewölbe mit Giebel
und ägyptisierender schwarzer Eisentür unter einem
tympanonartigen Relief, auf dem Persephone (?) die von

Chronos geleitete Verstorbene mit entgegengestreckten
Armen erwartet. Der einzigartige Bau verdient auch
wegen des hochinteressanten Gewölbes genaueres Studium. Möglicherweise ist er von David Gilly errichtet,
der nachweislich den Anschlag zur angrenzenden
Mauer 1799 unterzeichnet hat. – An demselben Weg
weiter hinten links ist das Wandgrabmal für den Leibarzt Friedrichs d. Gr. *Johann Carl Wilhelm Moehsen* ●
(1722–95): In einer 2,30 m hohen Nische steht ein
Steinsarkophag mit der auf dem Deckel ruhenden
Hygieia, Tochter des Heilgottes Asklepios und Sinnbild
der Gesundheit, die Schlange, das hl. Tier des Asklepios, tränkend. – Rechts daneben ein kleines beschädigtes Sandsteinmal des Louis-seize: ein Engelputto mit
gesenkter Fackel neben der Urne vor einem Obelisken.
– Schräg gegenüber auf einer heute unbezeichneten
Grabstelle eine hohe gegiebelte Granitstele mit der illusionistisch gegebenen, in ein Tor eintretenden Verstorbenen, eine Marmorfigur von J. Moser 1881. – In der
Nähe des Wegendes, auf der Mauer des Böhmischen
Friedhofs zur 3. Erweiterung, hat sich die Sandstein-
skulptur eines über der Urne trauernden Puttos erhalten,
mit Konsole großartig über die noch in die Mauer gefügte Namenstafel *Mosisch 1796* komponiert.
Die ältesten skulptierten Sandsteingrabmäler liegen im
nordöstl. Teil, ziemlich am Ende des nach rechts vom
Eingang Zossener Straße führenden Querwegs: Das restaurierte Grabmal für den Landjägermeister und Obri-
sten *Friedrich Wilhelm v. Lüderitz* (†1785) zeigt die
wappengeschmückte Urne, die von Chronos mit dem
Stundenglas bekrönt wird, und einen weinenden Putto;
am Urnenpostament der Helm mit Federbusch, am großen Sockel die Inschrifttafel: »SAAT, DICH SAETE DER HERR,
ZUM HOHEN HALME ZU WACHSEN ...« – Die beiden von
schweren eisernen Mäandergittern zwischen Steinpfosten geschützten Urnenmäler bezeichnen die Gräber
des Kriegsministers Friedrichs d. Gr. *Leopold Otto v.*
Gaudi (†1789) und seines einzigen Kindes *Marie v.*
Gaudi (1768–86). Die mit einem Schleier umwundene
Urne für die Tochter ist nur noch durch das Ornament
des »Laufenden Hundes« ausgezeichnet; die vom Vater
gesetzte, Mitleid und Trostgefühle aufrufende Inschrift
am Sockel ist von gleichem Ernst erfüllt. Die Urne des
Vaters schmücken 2 Putten im besten Reliefstil des Rokoko, während schwere Laubkränze, Girlanden und ein
großes Waffengehänge am Säulenpostament sein Amt
wie den neuen Stil nachdrücklich betonen. – Das große
Urnengrabmal für den Kammergerichtsrat *Justus Diet-*
rich Schlechtendall (1744–86) trägt das antikisierende
Bildnismedaillon; eine schön gewandete Frauengestalt
mit efeuumranktem Stecken (Allegorie der Freundschaft?) hilft dem rechts stehenden Engelsknaben, die
Urne mit der Girlande zu schmücken; ein klagender
Putto sitzt vorn auf den Stufen. Die große Inschrifttafel
am Sockel (unleserlich) lautet: »Dein Amt war Gerechtigkeit / Dein Vergnügen Wissenschaft / Dein Umgang
Freundschaft / Dein Leben Tugend / Dein früher Tod für
dich ein sanfter Schlaf / Für alle, die dich lieben / Ein
tausendfacher Tod.«
Der beim Eben-Gruftgewölbe zu betretende Bezirk von
1798 enthält in der Ecke an der Baruther Straße das
große Erbbegräbnis der Familie des Leinen- und Woll-

Kreuzberg: Friedhöfe vor dem Halleschen Tor   175

zeugfabrikanten *Johann Heinrich Weidinger* (1774 bis 1837) in Form einer Mausoleumsfassade, einem Schinkel-Entwurf vergröbernd folgend. – Weiter am Außenweg erblickt man zur Rechten das 1,60 m hohe gußeiserne Kreuz mit von Sternen besetzten Dreipaßenden, ein Schinkel-Entwurf für die Kgl. Gießerei, auf dem Grab der *Henriette Herz* (1764–1847), das Kreuz wohl bewußt von der getauften geistreichen Jüdin gewählt. – Es folgt das Grabmal für den Generalstabsarzt *Carl F. v. Graefe* (1787–1840) und seine Frau mit den Marmorbüsten von F. Drake unter hoher Ädikula; das Mal seines berühmten Sohnes daneben, des Augenarztes *Albrecht v. Graefe* (1828–70) und seiner Frau, ist ein Cippus mit marmornem Doppelbildnis-Medaillon von B. Afinger. – Der Schauspieler *Johann Friedrich Ferdinand Fleck* (1757–1801) erhielt ein Urnengrabmal nach Schadows Entwurf: Die Urne aus grauem Marmor zeigt die Masken der Tragödie und Komödie, und die am Sandsteinsockel angebrachten Marmortafeln enthalten viele rühmende Worte. Durch Erdantragungen sind die Proportionen beeinträchtigt.

Im inneren Eck Zossener / Baruther Straße fallen 2 großartige Jugendstil-Steine auf: Das Mal für *Emy Bennewitz v. Loefen* († 1899) ist ein Kalksteinpfeiler, dem der bekrönende Frauenkopf mit langem Haar eingebunden ist, das direkt am Weg eine Sandsteinstele mit dem Marmortondo »ARS« im Münchner Sezessionsstil für den Landschaftsmaler *Karl Wilhelm Bennewitz v. Loefen* († 1895). Beide Grabmale sind Werke Ignaz Taschners.

An der Mauer zur Baruther Straße findet man die schwarze Granittafel mit der lapidaren Inschrift »Iffland, starb 1814«; einst in Marmor mit vergoldeter Schrift für den berühmten Schauspieler und Theaterleiter *August Wilhelm Iffland* (1759–1814). – Links daneben die marmornen Namenstafeln der Schauspielerin *Friederike Bethmann-Unzelmann* (1768–1815) und ihres Sohnes, des Professors *Friedrich Unzelmann* (1797–1854), bes. bekannt durch die Holzschnitte zu Menzels Werken.

An der Mauer zum Dreifaltigkeitskirchhof fällt das *v. Knoblochsche Erbbegräbnis* im Gilly-Stil auf, daneben das der Familie *Zenker* mit einheitlichen Namenstafeln und strengem Gitter. – Rechts davon ein gleichfalls schönes Eisengitter vor der Grabstätte des Arztes *Ernst Ludwig Heim* (1747–1834), dessen Wand mit einem wie projiziert erscheinenden Sarkophag aus 2 verschiedenfarbenen schlesischen Marmorsorten geschmückt ist. Unter dem als Abschluß gesetzten Palmettenfries verkündet in feiner vergoldeter Schreibschrift auf einer Marmortafel die christliche Hoffnung: »Es sey kein Trauerort für die Familie Heim.«

An der Innenmauer schließlich das 1938 aufgefundene und restaurierte Grabmal für den Architekten *David Gilly* (1748–1808): eine nur durch einen weit schwingenden halbkreisförmigen Bogen unter schlichtem Giebel gegliederte Wand, das gußeiserne Namensschild in der Mitte, 4 trennende Pfosten, vorn mit gekreuzten gesenkten Fackeln als Halterungen für die 2 langen Eisenstäbe. Der von 1938 stammende wuchtige Kranzhalter sollte entfernt und der zu grobe und im Verhältnis zum alten Giebel zu helle Putz angleichend ersetzt werden,

um das charaktervollste architektonische Grabmal der Berliner Baukunst, 1803 wohl von David Gilly nach dem Tode seiner Tochter geschaffen, recht würdigen zu können.

In der Mitte des Friedhofs erhebt sich ein »Hochgrab« des Jugendstils in Abwandlung renaissancistischer Wandgräber mit einer marmornen Liegefigur für *Clara Gräfin v. Einsiedel.*

Der älteste, um 1739 angelegte quadratische Dreifaltigkeitskirchhof an der Baruther Straße ist heute nur über die anderen Friedhöfe zu erreichen; er wurde zum Halleschen Tor hin zur Hälfte erweitert, während die andere Hälfte der Böhmischen Gemeinde gehörte.

Am Weg entlang der südl. Mauer steht das 4 m hohe Grabmal für den Generalpostmeister *Heinrich v. Stephan* (1831–97) von J. Uphues: eine sentimentale marmorne Trauerfigur vor einer Stele mit Lorbeerwulst, ganz im Jugendstil das Relief einer aufsteigenden Sonne am Stufenpostament und das geschmiedete Gitter aus einer das Vegetabile betonenden Reihung von Rosen und Mohn. – Etwas weiter folgen die schlichten Marmortafeln auf den Gräbern von *Rahel* (1771–1833) und *Karl August Varnhagen v. Ense* (1785–1858). – An der nördl. Mauer liegt auf dem Grab des Theologen *August Twesten* (1789–1876) die urspr. an der Wand zwischen den alten Namenstafeln der Familie eingelassene Marmorplatte mit dem Bildnismedaillon von O. Geyer. – Rechts folgt *Schaezers Erbbegräbnis* (1824) mit 2 got. Lanzettbögen seitlich des Mittelfeldes.

Am bedeutungsvollsten sind die 3 Grabstätten der auch im Leben eng verbundenen Familien Mendelssohn und Bartholdy. Im Eck im inneren Winkel erheben sich 2 ganz schlichte steinerne Stelen über den efeubedeckten Gräbern der Eltern des Komponisten, des Bankiers (und Sohnes von Moses Mendelssohn) *Abraham Mendelssohn-Bartholdy* (1776–1835) und seiner Frau *Lea*, geb. Salomon, die nach gemeinsamer Taufe ihren Mann bewegen konnte, den angenommenen Namen ihres Bruders Bartholdy (des Mäzens der Nazarener in Rom) dem Fortkommen der Kinder zuliebe anzufügen – ein erinnerungsschweres Kapitel jüdischen Schicksals. Am Mittelweg ganz in der Nähe ruht unter einem Marmorkreuz und Trauerbäumen *Felix Mendelssohn-Bartholdy* (1809 bis 1847) neben seiner geliebten Schwester *Fanny* († 1847) und deren Ehemann, dem Maler *Wilhelm Hensel* († 1861); auf der linken Seite am Weg auf der Gegenseite die Gräber weiterer Angehöriger. Alle 3 großen Grabstätten haben ihre alten gotisierenden Gitter behalten, am letztgenannten in bes. reicher Form durch 3fache Überschneidung der Spitzbögen.

Den in einer 3. Erweiterung 1819 geschaffenen »Begräbnisplatz der Jerusalems- und Neuen Kirche« betritt man am besten von der Mehringdammseite und geht rechts an der Mauer entlang.

Nur einzelne aufwendige Jugendstil-Mausoleen (z. B. *Friedländer-Fula*, 1917, neoklassizistisch, oder *Prächtel*, ein Monument aus rustiziertem und poliertem, verschiedenfarbenem Granit mit ägyptisierender Eichentür und Mosaik) unterbrechen die bescheidenen, einst verputzten Mauerreste der frühen Biedermeierzeit. Auch wenn die Gitter als Rahmen der einst efeubedeckten Gräber meist fehlen, sind noch Proportionen und viele

Ehem. Garde-Dragoner-Kaserne Mehringdamm

handwerkliche Details der Wandgestaltungen zu würdigen, so bes. die Präzision der Formen in Gußeisen oder gebranntem Ton. Zimmermanns Erbbegräbnis (1836) zeigt eine aus Ziegeln gemauerte Mausoleumsfassade mit der gußeisernen Zier der Schlange als Ewigkeitssymbol zwischen gesenkten Fackeln; das *Haucksche und v. Graevenitzsche Erbbegräbnis* ist eine Doppelanlage mit Rosettenfries und einer gußeisernen Urne in betonter Nische; das von *Hermann* (1829) hat noch sein klassizist. Eisengußgitter; das Grabgewölbe der Familie *Gräfe* (1824) ist ein geschlämmter Ziegelbau und nur im Giebel verputzt. – Am Ende des Querwegs rechts liegt das Grab des Dichters *Adelbert v. Chamisso* (1781–1838) und seiner Frau. Der jetzt zu hohe, einst im Efeu des Doppelgrabes eingebettete Granitstein und das Eisengußgitter stammen aus der 2. Jahrhunderthälfte. – Nahe der Kreuzung von Mittel- und Querweg im rechten Feld schmückt das Grab einer *Josefa Müller* († 1927) die Marmorskulptur »Das Leid« von G. Eberlein (von ihm selbst als »Niobe« in einem Gedicht besungen): ein geflügelter, mit Schleiern drapierter schöner Frauenkopf. – Links von der Hauptkreuzung, 4. Reihe, ist das Grab von *E. T. A. Hoffmann* (1776–1822) mit der schönlinigen Inschrift unter dem Namen: »Kammer Gerichts Rath / ausgezeichnet / im Amte / als Dichter / als Tonkünstler / als Maler / Gewidmet von seinen Freunden« (urspr. Sandsteinstele, jetzt polierter Granit). – Vom Querweg aus linker Hand ist die Granitstele mit dem großen marmornen En-face-Bildnis des Schriftstellers *Adolf Glassbrenner* (1810–76) zu erkennen. – Am Ende des Querweges rechter Hand, zurückgesetzt, erhebt sich über dem Grab des Theaterarchitekten *Carl Ferdinand Langhans* (1782–1869) eine große rote Granitstele mit Bildnismedaillon von F. Rosse. HR

Mehringdamm

Südl. des Halleschen Tores liegt am Mehringdamm (Nr. 20–25) die langgestreckte **ehem. Garde-Dragoner-Kaserne** von Wilhelm Dre-

Riehmers Hofgarten. Gebäude Großbeerenstr. 56–57 (zu S. 178)

witz, 1851–53 (heute **Finanzamt**). Der Bau belebt seine nüchtern-zweckmäßige Grundform durch Stilanklänge an normannische Kastelle, wie sie Friedrich Wilhelm IV. bei Kasernenbauten wünschte. Zinnenbekrönte Türme an den Ecken und, eine hohe Portalnische rahmend, in der Mitte geben der langen 3geschossigen Fassade mit den paarweise gereihten Rundbogenfenstern den notwendigen plastischen Akzent. Ein feineres Relief entsteht durch die scharfgeschnittene Putzquaderung. *EB-S*

Am Mehringdamm und in den Quer- und Parallelstraßen nach O sind von der seit 1841 (Separation der Tempelhofer Feldmark), verstärkt dann seit der Eingemeindung 1861 einsetzenden Bebauung noch wesentliche Teile erhalten.

Die *O-Seite* des Dammes zeigt dabei eine streckenweise geschlossene Kette der klassizistisch schlichten, mit feiner Ornamentik sparsam verzierten Fassaden um 1860: Bes. reich die Fenster, Rundbogen mit Giebeln, von **Nr. 27** (obere Balkons jünger); **Nr. 43** mit der alten Firmeninschrift einer traditionsreichen deutschen Schriftgießerei, der H. Berthold AG, und 2 allegorischen Skulpturen am Portal; **Nr. 57** mit Pilasterädikulen an den Fenstern und Ornamentflächen ähnlich denen des 1858 umgebauten Kronprinzenpalais im Obergeschoß; **Nr. 61** mit einem vom Villenbau sinnentleert übernommenen 4geschossigen flachen Giebelrisalit im 6stöckigen Bau.

Die *W-Seite* zeigt mehrere Häuser der ersten Gründerjahre (um 1870–75), die den spätklassizist. Formenapparat der ausgehenden Schinkel-Schule reicher und plastischer verwenden, so **Nr. 40** mit monumentalem rundem Erker; **Nr. 50** und **54**, reich mit Säulen verziert; **Nr. 52** mit Reliefs in den Halbkreisfeldern der oberen Fenster. *EB-S*

Östl. anschließend im bis 1870 bebauten Gebiet nördl. der Bergmannstraße an der Nostitzstraße bes. schöne spätklassizist. Häuser: **Nr. 40**, **Nr. 21** mit von Statuen gekröntem Giebelrisalit; **Nr. 20**, **16**, **13** wie das **Eckhaus Gneisenaustraße** vor 1865 teils mit »normannischer« Wandstruktur. – Im südl. anschließenden, 1877–85 bebauten Gebiet bis zur Arndtstraße großformigere Fassaden, z. B. **Nostitzstr. 27**; weiter südl. stark plastische, neubarocke Fassaden nach 1888,

178 Kreuzberg: St. Bonifatius. Ehem. Gertrauden-Stift. Viktoriapark

bes. in der Alexisstraße. Malerisch gelegen ist ein neugot. **Wasserturm** (Fidicinstr. 37). *EB-S*

27 **Riehmers Hofgarten** (Yorckstr. 83–86, Hagelberger
● Str. 9 und 12, Großbeerenstr. 56–57) heißt eine durch Innenstraßen erschlossene Baugruppe aus 5geschossigen Wohnhäusern, die der Maurermeister Wilhelm Ferdinand August Riehmer 1881–92 (in mehreren Abschnitten) erbaut hat. Die ersten Bauten (an der Hagelberger Straße) zeigen noch spätklassizist. Formen; im Laufe der Jahre wurde der architektonische Schmuck reicher und lehnte sich an Renaissanceformen an. An der Yorckstraße (Hauptverkehrsstraße!) ein reiches Rundbogenportal. Die »Privatstraße« war schwer gegen die Polizeibehörde durchzusetzen; sie nimmt das Prinzip einer modernen Wohnstraße vorweg. Bemerkenswert ist die gleichwertige Behandlung der Fassaden an Straßen und Hoffronten; die in jener Zeit übliche Vernachlässigung der Rück- oder Hoffronten ist hier nicht zu finden. (Abb. S. 177.) – Im Hof eine *Skulptur* von Gerson Fehrenbach (1986). *GK*

28 **Kath. Kirche St. Bonifatius** (Yorckstr. 88–89). Riehmers Hofgarten benachbart, wurde die Kirche 1905–07 von Max Hasak als 1schiffige, 54 m lange und 20 m breite Anlage mit 2 75 m hohen Türmen an der Straßenfront in neugot. Backsteinformen errichtet. (Farbabb. 7.) Eine umschließende **Wohnanlage** ist beiderseits der Kirche von der Straße zugänglich. Die Wohnungen trugen durch ihre Verzinsung zur Finanzierung des ersten kath. Kirchbaus im S der Stadt bei. – Leichtere Kriegsschäden wurden bis 1952 behoben. *GK*

29 Das **ehem. St.-Gertrauden-Stift**, heute Chronische und Geriatrische Abteilung des **Krankenhauses am Urban**, bildet eine 3-Flügel-Anlage zur Wartenburgstraße und einen rückwärtigen Flügel an der Großbeerenstraße. 1871–73 und 1883/84 von Friedrich Koch als 3stöckiges Gebäude in gelben Verblendziegeln mit Sandsteingliederung erbaut, verbindet es die Backsteintradition der Berliner Behördenbauten mit repräsentativen Elementen der Neurenaissance, z. B. Säulen und Reliefs (christliche Tugenden, von E. Luerßen) am Mittelrisalit, Runderker an den Flügeln. *EB-S*

Viktoriapark

1888–94 wurden die Anlagen auf dem Kreuzberg nach Plänen von Hermann Mächtig geschaffen.

Der Wasserfall zwischen künstlichen Felsen ist der Haupteffekt der Szenerie, die dem Kreuzbergdenkmal auf der Spitze eine ursprünglich nicht beabsichtigte pathetische Note hinzufügt.

30 Das *Nationaldenkmal zur Erinnerung an die Freiheits-
● kriege 1813–15* ist das relativ bescheidene Ergebnis grandioser Planungen, mit denen sich Schinkel seit

1814 beschäftigt hat. Er hatte zunächst einen got. Dom projektiert, der vor dem Potsdamer Tor stehen sollte. Die Gotik, deren französischer Ursprung damals noch nicht erkannt worden war, galt als Leistung der deutschen Architektur des Mittelalters, die damit der griechischen des Altertums als ebenbürtig an die Seite trat. Eine sakrale Note besitzt das 19 m hohe Denkmal noch durch seine obeliskartige Form, die an got. Turmhelme erinnert und ein unmittelbares Vorbild wohl in dem mittelalterl. Denkmal der »Spinnerin am Kreuz« in Wien hat. Das Material Gußeisen enthält eine kriegerische Symbolik, deutet zugleich aber auch auf eine in Berlin hochentwickelte Industrie und besitzt somit eine »vaterländische« Bedeutung. 1818 wurde der Grundstein gelegt, 1821 erfolgte die Einweihung. Der »Templower Berg« war damals ein freies Gelände vor den Toren der Stadt. Das Denkmal, der märkischen Landschaft zugeordnet, war weithin sichtbar. Als die Bebauung sich ausdehnte, wurde es 1878 um 8 m gehoben, um 21° gedreht und auf einen Unterbau nach Entwurf von Johann Heinrich Strack gestellt. – In den kapellenartigen Nischen des Denkmals sind 12 Gestalten von Genien aufgestellt, deren jede an eine wichtige Schlacht der Freiheitskriege erinnern soll. Die Köpfe besitzen Porträtähnlichkeit mit Heerführern und Angehörigen des Königshauses:
1. Groß-Görschen (2. 5. 1813, Entwurf von Friedrich Tieck, Ausführung von Ludwig Wichmann: Porträt des Prinzen v. Homburg). – 2. Großbeeren (23. 8. 1813, Entwurf und Ausführung von Wichmann: Porträt des Kronprinzen von Preußen, des späteren Königs Friedrich Wilhelm IV.). – 3. Katzbach (26. 8. 1813, Entwurf und Ausführung von Wichmann: Porträt des Grafen Franz v. Blücher). – 4. Culm (30. 8. 1813, Entwurf von Tieck, Ausführung von Wichmann: Porträt Friedrich Wilhelms III.). – 5. Dennewitz (6. 9. 1813, Entwurf von Christian Daniel Rauch, Ausführung von Wichmann: Porträt des Generals v. Bülow). – 6. Wartenburg (3. 10. 1813, Entwurf von Rauch, Ausführung von Wichmann: Porträt des Generals v. Yorck). – 7. Leipzig (18. 10. 1813, Entwurf von Rauch, Ausführung von Wichmann: ohne Porträtähnlichkeit). – 8. La Rothière (1. 2. 1814, Entwurf von Rauch, Ausführung von Wichmann: Porträt des Kaisers Alexander I. von Rußland). – 9. Bar-sur-Aube (27. 2. 1814, Entwurf und Ausführung von Wichmann: Porträt von Prinz Wilhelm von Preußen, später Kaiser Wilhelm I.). – 10. Laon (9. 3. 1814, Entwurf und Ausführung von Tieck: Porträt des Prinzen Wilhelm, Bruder Friedrich Wilhelms III.). – 11. Paris (30. 3. 1814, Entwurf und Ausführung von Rauch: Porträt der Königin Luise von Preußen; der Genius hält die Quadriga und die Siegeszeichen vom Brandenburger Tor in den Händen). – 12. Belle Alliance (18. 6. 1815, Entwurf und Ausführung von Rauch: Porträt der Prinzessin Charlotte von Preußen). *HB-S*

Ernst Herters lebensgroße Bronzegruppe »*Der seltene Fang*« (1896), eine Genreplastik, wird mit den das Naturelement versinnbildenden nackten Figuren vor der Kulisse des Wasserfalls in ihrem Naturalismus noch gesteigert. Der herkulische Fischer mit der zweischwänzigen Nixe im Netz ist als freie Darstellung aufschlußreich für eine prüde Gesellschaft, die sich der mythologi-

Kreuzberg: Viktoriapark. Buchdruckerhaus. Köpenicker Feld

Nationaldenkmal auf dem Kreuzberg. Kupferstich von Schmidt nach Zeichnung von Calau. Um 1825

schen Themen als Vorwand für die Darstellung des Sinnlichen zu bedienen wünschte (vgl. Böcklins Malerei). Hier denke man sich auch noch die mittwochs und sonnabends stattgehabte abendliche bengalische Beleuchtung hinzu (Baedeker, 1900).
Die gleichzeitige Ausstaffierung des Parks am Hang mit den Porträt-*Hermen* von *Kleist* (Karl Pracht), *Körner* (Ernst Wenck), *Schenkendorff* (Alfred Reichel), *Uhland* (Max Kruse) – »urdeutsche Dichter, Sänger des deutschen Patriotismus« – und von *E. M. Arndt* (Hans Latt) und *Rückert* (Ferdinand Lepcke) als »Förderer des deutschen Einheitsgedankens« nimmt die Gelegenheit zur patriotischen Bildung und Erziehung der Spaziergänger wahr, ein Gegenstück zur Siegesallee: »Kein schönerer Platz konnte ihnen werden als beim Freiheitsdenkmal.« Kostbarer Carraramarmor und die verfremdende Hermenform erheben die in Zeittracht auftretenden Dichter in eine ideale Sphäre in betontem Kontrast zum bronzenen Fischersmann. Weiß überstrichen sind Uhland (unterer Querweg), Rückert und Kleist (auf halber Höhe, links und rechts) aufgestellt (jetzt Kopien in Aluminium), die anderen nicht erhalten. HR

1 Das **Verbandshaus der Deutschen Buchdrucker** (Dudenstr. [früher: Dreibundstr.] 10), das heute der IG Medien gehört, wurde 1925 von Max Taut und Franz Hoffmann erbaut. Das *Vorderhaus* aus gelben Verblendsteinen enthält im Erdgeschoß Läden und in den darüberliegenden Geschossen 18 Wohnungen. Starke horizontale Gliederung durch Loggien und Gesimsabdeckungen aus schwarzen Terracotten. Die *Druckerei* im Quergebäude ist ein über 13,50 m frei gespannter Stahlbetonbau mit einer sichtbaren Rahmenkonstruktion ohne Mittelstützen. Die Felder sind mit gelben Backsteinen ausgemauert. Plastischer Schmuck im Sitzungssaal und im Treppenhaus von Rudolf Belling (nicht mehr vorhanden). GK

Im unmittelbaren Anschluß hat Max Taut 1954/55 an der Methfesselstraße ein 10geschossiges **Wohnhaus** errichtet, eines der ersten Wohnhochhäuser Berlins. Der Übergang von der Dudenstraße wird durch 3- und 5geschossige **Wohnbauten** gebildet. GK 32

»Köpenicker Feld«

Von Lennés Bebauungsplan des »Köpenicker Feldes« 1841 ist das rechtwinklige, nur von der alten Führung der Dresdener Straße diagonal durchkreuzte *Straßennetz* erhalten. Nördl. von dem bogenförmigen früheren Verlauf des

180 Kreuzberg: Wohnbauten. Bethanien. Thomaskirche

N-Teils des Luisenstädtischen Kanals, südl. von der Hochbahnlinie, die der 1868 abgerissenen Zollmauer folgt, begrenzt, ist es durch 2 N-S-Achsen mit Plätzen und jeweils einer Kirche als Zielpunkt gegliedert: durch den ehem. Luisenstädtischen Kanal, jetzt Grünstreifen mit Legien- und Leuschnerdamm, mit der Michaelkirche (Bez. Mitte) sowie durch Mariannenstraße und -platz mit der Thomaskirche.
Von der um 1850–70/80 erfolgten *Bebauung* mit 4- bis 5stöckigen Mietshäusern ist selbst nach der Kriegszerstörung und dem glatten Verputz vieler Fassaden in den Nachkriegsjahren noch viel erhalten, jedoch in sehr schlechtem baulichem Zustand. Seit 1975 wurden einzelne Fassaden instand gesetzt; ein Sanierungsplan sieht die Erhaltung der bedeutendsten Fassaden und des Gesamtgefüges, aber Entkernung der dicht – teilweise mit gewerblichen Betrieben – bebauten Höfe vor. *EB-S*
Bemerkenswerte Häuser und Straßenabschnitte sind:

33 L u c k a u e r S t r a ß e, bes. **Nr.14**, mit Rankenfries über dem Erdgeschoß; **Nr.13** mit pilastergerahmten Fenstern, um 1860; **Nr.10** (Ecke Sebastianstraße), 1854 im »florentinischen Stil«, mit Rundbogenfenstern, tiefem Quaderschnitt, doppeltem Konsolgesims mit Zinnenmotiven.

34 An der S e b a s t i a n s t r a ß e 3 Häuser der 1860er bzw. 1880er Jahre.

35 Am Eingang der D r e s d e n e r S t r a ß e Wohnhausrest der von Blankenstein entworfen **Markthalle VII**, 1888; über einem Werksteingeschoß mit Bogendurchbrüchen eine Ziegelfassade mit reicher Terracotta-Ornamentik der späten Schinkel-Nachfolge. **Nr.24**, 1848, und **Nr.118** sind Beispiele für schlichte, noch flächenhaft und ganz in waagerechter Reihung gegliederte spätklassizist. Häuser.

36 In der A d a l b e r t s t r a ß e Fassaden der 1850er und 1860er Jahre, bes. reiche Fensterverzierung an **Nr.74** mit Hermen, ornamentalen Brüstungsplatten und Halbkreisnischen mit Köpfen (dies vereinfacht auch **Wiener Str.9, 13**). Adalbert- / Ecke Naunynstraße sind 3 der abgeschrägten Ecken erhalten, die für dieses Gebiet charakteristisch sind.

37 O r a n i e n - und N a u n y n s t r a ß e zeigen bes. in den westl. Abschnitten noch interessante Fassaden.

38 Der halbrunde Teil des M a r i a n n e n p l a t z e s und die anschließenden Häuser in der M a r i a n n e n s t r a ß e, um 1850, sind, leider farbig völlig mißglückt, wiederhergestellt. Der Mariannenplatz selbst, 1853 von Lenné entworfen, wurde mit dem Schutt der zerstörten umliegenden Häuser erhöht und verlor damit an städtebaulicher Wirkung. Die NW-Seite besetzt das ehem. Krankenhaus Bethanien, das nordöstl. Ende die Thomaskirche. *EB-S*

In den Anlagen vor dem ehem. Krankenhaus-Haupteingang steht die *Kolossalbüste des Chirurgen Robert Wilms* (1824–80) von Rudolph Siemering (1883); ohne ihr Säulenpostament und den Nischenbau von Schmieden, ferner verdorben durch einen schlechten bronzefarbenen Anstrich, ist sie kaum noch zu würdigen. *HR*
Das *Denkmal für die Gefallenen der Berliner Feuerwehr* (1960) auf dem Mariannenplatz von Dietrich Wolff (Architekt) und Guido Jendritzko (Bildhauer), eine reliefierte Wand, die Flammen assoziiert, ist eine zurückhaltend-dekorative Lösung der Aufgabe, wogegen Kurt Mühlenhaupts benachbarter *Feuerwehrbrunnen* (1981), 3 Feuerwehrmänner mit Schläuchen, einen harmloskomischen Effekt erzielt. *HB-S*

Ehem. Krankenhaus Bethanien
(Mariannenpl. 1–3)

Das 1843 von Friedrich Wilhelm IV. gestiftete Diakonissenkrankenhaus war der erste große Bau auf dem Köpenicker Feld. Der Entwurf von Persius wurde von Theodor Stein vereinfacht und verändert 1845–47 ausgeführt. Der im 2. Weltkrieg schwer beschädigte Bau wurde wiederhergestellt und bis 1970 als Krankenhaus verwendet. Nach Abriß- und verschiedenen Nutzungsplänen ist er jetzt als **Künstlerhaus** *des Bezirks Kreuzberg für verschiedene kulturelle Zwecke genutzt. Das kirchliche Inventar kam z.T. in die Luisenkirche in Charlottenburg.*

Die ausgedehnte, im Querschnitt jedoch schmale Anlage umschließt mit den rückwärts gehenden Seitenflügeln einen großen, von Lenné gestalteten Garten. Ein Wechsel von gekuppelten und einfachen Rundbogenfenstern spiegelt in allen 3 Geschossen die innere Struktur: abwechselnd Krankenzimmer und kleine, als Teeküchen oder Aborte genutzte Zwischenzimmer. 2 schmale Achtkanttürme vor der Fassadenmitte – von Stüler entworfen – zeigen die Kirche hinter dem Vestibül an. Hier konzentrieren sich die künstlerischen Formen des i. ü. fast kasernenhaft einfachen Baues. Im Vestibül tragen Achtkantpfeiler mit gotisierenden Blattkapitellen ein 2geschossiges Arkadenumgang. An dessen Innenwand Reliefmedaillons von F.W. Dankberg mit Szenen der Krankenpflege. Das rechts anschließende Treppenhaus hat zierliche durchbrochene Gußeisenformen. Der Kirchenraum (jetzt Vortragssaal, durch weiße Tünche beeinträchtigt) erhält seinen eigentümlichen Charakter durch große rundbogige Maßwerk-Arkaden über den Emporen, die auf romanisierenden Säulen stehen. *EB-S*

Ev. St.-Thomas-Kirche (Mariannenplatz)

1865–69 von Friedrich Adler erbaut. Im 2. Weltkrieg schwer beschädigt, bis 1963 wiederhergestellt. – Die

Thomaskirche. Holzschnitt von P. Meurer nach F. Adler. Um 1875

Kirche ist z. Z. geschlossen; Restaurierung und Umwandlung sind geplant.

Der Kirchenbau an der nördl. Schmalseite des Platzes steht in bedeutender städtebaulicher, nach Abriß der Mauer wieder sichtbarer Achsenbeziehung. Er verbindet Formen der rheinischen Romanik wie die Zweiturmfassade, die Kleeblattform von Chor und Querhaus, die Zwerggalerien – die jedoch im Ziegelrohbau italianisiert wirken – mit latent klassizistischen der Schinkel-Schule wie dem kreisrunden Vierungsturm, den Portalgiebeln, den

182   Kreuzberg: Schlesisches Tor. Oberstufenzentrum. Spreewaldbad

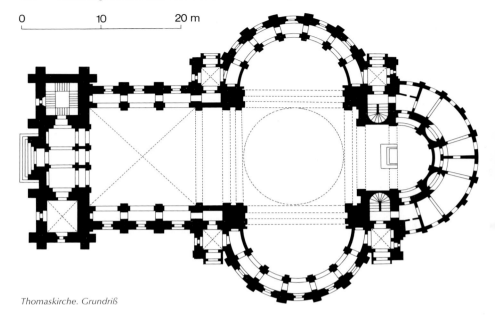

Thomaskirche. Grundriß

waagerechten Abschlüssen und der in Terracotta gebrannten Ornamentik. Die Strebepfeiler sind durch Abstufung und Ornamentierung in ihrem Höhenzug gebremst und so in das zwischen Vertikalen und Horizontalen ausgewogene Gefüge eingebunden. In den Seiten- und Choransichten bleiben trotz der reichen Formen die geometrischen Grundstrukturen klar erkennbar. – Der Innenraum wurde bei der Wiederherstellung verändert.   EB-S

41 **Seniorenwohnheim** (Köpenicker Str. 191). Der 6geschossige Neubau von Otto Steidle (1987) ist über Galerien und Rampen mit dem Seitenflügel eines benachbarten Altbaus derart verbunden, daß zwischen beiden Bauteilen ein hoher, von Gabriele Heydecker gestalteter Wintergarten als zentraler Raum entstanden ist.   GK

42 **Hochbahnhof Schlesisches Tor** (Skalitzer Straße). Erbaut 1901/02 in romanisierenden Formen von Hans Grisebach und August Georg Dinklage; unter Ausnutzung des Erdgeschosses für private Zwecke. In den 1980er Jahren in der urspr. Gestalt wiederhergestellt.   GK

43 Die Grünanlage am Gröbenufer (Schlesisches Tor) ist 1985–87 durch ein Bildhauersymposion »Menschenlandschaft Berlin« mit Skulpturen von Leslie Robins, Rudolf Valenta, Andreas Frömberg, Azade Köker, Louis Niebuhr, Mehmet Aksoy und Andreas Wegner besetzt worden.   HB-S

Wohnhaus »Bonjour Tristesse« (Schlesische Str. 8, Falckensteinstr. 4), 7geschossig, mit schwungvoller Eckausbildung, als IBA-Projekt 1982/83 von Alvaro Siza Vieira erbaut, nach einem stark reduzierten Programm. Die monotone Fensterreihung gab dem Haus den – spontan aufgepinselten – Spitznamen »Bonjour Tristesse«.   GK

In der Cuvrystraße gestaltete 1984 ein Bildhauersymposion mit Claudia Amman, Isolde Haug, Peter Herbrich, Silvia Klug, Azade Köker, Bernd Münster, Robert Schmidt und Edouard Bannwart als Architekt eine großflächige Brunnenanlage, die vielfältige Assoziationen wecken will.   HB-S

Das **Oberstufenzentrum Wirtschaft und Handel** (Wrangelstr. 97–99; Arch. I. Krusnik, O. Reith) enthält die lange Front der ehem. Kaserne des 3. Garderegiments zu Fuß, 1874–78 von Heimerdinger, einen hellroten Ziegelbau mit Rundbogenfenstern und reichem Kranzgesims; die Eckpavillons kastellartig durch schlanke Türmchen, die Achtecktürme am Mittelrisalit mit qualitätvollen Terracottareliefs antikisierender Waffen-Trophäen.   EB-S

Spreewaldbad (Spreewaldplatz), auf dem Gelände des ehem. Vorplatzes des 1962–73 ab-

Kreuzberg: Jakobikirche. Ehem. Reichsschuldenverwaltung   183

gebrochenen Görlitzer Bahnhofs von Christoph Langhof 1984–87 erbaut. Die unauffällige Anlage mit einfacher, zunächst glatt weiß geputzter, 1990 von Marlen Liebau und Heribert Englinghagen flächendeckend mit blauen Farbflecken versehener Fassade liegt – aus gestalterischen und wärmetechnischen Gründen – unter einem Erdhügel. Das Innere mit seiner phantasievollen Sport- und Spaßbadewelt überspannt eine elegante Holzkonstruktion.   *GK*

Nördl. davon, auf dem Lausitzer Platz, der Turm der – sonst (von Ludolf v. Walthausen) modern erneuerten – **ev. Emmauskirche**, 1890–93 von August Orth.   *EB-S*

Ev. St.-Jakobi-Kirche (Oranienstr. 132–134)
1844/45 von Stüler erbaut. Im 2. Weltkrieg bis auf den Turm zerstört, wurde die Kirche 1954–57 wiederhergestellt.
Der von **Pfarr-** und **Predigerhaus** (1857–59, 1865/66) flankierte **Kirchenbau** ist durch ein quadratisches Atrium mit kreuzgangartigen Arkaden von der Straße zurückgesetzt. Im Atrium eine Statue des Apostels Jacobus von E. A. Hopfgarten. Als Backsteinbasilika mit den für die Zeit Friedrich Wilhelms IV. typischen frühchristlichen Formen ist der große Bau sehr schlicht, so daß die stereometrischen Grundformen – bes. an der Chorpartie – deutlich hervortreten. Außerdem wirkt die harmonische, sich beim Herankommen perspektivisch verschiebende architektonische Gruppierung. Ihr Akzent ist der links frei neben der Kirche stehende *Turm*, der über den massiven Untergeschossen 4 leichtere, reichere Stockwerke mit Arkaden und Ziegelmusterung hat. – Innen waren die Seitenschiffe durch Emporen mit schöner dorischer, darüber korinthischer Säulenstellung unterteilt; beim Wiederaufbau nach dem 2. Weltkrieg durch Paul und Jürgen Emmerich wurden sie durch eine moderne hohe Bogenstellung ersetzt.   *EB-S*
Im rückwärtigen Gelände (Jacobikirchstr. 5–6) wurden 1980/81 von Dieter Frowein und Gerhard Spangenberg zwei 3geschossige **Pfarrhäuser** mit quadratischem Grundriß und flachen Zeltdächern errichtet, die in Proportionen und im Material dem Kirchbau angepaßt sind.   *GK*

Ehem. Reichsschuldenverwaltung (Oranienstr. 106–109, Ecke Alte Jakobstraße)
Das Gebäude, 1919–24 von German Bestelmeyer (nach Grundrißplänen v. Bandels und Listmanns) errich-
tet, war der erste Bau der jungen deutschen Republik nach dem 1. Weltkrieg. Seine Bestimmung gab zu mancherlei Gespött Anlaß. Der im 2. Weltkrieg beschädigte Bau wurde durch die Bundesbaudirektion 1958 wiederhergestellt, hat aber noch keine angemessene neue Nutzung gefunden. Er dient jetzt der städtischen Lagerhausgesellschaft.
Ein simpler, konventioneller Behördenbau, 2hüftig, mit 4 Innenhöfen. Der Architekt gab durch ein neutrales, vertikal betontes System die Möglichkeit zu späteren Veränderungen. Die Fassade besteht aus Backstein unter sparsamer Verwendung von Ornamenten und Bauplastik nach Entwürfen von Hugo Lederer. Die kompakte, straff gespannte Baumasse führt zu monumentaler Schlichtheit, die nicht einmal betonter Portalausbildung bedarf. Die Eingänge sind so zurückhaltend angeordnet, daß man sie fast suchen muß.   *GK*

Die **Otto-Suhr-Siedlung** an der Oranienstraße gehört zu den Objekten des innerstädtischen Aufbaus; sie wurde 1956–63 in mehreren Abschnitten von Max Rudolph errichtet. Rechtwinklig zueinander gestellte Blöcke mit 3 und 4 Geschossen wechseln mit 6- und 8geschossigen Zeilen.   *GK*   51

Die sog. »**Springsiedlung**« an der Neuenburger und Alexandrinenstraße wurde 1959–62 nach Plänen von Wils Ebert, Klaus Müller-Rehm und dem Entwurfsbüro der Gehag errichtet und 1966/67 durch zusätzliche Bauten (von W. Ebert) »verdichtet«. 8geschossige Zeilen und Punkthäuser im Wechsel, städtebauliche Betonung durch ein 12- und ein 15geschossiges Wohnhochhaus.   *GK*   52

Der **Hochbahnhof Prinzenstraße**, erbaut 1902 von Paul Wittig, in alter Form restauriert, hat 1984/85 von Wolf-Rüdiger Borchardt an seiner N-Seite ein neues **Treppengebäude** erhalten, das über eine Brücke mit dem Bahnsteig verbunden ist; es birgt dazu noch eine **Schaltzentrale**. Kristallin-kubische Formen, die der schräg einmündenden Prinzenstraße folgen.   *GK*   53

Oranienplatz. **Nr. 4–10**, ein **Bürohaus**, ist 1931/32 von Max Taut als Kaufhaus für die Konsumgenossenschaft errichtet worden. Der gestaffelte, 5-, 7- und 9geschossige Stahlbetonskelettbau ist mit Muschelkalkplatten verkleidet. Das verglaste Haupttreppenhaus ist weit vorgezogen und wirkt als Markierungspunkt. Die Dachflächen sind als Dachgarten eingerichtet.   *GK*   54

Kottbusser Tor

Der **Hochbahnhof Kottbusser Tor** wurde 1928/29 von Alfred Grenander erbaut, als durch den Bau der U-Bahn-Linie Gesundbrunnen–Leinestraße (Linie 8) an dieser Stelle   55

184 Kreuzberg: Wohnbauten am Kottbusser Tor

Kottbusser Damm 2–3

ein Kreuzungsbahnhof erforderlich wurde. Die 120 m lange und 17 m breite Halle wurde in einer freitragenden Konstruktion über die Straßenkreuzung gesetzt. Der Binderabstand beträgt 7,5 m. Die Seitenwände der Halle wurden vollständig verglast. Die gekrümmten, vollwandigen Balken der Hauptträger ruhen auf 3 Stützen; die größte Stützweite beträgt 52,5 m. GK

56 Die **Wohnhausgruppe am Kottbusser Tor** (Kottbusser Str. 2, Skalitzer Straße) wurde 1955/56 von Hans und Wassili Luckhardt als Signal für den innerstädtischen Aufbau im Bezirk Kreuzberg errichtet. Zwei 7geschossige, 1hüftige Flügelbauten sind vor die Brandwände der anschließenden Straßenrandbebauung gesetzt, während an der Spitze ein 11geschossiges Wohnhoch-

haus steht. Die Ladenbauten der Erdgeschoßzone binden die 3 Bauteile zusammen. Stahlbetonrahmenkonstruktion mit ausgefachten Feldern. GK

Die auf der *N-Seite* des namenlosen Platzes am Kottbusser Tor 1974–76 entstandene vielgeschossige, stark gegliederte, maßstablose Bebauung von Johannes Uhl riegelt die auf den Platz führende Adalbertstraße optisch ab. Das benachbarte Parkhaus (Dresdener Str. 128/130) von 1971–74 wurde 1985–87 von Dieter Frowein und Gerhard Spangenberg mit glücklicher Hand zu einem **Kinderhaus** umgebaut. GK

Wohnregal (Admiralstr. 16). Das von einer Selbsthilfegenossenschaft 1984–86 errichtete 7geschossige Wohnhaus ist nach Plänen der Architekten Kjell Nylund, Christof Puttfarken und Peter Stürzebecher von den Bewohnern nach eigenen Vorstellungen mit Unterstützung durch die Architekten ausgebaut worden, um

Kreuzberg: Am Urban. Stadtbad. Südsternkirche. Passionskirche 185

die Vorstellungen eines individuellen Wohnens zu erreichen. *GK*

9 IBA-Wohnanlagen (Fraenkelufer 38, 38a–c, 44; Fraenkelufer 26, Ecke Admiralstraße). Über 2 geschlossene Baulücken ist ein parkartiger Wohnhof zu erreichen, dessen Rückfront durch die malerische Bebauung (Spitzname »Schloß«!) einer langen Brandmauer gebildet wird. Eigenwillige Grundrisse führen zu bewegter Fassadengestaltung, die in einem hohen Dach ausschwingt. Erbaut 1983/84 von Hinrich und Inken Baller. Ähnlich gestaltet das Haus Fraenkelufer 26. *GK*

0 Am Kottbusser Damm wurde **Nr. 2–3**, ein 1910/11 von Bruno Taut und Arthur Vogdt erbautes und kriegszerstörtes Wohnhaus, unter Erhaltung der Fassade 1978–80 von Hinrich und Inken Baller bei völlig neuer Grundrißgestaltung äußerlich erneuert. *GK*

An der Grimmstraße steht seit 1902 vor den Anlagen der schöne bronzene *Wrangel-Brunnen* des 1871 verstorbenen Rauch-Schülers Hugo Hagen, enthüllt 1877, für den Kemperplatz am Tiergarten geschaffen unter Protektion des Feldmarschalls Wrangel. In noch spätromantisch anmutenden Sitzfiguren sind die 4 großen preußischen Ströme Rhein, Elbe, Oder und Weichsel verkörpert. 4 Amphoren am renaissancistisch gebildeten Brunnenstock spenden ihr Wasser in das große Rundbecken aus grauem poliertem Granit, während vom fein gerieffelten Rand der schirmartig über ihnen angebrachten und auf der Unterseite mit Blättern und Blumen ornamental verzierten Schale Wasserfäden wie Perlschnüre herabfallen. Am oberen Balusterschaft eine kleinere Schale mit den Genien »Kunst« und »Wissenschaft«, »Handel« und »Industrie«, zuletzt eine zierliche dritte, deren Pinienzapfen einen Fontänenstrahl aussendet. *HR*

2 Krankenhaus »Am Urban« (Urbanstraße), entstanden 1887–90 nach Plänen des städtischen Baurats Blankenstein, damaliger Anschauung entsprechend als **Pavillonbau** in Backsteinbauweise, obwohl der beengte Bauplatz eine allzu große Ausdehnung der Anlage nicht zuließ. – Der westl. anschließende **Neubau** wurde – als erster Neubau eines städtischen Krankenhauses seit dem 1. Weltkrieg! – Ende der 60er Jahre nach Plänen Peter Poelzigs errichtet und im August 1970 eröffnet. Weithin erkennbar ist der V-förmige, 9geschossige Hauptbau des Krankenhauses mit den Bettenstationen. Die Flachbauteile wurden als Stahlbetonskelettbauten errichtet, der Hochhausteil als Stahlbetonschottenkonstruktion. *GK*

Westl. des Krankenhauses erhebt sich in wirkungsvoller Aufstellung inmitten der breiten Promenade der Baerwaldstraße das *Denkmal für die Gefallenen des Kaiser-Franz-Garde-Grenadier-Regiments 2*, einst gegenüber der NW-Ecke der Kaserne des Regiments, von Eberhard Encke 1924. Die weit überlebensgroße Gestalt

eines knienden Jünglings ist über einem hohen kubischen Sockel allseitig streng durchkomponiert; das großporige Kalksteinmaterial unterstreicht die monumentale Absicht. Pathetische Züge – die zur Faust geballte Rechte, die bekennerisch auf das Herz gelegte Linke, die Anspannung aller Muskeln und ein entschlossener Gesichtsausdruck als Zeichen erstarkender Kraft – treten nicht laut hervor, scheinen uns heute aber von beispielhafter Vorbedeutung in Hinblick auf Politik und Kunst des Dritten Reiches. *HR*

Stadtbad (Baerwaldstr. 64–67). Ludwig Hoffmann, Stadtbaurat seit 1896, erbaute 1896 bis 1901 das sparsam historisierende Bad (Auftakt seiner beginnenden Berliner Tätigkeit) in Formen eines Renaissance-Palazzos: Rustika-Erdgeschoß, geputzte Obergeschosse, Fenster an Palladios Palazzo Thiene in Venedig orientiert. *GK* **64**

Kirche am Südstern **65**

1893–96 von A. Roßteuscher erbaut. Nach wechselnden Nutzungen dient sie einer freikirchlichen Gemeinde. Moderne Anbauten ohne Veränderung des 100jährigen Großbaus sind für die außergottesdienstliche Gemeindearbeit geplant.

Der Bau beherrscht mit seinem hohen Turm und dem durch Kapellen und Anbauten aufgestaffelten Umriß den Platz und die Sichtachsen der zahlreichen hier zusammenlaufenden Straßen. Als ehem. ev. Garnisonkirche ist er, wie die »kaiserlichen« Bauten Dom, Gedächtnis- und die abgerissene Gnadenkirche, in Werkstein, nicht wie die anderen Kirchen der Zeit in Backstein errichtet. Den außen angewendeten Formen des deutschen Übergangsstils bzw. der Frühgotik entspricht innen überraschend eine Halle mit weit gespanntem Netzgewölbe. *EB-S*

An der N-Seite des Marheinekeplatzes, Ecke Schleiermacherstraße, steht die **Passionskirche**, 1905–07 von Theodor Astfalck in schweren neuroman. Formen auf quadratischem Grundriß als »Gottesburg« mit zentralem Turm erbaut. Der Innenraum wirkt durch die weitgehend erhaltene originale Ausstattung. *EB-S* **66**

Friedhöfe an der Bergmannstraße ●

Die kunsthistorisch bemerkenswerten Gräber der 4 nebeneinander liegenden Friedhöfe werden jeweils in einem Rundgang entlang der Mauern beschrieben, da sich hier – und meist oben am Hauptweg – die bevorzugten Grabstätten (Erbbegräbnisse) befinden; man wird auf diese Weise auch im Wechsel mit schlichten Namenstafeln in den Mauerresten das kaiserzeitliche mit dem alten Berlin konfrontiert finden.

Grabmal der Fürstin Christiane Charlotte Sophie von der Osten-Sacken. Zeichnung von H. Spielberg 1853

67 **Friedhof der Dreifaltigkeitsgemeinde**
(Bergmannstr. 39–41)
Der 1825 angelegte Begräbnisplatz birgt vorn links an der Mauer das Grab des Architekten *Martin Gropius* (1824–80), eine urspr. freistehende Anlage mit kleiner dorischer Säulenstellung und eingestelltem Pfeilerportal; an der Rückwand ein Relief seines Freundes R. Siemering: der Todesgenius und die trauernde »Kunst« vor einem Sarkophag mit Urne – gräzisierend als Inbegriff hoher Kunst. – Rechts davon das einst nur mit einer gußeisernen Tafel geschmückte, dann mit einer Büste von Otto Geyer (1891, Gips) versehene Grab des Schriftstellers *August Kopisch* (1799–1853), davor die Marmorstele (heute ohne Bildnismedaillon) für den Archäologen *Carl Boetticher*, der Kopischs Witwe geheiratet hatte. – Das Familiengrab von *Adolph v. Menzel* (1815–1905) ziert die Bronzebüste von R. Begas (1877) vor einer pompösen hochpolierten Syenitwand. – In unmittelbarer Nähe die hohen Wandgrabmäler aus Kalkstein, neoklassizistisch mit Jugendstilelementen, für den Baurat *Heinrich Kayser* (1842–1917), heute ohne die Büste von Janensch aus Kayserzinn), den Bankier *v. Gwinner* und den Architekten *Georg Klingenberg* (1870–1925, mit großer Bronzeplakette von Fr. Klimsch). – In der hinteren Ecke das Erbbegräbnis *v. Oppenfeld* in ägyptischem Stil (1828). – Den bedeutendsten Platz auf der Höhe erhielt 1827 das große Monument der Kgl. Eisengießerei nach Schinkels Entwurf für die *Fürstin Christiane Charlotte Sophie v. d. Osten-Sacken* († 1811), deren Sarkophag hinter Vierpaßgitter im Sockel eingestellt ist; darüber das Relief einer emporblickenden Figur (Hoffnung?) und rückseitig das Ewigkeitssymbol der Schlange. – Daneben am Querweg das Grab für *Friedrich Schleiermacher*

(1768–1834), eine Stele mit rotem Granitsockel und der Marmorbüste im Tondo von Rauch, begrenzt von einem herrlichen klassizist. Gitter, dessen Eckpfosten aus gesenkten Fackeln gebildet werden. – Dahinter die Marmorstele (heute ohne Bronzemedaillon) für den Germanisten *Karl Lachmann* (1793–1851) und die schlichte Granitstele für den Dichter *Ludwig Tieck* (1773–1853). – Wenige Schritte abwärts am Hauptweg das Efeugrab mit schlichter Kissenplatte für *Charlotte v. Kalb* (1761–1843), die Seelenfreundin von Schiller, Hölderlin und Jean Paul, mit dem Vers »Ich war auch ein Mensch, sagt der Staub! / Ich bin auch ein Geist, sagt das All«. *HR*
Das heute die Mitte beherrschende Erbbegräbnis der Familie des Kommerzienrats *W. v. Krause* († 1877) schuf Friedrich Hitzig als offene 3teilige Kapelle. Im erhöhten Mittelteil, der durch 2 Mosaikbilder nach Pfannschmidt zu einer Sakralarchitektur gesteigert ist, steht unter einer Flachkuppel eine überlebensgroße Christus-Figur, Paraphrase der Thorvaldsen-Statue, von J. Moser. In den tempelartigen Seitenteilen, deren Giebel von monolithen Granitsäulen gestützt sind, liegen die Grabplatten. Die marmornen Bildnisbüsten des Ehepaares Friedrich Wilhelm und Flora v. Krause (beschädigt) von F. Drake (1869) sind erst später hinzugesetzt worden. *EB-S*
Am Querweg rechts ein Bildnis-Tondo der *Gräfin Pfeil* aus Carraramarmor über einem Säulenpostament, auf John Friedländers Erbbegräbnis, wo an der Mauer Heines »Molly«, seine Cousine *Amalie Friedländer* (1800–38), Großmutter der Gräfin, ihr Grab fand. – An der Rückseite der Mauer die schmucklose Familiengrabstätte des Historikers *Theodor Mommsen* (1817–1903). – An dem Querweg schließlich noch ein bronzenes Grabmal für *Fr. Moritz Wolff* († 1917) von Hosaeus: ein über Pyramiden schreitender Jüngling mit Stundenglas, darunter ein Lebensfries. *HR*

3 Friedhof der Friedrich-Werderschen Gemeinde (Bergmannstr. 42–44)
Der 1844 angelegte Friedhof hat an der linken Mauer zahlreiche Jugendstil-Erbbegräbnisse, darunter das für *Paul Köthner* († 1902) aus rotem poliertem Granit mit geschwungenen Wänden, Seitenpfosten mit kuppelartigen Rosenbekrönungen und eingelassenen grünpatinierten Mädchenfriesen von Lilli Finzelberg. – In der Ecke oben links ein schön proportionierter Mausoleumsbau der Jahrhundertmitte für *Familie Seeger*: Die ionischen Säulen, das Rundbogenportal und die 2 Engelstondi sind aus Ton. – In der von Pfeilern gegliederten rückwärtigen Mauer finden sich z.T. noch die alten eisernen oder marmornen Tafeln mit schöner Schrift; oben rechts das kleine schlichte Mausoleum aus gelblichen Ziegeln für den Chirurgen *Johann Friedrich Dieffenbach* (1794–1847). *HR*

⁹ Friedhof der Jerusalems- und Neuen Kirche (Bergmannstr. 45–47)
Auf dem 1852 angelegten Begräbnisplatz ist links an der Mauer das Grab des Architekten *Hermann v. d. Hude* (1830–1908) auf dem Erbbegräbnis der Familie; die renaissancistische Wandgliederung aus Sandstein entspricht wohl seinem Entwurf 1884. – Daneben eine renaissancistische Ädikula für die Grabstätte des Diplo-

maten *Kurd v. Schlözer* (1822–94), wohl gleichfalls von H. v. d. Hude. – An derselben Mauer hinten links ein Naiskos für die Familie des Fleischermeisters *J. C. G. Hefter* († 1869). – Daneben das Erbbegräbnis des Bildhauers *Fr. W. Dankberg* († 1866): über hohem Steinsockel eine 7bogige rote Terracotta-Arkatur mit vorgezogenem Mittelteil und figürlichem Schmuck von Engeln und Kränzen, in den tympanonartigen Feldern über den granitenen Namensplatten ein fächerartiges Fayence-Ornament aus Palmblättern und Mohn (typisch für die Dankberg-Werkstatt). – An der Rückwand mehrere große steinerne Mausoleen, darunter das neobarocke Mausoleum mit Reliefschmuck und Kuppel für *W. Borchardt* und das romanisierende für *A. Heese*. – Als das vielleicht großartigste Erbbegräbnis des Jugendstils in Berlin darf die blockhafte Kalksteinanlage für *Max Krause* von Bruno Schmitz und Franz Metzner (1907) angesehen werden: 3fache Treppen, Seitenmauern mit Pfeilern und Bänken vor scheinartig angedeuteter Mausoleumsfront mit schmaler Bronzetür, diese von stilisierten Masken und muskulösen Atlanten gerahmt; Sprüche in großen Jugendstillettern bes. an den Seiten. – Im vorderen Teil rechts der seltene Fall eines freistehenden Mausoleums in Form einer frühgot. Sandsteinkapelle von *G. L. Möckel*, dem bedeutenden Hase-Schüler, 1898. – Am Hauptweg links bei der Wegkreuzung die hohe Marmorstele für die Schriftstellerin und Schauspielerin *Charlotte Birch-Pfeiffer* (1799–1868) mit kleinem, von Lorbeer gerahmtem Profilkopf, gesetzt vom Deutschen Theater. *HR*

Luisenstädtischer Friedhof (Bergmannstr. 48–50)   70
Der 1831 angelegte »Friedhof für die Gemeinde der Luisenstädtischen Kirche« zeigt noch seine schöne Namensplatte im Eingangspfeiler aus roten Ziegeln, von denen viele den Stempel »v. K. V. Rathenow« tragen; er zeichnet sich u. a. durch die schöne Lindenbepflanzung der Begrenzungswege aus. – Vorn an der linken Seitenmauer mächtige Jugendstil-Erbbegräbnisse, darunter das des Fabrikbesitzers *Robert Stock* († 1912) als ein sprechendes Unternehmergrabmal: Die lebensgroße Figur eines Schmiedes von G. Janensch (1897, Zinkguß) ist zwar nicht für das Grab geschaffen – wofür auch der rückwärtige Sockelschmuck spricht –, war offenbar aber Anlaß für die aufwendige Nischenarchitektur mit Grabplatte aus rotem Granit. – An einem Querweg schräg rechts davon die von H. Lederer entworfene Grabstätte für *Gustav Stresemann* (1878–1929), eine dem frühen Berliner Klassizismus verpflichtete Kalksteinfront mit Scheintür, frei davor ein im Stil der 20er Jahre stilisierter Kenotaph mit Pultdach, seitlich begrenzt von je 3 großen Steinkugeln mit übereck gesetztem gekanteltem Vierkantstab. – In der hinteren linken Friedhofsecke ein Marmorkreuz aus der Zeit Friedrich Wilhelms IV. mit der schlichten Aufschrift BETHANIEN für die Schwestern dieses einst modernsten deutschen Krankenhauses; vorn am Hauptweg ein gleicher Grabbezirk noch mit den alten Efeugräbern. – An der links hinten schräg verlaufenden Mauer einige strenge Wandgestaltungen der 20er Jahre, darunter auch eine in typischer Ziegeltechnik mit Kreuz. – Dann folgt an der Hauptrückwand eine großartige Reihe von Jugendstilar-

188 Kreuzberg: Luisenstädtischer Friedhof

chitekturen, darunter, etwa in der Mitte, das Erbbegräbnis für *Gustav Eltschig* († 1903), eine phantastisch romanisierende Marmorkomposition des Architekten Kröger mit Seitenbänken, von Hähnen mit Pfauenschwänzen bekrönt, und einer thronenden Engelfreifigur unter zentralem Rundbogen (Ausführung Deutsche Steinindustrie, vorm. M. L. Schleicher). – Rechts anschließend eine dorisierende Wand mit schöner Engelsfigur aus Bronze auf der Grabstätte *Bönhoff* und eine neoklassizistische für *Maassen* (1917), weiterhin etliche mit figürlichem Schmuck (Marmor und Zinkguß). – Wie das von Eltschig als Point de vue eines Weges auf Fernwirkung bedacht, breitet sich das Monument *Biedermann-Richter* (1901) als Nischenarchitektur (mit verlorener Bedachung) in Nachfolge antiker Brunnenhäuser, seitlich mit mächtigen Relieffiguren (Morgen und Abend); die ganze obere Rückwand bedeckt ein prachtvolles Goldgrundmosaik mit Taubenbrunnen auf lapisfarbenen Säulen über stilisierter Rosenhecke. – Auf der Höhe erhebt sich ein bombastisches Granit-Säulenmonument für die *Familie Löblich* mit Trauerfigur (Zinkguß). – Ebendort die Gräber der Architektenbrüder *Wassili* (1889–1972) und *Hans Luckhardt* (1890–1954) auf der Familiengrabstätte *Schischin*, die eine große Marmorfigur eines niedergebrochenen Pilgers schmückt. – Auf dem Mittelweg in halber Höhe ein schwebender *Engel* von Otto Geyer (1904, Zinkguß).
Bes. an den hinten rechts gelegenen Mauern einheitliche, z.T. in zierlichen architektonischen Formen gestaltete Wandmäler aus dem letzten Drittel des 19. Jh., so z.B. in einer Ecke für *Familie Weckmann*, eine Wandgliederung aus Marchschen Tonwarenelementen mit 4 korinthischen Säulen und feinster klassizist. Ornamentik, daneben, ins Eck komponiert, die jüngere Anlage *Sieg* (1851) mit sentimentaler Marmorfigur von H. Götschmann.   *HR*

Tiergarten   189

BEZIRK TIERGARTEN

Der 1920 gebildete Verwaltungsbezirk Tiergarten besteht aus dem gleichnamigen Park im Zentrum, dem Viertel südl. davon, dessen Anfänge die Häuser französischer Gärtner aus dem 18. Jh. und die um 1800 entstandene Friedrichstädtische Vorstadt (später Schöneberger Vorstadt) bildeten, sowie Moabit im N mit dem ältesten Ortskern des Bezirks.
Durch Grabungen im Garten von Schloß Bellevue ist 1958/59 eine Siedlung der Semnonen ermittelt worden. Während der Kolonisation des 13. Jh. wurden auf dem Gebiet des Bezirks keine Dörfer gegründet. Es war eine Waldfläche, die mit dem Grunewald zusammenhing.
Im Anfang des 18. Jh. siedelten sich Hugenotten zunächst in der Nähe des Schlosses Bellevue und auf dem nördl. Spree-Ufer an der Straße von Berlin nach Spandau an und nannten ihre Gründung Terre de Moab oder Terre des Moabites. 1801 zählte die Kolonie Alt-Moabit, die v. a. aus Gemüsebauern bestand, 120 Einwohner in 14 Häusern, 1837 267 Einwohner in 35 Häusern. Nördl. davon entstand längs der Turmstraße die Kolonie Neu-Moabit, die 1837 bereits 502 Einwohner in 45 Häusern besaß. 1861 wurde das nördl. und südl. des Tiergartens gelegene Wohngebiet nach Berlin eingemeindet. In der Folgezeit wurde es immer dichter bebaut. An der nördl. und östl. Grenze von Moabit nahmen Hafen- und Industrieanlagen sowie das Bahngelände der Hamburger und der Lehrter Eisenbahn mit ihren Bahnhöfen von 1846 und 1844 (der Lehrter Bahnhof ist abgerissen), ferner das S-Bahngelände breiten Raum ein.   *HB-S*

Moabit

Aus der Zeit der lockeren vorstädtischen Bebauung Moabits sind nur noch wenige Zeugnisse erhalten: in
1 Alt-Moabit (Nr. 71) das 2stöckige **Haus Cabanis**, ein schöner Bau der Schinkel-Schule, und einzelne spät-
2 klassizist. Häuser in der Stromstraße (**Nr. 57, 58, 61**).   *HB-S*

3 **Sudhaus**, ehem. Brauerei (Turmstraße, Ecke Stromstr. 11–17). Auf dem Gelände einer 1832 gegr. Brauerei wurde 1871 der monumental wirkende gelbe Ziegelbau von Friedrich Kott errichtet, der nun – nach Einstellung des Betriebes – als Gaststätte dient.   *GK*

4 **Ev. St.-Johannes-Kirche** (Alt-Moabit 25)
In der Achse der Kirchstraße steht die Johanneskirche, im Kern eine der 4 1832 von Schinkel entworfenen, 1833/34 mit geringen Mitteln erbauten nördl. Vorstadtkirchen; ein Saalbau in Backstein mit 3 rundbogigen Portalen und einer Fensterrose an der Fassade. Dieser schlichte Bau, der geometrische Klarheit mit Anklängen an roman. oberitalienische Backsteinkirchen verband, wurde auf Wunsch Friedrich Wilhelms IV. 1844–56 von Stüler durch Pfarr- und Schulhaus, Turm und verbindende Arkadenhalle zu einer malerischen Baugruppe erweitert.
Diese Gruppe bietet sich noch heute dem Herankommenden entlang der Straße Alt-Moabit an, während von Schinkels Kirche nach Erweiterung durch ein Querschiff 1896, Kriegszerstörung und Wiederaufbau 1957 außer der Fassade nichts Authentisches übrigblieb.

Der Giebel der **Kirche** hat, reicher akzentuiert, an der *Vorhalle* Stülers eine Wiederholung, die mit Rundbogen und eingestellten Säulen die Formen der Arkadenhalle übernimmt, aber durch plastischen und ornamen-

talen Schmuck steigert. **Pfarrhaus** (links) und **Schulhaus** (rechts) wandeln Grundformen der Kirche wie Ziegelbau, flache Satteldächer und Rundbogen ins Profane und Ländliche ab und sind auch untereinander innerhalb der gleichen Grundform leicht verschieden. Der an der Pfarrhausecke hinter den Arkaden gelegene *Campanile* war, als städtebaulicher Akzent ehem. weithin sichtbar und erscheint durch schmale, streckende Lisenen und den 8kantigen Aufsatz noch schlanker.

Den Vorgarten schließt eine Mauer, teilweise mit pergolaartigen Pfeilern, gegen die Straße ab. Das vergoldete Kreuz in der Mittelachse stand urspr. in einem vorspringenden Halbkreis. Die Toreinfahrten haben schöne, Kreuzform und Pflanzenornament verbindende gußeiserne Gitter.
Im Innern der Kirche auf dem Altar große *Kreuzigungsgruppe* des späten 15. Jh. (Fassung 19. Jh.) vom Triumphkreuz der Klosterkirche. Die urspr. an den Kreuzenden angebrachten 4 Evangelistensymbole nun auf Konsolen der Seitenwände.   *EB-S*

Westl. der Johanneskirche, am Knick des Kleinen Tiergartens an der Thusneldaallee, steht ihre Tochtergründung, die **ev. Heilandskirche** 5 von Friedrich Schulze (1892–94), mit ihrem 91,5 m hohen, außerordentlich schmalen Turm wirkungsvoll am Berührungspunkt der Straßen Alt-Moabit und Turmstraße. Der neugot. Backsteinbau ist eine schlanke Halle auf kreuzförmigem Grundriß.   *EB-S*

Auf dem Spielplatz Ecke Turm- / Wilsnacker 6 Straße, dem ehem. Gelände des Luisengymnasiums, steht die überlebensgroße *Bronzebüste* des dort

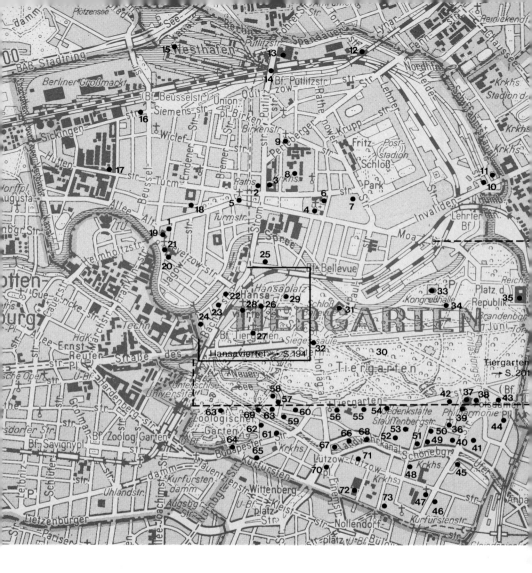

1882–94 tätig gewesenen Direktors, des Mythologen Wilhelm Schwartz (1821–99) von Friedrich Johann Pfannschmidt (1902).

Gegenüber hat die *Löwengruppe* von Albert Wolff, 1895 vor dem Kriminalgericht Alt-Moabit / Ecke Rathenower Straße aufgestellt, eine »Versinnbildlichung der auf Gesetz und Gerechtigkeit aufgebauten Macht, das Schlangengezücht der Lüge zertretend« (Müller-Bohn), auf modernem Sockel einen neuen Platz gefunden. HR

7 **(Neues) Kriminalgericht** (Turmstr. 91, Ecke Rathenower Straße)

Dem ehedem benachbarten (im Krieg zerstörten und 1953 abgebrochenen) Alten Kriminalgericht wurde 1902–06 das Neue angefügt, zu dem Paul Thoemer den Vorentwurf gefertigt hat.

Ein 3geschossiger Repräsentationsbau mit lebhafter Dach- und Turmlandschaft und einem überdimensionierten Prachttreppenhaus. GK

Krankenhaus Moabit (Turmstr. 20/21)

Der Gebäudekomplex geht auf Erweiterungsbauten von Ludwig Hoffmann zurück, die von 1899 an auf dem Gelände eines seit 1871 bestehenden »Barackenlazaretts in Moabit« errichtet worden sind. Bis 1904 entstanden Pflegehäuser. Ein neues Verwaltungsgebäude an der Turmstraße kam 1906 hinzu; 1955 nach Kriegs-

schäden wieder aufgebaut, ist es 1975 zugunsten des Neubaus eines bezirklichen Gesundheitsamtes abgerissen worden. In den 20er Jahren ersetzten Steinbauten die Baracken. Der den Stil der NS-Jahre aufnehmende, 1939 begonnene Chirurgische Trakt (Architekt: Godehard Schwethelm, Hochbauamt), bei Kriegsende noch Rohbau, ist in den 50er Jahren fertiggestellt worden.

Die von Hoffmann errichteten Gebäude sind Ziegelbauten mit Schmuckformen aus Sandstein in Anlehnung an Formen des Berliner Barock. GK

9 Die ev. Hl.-Geist-Kirche (Perleberger / Birkenstraße), 1905/06 von Dinklage und Paulus, nutzt das Eckgrundstück für einen 6eckigen, innen sterngewölbten Zentralbau in vereinfachten Formen der Backsteingotik, mit vorgestelltem, ebenfalls 6eckigem Turm. EB-S

10 Ehem. Verwaltung der Berlin-Hamburger Eisenbahngesellschaft (Invalidenstr. 52)
Das Behördenhaus an der Ecke zur Heidestraße wurde 1874 von Friedrich Neuhaus, dem Begründer und ersten Direktor der Eisenbahngesellschaft, erbaut, der auch zuvor (1845–47) den damaligen Hamburger Bahnhof errichtet hatte. Umbauten und Erweiterungen gab es 1896, 1906, 1930 und 1933–35. In den Vorkriegsjahren diente es der Preußischen Bau- und Finanzdirektion; jetzt sind hier das Landessozialgericht sowie das Landesinstitut für gerichtliche und soziale Medizin untergebracht.

Das Gebäude zeigt klare Renaissanceformen; über einem Rustika-Erdgeschoß mit Rundbogenfenstern folgt das Hauptgeschoß mit hohen Rundbogenfenstern und Giebelverdachungen; das 2. Obergeschoß hat gekoppelte Fenster, ebenfalls mit Rundbogenabschlüssen. Die Geschosse sind durch kräftige Gesimse abgegrenzt. Der 3achsige Mittelrisalit mit einem skulpturengekrönten Dreiecksgiebel nimmt in der Mitte das Hauptportal auf. GK

11 Ehem. Hamburger Bahnhof (Invalidenstraße)
Von dem 1845–47 von Friedrich Neuhaus und Ferdinand Wilhelm Holz errichteten Gebäude hinterließ der 2. Weltkrieg den Mittelteil der Fassade als Ruine. Nach der Stillegung hatte es seit 1906 das Verkehrs- und Baumuseum beherbergt, das auch in den 1911–16 angebauten, 1935 aufgestockten Flügelbauten (in Nachahmung Schinkelscher Formen) Platz fand. 1945–84 war der Bau unzugänglich. Seit der Übernahme durch das Land Berlin stufenweise Wiederherstellung; z. Z. Nutzung als Ausstellungsbau der Nationalgalerie. Die Sammlungsstücke des ehem. Verkehrs- und Baumuseums sind an das neugegründete Museum für Verkehr und Technik (→ S. 172) übergegangen.

Zwischen 2 Turmbauten, die ihre Vorbilder in Türmen italienischer Renaissance-Villen ha-

ben (wie gleichzeitig bei der Orangerie und dem Pfingstbergschloß in Potsdam), liegen 2 weite Rundbogenöffnungen und darüber eine schlanke Pfeilerarkade. Das Bogen- und Hallenmotiv, das in verschiedenen Abwandlungen auftritt, spricht den Charakter des Baues als Tor (als Öffnung für die Gleise und zugleich als Riegel) deutlich aus. Damit wurde der Hamburger Bahnhof typenbildend für die Berliner Bahnhöfe der nächsten Jahrzehnte. EB-S
Davor steht das Gefallenen-Denkmal der Eisenbahner von Emil Cauer d. J. (beschädigt), eine monumentale Bronzefigur eines kniend über die Fahne Gebeugten. HR

Auergesellschaft (Torfstr. 34–35). 1937/38 12 hat Egon Eiermann am südl. Ende der Torfstraße (südl. des Spandauer Schiffahrtkanals) einen Fabrikerweiterungsbau für die Auergesellschaft errichtet, der kennzeichnend ist für die freieren Möglichkeiten, die einige Architekten selbst während der NS-Zeit zumindest im Industriebau hatten. Ein 4geschossiger Stahlbetonskelettbau, mit einer Fassadenverkleidung aus roten Ziegeln im »Prüßverband«, ist durch die Zusammenfassung der Fenster in Vierergruppen so gegliedert, daß der Konstruktionsraster erkennbar bleibt. Auf dem von einer knappen Gesimslinie betonten Dach sind in der Gebäudeecke Lüftungsschächte angebracht, die fast skulptural wirken. Nach langem, den Verfall provozierenden und fördernden Leerstand seit 1987 als Verwaltungsgebäude genutzt. GK

Kraftwerk Moabit 13
(Friedrich-Krause-Ufer 10–13)
Franz Heinrich Schwechten war der Architekt des ersten Kraftwerkbaues auf Berliner Boden (1899/1900). Erweiterungen und Umbauten gab es in den 20er und 30er Jahren durch Hans Müller und Walter Klingenberg mit Werner Issel, einen völligen Umbau des Heizkraftwerkes unter Berücksichtigung umweltschonender Technik 1986–90 durch Walter Henn.

Kernstück des urspr., zurückhaltend historisierenden Backsteinkomplexes war die monumentale Maschinenhalle Schwechtens von 117 m Länge, von der wegen beengter Raumverhältnisse beim jüngsten Umbau nur ein Teil gerettet werden konnte; dieser wird zu Repräsentationszwecken benutzt.

Die neue Rückwand der Halle, 27 m breit und 17,6 m hoch, wird von einem eindrucksvollen Siebdruckbild von Gerd Winner eingenommen. GK

AEG-Turbinenfabrik. Montagehalle

14 Auf der **Putlitzbrücke** wurde 1988 ein von Volkmar Haase gestaltetes *Mahnmal* für die in der Zeit des Nationalsozialismus vom Güterbahnhof Putlitzstraße aus deportierten Berliner Juden errichtet. *HB-S*

15 **Westhafen** (Seestraße). Der nach Plänen Friedrich Krauses in mehreren Bauabschnitten 1914–27 angelegte Hafen – der größte Berlins – ist durch seine sachlich-zurückhaltenden Bauwerke in solider Ausführung ausgezeichnet, darunter das beherrschende **Verwaltungsgebäude** mit hohem Uhrturm und der **Getreidesilo**. Dunkelrote Klinker, vorwiegend aus Siegersdorf, bestimmen den Eindruck. *GK*

16 An der Sickingenstraße wurden die **Wohnhäuser Nr. 7–8** für den Berliner Spar- und Bauverein 1893–95 von Alfred Messel als Doppelwohnanlage mit Kleinwohnungen erbaut. 2 Seitenflügel und das Quergebäude liegen um einen gemeinsamen Hof. Frühes Beispiel sozialen Wohnungsbaus durch einen bedeutenden Architekten. *GK*

Turbinenfabrik der AEG (Huttenstr. 12–16, Ecke Berlichingenstraße). Die Montagehalle der Allgemeinen Elektricitäts-Gesellschaft, 1909 von Peter Behrens erbaut, gehört zu den wichtigsten Bauten des frühen 20. Jh. Die Dreigelenkbinder des Stahlbaues liegen an der O-Seite (Berlichingenstraße) sichtbar vor der Glasfassade, die sich mit der inneren Schräge der Stützen neigt. An der südl. Stirnseite (Huttenstraße) wird die Konstruktion durch mächtige, gequaderte Eckpfeiler verdeckt. Die urspr. 110 m lange Halle wurde später auf 207 m (26 Achsen) verlängert. Die Straßenfront ist mit einem vorspringenden, verschattenden Dach versehen; die S-Seite ist von einem 5fach gebrochenen Betongiebel gekrönt, der das (ebenfalls von Behrens geschaffene) 6eckige alte AEG-Zeichen und den Schriftzug »Turbinenfabrik« in Antiqua-Versalien trägt.

Dieser Bau gehört zu den Leitformen, die den Beginn des »Neuen Bauens« kennzeichnen. Zum ersten Mal wurden bei einem Industriebau Konstruktionsteile als architektonische Elemente nackt gezeigt: Binder, Rahmen, Gelenke, große Glasflächen. Die Stirnseite mit Betonpylonen, deren formale Behandlung an Werksteinbauten erinnert, wirkt monumental – ihre Formgebung wurde später von Puristen des Funktionalismus kritisiert. Die Wirkung auf die Zeitgenossen indes war stark; sie erkannten sehr schnell die Schlüsselbedeutung dieses Bauwerks. Erich Mendelsohn schrieb Anfang 1914 an seine spätere Frau Louise: »Kommen Sie durch Berlin, so vergessen Sie nicht, bevor wir in Florenz sind, sich das Turbinenhaus der AEG von Peter Behrens anzusehen. Sie müssen das gesehen haben!« *GK*

8 **Ehem. Direktorhaus der Kirchner-Schule** (Zwinglistr. 2). Das Schulgebäude von 1914 ist einer der charakteristischen Bauten des damaligen Stadtbaurats Ludwig Hoffmann. Urspr. war es das Direktor-Wohnhaus der Kirchner-Schule, die sich, gemeinsam mit einer Doppelschule, auf dem bis zur Turmstraße reichenden Hintergelände befindet und von Hoffmann als Backsteinbau 1910 errichtet wurde. Heute teils Wohnhaus, teils Schule. Sockelgeschoß aus Sandstein (Rustika), 1. und 2. Obergeschoß durch 4 ionische Pilaster und 3 ionische Dreiviertelsäulen großer Ordnung gegliedert. Das 3. Obergeschoß ist durch ein kräftiges Gurtgesims abgesetzt, das steile Ziegeldach durch 3 Fledermausgauben belichtet. Backstein in den Feldern zwischen Pilastern und Säulen. Eingänge nicht in der Achse, sondern den seitlichen Endfeldern zugeordnet. *GK*

Levetzowstraße

9 **Nr. 26** liegt die **10./11. Grundschule**, von Hermann Blankenstein 1893 erbaut; einer der zahlreichen Schul- und Markthallenbauten, die der Stadtbaurat Blankenstein in den 80er und frühen 90er Jahren als Spätlinge des Ziegelbaus der Berliner Schinkel-Nachfolge schuf. Das **Hauptgebäude**, ein 3teiliger klarer Block, hat im erhöhten Mittelteil breitere Fenster, die in den unteren Geschossen mit Stichbogen, im Obergeschoß, wo die Aula liegt, rundbogig geschlossen sind. Sparsame, farbig abgesetzte Ziegelmuster und plastisch hervor-

tretende Gesimslinien beleben die strenge Gestalt. – Die rechts vorn an der Straße liegende **Turnhalle** ist stärker mit Terracotta-Reliefs verziert. – Links zur Straße Alt-Moabit das **Direktor-Wohnhaus.** *EB-S*
Bei Nr. 7/8, wo die 1912–14 von Johann Höniger erbaute Synagoge stand (1955 abgebrochen), erinnert seit 1988 ein von Peter Herbrich und Jürgen Wenzel geschaffenes *Mahnmal* aus Eisen und Marmor an die in der NS-Zeit hier erfolgte Deportation von Juden in die Vernichtungslager. *HB-S*

Die **ehem. Kleist-Schule** an der südl. Straßen- 20 seite (Nr. 1–6) wurde 1927/28 durch die Stadtbauräte Kolwes und Freyberg errichtet. Das etwa 180 m lange, 5geschossige Klinkergebäude ist nur durch einen überhöhten Mittelbau, in dem sich die Aula und die Turnhallen befinden, gegliedert; i. ü. sind die Fenster mit Sprossenteilung gleichmäßig in die Fassade eingeschnitten. Ein durchlaufendes Gesimsband trennt das Erdgeschoß von den Obergeschossen. Über den hohen Saalfenstern des Mittelbaus ist die Backsteinwand undurchbrochen. Hier steht auf einer Konsole eine große Skulptur von Josef Thorak, die *Penthesilea* mit Schild und wehendem Mantel darstellt. Die beiden Haupteingänge liegen beiderseits des Mittelbaus und sind von vorspringenden Dachplatten geschützt. *GK*
An der Ecke zum Wikingerufer schließt der Bau unmittelbar an die **ev. Erlöserkirche** (von 21 Dinklage, Paulus und Lilloe, 1909–11) an, die ebenfalls in Backstein ausgeführt ist. *GK*

Ev. Konsistorium (Bachstr. 1–2). Der 1969 bis 22 1972 von Georg Heinrichs und Hans E. Christian Müller errichtete Verwaltungsbau der Ev. Landeskirche Berlin-Brandenburg auf unregelmäßig Y-förmigem Grundriß zeigt mit seiner Skelettkonstruktion und der glatt gespannten Aluminiumhaut noch die ungebrochene Tradition der Sachlichkeit.
Vor dem Gebäude die *König-David*-Skulptur von Waldemar Otto (1960), eine sitzende Figur in archaisierender Darstellung, die bis 1984 vor dem Ev. Studentenheim Eichkamp gestanden hat. *GK*

Stahl-Versuchswohnhaus (Schlesviger Ufer 23 6–8). Als Ergebnis eines internationalen Wettbewerbs der Montan-Union wurde 1974–77 von Jochen Brandi und Partnern das reichgegliederte mehrgeschossige Wohnhaus am Spree-Ufer errichtet, das auf einem varia-

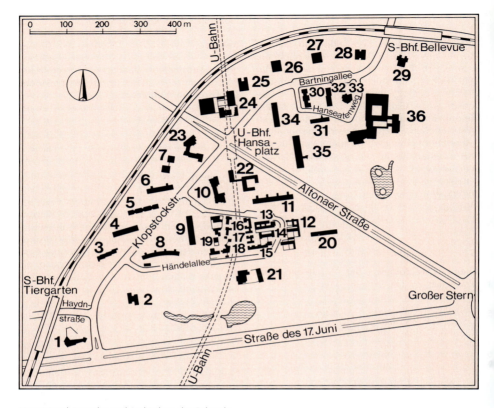

Hansaviertel. Lageplan und Architekten der Gebäude

1. *Berlin-Pavillon.* Hermann Fehling, Daniel Gogel, Peter Pfankuch
2. *17st. Appartementhochhaus.* Klaus Müller-Rehm, Gerhard Siegmann
   4st. Wohnbauten:
3. Hans E. Chr. Müller
4. Günther Gottwald
5. Wassili Luckhardt, Hubert Hoffmann
6. Paul Schneider-Esleben
7. *Kindergarten.* Hochbauamt Tiergarten
   8st. Wohnbauten:
8. Walter Gropius
9. Pierre Vago
10. Alvar Aalto
11. *10st. Bau.* Fritz Jaenecke, Sten Samuelson
    Einfamilienhäuser:
12. Eduard Ludwig
13. Arne Jacobsen
14. Gerhard Weber
15. Alois Giefer, Hermann Mäckler
16. Sep Ruf
17. Johannes Krahn
18. Sergius Ruegenberg, Wolf v. Möllendorff
19. Günter Hönow
20. *Terrassenhauszeile.* Paul G. R. Baumgarten
21. *Ev. Kaiser-Friedrich-Gedächtnis-Kirche.* Ludwig Lemmer
22. *Städt. Volksbücherei.* Werner Düttmann
23. *Kath. St.-Ansgar-Kirche.* Willy Kreuer
24. *Ladenzentrum, Theater.* Ernst Zinsser, Hansrudolf Plarre
    Punkthäuser:
25. Luciano Baldessari
26. J. H. van den Broek, J. B. Bakema
27. Gustav Hassenpflug
28. Eugène Beaudouin, Raymond Lopez
29. Hans Schwippert
    3-/4st. Wohnbauten:
30. Max Taut
31. Franz Schuster
32. Kay Fisker
33. Otto H. Senn
    Wohnhauszeilen:
34. Egon Eiermann
35. Oscar Niemeyer
36. *Akademie der Künste.* Werner Düttmann

blen Stahlbauskelettsystem beruht und beliebige Wohnungsgliederung ermöglicht. Das Experiment ist bisher ohne Nachwirkungen geblieben. *GK*

Das **Studentenheim »Siegmunds Hof«**, an der gleichnamigen Straße gelegen, wurde 1959–61 in 2 Abschnitten erbaut. Der westl. Teil von Peter Poelzig besteht aus einem 8geschossigen Gebäude und 8 3geschossigen Pavillons, die einander rechtwinklig zugeordnet sind. Der stark gegliederte östl. Teil von Klaus H. Ernst gipfelt in 12geschossigen Bauten an der Spree. Ein 5eckiger Pavillonbau am Eingang dient der Verwaltung und enthält außerdem Gemeinschaftsräume. *GK*

Hansaviertel

Das Stadtviertel wird durch die S-Bahn zwischen den Bahnhöfen Tiergarten und Bellevue in zwei Teile geschieden. Im nördl. Gebiet, zwischen S-Bahn und Spree (im Bereich von Flensburger, Lessing- und Claudiusstraße), entstand um 1960 eine Neubebauung nach Plänen von Peter Poelzig.

Die Neuanlage des südl. Hansaviertels (zwischen S-Bahn und Straße des 17. Juni) ist nach einem Wettbewerb (1953) zum Kernstück der »Internationalen Bauausstellung 1957« (Interbau) geworden. Dabei wurde der Bebauungsplan völlig verändert: Anstelle der gründerzeitlichen Randbebauung mit 3- bis 4geschossigen Häusern an »Korridorstraßen« wurde eine stark aufgelockerte Bauweise gewählt.

Der Grundgedanke für diese südliche, pauschal als »das« Hansaviertel bezeichnete Siedlung war – charakteristisch für jene Jahre –, neben 4- bis 6geschossigen Wohnhäusern »Berliner Tradition« (d. h. mit je 2 oder 3 Wohnungen je Geschoß an einem Treppenhaus) eine lockere Mischung aus Hoch- und Flachbauten zu errichten, die – unter Einbeziehung weiter, bruchlos in den Tiergarten übergehender Freiräume – ein neuartiges innerstädtisches Wohnen ermöglichen. Die Baukörper stehen frei im zugeordneten Grünraum; es gibt keine abgeschlossenen Baublöcke mit Innenhöfen (»Randbebauung«), keine Differenzierung zwischen Vorder- und Hinterfronten, sondern gleichwertige Wohnbeziehungen zum umgebenden Freiraum. Die Baukörper werden als »Solitäre« behandelt. Dazu wurden einige Straßenzüge aufgehoben, andere in ihrem Verlauf verändert.

Als Folgebauten kamen 2 Kirchen, der sog. Berlin-Pavillon, der Kindergarten an der Klopstockstraße, die U-Bahn-Ausgänge am Hansaplatz und das Gebäude für die Akademie der Künste hinzu.

Der **»Berlin-Pavillon«** am S-Bahnhof Tiergarten (Straße des 17. Juni) wurde 1957 für die »Interbau« von Hermann Fehling, Daniel Gogel und Peter Pfankuch geschaffen. Urspr. nur als interimistischer Ausstellungsbau gedacht, dann für 10 Jahre, hat er die These von der Dauerhaftigkeit der Provisorien aufs neue belegt. Nicht zum Schaden, denn inzwischen ist er zu einem Bestandteil des Stadtbildes geworden. Das kleine, winkelförmig angelegte Gebäude ist nach N durch eine große Glaswand zu einem mauerumschlossenen Höfchen geöffnet, auf dem historische »Straßenmöbel« (Laternen, Straßenbrunnen usw.) versammelt sind. Nach W, dem Bahndamm zu, wird es durch eine dicke, schräg gestellte Betonwand abgeschirmt. Das einseitig geneigte Dach ist zur S-Seite stark vorgezogen. Der Pavillon dient der Berliner Bauverwaltung für kleine Wechselausstellungen, meist zu Themen der Stadtplanung.

Nahe der Straße des 17. Juni am Bahnhof Tiergarten erhebt sich östl. der Klopstockstraße (**Nr. 2**) ein 17geschossiges **Appartementhochhaus** aus 2 gegeneinander versetzten Scheiben, die durch die Verkehrszone verbunden sind (Klaus Müller-Rehm, Gerhard Siegmann).

Der Klopstockstraße folgend, stehen links 4 Zeilen 4geschossiger **Wohnbauten** mit Wohnungen verschiedener Größen von den Architekten Hans E. Chr. Müller (**Nr. 7**, **9**, **11**), Günther Gottwald (**Nr. 13**, **15**, **17**), Wassili Luckhardt und Hubert Hoffmann (**Nr. 19**, **21**, **23**), Paul Schneider-Esleben (**Nr. 25**, **27**). Anschließend folgt ein **Kindergarten** (Hochbauamt). – Rechts der Klopstockstraße liegen von S nach N das geschwungene Wohnhaus (**Händelallee 1–9**) von Walter Gropius (von ihm selbst als Weiterentwicklung des typischen Berliner Wohnhauses bezeichnet), ein 8geschossiges Haus (**Klopstockstr. 14–18**) mit springender Geschoßhöhe von Pierre Vago und eine gegliederte, ebenfalls 8geschossige Einheit (**Klopstockstr. 30**, **32**) von Alvar Aalto, die mit einem, im Abstand rechtwinklig angeschlossenen, 10geschossigen Bau

196 Tiergarten: Hansaviertel

(**Altonaer Str.** 3–9) von Fritz Jaenecke und Sten Samuelson die Gruppe der 1geschossigen **Einfamilienhäuser** im S des Gebietes – im Bereich der H ä n d e l a l l e e – umschließt. Hier haben die Architekten Eduard Ludwig (**Nr.** 26–30), Arne Jacobsen (**Nr.** 33–39), Gerhard Weber, Alois Giefer und Hermann Mäckler, Johannes Krahn, Sep Ruf, Günter Hönow (**Nr.** 63), Sergius Ruegenberg und Wolf v. Möllendorff (**Nr.** 59) ihre höchst unterschiedlichen Auffassungen vom Wohnen dargelegt, die von strengen, kubischen Baukörpern bis zu sehr reich gegliederten Anlagen gehen. – Die Gruppe dieser Häuser klingt zur A l t o n a e r S t r a ß e hin (**Nr.** 1) in einer 3geschossigen **Terrassenhauszeile** von Paul G. R. Baumgarten in den Tiergarten aus.

27 ● Die **ev. Kaiser-Friedrich-Gedächtnis-Kirche** (Händelallee) steht auf der Stelle eines 1893–95 errichteten, im Kriege zerstörten Vorgängerbaus von J. Vollmer. (Der an frühgot. Formen orientierte Bau aus Lang- und Querschiff mit hohem Spitzturm im Winkel zwischen den Schiffen bestand aus rotem Backstein im Wechsel mit Architekturteilen aus hellem Sandstein.) Die neue Kirche, von Ludwig Lemmer zur »Interbau 1957« errichtet, ist ein 1schiffiger Stahlbetonbau. Ein Gemeindesaal an ihrer Seite kann mit dem Gottesdienstraum zu einer Einheit verbunden werden. Der charakteristische *Turm* aus Stahlbeton und Aluminium ist 65 m hoch; der urspr. Entwurf sah 80 m vor.
Zur A u s s t a t t u n g der Kirche gehören ein großes Glasfenster von Georg Meistermann in der O-Wand, runde Glasfenster von Ludwig P. Kowalski in der W-Wand, eine Mosaikwand hinter dem Altar, eine Darstellung der Ewigkeit, von Carl Crodel, ein Relief unter der Orgelempore von Otto Flath sowie die Türen der 3 Portale in Aluminium von Gerhard Marcks.

H a n s a p l a t z : Die **Städtische Volksbücherei** am Hansaplatz ist (in Verbindung mit dem **südl.** Ausgang des U-Bahnhofs) 1956/57 von Werner Düttmann errichtet worden. Ein 1geschossiger, mit Klinkern ausgekleideter Stahlbetonskelettbau umschließt einen intimen Gartenhof, der auch als Lesehof dient. An der SO-Ecke ist der Bau offen und gibt den Blick darauf frei. Ein überdachter Gang verbindet die Bücherei mit dem U-Bahn-Eingang.

An der geschlossenen O-Wand des kleinen Bauwerks befindet sich ein wandhohes, gegenstandsloses und kräftig farbiges *Mosaik* von Fritz Winter (1958), hergestellt in den Werkstätten von August Wagner.

Die **kath. St.-Ansgar-Kirche** im W des Hansaplatzes, 1956/57 erbaut, hat Willy Kreuer über parabolischem Grundriß entworfen. Ihre Eingangsseite liegt an der Altonaer Straße. Die zur Seite des Bahnkörpers geschlossene N-Wand endet in einem Glockenträger mit 3 frei aufgehängten Glocken, dessen eine tragende Stütze in ein massives Kreuz ausmündet. Vor der reich gestaffelten und durchbrochenen S-Wand ist eine kleine Baugruppe mit Nebenräumen und dem Gemeindesaal um einen intimen Gartenhof geordnet.
Das 3türige Portal, in Kupfer getrieben, zeigt Szenen aus dem Leben des hl. Ansgar (Entwurf und Ausführung: Ludwig Gabriel Schrieber). Von Schrieber stammt auch die Kreuzigungsgruppe im Altarraum, aus dunklem Stucco lustro gefertigt. Über dem Altar, einer Mensa aus schwarzgrünem Syenit, ein Tabernakel von Ludwig Peter Kowalski, das Tabernakelkreuz von Schrieber. An der undurchbrochenen N-Wand ein Kreuzweg von Kowalski aus 85 verschieden großen Putzbetonplatten, in Secco- und Fresco-Technik gemalt. Die Madonna am Seitenaltar von Johannes Dumanski, eine Skulptur des hl. Antonius von Baumgartner, der Taufstein von Schrieber.

Der **nördl.** U-Bahn-Ausgang am Hansaplatz, jenseits der trennenden Altonaer Straße, ist mit einem ausgedehnten **Ladenzentrum** (Altonaer Str. 20–22; Architekten: Ernst Zinsser und Hansrudolf Plarre) verbunden, zu dem auch ein Kino gehörte (jetzt: **Grips-Theater**), dessen in kleinem Karo gekachelte *Fassade* von Rainer Hachfeld in Comic-strip-Stil wohl bewußt provozierend gestaltet ist.
Die neue Führung der B a r t n i n g a l l e e begleiten nördl., den Raum zwischen der Straße und dem Bahnkörper der S-Bahn füllend, 16geschossige **Punkthäuser** von Luciano Baldessari, J. H. van den Broek und J. B. Bakema (**Nr.** 7), Gustav Hassenpflug, Egbe Beaudouin und Raymond Lopez (**Nr.** 11–13), Hans Schwippert (**Nr.** 16). – Am geschwungen geführten H a n s e a t e n w e g liegen 3- und 4geschossige **Wohnhäuser** mannigfacher Gestaltung von Max Taut, Franz Schuster, Kay Fisker und (**Nr.** 12) Otto H. Senn sowie der Eingang zur Akademie der Künste, zur A l t o n a e r S t r a ß e hin hohe **Wohnhauszeilen** von Oscar Niemeyer und (**Bartningallee** 2–4) Egon Eiermann. *GK*

Tiergarten: Akademie der Künste. Park   197

29 Akademie der Künste (Hanseatenweg 10)

*Bis 1938 hatte die 1696 als Kurfürstliche (später: Preu-
ßische) Akademie der Künste gegründete Anstalt, die
keine Lehrstätte ist, sondern – entsprechend dem Stif-
tungsgesetz zur Wiedergründung 1954 – »eine Gemeinschaft von hervorragenden Künstlern«, ihren Sitz am
Pariser Platz. Eine Ost-Berliner Nachfolgeinstitution –
»Deutsche Akademie der Künste«, später »A. d. K. der
DDR«, dann »A. d. K. zu Berlin« – war 1950 gegründet
worden (Hermann-Matern-Str. 58–60).
Der jetzige Bau der West-Berliner Institution geht auf
eine Stiftung des amerikanischen, aus Berlin stammenden Industriellen Henry H. Reichhold zurück, der 1957
die Mittel für den Bau auf einem Standort am Rande des
Gebiets der damaligen »Internationalen Bauausstellung« zur Verfügung stellte, auf dem urspr. 2geschossige
Wohnhäuser errichtet werden sollten. Dieser Plan war
wegen Nachfragemangels aufgegeben worden – zum
Glück des Hansaviertels, denn die 1959/60 von Werner
Düttmann errichteten Akademiegebäude wurden das
belebende Element dieses Wohngebiets. Erweiterungen
sind vorgesehen.*

Die Bauten gliedern sich in 3 Bereiche: 1. das
»Blaue Haus« mit Geschäfts-, Sitzungs- und
Wohnräumen, die Zusammenkünften, Ge-
sprächen und Arbeitstagungen dienen, und
mit Arbeits- und Unterkunftsräumen für auswärtige Gäste; 2. den **Ausstellungsbau** mit
Archivräumen im Erdgeschoß; 3. das **Studio**,
das sich als Mehrzwecksaal für Vorträge, Ta-
gungen, Filme, Konzerte, Ballett und experi-
mentelles Theater eignet. Die 3 Bauten sind
durch Galerien und Foyers miteinander verbunden.
Das zurückliegende, unmittelbar an den Tiergarten grenzende Hauptgebäude ist ein 5ge-
schossiger Putzbau. Im Erdgeschoß liegen
kleine Vortrags- und Tagungsräume, darüber
in 2 Geschossen Büros, während die beiden
oberen Geschosse von Wohnungen und Ateliers eingenommen werden. – Der Ausstel-
lungsteil birgt im Erdgeschoß Garderoben-
räume, Foyers und die Archivräume, in denen
zahlreiche Nachlässe verwaltet werden. Der
Bau ist im Erdgeschoß mit Klinkern verkleidet,
während das Obergeschoß nach außen un-
durchbrochene Waschbetonplatten zeigt. Die
Räume gruppieren sich um einen bepflanzten
Innenhof, der Seitenlicht gibt. Der große Aus-
stellungssaal wird darüber hinaus durch shed-
artige Oberlichter erhellt. – Das Studio besteht aus einem »großen« und einem »kleinen« Parkett, zwischen denen eine stegartige
Bühne liegt. Durch Vorhänge können nach
Wunsch die beiden Parkettgruppen zu- oder

abgeschaltet werden. Die markante äußere
Erscheinung des Studios besteht aus großen,
bis zum Boden reichenden steilen Kupfer-
dächern; die Giebel sind fast öffnungslos aus
Klinkern aufgemauert, die auch im Innern des
Studios sichtbar bleiben.   GK

Zum Hansaviertel und seiner Umgebung gehören seit
der »Interbau« (1957) mehrere zeitgenössische S k u l p -
t u r e n: Vor der Akademie die große Bronzefigur einer
Liegenden von Henry Moore (1956), bei der knochige
Formen als Ausdruck dauerhafter, mineralischer Substanz empfunden werden, ohne daß die Suggestion von
Bewegungsfähigkeit verlorenginge; am Hansaplatz eine
5 m hohe *Chrom-Nickel-Stahl-Skulptur*, ein pyramiden-
artiges, mit Kugeln besetztes Gebilde, von Hans Uhlmann (1958); vor dem Niemeyer-Haus die zu kleine, in
der gelagerten Form den Stützen des Baublocks jedoch
antwortende, kubisch geklärte und doch belebte *Frauenfigur* des Brasilianers Saldanha (1958 aufgestellt);
beim südl. U-Bahn-Eingang am Hansaplatz eine gegenstandslose, den Raum teilende Figuration »Morgendämmerung Nr. 1« von Berto Lardera (1958 aufgestellt); östl.
davon ein *Springbrunnen* und andere abstrakte Forma-
tionen aus Eternit von Alexander Gonda (1967).
Von Joachim Schmettau steht an der Ecke Altonaer /
Lessingstraße eine monumentale und doch preziöse
Hand (Neusilber) mit einer funktionierenden Uhr am
Handgelenk (1975).
Eine Brandmauer beim Bahnhof Tiergarten ist 1974 von
den Malern Fritz Köthe, Siegfried Rischar und Peter
Janssen mit der Darstellung eines die Zerstörung
der Natur beklagenden »Weltbaumes« bemalt wor-
den.   HB-S

Der Tiergarten   30

*Der Tiergarten war kurfürstliches Jagdgebiet wahr-
scheinlich schon seit der Zeit Joachims I. Im O reichte
er bis zur Schloßbrücke, im W bis zum Dorf Lietzow
(Charlottenburg), im N über die Spree hinaus, den »Kleinen Tiergarten« einschließend, im S bis zu den Dörfern
Wilmersdorf und Schöneberg. Friedrich III. begann um
1700 die gärtnerische Gestaltung des Areals im Sinne
des Barock, indem er in Fortsetzung der Linden die gerade Charlottenburger Allee (Straße des 17. Juni) durch
den Wald schlagen und Laternen besetzen, ferner
als Schnittpunkt von 4 Alleen den Großen Stern anlegen
und mit Eichen bepflanzen ließ. Friedrich Wilhelm I.
ließ den östl. Teil des Tiergartens abholzen und legte auf
dem Gelände des heutigen Platzes der Republik einen
Exerzierplatz an. In der Regierungszeit Friedrichs d. Gr.
erfuhr der Tiergarten seit 1740 unter Leitung von Knobelsdorff seine Umwandlung zu einem Park für die Bevölkerung. Der Große Stern wurde mit Buchenhecken
bepflanzt. Große Sandsteinfiguren (die »Puppen«) wurden aufgestellt. Östl. entstand als ein Nebenzentrum der
Kleine Stern durch die Abzweigung der späteren Bellevueallee. Nordöstl. davon strahlten von einem halb-*

198   *Tiergarten: Park. Schloß Bellevue*

kreisförmigen Platz an der Spree, den Zelten, 8 Wege strahlenförmig aus. Der östliche als der der Stadt am nächsten gelegene Teil war am meisten von geraden Wegen durchschnitten. 1792 wurde von Justus Ehrenreich Sello d. J. die Rousseauinsel (südl. des Kleinen Sterns) angelegt und die Umgebung mit Schlängelwegen im Sinne des englischen Landschaftsgartens durchzogen. 1810 schuf man in Erinnerung an die Königin Luise die Luiseninsel südöstl. davon.

Eine großzügige Umgestaltung erfuhr der Tiergarten 1833–39 durch Peter Joseph Lenné, der bereits 1818 Pläne hierfür vorgelegt hatte. Das Wegenetz und die Wasserläufe veränderte er teilweise, um bildhafte Wirkungen zu erreichen. Im W-Teil entstand der Neue See. Die bei Borsig hergestellte Löwenbrücke von 1838 (südwestl. des Großen Sterns), eine Drahthängebrücke, bei der 4 Löwen (Eisenguß, vielleicht von F. Tieck) die Tragseile mit den Zähnen halten, ist nach Kriegsbeschädigungen wiederhergestellt. 1841–44 entstand südl. des Landwehrkanals der Zoologische Garten, ebenfalls nach Plänen Lennés.

War im 18. Jh. die Natur des Tiergartens durch Statuen mit mythologischen Motiven belebt, so wurde sie seit der Mitte des 19. Jh., beginnend mit Drakes Denkmal Friedrich Wilhelms III. von 1849, durch zahlreiche Monumente mit patriotischen Ideen lehrhaft verknüpft. Die Errichtung der Siegessäule (1865–73), urspr. vor dem Reichstag, und der Standbilder an der Siegesallee als Darstellung der brandenburgisch-preußischen Geschichte an der von Kemperplatz nach N führenden Achse (östl. der nach 1961 gebauten Entlastungsstraße) waren die aufwendigsten Unternehmungen in diesem Sinne. 1938 wurden die Siegessäule und die Denkmäler der Siegesallee auf den Großen Stern versetzt.

Die Kriegshandlungen 1943–45 und die nachfolgende Notzeit führten zum Verlust fast des ganzen Baumbestandes. 1948 wurde am N-Rand der jetzigen Straße des 17. Juni im Verlauf der Siegesallee von Lew Kerbel aus Marmor der Reichskanzlei das Sowjetische Ehrenmal errichtet, dessen städtebaulich hervorgehobene Situation in der auf den Humboldthafen zuführenden N-S-Achse nun zuletzt auch durch den Bau der Berliner Mauer 1961 entwertet wurde.

Die Erneuerung des Tiergartens durch Wilhelm Alverdes (1949–59) hielt sich in den großen Zügen an Lennés Konzept eines Landschaftsparks; es verschwand das radiale, von den Zelten – wo 1957 die Kongreßhalle erbaut wurde – ausgehende Wegesystem. Kinderspielplätze, Ruheplätze, Liegewiesen, ein Rhododendronhain und ein Rosengarten auf rechteckigem Grundriß westl. des Kleinen Sterns entsprechen den neueren Bedürfnissen. Zwischen Schloß Bellevue und Hansaviertel entstand der Englische Garten. – Das Stadtjubiläum 1987 war Anlaß, historische Wegführungen und Anlagen zu rekonstruieren, so den Großfürstenplatz, den Alleenfächer bei den Zelten, die von SW zum Großen Stern führende Fasanerieallee, die den Tiergarten von SO nach NW durchquerende Bellevueallee und die 1880 von Eduard Neide geschaffenen Anlagen der Luiseninsel.

Der Versuch einer neuen Synthese von Parklandschaft und Skulptur wurde 1961 und 1963 mit einem Sympo- *sion europäischer Bildhauer unternommen, die westl. des Platzes der Republik Steinblöcke geformt haben, ohne ihnen den Charakter eines Naturgebildes zu nehmen. Beteiligt waren die Bildhauer Schwartz-Buky, Mach, Brummack, Gross-Mario, Mitsui, Kosso, Prantl, Fehrenbach, Steiner, Reischke, Schultze, Kampmann, Wyss, Goeschl, Székely und Steinbrenner.   HB-S*

Schloß Bellevue (Spreeweg)   31

Seit 1710 befanden sich auf dem vorher unbebauten Gelände Maulbeerpflanzungen für die Seidenraupenzucht. 1743 erwarb es Georg Wenzeslaus v. Knobelsdorff und erbaute an der Stelle der späteren Stall- und Wirtschaftsgebäude des Schlosses ein Wohnhaus für sich. Nach seinem Tod 1753 wechselte der Besitz mehrfach, bis ihn August Ferdinand von Preußen, der jüngste Bruder Friedrichs d. Gr., erwarb. Er erbaute 1785 das Schloß und ließ seit 1784 durch den Hofgärtner Weil den Park anlegen. Die 3-Flügel-Anlage von Philipp Daniel Boumann nahm ein 2stöckiges (später um 1 Stockwerk erhöhtes) Gebäude von 1764 als rechten Flügel auf.

Als 1928 das Schloß in staatlichen Besitz überging, blieb die Innenausstattung im wesentlichen unangetastet, auch als 1935 das Volkskundemuseum hier eingerichtet wurde. Erst die Nutzung als Reichsgästehaus 1938 griff tief in die historische Substanz ein. An der Stelle des alten Wirtschaftshofes wurden durch Paul Baumgarten (d. Ä.) ein Flügel in Verlängerung des Hauptbaues und parallel zum Damenflügel ein weiterer errichtet, die das Gleichgewicht der Anlage störten (nach der Kriegszerstörung nicht wiederaufgebaut). Das Innere wurde völlig umgestaltet bis auf den ovalen Saal, den Carl Gotthard Langhans 1791 eingebaut hatte. Nach der Zerstörung im 2. Weltkrieg wurde das Schloß bis 1959 als Berliner Sitz des Bundespräsidenten wiederaufgebaut, der Park von Reinhard Besserer 1955 ff. durchgreifend verändert.

Schloß Bellevue ist der erste – noch zu Lebzeiten Friedrichs d. Gr. errichtete – königlichpreußische Schloßbau von eindeutig klassizist. Charakter. Boumann hob bei seiner 3-Flügel-Anlage den **Hauptbau** als selbständigen Organismus durch Geschoßhöhe, Dachform, Schmuckmotive und Betonung der Enden heraus und bildete die Mitte als 3achsigen Risalit mit 4 korinthischen Pilastern. Auf dem bekrönenden Giebel stehen Sandsteinfiguren als Personifikationen von Ackerbau, Fischzucht und Jagd – Anspielungen auf die Lage im Tiergarten – von Eckstein und Heymüller. Die Enden des insgesamt 19 Achsen langen Baues sind durch schwach vorgezogene Risalite betont, in denen sich urspr. die Eingänge befanden. Die flankierenden Laternenträger deuten jetzt noch auf die Nutzung der großen Öffnungen als Türen. Der jetzige Mitteleingang mit der Freitreppe wurde 1938

Schloß Bellevue. Hofseite

angelegt. – Die 16 Achsen langen **Seitenflügel** (links Damen-, rechts Spreeflügel) sind völlig schmucklos. Die vorderen 3 Achsen sind lediglich 2geschossig. Durch das allmähliche Ansteigen der Baumasse vom Beginn der Flügel her wird eine Betonung des Mittelmotivs vorbereitet. – An den Spreeflügel schließt sich noch ein **Torhaus** an.
Die G a r t e n s e i t e unterscheidet sich von der Hofseite v. a. in der durchlaufenden Horizontalen des Daches und der stärkeren Betonung der Vorlagen an den Enden gegenüber der Mitte. Das Erdgeschoß des Mittelrisalits und der Eckrisalite sowie die Pilaster zwischen den Fenstern der Eckrisalite sind durch Scheinfugen aus den sonst glatten Putzflächen herausgehoben, ohne daß im Dach die Betonung der Ecken aufgenommen wäre.
Mit Ausnahme des rekonstruierten ovalen Langhans-Saales in der Mitte sind die modernen I n n e n r ä u m e künstlerisch unbedeutend. Die Umgestaltung der meisten in einem faden Klassizismus (1986/87) hat ihren Wert eher noch gemindert.
Der Garten (**Schloßpark**) in dem Geviert zwischen Spree, Spreeweg, Altonaer Straße und der Akademie, der Anregungen des Wörlitzer Gartens erkennen ließ, war einst einer der schönsten Gärten in der Umgebung Berlins, belebt durch zahlreiche kleine Bauten – eine Maison champêtre, eine Hütte neben einem künstlichen Wasserfall, ein »Parasol«, ein Otaheitisches Kabinett (Otaheiti = Tahiti), einen Eiskeller, ferner verschiedene Brücken – sowie durch Denksteine. Alle diese Bauten sind ebenso verschwunden wie das Gartenhaus von Schinkel (1826, 1943 zerst.) und die Meierei der Prinzessin Luise von Friedrich Gilly (1799, 1943 zerst.).
Vom p l a s t i s c h e n S c h m u c k sind noch vorhanden der anläßlich der Goldenen Hochzeit des Prinzen Ferdinand 1805 von Johann Gottfried Schadow geschaffene 3seitige *Gedenkstein* und die überlebensgroße qualitätvolle Sandsteinstatue einer *Galathea* (um 1800) als Kopie (das Original im Schloß Charlottenburg) sowie – jetzt außerhalb des Schloßparks an der S-Seite der südl. Begrenzungsmauer – das Antoine Tassaert zugeschriebene *Denkmal* für den 1774 verstorbenen *Hofmarschall v. Bredow* in Sandstein (Kopie) und die Bronzegruppe »*Pony und Knappe*« von Erdmann Encke (1896); hier auch ein *Bison* von Rudolph Siemering (um 1900), urspr. in der Nähe des Floraplatzes, in unglücklicher Aufstellung. 1974 wurde im Schloßpark nördl. des Teiches die Steinskulptur »*Zwei sich wandelnde Vasen*« des Hamburger Bildhauers Ulrich Beier aufgestellt. Eine Skulptur »*Afrika IV*« von Brigitte Matschinsky-Denninghoff (1962) verstellt auf der Gartenterrasse des Schlosses die Mittelachse.
HB-S

Siegessäule (Großer Stern)

Die Säule nach Entwurf von Johann Heinrich Strack, seit 1864 geplant, 1873 vollendet, urspr. am Königsplatz, seit 1939, um eine Trommel erhöht, am heutigen Ort aufgestellt, ist ein Denkmal der Kriege gegen Dänemark (1864), Österreich (1866) und Frankreich (1870/71).

Nach der von Wilhelm I. gestellten Bedingung, Beutestücke zu verwenden, wählte Strack die Form einer kolossalen Säule in 3 (nach der Translozierung 4) Trommeln, in deren Kanneluren eroberte Geschützrohre ange-

Siegessäule. Victoria von Friedrich Drake

bracht sind. Die Säule, aus Sandstein, ruht auf einem Unterbau aus rotem Granit, der aus quadratischem (bei der Translozierung vergrößertem) Sockel und einer antikisierenden runden Säulenhalle in schlichten Formen besteht. Die toskanischen Kapitelle sind aus Bronze gegossen. Von einem wenig ausladenden, die Schwere der Gesamtform betonenden Kapitell mit 8 Adlern und einer Lorbeergirlande wird die Säule abgeschlossen, darüber die mächtige *Victoria* von Drake, eine schwebende, Bewegungsformen jedoch glatt und kompakt zusammenfassende Gestalt in vergoldetem Bronzeguß.

Ein 1875 angebrachtes *Mosaik* an der Innenwand nach Entwurf Anton v. Werners (hergestellt von Salviati) zeigt in z.T. allegorischen Gruppen die Entwicklung der deutschen Einheit im Zusammenhang mit dem Deutsch-Französischen Krieg. Im »Auszug der Soldaten« und v. a. in der »Kaiserproklamation« zahlreiche Bildnisse. Am quadratischen Unterbau befinden sich jetzt wieder 4 Bronzereliefs von Alexander Calandrelli (W, beschädigt), Moritz Schulz (S, unvollständig), Karl Keill (O) und Albert Wolff (N) mit Szenen aus den oben erwähnten Kriegen und vielen Porträts. *EB-S*

Die Denkmäler und anderen Bildwerke des Tiergartens sind in vielen Fällen noch am urspr. Platz anzutreffen, wenngleich die Orientierung zum alten Zentrum und Diplomatenviertel völlig verlorengegangen ist (Übersichtstafeln am Anfang der Hauptwege).

Das *Nationaldenkmal für Fürst Otto v. Bismarck* (1815–98) von R. Begas (1897–1901; der Auftrag erging an Begas nach einer fehlgeschlagenen Konkurrenz von ca. 90 Teilnehmern!) wurde 1938/39 mit den Statuen von Roon und Moltke an die nördl. Seite des Großen Sterns versetzt; es ist das größte der erhaltenen Denkmäler. Einst an markantester Stelle vor dem eben vollendeten Reichstag bildeten die grünpatinierten Bronzen auf mächtig ausgreifenden, hochpolierten roten Granitsockeln – seitlich begleitet von Fontänenbecken mit Marmorgruppen – einen festlich-triumphalen Schmuck des östl. Königsplatzes. Die 6,60 m hohe Statue des Kanzlers erreicht mit dem überhohen Sockel eine Gesamthöhe von 15 m; Bismarck trägt den Kürassierüberrock, wie er im alten Reichstag zu erscheinen pflegte; seine Rechte ruht auf der Urkunde der Reichsgründung. Vor ihm am Sockel als frei agierende Bronzeriesen die gebeugte Figur des Atlas, die die Weltkugel trägt wie »Bismarck die Geschicke seines Volkes auf die Schultern nahm« (A. G. Mayer), auf der Reichstagseite eine schöne Siegfriedgestalt, das Reichsschwert gleich Bismarck schmiedend. Zu seiten kleinere allegorische Frauenfiguren der Staatsweisheit und Staatsgewalt: links die Sibylle, auf einer Sphinx ruhend und sinnend über einen Folianten gebeugt, rechts eine behelmte Jungfrau, den Aufruhr in Gestalt eines Panthers niedertretend; diese meisterhaft im Begas-Stil modellierte Tierfigur ist ein Frühwerk von August Gaul. Am Statuensockel noch 2 Flachreliefs: rechts Raben eine Eule umflatternd, links Genien an der Herme Bismarcks; die 6 Reliefs am Unterbau des Sockels sind nicht erhalten. Das Näherrücken der seitlichen Figuren um ca. 1 m hat das Mißverhältnis unter den Figuren noch verstärkt; der Stufenunterbau hatte einst 7 Stufen über sandsteinplattiertem Mittelfeld.

Das Marmor-*Denkmal des Generalfeldmarschalls Helmuth v. Moltke* (1800–91) von J. Uphues (1904) zeigt den Sieger von 1871 in einer für ihn typischen Haltung im Generalstabsgebäude, während er sich Vortrag halten läßt; das Wappen am Sockel mit der Devise »Erst wägen / dann wagen« fehlt heute. Den Tisch stilisierte Uphues jedoch zu einem kannelierten Block an, denn überhaupt die streng gewahrte Axialität und der schlichte Sockel den Künstler erkennen lassen, der sich der Secession anschloß. Die außerordentliche Höhe von 11,50 m und ein breiter Stufenunterbau mit Brü-

Tiergarten: Bildwerke im Tiergarten   201

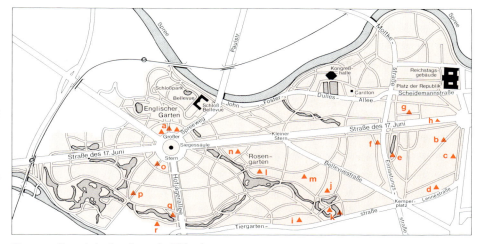

Tiergarten. Plan mit den Standorten der Bildwerke

stungen (1938 fallengelassen) lassen sich nur aus der Tatsache des alten Standortes erklären: als Gegenfigur zum Bismarck auf der W-Seite des Königsplatzes.

a   Das *Denkmal des Kriegsministers Albrecht v. Roon* (1803–79) von H. Magnussen (1904) stand urspr. neben dem Generalstabsgebäude auf dem Alsenplatz. Die Bronzestatue erhielt bei der Umsetzung anstelle des schwarzen Syenitpostaments einen höheren Sockel aus Muschelkalk, offenbar in Hinsicht auf das helle Marmordenkmal Moltkes und die »moderneren« Umfassungsmauern von 1938/39 (mit Inschriften).

Die ehem. Siegesallee mit ihren 32 Standbildern der Fürsten Brandenburgs und Preußens, beginnend mit dem Markgrafen Albrecht d. Bären und schließend mit Kaiser Wilhelm I., begleitet von je 2 für ihre Zeit charakteristischen Männern (»sei er Soldat, Staatsmann oder Bürger«), war eine Idee des Kaisers Wilhelm II., die er aus seiner Privatschatulle als »bleibenden Ehrenschmuck« im »Königlichen Tiergarten« selbstherrlich verwirklichte (Stiftung 1895, Enthüllungen 1898–1901). Angeführt von R. Begas waren 27 Bildhauer beschäftigt, ihre weit überlebensgroßen Figuren zu modellieren, die dann nach Gipsmodellen von einem Heer von Gehilfen aus Carraramarmor geschlagen und vor exedraförmigen Marmorbänken aufgestellt wurden. 2 die Bänke unterbrechende Pfeilerpostamente trugen jeweils die Büsten der bedeutendsten Zeitgenossen.

Die alte Siegesallee führte vom Kemperplatz auf die Siegessäule am Königsplatz; wegen der von Speer 1938 geplanten Nord-Süd-Achse wurde die gesamte Anlage in die Große Sternallee versetzt. Nach beträchtlichen Kriegsbeschädigungen geschah 1947 der Abbruch auf Alliiertenbeschluß, wobei etliche Figuren beschädigt, einige verwahrt, die meisten aber 1954 vergraben und erst 1979 wieder geborgen worden sind. Das Pumpwerk III am Landwehrkanal (→ S. 172) dient als Sammelstelle für gefährdete Freifiguren des 19. Jh., so auch für die meisten Statuen der Siegesallee, die allerdings als Einzelwerke weder das vom Kaiser erstrebte »Ideale« und Prunkvoll-Schöne noch die in der Häufung bes. auffällige Posenhaftigkeit veranschaulichen können. Einzig das äußerlich angetragene, im Historismus gründende Detail als unzureichendes Mittel zur Charakterisierung würde offenbar.

Im südöstl. Teil des Tiergartens steht (jetzt mitten auf dem schnurgeraden Ahornsteig, damals auf einem als »Salon« ausgebuchteten Platz) die von W. Wolff 1872–78 geschaffene bronzene *Löwengruppe*, »ein   b stimmungsvolles Bild aus dem Tierleben« (Müller-Bohn 1897): die vom Pfeil getroffene Löwin noch ein Junges säugend, der Löwe anklagend über ihr stehend.

Das am O-Rand urspr. bevorzugt aufgestellte *Goethe-   c Denkmal* von F. Schaper (1873–80), jetzt durch Steingußkopie ersetzt) ist das Ergebnis eines Wettbewerbs, wobei bes. die Sockelgestaltung bewundert wurde: Hatte Begas am Schiller-Denkmal isoliert, schwerblütige Wesen gebildet, so erfand Schaper durch Hinzufügung anmutig bewegter Knaben (Amor und 2 Genien) reich bewegte Gruppen als Allegorien der Lyrischen und der Dramatischen Dichtung sowie der forschenden Wissenschaft (Rückseite). Die Statue auf dem hochragenden runden Postament zeigt den Dichter in Hoftracht; sein schönes, von dem alten Fontane gefeiertes Haupt ist als plastisches Bildnis letztlich dem Rauchschen Goethe-Porträt von 1820 verpflichtet.

Das *Lessing-Denkmal* an der ehem. Lennéstraße schuf   d der Urgroßneffe Otto Lessing 1887–90: eine 3 m hohe Statue in Anlehnung an ein Bildnis von Graff; am geschweiften Sockel die (kopierten) Porträtreliefs der Freunde: des Philosophen Moses Mendelssohn, des Dichters Ewald v. Kleist und des Buchhändlers Nicolai. Vor der bronzene Genius der Humanität, mit erhobener Opferschale Lessing huldigend, gestützt auf die Tafel mit den (so bald vergessenen) Worten der Ring-

202 Tiergarten: Bildwerke im Tiergarten

parabel aus »Nathan der Weise«, auf der Rückseite der Genius der Kritik, mit der Rechten die Geißel des Spottes und der Satire schwingend, mit der Linken ein schlaffes Löwenfell ergreifend; dazu die Eule und Bücher als Zeichen der kritischen, auf Gelehrsamkeit gegründeten Wahrheitsfindung. Ein reich ornamentiertes Gitter im Rokokostil von P. Marcus vervollständigte einst die prächtige Farbigkeit (Stufenpostament aus graubraunem, Sockel aus rotem Granit, grellgrüne Patina des rückwärtigen Genius, strahlendweiße Carraramarmor-Statue über vergoldeter Namenskartusche).

e Das *Haydn-Mozart-Beethoven-Denkmal* von Rudolph Siemering (1898–1904, unter Mithilfe des Sohnes Wolfgang) steht heute hart an der Entlastungsstraße nahe der Straße des 17. Juni. Nach weitgespannten Entwürfen für einen Wettbewerb zur Aufstellung in Kastanienwäldchen der Singakademie 1891 und 1895 wurde diese Fassung für den Tiergarten am Goldfischteich geschaffen – in einem unglücklichen Mischstil von Rokoko und Jugendstil mit wenig Gefühl für Proportionen, plastische Werte und Reliefhaftigkeit. So treten die 3 Komponistenbüsten aus Tiroler Marmor zu stark aus den Nischen hervor; ihr bossenhafter Halbfigurenabschluß über plumpen Konsolen (mit sinnbezogenen Reliefs: für Haydn ein tanzendes Landmädchen, für Mozart eine blumenstreuende junge Frau, für Beethoven ein felsensprengender Titan) paßt keineswegs zu der Pavillon-Architektur aus pentelischem Marmor mit dem einst vergoldeten Schuppendach. Dieses wird von 3 zu groß geratenen Putten gekrönt, die einen übermächtigen Lorbeerkranz in die Höhe stemmen, während urspr. noch vergoldete bronzene Masken und Musikembleme an den Kapitellen aufgehängt waren und Blumenanpflanzungen »zu Füßen« der Tondichter und zwischen den Stufen der äußeren Plattform das überladene und kostspielige Opus (für über 97 000 Goldmark) »farbiger« stimmten.

f Jenseits der Straße steht die neoklassizist. *Amazone* von L. Tuaillon, eine vergrößerte Fassung (von 1906) der Bronze vor der Nationalgalerie (1895).

1989 wurde politisch absichtsvoll, aber künstlerisch nicht sehr günstig auf dem Mittelstreifen der Straße
g des 17. Juni (ostwärts des *Sowjetischen Ehrenmals;* → S. 198) zum Brandenburger Tor hin die urspr. für
h Radio Bremen geschaffene Bronzeskulptur »*Der Rufer*« von Gerhard Marcks (1967), für den Künstler die Verkörperung der Meinungsfreiheit, mit dem abgewandelten Petrarca-Zitat »Ich gehe durch die Welt und rufe Friede, Friede, Friede« aufgestellt.

An der Tiergartenstraße erhebt sich das aus pentelischem Marmor als Stiftung des Schminkefabrikanten Leichner geschaffene, jetzt mit einem störenden Schutzdach versehene *Wagner-Denkmal* von G. Eberlein
i (1901–03). Die 2,70 m hohe thronende Sitzfigur des Komponisten ist im Augenblick der Inspiration mit unbestimmt in die Ferne gerichtetem Blick, die erhobene Feder über dem Notenpapier, charakterisiert. Eine pseudoroman. Formen des Sockels, vor dem sich auf Stufen die Hauptgestalten seiner Opern theatralisch bewegen (Kriemhild, Siegfrieds Tod beklagend, Alberich über dem Nibelungenhort mit Rheintochter, der reuige Tannhäuser), weisen auf den mittelalterl. Themenkreis des

Dichterkomponisten, dem auf der Vorderseite – als ein Einfall des Kaisers – Wolfram von Eschenbach huldigt, stellvertretend für die deutsche Nation. Immer noch überlebensgroß gebildet, wirken diese Freifiguren dennoch zu klein im Verhältnis zur Figur Wagners. Hinter dem Wagner-Denkmal, im südl. Teil nahe der Philharmonie, das 7 m hohe Marmor-*Denkmal für
j Friedrich Wilhelm III.* von Fr. Drake (1841–49, Steingußkopie), ein Auftrag der Bewohner Berlins als Dank für den gestifteten Volkspark (der Tiergartenplan von Koeber, 1840, im Grundstein). Der König ist als Bürger im schlichten Überrock dargestellt, mit einem Immortellenkranz der Königin Luise gedenkend, deren Reliefbildnis am stützenden Postament gegeben ist. Der hohe Rundsockel zeigt im Hochrelief einen reichen Figurenfries unter dem Thema: die Segnungen des Friedens, d. h. insbes. die Freuden des Tiergartens; mitten unter den realistischen Szenen mit vielen Kindern die reizvoll bewegte nackte Figur einer Quellnymphe – der Rauch-Schüler Drake wählte jedoch auch für die anderen Gestalten idealische Nacktheit oder antikisierende Kleidung. – Jetzt ist der König der Gattin zugewandt, da eine neue Generation als ein Gegenbildnis das *Denkmal der Königin Luise* von Erdmann Encke (1877–80,
k die Statue durch Steingußkopie ersetzt) errichten ließ und dem Kaiser widmete. Der Fries schildert »das Frauenwirken« in den Freiheitskriegen: Auszug in den Kampf, Heimkehr der Krieger und Freude des Wiedersehens. Dem neubarocken Zeitgeschmack entsprechend tritt die Königin in gesunder Fülle in schwer fallenden Stoffen auf. Sinnvoller und feiner war der alte Bezug zur Luiseninsel, die seit 1809 ein von Schadow entworfener und mit Blumen geschmückter Altar zierte aus Anlaß der Rückkehr der Königin aus der ostpreußischen Verbannung – es war ihr Lieblingsplatz. – Schließlich wurde mit dem *Denkmal des Kaisers Wilhelm I. als
k Prinz* von A. Brütt (1904) auf der kleinen Luiseninsel abermals an die ruhmreiche Vergangenheit erinnert: Der Sohn ist als junger Held der Freiheitskriege gebildet, strahlend schön und kühn blickend in der Uniform des I. Garderegiments zu Fuß; das schlichte Postament ist bewußt den klassizist. Feldherrendenkmälern angeglichen.

Folgt man dem Wasserlauf westwärts, so trifft man nahe der Rousseauinsel auf das *Lortzing-Denkmal* von G.
l Eberlein (1906), eine überlebensgroße Marmorstatue des Komponisten in Tageskleidung, in Komponierpose mit erhobenem Finger, auf einem barockisierenden Sockel mit 5 Putten als Anspielung auf die Hauptfiguren seiner Komischen Opern.

Abseits vom Weg, östl., seit 1893 die Kolossalfigur des *Herkules Musagetes* von Ebenhech, mit einem Hermes
m (dem eigentlichen Musagetes = Anführer der Musen) als Gegenstück urspr. (1745) vor der Bodtschen Portal am Potsdamer Stadtschloß aufgestellt. Da die Figuren Friedrich d. Gr. mißfielen, kamen sie auf dem Platz vor dem Brandenburger Tor zur Aufstellung (bis 1839). Näher zum Großen Stern eine weitere Figur des 18. Jh., die beschädigte Sandsteinstatue einer *römischen Göttin.*

Im Rosengarten (vor dessen Arkaden einst die Statue der Kaiserin stand) wurde die Marmorkopie einer der älten sten Tiergartenskulpturen, eine *Flora* mit Putto des 18. Jh., aufgestellt. – Ebendort finden sich ein *Granitschalenbrunnen* unbekannter Herkunft (seit 1979) sowie 2 bronzene *Wapiti-Hirsche* (ohne Geweih und beschädigt) von R. Siemering, die einst am Floraplatz mit 6 weiteren Tierfiguren zu seiten der 4 Hauptwege postiert waren. Auf Wunsch des Kaisers wurden diese Einzelgüsse nach den Originalmodellen Siemerings für das Washington-Denkmal Philadelphia (1882 Auftrag nach 1878 gewonnener internationaler Konkurrenz) hergestellt; dort schmücken sie mit Elchen, Grislybären und Büffeln den riesigen Stufenunterbau. Auch die beiden an anderer Stelle (Bellevuepark und Großer See) erhaltenen *Büffel* zeichnen sich durch naturgetreue Charakterisierung aus; sie wurden nach im Atelier enthäuteten und sezierten Kadavern modelliert!

Dem Geschmack des Kaisers und dem Ort entsprechend war der Große Stern einst durch einen mächtigen Hubertusbrunnen nach Entwurf von C. v. Uechtritz (1904) ausgezeichnet und von 4 bronzenen, für die jeo weilige Zeit typischen Jagdszenen umgeben: *Altgermanische Büffeljagd* von F. Schaper, *Eberjagd zur Zeit*
p *Joachims I.* von Karl Begas, *Hasenhetze zur Rokokozeit* von M. Baumbach (stark ergänzt) und *Fuchsjagd zur Kaiserzeit* von W. Haverkamp, die jetzt (restaur.) wieder an der Fasanerieallee stehen, wo sie schon seit 1938 gestanden hatten. Es sind gleichfalls im einzelnen naturalistisch durchgebildete Jagdtiere, die, von Hetzhunden gestellt, den Todesstoß der mutigen Jäger erhalten. Im Umriß sprechend komponiert, sind die hoch aufgestellten, überlebensgroßen Bronzen zu sehr denkmalhaft, als daß die jetzige etwas beliebige Aufstellung im Grünen nicht störend wirken würde.

Im Waldwinkel zwischen Hofjägerallee und Stülerq straße findet sich die Gruppe »*Volkslied*« von L. Sussmann-Hellborn. Die Muse Polyhymnia(?), ganz klassischer Stil, tritt als Beschützerin eines kleinen langbezopften Mädchens in altdeutscher Tracht auf: So soll auch die naive neben der hohen lyrischen Sangeskunst blühen (1875; das stark beschädigte Marmororiginal ist durch eine Steingußkopie ersetzt).

r Nördl. der Thomas-Dehler-Straße steht das *Fontane-Denkmal* von Max Klein (1908). Die überlebensgroße Marmorstatue will den »Wanderer in der Mark« kennzeichnen, mit Stock und Hut, das Land überblickend und seine Geschichte bedenkend. Der etwas peinliche Realismus stört hier noch mehr als in Kleins (nicht erhaltenem) Bismarck-Denkmal für die Grunewaldkolonie von 1897, wo er den »Wanderer im Sachsenwald« mit dem Reichshund Tyras erfolgreich postieren konnte; bei der steifen Einansichtigkeit der Statue stören zudem der Rundsockel und die abschüssige, übergroße kreisrunde Plattform. HR

Kongreßhalle (John-Foster-Dulles-Allee) 33
Die Kongreßhalle am N-Rand des Tiergartens ist 1957/58 als Beitrag der USA zur »Interbau« von Hugh A. Stubbins unter Mitwirkung von Werner Düttmann und Franz Mocken errichtet worden. Ihr Bauplatz liegt unweit der Stelle, an der früher die als Ausflugslokale »In den Zelten« bekannten Restaurants lagen, und auch des früheren Kroll-Etablissements, das später zur »Kroll-Oper«

Kongreßhalle. Grundriß

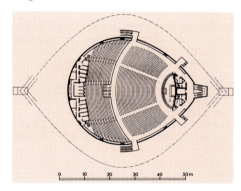

umgebaut wurde, die in den 20er Jahren als zweites Haus der Preußischen Staatsoper insbes. als Pflegestätte neuer Opernmusik internationale Bedeutung erlangt hat. – Nach dem Absturz eines Randbogens der Dachkonstruktion im Mai 1980 wurde der Schaden unter Verwendung neuer konstruktiver Erkenntnisse behoben. Wiedereröffnet im Mai 1987. Die Architekten des Wiederaufbaus waren H.-P. Störl und W.-R. Borchardt.

Auf einer fast quadratischen Plattform erhebt sich der Saalbau (mit 1250 Plätzen), dessen

Kongreßhalle. Längsschnitt

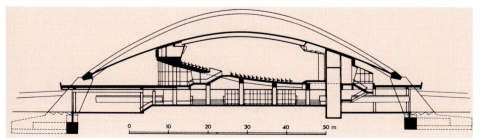

204   Tiergarten: Carillon. Reichstagsgebäude

auffallende Hängedachkonstruktion weltbe-
rühmt geworden ist und vielerorts nachge-
ahmt wurde. Im Sockelbau befinden sich ein
großes Foyer, ein kleiner Saal mit 400 Plätzen, mehrere kleinere Sitzungsräume, eine
Ausstellungshalle und ein Restaurant. Vor
dem Gebäude ein großes rechteckiges, geteil-
tes Wasserbecken. Die auffallende Freitreppe
führt nur zur Plattform; der Haupteingang zur
Kongreßhalle befindet sich unter dieser Freitreppe. An der Rückfront der Kongreßhalle ist
das Terrain zur Spree hin in der Art eines Ter-
rassengartens gestaltet.   GK
Vor der Kongreßhalle steht eine sich in einem Wasserbecken spiegelnde Skulptur »Big Butterfly« (1986/87,
Bronze) von Henry Moore.   HB-S

34 **Carillon im Tiergarten** (Große Querallee). Der
Kongreßhalle benachbart wurde
1986/87 ein etwa 40 m hoher Glockenturm
nach Plänen der Architekten Bangert, Jansen,
Scholz und Schultes errichtet, um das Geschenk eines Stuttgarter Automobilkonzerns
aufzunehmen: zum Stadtjubiläum ein gewaltiges Glockenspiel mit 68 Glocken. Die Architekten haben einen strengen Pylon aus poliertem schwarzem Labradorgestein geschaffen, dem ein Flugdach in Form einer flachen,
quadratischen Schale aufgesetzt ist. Der Turm
erinnert eher an ein Mahnmal als an das –
beabsichtigte – Musikinstrument.   GK
s An der Rüsternallee des rekonstruierten Alleenfächers
der Zelten stehen seit 1938 4 verstümmelte Kriegergruppen auf hohen Sockeln. Den westl. davon an der John-
Foster-Dulles-Allee gelegenen, gleichfalls rekonstruierten Großfürstenplatz schmücken die zugehörigen,
ebenfalls beschädigten Gruppen der deutschen Ströme
t Rhein, Elbe, Oder und Weichsel, die Wittig, Calandrelli
u. a. für die Königsbrücke am Alexanderplatz um 1860/
1870 geschaffen haben (1880 hierher versetzt), sowie
ein Tritonenbrunnen von Joseph Kopf (Kopie). HR/HB-S

35 **Reichstagsgebäude** (Platz der Republik)
● Das Parlamentshaus des Kaiserreichs wurde 1884–94
nach Plänen Paul Wallots auf dem damaligen Königsplatz erbaut, also außerhalb des eigentlichen Weichbil-
des der Stadt: »vor dem Brandenburger Tor«. Wallots an
Renaissanceformen angelehnter Entwurf eines Recht-
eckbaus mit zentralem Plenarsaal und 2 Lichthöfen war
1882 aus einem Wettbewerb ermittelt worden, doch fiel
die endgültige Entscheidung für die Fassaden erst 1885
und 1886, für die Kuppel erst 1890. 1912 wurden kleinere Umbauten im Inneren vorgenommen. 1928 und
1929 gab es Wettbewerbe zur Errichtung eines besonderen Bibliotheks- und Kanzleigebäudes, die aber ohne
Folgen blieben. Der Brandstiftung am 28. Februar 1933
fiel v. a. der Plenarsaal zum Opfer. Seitdem hatte der

Reichstag hier nicht mehr getagt, nur für Ausstellungen
wurde das Gebäude noch genutzt. 1945, während der
Eroberung Berlins durch die Sowjets, war der Bau stark
umkämpft und hat dabei schwere Schaden gelitten; er
ist schließlich ganz ausgebrannt.
Die Frage eines Wiederaufbaus hat man lange diskutiert, zumal sie mit der Frage nach der Funktion des
Gebäudes verknüpft war. 1957–61 führte die Bundesbaudirektion substanzerhaltende Arbeiten durch; die
Kuppel wurde dabei nicht wiederaufgebaut. Der Ausbau im Inneren folgte 1961–72 nach Plänen von Paul
(G. R.) Baumgarten, mit wesentlichen Veränderungen,
ohne die konstruktive Substanz anzugreifen. Der Plenarsaal ist bisher nur provisorisch eingerichtet. Bislang
wurde der Reichstag von Fraktionen und Ausschüssen
sowie anderen Organisationen und Verbänden benutzt
(Eingang: S-Seite), ebenso für Ausstellungen zu historischen und politischen Themen (Eingang: N-Seite). Am
4. Oktober 1990 fand im eilig umgebauten Plenarsaal
die 1. Sitzung des Bundestages nach der Wiedervereinigung statt. Das Gebäude wird für den Bundestag als
Dauersitz hergerichtet. Bestrebungen, dem Gebäude
die alte Kuppel wiederzugeben, sind ohne Ergebnis geblieben.

Die Hauptfront des mächtigen, etwa 137 ×
97 m messenden Monumentalbaus ist zum
ehem. Königsplatz gerichtet. Sie bietet wegen
des Verlustes der Kuppel und der bekrönenden Skulpturen einen fragmentarischen Prospekt. Über einem Rustika-Sockelgeschoß liegen 2 Hauptgeschosse mit deutlicher Hervorhebung des Piano nobile. Den Eingang und
die Gebäudemitte akzentuiert der massige,
über eine Freitreppe erreichbare Portalvorbau, der in seiner Breite und der Form der
Attika auf den Umriß der glasgedeckten, in
einer Laterne mit der Kaiserkrone gipfelnden
Kuppel ausgerichtet war. Auf den Komposit-
kapitellen seiner 6 Säulen ruht ein klassischer
Giebel mit zentral angeordnetem Reichsadler
und symbolischen Figuren von F. Schaper.
Zwischen den starken Ecktürmen und der Portalzone sind die Flügel 5achsig in Kolossal-
ordnung angelegt. Die gleiche Gliederung
wiederholt sich an der O-Seite; an der N- und
S-Seite sind die Flügel jeweils 3achsig. Die
Dachzone war mit Figurenschmuck (u. a. von
Reinhold Begas) reich ausgestattet.

Das Innere hatte, dem Zeitgeschmack entsprechend,
gleichfalls eine reiche Ausstattung, an der viele
Künstler beteiligt waren, u. a. die Bildhauer Baumbach,
Breuer, Brütt, Diez, Maison, Manzel, Pfuhl, Vogel und
Widemann sowie die Maler Bracht, Dill, Knille, Preller
und Schuster-Woldan. – Auch beim Wiederaufbau wurden von Baumgarten mehrere Künstler für die Ausstattung herangezogen: Bernhard Heiliger, Alexander
Camaro, Woty Werner, Carl Heinz Kliemann.   GK

Tiergarten: Matthäuskirche. Philharmonie 205

36 Ev. St.-Matthäus-Kirche (Matthäikirchplatz)

Als einziger Bau des um die Mitte des 19. Jh. villenartig bebauten »Geheimratsviertels« südl. des Tiergartens erhielt sich die Matthäikirche, 1844–46 von Stüler erbaut, die nach der Kriegszerstörung 1956–60 von Jürgen Emmerich wiederhergestellt wurde – im Außenbau getreu, innen modern. Urspr. stand sie – auf einem kleinen, noch heute im Umriß erkennbaren Platz – in der Sichtachse eines nordsüdl. Straßenzuges, während nun die Terrasse der Neuen Nationalgalerie vor der Chorpartie liegt. (→ Abb. S. 208.)

Die Kirche gehört zu den Ziegelbauten der Schinkel-Schule im »Rundbogenstil«, folgt aber dem typischen altchristlichen Formenvorbild Friedrich Wilhelms IV. weniger eng. Stüler sucht die für einen protestantischen Predigtraum zweckmäßige Form des breiten 3schiffigen Saales durch selbständige Satteldächer über den einzelnen Schiffen leichter und interessanter zu gestalten. Nur die an diesen hallenförmigen Baublock angeschobenen Apsiden und der in ihn eingestellte Turm übernehmen Formzitate des italienischen Mittelalters. Der Baukörper ist durch Lisenen, welche die einzelnen Schiffe bzw. an den Seitenwänden die Joche markieren, und durch Dreifenstergruppen in jedem Abschnitt gegliedert; rote Querstreifen im gelben Ziegelmauerwerk betonen die gelagerte, aufgeschichtete Struktur des Baues. Diese logische Verdeutlichung der Konstruktion (bes. offensichtlich am Turm, der schmaler als das Mittelschiff ist und sich auch so abzeichnet) ist ein Erbe Schinkels. Die Klarheit und Leichtigkeit seiner Formen täuscht auch über die wirkliche Größe des 1500 Plätze fassenden Baues.

Der urspr. durch elegante Emporenkonstruktion und sparsame Ornamentik ansprechend gegliederte, jetzt kalt wirkende Innenraum wird nach Kunstwerke belebt, teils durch Ausstellungen, aber auch als ständiges Inventar: z. B. ein Christuskopf von Gerhard Marcks, ein Kruzifix von Gerhard Schreiter, ein Schmerzensmann aus der Riemenschneider-Werkstatt. Vom urspr. Altarbild des Cornelius-Schülers Carl Hermann, 1859, wurde der Mittelteil zerstört; die Seitenflügel sind in der Kirchenverwaltung erhalten. An den Innenwänden des – zum Aussichtsplateau geöffneten – Turmes Darstellungen aus dem Matthäus-Evangelium von Gisela Breitling, um 1990. *EB-S*

37 Philharmonie (Kemperplatz); Farbabb. 10

Die Philharmonie wurde 1960–63 nach einem preisgekrönten Wettbewerbsentwurf Hans Scharouns erbaut, der urspr. für einen anderen Bauplatz (an der Bundesallee, hinter dem Joachimsthalschen Gymnasium) ge-

dacht war. Sie war das erste Gebäude hier am S-Rand des Tiergartens, wo allmählich ein Kulturzentrum entstanden ist.

Der Bau erschließt sich nicht von seinem Äußeren, sondern von seiner inneren Gestaltung; er ist – wie man es mit einem Schlagwort gern nennt – »von innen nach außen gebaut«. Gegliedert hat ihn Scharoun in 4 Hauptteile (vgl. Abb. S. 206): den Saal- und Foyerbau (A), den Eingangs- und Garderobentrakt (B), die Räume für Verwaltung, Technik und Orchestermitglieder (C) und den Trakt mit Eingangs- und Kassenhalle sowie dem Chorübungssaal (D). Diese Bauteile sind im Außenbau als vielfältige Gliederung sichtbar.

Der zeltförmige Hauptbau wurde in Sichtbeton mit senkrechter Struktur ausgeführt und in einem gebrochenen Ockergelb gestrichen. Die urspr. vorgesehene Verkleidung mit goldschimmernden Kunststoffelementen wurde – nach vielen Versuchen – erst 1979 angebracht. Die 1- bis 3geschossigen Nebentrakte sind teilweise mit Spaltklinkern verblendet oder weiß geputzt, teilweise durchgehend verglast.

Durch die Eingangs- und Kassenhalle betritt man das wiederum vielfältig gegliederte *Foyer* (Scharoun: »Durch Gliedern sichtbar machen«), das mit verschiedenartigen Treppen und Galerien zu einer Erlebnislandschaft gestaltet ist, die an Stiche von Piranesi denken läßt. – Den *Saal*, das Kernstück des Bauwerks, erreicht man über mehrere Zugänge, die schon vom Eingang über die zugehörigen Garderobenanlagen deutlich geführt und gekennzeichnet sind. Die Sitze sind zu Blöcken zusammengefaßt, die sich arenaartig um das Musikerpodium gruppieren: Musik als Mittelpunkt. Der Saalfußboden ist aus Eichenparkett, die Wände bedeckt ein Furnier aus Kambalaholz. Die Sichtflächen der Brüstungen sind weiß gestrichene Holzplatten, die Abdeckungen bestehen aus Juragestein. Die oberen Wandflächen sind mattrosa gestrichen; die Wandfläche über dem Studioturm trägt ein 3faches Pentagon als Zeichen der Einheit von Mensch, Raum und Musik. Die Saaldecke mit prismatischen Resonatoren besteht aus Rabitz, die Schallsegel sind aus Polyester. Nach kleineren Schäden an der Rabitzdecke wurde 1991 deren völlige Erneuerung beschlossen.

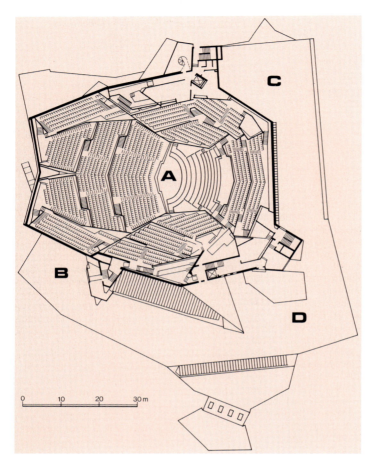

Philharmonie. Grundriß

Die 6 m hohe Dachskulptur ist von Hans Uhlmann (1963), die Skulptur im Foyer von Bernhard Heiliger. Den Foyerfußboden hat Erich F. Reuter entworfen; die Farbglasfenster stammen von Alexander Camaro. Die Farbberatung lag in Händen von Lou Scheper-Berkenkamp, die kugelförmigen Kunststoffleuchten entwarf Günter Ssymmank. Im oberen Foyer stehen die Bronzebüsten von drei leitenden Dirigenten der 1882 gebildeten Berliner Philharmoniker: Hans v. Bülow (von Richard Hess), Arthur Nikisch (von Hugo Lederer) und Wilhelm Furtwängler (von Alexander Archipenko), im unteren Foyer der Bronzekopf Hans Scharouns (von Margarete Moll). *GK*

38 **Staatliches Institut für Musikforschung** mit
● **Musikinstrumenten-Museum** (Tiergartenstr. 1)

Der 1979–83 errichtete und 1984 eingeweihte Bau geht auf eine Idee des damaligen Präsidenten der Stiftung Preußischer Kulturbesitz, Hans-Georg Wormit, und Hans Scharouns zurück. Ausgeführt wurde der Bau von Edgar Wisniewski, Scharouns früherem Partner. – Zu den Sammlungen →S. 461.

Der an die Philharmonie angelehnte Bau nimmt mit der Fassade aus Fichtelgebirgsgranit Elemente der südl. gegenüberliegenden Staatsbibliothek auf. Die freie Raumgestaltung des Museumstraktes ermöglicht eine lockere Aufstellung der Sammlung im Saal und auf den umlaufenden Galerien. Das *Foyer* ist mit denen der Philharmonie und des Kammermusiksaals verbunden. Auch die künstlerische **Ausstattung** stellt mit Arbeiten von Erich F. Reuter, Alexander Camaro und Günter Ssymmank die Verbindung zur Philharmonie und dem **Kammermusiksaal** her. Die Räume

Tiergarten: Kammermusiksaal. Neue Nationalgalerie

Musikinstrumenten-Museum

des Instituts sind in strenger Ordnung um den Innenhof gruppiert. *GK*
Die archaisierende, dabei zierliche Bronzestatue eines »*Orpheus*« von Gerhard Marcks (1959) vor dem Musikinstrumenten-Museum kann sich gegenüber der bewegten Architektur kaum behaupten. *HB-S*

9 **Kammermusiksaal der Philharmonie** (Matthäikirchstr. 1)
Das dritte Glied in dieser Haus- und Raumfamilie bildet der 1987 provisorisch eröffnete und 1988 fertiggestellte Kammermusiksaal, den Scharoun vorgedacht und Edgar Wisniewski konzipiert hat.
Wisniewski hat das Prinzip »Musik im Mittelpunkt« konsequent verwirklicht. Der für Kammermusik wohl zu große *Saal* (1189 Plätze!) ist so zur »Kleinen Philharmonie« geraten. Er stimmt mit seiner hellen Farbgebung festlich; die Besucherblöcke gruppieren sich um das Podium und schließen die Gemeinschaft zusammen. Die Einheit der gesamten Anlage wird auch durch die Möglichkeit deutlich, die *Foyers* zusammenschließen zu können. Die mitwirkenden Künstler waren auch hier E. F. Reuter, A. Camaro und G. Ssymmank; 2 Eisenskulpturen Bernhard Heiligers markieren den etwas abseits gelegenen Eingang. Der Kammermusiksaal ist auch für zeitgenössische und künftige Musikformen konzipiert; er erlaubt Standortwechsel der Musiker und bietet variable technische und elektronische Einrichtungen, die in die Zukunft weisen: Der Saal ist – wie schon die »alte« Philharmonie – ein Musikinstrument, das künftige künstlerische Entwicklungen ermöglicht. *GK*

Neue Nationalgalerie (Potsdamer Str. 50) 40
Der Bau hat eine bemerkenswerte Vorgeschichte. Die anläßlich des 75. Geburtstages von Ludwig Mies van der Rohe (1961) in Berlin laut gewordene Forderung, dem Architekten einen repräsentativen Bauauftrag zu geben (»Mies van der Rohe muß in Berlin bauen!«), hatte sich die Bauverwaltung zu eigen gemacht. So kam es zu dem Auftrag, an der Kreuzung der Potsdamer Straße mit dem

Neue Nationalgalerie mit Blick auf die Matthäuskirche. Links Stahlplastik von Alexander Calder

Landwehrkanal einen Bau für die städtische »Galerie des 20. Jh.« zu errichten, aus der später durch Kombination mit der zur Stiftung Preußischer Kulturbesitz gehörenden Nationalgalerie die jetzige Organisationsform hervorging. Der Bau entstand in 3jähriger Bauzeit 1965–68. – Zu den Sammlungsbeständen → S. 469.

Der Planung zugrunde legte Mies seine in lebenslanger Erfahrung gewonnenen Gedanken zu einem »Bau an sich«, zu einer »Halle an sich«: Unter Vernachlässigung funktioneller Erfordernisse ging es ihm um *die* Form, *die* Gestalt. Daher ist es nicht verwunderlich, daß die äußere Erscheinung des Bauwerks nahezu identisch ist mit anderen Projekten von Mies für ganz andere Aufgaben: dem Verwaltungsbau einer Zuckerfabrik in Havanna, dem Schaefer-Museum in Schweinfurt oder auch dem »50-Fuß-Wohnhaus«-Projekt. Gedankliche Verbindungen bestehen auch zu »Vorbildern«, die Mies schon in jungen Jahren verehrend studiert hatte, dem Schinkelschen Entwurf für das Zarenschloß Orianda auf der Krim (1838), dem Entwurf Friedrich Gillys für ein Friedrich-Denkmal in Berlin (1797).

Der Galeriebau gliedert sich in 2 Hauptteile: die höchst sichtbare, 65 × 65 m große, quadratische Halle in Stahlkonstruktion (8 Stützen tragen eine Platte, die raumumschließende Glaswand liegt etwa 7 m zurück) und den etwa doppelt so großen Sockelbau, der die eigentlichen Sammlungsräume aufnimmt. Diesem westl. vorgelagert ist der Skulpturenhof. 2 große Freitreppen führen von der S- und der N-Seite auf die Plattform des mit Skulpturen bestellten Sockelbaus; eine breite Treppe leitet frontal von der Potsdamer Straße zum Haupteingang.

Die große, etwa 50 × 50 m große und ca. 8,50 m hohe H a u p t h a l l e ist völlig stützenfrei; lediglich 2 mit grünem Tinos-Marmor verkleidete Installationsschächte wirken wie Pfeiler. I. ü. enthält die Halle nur möbelartige Garderobeneinbauten. Die Glaswände kön-

Tiergarten: Staatsbibliothek. Kunstgewerbemuseum 209

nen durch Vorhänge ganz geschlossen werden. Die Plattform ist außen mit Striegauer, innerhalb der Halle mit Epprechtsteiner Granit belegt. Ebenso reicht die Stahlkassettendecke (mit 3,60 × 3,60 m messenden Elementen in 8,50 m Höhe) über Innen- und Außenraum. 2 symmetrisch angeordnete Treppen führen abwärts in das eigentliche M u s e u m s g e s c h o ß, in dem auch die Verwaltungsräume und ein Katalogverkaufsstand liegen. Ein Rundgang führt durch die *Sammlungsräume,* die durch eine quadratisch angeordnete Stützenstellung mit einem Raster von 7,50 m gegliedert wird, an der sich die Stellwände frei orientieren. Von der Mittelhalle führt ein vorhallenartiger Raum nach W. Die W-Seite des Museumsgeschosses ist voll verglast und gibt den Blick auf den von einer hohen Wand umschlossenen S k u l p t u r e n h o f frei. An der O-Seite der Halle des Museumsgeschosses liegt das **Graphische Kabinett** der Galerie. *GK*

1 **Staatsbibliothek** (Potsdamer Str. 33)

Der vielgliedrige, sich von W nach O aufstaffelnde Baukomplex wurde, von N nach S fortschreitend, in mehreren Abschnitten errichtet (1967–78). Zugrunde liegt ein Entwurf von Hans Scharoun. Nach dessen Tod (1972) führten sein Mitarbeiter Edgar Wisniewski und die Bundesbaudirektion das Projekt zu Ende. Die Zusammenlegung der Bestände der beiden Staatsbibliotheken führt zu einer Neuordnung, nach der die alten Bestände (etwa bis 1945) Unter den Linden (→ S. 87) ihren Platz finden, die neueren an der Potsdamer Straße.

Scharouns letztes Werk muß mit seiner inneren und äußeren Konzeption, deren Hauptelement die freie Gliederung innerer und städtebaulicher Räume ist, als Vermächtnis aufgefaßt werden, »daß [...] statt Perfektion Improvisation gelten möge, die den Weg der Entwicklung offenhält« (Scharoun 1970). Die niedrigen nördl. Teile, die hauptsächlich Verwaltungsräume aufnehmen, wurden schon 1971 in Betrieb genommen. Der langgestreckte, goldschimmernde Hauptkörper enthält Magazingeschosse; ihm zur Potsdamer Straße vorgelagert, diagonal gegenüber dem Bau der Neuen Nationalgalerie, liegen die niedrigen, mit Granit verkleideten Baukörper des Publikumsbereiches. Über Freitreppen gelangt man zu den Lesesälen, die sich dem Besucher als eine vielgliedrige »Leselandschaft« darbieten; sie ist als räumliche Einheit erlebbar, die sich nach W, zur Potsdamer Straße, absenkt.

Hans Scharoun hat, wie bei der Philharmonie, von Beginn an auf die Mitarbeit bildender Künstler Wert gelegt: E. F. Reuter, A. Camaro, G. Ssymmank und (nach einem Wettbewerb) E. Hauser waren an der Gestaltung des Inneren beteiligt. *GK*

Kunstgewerbemuseum (Tiergartenstr. 6) 42

Als erstes der Museen abendländischer Kunst der Stiftung Preußischer Kulturbesitz ist 1985 das Kunstgewerbemuseum eröffnet worden, erbaut 1978–84 von Rolf Gutbrod, Mitarbeiter: Wolfgang Henning, Hermann Kendel, Bernd Riede. – Zu den Sammlungen → S. 449.

Das aus Kuben gefügte Gebäude mit warmer Ziegelverkleidung beherbergt in 3 Geschossen die großartige Sammlung, die zum ersten Mal vollständig gezeigt wird. Der provisorische Eingang irritiert zunächst, der Haupteingang wird künftig am Matthäikirchplatz liegen.

Die brutalistische Verwendung des Stahlbetons hat heftige Kritik hervorgerufen, die den Stiftungsrat 1986 zur Änderung der Planung veranlaßt hat. Im Bau sind z. Z. der zentrale Eingang am Matthäikirchplatz sowie das **Kupferstichkabinett,** die **Kunstbibliothek** und die **Gemäldegalerie,** die nach Plänen der Münchener Architekten Hilmer und Sattler ausgeführt wird. Die Planung für das **Skulpturenmuseum** steht noch aus. *GK*
Die weitere Entwicklung des »K u l t u r f o r u m s « ist noch offen; in den 80er Jahren angestrengte Bemühungen mit dem Ziel einer monumentalisierenden Umformung mit dekorativen Versatzstücken nach Plänen des Wiener Architekten Hans Hollein sind aufgegeben worden. – Nach dem Fall der Mauer 1990 steht die Stadt vor der Aufgabe, den gesamten Bereich zwischen Potsdamer Platz, Tiergarten und Landwehrkanal neu zu ordnen. *GK*

Ehem. Hotel Esplanade (Bellevuestr. 16–18). 43
Das 1907/08 und 1911/12 von Otto Rehnig erbaute Luxushotel wurde stark zerstört und interimistisch genutzt. Reste des Erd- und 1. Obergeschosses werden Bestandteile des »Filmhauses Esplanade«, für das die preisgekrönten Entwürfe des holländischen Architekten Herman Hertzberger vorliegen. *GK*

Geschäftshaus Huth (Potsdamer Str. 5 [fr. 139], 44
Linkstraße). Erbaut 1910/11 von Conrad Heidenreich und Paul Michel. Im Erdgeschoß

ehedem ein Weinrestaurant. An der Potsdamer Straße 5-, an der Linkstraße 4geschossig. Erd- und 1. Obergeschoß architektonisch hervorgehoben, Rücksprung der Bauflucht an der Potsdamer Straße durch Eckturm betont. Glatte Natursteinfassade mit dezentem skulpturalem Schmuck. *GK*

In der **Anlage Am Karlsbad** südl. des Landwehrkanals gegenüber der Staatsbibliothek steht die Bronzeskulptur »*Der Schreitende*« von Richard Scheibe, ein Ausdruck unbeirrbarer jugendlicher Kraft. *HB-S*

45 An der Ecke zur Potsdamer Straße (**Am Karlsbad 1–2**) fällt das 1986/87 von Jürgen Sawade erbaute 10geschossige **Wohnhaus** auf, dessen Rasterfassade allzu schematisch und steril geraten ist. *GK*

45 **Verwaltungsgebäude der Feuersozietät Berlin** (Am Karlsbad 4–5). Der 1934–36 von Paul Mebes und Paul Emmerich für die Feuersozietät der Provinz Brandenburg erbaute 5geschossige Stahlskelettbau ist mit Muschelkalksteinplatten verkleidet, das letzte Obergeschoß durch ein kräftiges Gurtgesims abgesetzt. Freie Behandlung der Fassade mit leicht aus der Mitte verschobenem Haupteingang (links 7, rechts 8 Achsen): Erd- und 2. Obergeschoß in 17 Achsen, die übrigen Geschosse in 27 Achsen aufgeteilt.

Haupteingang mit einem von Julius Schramm geschmiedeten Gitter und figürlichem Relief von Hans Krückeberg, an den seitlichen Eingängen Köpfe von Bernhard Bleeker. Verglasungen der Halle und des Treppenhauses aus den Werkstätten von August Wagner. *GK*

46 Im Hof des Hauses Potsdamer Str. 81/83 (**Verlag Der Tagesspiegel**) steht das 1874 erbaute Wohnhaus des Malers Anton v. Werner. Verloren geglaubte eigenhändige Ausmalungen wurden 1988 entdeckt. – In der Nähe, Lützowstr. 92, ist das 1865 von Gustav Assmann erbaute Haus erhalten, in dem der Maler Carl Graeb wohnte. *GK/HB-S*

47 **St. Ludgerus** (Potsdamer Str. 94). In der 1959 modern wiederaufgebauten Ludgeruskapelle befindet sich als Altarbild (Leihgabe der Gemäldegalerie) eine *Marienglorie* von Ghirlandaio (1527). *EB-S*

48 **Jugendgästehaus** (Kluckstr. 3, Ecke Schöneberger Ufer). Das Gebäude, 1961/62 von Hans E. Chr. Müller und Georg Heinrichs erbaut und 1965 erweitert, dient der Unterbringung auswärtiger Jugendgruppen. Mit seiner abgestuften Gliederung bezieht es sich auf das gegenüberliegende ehem. Shell-Haus von Emil Fahrenkamp, ohne deswegen ins Kopieren zu verfallen. Der starken senkrechten Staffelung des Shell-Hauses setzten die Architekten kontrastierend eine waagerechte, durch Farbgebung unterstützte Gliederung entgegen. Die Baugruppe besteht im wesentlichen aus 2 Teilen; der 7geschossige, östl. Teil schließt an die Altbebauung des Schöneberger Ufers an.

Am Eingang eine gegenstandslose Betonbalkenskulptur von Helmut Wolff. *GK*

Wissenschaftszentrum (Reichpietschufer 48 bis 58). In frechem Kontrast zu – westl. – Fahrenkamps Erweiterungen, aber auch zum 1891 bis 1894 von August Busse geschaffenen **ehem. Reichsversicherungsamt** (nun die Verwaltung des Wissenschaftszentrums) steht das knallbunte Pasticcio, rosa und hellblau gestreift, das James Stirling 1984–88 erbaut hat. In einem Parforceritt durch die abendländische Baugeschichte hat er alles eingesammelt: Arena, Stoa, Basilika, Kastell und sogar einen 6eckigen (!) Bibliotheksturm. Alle diese Formen enthalten indes nichts als Büros und eine Kantine. Eine brave Bauverwaltung hat das sorgfältig bauen lassen. *GK*

Wohnen am Kulturforum (Hitzigallee 17–21, Sigismundstraße). Als beruhigender Kontrast zu Stirlings Formen- und Farbenrausch wirken die 4geschossigen Wohnbauten, die Kurt Ackermann in klaren Formen, der klassischen Moderne nachempfunden, 1984/85 erbaut hat. *GK*

Ehem. Shell-Haus (Reichpietschufer 60–62), dient seit 1952 der **BEWAG** (Berliner Kraft- und Licht-AG). Der Bau wurde 1930–32 von Emil Fahrenkamp an der damaligen Königin-Augusta-Straße als einer der ersten Stahlskeletthochbauten in Berlin errichtet. Bemerkenswert ist die sägezahnförmig gestaffelte Front am Landwehrkanal, die sich von 6 Geschossen an der Hitzigallee zur stattlichen Höhe von 11 Geschossen an der Stauffenbergstraße aufbaut. Verkleidung aus römischem Travertin; die Fenster sind viertelkreisförmig um die Ecken herumgezogen.

In den Jahren 1965–67 hat der Architekt Paul (G. R.) Baumgarten die Baugruppe durch eine Anzahl verschieden hoher **Erweiterungsbauten** ergänzt, wobei er an der Stauffenbergstraße urspr. vorhandene Brandgiebel durch einen einhüftigen Bürotrakt ergänzt wurde. Ebenfalls Stahlskelettbauten, jedoch mit Stahlfenstern und emaillierten Aluminiumpaneelen. *GK*

Tiergarten: Ehem. Reichsmarineamt. Gedenkstätte. Tiergartenstraße   211

Ehem. Shell-Haus

2 **Ehem. Reichsmarineamt** (Reichpietschufer 72 / Stauffenbergstr. 14: **Gedenkstätte Deutscher Widerstand**)

Das Gebäude entstand an der einstigen Königin-Augusta-Straße, dem späteren Tirpitz-Ufer, 1911–14 nach einem Wettbewerbsentwurf von Reinhardt und Süßenguth als Sitz des Reichsmarineamtes, des Admiralstabs und des Marinekabinetts. 1938 wurde es an der früheren Bendlerstr. 11–13 (daher auch »Bendlerblock«) durch eine Stahlskelettkonstruktion erweitert. 1919–35 residierte hier das Reichswehrministerium, dann war es Sitz des Oberkommandos von Wehrmacht, Heer und Marine. Das Gebäude spielte eine zentrale Rolle bei den Ereignissen des 20. Juli 1944. Heute sind hier mehrere Bundesbehörden untergebracht.

Ein Bau von schon klassischer Strenge – mit barockisierenden Anklängen –, der stilistisch mit gleichzeitigen Rathäusern verwandt ist. Die Front des 20 m hohen Gebäudes ist am Reichpietschufer 91 m lang; sie ist mit Muschelkalk verkleidet und durch einen 3achsigen Mittelrisalit mit jetzt offener Vorhalle betont. Die Obergeschosse sind durch kannelierte Pfeilervorlagen gegliedert.   GK

Für den 1967 zu einer nationalen Gedenkstätte umgestalteten Hof **Stauffenbergstr. 11–13** hat Richard Scheibe 1955 das Ehrenmal für die Opfer des 20. Juli 1944 geschaffen, insbes. für die hier erschossenen Offiziere Olbricht, Cl. Graf Schenk v. Stauffenberg, Mertz v. Quirnheim und v. Haeften. Eine für Scheibes verhaltene Kunst charakteristische edle Jünglingsgestalt mit ernstem Ausdruck, gefesselt, symbolisiert den Geist der Kämpfer für ein besseres Deutschland. Im 2. Stock des Gebäudes eine ständige Ausstellung »Widerstand gegen den Nationalsozialismus«.   HR

Tiergartenstraße

An der Tiergartenstraße (ihr abgehängter westl. Abschnitt heißt heute Thomas-Dehler-Straße) sollte

212   Tiergarten: Diplomatenviertel

in den 1930er Jahren im Zusammenhang der Speerschen Neugestaltung der Reichshauptstadt ein neues Diplomatenviertel entstehen, von dem nur ein Teil verwirklicht worden ist. Die Grundstücke in diesem Stadtbereich befinden sich auch heute noch weitgehend in öffentlich-ausländischem Besitz, was die Möglichkeiten einer zusammenfassenden Neuplanung erschwert.

54 Für den Bau der **Italienischen Botschaft** (Tiergartenstr. 21a–23, Graf-Spee-Str. 1–7) wurden einige Wohnhäuser abgerissen. Nach einem von italienischer Seite vorgelegten Entwurf, den die deutschen Behörden ablehnten, arbeitete Friedrich Hetzelt einen Plan aus, der 1940/41 ausgeführt wurde. Das im Krieg beschädigte Gebäude wird heute in Teilen vom **Italienischen Generalkonsulat** benutzt. Über einem Sockel aus römischem (Tivoli-)Travertin liegen ein hohes Hauptgeschoß und ein niedrigeres Obergeschoß, rot verputzt. Ein schweres Gesims schließt den Bau ab. An der Hauptfront ein vorgezogener 5achsiger, durch eine Säulenstellung gegliederter Mittelteil mit einer überdeckten Vorfahrt. Pläne, den Bau für eine neue Akademie der Wissenschaften zu nutzen, werden nicht weiterverfolgt. *GK*

55 Die benachbarte **Japanische Botschaft** (Tiergartenstr. 25–27) wurde 1938 nach einem Entwurf von Ludwig Moshamer erbaut; die Innenausstattung stammte von Cäsar Pinnau. 2geschossiger Bau mit Natursteinverblendung und Kranzgesims, betontem 7achsigem Mittelteil mit Pfeilergliederung vor offener Halle. Der stark beschädigte, jedoch benutzbare Bau wurde 1986/87 abgebrochen und »originalgetreu« wieder aufgebaut. Er wird vom **Japanisch-Deutschen Zentrum** genutzt. *GK*

56 Das Tiergartenstr. 30/31 folgende **Canisius-Kolleg** haben 1938 Paul Mebes und Paul Emmerich als Berliner Vertretung und Gästebau der Firma Fried. Krupp, Essen, errichtet – die Lage im Herzen des neuen Diplomatenviertels spricht für die Selbsteinschätzung des Bauherrn. Die 4 Flügel des 2geschossigen Baues umschließen einen quadratischen Innenhof; der südl., zum Park gelegene Flügel, der die Gästeräume aufnahm, ist beiderseits verlängert. Die Außenwände sind mit Muschelkalkplatten verkleidet. Der wenig betonte Haupteingang liegt zentral in der Mitte des N-Flügels an der Tiergartenstraße; beiderseits befinden sich je 4 gekoppelte Fenster.

Die größere Höhe der Fenster betont das Obergeschoß als Hauptgeschoß. Ein langgestreckter Erweiterungsbau in zurückhaltenden Formen wude 1980 von Klaus-Rüdiger Pankrath hinzugefügt. *GK*

Das Gebäude der **ehem. Dänischen Gesandtschaft** (Thomas-Dehler-Str. 48 [= frühere Stülerstr.], Ecke Drakestr. 1) wurde 1938–40 nach Entwürfen des Architekten Johann Emil Schaudt erbaut. Das Haus wirkt 4geschossig: Über einem hohen Sockelgeschoß, das absatzlos in das Erdgeschoß übergeht, erheben sich das durch die Fenstergröße betonte Obergeschoß und ein Mezzaningeschoß, das von einem kräftigen Gesims abgeschlossen wird. Der Haupteingang an der geschwungenen Eckfront wird durch einen Pfeilervorbau hervorgehoben, der balkonartig abgeschlossen ist. Die architektonische Gestaltung sollte nach Aussagen der am Bau Beteiligten Motive des dänischen Klassizismus aufnehmen – der seinerseits nicht ohne berlinisch-preußische Einflüsse zustande gekommen ist. Nach jahrelangem Leerstand und dadurch bedinger Verwahrlosung wurde das Bauwerk von der Post übernommen und als Ausbildungsstätte hergerichtet. *GK*

An der Thomas-Dehler-Str. 49–51 (= frühere Stülerstr.; Ecke Lichtensteinallee) liegt der Bau der **ehem. Spanischen Botschaft**, 1938 nach einem Entwurf der Architekten Walter und Johannes Krüger (»Tannenberg-Krüger«) errichtet. Das 2geschossige Gebäude in zeitbedingt neuklassizist. Formen ist mit einer Werksteinquaderung versehen. Im unzerstörten Gebäudeteil residiert das **Spanische Generalkonsulat** (Lichtensteinallee 1); die kriegszerstörten Teile sollen als **Spanisches Kulturzentrum** wiederhergestellt werden. *GK*

In der Rauchstraße (Nr. 17/18, Ecke Drakestr. 4) ist die **ehem. Jugoslawische Gesandtschaft**, 1938–40 von Werner March erbaut, erhalten geblieben und dient heute dem **Obersten Rückerstattungsgericht**. 2 an der Straßenecke rechtwinklig zusammenstoßende 2- und 3geschossige Flügel nehmen andeutend jugoslawische Motive auf. Der Gesandtenflügel hat über einem hohen Muschelkalksockel eine Verkleidung aus Thüringer Travertin. Das Wappen über dem Haupteingang an der Rauchstraße und ein Frauenkopf an der Drakestraße sind Arbeiten von Arno Breker. GK

0 **Stadtvillen Rauchstr. 4–10** (auf dem Grundstück der ehem. Villenkolonie Albrechtshof von Hitzig, 1864). Als Teil des IBA-Programms entstanden 1983/84 nach einem stark reduzierten Plan von Rob Krier 8 Häuser mit 239 Wohnungen, deren städtebauliches Konzept sich an dem eher belanglosen Bau der **ehem. Norwegischen Gesandtschaft** von O. v. Estorff und G. Winkler aus den 1940er Jahren orientiert. Der winkelförmige Bau von A. Rossi nimmt dies Motiv direkt auf. Daneben sind je drei 5geschossige Häuser auf quadratischen Grundrissen aufgereiht. Architekten: F. Valentiny, H. Herrmann; H. Nielebock; K. T. Brenner, B. Tonon; G. Grassi; H. Hollein. Der geschwungene Kopfbau mit Büste (»Mann mit dem Goldhelm«) von R. Krier. – Südlich benachbart an der Rauchstraße (**Nr. 19/20**) ein 4gliedriger, 4geschossiger Wohnbau von D. Bangert, B. Jansen, St. Scholz und A. Schultes (1980/81). – Südl. anschließend ein **»Öko-Haus«** von Frei Otto, Hermann Kendel u. a. GK

1 **Hotel Inter-Continental** (Budapester Str. 2), 1958 von den amerikanischen Architekten Luckman und Pereira errichtet; Berliner »Kontakt«-Architekten waren Paul Schwebes und Hans Schoszberger. Vielgliedrige Gruppe mit einem Hochhausteil, Restaurant- und Saaltrakten sowie einer Ladenzeile längs der Budapester Straße nach W. In östl. Richtung Erweiterungsbauten durch Jan C. Bassenge und Kay Puhan-Schulz. GK

2 **Beamten-Wohnhaus des Zoologischen Gartens** (Lützowufer 36), 1928/29 von dem Hamburger Architekten Fritz Höger in schlichter, kubischer Form erbaut; es trägt aber alle Kennzeichen des durch diesen Architekten bes. gepflegten »Klinker-Expressionismus«. Der 3- bis 4geschossige Bau wird von einem weit vorspringenden Flachdach gekrönt. Die Wände sind mit textilhaft wirkenden geometrischen Mustern überzogen, aber auch von tierhaften Ornamenten (Hasen). Im Erdgeschoß lag urspr. außer 2 Kleinwohnungen der Zugang zum Kaisersaal der früheren Zoo-Gaststätten. In den darüberliegenden Geschossen ebenfalls Wohnungen. Vor dem Haus zog sich über dem Bürgersteig ein weit ausladender, laubenartiger Vorbau auf kräftigen Pfeilern bis zum seitlich liegenden Zoo-Eingang hin. Die ornamentierte *Mauer* ist noch vorhanden. GK

3 **Zoologischer Garten** (Hardenbergplatz, Budapester Straße)
Vom 1841 gegründeten und 1844 eröffneten Zoologischen Garten haben nur wenige Bauten die Kriegszerstörungen überstanden, so das **Antilopenhaus** von Ende und Böckmann (1871/72) sowie einige Bauten von Zaar und Vahl (**Schweine-, Büffel-, Wildpferd-** und **Eselshaus**, 1904–10). Wiederaufgebaut wur-

den von Hans Schaefers und Gerd Löffler das **Elefantentor**, der S-Eingang des Zoologischen Gartens an der Budapester Straße, von Zaar und Vahl 1899 in chinesischem Stil (1985 rekonstruiert), und das **Löwentor** (1987/88). Weitere Neubauten der Nachkriegszeit: **Elefantenhaus** von Ludwig Lemmer und Heinz Diesing (1958, umgebaut 1987/88 von Stockhaus, Srp und Hafemann). Von Heinz Diesing **Flußpferd-, Vogel-, Kamel-, Nashorn-** und **Affenhaus** (1955–64). Von Hans Schaefers, seit 1984 mit Gerd Löffler, **Tropen-** und **Raubtierhaus** und weitere Bauten (1970–87). GK

Zum Zoologischen Garten gehören einige bemerkenswerte Skulpturen. Am Eingang Budapester Straße steht das Steinbildwerk des riesigen *Gorillas Bobby* von Fritz Behn aus den 30er Jahren, im Mittelpunkt der Dreisternpromenade der *Seelöwenbrunnen* mit Fontäne von Else Fraenkel-Brauer 1933/34, links davon die Marmorgruppe *Kentaur und Nymphe* von Reinhold Begas (1901), beim Zoopavillon ein naturalistisch gebildeter *Bronze-Löwe* von Waldemar Grzimek, gegenüber dem neuen Affenhaus ein *Dschelada-Affe* von Max Esser (1926) u. a. m. In der Fasanerie hat der v. a. in seiner Technik bewundernswerte *Königsfasan* von Max Esser (1944 nach frühem Modell) eine Aufstellung zwischen Grünpflanzen gefunden: eine jugendstilige, gold- und silbertauschierte Bronze auf feiner Bronzesäule (Leihgabe der Feuersozietät). HR

64 Neben dem Elefantentor des Zoologischen Gartens wurde an der B u d a p e s t e r S t r a ß e nach einem städtebaulichen Plan von Pit Achatzi und Rolf Backmann auf dem Grundriß in Form eines Ammonshornes 1987 von Volker Bartsch ein bizarrer *Brunnen* aus Schieferbrocken und bronzenen Fossilien errichtet, eine Aufforderung, sich der Zeiträume der Erdgeschichte zu erinnern. – Ein *Brunnen* von Alexander Gonda (1965), eine Bronzestele mit angesetzten kristallinen Formen, steht an der Ecke B u r g g r a f e n - / K u r f ü r s t e n s t r a ß e. – Wenige Schritte weiter wurden in der Burggrafenstraße, vor dem Gebäude des **Deutschen Instituts für Normung (DIN)** von Hansrudolf Plarre, 1987 die überlebensgroßen Standbilder *Peter Beuths* und *Wilhelm von Humboldts* vom Kölner Denkmal Friedrich Wilhelms III. (von Gustav Bläser, 1862–78) ohne Sockel wie Passanten hingestellt, ein Beispiel für verständnislosen Umgang mit Skulptur. Im Inneren des Hauses 4 Nachgüsse der Sockelreliefs Friedrich Drakes von einst auf dem Schinkelplatz aufgestellten Beuth-Denkmal. HB-S

65 **Lenz-Haus** (Kurfürstenstr. 87). 8geschossiges Bürohaus, als erstes Hochhaus in der City 1928 von Heinrich Straumer erbaut. Stahlskelettkonstruktion, mit Muschelkalk in vertikaler Gliederung verkleidet. Veränderbare Raumaufteilung (Vorwegnahme der »Bürolandschaft«). GK

V o n - d e r - H e y d t - S t r a ß e. Am N-Ufer des Landwehrkanals, östl. der Klingelhöferstraße, liegt als Rest der Villenbebauung des Tiergartenviertels die wieder-

214 Tiergarten: Bauhaus-Archiv. Landwehrkanal. Lützowplatz

66 aufgebaute **Villa v. d. Heydt**, 1862 von G. A. Linke und Hermann Ende in streng klassizist., mit Einzelheiten wie Türgiebel, Balkon und Exedra auf die landschaftliche Situation am Kanal bezogenen Formen. Hier ist der Präsident der **Stiftung Preußischer Kulturbesitz** untergebracht. *EB-S*

67 **Bauhaus-Archiv** (Klingelhöferstr. 14)
Nach Plänen von Walter Gropius und Alexander Cvijanović – urspr. für die Darmstädter Rosenhöhe entworfen – wurde das Museumsgebäude 1976–79 am Ufer des Landwehrkanals errichtet. Kontaktarchitekt war Hans Bandel. – Zu den Sammlungen → S. 399.

Die durch den neuen Standort bedingten Veränderungen sind dem Entwurf nicht bekommen; Schwierigkeiten gibt es u. a. in der Lichtführung und Klimatisierung. Der lagerhaft wirkende, 2geschossige Betonbau – 2 annähernd gleich lange, parallel versetzt angeordnete Trakte mit verbindendem Zwischenbau – erhält seine kennzeichnende Note durch die streng gereihten, hohen, nach N gerichteten abgerundeten Shed-Aufbauten. Farbige Säulen von Max Bill markieren Anfang und Ende des Baukomplexes. Im N-Teil liegen Verwaltungs- und Arbeitsräume (Archiv, Bibliothek), im S-Teil die Sammlungsräume. *GK*

Brücken über den Landwehrkanal
Die im 2. Weltkrieg zerstörte **Graf-Spee-Brücke** zwischen Lützow- und Reichpietschufer wurde 1985–87 von K. T. Brenner und B. Tonon durch einen eleganten geschwungenen Neubau in Stahlkonstruktion ersetzt: der 100. Brückenbau nach dem Kriege.

1988 wurde die ebenfalls im Krieg zerstörte **Lichtensteinbrücke** durch den Neubau einer Doppelbrücke von Ralf Schüler und Ursulina Schüler-Witte ersetzt, von denen eine der Öffentlichkeit zugänglich ist, während die andere dem internen Verkehr des Zoologischen Gartens zwischen dem Stammgelände und der Erweiterung an der Lichtensteinallee dient. An der südl. Uferböschung des Kanals haben die Architekten ein *Gedenkzeichen für Rosa Luxemburg* geschaffen, die am 5. 1. 1919 an dieser Stelle ermordet worden ist. *GK*

Lützowplatz

Von der Bebauung des 1955–60 von Eberhard Fink neu gestalteten Lützowplatzes (die ältere Anlage um 1900 von Hermann Mächtig) mit vornehmen Miethäusern der Schinkel-Schule erhielt sich das Haus **Am Lützowplatz 9 (Kunstamt Tiergarten)**, 1873/74 von W. Neumann, heute um ein Stockwerk erhöht und in den Fenstern verändert. 1988 erhielt es eine Außentreppe mit bizarr bewegtem Edelstahlgeländer und einer Skulptur »Tangentiale Berührung« von Volkmar Haase. *EB-S*
Der Platz hat in den 1980er Jahren eine neue Randbebauung erhalten, die nicht gerade durch Originalität auffällt; am W-Rand (**Nr. 2–16**) ein 5geschossiger Block

Bauhaus-Archiv. Museumsgebäude

Tiergarten: Lützowstraße. Französisches Gymnasium. Genthiner Straße

(1979–83; O. M. Ungers); im S (Nr. 17) ein **Erweiterungsbau des Hotels Berlin** (1986/87; Michael König, K. T. Brenner, B. Tonon) mit Anklängen an die klassische Moderne; im NO (Lützowufer 15) der aufdringliche Bau des **Grand Hotels Esplanade** mit monotonen Fensterreihen (1986–88; J. Sawade).
An der O-Seite des Lützowplatzes fallen 3 eigenwillige **Wohnhäuser** auf: Die Ecke zur Lützowstraße bildet ein rot verklinkerter Bau von Mario Botta; anschließend ein verspielt wirkendes Haus (»Archigram«) von Peter Cook und ein streng gerasterter Bau von Axel Schultes (1990) – ein auffallender Kontrast zum langweilig-strengen Gegenüber von Ungers (s. o.). *GK*
1967 wurde auf der Rasenfläche die Bronze *Herkules mit dem Eber* von Louis Tuaillon (1904) aufgestellt. Urspr. als museale Gegengruppe weitgehend einansichtig konzipiert, in kraftvoller Diagonalverspannung von Mensch und Tier, kommen in der Freiaufstellung die großen Züge nicht recht zur Geltung. – Eine *Gruppenfigur* von Schang Hutter kam 1983 hinzu. *HR*
In der Lützowstraße 4geschossige »**Stadthäuser**« (Nr. 46–51) in senkrecht zur Straße stehenden Zeilen, entworfen von den Architekten Brandt, Heiß, Liepe, Steigelmann; O. Steidle; v. Gerkan / Marg; Oefelein / Freund; Schiedhelm (1983/84). Die kammartige Bebauung wird zur Lützowstraße geschlossen durch 5geschossige **Torbauten** von V. Gregotti. – Am Lützowufer (Nr. 1a–5a) 6geschossige, turmartig aufgestellte »**Energie-Sparhäuser**«, nach einem Programm der Bundesregierung 1984/85 erbaut von der Architekten v. Gerkan / Marg; Pysall / Jensen / Stahrenberg; Faskel / Nikolic; Schiedhelm / Axelrad; Kilpper und Partner. *GK*

Französisches Gymnasium und **ehem. Villa Wuttke** (Derfflingerstr. 7)
Das Französische Gymnasium in Berlin ist 1689, noch auf einem Erlaß des Großen Kurfürsten fußend, gegrün-

det worden. Urspr. als Schule der Kinder der Refugiés gedacht, hat es die Tradition des zweisprachigen Unterrichts bis heute durchgehalten; von der 7. Klasse an ist die Unterrichtssprache Französisch. – Die frühere Villa Wuttke war 1872 von H. E. Wuttke für den Baron v. Maltzahn erbaut worden. Die neuen Teile des Komplexes wurden 1972–74 nach einem Wettbewerbsentwurf von Hans-Joachim Pysall und Eike Rollenhagen errichtet.

Das moderne Gebäude ist ein Backsteinbau mit Sichtbetonteilen, gestaffelt von 3 bis 6 Geschossen. Die 3 Baukörper (Hauptgebäude, rechtwinklig dazu der Gemeinschaftsraum, parallel versetzt die Sporthalle) sind um einen zentralen Platz so angeordnet, daß sie die Villa Wuttke umschließen, die jetzt dem Gymnasium dient, u. a. als Bibliothek und mit Sitzungsräumen für Lehrer- und Schülerschaft. Zentrale Halle im Erd- und 1. Obergeschoß, anschließend und in den oberen Geschossen Klassen- und Spezialunterrichtsräume. Die Oberstufe ist im 3. und 4. Obergeschoß so untergebracht, daß ihre Räume von den übrigen Jahrgangsstufen getrennt gehalten werden können. Die künstlerische Ausgestaltung stammt von Volkmar Haase und Gerd Winner. *GK*

Genthiner Straße. **Nr. 28–30**, durch eine Durchfahrt zugänglich, sind Häuser einer kleinen Privatstraße, um 1870 von E. Klingenberg angelegt, die ihre intimen Proportionen und den spätklassizist. Charakter noch weitgehend bewahrt hat. *EB-S*

BEZIRK WEDDING

1251 wird ein Dorf Weddinghe, benannt nach einer Familie dieses Namens, urkundlich als bereits verschwunden erwähnt. Vermutl. war es am Anfang des 13. Jh. gegründet worden. Es hatte eine Kirche, die 1516 »wust« genannt wird. Eine zugehörige Mühle an der Panke, die 1251 in den Besitz des Spandauer Nonnenklosters kam, existierte noch 1541. 1601 ist das Gründungsjahr des Gutshofes Wedding (zwischen Nettelbeckplatz, Reinikkendorfer, Wedding- und Pankstraße), der 1603 in kurfürstlichen Besitz überging. 1827 wurden die Ländereien des Gutes von der Stadt Berlin erworben und bebaut. – Ein weiteres Zentrum des Bezirks ist der nordöstl. davon gelegene Gesundbrunnen (Badstr. 39), dessen Quelle angebl. 1701 von Friedrich I. entdeckt, jedoch erst zwischen 1752 und 1760 als Trinkkur-Anlage mit mehreren Gebäuden unter dem Namen »Friedrichs-Gesundbrunnen« (1799 in »Luisenbad« umbenannt) genutzt wurde. Um die Mitte des 19. Jh. wurde das Gebiet dichter besiedelt. 1891 war die Quelle, deren Ader mehrfach angeschnitten worden war, fast gänzlich versiegt, und der Badebetrieb wurde eingestellt. – Längs der heutigen Kolonie- und Uferstraße wurden seit etwa 1780 Häuser für Kolonisten gebaut, die hauptsächlich Obstbau betrieben. Damals entstand auch die nach dem Herkunftsgebiet der Kolonisten »Vogtland« benannte Ansiedlung um die Invalidenstraße. Für die Verbindung mit Berlin wurde bes. die seit 1800 auf Betreiben der Brüder Humboldt angelegte, nach Tegel führende Chaussee- und Müllerstraße wichtig. – 1861 kamen Wedding und Gesundbrunnen zu Berlin. Der Stadtteil entwickelte sich zu einem Industriebezirk.

1920 wurde aus Wedding, Gesundbrunnen, dem nördl. Teil des Vogtlandes und dem O-Teil des Gutsbezirks Plötzensee der Bezirk Wedding gebildet.

HB-S

Fontane kennzeichnete den zu seiner Zeit herrschenden Eindruck der Gegend: »Der sogenannte ›Wedding‹ beginnt, und an die Stelle der Fülle, des Reichtums, des Unternehmungsgeistes treten die Bilder jener prosaischen Dürftigkeit, wie sie dem märkischen Sande ursprünglich eigen sind. Kunst, Wissenschaft und Bildung haben in diesem armen Lande einen schwereren Kampf gegen die widerstrebende Natur zu führen gehabt, als vielleicht irgendwo anders, und in gesteigerter Dankbarkeit gedenkt man jener Reihenfolge organisatorischer Fürsten, die seit anderthalb Jahrhunderten Land und Leute umgeschaffen, den Sumpf und den Sand in ein Fruchtland verwandelt und die Roheit und den Un-geschmack zu Sitte und Bildung herangezogen haben.« (»Wanderungen durch die Mark Brandenburg. Havelland«)

HB-S

Ev. Nazarethkirche (Leopoldplatz)

Schinkels Nazarethkirche ist eine der vier 1832–34 erbauten Kirchen für die nördl. Vorstädte. Nach dem Bau der Nachbarkirche wurde sie (ab 1906) als Gemeindesaal, Kindergarten und Ausstellungsraum genutzt.

Der Typus der Kirche, ein turmloser Saalbau mit halbrunder Apsis, ist hier wie in der (umgebauten) Johanneskirche ziegelsichtig und in

Wedding 217

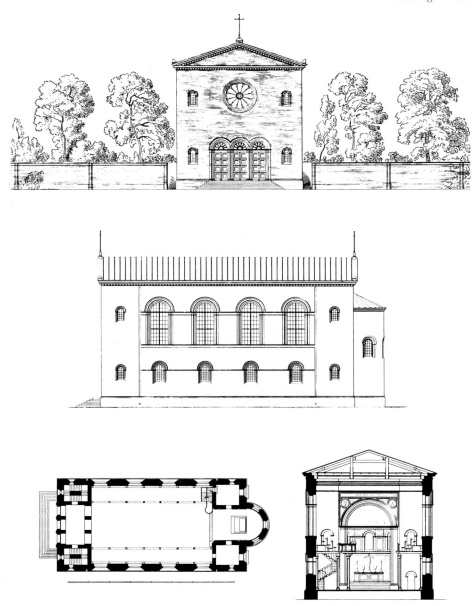

Nazarethkirche. Aus Schinkels »Sammlung architektonischer Entwürfe«

Rundbogenformen, also leicht an oberitalienische Romanik anklingend, gehalten. Der betont profilierte Giebel gibt mit seinen flachen Proportionen jedoch den klassizist. Grundcharakter der Gestalt deutlich an. Künstlerische Wirkung erhält der schmucklose Bau durch die Gruppierung der Fenster, die überdies die Konstruktion und Innenraumteilung logisch veranschaulichen. Der Innenraum, in dem die Decke und ein Wandstreifen modellhaft restauriert sind, ist durch eine Zwischendecke entstellt. *EB-S*

2 **Ehem. Neue Nazarethkirche** (Leopoldplatz)

● *1891–93 von Max Spitta als Ersatz für die damals zu klein gewordene Schinkel-Kirche erbaut. Heute dagegen zu groß für die Gemeinde, ist ein Umbau zu einem Kirchenmusikinstitut vorgesehen.*

Mit ihren neugot. Formen, mit hohem, an norddeutschen Backsteinbauten orientiertem Turm steht Spittas Kirche in spannungsvollem Gegensatz zu der Schinkels. Im Innenraum schließen sich die kurzen Kreuzarme, mit Emporen, unter dem hohen Sterngewölbe der Vierung zusammen. *EB-S*

3 Der L e o p o l d p l a t z wurde 1962 von Johannes Plonsker neu gestaltet. In den Anlagen steht ein Bronzenachguß des von Friedrich d. Gr. erworbenen *Betenden Knaben*, eines griechischen Originals um 325 v. Chr., jetzt in den Staatl. Museen Museumsinsel. *HB-S*

4 **Rathaus** (Müllerstr. 146–149). 5geschossiger, gerasterter Backsteinbau mit einförmiger Fensterreihung, erbaut 1928 von Friedrich Hellwig. – 2. Bauabschnitt 1962–64 von Fritz Bornemann; 12geschossiger Turmbau mit durchgehenden Fensterbändern. Zur Müllerstraße vorgeschobener Saalbau, aufgeständert. Mit dem Altbau durch einen gläsernen Trakt verbunden. *GK*

Im Areal zwischen Müller-, Trift- und Willde-
5 nowstraße liegt die Baugruppe der **Hermann-Herzog-Schule**, 1891–93 von Hermann Blankenstein. Die gelben Ziegelbauten in den typischen strengen Formen sind durch blaue flächige Ziegelmuster sowie dunkelrote plastische Gesimse und Platten verziert. – Das ehem. Direktorwohnhaus (Müllerstr. 158) ist **Heimatarchiv** und **Kunstamt Wedding**. *EB-S*

6 Die **kath. St.-Joseph-Kirche** (Müllerstr. 161) steht mit ihrer mächtigen 2-Turm-Front in der Straßenflucht gegenüber dem Courbièreplatz. Die weiträumige 3jochige Basilika, 1909

nach Entwürfen des Maria Laacher Paters Ludgerus, verbindet als Werk der Beuroner Schule Motive der rheinischen Spätromanik (Stützenwechsel, schwarze Säulenschäfte) und der frühchristlichen Kunst (polierte Granitsäulen, Apsismosaik: Kreuz in Ranken nach S. Clemente, Rom) mit gedehnten Raum- und Flächenverhältnissen. *EB-S*

Südöstl. des Leopoldplatzes ein **Städt. Urnenfriedhof** 7 (Gerichtstr. 37/38). Das **Krematorium** wurde 1910–12 von William Müller als erste Feuerbestattungsanlage in Preußen erbaut. Ein säulenumstandenes Atrium dient als Vorhof. Im Warteraum wird ein Marmor von A. Brütt »*Opus 100*« (1909) bewahrt, ein hochreliefartig komponierter weiblicher Akt, wohl eine Trauernde; Herkunft unbekannt. *GK*

Ev. Dankeskirche (Weddingplatz) 8

Anstelle des im 2. Weltkrieg zerstörten und nachträglich abgetragenen Backsteinbaus von August Orth, der 1882–84 nach den mißglückten Anschlägen auf Kaiser Wilhelm I. (1878) errichtet worden war, hat Fritz Bornemann eine kleine, 1972 eingeweihte Gemeindekirche entworfen.

Ein turmloser, spiralförmig wirkender Bau ist auf dem von Verkehrsstraßen umspülten Platz so angeordnet, daß er mit den gegenüberliegenden Gemeinderäumen eine kleine, beruhigte Zone bildet. Die städtebauliche Lage ist gegenüber der Vorkriegszeit umgekehrt: Beherrschte früher die Kirche mit ihrem hohen, die benachbarte 5geschossige Wohnbebauung überragenden Turm den Platz, so fügt sich der Neubau jetzt fast unscheinbar der hohen Nachbarbebauung ein, die von dem 16geschossigen Verwaltungshochhaus der Schering-Werke bestimmt wird. *GK*

Neuer Dorotheenstädtischer Friedhof (Liesenstr. 9). 9 Hier haben sich 2 bedeutende Marmorwerke erhalten. Links vorn, nahe dem Hauptweg, steht die große Stele für *Emilie Loeffler* († 1900) mit einem Abschiedsrelief im klassischen Stil von Fritz Klimsch (1904) und hinten rechts am Hauptweg das Grabmal für *Woldemar Behrt* († 1888): auf barockisierendem Sockel eine große weibliche zum Himmel blickende Gestalt (»Der Friede«?) von L. Cauer. *HR*

Verwaltungsgebäude der Schering AG (Müllerstr. 170–172) 1

Das Hochhaus am Weddingplatz wurde 1970–74 von den Architekten Kiemle, Kreidt und Partner aufgrund eines Wettbewerbsergebnisses von 1968 erbaut.

Die über 20 m frei gespannte Konstruktion des 16geschossigen Bürohauses hat eine Aluminium-Vorhangfassade. Der aus dem Erdgeschoß und dem 1. Obergeschoß bestehende Sockel ist zur Müllerstraße vorgezogen; auf ihm stapeln sich die Obergeschosse 2 bis 15, wobei das etwas zurückgesetzte 8. Obergeschoß auch nach außen als Zäsur wirksam ist. Beherrschend wirken die beiden kräftig farbigen, weit vorgezogenen und auch das Dach überragenden Aufzugtürme, welche die Bürogeschosse vom senkrechten Verkehr freihalten und daher die verschiedenartigsten Aufteilungen ermöglichen. – Der Bau wird in südl. Richtung 6geschossig fortgesetzt. In unmittelbarer Nachbarschaft (Fennstr. 22−27) befindet sich das gleichzeitig erbaute Gebäude der **Zentralen Verpackung und Versorgung der Schering-Werke** von den Architekten Hendel, Haseloff und Hotzel. Das an der Straße 4geschossige Gebäude ist großzügig verglast, in seinem rückwärtigen Teil, der v. a. Lagerräume enthält, weitgehend mit einer geschlossenen Aluminiumfassade verkleidet.   *GK*

Beim Bahnhof Wedding steht in der Nähe des Arbeitsamtes V (Müllerstr. 15) ein großer, aus Klinker gemauerter *Brunnen* von Douglas Hill.   *HB-S*

Technische Fachhochschule (Luxemburger Straße). Die Bauten bestehen aus dem von Herbert Rimpl Anfang der 1960er Jahre errichteten Trakt der **ehem. Ingenieurakademie »Gauß«**, in recht konventioneller Bauweise, und dem 1968−72 hinzugekommenen Erweiterungsbau der **ehem. Ingenieurakademie »Beuth«** von Dieter Hundertmark und Horst Grünberg. Das 12geschossige Hauptgebäude ist frei mit niedrigeren Baukörpern gruppiert und durch einen auf Stützen gestellten 2geschossigen Übergang mit dem Altbau verbunden. Im Gelenkpunkt an der Luxemburger Straße liegt die Haupteingangshalle als verbindendes Element. 1975 wurde der 3. Abschnitt fertiggestellt, der die **frühere Ingenieurschule für Bauwesen** aufnimmt; Architekten: Dietrich v. Beulwitz, Josef Bonn und Helge Pitz.   *GK*

Rudolf-Virchow-Krankenhaus (Augustenburger Pl. 1). Das Krankenhaus im stumpfen Winkel von Föhrer und Amrumer Straße wurde 1899−1906 von Ludwig Hoffmann als »Viertes städtisches Krankenhaus«, das letzte im sog. Pavillonstil, erbaut. Hinter dem 3geschossigen Hauptgebäude am Augustenburger Platz, dessen von Flügelbauten umfaßter

Hof von einem 1geschossigen Eingangstrakt mit betontem Portal geschlossen wird, erstreckt sich in westl. Richtung die grüne Hauptachse, an der beiderseits 1geschossige Pavillons errichtet wurden. Durch Ergänzungs- und Erweiterungsbauten wurde die Anlage schon seit Anfang der 70er Jahre entstellt. Infolge der Ende der 80er Jahre eingeleiteten Neuorganisation als Standort Wedding des **Universitätsklinikums Rudolf Virchow der FU** wurde die Kernsubstanz der Hoffmannschen Anlage ausgehöhlt; nur die repräsentativen Eingangsbauten am Augustenburger Platz und einige Pavillons bleiben als denkmalpflegerisches Alibi erhalten.   *GK*

Volkspark Humboldthain   15
Die Anlage, nach Alexander v. Humboldt benannt, wurde 1869−72 als der zweite große Volkspark nächst dem Friedrichshain nach Plänen des Lenné-Schülers Gustav Meyer ausgeführt. Ehem. durch die Grenzstraße in ein nördl. und eine südl. Hälfte geteilt, enthielt er einen großen Spielplatz und verband symmetrische Wegesysteme mit frei schwingenden. 1941 wurde die Anlage durch den Bau von 2 Hochbunkern gestört. Da diese Bunker nach dem Krieg nicht gesprengt werden konnten, gestaltete man 1948−51 nach Plänen von Günther Rieck durch das Anschütten von Trümmerschutt eine neue Landschaft.
Eine *Gedenkstele* mit Relief von Karl Wenke (1952) erinnert an *Alexander v. Humboldt*. Am westl. Ende wurde 1967 auf der Höhe eines der beiden Bunker das *Denkmal für die Wiedervereinigung* von Arnold Schatz (1961), 2 getrennt nebeneinander hochstrebende nadelartige Formen, errichtet. In der Nähe der Brunnenstraße, am Rosengarten, steht Walter Schotts *»Jagende Nymphe«* (1926; 1979 hier aufgestellt).   *HB-S*

Ev. Himmelfahrtkirche (Gustav-Meyer-Allee 2)   16
Die 1890−93 von August Orth im NO-Zipfel des Humboldthains erbaute Himmelfahrtkirche wurde im Krieg zerstört. Der Neubau an anderer Stelle wurde 1954−56 nach Plänen von Otto Bartning errichtet.
Einfacher Rechteckbau mit rund geschlossenem Chor und sichtbarer Dachkonstruktion: Anklänge an die unmittelbar nach dem 2. Weltkrieg erbauten 48 Notkirchen, die Bartning in ganz Deutschland errichtet hat.   *GK*

Ehem. AEG-Fabriken (im Bereich Volta- und Hussitenstraße)
Der 5geschossige Baublock aus rotem Backstein zwischen A c k e r -, F e l d -, H u s -   17
s i t e n - und M a x - U r i c h - S t r a ß e wurde 1888−90 von Paul Tropp errichtet. Die Fassade stammt von Franz Heinrich Schwechten. Die Hauptschauseite erhielt einen 3achsi-

220 Wedding: Versöhnungs-Privatstraße. St. Sebastian. Swinemünder Brücke

gen Mittelrisalit und 2achsige Eckrisalite. Schwechten hat auch das sog. *Beamtentor* zum AEG-Komplex an der Brunnenstraße in gotisierenden Formen entworfen, mit einem Glasmosaik des Firmensignets (1896).

18 Die Werkanlagen südöstl. des Humboldthains
● wurden 1910–12 von Peter Behrens in einzelnen Abschnitten erbaut. – Zunächst entstand der mächtige Block der **Hochspannungsfabrik**, der aus einer Fabrikationshalle und 2 5geschossigen Flügelbauten für Lager und Werkstätten besteht, an der O-Seite mit einem Büroteil verbunden. Das 120 m lange und 70 m breite Gebäude aus einer Stahl- und Betonkonstruktion ist mit roten Handstrichsteinen und Eisenklinkern verkleidet. – Die **Kleinmotorenfabrik** an der Voltastraße ist als 196 m lange Randbebauung ausgeführt. Sie zeigt eine starke Vertikalgliederung. – Als letzter, reifer Bau der Gruppe entstand die **Montagehalle** an der Hussitenstraße in einer Dreigelenkbinder-Konstruktion aus Stahl.
Als Folge des Zusammenbruchs der AEG 1983 gingen Bauten und Anlagen in andere Hände über. Sie werden z.t. von der TU, zum anderen von Kleinfirmen (»Berliner Innovations- und Gründerzentrum« u. dgl.) genutzt. Das Erscheinungsbild wurde dabei u. a. durch neue Fenstereinbauten sowie Neubauten anderer Firmen stark beeinträchtigt. *GK*

19 **Wohnanlage Versöhnungs-Privatstraße**
● (Hussitenstr. 4–5, Strelitzer Str. 43)
Die Wohnanlage wurde 1903/04 vom Kgl. Baurat und Dombaumeister E. Schwartzkopf für den Vaterländischen Bauverein zu Berlin errichtet. Die Anlage enthielt 250 Wohnungen, dazu 5 Läden, eine Bibliothek, ein Hospiz, einen Kinderhort, eine Badeanstalt und einen Saalbau. 1907 wurde die Baugruppe um 10 Wohnungen und 24 Einzelzimmer »für alleinstehende Frauen« erweitert.
Das Besondere dieser Wohnanlage ist die durchgehende Anwendung historischer Stilformen in entsprechender Abfolge: Der 1. Hof wurde als »Romanischer Hof« (Berlin als Fischerdorf im 12. Jh. – i. ü. legendär) ausgestattet, der 2. Hof als »Altmärkischer Hof« (Berlin als got. Bürgerstadt im 14. und 15. Jh.), der 3. Hof als »Nürnberger Hof« (Berlin als kurfürstliche Residenz im 16. Jh.), der 4. Hof als »Renaissance-Hof« (Berlin als Residenzstadt im 17. Jh.), der 5. Hof als »Barockhof« (Berlin als Königliche Residenz im

18. Jh.), der 6. Hof als »Moderner Hof« (Berlin als Kaiserstadt der Gründerjahre). Die durchweg 5geschossigen Gebäude wurden als Mauerwerksbauten errichtet, z.T. mit Werksteinverblendung, z.T. geputzt, teilweise mit Fachwerk. Man hat sie nach Kriegsbeschädigungen vereinfacht wiederhergestellt; das Vorderhaus Hussitenstraße 4–5 ist verloren. *GK*

Die **Ernst-Reuter-Siedlung** (zwischen Acker- und Gartenstraße [ehem. Thomashof]), 1953/54 von Felix Hinssen erbaut, ist als erster Versuch einer Totalsanierung im Bereich tiefer Baublöcke anzusehen. Anstelle der im Krieg zerstörten alten, dichten Bebauung entstand eine Gruppe 5-, 7- und 9geschossiger Zeilen und ein 15geschossiges Punkthaus. – Weitere Abschnitte der später von Fritz Eggeling geplanten Sanierung sind nordwestl. anschließend entstanden. Beteiligt waren dabei die Architekten Jan und Rolf Rave, Hans-Joachim Knöfel, Dietrich v. Beulwitz und (jenseits der Sebastiankirche) Werner Weber, Helmut Ollk und das Entwurfsbüro der Deutschen Gesellschaft zur Förderung des Wohnungsbaus (Degewo). *GK*

Auf dem Gartenplatz steht die **kath. St.-Sebastian-Kirche**, 1891–93 von Max Hasak. Der repräsentative, den gleichzeitigen wilhelminischen prot. Kirchen durchaus ebenbürtige Werksteinbau in kräftigen neugot. Formen wurde als 3schiffige Basilika mit innen zu Kapellen ausgebildeten Seitenschiffen typenbildend für mehrere kath. Berliner Kirchen. Am Turm mit den stark abgetreppten Strebepfeilern und am Portal mit dem Titelheiligen zwischen Engeln im Ranken-Tympanon wird als Vorbild St. Elisabeth in Marburg sichtbar.
EB-S

Die städtebauliche Situation im Gebiet Brunnenstraße/Vinetaplatz wurde durch rücksichtslose Kahlschlagsanierung und Neubauten unterschiedlicher Qualität stark verändert. Hervorzuheben sind u. a. die Wohnhäuser **Nr. 48–54** an der Swinemünder Straße von Manfred Schiedhelm (1981–83). *GK*

Die **Swinemünder Brücke**, im Zuge der Swinemünder Straße über den 20 Gleise breiten Bahnkörper der Ringbahn als Stahlhängebrücke 1902–05 erbaut, hat im Volksmund schnell den Namen »Millionenbrücke« erhalten (wegen der ungewöhnlich hohen Baukosten). Ihre 3 Abschnitte messen 60, 108 und 60 m. Sie ist 18,60 m breit (davon 10,40 m Fahrbahn), während die angrenzenden Straßen fast 34 m breit sind. Der Konstrukteur war Friedrich Krause, die architektonische Durcharbeitung lag in Händen von Bruno Möhring. Die Brücke wurde nach Beseitigung beträchtlicher Kriegsschäden 1954 wiederhergestellt, doch in stark vereinfachter Form, so unter Weglassung der hohen Pylone auf den beiden Portalen der Hängekonstruktion. *GK*

Ev. Paulskirche (Bad-, Pankstraße)

Die nach Kriegszerstörung 1952 von Hans Wolff-Grohmann äußerlich wiederhergestellte Paulskirche ist eine der 4 Vorstadtkirchen Schinkels von 1832–34.

Der turmlose Saalbau ist in klassizist. Formen gehalten und (im Gegensatz zu den rundbogigen, ziegelsichtigen Kirchen St. Johannes und Nazareth) verputzt. 4 korinthische Pilaster unter dem Giebel adeln den kleinen Bau durch Anklang an antike Tempelformen. Die 1885 angebaute Sakristei, bes. der Glockenturm von 1889/90 verändern die urspr. Konzeption. – Im völlig modernen Inneren an der Kanzel ein in Kupfer getriebenes Relief von Ludwig Gabriel Schrieber. – Der Verbindungstrakt zum Pfarrhaus in klassizist. Formen des frühen 20. Jh. und das *Gefallenendenkmal* von 1871 – Bronzestele mit Adler auf rotem Granitsockel – schaffen um die Fassade der Kirche einen kleinen geschlossenen Bezirk. *EB-S*

Südwestl. (Pankstr. 18/19) liegt die **Herbert-Hoover-Oberschule**, das ehem. Lessinggymnasium, 1884–86 von Hermann Blankenstein in jener für ihn typischen Spätform der Nachfolge von Schinkels Bauakademie erbaut. Die gelben Ziegelbauten – das **Direktorwohnhaus** an der Straße und das hinter einem Vorgarten liegende **Schulgebäude** – haben rote flächige Ziegelmusterung und ungewöhnlich reiche, streng klassizist. plastische Ornamentik, besonders an den von Säulen bzw. Pilastern getragenen Portalvorbauten. Die betonte Farbigkeit, v. a. am Majolikafries unter dem Kranzgesims, zeigt auch den Einfluß von Martin Gropius' Kunstgewerbemuseum. *EB-S*

Im Bereich Prinzenallee, Stockholmer und Gotenburger Straße hat Hugo Häring 1931/32 5geschossige **Wohnblöcke** für die Baugesellschaft »Primus« erbaut; Mitarbeiter war Karl Böttcher. Die Bauten schließen Lücken eines mit anderer Bebauung begonnenen Blockes. Stahlskelettkonstruktion mit Stahlbetonwänden ausgemauert, an der Außenfront hochkant in regelmäßigem Muster vermauerte Klinkersteine. *GK*

Wollankstraße

Nr. 75–80: Die »**Posadowsky-Häuser**« wurden von Carl und Walter Köppen 1905/06 und 1910/11 für den »Vaterländischen Bauverein« erbaut. Förderer dieses Baues war der Staatssekretär im Reichsamt des Innern, Graf v. Posadowsky-Wehner. Der erste Bauabschnitt ist eine symmetrische Anlage um 3 Höfe, von denen der mittlere als »Ehrenhof« zur Straße offen ist. Der zweite Abschnitt schließt sich als Randzeile dem ersten nördlich an. 4geschossige Putzbauten mit Walmdächern; der Flügel über dem mittleren Ehrenhof ist durch einen hohen, aus einem gleichseitigen Dreieck geformten Giebel hervorgehoben, den ein runder, mit einer gedeckten Galerie und spitzem Kegeldach bekrönter Turm überragt. Der Ehrenhof ist gärtnerisch behandelt und zur Straße durch ein hohes, geschmiedetes Gitter mit 2 Portalen geschlossen. Für damalige Verhältnisse war die Anlage einer gemeinsamen Badeanstalt mit 3 Zellen bemerkenswert.

Nr. 96, 1907 gleichfalls von Carl und Walter Köppen errichtet, ist ein typisches Berliner **Mietshaus**, doch in zeitentsprechend schon gewandelter Form, d. h. ohne Quergebäude und mit einem zur südl. Freifläche offenen Hof. 4geschossiger Bau aus Rathenower Ziegeln mit ornamentierten Balkonbrüstungen und hohem Ziegeldach. Über den Hauseingängen sind gekoppelte 3teilige Fenster angeordnet mit hervorspringendem Mittelteil. – Die Nebengebäude sind nicht mehr vorhanden. *GK*

Omnibusbahnhof der BVG (Müllerstr. 77–81)

Die Anlage, zwischen Londoner und Belfaster Straße, wurde – zusammen mit der umgebenden hohen Wohnbebauung – 1926/27 als Straßenbahnhof von Jean Krämer erbaut. Nach Einstellung des Straßenbahnbetriebs in West-Berlin wurde er 1960 als erster der Straßenbahnhöfe für den Omnibusbetrieb hergerichtet.

Die Wohnflügel an der Müllerstraße enden in 8geschossigen Turmbauten, die ein gewaltiges, überdimensionales »Portal« markieren. Kräftig farbige Putzflächen im Wechsel mit Backstein und Keramikplatten bestimmen das Bild dieses Bauwerks ebensosehr wie die sehr plastische Durchbildung sowohl der Baukörper als auch der einzelnen Bauglieder im ekstatisch-expressionistischen Motiven. Blickpunkt sind die Turmbauten, welche die für den Betriebshof notwendigen Wasserbehälter aufnehmen. Die umgebenden Wohnbauten dienen den Betriebsangehörigen – eine Anordnung, die von vornherein nicht nur Lob gefunden hat. *GK*

Die **Siedlung am Schillerpark** (Bristol-, Barfus-, Dubliner Straße) wurde 1924–28 von Bruno Taut (mit Hans Hoffmann) erbaut. Sie besteht aus 3geschossigen Putz- und Ziegelbauten mit flachem Dachgeschoß in Zeilenanordnung, die sich aber um Wohnhöfe gruppieren. Die Fenster- und Loggienzonen der Fassaden sind bandartig zusammengefaßt. 1953–57 wurden die teilzerstörten Anlagen von Hans Hoffmann wiederaufgebaut

Volkspark Rehberge (südöstlich der Transvaalstraße: Goethepark). Lageplan

und durch neue Zeilen ergänzt, wobei die Neubauten hinter durchlaufenden Loggien eine großzügige, geschoßhohe Verglasung erhielten. Die Geschlossenheit der Anlage blieb dabei gewahrt. *GK*

31 Schillerpark (Volkspark)

Der Schillerpark wurde 1909–13 nach Plänen von Friedrich Bauer (Magdeburg) angelegt und ist kaum verändert erhalten. Die Barfusstraße teilt den Park, dessen südöstl. Hälfte 1955–57 nach NO erweitert wurde.
Im südl. Teil liegt auf einer Terrasse ein Rosengarten mit 2 pavillonartigen Ecktürmen. *HB-S*
Die Terrasse wird beherrscht von dem *Schiller-Denkmal* von Reinhold Begas, einer 1941 aufgestellten Bronzekopie des 1871–1935 und seit 1988 wieder vor dem Schinkelschen Schauspielhaus stehenden Marmordenkmals (→ S. 94). *HR*

32 Volkspark Rehberge

Die Anlage entstand 1926–29 nach Plänen Erwin Barths und Rudolf Germers im Notstandsprogramm während der Arbeitslosigkeit.
Der Park mit Spiel- und Sportplätzen im Zentrum gehört zu den größten Grünanlagen Berlins. – Am Ende eines Höhenrückens fand 1930 als Stiftung der Familie Rathenau der *Rathenau-Brunnen* von Georg Kolbe eine markante Aufstellung. Der von Kolbe geplante Torbau am Anfang des von Ahorn und Bänken gesäumten Weges war nicht genehmigt worden; so gab nur die Treppenanlage mit den bronzenen Bildnisplaketten Emil Rathenaus (1838–1915), des Gründers der AEG, und Walther Rathenaus (1867–1922) der Anlage den denkmalhaften Auftakt. Die mächtige Bronzeschale von 6,65 m Durchmesser mit einer voluminösen mittleren Brunnenspirale von über 4 m Höhe hatte als eminent plastisches Gebilde aus Erz Monumentcharakter. Aus politischen Gründen wurden 1934 die Bronzen entfernt

und 1941 zum Guß der Kopie des Schiller-Denkmals eingeschmolzen; die Anlage ist erhalten; 1987 konnte eine Rekonstruktion mit Nachbildung der Bildnisplaketten von Harald Haacke aufgestellt werden.
Auf der O-Seite des Sportplatzes steht die Bronze »*Die Ringer*« von W. Haverkamp (1906), eine Variante des Herkules-Antäus-Themas in überlebensgroßen Akten (Hauptansicht die rechte Breitseite). *HR*

Die **Friedrich-Ebert-Siedlung** im »Afrikanischen Viertel« (Müller-, Afrikanische, Swakopmunder, Windhuker und Togostraße, Petersallee), 1929–31 für die Baugesellschaft »Eintracht« erbaut, besteht überwiegend aus 4geschossigen Zeilenbauten, die an den Enden z.T. verkröpft sind. An der Müllerstraße sind die Zeilen 5geschossig, an der Windhuker Straße – gegenüber dem Volkspark Rehberge – 3geschossig. Längs der Müllerstraße sind die Zeilen durch 1geschossige Ladenbauten zur Straßenfront geschlossen. Den Bauteil nordöstl. der Togostraße (bis zur Müllerstraße) haben die Architekten Paul Mebes und Paul Emmerich errichtet, die Bauten südwestl. der Togostraße sind von Bruno Taut. Die südl. um den Nachtigalplatz anschließenden Häuser kamen 1936–38 durch Werner Harting und Wolfgang Werner hinzu. *GK*

Afrikanische Straße. **Nr. 14–41** hat Ludwig Mies van der Rohe 1926/27 4 3geschossige **Wohnhäuser** für die Baugesellschaft »Primus« errichtet. Die geputzten Mauerwerksbauten mit knapp eingeschnittenen, bündig sitzenden Fenstern in guten Proportionen enthalten 88 Wohnungen (davon 49 Drei-Zimmer-Wohnungen). Die Grundrisse sind gut geschnitten, doch nach dem Vorstellungen jener Jahre nicht revolutionär: Die maßvolle Zurückhaltung, die sich im ebenso klaren wie straffen Außenbau manifestiert, bestimmte auch die Entwurfsarbeit am Grundriß. Das flache Dach galt in jenen Jahren an sich schon als fortschrittlich. *GK*

Neukölln   223

BEZIRK NEUKÖLLN

*1920 wurde aus Neukölln mit Britz (→ S. 228), Buk-
kow (→ S. 230) und Rudow (→ S. 232) der 14. Verwaltungsbezirk gebildet, der Berliner Bezirk mit der
größten Einwohnerzahl.*

Neukölln (Rixdorf)

*Rixdorf (Richardsdorf) mit dem Ortskern auf dem Ri-
chardplatz wurde 1360 durch die Umwandlung eines
Ordenshofes der Tempelhofer Johanniter in ein Bauern-
dorf gegründet. 1435 wurde der Ort an Berlin-Cölln verkauft, 1710 war er Kämmereidorf von Berlin. 1737
kaufte Friedrich Wilhelm I. das Lehnschulzengut und
verteilte diesen Besitz unter 18 böhmische Protestanten,
die nördl. des nunmehr Deutsch-Rixdorf genannten
alten Ortes die Kolonie Böhmisch-Rixdorf bewohnten
und Leinen- und Baumwollzeug herstellten. Durch die
Kriegsereignisse von 1757, 1760 und 1806 schwer in
Mitleidenschaft gezogen, zählten 1817 Deutsch-Rixdorf
398, Böhmisch-Rixdorf 337 Einwohner. Bis 1840 stie-
gen die Bevölkerungszahlen auf 2146 bzw. 520. 1872
vereinigten sich die beiden Gemeinden, die damals zusammen 15000 Einwohner zählten, und entwickelten
sich seitdem rapide. 1899 wurde Rixdorf Stadt (mit
80000 Einwohnern) und erreichte 1910 mit 237285 bereits ungefähr die heutige Einwohnerzahl. 1920 wurde
die Stadt, die 1912 in Neukölln umbenannt wurde, in
Berlin eingemeindet.*   *HB-S*

Einige Häuser am Richardplatz (**Nr. 6, 18, 24, 25**)
mit klassizist. Fassaden geben noch einen Eindruck von
der Bebauung in der Mitte des 19. Jh. – Auf dem Platz
steht die **Dorfschmiede**, deren älteste Teile von 1797
stammen.
In der Richardstraße blieben einzelne **Höfe der
böhmischen Kolonie** erhalten (die Rückwände der zugehörigen Scheunen in Ziegelmauerwerk sind in der
Kirchgasse, der zweiten Straße des böhmischen
Dorfes, zu sehen). – Bemerkenswert ist in der Richardstraße die **Küsterei der** (ehem. Böhmischen) **ev.-ref.
Bethlehemsgemeinde**, ein 1geschossiger Bau mit hohem Dach in Form einer Spitztonne.   *HB-S*

Ev. Bethlehemskirche. Der Feldsteinbau vom
Anfang des 15. Jh. am O-Ende des Richard-
platzes ist die ehem. Dorfkirche Rixdorf, ein
flachgedeckter Saal mit 3seitigem Chorschluß, einer Sakristei aus Fachwerk dahinter
und einer Vorhalle zwischen 2 Nebenräumen. 1755 wurden die Mauern erhöht. Der
Bau erhielt zudem durch Putz und einen hohen Dachturm mit geschweifter Haube ein
barockes Aussehen. Das Innere wurde 1826

und 1885 erneut umgebaut, nachdem die Kirche der Böhmisch-ev.-luth. Gemeinde übertragen worden war. 1939–41 wurde die Vorhalle bis zu den Schiffswänden verbreitert und
erhöht und kann nun unter einem einheitlichen, vorn abgewalmten Dach nicht mehr als
eigener Bauteil sprechen. Der Turm, der vorher aus der Fassade herauswuchs, wirkt nun
als übergroßer Dachreiter.   *HB-S*

Am Beginn der Kirchgasse haben »die dankbaren
Nachkommen der hier aufgenommenen Böhmen« das
Denkmal Friedrich Wilhelms I. 1912 von Alfred Reichel   3
errichten lassen, im alten Standbildtypus: Zeittracht und
schlichter Granitsockel, wenig Pose, nur die sprechende einladende Geste des Königs, welche die Böhmen willkommen heißt. Diese sind als Einwanderer in
ihrer Tracht auf dem rechten Sockelrelief abgebildet,
während links eine Ansicht von »Böhmisch-Rixdorf
1755« wiedergegeben wurde.   *HR*

Betsaal der Evangelischen Brüdergemeine   4
(Kirchgasse 14)
*Von Peter Lehrecke 1962 als Ersatz für die im 2. Welt-
krieg in Neukölln und in der Wilhelmstraße zerstörten
Betsäle erbaut.*

Die Anlage besteht aus dem parallel zur
Straße angeordneten Betsaal und 2 dazu
rechtwinklig stehenden Flügelbauten, die mit
ihm durch verglaste Übergänge verbunden
sind. Lehrecke hat sich sowohl in der Anordnung wie auch im Detail an das Vorbild des
Herrnhuter Gemeinesaals des Grafen Zinzen-
dorf um 1756 gehalten und dessen Gedanken mit neuzeitlichen Mitteln überzeugend
verwirklicht. Die z.T. erhalten gebliebenen
Bänke sind ebenso wie in Herrnhut in dem
querrechteckigen Saal angeordnet; ihre leicht
barockisierende Form mildert die Strenge,
ohne ihr Abbruch zu tun. Alle Forderungen
der Herrnhuter sind erfüllt worden: hölzerne
Bänke, kein Kreuz, kein Altar, keine Kanzel,
kein religiöses Bild, weiße Farbe. Statt der
Fensterreihung des Vorbildes sind die oberen
Teile der Wände ganz verglast, die unteren
holzverkleidet. Die ungebrochene Verglasung
wurde durch die Konstruktion ermöglicht: Au-
ßenstehende Stahlbetonbinder übernehmen
die tragende Funktion; im Inneren des Saales
sind daher keine Stützen notwendig. An der
der Gemeinde gegenüberliegenden Längswand des Saales sind der ebenfalls aus Herrnhut übernommene Stuhl mit hoher Lehne,
Tisch und Lesepult angeordnet.
Die abgesetzten *Flügelbauten* nehmen die

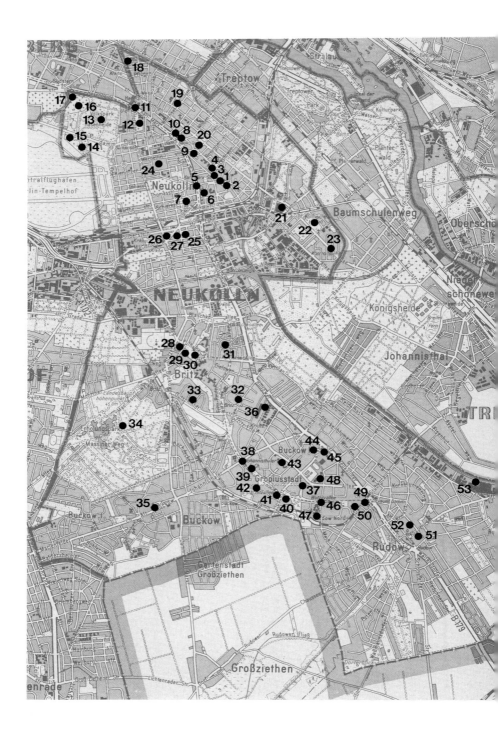

Neukölln: Magdalenenkirche. Körnerpark. Rathaus 225

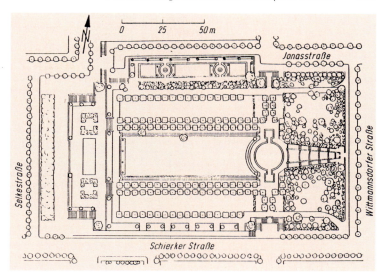

Körnerpark. Lageplan

Gemeinderäume, Pfarrerwohnungen und Nebenräume auf. GK

Das neue Gefallen an antiker Mythologie und spielerischen Umgang mit Stilen verrät die umfangreiche **Brunnenanlage** auf dem Karl-Marx-Platz von Hartmut Bonk (1986/87). HB-S

Im Winkel Karl-Marx- und Kirchhofstraße liegt die **ev. Magdalenenkirche**, 1877–79 von Bohl in Backstein noch fast völlig im Berliner »Rundbogenstil« erbaut. Der schlichte, auch innen mit offenem Dachstuhl über dem Mittelschiff und hölzerner Emporenkonstruktion noch im Originalzustand erhaltene Bau wirkt mit seinem vorgestellten Turm durch einen hohen Spitzhelm und ein mit Giebeln und Eckfialen bereichertes Klanggeschoß in die Sichtachse der Karl-Marx-Straße hinein. EB-S

Westl. gegenüber liegt hinter einem Häuserblock im Geviert Jonas-, Schierker, Wittmannsdorfer und Selkestraße der **Körnerpark**, als zweckgebundene Stiftung des Unternehmers Franz Körner 1912–16 (wahrscheinlich von Hans Richard Küllenberg und Gutzeit) auf dem Gelände einer ehem. Kiesgrube angelegt. Meisterhaft ist das 5–7 m tiefere Niveau, von balustradengeschmückten Futtermauern abgestützt, für eine streng architektonische Gartenanlage genutzt, bei der barocke Elemente wie Treppen, Kaskaden, Terrassen, **Orangerie** (heute Café und Ausstellungsraum) mit solchen der pompejanischen Gärten – wie die 2 von Platanenalleen gesäumten Kanäle neben dem mittleren Rasenparterre – verschmelzen. EB-S

Rathaus Neukölln (Karl-Marx-Str. 83–85)

1905–09 von Reinhold Kiehl für die damals noch selbständige Stadtgemeinde erbaut. Schon ein Jahr nach der Fertigstellung wurde der erste Erweiterungsbau notwendig; ein zweiter folgte 1912/13, beide ebenfalls von Reinhold Kiehl. 1950 wurde – für das im 2. Weltkrieg verlorengegangene Amtshaus – ein dritter Erweiterungsbau notwendig, den Hans Eicheler 1950 in traditioneller, etwas blutarmer Form errichtet hat. Für die letzte Erweiterung schrieb die Verwaltung einen Wettbewerb aus, dessen mit dem 1. Preis ausgezeichnetes Ergebnis 1955/56 von Hans Freese an der Erk- und Donaustraße ausgeführt wurde.

Kiehls Bau ist in hervorragender Situation – an einer leichten Biegung der Karl-Marx-Straße – so gelegen, daß der hochragende Turm zum Blickpunkt wird – Verkörperung eines »deutschen Rathauses«, so sahen es die Zeitgenossen. 4- bis 5geschossig, mit Werksteinverkleidung und plastisch gestaffeltem, hohem Giebel zur Straße. Der hochragende Turm trägt eine Uhr und über der mit mehreren Galerien gestaffelten Spitze eine Figur. Die reiche Ausstattung der repräsentativen Amts- und Sitzungsräume ist zum großen Teil erhalten. GK

Kiehl hat als Stadtbaurat weitere bemerkenswerte Bauten in Neukölln geschaffen, die ohne das Vorbild L. Hoffmanns kaum zu denken sind, doch eine für Neukölln wichtige Weiterentwicklung einleiten; dazu gehören das **Stadtbad Ganghoferstraße** (1912–14), zahlreiche Schulen und andere Kommunalbauten. GK

226 Neukölln: Amtsgericht. Hasenheide. Garnisonfriedhof

10 **Amtsgericht** (Karl-Marx-Str. 77–79, Schönstedtstraße). Der Putzbau in betonter Ecksituation, in deutschen Renaissanceformen mit Bruchsteinsockel und Sandsteinrahmen, wurde 1899–1901 von Paul Thoemer errichtet; Erweiterungsbau 1910–12. **GK**

11 1986 erhielt der Hermannplatz als Schmuck eine sich drehende vergoldete Bronzeskulptur auf hohem Sockel, *»Tanzendes Pärchen«* von Joachim Schmettau. **HB-S**

12 **Friedhof der St.-Jakobi-Kirchengemeinde** (Karl-Marx-Str. 4–10, Hermannstr. 99–105)

Im spitzen Winkel der Straßenkreuzung am Hang gelegen, 1853 geweiht.

Nahe dem Eingang Karl-Marx-Straße, im Mittelfeld links, erhebt sich die schlichte Kalksteinstele für den Maler *Franz Skarbina* (1849–1910) mit einer bronzenen Bildnisplakette von M. Schauss zwischen dorischen Säulen, das Lukaswappen als Zeichen der Malerzunft am girlandengeschmückten Architrav.

In der NO-Ecke finden sich noch ca. 20 *Erbbegräbnisstätten der Jahrhundertwende* mit großartigen Eisengittern (der Kunstgießerei von Carl Aug. Marcus?). Die efeubewachsenen Gräber unter einem Trauerbaum sind an allen 4 Seiten allein mit diesem Schmuck ausgezeichnet, wobei die oft mit Blumenvasen besetzten Eckpfosten oder reicher ornamentierte Rückgitter, denen die Namenstafeln kompositionell eingefügt worden sind, kunstvolle Varianten zeigen – trotz des Zerfalls ein stimmungsvoller Bereich von einmaliger Geschlossenheit und Typik im einzelnen. – 2 anspruchsvolle steinerne Jugendstilanlagen fallen in demselben Feld auf: am Querweg die Kalksteinwandarchitektur von K. Spaeth (1907) für *Familie Sielaff* mit figürlichem Reliefschmuck und einem archaisierenden Zinkrelief, an einem der Längswege links das dunkle Wandmonument der *Familie Bernhard Köhler* (1904). **HR**

13 **Volkspark Hasenheide**

Bevor die Hasenheide seit 1838 nach Plänen von Peter Joseph Lenné gestaltet wurde, diente das Gelände als Schießplatz und davor dem »Turnvater« Jahn für seine Übungen. 1936–39 und nach 1945 wurden die Anlagen nach W erweitert und neu gestaltet. **HB-S**

An der NO-Ecke des Parkes erhebt sich das Bronzestandbild *Friedrich Ludwig Jahns* (1778–1852), 1872 zum 20. Todestag nach Modell von Erdmann Encke (1869) urspr. unten, auf der Mitte eines Turnplatzes, errichtet. Die jetzt in die neuere Stützmauer eingesetzten Widmungssteine, gebracht oder gesandt von den deutschen Turnvereinen aus aller Welt, waren einst mit Granitbrocken rund um den Sockel getürmt und von Eisenpfosten mit Ketten umgrenzt – als Ausdruck der Naturkraft und des Ungekünstelten passend zum »Alten im Barte«, der, im klassischen Kontrapost dastehend, die linke Hand in die Hüfte gestemmt, die rechte zur Faust geballt auf einen mächtigen Eichenstamm stützend, weit (über die zu denkenden Turnermassen) in eine neue Zukunft blickt, das Eiserne Kreuz der Freiheitskriege am altdeutschen Rock. Den ersten Turnplatz

hatte Jahn als Lehrer der Plamannschen Anstalt und am Grauen Kloster »zur Wiedererstarkung der Volkskraft« 1811 in der Hasenheide eröffnet. **HR**

Am Eingang Graefestraße steht die charaktervolle Muschelkalkfigur *»Trümmerfrau«* von Katharina Szelinski-Singer (1954 und 1987) als ganz unpathetisches und dadurch dem Zweck angemessenes Denkmal für die Frauen, die nach 1945 in Berlin die Trümmer beseitigt haben. **HB-S**

Garnisonfriedhof (Columbiadamm)

Südl. des Volksparks 1861 »für die Regimenter südlich der Spree« angelegt, umfaßt er auch den sog. »Dennewitz-Friedhof«, an den die von Friedrich Wilhelm IV. 1843 gestiftete kleine **Gedächtnishalle** für die 1812 ihren Wunden erlegenen Krieger erinnert, ein schlichter Ziegelbau mit Kreuzgewölbe (1880 erneuert?).

Der Friedhof enthält zahlreiche größere Kriegerdenkmäler. Nahe dem alten 5bogigen Inventor (jetzt hinten links) steht das *Denkmal der Berliner Kriegerbünde für die Gefallenen von 1866 und 1870/71* von J. Boese (1888), ein aufwendiges Granitmal in Form eines hohen Obelisken mit vorgebautem Sarkophag, vor dem in illusionistischer Weise die große Bronzefigur eines Gardeinfanteristen eine ruhmreiche Fahne der Freiheitskriege senkt, während über dem Sarkophag ein bronzener Adler über Trophäen die Flügel hebt. – Das *Denkmal für die Gefallenen des Kaiser-Alexander-Garde-Grenadier-Regiments Nr. 1* schuf Kurt Kluge 1927; es verkörpert in einem unter der Fahne halb knienden Krieger den während der Marneschlacht am 9. September 1914 mit dem Feldzeichen in der Hand gefallenen Fahnenjunker-Unteroffizier des Füsilierbataillons, Frhr. v. d. Recke v. d. Horst. Die überlebensgroße Bronze, einansichtig konzipiert, ist jetzt frei aufgestellt. – Das monumentale, nicht nur in seinem schwarzen Granit erschreckende *Denkmal des Augusta-Garde-Grenadier-Regiments Nr. 4* bildete einst den Mittelpunkt eines von Pyramidenpappeln gesäumten Hügelplateaus: Auf mächtiger Katafalk ruht die ganz von einer Militärdecke verhüllte Gestalt des Gefallenen, bekrönt von Helm und Schwert mit Lorbeer, nur die geballte rechte Faust erscheint starr auf der Vorderseite; ein Lichtblick vom Schlachtfeld soll dem Künstler Dorrenbach die Idee gegeben haben. In ehernen Lettern war einst das schon vom Großen Kurfürsten zitierte Vergil-Wort »Exoriare aliquis nostris ex ossibus ultor« (= Mag ein Rächer einst erstehen aus unseren Gebeinen) am Katafalk zu lesen (1920).

Das hochragende *Weltkriegs-Denkmal des 1. Gardedragoner-Regiments* schuf H. Hosaeus. Der sehr hohe Granitpfeiler, Postament für einen gut stilisierten Adler, ist wegen der interessanten Materialbehandlung des Flachreliefs – Kreuz zwischen gegenständigen Lanzen in stumpfen und polierten Flächen – hervorzuheben; eine kreisrunde Heckenwehr hat einst das stilvolle Denkmal in seiner Wirkung noch gesteigert. – Jenseits der **Friedhofsgebäude** von 1861 findet sich das gleichfalls von Hosaeus 1920 geschaffene *Denkmal des I. Westpreußischen Fußartillerie-Regiments Nr. 11*, ein Hochrelief der das Wolkenmeer auf einer Kanonenkugel durcheilenden martialischen hl. Barbara, die einer über ihrem Haupte fliegenden schweren Granate die Richtung

Neukölln: Friedhöfe. Wohnbauten. Arbeitsamt. Melanchthon-Kirche

weist – ein etwas kurioses Werk des Schöpfers der schönen eisernen Weltkriegs-Denkmünze. *HR*

5 Westl. benachbart liegt (verschlossen) der kleine **Mohammedanische Friedhof** (Columbiadamm) von 1866. Hier erhebt sich auf hohem Postament ein 8kantiger Pfeiler, durch reiche Ornamentik und Farbe ausgezeichnet. Es ist das im Auftrag des türkischen Sultans Abd ul-Aziz nach einer Zeichnung von Voigtel in der Marchschen Tonwarenfabrik geschaffene *Grabmonument* für zwei in Berlin verstorbene Botschafter, Ali-Aziz (gest. 1798) und Mehmed-Essad (gest. 1804), einen kaiserlich türkischen Geschäftsträger, einen Kadetten (gest. 1853) und einen Studenten (gest. 1854), deren Namen einst in goldenen arabischen Schriftzügen auf grünen Tafeln dem Sockel eingefügt waren. Am Schaft des Pfeilers wechseln in spiralförmiger Anordnung schlichte sandgelbe keramische Platten mit reich ornamentierten braunroten ab. Das zugehörige Eingangstor, schon 1912 ersetzt, wurde im 2. Weltkrieg zerstört. *HR*

6 **Städtischer Friedhof,** ehem. Standortfriedhof Berlin-Neukölln (Lilienthalstraße). Auf dem Friedhof wurde 1966 der Treppenanlage – mit Halle und Tor ein typisches Zeugnis der NS-Architektur 1936–39 – im Auftrag des Volksbundes Deutsche Kriegsgräberfürsorge ein schlichtes *Ehrenmal* eingefügt, das den großen Eichenlaubkranz (von Ludwig Gies) der 1930/31 zum Ehrenmal umgebauten »Neuen Wache« Schinkels birgt (Rekonstruktion mit originalen Teilen aus Silber und Messing). *HR*

7 Vor der **kath. St.-Johannes-Basilika** (1897, von August Menken) in der Lilienthalstraße steht rechts das *Denkmal für die Gefallenen der Luftschiffer* (1931) von V. H. Seifert, die große Bronzefigur eines gelandeten Fallschirmspringers in sportlich kühner Haltung auf Felssockel vor dem sich noch dekorativ blähenden Schirm. *HR*

8 Die **Wohnhausgruppe** K o t t b u s s e r D a m m (**Nr. 90**), Ecke B ü r k n e r s t r a ß e (**Nr. 12–14**) wurde von Arthur Vogdt 1909 erbaut; die Fassadengestaltung lag in Händen von Bruno Taut. 5geschossige, in Zonen stark ornamentierte Putzfassade mit ungebrochenem, großem Walmdach. Ein ornamentierter Fries über dem 4. Obergeschoß gliederte die Fassade ebenso wie Loggiengruppen und vorspringende Erker. Durch verständnisloses »Renovieren« Anfang der 70er Jahre ist die Erscheinung des Bauwerks stark beeinträchtigt worden. *GK*

9 An der O s s a s t r a ß e (**Nr. 9–16 a**) hat Bruno Taut 1928 einen 4geschossigen **Wohnbau** errichtet, der längs die Straße leicht gekrümmt ist. Die Wohnungsfenster liegen bündig in der gelb geputzten Fassade, die Treppenhausfenster sind zurückgesetzt. Die Gebäudeecken und die der Sonne zugekehrte Hoffront sind durch eingeschnittene Loggien belebt. *GK*

Die von Paul Mebes und Paul Emmerich 1925/26 an d e r D o n a u - und der I n n s t r a ß e errichtete **Wohnanlage** ist als Blockrandbebauung in großer Kurve um die Straßenecke geführt. Der 5geschossige Putzbau mit sparsam eingeschnittenen Fenstern wird durch

Loggien gegliedert, die in Rücksprünge der Fassaden eingefügt sind. *GK*

21 **Arbeitsamt II** (Sonnenallee 262). Das vormalige Arbeitsamt Südost wurde 1931/32 von Leo Lottermoser als 3geschossiger, 140 m langer Stahlskelettbau mit einer Riemchenverkleidung errichtet. Die aus der Rückfront vorgezogenen 4 Treppenhäuser sind durchgehend verglast, die bündig sitzenden Fenster fast bandartig zusammengefaßt. Der an der Straße liegende Auskunftskiosk ist nicht mehr vorhanden. 1952–54 wurde der Bau nach Beseitigung von Kriegsschäden um ein Geschoß erhöht. *GK*

22 Im **Von-der-Schulenburg-Park** an der Sonnenallee erhebt sich im Blickpunkt einer Parkachse hinter einem langgestreckten platanengesäumten Bassin der *Märchenbrunnen* von Ernst Moritz Geyer, ein vom Jugendstil-Naturmythos inspirierter Waldtempel aus Kalkstein in Art eines offenen Pavillons über Achteckgrundriß mit got. Eckpfosten, die mit ihren laubreichen Baumstämmen und Eselsrückenbögen noch einmal die romantische Auffassung von der Entstehung der got. Architektur aus den Wäldern beschwören. Die im 2. Weltkrieg zerstörten Bronze-Tierfiguren wurden durch Steinfiguren, Aschenputtel und Brüderlein mit Schwesterlein, ersetzt. Der Brunnen war bereits 1915 von der Stadt Neukölln in Auftrag gegeben, wurde aber erst 1935 aufgestellt. Er ist sorgfältig restauriert worden; die Märchenfiguren schuf 1970 Katharina Szelinski-Singer. *HR*

23 Von Rainer Oefelein und Bernhard Freund stammen die terrassierten **Wohnanlagen** (»High Deck«) an der S o n n e n a l l e e (1973–75). *GK*

24 Im **Sanierungsgebiet Rollberge** (zwischen Hermann-, Werbellin-, Morus- und Kopfstraße) wurde 1974–77 die uralalterte, enge Bebauung durch 5 große 5- bis 6geschossige **Wohnblöcke** ersetzt, die von Rainer Oefelein, Bernhard Freund und Reinhard Schmock geschaffen wurden. *GK*

25 Auf dem K r a n o l d p l a t z stehen *Skulpturen* aus Bardiglio-Marmor von Gerson Fehrenbach, Mehmet Aksoy, Peter Herbrich, Maciej Szankowski, P. Fromlowitz, M. Fujiwara und Justus Chrukin (1982–86). *HB-S*

26 Die Blickachse vom Kranoldplatz nach W begrenzt mit Turm und Seitenfassade die 1914–16 von Fritz Gottlob erbaute **ev. Philipp-Melanchthon-Kirche**. Mit den **Pfarr- und Gemeindehäusern** bildet der zwischen Kranoldstraße 16/17 und Hertastr. 9–11 auf einem trapezförmigen Gelände gelegene Komplex eine kompakte Baugruppe; durchweg verputzt, mit strengen geraden Formen und Jugendstil-Appliken. Der stilgleiche Innenraum erhält, den stumpfwinkligen Straßenver-

lauf für einen polygonalen Abschluß nutzend, Zentraltendenz und ist durch Dreiergruppen hoher Rechteckfenster hell beleuchtet. *EB-S*

27 Dagegen ist die **kath. St.-Eduard-Kirche** (Kranoldstr. 22/23) durch einen Vorhof von der Straßenflucht zurückgesetzt. Die 1906/07 von August Kaufhold erbaute neuroman. Basilika bildet mit Turm und Giebel eine Schauseite aus, bei der außer den (zurückhaltend und eher flächig verwendeten) historischen Stilformen auch das Material: Backstein, Putzflächen, Sockel in Kalksteinquadern, lebhaft mitspricht. – Moderner wirkt in dieser Gruppe das (gleichzeitige) zur Straße vorspringende **Gemeindehaus**. *EB-S*

Britz

Vermutl. wurde das Dorf am Ende des 12. Jh. an einem schon in der Steinzeit besiedelten Platz gegründet. Es befand sich bis zum Ende des 17. Jh. im Besitz der Familie v. Britzke, deren mittelalterl. Herrenhaus wohl auf dem Kirchhügel lag; ein vermutl. zugehöriger Brunnen ist im Keller des Gemeindehauses konserviert. Seit 1719 gehörte Britz dem Staatsminister v. Ilgen, seit 1753 dem Minister v. Hertzberg, der die Landwirtschaft hier auf ein hohes Niveau hob. Das Rittergut wechselte später mehrfach den Besitzer, bis es 1924 die Stadt Berlin erwarb. Östl. des alten Ortskerns entstand seitdem bis 1931 die Hufeisensiedlung mit 2500 Wohnungen. – Um 1800 zählte Britz 267 Einwohner, 1856 1032, 1875 3207 und 1900 8538. 1872 wurden Britz und Rixdorf zu einem Amtsbezirk vereinigt. *HB-S*

Während die Dorfstraße Alt-Britz reizlos ist, bilden an der Mündung der Backbergstraße die **Dorfkirche** mit dem Teich, das klassizist. **Pfarrhaus** mit einer durch dorische Säulen gegliederten Veranda (Backbergstr. 38) und das 2stöckige schlichte **Schulhaus** gegenüber ein ansprechendes Ensemble. *HB-S* 2

Dorfkirche. Der aus wenig behauenen Feldsteinen aufgeführte Bau, wohl aus der 2. Hälfte des 13. Jh., besteht aus einem rechteckigen Langhaus mit Dachturm und eingezogenem Chor mit plattem Schluß. 1766 wurde am Chor der niedrige, durch Lisenen gegliederte Gruftbau für Ewald Friedrich v. Hertzberg angefügt. Ein Umbau 1888 entstellte die Kirche. Die im Barock bereits vergrößerten Fenster erhielten Spitzbögen und Ziegelein- 2

Gutshaus Britz

fassungen, ebenso die neu eingebrochenen Portale. Der Turm wurde reicher gestaltet, nach Brandschäden im 2. Weltkrieg jedoch 1948 vereinfacht wiederhergestellt.
Das 1955–59 restaurierte Innere enthält einen 1720 gestifteten Kanzelaltar. Moderne Fenster im Chor von Carl Crodel. *HB-S*

Das **Gutshaus** (Alt-Britz) von 1706 wurde 1880–83 von Carl Busse innen und außen in den Formen der französischen Renaissance verändert und mit dem Turm versehen. Am meisten vom urspr. Aussehen bewahrt noch die Rückfront. Eine Renovierung und Neuausstattung wurde 1988 abgeschlossen. – Charaktervoll sind die westl. des Gutshauses gelegenen Backsteinbauten des **Gutshofes** von 1880. *HB-S*

Vom **Park,** den der Minister v. Hertzberg nach 1753 anlegte, ist noch die Lindenallee erhalten. Man hielt es für sinnvoll, Rudolf Siemerings 1900 für die Siegesallee geschaffene Herme mit dem Bildnis des Vorbesitzers *Rüdiger v. Ilgen* hier aufzustellen. *HB-S*

Großsiedlung Britz (Fritz-Reuter-Allee)
Die »Hufeisensiedlung« in Britz ist 1925–27 entstanden. Initiator dieser Großsiedlung war der Stadtbaurat Martin Wagner, Bauherr die Gehag (Gemeinnützige Heimstätten-AG) und die Degewo (Deutsche Gesellschaft zur Förderung des Wohnungsbaus), der Architekt Bruno Taut. Den konventionellen Abschnitt östl. der Fritz-Reuter-Allee (Degewo) bauten die Architekten Ernst Engelmann und Emil Fangmeyer.
Die Siedlung wurde 1930/31 von Bruno Taut und Bruno Schneidereit erweitert, in den 50er Jahren durch Eduard Ludwig und Werner Weber, deren Bebauung zur → »Gropiusstadt« überleitet.

Die »**Hufeisensiedlung**« trägt ihren Namen nach der 3geschossigen, hufeisenförmigen Baugruppe, die sich als Mittelpunkt des Projekts um einen Teich schmiegt. Von den 1027 Wohnungen der Siedlung (deren Straßennamen durchweg dem erzählerischen Werk Fritz Reuters entnommen sind) waren 427 in Einfamilienhäusern untergebracht. Die Intentionen Wagners und Tauts gingen jedoch auf Verringerung der Baukosten durch Anwen-

Großsiedlung Britz (Hufeisensiedlung). Lageplan

dung industrialisierter Methoden; so wurde der Bebauung des eigentlichen Hufeisens ein einziger Grundrißtyp zugrunde gelegt. In den großzügig zugeordneten Wohngärten reiche Obstbaumbestände. **GK**

1953–59 wurde die Siedlung südl. längs
32 des G r ü n e n W e g e s in lockerer Zeilenbauweise um etwa 1360 Wohnungen in 4- und 3geschossigen Zeilen erweitert, wobei durch Querstellung einzelner Zeilen Versuche einer Raumbildung angedeutet wurden. Die Erschließung erfolgt durch Sackgassen und eine schleifenförmig geführte Ringstraße. Architekten dieser Bauten waren Fritz Gaulke, Werry Roth, Franz Heinrich Sobotka und Gustav Müller sowie Werner Weber.

Im unmittelbaren südwestl. Anschluß an die »Hufeisensiedlung« haben Max Taut und Eduard Ludwig 1954 4geschossige Wohnzeilen mit etwa 270 Wohnungen erbaut. Die Gebäude sind durch zurückgesetzte, zusammengefaßte Loggien gegliedert.

33 An der G u t s c h m i d t s t r a ß e baute Werner Weber 1957–60 etwa 1600 Wohnungen in locker gestreuten, 4geschossigen Zeilen, die durch 2 schleifenförmig geführte Straßen erschlossen werden. **GK**

34 **Britzer Garten** (Mohriner Allee); Farbabb. 15
Zwischen Mohriner Allee, Buckower Damm und Hochkönigsweg entstand nach einem Ideenwettbewerb von 1976 ein großer Erholungspark rund um einen künstlichen See mit verschiedenen Einzelgärten, z.T. mit didaktischen Intentionen als Bundesgartenschau 1985, eine Musterkarte nahezu aller gartenkünstlerischen Vorstellungen der Gegenwart. Aus dem Aushub des Sees wurde um ihn herum eine Hügellandschaft gebildet. Die Gesamtkonzeption stammt von Wolfgang Miller.
Das **Café am See**, 1983–84 von Engelbert Kremser, besteht aus einer Betonschale über einem aus Lehm geformten Kern, durch dessen Entfernung dann der Innenraum entstand. – Ferner sind zu nennen der K a l e n d e r p l a t z (mit einer der des Augustus in Rom nachempfundenen riesigen *Sonnenuhr*) und die bizarre »*Rhizomatische Brücke*« (beide Anlagen von Jasper Halfmann und Clod Zillich), dazu der durch strenge Geometrie gekennzeichnete gläserne **Karl-Foerster-Pavillon** von Christoph Langhof. – Als jüngstes Gebäude ist 1990 an der Mohriner Allee das **Pflanzenschutzamt** von Engelbert Kremser hinzugekommen, 2geschossig, das durch seine bewegt plastische Gestaltung auffällt.
Zur Bestückung des Parks mit *Skulpturen* und *Brunnen* wurden verschiedene Bildhauer herangezogen, u. a. Christa Biederbick, Joachim Dunkel, Gerson Fehrenbach, Lothar Fischer, Peter Herbrich, Susanne Mahl-

meister, die Gruppe Odious, Eduardo Paolozzi, Paul Pfarr, Herbert Press, Michael Schoenholtz und Rolf Szymanski. **HB-S**

Buckow

Das Dorf, dessen Kern in Alt-Buckow liegt, wurde 1375 erstmals erwähnt, ist vermutl. jedoch schon in der Mitte des 13. Jh. gegründet worden. 1450 gehörte es der Familie Britzke (→ S. 228). 1624 lebten hier 13 Bauern und 5 Kossäten. Um 1800 zählte es noch ungefähr die gleiche Zahl von Höfen und 193 Einwohner. 1850 waren es 551, i. J. 1900 schon 1199 Einwohner. 1920 kam die Landgemeinde zum Verwaltungsbezirk Neukölln. Mit der Grundsteinlegung der »Gropiusstadt« östl. vom alten Dorf wurde der Ort zu einem Schwerpunkt der Bautätigkeit Berlins in der Nachkriegszeit. **HB-S**

Von den noch vorhandenen alten Wohnbauten im Ortskern fallen durch ihre reizvollen klassizist. Fassaden an der Straße A l t - B u c k o w die Häuser **Nr. 15 a** (**Restaurant Linden-Garten Alt-Buckow**, 7achsig mit Dreiecksgiebel, der die mittleren 3 durch Pilaster getrennten Achsen übergreift), **19 a**, **21** und **39** (**Ev. Gemeindehaus**) auf. Die Dorfaue mit Teich ist erhalten. **HB-S**

Die **Dorfkirche**, wohl um 1250 entstanden, aus Granitquadern und Feldsteinen, eine der schönsten Berlins, besteht aus einem Langhaus auf rechteckigem Grundriß und einem querrechteckigen Turm in gleicher Breite, mit Satteldach. Von den Fenstern der O-Wand sind die beiden äußeren alt, allerdings jetzt als Nischen geschlossen; 3 alte Fenster auch in der S-Wand, wogegen die übrigen im Barock verändert worden sind. Im 15. Jh. erhielt die S-Seite ein Spitzbogenportal aus Backstein. – Das I n n e r e wurde durch 3 Säulen in 2 Schiffe geteilt und mit Kreuzgewölben versehen.

Die *spätgot.* Malereien in den Feldern des Gewölbes, Passionsszenen, wurden 1908 und 1950 freigelegt. Im Inneren ferner Bildnisse des Berliner Bürgermeisters Andreas Lindholz († 1655) und seiner Gemahlin. Aus der Klosterkirche stammen 2 Altarflügel mit den Figuren der Apostel, eine spätgot. Skulptur der Maria bei der Verkündigung und das vorzügliche *Epitaph des Grafen Johann von Hohenlohe* († 1412), wohl von einem Nürnberger Meister. **HB-S**

Krankenhaus Neukölln (Rudower Str. 48). Erbaut 1907–13 von Reinhold Kiehl, vermutlich unter dem Einfluß des Weddinger Rudolf-Virchow-Krankenhauses von L. Hoffmann, als Pavillonanlage mit beherrschender Grünachse, die durch ihren menschlichen Maßstab heute noch beeindruckt. Auch hier sind Ein-

Gropiusstadt. Rechts Wohnhochhaus an der Fritz-Erler-Allee von Walter Gropius

griffe zu befürchten. — Dem Kiehlschen Krankenhaus benachbart wurde 1963–65 von P. Poelzig eine **Anstalt für chronisch Kranke** als 7geschossiger Bau in sachlichen Formen errichtet. — Daran schließt sich der 1986 eröffnete größere **Erweiterungsbau** (686 Betten in 20 Stationen) von Josef Paul Kleihues und Jürgen König in gemessen klaren Formen an. Künstlerischer Schmuck in der Halle von Markus Lüpertz. GK

Großsiedlung Berlin-Buckow, »Gropiusstadt«
Die »Gropiusstadt« im S des Bezirkes Neukölln (zunächst mit dem Arbeitstitel »Britz-Buckow-Rudow« — BBR — versehen) entstand seit 1964 aufgrund einer urspr. von Walter Gropius (»The Architects' Collaborative«, TAC) stammenden Planung von 1960, die in der Folge mehrfach geändert wurde. 1975 war sie so gut wie abgeschlossen. Die Ausführung lag in den Händen mehrerer Baugesellschaften und Architekten.

Erbaut wurden etwa 17000 Wohnungen mit allen Folgeeinrichtungen, die sich um die als Erschließungsachse geführte U-Bahn mit 4 Haltestellen innerhalb des Wohngebiets gruppieren. Parallel in weitem Abstand zur U-Bahn-Linie liegen 2 tangential geführte Erschließungsstraßen, die durch Querspangen verbunden werden. Die Schnittpunkte dieser Querspangen mit der U-Bahn-Linie bilden mit den Bahnhöfen die Versorgungszentren, an denen auch andere Dienste angesiedelt sind.

Am **U-Bahnhof** J o h a n n i s t h a l e r C h a u s s e e liegen ein von Wils Ebert erbautes **Ladenzentrum**, dem sich **Wohnbauten** vom gleichen Architekten und von der Gehag zuordnen, sowie (Nr. 329) ein ev. Kirchenzentrum (**Martin-Luther-King-Kirche**, 1966–68) von Karl Otto und eine **Grundschule** von Norman Braun.

Am nächsten **U-Bahnhof** L i p s c h i t z a l l e e befindet sich das von Anatol Ginelli erbaute **Mehrzweckhaus** für die gesamte Gropiusstadt, ein reich gegliederter Bau, der sich um einen intimen Hof gruppiert.

An der Lipschitzallee (Nr. 74) erbauten Hans Schädel und Hermann Jünemann 1977 die **kath. Kirche St. Dominicus**. Zugeordnet ein Forum mit Gemeinderäumen, Schule und Kindergarten. Der fast quadratische Baukörper ist von einer Kegelkuppel mit Oberlicht überdeckt; der Innenraum wirkt durch die zentrale Anordnung des Mensa-Altars und das ringförmige Gestühl wie ein Rundbau. Im O eine Tabernakelwand, daneben eine kleine Kapelle. An den Seitenwänden bronzene Kreuzwegstationstafeln. (Die Kirche gilt als Modell für 2 weitere Kirchen gleicher Art: St. Markus in Spandau und Zu den hll. Martyrern von Afrika in Lichtenrade.)

Westl. am W i l d m e i s t e r d a m m, einer alten Landstraßenverbindung, die ihre Verkehrsbedeutung nicht behalten hat, liegt eine 42 **Grundschule** von Wolf v. Möllendorff. Außerdem schließen sich in östl. Richtung **Wohnbauten** von Walter Gropius (TAC) an, darunter das als Hommage an Bruno Tauts »Hufeisen« gedachte halbkreisförmige Wohnhochhaus. – An der F r i t z - E r l e r - A l l e e liegt 43 dann die **Gesamtschule** von Walter Gropius (s. u.). Nordöstl. folgen an der L i p s c h i t z - 44 a l l e e **Wohnbauten** von Klaus H. Ernst und 45 die **ev. Dreieinigkeitskirche**, 1969–71 von Reinhold Barwich.

46 Um den **U-Bahnhof** W u t z k y a l l e e gruppieren sich das langgestreckte, mehrgeschossige **Ladenzentrum** von Hans Bandel, eine 47 **Grundschule** von Kurt Brohm und Wilhelm Korth sowie **Wohnbauten** von Heinz Viehrig, Erich Böckler, Rolf Gutbrod, Josef Paul Kleihues und Heinrich Moldenschardt, Manfred Joachim Hinrichs, Günter Hönow und Willy Kreuer. Nördl. der F r i t z - E r l e r - A l l e e be- 48 findet sich die **Walt-Disney-Grundschule** von G. und M. Hänska (s. u.).

49 Am **U-Bahnhof** Z w i c k a u e r D a m m endet die **Wohnbebauung** der Gropiusstadt mit Bauten von Rolf Gutbrod und Hans Bandel, eine mit einer **Grundschule** von Matthias Boye und 50 Dietrich Schäfer sowie einer **Kindertagesstätte** von Dietrich Schäfer und Thomas Sieverts. *GK*

43 **Walter-Gropius-Schule** (Fritz-Erler-Allee 86)
Die Schulanlage wurde als Teil der Gropiusstadt 1965–68 von »The Architects' Collaborative« (TAC) unter der Federführung von Walter Gropius und Alexander Cvijanović und unter der Mitarbeit des Berliner Architekten Wils Ebert erbaut; sie war die erste »Integrierte Gesamtschule«, noch bevor es ein verbindliches pädagogisches Programm für diese Schulform gab.
Auf einem weitläufigen Gelände liegt eine Anzahl 2geschossiger Pavillons, in denen sich 3 oder 4 Flügel zu einem gemeinsamen Zen-

trum orientieren. In den Flügeln sind die Klassenräume untergebracht. Ein zentraler Rechteckbau nimmt die Sonder-Unterrichtsräume auf, dazu die Verwaltung. Sporthallen sind ebenfalls in besonderen Bauten untergebracht. Die Einzelbauten sind durch gedeckte Gänge miteinander verbunden. Weit vorspringende Dächer mit breiten Dachkanten wirken sehr wuchtig. *GK*

Walt-Disney-Schule (Fritz-Erler-Allee 123)
Die Grundschule – unweit der Walter-Gropius-Schule – wurde 1965–68 von Gerd und Magdalena Hänska erbaut.
Ein lebhaft gestaffelter Betonbau, in dem sich die Klassenräume um eine zentrale Halle gruppieren, die, mit einer Galerie ausgestattet, auch gemeinsamen Schulveranstaltungen dient. Die quadratischen Klassenräume erhalten Tageslicht von S und W, die des angeschlossenen Schulkindergartens von O. Die Klassenräume sind zu je 3 (die Schule ist 3zügig angelegt) zu einer Jahrgangsstufe zusammengefaßt. Kennzeichnend ist die betonte Verwendung von Sichtbeton, der bes. in der zentralen Halle zu fast monumentaler Wirkung gesteigert ist. *GK*

Rudow

Nach Grabungsfunden ist der 1373 erstmals erwähnte Ort schon um 1200 oder früher gegründet worden. 1669 schenkte der Große Kurfürst das um 1652 in landesherrlichen Besitz gelangte Dorf seinen Söhnen Karl Emil und Friedrich. Letzterer erwarb 1702 das seit etwa 1660 existierende Schloß, das 1704 als »eines der vornehmsten königlichen Lustschlösser« genannt wird. Seit etwa 1900 macht sich der Einfluß der Stadt auf den Ort bemerkbar, dessen Einwohnerzahl von 276 um 1800 auf 1674 i. J. 1910 und 18 671 i. J. 1962 stieg. *HB-S*

Der Kern des Ortes mit der alten Dorfkirche liegt an der Kreuzung von Köpenicker und Prierosser Straße. Etwas von dem ehem. dörflichen Charakter ist in einigen 1stöckigen **Häusern** in der P r i e r o s s e r S t r a ß e und im **Dorfkrug** A l t - R u d o w **Nr. 59/60** zu spüren. *HB-S*

Die **Dorfkirche** (Köpenicker Str. 185) war urspr. ein rechteckiger, aus Feldsteinen aufgeführter Saalbau, wohl vom Ende des 13. Jh. 1713 wurde der Fachwerkturm von 1653 massiv erneuert und 1733, 1755, 1804 und 1909 verändert, zuletzt erhöht im Zuge einer Erweiterung, bei der die Kirche den Grundriß eines griechischen Kreuzes mit 3seitigem Chorschluß erhielt. Im 2. Weltkrieg erlitt sie schwere Schäden. Bei dem 1954 abgeschlossenen Wiederaufbau wurde der Chor wieder flach geschlossen. Im Inneren Pietà von Gerhard Schreiter.   *HB-S*

Das 2stöckige **Schloß** (Prierosser Str. 48), auf T-förmigem Grundriß, nach 1660 für den kurfürstlichen Lustgärtner Michael Hanff erbaut, ist durch Veränderung der Fenster und Verputz kaum noch als Barockbau zu erkennen.

HB-S

Eternit AG (Kanalstr. 117–155). Auf dem Werksgelände hat Paul (G. R.) Baumgarten in den 1950er und 1960er Jahren mehrere **Industriebauten** errichtet, die durch vorbildliche Gestaltung unter strenger Beachtung funktioneller Erfordernisse Aufmerksamkeit erwecken. Bes. hingewiesen sei auf das 1957/58 erbaute **Kantinen- und Sozialgebäude**, einen klaren Stahlskelettbau auf dem Rastermaß 5 × 7,5 m mit großflächiger Verglasung und Eternit-Verbundplatten als Außenhaut des Obergeschosses.   *GK*

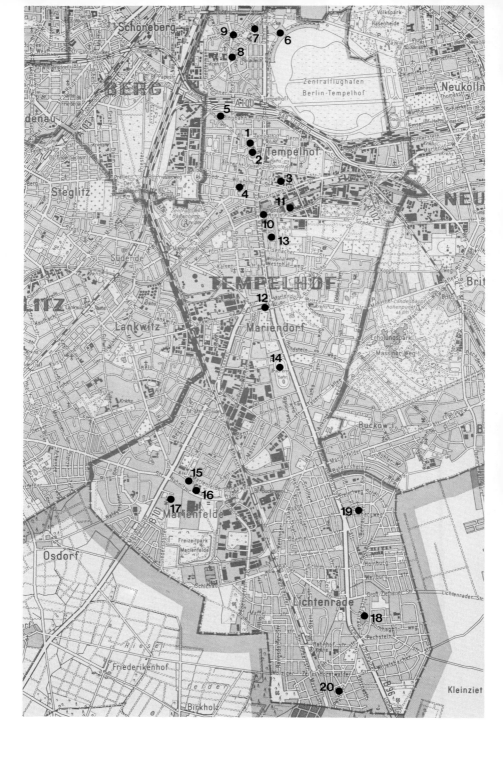

BEZIRK TEMPELHOF

Seit 1920 bildet Tempelhof mit den Gemeinden Mariendorf (→ S. 238), Marienfelde (→ S. 238) und Lichtenrade (→ S. 240) den 13. Verwaltungsbezirk von Berlin.

Tempelhof

1247 wird eine vermutl. am Anfang des 13. Jh. gegründete Niederlassung der Templer erstmals erwähnt. Der Komturhof lag westl. des Alten Parks, in dem der Klarensee sich noch heute als Rest des umgebenden Grabens erhalten hat. Das nördl. davon gelegene Dorf Tempelhof ist ein Angerdorf, dessen Dorfaue in Alt-Tempelhof erkennbar ist. Es befand sich urspr. im Besitz der Templer, nach der Aufhebung des Ordens 1312 im Besitz der Johanniter und kam 1435 an die Städte Berlin-Cölln. Später wechselten die Besitzer häufiger. 1801 zählte der Ort 241, 1856 bereits 926 Einwohner. Die Entwicklung zu einem städtischen Wohnbezirk und Industriegebiet, v. a. längs der nordsüdlich verlaufenden Fernverkehrsstraße und der 1872 eröffneten Ringbahn, setzte gegen Ende des 19. Jh. ein. 1910 erwarb die Gemeinde den westl. Teil des Tempelhofer Feldes, das seit 1728 Truppenübungs- und Paradeplatz war. 1923 wurde hier die Gartenstadt Neutempelhof gegründet und auf dem östl. Teil der Flughafen angelegt. *HB-S*

Die ausgedehnte Dorfaue ist größtenteils mit mehrstöckigen Häusern bebaut. Geräumige 1stöckige **Bauernhäuser** mit großen Walmdächern sind in Alt-Tempelhof **Nr. 35** und **37/39** erhalten. Die nach N abzweigende Neue Straße zeigt auf der W-Seite noch eine geschlossene Bebauung mit schönen 2stöckigen Häusern (1873). *HB-S*

Dorfkirche, ehem. Templerkirche
St. Katharina (Reinhardtplatz)
Ein erster Bau mit einem W-Turm, dessen Fundamente 1952 ergraben wurden, stammt wohl vom Anfang des 13. Jh. In ihrer heutigen Form ist die Kirche vermutl. erst nach der Mitte des 13. Jh. auf den Trümmern des Vorgängerbaues entstanden. 1944 brannte die Kirche aus; 1954–56 wurde sie wiederaufgebaut.

Bürgerhäuser Neue Str. 16–18

236   *Tempelhof: Wenckebach-Krankenhaus. Herz Jesu. Flughafen*

Die Lage des aus sorgfältig behauenen Granitquadern auf einer Anhöhe errichteten Baues
abseits des Dorfangers erklärt sich aus der
urspr. Zugehörigkeit der Kirche zur Komturei
der Templer. Sie ist ein rechteckiger Saal mit
halbrunder Apsis. Ursprünglich sind noch die
Spitzbogenportale an den Langseiten und das
Schlitzfenster in der Mitte der Apsis. Das
Rundfenster darüber stammt von 1848. Alt
sind die Portale an den Langseiten. Fensterformen, W-Portal, Sakristei (an der S-Seite) und
Dachturm in Fachwerk mit Pyramidendach
gehören der Neugestaltung von 1956 an.

Das Innere enthält eine um 1596 von Daniel Fritsch
geschaffene Kopie von Lucas Cranachs d. Ä. 1506 gemaltem *Katharinenaltar* in der Dresdner Galerie mit
dem Martyrium der Heiligen im Mittelbild, den hll. Dorothea, Agnes, Kunigunde (links), Barbara, Ursula und
Margareta (rechts).   *HB-S*

3 **Städt. Wenckebach-Krankenhaus** (Wencke-
bachstr. 23). Die Anlage zwischen Wencke-
bach- (früher Moltke-), Albrecht- und Fried-
rich-Wilhelm-Straße wurde 1875–78 als Garnisonlazarett Tempelhof von Gropius und
Schmieden erbaut. Es ist wie das kurz vorher
von denselben Architekten geschaffene Krankenhaus am Friedrichshain eine Anlage im
Rohziegelbau und Pavillonsystem, jedoch
kleiner und schlichter. Der Zugang vom kreisrunden Metzplatz führt zwischen **Pförtnerhaus** und **ehem. Remise** hindurch auf das die
Mitte einnehmende **Verwaltungsgebäude** zu.
Von dort aus erschließen Wege die übrigen
Pavillons. Die Grundgestalt der Gebäude ist
gleich, rote Ziegelmauern mit gliedernden
gelben Querstreifen, Stichbogenwölbung der
hohen Fenster, Stockwerksgesimse mit plastischer Verzierung und flach-schräge Dächer –
eine Mischung aus klassizist. Vornehmheit
und technisch-funktionellem Charakter des
19. Jh. Die strenge, ganz dem Baumaterial,
dessen Haltbarkeit sich erwiesen hat, angepaßte Form gehörte zu den Grundsätzen
dieser Richtung der Schinkel-Nachfolge in
Berlin.   *EB-S*

4 **Kath. Herz-Jesu-Kirche** (Friedrich-Wilhelm-Str. 70/71)
*In der 1898 von Engelbert Seibertz und Hermann Bun-
ning erbauten neuroman. Kirche befinden sich außer
einzelnen spätgot. Skulpturen 4 Schnitzaltäre (1957–65
restaur.), die aus Teilen unterschiedlicher Provenienz
zusammengesetzt sind und neuere Ergänzungen enthalten. Sie kamen Anfang dieses Jahrhunderts als Geschenke in die Kirche und stammen großenteils aus der*

*Altarsammlung des Frankfurter Dompfarrers Münzen-
berger (✝ 1893).*
Der *Hochaltar* enthält in der Mitte eine Madonna und
4 Apostel (um 1500), Jakobus d. Ä., Petrus, Paulus und
Thomas. In Stil und Maßstab abweichend sind die Heiligenfiguren der Seitenflügel (um 1510), die hll. Vitus,
Sebastian, Laurentius und Barbara. Die bemalten Rückseiten zeigen die hll. Katharina und Anna selbdritt. Das
lebendig erzählende Predellenrelief stellt den Abschied
der Apostel von Maria dar. – Links neben dem Chor auf
neuem Kreuzstamm ein kraftvoller *Kruzifixus* (Niederbayern?, 18. Jh.). – An der N-Wand sind in einem
neuen Schrein 3 verschiedene Figurengruppen vereinigt, in der Mitte eine Pietà (wohl 19. Jh.), links
und rechts davon die gedrungenen Figuren der Apostel Andreas und Bartholomäus (um 1500), in den
Flügeln schließlich Dreiergruppen weiterer Apostel
(Ende 15. Jh.). Als Einzelfiguren sind angebracht eine
schwungvoll komponierte hl. Anna mit Maria auf dem
Arm (Niederbayern?, um 1520) und ein hl. Bischof mit
alter Fassung (Ende 15. Jh.). – In der nördl. angebauten
K a p e l l e an der O-Wand ein Altar, dessen Schrein mit
Malereien auf den Rückseiten der Flügel (Verkündigung
und Geburt Christi, Ende 15. Jh.) wahrscheinl. aus dem
1819–22 abgerissenen Goslarer Dom stammt. Die
Mitte enthält jetzt eine Marienkrönung (19. Jh., in Anlehnung an Michael Pacher), der linke Flügel die hll.
Johannes d. T. und Paulus d. Einsiedler (19. Jh.), der
rechte die hll. Margareta und Dorothea (um 1500). – An
der N-Wand hängt ein weiterer Schrein, dat. 1468, mit
den nicht urspr. zugehörigen, aber zeitlich passenden
Figuren des Apostels Andreas und der hll. Margareta
und Lucia. Die Flügel stammen aus dem 19. Jh.   *HB-S*

Ehem. Reichspostzentralamt   5
(Ringbahnstr. 130)

*Das Gebäude, 1925–28 von Karl Pfuhl nach Entwürfen
von Reiß und Beisel ausgeführt, beherbergt heute das
Fernmeldeamt 4, die Fachhochschule der Bundespost,
die Fernmeldeschule der Oberpostdirektion und andere
Dienststellen.*

5geschossiger Stahlbau, mit blauroten Oldenburger Klinkern verblendet, die lange Front
mit kurzen Flügelbauten zur Ringbahnstraße.
Betonung durch 2 leicht vorgezogene, turmartige, 7geschossige Bauten mit expressiver
Dachbekrönung. Bemerkenswert der blaue
Lichthof im Erdgeschoß, neben dem sich jetzt
ein kleines Postamt befindet. (Ein »Zwilling«
dieses Bauwerks und dem Berliner Bau sehr
ähnlich ist das [erhaltene] Postscheckamt in
Breslau, von Neumann etwa zur gleichen Zeit
[1926–29] erbaut.)   *GK*

Ehem. Zentralflughafen Berlin-Tempelhof   6
(Platz der Luftbrücke, Tempelhofer Damm,
Columbiadamm)

*Die Anlagen des Flughafens wurden im Zusammenhang
mit einer Vergrößerung des 1923 angelegten Flugfeldes*

seit 1937 von Ernst Sagebiel geschaffen (als Ersatz für das 1926–29 in mehreren Abschnitten erbaute Empfangsgebäude von Paul und Klaus Engler, das durch die 1925–27 nach Entwürfen von Heinrich Kosina und Paul Mahlberg errichteten Flugzeughallen ergänzt wurde). Der Bau war bei Kriegsende noch nicht fertiggestellt; bis zum Frühjahr 1945 wurde der »Alte Hafen« benutzt.
1975 wurde der zivile Teil des Flughafens geschlossen, der Luftverkehr auf den neuen Flughafen Tegel verlegt. Seit 1985 wird Tempelhof wieder für den Regionalverkehr benutzt.

Eine repräsentative Anlage im Stil der Entstehungsjahre, die vom Platz der Luftbrücke erschlossen wird. Die 100 m lange **Abfertigungshalle** führt zu den überdachten **Flugsteigen.** Die großen, konkaven **Hallenanlagen** setzen die Flugsteige nach beiden Seiten fort; sie sind wie diese aus einer Stahlkragbinderkonstruktion gebildet, die nur auf einer Stütze steht und von Gegengewichten gehalten wird. Die Einsteighalle könnte nur noch 3 Großflugzeuge heutigen Typs aufnehmen.   *GK*

Auf dem Platz der Luftbrücke erhebt sich als *Luftbrückendenkmal* eine Betonskulptur von Eduard Ludwig (1951), die in ihrer Form an die 3 Luftstraßen erinnern soll, über die während der Blockade 1948/49 West-Berlin versorgt wurde.   *GK*

Gegenüber dem Platz der Luftbrücke liegen an der Manfred-von-Richthofen-Straße und am

7   Kaiserkorso einige **Wohnhäuser**, die durch großzügigen Zuschnitt und anspruchsvolle architektonische Gestaltung auffallen. Bruno Möhring hat sie 1912/13 erbaut; sie sollten der Beginn einer umfassenden Bebauung auf dem früher dem Militärfiskus gehörenden Teil des Tempelhofer Feldes sein, der westl. des heutigen Tempelhofer Dammes liegt (→ Siedlung auf dem Tempelhofer Feld). Die 5geschossigen Wohnhäuser mit hohen Dächern und z.T. turmartigen Aufbauten haben über einer einfacheren Erdgeschoßzone Halbsäulenstellungen erhalten, die durch 3 Geschosse reichen. Das 4. Obergeschoß ist in der Regel durch ein kräftiges Gesims abgesetzt. Die Häuser enthielten große Wohnungen (bis 7 Zimmer). Die geschlossene 5geschossige Bebauung reicht nur bis zum Bayernring; der Weiterbau wurde durch den Kriegsausbruch 1914 verhindert.   *GK*

8   Die **Siedlung auf dem Tempelhofer Feld** ist dann 1920–28 vom Tempelhofer Stadtbaurat Fritz Bräuning in einer gegenüber der Vorkriegsplanung stark veränderten Form aufgebaut worden. 1424 Wohnungen und 13 Läden entstanden in Form zusammengefaßter Reihenhäuser als 2geschossige Putzbauten mit Walmdächern. Die Straßenführungen – so die angelegene der Manfred-von-Richthofen-Straße – folgen fast unverändert der Vorkriegsplanung. Platzbildungen finden sich am Adolf-Scheidt-Platz, am Rumeyplan und an der südl. Einmündung der

M.-v.-Richthofen-Straße in den Tempelhofer Damm, die 5geschossig und als Straßenüberbrückung ausgeführt ist.
Am östl. Rand der Siedlung (Tempelhofer Damm) wurde 1927/28 von Eduard Jobst Siedler eine 5geschossige Bebauung mit Walmdächern aus 2 parallel angeordneten Zeilen errichtet; durch Zwischenbauten mit Treppenhäusern verbunden.   *GK*

Ev. Kirche auf dem Tempelhofer Feld   9
(Wolffring 72)
*Die Kirche wurde 1927/28 von Fritz Bräuning erbaut. Schon 1911 hatte der spätere Tempelhofer Stadtbaurat einen 1. Preis im Wettbewerb um die Ausgestaltung des Grüngürtels gewonnen und dabei eine Kirche an dieser Stelle vorgesehen. Die veränderten Gegebenheiten in den 20er Jahren waren der urspr. geplanten Monumentalität aber nicht mehr gewogen. Bräuning plante nun eine »evangelische Predigtkirche«, eine Rundkirche, wobei er auch auf den urspr. vorgesehenen Campanile verzichtete.
Während des 2. Weltkriegs erlitt der Bau einige Schäden. Doch schon 1950 konnte die von Bräunings früherem Mitarbeiter P. Berking wiederhergestellte Kirche erneut eingeweiht werden.*

Schlichte Formen zeichnen diesen Bau aus, wenn auch mit Spitzbogen und Dreiecken der Versuch gewagt wurde, an traditionelle Formen anzuknüpfen. Auch den »klassischen« Portalvorbau übernahm der Architekt aus seinem ersten Projekt, doch nicht mehr in Schinkelscher Form.

Bildhauerischer Schmuck der Kirche war eine Christus-Figur des Bidhauers W. Sutkowski. Die bleiverglasten *Fenster* von César Klein (3 von ihnen waren bei der Einweihung noch nicht fertiggestellt) wurden im Krieg zerstört; die neuen Fenster des Rundbaus hat Ursula Kükenthal geschaffen.   *GK*

Ehem. Ullstein-Druckhaus   10
(Mariendorfer Damm 1–3)
1925–27 von Eugen Schmohl für das Verlagshaus Ullstein nach einem engeren Wettbewerb erbaut. Den Ausschlag für den Schmohlschen Entwurf hat offenbar das Vorbild des Tegeler Borsig-Hochhauses gegeben. Der Komplex, seit 1966 nicht mehr im Besitz des Ullstein-Verlages, wird mischgewerblich genutzt.

Das Gebäude liegt 6- bis 7geschossig um einen Hof. Wahrzeichen ist der (funktionslose) 13geschossige *Hochhausturm* mit Uhr. Der erste Bau, der als Stahlbetonbau in Berlin »gegossen« wurde. Die äußere Verkleidung der Gebäudeteile besteht aus rotbunten Klinkern und Werkstein-Architekturteilen. Anbauten in den 50er Jahren, z.T. durch Fortführung der urspr. Architektur, z.T. in neuen Formen (z. B. durch eine *Druckmaschinenhalle* von Otto Block).   *GK*

238 Tempelhof mit Mariendorf, Marienfelde

11 **Verwaltungsgebäude der Elektro-Thermit-Gesellschaft** (Colditzstr. 33), 1927 von Otto Bartning erbaut als 3geschossiger Flachbau mit sichtbaren Mauerwerksflächen und ebenso sichtbaren Betonauflagern der Decken. Am nördl. Ende ein verglaster Treppenhausturm und 1geschossiger Vorbau für Pförtnerloge mit viertelkreisförmigem Abschluß. Die Einbauten der *Direktionsräume* von Otto Bartning sind noch in alter Form erhalten. *GK*

Mariendorf

Nachdem das Gebiet bereits in der älteren Bronzezeit besiedelt gewesen war, ist der Ort vermutl. im 13. Jh. von den Templern als Angerdorf gegründet worden. 1337 erstmals urkundlich erwähnt, wird das Dorf 1375 im Besitz des Johanniterordens genannt. 1435 brachten es die Städte Berlin und Cölln an sich, die es noch 1831 in Privathand gaben. 1837 wurde die Berlin-Cottbusser Chaussee (Mariendorfer Damm) durch den Ort gelegt, dessen Bevölkerung sich in der 2. Hälfte des 19. Jh. verzehnfachte. 1910 zählte Mariendorf mit der heute zu Steglitz gehörenden Siedlung Südende 15 245 Einwohner. 1920 kam es zum Verwaltungsbezirk Tempelhof. *HB-S*

12 Der Dorfanger ist in Alt-Mariendorf teilweise erhalten, wo auch einige **Bauernhäuser** an die dörfliche Vergangenheit erinnern (**Nr. 45, 46, 25**). *HB-S*

12 **Dorfkirche** (Mariendorfer Damm / Alt-Marien-
● dorf). Der wohl vom Templerorden errichtete, sorgfältig ausgeführte Granitquaderbau aus dem 1. Drittel des 13. Jh. ist eine vollständige und einheitliche, von der Apsis über das Chorquadrat und das Langhaus zum Turm aufgipfelnde Anlage. Der Turm ist allerdings nicht wie bei der sonst ähnlichen Dorfkirche von Marienfelde ein in der Breite des Langhauses hochgezogener Block, sondern wird in einem 2. Geschoß vom querrechteckigen auf einen quadratischen Grundriß reduziert. Auf dem pyramidenförmigen Dach sitzt ein 8eckiger Aufsatz mit geschweifter Kupferhaube von 1737 (lt. Datum auf der Windfahne). Die Abstufung der Bauglieder nach O erfährt so im Turm eine entsprechende Entwicklung vom Schweren zum Leichteren. Der spätgot. Sakristeianbau an der N-Seite des Chorquadrats ist im 18. Jh. nach O erweitert worden. Keines der Rundbogenfenster ist in seiner Form original. Das roman. N-Portal wurde erst 1953/54 ver-

mauert. Zugleich veränderte man das spitzbogige W-Portal in ein rundbogiges Stufenportal. In der Mitte des 16. Jh. wurde das Langhaus durch 3 Säulen in 2 Schiffe geteilt und mit 6 Kreuzgratgewölben versehen. Auch das Chorquadrat erhielt ein Kreuzgratgewölbe.
Im Altarraum ist eine Tafel mit einer Kreuzigung um 1600 aufgestellt. 8 Tafeln mit alttestamentlichen Szenen (16./17. Jh.) stammen aus der Heiliggeist-Kapelle in Berlin. *HB-S*

Wohnsiedlung Mariendorf Monopolstraße. 1922/23 1 von Binder für die Beamten-Baugesellschaft der Reichsmonopolverwaltung erbaute, gelb geputzte Giebelhäuser verschiedener Typen, durch Zwischenbauten zu raumbildenden Ketten verbunden, gruppieren sich um die Straßen und eine angerartige Erweiterung. Charakteristisch ist das weitgehende Fehlen von Bürgersteigen: Erinnerung an eine (fast) autolose Zeit. *GK*

Trabrennbahn Mariendorf (Mariendorfer Damm 222). 1 Von den Anlagen, die August Endell 1913 errichtet hat, ist nur noch die **südl. Tribüne** erhalten; die nördliche ist durch einen verglasten Neubau ersetzt. Die Endellsche Tribüne zeigt eine zartgliedrige Stahlgitterkonstruktion, die sich an Erfahrungen aus dem zeitgenössischen Brückenbau orientiert. Das 1961 gebaute neue **Café** stammt von Werner Weber. *GK*

Marienfelde

Das früheste Dokument der Existenz des Ortes ist die Dorfkirche auf dem Dorfanger Alt-Marienfelde, die um 1220 datiert wird. Das urspr. den Templern gehörende Dorf wird 1344 im Besitz der Johanniter erwähnt. 1435 erwarb Berlin-Cölln den Ort, der bis 1831 städtischer Besitz blieb. In der Mitte des 19. Jh. entstand östl. des Dorfkerns an der Buckower Chaussee ein Mustergut, später Stadtgut mit einem kleinen Park. Um 1860 zählte der Ort rd. 500 Einwohner, 1910 3641. 1920 kam die Landgemeinde zum Verwaltungsbezirk Tempelhof. *HB-S*

Die noch von relativ vielen **Bauernhäusern** umstellte Dorfaue Alt-Marienfelde mit der Kirche und altem 1 Baumbestand bietet eines der markantesten ländlichen Ortsbilder Berlins. *HB-S*

Die **Dorfkirche**, ehem. Templerkirche (Alt- 1 Marienfelde), aus Granitquadern auf dem vollständig erhaltenen breiten Dorfanger ist die älteste und eindrucksvollste in Berlin, nicht zuletzt wegen der Einheitlichkeit der relativ reich gegliederten Anlage, die um 1220 entstand. Der W-Turm von der Breite des Langhauses trägt ein Satteldach mit seitlichen Giebeln, darauf eine Windfahne von 1595.

Tempelhof 239

Dorfkirche Marienfelde

240   Tempelhof: Marienfelde. Lichtenrade

Langhaus, Chorquadrat und Apsis schließen als stetig sich verkleinernde Bauelemente an. Die Anbauten am Chor stammen aus dem 14. und 15. Jh. Bei dem nördlichen wurde die Dachform 1954 verändert. Bei einem Umbau 1896 vergrößerte man die Fenster des Langhauses und des Chores. 1921 restaurierte Bruno Möhring die Kirche, fügte vor dem spätroman. W-Portal die Halle hinzu, überwölbte das Langhaus mit einer Holztonne (statt der urspr. Balkendecke) und versah auch den Chor mit einer Tonnenwölbung.

Das Innere enthält einen Taufstein von 1624 und einen Kugelkronleuchter des 17. Jh.   *HB-S*

16 Das **Herrenhaus** (Alt-Marienfelde 21, heute
●   Institutsgebäude) des **Stadtgutes** ist eine vielfältig durch Vorsprünge und Anbauten gegliederte Villa um 1850–60, die noch den Einfluß von Persius' Bauten in Sanssouci zeigt. Ein breiter Turm liegt an der Rückfront; ihm entsprechen zur Straße hin ein Vorbau und ein Erker, deren ausgezeichnete Fenster zeigen, daß sich hier die repräsentativen Räume befanden. Nach rückwärts Pergolen und ein von Pilastern getragener Vorbau am Eingang. – Die **Gutsgebäude** sind als gelbe Rohziegelbauten mit roten Lisenen, die sich mit einem Klötzchenfries unter den Dächern verbinden, in einem ganz funktionellen, aus dem Material entwickelten Stil gehalten.   *EB-S*

17 **IBM-Verwaltungsgebäude** (Nahmitzer Damm 12), von Jürgen Sawade 1987/88 in kubischsachlichen Formen in Anlehnung an Traditionen der 20er Jahre errichtet. An einen quadratischen Turm fügen sich rechtwinklig übereck zwei 6geschossige Verwaltungstrakte.   *GK*

Lichtenrade

1375 wird Lichtenrade erstmals erwähnt. Der Ort dürfte jedoch, wie Grabungen 1966/67 ergeben haben, schon im 13. Jh. gegründet worden sein. Das große Angerdorf,

dessen Kern in Alt-Lichtenrade liegt und 1837 durch die Chaussee nach Cottbus mit Berlin verbunden wurde, profitierte von der Entwicklung der Stadt im 19. Jh. zunächst durch eine Intensivierung des Gartenbaus. Erst gegen Ende des 19. Jh. dehnten sich die Siedlungen aus. 1905 zählte der Ort 1812, 1910 bereits 3239 Einwohner. 1920 wurde er dem Verwaltungsbezirk Tempelhof zugeteilt.   *HB-S*

Das dörfliche Ortsbild mit der allerdings als kleine Parkanlage ausgestalteten ovalen Dorfaue und dem Teich sowie umgebenden 1stöckigen Häusern ist relativ gut erhalten. Unter den **Häusern** des 19. Jh. sind reizvoll Alt-Lichtenrade **Nr. 81, 98, 102, 104, 106, 118,** 1‹ **123** und bes. **113.**   *HB-S*

Die **Dorfkirche** (Alt-Lichtenrade) ist ein recht- 1‹ eckiger Saalbau aus Feldsteinen, wohl aus dem 14. Jh. Vermauerte, mit Backsteinen eingefaßte Spitzbogenfenster an der S- und der N-Seite sowie ein ebenfalls vermauertes schlankes Rundbogenfenster (das mittlere einer Dreiergruppe?) an der O-Seite erlauben eine Vorstellung von der urspr. Wandgestaltung, bevor 1769 die jetzigen großen Fenster eingebrochen wurden. An der S-Seite befindet sich ein vermauertes schmales Spitzbogenportal. Der Turm stammt von 1902, das Satteldach darauf, anstelle des im Krieg zerstörten spitzen Helmes von 4 Türmchen umgeben, von 1949.   *HB-S*

Kath. Kirche zu den hll. Martyrern von Afrika 1‹ (Schwebelstr. 22), erbaut 1977 von Hans Schädel und Hermann Jünemann, nach dem Modell der kath. Kirche St. Dominicus (Gropiusstadt; → S. 231).   *GK*

Falckensteinstraße. **Nr. 10:** Das **Wohnhaus** 2(wurde von Hans Scharoun unter Mitwirkung des befreundeten Gartenarchitekten Hermann Mattern 1939 erbaut; Bauherren waren Kurt und Käthe Mohrmann. 1geschossiger Ziegelbau, teilweise verputzt, den Forderungen der Zeit entsprechend mit hohem Biberschwanzdach. Ganz unkonventionell dagegen der freie Grundriß mit Raumübergängen und ausschwingendem, verglastem Eßraum. Der durchgehende, 2seitig belichtete Wohnraum hat, wie Scharoun häufig, versetzte Ebenen. Das Wohnhaus enthält eine zweite Wohnung, die ebenfalls auf 2 Geschoßebenen angelegt ist.   *GK*

Schöneberg 241

BEZIRK SCHÖNEBERG

Der Bezirk wurde 1920 bei der Eingemeindung Schönebergs nach Berlin gebildet. Dabei bezog man die Landgemeinde Friedenau (→ S. 250) mit in diesen 11. Bezirk ein, der damals 220 000 Einwohner zählte. HB-S

Schöneberg

Das Dorf an der von Sachsen zum Spree-Übergang bei Berlin-Cölln führenden Handelsstraße, 1264 zuerst urkundlich erwähnt, dürfte schon im 1. Drittel des 13. Jh. gegründet worden sein. Spuren einer Semnonenniederlassung (1.–3. Jh.), die 1936 unter dem Haus Hauptstr. 39 gefunden wurden, belegen eine ältere Besiedlung. 1375 besaß Schöneberg etwa 7 Bauern- und 13 Kossätenhöfe. 1506 kaufte Joachim I. das Dorf. 1652 werden in Schöneberg 6 Bauern und 7 Kossäten verzeichnet. Neben dem alten Dorf, dessen Bebauung vom Kaiser-Wilhelm-Platz bis zur Dominicusstraße reichte, ließ Friedrich d. Gr. nordöstl. bis zum Botanischen Garten als Neu-Schöneberg 20 Kolonistenhäuser für böhmische Protestanten erbauen, die hier eine Textilindustrie betrieben. 1760 wurde Alt-Schöneberg zerstört. Die alte Kirche, im 2. Weltkrieg erneut ausgebrannt, ist das einzige noch vorhandene Zeugnis des Wiederaufbaus nach dem 7jährigen Krieg. 1791–93 wurde die von Berlin nach Potsdam führende Straße als erste in Preußen durch Carl Gotthard Langhans zur Chaussee ausgebaut.
Im 19. Jh. veränderte die Ausdehnung Berlins die soziale Struktur von Grund auf. Es entstanden immer mehr Landhäuser von Berlinern. Die Einwohnerzahl wuchs rapide; 1858 überstieg sie 7000. Die Bebauung dehnte sich im N längs der Potsdamer Straße bis zur Potsdamer Brücke aus. 1861 wurde der nördl. Teil Schönebergs bis zum Botanischen Garten (Kleistpark) mit 6000 Einwohnern in Berlin eingemeindet. 1874 vereinigten sich Alt- und Neu-Schöneberg. Schöneberg, dessen Bevölkerung sich seit 1875 auf 75 000 verzehnfacht hatte, erhielt 1898 Stadtrechte. Bes. das Gebiet nördl. und östl. des alten Ortskerns wurde dicht mit Mietskasernen bebaut. Das 1911–14 errichtete Rathaus bezeichnet den Anspruch des Gemeinwesens, das 1920 in Berlin eingemeindet wurde. HB-S

Am südl. Ansatz der als Grünstreifen in der H a u p t s t r a ß e noch erkennbaren ehem. Dorfaue steht auf einem Hügel die

1 **Dorfkirche**. Sie entstand 1764–66, nach Brand des Vorgängerbaues, in einfachen ländlichen Barockformen und etwas behäbigen Proportionen. Flächenhaft aufgelegte Felder und Lisenen gliedern die Wände des Außenbaues; der gedrungene Turm mit Welscher Haube macht seine Vierkantform durch abgeschrägte Ecken schmiegsam. Nach Brand im 2. Weltkrieg wurde die Kirche 1955 außen getreu, innen modern wiederhergestellt.
Als Altarbild dient heute das *Epitaph des Großkomturs Claus v. Bach* aus der ehem. Klosterkirche, eine bedeutende Nürnberger Arbeit (1521). EB-S

Friedhof Alt-Schöneberg (Hauptstr. 47). Vor der Kirche an der Hauptstraße hat sich das Grabmal für den General *Friedrich Otto v. Diericke* († 1819) erhalten, ein Werk der Kgl. Eisengießerei nach Schinkels Entwurf in Form der Ara mit Urne, deren Kanneluren einst vergoldet waren; an den 4 Seiten bedeutungsvolle Inschriften mit darüber angenieteten Ornamenten in Eichenlaubformen. – Am Mittelweg steht das Grabmal des Architekten und Lehrers an der Bauakademie *Wilhelm Stier* (1799–1856) nach Entwurf von August Stüler in schlesischem Marmor (1860), ein Baldachin in Form eines kleinen dorischen Tempels von feinsten Proportionen und präzisester Arbeit. – An der rechten Mauer die Rotsandsteinwand des Erbbegräbnisses *Schwechten*, nach 1891 von dem hier bestatteten Architekten *Franz Heinrich Schwechten* (1841–1924) errichtet in frühgotisierender Form eines großen Fensters mit hervorragender floraler Ornamentik, z.T. in durchbrochener Steinarbeit. – Reicher Trauerbaumbestand. EB-S/HR

Weiter in der H a u p t s t r a ß e schließen nach NO die **Villen** von einigen durch Grundstücksverkauf reich gewordenen Bauern an, heute restauriert und Sitze verschiedener Behörden. In den klaren spätklassizist. Formen der Schinkel-Schule, mit Altanen, Giebeln und feinen Ornament- und Gesimsstreifen, halten sich **Nr. 45** (Polizeirevier) um 1865, **Nr. 43** und **41/42** um 1870. Etwas anders ist der architektonische Charakter der um 1880 entstandenen Häuser **Nr. 44** und **40** mit Renaissancemotiven. (Abb. S. 243.)

In den zum **Heinrich-Lassen-Park** (zur Belziger Straße hin) zusammengezogenen Gärten steht die Grabpyramide des Pfarrers *Jacob Elias Troschel* († 1807). 2
Auf der gegenüberliegenden Seite der Hauptstraße 2 einfachere niedrigere spätklassizist. Häuser. EB-S

Ev. Paul-Gerhardt-Kirche (Hauptstr. 47/48) 3

Gemeinsam mit der Schöneberger Dorfkirche und der St.-Norbert-Kirche steht der Bau gewissermaßen auf einer »Kircheninsel« zwischen der Haupt- und der Dominicusstraße. Er wurde 1961/62 von Hermann Fehling und Daniel Gogel errichtet, die kurz zuvor den Umbau von St. Norbert ausgeführt hatten. Die Außenanlagen wurden von Hermann Mattern gestaltet.

Die Architekten haben »von innen nach außen« gearbeitet, von dem Gedanken ausgehend, die Kirche als bergenden Raum zu gestalten. Der Bau schließt nach einer Seite mit Gemeindesälen, Jugendräumen und Pfarrerwohnung an eine vorhandene Wohnbebauung an, nach der anderen Seite an den alten

242 *Schöneberg*

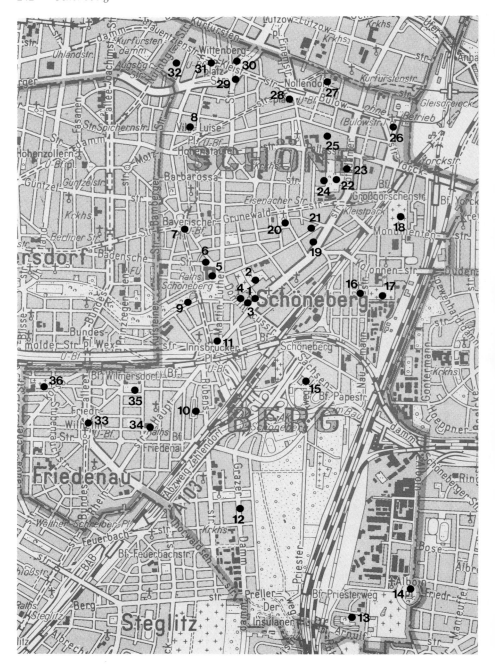

Schöneberg: Hauptstraße. Paul-Gerhardt-Kirche 243

Schöneberg, Hauptstr. 44 (rechts) und 45 (zu S. 241)

Friedhof, der durch ein großes Glasfenster in den Innenraum einbezogen ist. Die plastische Bewegtheit der inneren Anlage wird durch einen terrassenförmig geneigten Fußboden und die in Bewegung geratene Decke charakterisiert; sie erhält Tageslicht von 3 Seiten. Im Außenbau wird die Plastizität durch einen rauhen, kräftig grauen Putz betont. Das tief heruntergezogene Dach mit der auffallenden Regenwasserableitung ist mit Schiefer gedeckt. Der sehr eigenwillige Turm hat Signalwirkung; er wurde von Kritikern als »manieristisch« abgelehnt, ebenso die »Häufung von Motiven« der äußeren Erscheinung. GK

244 Schöneberg: St. Norbert. Rathaus. Nordstern. Lettehaus. Rudolph-Wilde-Park

4 Durch eine ähnliche architektonische Behandlung der benachbarten **kath. St.-Norbert-Kirche** (die durch verkleinernde Veränderung unter Anpassung an die neue Fluchtlinie der Dominicusstraße aus einer stark beschädigten Vorgängerin von 1913–16 entstanden ist) ist es den Architekten Fehling und Gogel gelungen, einen erlebbaren städtebaulichen Zusammenhang vorzustellen, der seine Wirkung auch aus dem Kontrast zur lebhaft farbigen Behandlung der alten Dorfkirche bezieht. *GK*

5 **Rathaus Schöneberg** (John-F.-Kennedy-Platz)
Das Rathaus am früheren Rudolph-Wilde-Platz, nach der Spaltung der Stadt 1948 (provisorischer) Sitz des Senats (zunächst: Magistrats) von Berlin, wurde 1911–14 von Jürgensen und Bachmann erbaut. Die Kanzleiräume wurden schon 1913 bezogen; die endgültige Einweihung fand erst 1917 statt. – Das Gebäude beherbergt seit 1948 das Abgeordnetenhaus von Berlin mit Verwaltung, den Sitz des Regierenden Bürgermeisters, Senatskanzlei, ferner Diensträume des Senators für Bundesangelegenheiten und des Chefs des Protokolls, außerdem einige Diensträume des Bezirksamtes Schöneberg. Die Übersiedlung der Senatsdienststellen in das »Rote Rathaus« im Bezirk Mitte (→ S. 49) ist vorgesehen.

Anders als in Charlottenburg steht das Rathaus frei auf einem angemessenen Platz, der eine großzügige Grundrißentwicklung zuließ. Die Repräsentationsräume (einschließlich des derzeitigen Plenarsaals des Abgeordnetenhauses) liegen zum John-F.-Kennedy-Platz; rückwärts sind die Verwaltungsflügel angeordnet, die sich im westl. Teil unter Aufgabe der Rechtwinkligkeit den vorgegebenen Straßenführungen anpassen. Die 4geschossige Fassade, die durch höhere Fenster die Lage der Säle im 2. Obergeschoß erkennen läßt, wird durch den urspr. 81 m hohen *Uhrturm* beherrscht, der 1950 zur Aufnahme der von Bürgern der USA gestifteten Freiheitsglocke (Nachbildung der Freiheitsglocke von Philadelphia) von Kurt Dübbers verändert worden ist (neue Höhe: 70,5 m). Der Turm ist stufenförmig abgesetzt; die anschließenden Flügel besitzen je 9 Achsen. Die Fassaden sind geputzt, der Sockel und gliedernde Architekturteile bestehen aus Sandstein.

Zur Freiherr-vom-Stein-Straße hin sind ein epitaphartiges Wandrelief von Hugo Lederer (1914) als Denkmal für den Freiherrn vom Stein, ferner Außenreliefs von den Bildhauern Hinrichsen und Ludwig Isenbeck angebracht. – Neben dem Hauptportal Gedenktafeln für den Bürgermeister Ernst Reuter und für den US-Präsidenten John F. Kennedy von Richard Scheibe (1964).
In der *Brandenburghalle* (2. Geschoß) Pferderelief von Hermann Fuchs und Fenster von Hermann Kirchberger (1952). Vor dem Eingang *Diana* von Adolf Brütt. *GK*

6 **Ehem. Verwaltungsgebäude der Nordstern-Versicherungsgesellschaft** (Badensche Str. 2, Salzburger Str. 21–25, Nordsternplatz). Der Stahlbetonskelettbau, 1913/14 von Paul Mebes und Paul Emmerich erbaut, in der Abwicklung fast 127 m lang, zieht sich in großzügiger Kurve so von der Badenschen zur Salzburger Straße, daß der Eindruck der Reihung vermieden wird. Er läßt die Konstruktion nicht erkennen; die Fassaden sind mit Travertinplatten verkleidet. Die zurückhaltende Gestaltung lehnt historisierendes Pathos ab, sie bezieht ihre Formensprache aus der von Mebes so geliebten Zeit »um 1800«. – Zur Ausstattung des Baues wurde der Maler Karl Rickelt herangezogen. *GK*

7 Auf dem nördl. davon gelegenen Bayerischen Platz, der 1957/58 von Carl Heinz Tümler neu gestaltet wurde, steht als Wappentier Bayerns, auf 2 schlanken Pfeilern balancierend, ein Bronze-*Löwe* von Anton Rückel (1958). *HB-S*

8 An der N-Seite des 1898 von Fritz Encke gärtnerisch gestalteten, 1979 restaurierten Viktoria-Luise-Platzes liegt (Nr. 6) das **Lettehaus**, das repräsentative Lehrgebäude für den Lette-Verein (»Lette-Schule«), 1901/02 von Alfred Messel erbaut. 5geschossiges klassizisierendes Gebäude mit unsymmetrischer, durch flache Pilaster gegliederter Fassade. Barockisierendes Portal mit 2 Doppelsäulen, als Kontrast. – **Erweiterungsbau** (Geisbergstr. 32–36) mit Labors, Unterrichtsräumen und Gymnastikhalle, von K. Hendel, H. Haseloff und W. Hotzel 1979–83 als gegliedertes Backsteingebäude mit Betonelementen erbaut. *GK*

9 **Rudolph-Wilde-Park**
In dem Park südwestl. des Rathauses, der nach einem Wettbewerb von 1906 angelegt wurde und sich nach W als Volkspark Wilmersdorf fortsetzt, erhebt sich auf hoher, stämmiger Muschelkalksäule die vergoldete, aus Kupfer getriebene Figur eines Hirsches von August Gaul (1912), Mittelpunkt des *Hirschbrunnens* und Point de vue einer schönen, regelmäßigen Gartenanlage. Die steil um die Säule komponierten Fontänensprünge reichten bis in die Höhe des Tieres; ein niedrigerer Strahlenkranz war leicht nach außen gerichtet. Der naturalistisch modellierte Hirsch erhielt durch die Vergoldung und die schaumige Wasserfolie bei sehr hoher

Schöneberg: Wohnbauten. Königin-Luise-Gedächtnis-Kirche 245

Aufstellung eine Überhöhung (als gleichsam säkularisierte Hubertus-Erscheinung) – hier ist es das Wappentier der einst bewaldeten und mit Wild versehenen, dann schnell reich gewordenen Stadt.

Auf der Parkseite zur Freiherr-vom-Stein-Straße wurde 1929 das *Kriegerdenkmal für die Gefallenen der Eisenbahntruppen* von O. Siepenkothen und W. Meller in Muschelkalk errichtet. Es ist ein mächtiger sarkophagähnlicher Block mit figürlichen Reliefs: an den Längsseiten ein Läufer mit dargebotenen Schwertern und ein flaggenschwenkender Jüngling, athletische, gut auf die Fläche komponierte Gestalten, an der Rückseite im Flachrelief Darstellungen der Hauptdienstzweige der Spezialtruppe in 5 Reihen, wobei die Figuren durch gleichlautende Haltungen und bei voller Ausnutzung der Streifenhöhe den tendierten Flächenstil betonen. Das einst frei auf der Vorderseite aufgestellte geflügelte Rad wurde im 2. Weltkrieg eingeschmolzen.

In den Anlagen an der Martin-Luther-Straße südl. vom Rathaus haben 2 Bronzefiguren von Georg Kolbe nach dem Krieg eine unzulängliche Neuaufstellung erfahren. Kolbe hatte sie 1925 als *»Morgen«* und *»Abend«*, in axialer Aufstellung einander zugewandt, für die regelmäßige Rasenanlage der stilvollen Siedlung Ceciliengärten (s. u.) geschaffen, also bewußt inhaltlich und formal aufeinander bezogen; dem Tanz nahe Motive werden in lyrischer Verhaltenheit in mädchenhaften Aktfiguren gestaltet, die Kolbes eigensten Stil rein verkörpern. *HR*

In den unweit gelegenen C e c i l i e n g ä r t e n (südl. des Innsbrucker Platzes) ist die alte Situation vollkommen erhalten, nur daß man dort jetzt den kleinen reizenden *Fuchsbrunnen* von Max Esser (1912) und Paul Wolf (1925) vorfindet (Aufstellung 1961). *HR*

0 Die **Wohnhausanlage »Ceciliengärten«** wurde 1924 bis 1928 von den Architekten Heinrich Lassen sowie Paul Mebes und Paul Emmerich an der E i s a c k -, R u b e n s - und B a u m e i s t e r s t r a ß e und der Erschließungsstraße C e c i l i e n g ä r t e n errichtet. 4- und 5geschossige Wohnbauten mit Walmdächern, der Bauteil von Mebes und Emmerich nur 1- bis 3geschossig. Bauten mit starken horizontalen Putzgliederungen; vertikale Gliederung durch vorgezogene Erker. Die Straße Ceciliengärten ist trapezförmig angerartig erweitert. *GK*

1 Nördl. der Bahnlinie und des I n n s b r u c k e r P l a t z e s ebenfalls eine **Wohnanlage** von Paul Mebes und Paul Emmerich, 1927/28 erbaut, mit 5 bis 8 Geschossen. Der 8geschossige Bauteil am Innsbrucker Platz wurde beim Wiederaufbau nach dem Krieg wegen der Vergrößerung des Platzes verändert. *GK*

2 Die großblockartigen **Wohnanlagen** am G r a z e r D a m m (Grazer Platz, Vorarlberger Damm, Riemenschneiderstraße) wurden als Teil der Speerschen Reichshauptstadtplanung 1938–40 von den Architekten Hugo Virchow, Richard Pardon, Carl Cramer und Ernst Danneberg errichtet. Über 2000 Wohnungen, überwiegend Kleinstwohnungen. Große, freie Höfe, z. T. gärtnerisch gestaltet. Bei der Fortsetzung des Baugebiets nach S in den 50er Jahren wurde die Blockbebauung zugunsten einer damals modernen offenen Bebauung mit 4geschossigen Zeilen aufgege-

ben. (Größtes zusammenhängendes Wohngebiet aus der NS-Zeit.) *GK*

Die **Siedlung »Lindenhof«** (Eyth-, Röbling-, Arnulf- **13** straße), 1918–21 von Martin Wagner erbaut, der damals Stadtbaurat von Schöneberg war, bestand aus 2geschossigen Eigenheimen in Reihenhausbauweise in landschaftlicher Lage. Im S des Gebiets wurde ein künstlicher Teich angelegt. Im NO (Eyth-, Ecke Domnauer Straße) befand sich ein mehrgeschossiges Ledigenheim, das als Brückenbau über der Erschließungsstraße lag. Die Siedlung ist im 2. Weltkrieg weitgehend zerstört und 1953 sowie 1967 von Franz Heinrich Sobotka und Gustav Müller verändert (Geschoßwohnungen in Zeilenbauweise) wiederaufgebaut worden. Das Ledigenheim hat man dabei nicht wiedererrichtet. *GK*

Auf dem A l b o i n p l a t z erhebt sich hoch über den Anlagen ein aus Rüdersdorfer Kalksteinen mosaikartig aufgemauertes *Auerochsen-Monument*, nicht ohne An- **14** klänge an altmesopotamische Kunst und hier in seiner urtümlichen Form von Paul Mersmann (1934–36) in Bezug gesetzt zu dem unterhalb gelegenen eiszeitlichen Strudelloch »Blanke Helle«. *HR*

Sport- und Lehrschwimmhalle (Sachsendamm **15** 12), 1963–67 von Hansrudolf Plarre aufgrund eines Wettbewerbsergebnisses errichtet. Ein grün gestrichener Betonbau mit sparsam eingesetzten Fenstern, der von einer Terrasse über eine Freitreppe erreicht wird. Das über dem 10-m-Sprungturm ansteigende Hallendach markiert sich deutlich. Das 20 × 50 m große Schwimmbecken ist durch eine fahrbare Brücke variabel teilbar. An der N-Seite der Halle liegen Zuschauertribünen.

Die Halle liegt in einem größeren **Sportgelände**, zu dem auch eine ältere Sporthalle, ein Kasino, ein Stadion, eine Radrennbahn und mehrere Übungsplätze gehören. Beim Aufgang zur Terrasse am Sachsendamm erhebt sich eine gegenstandslose zeichenhafte *Stahlskulptur* von Herbert Press. *GK*

Ev. Königin-Luise-Gedächtnis-Kirche **16**
(Gustav-Müller-Platz)

Die Kirche wurde 1910–12 vom Architekten Berger zur kirchlichen Versorgung der Bevölkerung im Bereich der Schöneberger »Insel« erbaut, d. h. in dem Gebiet, das von der Potsdamer, der Anhalter und der Ringbahn begrenzt ist. (In diesem Gebiet war der realistische Maler Hans Baluschek [1870–1935] zu Hause, hier fand er manche seiner Motive.)

Der Zentralbau in barocker Stilfassung, mit Kuppel und Laterne, nimmt Motive aus dem Berliner Kirchenbau des 18. Jh. auf; bes. erinnert er an Favres Dreifaltigkeitskirche (Mauer-, Ecke Glinkastraße), die im Krieg zerstört und nachträglich abgetragen wurde.

Die Ausstattung ist einfach; nur ein Medaillonbild im Innern weist auf die Namenspatronin hin. *GK*

246   Schöneberg: Zwölf-Apostel-Friedhof. Matthäi-Friedhof

17 **Alter Friedhof der Zwölf-Apostel-Gemeinde**
(Kolonnenstr. 24/25)
Auf dem 1864 angelegten Friedhof hat sich die Lindenbepflanzung der Hauptwege erhalten; bes. im rechten
Teil schöne alte Trauerbäume.
An der links zurückliegenden Mauer ist das Erbbegräbnis des Genremalers *Robert Warthmüller* von Interesse:
ein Wandmal aus hochpoliertem schwedischem Granit
mit lorbeergeschmücktem Bronze-Bildnismedaillon
und einem großen Bronze-Hochrelief von Ernst Herter,
die trauernde Kunst als geflügelter Genius mit Palette
und Lorbeer. 2 große Thujabäume, Rosen und Efeu und
das geschmiedete Gitter erhalten. – An der rückwärtigen Mauer das Erbbegräbnis *Eichwede-Haniel* als Beispiel einer antikischen Wandgliederung in poliertem
Granit mit Tonkapitellen und -akroterien. – Rechts folgend *Anton v. Werners* (1843–1915) Erbbegräbnis: vor
roter Ziegelmauer schlichte marmorne Kissensteine. –
In der hinteren rechten Ecke, nahe dem großen Ahorn,
fällt ein türkisblau gestrichenes Gitter im Renaissancestil
auf; es bezeichnet die Grabstätte der Familie von *Karl
Paul Marcus* (1854–1932), dem Gründer der berühmten Firma für künstlerischen Eisenguß, Lieferant phanta-
stischer geschmiedeter Gitter u.a. seit der Gründerzeit.
Am Mittelweg rechts eine große schlichte Steinplatte
mit Kreuz für *Friedrich Naumann* (1860–1919). – Weiter hinten rechts das gründerzeitliche Marmorgrabmal
der Familie *Schmuckert*: hohe Stele mit Relief einer
Trauernden von R. Pohle. – Am Querweg rechts, nahe
dem Mittelweg, die rote Granitstele für den Maler *Carl
Graeb* (1816–84) mit bronzenem Bildnismedaillon von
P. Pietsch und altem Gitter. – Dahinter das Grabmal des
Bildhauers *Ernst Herter* (1846–1917) mit einem kleinen
Relief »Der sterbende Achill«, an sein Marmor-Haupt-
werk erinnernd. – Die Grabstätte von *Reinhold Begas*
(1831–1911) liegt etwas versteckt nahe dem ersten
Querweg im rechten Teil zur linken Hand: 2 marmorne
Kissensteine auf den efeubepflanzten Gräbern, von 4
gußeisernen Pfosten mit Pinienzapfen und verbinden-
den Ketten begrenzt.   HR

18 **(Alter) Friedhof der St.-Matthäi-Gemeinde**
● (Großgörschenstr. 12–14)
*Der Friedhof wurde 1856 angelegt; zum alten »Ge-
heimratsviertel« gehörend, zeichnet er sich durch zahlreiche Grabstätten hoher Beamter, Gelehrter und Künstler aus. Im Zusammenhang der Speerschen Stadtpla-
nungen wurden 1938 im vorderen Bereich ca. 15 000 m²
enteignet und kostspielige Umbettungen vorgenommen.*
Hier im linken vorderen Teil blieb jedoch noch der
schlichte Stein für den Kunsthistoriker *Franz Kugler*
(1808–58) liegen.
Am Mittelweg rechts oben hat sich auf dem Grab des
Bildhauers *Friedrich Drake* (1805–82) nur der Granitsockel ohne Vase erhalten; gegenüber die lyrage-
schmückte Marmorstele für den Musikverleger *Gustav
Bock* (1813–63). – Auf der Höhe des Hauptweges
erhebt sich ein großes *Marmorkreuz* von guter Form
(1856). Unmittelbar rechts daneben ein feines marmornes Grabmal in der Neugotik der Spätromantik für *Fer-

dinand Streichenberg-Scharmer* (1838–56), ein Pfeiler
mit zierlichen Eckfiguren unter Baldachinen (Allegorien
der Architektur, Malerei, Geographie und Musik), auf
der Hauptseite ein trauernder Engel in spitzbogiger
Nische; sign. von A. J. Streichenberg 1858.
Am Ende des hier nach rechts führenden Querwegs auf
dem Grab des Staatsrechtlers *Julius Stahl* (1802–61) ein
Marmorkreuz mit Christus-Kopf. – Gegenüber an der
alten Mauer das Erbbegräbnis der Familie *Schemionek*:
ein großer Naiskos mit 2 Marmortondi von Siemering
(1870), links eine Trauernde, rechts Mutter mit Kind;
das Gitter erhalten. – Weiter hügelauf das Erbbegräbnis
M. L. Schleicher (1830–72), eine durch 3 Rundbögen
gegliederte 2farbige Granitwand mit Marmorarchitrav
und Marmortondi, vor dem mittleren die Bildnisbüste,
die seitlichen als Hochrelief den allegorischen Figuren der Bildhauerei und der Wissenschaft. – Am Querweg bezeichnen 4 schlichte Granitstelen zu Häupten
der Efeuhügel die Gräber der *Brüder Jacob* (1785–1863)
und Wilhelm Grimm (1786–1859), des Kunsthistorikers
Herman Grimm (1828–1901, Sohn von Wilhelm Gr.)
und *Richard Grimms* (1830–89). – Unweit am oberen
Querweg einander gegenüber in bewußt gleicher Form
die Granitstelen auf den Gräbern des Germanisten
Wilhelm Scherer (1841–86) und des Historikers *Georg
Waitz* (1813–86).
Wendet man sich zum Mittelweg zurück, so findet man
hinten den Grimmschen Gräbern die große Begräbnisstätte *Hansemann* von Friedrich Hitzig (1876) in Nachahmung eines antiken Heroons. Die halbhohe Mauer
mit kleiner Säulenstellung ist aus Marmor; den plastischen Schmuck an den stelenförmigen Eckpfeilern
und Portalpfeilern schufen Schievelbein und Itzenplitz.
Der vor der Grabkapelle frei aufgestellte Cippus aus
verschiedenfarbenem Granit mit Reliefporträts ist das
Grabmonument für den Staats- und Finanzminister
David Hansemann (1790–1864) und seine Frau; seitlich schöne antikisierende Marmorbänke und weitere
bildnisbesetzte Granitmäler; beide Bronzetüren erhalten.
Jenseits des Hauptwegs an dem vom Kreuz zur anderen
Seite führenden Querweg eine überlebensgroße Trauerfigur aus Marmor von Friedrich Schaper (1884) auf den
Grab von *W. Wahllaender*. – An demselben Weg die
Gräber der Ärzte *Wilhelm Griesinger* (1817–68; mit
marmornem Bildnismedaillon) und *Rudolf Virchow*
(1821–1902). – Schräg hinter der Schaperschen Figur
eine feine Marmorstele für den früh verstorbenen Archäologen *Fr. Matz d.Ä.* (✝ 1874) mit einem kleinen
Reliefbild des Studierenden und einer prächtigen Pal-
mettenbekrönung.
Die Erweiterungen nach 1884 ermöglichten weitere
Erbbegräbnisplätze an den Mauern in bes. aufwendigen
Architekturen: Die schönste und modernste ist die von
Schmohl entworfene, von 4 dorischen Säulen gegliederte Wand aus Muschelkalk mit Putten-Girlandenfries
unter strengem Giebel für den Architekten *Alfred Messel*
(1853–1909) an der rückwärtigen Mauer links; 8 große
eiförmige, einst mit Ketten verbundene Steine sind von
der Einfassung noch vorhanden. – An der Abschluß-
mauer hinten rechts ein pompöses Jugendstilmonument
für *Amalie Hofmann* mit einer Freifigur am Sarkophag

Schöneberg: Apostel-Paulus-Kirche. Kleist-Park. Kathreinerhaus   247

von Nicolaus Geiger; die Architektur von Bruno Schmitz. – Rechts davon das aus weißglasierten Ziegeln errichtete Mausoleum für den Kommerzienrat *Carl Bolle* (1832–1910), Begründer der Bolleschen Meierei. – In der Nähe, freistehend, die blockartig schmale Kalksteinfigur eines trauernden Orpheus, von den Schülern auf das Grab des Komponisten *Xaver Scharwenka* (1850 bis 1924) gesetzt.

2 Sandstein-Wandarchitekturen in renaissancistischer feinster Ornamentik seien noch hervorgehoben: an der zur Wannseebahn gelegenen Außenmauer das Grabmal für den Verlagsbuchhändler *Franz Joseph Frhr. v. Lipperheide* (1838–1906), den Stifter der nach ihm benannten Kostümbibliothek, mit Ornamentfries und Putten (in bedrohlichem Verfall), und ein anderes an der Rückseite der inneren rechten Mauer ganz oben (*Honig*, † 1881) mit einem Marmorengel in Nische; diesem gegenüber das Grabmal des Historikers *Heinrich v. Treitschke* (1834–96), heute ohne die Bildnisbüste von Uphues.   *HR*

Ehem. Maison de Santé (Hauptstr. 14/15).
3geschossige spätklassizist. Putzbauten, im rückwärtigen Teil mit gelben Ziegelfassaden. 1860 vom Arzt Dr. Eduard Levinstein gegründete Medizinische Anstalt; 1866 psychiatrische Abteilung von internationalem Ruf. Erster Neubau 1867 (Nr. 15); Erweiterungen u. a. 1885. 1919 geschlossen; seitdem unterschiedliche Nutzungen. Ausbau zum bezirklichen Kulturzentrum vorgesehen.   *GK*

Ev. Apostel-Paulus-Kirche (Akazienstraße).
Der 1892–94 von Franz Heinrich Schwechten errichtete backsteingot. Bau hat den Grundriß eines lateinischen Kreuzes; nicht geostet. Der 85 m hohe Turm steht im N, der ⁵/₈-Chor im S. Nach Beschädigungen im Krieg (1944) wurde die Kirche 1949 vereinfacht instand gesetzt, 1960/61 von Werner Gabler gründlich renoviert.   *GK*

Kindertagesstätte (Vorbergstr. 15).
Die von Stephan Heise gebaute, 1982 eröffnete Kindertagesstätte weicht mit ihrer phantasievollen Gestaltung des Äußeren wie dem maßstäblich gelungenen Inneren wohltuend von manchen Einrichtungen ab, die eher der Unterbringung als der Entwicklung kindlicher Aktivitäten dienen. Der sich zu einer kleineren Grünanlage abstaffelnde Baukörper gibt neue Maßstäbe und fordert zu einer Platzbildung heraus. Im Inneren kommt die geschickte Verwendung guter Materialien – Backstein, Beton, Holz, Farbe – der kindlichen Auffassung entgegen. Die künstlerische

Ausstattung, von Susanne Rié mit den Kindern entwickelt, fördert deren Kreativität.   *GK*

Heinrich-von-Kleist-Park (Potsdamer Straße)   22
Als Joachim I. 1506 das Dorf Schöneberg erwarb, legte er hier einen Küchengarten an, der bis 1679 bestand, als Johann Sigismund Elsholtz den 1646 mit dem Lustgarten geschaffenen Botanischen Garten hierher verlegte. Er blieb hier, bis ihn 1897–1903 ein weit größeres Gelände in Lichterfelde (→ S. 259) aufnahm. Aus der Zeit davor stammt noch der prächtige Baumbestand. 1911 erhielt der Park anläßlich des 100. Todestages Heinrich v. Kleists seinen Namen. – Den Zugang von der Potsdamer Straße aus bilden seit 1910 die

Königskolonnaden (Kleistkolonnaden)   22
1777 und 1780 nach Entwürfen Carl v. Gontards durch Georg Friedrich Boumann d. J. in Seehauser Sandstein ausgeführt, akzentuierten sie urspr. das Ende der vom Alexanderplatz nach NO in die Georgenvorstadt führenden damaligen Königstraße vor der Brücke des barocken Festungsgrabens. Dort mußten sie 1910 dem zunehmenden Verkehr weichen.

Der urspr. Sinn der reinen Schmuckarchitektur, deren Klassizismus noch viel von der schmiegsamen Grazie des Rokoko besitzt, lag in der Aufgabe, am Beginn der Innenstadt den Verlauf der auf das Schloß zuführenden Straße durch eine lebhaft rhythmisierte Säulenstellung zu begleiten. Diese Absicht kommt bei der heutigen freien Aufstellung nicht mehr zur Geltung. (Abb. S. 248.)

Der figürliche Schmuck auf den Pavillons an den Endigungen – Putten mit einem Korb –, auf den Postamenten der Balustrade – Putten mit Attributen des Handels und des Gewerbefleißes – und zwischen den Doppelsäulen der Mittelpavillons – Pomona, Hermes, Hygieia und ein Flußgott – stammen aus der Werkstatt von Wilhelm Christian Meyer und Johann Wilhelm Schultze. Bei gründlichen Restaurierungen des Baues 1952 und 1955–58 hat man die Figuren der Pomona, des Hermes und des Flußgottes durch Kopien ersetzt.   *HB-S*

Auf der Gartenseite des Kammergerichts sind die *Rossebändiger* von Peter Jakob Clodt v. Jürgensburg, 2 monumentale, grün patinierte Bronzegruppen, placiert worden (leider auf unprofilierten Sockeln und viel zu weit voneinander entfernt). Bis 1945 standen sie vor dem Schloßportal IV an der Lustgartenseite als Geschenk des Zaren Nikolaus I. an seinen Schwager Friedrich Wilhelm IV. (1842); Wiederholungen dieses bewunderten Werkes gelangten 1850 auf die Anitschkowbrücke in St. Petersburg und 1846 als Geschenk an den König in Neapel zur Aufstellung. Die meisterhafte Modellierung und die Erfassung eines feurigen Moments der edlen Pferde konnte für die Berliner Bildhauerschule (Kiss) nur beispielhaft sein.   *HR*

Kathreinerhaus am Kleistpark (Potsdamer   23
Str. 186). Der 1929/30 von Bruno Paul errich-

248 Schöneberg: Ehem. Kammergericht. Fernmeldeamt. Lutherkirche

Königskolonnaden (Kleistkolonnaden). Im Hintergrund: Ehem. Kammergericht

tete Stahlskelettbau lebt vom Kontrast mit den Königskolonnaden. Der doppel-T-förmige Grundriß des Gebäudes liegt so auf dem Grundstück, daß einer der 6geschossigen »Flansche« der Potsdamer Straße zugekehrt ist; der Eingang ist – symmetrisch – im 12geschossigen »Steg«, von der Verkehrsstraße abgerückt und den Kolonnaden zugekehrt. Die sehr bewegte Umrißlinie der Kolonnaden erhält so den notwendigen, strengen Halt, die strenge, horizontal geschichtete Architektur Bruno Pauls eine freundlich lockernde Arabeske. Der Raum zwischen dem Hochhaus (heute Sitz des Entschädigungsamtes) und den Kolonnaden war offen, ohne den heute trennenden kleinlichen Zaun. GK

24 **Ehem. Kammergericht** (Elßholzstr. 32)
Das Gebäude am Kleistpark wurde 1909–13 nach einem Vorentwurf aus dem Ministerium der öffentlichen Arbeiten (Paul Thoemer, Rudolf Mönnich, Fasquel u. a.) erbaut. 1945 wurde es Sitz des Alliierten Kontrollrats für Deutschland und der Alliierten Luftsicherheitszentrale für Berlin.
Das Kammergericht ist eine traditionelle preußische Einrichtung; seit der Neuordnung des Gerichtswesens 1879 war es Oberlandesgericht der Provinz Brandenburg und Oberstes preußisches Landgericht, seit 1950 ist es Oberlandesgericht des Landes Berlin. Bis 1913 hatte das Gericht seinen Sitz in der Lindenstraße

(→S. 167); z. Z. ist es noch im Gebäude des früheren Reichsmilitärgerichts in der Witzlebenstraße (→Gerichtsgebäude am Lietzensee) untergebracht.
Der aus Werkstein (Sandstein und Basaltlava) errichtete Bau bezieht sich auf norddeutsche Barockformen. Die Treppenhalle ist im Zopfstil ausgestattet. Die 3 Gesellschaftsräume der Präsidentenwohnung wurden von Bruno Paul eingerichtet. GK

Fernmeldeamt (Winterfeldtstr. 19–23). 7geschossiger Mauerwerksbau mit überhöhtem Mittelteil, Anklänge an expressionistische Formen und beginnende Sachlichkeit, 1923–29 von Otto Spalding und Kurt Kuhlow erbaut. – Erweiterung (Nr. 27–29) 1985–88 als 5- bis 6geschossiger Klinkerbau mit stark betonter Mittelachse von Jan Bassenge, Kay Puhan-Schulz und Partnern. GK

Zentral auf dem durch Abknicken der Bülowstraße entstandenen Dennewitzplatz steht die **Lutherkirche** von J. Otzen, 1891–94 in neugot., mit Elementen des rheinischen Übergangsstils und der Wirkung von Putzflächen und glasierten Ziegeln bereicherten Formen erbaut. Der Turm, asymmetrisch am (nördl.) Chor, steht in der Achse der Bülowstraße; die breit gelagerte südl. Eingangsfront mit 2 kurzen Türmen bereitet den weiträumigen Innenraum mit Sterngewölben vor. Vereinfachender Umbau 1959/60 durch Konrad Sage. *EB-S*

An der Apostelkirche
In der Achse von Zieten- und Genthiner Straße steht auf kleinem, geschlossenem Platz die 1874 von Hermann Blankenstein erbaute **ev. Zwölf-Apostel-Kirche.** Es ist ein Ziegelrohbau aus der Spätphase des »Rundbogenstils« der Berliner Schule, der mit Strebepfeilern, gebrochenen Apsiden und sehr spitzem gemauertem Turmhelm got. Elemente und im ganzen eine schlanke, aufstrebende Erscheinung erhält. Der Innenraum der 3schiffigen Hallenkirche macht durch Kreuzrippengewölbe einen monumentalen Eindruck. *EB-S*

Das **Gemeindehaus** (An der Apostelkirche 3) wurde 1966 von Ludolf v. Walthausen unter Verwendung von Stahlbetonbauteilen errichtet. – Von der urspr. Bebauung des Platzes sind das **Pfarrhaus** in Ziegelbau (1875), die verputzten Eckhäuser **Kurmärkische Str. 13** und **An der Apostelkirche 12** (1873) bemerkenswert. *EB-S*

Ehem. Neues Schauspielhaus, später Theater am Nollendorfplatz, heute **»Metropol«** (Nollendorfpl. 5). Erbaut 1906 von Albert Fröhlich als T-förmige Anlage mit Theater- und Konzertsaal. Putzfassade mit Granit- und Kalksteinelementen; Mittelrisalit mit großer, von einem Korbbogen überspannter Glaswand.

Jugendstilanklänge. – In diesem Haus hat zu Beginn der 30er Jahre Erwin Piscator inszeniert. *GK*

Für die Kreuzung Martin-Luther-/Kleiststraße hat Bernard Venet als Geschenk Frankreichs an Berlin anläßlich der 750-Jahr-Feier 1987 die Stahlskulptur *»Arc 124°«* geschaffen – ein kühn auftrumpfender Balanceakt, der mit der neuen Bebauung und dem flutenden Verkehr korrespondieren und optimistisches Weltstadtflair verbreiten will. *HB-S*

Dorland-Haus (»Haus der Werbung«; An der Urania 20–22). 3kantiger, 15geschossiger Bürohausturm in städtebaulich bedeutender Lage. Die Edelstahlfassade mit Beton-Giebelelementen läßt in ihrer klaren Spannung beste Traditionen der Sachlichkeit erkennnen. 1964–66 erbaut von Rolf Gutbrod, Horst Schwaderer und Hermann Kiess. *GK*

Wittenbergplatz. Waldemar Grzimek hat der Symmetrie des Platzes durch 2 verschiedene, 1985 aufgestellte *Schalenbrunnen* entgegengearbeitet. Dem nördlichen mit seiner klobigen Pilzform antwortet der erzählfreudige mit genrehaften Bronzefiguren im S. *HB-S*

Der **U-Bahnhof Wittenbergplatz** wurde 1910–13 von Alfred Grenander (im Zusammenhang mit der Eröffnung neuer Strecken nach Wilmersdorf und Dahlem sowie zur Uhlandstraße – heute Linien 2 und 3) auf einer Mittelinsel des Platzes erbaut. Das oberirdische Bahnhofsgebäude in neoklassizist. Formen hat einen kreuzförmigen Grundriß; seine

U-Bahnhof Wittenbergplatz. Eingangshalle

250   *Schöneberg mit Friedenau*

Längsachse liegt quer zum Platz sowie zum Straßenzug Kleiststraße – Tauentzienstraße. Die Haupteingänge liegen an den portalartigen Enden der Querachse. Die Halle erschließt 3 Bahnsteige mit 5 Gleisen; der zunächst geplante Ausbau auf 6 Gleise ist nie ausgeführt worden. Die Hallenmitte wird durch einen Aufbau mit Seitenlicht betont. Der Stahlfachwerkbau ist mit Muschelkalkplatten verkleidet. 1983 wurde der Bahnhof von Wolf-Rüdiger Borchardt restauriert.   *GK*

32 **»Tauentzien-Palast«** (Nürnberger Str. 50–55). Das Geschäftshaus (früher »Femina-Palast« und Sitz des »Berliner Theaters«, jetzt Sitz des Finanzsenators) wurde 1928–31 in mehreren Abschnitten von Hans Bielenberg und Josef Moser für die Reichsmonopolverwaltung für Branntwein erbaut, ein Stahlskelettbau im 3-Ständer-Typ. Die fast 156 m lange Fassade an der Nürnberger Straße ist mit Travertinplatten verkleidet. Die Brüstungen zwischen den zusammengefaßten Fensterbändern laufen abgerundet um vorgezogene Erker. Die Lage des langen Gebäudes an der Straße läßt die Symmetrie kaum sichtbar werden.   *GK*

Friedenau

Nach einem von J. A. W. v. Carstenn angeregten Bebauungsplan von Johannes Otzen entstand Friedenau seit 1871 südwestl. von Schöneberg auf dem Gebiet des Rittergutes Deutsch-Wilmersdorf als mittelständisches Villengebiet um den Friedrich-Wilhelm-Platz. In den 1870er Jahren wurden zunächst das Gebiet zwischen Bundesallee (urspr. Kaiserallee) und Rheinstraße sowie

das östl. davon gelegene um die Kaisereiche locker bebaut. Seit 1885 verlor Friedenau mehr und mehr den Charakter einer Landhauskolonie und erhielt eine dichtere Bebauung. 1910 zählte die (bereits 1874 selbständig gewordene) Landgemeinde 32 500 Einwohner. 1920 wurde sie ein Ortsteil von Schöneberg.   *HB-S*

Zentrum der Bebauung ist der **Friedrich-Wilhelm-Platz** mit der heutigen **Bundesallee** als N-S-Achse und der **Schmargendorfer** bzw. **Wiesbadener Straße** als O-W-Achse. Die heutige Straßenführung widerspricht der symmetrischen Platzanlage.   *HB-S* 3

Die ev. Kirche Zum Guten Hirten, ein neugot. Ziegelbau von Carl Doflein, 1891–93, entspricht dieser städtebaulichen Situation, indem sie sowohl die N-S-Achse durch Turm und Chor als auch die Langseiten des Platzes durch gereihte Giebel über den Seitenschiffen betont.   *HB-S*

Südl. davon beschreiben **Stubenrauch**- und **Handjerystraße** zusammen einen Halbkreis. – Das imposante **Rathaus** (Breslauer Platz) von Hans Altmann (1913–15) erinnert an die einstige Selbständigkeit. *HB-S* 3

Auf dem **Perelsplatz** steht der *Sintflut-Brunnen* von Paul Aichele, von jugendstiler Pathetik in dem ertrinkenden nackten, sich die Hände reichenden Paar und der auf der Spitze des Felssockels hockenden Mutter, die ihr gerettetes Kind in den Armen birgt. (1931 von der Ecke Stubenrauchstraße/Südwestkorso hierher versetzt.)   *HR* 3

Dritter Schöneberger (ehem. Friedenauer) **Friedhof** 3
(Stubenrauch-, Fehlerstraße). Hier steht das Grabmal für *Ferruccio Busoni* (1866–1924), das Georg Kolbe 1925 im Auftrag des preußischen Ministers für Wissenschaft, Kunst und Volksbildung schuf; ein hoher Steinpfeiler (vor der Kriegszerstörung aus rosa Untersberger Marmor) mit der Bronze »Genius« von 1922, einer mit erhobenen Armen halb schwebenden Figur, deren kubistisch gebrochene Gewandpartien das Ekstatische der Haltung hervorheben.   *HR*

BEZIRK STEGLITZ

1920 wurden Steglitz, Großlichterfelde (→ S. 256), Lankwitz (→ S. 255) und Südende (→ S. 255) zum 12. Verwaltungsbezirk zusammengeschlossen.

Steglitz

Das Straßendorf Steglitz wird urkundlich 1375 als Besitz eines Herrn v. Torgow zu Zossen erstmals erwähnt. Die alte Dorfaue lag bei der Mündung der Grunewald- in die Schloßstraße, die – 1881 abgebrochene – Dorfkirche südl. der Matthäuskirche von 1876–80. 1478 wurde das Dorf von der Berliner Patrizierfamilie Schaum, 1524 von der Familie v. Spiel erworben, die 1550 hier einen Rittersitz anlegte. Nach dem Aussterben dieser Familie 1703 wechselte Steglitz häufiger den Besitzer, bis es 1841 an den preußischen Domänenfiskus fiel. 1848 entstand die Kolonie Neu-Steglitz längs der Straße nach Schöneberg. Es folgte die Bebauung zwischen dem Weg nach Mariendorf (Albrechtstraße) und nach Lankwitz (Birkbuschstraße). 1870 schlossen sich das Dorf Steglitz und die Kolonien zu einer Gemeinde zusammen. 1872 wurde der Park des Gutshauses, der Fichtenberg, parzelliert und ein Villenviertel darauf angelegt. Seitdem wuchs der Ort, der 1800 137 und 1866 750 Einwohner zählte, rapide (1871: 1899; 1875: 5467; 1900: 21168; 1919: 83366). Die Schloßstraße entwickelte sich nach dem 2. Weltkrieg zu einer Hauptgeschäftsstraße mit großen Warenhäusern. HB-S

Außer dem Herrenhaus und der Grünanlage vor der Matthäuskirche, an der Stelle der Dorfaue, erinnert nichts mehr an die dörfliche Vergangenheit. HB-S

Herrenhaus Steglitz [1]

1801 erwarb der Geheime Kabinettsrat Carl Friedrich Beyme das allodiale Rittergut, legte einen Landschaftsgarten an und ersetzte 1804 das vorhandene Herrenhaus durch einen von David Gilly und Heinrich Gentz ausgeführten Neubau, der nach neueren Forschungen auf Ideen Friedrich Gillys zurückgeht. Nach 1853 bewohnte der populäre Generalfeldmarschall Wrangel das Haus. Als »Wrangelschlößchen« diente es lange als Restaurant. Eine Wiederherstellung ist eingeleitet.

Das Herrenhaus kann heute als nobelstes in Berlin erhaltenes Beispiel des Klassizismus

Herrenhaus Steglitz. Der Entwurf von Heinrich Gentz (1803) in der Kopie von C. Elsner (1810)

um 1800 mit seiner Vorliebe für geometrische Strenge gelten. – Hauptseite ist die durch Anbauten entstellte *Gartenfront* mit ihrem weit vorspringenden Risalit (dahinter ein runder Saal) und seinen 4 dorischen Säulen davor, die einen Balkon tragen, hinterfangen im Obergeschoß von einem Halbkreisfenster. Das Dachgeschoß ist in der Mitte ausgebaut und besitzt 3 Rundbogenfenster. Einfacher war die urspr. in ein Geviert von Gutsgebäuden eingebundene *Hoffassade* mit 3achsigem Risalit, Dreiecksgiebel und Freitreppe. Der plumpe Vorbau stammt von 1920. Bei aller Schlichtheit geistreich ist die 3achsige *Seitenfront* mit fein gestuftem Wandrelief gestaltet. Die Geschosse sind ringsum durch ein nur an den Risaliten unterbrochenes Band mit einem Doppelmäander getrennt. *HB-S*

In den **Grünanlagen** zwischen Herrenhaus und Rathaus an der Stelle der alten Dorfaue steht als Mahnmal für die 1933–45 Verfolgten die Bronzefigur eines *Gefesselten* von Gisela Boeckh v. Tzschoppe (1960). *HB-S*

2 Dahinter erhebt sich die **ev. Matthäuskirche** von Emil Gette, 1876–80 als Ersatz der kleinen baufälligen Dorfkirche des 14. Jh. erbaut. Der Backsteinbau in klaren neugot. Formen zeigte urspr. seine Seitenansicht mit Turm und Querschiffgiebel – beide durch Blendfenster mit Putzspiegeln geschmückt – zur Schloßstraße als Schauseite. – Auf dem Gelände vor der Kirche errichtete Otto Rudolf Salvisberg 1930 das **Gemeindehaus** (Schloßstr. 44), einen U-förmigen Backsteinbau in strengen Formen mit hohem, 3gliedrigem Pfeilerdurchgang. *EB-S/GK*

3 Das **Rathaus Steglitz** (Schloßstr. 36/37) wurde 1896/97 in Anklängen an die märkische Backsteingotik von Reinhardt und Süßenguth erbaut. Die Portalzone hat der Stadtbaurat Fritz Freymüller durch Wegnahme eines vorspringenden Portals 1929 stark verändert. *GK*

Dem Rathaus gegenüber erhebt sich auf der S-Seite des Hermann-Ehlers-Platzes der Turmbau des als Investitionsruine zu zweifelhaftem Ruf gekommenen **»Steglitzer Kreisels«** (Architektin: Sigrid Kreßmann-Zschach) mit 4geschossigem Sockelbau und Parkhaus. Lediglich die unteren der 30 Geschosse mit 2 **U-Bahnhöfen** (Architekt: Rainer Gerhard Rümmler) sind 1974 rechtzeitig fertiggestellt

worden. Heute ist hier u. a. die Steglitzer Bezirksverwaltung untergebracht. *GK*

Kath. Rosenkranz-Basilika (Kieler Str. 11) (Farbabb. 12)

5

Als erste kath. Kirche im SW Berlins 1899/1900 von Christoph Hehl erbaut. Der Bau hatte nur geringe Kriegsschäden und konnte nach dem Krieg zunächst die Funktion der stark beschädigten St.-Hedwigs-Kathedrale übernehmen. Seit 1950 »Basilica minor«.

Auf dem Grundriß eines griechischen Kreuzes erhebt sich der von einer Kuppel geschlossene Zentralraum. An der NO-Seite 3 Apsiden mit Altären. Zu diesem byzantinisch wirkenden Zentralraum in starkem Kontrast steht der einfache, mächtige Außenbau, ein über 30 m breiter, in die Straßenfront eingebundener Riegel mit gestaffeltem Aufbau, der an märkische Backstein-Westwerke erinnert. 3 Rundbogenportale, das mittlere übergiebelt, tragen ebenso dazu bei wie die zu Zweier- und Dreiergruppen zusammengefaßten Fenster der Turmfront.

Zur reichen Ausstattung gehören die vollständige *Ausmalung* (begonnen von Friedrich Stummel, 1921 weitergeführt von Theodor Nüttgens, beendet 1930 von Karl Wenzel), die das Rosenkranzgebet thematisiert; der Hochaltar von Wilhelm Haverkamp, Kanzel und Taufbecken. Die Kirche besitzt jetzt ihre vierten Glocken: Die ersten und zweiten mußten in den Weltkriegen abgeliefert werden; die Stahlglocken aus den 50er Jahren wurden 1975 durch Bronzeglocken ersetzt. *GK*

Der **U-Bahnhof Schloßstraße** (fertiggestellt 1974) ist der erste des seit 1953 laufenden U-Bahn-Erweiterungsprogramms, der von freien Architekten gebaut worden ist. Ralf Schüler und Ursulina Schüler-Witte haben durch konsequente Verwendung von Sichtbeton und serienreif vorfabrizierten Elementen ein eindrucksvolles Verkehrsbauwerk geschaffen, das 5 Verkehrsebenen zusammenfaßt: 2 2gleisige U-Bahnhöfe liegen übereinander, die im Richtungsverkehr benutzt werden (unterer Bahnsteig −3 Richtung S, oberer Bahnsteig −2 Richtung N); die Gleise für die künftige Linie 10 sind schon mitgebaut. Darüber befindet sich in der Ebene −1 das Verteilergeschoß, das gleichzeitig als Fußgängerpassage dient. Über der Straßenebene (±0) liegt in der Ebene +1 eine **Autobahnüberführung**, deren Bushaltestellen über feste und Fahrtreppen sowohl mit der Straßenebene als auch mit den U-Bahn-Ebenen verbunden sind. Am westl. Kopf der Autobahnüberfüh-

6

rung liegt ein mehrgeschossiges **Turmrestaurant** (»Bierpinsel«) mit ausladendem Kopf. *GK*

Forum Steglitz (Schloßstr. 1/2). Mehrgeschossiges Einkaufszentrum mit zentralem Lichthof, in Galeriegeschosse gegliedert, angelehnt an das Moskauer »GUM«-Kaufhaus. Stahlskelettbau in Verbundbauweise, erbaut 1968–70 von Georg Heinrichs mit Finn Bartels und Christoph Schmidt-Ott. *GK*

Titania-Palast (Schloßstr. 4/5), 1926–28 von den Düsseldorfer Architekten Schöffler, Schloenbach und Jacobi als Großkino erbaut, aus glatten Kuben geschichtet, mit auffallendem Lichtturm und Streifenornamentik, der Kinosaal damals mit schwingenden Formen an Rang und Decke. Nach mehreren Umbauten heute für Mehrzwecknutzung eingerichtet; im Erdgeschoß Läden. *GK*

8

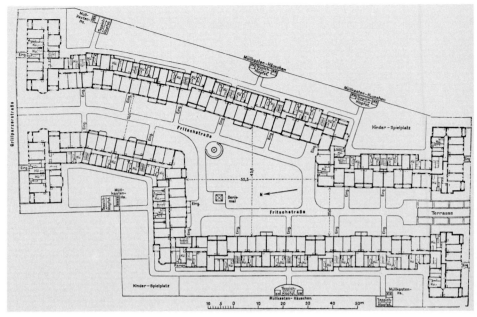

Wohnbebauung Fritschweg. Lageplan

Wohnbauten am Fritschweg

Die **Wohnbauten** am F r i t s c h w e g (zwischen Grill-parzer- und Rückertstraße) haben Paul Mebes und Paul Emmerich 1907/08 für den Beamten-Wohnungs-Verein zu Berlin errichtet: 4- bis 5geschossige Häuser mit 130 Wohnungen, aus Rathenower Handstrichziegeln in handwerklicher Arbeit hergestellt, mit weißen Sprossen-Holzfenstern. Sie sind in ihrer stilistischen Haltung an Vorbilder aus der Zeit »um 1800« (so ein Buchtitel von Mebes) angelehnt, rhythmisch gegliedert und tragen bildhauerischen Schmuck von Walter Schmarje.

Der Fritschweg (damals Fritschstraße) hat als Privat-straße noch heute den Charakter einer ruhigen Wohn-straße, zu dem auch der gepflegte Baumbestand bei-trägt. *GK*

Um den **Fichtenberg**, auf dem ehem. Gutspark-Areal, wurde ab 1872 eine **Villenkolonie** angelegt. Von den gründerzeitlichen Villen sind hier in der S c h m i d t - O t t - S t r a ß e **Nr. 21** und in der L e p s i u s s t r a ß e **Nr. 86** und **101** hervorzuheben. *HB-S*

An der S c h m i d t - O t t - S t r a ß e ist **Nr. 17** 1932 von Erich Richter als eigenes **Wohnhaus** erbaut worden. 3geschossiger, weiß geschlämmter Backsteinbau auf re-lativ schmalem Grundstück mit Hanglage; die Garten-seite ist daher nur 2geschossig. Einfacher Grundriß mit tragender und gliedernder Mittelwand; knappe, vorzüg-lich beherrschte Details. Das 2.Obergeschoß besitzt nach SW eine breite Sonnenterrasse. *GK*

Am C a r l - H e i n r i c h - B e c k e r - W e g, **Nr. 19**, hat Ludwig Hilberseimer 1935 ein 2geschossiges **Wohn-haus** in Backsteinbauweise errichtet, das mit einem flachgeneigten Walmdach aus Pfannen gedeckt ist. Das winkelförmige Haus hat einen einfachen Grundriß; die Wohnräume sind ihrer Funktion entsprechend aufge-reiht. Der große Wohnraum liegt im kürzeren Gebäude-flügel; ihm ist eine große Terrasse zugeordnet. *GK*

An der L e p s i u s s t r a ß e, **Nr. 112**, hat Hugo Häring 1936 ein 2- bis 3geschossiges **Wohnhaus** über einem unregelmäßigen, frei gegliederten Grundriß errichtet, dessen Wohnraum sich nach W zum Garten öffnet. Sockelgeschoß aus Sichtbeton, die beiden darüber-liegenden Geschosse mit Klinkern im Preußverband verkleidet. Flachgeneigtes Schieferdach mit knapper Gesimsausbildung. Das Haus paßt sich dem Gelände-hang an. Häring hat das Haus später durch Anbau eines Wintergartens erweitert. *GK*

In dem 1906-12 aus alten Gutsgärten gebildeten **Stadt-park** bei der Sedanstraße mit einer herrlichen Platanen-allee hat im Rosengarten die *Kniende*, eine Bronze von Josef Limburg (1959), Aufstellung gefunden und im östl. Teil die Bronzefigur eines *Bacchus* von R. Ohmann (1880). *HR*

An S t e g l i t z e r und M u n s t e r d a m m wurde 1931/ 1932 die »**Rauchlose Siedlung**« (»rauchlos«, da ohne Feuerheizung) von Paul Mebes und Paul Emmerich so-wie Heinrich Straumer errichtet, 4geschossige Putzbau-ten mit Flachdächern in strenger N-S-Anordnung. Die Zeilen stoßen stumpf auf den Steglitzer Damm. Die Häuser von Mebes sind durch die für ihn typischen ver-glasten Loggien charakterisiert. Die Bauten Straumers längs des Munsterdamms sind durch Rücksprünge et-was stärker gegliedert. *GK*

An der W a l s r o d e r S t r a ß e wurden 1933/34 eben-falls von Mebes und Emmerich 4geschossige **Zeilen-häuser** als Putzbauten mit Flachdächern ausgeführt. *GK*

Auf dem **Städt. Friedhof Bergstraße** (37–47) ist das Grab des Malers und Begründers der Berliner Secession *Walter Leistikow* (1865–1908), eine schlichte Kalkstein-Stele mit reliefiertem Kranz von Rosen im Giebelfeld (Entwurf des Architekten Seeck). *HR*

Südende

Der Ort an der Bahnstrecke nach Halle, östl. von Steglitz, wurde 1872 als Landhaussiedlung gegründet. 1900 zählte er 107 Häuser mit 1276 Einwohnern. Die urspr. zu Ma-riendorf gehörende Siedlung wurde 1920 mit ihren inzwi-schen 3690 Einwohnern zu Steglitz geschlagen, mit dem sie zusammengewachsen war. Im Krieg weitgehend zer-stört, erhielt Südende durch den Wiederaufbau seit 1959 einen überwiegend modernen Charakter. *HB-S*

Ehem. Scherk-Haus (Kelchstr. 31)

1926/27 von dem Hamburger Architekten Fritz Höger erbaut. Die ehem. Parfümeriefabrik dient jetzt Instituten der Freien Universität.

Das unweit des Bahnhofs Südende im spitzen Winkel der Gleisanlagen zwischen der Anhal-ter und der Dresdener Eisenbahn gelegene Gebäude trägt alle Kennzeichen des von Hö-ger gepflegten Klinkerbaus.

Nur ein kleiner Teil, etwa ein Viertel, der von Höger geplanten Anlage ist ausgeführt worden. Der Lageplan sah eine kräftige Gliederung der Baukörper vor, mit der der Architekt eine kubische Gesamtwirkung erstrebte. Der ausgeführte Bauteil ist streng symmetrisch; 2 vor-springende Trakte schließen einen stark verglasten Mit-telbau ein. Dunkelrote Klinker mit kräftigen Zackenorna-menten, die nicht nur das oberste Geschoß bekrönen, sondern darüber hinaus die Gebäudeflächen mit einem diagonalen Raster überziehen. Bei der Wiederherstel-lung (nach Kriegsschäden) wurde auf die Ziermuster ver-zichtet, was den Gesamteindruck beeinträchtigt. *GK*

2geschossiges **Wohn- und Atelierhaus** (Buhrowstr. 19, fr. Bahnstraße) von Paul Rudolf Henning (1886–1986), 1929–32 erbaut, ein sachlicher Bau in klarer Form, den Henning – er war auch Bildhauer – bis zu seinem Tode bewohnte. *GK*

Lankwitz

Das Angerdorf, dessen Kern mit der Dorfkirche als Alt-Lankwitz erhalten ist, wird erstmals 1239 erwähnt, als die Markgrafen von Brandenburg das Dorf dem Span-

256 Steglitz: Lankwitz. Lichterfelde

dauer Nonnenkloster überließen, bei dem es bis zur Reformation verblieb. Es zählte im Mittelalter etwa 50 Einwohner und besaß im 17. Jh. 9 Bauernstellen. Die Entwicklung zur Gartenstadt begann mit der Gründung des Rosenthalschen Villenbezirks westl. der Bahnlinie nach Halle seit 1869/72. Es folgten ein südöstl. davon gelegener Ortsteil mit Mietshäusern und seit 1901 das Villenviertel Lankwitz-Süd südl. der Waltershauser Straße. Um 1900 formierten sich das Dorf und seine Randsiedlungen zu einem Gemeinwesen von städtischem Charakter. Der Anstieg der Einwohnerzahlen veranschaulicht die Entwicklung (1801: 149; 1856: 334; 1900: 4111; 1919: 12397; 1939: 33780). HB-S

Reste der dörflichen Bebauung finden sich noch in der Mühlenstraße (**Nr. 4**, **5**, **22**, **32**), die von Alt-Lankwitz nach S führt, und am östl. Ende der Dorfaue. Hier (**Nr. 37/39**) ist das **Lehnschulzengut** des 18. Jh. (mit schlechtem Verputz) erhalten; jetzt Nonnenkloster des Theodosius-Krankenhauses. **Nr. 43** ist ein zierlicher spätklassizist. Bau der Schinkel-Schule von 1875 (**Hospiz Angelicum**); einem Mittelteil in Form eines Antentempels sind 2achsige Flügel angefügt. – Zeugnisse der Zeit der Entwicklung zur Stadt sind die **ev. Dreifaltigkeitskirche** (Paul-Schneider-Straße; 1903–06, Ludwig v. Tiedemann), die **kath. Mater-Dolorosa-Kirche** (Kurfürstenstr. 59; 1911), das **Rathaus** (Leonorenstr. 70; 1911, Ratz) und andere öffentliche Gebäude. HB-S

Vor dem Haupteingang des Rathauses steht ein passender Muschelkalk-*Brunnen* von L. Isenbeck mit den Köpfen der 4 Winde, reizenden Sirenen und einer allegorischen Figur des Sommers auf dem Brunnenstock.
HR

22 **Dorfkirche** (Alt-Lankwitz). Der langgestreckte, urspr. turmlose Bau aus noch relativ sorgfältig behauenen Granitquadern besteht aus einem Langhaus, dem eingezogenen niedrigeren Chor und der runden Apsis. Die Formen weisen auf das 13. Jh. Urspr. sind das W-Portal und 2 kleine Rundfenster in der Apsis. Die übrigen großen Rundbogenfenster mit barocker Sprossung stammen von 1757, als man auch einen mit Brettern verkleideten und mit einer geschweiften Haube bekrönten Dachturm aufführte. Nachdem die Kirche 1943 ausgebrannt war, wurde sie 1955/56 wiederaufgebaut. Dabei wurde der Turm niedriger und schmaler gestaltet sowie mit einem einfachen Pyramidendach versehen.

Das modern ausgestattete Innere enthält das Epitaph des 1540 verstorbenen Bürgermeisters Joachim Reiche aus der Marienkirche. HB-S

In der Leonorenstraße liegt (**Nr. 35**, etwas zurückgesetzt auf dem Gelände des Städtischen Krankenhauses Steglitz, von der Straße durch eine stichartige Zuführung zu er-
23 reichen) die **Landeslehranstalt für Medizi-**

nisch-Technische Assistenten, 1963–67 von Gerd und Magdalena Hänska erbaut, ein vielgliedriger Backsteinbau mit sichtbaren, konstruktiv bedingten Betonteilen, dessen rechtwinklig angeordnete 4 Flügel von der zentralen Halle im 2geschossigen Mitteltrakt erschlossen werden. Der 4geschossige Bauteil (im NO der Anlage) enthält die Laboratorien, ein 2geschossiger Bauteil die Hörsäle. 2 weitere 1geschossige Flügel dienen der Röntgen- und der Isotopenabteilung. GK

Nr. 53: Das **Wohnhaus** wurde 1932 von Hans und Wassili Luckhardt und Alfons Anker erbaut. 2geschossiges Haus mit strengem, rechteckigem Grundriß und 1geschossigem Bauteil, der Atelier, Küche und Eingang aufnimmt. Der Wohnteil ist zum Garten (nach O) großflächig geöffnet. Alle Mauerwerksteile sind, wie die Straßeneinfriedung, mit weißen Keramikplatten verblendet. GK

Das **Wohnhaus Nr. 44** (Haus Hesse) in der Siemensstraße wurde 1933 von Egon Eiermann und Fritz Jaenecke erbaut. Ebenerdiger, flachgedeckter, rechteckiger Baukörper mit Garagenvorbau, mit lederfarbenen Ziegeln im Prüßverband verblendet. Großflächige Fenstertüren führen zur Terrasse im SW. Klar gegliederter Grundriß von großer Einfachheit und Reife – gebaut von Architekten, die zu jener Zeit nicht einmal 30 Jahre alt waren. Das Haus ist heute leicht verändert. GK

Nicolaistraße. **Nr. 7** (Ecke Siemensstraße) ist 1928 die **Elektro-Mechanik-Fabrik** von Martin Punitzer erbaut worden. Der Bau besitzt auf einem Untergeschoß 2 hohe Obergeschosse, die durchlaufend verglast und an der Ecke im Bogen herumgeführt sind. Die Verkleidung der Brüstungen besteht aus lindgrünen keramischen Platten. Die Werkstätten für schwere Maschinen liegen – mit den Sozialräumen – im Untergeschoß, die übrigen Werkstätten im Erdgeschoß, Büros und Verwaltungsräume im Obergeschoß. GK

Nr. 8–12, daneben, stehen die 1958 von Konrad Sage und Karl Hebecker errichteten Bauten der **Electrica-Kondensatorenfabrik**. Liegende Stahlbetonbinder in kreuzförmiger Anordnung bilden das Gerüst für die versetzten Sheddächer. Dazu gehört ein 2geschossiges Bürohaus. GK

Lichterfelde

Das Gebiet war, wie Funde zeigen, seit der Jüngeren Steinzeit besiedelt. Das Angerdorf »Lichtervelde« wird

1375 erstmals erwähnt. Im 17. Jh. besaß es 6 Bauernstellen. 1865 erwarb J. A. W. v. Carstenn das Rittergut Lichterfelde und legte westl. des Dorfes bis zur Straße von Steglitz nach Zehlendorf eine Villenkolonie an, die sich indes erst nach 1880 rascher entwickelte. 1871 schenkte Carstenn dem Staat das Gelände für die Hauptkadettenanstalt (Steubenhaus). Lichterfelde, das seit dem Mittelalter bis um 1800 (121 Einwohner) kaum gewachsen ist, zählte 1871 989, 1875 2051, 1900 (nach der Vereinigung mit Giesensdorf 1877 zur Gemeinde Großlichterfelde) 23 168, 1919 47 213 Einwohner. HB-S

7 Die noch vorhandene **Dorfaue** – im Verlauf des **Hindenburgdamms**, zwischen Bäkestraße und Schloßpark – ist ganz von aufwendigen **Villen** des späteren 19. Jh. und **neueren Bauten** umstanden. Die alte **Dorfkirche** wird von der großen **ev. Pauluskirche** (1900, Fritz Gottlob) überragt. HB-S

7 **Dorfkirche.** Der aus Feldsteinen roh aufgemauerte Bau (14. Jh.) bestand urspr. nur aus einem rechteckigen Saal. Der Dachturm wurde mehrfach verändert. 1776 wurde im N eine Gruftkapelle mit dem Wappen der Familie Bülow über der Tür angefügt, 1789 im W eine mit dem Wappen der v. Beguelins, die später nach S vergrößert wurde und als Eingangshalle das alte W-Portal in sich aufnahm. In der Eingangshalle befindet sich das Grabmal der 1797 verstorbenen Christine v. Beguelin. HB-S

Am Hindenburgdamm (Nr. 20) nördl. der Dorfaue, am Rande eines sich zum Tal der Bäke hinziehenden Parks, liegt das **Schloß Lichterfelde**, ein im Kern frühklassizist. Bau, den J. A. W. v. Carstenn 1865 erwarb und umgestaltete. Auf diesen Umbau gehen die erhöhten Seitenriegel mit ihren verzierten Rundbogenfenstern zurück sowie der allgemeine feine spätklassizist. ornamentale Schmuck an den Fenstern und am Portal. EB-S 28

Hygiene-Institut der Freien Universität (Institute für Hygiene, Medizinische Mikrobiologie, Immunologie und Virologie) an der Lichterfelder Dorfaue (Hindenburgdamm 27), 1970–74 von Hermann Fehling und Daniel Gogel erbaut. Der Bau dient nicht nur der Forschung und Lehre, sondern hat auch praktische Aufgaben für die Berliner Universitätskliniken zu übernehmen. Ein frei geformter, mehrfach gestaffelter Stahlbetonbaukörper, der sich von der historischen Dorfaue in gebührendem Abstand hält und sich zur Mitte dramatisch staffelt. Lehre und Forschung sind durch die *Bibliothek* (mit einer Stellfläche für etwa 15 000 Bände) gleichsam miteinander verbunden. An der W-Seite, dem Hindenburgdamm zugeordnet, liegen die frei geform- 29

Schloß Lichterfelde. Gartenfront

258 Steglitz: Lichterfelde. Tierlaboratorien. Klinikum. Villenkolonie

Hygiene-Institut der Freien Universität

ten Bauten des *Hörsaals* (für 316 Hörer) und des teilbaren *Kurssaals* (für 204 Praktikanten). *GK*

30 **Zentrale Tierlaboratorien der Freien Universität** (Krahmerstr. 6–12). Der Mastaba-artige, geschlossene Betonbau (»Mäusebunker«) mit nur wenigen Fenstern und nach N gerichteten Lichtgauben wurde 1971–80 in mehreren Abschnitten von Gerd Hänska errichtet. *GK*

31 **Klinikum Steglitz der Freien Universität** (Hindenburgdamm 30)
Das Klinikum wurde, z.T. aus US-amerikanischen Mitteln finanziert, 1959–67 von den Architekten Curtis und Davis (New Orleans) und Franz Mocken erbaut.
Der Komplex besteht aus einem kompakten Hauptgebäude und zahlreichen Nebenbauten. Das **Hauptgebäude** ist ein etwa 225 × 110 m messender Komplex, dessen untere Zone sich in 3 parallel laufende 3geschossige Flügel gliedert, die an den Köpfen miteinander durch Querriegel verbunden sind. Auf diesem Unterbau erheben sich in symmetrischer Anordnung ein der Lehre zugeordneter Behandlungsbau mit Polikliniken und Forschungslabors, parallel dazu die den Unterbau überragenden 5geschossigen Bettenflügel in V-Anordnung, die mit Beton-Rasterfassaden überzogen sind. Das Erdgeschoß dient der Erschließung der gesamten Baugruppe. Die Zugänge für Patienten liegen an der N-Seite, die Personaleingänge im O und die Zugänge für Studenten im S.
Vor dem Gebäude eine große *Stahlplastik* von George Rickey, 2 an einen Mast montierte, bewegliche rechteckige Flügel. *GK*

In den **Parkanlagen am Teltowkanal** nahe der Bäkebrücke steht das *Denkmal für Otto Lilienthal* (1848–96) von Peter Breuer (1914). Die kühnen Flugversuche des in Lichterfelde ansässigen, zu Tode gestürzten Ingenieurs hat Breuer in einer schönen Ikarus-Gestalt mit ausgebreiteten Flügeln und mit einem zur Sonne gerichteten Blick symbolisiert; die Aufstellung in ca. 6 m Höhe auf einem Sandsteinsockel von steiler Pyramidenform und fast heraldische Umriß erweisen das Mal als klassizistisch geläutertes Jugendstilwerk. Am Sockel vorn ein mittelmäßiges Reliefbildnis, auf der Rückseite ein Zitat Leonardos da Vinci (schlecht erneuert). *HR*

Die 1868 von Carstenn gegründete **Villenkolonie Lichterfelde** konzentriert sich um den als diagonales Quadrat angelegten Marienplatz. Von der Bebauung mit spätklassizist. Villen der Schinkel-Schule um 1870 wurden gerade in neuerer Zeit einige zerstört; unter den erhaltenen sind bemerkenswert: Bahnhofstraße **Nr. 37a**, ein gelber Ziegelbau mit kurzem, asymmetrischem Turm; **Nr. 36**, Putzbau mit Rankenfries im Dachgesims; **Nr. 35**, gelber Ziegelbau mit mittlerem Giebeltrakt, reich ornamentiert. Ostpreußendamm **Nr. 30**, ein roter Ziegelbau mit mittlerem Giebeltrakt, durch hervorstechend große korinthische Pilaster anspruchsvoll gegliedert. Marienstraße **Nr. 24**, Ecke Marienplatz, gelber Ziegelbau mit linkem erhöhtem Giebeltrakt und Ornamentfriesen. Bassermannweg **Nr. 21** mit zarter dorischer Pilasterfassung der Fenster und pergolaartiger Gartenmauer. – Unter den Häusern des späten 19. Jh. sind die Reihenhäuser **Bassermannweg 7–11**, um 1885, interessant. *EB-S*

4 Das **ehem. Wohnhaus Andresen** in der Frauenstraße (**Nr. 6**) baute 1906 Sepp Kaiser. Verputzter Backsteinbau mit ausladendem Dach. Schmuckglieder aus Werkstein. Das Portal bekrönt von einem Balkon, der auf 4 Säulen ruht. *GK*

5 Westl. des Teltow-Kanals liegen einige bemerkenswerte **Villen** von Gustav Lilienthal (1849–1933; Bruder des Flugpioniers Otto Lilienthal, mit dem zusammen er auch den »Anker-Steinbaukasten« erfunden hat). Sie lehnen sich in ihrer Mischung aus Backstein- und Putzfassaden formal an ältere englische Landhäuser an; bezeichnend sind Zinnen und Tudorbögen. Die wichtigsten liegen an Tietzenweg (**Nr. 51/53**), Weddigenweg (**Nr. 8, 9, 16, 17**), Walter-Linse-Straße (**Nr. 10**), Potsdamer Straße (**Nr. 57, 63**), Paulinenstraße (**Nr. 25, 26, 27, 28**), Ringstraße (**Nr. 58, 60/61**), Marthastraße (**Nr. 4, 4a**), Geibelstraße (**Nr. 6**). *GK*

5 An der Curtiusstraße (**Nr. 6**) nahe dem S-Bahnhof Lichterfelde West, steht ein auffallendes **Fachwerkhaus**, 1895 von Wilhelm Sander erbaut, 1973 von der Stadtbildpflege restauriert. *GK*

7 Das **Laubengangwohnhaus** in der Neuchateller Straße (**Nr. 19/20**) wurde 1929/30 von Paul Mebes / Paul Emmerich (linker Abschnitt) und Anton Brenner (rechter Abschnitt) erbaut. 3- bis 4geschossiger Stahlbau mit 2 vorgezogenen Treppenhäusern, von denen zu den Wohnungen führenden Laubengänge zugänglich sind. In einigen der von Brenner gebauten Wohnungen gibt es »Zentralräume«, die durch die ganze Blocktiefe gehen – eine Vorwegnahme des Grundrißtyps, der in jüngerer Zeit unter dem Namen »Allraum«-Wohnung bes. in skandinavischen Ländern gepflegt wird. *GK*

8 Im Garten der **ehem. Gardeschützen-Kaserne** (Gardeschützenweg) von 1884 (unzugänglich, von der Straße sichtbar) steht die Kopie des *Feuerwerker-Ehrenmals* von Alwin Voelkel, das 1925 enthüllt worden ist. Es ist ein für die kubistisch-dekorativen Stil der 20er Jahre bes. typisches Beispiel: Das Thema – die Erdfahne eines einschlagenden Geschosses – wurde mit Kanten und Zacken in getriebenem Kupfer dargestellt und durch (nicht rekonstruierte) Vergoldung (= Feuer) gesteigert; am Granitsockel urspr. 3 Bronzereliefs. *HR*

9 **Botanischer Garten** (Unter den Eichen, N-Eingang Königin-Luise-Str. 6–8)

1897–1903 von Adolf Engler westl. des Fichtenbergs

geschaffene Anlage, die den alten Botanischen Garten in Schöneberg (→ Kleistpark) ersetzte.

Um 1900 wurde das **»Kalthaus«** als Stahl-Glas-Konstruktion erbaut, 1906/07 das **Große Tropenhaus**, beide von Alfred Koerner (Konstruktion Heinrich Müller-Breslau). Von Koerner stammen auch die übrigen Bauten: die **Eingangspavillons** und das **Botanische Museum** (1903/04), dessen zerstörter O-Flügel durch einen Neubau von Rainer G. Rümmler (1986/1987) ersetzt worden ist. Die **neuen Bauten** in expressiven Formen von Engelbert Kremser und Manfred Korthals (1984). *GK*

Nahe dem N-Eingang, links, in der Biologischen Abteilung, die Grabstätte des Ministerialdirigenten im Preußischen Kultusministerium *Friedrich Althoff* (1839 bis 1908), dessen Bestrebungen die Verlegung des Gartens nach Steglitz wesentlich zu verdanken ist. Von Hans Krückeberg 1911 denkmalartig konzipiert, ruht eine marmorne Frauengestalt, die trauernde Wissenschaft symbolisierend, auf hohem Sockel, der Worte des Augustinus trägt: »In necessariis unitas, in dubiis libertas, in omnibus caritas« (Einigkeit beim notwendigen Tun, Freiheit bei Ungewißheit, in allem aber die Liebe).

Im »Italienischen Garten«, vor dem großartigen Jugendstil-**Pflanzenhaus**, stehen 5 gußeiserne *Vasen* des 18. Jh. aus dem alten Garten und 2 Bronzen von Constantin Starck von 1928: *Flötenspieler* und *Mädchen mit Oleanderzweig*. Nahe dem S-Eingang (Unter den Eichen) steht der *Sämann* von Pagels, im Arboretum die Mädchenstatue *Sehnsucht* von Lewin-Funcke. *HR*

Giesensdorf

Das Straßendorf östl. der Bäke (Teltowkanal) wird 1299 zuerst als Besitz des Bischofs von Brandenburg erwähnt und wechselte im Mittelalter verschiedentlich seinen Besitzer. 1480 sind es Symon und Heine v. d. Gröben. 1641 erbaute Ernst Balthasar v. d. Gröben hier einen Rittersitz. Nach vielfachem Besitzerwechsel seit 1792 kaufte der Großkaufmann J. A. W. v. Carstenn 1866 das Rittergut zusammen mit dem Rittergut Lichterfelde. 1877 wurde Giesensdorf mit Lichterfelde zur Gemeinde Großlichterfelde zusammengeschlossen. *HB-S*

Der Ortskern mit der alten Dorfkirche liegt an der Ecke Ostpreußendamm und Osdorfer Straße. Geringe Reste der dörflichen Bebauung – in eigentümlichem Kontrast zu dem das Ortsbild beherrschenden gigantischen **Kraftwerk** am Barnackufer – sind außer in 40 dem **Gemeindehaus** (1869, 1925 erweitert) gegenüber der Kirche in den **Häusern Ostpreußendamm Nr. 66, 67, 69, 72** und **132** zu erkennen. *HB-S*

Die **Dorfkirche** (Ostpreußendamm 64) ist 41 ein vermutl. im 14. Jh. errichteter, kleiner

260   *Steglitz: Giesensdorf. Lilienthal-Park*

rechteckiger Saalbau aus Feldsteinen, dessen Mauerwerk im O sorgfältiger, im W nachlässiger ausgeführt ist. Eine Baunaht ist an der N-Wand erkennbar. Alt sind ein kleines, mit Ziegeln eingefaßtes spitzbogiges Fenster in der S-Wand und 2 schmale Fenster, jetzt Nischen, in der N-Wand. Die 1609 eingebrochenen Fenster sind mit plumpen Faschen versehen. Nach der Kriegszerstörung wurde der Bau 1955 von Ludolf v. Walthausen wiederhergestellt und dabei mit einem Glockenträger aus Feldsteinen statt des Dachturms versehen.   *HB-S*

42 **Lilienthal-Park** (Schütte-Lanz- und Scheelestraße)
●   *Südöstl. der Dorfkirche liegt der alte Lilienthal-Berg, 1932 durch Fritz Freymüller zu einer* **Gedenkstätte für Otto Lilienthal** *(1848–96) und seine Helfer ausgestaltet. – Der von den Brüdern Lilienthal 1894 errichtete Hügel von 15 m Höhe ermöglichte einen Gleitflug von*

über 100 m (der zum Tode führende Absturz geschah jedoch in den Stöllner Bergen nördl. von Rathenow, wo 300 m weite Flüge stattfanden). Das Fluggestell war geschickt in dem oberen Teil des Hügels gegen Sturm und Regen geborgen.

Die Artikulierung des Hügels zu einer 3fach abgestuften, mit Rasen bedeckten Kegelform machte ihn zum Denkmal und Denkmalssockel zugleich, da der plattenbelegte Rundplatz von ca. 10 m Durchmesser auf würfelförmigem Kalksteinsockel (urspr. schwarzem Granit) einen Globus (neu) mit Daten der wichtigsten Flüge der Geschichte zeigt. Ein von 9 eisernen Stützen getragenes Schirmdach läßt die Mitte frei: so ist die Erde sinnfällig dem Himmel verbunden, Gleichnis für die Tat Lilienthals. (Daß der mutige Ingenieur und Fabrikant, bei dem sich der greise Böcklin noch 1895 für seine eigenen Flugversuche Rat geholt hatte, in seiner Jugend den »Anker-Steinbaukasten« miterfand, sei angemerkt.) Eine regelmäßige gärtnerische Anlage mit großem Rechteckbassin in der Hauptachse steigert das Stereometrische – eine im Nachklang der 20er Jahre hochinteressante Denkmalslösung.   *HR*

BEZIRK CHARLOTTENBURG

Spuren einer Besiedlung finden sich schon um 2000 v. Chr. Ein Gräberfeld zwischen Alt-Lietzow und der Marchstraße wird um 1000 datiert. In slawischer Zeit gab es in der Gegend vermutl. 2 Höfe, das Gut Kasow östl. der heutigen Schloßbrücke am N-Ufer der Spree und südl. davon ein 1239 erstmals erwähnten Hof Lütze, aus dem sich am Anfang des 14. Jh. ein kleines Dorf um eine längliche Dorfaue entwickelte, die sich noch in Alt-Lietzow mit der Lietzow-Kirche abzeichnet, deren erster Vorgängerbau Ende des 15. Jh. entstanden war.
Neue Bedeutung erhielt der Ort, als westl. davon ab 1695 das Schloß Lietzenburg erbaut wurde. Von hier aus führte eine breite, jedoch bald an einem Karpfenteich endende Straße (Schloßstraße) nach S und eine zweite nach SO zum Tiergarten (Otto-Suhr-Allee). Mit einem Straßensystem parallel und im rechten Winkel zur Schloßstraße entstand westl. des Dorfes Lützow eine Siedlung, die 1705 zur Stadt erhoben wurde und nach der in diesem Jahr verstorbenen Königin Sophie Charlotte den Namen Charlottenburg erhielt. Gegenüber dem Schloß (Schloßstr. 2) stand das erste Rathaus. 1720 wurde das Dorf Lützow eingemeindet. Um die Mitte des 18. Jh. reichte die Bebauung der Stadt südwärts der Spree bis zur Danckelmannstraße im W, bis zur Zillestraße im S und bis zur Loschmidt-/Röntgenstraße im O. Unter Friedrich d. Gr., der zu Beginn seiner Regierungszeit lebhaftes Interesse an Charlottenburg zeigte, wuchs die Stadt von 226 auf 308 Häuser (1770). 1775 wurde die südl. gelegene Feldmark urbar gemacht. Bis zur Mitte des 19. Jh. dehnte sich die Stadt nur langsam längs der nach Berlin führenden Hauptstraße aus. Von 1840 bis 1870 stieg die Einwohnerzahl von 7000 auf 16000, danach bis 1880 auf 30000.
Die rapide Entwicklung Berlins als Kaiserstadt wirkte sich auch auf Charlottenburg aus. 1866 schon legte die Baugesellschaft Westend südl. der nach Spandau führenden Chaussee ein vornehmes Villenviertel mit rechtwinkligem Straßennetz an. Bebaut hat man auch das Gebiet westl. der Schloßstraße, wo noch zahlreiche spätklassizist. Häuser erhalten und in den 1970er Jahren z.T. restauriert worden sind. V. a. dehnte sich die Stadt nach S und SO aus. Aufgrund des Hobrecht-Plans entstanden die Straßenzüge Tauentzienstraße–Wittenbergplatz–Nollendorfplatz und Budapester Straße–Tiergartenstraße. Nordwestl. des Bahnhofs Zoo wurde seit 1878 ein Hochschulviertel angelegt. Den Kurfürstendamm erweiterte man 1880–86 zu einer 54 m breiten Prachtstraße, die hauptsächlich zwischen 1890 und 1905 ihre Häuser erhielt. 1910 wurde die Heerstraße vollendet, danach die Reichsstraße ausgebaut. Damit dehnte sich die Stadt nach W aus. Nach dem 2. Weltkrieg wurde v. a. der N bis zur Jungfernheide bebaut.
1920 wurde Charlottenburg Berlins 7. Verwaltungsbezirk. HB-S

1 Als einzige Spur der dörflichen Vergangenheit findet sich in der Grünanlage Alt-Lietzow die ehem. Dorfaue. Die neue **Lietzow-Kirche** von 1961 (Architekt: Ludolf v. Walthausen) steht an der Stelle der alten Dorfkirche. HB-S

Am westl. Ende der Anlage steht ein stark beschädigtes *Gefallenen-Denkmal* (1873–75); den Rotsandsteinsockel in schweren dorischen Formen entwarf Hubert Stier, den hoch aufgerichtet sitzenden Löwen meißelte Albert Wolff. HR

2 **Standesamt** (Alt-Lietzow 28). Die ehem. Villa Kogge, 1864 erbaut, ist als einzige von zahlreichen herrschaftlichen Villen der Schinkel-Nachfolge in Charlottenburg erhalten. Der blockhafte Bau hat an allen 4 Seiten vorspringende Risalite: zum Platz hin mit einem geschlossenen Säulenvorbau, gegen die Warburgzeile mit dem Eingang, zum Garten hin mit einem figurengeschmückten Giebel, außerdem einer schönen 3-Fenster-Gruppe und Abgüssen vom Fries von Rauchs Denkmal Friedrichs d. Gr., auf der 4. Seite schließlich mit einem polygonalen Erker. Ein Fries und darüber ein Konsolengesims schließen die Fassadenwände ab.

Standesamt Alt-Lietzow (ehem. Villa Kogge)

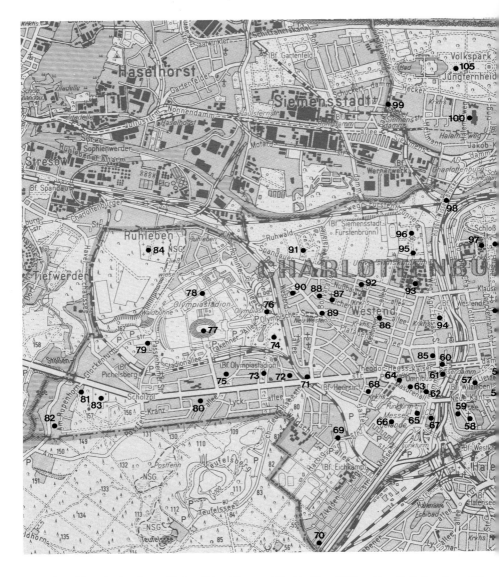

Unter dem Schmuck, der die antikisch gefärbte Bildungsatmosphäre der Zeit erkennen läßt, heben sich 2 als Ädikulen ausgebildete Nischen mit den »Herkulanerinnen«, Kopien nach Antiken, an der Gartenseite hervor. *EB-S*

3 **Luisenkirchhof I** (Guerickestr. 5–9). An der Eingangsmauer rechts die beschädigten Grabstätten der Familien *Ernst March* (1847, neugot.) und *Collignon* (1879), beide einst mit reicherem Terracotta-Schmuck aus der Marchschen Fabrik. Links das ehem. Mausoleum *v. Münchhoff* (um 1860) und in pathetischem Jugendstil die granitene Grabkapelle mit Goldmosaikkuppel für die Stiftsdame *Ida v. Blücher* (1900). *HR*

Luisenkirche (Gierkeplatz)

Der Grundstein für die »Stadt- und Parochialkirche« Charlottenburgs wurde erst 1712, 7 Jahre nach der Gründung der Stadt, gelegt. Den Plan Philipp Gerlachs, einen turmlosen Aufriß über der Grundrißfigur eines griechischen Kreuzes und mit einem Dachreiter im

Charlottenburg

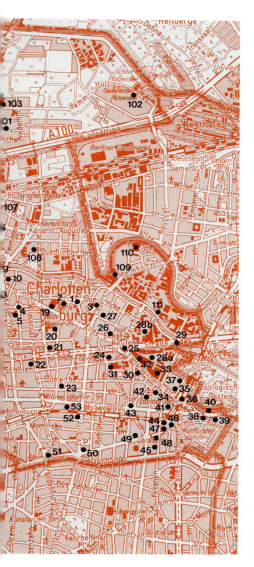

Schnittpunkt der Dächer, modifizierte Martin Böhme, der von 1713 bis zur Weihe 1716 die Bauausführung leitete.

Die Anlage als Emporenkirche kann außen an der Zweigeschossigkeit abgelesen werden. 1814 wurde der Dachreiter abgerissen. 1823–26 erneuerte Schinkel den nun Luisenkirche genannten Bau und fügte den Turm an, dessen 3 Geschosse gleichartig sind und darin

den Kreuzarmen entsprechen. Die 1943 ausgebrannte Kirche wurde 1950–56 unter Leitung von Hinnerk Scheper (Bauleitung: Alfred Lagotz, Bodo Lehmann) im Inneren stark vereinfacht wiederaufgebaut. Der spitze Turmhelm wurde durch eine niedrige Pyramide ersetzt und die Attika über den Kreuzarmen weggelassen. Ein Umbau 1987/88 durch Jochen Langeheinecke näherte den Innenraum durch eingestellte Pfeiler in der Vierung und Abschrankung des östl. Kreuzarms wieder mehr dem Vorbild Schinkels an.

Glasfenster von Ludwig Peter Kowalski in den beiden Geschossen des östl. Kreuzarms und ein großes Kruzifix von Gerhard Schreiter stammen aus den 1950er Jahren. Der Altar, eine Kreuzabnahme von Carl Gottfried Pfannschmidt von 1870, befand sich früher in der Kirche des Krankenhauses Bethanien. HB-S

In der benachbarten Gierkezeile (**Nr. 39**) ist das 1785/86 von Oberbaurat Johann Gottlob Schulze erbaute schlichte frühere **Schulhaus** mit Erweiterungen und Veränderungen von 1798 und 1813 erhalten. – Das älteste noch erhaltene Haus der Stadt, aus dem Anfang des 18. Jh., steht in der Schustehrusstraße (**Nr. 13**). HB-S

Schloß Charlottenburg (Luisenplatz)

Dieses einzige noch erhaltene größere Hohenzollernschloß Berlins ist zugleich das bedeutendste historische Bauwerk im W-Teil der Stadt.

Nach dem Entwurf Arnold Nehrings führte Martin Grünberg 1695–99 den ältesten Teil als Lustschloß für die Kurfürstin Sophie Charlotte von Brandenburg in damals ländlicher Gegend aus. Nach dem östl. davon gelegenen Lietzow urspr. Lietzenburg oder Lützenburg genannt, erhielt es nach dem Tod der Bauherrin 1705 den Namen Charlottenburg.

Der **Kernbau**, 11 Achsen breit, 2geschossig mit Mezzanin, hebt sich auf der Stadtseite durch kräftig modelliertes Wandrelief heraus. Dazu gehörte ein isoliert stehendes, heute im östl. Ehrenhofflügel enthaltenes Haus. Über den gleichzeitig an der N-Seite angelegten Garten → S. 275. Die im O vorbeifließende Spree verband das Charlottenburger Schloß mit dem Berliner und dem Potsdamer. Die Rangerhöhung Friedrichs III. durch die 1701 vollzogene Krönung zum König in Preußen führte auch hier zu neuer Bautätigkeit. 2geschossige **Anbauten** an den Kern zur Stadtseite, eine Erweiterung des östl. Nebengebäudes und eine symmetrische Ergänzung im W ergaben eine hufeisenförmige An-

Schloß Charlottenburg. Mittelbau. Davor das Reiterdenkmal des Großen Kurfürsten von Schlüter

lage um eine – vorn durch ein Gitter abgeschlossene – Cour d'honneur.

Die beiden **Torhäuschen** tragen Zinkgußkopien des sog. *Borghesischen Fechters*, einer römischen Skulptur des 1. Jh. v. Chr., von 1867 als Ersatz älterer, jedoch erst unter Friedrich Wilhelm III. nachgewiesener Exemplare.

Auf der Parkseite wurde das System der 4 urspr. Achsen östl. und westl. des vorspringenden halben Ovals in der Mitte um je 13 Achsen erweitert, so daß hier eine geschlossene Front von eindrucksvoller Monumentalität entstand. Das Gliederungssystem der 3achsigen Risalite mit den Hauptgeschoß und Mezzanin zusammenfassenden Säulen am Anfang und am Ende der Anbauten ist von der Stadtseite übernommen. – Im W wurde die Front noch durch eine 143 m lange **Orangerie** verlängert, die sich als symmetrische Anlage mit einem Pavillon in der Mitte und seitlichen

Flügeln selbständig behauptet. Ein entsprechender Trakt im O war geplant. – Die Mittenbetonung des nun langgestreckten Schlosses hatte der mächtige runde *Turm* über dem als Unterbau vorgezogenen Risalit auf der Stadtseite zu verstärken. Mit Kuppel und Laterne (darauf eine vergoldete »Fortuna« als Windfahne, urspr. von Andreas Heidt, 1957 durch eine Neugestaltung von Richard Scheibe ersetzt) verleiht dem Schloß seinen charakteristischen Ausdruck von majestätischer Kraft, zu dem allerdings die schlichten Flügel nicht ganz passen. Architekt der Erweiterungen war der in Paris geschulte Schwede Johann Friedrich Eosander Göthe. Nach dem Tode Friedrichs I. 1713 blieb der Bau unvollendet.

Auch urspr. vorgesehener *Skulpturenschmuck* wurde nicht ausgeführt. 1978 erst wurden Giebelskulpturen und Statuen auf der Gartenseite der Dachbalustrade, letztere als Ausführung des barocken Konzepts von Karl Bobeck, Joachim Dunkel, Harald Haacke, Jochen Ihle und Günter Anlauf – in 5 Vierergruppen von W nach O – aufgestellt.

Erst Friedrich d. Gr. setzte 1740 nach seinem Regierungsantritt die Bautätigkeit fort. Er errichtete bis 1747 nach Entwurf von Georg Wenzeslaus v. Knobelsdorff anstelle der im O geplanten zweiten Orangerie den 2geschossigen **Neuen Flügel**, einen Bau von nobler Schlichtheit und empfindlichen Proportionen. Die rustizierte Bänderung des Erdgeschosses im Kontrast zu der glatten Wand darüber ist dem Nering-Eosander-Bau angepaßt. – Der Nachfolger Friedrichs d. Gr., Friedrich Wilhelm II., verlängerte 1787–91 das Schloß im W durch den etwas zu wuchtigen, von Carl Gotthard Langhans entworfenen **Theaterbau**, der sich im Äußeren ebenfalls auf die älteren Bauten bezieht. Sein flacher 3achsiger Mittelrisalit ist mit je einer Achse auf beiden Seiten gegen den übrigen Baukörper abgesetzt.

Die nachfolgende Zeit hat am Außenbau wenig verändert; seit dem Tod der Gemahlin Friedrich Wilhelms IV. 1873 war das Schloß nur noch selten bewohnt. Nach dem 1. Weltkrieg wurde es verstaatlicht und 1926 der Verwaltung der Staatl. Schlösser und Gärten unterstellt. 1943 brannte es fast vollständig aus. Wesentliche Teile des Inventars konnten jedoch gerettet werden. Der Wiederaufbau wurde intensiv seit den 50er Jahren betrieben und ist immer noch nicht abgeschlossen.

Bei der Restaurierung wurde im wesentlichen nach dem Grundsatz verfahren, nur das wiederherzustellen, was durch Fotos und Fragmente bekannt war. Lediglich in Einzelfällen, wo Kopien nicht möglich waren, wurden zeitgenössische Künstler beauftragt, freie Nachschöpfungen zu liefern. – Im Erdgeschoß des Neuen Flügels ist in Räumen, die ohne die urspr. Dekoration wiederhergestellt worden sind, seit 1986 die **Galerie der Romantik** (→ S. 473) untergebracht, im 1902 demolierten und als Möbelspeicher benutzten ehem. Theaterbau von Langhans seit 1960 das **Museum für Vor- und Frühgeschichte** (→ S. 485).

Die Mitte des E h r e n h o f e s bildet seit 1952 das *Reiterdenkmal des Großen Kurfürsten* von Andreas Schlüter, wohl das bedeutendste noch existierende Monument dieser Art nördl. der Alpen.

Seit 1696 war Schlüter mit der Arbeit befaßt, die Friedrich III. zur Verherrlichung der Verdienste seines Vaters bestellt hatte. 1700 wurde die Reiterstatue von Johann Jacobi gegossen, aber erst 1703 aufgestellt. 1950 hatte man das Denkmal aus dem Tegeler See geborgen. Dort war es mit einem Prahm, auf dem es im 2. Weltkrieg sichergestellt war, gesunken. Urspr. stand es auf der Langen Brücke (jetzt Rathausbrücke) in einer Ausbuchtung auf der S-Seite quer zur Straße.
Der *Sockel* mit den Reliefs ist eine Kopie (das Original seit 1896 im Bode-Museum). Die *Reliefs* stellen auf der O-Seite (damals zum Schloß hin) das Kurfürstentum dar, umgeben von der Personifikation der Spree, der Geschichtsschreibung und dem Genius des Friedens mit dem Plan der Langen Brücke vor dem Berliner Schloß; auf der W-Seite das Königtum von der Allegorie des Glaubens, Herkules (Stärke) und Mucius Scaevola (Tapferkeit), dazu in den Lüften Kairos, der glückliche Augenblick, der es beim Schopfe zu packen gilt, mit Krone und Lorbeer. – Die 4 an den Sockel gefesselten *Sklaven*, von Schlüter vorgesehen, aber von 4 anderen Künstlern (Gottlieb Herfert, Johann Samuel Nahl, Cornelius Heintzy und Johann Hermann Backer) geschaffen, wurden erst 1708/09 angebracht. – Das *Reiterdenkmal* selbst zeigt den Großen Kurfürsten im antiken Panzer, aber mit barocker Allongeperücke, im Detail voll dramatisch bewegter und schwellender Formen, im ganzen jedoch gebändigte Kraft und würdevolle Ruhe ausstrahlend.

Vor dem N e u e n F l ü g e l steht seit 1977 eine Kopie der 1697/98 von Schlüter geschaffenen Statue *Friedrichs III.* Das Zepter wurde zur Krönung zum König (in Königsberg 1701) hinzugefügt. Waffen und Rüstung beziehen sich auf das Zeughaus.

Das für den Hof des Zeughauses geschaffene, dort aber nur vorübergehend aufgestellte Original erhielt 1802 vor dem Königsberger Schloß auf einem Sockel von Johann Gottfried Schadow einen endgültigen Standort, bis es 1944 zerstört oder abtransportiert wurde. Die Kopie, ein Geschenk von Gerhard Marcks, wurde nach einem Gipsabguß in Ost-Berlin hergestellt.

Diesem gleichsam als Anmerkung zu dem Denkmal des Großen Kurfürsten zu verstehenden Werk ist 1986 auf höhere Anweisung in problematischer Symmetrie östl.

Schloß Charlottenburg. Grundriß und Raumplan

a   Ursprungsbau von Nering 1695–99
b   Flügelbau 1698
c   Erweiterungen von Eosander Göthe 1701–13
c' Große Orangerie
d   Neuer Flügel von Knobelsdorff 1740–47
d' Erdgeschoß: Galerie der Romantik
e   Theaterbau von Langhans 1787–97: Museum für Vor- und Frühgeschichte
f   Denkmal des Großen Kurfürsten
g   Statue Friedrichs I.
h   Statue Friedrichs d. Gr.

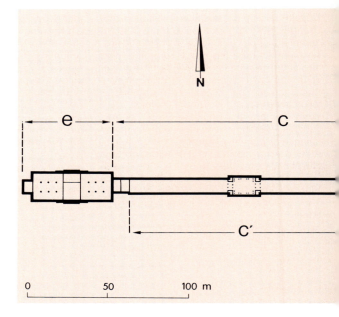

davon das von Johann Gottfried Schadow 1792 für den Exerzierplatz in Stettin geschaffene Denkmal *Friedrichs d. Gr.* in einem Bronzenachguß von 1977 als Pendant auf fehlerhaft rekonstruiertem Sockel hinzugefügt worden. Grundlage war ein Gipsabguß nach dem zerstörten Marmororiginal.

Das Schloß-I n v e n t a r, das schon vor dem 2. Weltkrieg durch mannigfachen Tausch unter den preußischen Schlössern nur noch teilweise originaler Bestand war, ließ sich teils durch Stücke ersetzen, die infolge des Krieges aus anderen preußischen Schlössern nach West-Berlin gelangt waren (jetzt Eigentum der Stiftung Preußischer Kulturbesitz), teils durch Neuerwerbungen. So spiegelt das Schloß mit seinen Interieurs und Sammlungen die Geschichte bis in die neueste Zeit in einer allerdings nicht leicht zu durchschauenden Weise. In den I n n e n r ä u m e n wechselt das – oft aus verschiedenen Epochen stammende – Original mit der Rekonstruktion und dem neutralen Museumsraum. Die Dichte seiner Atmosphäre verdankt das Schloß der Verbindung von höchster künstlerischer Qualität in Werken von Weltrang mit historischer Reminiszenz – trotz der Kriegszerstörungen.

Rundgang durch die historischen Räume:
Erdgeschoß (nur mit Führung)
R a u m   1 1 5 ist das V e s t i b ü l, eine Säulenrotunde von nüchterner klassizist. Haltung, welche die französische Schulung des Architekten Eosander Göthe spüren läßt. 2 Stuckreliefs mit Allegorien herrscherlicher Friedenstugenden.
R a u m   1 3 7, aus 3 kleineren Räumen gebildet und ohne Dekoration wiederhergestellt, dient mit Gemälden, graphischen Blättern und Fotos sowie einem Modell der historischen Information.
R a u m   1 3 6 mit rot-gelb-grüner Brokatelltapete (Kopie) besitzt wie die beiden folgenden Räume seine originale Decke, die Supraportenreliefs aus Stuck und die Boiserie. Das Leinwandbild an der Decke, »Venus im Triumphwagen, von den Grazien gekrönt«, ist von Régence-Ornamentik in der Art Jean Berains umgeben. An den Wänden Hofdamenbildnisse von Antoine Pesne, um 1711, noch in seiner venezianisch beeinflußten frühen Manier, und eines vermutl. von Adam Mányoki (mit 6 anderen urspr. in Schloß Monbijou), ferner eines der seltenen Historienbilder Pesnes, »Die Amazonenkönigin Thalestris vor Alexander d. Gr.«, das sich an Lebrun anlehnt (1722).
R a u m   1 3 3. S c h l a f z i m m e r mit blauer Tapete (Kopie), kraftvoll modelliertem Kamin und Deckenbild »Diana als Göttin der Nacht und der Jagd« vielleicht von Christoph Joseph Werner. Das postume Bildnis des 1jährig gestorbenen Prinzen Christian Ludwig von Preußen (um 1711) und das des kleinen Prinzen Heinrich Friedrich von Brandenburg-Schwedt von Pesne sind Beispiele für barocke Darstellungen fürstlicher Kleinkinder.

Charlottenburg: Schloß

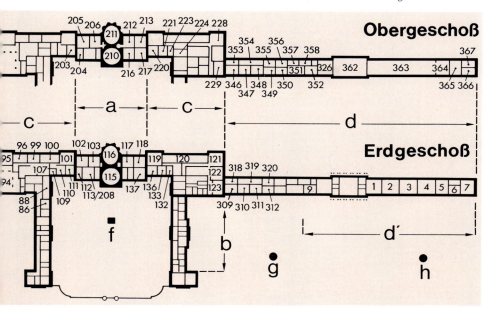

Raum 132. Ankleidezimmer mit gelbgrüner Tapete (Kopie) und dem Deckenbild der blumenbekränzten Flora, das in den plastischen Schmuck der Kaminummantelung übergeht. Pesnes Bildnis der Fürstin Marie Eleonore Radziwill als Miniaturmalerin von 1712 ist die ungeschminkte Darstellung eines alternden Menschen und doch zugleich Repräsentation.
Aus Raum 133 führt der Rundgang in die Enfilade der Gartenseite, zunächst in die zur Erweiterung Eosanders gehörigen Raum 119 mit geschnitzter (weitgehend rekonstr.) Eichenholzvertäfelung von Charles King (?). Mit den beiden folgenden Räumen gehört dieser zu einer einheitlich gestalteten Suite von ernstem, repräsentativem Charakter und mit größeren Dimensionen als die Zimmer des Ursprungsbaues. Für die Decken waren Malereien vorgesehen. Pesnes Bildnis Friedrichs d. Gr. als Zweijähriger mit seiner Schwester Wilhelmine, der späteren Markgräfin von Bayreuth, illustriert den militärischen Geist der beginnenden Epoche des Soldatenkönigs (1714; Abb. S. 268).
Raum 120, die Eichengalerie, ist ein Saal von 7 Fensterachsen, denen gegenüber 6 verspiegelte Nischen und ein Kamin mit prunkvoller Bekrönung über dem Bildnis Friedrichs I. von Friedrich Wilhelm Weidemann entsprechen.
Raum 121. Das Eckzimmer erhält einen Akzent durch den hohen weißen Marmorkamin mit einem Stuckrelief (Krönung Floras durch Zephyr).
Der Rundgang wird hinter Raum 119 fortgesetzt. Raum 118 und die folgenden Räume aus kurfürstlicher Zeit wurden nach starker Zerstörung rekonstruiert. Die Ornamentik der Stuckdecken – die Gemälde in den Feldern konnten nicht kopiert werden – zeigt den spätbarocken plastischen Dekorationsstil, der dem eleganten Régencestil vorausgeht.
Im »Gläsernen Schlafgemach« (118) wechseln schmale Bahnen grüner Damastbespannung mit gleich breiten Spiegeln. Etagere mit chinesischem Porzellan aus dem Porzellankabinett Oranienburg.
Raum 117, das Spielzimmer, ist mit Teppichen der Manufaktur von Vigne (Berlin, um 1750) ausgestattet, Szenen der Geschichte von Amor und Psyche nach Zeichnungen von Charles Amédée Philippe Vanloo (ehem. Potsdamer Stadtschloß). Reich intarsierter, vielleicht englischer Spieltisch (um 1701). Allegorien der Musik und der Architektur von Jean Raoux (Supraporten, um 1730).
Raum 116. Der noch nicht vollständig rekonstruierte Ovale Saal mit 5 Fenstertüren verklammert Architektur und Garten. Über den beiden Marmorkaminen (Kopien) Bildnisse zweier berühmter Heerführer, John Churchill, Duke of Marlborough, von F. W. Weidemann und Prinz Eugen von Savoyen von J. G. Auerbach (1726).
Raum 103, das 1. Gobelinzimmer, seinerzeit Vorkammer des kurfürstlichen Audienzzimmers, ist wie der folgende Raum mit Vigne-Teppichen ausgestattet, Gesellschaftsszenen in der Art Watteaus. Sie wurden nach den Plünderungen im 7jährigen Krieg angebracht.
Raum 102 war das Audienzzimmer Sophie Charlottes. Cembalo mit Chinesenszenen, Lackmalerei vermutl. von Gerard Dagly aus Lüttich, den Friedrich I. nach Berlin berufen hatte.

Antoine Pesne: Friedrich d. Gr. als Kind und seine Schwester Wilhelmine. 1714. (Schloß Charlottenburg, Raum 119)

Raum 101. Audienzzimmer Friedrichs I. mit 1955–77 rekonstruierter Decke, Allegorien der Wissenschaften und der Künste in flachem Relief, die durch den gemalten Hintergrund vollplastisch erscheinen sollen. Reich geschnitzt sind hier und in den folgenden Räumen die Türen (teilweise ergänzt). Sockel, Fenster- und Nischenlaibungen sind mit weißlich-grauem Marmor verkleidet. Wandteppiche mit Szenen aus dem Leben berühmter Männer nach Plutarch (Brüssel, um 1730, nach Kartons von Victor Honoré Janssens, seit etwa 1765 hier). Bildnisse des Grand Dauphin und seines Sohnes Louis Duc de Bourgogne von Hyacinthe Rigaud (bzw. Werkstatt) über den Türen.

Raum 100. Im »Roten Tressenzimmer« sind die Wände mit rotem Damast und aufgenähten goldenen Tressen dekoriert (rekonstr.). Im wesentlichen original ist die plastische Ornamentik: der Spiegel, die reichen Supraportenrahmen mit Bildnissen Friedrichs I. und Sophie Charlottes von F. W. Weidemann sowie die Kapitelle mit Pegasoi, Anspielungen auf das Welfenroß und damit auf die Herkunft der Bauherrin, und die Gesimse.

Raum 99. Im Schreibzimmer Friedrichs I. mit roter Damasttapete (Kopie) sind erhalten: die Leinwandbilder an der Decke, Apollo mit den Tierkreiszeichen und die 4 Jahreszeiten, die Supraporten mit Bild-

Charlottenburg: Schloß   269

nissen des Soldatenkönigs als Kronprinz und seiner Gemahlin Sophie Dorothea von F. W. Weidemann sowie der reich vergoldete Spiegel und der Konsoltisch darunter. König Stanislaus Leszczynski von Polen (A. Pesne), König Friedrich August III. von Polen (L. Silvestre, 1725), Herzog Johann Adolf von Weißenfels (1718), Louis Duc de Bourbon, der »Grand Condé« (Justus van Egmont), der Große Kurfürst (A. Romandon, um 1687, um 1711 von Pesne übermalt, oval). Raum 96, das Schlafzimmer Friedrichs I., besaß urspr. auf der (jetzt rekonstr.) gelben Seidendamasttapete einen silbernen Tressenbesatz. Die Deckenmalerei und das Himmelbett sind verloren. Der Marmorkamin mit Bronzebeschlägen und der Spiegel mit gläsernem Rahmen darüber sind original, eine Winduhr mit vergoldeter Bleiummrahmung dagegen ist rekonstruiert; der Zeiger steht in Verbindung mit einer Wetterfahne, einem springenden Welfenroß. Das ganzfigurige Bildnis Friedrichs I. im Krönungsornat mit den Insignien der Königswürde stammt von Samuel Theodor Gericke. Die übrigen Bildnisse sind Werke Antoine Pesnes, 3 Stiefbrüder Friedrichs I. mit dem Titel Markgraf von Brandenburg-Schwedt: Albrecht Friedrich, Christian Ludwig (dem Bach seine »Brandenburgischen Konzerte« widmete) und Philipp Wilhelm, eines der vorzüglichsten Werke des Malers (um 1711), ferner Karl Friedrich Albrecht, der Sohn von Albrecht Friedrich.

Eine schmale Tür führt über einen vom Dienstpersonal benutzten Flur in ein mit Skyrosmarmor ausgelegtes, vertieftes B a d ; darüber Eichenholzvertäfelung (rekonstr.).

Raum 95. Das Porzellankabinett, der letzte und prächtigste Raum der Enfilade, ist in seiner Idee eine Verherrlichung Friedrichs I. Die kosmische Thematik des Deckenbildes von Anthonie de Coxie (1706), »Die Morgenröte, die die Finsternis vertreibt«, mit Darstellungen der Weltteile, der Jahreszeiten und der Tierkreise, knüpft an die Zeremonie des königlichen Lever im benachbarten Schlafzimmer an. Die Fülle der (zu ca. 95 % nach den Kriegsverlusten im Kunsthandel wiederbeschafften) chinesischen und japanischen Porzellane vor vergoldeten oder verspiegelten Wänden demonstriert asiatischen Prunk und soll die märchenhaften Vorstellungen der Reichtümer fernöstlicher Herrscher erwecken. Eosanders raffinierte Anordnung, die durch Spiegelung die Porzellane scheinbar multipliziert, folgt freilich europäischen Regeln. Der Wiederherstellung wurden hauptsächlich um 1710 geschaffene Stiche von der urspr. (später veränderten) Dekoration zugrunde gelegt. Die Decke und die Ornamentik der Wände waren 1943 schwer beschädigt worden. – Eine verspiegelte Tür führt in die zu Orgelkonzerten genutzte K a p e l l e (9 4), deren überaus prunkvolle Ausstattung bis auf wenige originale Reste rekonstruiert worden ist. Die Wände des hohen, durch eine auffallend schlichte rechteckige Laterne belichteten Raumes sind durch teils vergoldeten, teils farbig gefaßten architektonischen und plastischen Dekor über einer einfachen, mit Eichenholz verkleideten Sockelzone gegliedert. Der die Königsloge abtrennenden Schmalwand, die mit einem von Putten gerafften Baldachin und einer von einem preußischen Adler und Engeln getragenen Königskrone geschmückt

ist, antwortet die Wand mit der reich geschnitzten (großenteils originalen) Kanzel. Einer auf 4 Pfeilern ruhenden Empore an der O-Wand, bekrönt von dem kraftvoll modellierten Rückpositiv der Orgel, entspricht auf der W-Wand um der Symmetrie willen eine gemalte (nur in Resten originale) Scheinarchitektur mit flachen, eine Empore vortäuschenden Brüstungen aus Eichenholz. Die Reliefs der Schmalwände zeigen auf den östl. Hälften Szenen aus dem Alten Testament in Gegenüberstellung zu vergleichbaren Ereignissen aus dem Neuen Testament auf den westl. Hälften, an der Altarwand: Davids Tanz vor der Bundeslade und Darbringung im Tempel, Durchzug durch das Rote Meer und Taufe im Jordan; an der Logenwand Auffindung Mosis und (thematisch nicht genau korrespondierend) eine Allegorie der Barmherzigkeit, Passahmahl und Abendmahl. Die zerstörten Gemälde Anthonie de Coxies an der Decke und den Schildwänden des Gewölbes sind von G. Vogt und M. Blessmann 1974–76 kopiert worden. Die 1706 von Arp Schnitger fertiggestellte Orgel wurde durch die Orgelbauwerkstatt von Karl Schuke, Berlin, nach den überlieferten Dispositionen und Pfeifenmensuren rekonstruiert, um das urspr. Klangbild wieder zu erreichen.

Der Rundgang wird von Raum 100 aus durch eine verspiegelte Tür fortgesetzt. (Raum 107, 88, 86 und 109 sind nicht zugänglich.) Es folgen die zum Hof hin gelegenen Räume der Zweiten Wohnung Sophie Charlottes, deren Ausstattung bei ihrem Tod 1705 vollendet war.

Raum 110. Im Toilettezimmer mit einer neuen Wandbespannung aus rotgrünem Brokatell ist die Dekkenmalerei (Venus und die rosenstreuende Aurora als Mittelmotiv) von urspr. Ausstattung fast ausschließlich mit Bildnissen fremdländischer Personen gehören Porträts von Neophilo Vidola, Erzbischof von Philippopel, von Anton Schoonjans (1702), den Sophie Charlotte bes. schätzte, und der Gemahlin des russischen Gesandten Andrej Matwejew von Matthäus des Angles (1702). Die Künstlichkeit einer höfischen Lebensform stellt das madonnenartige Bildnis der Markgräfin Eleonore Erdmuthe von Brandenburg-Bayreuth mit ihrem Sohn Friedrich Wilhelm von Gedeon Romandon zur Schau. Die Rotlackmöbel sind Beispiele der Berliner Chinamode um 1700.

Raum 111, das Schlafzimmer, mit einer Darstellung der Nacht und ihrer Kinder an der Decke, war urspr. mit 66 zumeist niederländischen Gemälden ausgestattet. Davon sind noch vorhanden: Madonna mit Kind und Engeln, Teilkopie nach einem Gemälde Correggios (jetzt in Dresden) von Abraham Romandon; Allegorie des Gesichtes von Jan Gerrits van Bronchorst; Kronprinz Friedrich Wilhelm als David mit der Schleuder von Schoonjans, eine theatralische Demonstration der gottgewollten Anwartschaft auf den Königsthron ein Jahr nach der Krönung Friedrichs I. Bemerkenswert sind ferner eine Landschaft von Paul Bril (1616) und »Venus beweint Adonis« von Augustin Terwesten, dem Maler mehrerer 1943 zerstörter Deckenbilder im Schloß. Die Wandbespannung ist erneuert.

Raum 112. Die Ausstattung des Schreibkabinetts konnte nicht rekonstruiert werden. Einige Bilder

270 Charlottenburg: Schloß

und Bücher erinnern an die Liebe Sophie Charlottes zu den Künsten und Wissenschaften, so Bildnisse der Komponisten Giovanni Bononcini und Attilio Ariosti (A. Schoonjans, 1702) sowie Arcangelo Corelli und Bernardo Pasquini.

Das erst um 1704 von Eosander Göthe eingebaute Treppenhaus (113, 208) nimmt die 2 westl. Achsen des Nering-Baues ein. Mit einer Bänderung im Untergeschoß und ionischen Doppelpilastern im Hauptgeschoß ist der Innenraum weitgehend unabhängig von der Gliederung der Außenfassade gestaltet. Der Deckenstuck, Hermen und Puttenpaare als Jahreszeiten, ist etwa zur Hälfte ergänzt. Wolkenmalerei ersetzt das verlorene Deckenbild »Apollo und die Musen« von M. Terwesten (von dem die 4 Szenen aus der Geschichte des Äneas an den Wänden stammen). Die freitragende Treppe, wahrscheinlich die früheste dieser Art in Deutschland, mit ihren Reliefs an der Unterseite und dem schmiedeeisernen Geländer ist rekonstruiert bis auf die Anfänger und Krümmlinge aus Bronze.

Obergeschoß des Nering-Eosander-Baues (ohne Führung zu besichtigen)
Hier lagen um 1700 Wohnungen des Kronprinzen und vermutl. des Erbprinzen von Hessen-Kassel (eines Schwiegersohnes Friedrichs I.) sowie des Markgrafen Albrecht von Brandenburg-Schwedt-Sonnenburg. Für Friedrich Wilhelm IV. wurden die Räume 1842 völlig umgestaltet. Die 1943 fast ganz vernichtete Raumdekoration wurde nur im Runden und im Ovalen Saal in ihren barocken Teilen wiederhergestellt.

Raum 206. Der erste der 4 Räume westl. des Ovalen Saales enthält Gemälde, die an die Regierungszeit Friedrichs d. Gr. erinnern. Zu einem für die Geschichte der Historienmalerei wichtigen Zyklus gehört Bernhard Rodes Gemälde »Friedrich d. Gr. nach der Schlacht bei Torgau« (um 1795); daneben Entwürfe zu »vaterländischen« Historienbildern von Johann Christoph Frisch »Friedrich d. Gr. besucht die Kolonien im Rhinluch« und »Generalmajor Seydlitz in der Schlacht bei Roßbach«. Bemerkenswert naiv ist Friedrich Bocks »Aufbahrung Friedrichs d. Gr.«. Unter den Bildnissen befinden sich 2 Porträts Friedrichs d. Gr., Johann Heinrich Christoph Frankes populäre, oft wiederholte Darstellung des grüßenden Königs als dem ersten Diener seines Staates und eine konventionelle des Pesne-Schülers Johann Gottlieb Glume. Die übrigen Porträts stammen von Antoine Pesne, Anna Rosina de Gasc, Anton Tischbein, Allan Ramsay, Joachim Martin Falbe, Johann Conrad Krüger, Anton Graff und Wilhelm Böttner.

Raum 205. *Veduten* des 18. und 19. Jh. vermitteln eine Vorstellung von dem 1950/51 gesprengten Berliner Stadtschloß und dem im 2. Weltkrieg zerstörten Schloß Monbijou. 2 schematische Ansichten des langgezogenen Schlosses von Monbijou um 1740 können von Johann Friedrich Meyer stammen. Lebendiger aufgefaßt sind die um 1780 gemalten Veduten in der Bellotto-Nachfolge von Carl Traugott Fechhelm (Zeughaus und Lustgarten sowie Schloß und Dom in Berlin) und von Johann Friedrich Fechhelm (Die Lange Brücke mit dem Reiterdenkmal des Großen Kurfürsten in der urspr. Auf-

stellung). Die qualitätvollsten Ansichten des Berliner Stadtschlosses stammen von Eduard Gaertner: »Die Schlütersche Wendeltreppe im Berliner Schloß« (1828), »Portal V« (1832), »Portal III« (1831), »Hof und Portal III«, »Die Schloßbrücke« (1861) und »Kronprinzenpalais und Neue Wache Unter den Linden mit Blick auf das Stadtschloß« (1853); andere stammen von Maximilian Roch, Friedrich Wilhelm Klose, Johann Heinrich Hintze, Eduard Grawert und Albert Schwendy.

Raum 204, das ehem. Schreibzimmer Friedrich Wilhelms IV., zum Hof hin, enthält Johann Georg Wolffgangs Illustrationen zu Johann v. Bessers Schrift von 1712 über die Krönung Friedrichs I. in Königsberg, ferner den Plan Berlins von Johann Bernhard Schultz (1688; → Abb. S. 15).

Raum 203. In dem zur Erweiterung Eosanders gehörenden Raum (aus dieser Zeit das Stuckrelief über dem Ofen »Aufrichtung der Ehernen Schlange«) befand sich die Bibliothek Friedrich Wilhelms IV. Die Bücherschränke und der Ofen von Feilner sind original, erstere jedoch stark ergänzt.

Raum 211. Der Ovale Saal weckt die Illusion eines isoliert im Freien stehenden Pavillons, da den 5 Rundbogenfenstern zum Garten 5 verspiegelte Arkaden (nach Inventar von 1705 rekonstr.) gegenüberstehen. Das Programm der Stuckfiguren über den Arkaden (Tugenden und Jahreszeiten, ist nicht ganz klar. Der Fries mit Girlanden tragenden Putten wird durch Vasen mit naturalistisch bemalten Blumen und in der Längsachse durch hohe, von Putten gehaltene Kartuschen mit dem brandenburgischen (hier schwarz statt rot) und dem preußischen Adler überschnitten. Nicht überliefert sind die urspr. Behandlung der Decke und der Wände. – In einer *Vitrine* in der südöstl. Arkade: das 1460 von Papst Pius II. dem Markgrafen Albrecht Achilles in Mantua überreichte Kurschwert (von Simone di Martino in Florenz); das Reichsschwert, 1540/41 von Jobst Freudner aus Ulm in Königsberg gefertigt für Herzog Albrecht von Preußen (mit dessen Bildnis und seiner Gemahlin Dorothea im Knauf); die Kroninsignien Friedrichs I., bestehend aus Zepter, Reichsapfel und den Carcassen der Kronen (1701, die Edelsteine 1741 entfernt); das Reichssiegel von Samuel Stall (1701, Behälter 19. Jh.); Kette und Kleinod des Schwarzen Adler-Ordens.

Raum 212. Das erste Zimmer östl. des Ovalen Saales vereinigt Bildnisse des Hauses Brandenburg und verwandter Häuser aus dem 17. Jh. Bezeichnend für den nach dem 30jährigen Krieg in Brandenburg gepflegten Porträtstil ist das charaktervoll-unbeholfene Doppelbildnis des Großen Kurfürsten und seiner ersten Gemahlin Luise Henriette von Oranien von Matthias Czwiczek (1649). Den eleganteren niederländischen Stil zeigen das Bildnis des Großen Kurfürsten von Adriaen Hanneman und sein Familienbildnis von Jan Mijtens, die Reduktion eines Porträts in Potsdam. An Willem van Honthorsts Tätigkeit als Hofmaler (1647–64) erinnern 7 Bildnisse.

Raum 213. Die Werke hier deuten die politische Wirksamkeit des Großen Kurfürsten an. Ganz im Sinne großbürgerlicher Repräsentationsporträts in Holland ist sein farbig-lebhaftes Porträt von Govaert Flinck (1652)

Charlottenburg: Schloß 271

über dem Kamin. Die »Kurbrandenburgische Flotte« von Lieve Verschuir (1684) bezeugt die Anstrengungen des Kurfürsten, Brandenburg zu einer Seemacht zu erheben. Michael Willmanns »Apotheose des Großen Kurfürsten« (1682) erinnert daran, daß dieser bedeutendste norddeutsche Barockmaler um 1660 kurfürstlicher Hofmaler war. Der Wandteppich »Winterfeldzug des Großen Kurfürsten in Preußen 1679« (Philippe Mercier, Berlin, nach Karton von Paul Leygebe), ehem. im Berliner Schloß, bezeichnet mit 5 Behängen in den folgenden Räumen (2 weitere gingen verloren) den Beginn der Teppichwirkerei in Berlin durch die Hugenotten um 1690/1700.

R a u m 2 1 7 (auf der Stadtseite) enthält neben den Behängen »Der Große Kurfürst bei Stettin 1677« und »Der Große Kurfürst vor Stralsund 1678« einige Gemälde aus dem Besitz des Kurfürsten, so von Sebastian de Caster »Seeschlacht bei Lepanto« (um 1630) und von Jacob Jordaens »Der Satyr beim Bauern«. Für die Ungleichmäßigkeit des Niveaus höfischer Kunst in Brandenburg bezeichnend ist die »Aufbahrung des Großen Kurfürsten« von einem unbekannten Maler. – In einer *Vitrine* sind größtenteils brandenburgische Gläser des späten 17. und frühen 18. Jh. (Neuerwerbungen) ausgestellt. In einer anderen der Totenhelm des Großen Kurfürsten.

Der östl. anschließende R a u m 2 2 0 enthält eine Porträtgalerie von Offizieren des Regiments, das Friedrich Wilhelm I. als Kronprinz befehligte. Die Bildnisse sind um 1700 von verschiedenen Malern geschaffen worden. Beherrschend ist das wuchtige Bildnis des Soldatenkönigs von A. Pesne (1729).

Die folgenden 3 R ä u m e 2 2 1, 2 2 3, 2 2 4 enthalten Teile des Inventars aus Schloß Schlobitten in Ostpreußen: Gemälde, Möbel, Silber, Porzellan, Gläser, Münzen und Gobelins. Dieses dem Fürsten Dohna gehörende Schloß wurde bei Ende des 2. Weltkriegs zerstört.

Im ersten Raum östl. des runden Saales (R a u m 2 1 6) befinden sich die Behänge »Der Große Kurfürst bei Wolgast 1675« und »Schlacht bei Fehrbellin 1675« nach Karton von Abraham Begeyn; über dem Kamin ein machtvolles Bildnis des Großen Kurfürsten von Matthäus Merian d. J. (1673) und in einer *Vitrine* ein in Königsberg geschaffener Bernsteinleuchter von ungewöhnlicher Größe (um 1660/70).

R a u m 2 1 0. Der R u n d e S a a l entspricht dem Vestibül (115) darunter, doch sind die toskanischen Säulen hier durch ionische und das glatte Gebälk durch einen mit Masken und Arabesken verzierten Fries ersetzt. Die Stuckreliefs zeigen den Herrscher, der Kriegsbeute in den Tempel der Musen bringen läßt, und Kaiser Otto d. Gr. vor einer Landkarte, auf der er einem knienden Mönch die Stadt Brandenburg zeigt. 2 Porträtbüsten von C. D. Rauch: Staatskanzler Fürst Hardenberg (1818) und Wilhelm I. Friedrich, König der Niederlande (1853). Karl Heinrich Möller: Spielende Kinder (Marmor, 1853).

Neuer Flügel, Erdgeschoß

Der Neue Flügel wird durch den Eingang im Fürstingarten betreten. Das vereinfacht rekonstruierte V e s t i - b ü l ist zugleich der Zugang zur Galerie der Romantik (→ S. 473). Durch den westl. Teil dieser Galerie gelangt man in die Interieurs mit Innenausstattungen des späten 18. Jh. und Inventarstücken aus dem 17.–19. Jh. Die zur Straße gelegenen Räume sind 1943 ausgebrannt.

R a u m 3 1 2. Die aus Rips- und Atlasstreifen mit gemalten Blumen bestehende Wandbespannung ist ebenso wie die meisten der Bezüge auf den zugehörigen Sitzmöbeln kopiert. Urspr. befand sich diese Raumausstattung aus der Zeit Friedrich Wilhelms II. im Obergeschoß. Die Sitzmöbel mit Nachahmung von Bambusstäben sind Beispiele für die Chinamode dieser Epoche. Ein Frühwerk Jakob Philipp Hackerts (um 1762) ist die Ansicht von Schloß Niederhof bei Stralsund; als Gegenstück dient eine Ansicht Charlottenburgs von seinem Bruder Johann Gottlieb Hackert. Die Ansicht der Bocca Tigris, einer Stromenge des Deltas bei Kanton, ist eine für den Export bestimmte und europäischen Veduten angepaßte Malerei eines Chinesen um 1800.

In R a u m 3 1 1 dominieren Möbel in den schweren Formen des Frühklassizismus. Ein Zylinderbureau von David Roentgen stammt aus dem Besitz Katharinas II. von Rußland. Die Wandbespannung ist eine in Lyon gefertigte Kopie nach einem Entwurf von Philippe de Lassalle. Das Bildnis der Witwe Friedrichs d. Gr., Elisabeth Christine, von Anton Graff über dem Kamin, auf Schwarz, Blau und Inkarnatton abgestimmt, ist in der Verbindung von Güte und Würde im Ausdruck ein Meisterwerk seiner Porträtkunst. Einige Pastelle, hauptsächlich von Johann Heinrich Schröder, vermitteln eine Vorstellung von der Blüte dieser Art von Malerei im ausgehenden 18. Jh.

Der folgende R a u m 3 1 0 enthält außer einem Bildnis Friedrich Schillers von Christian Höflinger (1804) v. a. höfische Bildnisse des späten 18. Jh., hauptsächlich des Hauses Hohenzollern. Ein 1782 gemaltes Porträt des 70jährigen Friedrich d. Gr. von Christian Friedrich Reinhold Lisiewski scheint in den etwas gedunsenen, von Krankheit gezeichneten Zügen eine zuverlässige, nicht heroisierte Charakterisierung des Königs zu sein. Als Typus bemerkenswert ist das Porträt der ersten Gemahlin Friedrich Wilhelms II. (den ein Porträt von Anna Dorothea Therbusch zeigt), Elisabeth Christine von Braunschweig-Wolfenbüttel, als Bild im Bild, von Putten durch die Luft getragen, von Friedrich Reclam. Die zweite Gemahlin Friedrich Wilhelms II., Friederike Luise, gibt eine lebensnahe, mütterliche Güte ausstrahlende Skizze von Anton Graff wieder, von dem auch ein bravourös gemaltes Porträt einer Geliebten des Königs, der Gräfin Ingenheim, hier hängt. Andere Bildnisse stammen von Anton Zeller, Benjamin Calau, Friedrich Georg Weitsch, August Josef Pechwell, Johann Georg Ziesenis und Anna Rosina de Gasc.

R a u m 3 0 9 ist museal mit Gemälden ausgestattet, die größtenteils an die napoleonischen Kriege erinnern. Beherrschend ist Jacques Louis Davids grandioses, in mehreren Exemplaren bekanntes Reiterporträt Napoleons von 1800, der, noch als Konsul, den St.-Bernhard-Paß

272   *Charlottenburg: Schloß*

überschreitet und sich als Nachfolger Hannibals und Karls d. Gr. vorstellt. Ein Sendungsbewußtsein, das den Anspruch barocker Reiterporträts übersteigt, spricht aus der nach oben strebenden Bewegung. In schroffem Gegensatz dazu steht Franz Krügers ganzfiguriges Bildnis Friedrich Wilhelms III. mit einem Blick auf Charlottenburg im Hintergrund, ein nüchternes und glanzloses Porträt, das der zurückhaltenden Art des Königs entsprach. Die »Weihe der preußischen Fahnen auf dem Marsfeld in Paris 1814« von Carle Vernet (1822) ist über seine zeitgeschichtliche Aussage hinaus für die Berliner Kunstgeschichte bes. interessant insofern, als das Gemälde die Voraussetzung für Franz Krügers berühmte »Paraden« bildet. Soldatenszenen von Ludwig Elsholtz, darunter die »Belagerung von Paris« (1836), zeigen die biedermeierlich-schlichte Auffassung des preußischen Militärgenres im Umkreis Krügers. Von Josef Grassi stammt das etwas puppenhafte (und deshalb beliebte) Bildnis der Königin Luise (1802). Die Totenmaske der Königin Luise aus Wachs ist ein zweiter Ausguß; das erste Exemplar ging verloren.

In Raum 123 veranschaulicht ein großes Modell die um 1900 bestehende städtebauliche Situation des zerstörten Berliner Schlosses. Die Qualität der Schlüterschen Fassaden führt ein Lindenholzmodell im Maßstab 1:100 vor Augen.

Raum 122, der nördl. anschließt und noch eine reich im Régencestil bemalte Decke besitzt (um 1705), urspr. ein Schlafzimmer, enthält 3 von 6 Teppichen einer Serie »Höfische Feste« von Le Clerck und Acastro (Brüssel, um 1700): Turnier von Damen in antikem Kostüm, Schlittenfahrt und Vogelschießen.

Von einer Folge von 5 Räumen auf der Parkseite des Neuen Flügels, die Friedrich Wilhelm II. 1788–90 hat einrichten lassen, sind so viele Teile erhalten geblieben, daß eine Vervollständigung der Dekoration in den westl. 3 Räumen möglich war.

Raum 318, das »Hetrurische Kabinett«, veranschaulicht das freie Schalten der Zeit mit Stilassoziationen aus unterschiedlichen Epochen und Kulturen. Stiche, hauptsächlich aus England und bes. Theatermotive, bezeichnen den Geschmack Friedrich Wilhelms II. Stiche nach Johann Heinrich Füssli in kunstvollen Rahmen und eine Pastellkopie nach Benjamin West »Der Tod König Lears« sind Zeugnisse der Shakespeare-Renaissance. 2 große Tonvasen, Nachahmungen antiker Bronzegefäße aus der Potsdamer Manufaktur von Sartori, stammen aus dem Belvedere.

Raum 319. In der Chinesischen Galerie ist die chinesische Papiertapete in einigen nach der Art von Rollbildern montierten Resten erhalten. Von den Konsoltischen ist nur der mittlere alt, die anderen (ebenso wie der zugehörige im Chinesischen Zimmer) sind danach kopiert.

Raum 320. Bei dem Chinesischen Zimmer repräsentiert (ebenso wie in der Chinesischen Galerie) die spröde, mit Elementen der Zopf-Ornamentik gemischte chinoise Malerei des Theatermalers Bartolomeo Verona die Chinanachahmung in der Epoche der Empfindsamkeit. Die chinesische Papiertapete (um 1820) ersetzt das im Krieg zerstörte Original.

Neuer Flügel, Obergeschoß

Das Obergeschoß dieses Flügels, das 1943 fast völlig ausbrannte, hat nach der Wiederherstellung 1962 Gemälde und Möbel aus dem Besitz Friedrichs d. Gr. aufgenommen, die großenteils durch Verlagerung nach West-Berlin gelangt sind, teilweise auch aus zerstörten Schlössern stammen. Soweit die Kunstwerke aus Sanssouci stammen, werden sie dorthin zurückgegeben. Die 1794 eingerichteten Winterkammern Friedrich Wilhelms II. auf der Straßenseite nach W werden z. Z. rekonstruiert.

Das Treppenhaus (326) zeigt im Untergeschoß – der Stuckmarmor von 1986 ist mißlungen – glatte Wände, während das Obergeschoß durch ionische Doppelpilaster in gelblichem Stuckmarmor mit vergoldeten Basen und Kapitellen gegliedert ist, die mit dem grauen Stuckmarmor der Wandflächen kontrastieren. Die (rekonstr.) Stuckfiguren auf dem Gesims stellen Aurora, Apollo, Diana und die Nacht dar. Anstelle eines zerstörten Deckenbildes von Pesne (»Raub des himmlischen Feuers durch Prometheus«, 1742) hat Hann Trier 1974 eine rhythmisch bewegte Komposition in Tempera ausgeführt, die einen Himmel assoziiert und deren urspr. Figürlichkeit noch in gestischen Elementen anklingen läßt.

Raum 352 war die Vorkammer. Pesne hatte sie in der Erbauungszeit mit Wandmalereien ausgestattet, die, in illusionistischer Erweiterung des Zimmers, eine höfische Gesellschaft im Park darstellten. Erst 1937 wiederentdeckt, sind sie 1943 zugrunde gegangen.

Durch eine Tapetentür gelangt man in Raum 358 auf der Gartenseite, der wie die beiden folgenden Räume nur schlicht für Galeriezwecke wiederhergestellt werden konnte. Hier hängen Werke von Charles Amédée Philippe Vanloo, der 1748–58 und 1763–69 Hofmaler Friedrichs d. Gr. war, Pierre Jacques Cazes, Jean François Detroy, Louis Silvestre d. J., Louis Boullogne d. J., Charles Antoine Coypel und Jean Raoux.

Im zweiten Raum, 357, sind bes. hervorzuheben 14 *Illustrationen zu Paul Scarrons »Roman Comique«* von Pater, in Öl gemalte Vorlagen für Kupferstiche (1727–36), die trotz aller höfischer Zierlichkeit des Stils sprudelnde Erzählfreude und Sinn für derbe volkstümliche Komik verraten, sowie ein Bildnis Friedrichs d. Gr. von Anton Graff (1781). – In einer *Vitrine* sind 2 Skizzen Pesnes ausgestellt.

Der anschließende Raum 356, mit dem die Erste Wohnung Friedrichs d. Gr. beginnt, ehem. ein Schlafzimmer, ist mit Gemälden von Georg Wenzeslaus v. Knobelsdorff, Jean Baptiste Pater, Pierre Jacques Cazes, Nicolas Lancret, Andreas Krüger und Elisabeth Vigée-Lebrun ausgestattet. – Eine *Tischvitrine* enthält Miniaturen, bes. Beispiele der besten preußischen Miniaturmaler des 18. Jh., Anton Friedrich König und Daniel Chodowiecki.

Das folgende Schreibzimmer (355) mit vergoldeten Schnitzereien auf weißem Grund ist, mit Ausnahme der beschädigten Supraporten (Putten mit Attributen, die sich auf die Literatur beziehen), eine Wiederherstellung. Die vergoldete Deckenornamentik in voll entwickeltem friderizianischem Rokoko nach Entwurf von Johann August Nahl ist aus Stuck.

Charlottenburg: Schloß 273

Eine Kopie ist auch die langgestreckte B i b l i o t h e k (3 5 4) mit versilbertem Stuck und Schnitzereien auf hellgrünem Grund. Die Deckenbilder von Pesne (Poesie und Minerva) hat man nicht wiederhergestellt. Die Büsten auf den Konsolen, die urspr. mit Antiken besetzt waren, sind moderne Abgüsse der Berliner Gipsformerei. Original zur Bibliothek gehören die 6 mit Zedernholz furnierten schlichten Bücherschränke, in denen die Bibliothek Friedrichs d. Gr. aus Schloß Sanssouci untergebracht ist. (Die Charlottenburger Bibliothek ging verloren.) Auf dem geschnitzten und versilberten Konsoltisch von Nahl liegen in einer *Vitrine* 6 Tabatieren aus dem Besitz Friedrichs d. Gr. (Leihgaben des Prinzen Louis Ferdinand von Preußen) und eine mit dem Miniaturbildnis des Königs aus dem Besitz des Fürsten Leopold von Anhalt-Dessau, letztere feuervergoldet, die anderen aus Halbedelsteinen mit Gold montiert und mit Brillanten besetzt (eine davon aus Gold mit Emailüberzug).

Im V o r z i m m e r (3 5 3) der Bibliothek ist die Boiserie mit ihren Schnitzereien original, die Fassung jedoch, Silber auf Weiß, neu. Der Stil der Schnitzereien nach Entwürfen Johann August Nahls enthält neo Régence-Elemente. Die Stuckdecke ist kopiert, ebenso die Stilleben nach Augustin Dubuisson über dem Spiegel und über der Tür zur Bibliothek.

Auf der Stadtseite folgt R a u m 3 4 6 mit Bildnissen von Tänzerinnen und Sängerinnen vom Hofe Friedrichs d. Gr., unter ihnen Antoine Pesnes ganzfiguriges Porträt der *Tänzerin Barbara Campanini gen. Barbarina* (1745) aus dem Arbeitszimmer des Königs im Berliner Schloß. Der Schwung der Figur harmoniert mit der raumgreifenden Bewegung der Parkarchitektur. Obschon das Pantherfell-Muster eine Erinnerung an Mänaden hervorruft, ist für den Ausdruck die Beherrschung des Körpers bestimmend, der die Disziplinierung der Natur im Garten entspricht. Die Skizze zum Theatervorhang der Oper Unter den Linden, ein »Parnaß« (1742), der auf das Ende des 1. Schlesischen Krieges anspielt, stammt ebenfalls von Pesne.

Östl. schließt das S c h l a f z i m m e r d e r K ö n i g i n L u i s e an (R a u m 3 4 7). 1809/10, nach der Rückkehr des Königspaares, sind hier Entwürfe Schinkels, seine ersten Arbeiten für den Hof, verwirklicht worden (1974 rekonstr.). Über einer intensiv rosa Papiertapete (Andeutung der Morgenröte) ist weißer, durchscheinender Voile, ein bevorzugtes Material des Klassizismus, gespannt. Die Falten, die durch Herabhängen und Spannen entstehen, ergeben die ornamentale Gliederung des Raumes. Die blau gestrichene Decke ersetzt ein 1943 zerstörtes Deckenbild von Johann Harper (1742). Original sind der Kamin vom Ende des 18. Jh., das Bett und die Blumentische aus Birnbaumholz, Möbel, die in ihrer frei, organisch empfundenen Verarbeitung von Elementen antiker Architektur unverkennbar die Handschrift Schinkels verraten. Auf der Kommode zwischen den Fenstern steht ein vergoldetes Toilettenservice der Königin Luise (Potsdam 1796).

In den anschließenden Räumen, den W i n t e r k a m - m e r n F r i e d r i c h W i l h e l m s II., wird die urspr. frühklassizist. Ausstattung rekonstruiert.

Nach W folgt auf Raum 346, noch zum Eosander-Bau gehörend, der R a u m 2 2 9 mit blauer Satinade. Er befindet sich weitgehend im urspr. Zustand; nur die Wandbespannung ist erneuert. In der *Ansicht von Rheinsberg* (um 1737) schildert Georg Wenzeslaus v. Knobelsdorff das Schloß Rheinsberg, welches Friedrich d. Gr. 1734 erhalten hatte, noch vor dem im gleichen Jahr begonnenen Umbau, aber mit der 1736 hierher übergesiedelten Hofgesellschaft (von Pesne gemalt) als Verwirklichung einer Ideallandschaft in der Art Watteaus. Antoine Pesnes Meisterschaft als Porträtmaler auf dem Höhepunkt des friderizianischen Rokoko beweisen v. a. 6 Bildnisse von Hofdamen der Königin Elisabeth Christine, die paarweise zusammengehören. Der Einfluß Watteaus ist im Erfindungsreichtum in Motiven und Kolorit zu spüren.

R a u m 2 2 8, zum Park hin anschließend, bietet einen Blick auf die Außenfront des Neuen Flügels. Hier hängen venezianische und deutsche Gemälde des 18. Jh., so von Francesco Simonini, Giovanni Battista Pittoni, Marco Ricci, Michele Marieschi, Andrea Celesti und Christian Wilhelm Ernst Dietrich. 2 große Panneaus aus dem Umkreis von Knobelsdorff befanden sich urspr. in Schloß Rheinsberg. Die Möbel – ein Sekretär mit den Initialen Friedrich Wilhelms I. und eine Kommode – veranschaulichen die Anfänge des friderizianischen Rokoko in der Möbelkunst.

An das Treppenhaus (326) schließt sich östl. der 1742 eingeweihte W e i ß e S a a l (3 6 2) an, Speise- und Thronsaal Friedrichs d. Gr. Er nimmt den Mittelpavillon ein und ist damit breiter als jeder andere Raum im Neuen Flügel. Von der Ornamentik haben nur die Supraportenreliefs mit den Darstellungen der Jahreszeiten die Zerstörung im 1943 im wesentlichen überdauert. Bei der Rekonstruktion bereitete die Gestaltung des Muldengewölbes besondere Schwierigkeiten, denn zur Erreichung des urspr. Eindrucks war die Erweiterung des realen Raumes durch eine illusionistisch gemalten an der *Decke* notwendig. Zwar ließ sich Friedrich Wilhelm Höders ornamental aufgefaßte Architekturmalerei in der Voute nach Vorlagen kopieren, doch für das 1742 von Pesne gemalte Bild der »Hochzeit von Peleus und Thetis« im Deckenspiegel fehlte es gänzlich an Farbangaben; außerdem ließ die Qualität der Malerei Pesnes eine Kopie als Ersatz nicht zu. So gestaltete Hann Trier den Deckenspiegel 1972/73 als zeitgenössische Paraphrase des barocken Gemäldes.

Die 42 m lange G o l d e n e G a l e r i e (3 6 3), eine der phantasievollsten Raumerfindungen des deutschen Rokoko, ist im wesentlichen als Schöpfung Knobelsdorffs anzusehen (nach der Zerstörung 1943 wurde die Dekoration unter Verwendung weniger originaler Reste 1961–73 wiederhergestellt). Auf grünem Stuckmarmor, der mit dem Grün des Gartens korrespondiert, ist vergoldete, von Feld zu Feld wechselnde, aber zur Mitte hin symmetrisch geordnete Ornamentik mit vielen gegenständlichen Anspielungen aufgelegt. Eingeflochten sind als ikonographisches Programm die 4 Elemente und die 4 Jahreszeiten, die übrigens auch über den Türen zu sehen sind. Zephyr und Flora über den Kaminen betonen den frühlingshaften Gesamtklang des Raumes. – Von Lambert Sigisbert Adam stammen die bei-

Schloß Charlottenburg. Goldene Galerie. Westwand, nördliche Supraporte

den Marmorbüsten von Neptun und Amphitrite (um 1724).
Raum 364. Das **Konzertzimmer** bildet die Überleitung von der Weiträumigkeit der Goldenen Galerie zu den östl. anschließenden Zimmern der Zweiten Wohnung Friedrichs d. Gr. Der Kamin, die Boiserie und der vergoldete Deckenstuck sind rekonstruiert. Für den Platz an der westl. Wand gegenüber dem Kamin hat Friedrich d. Gr. vermutl. 1745 das 1720 gemalte *Firmenschild des Pariser Kunsthändlers Gersaint* von Watteau, damals in 2 Teilen, erworben. Urspr. eine Lünette in der Form eines Kreissegments über der Ladentür Gersaints, ist es bald nach der Entstehung von einem Schüler (Pater?) zum Rechteck ergänzt worden. Obschon eine Reklame, spricht das Bild nicht ohne Ironie Watteaus Meinung über die Kunst aus. Der kleine Laden Gersaints ist, auch durch die freie Handhabung der Perspektive, zu einem Saal vergrößert. Die Bilder an den Wänden, Erfindungen Watteaus in den von ihm selbst gemalten Teilen, nehmen witzig Bezug auf die Figuren im Vordergrund und die Verschiedenheit ihres Verhältnisses zur Kunst. Von links nach rechts ist eine Steigerung der Intensität zu beobachten. – Nicolas Lancrets *Das Moulinet* und *Tanz in der Gartenhalle*, 2 Gegenstücke, bei denen ein Tanz im Freien mit einem Tanz im Innenraum verglichen wird, stammen aus der Frühzeit um 1720, als Lancret Watteau zu imitieren suchte. Ein Watteau übertrumpfender farbiger Reichtum, Vielfalt der Handlung und eine den Betrachter mitreißende Stimmung bezeichnen jedoch den Abstand. – Dem im Format ungewöhnlich großen Frühwerk Jean Baptiste Siméon Chardins *Die Briefsieglerin* (1733) liegt ein Genremotiv zugrunde – eine Frau versiegelt voll Ungeduld einen Liebesbrief –, aber durch die Würde der großflächigen Komposition und die Kostbarkeit der Farbe wird der Vorgang zu allgemeingültiger Bedeutung gesteigert, wie sie auch den Stilleben Chardins eigen ist. – *Die Köchin*, vom gleichen Maler (1738), ist in ihrer Arbeitswelt, umgeben von Dingen geringen Wertes, dargestellt. Die Subtilität der Malerei adelt diese Welt und verleiht der »Dienstperson« eine Haltung, wie sie sonst den ganzfigurigen höfischen Repräsentationsporträts des 18. Jh. vorbehalten war. – Auf dem Kamin steht das Fragment eines schlangenwürgenden *Herkulesknaben* von Balthasar Permoser. Die beiden mit Bronze beschlagenen Kommoden aus Zedernholz (Pots-

Charlottenburg: Schloß. Gärten. Orangerien   275

dam, um 1745) lassen in dem federnden Schwung der Linien und der lebendigen Modellierung an edle Tiere denken.
Raum 365 ist mit einer gris-de-lin-farbenen Seidentapete ausgekleidet. Hier hängt die 2. Fassung des »Embarquement pour Cythère« benannten Bildes von Antoine Watteau (Farbabb. 26), dessen Titel nur für die 1., stark abweichende im Louvre zutrifft. Cythera, die der Venus geweihte Liebesinsel, ist nämlich im Vordergrund dargestellt. Die Statue rechts ist Parkskulptur und Kultbild. Erst 1763 hat Friedrich d. Gr. das späte Hauptwerk, ein Schlüsselbild des Rokoko, erworben. Nach dem 1. Weltkrieg verblieb es im Besitz der Hohenzollern. Erst 1984 wurde es in einer spektakulären Aktion für das Schloß Charlottenburg gekauft und so vor einer Abwanderung in die Gemäldegalerie bewahrt. – Noch 3 weitere Werke Watteaus hängen hier. In der Liebe auf dem Lande (um 1719) halten sich Paare in kostbaren, bunten Gewändern in einer weiten Landschaft mit sich trübendem Himmel auf. Vergänglichkeit des Genusses ist die melancholische Aussage. – Das Konzert (um 1717) verbindet in behutsamer Andeutung Vorstellungen von Musik, Kostbarkeit schöner Stoffe, Liebe, Charme der Kindheit und Reiz der Natur. Der Verzicht auf Handlung und Logik weckt träumerische Phantasie. – Die um 1719 in hellen Farben gemalten Hirten mischen Ländliches und Höfisches, ein Ausdruck von Sehnsucht nach Aufhebung sozialer Gegensätze und einer Einheit von Kunst und Natur.
Der letzte Raum der Enfilade (366) besitzt eine Boiserie mit zierlicher Ornamentik. Die 4 eingelassenen Panneaux von 1746 ersetzen im Krieg verlorene. Sie stammen von verschiedenen preußischen Malern: Antoine Pesne, Georg Wenzeslaus v. Knobelsdorff, Charles Sylva Dubois und Johann Harper. Alle sind dem Vorbild Watteaus verpflichtet, dem Pesne mit seinem koloristisch brillanten Werk Badende Mädchen am nächsten kommt.
Der zum Garten hin anschließende Raum 367 war das Schlafzimmer des Königs. Hier hängen einige hervorragende Gemälde: Frühwerke Watteaus sind der Jahrmarkt und der Brautzug (um 1708 bzw. um 1712). Die Fülle graziöser Figürchen in gemessener Haltung ergibt ein kleinteiliges, doch strenges Bildornament. Die Motive stammen aus der volkstümlichen flämischen Kunst, erscheinen hier jedoch veredelt, höfisch und idealisiert. – Was bei Watteau traumhaft wirkt, ist in der Liebeserklärung von Jean-François Detroy (1731) konkret. Das Kostüm gibt die Mode zuverlässig wieder. Entsprechend bestimmt ist die Zeichnung aller anderen Details. – Auf François Bouchers Venus, Merkur und Amor (1742) unterrichtet Merkur, der Kenner aller Listen, Amor im Lesen, wendet seine Aufmerksamkeit dabei aber mehr der Venus zu. Durch die urspr. Bestimmung des Bildes als Supraporte wird die nach unten weisende Hand Merkurs erklärt. – Nach Entwurf Knobelsdorffs ist der Eckschrank aus Zedernholz mit Bronzebeschlägen gefertigt.   HB-S

Die Gärten und ihre Denkmäler

Im Orangeriegarten stehen 2 Jeremias Süssner zugeschriebene, von Fritz Becker nach dem 2. Weltkrieg

kopierte Sandsteinfiguren der Flora und der Pomona (Ende 17. Jh.). Die stark verwitterten Originale, jetzt im Flur des westl. Hofflügels, sind möglicherweise z. Z. Friedrichs d. Gr. hier aufgestellt worden.

Die **Kleine Orangerie** an der S-Seite des Orangeriegartens wurde 1790 vierl. von Georg Friedrich Boumann erbaut. Der langgestreckte, 1geschossige Bau mit Walmdach und hohem rundbogigem Mittelportal wird an den Enden von 2geschossigen Pavillons über quadratischem Grundriß begrenzt; sie enthielten die Gärtnerwohnungen. Der Wechsel von Fenstern und Türen und die in 2 Reihen angeordneten Dachgauben darüber, dazu die Schornsteine, rhythmisieren den Bau in höchst lebendiger Weise. Auf der S-Seite ist die Front mit einer geböschten, oben durch eine große Hohlkehle abgeschlossenen Glasfassade versehen, die seine Bestimmung als Gewächshaus erkennen läßt. Hier ist die Mitte kaum betont. 1943 wurde das Gebäude bis auf die Eckpavillons und die N-Front zerstört und 1973–77 wiederhergestellt. Es enthält jetzt ein Restaurant und das Gartenbauamt.

Die nach Kriegszerstörungen wiederaufgebaute **Große Orangerie** dient Ausstellungszwecken. Die im 19. Jh. stark restaurierte architektonisch-dekorative Deckenmalerei im Mittelpavillon (um 1710, 1943 restlos zerst.) hat Peter Schubert 1977 durch eine gegenstandslose Gestaltung ersetzt.

Der Garten auf der N-Seite, im O von der Spree begrenzt, wurde gleichzeitig mit der Erbauung des kurfürstlichen Schlosses seit 1697 nach Plänen von Siméon Godeau in Formen eines französischen Gartens angelegt. Eine große Sichtachse führte bis weit über das Ende des Gartens hinaus nach N in die Jungfernheide, eine weitere nach NW zum Schloß Ruhleben und eine dritte, von der ein Stück noch im Verlauf der Seestraße erhalten ist, nach NO zum Schloß Niederschönhausen. Nach dem Tod Sophie Charlottes konnte der Garten im NW erweitert werden. Friedrich d. Gr. ließ neuen Skulpturenschmuck aufstellen, so 24 Marmorbüsten der julischen Kaiser und ihrer Gemahlinnen vor der N-Front des Neuen Flügels und der Orangerie (1989 entfernt, Ersatz durch Kopien geplant).
Wesentliche Veränderungen erfuhr der Garten erst im Ausgang des 18. Jh. unter Friedrich Wilhelm II. Er wurde im nördl. und nordwestl. Teil durch den Gärtner August Eyserbeck, einen Sohn des Schöpfers der damals vorbildlichen Wörlitzer Anlagen, durch Ausheben von Wassergräben und Teichen, geschlängelte Wegführung, Anpflanzung von Bäumen und Anlage von Rasenpartien zu einem englischen Landschaftsgarten umgestaltet. Auch das Broderieparterre zog man zu einem Rasen-

276 Charlottenburg

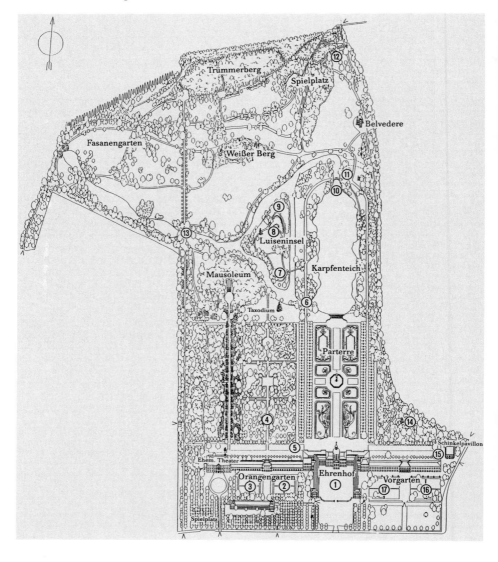

Schloßgarten Charlottenburg. Lageplan (Stand 1989)

1	Großer Kurfürst	7	Amor	13	Feldwegbrücke
2	Flora	8	Venus von Medici	14	Germanicus
3	Pomona	9	Luisen-Büste	15	Victoriasäulen
4	Minerva	10	Hohe Brücke	16	Friedrich II.
5	Kaiser-Friedrich-Vase	11	Ildefonso-Gruppe	17	Friedrich I.
6	Lindenbrücke	12	Obelisk		

Charlottenburg: Schloß, Gärten

Schloß Charlottenburg und Park (Luftaufnahme 1978)

grund zusammen. Mit dem Bau des Belvedere 1788–90 erhielt der nördl. Teil des Gartens einen abseits der Hauptachse liegenden Akzent. Unter Friedrich Wilhelm III. (seit 1797) wurde die Modernisierung fortgesetzt und die geometrische Form des Karpfenteiches zugunsten einer natürlich unregelmäßigen aufgegeben. Es entstand durch die Führung neuer Gräben im westl. Teil des so vergrößerten Teiches die dreieckige Luiseninsel. In der Nähe des Belvedere wurde um 1800 eine eiserne Bogenbrücke erbaut, deren 4 übereinanderliegende Kreisbögen von unterschiedlichem Radius sich im Scheitel tangieren. Eine kleinere und einfachere Brücke, 1800 schon vor der größeren aufgerichtet, ist noch nordwestl. des Mausoleums vorhanden. Erhalten blieben bei diesen Umwandlungen jedoch die Lindenalleen, die von den Eckrisaliten der Gartenfront des Schlosses nach N führen und hinter dem Karpfenteich in einem gedrückten Halbkreis zusammenlaufen. Bis zur Umgestaltung durch Peter Joseph Lenné nach 1820 bestand das Heckenquartier im W ebenfalls original. Lenné veränderte auch den Garten südl. des Neuen Flügels, den sog. Fürstingarten.

Nach den Verwüstungen im 2. Weltkrieg hat man den südl. Teil des Gartens in französischen Formen unter Zugrundelegen eines Entwurfs von Jacques François Blondel für das Broderieparterre (1737) wiederhergestellt. Das Heckenquartier wurde neu gestaltet, die Lindenalleen wurden neu gepflanzt. Als Gelenk zwischen französischem und englischem Garten wurden Stufen zum Karpfenteich und eine eiserne, mit modernen Putten (nach Porzellanfiguren der KPM) und Vasen besetzte Balustrade eingefügt. Schließlich ist die Rekonstruktion des barocken Zustandes durch die Wiederherstellung des 8eckigen Brunnenbeckens mit einer Fontäne in der Mitte des Gartenparterres und der Treppe an der Terrasse zum Schloß 1967 zu Ende geführt worden. Der N-Teil des Gartens wurde seit 1952 von Walter Hilzheimer gestaltet. Die Rekonstruktion der Luiseninsel westl. des Karpfenteiches, nach einer Planung Lennés von 1823, wurde 1989 abgeschlossen.

Eine Allee von Fichten, Teil der barocken Anlage (1945 abgeholzt, 1966 wieder angepflanzt), führt von der Gartenfront des Langhans-Baues zu dem tempelartigen

7 Mausoleum

● der Königin Luise. Im Sommer 1810, kaum 14 Tage nach dem Tod der Königin (19. 7. 1810), ist der Bau nach einer Idee Friedrich Wilhelms III. begonnen worden; 1812 war er vollendet. Einen phantasievollen Idealentwurf in got. Formen hatte Schinkel vorab lediglich als Fixierung einer Vorstellung gezeichnet; den Riß für die urspr. in Sandstein ausgeführte Fassade lieferte er als dorische Tempelfront. 1828/29 wurde der Sandsteinportikus auf die Pfaueninsel übertragen und hier in rötlichem Granit ersetzt, einem Material, dem patriotische Bedeutung beigelegt wurde, weil es in der Mark vorkam. Die weniger strengen Formen des Inneren gehen auf Heinrich Gentz zurück. Eine erste Erweiterung wurde erforderlich, als Friedrich Wilhelm IV. 1840 seinen Vater neben der Königin Luise in der Gruft beisetzen ließ und 1841 einen Marmorsarkophag mit der Darstellung des Königs in Uniform in Auftrag gab, der 1846 aufgestellt wurde. So fügte Ludwig Ferdinand Hesse 1841/42, noch nach einem Entwurf Schinkels, einen querschiffartigen Raum mit einer Apsis an zur Aufnahme beider Sarkophage. Im Inneren wie in der äußeren Erscheinung des Baues wurden dadurch die klassizistischen Formen mit frühmittelalterlichen verbunden und nicht zuletzt durch einen Altar und ein Marmorkruzifix von Wilhelm Achtermann der antikisierende Tempel in eine christliche Kirche verwandelt. Nach dem Tode Wilhelms I. hat Albert Geyer das Mausoleum 1890/91 nochmals erweitert. Der Anbau von 1841/42 wurde zum Quadrat vertieft und die Apsis samt einem Fresko von Carl Gottfried Pfannschmidt (Friedrich Wilhelm III. und die Königin Luise vor dem thronenden Christus) wiederholt. 1894 konnten die von Erdmann Encke geschaffenen Marmorsarkophage Kaiser Wilhelms I. († 1888) und seiner 1890 verstorbenen Gemahlin Augusta aufgestellt werden.

Der Bau ist ein 4säuliger Prostylos. Durch die hohe Tür eintretend, gelangt man in einen Vorraum. Hier hängt ein kreuzförmiger Leuchter der Bronzefabrik Werner & Neffen mit knienden Cherubim. In der Mitte führen Stufen in die gewölbte (nicht zugängliche) Gruft hinab. An beiden Seiten gelangt man

Christian Daniel Rauch: Marmorsarkophag der Königin Luise. Schloß Charlottenburg. Mausoleum

über 8 Stufen zu dem durch 2 Doppelsäulen aus farbigem Marmor (aus Schloß Oranienburg, jedoch älteren Ursprungs) abgetrennten oberen Teil, der urspr. nur aus einem fast quadratischen, mit Oberlicht versehenen Raum bestand und den Luisen-Sarkophag enthielt.

Dieser 1811–14 geschaffene und 1815 aufgestellte *Marmorsarkophag der Königin Luise* von Christian Daniel Rauch ist ein Hauptwerk deutscher Skulptur des 19. Jh. Der reich ornamentierte Unterbau zeigt an Stirn- und Fußende den preußischen Adler, an den Breitseiten das preußische und das mecklenburgische Wappen. Die Königin ist wie schlummernd dargestellt. Kopf und Hände sind mit weichen Rundungen modelliert, während das Gewand durch seinen Faltenreichtum eine eigene Art von Lebendigkeit erzeugt. – Zur urspr. Ausstattung gehören die beiden 1812 von Schinkel entworfenen Kandelaber, von denen Friedrich Tieck den einen (mit Horen), Rauch den anderen (mit den Parzen) gearbeitet hat.

Nördl. des Mittelpavillons der Orangerie stand in einem R o n d e l l des Heckenquartiers die unter Friedrich Wilhelm IV. ohne Kopf aufgefundene Marmorstatue einer *Athena* aus dem frühen 18. Jh., die einer Athena-Figur von Artus Quellinus in Kleve eng verwandt ist. Der von August Wittig ergänzte Kopf trägt die Züge Sophie Charlottes. Das gefährdete Original soll durch eine Kopie ersetzt werden.

Auf der L u i s e n i n s e l , zu der man von der westl. Lindenallee über eine Brücke mit eisernem Geländer (um 1830) gelangt, stehen der *Bogenspannende Amor* des Lysipp (Bronzenachbildung von Heinrich Hopfgarten, 1823), die *Venus von Medici* (moderner Abguß) sowie eine Büste der *Königin Luise* (moderner Abguß nach Rauch).

Die Fortsetzung der Lindenallee führt am N-Ende des K a r p f e n t e i c h e s nach Überschreiten der Brücke zu einer Bronzenachbildung der antiken *Ildefonso-Gruppe* (Tod und Schlaf) von Christoph Heinrich Fischer. – In der Nähe liegt das

Belvedere oder Teehaus,

1788 von Carl Gotthard Langhans erbaut, 1956–60 nach Kriegszerstörungen im Äußeren wiederhergestellt.

In seiner komplizierten Form steht der Bau zwischen Barock und Klassizismus. 4 paarweise gleichartige Anbauten um einen ovalen Kern und eine nach Höhe und Dekor differenzierte Gestaltung der 3 Geschosse lassen das Ä u ß e r e von jeder Seite interessant erscheinen.

Die Puttengruppe auf der Kuppel und den Blumenkorb, den sie trägt, hat Karl Bobeck im Zuge der Restaurierung nach dem verlorenen Original Johann Ecksteins frei nachgeschaffen. Die 4 Lünettenreliefs im 1. Obergeschoß zeigen die 4 Weltteile nach Entwurf von Bernhard Rode.

Außer im Erdgeschoß, das unterteilt war, entspricht die jetzige Folge von 3 Sälen übereinander dem urspr. Zustand; die Innendekoration konnte nicht rekonstruiert werden.

Der Bau enthält jetzt eine **Sammlung Berliner Porzellane** von der Mitte des 18. bis zur Mitte des 19. Jh., deren Grundstock die 1970 vom Senat erworbene Porzellansammlung Bröhan bildet.
Die chronologische Ordnung beginnt im **2. Obergeschoß**. Hier sind die beiden *Vorläufer der Kgl. Porzellan-Manufaktur (KPM)* sowie deren erste Erzeugnisse bis ca. 1775 dokumentiert. Figürliche Porzellane aus der 1751–57 bestehenden Fabrik des Wollzeugfabrikanten Wilhelm Kaspar Wegely zeigt den naiven Naturalismus dieser Manufaktur, die das Meißener Vorbild mit dem Charme des Ungeschicks nachahmte. Einen beträchtlichen Fortschritt lassen die Porzellane des nur 1761–63 bestehenden Unternehmens von Johann Ernst Gotzkowsky erkennen. Er hatte es verstanden, mit Friedrich Elias Meyer einen tüchtigen Schüler Kändlers aus Meißen anzuwerben. Da Friedrich d. Gr. 1763 die Manufaktur Gotzkowskys mitsamt dem Personal, den Modellen und Vorräten übernahm, vollzog sich der Übergang zur KPM ohne Stilbruch, wie bes. an den Figuren F. E. Meyers abgelesen werden kann. Von seinem Bruder Wilhelm Christian stammt das Modell einer Uhr, die zusammen mit einem Paar großer Potpourrivasen von 1770–75 ausgestellt ist. Die Unterstützung, die der König seiner Manufaktur zuteil werden ließ, kann gut an den Einzelteilen aus verschiedenen Tafelservicen abgelesen werden, die er für den eigenen Gebrauch und für Geschenkzwecke in Auftrag gab, so z. B. an dem sog. 1. und 2. Potsdamschen (1767), dem »Roten«, dem »Gelben« (1770/71) und dem mit Chinoiserien verzierten »Japanischen Service« für Sanssouci (1769/70). Ein Höhepunkt in der Entwicklung des Gefäßes zum dekorativen Gebilde von geistreichster Gestaltung ist der um 1765–68 gefertigte Wasserkessel mit Rechaud.
Die Stücke im **1. Obergeschoß** veranschaulichen den *Stilwandel von der Spätzeit Friedrichs d. Gr. zum reinen Klassizismus Friedrich Wilhelms II.* Neben Teilen von späten Tafelservicen Friedrichs d. Gr., so dem für das Schloß Charlottenburg (1783), sind Stücke aus dem »Kurländer Service« (um 1790) und dem für den Herzog von York (um 1785) hervorzuheben. Eine Biskuitbüste Friedrichs d. Gr. nach Modell von F. E. Meyer ist ein Beispiel für die Vorliebe des Klassizismus für den marmorartigen unglasierten und unbemalten Scherben. Sonst ist die Sammlung auffallend arm an Biskuitporzellanen. Die zylindrischen Sammeltassen sind der denkbar größte Kontrast der modernen Form zu den phantasievollen Erfindungen des Rokoko.
Das **Untergeschoß** führt die *Entwicklung im 19. Jh. bis etwa 1840* und einen mit den 1830er Jahren einsetzenden Qualitätsverfall vor Augen. Der Scherben wird seit etwa 1800 mehr und mehr mit Gold bedeckt, und die Malerei gewinnt den Charakter eines abgeschlossenen Bildes. Teller und Gefäße mit Veduten, Nachahmungen pompejanischer Malereien, antiken Mosaiken, Gemäldekopien, Porträts und Blumen werden bevorzugt. Auf einem Tisch stehen 3 große Vasen, Geschenke Friedrich

280 Charlottenburg: Schloß. Garten. Schinkel-Pavillon

Teile eines Kaffeeservices der KPM. Um 1768. (Charlottenburg, Belvedere)

Wilhelms III. an den russischen Zaren (1832/33), auf einem anderen eine große Amphora mit Jaspisgrund und einer Ansicht der Oper Unter den Linden (1832).

Im N-Teil des Gartens ist in der Hauptachse 1979 ein *Marmorobelisk* von Braco Dimitrijević aufgestellt worden; eine Inschrift nennt ein beliebiges Datum, um den historischen Gedenktagen die private Erinnerung entgegenzustellen.

An der Spree entlang führt ein Weg zum Schinkel-Pavillon am O-Ende des Neuen Flügels. In dessen Nähe steht rechts die Bronzenachbildung einer römischen Statue, des sog. *Germanicus*. Vor der N-Front des Schinkel-Pavillons sind 1974 2 Sandsteinkapitelle vom 1892 abgerissenen Berliner Dom aufgestellt worden, die vom Umbau Schinkels (1817) stammen (2 weitere im Ludwig-Lesser-Park in Reinickendorf-Frohnau).

9 Schinkel-Pavillon

● *Der Pavillon wurde 1824/25 als Sommerhaus für Friedrich Wilhelm III. und seine 1824 in morganatischer Ehe angetraute zweite Gemahlin Auguste Fürstin von Liegnitz erbaut. Karl Friedrich Schinkel entwarf die Pläne; für die Bauausführung war Albert Dietrich Schadow verantwortlich. Der König hatte sich von dem Gedanken leiten lassen, in einer freien Nachschöpfung der Königlichen Villa Chiatamone in Neapel, die er 1822 bewohnt hatte, die schöne Erinnerung an eine Italienreise festzuhalten. – 1943 ist das Inventar mit Ausnahme weniger* Stücke vernichtet worden, als der Pavillon ausbrannte. Eine gute Dokumentation der Dekoration im Inneren erlaubte eine verläßliche Wiederherstellung (1957 bis 1970).

Charakteristisch sind die rings um den Bau führende äußere Galerie und auf allen 4 Seiten die Loggien des Obergeschosses. Der kleine kubische Bau mit einer Grundfläche von 18×16,4 m harmoniert mit den disziplinierten und zugleich anmutigen Formen des Knobelsdorff-Flügels. Dem Park zugeordnet, bezieht er sich auf das Achsensystem der barocken Schloßanlage, welche die Allee der Terrasse auf die W-Front des Pavillons zuführt. Diese Achsenbeziehung ist 1840 durch die den Weg flankierenden Granitsäulen mit den bronzenen Victorien von Christian Daniel Rauch noch betont worden. Agaven und Aloen, die einst in Kübeln vor dem Haus aufgestellt waren, entsprachen dem südlichen Charakter des Baues. – In den rekonstruierten Räumen sind die durch Neuerwerbungen vermehrten Bestände der Schlösserverwaltung an Kunst und Kunstgewerbe der Schinkel-Zeit ausgestellt.

Charlottenburg: Schloß. Garten. Schinkel-Pavillon 281

Das Vestibül (10) ist schlicht weiß; die Steinquadern seiner Wände sind durch Fugenmalerei angedeutet. Hier stehen Bronzebüsten des Kronprinzen Friedrich Wilhelm IV. und seiner Gemahlin Elisabeth von Rauch und Tieck sowie eine Eisengußbüste der Königin Luise nach Rauch.

Im Treppenhaus (11) sind Arabeskenmalereien in den Feldern zwischen den Pilastern rekonstruiert. Büsten in Bronze (Kronprinz Friedrich Wilhelm, 1823, von C. D. Rauch, und Kronprinzessin Elisabeth, 1824, von F. Tieck) belegen die Leistungsfähigkeit Berliner Gießereien.

Der Rundgang beginnt links im Gartensaal (12/13; Farbabb. 14), mit einer Wandverkleidung aus grünem, grauem und ockerfarbenem Stuckmarmor. Die Nische ist mit einem sternenbestickten blauen Vorhang ausgekleidet und umschließt eine halbrunde Sitzbank, eine freie Kopie nach einem pompejanischen Vorbild. Der runde Tisch davor zeigt auf der Porzellanplatte Ansichten verschiedener Berliner und Potsdamer Bauten. Die beiden mannshohen bronzenen und feuervergoldeten *Kandelaber* (aus dem Palais des Prinzen Albrecht) und die beiden kleineren *Leuchter* auf den Kaminen (aus dem Palais des Prinzen Wilhelm) hat Schinkel entworfen. Aus der Singakademie stammt die Marmorbüste des *Fürsten Anton Radziwill* von dem Schadow-Schüler Ludwig Wichmann (1834). Drei Marmorbüsten von Rauch stellen die *Prinzessinnen Charlotte* (1816) und *Alexandrine* (1821) von Preußen sowie den *Zaren Nikolaus I.* von Rußland dar.

Das »Rote Zimmer« (14), mit einer nach französischen Vorbildern ornamentierten Tapete, besitzt noch seine originale Krone nach Entwurf von Schinkel. Die Statuette des *Sitzenden Mars* ist einer von mehreren bekannten zeitgenössischen Abgüssen nach dem Modell Johann Gottfried Schadows für eine Sandsteinfigur am Brandenburger Tor (1793). In Biskuitporzellan ausgeführte Nachbildungen von Arbeiten Schadows aus der Kgl. Porzellan-Manufaktur sind die *Prinzessinnengruppe* auf dem Kamin (1796) und die *Büste der Königin Luise* (1802).

Das »Grüne Zimmer« (15) enthält Porträts und Erinnerungen an die Befreiungskriege. Auf einem Mahagonitisch nach Entwurf Schinkels und in einer Vitrine stehen Teile des *»Eisernen-Kreuz-Services«*, mit dem Friedrich Wilhelm III. verdiente Generale der Befreiungskriege auszeichnete; das Charlottenburger Exemplar stammt aus dem Besitz des Prinzen August von Preußen, dessen Porträt von Wilhelm Wach (1830) im gleichen Raum hängt. Wilhelm Schadow ist mit 4 Gemälden vertreten.

Das »Chamois-Zimmer« (16) ist der Berliner Vedutenmalerei gewidmet. Hier hängen stadtgeschichtlich interessante Gemälde von Eduard Gaertner (2), Johann Heinrich Hintze, Eduard Pape, Ludwig Deppe, Jean Barthélemy Pascal, Gustav Schwarz und August v. Rentzell. Ergänzt wird diese Sammlung mit Teilen eines für die Prinzessin Luise von Preußen 1825 als Hochzeitsgeschenk gefertigten Porzellanservices, das ebenfalls Ansichten hauptsächlich aus Berlin und seiner Umgebung zeigt. Der Tisch ist nach dem gleichen Schinkel-Entwurf gearbeitet wie der im »Grünen Zimmer«.

Die Ausstattung des Bedienenzimmers (17) besteht aus Mahagonimöbeln des Tischlers Karl Wanschaff, der vielfach Schinkels Entwürfe ausgeführt hat. Die Gemälde stammen von Wilhelm Schadow, Wilhelm Brücke, Friedrich Wilhelm Klose, August Wilhelm Schirmer, Florian Grospietsch, Adolf Henning, Wilhelm Wach, Johann Erdmann Hummel, Wilhelm Ahlborn, Johann Eduard Wolff u. a.

In einem schmalen Flur (18) sind Aquarelle, Zeichnungen und Druckgraphik von meist Berliner Künstlern des frühen 19. Jh. ausgestellt, u. a. von Karl Friedrich Schinkel, Carl Blechen, Gottfried Schadow, Eduard Gaertner und Franz Krüger.

Im Treppenhaus (11) hängen 12 der von Friedrich Frick hauptsächlich nach Zeichnungen Friedrich Gillys gefertigten Aquatintaradierungen mit Ansichten der Marienburg (1799).

Der Mittelraum (19) des Obergeschosses war urspr. mit Arabeskenmalereien dekoriert, die sich nicht erneuern ließen. An ihrer Stelle hängen jetzt u. a. Aquatintastiche nach Bühnenentwürfen Schinkels (1847) und Farblithographien seiner Entwürfe für Schloß Orianda auf der Krim.

Um dieses mittlere Zimmer legt sich ein Kranz von 8 Räumen, wobei regelmäßig eine langgestreckte Passage mit Fenstern und Fenstertüren, die auf eine Loggia führen, mit dunkleren, quadratischen Räumen wechseln. In den Passagen konnten die originalen gemusterten Papiertapeten und Stoffbespannungen nicht wiederhergestellt werden.

Die zum Spandauer Damm hin gelegene Passage (20) enthält 2 Wandvitrinen, die eine mit Berliner Eisenguß und Medaillen von Henri François Brandt, die andere u. a. mit Gemälden von Schinkel, Blechen und Krüger.

Im Arbeitszimmer (21) mit roter Tapete ist Eduard Gaertners *Panorama Berlins vom Dach der Werderschen Kirche* ausgestellt, von hier äußerster Genauigkeit, dabei von hohem koloristischem Reiz und lebendiger Erzählung in der Staffage, das Aussehen der Stadt i. J. 1834 wiedergibt und überdies an die damals beliebten, heute gänzlich verschwundenen Panoramen erinnert (Ausschnitt → Abb. S. 81). Auf dem Kamin steht ein Exemplar von Rauchs beliebter *Emerentia Lorenz von Tangermünde auf dem Hirsch reitend* (Bronze, Entwurf 1832/33), das Hauptbeispiel der romantischen Komponente seines Werkes. Der Stoff ist einer mittelalterlichen Sage entnommen.

An die Verbindung Preußens mit Rußland durch die Heirat zwischen dem Großfürsten Nikolaus und der Prinzessin Charlotte von Preußen 1817 erinnern Werke in der westl. Passage (22). 1839 hat Gaertner das Panorama des Kreml in Moskau gemalt. Die beiden großen Kratervasen sind Arbeiten der Petersburger Porzellan-Manufaktur von 1834.

Das »Weiße Zimmer« (23), früher mit Raffael-Stichen ausgestattet, enthält 3 Gemälde von Karl Friedrich Schinkel: *Landschaft mit Motiven aus dem Salzburgischen* (1812), *Triumphbogen für den Großen Kurfürsten und Friedrich d. Gr.* (1817) und *Die Kathedrale* (um 1811). Dieses große Bild zeigt die Verbindung des Architektentalents mit dem des Landschaftsmalers. In

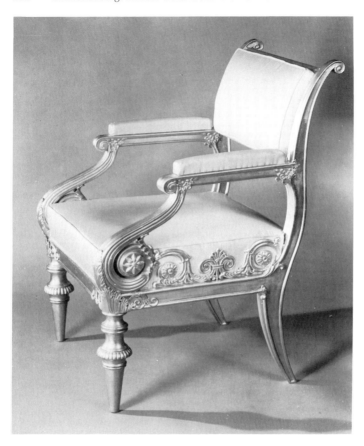

Polsterstuhl nach Entwurf Karl Friedrich Schinkels (Charlottenburg, Schinkel-Pavillon, Raum 22; ehemals für das Rezeptionszimmer des Prinz-Carl-Palais)

der Kathedrale mit ihren deutlichen Anklängen an das Straßburger Münster schlägt sich die romantische Hoffnung auf eine neue kulturelle Blüte der Nation und eine Wiederbelebung mittelalterlichen Geistes nieder. Von Carl Gustav Carus stammt das kleine Gedächtnisbild für seinen Freund Caspar David Friedrich (1840). Es erinnert jetzt auch daran, daß 1970–85 dessen 3 frühe Hauptwerke »Mönch am Meer«, »Abtei im Eichwald« und »Morgen im Riesengebirge«, Besitz der Schlösser seit 1810 bzw. 1812, den Kern des Bildbestandes in diesem Haus gebildet haben.

In der Passage auf der N-Seite (24) hängen 2 weitere Gemälde Schinkels: *Blick aufs Meer bei Sonnenaufgang* (um 1808) und *Landschaft mit gotischen Arkaden* (um 1812).

In dem mit einer tiefblauen Papiertapete ausgekleideten Schlafzimmer (25) Friedrich Wilhelms III. sind Gemälde vereinigt, die eine spezifisch berlinische patriotische Mittelalterbegeisterung vor Augen führen. Carl Wilhelm Kolbe d. J. und Wilhelm Wach haben die 8 (von urspr. 10) Repliken von Glasfensterentwürfen für den Sommerremter der Marienburg, Szenen aus der Geschichte des Deutschen Ordens, ausgeführt. Andere Bilder stammen von Carl Friedrich Zimmermann und Carl Friedrich Hampe. – Auf dem Kamin steht eine zarte Kinderbüste Rauchs, seine Enkelin *Eugenie d'Alton* darstellend.

In der Passage auf der O-Seite (26) sind Gemälde von Ernst Fries, Carl Blechen (Farbabb. 27), Eduard Biermann und Franz Catel ausgestellt.

Das Vortragszimmer (27), mit ockerfarbener Papiertapete, enthält außer einem Gemälde von Carl Rottmann 11 Bilder von Carl Blechen, darunter das um 1829 gemalte Hauptwerk *Golf von La Spezia* und die zugehörige Skizze. Das tiefe und reine Blau des Meeres ist als ein Ziel der Sehnsucht den zerfallenden Formen des Landes und seiner auf Braun gestimmten Tönung gegenübergestellt.

HB-S

Charlottenburg: Luisenplatz. Schloßstraße. Christstraße 283

Die 3geschossige, das konstruktive Skelett zeigende **Wohnhauszeile** (1988) an der O-Seite des L u i s e n - p l a t z e s (Architekten: Andreas Brandt, Rudolf Böttcher, Jadegar Asisi) nimmt die Traufhöhe des Knobelsdorff-Flügels des Schlosses auf. Die Einmündung der Eosanderstraße wird vom durchlaufenden Dach mit sichtbarer Unterkonstruktion überbrückt. – Dahinter ein 7geschossiger, geschwungener Trakt mit Klinkerverblendung und z.T. verglasten Galerien (Hans Kollhoff). Die Anschlüsse an den 5geschossigen Altbau sind zu hart geraten. – Weitere Bauten am C h a r l o t t e n b u r - g e r U f e r von Horst Hielscher und Georg-Peter Mügge u. a. *GK*

Am Ende der S c h l o ß s t r a ß e , dem Mitteltrakt des Schlosses Charlottenburg gegenüber, liegen die beiden 1851–59 von Stüler erbauten **ehem. Gardekasernen**. Die östliche (**Nr. 70**) enthält heute das **Ägyptische Museum**, die westliche (**Nr. 1**) das **Antikenmuseum** der Staatl. Museen Preußischer Kulturbesitz. (Zu den Sammlungen vgl. S. 391 ff. und S. 395 ff.)
Auf quadratischem Grundriß erheben sich die völlig gleichartigen Bauten in je 3 Stockwerken. Das Sockelgeschoß ist gequadert; darüber dominiert eine durchgehende Pilastergliederung. Mit dieser repräsentativen Form unterscheiden sie sich von den benachbarten Häusern Schloßstr. 1a (Bröhan-Museum, → S. 421) und Spandauer Damm 15–17. Die architektonische Beziehung zum Schloß wird noch deutlicher durch die tempelartigen, auf einem Säulenkranz stehenden Kuppeln über den Dächern. Sie gehen auf Friedrich Wilhelm IV. zurück, der zeitweise noch viel größere Architekturkomplexe in der Nähe des Schlosses plante. Unter den Säulen dieses aufgesetzten »Monopteros« liegt eine flache Kuppel als Oberlicht für das festliche, durch alle Geschosse reichende runde Treppenhaus im Inneren. Ihre rippenartig angeordneten klassizist. Ornamente weisen auf die hier verwendete Eisenkonstruktion hin.
EB-S

Auf dem mittleren Gehsteig der Schloßstraße zwischen Antiken- und Ägyptischem Museum steht das *Denkmal für Prinz Albrecht von Preußen* (1809–72), ein Bronzestandbild in konventionellem Typus von E. Boermel und C. Freyberg (1901), der Prinz als Reitergeneral, am Sockel in Szenen aus dem 1870er Krieg. *HR*

An das Ägyptische Museum anschließend (und von diesem genutzt) liegt an der Ecke der Nithackstraße zum Luisenplatz der **ehem. Marstall** der 4. Schwadron Garde du Corps,

1855–58 von Wilhelm Drewitz. Es ist ein im Gegensatz zu den Offizierskasernen schmuckloser Ziegelbau mit schlanken Eisensäulen im Innern, der nur durch den turmartigen Wohntrakt an der Ecke architektonisch ausgezeichnet ist.
Die einfache Lisenengliederung zwischen Rundbogen- und Kreisfenstern kehrt auch an der **Reitbahn**, 1860 von Boelcke und G. Schmid erbaut, auf dem Hintergelände der ehem. Kaserne Schloßstr. 1 wieder.
Vor dem Marstall steht eine *Meilensäule* von 1799, die vor der Verbreiterung des Spandauer Dammes auf der gegenüberliegenden Seite gestanden hat. *EB-S*

1989 wurde in einer von Ralf Schüler und Ursulina Schüler-Witte umgebauten Garage hinter dem Marstall, **Schloßstr. 69b**, eine über 600 Gipsabgüsse griechischer und römischer Werke umfassende **Abguß-Sammlung antiker Plastik** eröffnet. Sie führt die Tradition der ehemals in der Universität Unter den Linden untergebrachten und im 2. Weltkrieg zerstörten Sammlung fort. – Daneben (Schloßstr. 69) befindet sich das **Heimatmuseum Charlottenburg**. *HB-S*

An den Bau des Antikenmuseums schließt sich (Schloßstr. 1a) die **ehem. Infanteriekaserne** an (heute **Bröhan-Museum**, → S. 421), 14 die der Garnison-Bauinspektor Kahl 1892/93 zusammen mit dem zugehörigen **Wohnhaus für verheiratete Unteroffiziere** (Spandauer Damm 15–17) in spätklassizist. Formen geschickt den Stülerschen Kasernenbauten anpaßte. *HB-S*

Von den spätklassizist. **Häusern** der S c h l o ß s t r a ß e erhielten sich nur **Nr. 67**, mit einem Altan, der 2 ionische Säulen zwischen Pfeilern hat, und die ganz schlichten Häuser **18** und **18a** (um 1860–70). *EB-S*

Nr. 45–47 (Ecke Hebbelstraße, »Nasses Dreieck«) bau- 15 ten die Architekten Hinrich und Inken Baller 1987 ein 6geschossiges **Wohnhaus** in lebhaft gegliederten Formen und mit hohem, geschwungenem Dach; Erd- und 1. Obergeschoß großzügig verglast. – Die gleichen Architekten haben in enger Nachbarschaft an der Schloßstraße eine in den Maßstab der Straßenflucht eingebundene **Doppelturnhalle** erbaut, mit der die angeschlagene Architektursprache fortgeführt wird. Der 16 1988 fertiggestellte Bau geht auf eine mehr als 10jährige Planung zurück. *GK*

Unter den um 1870 entstandenen **Mietshäusern** sind die der C h r i s t s t r a ß e (1872–76) in fast lückenloser 17 Reihe erhalten und saniert. Klassizist. Ornamentplatten in den Fenstersohlbänken oder in Pilastern und ornamental verzierte Dachgesimse beleben in einem zarten Relief die einfachen Fassaden.
Noch einfacher sind – südöstlich von hier – einige Häu- 18 ser der Z i l l e s t r a ß e . *EB-S*

284   Charlottenburg: Rathaus. Stadtbad. Deutsche Oper

An dem **Wohnhaus Sophie-Charlotten-Str. 88** erinnert eine 1931 gesetzte bronzene Gedenktafel an *Heinrich Zille,* der hier 1892–1929 wohnte (mit einer Bildnisplakette von Richard Scheibe, 1949 erneuert).   *HR*

19 **Rathaus Charlottenburg** (Otto-Suhr-Allee 100 [früher: Berliner Straße])

Das Gebäude wurde 1899–1905 von Reinhardt und Süßenguth nach einem preisgekrönten Wettbewerbsentwurf erbaut; schon 1911–15 mußte Heinrich Seeling es um einige Achsen an der Straßenfront erweitern. Im 2. Weltkrieg wurde der Bau zur Hälfte zerstört.

Der zunächst noch einigermaßen übersichtliche Grundriß (1904 in einer Veröffentlichung der »Deutschen Bauzeitung« als »großer Wurf« gelobt) wurde bei der Erweiterung so verunklärt, daß man sich heute in einem Irrgarten zu befinden glaubt. Nicht zuletzt ist das aber auch auf den schiefwinkligen Grundstückszuschnitt zurückzuführen; schon K. E. O. Fritsch bemängelte beim Wettbewerb 1898, daß die Stadt sich nicht hatte entschließen können, einen allseitig freiliegenden Bauplatz zu erwerben. So muß auch der in der Straßenfront stehende 86 m hohe Turm deplaciert wirken. Gegenüber dem Wettbewerbsentwurf, der gotisierende Formen vorsah, wechselte das Stilkleid während der Bauausführung: Verwirklicht wurde ein abgewandelter Jugendstil mit einigen historisierenden Reminiszenzen. – Der Nachkriegswiederaufbau hielt sich im Äußeren an die frühen Formen; im Innern wurden einige Säle im Stil jener Zeit erneuert; den Bürgersaal gestaltete Werner Düttmann 1957.   *GK*

20 **Stadtbad** (Krumme Str. 9/10)

Das Bad wurde 1896–99 von Paul Bratring erbaut. Als Verantwortlicher für die Innenausstattung wird August Endell genannt.

Das Äußere besteht aus einem Ziegelbau in Anklängen an roman. Formen, gegliedert durch Putzflächen und Schmuckformen aus glasierten Ziegeln und Tonreliefs. Die Schwimmhalle ist von einer Konstruktion aus grazilen eisernen Dachbindern überdeckt, die ein über dem Becken verglastes Satteldach tragen. Auch hier besteht der Schmuck aus Keramik. Die kleine Halle (Becken: 10 × 25 m) wird nun als Warmbadehalle benutzt, seit 1975 auf dem benachbarten Grundstück eine große – architektonisch unbedeutende – Schwimmhalle aus Montageteilen fertiggestellt worden ist.   *GK*

Deutsche Oper Berlin (Bismarckstr. 34–37)

1911/12 hatte der Charlottenburger Stadtbaurat Heinrich Seeling ein »Deutsches Opernhaus« errichtet, das seit 1924 als »Städtische Oper« geführt wurde. Das im Herbst 1935 unter gewissen Änderungen des Äußeren umgebaute Haus fiel dem 2. Weltkrieg zum Opfer. Etwa in den alten Abmessungen, doch in völlig neuer Form erstand nach einem Wettbewerb das Zuschauerhaus 1956–61 wieder nach Entwürfen Fritz Bornemanns. Die »hinter dem Eisernen Vorhang« liegenden Bauteile wurden dagegen rekonstruiert, was im Grunde jedoch ebenfalls auf einen Neubau hinauskam. 1976 wurden die letzten Bauteile fertig.

Der Bau zeigt sich als ein glatter Kubus, dessen Erdgeschoßzone eingezogen ist, so daß sich für die Fußgänger eine Art Vordach ergibt. Die etwa 70 m lange Hauptfront an der Bismarckstraße besteht aus bräunlichen Waschbetonplatten (Granitkieseln). Die Seitenfronten zur Richard-Wagner-Straße und zur Krummen Straße lassen die Stahlbetonskelettkonstruktion erkennen; sie sind in allen 3 Geschossen voll verglast. Die rückwärtigen technischen Bauten an der Krummen Straße und der Zillestraße sind mit gewellten Asbestzementplatten verkleidet.

Von den Seiten der Kassenhalle führen im I n n e r e n freigehängte Treppen zum hochgelegenen Parkettfoyer, das in Hochparketthöhe eine Galerie besitzt. Darüber befindet sich das einfachere Rangfoyer. In beiden Foyers sind die undurchbrochenen Wände zur Bismarckstraße in voller Höhe holzverkleidet. (In den Foyers werden wechselnd zeitgenössische Kunstwerke ausgestellt.) Im Zuschauerraum sind die beiden Ränge seitlich als Einzellogen herumgeführt.   *GK*

Unter den in den Foyers gezeigten Gemälden und Skulpturen sind folgende hervorzuheben: Georges Mathieu: Paris, Capitale des Arts (1965), Ernst Wilhelm Nay: Abstrakte Komposition (1961), Herbert Press: Saint Bazon (1967/72), Kenneth Armitage: Hierarchie, Fritz Wotruba: Sitzende Figur, George Baker: Alunos-Discus (kinetische Skulptur, 1975–78).   *HB-S*

Vor dem Gebäude steht in der Flucht der Bismarckstraße eine 20 m hohe, die Front überragende, schwarz getönte *Chrom-Nickel-Stahl-Skulptur* von Hans Uhlmann (1960/61), welche die ungegliederte Fassade spannungsreich akzentuiert. – Weiter östl. ein *Relief* von Alfred Hrdlicka (1971, 1990 aufgestellt) an die Erschießung des Studenten *Benno Ohnesorg* durch einen Polizisten bei einer Demonstration gegen den Schah von Persien 1967, Auftakt einer lang anhaltenden Beunruhigung.   *GK/HB-S*

An der B i s m a r c k s t r a ß e (**Nr. 79/80**) ein repräsentatives 5geschossiges **Wohnhaus** mit Großwoh-

Charlottenburg: Trinitatiskirche. Schiller-Theater. Ernst-Reuter-Platz 285

nungen, im Erdgeschoß Läden; 1905/06 von Otto March erbaut. Putzbau mit Sandsteingliederungen und -schmuck (Bildhauer Lehmann-Borges). Gliederung durch Erkervorbauten und eine Galerie im 3. Geschoß.

GK

3 Ev. Trinitatiskirche (Karl-August-Platz). Als 2. Filialkirche der Luisengemeinde – nach der Kaiser-Wilhelm-Gedächtnis-Kirche – wurde 1896–98 die Trinitatiskirche von Johannes Vollmer und Heinrich Jassoy äußerlich in gängigen Formen neugot. Backsteinkirchen erbaut, mit hohem spitzem Turm. Bemerkenswert ist das I n n e r e : Hier haben die Architekten eine Predigtstätte in Form eines Zentralraumes geschaffen. Die urspr. künstlerische Ausstattung ist verloren; nach den Kriegszerstörungen wurde die Kirche vereinfacht wiederaufgebaut.

GK

4 Schiller-Theater (Bismarckstr. 110)

In seinem Kern enthält der heutige, der 3. Bau an dieser Stelle, immer noch Substanz des ersten, der nach einem Wettbewerb von den Münchener Architekten Max Littmann mit dem Ingenieur Jacob Heilmann 1905–07 errichtet worden war. Von vornherein war der Typus eines »Volkstheaters« beabsichtigt, der statt der Ränge nur einen »Oberring« besaß. Der Vorplatz war im Stil der Zeit gärtnerisch gestaltet; der seitliche Anschluß an die Straßenfront enthielt einen Saalbau. 1937/38 wurde das Haus durch den Architekten Paul Baumgarten d. Ä. zu einem repräsentativen 2-Rang-Theater umgebaut (als Intendant übernahm es danach Heinrich George). Nach der Zerstörung im 2. Weltkrieg erfolgte 1950/51 die Wiedererrichtung durch die Architekten Heinz Völker und Rudolf Grosse unter weitgehender Benutzung vorhandener Bauteile. – Die reiche Porträt- und Bildnisbüstensammlung des Theaters ist dem Berlin-Museum zur Verfügung gestellt worden.

Die werksteinverkleidete Fassade ist nur von einer gewölbt vorspringenden Glaswand über den Eingängen durchbrochen; die Nebenfronten, auch die des Anschlußbaues zur Bismarckstraße, haben glatte Lochfassaden mit knapp eingeschnittenen Fenstern. Der zu einem 22 m hohen Kubus erweiterte Bühnenturm ist durch senkrechte Lisenen etwas aufgelockert.

Die den Eingängen in der Vorhalle gegenüberliegende Wand hat ein figürliches Gipsstuckrelief von Bernhard Heiliger erhalten, außerdem sind dort die Säulen mit Glasmosaik aus den Werkstätten von August Wagner verkleidet. In den Treppen zum Hauptfoyer Wandbilder von Hans Kuhn als farbig eingelegtem Gips. Der Schmuck des Hauptfoyers ist die große Glasschliffwand, 25 m lang und 5,20 m hoch, nach einem Entwurf von Ludwig Peter Kowalski. Die Wände des Zuschauerraumes und die Rangbrüstungen, urspr. aus hellen Ahorn-

profilen, wurden 1980 im Zusammenhang mit einem geschmäcklerischen Umbau dunkelbraun verkleistert (»black box«).

GK

Ernst-Reuter-Platz 25

Der Platz ist aufgrund einer Planung des Architekten Bernhard Hermkes anstelle eines früheren Straßensterns (»Knie«) Ende der 1950er Jahre angelegt worden und erhielt nach dem Tode des Bürgermeisters Ernst Reuter (1953) diesen Namen. Das große Oval, dessen Innengestaltung mit Wasserspielen Werner Düttmann entwarf, zeigte sich trotz relativ großer Abmessungen dem zunehmenden Kreisverkehr nicht gewachsen und mußte mehrere Male umgebaut werden.

Als Bebauung sah Hermkes am N-Rand 3 parallel stehende N-S-Baublöcke vor, im S 3 parallele, nur leicht gegeneinander verschobene O-W-Blöcke und als westl. Abschluß ein pylonartiges Hochhaus. Das Gebäude des **Instituts für Bergbau und Hüttenwesen** (→ S. 287) von Willy Kreuer im SO war schon vorhanden (1955–59). Zunächst (1956/57) entstand der nordwestl. Bau (jetzt **Hauptverwaltung der Eternit AG**) durch Bernhard Hermkes, danach der parallel dazu stehende **Hochhaustrakt** von Franz Heinrich Sobotka und Gustav Müller, dazwischen ein rückwärts liegender Querriegel von Werner Düttmann, mit einem Relief von Ursula Sax (1972); den letzten (östl.) Bau in dieser Reihe bildet die **Architektur-Fakultät** von Hermkes (→ S. 288). Westl. Abschlußbau ist das **Telefunken-Gebäude** von Paul Schwebes und Hans Schoszberger (1958–60), auf »brikettförmigem« Grundriß mit nach oben sich verjüngenden Stützen. Die südl. Randbebauung begann mit dem **IBM-Gebäude** von Rolf Gutbrod (1961), bei dem weiß emaillierte Brüstungsbänder aus Stahlplatten und die als Schmuckelement in der Betonabschlußwand verwendeten Firmenbuchstaben IBM den Bau lebhaft akzentuieren. Fortgesetzt wurde die südl. Bebauung mit dem **Raiffeisen-Gebäude** von Hans Geber und Otto Risse (Aluminiumtüren von Paul Brandenburg; im Foyer die *Gruppe zweier Hengste* von Gerhard Marcks [1975]) und dem zur Bismarckstraße überleitenden **Bürogebäude** von Bernhard Binder (1972 bis 1975).

Vor dem Gebäude der Architektur-Fakultät die dem Gedächtnis Ernst Reuters dienende Skulptur »Flamme« von Bernhard Heiliger (1961; Abb. S. 286), vor dem Gebäude der Bergbau-Fakultät eine Skulptur »Wachsende Flügel« von Karl Hartung (1963).

GK

*Ernst-Reuter-Platz.
Bernhard Heiliger:
Flamme. 1963*

26 **Zentrale der Deutschen Bank Berlin** (Otto-Suhr-Allee 6–16). Das 1965–67 von Günter Hönow errichtete Gebäude leitet von der solitären Bebauung des Ernst-Reuter-Platzes zum Straßenraum der Otto-Suhr-Allee, der früheren Berliner Straße, über. Es ist ein Bau des sog. Breitfuß-Typs: Das weit vorspringende Erdgeschoß nimmt die Kassenhalle und die Publikumsräume auf; darüber befinden sich – in üblicher Gebäudetiefe – 13 Bürogeschosse. Das Bild der Fassade dieses Stahlbetonskelettbaues mit innenliegenden Stützen wird durch die umlaufenden Galerien mit weiß emaillierten Sonnenschutzlamellen bestimmt. Die Brüstungsplatten bestehen aus Carraramarmor-Waschbetontafeln.
Anstelle der zunächst vor dem Gebäude aufgestellten Skulptur »Die öffentliche Rose« von Rolf Szymanski

steht dort seit 1989 die Skulptur »Ringer« von Brigitte und Martin Matschinsky-Denninghoff. – Im rückwärtigen Teil der Kassenhalle eine 1,60 × 1,60 m große bronzene Skulptur »*Pyramidenförmiger Kristall*« von Fritz Kühn.
Den Übergang zur Otto-Suhr-Allee vermittelt ein 2geschossiges **Nebenhaus** mit Hausmeisterwohnung, Gäste- und Schulungsräumen. *GK*

Ehem. Arbeitsschutzmuseum
(Fraunhoferstr. 16)
Erbaut 1900–06 (unter der Oberleitung?) von Baurat Hückels als ältestes Technisches Museum Berlins. Nach wechselnden Nutzungen, längerem Leerstand und Abbruchsdrohung konnte der Bau von der Denkmalpflege gerettet werden; die Physikalisch-Technische Bundesanstalt wird unter Erhaltung der äußeren und inneren Form Meßinstitute einrichten.

Dem 2geschossigen Backsteinbau in histori-

Charlottenburg: Technische Universität 287

sierenden Formen schließt sich ein 3schiffi-
ger Hallenbau an, der von einer zartgliedrigen
Eisenkonstruktion überspannt ist. GK

8 Technische Universität Berlin

Die Gebäude der TUB bedecken ein ganzes
Areal beiderseits der Straße des 17. Juni (dieser Abschnitt früher: Berliner Straße) und reichen im S bis zur Hardenbergstraße, im N bis
zum Landwehrkanal, im W bis zum Ernst-
Reuter-Platz, im O bis über die Fasanenstraße
hinaus.

a Südgelände. Das **Hauptgebäude** (Straße
des 17. Juni 135) wurde 1878–84 nach Plänen von Richard Lucae (†1877), Friedrich
Hitzig (†1881) und Julius Raschdorff in einem
sehr repräsentativen, den Formen der italienischen Hochrenaissance nachempfundenen
Stil erbaut. 2 parallel laufende lange Flügel
umschlossen 4 Innenhöfe; die seitlichen Flügel sprangen bis zur Straße vor und wurden
durch Kopfbauten abgeschlossen. (Raschdorff
erbaute auch die Gebäude der östl. anschließenden **Chemischen Institute** in etwa gleicher
Stilfassung, wenn auch bescheidenerer Ausformung.) Der westl. an das Hauptgebäude
anschließende **Erweiterungsbau** wurde 1900
bis 1902 von Eggert und Leibnitz errichtet,
1913–16 noch einmal erweitert.
Auf dem Gelände liegen mehrere Hochschul-
institute, unter denen bes. die Gebäudegruppe der **Physikalischen Institute** hervor-
ragt, die 1929–31 von Otto Weißgerber und
Fritz Schirmer errichtet wurde. Mit diesen
Bauten wurde der erste Schritt unternommen,
vom Repräsentationsstil der vorangegangenen
Hochschulhäuser loszukommen. – Ebenfalls
1931 erbaute Lütke, anschließend an die
Gruppe der Physikalischen Institute, das in
Richtung Steinplatz führende **Studentenhaus**
als einfachen Putzbau mit flachgeneigtem
Ziegeldach. – Den Abschluß zum Steinplatz
bildete einst eine durch 3 Geschosse rei-
chende Pfeilerhalle mit 6 Öffnungen, im
Studentenjargon gern »Brandenburger Tor«
genannt; an ihrer Stelle steht heute Werner
Düttmanns **Mensa**, ein auffälliger kubischer
Betonbau in groben Formen (1965/66).
Im 2. Weltkrieg wurden fast alle Institute mehr
oder weniger beschädigt, der N-Flügel des
Hauptgebäudes jedoch so schwer getroffen,
daß ein Wiederaufbau nicht mehr möglich

schien. Nach den vereinfachenden Instand-
setzungen der übrigen TU-Bauten wurde von
Kurt Dübbers und Carl-Heinrich Schwennicke
an seiner Stelle ein 10geschossiger **Neubau-
teil** als »Kontrastarchitektur« eingefügt, dessen Anschlüsse an die alten Teile als mißlungen anzusehen sind. (An der Außenwand ein
gegenstandsloses *Bronzerelief* von Erich F.
Reuter.) Zu diesem Neubau gehört die unregelmäßig geformte **Aula**, deren Fassaden-
und Dachflächen mit Metallfolien verkleidet
sind.
Der erste Neubau der Nachkriegsjahre auf
dem Stammgelände der TU ist Willy Kreuers
Institut für Bergbau und Hüttenwesen am
Ernst-Reuter-Platz, an der Spitze des Winkels,
den Hardenbergstraße und Straße des 17. Juni
bilden. Das 11geschossige Haus ist 1955–59
als Stahlskelettbau (in Verbundbauweise) mit
Rasterfassade und einem weit vorspringenden
Flachdach errichtet worden. Östl. angeschlossen ist ein 3geschossiger Flügel; den
Anschluß zur Hardenbergstraße und den dort
liegenden → Institut für Kirchenmusik vermittelt ein Flügel, der mit roten Marmorriemchen
verkleidet ist.
Die N-Seite der Hardenbergstraße (Nr. 34 bis
42) – zwischen dem Kirchenmusik-Institut
und der Mensa am Steinplatz – ist nach langer
Bauzeit 1985 geschlossen worden durch die
auffallend grünen, technizistischen, schräg
auf die Straßenflucht zulaufenden Erweiterungsbau der **Physikalischen Institute** (Architekten: Dieter Hundertmark, Bruno Lambart
u. a.), der allzu gewaltig wirkt. GK

Im Garten der TU ist eine Anzahl Architekturfragmente
aufgestellt: eine *ionische Säule* von der Vorhalle des
von Schinkel 1821 umgebauten, 1893 abgebrochenen
alten *Berliner Domes* sowie Reste der *Eingangsarkaden*
der seit 1856 von J. H. Strack erbauten *Borsigschen
Maschinenbauanstalt* an der Chausseestraße. Die Arkaden entstanden 1860 und wurden 1887 abgebrochen.
Im Gegensatz zu den einfach-funktionellen Fabrik-
gebäuden sind sie sehr zierlich, vielgliedrig und reich
dekoriert. Ihre an griechischer Pflanzenornamentik
geschulten Ornamentplatten, die elegant profilierten
Formsteine sind eine Musterkarte der formalen und
technischen Präzision der Terracotta-Bauornamentik
der Schinkel-Schule. Zu sehen sind einige der Achtkantpfeiler unter durchbrochenem Gewölbe, die in weitem
Bogen verliefen und in der Mitte einen von Pfeilern
abgegrenzten Eingang offen ließen, dessen eine Hälfte
erhalten ist. EB-S
Im westl. Treppenaufgang des Erweiterungsbaues der
TU steht ohne Sockel die bronzene Monumentalsta-

288 Charlottenburg: Technische Universität. Charlottenburger Brücke

tue *Alfred Krupps* (1812–87) von Herter, einst (1899) in den Anlagen das rechte Gegenbild zum Siemens-Denkmal (s. u., Nordgelände), eine Stiftung der Eisen- und Stahlindustriellen. Krupp ist im Arbeitsrock und mit hohen Stiefeln dargestellt; in der Linken eine Planzeichnung, stützt er sich auf das Rohr eines Mörsers. *HR*

28b Das Nordgelände der Technischen Universität an der Straße des 17. Juni, dem in neuer Form wiederaufgebauten Hauptgebäude gegenüber, ist seit 1959 mit mehreren Einzelinstituten in lockerer Form, dem »Campus«-Charakter angelsächsischer Universitäten angenähert, bebaut worden. Die Gesamtplanung lag in den Händen von Kurt Dübbers, die Grünplanung stammt von Herta Hammerbacher.

Unmittelbar am Ernst-Reuter-Platz liegt der 8geschossige Bau der früheren **Architektur-Fakultät** (jetzt: Fachbereiche) von Bernhard Hermkes, ein stark gegliederter, aufgelockerter Bau mit großen Glasflächen. Daran schließen sich der niedrige, 3geschossige Bau des **Städtebauinstituts** von Hans Scharoun an und die 100 m lange, 1geschossige Halle des **Instituts für Wasserbau und Wasserwirtschaft** von Helmut Bressler, mit dem 1959 die Bebauung des Nordgeländes begonnen wurde. Den markanten Abschluß, dem vorspringenden östl. Abschlußflügel des Hauptgebäudes gegenüber und mit ihm eine Art »Torsituation« markierend, bildet die mehrgliedrige Gebäudegruppe des **Instituts für Technische Chemie**, 1968–70 von Willy Kreuer erbaut.

In den nördl. anschließenden Bereichen befinden sich, von der Straße des 17. Juni leicht zurückgesetzt, die **Elektrotechnischen Institute** von Karl Wilhelm Ochs mit kleinem und großem Hörsaal (1959–61), weiterhin die **Institute für Luftfahrttechnik** von Helmut Bressler, die **Institute für Allgemeine und Kernverfahrenstechnik** von Wolf Sand und an der nördl. Geländespitze der Neubau des **Heinrich-Hertz-Instituts für Schwingungsforschung** mit seiner markanten Kuppel von Carl-Heinrich Schwennicke.

In jüngerer Zeit sind auch auf dem Nordgelände einige spektakuläre Neubauten entstanden: Das »blaue« Gebäude des **Instituts für Mathematik und EDV-Grundausbildung** von Georg Kohlmaier und Barna v. Sartory (Straße des 17. Juni 122–128) wurde 1983 fertiggestellt (Ergebnis eines Wettbewerbs

1969). Der technizistisch anmutende Bau in guten Proportionen wertet einfühlsam das Gegenüber des Hauptgebäudes auf. – 1988 ist das an die Bauten von K. W. Ochs nördl. anschließende **Institut für Elektrotechnik** hinzugekommen, von der Architektengruppe Fesel, Bayerer, Hecker und Ostertag geplant – ein Bau, der sichtlich unter der Platznot des beengten Grundstücks leidet. *GK*

Das bronzene Standbild *Werner v. Siemens'* (1816 bis 1892), zur 100-Jahr-Feier der Technischen Hochschule 1899 mit seinem Gegenbild Alfred Krupp (s. o., Südgelände) in den Anlagen (einansichtig) aufgestellt, ist seit 1966 im nördl. TU-Bereich vor dem Institut für Allgemeine Elektrotechnik zu finden, unweit der Marchstraße, in der Siemens einst wohnte. Die überlebensgroße Statue des Erfinders, der auf seinen Dynamo stützt, schuf W. Wandschneider im Auftrag des Vereins Deutscher Ingenieure. Die aufrechte Haltung, der kühn nach außen gerichtete Blick zeigen die Unternehmerpersönlichkeit in der Tradition der Heerführer-Denkmäler bzw. der Antike, wobei die Zeittracht und die mehr als nur attributive Stütze (die einst als Baumstumpf der Marmorstatue Halt gab) das Problematische allzu genauer Charakterisierung erweisen. *HR*

Charlottenburger Brücke, »Charlottenburger Tor« (Straße des 17. Juni). Am östl. Ende des ehem. Stadtgebiets von Charlottenburg flankieren 2 gigantische kolonnadenartige Bauten, deren massive Mittelpfeiler vor Anlage der O-W-Achse (1938) näher zueinander standen, dem Torgedanken gemäß, die frühere Charlottenburger Chaussee. Für über anderthalb Millionen Goldmark wurde 1905 die neue Brücke über den Landwehrkanal mit ihrem imperialen Abschluß gegen Berlin hin nach Plänen von B. Schaede, Sieger eines Wettbewerbs 1901, errichtet – als ein Gegenstück zum Brandenburger Tor, den von jeher vornehmsten Weg nach Charlottenburg betonend.

Die Gründer der Stadt, *Friedrich I.* und *Sophie Charlotte,* sind in bronzenen Monumentalfiguren den Pfeilern vorgestellt, der König mit Zepter und Krönungsmantel, die Königin auf das Modell des nach ihr benannten Schlosses weisend; ihre phantastische Staatsrobe ist näherer Betrachtung wert. So gewiß sie der wilhelminischen Ära angehören, hat man ihr im Pomp – gegenüber den Statuen der Siegesallee – märchenhafte Züge: Hier war die Stadt Auftraggeber, dem Kaiser in den Ahnen huldigend. Die Modelle schuf H. Baucke, die der die Pfeiler in der Höhe bekrönenden Bronzegruppen (im Krieg zerst.) Georg Wrba. Auch 2 mächtige Kandelaber in Form antikischer Denksäulen, die in Höhe der Pfeiler am Brückenende die Fahrbahn begrenzten, wurden im 2. Weltkrieg zerstört. *HR*

1. Neptunbrunnen und Rotes Rathaus   2. Märkisches Museum

3. Blick über die Kaiser-Wilhelm-Gedächtnis-Kirche auf den Westen Berlins

4. Bode-Museum. Große Kuppelhalle

5. Blick über das Brandenburger Tor und die »Linden« auf den Osten der Stadt

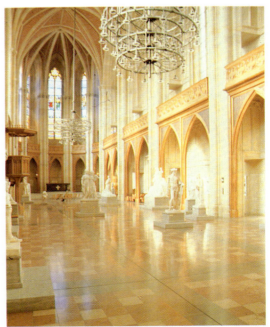

6. Ehem. Friedrich-Werdersche Kirche

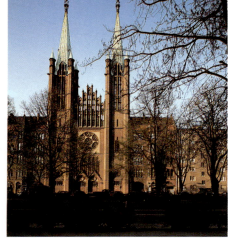

7. Ev. Immanuelkirche (Prenzlauer Berg)

8. Kath. Kirche St. Bonifatius (Kreuzberg)

9. Schloßkapelle Köpenick

10. Philharmonie

11. IBA-Gebäude am Tegeler Hafen (Reinickendorf)

12. Kath. Rosenkranz-Basilika (Steglitz)

13. Schloß Pfaueninsel. Ostseite

14. Schloß Charlottenburg. Schinkel-Pavillon. Gartensaal

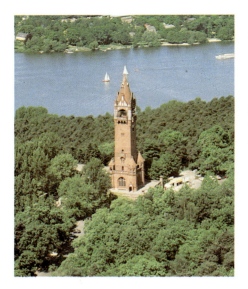

15. Britzer Garten (Neukölln). Café am See

16. Der Grunewaldturm auf dem Karlsberg (Wilmersdorf)

17. Zitadelle Spandau

Charlottenburg: Hardenbergstraße. Schillerstraße. Steinplatz 289

Renaissance-Theater (Hardenbergstr. 6)

Das Theater wurde 1926/27 von Oskar Kaufmann in das 1901/02 von Reimer und Körte errichtete Haus des Akademischen Vereins »Motiv« eingebaut, nachdem der Raum selbst schon in den Jahren zuvor als Kino und als Theater benutzt worden war. Der Architekt J. B. H. v. Lülsdorff hat es 1946 nach einigen Kriegsschäden instandgesetzt, 1985 endgültig wiederhergestellt. Gleichzeitig Einbau der Glasfenster von Hella Santarossa.

Kaufmann hat einen intimen Theaterraum geschaffen: Die Wände sind mit Rosenholz verkleidet; für den 1. Rang wurden exotische Hölzer gewählt. Intarsien aus Perlmutt, Schildpatt und Metall entwarf César Klein (von Klein stammte auch die – nicht erhaltene – Decke im Erfrischungsraum des Ranggeschosses). Der halbrunde Vorbau mit den Eingängen Ecke Hardenberg- und Knesebeckstraße, ebenso die Wendeltreppen mit geschmiedeten Geländern, die zum Rang führen, sind Kaufmanns Werk. *GK*

Vor dem Theater steht der *Entenbrunnen* von August Gaul (1911), ein Geschenk des damals die Kunst der Sezessionisten klug fördernden Kunsthändlers Paul Cassirer an die Stadt Charlottenburg. Das auf zweifachem Sockel übereck gesetzte, schön profilierte Brunnenbecken aus Muschelkalk ist auf dem Brunnenrand der Schmalseiten mit je einer Dreiergruppe von Enten besetzt, die in vortrefflich beobachteten Haltungen als plastische Einzelwesen von lebendigster Wirkung sind, zugleich aber in kunstvoller Weise in diagonalen Bezug zueinander stehen. Vom Dach des pilzförmigen Brunnenstocks lief einst das Wasser der Mittelfontäne herab in das Becken. *HR*

Bildungszentrum Schillerstraße (Schillerstr. 111), 1973–75 errichtet unter Berücksichtigung örtlicher Gegebenheiten. Architekten waren Oskar Reith und Ivan Krusnik in Zusammenarbeit mit Erika Reith. Die technische Ausstattung entspricht der der standardisierten Berliner Bildungszentren. Fassade aus Waschbetonplatten, an der Schillerstraße völlig ungegliedert, jedoch an der S-Seite (Hof) und der W-Seite (Haupteingang) stärker aufgelockert. *GK*

Institut für Kirchenmusik (Hardenbergstr. 36). Anton Adams und Paul Mebes errichteten das Gebäude 1902/03 in Anklängen an roman. Formen. Der 3geschossige Bau hat 2 verschiedenartige Fassaden aus rotem Sandstein, die an der Ecke in einem turmartigen Gebilde zusammenstoßen, das mit einem Spitzdach versehen ist. Bemerkenswert ist das gestaffelte roman. Rundbogenportalen nachgebildete

Portal. (Der Anschlußbau der ehem. Fakultät für Bergbau und Hüttenwesen der TU [s. d.] nimmt zwar die rote Farbe der Fassade auf, nicht jedoch das Material; er ist mit Marmor-Spaltriemchen verkleidet.) *GK*

Hochschule der Künste (Steinplatz)   33

Die Kunsthochschule wurde 1975 durch Vereinigung der früheren Hochschule für bildende Künste mit der Hochschule für Musik und darstellende Kunst (einschließlich des Instituts für Kirchenmusik) geschaffen. Baulich bilden Kunst- und Musikhochschule seit langem eine Einheit; ihre Hauptgebäude entstanden 1898–1902 nach einem preisgekrönten Wettbewerbsentwurf der Architekten Heinrich Kayser und Karl v. Großheim.

Das prunkvolle, nach dem Urteil von Zeitgenossen in »maßvollem Barock« errichtete Hauptgebäude der **ehem. Hochschule für bildende Künste** am Steinplatz (Hardenbergstr. 33) zeigt einen hohen Rustikasockel, der das ebenerdige Sockelgeschoß und das hochliegende Erdgeschoß umfaßt, und darüber ein hohes Obergeschoß, das durch ein balustradenartiges Gesims abgehoben wird. Kräftig vorspringender, 3achsiger Mittelrisalit mit gebrochenem Rundgiebel (und einem Relief von Ludwig Manzel), darüber ein Aufbau, den jetzt ein mansardartiges Zeltdach krönt. Die 5achsigen seitlichen Flügel werden durch schwächer vorspringende, 1achsige Risalite abgeschlossen. Die Dachaufbauten sind nach den Kriegszerstörungen vereinfacht wiederaufgebaut worden. Das tiefe Gebäude umschließt 4 Innenhöfe; in der Mitte führt eine große Halle zum rückwärtigen Gebäudeflügel. In diesem befindet sich im Erdgeschoß die Lange Galerie (1954 von Wilhelm Büning eingerichtet), die für Ausstellungen benutzt wird. Es schließt ein quadratischer Gartenhof an, von 3 Flügeln mit Unterrichtsräumen und Ateliers umgeben. *GK*

Vor den westl. Anbau der Hochschule für bildende Künste ist als Schmuck der *Prometheus-Bunnen* eine neobarocke Wandarchitektur mit der überlebensgroßen Sandstein-Gruppe des an den Felsen geschmiedeten Prometheus, vom Adler bedrängt und von 2 Okeaniden beklagt, von E. Hundrieser. *HR*

An das Hauptgebäude der **ehem. Hochschule für Musik und darstellende Kunst** (Fasanenstr. 1) schließen sich seitlich (nach SW, zur Hardenbergstraße) der Konzertsaal und (nach NO) der Theaterübungssaal an. Beide Flügelbauten wurden im Kriege zerstört

290 Charlottenburg: Steinplatz. Bundesverwaltungsgericht. Bahnhof Zoo

und in den Nachkriegsjahren, teilweise auf den alten Fundamenten, neu errichtet; Architekt dieser Neubauten war Paul (G. R.) Baumgarten.
Der Konzertsaal (1953–55) hat seinen Haupteingang an der Hardenbergstraße. 2geschossiger Stahlbetonbau mit völlig verglaster Front und haubenförmigem, dem Saal folgendem, kupferverkleidetem Dachaufbau. Saalgrundriß im Erdgeschoß rechteckig, im Galeriegeschoß doppeltrapezförmig. Die Saaldecke besteht aus einer 37 m langen, frei aufgehängten Konstruktion mit einer als Resonanzfläche wirkenden Eschenholzverkleidung.

Im Rangfoyer, der Glasfront gegenüber, ein 19 m langes, ungegenständliches *Wandbild* von Theodor Werner mit vorwiegend grünen Farbtönen. Im Foyer außerdem eine ebenfalls ungegenständliche 3 m hohe Messingskulptur von Hans Uhlmann, »Concerto« (1954). Wandbild und Skulptur sind bei abendlicher Beleuchtung von der Straße her gut sichtbar.

Der Theaterübungssaal ist 1975 nach längerer Bauzeit fertig geworden. Er dient v. a. Studioaufführungen, die z.T. auch der Öffentlichkeit zugänglich sind. Innenausstattung nach Art einer Theaterwerkstatt, die eine große Zahl Möglichkeiten zur unterschiedlichen Anordnung von Spielflächen und Zuschauerplätzen anbietet. Von der Straße her sichtbares, einseitig aufsteigendes Dach, das dem Raumquerschnitt folgt. *GK*

Die schwarze *Plastik* von Hans Nagel (um 1975) an der Ecke Hardenbergstraße/Fasanenstraße läßt an die Röhrensysteme denken, die das Stadtgebiet unterirdisch durchziehen, während Otto Herbert Hajeks *Farbige Stadtzeichen* (1971) auf der anderen Seite der Fasanenstraße durch energisch rhythmisierte Figuren zwischen dem fließenden Verkehr und der Statik der Baublöcke zu vermitteln suchen. *HB-S*

34 Das **Steinplatz-Seniorenheim** (Uhlandstr. 197) hat August Endell 1906/07 als hochherrschaftliches Wohnhaus erbaut, doch schon ein Jahr später wurde in einem Teil des Gebäudes die »Pension Steinplatz« eingerichtet (ab 1931 »Hotel-Pension Steinplatz«, heute Altersheim). Einer der wenigen Berliner Jugendstilbauten mit so gut wie unverändert gebliebener *Fassade*. Vom alten Jugendstil-Deckenschmuck ist dagegen nur noch wenig vorhanden. Erhalten sind das Rundbogenportal mit Gewänden, die hölzerne Fahrstuhlverkleidung und einige Balkongitter. *GK*

Bundesverwaltungsgericht
(Hardenbergstr. 31, Ecke Jebensstr. 4)

Das Gebäude wurde 1905–07 als Preußisches Oberverwaltungsgericht nach Plänen von Paul Kieschke (†1905) und Eduard Fürstenau ausgeführt; die Überwachung der Bauleitung lag bei August Endell.

Das an der Hardenbergstraße fast 77 m lange Gebäude zeigt an den Barock angelehnte Formen. Über einem rustizierten Sockel- und Erdgeschoß erhebt sich der 11achsige Bau, dessen 3 mittlere Achsen vorspringen. Die beiden Obergeschosse sind durch gekoppelte ionische Pilaster, die bis zum Hauptgesims reichen, zusammengefaßt. Das Mansarddach war ursprünglich mit holländischen Pfannen gedeckt. Sockel und Risalite der Fassade bestehen aus Muschelkalkstein, die übrigen Teile aus Tuff. Die Gebäudegruppe umschließt 2 größere und einen kleineren Innenhof.

Eingangshalle, Treppenhallen und Plenarsaal sind sehr reich ausgestattet. An den Wänden des Plenarsaales hängen Bildnisse der Präsidenten des Oberverwaltungsgerichts. *GK*

Der **Bahnhof Zoologischer Garten** wurde 1934–36 nach architektonischen Entwürfen von Fritz Hane als Ersatzbau für einen kleineren, 50 Jahre älteren Bahnhof errichtet. Dabei wurde für die S-Bahn ein neuer Bahnsteig an der W-Seite so angefügt, daß er die Hardenbergstraße überbrückt, also von beiden Seiten zugänglich ist. Beide Bahnhofshallen wurden als Stahlkonstruktionen mit annähernd rechteckigen Querschnitten erbaut; für die beiden Fernbahnsteige ist sie etwa doppelt so hoch wie für die S-Bahn.

Am Hardenbergplatz wurde 1957 von Horst Engel eine Restaurantterrasse angefügt, die auf Stahlstützen ruht.
1987–90 völlig erneuert, die Hallenwände klar verglast. *GK*

Gegenüber der **Kunstbibliothek** (Jebensstr. 2; → S. 449), dem ehem. Landwehrkasino, steht das *Gefallenen-Denkmal des Reserve- und Landwehr-Offizierkorps* von H. Dammann und H. Rochlitz, eine weit überlebensgroße Siegfriedgestalt mit Schild und Rüstung; urspr. von einer Rasenfläche umgeben. *HR*

Im Hof **Jebensstr. 1** (ehem. Heereswaffenamt) hat sich das *Gefallenen-Denkmal der Artillerie-Prüfungskommission* von O. Schulz (1930) erhalten, eine kleine Barbara-Figur, antikisch gewandt, mit flammender Granate in der Linken auf hohem Postament (Eisenguß, heute vergoldet). *HR*

Charlottenburg: Kaiser-Wilhelm-Gedächtnis-Kirche. Europa-Center 291

Kaiser-Wilhelm-Gedächtnis-Kirche
(Breitscheidplatz)

Die Kirche auf dem ehem. Auguste-Victoria-Platz wurde 1891–95 von Franz Schwechten als erste Filialkirche der Charlottenburger Stadtkirche (Luisenkirche) erbaut. Sie genoß von Anfang an eine so große Volkstümlichkeit, daß der Architekt die reichlich fließenden Mittel zu einer für eine ev. Kirche ungewöhnlichen Ausstattung verwenden konnte. Der etwa 72 × 37 m messende Bau in Formen der rheinischen Spätromanik hatte den Grundriß eines gedrungenen lateinischen Kreuzes mit Kapellenkranz um den polygonalen Chor. Eine massive westl. Front mit 113 m hohem, den Aufriß beherrschendem Mittelturm und schlanken Flankentürmchen von 54 m Höhe bildete die Eingangsseite (als Ruine erhalten). Dem gewählten historischen Stil sollte die Vieltürmigkeit mit wechselnden Höhen entsprechen: 62 m maßen ferner die beiden Türme zwischen Chor und Querhaus; der Chor selbst war hervorgehoben durch ein Pyramidendach, sogar die Chorkapellen trugen Kegeldächer. Als Baustoffe dienten Granit, Sandstein, Basaltlava und Tuffstein. Bei einem Luftangriff am 22. November 1943 schon stark beschädigt, erlitt die Kirche in den letzten Kriegstagen 1945 durch Artilleriebeschuß schwere Verwüstungen. Über den Neuaufbau – auch über den Standort – wurde in den Nachkriegsjahren so lange diskutiert wie über keinen anderen Bau in Berlin. Die Vorschläge reichten vom getreuen oder »gemäßigten« Wiederaufbau bis zum Abriß und Neubau, womöglich an anderer Stelle. Nach einem Wettbewerb erhielt der 1. Preisträger, Egon Eiermann, Karlsruhe, mit einem modifizierten Entwurf unter Erhaltung lediglich der Turmruine, den Auftrag. Die neue, markante Silhouette ist seit ihrer Vollendung (1961–63) fast zu einem Symbol der (West-)Berliner Nachkriegszeit geworden.

Auf einer von der Umgebung leicht abgehobenen und als Fußgängerbereich ausgebildeten Plattform liegen 5 Baukörper: Der 8eckige *Hauptbau* – Stahlskelett mit einer Auskleidung aus blau verglasten Betonwaben (Gläser aus der modernen Hütte in Chartres) – steht westl. der Ruine des alten W-Turmes und von diesem getrennt, also gerade entgegengesetzt zum ehem. Langhaus. An ihn schließt der rechteckige, um einen Innenhof gelegene *Sakristeibau* an (im Untergeschoß Vortrags- und Klubraum). Die als Gedächtnishalle ausgestaltete *Turmruine* verbindet nach O ein gedeckter Gang mit der *Kapelle* und dem *neuen Turm*, der ein Geläut aus 6 Glocken trägt. (Im alten Turm läßt das Glockenspiel eine vom Prinzen Louis Ferdinand, dem Ururenkel Kaiser Wilhelms I., komponierte Melodie zu jeder vollen Stunde erklingen.) *GK*

Die Mosaiken und Marmorreliefs der G e d ä c h t n i s - h a l l e, in der eine kleine Ausstellung zur Geschichte

der Kirche gezeigt wird, geben noch eine Vorstellung von dem urspr. Reichtum der Ausstattung und daneben von den propagandistischen Verschmelzung sakraler und monarchistischer Ideen z. Z. Kaiser Wilhelms II. Die Tonne ist mit Glasmosaiken der Firma Puhl & Wagner geschmückt; in der Mitte des Scheitels Christus als Weltherrscher, darunter an der O-Seite nach Karton von Hermann Schaper der Fürstenfries mit ausgewählten Hohenzollernherrschern von Kurfürst Friedrich I. bis zum Kronprinzen Friedrich Wilhelm und seiner Gemahlin Cäcilie. Weltstädtische Eleganz der Wilheminischen Ära und byzantinische Strenge sind merkwürdig gemischt. Die Lünettenreliefs über den Eingängen zur Kirche von Peter Breuer stellen von links nach rechts dar: Jakob ringt mit dem Engel, Pietà und Christus auf dem Weg nach Emmaus. Darunter Marmorreliefs von Adolf Brütt von fast sportlicher Biegsamkeit der Form: »Prinz Wilhelm in der Schlacht bei Bar-sur-Aube 1814« und »Wilhelm I. als alter Kaiser, dem die deutsche Jugend huldigt, im Hintergrund das Niederwalddenkmal«. Auf der W-Seite sind auf die Lünettenreliefs von Wilhelm Haverkamp »Auferweckung des Jünglings zu Nain« und »Christus am Ölberg« – heute blasphemisch anmutend – weitere Szenen aus dem Leben Wilhelms I. bezogen: »Wilhelm erhält als Zehnjähriger zu Neujahr 1807 von seinem Vater Friedrich Wilhelm III. den Offizierssäbel, davor sitzend die Königin Luise« und »Kaiser Wilhelm in Beratung mit Bismarck, Moltke und Roon«. Neben der mittleren Tür, ebenfalls von Brütt, ein jugendlicher Krieger und eine Frau mit Ähren, die den Frieden symbolisiert. – Ausgestellt sind außer einer beschädigten Christus-Statue von Fritz Schaper u. a. Baufragmente, Altargerät und ein Kreuz aus 3 handgeschmiedeten Nägeln, die im Schutt der 1941 vom deutschen Fliegerbomben zerstörten Kathedrale von Coventry gefunden worden sind.
2 Sandsteingruppen (1988) von Stefan Kaehne an der O-Seite des Turmes veranschaulichen *Streit* und *Dialog*. *HB-S*

1981–83 schuf Joachim Schmettau für den Ort zwischen Gedächtniskirche und Europa-Center aus rotem Granit und Bronze den anspruchsvollen *Weltkugelbrunnen*, der durch überbordenden Einfallsreichtum, salopp Umgang mit den Ewigkeitsmaterialien, mit dem Witz der Einzelformen und der lässigen Streuung der Motive über den ganzen Platz den Zeitgeschmack traf und rasch populär wurde (»Wasserklops«). *HB-S*

Europa-Center (Breitscheidplatz, Tauentzienstraße, Budapester Straße) 39

Der Komplex im wirtschaftlichen Schwerpunkt der City wurde 1963–65 von Helmut Hentrich und Hubert Petschnigg erbaut, unter künstlerischer und städtebaulicher Beratung von Werner Düttmann und Egon Eiermann.

Weithin sichtbar ist das 22geschossige Bürohaus. Die ganze Grundstücksfläche wird von einem 2geschossigen Sockelbau ausgefüllt, der in einem ebenfalls kommerziell genutzten Untergeschoß viele Läden, Restaurants, Bars

und ein Kabarett (»Die Stachelschweine«) aufnimmt. Große Innenhöfe liegen im Inneren
der Baugruppe. Einer davon war als Eisbahn
ausgebaut. Zum Breitscheidplatz schließt ein
höherer Bautrakt an; den Übergang zur Tauentzienstraße bilden 2 Kinos, den zur Budapester Straße das **Hotel »Palace«**, das zu dem
von Bernhard Binder im Anschluß an das
Europa-Center errichtete **Apartmenthaus
»Eden«** überleitet. Ein **Parkhaus** an der Nürnberger Straße gehört ebenfalls zum Baukomplex. 1974−76 ist die Baugruppe durch Über-
dachen der Innenhöfe und Einbau von Glaswänden als Windschutz und von Rolltreppen
stark verändert worden. − Die Architektur
nimmt mit ihrer schwarzen Stahlkonstruktion
gewisse Elemente der benachbarten Kaiser-
Wilhelm-Gedächtnis-Kirche auf.   *GK*

Die wirkungsvoll zwischen den Häuserfronten der
T a u e n t z i e n s t r a ß e plazierte *Berlin-Skulptur* von
Brigitte und Martin Matschinsky-Denninghoff, ein Bestandteil des 1987 inszenierten Skulpturenboulevards,
erinnert sowohl an Baumstämme wie an sich umschlin-
gende Arme und spielt damit wohl auf die Zusammen-
gehörigkeit der beiden Stadthälften an.   *HB-S*

40 **»Zentrum am Zoo«** (Budapester Str. 38−50,
Hardenbergstr. 29,   Hardenbergplatz).   Die
Bauten der Zoo-Randbebauung wurden 1956/
1957 von Paul Schwebes und Hans Schoszberger errichtet. Sie stehen an Stelle früherer
Bauten von Leo Nachtlicht und Hans Poelzig.
Zwischen dem *Hochhaus* am Hardenbergplatz und dem *Langbau* an der Budapester
Straße (dessen urspr. kennzeichnendes »Luft-
geschoß« 1977/78 u. a. für die **Staatliche
Kunsthalle** zugebaut wurde) liegt eine Gruppe
von *Kinos*. Der Langbau ist mit Kolonnaden
versehen, die eine breite Fußgängerpassage
schaffen. Am östl. Ende des Langhauses befindet sich ein **Parkhaus**, das zu den Zoobauten
an der Budapester Straße (mit Aquarium)
überleitet.   *GK*

41 **Theater des Westens** (Kantstr. 9−12)

*Das 1895/96 von Bernhard Sehring erbaute Haus hat
während seines ganzen Bestehens überwiegend der
leichten Muse gedient; lediglich in d. J. 1945−61 nahm
es die Städtische Oper auf, bis diese ihr neues Haus
in der Bismarckstraße als → Deutsche Oper beziehen
konnte. Die Foyerräume sind in den 50er Jahren durch
F. H. Sobotka und G. Müller vereinfachend umgestaltet
worden; erneute Restaurierung 1978.*

Die *Fassaden* zeigen eine merkwürdige Stilmischung aus Palladio nachempfunden

Elementen und solchen des Jugendstils, sogar
des Empire. Über einem rustizierten Sockelgeschoß erhebt sich eine 7achsige Kolossal-
ordnung aus Dreiviertelsäulen, zwischen denen hohe Rundbogenfenster angeordnet sind,
die durch 2 Geschosse reichen. Eine mächtige, skulpturengekrönte Attika schließt das
Gebäude ab. Die westl., der Fasanenstraße
zugewandte Schmalseite zeigt eine Gruppe
aus 4 ebenfalls hohen Dreiviertelsäulen, die
einen Dreiecksgiebel tragen. Die östl. Seite
wie die rückwärtigen Gebäudeteile sind in
malerischer, »altdeutsch« gemeinter Back-
stein- und Fachwerkarchitektur ausgeführt,
reich an Giebeln und Erkern, Zinnen und
Türmchen.   *GK*

Die 4geschossige **Villa Herter** (Uhlandstr. 6), 1899/
1900 von Max Ravoth für den Bildhauer Ernst Herter
(1846−1917) erbaut, ist ein Beispiel für die repräsentativen Künstlerresidenzen der Zeit. Der Putzbau
erhält durch Unterbrechung der Symmetrie im Baukörper, in der Verteilung der Fenster und ihrer Form,
im Wechsel von glatten Flächen und Putzfugung, aber
v. a. durch den von Herter geschaffenen Kinderfries
über den Fenstern des 2. Obergeschosses eine lebhafte
Wirkung.   *HB-S*

Auf dem S a v i g n y p l a t z stehen 2 gegenständig komponierte Bronzegruppen (eine davon original), *Knabe
mit Ziege* von August Kraus (1928), auf rekonstr. Klin-
kersockeln.   *HR*

Jüdisches Gemeindezentrum
(Fasanenstr. 79/80)

*1957−59 von den Bochumer Architekten Dieter Knob-
lauch und Heinz Heise an der Stelle erbaut, an der die
1938 von den Nazis zerstörte Synagoge Ehrenfried Hessels (1911/12) stand. Hessels Entwurf hatte sich an die
Formen byzantinischer Kirchen angelehnt; als eigentliches Vorbild wird aber die aquitanische Kuppelkirche
St-Front in Périgueux (Südfrankreich) angesehen.*

Der 2geschossige Neubau liegt in der zurück-
verlegten Baufluchtlinie der Fasanenstraße.
Der rechtwinklig die Front durchdringende
Saalbau des Obergeschosses ist zur Straße mit
einer geschlossenen Mosaikwand versehen.
Das alte Portal der früheren Synagoge ist als
Haupteingang wiederverwendet worden, außerdem sind 2 der ehem. Risalite als Mahnmal seitlich vor die Fassade gestellt. Eine
Wand des rückwärtigen Säulenhofes ist zu einer *Gedenkstätte* gestaltet für die jüdischen
Bürger Berlins, die Opfer des Nazismus geworden sind.   *GK*

In der Eingangshalle ist die Marmorbüste *Moses Men-
delssohns* (1729−86) von J. P. A. Tassaert (1785) aufge-

stellt; absichtsvoll nicht restaurierte Schäden weisen auf die gefahrvolle Bergung während des Dritten Reiches hin. Vitrinen mit Dokumenten und neuerworbenen, meist silbernen Kultgeräten erinnern an die mehr als 300jährige Geschichte der Jüdischen Gemeinde in Berlin und an das einstige Museum in der Oranienburger Straße. *HR*

»Wintergarten-Ensemble« (Fasanenstr. 23–25). 3 Villen aus der Gründerzeit wurden nach vieljährigem zähem Bemühen einer Bürgerinitiative vor dem Abbruch gerettet und neuen Zwecken zugeführt: Haus Nr. 24 (1871 vom Maurermeister Martens), Nr. 23 (1891 von Hans Grisebach) und Nr. 25 (1901 von Hans Grisebach als eigenes Haus) dienen nach sorgfältiger Restaurierung durch Uli Böhme seit 1986 als **Literaturhaus** (früher Café »Wintergarten«, daher der Name der Baugruppe), als **Galerie** und als **Käthe-Kollwitz-Museum** (→ S. 448). *GK*

Kurfürstendamm

Das »**Hotel am Zoo**« (Kurfürstendamm 25) wurde Ende des 19. Jh. von Alfred Messel als Wohnhaus erbaut, aber schon 1911 als Hotel eingerichtet. 1950 und 1957 hat es Paul (G. R.) Baumgarten umgebaut; beim zweiten Umbau wurde es um 2 Geschosse aufgestockt. Dabei hat der Architekt zu dem nachempfundenen Renaissancebau Messels bewußt einen starken Kontrast gewählt: Die durchgehend verglaste Stahlkonstruktion gilt als selbständiger Baukörper auf den 5 unteren Geschossen, sie tritt in 2 Stufen leicht hinter die alte Fassade zurück. Diese alte Fassade wurde nicht verändert, die Aufbauten nahmen jedoch auf ihre Maßstäblichkeit Bezug und bildeten dadurch eine charakteristische, kontrastreiche Einheit; durch gedankenlosen Umbau vergröbert. *GK*

Das »**Bristol Hotel Kempinski**« (Kurfürstendamm 27, Ecke Fasanenstraße) wurde seit 1951 in mehreren Abschnitten von Paul Schwebes erbaut. Die urspr. Verkleidung mit gelblichem Opakglas wurde durch Natursteinplatten ersetzt. *GK*

Am Haus **Kurfürstendamm 215** eine Gedenktafel für den Schriftsteller Max Herrmann-Neiße (1886–1941) mit Bildnisrelief von Joachim Dunkel (1956) nach einem Gemälde von George Grosz. *HB-S*

Bemerkenswert am **Wohnhaus Kurfürstendamm 37** (1903/04 von Kurt Berndt und A. F. M. Lange) ist die vom Jugendstil beeinflußte Putzfassade mit starken Gliederungen durch Erker und plastische Durchbildung, der Stadtbildpflege Veranlassung gegeben hat, zur Erhaltung des Gebäudes beizutragen, obwohl es in der Erdgeschoßzone stark verändert ist. *GK*

An der Ecke Leibnizstraße/Kurfürstendamm hat der *Schwanenkükenbrunnen* von August Gaul (1908) einen öffentlichen Platz gefunden. Hier sitzen auf dem Brunnenrand kleine plastische Wunderwesen – der gelernte Goldschmied und Ziseleur wie der Begas-Schüler Gaul verzichtete auf jeden von außen aufgetragenen Federkleideffekt, Ausdruck seiner Modernität. *HR*

Auf dem Adenauerplatz ist 1975 anläßlich des 100. Geburtstages von Konrad Adenauer ein *Brunnen* von Brigitte Matschinsky-Denninghoff aufgestellt worden, dessen Form an einen Blütenkelch erinnert. *HB-S*

Abspannwerk (Leibnizstr. 65–68a, Niebuhrstr. 12–13). Ein 6geschossiger, sachlich-klarer Klinkerbau mit schmalem Fensterschlitz an der gerundeten Ecke, erbaut 1927/28 von Hans Müller. Der Architekt hat an vielen Stellen der Stadt ähnliche Bauten für die Stromversorgung errichtet, die sich durch gute Proportionen und zurückhaltende Gestaltung auszeichnen. Das Gebäude wurde 1951 an der Leibnizstraße erweitert. *GK*

Kant-Garagen (Kantstr. 126). Das erste Parkhaus Berlins wurde 1929/30 nach Ideen Louis Serlins von Hermann Zweigenthal und Richard Paulick erbaut. 6 Parkgeschosse werden durch Doppelspiralen erschlossen. Glatte Fassade zur Straße, in der Mitte durchgehend verglast. *GK*

Geschäftshaus der Firma Robert Bosch (Bismarckstr. 71), erbaut 1916/17 von Hans Bielenberg und Josef Moser in Abwendung vom vorher üblichen Historismus. Bemerkenswert sind die Ecklösung, ein viertelkreisförmiger Ausbau, der im 4. Obergeschoß zurückspringt, und die reiche Verwendung von Werkstein (Muschelkalk) und Reliefschmuck. Bei Instandsetzung nach Kriegsbeschädigung Einbau von Ausstellungs- und Verkaufsräumen durch Klaus H. Ernst. *GK*

Gerichtsgebäude am Lietzensee (Witzlebenpl. 1/2, Witzlebenstr. 4/5)

Das ehem. Reichsmilitärgericht entstand 1908–10 nach Entwürfen von Heinrich Kayser und Karl v. Großheim, von denen auch die Hochschulgebäude am Steinplatz stammen. Nach dem 1. Weltkrieg war das Haus Sitz einiger Reichsbehörden, zum Schluß wieder (bis 1945) des Reichskriegsgerichts. Dann wurde es (bis 1951) vom Bezirksamt Charlottenburg benutzt; seit dieser Zeit ist es provisorischer Sitz des Kammergerichts, außerdem hat es einen Senat des Bundesgerichtshofes aufgenommen.

Das im Grundriß recht modern anmutende Gebäude besteht aus dem Flügel am Witzlebenplatz (gegenüber dem Lietzenseepark) und dem eigentlichen Gerichtsgebäude an der Witzlebenstraße. Beide Teile sind durch 2 Zwischentrakte verbunden. Die architektonische Gestalt enthält barockisierende Formen mit einem klassizist. Einschlag. Der *Wohnteil* ist über einem Rustikasockel 2geschossig, der *Gerichtsteil* in der Witzlebenstraße 3geschossig, wobei das hochgelegene Erdgeschoß in die Rustikaverkleidung einbezogen ist. Die Fassaden bestehen aus Werkstein. Der 3achsige Mittelrisalit an der Witzlebenstraße mit dem Hauptportal wird von einem Dreiecksgiebel gekrönt, das einen von Otto Lessing geschaffenen Zierschild enthält. Das Wohngebäude am Witzlebenplatz springt 4 m hinter die Flucht zurück; es ist durch eine große Säulenordnung betont, und sein Mittelteil, vor dem in Erdgeschoßhöhe eine Terrasse liegt, ist wieder von einem Dreiecksgiebel mit Wappenschild und Adlern gekrönt.

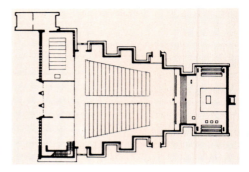

St. Canisius. Grundriß

Den *Bundessaal* (früher Sitzungssaal des Reichsmilitärgerichts) schmücken 12 senkrechte Friesstreifen mit symbolischen Darstellungen aus dem Militärleben, Gipsabgüsse von verschiedenen Friesen Gottfried Schadows (1788). Aus dem alten Kammergericht stammen eine Standuhr (1790), die Büste des Großkanzlers v. Cocceji von F. G. Adam und S. Michel (1765/66), weiter eine Büste des Justizministers Leopold v. Kircheisen von Chr. D. Rauch (1820). GK

56 **Kath. St.-Canisius-Kirche**
(Witzlebenstr. 27–29)

Die Kirche wurde 1954–57 nach einem Entwurf des Architekten Reinhard Hofbauer errichtet, 1965 durch Hermann Jünemann statisch nachgebessert.

Über einem gestaffelten Grundriß, der sich zum Chor hin verjüngt, erheben sich Bogenkonstruktionen in Form halber Ellipsen, die durch oberlichtartige Farbfenster den Raum in ein magisches Licht tauchen, dessen Quelle nicht unmittelbar erkennbar ist. Der rechteckige Chor hat einen geraden Abschluß; er ist durch seitlich angebrachte Fenster belichtet. Seine Breite ist geringer als die des Kirchenschiffes – die dort begonnene Staffelung setzt sich hier logisch fort. Der freistehende, 50 m hohe *Glockenturm* auf H-förmigem Grundriß verjüngt sich stark nach oben und wird von einem Kreuz gekrönt. Die Glocken hängen frei.

Über den 3 Türen des Eingangs ein 9,70 m breites Relief von Ludwig Gabriel Schrieber in dunklem Zementsteinguß, darüber ein halbelliptisches Fenster mit senkrech-

ter Teilung. Hinter der Mensa aus einem roten, rechteckigen Marmorblock eine kleinere Mensa mit einem Tabernakel von Ludwig Peter Kowalski; auf diesem ein Kruzifix aus Bronze von Gerhard Schreiter. Glasfenster von Egbert Lammer. GK

Lietzenseepark. In dem 1912–20 von Erwin Barth angelegten Park bildet die Kaskade am Dernburgplatz den großartigen Auftakt für den südwestl. Teil, in dem am Uferweg die relativ kleine Bronzestatue eines *»Sandalenlösenden Knaben«* von Fritz Röll frei aufgestellt worden ist. Ihr entspricht im nördl. Teil ein bronzener *»Jüngling mit Speer«* von B. Bleeker (1940), dem gleichfalls die freie Aufstellung inmitten eines weiträumigen Sitzplatzes abträglich ist. – An der nordwestl. Böschung hat sich das *Denkmal für die Gefallenen des Königin-Elisabeth-Garde-Grenadier-Regiments Nr. 3* in einer Kalksteinwandarchitektur von Eugen Schmohl nach einem Vorschlag von Hauptmann Erich Frhr. v. Stössel erhalten (1925); die von W. Gerstel geschaffene Bronzefigur eines schreitenden Jünglings mit erhobenem Schwert, die auf niedrigem Sockel vor dem überhöhten mittleren Pfeilermonument stand, wurde im 2. Weltkrieg eingeschmolzen. – Die *»Skulptur mit Kern Rot/Blau«* (1969) von Volkmar Haase ist an die Neue Kantstraße versetzt worden. HR

Kirche am Lietzensee (Herbartstr. 5)

Die ev. Kirche wurde 1957–59 nach Plänen von Paul (G. R.) Baumgarten errichtet anstelle einer im Krieg zerstörten, 1919/20 von Erich Blunck erbauten hölzernen Behelfskirche.

Der Bau bezieht sich in starkem Maße auf die Landschaft, die hier zum See hin abfällt. Eine weiße Mauer schirmt ihn von der Straße ab. Die Hanglage erlaubte den Ausbau des Untergeschosses für Konfirmanden- und Sitzungsräume, Sakristei und Küsterei. Darüber liegt der Kirchenraum, dessen 2 zum See liegende Seiten völlig verglast sind, um den Blick auf die im Laufe des Jahres wechselnde Natur freizugeben. Seine Wände und Decken sind mit einer gestäbten Holzschalung versehen, wodurch sich ausgezeichnete akustische Verhältnisse ergeben. Er ist über dem 5eckigen Grundriß als »Zelt« konstruiert; die Hauptwand an der Straßenseite – über der Empore – ist leicht gebösht; sie endet in einer Glockenkammer mit dem Geläut. Auf einen Turm hat der Architekt ausdrücklich verzichtet. GK

Landespostdirektion
(Dernburgstr. 44–52, Herbartstr. 19–21)
Als Oberpostdirektion 1926–28 erbaut; Architekt: Willy Hoffmann.
Mehrflügeliger, von 2 Straßen zugänglicher 5- bis 7geschossiger Putzbau mit baukeramischem Schmuck, leichter Nachklang expressionistischer Formen. Bemerkenswert das hohe, schlanke Portal an der Dernburgstraße und die Eingangshalle mit dem gerundeten Treppenhaus. GK

Das **Apartmenthaus** am Kaiserdamm, **Nr. 25** (Ecke Königin-Elisabeth-Straße), wurde 1928/29 von Hans Scharoun unter Mitarbeit von Georg Jacobowitz (Grundrisse) erbaut. In dem 5geschossigen Putzbau mit einer bemerkenswerten Ecklösung wurden 3 unterschiedliche Wohnungstypen – Ein- und Zweiraumwohnungen verschiedener Größe – angelegt, im Dachgeschoß Atelierräume, z.T. mit Dachgärten, im Erdgeschoß Läden. Nicht verwirklicht werden konnte die im Projekt vorgesehene Einrichtung einer Gaststätte – Vorstufe eines »Service-Hauses« – im Erdgeschoß, die in erster Linie den Bewohnern dieses Hauses zur Verfügung stehen sollte. GK

Verwaltungsgebäude der Landesversicherungsanstalt Berlin (Messedamm 1–3). Der Bau an der Straßenecke zum Kaiserdamm (dem Scharounschen Apartmenthaus gegenüber) wurde 1954–56 nach einem preisgekrönten Wettbewerbsentwurf von Paul Jacob Schallenberger und Gerhard Krebs errichtet. 3 Gebäudeflügel sind einander rechtwinklig zugeordnet; sie springen am Straßenkreuz zurück und bilden einen geräumigen Vorplatz, an dem auch der Haupteingang mit dem turmartigen, verglasten Treppenhaus liegt. Der Hauptbau am Messedamm ist eine 10geschossige Stahlbetonrasterkonstruktion; das 10. Geschoß springt leicht zurück und bildet eine Terrasse. Der 6geschossige Flügel am Kaiserdamm ist ebenso wie der 4geschossige am S-Ende der Anlage als Mauerwerksbau mit eingeschnittenen Fenstern ausgeführt. Das vorspringende Flachdach des Hauptflügels ist leicht gewellt. Die Fassaden sind mit keramischem Material verkleidet. GK

Neben dem Messegelände und dem Westring der Stadtautobahn liegt am Messedamm der 1965/66 von Fritz Gras erbaute **Omnibusbahnhof** (Nr. 8), der mit dem 9geschossigen **Hotel »Ibis«** (Nr. 10) eine bauliche Einheit bildet. Eine umlaufende, freitragende stählerne Dachkonstruktion mit Oberlichtern schützt die Bussteige. GK

Haus des Rundfunks
(Masurenallee 8–14, Hammarskjöldplatz)
Für das 1929–31 erbaute erste Funkhaus Deutschlands, jetzt Sitz des Senders Freies Berlin, hatte Hans Poelzig eine Lösung erarbeitet, die heute noch Bestand hat: An die beiden Enden eines geraden, 150 m langen Traktes schließen gebogene Flügel an, die sich in einem stumpfen Winkel treffen und so die Grundrißfigur zu einem Dreieck schließen. In dem großen Binnengelände sind 3 trapezförmige Studios derart auf die Mitte des geraden Haupttraktes an der Masurenallee ausgerichtet, daß 4 annähernd dreieckige, vom Verkehrslärm abgeschirmte Innenhöfe gebildet werden. Die Front an der Masurenallee umfaßt 60 Achsen; die 32 mittleren sind um ein Geschoß erhöht.

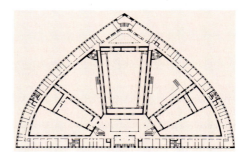

Haus des Rundfunks. Grundriß

Unverändert ist der Außenbau; von originaler Gestalt also Poelzigs Klinkerfassade entlang der Masurenallee, an der die Fenstergewände aus farbigen Keramikplatten in der Senkrechten pfeilerartig als Gliederungsmittel hervorgehoben sind. Der 3teilige Mitteleingang führt über kleine Freitreppen in die große, durch 5 Geschosse reichende Halle, die 1986/87 wieder ihre urspr. Gestalt erhalten hat. Verändert wurde indes, nach der Übernahme durch den Sender Freies Berlin (1957) der große Sendesaal in der Mitte der Anlage, der zusätzlich für Fernsehaufnahmen eingerichtet werden mußte. *GK*

Im Lichthof, der 1986 wieder seine urspr. Ausstattung erhalten hat, gelangte Georg Kolbes »Große Nacht« (1926/30) als Geschenk des Preußischen Kultusministers Adolf Grimme 1931 zur Aufstellung, angebl. zunächst gegen die Intentionen von Poelzig. Die im Zusammenhang des Beethoven-Denkmals erdachte Figur, ein dunkler, herabsinkender Genius, wurde von Grimme als »Schwebende«, die Radiowellen symbolisierende Gestalt, gefeiert. In ihrer kunstvollen Ponderierung ist sie in dieser Größe ein gewagtes Beispiel unter Kolbes sehr bewegten Figuren der 20er Jahre (Neuguß 1965 durch Senatsauftrag als Wiedergutmachung für das 1933 entfernte Original). *HR*

Ein östl. neben dem Funkhaus liegender **Bunker** aus dem 2. Weltkrieg ist zur Angleichung an den Hauptbau mit Klinkern verkleidet worden. Auf dem rückwärtigen Teil des Geländes steht ein neueres **Parkhaus**. *GK*

64 Das **Fernsehzentrum des Senders Freies Berlin** (Masurenallee 16, Theodor-Heuss-Platz) schließt im NW an das Haus des Rundfunks an; es wurde 1963–71 von Robert Tepez unter Mitarbeit von Anneliese Zander errichtet. Der Baukomplex gliedert sich in mehrere, einander meist rechtwinklig zugeordnete Teile, von denen das 13- und 14geschossige *Hochhaus* mit Turm und Antennenträgern am weitesten sichtbar ist und auch in Verbindung mit dem anschließenden, 6geschossigen Gebäude für die *Synchronstudios* als Platzwand zum Theodor-Heuss-Platz wirkt. Vor den Synchronstudios liegen 2 geschlossene Blöcke mit *Aktualitätenstudios* und der kleine, ganz verglaste, 2geschossige *Informationspavillon* des Senders; am Kaiserdamm reihen sich die 3 Blöcke der *Produktionsstudios*. Verbunden werden die Bauteile durch das 2geschossige *technische Zentrum*. Der Haupteingang liegt an der Masurenallee zwischen den Studiobauten und dem Haus des Rundfunks; von diesem Eingangsbau führt auch eine Verbindungsbrücke über die Bredtschneiderstraße zu Poelzigs Altbau. – Die Studioblöcke wurden mit Klinkern verkleidet, die den von Poelzig verwendeten ähnlich sind; die übrigen

Flachbauten erhielten Naturkies-Waschbetonplatten. Die Stahlkonstruktion der Hochhausgruppe ist mit Aluminiumplatten vor Leichtbeton verkleidet. Für die fensterlosen Bänder wurden grau eloxierte Aluminiumplatten gewählt. – Im Innenhof des Eingangsbaues befinden sich eine ausladende Freitreppe aus Plexiglas und ein plastischer Boden mit Wasserspielen von Alexander Gonda. *GK*

1989 wurden auf dem Theodor-Heuss-Platz 2 monumentale *Kopfskulpturen* von Rainer Kriester (1982, 1985) aufgestellt, Reminiszenzen an die Osterinsel. *HB-S*

Funkturm (Messedamm)

Der Turm wurde am 4. September 1926, dem Eröffnungstag der 3. Deutschen Funkausstellung, nach 2jähriger Bauzeit in Betrieb genommen. Doch konnte er schon seit April 1925 als Antennenträger dienen. Konstruiert und gebaut hat ihn die Stahlbaufirma Hein, Lehmann & Co.; der Entwurf mit dem individuellen Profil stammte von Heinrich Straumer. 1935 wurde beim Brand einer benachbarten Ausstellungshalle das Restaurant in 55 m Höhe in Mitleidenschaft gezogen, danach aber schnell wiederhergestellt.

Der Funkturm am Messedamm ist nicht nur das Wahrzeichen des Berliner Messegeländes, sondern ein Symbol Berlins schlechthin geworden. Mag der Turm heute durch die modernen Fernsehtürme aus Stahlbeton antiquiert erscheinen, ist er doch eine bedeutende Ingenieurleistung. Mit 138 m Höhe (ohne Antennenmast) bedeutete er seinerzeit nach dem 300 m hohen Eiffelturm in Paris zwar keine Höhensensation, doch markieren einige Daten den technischen Fortschritt: Nimmt der Eiffelturm noch eine Bodenfläche von 129 × 129 m ein, so braucht der Funkturm nur 20 × 20 m. Das Verhältnis der Kantenlänge zur Höhe beträgt beim Eiffelturm 1 : 2,3, beim Funkturm 1 : 6,9. Das große Gewicht des Eiffelturms (9500 t) markiert sich deutlich in der Konstruktion – die nur 400 t des Berliner Turmes (der aus Stahl der Güte »St 37« besteht) lassen ihn gegen seinen älteren Bruder leicht und grazil erscheinen. – Restaurant und Aussichtsplattform (125 m) sind durch einen Aufzug zu erreichen. – Zu Füßen des Funkturms, nördl., liegt das **Deutsche Rundfunkmuseum** (Hammarskjöldpl. 1). *GK*

Ausstellungs- und Messegelände
(Messedamm)

Das Ausstellungsgelände hat im Laufe seiner Geschichte manche Wandlungen erfahren. Die vor dem 1. Welt-

Charlottenburg: Ausstellungs- und Messegelände. ICC   297

krieg und in den 1920er Jahren am Kaiserdamm und am heutigen Messedamm errichteten Hallen existieren seit einem Brand 1935 und dem 2. Weltkrieg nicht mehr.

Von den Erweiterungsplänen um 1930 (Martin Wagner und Hans Poelzig) ist nur der ovale *Sommergarten* geblieben. Nach dem Brand von 1935 wurden nach einer Planung von Richard Ermisch mehrere Bauten im Geschmackskanon jener Jahre errichtet, so die Hallen am heutigen Hammarskjöldplatz mit der dem Funkhaus Poelzigs axial gegenüberliegenden überhohen Ehrenhalle und die am Messedamm anschließende sog. Gläserne Galerie, die bis auf die stehengebliebenen Rundbauten an ihren Enden 1975 abgerissen wurde. In den ersten Nachkriegsjahren hat man zunächst die beschädigten Hallen wiederaufgebaut. Nach 1950 kamen neue Hallen nach Entwürfen von Franz Heinrich Sobotka und Gustav Müller sowie Alfred Roth hinzu. Bruno Grimmeck errichtete das Marshall-Haus südl. des Sommergartens und 1957 auch die sog. Schwermaschinenhalle. Erweiterungsbauten als kammförmige Baugruppe von Harald Franke, 1971: Ein langer Querbau verbindet die Schwermaschinenhalle mit den Hallen am Messedamm. Bis 1990 sind erneut weitere Hallenbauten hinzugekommen.   *GK*

Im Sommergarten wurde 1980/81 ein Ensemble von 23 Skulpturen zeitgenössischer Berliner Bildhauer aufgestellt, die einen guten Überblick über die Vielfalt der Richtungen geben.   *HB-S*

Das **Berek-Haus** (Messedamm 20−22), von Hans Bandel 1961/62 errichtet, besteht aus einem 8geschossigen Punkthaus in flügelförmiger Anordnung, das der **Verwaltung der Messegesellschaft** dient. Dazu gehört ein Flachbau für einen Druckereibetrieb.   *GK*

7 Internationales Congress Centrum, ICC
(Messedamm)

Unmittelbar neben dem Messegelände und durch ein Brückenbauwerk mit ihm verbunden (den Kopfbau bildet eine dem Erscheinungsbild des ICC angeglichene neue Halle anstelle der 1975 abgebrochenen »Gläsernen Galerie«) ist 1975−79 nach Entwürfen der Architekten Ralf Schüler und Ursulina Schüler-Witte das ICC errichtet worden.

Auf einem schmalen Grundstück zwischen dem Messedamm und dem Westring der Stadtautobahn liegt das 320 m lange und 80 m breite Hauptgebäude. Vom Hauptzugang an der N-Seite gelangt man in die Eingangshalle (»*Boulevard*«), die über die ganze Länge des Erdgeschosses reicht. Blaue und rote Leuchtspurringe geleiten optisch über eine Leuchtplastik in der großen Deckenöffnung bis zur großen Haupttreppe, die zum darüberliegenden *Hauptfoyer* leitet. Von hier führen Treppen und Rolltreppen zu den Eingängen des darüberliegenden *Großen Saales 1,* der über 5000 Plätze verfügt (3500 im Parkett, 1500 im Rang). Der *Saal 2,* vom Saal 1 durch die Bühnenanlage getrennt, faßt (mit herabgelassener Tribüne) als Auditorium 2200 Personen, während er mit hochgezogener Tribüne als ebene Fläche für Bankette und Feste für 3000 bis 4000 Personen Platz bietet. Außerdem sind zahlreiche kleinere Konferenz- und Sitzungsräume vorhanden, ferner verschiedene Service-Einrichtungen.

Die Veranstaltungsebene und die Konferenzräume darunter ruhen auf Stahlbetonbindern mit Kragarmen, die ihre Lasten direkt auf den Baugrund übertragen. Wände und Dach sind von diesem System unabhängig; sie werden von außenliegenden, eine sichtbare Brückenkonstruktion bildenden Stahlfachwerkträgern gestützt. Das gesamte Gebäude ist, einschließlich der sichtbaren Konstruktionselemente, in eine silberfarbig eloxierte Aluminiumhaut verpackt, welche die Konstruktion weitgehend verhüllt.

Die Lage des Gebäudes im Blickpunkt der als Einfahrt in die Stadt dienenden Avus läßt ihm eine Signalwirkung zukommen, die der alter Stadttore vergleichbar ist. Andererseits erschwert gerade diese Lage, die das Bauwerk zwischen stark befahrenen Verkehrsstraßen einzwängt, den Besuchern, die nicht im Auto ankommen, einen ungehinderten Zugang und bietet ihnen zudem keine für Pausen nutzbaren Freiflächen. Der sich anbietende Vergleich mit dem ehem. Palast der Republik am Lustgarten (Marx-Engels-Platz) oder mit dem Centre Pompidou in Paris fällt zumindest in diesem Punkt zuungunsten des ICC aus.   *GK*

Als physiognomisch passende Dekoration für das ICC (vor dem Eingang Neue Kantstraße) wurde 1979 eine bereits vorhandene Skulptur von Jean Ipousteguy, *Alexander d. Gr. betritt die von ihm eroberte Stadt Ekbatana,* vergrößert und durch genrehafte Zutaten inhaltlich dem Berliner Standort oberflächlich angepaßt. Nach dem Sowjetischen Ehrenmal in Treptow und Tomskijs Lenin auf dem Leninplatz ist dieses Beispiel des Brutalismus die dritte Berliner Freiplastik im Gigantenformat. − Auf der anderen Seite des Messedamms steht die Edelstahlskulptur *Begegnungen* (1978/79) von Brigitte und Martin Matschinsky-Denninghoff, die auf den Zweck des Kongreßzentrums, die Zusammenführung geistiger Impulse, anspielen will. *HB-S*

68 Das **Doppelwohnhaus** an dem 1912/13 von Erwin Barth gärtnerisch gestalteten **Karolingerplatz** (**Nr. 5/5a**) wurde von Erich Mendelsohn 1922 erbaut, ein Jahr nach seinem berühmten Einsteinturm bei Potsdam. Sein Entwurf ordnet 2 spiegelbildliche Grundrisse mit ausgeprägter Staffelung der Räume auf der Winkelhalbierenden der Straßenecke an (45°). Zur Betonung der Horizontalen ist der obere Teil der Fassaden plastisch mit Schichten von Hartbrandsteinen verkleidet (die übrigen Flächen sind verputzt) und sind die Fenster zu Bändern zusammengefaßt; selbst in der Einfriedung der Vorgärten setzt sich diese Gestaltungsabsicht durch. Die Flachdächer sind zu Sonnenterrassen ausgebaut. Die Zuordnung der in der Mitte vorspringenden Eckzimmer wechselt zwischen den Wohnungen in beiden Obergeschossen und im Souterrain. *GK*

Wohnhaus Karolingerplatz 5/5a. Grundriß des Wohngeschosses

69 **Internationales Studentenheim Eichkamp**
(Harbigstraße, nahe der Waldschulallee)
In Etappen seit 1950 errichtet. Die Architekten sind Hans E. Chr. Müller, Georg Heinrichs und Ludwig Leo.
Aus einem 1947 gegründeten Arbeitslager entstand das Heim, für das 1952 mit amerikanischer Unterstützung ein einfaches Klubhaus in Ziegelbauweise mit versetzten Pultdächern errichtet werden konnte. 1958/59 entstanden die ersten 5 punktförmigen Studentenwohnhäuser, in denen sich die Wohnräume jeweils

um dreieckige Treppenhäuser gruppieren. Die urspr. Planung, die weitere 4 Punkthäuser vorsah, wurde zugunsten einer dichteren Bebauung aus stark gegliederten, raumbildenden Zeilen aufgegeben (1966/67), die aber auf dem gleichen Zimmertyp beruhten. Die Häuser sind stark farbig geputzt, z.T. mit gelben Klinkern verblendet. V. a. die Anordnung der Fenster verleiht den Gebäuden ein charakteristisches Aussehen. *GK*

Das **Ev. Studentenwohnheim** der Technischen 70
Universität in Eichkamp (Dauerwaldweg 1) wurde von Peter Lehrecke 1959/60 erbaut. Um einen durch Rasenflächen gegliederten Hof gruppieren sich 8 1- und 2geschossige Pavillons mit Ein- und Zweibettzimmern. Der Hof wird durch einen größeren Pavillon mit Appartements für 8 Studenten-Ehepaare abgeschlossen. *GK*

Der »*Ringer*«, eine Bronze von Hugo Lederer (1908), 71
hat durch die sehr hohe Aufstellung auf einem Muschelkalkpfeiler 1926, an der Preußenallee/Heerstraße in Stadionnähe, gewonnen; allzu modellmäßige Details treten zugunsten der Haltung und plastischen Form zurück. Es ist die einzige im Stadtbild erhaltene Bronze von Lederer (4 wurden 1943 eingeschmolzen). *HR*

Das **Atelierhaus des Bildhauers Georg Kolbe** 72
(1877–1947) an der Sensburger Allee 25 wurde – wie das kubische **Wohnhaus** der Familie (Nr. 26) – in einheitlicher Planung von Ernst Rentsch 1928/29 aus Handstrichziegeln errichtet und 1932 von Paul Linder um Glas- und Ton-Atelier, 1935 um den Skulpturenhof erweitert. Der hohe Atelierbau nimmt heute das **Georg-Kolbe-Museum** auf (→ S. 447). Ein Erweiterungsbau ist geplant. *GK*

Georg-Kolbe-Hain. In der Anlage zwischen Sensburger 73
Allee und Heerstraße fanden nach 1957 aus dem Besitz der Kolbe-Stiftung 5 monumentale Bronzen des Künstlers Platz, Erstgüsse nach hinterlassenen Gipsmodellen: »*Große Kniende*« (1942/43 aus einer Menschenpaar-Gruppe), »*Ruhende*« (1939/41, eine der beiden weiblichen Figuren der urspr. für den Richard-Wagner-Hain, dann Sportforum Leipzig erdachten Gruppen mit männlichen Gegenfiguren), »*Dionysos*« (1932, wohl im Zusammenhang des Nietzsche-Denkmals), »*Großer Stürzender*« (1939/43, für den Potsdamer Ehrenfriedhof) und »*Mars (Der Kämpfer) und Venus I*« (1940). *HR*

Städt. Friedhof Heerstraße (Haupteingang Trakehner 74
Allee 1)
Der 1924 angelegte und als interkonfessionelle Begräbnisstätte für Groß-Berlin eröffnete Friedhof zählt zu den landschaftlich schönsten dieser Zeit, da die Gräber an

terrassierten Wegen allseits den tief im alten Grunewaldteil gelegenen Sausuhlensee umgeben.
Hinter dem Verwaltungsgebäude führt steil ein Hauptweg zum Heckenrondell hinab. Auf halber Höhe rechts liegt die Grabstätte der Familie *Ullstein*, 1928 von E. Lessing und Max Bremer mit einer Wandarchitektur versehen, in deren mittlerem Freiraum zwischen dorischen Säulen ein Marmorhochrelief von J. Thorak den bildnerischen Akzent setzt: ein trauernd zueinandergeneigtes junges Paar von verhaltenem Gefühlswert. – Im innersten Ring des Rondells rechts liegen nebeneinander die Ehrengräber des Malers *George Grosz* (1893–1959) und des Dichters *Theodor Däubler* (1876–1934). Barlachs Entwurf für das Grabmal des Freundes Däubler, ein schwebender Genius als Hochrelief, wurde 1935 nicht genehmigt; so findet sich nur der vorgesehene Vers aus »Das Nordlicht«: »Ich bin der Glaube an die Macht der Sonne« mit einem weiteren auf einer schlichten Platte aus grünem Fichtelgebirgsporphyr nach Entwurf von W. Wulff. – Etwas oberhalb, neben dem äußeren Hauptweg, das Grab des Graphikers *Marcus Behmer* (1879–1958); der Findling trägt sein Delphin-Signet.

Vom Rondell aus verläuft auf der Kapellenseite ein Hauptweg oberhalb des Seeufers; an ihm liegen die bedeutendsten, durch ihre stilvolle Strenge auffallenden Steinmonumente der späteren 20er Jahre, darunter eine schwere Deckplatte auf schlichtem Sockel, die Georg Kolbe 1926 für seinen durch Freitod verschiedenen Kunsthändler *Paul Cassirer* (1871–1926) entwarf mit dem Goethe-Wort »Zum Sehen geboren, zum Schauen bestellt« – es gilt dem mehr als ein Vierteljahrhundert in Berlin tätig gewesenen geistvollen Förderer der französischen Impressionisten und Secessionisten; daneben die Grabstätte für *Alfred Cassirer* (1875–1932) mit einem Tierfries nach Gaul. – Das Grab der Schauspielerin *Edyth Edwards* († 1957) deckt eine große Platte aus griechischem Marmor mit einem Bronzerelief von H. Haacke, Nachbildung eines Orpheus-Kameos, den die Künstlerin besaß; Gesamtentwurf von Richard Scheibe. – Ein kleiner Stein auf der Grabstätte Oppenheimer-Friedländer bezeichnet das Urnengrab des in Amsterdam verstorbenen Kunstwissenschaftlers *Max J. Friedländer* (1867–1958). – Wenige Meter weiter die von *Georg Kolbe* (1877–1947) nach dem frühen Tod seiner Frau 1927 entworfene Familiengrabstätte mit 4 großen Platten aus Untersberger Marmor und 3 feinen Säulen vor dem einst dreifach gestuften Rasenhang; an ihren Kapitellen Inschriften: TERRA – Erde (links) und COELI – Himmel (rechts), und über gewundenem Schaft in der Mitte 3 geflügelte Engelsköpfchen in Erinnerung an das schöne Antlitz der Verstorbenen; die Steinarbeiten schuf J. Gobes nach Kolbes Modellen und Angaben. – Unmittelbar am Seeufer schräg unterhalb der breite Grabstein für *Arno Holz* (1863–1929) mit dem bronzenen Bildnismedaillon von H. Isenstein (1933) und dem großen Namenszug des Dichters, davor noch eine Platte mit seinen Versen: »Mein Staub verstob, wie ein Stern strahlt mein Gedächtnis!« – Am Hang auf halber Höhe das von Efeu überwucherte hohe Steinmal für *Franz Cassirer* († 1912) mit 2 Tierreliefbildern von August Gaul. HR

Le-Corbusier-Haus, Unité d'habitation 75
(Reichssportfeldstr. 16)

Als »Wohneinheit angemessener Größe« bezeichnete Le Corbusier seinen Wohnhaustyp, den er nach Marseille und Nantes hier am »Heilsberger Dreieck« 1956–58 zum dritten Mal verwirklicht hat. Die Berliner »Wohneinheit« ist gegenüber dem urspr. Entwurf und ihren Vorgängern stark verändert, sogar in einem Maße, daß Le Corbusier sich vom ausgeführten Bau distanzierte.

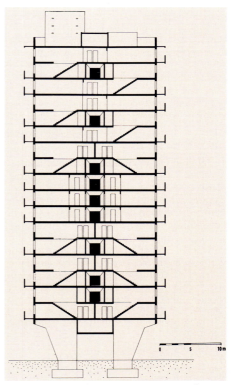

Le-Corbusier-Haus / Unité d'habitation. Querschnitt mit den 9 Innenstraßen und den Treppen der 2geschossigen Wohnungen

Das Hauptkennzeichen des auf Stützen stehenden 17geschossigen Gebäudes ist die Erschließung durch innenliegende »Straßen«, von denen aus die 557 Wohnungen zugänglich sind. Der Berliner Bau enthält 3 Haupttypen: 212 Kleinstwohnungen (B2) mit einem Wohnraum und Nebenräumen auf einer Ebene, 253 Wohnungen (C2) mit 2 übereinan-

300   *Charlottenburg: Olympiastadion*

der angeordneten Wohn- und Schlafräumen (mit Innentreppe), 88 Dreiraumwohnungen, ebenfalls 2geschossig angeordnet, jedoch in einer Ebene durch die Blocktiefe reichend. Dazu gibt es am südl. Ende 4 größere Wohnungen eines Sondertyps. Die Anordnung mehrgeschossiger Wohnungen bringt es mit sich, daß zur Erschließung 9 »Straßen« ausreichen. Das Haus wurde in Stahlbetonbauweise errichtet. Charakteristisch ist die durch kräftige Balkonbrüstungen erreichte starke plastische Gliederung und die Verwendung kräftiger Farben an den Balkonen. Eine eigene Kraftzentrale versorgt das Haus. Die vom Architekten vorgesehenen Zusatzeinrichtungen sind bis auf einen Selbstbedienungsladen und eine Poststelle nicht verwirklicht worden.

Le Corbusier sagte bei der Vorstellung seines Projektes in Berlin auf die Frage eines Journalisten, ob er wohl auch Bildwerke und Wandmalereien an seinem Gebäude vorsehen würde: »Mein Haus ist Skulptur, mein Haus ist Malerei!«   *GK*

76 **U-Bahnhof Olympiastadion** (Rominter Allee 2, Rossitter Platz). Die 1913 eingerichtete provisorische Anlage wurde 1929 durch einen Neubau von Alfred Grenander ersetzt. Vor dem von der Straße abgesetzten Gebäude liegt ein auf Massenverkehr berechneter, geräumiger Vorplatz. Die geschwungene Klinkerwand der großen Halle erhält Seitenlicht; von ihr führen Treppen zu den beiden Bahnsteigen. Grenander folgt hier der Tendenz zur Sachlichkeit, die jedoch einer gewissen Monumentalität nicht entbehrt.   *GK*

77 **Olympiastadion** und **ehem. Reichssportfeld**
●   (Olympischer Platz)

Das Olympiastadion wurde 1934–36 nach Plänen von Werner March (unterstützt von seinem Bruder Walter March) gebaut als Mittelpunkt einer Sportanlage für die Olympischen Spiele 1936 mit u. a. weiteren Stadien für Schwimmen und Hockey, einem Festplatz für 500 000 Personen (»Maifeld«) samt Zufahrtsstraße, Turmbauten und einem Freilichttheater, der »Waldbühne«. Den Auftrag zum Bau dieses »Reichssportfeldes« und des Stadions, das nach neuen olympischen Richtlinien auf dem Gelände des vom Vater Otto March 1912 erbauten »Deutschen Stadions« (für die 1916 schon in Berlin geplanten Olympischen Spiele) entstehen sollte, erhielt der Architekt bereits 1932, doch mußte er seine Pläne nach 1933 verändern.

Mittelpunkt der Anlage ist das **Stadion**, in Stahlbeton mit Muschelkalkverkleidung errichtet, mit elliptischem Grundriß und parabolischem Querschnitt, das urspr. 85 000 Sitz- und 35 000 Stehplätze (heute: 65 000 Sitz- und 31 000 Stehplätze) bot. Die Kampfbahn ist 12 m unter das Eingangsniveau abgesenkt, woraus sich die von außen bescheiden wirkende Höhe des Baues (16,50 m) erklärt. Eine *umlaufende Pfeilerhalle* nimmt die Verkehrsführungen zu den einzelnen Platzgruppen auf. Die Pfeilerstellung wird von einem kräftigen Kranzgesims abgeschlossen, das an den Langseiten heute von einer Kunststoffüberdachung mit gewellten Platten leicht überragt wird. Seit 1957 stehen um das Oval 4 hohe Flutlichtmasten.

Der Zugang von O erfolgt vom leicht trapezförmigen Olympischen Platz über das *Olympische Tor*, bestehend aus 2 hohen Pfeilern, zwischen denen das olympische Symbol der 5 Ringe hängt. Ein weiterer Zugang von S (Reichssportfeldstraße) führt auf die südl. Langseite der Arena. Dem Olympischen Tor im O korrespondiert das *Marathontor* im W, an dessen Stelle das Tribünenoval unterbrochen ist.

Das rechteckig angelegte, ungedeckte **Schwimmstadion** (zu den Schwimm-Weltmeisterschaften 1978 erheblich umgebaut) liegt unmittelbar an der N-Seite des Olympiastadions. – Auf der W-Seite folgt das **Maifeld** mit dem westl. abschließenden *Tribünenwall*; in seinem Mittelteil die *Langemarck-Halle*; darüber der ca. 77 m hohe **Glockenturm**. Der Turm ist nach Kriegsschäden 1947 gesprengt, 1960–62 (wiederum von Werner March) aber wieder aufgebaut worden. – Die **Waldbühne**, urspr. »Dietrich-Eckart-Freilichtbühne«, ist als ehem. kultische und nationale Feierstätte (Thingplatz, formal angelehnt an antike griechische Theater) unter Ausnutzung der Geländesituation in die Murellenschlucht eingefügt. Heute nur noch gelegentlich benutzt, z. B. für Sport- oder Musikveranstaltungen.   *GK*

Dem frühen Vollendungstermin 1936 und dem unbefangenen Verhalten der Besatzungsmächte ist es zu verdanken, daß auf dem **ehem. Reichssportfeld** in einzigartiger Weise die von der NS-Kunstpolitik erstrebte Einheit von Architektur und Bildhauerei zu studieren ist.

Auf dem Rasen nahe dem S-Eingang zum Stadion (täglich gegen Eintritt geöffnet) ist die bis 1956 vergrabene, gesprungene *Olympiaglocke* mit Umschrift und Emblemen aufgestellt, ein 14 Tonnen schwerer Stahlguß. – Links von diesem Eingang zieht sich bogenförmig ein

von 9 ca. 2,50 m hohen *Kalksteinpfeilern* begleiteter Weg, der ehem. Westdamm, parallel zur Straße; die Pfeiler sind doppelseitig reliefiert mit Darstellungen verschiedener Sportarten, in denen (entsprechend den Olympischen Spielen seit 1896) deutsche Wettkämpfer siegten; ihre Namen sind v. a. an der vorderen und rückwärtigen Schmalseite eingemeißelt. Auf der Gegenseite hat man inzwischen die Sieger der späteren Spiele auf ähnliche Weise verewigt. Als Abschluß des Westdamms die 7 m hohe Muschelkalkfigurengruppe »*Diskuswerfer*« von Karl Albiker, 2 breitbeinig stehende athletische Jünglinge mit absichtlich stehengelassenen Bossen zwischen den Beinen, um das Blockhafte, Urkräftige zu betonen; als Gegengruppe 2 »*Staffelläufer*«. Die gleicherweise steinernen »*Rosseführer*« vor dem Marathontor von Joseph Wackerle stehen schon jenseits der Abgrenzung auf dem nicht zugänglichen Teil am Maifeld. Auch diese Monumentalfiguren – wie die von Willy Meller geschaffene, seitlich am Weg die Treppenwange pfeilerartig bekrönende *Siegesgöttin* – müssen als weithin sichtbare, auf die gigantische Architektur und die weiten Rasenflächen konzipierte Bildwerke verstanden werden; in der Nähe wird ihr zyklopischer Charakter problematisch. Dies gilt ebenfalls für die beiden *Reliefs* von Adolf Wamper am Eingang zur Waldbühne: 2 heldische Jünglinge, die vaterländische Feier versinnbildlichend, und 2 gewaltige Frauenakte als Verkörperung des musischen Weihespiels.
Die 4 bronzenen *Gedenktafeln* von 1912 mit den Porträts der Gründer des Deutschen Stadions sind inzwischen mit anderen neueren Tafeln neben den Inschriften der Siegernamen am Marathontor angebracht worden.   *HR*

Nördl. des Olympiastadions liegen die Bauten des **Deutschen Sportforums**, 1926–28 von Werner March erbaut (z. Z. noch Hauptquartier der Britischen Garnison). Die Anlage, ehem. der Hochschule für Leibesübungen zugehörig, besteht aus einem **Turmhaus**, einem **Schwimmhaus**, **Wohnheimen** und dem »**Haus des Deutschen Sports**« mit einer großen Halle, die von einer elliptischen Rippenkuppel aus Sichtbeton überdeckt ist.   *GK*
Im Bereich der Britischen Militärverwaltung haben sich (unzugänglich) fast alle Bildwerke erhalten: Vor dem ehem. »Haus des Deutschen Sports« (Headquarters) die beiden vergoldeten Bronze-*Adler* auf hohen Steinpfeilern von W. Raemisch, im Lichthof der »*Zehnkämpfer*« von Georg Kolbe (1933); unter den Arkaden der ehem. »Ehrenhalle« die Bronzefiguren »*Zehnkämpfer*« und »*Siegerin*« von Arno Breker, im Winkel vor dem Schwimmhaus Kolbes »*Ruhender Athlet*«, eine weit überlebensgroße Bronze, und am W-Rand des Schwimmbeckens 2 *Büffel* von A. Strübe, ferner am Schwimmhaus ein Tonfries von A. Lehmann. Am Zugang zum Schwimmbad steht noch der Muschelkalkpfeiler mit dem Flachrelief zweier überlebensgroßer *Athleten* von W. Meller und auf dem ehem. »Anger« die überlebensgroße Bronzestatue »*Faustkämpfer*« von J. Thorak.   *HR*

Von Christoph Langhof stammt das 1990 fertiggestellte **Horst-Korber-Sportzentrum** an der Glockenturmstraße, deren markante Blickpunkte die schmale Scheibe des 7geschossigen **Sporthotels** und die das Dach der großen **Sporthalle** tragenden 8 Pylone sind, deren Zugseile, über 5 »Finger« gespreizt, im Gebäude verankert sind.   *GK*

Heerstraße. Nr. 109, das **Wohnhaus Dr. W. Sternefeld**, hat Erich Mendelsohn 1923 für einen Arzt erbaut. Es gehörte zu den ersten privaten Wohnhäusern, die nach dem 1. Weltkrieg in Berlin errichtet wurden. Damit ist es eines der frühesten Zeugnisse funktionalistischen Bauens in Berlin. Charakteristisch sind die kubischen Bauformen mit sparsam angedeuteter Dachkante und die glatten Wände mit knapp eingeschnittenen Öffnungen und durchlaufenden Fensterbändern. Für den Eingang ist an der nordöstl. Ecke des Baukörpers ein tiefer Vorplatz eingeschnitten, der von der Terrasse des 1. Obergeschosses überdeckt wird. Wesentlicher Bestandteil der Konzeption ist die für jene Jahre neuartige, mehr von Wohn- als Repräsentationsbedürfnissen abgeleitete, direkte Einbeziehung des Gartens durch weite Terrassen und breite Fenstertüren. Im obersten Geschoß liegen die Räume um einen Sonnenhof. Der Mauerwerksbau ist grau geputzt, Fenster und Türen bestehen aus Holz.   *GK*

Die beiden **Wohnhäuser** Heerstraße **Nr. 161** und Am Rupenhorn **Nr. 24**, 1928 von den Brüdern Hans und Wassili Luckhardt mit Alfons Anker erbaut, gehören zu den künstlerisch wichtigsten Bauten jener Zeit. Die Architekten nutzten geschickt die Hanglage im Bereich

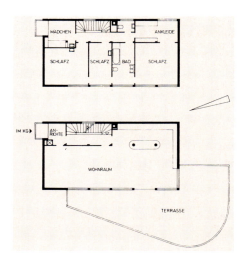

Wohnhaus Heerstr. 161. Grundrisse von Wohngeschoß (unten) und Schlafgeschoß

Wohnhaus Heerstr. 161

der Havel-Dünen aus und steigerten die Wirkung der Häuser (urspr. waren 3 geplant) durch den Kontrast ragender Senkrechten und weit ausschwingender Terrassen. Im Sockelgeschoß sind die Wirtschaftsräume; das 1. Obergeschoß ist ein einziger Wohnraum; darüber liegen die Schlafzimmer. Konstruktiv sind es Stahlskelettbauten mit durchlaufenden Fenstern und Flachdächern, die als Dachgärten genutzt werden. Die frühere Form der Häuser ist leicht verändert worden.   GK

82 **Am Rupenhorn. Nr. 6**, auf einem bis zur Havelchaussee 24 durchgehenden Grundstück, hat Erich Mendelsohn 1924 sein eigenes Wohnhaus errichtet, das schon zur Bauzeit berechtigtes Aufsehen erregte: ein 2geschossiges Backsteinhaus, glatt weißgelb geputzt, mit einem klaren Grundriß, der sich mit Aussichtsfenstern und Terrasse völlig auf das Havel-Panorama bezieht. Im Hauptgeschoß erreicht man über Windfang und Garderobe die Halle, der das große Wohn- und Musikzimmer, das Eßzimmer und Nebenräume (Küche und Anrichte) zugeordnet sind. Die Räume der Familie liegen im Obergeschoß.

82 **Nr. 9** liegt ein 2geschossiges, glatt geputztes Wohnhaus mit flachem Dach, das Ludwig Hilberseimer 1935 erbaut hat. Ein 1geschossiger Anbau führt zum Garten; die Räume des Obergeschosses sind durch eine Galerie miteinander verbunden.   GK

83 **Britischer Militärfriedhof** (Heerstraße). Der Soldatenfriedhof südl. der Straße, unweit des Scholzplatzes, 1957 durch die British Imperial War Graves Commission und den Bau-Senator Berlin errichtet, ist über einen schlichten Rasenweg zu erreichen. Die leicht fächerförmige Anlage der Gräber, gruppiert um ein mittleres blockhaftes Gedächtnismal und ein hohes steinernes Kreuz weiter hinten, wird vorn durch einen von 3 Arkaden gebildeten Torbau und rückwärts durch eine Arkadenreihe zwischen Eckbauten feierlich gefaßt und zugleich der Landschaft verbunden.   HR

Krematorium Ruhleben
(Charlottenburger Chaussee 55a)

1972–75 von Jan und Rolf Rave nach einem Wettbewerbsentwurf gebaut, der schon 1962 preisgekrönt worden war. Es ist der erste Krematoriumsbau in Berlin nach fünfzigjähriger Pause: Die 3 vorhandenen Krematorien in Wedding (Gerichtstr. 37/38), Wilmersdorf (Berliner Str. 100–103) und Baumschulenweg (Kiefholzstr. 222) sind schon vor dem 1. Weltkrieg errichtet worden.

Die Lage in Ruhleben wird durch Sichtbeziehungen zu auffallenden Ver- und Entsorgungsanlagen beeinträchtigt, doch haben die Architekten versucht, eine Anbindung zum benachbarten Landschaftsschutzgebiet des Murellentals herzustellen. Der einfache Bau besteht aus holländischen Betonhohlsteinen mit sichtbaren Betondecken; die Hallendächer und die Attiken sind mit Kupfer verkleidet. Der Grundriß zeigt 2 parallel angeordnete, verschieden große Feierhallen mit dazwischenliegenden Neben- und Verwaltungsräumen und 3 kleinen Aufbahrungshallen, die auch dem intimen Abschied ohne Feier dienen können. Abweichend von übli-

Charlottenburg: Autobus-Betriebshof. Westend   303

chen Krematorien wird der Sarg nach Beendigung der Feier nicht versenkt (Ablehnung der Imitation einer Erdbestattung), sondern durch eine Schleuse aus der Feierhalle hinausgebracht.   *GK*

85 Autobus-Betriebshof
(Königin-Elisabeth-Str. 15–29)
1928–30 von Jean Krämer und Otto Rudolf Salvisberg als Betriebshof der Straßenbahn errichtet; seit deren Abschaffung (1967) dient er dem Busbetrieb.
Zur Planung gehören die umgebenden **Wohnblöcke** für die Angestellten der Berliner Verkehrs-Betriebe (BVG). Die große **Wagenhalle** besteht aus einer Blechträgerkonstruktion auf Pendelstützen; so wird eine Fläche von 97 × 120 m überdeckt. Die 1geschossigen Randbauten sind klinkerverkleidet; Sockel und Torumrahmungen für die Durchfahrten bestehen aus Muschelkalk.   *GK*
An der Einmündung der Knobelsdorffstraße in die Königin-Elisabeth-Straße, der Umbauung des Betriebshofs zugeordnet, stehen 2 überlebensgroße figürliche Skulpturen aus Muschelkalk von Josef Thorak: ein Mann (»Arbeit«) und eine Frau mit Kind (»Heim«), 1928.   *GK*

86 Westend
Die Villenkolonie im Straßengeviert S p a n d a u e r D a m m / P l a t a n e n a l l e e , A h o r n a l l e e / B o l i v a r - a l l e e wurde 1866 gegründet. Ihr Straßennetz mit dem kreisförmigen B r a n i t z e r   P l a t z im Zentrum und der hippodromförmigen Erweiterung der L i n d e n a l l e e entspricht noch dem alten Bebauungsplan.
Bemerkenswerte Häuser aus der *ersten Bebauungszeit*: **Lindenallee 7**, 1stöckiges klassizist. Landhaus mit Loggia, 1867 von Martin Gottgetreu; **Ahornallee 47**, 1870/1871 von Eduard Titz, und **Lindenallee 17** (Ecke Ebereschenallee), 2 Häuser im ländlichen Villenstil. – Größer und städtischer in Formen der Schinkel-Schule die Häuser **Ulmenallee 12, 16, 17**. Ferner **Rüsternallee 27** (1873) und **Nußbaumallee 30**. – **Ulmenallee 3** ist ein neugot. Schlößchen von 1873. – Das Haus **Branitzer Pl. 15** (1891) hat monumentale Fenster-Ädikulen. – Auch interessante Villen des späten Jugendstils enthält das Viertel.   *EB-S*
Erwähnt seien von *späteren Bauten*: **Eichenallee 15**, ein stark gegliedertes Landhaus von August Endell (1910), ein grauer Putzbau mit Fachwerkgiebeln, die mit Ziegeln ausgefacht sind, und steilen Biberschwanzdächern. Das Äußere täuscht ein wenig das »Malerische« vor; der Grundriß ist recht streng und regelmäßig. – **Ebereschenallee 18**, ein 1907/08 von Paul Schultze-Naumburg für den Schriftsteller Martin Beheim-Schwarzbach erbautes 2geschossiges, klassizist. Haus, einem Zwinger zu dicht an der Straße steht, als daß es sich recht entfalten könnte. – **Rüsternallee 19** (Ecke Kastanienallee), ein Wohnhaus von Eduard Pfeiffer (1922/23) für den Goldschmied Emil Lettré. Ein strenges, 2geschossiges Haus auf fast quadratischem Grund-

riß mit knappem Zeltdach. Die maßstäblich fein eingeschnittenen, schlanken Fenster sind jetzt durch einen vergröbernden Umbau verdorben.   *GK*

Ev. Kirche und Gemeindezentrum Neu-Westend (Eichenallee 47–55)   **87**
1951 entstand der einfache Kirchsaal des Architekten Schwarz mit mäßig geneigtem Satteldach. Konrad Sage und Karl Hebecker bauten 1955 das erste Jugend- und Gemeindehaus; 1958–60 folgte die Kirche, 1962 das Pfarrerwohnhaus und schließlich 1972 das größere Gemeindehaus mit Kindergarten.
Alle Bauten gruppieren sich um gegliederte Freiräume und sind durch eine einheitliche Dachneigung aufeinander bezogen, die von dem ersten, nur behelfsmäßig gedachten Kirchsaal übernommen wurde.
Der unverputzte Stahlbetonbau der **Kirche** basiert auf einem unregelmäßigen Fünfeck als Grundriß. Ähnlich wie bei der Lietzenseekirche ist die – hier vollständig verglaste – Eingangsseite durch eine bewachsene Waschbetonmauer von der Straße abgeschirmt. Ein großes, kupfergedecktes Dach übergreift den Vorplatz und schützt auch den freiliegenden Zugang zur Empore. An der Straße steht ein freigestellter *Glockenturm*, dessen Spitze in 4 übereinandergestülpte Dreiecksgiebel als »Glockenmantel« mündet. – Im I n n e r e n liegen auf der einen Seite die Sitzreihen ebenerdig angeordnet, während sie an der anderen Seite arenaartig zur Empore aufsteigen. Die W-Seite ist über Erdgeschoßhöhe mit einem großen Fenster verglast, dessen einzelne Elemente sich aus verschobenen Dreiecken zusammensetzen. Im Äußeren wie im Inneren ist der Bau unverputzt; der Sichtbeton ist teils gestrichen, teils mit einer waagerecht gebretterten Schalung verkleidet. Orgel und Chorplatz sind gegen alle Gewohnheit neben der Kanzel im Blickfeld der Gemeinde angeordnet.   *GK*

B o l i v a r a l l e e   **9** und E i c h e n a l l e e   **61–63** hat Peter **88**
Behrens 1930 ein 4- bis 5geschossiges **Wohnhaus** für   ●
einen privaten Bauherrn errichtet, als Stahlskelettbau, der mit Mauerwerk ausgefacht und verputzt ist (der jetzige rauhe Putz ist nicht original): stark gegliederter und plastisch durchgeformter Baukörper von großer Kraft, Flachdach mit knapp betonter Markierung der Dachkante. Auffällig die Betonung der Ecke durch abgesetzten Rundbau, der verglaste Eingang und die 4 umlaufenden, die Waagerechte stark betonenden Balkonbänder.   *GK*

An der Abzweigung der Preußenallee von der Reichsstraße (S t e u b e n p l a t z) wurde 1961 »*Der Sieger*« **89**

304 Charlottenburg: Wassertürme. Universitätsklinikum. Friedhöfe

von Louis Tuaillon (1902) aufgestellt; auf bronzenem neoklassizist. Sockel erhielt das alte Thema Reiterdenkmal eine neue allgemeine Fassung in Gestalt eines nackten Jünglings mit dem Siegeszweig in der Rechten, sicher auf ungesatteltem Pferd von edelster Rasse sitzend, auf Fernsicht wirksam komponiert, was die alte Aufstellung im Wannseegarten des Auftraggebers, des Geheimrats Arnhold – parallel zum Seeufer – unterstrich. *HR*

90 Der Brixplatz an der Reichsstraße, ein eiszeitlicher Kolk, ist die Nachbildung einer märkischen Landschaft auf kleinstem Raum, zugänglich und bildhaft komponiert von den 4 Ecken aus. Der Entwurf Erwin Barths von 1913 wurde 1919–21 ausgeführt (1950 Wiederherstellung). *EB-S*

91 Im **Ruhwaldpark** sind die Arkaden und seitlich liegende **Wirtschaftsgebäude** des 1867/68 von Karl Schwatlo erbauten **Schlosses Ruhwald** erhalten. Die leichte, rundbogige Arkadenreihe öffnet sich jetzt zu einem erhöhten Rasenplatz des Parkes; an ihren geschlossenen Seitenwänden stehen Ludwig Cauers *Marmorbüsten* der Erbauer des Schlosses, des Verlegers Schaeffer-Voith und seiner Frau. *EB-S*

92 **Wassertürme** (Spandauer Damm 165–167, Akazienallee 35–39). Dem kleineren Turm von 1882/83 ordnete Stadtbaurat Heinrich Seeling 1908/09 den neuen zu, der in einer 3stufigen Bekrönung ausläuft. Seitlich angefügt ein Treppenturm. Beide Türme sind durch ein kleines **Dienstgebäude** mit barockisierendem Giebel verbunden. *GK*

93 **Universitätsklinikum Rudolf Virchow der Freien Universität, Standort Charlottenburg** (Spandauer Damm 130)

Das frühere Städt. Krankenhaus Westend, von den Architekten Heino Schmieden und Julius Boethke erbaut, wurde nach mehrjähriger Bauzeit 1904 eröffnet und in den Jahren danach von Heinrich Seeling ständig erweitert. Das der Straße zugeordnete Röntgenhaus kam 1930 dazu. In den 50er Jahren folgten weitere Ergänzungsbauten durch das Hochbauamt. Eine Wende in funktioneller und architektonischer Hinsicht bedeutete der Neubau der »Kopfklinik« (Hals-Nasen-Ohren- und Augen-Klinik sowie Neurologie) von Peter Poelzig und Josef Paul Kleihues, 1963–68. – 1971 von der Freien Universität übernommen (»Klinikum Charlottenburg«), wurde das Krankenhaus 1987 mit dem Rudolf-Virchow-Krankenhaus Wedding zum »Universitätsklinikum R. V.« verbunden.

Parallel zu dem Verwaltungsgebäude an der Straße stehen je 4 Pavillonbauten, die sich um ein als Achse wirksames langgestrecktes Rasenrechteck gruppieren. (Der Haupteingang zum Klinikgelände liegt heute an einem freien Platz westl. des Hauptgebäudes.) Die Gestaltung dieser **ältesten Teile** (Ziegelbauweise mit Sandsteindetails, z. B. bei den reich ausgestatteten Portalen) erinnern an holländische Architektur des 17. Jh. Die bis 1911 hinzugekommenen Häuser sind ebenfalls Ziegelbauten. Von Seelings 1914–16 erbautem **Pavillon 9** im SO der Anlage mit seinem hohen, barockisierenden Turm führt ein Schwibbogen zum 1930 erbauten **Röntgenhaus**, einem schlichten Klinkerbau in kubischen Formen mit einem Flachdach. Die Nachkriegsbauten wirken dagegen einfallslos. Erst mit der **Kopfklinik** gelang Poelzig und Kleihues wieder ein Bau von bemerkenswerter Ausdruckskraft und guten Proportionen; der Stahlbetonskelettbau ist mit vorfabrizierten Brüstungselementen aus Basaltwaschbeton ausgestattet. *GK*

Friedhöfe der Luisenkirchengemeinde (→ a. S. 262)

Luisenkirchhof II (Königin-Elisabeth-Str. 46). Schlichte Grabstätten des 1906–20 tätigen Generaldirektors der Museen *Wilhelm v. Bode* (1845–1929) und des Bildhauers *Albert Wolff* (1814–92). 94

Luisenkirchhof III (Fürstenbrunner Weg 37–67). Rechts neben der Kapelle das Erbbegräbnis der Familie *Julius Valentin* aus Carraramarmor mit hoffend emporblickender Hochrelieffigur von F. Schaper 1913. Schräg dahinter auf dem Grab des Ägyptologen *Heinrich Brugsch* (1827–94) die stelenartig aufgerichtete mächtige Sargplatte aus Sakkara (4000 v. Chr.) aus rotem Granit, mit polierter Oberfläche und (1945 gestohlenem) Relief. Am Ende des Hauptweges an der rückwärtigen Mauer aufwendige Erbbegräbnisse der Jahrhundertwende, die jugendstilen meist aus Granit, die neoklassizistischen aus Kalkstein, unter denen mit figürlichem Schmuck das einz. Erbbegräbnis *Hildebrandt* mit dem großen Marmorrelief eines abschiednehmenden Paares von F. Klimsch (1904), wobei die stark porträthaften Züge wohl Wunsch des Auftraggebers waren. – Im linken Teil am Hauptquerweg auf der Grabstätte *Aschinger* eine große Kalksteinarbeit von L. Vordermayer, Leichnam Christi auf einem Sarkophag. Links oben auf der Anhöhe eine Marmorfigur »Trauernde« von J. Uphues. *HR*

Friedhof der Kaiser-Wilhelm-Gedächtnis-Kirchengemeinde (Fürstenbrunner Weg 69–79). 96
Auf diesem an den Luisenkirchhof III rechts, nördl., anschließenden Friedhof unmittelbar bei der Kapelle mehrere hervorragende Kalkstein-Wandarchitekturen der frühen 1920er Jahre (z. B. Grabstätte des Ministers Robert Friedberg [1851–1920]). *HR*

Kaiserin-Auguste-Victoria-Haus (Heubnerweg 6) 97

Das Krankenhaus wurde zur Bekämpfung der Säuglings- und Kindersterblichkeit gegründet; Alfred Messel entwarf dafür das Gebäude. Nach der Erbauungszeit 1907–09 folgten Ergänzungen und Umbauten durch Hermann Heider, Bruno Heider und Hans-Bertram Le-

wicki. – Heute als Kinderklinik dem Universitätsklinikum Rudolf Virchow der Freien Universität zugeordnet.
Der rechteckige, von Elementen aus Kalkstein reich gegliederte Kernbau steht mit 2 parallel laufenden Flügelbauten durch Bogengänge in Verbindung. Die Flügelbauten springen seitlich vor die Flucht des Hauptgebäudes, so daß sich eine Art Ehrenhof ergibt. Messel verwendete spätbarocke, schon stark klassizistisch wirkende Formen. GK

98 Die **Rudolf-Wissell-Brücke** der Berliner Stadtautobahn hat eine schnelle Verbindung zwischen den Stadtteilen Charlottenburg und Siemensstadt geschaffen. Die 925 m lange Spannbetonbrücke, im freien Vorbau errichtet (1959–62), überspannt das an dieser Stelle breite Spreetal einschließlich der nach Spandau führenden Eisenbahnanlagen. Sie gewährt den Autofahrern einen weiten Blick auf das sonst in Berlin kaum wahrzunehmende Stadtpanorama. Die architektonische Beratung bei der Brückenkonstruktion lag in den Händen von Günter Grasme. GK

Großsiedlung Siemensstadt 99
(Jungfernheideweg, Goebelstraße)

Die Gesamtplanung lag in der Verantwortung von Hans Scharoun, der den Auftrag vom damaligen Stadtbaurat Martin Wagner erhalten hatte. Seine 1929–31 gebaute Siedlung gilt neben den hauptsächlich von Bruno Taut geschaffenen Großsiedlungen in Britz (»Hufeisen«), Zehlendorf (»Onkel Toms Hütte«) und neben der »Weißen Stadt« (Reinickendorf) als beispielhaft für den Berliner Wohnungsbau der Zeit nach dem 1. Weltkrieg, dessen Tendenzen nach 1933 abrupt gestoppt wurden. An der Einzelplanung beteiligt waren die »Ring«-Architekten Otto Bartning, Fred Forbat, Walter Gropius, Hugo Häring und Paul Rudolf Henning. (Der »Ring« war ein Zusammenschluß progressiver Architekten, der Mitte der 20er Jahre gegründet wurde.)

Die Siedlung erstreckt sich über Charlottenburger und Spandauer Gebiet. Charakteristisch ist die konsequente Anwendung der Prinzipien des Zeilenbaus, mit Beschränkung – anders als Britz und Zehlendorf – auf überwiegend 5geschossige **Mietshäuser**. Von Scharoun selbst stammen (im Spandauer Teil) die beiden trichterförmig angelegten Bauten am J u n g f e r n h e i d e w e g südl. der damals ebenfalls neugeschaffenen S-Bahn-Linie,

Großsiedlung Siemensstadt, Jungfernheideweg. Wohngebäude von Scharoun

306   *Charlottenburg: Siemensstadt. Plötzensee. Maria Regina Martyrum*

glatte, weiß geputzte Bauten, die wegen mancher Details (runde Wandteile an Dachaufbauten und Balkons) im Volksmund den damals aus der aktuellen politischen Diskussion entstandenen Namen »Panzerkreuzer A« erhalten haben. Nördl. anschließend (Charlottenburg), jenseits der S-Bahn-Unterführung, liegen die Wohnblöcke von Walter Gropius, ebenfalls glatt geputzt und mit breiten Fenstern versehen. Nach O folgen – nördl. der Goebelstraße – die Bauzeilen von Hugo Häring (mit weit ausschwingenden Balkons, gelben Backsteinen) und Fred Forbat. Nördl. davon (zum Heckerdamm hin), durch einen internen Grünzug getrennt, liegen die Bauten von Paul Rudolf Henning. Den südl. Abschluß entlang der Goebelstraße bildet der lange, leicht ausschwingende Bau von Otto Bartning (»Langer Jammer«). Zwischen diesem Block und dem S-Bahndamm steht das von Bartning und dem Ingenieur Max Mengeringhausen erbaute **Heizwerk**, das die gesamte Siedlung versorgt.

Westl. (um Schuckertdamm und Goebelstraße, Spandau) schließen sich an diese Siedlung mehrgeschossige Wohnzeilen an, die Hans Hertlein, Baudirektor der Siemenswerke, 1930–34 erbaut hat.

100   Östl. bis zum Kurt-Schumacher-Damm folgt eine Erweiterung, auch als »**Charlottenburg Nord**« bezeichnet, mit Bauten von Hans Scharoun, Hans Hoffmann und Werner Weber (1955–60), darunter der Anschluß (Kopfbau) an den Bau Bartnings von Hans Scharoun. Anfang bis Mitte der 50er Jahre waren bereits die Wohnbauten von Felix Hedinger und Wolfram Vogel am östl. Teil des Heilmannrings entstanden.

Zwischen den Häuserzeilen von Scharoun Bronzeskulpturen von Joachim Dunkel, *Gestirne* darstellend.

101   Östl. des Kurt-Schumacher-Damms liegen die 8geschossigen Betonbauten der »**Paul-Hertz-Siedlung**«, 1960–65 von W. Ebert, W. Weber und F. Gaulke gebaut.   *GK*

102   Im Bereich der **Jugendstrafanstalt Plötzensee** (Hüttigpfad) ist der Schuppen, in dem 1933–45 Hunderte von Widerstandskämpfern gegen den Nationalsozialismus hingerichtet worden sind, 1952 zu einer **Gedenkstätte** umgewandelt worden. Der Stirnwand ist eine Mauer als Mahnmal vorgeblendet. Eine steinerne Urne enthält Erde aus Konzentrationslagern der Nationalsozialisten.   *HB-S*

Das von Gerd Neumann, Dietmar Grötzebach und Günter Plessow 1968–70 erbaute **ev. Gemeindezentrum Plötzensee** (Heckerdamm 226) enthält bei den 16 Tafeln bestehenden »*Plötzenseer Totentanz*« von Alfred Hrdlicka (1970 vollendet), der in riesigen Zeichnungen an die Hinrichtungsstätte der NS-Zeit im nahe gelegenen ehem. Zuchthaus Plötzensee erinnert.   *HB-S*

Kath. Kirche Maria Regina Martyrum   10
(Heckerdamm 230–232)

Die Würzburger Architekten Hans Schädel und Friedrich Ebert bauten 1960–63 diese »Gedenkkirche zu Ehren der Blutzeugen für Glaubens- und Gewissensfreiheit 1933–45«.

Hohe, betongegossene Wände umschließen 2 Bereiche und scheiden sie zugleich: die **Gedächtnisstätte** mit einer Doppelkirche und das **Gemeindezentrum**. Die schwarzgrauen Gußplatten aus Basaltkiesel um den weiten Hof der Gedenkstätte erinnern an Gefängnismauern; im Gemeindebezirk haben sie den Charakter der Umfriedung und des Bergens. – Der *Glockenturm* an der südöstl. Ecke des Mauerbezirks ist als Eingangstor gestaltet, durch das man die offene Feierstätte für 10000 Gläubige betritt. In leichter Treppung fällt das Terrain ab zum Freialtar (mit Dornenmotiv) unter der Kirche, die durch Stützen über den Platz erhoben ist und ihn mit der mächtigen S-Wand wie ein Querriegel abschließt.

Rechts, an der östl. Hofmauer, stehen Bronzeskulpturen, Bilderfindungen O. H. Hajeks zu den 14 Stationen des *Kreuzwegs*.
Die Oberkirche mit ihrer Außenverkleidung aus Marmorkieselplatten erscheint nach dem Willen der Erbauer als unbegehbarer Schrein. Über dem Portal ist eine vergoldete Skulptur von Fritz Koenig bewußt als Kontrast zur dunklen Bronze des Kreuzwegs angebracht und als Deutung des Namens der Kirche gemeint: Maria, d.h. die Ecclesia als das vom Drachen (7 Schlangen) verfolgte apokalyptische Weib.
Durch das Portal betritt man die kryptaähnliche Unterkirche mit einer *Pietà* von Fritz Koenig. Vor der Pietà ein Symbolgrab des in Nazihaft gestorbenen Berliner Dompropsts Bernhard Lichtenberg (im St.-Hedwigs-Kathedrale beigesetzt), das Grab des 1934 ermordeten Politikers Erich Klausener und eine dritte Grabstätte, symbolisch »allen Blutzeugen, denen das Grab verwehrt wurde, allen Blutzeugen, deren Gräber unbekannt sind«, geweiht.
Über der Treppe zur Oberkirche schwebt wie ein Baldachin die Orgelempore; gegenüber liegen die Taufkapelle mit einem zylindrischen Taufstein und die Sakristei.
Der obere Kirchenraum, ein einfacher Saal, ist hell, aber die Quelle des Lichtes bleibt unsichtbar. Beherrscht wird er vom großen *Altar-Wandbild* Georg

Maria Regina Martyrum. Gedenkstätte und Katholisches Gemeindezentrum

Meistermanns, dem ein Thema der Offenbarung, Johannes' Vision des himmlischen Jerusalem und des Lammes, zugrunde liegt. Davor Altar und Ambo aus weißem Marmor und auf einem Freipfeiler eine spätgot. Marienfigur. Tabernakel, Kreuz und Leuchter stammen aus den Werkstätten der Benediktinerabtei Münsterschwarzach. Hinter der Orgelempore liegt die B e i c h t k a p e l l e mit den Beichtstühlen. *GK*

Volkspark Jungfernheide. Der Park erstreckt sich nördl. der Siedlung Siemensstadt (Charlottenburg Nord). Er wurde in den 1920er Jahren als weiträumige, nahezu symmetrische Anlage mit einer O-W-Achse, geometrisch geformtem Teich und Mittelinsel nach Plänen von Erwin Barth geschaffen. *HB-S*
Beim Eingang Kurt-Schumacher-/Heckerdamm steht ein Bildwerk aus Muschelkalk von H. Pagels: ein großer *Bär* mit 2 spielenden Kindern beidseitig unter sich – die Kapitolinische Wölfin in Berliner Variante; urspr. mit gleichlautendem Gegenbild am Anfang des heckengesäumten Hauptweges. *HR*

Landgericht am Tegeler Weg
(Tegeler Weg 17–20, Osnabrücker Str. 12–15, Herschelstr. 19)
Das Gebäude des Zivilgerichts wurde 1901–06 erbaut, 1912–15 in gleichem Stil erweitert. Der Vorentwurf stammte von Paul Thoemer, Ernst Petersen und Rudolf Mönnich; Petersen und Mönnich sind auch für die architektonische Durchbildung verantwortlich.
Der unregelmäßige Grundriß umschließt 8 verschieden große Höfe. Der burgartige Bau lehnt sich in seiner äußeren Erscheinung an deutsche oder norditalienische Romanik an; die Fassaden bestehen aus rauhem Jerxheimer Roggenstein rotbrauner Farbe, die architektonischen Gliederungselemente aus grauem Rothenburger Kalkstein. Die Fenster sind im Sockelgeschoß und im erhöhten Erdgeschoß gereiht, im 1. Obergeschoß zu monumentalen Dreiergruppen zusammengefaßt, im 2. Obergeschoß zu kleineren Zweiergruppen. Die Fenster des Erdgeschosses und der beiden Obergeschosse sind mit Rundbogen überdeckt. Die Mitte der Hauptseite am Tegeler Weg ist durch einen kleinen Vorsprung und durch ein mächtiges Satteldach hervorgehoben, das rechtwinklig zu dem ebenfalls hohen und steilen Walmdach der Gesamtanlage steht. Bei der Wiederherstellung des Baues nach geringen Kriegsschäden wurde der urspr. über dem querliegenden Satteldach des Mittelteils stehende Dachreiter nicht nachgebaut.

An der Ausstattung waren der Bildhauer Hermann Engelhardt und der Kunstschmied Julius Schramm beteiligt. *GK*

107 Ev. Gustav-Adolf-Kirche
● (Herschelstr. 14, Ecke Brahestraße)

Otto Bartning baute 1932–34 die Kirche nahe dem S-Bahnhof Jungfernheide, nachdem er im Wettbewerb (1925) zwar keinen Preis errungen, aber eine Arbeit vorgelegt hatte, die in der Öffentlichkeit sehr beachtet wurde. Der Wiederaufbau der 1943/44 schwer beschädigten Kirche wurde unter Bartnings Leitung 1950 aufgenommen (1960 abgeschlossen).

Auf einem schwer zu bebauenden Eckgrundstück ist die Kirche so angeordnet worden, daß der aus dem Schiff herauswachsende Turm die Ecke markiert. Der einem Kreisausschnitt entsprechende Grundriß weist mit der Spitze, wo sich der Altarplatz befindet, nach S. Der Turm (an der S-Spitze) und der rückwärtige Emporenring sind die statisch festen Bauteile; zur Verbindung dieser Teile sind 6 leichte Joche geschlagen, die sich auch im Außenbau markieren. Aus diesen rhythmisch gestaffelten Gliedern steigt der schlanke Turm mit dem herauswachsenden Kreuz als »sichtbares Zeichen« auf. Die tragenden Bauteile sind aus Beton.

Der Raumeindruck wird bestimmt vom handbearbeiteten Muschelkalk der Pfeiler und Joche, von den gelblich und bräunlich geflammten Klinkern der nichttragenden Wandflächen und dem Holz der sichtbaren Dachkonstruktion. Orgelwand und Emporenbrüstung bestehen aus akustischen Gründen aus Lochsteinen. Das Gestühl ist konzentrisch auf Kanzel und Altar hingeordnet.

Das Grundstück umfaßt außer der Kirche ein **Gemeinde-** und ein **Schwesternhaus**, die durch Pergolen mit dem Kirchbau verbunden sind. *GK*

Die **Sporthalle Charlottenburg** (Sömmeringstr. 23–31) wurde 1962–65 aufgrund einer preisgekrönten Wettbewerbsarbeit von Ludwig Leo erbaut. Die freitragende Halle von 52 × 70 m überspannt ein Handballfeld und 2 Tribünen an den Längsseiten. Rhombenförmig zusammengesteckte Stäbe aus Fertigbetonteilen bilden die flach gewölbte Tonnenkonstruktion. Die seitlichen Felder der Dachkonstruktion sind verglast und geben der Halle angenehmes Tageslicht.

Die Eingangszone wird durch eine signalartig wirkende *Holzskulptur* von Heinrich Brummack betont. *GK*

Den **Müllverladebahnhof** an der Einmündung des Landwehrkanals in die Spree (Helmholtzstr. 42) baute Paul (G. R.) Baumgarten 1936/37 als Stahlskelettbau mit Klinkerausfachung auf einer weit ausladenden Plattformkonstruktion, unter der die Spreezillen lagen, in die von oben der Müll unmittelbar aus den Straßenfahrzeugen eingeschüttet wurde. 1954 stillgelegt, weil der Mülltransport in die Berliner Umgebung aufhörte; 1974 umgebaut zur

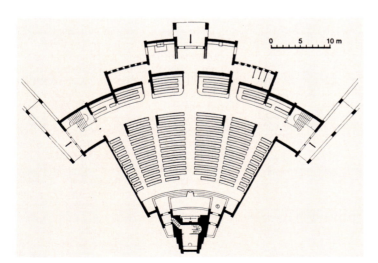

Gustav-Adolf-Kirche. Grundriß in Höhe des Eingangs

Umschlaghalle für Altöltransport, jetzt als Architekturbüro genutzt. *GK*

Am Spreebogen (Pascalstr. 8–9) liegt – als »Doppelinstitut« der Technischen Universität und der Fraunhofer-Gesellschaft – das **Produktionstechnische Zentrum Berlin,** von Gerd Fesel, Peter Bayerer, Hans Dieter Hekker und Roland Ostertag 1983–86 erbaut: ein großzügig gestalteter Bau in »High-Tech«-Formen; die kreisförmige, verglaste zentrale Halle wird von 4geschossigen Flügeln fast ganz umschlossen. *GK*

Fabrikationsanlage der Siemenswerke
(Salzufer 6/7)
Das Gebäude wurde 1925/26 als Erweiterung der Telefonapparatefabrik Zwietusch (seit 1921 zu Siemens gehörend) von Hans Hertlein erbaut.

Bei dem 8geschossigen Klinkerbau sind die letzten 3 Obergeschosse staffelförmig zurückgesetzt, wodurch sich schmale, lange Terrassen ergeben. Um den spitzen Winkel zu mildern, in dem die frühere Privatstraße auf das Salzufer trifft, wurde der seitliche Flügel mit einer kleinen Schwingung angeschlossen. Ein Kennzeichen des Gebäudes ist der hohe Staffelgiebel (mit Uhr), mit dem der Architekt bewußt einen »besonderen markanten Ausdruck« gewollt hat. Am Giebel 4 Köpfe, nach Entwürfen von Joseph Wackerle in Veltener Ton gebrannt. Das Gebäude ist heute von Neubauten eingefaßt, doch ist es auch bei Anpassung an moderne Fabrikationserfordernisse gelungen, das ursprüngliche Erscheinungsbild zu wahren. *GK*

BEZIRK WILMERSDORF

*Die ehem. Stadtgemeinde Wilmersdorf bildet seit
1920 mit den früheren Landgemeinden Schmargendorf (→ S. 318) und Grunewald (→ S. 320) und dem
Gutsbezirk Grunewald-Forst den 9. Berliner Verwaltungsbezirk.*

Wilmersdorf

*Das Angerdorf wird 1293 erstmals als markgräflicher
Besitz erwähnt. Die Familie v. Wilmestorff wird seit
1375 mit Besitzungen im Dorf genannt. Im 15. Jh. ge-
hört es den v. Wilmestorffs und den v. Hakes. Um die
Mitte des 17. Jh. ist es ganz im Besitz des Kurfürsten. Am
Ende des 19. Jh. wandelte sich Wilmersdorf sehr rasch*

*vom Dorf zu einem städtischen Wohngebiet, wie die
Einwohnerzahlen belegen (1800: 285; 1861: 1027;
1885: 3616; 1895: 14351; 1910: 109716). 1906 erhielt Wilmersdorf Stadtrechte; es wurde 1920 in Berlin
eingemeindet.*   *HB-S*

Von der dörflichen Vergangenheit sind kaum noch Spuren zu erkennen. Die Dorfaue, die sich noch in der
W i l h e l m s a u e abzeichnet, ist zu einem kleinen städtischen Park geworden. – An ihrer S-Seite steht die **ev.
Auen(Christus)kirche** (Wilhelmsaue 119), ein neugot.
Backsteinbau von Max Spitta 1895–97 als Ersatz der
alten Dorfkirche (1766 abgebrannt, 1772 wiederhergestellt, abgerissen).   *HB-S*

Das **Schoeler-Schlößchen** (Wilhelmsaue 126,
jetzt Kinderheim), benannt nach dem Augenarzt Heinrich Schoeler, der das vor 1753 als
1stöckiges Bauernhaus errichtete, 1765 oder
1766 aufgestockte und dekorierte, nunmehrige Herrenhaus 1893 erwarb, ist ein 8 Achsen breiter, urspr. 2geschossiger Bau. Die Fas-

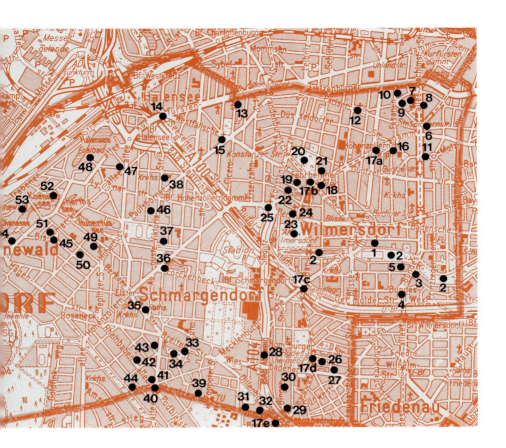

sade zeigt im Erdgeschoß eine schwere Putzquaderung. Die Fenster im 1. Obergeschoß tragen eine Muschelbekrönung. Durch die Hinzufügung eines 2. Obergeschosses 1935 ist die Proportionierung des 18. Jh. empfindlich gestört worden. – In dem **Park** dahinter ist noch alter Baumbestand erhalten. *HB-S*

2 **Volkspark Wilmersdorf.** An der Bundesallee steht der »*Speerwerfer*« von Karl Möbius (1921, Neuguß 1954), eine akademische Aktfigur, auch mit wirksamer Silhouette (der Speer fehlt). *HR*

3 Die **Wohnhausgruppe am Volkspark** (Bundesallee 160–163, Durlacher Str. 126–136) verwirklicht die Idee einer Blockrandbebauung in variierten Formen. 6 Geschosse mit gegliederten Dachaufbauten. Architekten: Christine Jachmann, Klaus und Monika Krebs (1978–80). *GK*

4 In den **Anlagen** am B u n d e s p l a t z steht die noch ganz von der Anmut der Romantik erfüllte »*Winzerin*« von Friedrich Drake (1854 nach Modell von 1834). Seit 1868 war das Marmororiginal (?) im südl. Großen Tiergarten aufgestellt (zerst.); eine seit 1910 hier stehende Fassung ist jetzt durch eine Steingußkopie ersetzt. *HR*

5 Die **kath. Hl.-Kreuz-Kirche** (Hildegardstr. 3/3a), 1912 von Max Hasak in neugot. Formen erbaut, steht als reich gegliederte, mit hohem Staffelgiebel und 3 gedrungenen Türmchen abschließende Fassade in der Straßenfront. Im modern ausgestatteten Innern des 1schiffigen Saales dominieren die großen, direkt an die Gewölbe grenzenden Fenster, die außen mit Quergiebeln aus dem tiefreichenden Satteldach vorstoßen. *EB-S*

6 **Verwaltungsgebäude der Wohnungsbau-Kredit-Anstalt** (Bundesallee 210)

Das Gebäude wurde 1971–74 von den Architekten Klaus Hendel, Horst Haseloff und Wolfgang Hotzel aufgrund einer preisgekrönten Wettbewerbsarbeit erbaut.

Der 12geschossige Betonbau ruft durch seine abgerundeten Ecken, brauneloxierte Aluminiumverkleidung und in annähernd gleichem Ton gefärbte Sonnenschutzverglasung der waagerecht durchgehenden Fensterbänder einen geschlossenen, »durchdesignten« Eindruck hervor, der an die besten Leistungen amerikanischer Verwaltungsbauten erinnert. Im Inneren der Erdgeschoßzone, der Eingangshalle und bei den Verkehrsflächen starke farbige Behandlung, die auch der Orientierung dient.

Mit dem Bau wurde eine städtebauliche Korrektur der früher an dieser Stelle von 6 Straßen angeschnittenen Bundesallee beendet; nachdem zuvor schon die Pariser Straße durch einen brückenartigen Bürobau abgetrennt worden war, hat das Gebäude der Wohnungsbau-Kredit-Anstalt die gleiche Funktion für die Regensburger Straße übernommen. Der Knotenpunkt wurde damit entschärft.   GK

7 **Ehem. Joachimsthalsches Gymnasium**
● (Bundesallee 1–12)

Das Joachimsthalsche Gymnasium, 1607 von Kurfürst Joachim Friedrich als Fürstenschule in Joachimsthal gegründet, war seit 1650 bis zu seiner Verlegung nach Templin 1912 in Berlin ansässig. Das Gebäude hier an der früheren Kaiserallee, 1875 von Strack entworfen, wurde 1876–80 von Jacobsthal und Giersberg ausge- führt. – *Heute beherbergt der Bau verschiedene künstlerische Institutionen, darunter Fachbereiche der Hochschule der Künste.*

Das Gymnasiumsgebäude ist einer der letzten Bauten in den spätklassizist. Formen der Schinkel-Nachfolge, die hier bereits durch eine gewisse Härte und die Mischung aus Sandstein und gelbem Ziegelmaterial den Charakter des späten 19. Jh. erhalten. Motive des Schloß- und Villenbaues – so z. B. der rechts angeschobene Turm – lassen den Bau monumental erscheinen. Die sehr lange Fassade ist durch stark vortretende Risalite scharf in 3 Teile gegliedert. Die seitlichen Risalite, 4geschossig mit 3-Fenster-Gruppen zwischen Pilastern und Hermen, spiegeln die gleichmäßige Reihung zweckhafter Räume. Der Mittelteil, 2geschossig in großzügigen Rundbogenformen, ist deutlich repräsentativ. Die Fassade springt hinter der 13achsigen Arkadenhalle zurück; ihr giebelgekrönter Mittelrisalit erstreckt sich nach hinten als Baukörper mit Bibliothek und Festsaal.

Statuen von Platon und Aristoteles in Nischen an der Fassade und die Personifikationen von Kunst und Wissenschaft mit dem Medaillon des Gründers Joachim Friedrich als Giebelrelief weisen auf die urspr. Funktion des Baues. – Im Vestibül, das mit Säulen und Kuppelgewölben den Charakter des Außenbaues fortsetzt, steht die Bronzeskulptur eines *Flötenspielers* von Constantin Starck.   EB-S

Ehem. Joachimsthalsches Gymnasium

Wilmersdorf: Freie Volksbühne. St. Ludwig. Schaubühne   313

8 In den **Anlagen** gegenüber dem heutigen **Bundeshaus** (Bundesallee 216–218; ehem. Dienstgebäude der Artillerieprüfungskommission, 1893–95 vom Geh. Oberbaurat Bernhardt in Backstein errichtet) erhebt sich das _Kriegerdenkmal für die Gefallenen des XII. Reserve-Korps 1914–18_ von Eberhard Encke, ein ca. 4 m hoher Kalksteinpfeiler, bekrönt von der mit einem stilisierten Dornenreif umwundenen Weltkugel auf kantigem Postament, einst allerdings noch durch eine Schwurhand pathetisch überhöht.

Etwas zurückgesetzt links das Bronzebildnis _Gerhart Hauptmanns_ von Fritz Klimsch (1920; Neuguß) in einer Aufstellung von 1966 mit dem Wort aus »Florian Geyer« im Bodenplattenbelag: »Der deutschen Zwietracht mitten ins Herz.« _HR_

9 **Freie Volksbühne** (Schaperstr. 24). Das Theater, auf dem rückwärtigen Teil des Geländes des früheren Joachimsthalschen Gymnasiums gelegen, ist 1962/63 von Fritz Bornemann erbaut worden. Obwohl der Architekt weitgehend Architekturelemente seiner vorangegangenen Deutschen Oper verwendet hat, wirkt der Bau durch seine Abmessungen und die Detaillierung intim. Ein glatter, kubischer Baukörper in Stahlbetonskelettkonstruktion, bei dem die zurückliegende Vorderfront verglast ist, während die Seitenwände der den Theaterbau umschließenden Foyers mit Waschbetonplatten, die auch innen sichtbar gelassen sind, geschlossen werden. Der Zuschauerraum besitzt nur einen Rang. Verwaltungs- und technische Räume sind in den Block des Theaterbaus einbezogen; lediglich der mäßig hohe Bühnenturm ragt hervor. Die Kassenhalle ist zu einem Raucherfoyer ausgebaut, sie ist als eigener Baukörper dem Theaterbau, etwas seitlich versetzt, vorgestellt und mit dem Erdgeschoßfoyer durch einen verglasten Gang verbunden.

An der W-Wand des Baues eine gegenstandslose _Stahlplastik_ von Volkmar Haase (1963). _GK_

Zu den beliebten Themen der 1980er Jahre gehörte »Blockeckenschließung«, eher eine optische als eine **10** strukturelle Aufgabe. Am F a s a n e n p l a t z (Fasanenstr. 62) schuf Gottfried Böhm ein 8geschossiges **Wohnhaus** für »Führungskräfte«, mit interessanten Grundrissen und einer aufwendigen Fassade, wobei er mit den rund vorgebauten Erkern Motive der Stadt **11** um die Jahrhundertwende aufnahm. – Am P r a g e r P l a t z, die Trautenaustraße flankierend, errichtete Böhm 2 ähnliche Bauten. Benachbart weitere Häuser von Rob Krier und Carlo Aymonino, die ihre Aufgabe eher mißverstanden haben. _GK_

Auf dem L u d w i g k i r c h p l a t z, dessen (wiederhergestellte) Anlagen einen wirkungs-

vollen Rahmen für die Fassade geben, erhebt sich über kurzschenkligem Kreuzgrundriß, durch den 8eckigen Vierungsturm zentriert, die 1897 von August Menken erbaute **kath.** **12** **St.-Ludwig-Kirche.** Im Innenraum, wo die Vierung als Sterngewölbe den Kern des Kirchenraums bildet, entfalten die architektonischen Glieder, besonders die frühgot. Vorbildern nahekommenden Blattkapitelle, großen Reichtum. _EB-S_

Das **ehem.** »**Universum**«**-Kino,** heute **Schau-** **13** **bühne** am L e h n i n e r P l a t z (Kurfürstendamm 153; Abb. S. 314), gehört als wichtigster Bestandteil zu der den Kurfürstendamm an dieser Stelle akzentuierenden **Baugruppe,** die Erich Mendelsohn 1926–28 errichtet hat. Außer diesem Kino sind ein Bauteil mit dem früheren »Kabarett der Komiker«, Restaurants und Läden sowie einige Apartment- und Wohnbauten Bestandteile dieses städtebaulichen Ensembles. Auffallend die weit ausschwingenden Formen beider zum Kurfürstendamm gelegenen Bauteile und die Verwendung warmroter Klinkersteine zur Verkleidung der Fassaden. Eine dynamische Gruppierung, die auch durch die Mischung ihrer Inhalte für den Kurfürstendamm typisch ist. Nachdem Anfang der 60er Jahre der vernachlässigte und vom Krieg mitgenommene Kabarett-Teil der Baugruppe durch Instandsetzung und Umwidmung gerettet werden konnte, drohte dem im Kriege stark beschädigten und später durch teilenden Einbau halbwegs wiederhergestellten Großkino das Schicksal des Abrisses. Durch umbauende Rekonstruktion 1976–81 (Architekt Jürgen Sawade) ist es gelungen, für die zuvor in unzulänglichen Räumen am Halleschen Ufer spielende »Schaubühne« den Bau und den Saal zu retten. Allerdings war die Anpassung an den neuen Zweck mit starken Eingriffen in die Substanz verbunden, welche die Restaurierung fast einem Neubau gleichkommen läßt. _GK_

Vor dem Gebäude auf dem Kurfürstendamm steht seit 1980 wenig glücklich die nicht für diesen Platz geschaffene Eisenskulptur »Auge der Nemesis« von Bernhard Heiliger. _HB-S_

Modisch-archaisierend wurde 1986/87 von Heinz Mack der H e n r i e t t e n p l a t z mit einem Bronze-Obe- **14** lisken und einer **Kolonnade** als Wartehäuschen, Erinnerung an die friderizianischen Kolonnaden, möbliert, dazu mit dem manieristisch verspielten _Brunnen_ »Das Haupt der Medusa« von Anne und Patrick Poirier, Be-

Schaubühne (ehem. »Universum«-Kino; zu S. 313)

schwörung und zugleich Verballhornung einer fernen Mythologie. *HB-S*

Auf dem Hochmeisterplatz entstand 1908 bis
15 1910 die **ev. Hochmeisterkirche** von Otto Schmoock, ein romanisierender, hinter der Turmfront vielgliedriger Ziegelbau über Granitsockel, der innen einen beim Wiederaufbau vereinfachten (modern umgestalteten) 6seitigen Zentralraum enthält. *EB-S*

16 **Ev. Kirche am Hohenzollernplatz** (Hohen-
● zollerndamm 202/203). Von Fritz Höger 1930–33 erbaut, hat die Kirche schon während ihrer Bauzeit weithin Aufsehen erregt. Der sachliche Betonskelettbau ist unter der dekorativen (»prismatischen«) Verkleidung mit einer an der Längswand kleinteiligen, unübersehbar senkrecht gegliederten, an der Portalwand glatt gemauerten Klinkerhaut nicht mehr zu erkennen. Högers große Liebe zu diesem Baumaterial war für ihn immer das bewegende Motiv; die Konstruktion war ihm nur nachgeordnetes Hilfsmittel, kein Gestaltungsmittel. Die dekorativen Zutaten der Fassade – vergoldete Klinker, vergoldete Fugen – haben allerdings bei den Protagonisten der Materialreinheit Betroffenheit und Ablehnung ausgelöst. – Die Diskrepanz zwischen dem straffen, stereometrisch gegliederten Baukör-

per mit dem schönen Kupferdach und dem verschwimmenden Innenraum ist auffällig. Die 13 Spitzbogen der Stahlbetonbinder wirken stark gotisierend, wenn der Architekt sie auch nicht formal begründete, sondern sie lediglich als wirtschaftlich und statisch günstigste Lösung bezeichnete. Die vom Architekten gewollte stark mystische Wirkung des Kirchenraums entsprach keineswegs der damals im ev. Kirchenbau geforderten Sachlichkeit, ist aber der knapp 3 km südwestl. gelegenen Kreuzkirche verwandt.

Bemerkenswert ist die bei aller Selbständigkeit des Baukörpers gelungene Einbindung in die Platzwand des Hohenzollernplatzes, mit dem Vorplatz an der Ecke der Nassauischen Straße, wenn auch durch die spitzbogenbekrönte Freitreppe des Eingangs das Pathos des Innenraums angekündigt wird. *GK*

Der *Delphinbrunnen* (Bronze, 1968) von H. Bautz auf dem Hohenzollernplatz ist durch die 3 im Winkel übereinandergesetzten Delphine von guter räumlicher Wirkung; auch haben die kletternden Kinder im Winter für eine schöne Patina gesorgt. *HR*

U-Bahnhöfe der Wilmersdorfer Strecke
(Linie 2)

Die Strecke wurde 1913 in Betrieb genommen; ihre Bahnhöfe haben städtische Beamte entworfen, v. a. der Architekt Leitgebel.

Die Anlagen unterscheiden sich von den übrigen Bahnhöfen der etwa gleichzeitig erbauten

Wilmersdorf: U-Bahnhöfe. Fehrbelliner Platz 315

U-Bahn-Strecken durch reiche künstlerische Gestaltung. In letzter Zeit sind auf den für Reklame vorgesehenen Flächen bildliche Darstellungen angebracht worden, die sich auf die Bahnhofsnamen beziehen.

a Der **Bahnhof Hohenzollernplatz** zeigt kassettierte Decken, die von viereckigen Granitsäulen getragen werden.

b Auf dem **Bahnhof Fehrbelliner Platz** sind die Stützen achteckig und mit Majolikaplatten verkleidet. An den Seitenwänden Majolika-Darstellungen älterer öffentlicher Verkehrsmittel. Der Bahnhof ist durch den Umbau zum Umsteigebahnhof (1971) stark verändert, der neue untere Bahnsteig (Linie 7) von Rainer Gerhard Rümmler ebenso wie der oberirdische Bau in kräftiger popartiger Form- und Farbgebung ausgestattet worden.

c Der **Bahnhof Heidelberger Platz** ist ein hoher, 2schiffig gewölbter Raum. Die doppelten Kreuzgewölbe der Bahnsteighalle ruhen auf geschwungenen runden Granitsäulen.

d Auf dem **Bahnhof Rüdesheimer Platz** sind die Stützen viereckige Granitpfeiler.

e Beim **Bahnhof Breitenbachplatz** tragen kannelierte dorische Säulen eine Kassettendecke. Dieser Bahnhof ist durch neuere Einbauten und Verlegung der Treppenanlagen gänzlich verdorben. *GK*

Fehrbelliner Platz

8 Das **Dienstgebäude des Senators für Inneres** (Fehrbelliner Pl. 2) wurde von Otto Firle 1935/ 1936 für die Nordstern-Lebensversicherungsbank errichtet. Es sollte für die beginnende Bebauung des Fehrbelliner Platzes einen Maßstab setzen; Firles gleichzeitig vorgelegter Gesamtplan ist dann nicht in der von ihm vorgeschlagenen Form verwirklicht worden. Der Architekt nahm Elemente der NS-Architektur auf, paraphrasierte sie jedoch auf seine Weise. Die filigranhafte Fassade hat eher textile Wirkung.

Der plastische Schmuck des Hauses stammte von den Bildhauern Waldemar Raemisch und Arno Breker; Brekers Arbeiten sind nicht mehr vorhanden. *GK*

9 **Bundesversicherungsanstalt für Angestellte.** Die Bauten westl. des Fehrbelliner Platzes kulminieren in dem architektonisch bedeutungsvollen *Bürohaus* (Fehrbelliner Pl. 5) der Brüder Jan und Rolf Rave (1970–73), das dem eher langweiligen, »geometrischen« Platz einen kräftigen und eindrucksvollen Abschluß vermittelt. Über dem offenen Erdgeschoß, das durch eine Passage erschlossen wird und Läden aufnimmt, liegen 6 Bürogeschosse, von denen die beiden oberen leicht zurückgestaffelt sind. Die Formensprache nimmt mit betonten Fensterbändern und dazugehörigen Sonnenlamellen sowie den senkrechten Treppenhäusern gewisse Elemente des Berliner Bauens der 20er Jahre auf und variiert sie auf glückliche Weise, ohne zu kopieren. Dezente Farbverwendung (kastanienrot) an den sichtbaren Stahlteilen der Konstruktion lockert die Strenge der grauen Betonflächen auf.

Die übrigen Bauten der Bundesversicherungsanstalt entstanden in den vorangegangenen Jahrzehnten: der 5geschossige *Putzbau* von Georg Richter an der Westfälischen Straße und der Ruhrstraße 1921, der *Klinkerbau* mit Hochhausteil von Georg Reuter, Josef Braun und Alfred Gunzenhauser (ebenfalls an der Westfälischen Straße und der Ruhrstraße) 1929/30, der *Backsteinbau* an der Konstanzer Straße von Heinz Behnke 1957–59, der mit den übrigen Bauten durch eine Brücke verbundene *Hochhausbau* von Heinz Kroh an der Westfälischen Straße um 1965.

Als vorläufig letzte Ergänzung, ohne Verbindung zu den anderen Gebäuden, kam 1974 bis 1977 Hans Schaefers' und H. J. Löfflers aluminiumverkleidetes, 22geschossiges *Hochhaus* am Hohenzollerndamm 47 hinzu. *GK*

Im **Preußenpark** steht, zum Fehrbelliner Platz hin, 20 eine *Antilope* (1926, Bronze, Neuguß) von Artur Hoffmann. *HR*

Das nahe dem Fehrbelliner Platz gelegene **Hochhaus der Bauverwaltung** (Senator für 21 Bau- und Wohnungswesen, Württembergische Str. 6–10) wurde 1954/55 nach einem Entwurf von Werry Roth und Richard v. Schuberth als Stahlbetonskelettbau errichtet. Es gliedert sich in einen 18geschossigen Hochhausteil an der Württembergischen Straße und anschließende 6geschossige Teile an der Pommerschen Straße und parallel zum Hochhaustrakt.

Der zum Fehrbelliner Platz weisende Giebel und das nördl. Endstück der Hauptfront sind mit einer keramischen Fassadenverkleidung in matten Farben versehen, die nach Entwürfen von Hermann Kirchberger ausgeführt wurden. *GK*

316   *Wilmersdorf: Moschee. Russ.-orth. Kirche. Begegnungszentrum*

22 Das **Apartmenthaus** H o h e n z o l l e r n d a m m **Nr. 35/
36** (Ecke Mansfelder Str. 29) wurde 1929/30 von Hans
Scharoun unter Mitwirkung von Georg Jacobowitz
(Grundrisse) erbaut: 2 parallele Flügel mit dazwischenliegenden Treppenhäusern; in jedem Halbgeschoß
münden je 3 Wohnungen auf das Treppenhaus. Weiß
geputzte Flächen mit knapp eingeschnittenen Öffnungen und flachem Dach, das Erdgeschoß an der Mansfelder Straße und der Anschluß an die Nachbarbebauung
in Backstein ausgeführt. Bemerkenswerte Ecklösung mit
halbkreisförmig vorspringenden Balkonen.   *GK*

23 **Städt. Friedhof** und **Krematorium**
(Berliner Str. 100 bis 103)
In der Mitte des alten Friedhofs (seit 1886) liegt das Grab
des Bildhauers *Michel Lock* (1898) mit einer Christus-
Figur seiner Hand.
An der Außenmauer links die Grabstätte der Malerfami-
lie *Wislicenus*: eine streng gegliederte Kalksteinwand
mit einem Hochrelief »Trauernde mit Blumen« von Lilli
Wislicenus 1910.
An der rechten Binnenmauer eine aufwendige dorische
Architektur aus rotem Stein mit 6 grünen Granitsäulen
in Art antiker Brunnenhäuser; ornamentale Mosaiken an
der Rückwand (um 1900, von Baumeister Wilhelm
Schmidt?).
Vor dem 1919–22 von dem Städt. Baurat Otto Herrnring errichteten **Krematorium** mit Giebelrelief *Die
eilende Zeit* stehen in feierlicher Betonung der Mittelachse je 2 aufeinander bezogene weibliche *Trauerfigu-
ren* von Eberhard Encke (Muschelkalk), wie die zugehörigen 10 Pflanzbecken auf quadratischen Pfeilern. – Dabei ein expressionistisches **Kolumbarium** um einen
orientalisch anmutenden Gartenhof.   *HR*

Die 1924–27 von H. A. Hermann errichtete
24 **Moschee** (Brienner Str. 7) ist einem indischen
Grabmal nachempfunden. Eingeweiht wurde
sie 1928 in Anwesenheit des afghanischen
Königs Aman Ullah, der damals eine Europa-
reise unternahm.   *GK*

25 Die **Russisch-orthodoxe Kirche (Christi-Auf-
erstehungs-Kathedrale)** (Hohenzollerndamm
166, Hoffmann-v.-Fallersleben-Platz), auffallend durch ihre blaue Zwiebelkuppel, wurde
1936–38 vom preußischen Staat als Ersatz für
die im Eckgebäude Hohenzollerndamm/Ruhr-
straße eingerichtete orthodoxe Kathedrale erbaut, nachdem der Raum von der NSDAP be-
ansprucht wurde.
Die *Ikonostase* wurde aus dem alten Bau übernommen;
sie stammt aus einer alten russischen Kaserne in Mińsk
Mazowiecki (bei Warschau).   *GK*

R ü d e s h e i m e r P l a t z
*Die Wohnhäuser um den Rüdesheimer Platz wurden
1910–14 nach einheitlichen Plänen von Paul Jatzow
errichtet (die Grundrisse stammen nicht in allen Fällen
von ihm).*

Trotz der Ausführung der **Wohngebäude** als Einzel-
mietshäuser ist es gelungen, eine geschlossene Gesamtwirkung zu erzielen. Erstrebt wurde eine Bebauung »im
Charakter einer englischen Landhaussiedlung«; dabei
konnte aber auf offene Bauweise verzichtet werden, so
daß ein städtisches Wohngebiet besonderer Qualität
entstand. Die 4geschossigen Putzbauten mit hohen
Dächern sind mannigfach gegliedert; unsymmetrisch
angebrachte Erker und phantasievolle Dachausbauten
lockern das Bild auf. Die Erdgeschosse sind mit Spalie-
ren versehen, die den gewünschten Landhauscharakter
ebenso unterstreichen wie die tiefen Vorgärten und
die großzügige, brunnengeschmückte P l a t z a n l a g e
von H. Berg und H. v. Hoven.   *GK*
Die Skulptur der *Brunnenanlage* auf dem Rüdesheimer
Platz nimmt Bezug auf das rheinische Viertel: An der
Schmalseite, über den Anlagen, erhebt sich auf hohem
Felssockel *Siegfried* in der Pose des Rosselenkers, begleitet vom »*Vater Rhein*« links und der weiblichen allegorischen Figur »*Die Mosel*« rechts, überlebensgroße
Sandsteinfiguren, auf der Brüstungsmauer lagernd. Der
zugehörige »*Kinderbrunnen*« am Ende der Landauer
Straße, dessen Schale dem Vorbild der Granitschale im
Lustgarten folgt, ist heute ohne figürlichen Schmuck
(Bronzen von 1911/12) – das Ganze ein Wettbewerbs-
ergebnis von Emil Cauer 1911–15.   *HR*

**Internationales Begegnungszentrum der Wis-
senschaften** (Wiesbadener Str. 18–23, Ecke
Ahrweilerstraße). 5 Wohnhäuser sind durch
eine diagonal verlaufende Treppe verbunden.
Der von Otto Steidle 1980/81 errichtete Bau
enthält Gastwohnungen für auswärtige Wissenschaftler, die einige Zeit in Berlin arbeiten. Der Bau ist technisch ein Beispiel für die
Nutzung natürlicher Kräfte: Gewächshaus im
Dach, Ausnutzung der Sonnenenergie, Erker
mit Wintergärten.   *GK*

Wohnbauten über der Autobahn (Schlangenbader
Str. 12–36, Wiesbadener Str. 50, 59). Ein Relikt techni-
zistischer Planungsideen der 60er Jahre ist die 1976–81
ausgeführte Überbauung der Stadtautobahn mit 1064
Wohnungen in einem terrassierten Baukörper bis zu 14
Geschossen. Architekten waren Georg Heinrichs und
Partner. Die hochgelegten Autobahnteile verlaufen
über Parkgeschossen in Längsrichtung. – Der Bau
wurde aus Bundesforschungsmitteln als »Demonstrativ-
Bauvorhaben« gefördert. Weitere Untersuchungen zu
ähnlichen Projekten sind negativ verlaufen.   *GK*

Ehem. Reichsknappschaftshaus (Breitenbach-
pl. 2). Das heute von der Freien Universität
genutzte Gebäude haben Max Taut und Franz
Hoffmann 1929/30 als Stahlskelettbau errichtet, der mit Eisenklinkern ausgefacht wurde.
Das Stahlskelett ist mit Siegersdorfer Keramikplatten verkleidet, wodurch die Konstruktion
sichtbar wird. 3geschossiger, winkelförmiger
Bau, betont durch Gliederung und Staffelung.

Wilmersdorf: Reichsknappschaftshaus. Bildungsforschungsinstitut. »Bessy« 317

Ehem. Reichsknappschaftshaus

Der Eingangsbau ist hervorgehoben, der Sitzungssaal im 2. Obergeschoß an dieser Stelle erhöht herausgehoben. Weit ausschwingender, verglaster Treppenhausausbau an der Rückfront, ebenso wie der Sitzungssaal bei der Wiederherstellung nach Kriegsschäden (1950) stark verändert. GK

0 In der Binger Straße, **Nr. 51/52**, wurde 1924/25 von Paul Mebes und Paul Emmerich das **Wohnhaus** für den Bankdirektor Dr. Hans Riese erbaut, ein farbig getönter, 3geschossiger Putzbau mit hohen, schlanken Fenstern, die im 1. Obergeschoß mit Klappläden versehen sind, und schmalem Gesims als Fassadenabschluß unter dem Flachdach. Anklänge an italienische Häuser sind unverkennbar. GK

1 **Max-Planck-Institut für Bildungsforschung** (Lentzeallee 94; Abb. S. 318). Hermann Fehling und Daniel Gogel errichteten 1972–74 einen vielgliedrigen, an den Eingangsteilen und der Mensa mit Sperrholz verkleideten Betonbau, der das Entwurfsprinzip der Architekten, »von innen nach außen« zu bauen, erkennen läßt. Anklänge an Bauten, Theorien und Entwürfe der frühen 20er Jahre in Berlin sind unübersehbar. Von einer zentralen Halle erschließen sich 3 strahlenförmig angeordnete Projektflügel, deren »Köpfe« durch verbindende Glieder zusammengefaßt sind. Kleinere Baugruppen, ebenfalls der Halle zugeordnet, beherbergen Bibliotheks- und Seminarräume. Mit dem Raumerlebnis im Inneren der Halle, das sich einer Beschreibung völlig entzieht, sei ein Satz aus Adolf Behnes 1923 (!) erschienenem Buch »Der moderne Zweckbau« in Beziehung gebracht: »Indem die Teile des Baues sich nach ihrem Gebrauchssinn ordnen, indem aus dem ästhetischen Raum ein Lebensraum wird – und eine solche Ordnung ist es, die wir dynamisch nennen –, wirft der Bau die Fesseln der alten, starr gewordenen statischen Ordnung ab.« GK

»Bessy« (Lentzeallee 100). Der »Berliner Elektronen-Speicherring für Synchronstruktur« dient der wissenschaftlichen und industriellen

Max-Planck-Institut für Bildungsforschung (zu S. 317)

Forschung. Die 1978–81 von Gerd Hänska geschaffene Anlage besteht aus einem kreisrunden Hauptgebäude mit sehr flacher Kuppel sowie ergänzenden 1- und 2geschossigen Flachbauten. GK

Schmargendorf

Schmargendorf ('s Marggrevendorp), südwestl. von Wilmersdorf gelegen und durch die jetzige Mecklenburgische Straße damit verbunden, ist ein 1354 erstmals genanntes Angerdorf, dessen Dorfaue sich in der Breiten Straße abzeichnet, wo auch die alte Dorfkirche noch erhalten ist. Bis 1610 gelangte es nach und nach in den Besitz der Familie v. Wilmestorff, die es erst 1799 verkaufte. 1841 erwarb es der preußische Domänenfiskus. Nach 1880 entwickelte sich das Dorf sehr rasch zu einer städtischen Wohngegend (1800: 67; 1861: 299; 1885: 657; 1900: 3175 Einwohner). 1899 wurde Schmargendorf selbständiger Amtsbezirk, erhielt 1901/02 sein Rathaus und wurde 1920 mit Wilmersdorf vereinigt. HB-S

33 Die kleine **Dorfkirche** (Breite Str. 38, Kirchstraße), ein schlichter, aus Feldsteinen aufgemauerter Saalbau, rechteckig und flach gedeckt, stammt wohl aus dem Anfang des 14. Jh., ist jedoch nach einer Erneuerung (1895) noch mehrfach verändert worden. Aus der Gruppe der 3 Fenster an der O-Seite stammen die seitlichen von 1918, das mittlere in seiner jetzigen Form von 1938, als auch die 4 Fenster auf der S-Seite anstelle größerer des 19. Jh. ihre heutige Gestalt erhielten. Der in Fachwerk hochgeführte Dachturm von 1831 wurde 1957 verbrettert.
Im Inneren ein 1939 aus dem Märkischen Museum überwiesenes großes *Kruzifix* (um 1700). HB-S

Friedhof Alt-Schmargendorf (Breite Str. 38a). Auf dem 34 Friedhof an der Schmargendorfer Kirche liegen nebeneinander zur Kirchstraße hin an der hinteren Mauer die Gräber des Malers *Max Pechstein* (1881–1955) und des Bildhauers *Richard Scheibe* (1879–1964), für den der Freund Gerhard Marcks die schlichte Stele mit dem alten Sinnspruch entwarf. HR

Rathaus Schmargendorf (Berkaer Platz). Das 3 Gebäude, 1900–02 von Otto Kerwien, verrät durch seine putzige Imitation mittelmärkischer Backsteinrathäuser die Sehnsucht jener Jahre: rote Rathenower Backsteine im Klosterformat im Wechsel mit hellen Putzflächen, Stufengiebel, Wappenschmuck und ein hoher, runder Turm mit Zinnenkranz, von einer ziegelgedeckten Spitze überhöht.
Die urspr. Glasfenster sind in den Jahren nach dem 2. Weltkrieg durch Rautenverglasung ersetzt worden. In den Fenstern des *Treppenhauses* eine farblich gut abgestimmte, freie Bleiverglasung von Helena Starck-Buch-

Kreuzkirche.
Giebel des Portalvorbaus

holz (1964). Das Haus dient heute dem Bezirk Wilmersdorf als Standesamt; im früheren Ratssaal, heute *Trauzimmer*, ein 7 m hoher Kamin mit einem Walküren-Relief nach Wagners »Ring des Nibelungen«. GK

6 **Ev. Kreuzkirche** (Hohenzollerndamm 130, Ecke Forckenbeckstraße)
1927–29 von Ernst und Günther Paulus (Vater und Sohn) erbaut.
Formal ist die Kirche ein typisches Kind jener Zeit, nicht denkbar ohne den Einfluß der Backstein- und Klinkereuphorie, die von dem Hamburger Architekten Fritz Höger ausging (vgl. dessen wenige Jahre später gebaute Kirche am Hohenzollernplatz [→ S. 314], aber auch die kath. Kirche St. Michael in Wannsee [→ S. 342]). Handwerklich gewagt das Spiel mit den aus hartgebrannten Klinkern gedrehten Säulen. Zusammen mit dem Mauerwerk aus »schwimmenden Fugen« sowie den spitzen und zackigen Ornamenten aus der Formenwelt des Expressionismus geben sie dem Bau das Gepräge. Dazu gehören auch die 3 Turmspitzen (die als »Trinität« zu deuten selbst die Architekten nicht unternommen haben).
Prägend die blau glasierte Keramik des ostasiatisch anmutenden Portalvorbaus und der Säulenfiguren, beides von dem Bildhauer Felix Kupsch. Der bildhauerische Schmuck im Inneren der Kirche (Evangelistenfiguren von Max Esser) ergänzt dieses Bild.
Der Grundriß ist ein gedrücktes Achteck. Er ist nach den Anforderungen einer prot. »Hörkirche« konzipiert. Abgerückt vom Turmmassiv, dessen geschlossene W-Wand die Abkehr vom Profanen (dem »flutenden Verkehr des Hohenzollerndamms«) symbolisieren soll, wirkt der Kirchenraum feierlich erhöht durch den Kreuzgang, der »gleichzeitig Gelegenheit zur Entwicklung des Brautzuges bietet«. – Neu war die Bauidee, unter dem Kirchenraum einen ebenso großen *Gemeindesaal* mit Bühne und Teeküche in das nach O fallende Gelände einzufügen. Auch der so geschlossen anmutende Turm ist über der Brauthalle durch Einbau der Kirchendienerwohnung und zweier Konfirmandensäle räumlich genutzt. GK

37 Flinsberger Platz: **Nr. 3** (Ecke Kudowastr. 15). Das **Wohnhaus** wurde 1931 von Hans Scharoun erbaut (beim Wiederaufbau nach Kriegszerstörungen verändert). Der 2- und 3geschossige, winkelförmige Bau ist so angeordnet, daß die selbständigen Baukörper nur an einer Ecke zusammenstoßen. Auf hohem, gelbem Klinkersockel weiß geputzte Fassaden mit Fensteröffnungen unterschiedlicher Größe und Anordnung. GK

320   *Wilmersdorf: Schmargendorf. Grunewald*

38 Martin-Luther-Krankenhaus (Caspar-Theyß-Str. 27–31), 1929/30 von Ernst Kopp erbaut, seinerzeit als »Wendepunkt im Krankenhausbau« gefeiert. Es war das erste Krankenhaus in »Kompaktbauweise«, wich damit vom bislang gültigen Pavillon-Prinzip ab. Der Bau besitzt 5 Krankengeschosse in Flügeln, die sich um einen Hof gruppieren. Das 6. Geschoß des an der N-Seite liegenden Haupttraktes nimmt die Nebenräume auf, darunter auch die Küche; die Versorgungsstränge laufen also von oben nach unten. Der Mauerwerksbau ist in der Erdgeschoßzone dunkel geputzt, mit waagerechten Klinkerbändern als sparsamer Akzentuierung. Die Obergeschosse sind glatt weiß, die knapp eingeschnittenen Fenster mit Keramikgewänden eingefaßt. An der Rückwand zum Park hin enden die Keramiklisenen in figürlichen Skulpturen. (Der Vorbau an der Eingangsseite, mit Spaltklinkern verkleidet, ist spätere Zutat; Architekt: Georg Lichtfuß.) *GK*

39 Die **Wohnbauten** an der Lentzeallee (zwischen Zoppoter und Misdroyer Straße) wurden 1920 von Heinrich Schweitzer erbaut. Die Reihenhäuser in ländlichem Stil sind als 2geschossige Putzbauten mit Satteldächern ausgeführt. Die Obergeschosse haben eine verbretterte Schalung, die Giebelwände Fachwerk. Den Ansprüchen der damaligen Zeit entsprechend wurden die Häuser mit Gartengrundstücken ausgestattet, z.T. sogar mit Stallgebäuden. *GK*

40 Auf dem Platz am Wilden Eber steht die Bronze eines sitzenden *Ebers* (Neuguß) von Paul Gruson.   *HR*

41 Rheinbabenallee. **Nr. 46–48** (Ecke Warnemünder Straße, Platz am Wilden Eber) hat Peter Großmann auf einem spitzwinkligen Grundstück 1923 ein **Wohnhaus** erbaut, dessen Grundriß auf dem Prinzip eines 3strahligen Sterns beruht. 3 2geschossige Wohnungen sind so zusammengestellt, daß die Eingänge jeweils in dem vorgewölbten Mittelstück zwischen 2 Gebäudeflügeln liegen. Der Architekt nannte sein Prinzip »Dreigruppenhaus«; dieses Prinzip auch auf andere, größere Bauten anzuwenden ist ihm nicht gelungen. Das Haus ist als Putzbau ausgeführt und mit Ziegeln gedeckt.

42 **Nr. 32–34** baute Ernst Paulus, Teilhaber der Architektenfirma Dinklage, Paulus und Lilloe, 1907–10 sein eigenes **Wohnhaus** in romantischem Landhausstil als Backsteinbau aus Rathenower Ziegeln mit Sandstein-Architekturteilen, z.T. mit Fachwerk. Wohn- und Repräsentationsräume liegen im Erdgeschoß, Räume der Familie im Obergeschoß. Das Haus ist für andere Nutzungen (zeitweilig als Büro) leicht verändert worden. *GK*

43 Warnemünder Straße. **Nr. 25** und **25a** (Ecke Selchowstraße) hat Fritz Schopohl 1934–36 **Wohnhäuser** errichtet, die durch ihre wohlabgewogenen Maßverhältnisse und durch ihre Materialbehandlung auffallen.

Es sind 1geschossige Mauerwerksbauten, geschlemmt oder glatt geputzt, mit bündig sitzenden Fenstern und mit hohen Walmdächern aus alten Biberschwanzziegeln, die fast ohne Dachüberstand den tragenden Mauern aufsitzen. Die Häuser haben einfache, übersichtliche Grundrisse.   *GK*

Das **Doppel-Wohnhaus** an der Miquelstraße, **44** **Nr. 39a** (Ecke Pücklerstr. 5), ist 1938 von Hans Scharoun erbaut worden (in den Nachkriegsjahren leicht verändert). Das anderthalbgeschossige Haus ist weiß geputzt und von einem steilen Ziegeldach überdeckt, in dessen Trauflinie die gaubenartig ausgebildeten Obergeschoßfenster auf charakteristische Art eingeschnitten sind. Scharoun hat die Räume in versetzten Geschossen angeordnet, so daß die Zimmer an der NO-Seite im Erd- und Obergeschoß liegen; der große Wohnraum mit Terrasse liegt an der SW-Seite. Eine zentrale Halle bindet die Räume zusammen. Die Fenster des Wohnraums und des Wintergartens an der S-Seite sind abgewinkelt, um einen möglichst günstigen Sonneneinfall zu erzielen.   *GK*

Grunewald

Nachdem seit 1880 der Kurfürstendamm ausgebaut worden war, legte man am Ende dieser Prachtstraße, im Waldgebiet des Grunewaldes, seit 1889 eine Villenkolonie mit der Koenigsallee als Hauptstraße an. Durch Ausbaggern der Fenns entstanden Hubertus-, Hertha-, Koenigs- und Dianasee. Bereits 1893 zählte die Kolonie 540 Einwohner. Bes. Künstler und Wissenschaftler wohnten hier. 1899 wurde Grunewald, damals mit 2684 Einwohnern, Landgemeinde; 1920 kam es zu Wilmersdorf. – Jagdschloß Grunewald → S. 334.   HB-S

Ev. Grunewaldkirche (Bismarckallee). Die **45** 3schiffige, gewölbte Hallenkirche wurde 1902–04 von Philipp Nitze in Anlehnung an frühgot. Formen erbaut. Dem Villencharakter der Umgebung angemessen, verwendete der Architekt gelbgrauen Tuffstein. Der klare Rechteckbau wird durch einen hohen Turm mit Plattform und aufgesetzt Spitze akzentuiert. Nach Kriegszerstörungen, bei denen die reiche künstlerische Ausstattung zugrunde ging, wurde der Bau etappenweise wiederaufgebaut. Statt des urspr. Netzgewölbes wurde ein Tonnengewölbe eingezogen. Die denkmalpflegerische Rückgewinnung des Bauwerks wurde von den Architekten Karl Westphal und Gerhard Schlotter ausgeführt. Vorgesehen ist der Einbau neuer Glasfenster von Johannes Schreiter.   *GK*

In der Paulsborner Straße ist **Nr. 52** (Ecke Wan- **46** genheimstraße) 1960 von Heinz Schudnagies und Klaus

Wilmersdorf: Grunewald. Wohngebäude. Schildhorn 321

Jakob Thiele ein **Wohnhaus** als Anbau an ein Backsteinhaus mit einem schönen Turm (aus den letzten Jahren des 19. Jh.) erbaut worden. Über einem kleinen Eingangsgeschoß mit Gartenraum liegt das mit dem unteren Raum offen verbundene, ausgedehnte Wohngeschoß, das ebenso durch große Fenster mit dem Garten in Verbindung steht. Die holzverschalten, schrägen Dachflächen laufen ohne Unterbrechung vom Innenraum nach außen. *GK*

7 Emanuel Scharfenbergs Brunnenplastik *»Elementwürfel«* (1987) auf dem B i s m a r c k p l a t z (vor dem **Umweltbundesamt**, einem Bau der 1930er Jahre) weckt mit der Vielfalt der organischen, geologischen und technisch-tektonischen Formen, die gewachsen, gemacht oder zerstört scheinen, die Vorstellung von einem Stück Welt, in dem ein Ganzes wiedergefunden werden kann. *HB-S*

Weitere, mehrgeschossige **Wohnbauten** von H. Schudnagies mit phantasievollen Terrassenlösungen finden
8 sich in der W a l l o t s t r a ß e : **Nr. 7/7a** (1968) und **9** (1971). *GK*

9 Das **Wohnhaus** D e l b r ü c k s t r a ß e **Nr. 29** wurde von Egon Eiermann unter Mitarbeit von Rudolf Büchner 1938/39 erbaut. Es ist 1geschossig, mit lederfarbenen Verblendziegeln und flach geneigtem Dach aus Wellasbestzement. Das Haus hat einen T-förmigen Grundriß, wobei die Enden der Seitenarme stark erweitert sind, an der S-Seite durch Wohnräume, an der N-Seite durch Wirtschaftsräume und Garage. Große Terrassen leiten ins Garten über. *GK*

0 R i c h a r d - S t r a u s s - S t r a ß e . **Nr. 12** (Ecke Lassenstraße) steht ein 2flügeliges **Wohnhaus** mit gewalmten Mansarddächern, von Oskar Kaufmann 1910–12 erbaut. Hausmitte und Eingang betont eine runde Vorhalle mit Karyatiden, die einen Balkon mit kuppelgekröntem Turm tragen. *GK*

1 An der B i s m a r c k a l l e e (**Nr. 34a**) hat Daniel Gogel 1959 ein gestaffeltes, 2geschossiges **Dreifamilienwohnhaus** aus gemischter Beton- und Mauerwerkskonstruktion errichtet. Die Mauerflächen sind weiß geputzt, die Fenster frei in die Mauerwerksflächen eingeschnitten, wodurch sich im Verein mit der lebhaften Gliederung ein lebendiger Eindruck ergibt. Die 3 Wohnungen werden von einem gemeinsamen Eingangsraum erschlossen. Eine Wohnung ist 2geschossig, mit einer Binnentreppe; die beiden anderen liegen 1geschossig übereinander, haben aber unterschiedliche Grundrisse. *GK*

2 Das **Wohnhaus** W i s s m a n n s t r a ß e **Nr. 12a** (sog. **Eternit-Gästehaus**) wurde 1955 von Paul (G. R.) Baumgarten über klar gegliedertem Grundriß errichtet. Es liegt an einem zum Koenigssee abfallenden Hang, ist also an der Straße 1-, an der Hangseite 2geschossig. Die gestaffelten Pultdächer sind mit Wellasbestzement gedeckt. An der Straßenseite Doppelgarage neben dem Eingang. *GK*

3 W i n k l e r s t r a ß e : **Nr. 10**. Die Architekten Hermann Solf und Franz Wichards entwarfen das 1901 errichtete Haus als repräsentativen Wohnsitz für einen Stahlbauunternehmer, in einem der deutschen Renaissance angenäherten Stil. Es ist in den 70er Jahren unter Wahrung der äußeren architektonischen Erscheinung als reich gegliedertes Werksteingebäude zu einem Mehrfamilienwohnhaus umgebaut worden. Zentralraum war eine große, durch 2 Geschosse reichende Halle. Im Gegensatz zu früher üblichen Stadtvillen gab dieses Haus dem ungezwungenen Leben der Familie mehr Raum als den gesellschaftlichen Anforderungen.

Nr. 11. Das gegenüberliegende Haus von 1906 verrät trotz späterer Veränderungen und Unterteilung in mehrere Wohnungen den unverwechselbaren Stil von Hermann Muthesius. Es ist 1geschossig mit ausgebautem Mansarddach; seine offene Terrasse wird von 2 vieleckigen Vorbauten eingefaßt. Die Mitte betont ein hoher gebrochener Giebel über Balkon und Terrasse. *GK*

K o e n i g s a l l e e : **Nr. 47**. In Anlehnung an klassizist. 54 Bauformen, wie sie Anfang des 20. Jh. von Paul Schultze-Naumburg gepflegt wurden, entwarf Max Ravoth das **Wohnhaus**. Aufgeführt ist es 1906/07 als 2geschossiger, reich gegliederter Putzbau mit Mansarddächern. Die Fassaden werden durch Putzpilaster und -gesimse belebt, und vor dem Hauptflügel tragen 4 Säulen einen weit vorspringenden Balkon.

Nr. 65 hat Walther Rathenau in Zusammenarbeit mit 55 Johannes Kraaz 1910 sein eigenes **Wohnhaus** errichtet als 5achsigen, symmetrischen Repräsentationsbau mit betonter Mittelachse und einem Mansarddach mit ausgebautem Zwerchhaus. Ein ornamentiertes Putzband läuft unter der Fensterzone des Obergeschosses. *GK*

Das große **Wohnhaus** an der D o u g l a s s t r a ß e **Nr. 12** 56 (Ecke Gustav-Freytag-Straße) ist 1928 von Otto Rudolf Salvisberg erbaut worden, ein 2geschossiger, rechteckiger Baukörper, mit Oldenburger Klinkern verkleidet und mit einem flach geneigten Walmdach gedeckt. Die Fenster sind zu waagerechten Bändern zusammengezogen. Einfach und übersichtlich der Grundriß; die 3 großen Wohnräume an der S-Seite des Erdgeschosses lassen sich durch weite Schiebetüren miteinander verbinden. Der rechtwinklig zur Straße vorspringende Wirtschaftsflügel hat geringere Geschoßhöhen, wodurch sich die Wirkung des Hauptgebäudes noch steigert. *GK*

Das **Wohnhaus** am G o t t f r i e d - v o n - C r a m m - W e g 57 **Nr. 33–37** (Ecke Gustav-Freytag-Straße) wurde 1922/23 von Oskar Kaufmann auf symmetrischem Grundriß in barock schwingenden Formen mit stark betonter Mittelachse erbaut. Der 2geschossige, geputzte Backsteinbau trägt ein Mansarddach mit hochovalen Fenstern. An Eingangs- und Gartenseite ist die Mitte vorgehoben; auf der Gartenseite findet sie eine Fortsetzung in einer ebenfalls barock ausschwingenden Terrasse. *GK*

Das *Schildhorn-Denkmal* (1845; 1945 zerstört, 1954 58 restauriert), auf der Spitze einer Landzunge im W des Grunewaldes hoch über der Havel gelegen, ließ Friedrich Wilhelm IV. durch Friedrich August Stüler errichten; es ist ein ganz aus dem romantisch-religiösen Geist des Königs geschaffenes Mal zur Verherrlichung des Christentums und muß im Zusammenhang mit den Kirchenbauten an der Havel gesehen werden. Die merkwürdige Säulenform erklärt sich aus dem heimatlichen Sagenstoff: Nach einer vernichtenden Schlacht zwischen Deutschen und Slawen bei Kladow gelang es einzig dem Wendenfürsten Jacza zu entkommen; er ritt sein Pferd in die Havel und gelobte in höchster Not seine Bekehrung, sollte der Christengott ihn erretten. Ans andere Ufer gelangt, traf ein goldener Lichtstrahl seinen Schild. Da hängte er den Schild »zu ewigem Zeichen / an eine der mächt'gen Eichen«. Dies ließ der König darstellen in Gestalt jener urtümlichen Säulenform mit Bossen, welche die Zweigknollen andeuten – eine der Architekturtheorie geläufige Verbildlichung, da man die Entstehung der Architektur aus den einfachsten Naturformen deutete. Die Bekrönung der Säule mit dem gleichschenkligen Kreuz erinnert an andere »altertümliche« Denksäulen, z.B. an die der karolingischen Märtyrer in Trier.   HR

Der **Grunewaldturm** (ehem. Kaiser-Wilhelm-Turm) auf dem 78 m hohen Karlsberg am O-Ufer der Havel (Jagen 140) wurde 1897–99 von Franz Schwechten errichtet. Der 53,5 m hohe Bau, aus Backsteinen in Anlehnung an Formen altmärkischer Stadttürme, besitzt unter seinem hohen Spitzdach eine Plattform, die über 204 Stufen erreichbar ist. Die Aussicht reicht im S bis Potsdam, im W über Spandau hinaus. (Farbabb. 16.)

Der Turm trägt auf der Havelseite die Inschrift »Der Kreis Teltow baute mich 1897«, an der Grunewaldseite »König Wilhelm I. zum Gedächtnis«. – In der Gedächtnishalle nahe dem Eingang steht ein *Standbild Kaiser Wilhelms I.* von Ludwig Manzel.   GK

BEZIRK ZEHLENDORF

Der Bezirk wurde 1920 – bei der Eingemeindung nach Berlin – aus den Landgemeinden Zehlendorf, Nikolassee (→ S. 338) und Wannsee (→ S. 341) sowie den Gutsbezirken Dahlem (→ S. 329), Kleinglienicke (→ S. 348) und Pfaueninsel (→ S. 342) gebildet.

Zehlendorf

Das Dorf am alten Weg von Berlin nach Potsdam wurde 1242 erstmals urkundlich erwähnt, als die Markgrafen Johann I. und Otto III. es dem Kloster Lehnin verkauften. Die Dorfaue ist noch erkennbar am Teltower Damm nördl. des Rathauses. Nach der Reformation 1542 gelangte Zehlendorf wieder in kurfürstlichen Besitz. Südl. der Potsdamer Straße und westl. des alten Kernes gründete Friedrich d. Gr. die Kolonie Neu-Zehlendorf oder Hubertushaus. 1790 wurde die Potsdamer Chaussee ausgebaut. Damals zählte der Ort rd. 300 Einwohner; 1860 waren es bereits 944. Nach der Eröffnung der Wannseebahn 1874 entwickelte er sich rasch, doch blieb die Bebauung mit Landhäusern vorherrschend. Die gute Verbindung mit Berlin und Potsdam sowie die Nähe des Grunewaldes machte Zehlendorf zu einem von wohlhabenden Berlinern bevorzugten Wohnort. Seit 1894 wurde das Gebiet von Schlachtensee (slacht = Uferbefestigung) besiedelt; im gleichen Jahr fiel das Dorf Schönow (→ S. 328) an Zehlendorf. Seit 1901 entstand Nikolassee. Ab 1912 wurde die sog. Gartenstadt Zehlendorf südl. der Bahn an der Berlepschstraße erbaut und seit den 20er Jahren das nördl. zum Grunewald hin gelegene Gelände um Onkel Toms Hütte besiedelt. Um 1930 war die Bebauung von Zehlendorf im wesentlichen abgeschlossen. HB-S

Der Ortskern läßt das rasche Wachstum Zehlendorfs um 1900 erkennen. Die alte Dorfaue – am T e l t o w e r D a m m – ist damals in einen kleinen **Park** verwandelt worden. An die dörfliche Vergangenheit erinnern außer der Kirche nur noch wenige **Häuser**: am besten erhalten **Clayallee 355** (neben der Kirche, 1828, ehem. Schule, heute **Heimatmuseum Zehlendorf**), ferner **Potsdamer Str. 3** und **Teltower Damm 34**. Verwahrlost ist das schön als Point de vue vor dem Bahnhof gelegene alte Haus am Teltower Damm. Die beginnende Entwicklung zu einem städtischen Wohnbezirk gegen Ende des 19. Jh. deutet u. a. die 2geschossige spätklassizist. Fassade von **Potsdamer Str. 5** an. HB-S

Dorfkirche (Potsdamer Straße)
1768 (Jahreszahl auf der Windfahne) ließ Friedrich d. Gr. die Kirche anstelle eines älteren Baues errichten. Von 1905 (seit dem Bau der Pauluskirche) bis zur Renovierung 1953 wurde der Bau nicht für Gottesdienste benutzt.

Ungewöhnlich ist die Form: ein durch Putzquader betontes Achteck. Ein aus dem Zeltdach ragender Turm mußte 1788 abgebrochen werden. Vermutlich 1826 wurde der Eingang vom W nach S verlegt.

Aus der Klosterkirche stammen die beiden *Flügel eines Altars* (um 1480): Christus mit der Weltkugel und Maria auf den Vorderseiten, die Messe des hl. Gregor auf den Rückseiten. Die zwischen 1577 und 1646 gemalten 11 *Tafeln mit biblischen Szenen* schmückten urspr. die Emporenbrüstungen der Heiliggeist-Kapelle, zusammen mit 21 anderen, die jetzt in den Kirchen von Mariendorf und Tempelhof sind. HB-S

Auf dem **Friedhof** an der Kirche – hinter dem schönen klassizist. Eingangsgitter – finden sich noch einige Eisengußkreuze der Biedermeierzeit. HR

Den *Bronzebrunnen* mit phantasievollen Tier- und Menschenleibern auf der P o t s d a m e r S t r a ß e (Ecke Martin-Buber-Straße), ein Bild der Abhängigkeit allen Lebens vom Wasser, hat Brigitte Haacke-Stamm 1982/1983 geschaffen. HB-S

An der Straße nach Potsdam, der ersten über Land führenden Kunststraße, findet man 2 schöne *Meilensäulen* in Nachahmung der römischen an der Via Appia; die eine steht in der P o t s d a m e r S t r a ß e nahe der Einmündung Ahornstraße (»II Meilen von Berlin«, gemessen vom ehem. Dönhoffplatz), die andere (in Wannsee) an der nun K ö n i g s t r a ß e benannten Chaussee nach Glienicke gegenüber der Einmündung Chausseestraße (»III Meilen von Berlin«; beides Kopien von 1938). Die harmonische Verbindung der 3 plastischen Urformen Vierkantsockel, Säule und Kugel hat der frühe Berliner Klassizismus um 1792 gewiß mit Begeisterung wahrgenommen. HR

Die südl. der Dorfkirche 1903–05 von Hubert Stier in der Kirchstraße erbaute neugot. **ev. Pauluskirche** ist ein 3schiffiger, innen asymmetrisch gegliederter Backstein-Hallenbau. Der links vor die Fassade gestellte Turm staffelt sich in 3 stark plastisch gegliederten, mit Giebeln und Ecktürmen ineinandergreifenden Geschossen zu einem sehr steilen Helm auf. EB-S

Rathaus Zehlendorf (Kirchstr. 1–3)
Das Gebäude zwischen Teltower Damm, Kirch- und Martin-Buber-Straße, eines der Bezirksrathäuser, die erst nach der Bildung Groß-Berlins entstanden sind, wurde 1926–29 von Eduard Jobst Siedler erbaut; 1953/1954 erhielt es einen 1. Erweiterungsbau (Hochbauamt, Friedrich Dücker), 1971 wurde der 2. Erweiterungsbau nach einem 1966 preisgekrönten Wettbewerbsentwurf von Karl Hebecker fertiggestellt.

Siedlers Rathaus ist mehr als die früheren ein Verwaltungsgebäude; es hat als erstes der Bezirksrathäuser keinen Turm. Doch gewisse Motive, wie die Ecklaube am Teltower

Damm, deuten die Funktion des 3geschossigen Putzbaues an. Der Bau, an der Kirchstraße 106 m lang, ist mit schweren Walmdächern gedeckt. Der Flügel am Teltower Damm enthält die Repräsentationssäle. Die lange Front ist durch Vorbauten und Rücksprünge gegliedert, der rechte Teil durch einen in der Mitte angeordneten Portalvorbau betont.
Der 1. Erweiterungsbau an der Martin-Buber-Straße entstand als freistehender, ausgemauerter Stahlbetonskelettbau. Der 2., reich gegliedert, ebenfalls mit Stahlbetonskelett, verbindet den Ursprungsbau mit dem 1. Erweiterungsbau und bildet dabei Innenhöfe. Die Ämter gruppieren sich jeweils um Gebäudekerne, die Aufzüge, Sanitärräume und Aktenkammern enthalten.

Zur Ausstattung des Inneren gehören Skulpturen von A. Lewin-Funcke (»Sandalenbinderin«, 1906), Erich F. Reuter (Porträt des Regierenden Bürgermeisters Ernst Reuter, 1955) und Bernhard Butzke (»Stehendes Mädchen«, 1920/30). GK
1987 wurde neben dem Rathaus in der Martin-Buber-Straße ein Abguß des 1913 von Walter Schmarje für die Stadt Zeitz geschaffenen »Trommlers« aufgestellt, ein Denkmal für die Freiheitskriege. HB-S

Vor dem westl. vom Rathaus gelegenen neuen **Finanzamt** (Martin-Buber-Str. 20−21) gelangte die 1930 ebenfalls für die Rathausausstattung von Hugo Lederer geschaffene Gruppe der »Säugenden Bärin« aus Granit zur Neuaufstellung (nach dem 2. Weltkrieg scherzhaft als »Mutter Berlin mit ihren 4 Sektoren« gedeutet). GK

6 **Schadow-Schule** (Beuckestr. 27). Das Gymnasium, 1911−13 von Paul Mebes und Paul Emmerich als Oberrealschule erbaut, ist einer der ersten Berliner Schulbauten, der die Abkehr vom Historismus verdeutlicht. Winkelförmig angelegt und 3geschossig mit einem stolzen Turm, trägt sie an der Straßenseite »antikische« Zusätze: Dreiecksgiebel und einen säulengetragenen Eingangsvorbau. Die Fassaden sind flächig in Verblendziegeln ausgeführt, über dem Obergeschoß durch einen Blendstreifen betont. Die großen Fenster wurden gleichmäßig über die Fläche verteilt und durch kleine Balkone andeutend rhythmisiert. Hohes, ziegelgedecktes Walmdach mit Fledermausgauben; der Turm ist über einem abgesetzten Geschoß kuppelgekrönt. GK

7 Die benachbarte **Beucke-Schule** (Beuckestr. 25) − nach dem 1. Direktor der Schule benannt − wurde 1903/04 von dem Kölner Architekten Franz Thyriot in trockenen Renaissanceformen erbaut. GK

John-F.-Kennedy-Schule (Teltower Damm 87). 8 Die deutsch-amerikanische Gemeinschaftsschule wurde 1966−70 von Harald Deilmann errichtet. Sie hat vom Programm her einen gesamtschulähnlichen Aufbau, entspricht aber in der architektonischen Durchbildung weitgehend der konventionellen Klassenraumschule: stark gegliederte, sowohl im Grundriß als auch in der Höhe gestaffelte Betonbauten, die campusartig auf das parkähnliche Gelände verstreut sind. Die Detailbearbeitung ist von gewissen modischen Einflüssen der Entstehungszeit nicht frei. − Eine spätklassizist. **Villa** innerhalb des alten Parkgeländes dient den Schülern als Clubhaus. GK

Kirchliche Hochschule Berlin (Teltower 9 Damm 120) und **ev. Kirche Zur Heimat** (Heimat 27)
Die 1955−57 von Wilhelm und Peter Lehrecke erbaute **Kirche** war nach dem 2. Weltkrieg eine der ersten Kirchen der Stadt, die einen Stilwandel anzeigten. Ein axial geordneter, rechteckiger Kirchraum mit seitlichem Zugang wird von 2 versetzten Pultdächern derart überdeckt, daß auch von der Rückseite viel Licht in den Raum fällt.

Farbfenster von Hans Jaenisch, Wandreliefs aus Gußbeton und König-David-Relief auf der Orgelempore von Waldemar Otto.

Die räumlich anschließenden Bauten der **Kirchlichen Hochschule** wurden 1961−66 errichtet: der erste Abschnitt (Bibliothek und Seminarräume) 1961/62 von W. und P. Lehrecke mit Karl Streckebach, die Hauptbauteile (Aula, Verwaltungs- und Seminargebäude) 1964−66 in schlichter, ausgefachter Skelettkonstruktion von Streckebach und Ludolf v. Walthausen.

Im Foyer des Großen Hörsaals seit 1978 eine Dietrich-Bonhoeffer-Skulptur von Alfred Hrdlicka. GK

Das **Wohnhaus Seefeld** in der Knesebeckstraße 1 (**Nr. 5**, Ecke Stubenrauchstraße), ein 2geschossiger, geputzter Backsteinbau mit hohem Ziegeldach, hat Hermann Muthesius 1904/05 über L-förmigem Grundriß errichtet. Eine Pergola führt von der Gartenpforte zum Eingang mit Eingangshof. Die Wohnräume des Erdgeschosses sind so aufeinander bezogen, daß sie eine Einheit bilden. Mit den zugehörigen Klappläden wirkt die Fensterreihe im Obergeschoß wie ein einziges Band. GK

1 Großsiedlung »Onkel Toms Hütte«
(Argentinische Allee)

Die Wohnsiedlung gehört zu den wichtigsten Baudenkmälern der 20er Jahre. Sie wurde 1926–32 in mehreren Abschnitten für die Baugesellschaft Gehag unter maßgeblicher Beteiligung von Bruno Taut, Hugo Häring und Otto Rudolf Salvisberg errichtet.

Im 1. Abschnitt entstand 1926–28 südl. des U-Bahneinschnitts (zwischen Wilski-, Riemeister- und Onkel-Tom-Straße) 745 Wohnungen, davon mehr als die Hälfte (391) in Einfamilienhäusern, überwiegend Reihen- und Doppelhäusern. 1929–32 baute man nördl. der Bahnlinie wiederum Einfamilienhäuser, dazu jedoch Geschoßhäuser, unter ihnen das lange, schwach gekrümmte Gebäude an der Argentinischen Allee, das Taut provokatorisch als »Peitschenknall« bezeichnet hat. Die rechtwinklig zur Argentinischen Allee gestellten Zeilen wurden paarweise zusammengefaßt. Das ergab nicht nur eine bewußte Rhythmisierung, sondern brachte überdies eine wirtschaftlichere Erschließung. Zukunftweisend war die Zusammenfassung der Versorgungseinrichtungen beiderseits des von Alfred Grenander erbauten →U-Bahnhofs. Die Ladenstraßen (mit Kino, heute Supermarkt) wurden 1931 von Otto Rudolf Salvisberg erbaut.

Taut hat für diese Siedlung ein genaues Farbkonzept entwickelt. »Gestaltung durch Lükken« nannte er das Vertauschen der Farben an den Stirnflächen: grün bei roten Hausreihen, rot bei grünen. Durch weiße oder hellgelbe Dachzonen wurden die verschiedenfarbigen Hauszeilen zu Einheiten zusammengefaßt. Das Tautsche Farbkonzept ist im Laufe der Jahrzehnte teilweise verdorben, in den 1980er Jahren aber korrekt wiederhergestellt worden. – Der wohnliche Charakter der Anlage wird wesentlich durch die weitgehende Schonung des Baumbestandes bestimmt. *GK*

Vor der **Sporthalle** an der Onkel-Tom-Str. 58/60 steht 12 die Gruppe der »*Ballspieler*« von Michael Schoenholtz (1969). *HB-S*

Die **Siedlung Fischtalgrund** (Am Fischtal) 13 schließt südl. an die großflächige Bebauung »Onkel Toms Hütte« an.

Sie wurde von der Baugesellschaft Gagfah 1928/29 als Versuchssiedlung unter der Leitung Heinrich Tessenows ausgeführt, vom Bauherrn auch als geistiger Kontrapunkt zur »Uniformität« der Nachbarsiedlung angesehen. Die Verpflichtung vieler Architekten, von denen keiner der Avantgarde jener Jahre zuzurechnen ist, garantierte eine weit stärkere Abwechslung als dort. Beteiligt waren Alexander Klein, Hans Gerlach, Arnold Knoblauch, Paul Mebes und Paul Emmerich, Hans Poelzig, Georg Steinmetz, Emil Rüster, Paul Schmitthenner, Heinrich Tessenow, Wilhelm Jost, Ernst Grabbe, Gustav Wolf, Fritz Keller, Fritz Schopohl, Karl Weishaupt.

Die Bauten – Gruppen-, Doppel- und Reihenhäuser – wurden durchweg als 2geschossige Putz- und Klinkergebäude ausgeführt. Die für alle Häuser einheitliche Dachneigung beträgt 45°. *GK*

Fischtalpark. Der Fischtalgrund wurde unter Ausnut- 14 zung einer vorgeschichtlichen Abflußrinne als ein Stück Landschaft mit einem Teich in der Mitte und einem vorwiegend aus Fichten und Birken bestehenden Baumbewuchs 1925–29 von Max Dietrich behutsam gestaltet. *HB-S*

Sophie-Charlotte-Straße: **Nr. 42a** hat Adolf 15 Rading 1928/29 für seinen Bruder Ernst ein kubisches **Wohnhaus** errichtet, einen Putzbau mit Flachdächern geringer Neigung. Die Eingangsseite nach N ist fast fensterlos; das Treppenhaus wird durch einen senkrechten Schlitz markiert. Fenster unterschiedlicher Formen und Größen sind nach den Erfordernissen des klaren Grundrisses knapp in die Mauerwerksflächen eingeschnitten. Das Haus – das einzige dieses Architekten in Berlin – ist durch Umbauten entstellt worden.

Nr. 7 (Ecke Schweitzerstraße) steht Heinrich Tessenows 16 eigenes **Wohnhaus** (1929/30), ein kleiner Bau bescheidener Abmessungen, der in der Detaildurcharbeitung Tessenows handwerkliche Arbeitsweise erkennen läßt. *GK*

An der Riemeisterstraße hat Paul Mebes in den Jahren 1907/08 2 **Wohnhäuser** errichtet, von denen er 17 das größere, erhaltene, doch veränderte (**Nr. 25/27**), selbst bewohnt hat. Das 2geschossige Haus **Nr. 23** besitzt ein hohes, durch Gauben unterbrochenes Walmdach, während Mebes' eigenes Haus ein Mansarddach mit Giebel zur Straße trägt; das Mansardgeschoß ist voll ausgebaut. *GK*

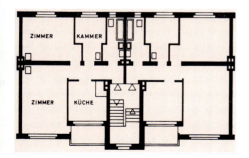

Großsiedlung »Onkel Toms Hütte«. Grundriß des Normalgeschosses einer Reihenwohnung

328 *Zehlendorf mit Schönow*

Milinowskistraße. Für den befreundeten Bildhauer Walter Schmarje, mit dem der Architekt mehrere Male zusammengearbeitet hat (so bei den Wohnsiedlungen des Beamten-Wohnungs-Vereins an der Grabbeallee in Niederschönhausen und am Fritschweg in

18 Steglitz) baute Paul Mebes 1911/12 **Nr. 12** (Ecke Schmarjestraße) ein 1geschossiges **Wohnhaus** mit ziegelgedecktem Bohlendach. Die S-Seite zeigt deutlich den symmetrischen Aufbau mit einer Loggia in der Mitte, deren 2 Säulen einen vorspringenden Balkon tragen. – Das Haus ist später zu einem Dreifamilienhaus umgebaut worden. *GK*

Eine gegenstandslose Skulptur aus Edelstahl von Volkmar Haase, »*Schwingend*«, akzentuiert die Front des

19 **Stadtbades** an der Clayallee 328. *HB-S*

20 Fischerhüttenstraße: **Nr. 106**. Das **Wohnhaus** wurde 1928 von Walter Gropius erbaut. Der kubisch gegliederte und weiß verputzte Backsteinbau mit Flachdächern spiegelt die geschachtelte Grundrißorganisation. Die Stahlfenster sind nach einer strengen Maßordnung bemessen. Die Eingangsseite im N ist fast fensterlos. Das Haus ist jetzt verändert, so daß die urspr. Bauabsicht nur noch schwer zu erkennen ist. *GK*

21 An der Hermannstraße, **Nr. 14**, hat Ludwig Mies van der Rohe 1911 das **Haus Perls** errichtet, den zweiten seiner selbständigen Bauten: ein 2geschossiger, rechteckiger, grau geputzter Baukörper mit flach geneigtem Walmdach über einer Attika. Der axiale Grundriß wird durch den Eingang an der O-Seite gestört. Das Erdgeschoß diente den Sammlungen des Hausherrn, eines Kunsthändlers. Der mittlere Raum hatte zur S-Seite eine durch 2 Pfeiler gegliederte Loggia, die heute geschlossen ist. In den 20er Jahren wurde das Haus vom Sexualwissenschaftler Eduard Fuchs bewohnt, für den Mies 1928 an der NW-Seite Museumsräume anbaute. In späteren Jahren ist der urspr. Baugedanke durch Änderungen des Architekten Peter Großmann verunklärt worden. *GK*

22 Das Haus Limastraße **Nr. 29** (Ecke Klopstockstraße) ist 1907/08 von Hermann Muthesius für Gustav v. Velsen erbaut worden. Wie beim → Wohnhaus Seefeld ein L-förmiger Grundriß mit steilem Ziegeldach und hohem Giebel zur Straßenfront. *GK*

23 Schlickweg: **Nr. 6** (Ecke Klopstockstraße) steht das Haus, das Hermann Muthesius 1912/13 für den Maler und Kunsthandwerker Alfred Mohrbutter erbaut hat, ein 1geschossiger Ziegelbau, dessen symmetrischer Aufriß im Grundriß keine Entsprechung hat. Große, breite Sprossenfenster mit kräftigem Holzwerk nehmen das Netzwerk der Backsteinfugen auf. Über der halbrunden Veranda auf der Gartenseite ein großer Balkon, der von einem breiten Dachausbau mit schwingendem Giebel zugänglich ist.

Ebenfalls von Muthesius ist das benachbarte Backsteinhaus, **Nr. 12**, klein und nur 1geschossig, auf L-förmigem Grundriß. Auch hier setzt das kräftige Holzwerk der Sprossenfenster das Netzwerk der Mauerwerksfugen fort. Einfaches Satteldach mit Pfannendeckung. An der S-Seite eine ausladende Terrasse, die in Verbindung mit der gedeckten, sonst gewöhnlich offenen Veranda steht. *GK*

An der Bogotastraße, **Nr. 15** (Ecke Goethestraße), baute Hermann Muthesius 1904/05 für den Freiherrn v. Schuckmann ein 2geschossiges **Wohnhaus** auf L-förmigem Grundriß. Grau geputzter Backsteinbau mit hohem, teilweise gebrochenem Ziegeldach, Veranden, Balkon und knapp eingeschnittenen, englisch wirkenden Fenstern. Der Eingang in der Ecke wird über einen gedeckten Altan erreicht. (Heute Altersheim.) *GK*

Die **ev. Johanneskirche** (Matterhornstr. 37–39) in Schlachtensee, 1911/12 von Georg Büttner erbaut, überträgt Formen roman. Kaiserpfalzen in den Backsteinbau und den geschlossenen, einfachen, geometrische Grundformen betonenden Umriß des späten Jugendstils. *EB-S*

Der **S-Bahnhof Mexikoplatz** (früher Zehlendorf West, dann Lindenthaler Allee) wurde 1904/05 von Gustav Hart und Alfred Lesser in Jugendstilformen errichtet. Empfangsgebäude 1- und 2geschossig; schwingende Dachformen münden in eine geschweifte Kuppel. Städtebaulicher Akzent ist der runde Uhrturm. *GK*

Siedlung »Am Heidehof« (Potsdamer Chaussee, zwischen Spanischer und Lindenthaler Allee). Zwischen 1923 und 1930 wurden von Paul Mebes und Paul Emmerich für verschiedene Bauherren (Beamten-Wohnungs-Verein und Wohnstätten-GmbH.) in mehreren Abschnitten 2geschossige Wohnhäuser errichtet. Inmitten eines Wohngebiets aus freistehenden Einfamilienhäusern entstand hier eine Gebäudegruppe in geschlossener Bauweise. Kern ist der sog. **Heidehof** (1923/24), der aus Klinkerbauten mit Satteldächern an der neugeplanten Straße und um einen annähernd quadratischen, baumbestandenen Platz dieses Namens gebaut wurde. Die Architekten bedienten sich bei diesen Bauten noch traditioneller Formelemente: spitzbogige Lauben und Durchgänge, farbige Fensterläden, Haustüren, die barocke Vorlagen abwandeln. *GK*

Das 1989 restaurierte **ehem. Düppeler Herrenhaus** (Königsweg 50; jetzt **Mensa** des Tierklinikums Düppel und veterinärmedizinischer Institute der Freien Universität) ist ein 1geschossiger langgestreckter Fachwerkbau (um 1830) mit einem 1855 angefügten 3geschossigen Kopfgebäude im Schweizer Stil. Dazu gehört die 1838 errichtete **Brennerei**, ein charaktervoller Backsteinbau. *HB-S*

Schönow

Das Dorf mit dem Kern Alt-Schönow, einer vom Teltower Damm kurz vor der Stadtgrenze nach W abgehen-

den Straße, wurde 1299 erstmals erwähnt, als Markgraf Hermann es dem Bischof von Brandenburg abtrat. 1624 gab es in dem inzwischen wieder kurfürstlichen Besitz 8 Bauern und einen Kossätenhof. 1802 zählte das Dorf 98 Einwohner. 1894 wurde Schönow mit damals 589 Einwohnern Zehlendorf eingemeindet. HB-S

Der dörfliche Charakter zeigt sich außer in der breiten, mit schönen Bäumen bestandenen Dorfstraße und der relativ wenig bebauten Umgebung nur noch in 2 **Höfen** Alt-Schönow **1a** und **10**. – Von hier hat man einen reizvollen Blick auf das südl. vor der Berliner Stadtgrenze liegende Städtchen **TELTOW**, die für Schönow zuständige Pfarrei, mit der 1810–12 von Schinkel erbauten **Kirche**. HB-S

Die 1961 von Frei Otto und Ewald Bubner erbaute **ev. Schönow-Kirche** (Andréezeile 21) hat die Form eines Zeltes mit verglasten Giebeln. GK

Dahlem

Vermutlich gründeten die Askanier das Angerdorf im 1. Drittel des 13. Jh. 1275 übernahm das Stift Coswig das Patronat der Kirche. Seit dem 14. Jh. ist das Dorf Besitz der Familie v. Milow, seit 1484 der Familie v. Spil, die 1540 den bis dahin Spilsee genannten Grunewaldsee an Kurfürst Joachim II. verkauft und damit die Voraussetzung für die Anlage des Jagdschlosses Grunewald schafft. 1671 erwirbt Cuno Hans v. Wilmestorff Dahlem, das bis 1799 im Besitz von dessen Nachkommen bleibt. Nach mehrmaligem Besitzwechsel kauft 1841 der preußische Domänenfiskus das Dorf. Seit der Aufteilung der Domäne 1901 siedeln sich hier mehrere wissenschaftliche Institute an und werden relativ anspruchsvolle Wohnbauten nach einem vorausschauenden Plan errichtet. Zum Bezirk Zehlendorf und damit zu Berlin gehört Dahlem seit 1920. 1577 wohnten 5 Bauern und 4 Kossäten in dem Dorf. Von 1801 bis 1856 stieg die Einwohnerzahl von 86 auf 174 und bis 1929 auf 12000. HB-S

Der alte Ortskern mit Dorfanger – darauf ein **Eiskeller** von 1709 – im Zuge der Königin-Luise-Straße mit **Kirche**, **Dorfkrug** und dem **Herrenhaus** ist relativ gut erhalten. HB-S

Auf dem Dorfanger steht in etwas kleinlich-steifen Formen das 1926 von Hermann Hosaeus geschaffene *Kriegerdenkmal* (Kunststein). HR

Ev. St.-Annen-Kirche (Pacelliallee/Königin-Luise-Straße). Das 1schiffige, auf einem Feldsteinsockel aus Backsteinen errichtete Langhaus wird in das 14. Jh., von manchen Forschern auch schon um die Mitte des 13. Jh. datiert. 2 Fenster in der N-Wand und ein vermauertes in der S-Wand sind noch rundbogig, das W-Portal und ein vermauertes S-Portal ha-

ben Spitzbogen. Der Chor mit ⁵/₈-Schluß entstand am Ende des 15. Jh. und verrät einen Reflex der Chorbauten von St. Nikolai in Spandau und Berlin auf die bescheidene Dorfkirche. Später wurde an der N-Seite ein seit 1906 als Sakristei benutzter Gruftanbau hinzugefügt. Den Dachturm von 1781 hat man 1832–49 als Relaisstation der optischen Telegrafenlinie Berlin–Koblenz benutzt, danach, 1850, mit einem neuen Aufsatz versehen, der 1953 nach den Kriegszerstörungen (1945) vereinfacht rekonstruiert wurde. Das urspr. flach gedeckte Langhaus wurde erst um 1670 in Fortführung des schönen Kreuzgewölbes im Chor eingewölbt.

Die Wandvorlagen für die Langhauswölbung haben einige (1893 aufgefundene und mehrfach restaurierte) *Fresken* mit Szenen aus dem Leben Christi und der hl. Anna wohl vom Ende des 14. Jh. teilweise überdeckt. Von der spätgot. Ausstattung stammt der *Schnitzaltar* (Anf. 16. Jh.) mit der hl. Anna selbdritt zwischen den hll. Ursula und Nikolaus; auf den Flügeln die hll. Katharina, Barbara, Agnes und Lucia, darunter Petrus, Paulus, Johannes und Jacobus. Die *Kreuzigung* an der S-Wand, aus der Klosterkirche stammend und um 1485 gemalt, wird dem *Meister des Totentanzes* in der Marienkirche zugeschrieben. *Kanzel* von 1679. An den Chorwänden 3 Grabplatten für 1711, 1714 und 1720 gestorbene Mitglieder der Familie Wilmestorff. Moderne Fenster an der S-Wand von Hermann Kirchberger (1951) und Peter Ludwig Kowalski. HB-S

St.-Annen-Friedhof (Königin-Luise-Str. 55). Auf der N-Seite der Kirche das ausdrucksvolle Steinmal für den 1918 gefallenen Sohn des Agrarwissenschaftlers Max *Sering*: ein zusammenbrechender Krieger, aus einem schmalen Kalksteinblock gemeißelt von E. Wenck. – Vor der Mitte der nördl. Mauer das Erbbegräbnis des Schminkefabrikanten *Joh. Ludw. Leichner* (✝ 1912) in Form einer gigantischen dorischen Tempelanlage aus rotem poliertem schwedischem Granit, mit Tumba, Bänken und Kranzpfeilern aus demselben anspruchsvollen Material. – Nahe der westl. Mauer ein Grabstein von originellem Umriß für den Goldschmied *Josef Wilm* (1880–1924) von Otto Hitzberger und Ludwig Gies. – In der Nähe, auf dem Grab des Bildhauers *Max Unger* (1854–1918), seine Mädchenfigur von 1905, ein lautespielendes Engelsgeschöpf auf rotem poliertem Granitsockel, einst unter einem Rosenbogen kniend. An der W-Mauer (auf der Grabstelle *Britzke*) eine schöne Kalkstein-Liegefigur, Trauernde von Lewin-Funcke. – Die schlichte steinerne Grabplatte für *August Gaul* (1869–1921) war einst mit 3 kleinen bronzenen Eidechsen, Werken seiner Hand, besetzt – ein dem bescheidenen Wesen des großen Tierbildhauers feinsinnig zugedachtes Grabmal (nahe der Eiche im rückwärtigen linken Teil). – Am 2. Querweg links, auf dem Grab des jung (1928) verstorbenen *M. E. v. Simson*, erhebt sich eine Kalksteinstele mit dem Relief eines forteilenden, die Eltern zurücklassenden Jünglings, ein für den antiken Geist wie für die sichtbar gelassene Meißelarbeit charakteristisches Werk von Th. Georgii. *HR*

Für die Kirchengemeinde Dahlem baute Heinrich Straumer 1910 an der Pacelliallee 61 als **Pfarrhaus** (heute »**Martin-Niemöller-Haus**«) ein 2geschossiges Backsteinhaus auf winkelförmigem Grundriß, das mit hohen Satteldächern gedeckt ist. Die Giebel sind teilweise mit Holz verschalt. Für Straumer charakteristisch sind die bündig sitzenden Sprossenfenster, die als weißes Netzwerk das ziegelrote Mauerwerk akzentuieren. Die Anlehnung an norddeutsche Backsteinbauten ist offensichtlich. *GK*

Das **ehem. Herrenhaus** am N-Rand des Dorfangers (Königin-Luise-Str. 49) ist 1680 unter Einbeziehung von Teilen eines Vorgängerbaues, von dem noch eine spätgot. *Kapelle* vorhanden ist, für Cuno Hans v. Wilmestorff in kargem Barock erbaut worden. Der 2geschossige Bau besitzt einen Giebel noch mit Renaissanceanklängen, auf der Hofseite einen Vorbau mit Eckquaderung und Dreiecksgiebel und im Inneren Reste von Stuckornamentik. Das 1913 geschickt nach W erweiterte Haus ist jetzt mit den Wirtschaftsgebäuden ein **Museum (Domäne Dahlem)**, das Leben und Arbeit auf einem märkischen Gutshof seit der Mitte des 19. Jh. dokumentieren will. *HB-S*

Im **Geheimen Staatsarchiv Preußischer Kulturbesitz** (Archivstr. 12–14), 1914–24 von Eduard Fürstenau, steht am Aufgang der Treppe die Marmorbüste des ehem. Direktors *Karl Georg v. Raumer* (1753–1833) von Karl Wichmann (1825). *HR*

U-Bahnhöfe der Zehlendorfer Strecke (Linie 2)

Die U-Bahnhöfe sind in ihrem *ersten Abschnitt* (1913) in einer Bauweise errichtet worden, die dem villenartigen Charakter der Ortsbebauung entspricht. Die Bahn wird hier offen im Einschnitt geführt. Der **Bahnhof Podbielskiallee** wurde von Heinrich Schweitzer erbaut, der **Bahnhof Dahlem-Dorf** mit einem Empfangsgebäude in Fachwerk von den Brüdern Hennings und der **Bahnhof Thielplatz** von Heinrich Straumer. Die Hallen der beiden letztgenannten Bahnhöfe sind innen mit keramischen Platten verkleidet.
Die Bahnhöfe der 1927/28 gebauten *Verlängerung* bis Krumme Lanke stammen von

Friedrich Hennings (**Oskar-Helene-Heim**) und Alfred Grenander (**Onkel Toms Hütte** und **Krumme Lanke**). Am Bahnhof Onkel Toms Hütte gelang Grenander der Ausbau zu einem Versorgungszentrum innerhalb des von Otto Rudolf Salvisberg erbauten Wohnblocks: Links und rechts liegen 2 Ladenstraßen. *GK*

Museum Dahlem (Arnimallee 23–27, Lansstr. 8; Lageplan S. 424)

Das Museumsgebäude an der Arnimallee wurde 1914/1921 auf Betreiben Wilhelm v. Bodes, des Generaldirektors der Berliner Museen, von Bruno Paul erbaut. Beabsichtigt war, an dieser Stätte das Asiatische Museum unterzubringen; darauf war die Konzeption zugeschnitten. So wurde eigens ein Saal zur Aufnahme der 45 m breiten Steinfassade des Wüstenschlosses Mschatta vorgesehen, die dann aber Anfang der 30er Jahre im Vorderasiatischen Museum auf der Museumsinsel aufgestellt wurde.

Gefordert wurde von Bode als dem eigentlichen Bauherrn die Anordnung in nur 2 Stockwerken, darüber hinaus »innen wie außen möglichste Einfachheit«. Die ehrenhofartige Anlage hat in der Mitte eine 5achsige, hervorgehobene Portalgruppe erhalten, die durch 6 hohe Säulen eine gewisse Betonung erfährt. Von der urspr. Planung Bruno Pauls, die eine große, symmetrische Anlage beiderseits der Arnimallee vorsah, ist nur ein geringer Teil ausgeführt worden.

Nach seiner Fertigstellung wurde der Bau nicht als Museum benutzt, sondern als Magazin des Völkerkundemuseums. Erst bei der Rückführung der nach Westdeutschland ausgelagerten Museumsbestände nach dem 2. Weltkrieg wurde er provisorisch als Museum eingerichtet, in dem zunächst fast allen staatlichen Museen einige Räume zugewiesen wurden.
Seit Anfang der 60er Jahre wurden nach mehreren verworfenen Versuchen und Vorentwürfen bis 1970 von Wils Ebert und Fritz Bornemann (seit 1965 beteiligt) Erweiterungsbauten errichtet (Zugang: Lansstr. 8, nahe dem U-Bahnhof Dahlem-Dorf).

Die Neubauten schließen sich an die rückwärtigen seitlichen Flügelbauten des Gebäudes von Bruno Paul an und umstehen 2 Innenhöfe. Der langgestreckte Flügel an der Lansstraße ist um die zu dieser Straße vorspringende Eingangshalle und seitlich (SW, NO) um Pavillonbauten erweitert. Die Eingangshalle dient als »Verkehrsteiler«, gleichzeitig der Information und im rückwärtigen Teil als »Markt« mit Verkaufsständen; ihr Obergeschoß nimmt einen Sonderausstellungssaal auf, der den einzelnen Museen

Zehlendorf: Dahlem. Museum Dahlem. Freie Universität 331

für besondere Gelegenheiten zur Verfügung steht. – Die Bauten sind von einer zurückhaltenden, etwas starren Architektur, deren Aufgabe allein darin besteht, die Sammlungsgegenstände zur Geltung zu bringen, und nicht, sich selbst als Architekturwerk aufzudrängen. Wert gelegt ist hauptsächlich auf die »Inszenierung«, bei der die gezielte Anwendung künstlichen Lichtes ausgiebig genutzt wird. Der lange Flügel an der Lansstraße (Mittelamerika, Südasien, Skulpturengalerie) hat wandhohe Fenster, deren Tageslichteinfall gedämpft wird; die übrigen Bauteile sind voll auf Kunstlicht eingerichtet. Die Sonderausstellungshalle wird über Sheddächer durch Oberlicht beleuchtet.

Z. Z. sind im Altbau und in dem einige Jahre später zugefügten Erweiterungsbau nur noch die **Gemäldegalerie**, die **Skulpturengalerie**, das **Kupferstichkabinett** und Teile des **Völkerkundemuseums** untergebracht. Der Neubau teil beherbergt die weiteren Teile des **Völkerkundemuseums** und (interimistisch) der **Skulpturengalerie**, ferner die **Museen für Indische, Islamische** und **Ostasiatische Kunst.** – Zu den Museumsbeständen → S. 424 ff.

Nach Fertigstellung der neuen Museen am Tiergartenrand wird der gesamte Dahlemer Komplex ausschließlich den Sammlungen der Völkerkunde und den Zeugnissen der außereuropäischen Hochkulturen zur Verfügung stehen. *GK*

Auf der Rasenfläche an der Arnimallee hat man die einansichtig konzipierte *Kentaurengruppe* von Reinhold Begas (1881, 1886 gegossen) aufgestellt. Das komplizierte Bewegungsmotiv des schönen Kentauren, der »ein nacktes Weib zum fröhlichen Ritte aufsitzen« läßt, wobei »sein menschlicher und sein tierischer Teil mit gleichem Eifer behilflich sind« (A. G. Mayer 1901), wäre nach unserem Geschmack als Kleinbronze erträglicher. Aber das Naturpathos der Böcklin-Zeit wollte ja gerade das »lebendige« Gegenüber – und so hat man für die Anlagen im Zoo um 1900 eigens eine Zweitfassung in Marmor in Auftrag gegeben.

An der Ecke Arnimallee/Fabeckstraße steht die in pathetischem Neubarock sich gebärdende Gruppe »*Herkules mit dem Nemeischen Löwen*« von Max Klein (1879, Bronze), in der sich die herkulische Kraft unter dem Zwang naturalistischer Gestaltungsweise in einer Verknäuelung kundtut, die nicht einmal mehr das Antlitz des Helden zeigt (einst im Wannsee-Garten des Kommerzienrats Arnhold). *HR*

Freie Universität Berlin

*Die Freie Universität (FU) wurde 1948 durch Auszug von Professoren und Studenten aus der traditionellen (Humboldt-)Universität Unter den Linden gegründet. Zunächst wurden ihre Institute, Lehrstühle und Verwaltungsräume provisorisch untergebracht, hauptsächlich in Dahlemer Villen. Eine Spende der Henry Ford Foundation ermöglichte 1951 einen Wettbewerb für die ersten eigenen Uni-*versitätsbauten, in dem die Arbeit der Architekten Franz Heinrich Sobotka und Gustav Müller den ersten Preis erhielt. Diese Bauten waren bis 1955 fertiggestellt.*

Henry-Ford-Bau der FU (Garystr. 35, Ecke 38 Boltzmannstraße). Der Komplex enthält das **Auditorium maximum**, weitere *Hörsäle* und *Seminarräume* (einschließlich des *Collegium musicum*) sowie das **Rektorat** und in einem besonderen Gebäudeteil (Garystr. 39) die **Universitätsbibliothek**, durch die Harnackstraße vom Auditoriumsbau getrennt, jedoch durch ein 2geschossiges Brückenbauwerk damit verbunden. Die frei gruppierte Anlage des Auditoriumsbaues wird durch eine 2seitig verglaste Halle an der Boltzmannstraße erschlossen; eine Freitreppe führt zur Galerie. Die geschwungene Rückwand ist mit rauh behandeltem Nagelfluh verkleidet. Der 9geschossige Bibliotheksturm ist nachträglich erweitert worden. *GK*

Gegenüber dem Henry-Ford-Bau an der Garystraße entdeckt man hinter dem Gartenzaun des **ehem. Instituts** 39 **für Zellphysiologie** (1935/36; jetzt Archiv und Gästehaus der Max-Planck-Gesellschaft) das *Denkmal für Emil Fischer* (1852–1919), eine Rekonstruktion in Bronze von Richard Scheibe (1952) nach der verlorengegangenen Kalkstein-Sitzfigur des Chemikers von F. Klimsch, die dieser 1921 im Auftrag der IG-Farben für den Luisenplatz geschaffen hatte. Die problematische Übertragung in Bronze, da u. a. die Oberfläche das Belebende des Natursteins fehlt, die angesichts der Monumentalmaße viel zu niedrige Sockelung und die Aufstellung zwischen einer kleinen Lindenpflanzung im Villengarten gibt dem einst groß erdachten Denkmal einen monströsen Zug. *HR*

Die **Mensa I der FU** (Van-t'Hoff-Str. 6) liegt 40 am östl. Ende des Dahlemer Grünzuges, dessen westl. Zipfel durch den Henry-Ford-Bau markiert wird. Sie wurde als erster Neubau der FU 1952 schon vor diesem von Hermann Fehling und Peter Pfankuch errichtet, ein rechteckiger, 3geschossiger und verglaster Stahlbetonbaukörper mit vorspringendem 1. und terrassiertem 2. Obergeschoß. Im Erdgeschoß liegen Aufenthalts- und Wirtschaftsräume, im 1. Obergeschoß Küche und Speisesaal, im 2. Obergeschoß eine Dachterrasse und ein zweiter Speisesaal mit Restaurationsbetrieb. 1975 wurde der Bau von Fehling und Daniel Gogel im Küchen- und Speisesaalbereich erweitert. *GK*

Vor dem Gebäude des **Juristischen Fachbereichs** (Van- 41 t'Hoff-Str. 8), nordwestl. der Mensa, steht eine die Körperformen stark vereinfachende Skulptur »*Torso*« von Karl Hartung (1953/54). *HB-S*

332 *Zehlendorf: Dahlem. Freie Universität. Parks*

42 Das **Institut für Pflanzenphysiologie der FU** (Königin-Luise-Str. 12–16a) wurde – in enger Nachbarschaft zum N-Eingang des Botanischen Gartens – 1972 von Wassili Luckhardt erbaut. Es besteht aus dem Hauptgebäude (mit Lehr- und Forschungsteil), einem Trakt mit Werkstätten und Hausmeisterwohnung und den Gewächshausanlagen. Überwiegend Stahlbetonskelettbau. Der Flachbau (Lehrteil) schiebt sich unter dem auf Ständern stehenden Hochbau (Forschungsteil) hindurch. Der Eingangshalle zugeordnet ist ein Lichthof mit einem großflächigen Mosaik an der Rückwand (Entwurf: Hedja Luckhardt-Freese). Von der Halle zugänglich ist der große Hörsaal, der rückwärts (zur Altensteinstraße) besondere Ausgänge besitzt. Über die gewendelte Haupttreppe gelangt man von der Eingangshalle in das Obergeschoß mit den der Forschung dienenden Räumen. Die Außenwandflächen sind mit Eternit-Glasalplatten belegt; die Wände des Obergeschosses haben eine Vorhangfassade mit 1,75-m-Raster erhalten. *GK*

43 Im geschützten Innenhof beim **Institut für Physiologie** (Arnimallee 22) fand eine Marmorfigur von Richard Scheibe, Ehrenbürger der FU, ihre Aufstellung, ein *Weiblicher Akt* (1958). *HR*

44 Die **Institutsbauten für die Geisteswissenschaften der FU** (Habelschwerdter Allee 45, bei der Einmündung in die Thielallee) waren ein erster Versuch, nach den systemlosen und zufälligen ersten Bauten für die Freie Universität einer planmäßigen Entwicklung gerecht zu werden (die Studentenzahlen haben sich in 25 Jahren mehr als verzwölffacht; begonnen hatte man 1948 mit 2140 Studenten). In einem 1963 ausgeschriebenen internationalen Wettbewerb wurde der Entwurf der Pariser Architektengruppe Candilis-Josic-Woods, die mit Manfred Schiedhelm zusammengearbeitet hat, preisgekrönt: ein netzartiges System, das in 2 Geschossen durch 4 lang hindurchlaufende Verkehrswege erschlossen wird und weitgehende Mobilität erlaubt, um den sich ändernden Ansprüchen gerecht zu werden. 1965 erging der Auftrag zur Planung des 1. Abschnitts, der etwa ein Drittel der Gesamtanlage umfaßt. In Zusammenarbeit mit dem französischen Konstrukteur Jean Prouvé und der Firma Krupp wurde ein Bausystem aus Stahlelementen entwickelt, dessen hervorstechendes Kennzeichen die Außenverkleidung aus Corten-Stahl ist – einem Baustoff, der dem Gebäude im Volksmund schnell die Bezeichnung »Rostlaube« gegeben hat. 1967 begonnen, war 1973 nach vielen Schwierigkeiten technischer, wirtschaftlicher und administrativer Art der 1. Bauabschnitt abgeschlossen. Der 2. Bauabschnitt (1972–79) erhielt wegen seiner hellen Aluminiumverkleidung den Spitznamen »Silberlaube«.

Das Gebäude der **Institute für Organische** 45 **und für Physikalische Chemie** (Takustr. 3), 4flügelig mit Innenhof, ist 1975–78 von Kiemle, Kreidt und Partnern erbaut worden in Weiterentwicklung des Candilisschen Prinzips. – Henning Larsen hat den 2teiligen Bau des **Fachbereichs Physik der FU** (Arnimallee 46 14) errichtet, deren Teile beiderseits der Straße durch 2 Brücken verbunden sind.

Von Manfred Schiedhelm stammt die großzügig verglaste Anlage der **Erziehungswissen-** 44 **schaftlichen Bibliothek** (Kiebitzweg 16), 1981–84 erbaut, eine kompakte Anlage mit Innenhof und Oberlicht, gern als »Gewächshaus« bezeichnet. – Hinrich und Inken Baller haben 1982/83 die **Bibliothek des Philoso-** 44 **phischen Instituts** (Habelschwerdter Allee 30) in bewegten Formen errichtet. *GK*

1981–85 wurde im Bereich der Universitätsgebäude eine Anzahl von *Skulpturen* zeitgenössischer Berliner Künstler (Karlheinz Biederbick, Dietrich Ebert, Rolf Lieberknecht, Georg Seibert, Sutee Tongbragob-Strobel, Klaus Duschan, Josef Erben, Rolf Szymanski, Gerald Matzner, Barna v. Sartory, Erich Wiesner und Heiner Kuckuck) ohne formalen und gegenständlichen Bezug zum Ort aufgestellt. *HB-S*

Parks

Unweit erstreckt sich ein langgezogenes, bis zum Grunewald reichendes Parkgelände, das im N aus dem **Schwarzen Grund**, entworfen von Heinrich Schweitzer, 47 im S aus dem **Thielpark** und jenseits der Thielallee aus 48 dem **Triestpark** besteht. Die Anlage geht auf Hermann 46 Jansen (1911–15) zurück, wurde ab 1920 durch Emil Schubert und 1930–34 durch Max Dietrich umgestaltet. Im Thielpark gegenüber dem U-Bahnhof ein augenförmig behauener Stein (Muschelkalk) »Sonne« von Herbert Baumann (1961/62).

Von der Garystraße erstreckt sich parallel zur Clayallee nach S der 1935–39 von Max Dietrich geschaffene **Dreipfuhlpark**. *HB-S* 5

An der F a b e c k s t r a ß e, **Nr. 48**, hat der Architekt Wassili Luckhardt 1957 sein eigenes, ebenerdiges **Wohnhaus** erbaut. Sichtbares Bruchsteinmauerwerk, mit einer langen, weiß geputzten Gesimsplatte. Großflächige, bis zum Boden reichende Scheiben verbinden die Wohnräume mit der Terrasse und dem Garten. Klar gegliederter Grundriß, der eine Trennung in Wohn- und Büroteil zuläßt. – Im Garten *Skulpturen* von Karl Hartung. GK

Schorlemerallee: **Nr. 7–11** (Ecke Spilstraße) haben Hans und Wassili Luckhardt mit Alfons Anker 1927 vier 2- und (im N) 3geschossige **Einfamilienhäuser** in Stahlskelettbauweise errichtet, die u.a. von den Brüdern Luckhardt selbst, der Schriftstellerin und Filmautorin Thea v. Harbou und dem Regisseur Fritz Lang bewohnt wurden. Die glatten, kubischen Baukörper mit weißem Putzbewurf erinnern an Bauten und Entwürfe von Le Corbusier. Klar und übersichtlich disponiert die Grundrisse, die ihre Eignung für eine Serienproduktion der Häuser – die tatsächlich in der Intention der Architekten lag – erkennen lassen.
Die benachbarten **Reihenhäuser**, **Nr. 13–23**, sind ebenfalls von Hans und Wassili Luckhardt mit Alfons Anker 1925 in 2 gestaffelten Reihen zu je 6 Häusern erbaut. An den kubischen, kräftig gegliederten und weiß geputzten Baukörpern sind die Pfeiler der übereck angeordneten Fenster, die Balkonabdeckungen, die Sohlbänke und das Hauptgesims durch Ziegelschichten hervorgehoben. Die Häuser sind, im Krieg stark zerstört, beim Wiederaufbau verändert worden.

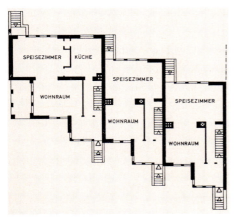

Wohnhäuser Schorlemer Allee 13–23.
Grundriß der halben Reihe

An der gegenüberliegenden Straßenseite, **Nr. 12–12c**, haben die gleichen Architekten 2geschossige **Reihenhäuser** in Stahlskelettbauweise errichtet. Die Fenster sind zu waagerechten Bändern zusammengefaßt; weit vorspringende Trennscheiben aus Glasbausteinen gliedern die Häuserreihe an der Straßenseite. GK

Das **Wohnhaus** Am Erlenbusch **14a** hat Walter Gropius 1933 erbaut, ein 2geschossiges, geputztes Haus mit flachem Dach und Fenstern, die zu breiten Bändern zusammengezogen sind. Klarer Grundriß mit großem Wohnraum, das Dach über dem 1geschossigen Eßraum als Terrasse ausgebildet. GK

An der Peter-Lenné-Straße, **Nr. 1–3**, bauten die Architekten August Dinklage, Ernst Paulus und Olaf Lilloe 1915/16 ein großes 2geschossiges **Wohnhaus** über U-förmigem Grundriß für den Kaufmann Adolf Heidenreich. Die repräsentative Anlage bildet zur Straße hin einen Ehrenhof. Das Haus hat später vielen Zwecken gedient – als Hotel, als politische Dienststelle – und wird jetzt von einer Loge genutzt. GK

Deutsches Archäologisches Institut (Peter-Lenné-Str. 28–30, Ecke Drygalskistraße)
Das Gebäude ist 1911/12 von Peter Behrens als Wohnhaus für Theodor Wiegand, Direktor der Antikenabteilungen an den Berliner Museen, errichtet worden.
Der Bau zeigt starke Anlehnung an die Formensprache des Klassizismus. Der Grundriß ist streng auf die von der offenen Vorhalle ausgehende Achse ausgerichtet, die gleichwohl nicht die Mittelachse des Gebäudes ist. Die Einzelheiten sind auf stereometrische Grundformen reduziert, die an Entwürfe der französischen »Revolutionsarchitektur« und den Berliner Gilly-Kreis um 1800 erinnern. Das 2geschossige Haus aus Kirchberger Muschelkalk erhielt in den 70er Jahren einen Erweiterungsbau im Garten, errichtet von der Bundesbaudirektion. GK
Erhalten sind von der Innenausstattung Möbel nach Entwürfen von Peter Behrens für Bibliothek, Eßzimmer und Teesalon wie auch die antikisierende Vertäfelung des Treppenhauses. In der Eingangshalle fanden farbig gefaßte Boiserien des Rokoko aus Istanbul ihren (zum klassischen Stil des Hauses schwerlich passenden) Platz. Unter den antiken Sammlungsstücken sind ein hellenistisches bukolisches Relieffragment, eingemauert in der großen Pergolawand des Gartens, und 3 spälthellenistische Grabreliefs bes. zu nennen.
Im Garten stehen eine Marmorstatue des *Trajan*, eine Tonstatue »*Eirene*« der Marchschen Fabrik und der bronzene »*Bocciaspieler*« von Freund.
Das Institut pflegt mit der Reihe von Porträtköpfen namhafter Archäologen bis in die jüngste Zeit die Tradition: außer der Monumentalbüste J. J. Winckelmanns (Gips; Döll) die Bildnisse von K. Bittel (Wimmer), E. Boehringer (Zschokke), E. Buschor (Luttner), A. Conze (Klimsch), W. Dörpfeld (Isenstein), L. Curtius (Fiedler), A. v. Gerkan (Fiedler), Th. Wiegand (Blümel) u.a. – Einige Gemälde des 18. und 19. Jh. mit Themen klassischer Landschaften und Architektur, darunter Hackerts große Ansicht des Astronischen Kraters der Solfatara bei Neapel schmücken die Wände des Saales.
Im Archiv werden Bleistiftzeichnungen griechischer Landschaften von Otto Magnus v. Stackelberg um 1810 und das sog. Rechberg-Album bewahrt: 100 aquarellierte Veduten von dem russischen Maler J. M. Karnejeff von einer Reise von Konstantinopel nach Korfu mit dem Grafen Carl v. Rechberg 1804/05. HR

An der Paccelliallee ist **Nr. 18/20** (Ecke Im Dol) ein Werk von Hermann Muthesius (1911/12), das bruch-

334 _Zehlendorf: Dahlem. Wohnhäuser. Brücke-Museum. Jagdschloß Grunewald_

steinverkleidete, 2geschossige **Wohnhaus Cramer** mit hohem Satteldach, dessen Mittelachse ein Zwerchgiebel betont. 2 symmetrisch angeordnete, halbrunde Erkervorbauten münden im ausgebauten Dachgeschoß in Balkone. Westl. angeschlossen liegt der Wirtschaftsflügel. – Der Dachstuhl ist nach dem 2. Weltkrieg abgebrannt; die Giebel sind nachträglich abgerissen worden. Nachdem dem Haus totaler Abriß drohte, konnte es Mitte der 70er Jahre durch Wiederherstellung für Universitätszwecke gerettet werden. – Auch den **Garten** (wiederhergestellt) hatte Muthesius entworfen. _GK_

58 Auch das **Wohnhaus** B e r n a d o t t e s t r a ß e **56/58** ist ein Bau von Hermann Muthesius (1906), 2geschossig, verputzt und mit steilem Biberschwanzdach. Hinter dem lebhaft gegliederten, doch gezügelten Umriß verbarg sich eine konventionelle Folge schöner Wohnräume, wie sie den großbürgerlichen Wohnvorstellungen jener Jahre entsprach. Muthesius' englische Erfahrungen sind sichtbar eingeflossen. Der nördl. Anbau enthielt Wirtschafts- und Personalräume. (Das Haus ist um 1970 im Inneren stark verändert worden, so daß der alte Grundriß nicht mehr zu erkennen ist. Es nimmt jetzt 6 Wohnungen auf.) _GK_

59 Das **Wohnhaus** C l a y a l l e e **34 – 38** wurde 1924/25 von Bruno Paul erbaut als 2geschossiger Backsteinbau mit gestaffeltem, schiefergedecktem Walmdach, in dessen Staffelung spitzgiebelige Dachfenster angebracht sind. Dem symmetrischen Aufbau der Fassaden entspricht der freier gestaltete Grundriß nur wenig. An der NO-Ecke ist in spitzem Winkel zum Baukörper eine Veranda herausgeschoben, die nach O und SO offen ist. Die 3 Fenster des in der Mitte des Erdgeschosses liegenden Wohnraums sind als Fenstertüren zum Garten ausgebildet. _GK_

60 **Brücke-Museum** (Bussardsteig 9). Das Museumsgebäude von Werner Düttmann (1966/ 1967) paßt sich hervorragend der Landschaft des Grunewaldrandes an. In dem bescheidenen, 1geschossigen Bau mit schimmernden Sichtbetonwänden am Eingang gruppieren sich 3 Ausstellungsräume um einen Innenhof. Links von der Eingangshalle liegen ein Graphisches Kabinett und Verwaltungsräume. An den Gelenkstellen der Räume finden sich seitenlichtartige, bis zum Boden reichende Fenster; die weiß gestrichenen Wände der Ausstellungsräume sind durch Oberlichter blendfrei so erleuchtet, daß den Bildern die Fülle des Tageslichts zukommt, während die Besucher in einer relativen Dämmerzone bleiben. (Zu den Sammlungsbeständen → S. 422.)

Auf dem gleichen Grundstück steht noch jenes »gigantische« **Atelier**, das einst dem Bildhauer Arno Breker für seine Arbeiten zur Förderung eines staatlich gewünschten »Heroenkults« im Dritten Reich zur Verfügung stand. _GK_

Im 1932 von Heinrich Schweitzer angelegten **Waldfriedhof Dahlem** (Hüttenweg 47) liegen die mit schlichten Steinen bezeichneten Gräber von _Renée Sintenis_ (1888–1965) [24 B 12], _Gottfried Benn_ (1886–1956) [27 W 31], _Heinrich Tessenow_ (1876–1950) [28/173], _Karl Schmidt-Rottluff_ (1884–1976) [10 E 11] und _Carl Hofer_ (1878–1955) [16 F 2]. – Nahe der Kapelle die Bronzestatue »_Eva_« von Rudolf Bosselt (1913). _HR_

61

Jagdschloß Grunewald
(am Grunewaldsee, Nähe Hüttenweg)

62

Kurfürst Joachim II. von Brandenburg, der das Berliner Stadtschloß neu errichtete, war ein Liebhaber der Jagd und legte um seine Residenz einen Kranz von Jagdhäusern an. Aus ihnen entstanden Schlösser wie die in Köpenick und Potsdam; Grunewald ist das am vollständigsten erhaltene ehem. Jagdhaus dieser Art. Wie die Inschrift unter einem Relief am Eingang besagt, wurde es 1542 gebaut und »zum grünen Wald« benannt. Sein Name Grunewald bürgerte sich mit der Zeit für das Waldgebiet ein, das offiziell »Spandauer Forst« hieß.

Der Grundriß des 3geschossigen Baues besteht aus einem Rechteck, dem zum Hof hin in der Mitte ein 2geschossiger Vorbau, zum See hin 2 quadratische turmartige Trakte angefügt sind, so daß auf der Seeseite eine bescheidene 3-Flügel-Anlage entsteht. Im östl. Winkel zwischen Vorbau und Hauptbau steht ein polygonaler Treppenturm, der aber nur zu einem Teil aus dem Körper des Hauptbaues hervortritt. Vom Hof her gesehen staffelt sich die Anlage nach hinten in die Breite und in die Höhe, ein Eindruck, der durch den Fond der mächtigen Buchen hinter dem Schloß verstärkt wird. Urspr. war der Bau vorn und seitlich von einem Wassergraben umgeben und lag unmittelbar am See, dessen Spiegel erst um 1900 gesenkt wurde. Eine Zugbrücke führte vom Vorbau zum Hof.

Für das Aussehen des Renaissancebaues gibt es nur vereinzelte Hinweise. Die mit Butzenscheiben verglasten Fenster waren kleiner und von den charakteristischen Sandsteinfaschen eingerahmt, wie sie v. a. noch am Vorbau und am Treppenturm erhalten sind. Das Dach hatte Giebel. Heute ist die ä u ß e r e Erscheinung des Schlosses mit einem (1963 wiederhergestellten) weißen Putz, der Bänderung im Erdgeschoß und dem Mansarddach wesentlich durch den barocken Umbau bestimmt, der 1669 begann und nach längerer Unterbrechung und bei schleppender Bauführung erst 1707 unter Friedrich I. zum Abschluß kam. Damals wurden auch die meisten Fenster ver-

Jagdschloß Grunewald. Hof

größert. Eine Bauperiode am Ende des 16. Jh., ca. 1580–93 unter dem Kurfürsten Johann Georg, ist durch Akten belegt; was, nun unter der Aufsicht des Baumeisters Graf Rochus v. Lynar, ausgeführt wurde, läßt sich nicht feststellen. Wahrscheinlich sind damals die N e b e n g e b ä u d e erneuert worden, die in Hufeisenform dem Schloß gegenüberliegen. Diese bewegte Gruppe im O mit dem *Torgebäude* und den seitlich anstoßenden Trakten enthält in dem höchsten Bau, der seinen Giebel dem Hof zukehrt, eine später als Küche benutzte *Kapelle*, die möglicherweise älter als das Schloß ist. Am Schloß selbst sind unter Lynar viell. die zum See hin gelegenen Erker hinzugefügt worden.

Bereits 1903 hatte man bei Renovierungsarbeiten beobachtet, daß die Konstruktion der Erker nur ungenügend in der Wand verankert war. 1963 wurde bei der Wiederherstellung des barocken Putzes bemerkt, daß von den Konsolsteinen, auf denen die Erker aufruhen, 2 früher anders verwendet worden sind. Die in der Mauer steckenden Teile sind mit Blatt- und Puttenmotiven im Stil der Bauornamentik des Berliner Schlosses verziert. Vermutl. stammen auch die Konsolen von dort. Zusammengefügt ergeben die 3 Steine eine ganze und eine halbe Konsole (z. Z. nicht sichtbar).

Das I n n e r e des Schlosses zeigt Reste der Renaissance-Dekoration, die zum größten Teil bei einer Renovierung 1973 zum Vorschein gekommen sind, und von der Ausgestaltung um 1700 weiße Stuckdecken mit zurückhaltender Ornamentik. Als das Jagdschloß nach dem 1. Weltkrieg der Schlösserverwaltung unterstellt wurde, stattete man die Räume mit Mobiliar aus verschiedenen Epochen aus; 1932 entstand hier aus Depotbeständen eine

Gemäldegalerie.
Die jetzt ca. 200 Gemälde umfassende Sammlung, die nach dem 2. Weltkrieg v. a. durch Bestände aus dem zerstörten Schloß Monbijou und durch Neuerwerbungen bereichert wurde, gibt einen Einblick in die Kunstpflege in Brandenburg-Preußen seit der Renaissance. Die Kunstgeschichte ist unter einem lokalgeschichtlichen Aspekt vorgestellt, wobei die für die Kunstpflege in Preußen besonders wichtige Zeit Friedrichs d. Gr. allerdings nicht angemessen berücksichtigt werden konnte.

Das V e s t i b ü l (4) mit barocker Decke zeigt Schießscharten des Renaissancebaues und Gewände von 2 Türen, die einst auf einen Umgang zwischen dem Gebäude und dem Wassergraben führten. Der Boden aus quadratischen Ziegelplatten ist wie in dem anstoßenden Saal 1974 nach aufgefundenen Resten rekonstruiert. In der Türlaibung Spuren einer Ausmalung des Raumes als Ruine wohl vom Ende des 18. Jh. Das in Komposition und Einzelformen dramatisch aufgefaßte, wenngleich humoristische *Sandsteinrelief* von Hans Schenk gen.

336   Zehlendorf: Dahlem. Jagdschloß Grunewald

Scheußlich, dem führenden Berliner Bildhauer der Zeit Joachims II., zeigt vermutl. den Künstler selbst als Mundschenk zwischen den Baumeistern Caspar Theyß und Kunz Buntschuh, die beide darunter in einer Inschrift erwähnt sind. Alle 3 Künstler waren am Berliner Schloß tätig, so daß dieses Relief wohl von dort stammen dürfte und viell. gleichzeitig mit den erwähnten Konsolsteinen, also am Ende des 16. Jh., hier eingemauert wurde. Damit wäre dann die ältere Annahme hinfällig, hier sei Joachim II. mit den beiden Baumeistern des Jagdschlosses beim Umtrunk dargestellt, woraus wiederum abgeleitet wurde, Caspar Theyß sei der Architekt des Jagdschlosses gewesen.
Die Renaissance-Dekoration des Großen Saales (2/3) wurde 1973/74 bei Renovierungsarbeiten wiederentdeckt und restauriert bzw. rekonstruiert. Die Doppelarkade war in einer 1706 gezogenen Zwischenwand eingebaut; die zum geometrischen Muster verflachte Malerei an der Kassettendecke in Schwarz, Weiß und Grau, die durch größeren Reichtum den kleineren Teil als den würdigeren Raum kennzeichnet, war hinter einer barocken Stuckdecke verborgen. – Unter den Gemälden, Bildnissen hauptsächlich von Hohenzollern, ragt das hellfarbige Porträt Joachims II. vom jüngeren Cranach (etwa 1551) in despotischer Haltung und mit reichem Schmuck hervor. Durchgeistigter wirken 2 andere Porträts desselben Malers, die den Markgrafen Georg d. Frommen von Brandenburg-Ansbach (postum 1571) darstellen. Die Wirkung des jüngeren Cranach bis in das beginnende 17. Jh. verdeutlichen 4 andere, Großflächigkeit mit minuziöser Genauigkeit verbindende Bildnisse der brandenburg-bayreuthischen Linie der Hohenzollern von dem kaum bekannten Heinrich Bollandt.
In Raum 1 sind 9 Tafeln mit Passionsszenen aus der Cranach-Werkstatt ausgestellt, die 1537/38 im Auftrag Joachims II. kurz vor dessen Übertritt zum Luthertum für den Berliner Dom gemalt wurden und sich seit 1615 im Berliner Stadtschloß befanden, ferner ein Bildnis Joachims I. von Lucas Cranach d. Ä. (1529). Die Stuckdecke um 1700 ist die reichste im Schloß.
Im Anschluß an die Porträts im Großen Saal veranschaulichen einige Bildnisse in Raum 5 andeutungsweise die Entwicklung des höfischen Porträts im 17. und 18. Jh., allerdings auf einer durchschnittlichen Qualitätsebene. Eindrucksvoll ist ein von Friedrich Wilhelm I. 1735 gemaltes derbes Bildnis eines Bauern.
An der angeschnittenen Stuckornamentik der Decke von Raum 7 mit einem kreuzförmigen Feld als Mittelmotiv läßt sich ablesen, daß die rechte Wand später eingezogen worden ist. Die urspr. Bestimmung des Hauses wird in diesem und den beiden folgenden Räumen durch Jagd- und Tierdarstellungen veranschaulicht. Kulturhistorisch bemerkenswert ist hier bes. eine Darstellung der Menagerie Kurfürst Friedrichs III. von dem niederländischen Hofmaler Willem Frederik van Royen (1697).
Im 18. und 19. Jh. diente Raum 8 als Küche für die Wohnung des Jagdzeugmeisters. Ein Zyklus von 5 Bildern, um 1720, zeigt Prunkjagden des Kurfürsten Karl Philipp von der Pfalz. Das Bild Zusammengetriebenes Rotwild von Michiel Carree, einem anderen niederlän-

dischen Hofmaler Friedrichs I., dürfte dagegen die authentische Schilderung einer Jagdszene in der Nähe von Berlin sein.
In Raum 9 fehlt die barocke Stuckdecke. Die Gemälde illustrieren die Wiederbelebung der Jagden im Grunewald seit 1828 v. a. auf die Initiative des Prinzen Karl von Preußen hin, der in einem Bildnis zu Pferd als Roter Jäger von Carl Steffeck (um 1860) porträtiert ist. Ein Service der Berliner Kgl. Porzellan-Manufaktur um 1847 mit Alpenmotiven stammt aus dem Bayerischen Häuschen im Park von Sanssouci und erinnert an die Herkunft der Gemahlin Friedrich Wilhelms IV., Elisabeth, aus Bayern.

1. Obergeschoß

Die Wendeltreppe, eine exakte Konstruktion aus Sandsteinstufen, führt zunächst in das kleine Turmzimmer (14) über dem Vestibül, in dem Pläne, Zeichnungen und Druckgraphik zur Geschichte des Jagdschlosses ausgestellt sind. Vom Kamin stammt der obere Teil aus dem 16. Jh.
Vom Flur (15) mit einigen Bildern über den Türen geht es rechts in das Zimmer (Raum 16) mit altdeutschen und altniederländischen Gemälden. Das älteste Stück der Sammlung ist ein Flügelaltar aus der Pfarrkirche von Cadolzburg mit einer Kreuzigung als Mittelbild. Im Vordergrund knien als Stifter Burggraf Friedrich VI. von Nürnberg, der 1417 mit der Mark Brandenburg belehnt wurde und der erste brandenburgische Kurfürst aus dem Haus Hohenzollern war, und seine Gemahlin Elisabeth von Bayern-Landshut. Ein frühes, um 1528 geschaffenes Relief von Hans Schenk gen. Scheußlich, als er in Diensten des Herzogs Albrecht von Preußen stand, zeigt vermutl. Tiedemann Giese, einen Bruder des von Holbein d. J. porträtierten Kaufmanns Giese. Drastisch ist auf die Vergänglichkeit des Menschen und seiner Werke hingewiesen.
Der mit einem Erker versehene und mit Renaissance-Möbeln hauptsächlich italienischer Herkunft ausgestattete Raum 18 enthält 10 Gemälde der Cranachs bzw. ihrer Schule. Die Quellnymphe mit einer stimmungsvollen Landschaft (um 1515) vom älteren Cranach ist die älteste der vielen noch erhaltenen Fassungen des Themas (Farbabb. 23). Durch ihre reichen Rüstungen einzigartig im Werk Cranachs sind die beiden Bildnisse der Prinzen Joachim und Johann von Anhalt (1520). Die großen Tafeln mit Adam und Eva aus dem Berliner Schloß (1537) folgen dagegen einem von Cranach oft wiederholten Typus. Die Judith von 1530 ist erst 1973 durch Entfernung von Übermalungen und einer Zustückung, die das Bild in eine Darstellung von Jael und Sisera verändert haben, wieder in den urspr. Zustand versetzt worden. Vom jüngeren Cranach stammt eine 1556 gemalte Taufe Christi als Gedächtnisbild auf die Eheschließung Johanns von Anhalt, die den Beginn der Reformation in Anhalt bezeichnet. Im Hintergrund die älteste bekannte Ansicht von Dessau.
Mit dem Saal (13) im 1. Obergeschoß beginnen die der niederländischen Barockmalerei gewidmeten Räume. Die Bilder dokumentieren die enge Bindung Brandenburgs an Holland in der 2. Hälfte des 17. Jh. und zwar auf dreierlei Weise. Der Große Kurfürst hat,

Abraham Bloemaert: Amaryllis und Myrtill als Brautpaar (Szene aus »Il Pastor fido«). Um 1635 (Jagdschloß Grunewald, Gemäldegalerie)

beeinflußt durch den Geschmack seines Schwiegervaters, des Prinzen Friedrich Heinrich von Oranien, Bilder in den Niederlanden erworben; er hat außerdem niederländische Maler nach Brandenburg berufen, und schließlich ist infolge der Heirat des Großen Kurfürsten mit Luise Henriette von Oranien im 18. Jh. durch die »Oranische Erbschaft« eine größere Zahl von niederländischen Gemälden nach Preußen gelangt. Einige Bilder kamen allerdings erst im 19. (v. a. mit der Sammlung Solly) und im 20. Jh. in Schlösserbesitz. – Das Bild *Wie die Alten sungen so zwitschern die Jungen*, ein von Jordaens oft dargestelltes Thema, verbindet volkstümliche Lebensfreude mit Ernst und Vergänglichkeitsmahnung. Ein Hauptwerk Abraham Bloemaerts, typisch in seiner hellen Farbigkeit und dem Schmelz des Inkarnats, ist das *Urteil des Midas* (noch mit einem der wenig aufwendigen Galerierahmen des Berliner Schlosses vom Anfang des 18. Jh.).

Raum 12 enthält einen wahrscheinl. für den Prinzen Friedrich Heinrich von Oranien zwischen spätestens 1616 und 1625 gemalten Zyklus von *Porträts der ersten 12 römischen Imperatoren*, deren jedes von einem anderen flämischen oder holländischen Künstler gemalt ist. Jeder faßt seine Aufgabe anders auf; einige schaffen ideale Köpfe (z. B. Cornelis van Haarlem, Gerard van Honthorst), andere nehmen antike Porträts zum Vorbild (Abraham Janssens, Paulus Moreelse). Das bedeutendste Bildnis der Serie ist der rasch und energisch gemalte *Julius Caesar* von Rubens, der ein antikes Vorbild in lebendige Gegenwärtigkeit übersetzt.

Im westl. Erkerzimmer (11) dominieren die Beispiele der idealen arkadischen und geselligen Szenen vom ausgehenden Manierismus bis zum Regencestil. Aus einem Schlafzimmer im Schloß Honselaersdijk stammen 2 (von urspr. 4) *Szenen aus G. B. Guarinis Schäferdrama »Il Pastor fido«* von Abraham Bloemaert und Dirk van der Lisse (um 1635). Amüsant ist die Verkleidung des preußischen Residenten in Den Haag, Daniel v. Meinertshagen, als *Rinaldo in den Armen der Zauberin Armida*, die seine Frau Amalie v. Stockum ist, auf dem Bild von Willem van Mieris (1715).

2. Obergeschoß

Der Flur (25) im 2. Obergeschoß enthält neben 2 großformatigen Bildern der selten in Museen vertretenen Maler Dingeman van der Hagen (1650) und Paulus Lesire (1633) 2 Gemälde des merkwürdigen Otto Marseus van Schrieck, landschaftliche Details mit Pflanzen und kleinen Tieren in Nahsicht (um 1670). Eine Standuhr repräsentiert das Berliner Rokoko in einer derben Ausprägung.

Die Rembrandt-Schule vertritt in Raum 26 vorzüglich ein *Bildnis* Ferdinand Bols von 1643, wogegen die genau beschreibende Richtung der Amsterdamer Malerei

338   Zehlendorf: Dahlem. Nikolassee

Willem Cornelisz Duysters *Dame und Herr mit Musik-
instrumenten* (um 1630) vor Augen führt. Exakte Detail-
beobachtung und porträthafte Wiedergabe einzelner
Köpfe verbindet Jan Baptist Weenix in *Erminia bei den
Hirten* (um 1660) mit einer stimmungsvollen südlichen
Phantasielandschaft, in die antike Architekturelemente
eingefügt sind.
R a u m   2 8 vereinigt einige Beispiele von Bildern niederländischer Hofmaler in Brandenburg vom ausgehenden 17. und beginnenden 18. Jh. *Die Wahrsagerin* von
Nicolaus Wieling (um 1670) erinnert an den vom Großen Kurfürsten hoch geschätzten, heute fast vergesse-
nen Haager Historienmaler. Die Spezialisierung Willem
Frederik van Royens auf zoologische und botanische
Merkwürdigkeiten wird an 5 Werken deutlich. Hendrik
de Fromantiou, von dem ein sensibles *Jagdstilleben*
(1666) vorhanden ist, führte seit 1687 die Aufsicht über
die Gemälde in den kurfürstlichen Schlössern. Von Mi-
chiel Maddersteg ist (als Leihgabe des Prinzen Louis
Ferdinand von Preußen) eine Walfangszene ausgestellt.
Frans de Hamilton ist mit 3 Trompe-l'œil-Stilleben mit
Jagdutensilien und Jagdbeute vertreten. Hinzu kommen
Werke von Willem van Honthorst und Adriaen van der
Spelt.
Hauptsächlich kleinformatige niederländische Gemälde
sind in dichter Hängung in 2 K a b i n e t t e n (27, 24)
zusammengestellt.
Einige große Gemälde enthält der S a a l (2 3). Aus dem
Besitz des Prinzen Friedrich Heinrich von Oranien
stammen 2 mythologische Szenen des Van-Dyck-Nach-
ahmers Thomas Willeboirts. Van Dycks Vorbild zeigt
auch das Bildnis eines Mannes mit einem Marmorkopf
von Adriaen Hanneman (1630), das vermutl. aus der
Bildersammlung des Großen Kurfürsten kommt und
urspr. van Dyck selber zugeschrieben war. Als Kamin-
stück im Schloß Oranienburg diente Jan Lievens' Spät-
werk *Mars und Venus* (1653), eine Anspielung auf den
Friedensschluß von 1648.
Die Stuckdecke in R a u m 2 2 ist 1974 aus dem Saal
im Erdgeschoß hierher übertragen worden. Eine Galerie von bürgerlichen Porträts, großenteils Erwerbungen
nach 1945, deutet die Entwicklung dieser Bildgattung
hauptsächlich an Berliner Beispielen an. Das *Selbstbildnis* Kupetzkys vermittelt die niederländische Tradition
des 17. Jh. Ihr ist auch das frühe *Bildnis eines Geist-
lichen* von Antoine Pesne (1711) verbunden, während
das *Porträt des Malers King* (1734) seinen reifen Stil
repräsentiert. Unter den Werken aus der Pesne-Schule
dominieren die beiden großen Bildnisse von Joachim
Martin Falbe, das Selbstbildnis (1761) und der Goldschmied Andre Jordan. Von den 3 *Bildnissen* Anton
Graffs ist das des Philosophen *Johann Jakob Engel*
(1773) das menschlich wärmste und malerisch vollkom-
menste.
Mit Möbeln und Bildnissen vermittelt R a u m   2 1 etwas
von der Kultur des Biedermeier. Bemerkenswert durch
seine bürgerliche Schlichtheit ist Franz Krügers kleines
Bildnis Friedrich Wilhelms III. Eine mehr ornamental-
naive Spielart des biedermeierlichen Fürstenporträts
veranschaulicht Wilhelm v. Kügelgens *Bildnis der Herzogin Friederike von Anhalt-Bernburg* (1835). Im Kontrast zu diesen bescheidenen höfischen Bildnissen steht

das bravouröse *Porträt des Barons Nanteuil de Lanor-
ville* von dem Franzosen Victor Hubert de Bourth, eine
hervorragende Kopie nach Amable Louis Pagnest. Gel-
tungsdrang ist ausgeprägt in dem auf ein Vorbild von
Hersent zurückgehenden Bildnis des italienischen Komponisten Spontini (1830) von Wilhelm Ternite.
Im **Jagdzeugmagazin**, einem von Friedrich d. Gr. um
1770 errichteten langgestreckten Bau mit großzügig-
rustikaler Halle auf der S-Seite des Schloßhofs, ist
seit 1977 eine **Jagdkundliche Sammlung** von Waffen
– hauptsächlich aus der Sammlung des Prinzen Karl
von Preußen (ehem. Zeughaus) –, Jagdgemälden und
-stichen, Kunstgewerbe und Geweihen unterge-
bracht.   *HB-S*

Nikolassee

---

*Die Bevorzugung Zehlendorfs als vornehmer Wohnort
Berlins – v. a. wegen der Nähe des Grunewaldes –
führte seit 1901 zur Entstehung des Ortes Nikolassee.
Ausgangspunkt war der Bahnhof an der Linie nach
Wannsee. 1910 wurde Nikolassee selbständige Landgemeinde und erhielt 1912 ein neubarockes Rathaus
(von Bruno Möhring) am Bahnhofsvorplatz, aber 1920
schon kam der Ort zu Zehlendorf.*   *HB-S*

Ev. Kirche (Kirchweg 6)   63

*1909/10 von Erich Blunck und Johannes Bartschat er-
baut, inmitten eines Villengebiets an der Niederung der
Rehwiese, das u. a. durch mehrere bedeutende Villen
von Hermann Muthesius (→Haus Muthesius, →Haus
Freudenberg) seine Prägung erhält.*

Die Architektur ist einer zu Beginn des 20. Jh.
erstarkten Bewegung zuzuordnen, welche die
Grundsätze des Bauens »um 1800«, d. h. des
deutschen Klassizismus vor Schinkel, zumal
des Berliner Gilly-Kreises, neu zu beleben
suchte; das gleichnamige Abbildungswerk
von Paul Mebes kann als Musterbuch dieser
Bewegung gelten. Die Überwindung des Historismus wird durch lediglich maßstäbliche
Anpassung an alte Dorfkirchen bezeugt; alle
formale Nachahmung fehlt. Die Asymmetrie
ist gewollt. Der kräftige Turm mit seiner sehr
schlanken Spitze wurde zu einem markanten
Wahrzeichen. Den Kirchenraum deckt eine
Holztonne; die Emporen bestehen ebenfalls
aus Holz. – Die Kirche ist mit dem ebenfalls
von Blunck entworfenen **Pfarrhaus** durch einen gedeckten Gang zur Gruppe zusammengeschlossen.   *GK*

Friedhof Nikolassee (Kirchweg 12)   64
1907 angelegt. – Nahe dem Eingang links das Grabmal
(nach eigenem Entwurf) des Bildhauers und Schrift-

stellers *Kurt Kluge* (1886–1940); die urspr. in Marmor, dann in Bronze eingefügte Abschieds-Gruppe wurde 1977 gestohlen. – Am Ende des nach links führenden Weges das malerisch überrankte Urnenmal für den Landhausarchitekten *Walther Epstein* (1874–1918) von Richard Scheibe, der dem Louis-seize-Typus durch mächtige Gefäßform und Verlebendigung des antiken Ewigkeitssymbols – die Schlange, die sich in den Schwanz beißt – neu zu beleben wußte.

Schräg gegenüber ein breites Steinmal mit Inschriften unter flachem Dreiecksgiebel, der in zartem Relief einen Kriegerhelm zwischen Lorbeer- und Eichenzweig zeigt, zum Gedenken an den 1918 gefallenen Sohn von Fritz Klimsch. – Einige Meter weiter auf dem Grab des Landschaftsmalers *Theo v. Brockhusen* (1882–1919) die feine Klimsch-Figur »Der Abend« von 1917 (hier in Granit) mit einem 1919 hinzukomponierten stelenartigen Sockel von edler Form. – Etwa 20 m weiter, diesseits des Querwegs, erhebt sich das gleichfalls von Klimsch geschaffene, 2,50 m hohe Grabmal in Muschelkalk für einen Generaldirektor *Hüneke* († 1920) mit der zu mächtigen Hochreliefigur eines knienden, sich auf die gesenkte Fackel stützenden Todesgenius über niedriger, schalenbesetzter Mauer. – Diese Grabanlage wird jedoch weit übertroffen von der vorn rechts vom Eingang gelegenen Wandarchitektur aus Muschelkalkquadern (3,60:5,80 m) für den Anwalt *Friedrich Ernst* (1840–1915) und Familie: Hier hatte Klimsch unter neoklassischem Giebel eine Rundnische mit Scheinsarkophag entworfen, auf dem eine sich aufrichtende Figur, »Die Hoffnung«, gen Himmel blickt; am Sarkophag das Profilbildnis; alles merkwürdig starr zusammengesetzt. – Als 5. (und frühestes) Grabmal von Klimsch die links seitlich stehende Marmorstele für die 1904 jung verstorbene Tochter von Ernst, *Marie Köhne v. Wranke-Deminski*; das Relief variiert das Abschieds-Thema attischer Stelen in einem Familienbild, in dem der Mann (als Anspielung auf den Offiziersberuf des Gatten) eine römische Rüstung trägt.

Rechts hinter der Stele die Klinkerwand der von Hermann Muthesius für die Familie *Freudenberg* (→ S. 340), Inhaber des Modehauses Gerson, 1919 entworfenen Grabstätte: Durch Aussparen und Versetzen der kleinformatigen Steine in treppenartig zur Mitte ansteigender Musterung erzielte Muthesius für den vorgestellten Travertinstein einen durch geometrisch-räumliche Strukturen ausdrucksvoll belebten Fond. – Die Grabstätte des Architekten *Hermann Muthesius* (1861–1927) befindet sich im rückwärtigen Teil ca. 30 m schräg rechts hinter der Kapelle; entworfen von dem Architekten Eckart Muthesius, entspricht die streng gegliederte niedrige Anlage eines von geschnittenen Hecken gesäumten Efeugrabes, einen Travertinstein zwischen Thuja zu Häupten und nach vorn durch 2 Sitze aus Travertinplatten begrenzt, dem klaren Formsinn und bescheidenen Wesen des Vaters. HR

Den »**Mittelhof**« (Kirchweg 33) hat Hermann Muthesius 1914/15 erbaut. Es ist dies eine der bedeutendsten Baugruppen des Architekten, entworfen als kompakte, 1geschossige Anlage aus Ziegelmauerwerk mit gewalmten Schieferdächern, deren Flügel 2 quadratische Innenhöfe umschließen: einen kleinen und den brunnengeschmückten Mittelhof, der über eine mit Rundbogen abgeschlossene Durchfahrt unmittelbar zu erreichen ist. Am Mittelhof liegen die repräsentativen Räume, wäh-

65

Kirchweg 33, »Mittelhof«, in Nikolassee

340   *Zehlendorf: Nikolassee. Wohnhäuser. Studentendorf. Düppel. Waldfriedhof*

rend die intimeren Zimmer der Familie den kleinen Hof umschließen. – Das Haus hat längere Zeit den Königsberger Ordensschwestern gedient; sein Schicksal war ungewiß; seit Mitte der 70er Jahre Sitz der Historischen Kommission zu Berlin.   *GK*

66 Vom gleichen Architekten stammt, ebenfalls am K i r c h w e g , **Nr. 25**, ein 1geschossiges, symmetrisch aufgebautes und U-förmig angelegtes **Wohnhaus** (1914). Der geputzte Mauerwerksbau trägt ein schiefergedecktes, als Obergeschoß voll ausgebautes Mansarddach.   *GK*

67 Auch an der S c h o p e n h a u e r s t r a ß e stehen 2 Bauten von Hermann Muthesius: **Nr. 71**, ein kleines Wohnhaus mit gebrochenem Dach, dessen hoher Giebel mit Fenstern unterschiedlicher Größe malerisch aufgeteilt ist (1907), ferner das durch Anbauten veränderte Back-
68 steinhaus **Nr. 46**, ein kompakter Baukörper mit erkerartigem Vorsprung im Erdgeschoß und einer umlaufenden Galerie im Obergeschoß aus kräftigem, weiß gestrichenem Holzwerk (1913).   *GK*

69 Am S c h l a c h t e n s e e , **Nr. 134**, hat Walther Epstein 1911 für den Maler Leo v. König ein kleines 1geschossiges **Wohnhaus** mit ausgebautem Mansardgeschoß erbaut, dessen 5 Achsen mit betonter Mitte streng symmetrisch angeordnet sind. Über dem Portal ein *Relief* von Georg Kolbe.   *GK*

70 **Nr. 8** an der B u r g u n d e r s t r a ß e hat sich 1904/05 Erich Blunck, der Architekt der Kirche Nikolassee, in Anlehnung an deutsche Bauernhausformen sein eigenes, 3geschossiges **Wohnhaus** mit hohem Krüppelwalmdach gebaut. Malerische Ausbauten, Wechsel von Natursteiin- und Putzflächen, Sprossenfenster mit ländlichen Klappläden und eine rundbogige Laube in Erdgeschoß bestimmen das Äußere.   *GK*

71 **Internationales Studentendorf der Freien Universität** (Potsdamer Chaussee)
1959/60 von Hermann Fehling, Daniel Gogel und Peter Pfankuch aus einer Stiftung der US-Regierung erbaut.

Für Gruppen von je etwa 30 Studenten wurden 1- und 2geschossige, geputzte Einzelhäuser entworfen, die sich um einen »Dorfanger« (mit Laden und Gemeinschaftseinrichtungen) gruppieren. Für die Gruppenhäuser sind 4 Typen entwickelt worden, die inhaltlich wie technisch aus gleichen Elementen zusammengesetzt sind. Durch Variation dieser Elemente bilden sich räumliche Verzahnungen, die Beziehungen zwischen den Baugruppen herstellen. Die unter Denkmalschutz stehende Anlage ist nach außen durch einen Wall abgeschirmt, um den erstrebten Charakter als »Kloster wie auch Forum« auszudrücken.   *GK*

72 Das **Museumsdorf Düppel** am Machnower Krummen Fenn (Zugang Clauertstr. 11) ist als Lehrschau – unter Mitarbeit freiwilliger Helfer – auf einer 1940 entdeckten, seit 1967 ausgegrabenen Wüstung entstanden.

Das Dorf, das zu den Vorläufern Zehlendorfs gehört und dessen Name nicht überliefert ist, wurde vermutlich nach 1170 im Zuge der deutschen Einwanderung gegründet und nach wenigen Jahrzehnten zugunsten Zehlendorfs aufgegeben.

Die Grabungen haben frühdeutsche und slawische Funde zutage gebracht. Die Gehöfte werden aufgrund der ergrabenen Pfostenlöcher rekonstruiert.   *GK*

Waldfriedhof Zehlendorf (Potsdamer Chaussee 75; Eingang Wasgensteig): **Feierhallen**   73
Die Gebäude wurden als Ergebnis eines engeren Wettbewerbs von Sergius Ruegenberg und Wolf v. Möllendorff 1956/57 erbaut.

2 mit Travertin verkleidete hohe Wände vor den verschieden großen Feierhallen sind als »Schwelle« zwischen den Bereichen der Lebenden und der Toten vor die Kulisse des Waldes gestellt. Der Trakt mit den Verwaltungs- und Nebenräumen liegt, ebenfalls von einer – kleineren – Mauer verdeckt, hinter einem versenkten Vorhof zwischen beiden Trauerhallen. Die Stirnseiten der Hallen sind völlig verglast und führen zu ebenso großen Vorplätzen, die in die Natur überleiten. Für den Trauerzug nach der Feier wird die Stirnwand geöffnet.
Durchsichtige Vorhänge in lichten Farben vor den Glaswänden sind von Irene Thonke entworfen und gewebt worden.   *GK*

An der P o t s d a m e r C h a u s s e e 48 und 49 (Ecke   74 Rehsprung) liegen die bedeutendsten **Wohnhäuser**, die Hermann Muthesius in Berlin gebaut hat. Sein eigenes, grauweiß geputztes Haus aus Backstein (**Nr. 49**) mit vielfach gebrochenem, malerischem und phantasievoll ausgebautem Dach ist 1906/07 entstanden, der Anbau 1909. Die Hauptwohnräume – eine schöne Folge von Wintergarten, Wohn-, Musik- und Herrenzimmer – lagen im Obergeschoß, um eine zentrale Halle gruppiert. – Das Haus ist jetzt in mehrere Wohnungen geteilt, der Wirtschaftsflügel abgerissen und die Umgebung durch einen 6geschossigen Wohnblock, der das Haus von der Potsdamer Chaussee abriegelt, entstellt.

Das **Wohnhaus Freudenberg** (**Nr. 48**) von 1907/08 fügt sich trotz seines scheinbar gegensätzlichen Charakters mit dem Wohnhaus des Architekten zu einer auf die Rehwiese bezogenen Gruppe zusammen. (Nicht zustande kam die Vervollständigung durch ein drittes Haus für den Bruder Hermann Freudenbergs.) Bei dem 2geschossigen Bau aus Rathenower Handstrichsteinen sind die rechtwinklig zueinander stehenden Flügel so um den Zentralbau angeordnet, daß der Eindruck eines weit ausladenden Baukörpers entsteht. Die äußere Er-

Zehlendorf: Nikolassee. Wannsee   341

scheinung ist, trotz der eingehaltenen Symmetrie, eher malerisch zu nennen; die Walme des hohen Pfannendachs sind auf Erdgeschoßhöhe heruntergezogen. Die sprossengeteilten Fenster sitzen bündig in der Fassade, die kräftigen Holzteile leuchten weiß. – Zentralraum in der Eingangsachse ist eine querovale Halle, an die sich links die repräsentativen Wohnräume (Empfangszimmer, Herrenzimmer, Musikzimmer, Wintergarten) schließen, rechts das Speisezimmer, das Kinderzimmer und die Wirtschaftsräume. Im Obergeschoß liegen die Schlafräume der Familie und Fremdenzimmer. – Nach wechselnder Nutzung, zeitweise als Klinik, ist das Haus jetzt in mehrere Wohnungen unterteilt; außerdem sind 1974 auf dem weitläufigen Grundstück durch den Eigentümer, den Architekten Alexander Hunecke, zusätzliche Wohnungen erbaut worden, die den Zuschnitt des Gartens beeinträchtigen.   *GK*

5 Ludwig Mies van der Rohe war der Architekt des **Wohnhauses** D r e i l i n d e n s t r a ß e **30** (Ecke Lohengrinstraße), eines 2geschossigen Putzbaues mit kompaktem Umriß (1921/22). Verandaartiger, halbkreisförmiger Vorbau mit Balkon an der Straßenseite und flach geneigtes Zeltdach mit knappem Gesims; am seitlichen Eingangsvorbau 2 Säulen.   *GK*

6 Die **Autobahn-Raststätte Grunewald** (Ecke Spanische Allee und Kronprinzessinnenweg) wurde 1966–68 von den Architekten Gerd Neumann, Dietmar Grötzebach und Günter Plessow erbaut. Sie liegt an der Autobahnausfahrt zu Zielen des Berliner Ausflugsverkehrs. Der gestaffelte 3geschossige Gästeflügel steht auf Stützen, seine Zimmer sind zum Grunewald gerichtet. Südöstl. anschließend der 1geschossige Restaurantteil; der Parkplatz ist der Autobahn (Avus) zugeordnet. Die Fassaden sind mit braunroten keramischen Platten verkleidet, die zum Grün der Bäume einen angenehmen Kontrast bilden.   *GK*

7 Die Bauten des **Strandbades Wannsee** (am Wannseebadweg) wurden 1929/30 von Martin Wagner und Richard Ermisch als mit gelben, weiß gefugten Klinkern verkleidete Stahlskelettkonstruktionen errichtet. Obwohl nur etwa die Hälfte der geplanten Anlage ausgeführt werden konnte, gilt sie als Europas größtes Binnenseebad. Entlang eines bis zu 80 m verbreiterten Strandes läuft eine in den Hang der Grunewaldhöhen eingebettete Terrassenanlage mit 4 großen, 2geschossigen Hallen, die Garderobenanlagen, Duschräume, Läden und Sportgelegenheiten aufnehmen. Die Dachflächen sind als Sonnenterrassen oder Sportflächen (Gymnastik, Tischtennis) ausgebildet. Ein etwa 600 m langer 2geschossiger Gang, an dem die Dienstlei-

stungen aufgereiht sind, bindet die Bauten zu einer Einheit zusammen. – Ein hervorragendes Beispiel »funktionellen« Bauens, das nicht in reiner Funktionserfüllung verharrt, sondern dem gesellschaftlichen Aspekt genügt und darüber hinaus zu einer ästhetischen Form findet, die ihresgleichen sucht.   *GK*

Auf der Insel S c h w a n e n w e r d e r erhebt sich rechts der Inselstraße ein merkwürdig ruinöses Monument. Es sind *Spolien* aus den 1871 niedergebrannten *Tuilerien* 78 *in Paris*, die 1884 hier, gestützt durch Ziegelmauerwerk, auf ihrem Besitzer aufgestellt wurden. Er ließ auf der zum See gewandten Seite über der Sitzbank den Vanitas-Vers einmeißeln: »Dieser Stein vom Seinestrande / Hergepflanzt in Deutsche Lande / Ruft Dir, Wanderer, mahnend zu / Glück, wie wandelbar bist Du.« Die hohe Marmorsäule mit korinthischem Kapitell und einem Gesimsstück oder das herrliche Kapitell mit dem Widderkopf geben die außerordentliche Qualität der französischen Bauornamentik des Philibert Delorme am Palast der Katharina von Medici (1564) zu erkennen.   *HR*

Wannsee (Stolpe)

Stolpe am N-Ende des Stölpchensees wird als »Slavica Stolpe«, also als noch slawische Siedlung, zuerst 1299 genannt, als der askanische Markgraf Hermann das Dorf dem Bischof von Brandenburg abtrat. Nach 1539 in kurfürstlichem Besitz, gehörte der Ort (1624: 9 Bauern- und 2 Kossätenhöfe) zum Amt Potsdam. Durch Ansiedlung von Kolonisten vergrößerte er sich und zählte am Anfang des 19. Jh. 139 Einwohner. Weitere Kolonistenstellen wurden um 1817 in Steinstücken und nach 1820 in Albrechts Teerofen östl. von Kohlhasenbrück angelegt, das als Teerofen 1700 zuerst erwähnt wird. 1863 gründete der Berliner Bankier Wilhelm Conrad am W-Ufer des Großen und am Kleinen Wannsee die Kolonie Alsen, benannt nach dem Sieg bei Alsen 1864. Auch östl. des Großen Wannsees entstanden Villen. 1898 wurden diese Kolonien, die seit der Anlage der Eisenbahnhaltestelle Wannsee 1874 sich rasch entwickelten, in das Dorf Stolpe eingemeindet. Der neue Amtsbezirk nahm den Namen Wannsee an. 1910 zählte er 3239 Einwohner. 1920 kam er zu Zehlendorf.   *HB-S*

Einige kleine **Häuser** aus dem 19. Jh. sind in der C h a u s s e e - , S c h ä f e r - und G l i e n i c k e r S t r a ß e und am G r ü n e n W e g (Nr. 29, **Galerie Wannsee**) erhalten; wiederaufgebaut wurde ferner das Gasthaus »**Stolper Stuben**« (Wilhelmpl. 2) neben der Kirche. Das Haus **Glienicker Str. 21/23** wurde 1778 erbaut. – Auf dem Hintergelände des Hauses **Schäferstr. 22** steht ein tempelförmiges **Wohnhaus** des späten 19. Jh., aus dunkelgelben Verblendziegeln, mit einem dorischen Gebälk in verschiedenfarbigen Ziegeln und einer dorischen Säulenfront auf Stufen; Säulenfragmente, Vasen und Skulpturen im Garten.   *EB-S*

Kirche am Stölpchensee

Auf einem Hügel über dem Stölpchensee erhebt sich die 1858/59 von August Stüler erbaute **Kirche am Stölpchensee** (Wilhelmplatz) mit einem gedrungenen Vierungsturm, an den 3 polygonale Apsiden und das Langhaus angeschoben sind. Diese wie aus stereometrischen Grundformen zusammengesetzte Gestalt gibt der kleinen Kirche Monumentalität. Schlanke Rundbogenfenster mit abgetreppten Profilen und schmale Lisenen gliedern die gelben Ziegelwände.

Im Inneren ist die einheitliche A u s s t a t t u n g in italienisch-romanischen Formen erhalten. Bemerkenswert eine Kreuzigungsgruppe des 15. Jh. am Altar. Aus dem abgebrochenen Vorgängerbau von 1469 stammt das prachtvolle Epitaph des Hofgärtners Martin Heydert von 1777, vielleicht von Wilhelm Christian Meyer. *EB-S*

Alter Friedhof Berlin-Wannsee (Friedenstraße)

Der Friedhof wurde 1830 angelegt und 1888 erweitert.

Nahe den beiden *Kriegerdenkmälern* rechts erhebt sich unter einer alten Linde ein Obelisk aus rotem schwedischem, z.T. poliertem Granit mit dem marmornen Bildnismedaillon des Malers *Oskar Begas* (1828–96). – Auf der Seite der Kapelle findet man den schlichten, giebelförmig in eine Mauer eingebundenen Stein für die Berliner Bildhauer *Erdmann Encke* (1843–96) und *Eberhard Encke* (1881–1936). – Der Architekt *Hans Poelzig* (1869–1936) erhielt ein eindrucksvolles Mal in Form eines Steines aus gelblichem Travertin, der mit bewegtem Umriß das als Relief herausgemeißelte große Kreuz mit seinen kurzen geschwungenen Enden hinterfängt; nach Entwurf seiner Witwe Marlene Poelzig. *HR*

Dem neugot. Backsteingebäude des **ehem. Rathauses Wannsee** (1900/01 von Otto Stahn) benachbart steht an der Königstraße (Nr. 43) Berlins erster moderner Kirchenbau nach dem 1. Weltkrieg, die **kath. Kirche St. Michael**, erbaut 1926/27 von Wilhelm Fahlbusch. Die Kirche ist nicht geostet; die massive Turmfront des Backsteinbaus liegt nach N, der Straße zugewandt. Sie ist kaum gegliedert; lediglich ein breiter Spitzbogen rahmt das Portal; im oberen Teil des Turmes sind kreuzförmige Gitterfenster angebracht. Hinter dem Turm erstreckt sich das 5jochige Langhaus. (Das Turmmotiv mit 3 Spitzen haben E. und G. Paulus 1927 an der ev. Kreuzkirche in Schmargendorf [→ S. 319] abgewandelt aufgenommen.) *GK*

P f a u e n i n s e l (Lageplan S. 344)

1685–89 hatte die damals Kaninchen- oder Pfauwerder genannte, etwa 0,7 km² große Insel dem durch die Herstellung von Rubinglas berühmten Alchimisten Johann

Kunckel v. Löwenstern (um 1638–1703) gehört. 1793 kaufte sie Friedrich Wilhelm II. als ein Ziel für die Bootsfahrten, die er vom Potsdamer Marmorpalais aus unternahm. Sie gehört damit zur gestalteten Landschaftsumgebung dieser Stadt. Für den König, der bereits 1797 starb, sollte das nunmehr Pfaueninsel genannte Eiland eine abgelegene, beinahe exotische und auch zeitlich distanzierte Welt vorstellen, was auch in den wenigen Bauten zum Ausdruck kam. Gärtnerisch durchgeformt wurden nur der westl. Teil um das Schloß und der nordöstl. Teil um die Meierei. Dazwischen blieb der urspr. Eichenwald erhalten.

Auch Friedrich Wilhelm III. hielt sich gern auf der Insel auf. Seiner nüchterneren Denkweise entsprechend wurden große Teile des Waldes gerodet, um Felder für landwirtschaftliche Versuche zu gewinnen. – Nach den Befreiungskriegen veränderte sich der Charakter der Insel abermals. Peter Joseph Lenné gestaltete sie als englischen Landschaftsgarten und durchzog sie mit einem System sich schlängelnder Wege, die in Verbindung mit einer sensiblen Modellierung des Bodenreliefs dem Spaziergänger immer wieder neue, mit Überlegung komponierte Ausblicke auf Gebäude und Naturschönheiten boten. Zu Züchtungszwecken waren fremdländische Tiere auf die Insel gebracht worden. Aus diesem Bestand entwickelte sich durch Zukauf und Geschenke ein regelrechter zoologischer Garten, der Tierhäuser erforderte (Affenhaus, Bärengrube, Wolfsstall, Känguruhstall, Lamastall, Schafstall, Adlerhaus, Tauben- und Entenhaus, Fasanerie, Volière, Pfauenhof, Stall für chinesische Schweine, Büffelstall, Biberbau). Auch ausländische Bäume wurden gepflanzt. 1821 konnte eine Rosensammlung und 1830 sogar eine Sammlung von Palmen erworben werden, für die Albert Dietrich Schadow 1829–31 ein Palmenhaus in indischem Stil errichtete. War unter Friedrich Wilhelm II. das Fremdländische phantastisch-romantisch, so kam unter dem Nachfolger durch die zoologischen und botanischen Merkwürdigkeiten ein wissenschaftlicher Aspekt hinzu. Durch die Versetzung von älteren Bauteilen auf die Insel, wie am Kavalierhaus, dem Palmenhaus, beim Luisentempel und der Fasanerie, einer bemerkenswerten Methode der musealen Konservierung von Architektur, mischten sich bei den Gebäuden nun authentische historische Formen mit historisierenden. Als Ausflugsziel der Berliner war die Insel schon damals beliebt.

Unter Friedrich Wilhelm IV. büßte die Pfaueninsel viele ihrer Attraktionen ein, indem 1842 der Tierbestand und ein großer Teil der zugehörigen Häuser als Grundstock des Zoologischen Gartens nach Berlin kamen. 1880 brannte das Palmenhaus ab.

Bei der Überfahrt auf die Insel sieht man östl. von der Anlegestelle den mit Ried gedeckten **Fregattenschuppen** (21), den Albert Dietrich Schadow 1833 für eine vom englischen Königshaus geschenkte kleine Fregatte erbaute. – Man geht am zweckmäßigsten vom **Fährhaus** (1) aus nach links und stößt auf die um 1795 anstelle des 1683 erbauten Kaninchenhegerhauses errichtete **Kastellanswohnung** (2)

Zehlendorf: Wannsee. Pfaueninsel

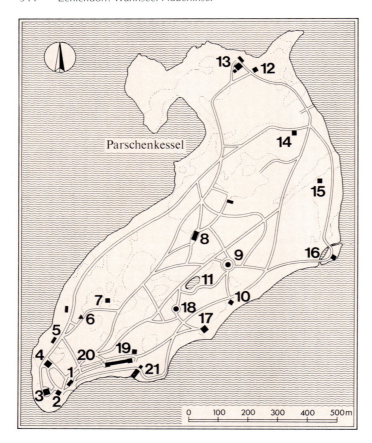

Pfaueninsel. Lageplan

1 Fährhaus
2 Kastellanswohnung
3 Schweizerhaus
4 Schloß
5 Küche
6 Ehem. Palmenhaus
7 Jacobsbrunnen
8 Kavalierhaus
9 Volière
10 Winterhaus für fremde Vögel
11 Wasservögelteich
12 Meierei
13 Stall
14 Königin-Luise-Gedächtnistempel
15 Ehem. Kunckel-Laboratorium
16 Jagdschirm
17 Maschinenhaus
18 Brunnen
19 Rutschbahn
20 Rosengarten
21 Fregattenschuppen

mit groben gotisierenden Blendbögen aus Feldsteinen im Erdgeschoß. Zum Schloß steigt der Weg an. Rechts liegt ein biedermeierlicher Blumengarten, links hinter Bäumen versteckt das 1829/30 nach Entwürfen Karl Friedrich Schinkels erbaute **Schweizerhaus** (3), ein Beispiel seiner Begeisterung für die zweckmäßigen und wohlproportionierten Bauten dieses Landes und dennoch Ausdruck seiner eigenen klassizist. Stilhaltung.

83 **Schloß** (4; Farbabb. 13)
● *Die Schauseite ist dem zu Schiff von Potsdam Kommenden zugewendet. Der Hofzimmermeister Johann Gottlieb Brendel errichtete den Bau 1794–97 als »altes verfallenes römisches Landhaus«, wie es in zeitgenössischen Beschreibungen heißt, hauptsächlich für die Gräfin Lichtenau, die Geliebte Friedrich Wilhelms II. 1974/ 1975 wurde die urspr. Erscheinung wiederhergestellt.*

Ein kubischer Baukörper trägt eine gesandelte und mit aufgemalten Quaderfugen versehene Holzverkleidung, wogegen die seitlichen Rundtürme, von denen einer mit einer tiefblauen Kuppel bekrönt ist, glatte Holzbohlenverschalung aufweisen. Urspr. waren die Türme durch eine Holzbrücke verbunden. Sie wurde 1807 durch eine gußeiserne in got. Formen ersetzt.

Von Thomas Harndt erneuert wurde 1975 die Landschaftsmalerei in der halbrunden Nische, die den Durchblick durch ein mittelalterl. Tor mit Fallgatter in die freie Landschaft vortäuscht.

Die phantastische Überlagerung der historischen Assoziationen ist auch für die Folge der I n n e n r ä u m e charakteristisch, deren besondere Bedeutung in der weitgehend be-

Schloß Pfaueninsel. Saal im Obergeschoß

wahrten Originalität der Ausstattung besteht. Nach den Zerstörungen der Kriegs- und Nachkriegszeit sind sie die einzigen Interieurs – auch außerhalb West-Berlins –, die unversehrt den Klassizismus der Zeit Friedrich Wilhelms II. überliefern.

Das Vestibül ist an den Wänden mit einer Boiserie und mit einer gemalten Kassettendecke in dorischem Stil versehen. – Die »Erste Cavalierkammer« mit einer Papiertapete aus der Fabrik von Christian war um 1800 Wohnzimmer der Sophie Marie v. Voß, Oberhofmeisterin der Königin Luise, an die 2 aquarellierte Ansichten des Mausoleums in Charlottenburg von Johann Erdmann Hummel und 2 Zeichnungen nach dem Rauchschen Sarkophag von Carl Sieg (1814) erinnern. Die Mahagonimöbel stammen wie in den meisten anderen Räumen von J. E. Eben. – Nach einem kleinen Schlafkabinett mit Vorraum folgt die »Zweite Cavalierkammer«, ebenfalls mit einer Papiertapete aus der Fabrik von Christian. Der Fußboden ist wie in den folgenden Zimmern durch eingelegte Edelhölzer kräftig ornamentiert. – Das Teezimmer (die »Dritte Cavalierkammer«) ist mit 29 Gipsreliefs von J. P. Egtler, teils Kopien nach Antiken, ausgestattet. Auf dem Kamin steht eine Statue der Pomona von dem Berliner Ofenfabrikanten Rohde.

Die Idee der Insel und des Schlößchens in der paradoxen Verbindung von Naturschwärmerei und erlesener Wohnkultur wird wohl am deutlichsten im »Otaheitischen Kabinett« im N-Turm, das durch die Ausmalung von Peter Ludwig Lütke eine Bambushütte darstellt. Zwischen den Fenstern sind als Durchblicke Marmorpalais, Pfaueninsel, der Parschenkessel an der Pfaueninsel und die Insel Kälberwerder als tropische Landschaften gemalt.

Das Treppenhaus mit einer Wendeltreppe ist von Johann Carl Wilhelm Rosenberg in »rustiker Manier« ausgemalt.

Der Saal im **Obergeschoß** gibt, mit Ausnahme der gemalten Decke, eine in Stein oder Stuck gedachte klassizist. Innenarchitektur mit verschiedenen Hölzern wieder. Die Deckengemälde von Johann Christoph Frisch sind Kopien nach Guido Reni (Aurora im Palazzo Rospigliosi in Rom) und Annibale Carracci (Ganymed sowie Apollo und Hyacinth im Palazzo Farnese in Rom). Rom-Erinnerungen sind auch die nach antiken Vorbildern geschaffenen Supraportenreliefs aus weißem und grauem Marmor von Johann Christoph und Michael Christoph Wohler. Aus dem Saal führen 3 Türen in die übrigen Zimmer. – Das »Erste Konversationszimmer« auf der O-Seite mit einer stark zerstörten Tapete aus ostindischem Zitz enthält entsprechende weiße Lackstühle und Bänke, die mit kleinen Chinoiserien bemalt sind, außerdem ein Bett aus Mahagoni mit geschnitztem Eichenlaub von Angermann. – Hinter einem kleinen Schlafkabinett mit einem Feldbett Friedrich Wil-

346   *Zehlendorf: Wannsee. Pfaueninsel*

helms III. folgt das ebenfalls mit ostindischem Zitz bespannte »Zweite Konversationszimmer«. 3 Gemälde (um 1800) zeigen Ansichten von Paretz und der Pfaueninsel. – Das »Runde Kabinett« enthält einen Schreibtisch von David Hacker, einem Schüler David Roentgens, und an den Wänden 14 Aquarelle von Giovanni Volpato mit Ansichten aus den Vatikanischen Museen in Rahmen, die der Rundung der Wand angepaßt sind. Die gemalte Decke von Burnat täuscht eine kassettierte Kuppel vor.

Nördl. des Schlosses liegt nahe am Ufer die um 1795 von dem Maurermeister van der Leyden »nach holländischer Art« erbaute **Küche** (5), ein unverputzter Ziegelbau. Ca. 200 m nordöstl. des Schlosses führt der Weg an Sandsteinsockeln, Resten des **Palmenhauses** (6), vorbei. Etwas weiter liegt in der Wiese der **Jacobsbrunnen** (7) von ca. 1795, eine Nachbildung der Ruine des Sonnentempels des Aurelian in Rom.

In der Mitte der Insel steht als größtes Gebäude das **Kavalierhaus** (8). Sein Kern ist ein 1803/04 von Friedrich Ludwig Carl Krüger erbautes Gutshaus, bestehend aus einem Trakt zwischen 2 Türmen. Nach Entwurf Schinkels wurde 1824–26 die 6geschossige, 1823 per Schiff nach Berlin gebrachte Sandsteinfassade eines in Danzig abgebrochenen Patrizierhauses des 15. Jh. (mit dem Wappen der Familie v. Schlieffen) dem südlichen der beiden Türme vorgeblendet. Das Gutshaus wurde im ganzen umgestaltet und in taktvoller Anpassung an die Formen des 15.Jh. mit got. Fensterrahmungen, Gesimsen und Zinnen versehen. Es hat so den Charakter einer kleinen Burg ohne fortifikatorischen Zweck erhalten. Innen enthält es lediglich Wohnungen.

Südöstl. liegt die 1833 nach Zeichnung von Friedrich Rabe erbaute 8eckige **Volière** (9), die in der knappen Eleganz der Formen Schinkels Einfluß verrät, weiter südl. das **Winterhaus für fremde Vögel** (10) von 1828 und der **Wasservögelteich** (11).

Zielpunkt der Wege am nördl. Ende der Insel ist die gleichzeitig mit dem Schloß um 1795 und ebenfalls von Brendel erbaute **Meierei** (12), eine künstliche Ruine, deren phantastische Gotik im Vergleich mit Schinkels Neugotik am Kavalierhaus den geistigen Wandel im Verlauf einer Generation verdeutlicht. Der Bau, der aus einem je 3 Achsen tiefen und breiten Turm und einem 1geschossigen, 4 Achsen langen Trakt besteht, läßt offen, ob

die Ruine einer sakralen oder einer profanen Architektur gemeint ist. Aus Feldsteinen gemauerte Blendbögen vor urspr. weiß verputzten Flächen lassen die Gotik als technisch primitiven Baustil erscheinen, dessen Reiz in der Harmonie mit der Landschaft besteht.

Im 2. Geschoß liegt ein von Philipp Boumann d. J. entworfener Saal. Die Malereien von dem Theatermaler Bartolomeo Verona und der Stuck von Constantin Ph. G. Sartori täuschen eine gewölbte got. Halle vor, ohne eine flächig-ornamentale Auffassung der tektonischen Motive zu leugnen. Das Parkett besteht aus Rüstern- und Maulbeerholz.

Westl. der Meierei steht, in Nachahmung von solider Backsteingotik 1802 nach Entwurf von Friedrich Ludwig Carl Krüger erbaut, der **Rinderstall** (13), der heute noch an dem gerundeten nördl. Ende als Pferdestall dient. – Von der Meierei aus sieht man nach S über die Wiese hinweg am Waldrand den **Gedächtnistempel für die Königin Luise** (14) liegen. Nachdem bereits 1815 ein Bau für diese Bestimmung geplant war, wurde 1829 unter Verwendung des von Heinrich Gentz für das Mausoleum der Königin in Charlottenburg geschaffenen und dort durch eine Ausführung in Granit ersetzten Sandstein-Portikus eine kleine Halle erbaut. Hierin fand auf einer Konsole eine Marmorbüste der Königin von Christian Daniel Rauch (jetzt Potsdam-Sanssouci; durch einen neuen Gipsabguß ersetzt) ihre Aufstellung.

Am Ufer entlang nach S führt der Weg über eine gußeiserne Brücke in got. Formen zu einem mit Eichenrinde verkleideten Häuschen, das als **Jagdschirm** (16) in der Nähe von Beelitz benutzt wurde, bevor Friedrich Wilhelm II. es um 1795 hierher versetzen ließ. Die folgende Brücke im chinesischen Stil ist modern. – Etwa in der Mitte zwischen Borkenhäuschen und Fährhaus liegt am Wasser das um 1822 von Albert Dietrich Schadow erbaute **Maschinenhaus** (17), ein schmuckloser Ziegelbau. Die hier aufgestellte Dampfmaschine diente der Bewässerung der Insel. Sie versorgte auch einen ca. 200 m nordwestl. auf einer Anhöhe gelegenen, noch vorhandenen **Brunnen** (18), der aus 2 übereinandergestellten balusterförmigen Säulen mit bekrönenden Schalen aus Gußeisen besteht. – Ein kubischer, mit Brettern verkleideter Bau zwischen Maschinenhaus und Fährhaus ist der Rest der 1819 nach russischem Vorbild ange-

Kirche St. Peter und Paul. Front- und Seitenansicht des Ausführungsentwurfs. Stich von Ferdinand Jättnig

legten **Rutschbahn** (19), die mit kleinen Wagen befahren wurde. 1989 wurde am alten Ort der von Lenné angelegte **Rosengarten** (20) mit einer Laube (1870) rekonstruiert.   *HB-S*

Das reizvolle Havel-Ufer südl. der Pfaueninsel erhielt in der Romantik 2 landschaftsverbundene Bauten als Blickpunkte und Aussichtsplätze, die mit dem Zaren Nikolaus I. (1796–1855) und seiner Gemahlin Alexandra Fjodorowna (d. i. Friedrich Wilhelms III. Tochter Charlotte) verbunden waren.

Das **Blockhaus Nikolskoe** (Gaststätte, 1985 nach Brand wiederaufgebaut) entstand 1819 im Stil russischer Holzhäuser und wurde vom ehem. Leibkutscher des Zaren bewohnt. Die Wände sind aus massiven, an den Ecken gekreuzten Balken; Fenster und Türen haben ausgesägte, flach geschnitzte Umrahmungen mit teils noch barocken Formen. Die Verzierungen des weit vorspringenden Daches und der Balkons erinnern eher an Schweizerhäuser, doch verbindet ein der Holzbearbeitung gemäßer Formcharakter das Ganze. – Östl. davon, etwas niedriger, liegt die

Ev. Kirche St. Peter und Paul (Nikolskoer Weg),

1834–37 erbaut. August Stüler und Albert Dietrich Schadow waren 1833 dafür mit »Entwürfen im russi- *schen Stil, jedoch nur mit einem Turm« beauftragt worden; Skizzen Schinkels und des Kronprinzen brachten die Terrasse und den Turmriegel als landschaftsgestaltende Motive hinzu.*

Als Ziegelbau und in der klaren kubischen Form des 1schiffigen Saales (mit angeschobener halbrunder Apsis) ähnelt die Kirche trotz der russischen Motive im Kern den 1832 entworfenen Vorstadtkirchen Schinkels. Als fremde Zutat gibt sich der schmale, über das Gesims hinausgehende Turmriegel zu erkennen, der jedoch die eigentliche Schauwand der Kirche ist. Eine Rundbogentür mit leichter hölzerner Vorhalle und eine Fensterrose sind die einzige Unterbrechung der Wand bis zum oberen waagerechten Abschluß der Klangarkaden, aus dem nur der mittlere Turmteil herauswächst und über dem 8kantigen Abschnitt in einer blattverzierten Zwiebelkuppel endet. – Der I n n e n r a u m, nach Stülers Entwurf von 1836 unverändert erhalten, wirkt durch Emporen und Flachdecke kastenförmig, ist farblich jedoch mit lichten Weiß-, Grau- und Violettönen hell und ansprechend. Altarraum und Orgelempore öffnen sich in einem kurzen Tonnengewölbe.

Die Bemalung der Apsis erinnert an Marmorfelder zwischen weißen Pilastern; im Gewölbe leuchten farbige Kreisfenster. Links vom Altarraum steht in Emporenhöhe die Kanzel auf Achtkantpfeilern mit korinthischen Kapitellen. Sie trägt 2 Medaillons mit den Titelheiligen der Kirche, römische Mosaiken des 18. Jh., die Papst Clemens XIII. Friedrich d. Gr. geschenkt hatte. Die Emporenstützen haben eine schlichte, aus dem Charakter des Holzes entwickelte Pfostenform.   *EB-S*

Glienicke

Am W-Ende des Berliner Forstes vor der Havel liegen nördl. der Königstraße **Schloß** und **Park Kleinglienicke**.

Urspr. zum 1678 erworbenen Gebiet des kurfürstlichen Schlosses (Jagdschloß Glienicke, S. 354) gehörig, mit Obst, Wein und Getreide bebaut, kam der Bereich nördl. der Chaussee seit 1738 in wechselnden Privatbesitz. Das für den Hofrat Mirow 1753 auf einer leichten Anhöhe im Winkel von S und W erbaute, mit Wirtschaftstrakten zum Quadrat geschlossene Haus bildet, obwohl durch mehrere Umbauten in der Form völlig verändert, noch den Kern des heutigen Schlosses.
Staatskanzler Fürst Hardenberg, der den Besitz 1814 erwarb, ließ seit 1816 durch Lenné den noch im wesentlichen geometrischen Garten aus der Zeit des Grafen Lindenau (1796–1812) landschaftlich umgestalten; sein Gesamtplan wurde jedoch erst verwirklicht, als 1824 Glienicke Sommersitz des Prinzen Karl von Preußen wurde.

Mit Schinkels Umbau des Schlosses 1825–28, seinen Parkbauten und denen von Ludwig Persius und Ferdinand v. Arnim entstand ein harmonisches Ensemble von Architektur und Landschaft aus dem Geist des Berliner Klassizismus und der Romantik, das zur Potsdamer Kulturlandschaft gehört. Mit den Anlagen Friedrich Wilhelms IV. in Potsdam und Wilhelm I. in Babelsberg verbunden, ist es Teil der von Lenné und Friedrich Wilhelm beharrlich durchgehaltenen Gesamtplanung der »Verschönerung der Umgebung von Potsdam«.
Neben den Künstlern und dem königlichen Bruder tritt auch die Person des kunstinteressierten Prinzen Karl hervor, der als Kunstsammler zum einmaligen Charakter von Glienicke beitrug (das auch ein Museumskomplex wurde) und der in seinen gärtnerischen Ambitionen, beeinflußt von Fürst Pückler-Muskau, Lennés Konzept veränderte.
1934 und 1939 kaufte die Stadt Berlin Glienicke von den Erben des Prinzen. Seit 1966 unterstehen die Bauten der Schlösserverwaltung. 1978–84 wurde der Pleasureground, der Parkteil vor dem Schloß, rekonstruiert, eine teilweise Rekonstruktion der Innenräume 1986 begonnen.

Am Nikolskoer Weg, wo der 1841 und später erworbene Parkteil (heute Volkspark Glienicke) beginnt, stehen 2 **Pförtnerhäuser** von Ferdinand v. Arnim, **Obertor** und **Wildparktor**, gelbe Ziegelbauten von ca. 1851/52 mit den Rundbogenöffnungen und asymmetrischen Gruppierungen des »Italienischen Vil-

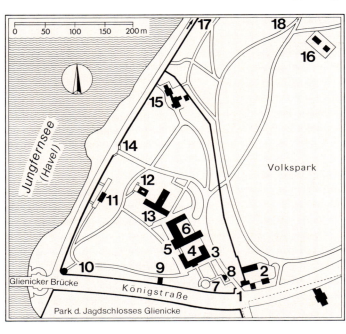

Schloß und Park Kleinglienicke. Lageplan

1 Haupteingang mit Pförtnerhaus
2 Wirtschaftshof
3 Schloß
4 Gartenhof mit Ildefonso-Gruppe
5 Kavalierhaus
6 Stallhof mit Remisen und Neptun-Brunnen
7 Löwenfontäne
8 Stibadium
9 »Kleine Neugierde«
10 »Große Neugierde«
11 Kasino
12 Klosterhof
13 Orangerie
14 Hirschtor
15 Maschinenhaus, Gärtnerhaus
16 Matrosenhaus
17 Richtung Teufelsbrücke, Jägertor, Jägerhof, Krughorn
18 Richtung Gasthaus Moorlake

Zehlendorf: Wannsee. Kleinglienicke 349

lenstils«. Weiter westl. am Mariental (jetzt Märchenteich) zweigte früher der Fahrweg zum Schloß von der Königstraße ab, der als »Drive« im Bogen die große Wiese umfuhr, die mit einem weiteren Teich (Rekonstruktion vorgesehen) belebt war.

An der Königstraße trifft man unmittelbar östl. neben dem Schloß auf den 1843–45 von Persius erbauten G u t s h o f (2), der Formen des Villenstils auf landwirtschaftliche Gebäude überträgt. Ein kleines **Wohnhaus** links, mit Zwillingsfenstern im Oberstock, eine große **Scheune** für die Wildfütterung rechts rahmen den Durchblick auf das als gestreckter Riegel hinter dem Hof liegende **Stall- und Wohngebäude** mit der hohen rundbogigen Durchfahrt. Der zugehörige *Turm* erhielt (wohl wie der Schloßturm um 1872 von Petzholtz) einen Aufbau in Rohziegeln mit einem für den Stil des Gutshofes allzu aufwendigen Palladio-Motiv.

Das **Johannitertor** ist der *Hauptzugang* (1) zum Schloß. Die mit einer durchbrochenen Brüstung bekrönte Mauer springt zurück, um einen Vorplatz zu schaffen.

Greifen auf breiten Pfeilern (vergoldeter Zinkguß nach Modell von August Kiß) flankieren das reich und schwungvoll geformte Gitter mit dem Johanniterkreuz und den Initialen des Prinzen. So entstand es nach 1862, als die seit 1842 vorhandenen liegenden Hirsche in den Bezirk des Jagdschlosses des Prinzen Friedrich Karl (→ S. 354) kamen.

Rechts des Tores steht das 1842 von v. Arnim erbaute, in seinen klassizist. Formen zum Schloß passende **Pförtnerhaus**; am Erker 2 Karyatiden in Zinkguß.

Der leicht ansteigende Weg, links von einer den Pleasureground abtrennenden Mauer gesäumt, führt an der O-Seite des Schlosses entlang, das sich nicht wie ein Barockbau dem Betrachter frontal und axial zuwendet, sondern auf natürliche Weise der landschaftlichen Lage anzuschmiegen scheint.

Das **Schloß** (3), schon unter dem Besitzer Graf Lindenau zwischen 1796 und 1812 zu einem herrschaftlichen Gebäude in frühklassizist. Formen (von Andreas Ludwig Krüger?) umgebaut, erhielt seine heutige Gestalt durch den 1825–28 erfolgten Umbau Schinkels, der bereits 1814 das vorher als Sockel behandelte Erdgeschoß durch Tieferlegung des Fußbodens ausgebaut hatte. Schinkel erhöhte

v. a. das Obergeschoß der beiden im Winkel nach W und S liegenden Flügel.

Durch einen nach O angeschobenen, urspr. 1geschossigen, 1844 von Persius erhöhten Trakt entstand eine unregelmäßige 3-Flügel-Anlage. Der innere Gartenhof wurde durch das dahinter errichtete Kavalierhaus geschlossen. – Das Schloß liegt als flacher Block auf einer Anhöhe, nur von einer breiten Dachterrasse in der Fassadenmitte (mit weitem Landschaftsblick) überragt. Es hat sparsame, strenge klassizist. Formen, zarte Putzquaderung der Wände und feine, scharfe Profile. Fenstertüren im Obergeschoß, in leichtem Zweierrhythmus angeordnet, und einzelne Balkons deuten einen offenen ländlichen Charakter an. Das flache Dach ist hinter einer Attika verborgen, auf der an betonten Stellen Vasen bzw. Figuren stehen. An der Hauptfront, nach SO, markiert eine Pfeilerordnung den Mittelrisalit, der im Erdgeschoß um Balkonbreite vorspringt. Die dort angebrachten Reliefs mit Ranken und Putten 1842 von Persius. Eine von Schinkel vorgesehene Terrasse, die den vom niedrigen Erdgeschoß beeinträchtigten Bau optisch gehoben hätte, kam nicht zustande, statt dessen 1837 die Löwenfontäne (7).

Vom Mittelrisalit führt zwar ein Ausgang aus dem mit 2 dorischen Säulen gegliederten Gartensaal in den Park; der eigentliche Eingang jedoch erfolgte von der Rückseite her durch eine vom Gartenhof zugängliche Tür. Diesen Weg markiert an dem (1955 verlängerten) O-Flügel die **Vorfahrt**, ein 1840 von Persius erbautes Tempelchen mit einem Zinkgußfries antikisierender Meerwesen. Den zierlichen Giebel krönte urspr. die Sitzfigur eines Achilles nach Friedrich Tieck.

Jenseits des Gitters, das den Durchblick vom Gartenhof (4) zur großen Wiese öffnet, springt das – mit weit überstehendem Dach als Wirtschaftsgebäude charakterisierte – **Kavalierhaus** (5) um 3 Achsen vor und bildet damit eine Art Haltepunkt. So ist dieser Wandabschnitt auch von Schinkel ausgestaltet; mit Bänken, Pergola und Abgüssen nach Skulpturen von Rauch und Tieck.

Dahinter liegt der S t a l l h o f (6). Schinkel hat die Türen der **Wagenremise** mit einem Motiv vom Agoranomion in Athen gegliedert: Rundbogen in Rechteckrahmen.

Kleinglienicke. Schloß, Kavalierhaus, Remise. Nach einer Lithographie in Schinkels »Sammlung architektonischer Entwürfe«

Vor den Mittelpfeiler des Gitters kam 1838 eine *Neptun*-Statue von Ernst Rietschel, der als Brunnenbecken eine Muschelschale von Knobelsdorffs 1745 in Sanssouci angelegter Marmorkolonnade dient.

Der durch die Vorfahrt zugängliche G a r t e n h o f (4) ist, allseitig umschlossen, als intimer Hausgarten gestaltet; er wurde 1987 durch Rekonstruktion der Blumenbeete und der von John Adey Repton 1822 entworfenen »Hardenberg baskets« vervollständigt.

Von dem unter einer glasgedeckten Eisengußpergola am Schloß entlangführenden Weg aus überblickt man den Garten mit der 1828 nach Weimarer Vorbild aufgestellten Kopie der antiken *»Ildefonso-Gruppe«* – die Dioskuren als Schlaf und Tod – vor der abschließenden Hecke; dahinter das Kavalierhaus mit antiken Spolien (Marmormasken der römischen Komödie, Barbarenfigur von einem Jagdsarkophag) und der 1832 von Schinkel hinzugefügte, 1872 von Petzholtz um ein Geschoß erhöhte **Turm**.

Die rückwärtigen Wände des Schlosses sind mit *antiken Fragmenten* bedeckt. An der ersten Schmalwand beim Vorfahrtstempelchen befand sich eine Gruppe von 7 Kapitellen der antiken, 1742 entfernten Innendekoration des Pantheon in Rom, ein 8. davon an der vierten Wand.

An der zweiten Wand frappiert ein (allerdings modern zusammengesetzter) Tripethon; unter ihm befand sich eine löwenköpfige Tischstütze, die Persius als Fensterpfeiler des aufgestockten NO-Traktes nachbildete. Unter den rechts anschließenden Sarkophagfragmenten ragt eine Bildnisgruppe mit einem Römer mit Schriftrolle (spätes 3. Jh. n. Chr.) hervor. Zwischen den Fenstern 3 nichtantike Köpfe, davon 2 bärtige Götterbildnisse in klassizist. gemmenartiger Rahmung.

An der dritten Wand steht über einem beschädigten, sehr reichen römischen Kapitell mit Aphrodite und Delphinen eine Sarkophagplatte mit Darstellungen des Hippolytus in dramatisch bewegten Formen des 2. Jh. n. Chr. An der Wandmitte spätrömische Porphyrfragmente von einer wellenförmigen Wandverkleidung bzw. einer großen, mit Meerwesen dekorierten Schale. Im nächsten Fensterintervall steht auf Säulenfragmenten die Front eines Erinnyensarkophags des 2. Jh. mit Taten des Orest in kontinuierlicher Erzählung. – Es folgt der Haupteingang mit 2 Fenstern, durch die man auf das V e s t i b ü l mit der doppelläufigen Treppe und der wiederhergestellten linearen Ausmalung blickt. – Über dem rechten Fenster ein gut erhaltener Kentaurenkopf von einer Sarkophagkante. Zum Ende der Wand hin Reste eines großen dionysischen Frieses mit Girlanden zwischen Fackeln, zu dem auch 3 Kopffragmente (einer links vom Hippolytus-Sarkophag, 2 am Kavalierhaus) gehören.

Unter den Sarkophagplatten der vierten Wand zeigt die über dem mittleren Fensterpaar die Gesichter der Verstorbenen und die Inschriftplatten noch unausgeführt – sie wurden jeweils individuell in das vorgefertigte Muster eingearbeitet. Unter der rechten Sarkophagkante, über dem Fenster, sitzt eine gebeugte Frauengestalt mit einem Widder, Bruchstück eines sehr qualitätvollen Dionysos-Sarkophags; rechts unterhalb des Fensters eine ähnlich bedeutende Kentaurin mit windgeblähtem Mantel. Ein Tischträger in Form eines Löwengreifen rechts der Tür ähnelt wieder entsprechenden Formen Schinkels; über ihm ein Löwenkopf vom älteren Hera-Tempel in Paestum, der sog. Basilica aus dem 6. Jh. v. Chr.

Eine **Pergola** verbindet Schloß und Kavalierhaus. In die Wände sind *Renaissance-Bauteile* eingelassen: ein Brunnen bzw. ein Rankenbogen, unter dem eine kleine Ädikula von Persius sitzt.

Über den sanft abfallenden Garten hinweg blickt man auf das 1833 von Schinkel begonnene **Schloß Babelsberg**.

Der durch den Weg zwischen Johanniter- (1) und Hirschtor (14) vom weiteren Park abgegrenzte **Pleasureground** wurde künstlerisch intensiv durchgestaltet. Grundlegend blieb Lennés 1816 für Hardenberg erstellter Plan eines Landschaftsgartens mit stark modulierten Tal- und Hügelflächen und gekurvten Wegen, zu dem unter Prinz Karl als »belebende Idee« die Vorstellung einer südlichen Ideallandschaft mit antiken Spolien und antikischen Bauwerken trat; nach etwa 1834 kamen farbige Akzente der vom Fürsten Pückler kreierten, von Schmuckziegeln eingefaßten Blumenbeete hinzu.

Vor dem S-Flügel des Schlosses liegt, in der Blickachse

Zehlendorf: Wannsee. Kleinglienicke   351

von der Straße her, die *Löwenfontäne* (7), 1837/38 von Schinkel. Ihr kreisrundes Becken, zum Schloß hin mit Balustrade, ist vorn als Überlauf geöffnet; die beiden auf hohen Postamenten stehenden wasserspeienden Löwen (vergoldeter Zinkguß) nach Vorbild der Villa Medici markieren die Grenze beider Halbkreise.

Links davon führt unter einer Laube eine *Treppe* abwärts; an ihrem Fuß 2 Löwen vom Mittelsalon der hier 1795 errichteten Orangerie, an deren Stelle 1840 das **Stibadium** (8) von Persius trat, eine mit hölzernem Velum überdachte halbrunde Bank nach dem von Schinkel und Friedrich Wilhelm IV. viel verwendeten Vorbild der Bank der Mamia in Pompeji. Ein Abguß der »*Felicitas Publica*« von Rauchs Münchner Denkmal Maximilian Josephs (die gleiche Form am Kavalierhaus) ziert den Stützpfeiler; davor eine Granitschale von 1840, 1983 zurückerworben. – Von hier geht der Blick zur Kuppel der **Nikolaikirche** in **POTSDAM** von Schinkel.

Direkt an der Straße liegt die »**Kleine Neugierde**« (9), ein tempelgestalteter Teepavillon, urspr. mit frühklassizist. Nischenmotiv über dem Portal mit eingestellten Säulen, 1825 von Schinkel in strengerem Stil umgebaut. 1847/1848 wurde eine florentinische Renaissance-Arkade als Fassade eingefügt und zugleich die Giebelzone ornamental verziert. Das T e e - z i m m e r wurde 1827 von Julius Schoppe nach Schinkels Entwurf mit leichten pompejanischen Dekorationen auf Papier ausgemalt, die schon 1937 restauriert, in den 1960er Jahren kopiert werden mußten.

Gegenüber die auf einem Granitfindling sitzende naturalistische bronzene Brunnenfigur der »*Laitière*« (nach einer Fabel von La Fontaine) von Peter Pawlowitsch Sokolow. Sie kam 1827 als Geschenk der Zarin an ihren Bruder nach Glienicke, ging verloren und wurde 1989 als Abguß nach dem Exemplar in Puschkin wieder aufgestellt.

Auf einem Hügel mit Rundblick sind *Eisengußbänke* nach Schinkels Entwurf aufgestellt. – Vor den Baumgruppen unterhalb der von Persius 1839 (als Ersatz der alten) erbauten, nach Zerstörung 1940 1980/81 rekonstruierten **Orangerie** (13) steht ein von Stüler 1850 entworfener zierlicher *Brunnen*, dessen Schale ein kniender Knabe trägt. Eine von L. F. Hesse bereicherte Variante in Sanssouci war als »Froschfontäne« bekannt.

In einer Geländemulde liegen »natürlich« angeordnete *antike Trümmer*, darunter Säulentrommeln des Poseidon-Tempels auf Kap Sunion (Mitte 5. Jh. v. Chr.) und 2 römische korinthische Kapitele.

Am W-Ende des Parks, vor der Glienicker Brücke, liegt die »**Große Neugierde**« (10), ein von Schinkel 1835–37 geschaffener säulengetragener Rundbau, dessen Aufsatz das Lysikrates-Monument in Athen aus d. J. 334 v. Chr. nachbildet. Mit dem Bau der ersten Glie-

nicker Brücke 1834 war dieser Aussichtspunkt interessant geworden; die Form der runden Laube geht auf Skizzen Friedrich Wilhelms IV. zurück. Schinkel verwendete für die Kapitele des Aufsatzes Abgüsse des Originals – auch die Kapitele der unteren Rotunde bilden die gleiche Form nach –, schuf aber den Dreifuß und die ihn tragende Akanthusblume neu – in den sowohl präzisen wie organisch belebten Formen tatsächlich »im griechischen Geist«. Reiche vergoldete Gitter zwischen den unteren Säulen zeigen Zeus- bzw. Hera-Köpfe in Ranken. Um den inneren Mauerkern lief früher eine Sitzbank; über ihr waren Köpfe antiker Skulpturen eingelassen. (1907 bei Fundamentierung der neuen Brücke wurde der Bau gehoben, 1938 wegen Verbreiterung der Straße 4,5 m zurückversetzt.)

Parallel zu der nach N umbiegenden Uferstraße liegt auf einer terrassierten Anhöhe das **Kasino** (11), das Schinkel 1824 aus einem Billardhaus des 18. Jh. umbaute. Zur Havel hin wirkt der schlanke 2stöckige Bau mit 2 vorspringenden Risaliten und den seitlich weit ausgreifenden Pergolen als Landschaftskrone. Vom Park aus erscheinen die *Pergolen* als gitterartiger, an frei vor dem Himmel stehende antike Säulenhallen erinnernder Abschluß der Wiesenpartie mit den antiken Trümmern. Von S, der Großen Neugierde, her entsteht durch die schmale Treppe (links eine weitere Muschelschale von der Marmorkolonnade in Sanssouci und eine Brunnenfigur) eine interessante Höhenstaffelung.

An der S-Wand eine antike Sitzfigur vom Jupiter-Typus mit Porträtzügen des Kaisers Nerva. – Von den 1825 nach Schinkels Entwurf ausgestatteten I n n e n r ä u - m e n sind der *Saal* mit vornehmer Pilaster- und Stuckmarmorgliederung (für antike Skulpturen) und das *südl. Cabinett* mit ornamentaler Wandmalerei und Himmelsdecke mit Pergolamotiven rekonstruiert. Im Saal und im N-Vorraum sind 2 Torsen, römische Büsten und das Porträt des Prinzen Karl von Simoni aufgestellt.

Die 3 Fenstertüren des Saales führen auf eine T e r - r a s s e mit Blick auf die Havellandschaft bei **POTS- DAM**: geradeaus die Türme des **Pfingstbergschlosses** Friedrich Wilhelms IV., rechts der Turm der **Villa Henckel**, um 1866, links am Ufer die **Villa** des Hofmarschalls des Prinzen Karl, **v. Schöning**, 1842 von Persius.

Unter der Terrasse löst eine Mauer den sonst nach englischem Muster »unsichtbaren« Zaun ab. Vor der N-Pergola steht eine Porphyrsäule mit einem Adler nach Schinkels Entwurf, vor der N-Seite des Schlosses eine antike, früher im Park plazierte *Pluton*-Figur. Die (östl.)

Kleinglienicke. Kasino. Nach einer Lithographie in Schinkels »Sammlung architektonischer Entwürfe«

Parkseite ist durch eine mittlere Ädikula mit Exedrabank belebt, auf die früher ein pompejanisches Gärtchen zuführte. An die Stelle einfacher Pfeiler traten später antike Marmorhermen unter einem Renaissancegebälk und die hinter einer Asklepios-Figur aufgemalte pompejanische Scheinarchitektur. Von den im Lauf des 19. Jh. hier angehäuften Antiken blieben nur 2 Säulenfragmente übrig. In der Mittelachse steht eine Kopie des »*Betenden Knaben*«, etwas weiter nördl. eine der »*Artemis von Versailles*« in einem runden Hochbeet nach pompejanischem Vorbild.

Wendet man sich vom Kasino zurück zum Schloß, liegt etwas nördl. der 1850 von Ferdinand v. Arnim erbaute **Klosterhof** (12), der die *mittelalterl.*, meist in Venedig erworbenen *Spolien* enthält. Vor dem außen massiv geschlossenen, innen jeweils in 3 Arkaden geöffneten Bau liegt ein vergitterter Hof mit Eingangsarkaden. Horizontale Streifen, außen als Ziegelbänder, innen als ornamentierte Leisten zwischen Putzquadern, lassen den Bau gelagert erscheinen.

Die Fundstücke sind weitgehend in die Architektur eingebunden. Im V o r h o f steht eine Säule mit dem Markuslöwen; das Portal fügt historisierende Formen zu den beiden grazilen Doppelsäulen des 13. Jh. aus S. Andrea bei Venedig an, die auch die inneren Kreuzgangarkaden bilden. Die südl. K a p e l l e, deren Apsis für das Mosaik einer *Deesis* (Christus als Weltenrichter zwischen den hier in Medaillons erscheinenden Fürbittern Maria und Johannes d. T.) geschaffen wurde, enthielt früher das Reliquienkreuz Heinrichs II. (1002–24) aus dem Basler Domschatz (heute im Kunstgewerbemuseum) und den Kaiserstuhl des 11. Jh. aus Goslar (heute wieder in Goslar). Die Hauptnische ist flach geschlossen, von 2 hohen Granitsäulen (rechts mit originalem byzantinischem Kapitell des 6. Jh. n. Chr.) gerahmt. Zwischen ihnen das *Wandgrab des Philosophen Pietro d'Abano* († 1316) aus S. Antonio zu Padua, darunter ein Atlant des 13. Jh. auf einer Säule um 1200. Das Grab,

eine Tür an der W-Seite und eine Sakramentsnische an der N-Wand zeigen Cosmatenarbeit (Glasmosaik in Marmor). An der N-Wand unter einer neuroman. Arkade eine spätgot. *Gottvater*-Büste auf durchbrochener Konsole.

In seiner Mischung aus echten geschichtlichen und historistischen Bestandteilen ist der Klosterhof graduell verschieden von der Art, wie in Schloß und Kasino antike Fragmente aufgestellt wurden. Diese Bauten dienten konkreten Zwecken, und ihr »griechischer« Stil wurde nicht wegen der Sammlungsstücke gewählt, sondern weil er zur Bauzeit der fast allein gültige Stil war. Um 1850 hatte sich der geschichtliche Blick erweitert, ohne daß man bereits den Epochen völlig sachlich gegenüberstand. Man suchte noch eine gewisse Einbindung – im Neuen Museum z. B. durch die dem Stil der ausgestellten Werke entsprechende Ausstattung der Innenräume; beim Prinzen Karl, in einem noch stärker romantischen Seitentrieb der kunstgeschichtlichen Bildungsidee, durch die seltsame Schöpfung des Klosterhofes. Er selbst gab nach eigenem Zeugnis den Baugedanken an, der tatsächlich fremd im sonst klassizist. Werk Arnims steht.

Nördl. der mit dem Klosterhof abschließenden Gebäudekette beginnt der von Lenné aufgeforstete freiere **Park**. Hier verwirklichte Prinz Karl, unterstützt v. a. durch den Landschaftsmaler August Wilhelm Schirmer, auch eigene Ideen »malerischer« Landschaftspartien. – Unmittelbar nördl. vom Kasino liegt einer der 1842 mit dem Uferweg angelegten Eingänge in diesen Bezirk, das von Persius erbaute **Hirschtor** (14). Eine Mauer, in deren Metopen Hundeköpfe sitzen, buchtet nach innen ein; den Durchgang flankieren 2 Pfeiler mit liegenden (urspr. stehenden) Hirschfiguren von Rauch.

Kleinglienicke. Jägerhof. Zeichnung von Persius 1830

● Weiter nördl. am Abhang liegt das **Maschinenhaus** (15) von Persius (1836–38). Zweck und landschaftliche Situation bestimmten die Form: ein flacher Bau für die Dampfmaschine im Tal, dahinter ein quaderförmiger *Turm* als Wasserreservoir. Mit hohem Bogendurchgang, wie ihn Persius auch am Gutshof wiederholte, wurde das umgebaute **Gärtnerhaus** angeschlossen und so eine kleinliche Zersplitterung vermieden. Die Baugruppe, die einer ersten Ideenskizze Friedrich Wilhelms IV. für Babelsberg ähnelt, läßt an ein italienisches Kastell denken. Die asymmetrische Gruppierung kubischer Baumassen ist ein durchaus modernes Gestaltungsprinzip, das Persius bevorzugte und stets im Einklang mit der Landschaftsumgebung anwandte. Innerhalb der Baugruppe kontrastiert das gelagerte, mit vielen geraden Fenstern wohnlich wirkende Gärtnerhaus mit dem strengen, nur in 2 Geschossen durch hoheitsvolle Rundbogenöffnungen versehenen Turm.

Im Bogendurchgang steht eine Kopie der sog. »Venus von Capua«.

Eine Mauer mit halbrunden Vorsprüngen, auf denen Schalenbrunnen standen, schließt diesen Bereich zur Uferstraße hin ab. – Weiter nordöstlich schmiegt sich ein schlichter kleiner Bau, das **Matrosenhaus** (16) von Persius (1840), in ein Tal. Das Erdgeschoß setzt sich durch gelb und rötlich gestreiften Putz vom glatt-rötlichen Obergeschoß ab; die Giebelfenster wirken durch ein Palladio-Motiv als eigentlicher Blickfang, wie der kurze Turm in der Mitte des Daches.

Von diesem Bezirk, dessen Bauten noch Rundbogenformen und italienische Anklänge haben, geht man in nördlicher Richtung in einen noch stärker romantisch bestimmten über. Über eine kleine Schlucht, in die früher aus einem hochgelegenen Teich ein Wasserfall stürzte, führt die **Teufelsbrücke** (17) von Persius (1838). Über hohe Bogen im Winkel ansteigend, war sie im Sinne einer künstlichen Ruine nach dem letzten Pfeiler in Holz zu Ende geführt, wurde jedoch 1938 massiv erneuert.

Weiter nördl. führt das **Jägertor** von Persius (1842) in den Bezirk des 1828 von Schinkel erbauten **Jägerhofes** (17). Beide zeigen die Formen der englischen Gotik mit Zinnen und Tudorbogen. An der S-Seite der Durchfahrt ist ein spätgot. Portal verbaut, gegenüber ein Wappen mit dem Datum 1618. Der Jägerhof, auf einer Anhöhe mit urspr. freiem Blick, bestand zunächst aus einem Wohnhaus, das auch Pferdeställe enthielt, und dem im rechten Winkel anschließenden Hundezwinger. Das Wohnhaus ist an der südl. Hauptseite durch 3 hochgezogene Giebel gegliedert; die Fenster sind in Zweier- oder Dreiergruppen angeordnet und haben das für die englische Gotik typische rechtwinklige Wasserschlagprofil. Kleine Pergolen oder Lauben beleben die Eingänge. Ein reines Schmuckmotiv ist der Erker an der südl. Stirnseite des Hundezwingers. 1935 wurde hinter ihm nach N ein weiteres, im Stil angeglichenes Gebäude zugefügt. Die Stilform der englischen Gotik geht

354   Zehlendorf: Wannsee. Jagdschloß Glienicke. Loggia Alexandra

auf den Prinzen zurück, der sie wohl wegen der englischen Herkunft der Parforcejagd wählte.

Am Jägerhof bildet das Ufer eine Spitze, das Krughorn. Von dort aus sieht man jenseits der Havel die **Heilandskirche am Port** zu **SACROW**, 1841/42 von Persius nach Ideen Friedrich Wilhelms IV. als frühchristliche Basilika halb ins Wasser hineingebaut.

Die Uferstraße folgt einer nach O einbiegenden Bucht, an deren Ende das ehem. Forst-88 haus, jetzt **Gasthaus Moorlake** (18) von Persius liegt, das dem Typ von Schweizerhäusern angeähnelt ist. *EB-S*

89 **Jagdschloß Glienicke** (südl. der Königstraße)

1682–86 erbaute Karl Philipp Dieussart das kurfürstliche Schloß. 1715 wurde der Bau Lazarett. Später wechselte er mehrfach Besitzer und Zweck, bis 1859 Prinz Karl von Preußen ihn für seinen Sohn Friedrich Karl erwarb. Heute dient das Schloß als Heimvolkshochschule.

Dieussart errichtete das Schloß als schlichtes 7achsiges Gebäude mit 3achsigem, von einem Dreiecksgiebel gekröntem Mittelrisalit. Ferdinand v. Arnim baute es für Friedrich Karl in den schmuckreichen Formen des französischen Barock um, gab ihm ein Mansarddach und erweiterte es durch seitliche Anbauten. Albert Geyer vergrößerte 1889 den Bau nochmals, erhöhte den Mittelteil um ein Stockwerk, gab dem Risalit wieder einen Giebel und fügte einen Turm hinzu, dies alles nun im Stil des süddeutschen Frühbarock. 1963 schließlich versah Max Taut das Schloß mit modernen Zutaten.

Der 1860–62 von Lenné gestaltete, später entstellte **Garten** wurde 1986–88 rekonstruiert. *HB-S*
Vor dem Haupteingang, auf dem heute plattierten Platz, eine schöne Bronzefigur von Richard Scheibe, »*Liegende*« (1963). *HR*

90 **Loggia Alexandra** (auf dem Böttcherberg, südl. der Königstraße)

Die Loggia, 1869 von dem Baumeister E. A. Petzholtz und dem Bildhauer Alexander Gilli geschaffen, war ein für den Prinzen Karl erbauter Teeplatz mit Blick auf die Kuppel der Nikolaikirche in Potsdam, benannt nach der Zarin Alexandra, seiner Schwester.

Der halbkreisförmige, sehr schlichte und urspr. wohl von Gebüsch verdeckte Ziegelbau hat an der offenen Vorderseite eine reiche Arkadenstellung in Formen der florentinischen Frührenaissance. Marmor verschiedener Färbung gliedert diese Front; die Säulen sind zierlich, die Profilgesimse scharf und

zart. Nur an der zerstückelten Füllung der seitlichen Pilaster wird mangelnde künstlerische Sicherheit spürbar. Rückwärts sind, durch eine Tür zugänglich, ein kleiner Gang angeschlossen und ein runder Raum, in dem früher eine Büste der Zarin stand. *EB-S*

Am Großen Wannsee hat Alfred Messel 2 **Wohn-** 9 **häuser** erbaut: Das **Haus Springer** (**Nr. 39/41**) entstand 1901, ein malerischer Werksteinbau mit vielfach gegliedertem Mansarddach, die Giebel mit Schindeln verkleidet. Die Wohnräume sind frei um die zentrale Halle gruppiert, der sich nach S eine überdeckte Terrasse anschließt, deren symmetrische Anordnung jedoch im Grundriß des Hauses keine Entsprechung findet. – Das Haus **Nr. 43/45** wurde 1908 für Dr. Franz Oppenheim erbaut als repräsentatives Wohnhaus in barockisierender Stilfassung, 1geschossig mit ausgebautem Mansarddach. Ein 5achsiger Mittelteil hat vorspringende, 2geschossige und 2achsige Eckbauten, deren westlicher jedoch im Erdgeschoß durch 3 Arkaden von der Symmetrie abweicht. Das Material ist Backstein, verputzt, die Kanten der vorspringenden Eckbauten sind mit Werksteinbossen eingefaßt. Sprossenfenster mit Klappläden.

Nr. 42 (Ecke Colomierstr. 3) hat Paul Baumgarten (d. Ä.) 9 1909 für Max Liebermann eine klassizist. **Villa** erbaut, einen 2geschossigen, streng symmetrischen Bau mit zurückgesetztem Mittelteil, dessen 3 Achsen durch 2 hohe Säulen mit ionischen Kapitellen gegliedert sind, mit flach geneigtem Walmdach und Fledermausgaube. Das Haus und der zugehörige Garten sind durch viele Bilder Liebermanns bekanntgeworden. Das Haus gehört heute einem Wassersportclub. *GK*

Der sog. *Flensburger Löwe* an der Landspitze Hek- 9 keshorn am Ufer des Großen Wannsees ist die Zinkguß-Kopie eines dänischen Siegesdenkmals, das der Thorvaldsen-Schüler H. Bissen 1853 einst für den Friedhof in Flensburg geschaffen hatte, das nach dem Deutsch-Dänischen Krieg 1864 entfernt wurde und bis 1946 auf dem Gelände der Kadettenanstalt Lichterfelde stand. Das Original wurde Dänemark zurückgegeben. Der riesige, aufgereckt sitzende Löwe, der kühn zur Seite blickt, im einzelnen von wenig guter Modellierung, wirkt auf dem mächtigen Sockel – an der Weite des Sees gemessen – deplaciert, da hier seine Bedeutung als Heldenmal verlorengegangen ist. *HR*

Neuer Friedhof Berlin-Wannsee (Lindenstraße) 9

1895 angelegt. Der Friedhof ist – wie die **ev. Andreaskirche** *(des Otzen-Schülers O. Stahn, 1896), südl. davon, an der Lindenstraße – eine Stiftung des Ehepaares Conrad.*

An der alten Friedhofsmauer, rechterhand der von ihm konzipierten **Trauerhalle**, erhielt der mit Conrad befreundete *Joh.* Otzen (✝ 1911) ein großartiges Grabmal: eine hohe Wandarchitektur aus Kalkstein, an der »gotisches« Maßwerk, rosenbestückte Fialen und schwebende Engel mit einem Baumodell in den Händen in Jugendstil-Schönlinigkeit phantasievoll verbunden erscheinen (Bildhauer: C. Stoeving, von ihm auch

Am Großen Wannsee 39/41: Haus Springer

das Bildnis-Relief des Architekten). Neben der hervorragenden Technik ist die Anlage auch wegen der asymmetrischen Konzeption mit der Sitzbank links an der Mauer, dem Reliefpfeiler gegenüber, bemerkenswert. – Von großem Atem ist die zentral gelegene, von einer Kalksteinmauer umzogene Grabstätte der Familien v. *Helmholtz* und *Siemens* (Entwurf A. v. Hildebrand; die Bronzeplakette für Ellen v. Siemens stammt von K. Kluge). – Die Grabstätte des 1925 verstorbenen Kohlemagnaten *Eduard Arnhold*, des großen Förderers der Künste und Villenbesitzers in Wannsee (eines der hier auf dem sog. »Millionen-Friedhof« bestatteten Reichen), schmückt ein Marmorrelief von Th. Georgii, eine Abschiedsszene im Geiste griechischer Kunst und Michelangelos. – Der Chemiker und Nobelpreisträger *Emil Fischer* (1852–1919) erhielt ein Mal von Fritz Klimsch: ein dekoratives Reliefbild gegenständig knieender Akte in stilisierten, schlanken Formen, die graziös eine Flammenschale emporhalten. *HR*

Am Sandwerder. Gegenüber dem Bahnhof Wannsee, **Nr. 1**, liegt die **ehem. Villa Wild**, 1875 von Petzholtz in schlichten spätklassizist. Formen. Der seitlich angeschobene Turm zeigt das Palladio-Motiv in gleicher Gestalt wie bei der um 1865 entstandenen Aufstockung der Türme in Glienicke. *EB-S*

Nahe der Brücke zwischen Kleinem und Großem Wannsee (Eingang zu den Anlagen **Bismarckstr. 3**) liegt das *Grab des Dichters Heinrich v. Kleist* und der mit ihm hier am 21. November 1811 in den Freitod gegangenen Henriette Vogel. Der 1936 gesetzte Stein unter der Eiche trägt die Worte des Prinzen von Homburg »Nun o Unsterblichkeit bist du ganz mein«. Leider ist das alte gußeiserne Gitter entfernt. *HR*

An der Hauswand der angrenzenden Ruderclub-Villa befindet sich das Marmorrelief eines zusammenbrechenden Jünglings, ein *Kriegerdenkmal* von Josef Thorak 1920.

Das letzte Haus an der stumpf endenden B i s m a r c k s t r a ß e (**Nr. 69**) hat Werner Harting 1936 für die Pianistin Else Posener und sich selbst erbaut; zusätzlich wurde eine dritte Wohnung für den Hauswart eingerichtet. Das 2geschossige, geschlemmte Backsteinhaus ist entsprechend den Anforderungen der Nutzer gegliedert und hat schöne Raumfolgen, deren Höhepunkte ein halbkreisförmiges Musikzimmer und ein durch 2 Geschosse reichendes Atelier mit Galerie sind. Flach geneigtes, pfannengedecktes Walmdach. Das Haus wurde durch Einbau eines Aufzugs leicht verändert. *GK*

Steinstücken

In dem südl. vorgelagerten, an Potsdam-Babelsberg grenzenden Ortsteil Steinstücken liegt (Bernhard-Beyer-Str. 12) das **Wohnhaus**, das Erich Mendelsohn 1926/27 für **Dr. Curt Bejach** gebaut hat, ein Backsteinbau bei dem jede vierte Steinschicht eingezogen und weiß behandelt ist, so daß ein lagerhafter Eindruck entsteht, der sowohl an Frank Lloyd Wright wie an die holländischen »Stijl«-Architekten erinnert. Weit vortretende Pergolen setzen die ausladende Wirkung fort. Klarer, rechteckiger Grundriß, das Obergeschoß zugunsten einer Dachterrasse verkürzt. Weit vorspringende, kräftige Dachplatte. *GK*

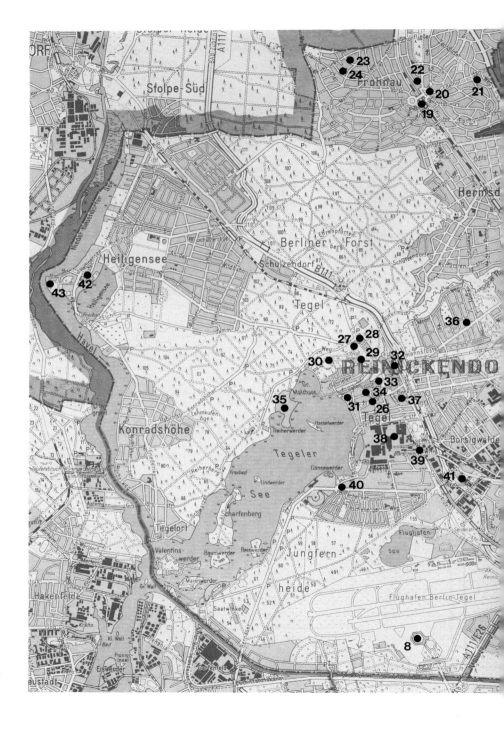

358 Reinickendorf

BEZIRK REINICKENDORF

1920 wurde der Ort Reinickendorf mit Wittenau (→ S. 360), Lübars (→ S. 364), Hermsdorf (→ S. 365), Frohnau (→ S. 365), Tegel (→ S. 366), Heiligensee (→ S. 371) und der Jungfernheide zum 20. Verwaltungsbezirk von Berlin zusammengeschlossen.

Reinickendorf

Reinickendorf an der Straße nach Oranienburg mit dem Ortskern in Alt-Reinickendorf wird 1375 zuerst genannt. Seit dem Mittelalter gehörte es den Städten Berlin und Cölln. Ca. 1,2 km südl. von Alt-Reinickendorf am Schäfersee lag das ehem. Rittergut. 1632 verkaufte Berlin das Dorf, das im 30jährigen Krieg bes. schwer litt, und erwarb es 1710 zurück. 1624 besaß Reinickendorf 142 Einwohner, 1801 179, 1856 327. Nach 1870 wurden neue Siedlungen – zumeist für ärmere Bewohner – angelegt. Durch die Eisenbahn Berlin–Kremmen entwickelte sich Reinickendorf seit 1893 rasch zu einem dicht besiedelten Wohn- und Industriegebiet. HB-S

Die Dorfaue mit der mittelalterl. **Kirche** ist erhalten.
1 Einige 1stöckige **Bauernhäuser** (bes. A l t - R e i n i c k e n - d o r f **Nr. 35**, **36/37**) erlauben eine Vorstellung von dem dörflichen Ortsbild im 19. Jh. Die Lage abseits der Geschäftszentren hat der Dorfaue eine relativ große Ruhe bewahrt. HB-S

1 **Dorfkirche** (Alt-Reinickendorf). Der kleine, nachlässig aus Feldsteinen aufgemauerte, unverputzte Saalbau, wohl aus dem späten 15. Jh., ist durch seinen runden *O-Abschluß* in Berlin einmalig und reflektiert etwas von der Großformigkeit der spätgot. Chöre von St. Nikolai in Berlin und Spandau. Er gibt dem Bau seinen Hauptreiz und bildet den Gegenpol zu dem vor der W-Front stehenden, mit dem verputzten Mauerwerk kaum den Dachfirst überragenden Turm von 1713, bei dem der geschwungene Umriß des Helmes sich dem spätgot. Gepräge des Kirchenschiffs anpaßt. 1936–38 wurde der Bau gründlich renoviert.
Im Inneren befinden sich ein *Flügelaltar* mit 8 gemalten Passionsdarstellungen nach Holzschnitten von Dürer (um 1520) sowie 2 *Schnitzfiguren* der Muttergottes und der hl. Margareta vom Ende des 15. Jh. HB-S

2 **Städt. Friedhof** (Humboldtstr. 86–90). Am Hauptweg steht im hinteren Teil (unter einem schützenden Pavillon aus roten Klinkern nicht gerade ideal) das großartige bronzene Grabmal für *Arthur Strousberg* (1851–74).

Der Eisenbahnindustrielle Bethel Strousberg hatte nach seinem Ruin das Mal für seinen Sohn von R. Begas nicht mehr vollenden lassen können (Guß erst 1900). Es ist eine ganz auf Schönheit gestimmte, gefühlvolle (einansichtige!) Komposition des auf dem Sarkophag ruhenden jung Verstorbenen, von 2 Putten mit Efeu und Rosen bekränzt und von einem weiblichen Todesgenius in den Armen gehalten, wobei Erinnerungen an die hinterlassene Frau und Kinder mit ikonographischen Zügen der »letzten Umarmung« und der »Pietà« verschmelzen. (Die Bronze wurde 1925 mit dem Nachlaß von Begas von der Stadt erworben, als Kriegerdenkmal aufgestellt und so der privaten Sphäre enthoben.) HR

3 An der O l l e n h a u e r s t r a ß e (früher: Berliner Straße) hat Erwin Gutkind 1927 im Geviert Ollenhauerstraße / Pfahlerstraße / Waldowstraße / Kienhorststraße 2 **Wohnblöcke** erbaut. Die großen, kompakten Baumassen bilden zur Ollenhauerstraße einen offenen Hof. Das harte Gegeneinanderstoßen glatt weiß geputzter Flächen und rotbunter Ziegelflächen charakterisiert den äußeren Eindruck. An den Stirnseiten sind großflächig verglaste Loggien; die Fenster schneiden relativ klein in die Mauerflächen ein. Der Wohnhof östl. der Ollenhauerstraße ist durch ungeschickten Einbau eines Supermarktes verdorben. [Ähnliche Wohnblöcke hat Gutkind an der Thulestraße in Pankow (1926), an der Marie-Curie-Allee in Lichtenberg (1926/27) und an der Gorkistraße in Tegel (1929/30) errichtet.] GK

Großsiedlung Reinickendorf
(Aroser Allee [früher: Schillerpromenade]) 4

Die Siedlung wurde 1929–31 von den Architekten Otto Rudolf Salvisberg, Wilhelm Büning und Bruno Ahrends, die auch die städtebauliche Planung in Arbeitsgemeinschaft ausgeführt haben, für die Heimstättengesellschaft »Primus« erbaut.

Für die ihres durchweg weißen Anstrichs wegen »**Weiße Stadt**« genannte Siedlung wurde die noch aus der Zeit vor dem 1. Weltkrieg stammende Straßenplanung im Prinzip beibehalten, jedoch vereinfacht; die neuen Wohnbauten errichtete man teils als Randbebauung, teils als freistehende Zeilen, so daß genügend Freiraum in dem Areal zwischen Aroser Allee, Emmentaler Straße und Genfer Straße erhalten blieb. Insgesamt wurden hier 1259 Wohnungen gebaut. Als bedeutsame Neuerungen wurden die rechtzeitig mitgeplanten und -gebauten Folgeeinrichtungen angesehen, zu denen 27 Läden, 5 Gemeinschaftswaschküchen, ein Kinderheim und das **Heizwerk** (Entwurf: Büning) gehören; die Siedlung ist von Anfang an zentral beheizt. Von der zuerst vorgesehenen Stahlskelettbauweise sah man aus Kostengründen ab; die Ziegelbauten wurden in herkömmlicher Mauerwerkstechnik ausgeführt; lediglich das von Salvisberg entworfene **Brückenhaus** über der Aroser Allee, das markante Kennzeichen dieser Siedlung, ist ein Betonskelettbau. *GK*

5 **Kolumbus-Schule** (Büchsenweg 23a)
Die Grundschule ist 1968–70 nach einem preisgekrönten Wettbewerbsentwurf von Sergius Ruegenberg gebaut worden.
Dieser höchst unkonventionelle Schulbau ist gerade in den wenigen Jahren möglich gewesen, die zwischen der starren Anwendung veralteter Richtlinien und einer neuen »Kompaktheit«-Ideologie lagen. Eine frei gruppierte Anlage faßt die Klassenräume nach Jahrgangsstufen zu »Trauben« zusammen. Freie, sich ständig verändernde Flurformen (keine Korridore!) führen zu Klassenräumen, die aus unregelmäßigen Fünfecken gebildet sind. In diesen ist dank spannungsvoller Lichtführung jede Unterrichtsform möglich. Der horizontal und vertikal gestaffelte, weiß gestrichene Ziegelbau hat 2, an einer Stelle 3 Geschosse.
Am Eingang steht als Markierung statt eines Portals eine rot gestrichene Betonskulptur des Architekten (»*Pilz*« oder »*Schmetterling*«). *GK*

In den **Anlagen** am westl. Ufer des S c h ä f e r s e e s ist
6 die Bronze »*Sitzender Mann*« von F. Klimsch (1925) aufgestellt, eine seiner langgliedrigen schönen Jünglingsgestalten in gefälliger Pose (Hauptansicht ist die seitliche, von den Bänken aus). *HR*

Auf dem K u r t - S c h u m a c h e r - P l a t z steht als 7 Versuch, charakterliche Qualität durch ein architektonisch-plastisches Formgefüge auszudrücken, das von Jan und Rolf Rave als Architekten und Joseph H. Lonas als Bildhauer gestaltete *Denkmal* (1971) für den sozialdemokratischen Politiker *Kurt Schumacher* (1895–1952). *HB-S*

Flughafen Berlin-Tegel 8
Der 1948/49 während der Berliner Blockade auf dem Gelände des ehem. Schießplatzes angelegte Flugplatz wurde seit 1961 mit provisorischen Gebäuden an der N-Seite als Verkehrsflughafen benutzt. Die neuen Gebäude (Tegel-Süd) entstanden 1969–74 nach erfolgreichen Wettbewerbsentwürfen der Architekten Meinhard v. Gerkan, Volkwin Marg und Klaus Nickels. Der volle Flugbetrieb begann 1975, nachdem Tempelhof als Verkehrsflughafen geschlossen worden war.

Die **Passagiergebäude** bestehen aus einem in Sechseckform angelegten Flugsteig, in dessen Inneren sich Parkplätze befinden. Das Besondere dieses Flughafens ist die direkte Vorfahrt für jeden der 14 Flugsteige, so daß sich kürzeste Fluggastwege ergeben. (Die urspr. Planung sah als 2. Bauabschnitt ein weiteres Sechseck vor.) Eine Seite des Sechsecks ist als Zentralgebäude eingerichtet. Ankunft und Abflug liegen für Fluggäste auf einer Ebene. Das baukünstlerische Konzept der Architekten ist bruchlos durchgehalten: Das beginnt mit einer klaren, aus dem gewählten Dreiecksraster abgeleiteten Grundrißdisposition und wird in

Flughafen Berlin-Tegel

360   Reinickendorf mit Wittenau

sorgfältiger Detaillierung in Form und Farbe fortgeführt. Als Orientierungs- und Leitmittel werden Farben benutzt: Die Grundfarbe ist ein warmes Rot; sie erscheint an den Decken, an den Klinkerfußböden und außen an den Fassadenverkleidungen und Fluggastbrücken. Die gelbe Farbe dient den Hinweisen auf den Flugverkehr, Grün den Nebendiensten. – Auch die **Nebengebäude** am S-Rand des Flughafens sind von den Architekten nach einem einheitlichen Konzept entworfen, das Erweiterungen mühelos zuläßt. Die Leitfarbe ist hier ein sattes Orange, das an Werkstätten, Feuerwehrgebäuden und Hallen auftritt. – Seit den 1980er Jahren müssen wegen des steigenden Verkehrs Veränderungen vorgenommen werden, die jedoch das Grundkonzept nicht beeinträchtigen.

Auf dem birnenförmigen Parkplatzgelände, das von den Vorfahrtstraßen eingefaßt wird, steht eine symbolische, technische Formen benutzende Skulptur von Heinrich Brummack, das »Wolkentor«. Bei abendlicher Beleuchtung ergeben sich variable Effekte, die ziehende Wolken assoziieren. – Weitere Kunstwerke im Freigelände, auf der Terrasse und im Gebäude: »Vor dem Start zum Europaflug von 1911« (Karlheinz Biederbick); »Flug der Vögel« (Chryssa); »Der Mensch zwischen Himmel und Erde« (Hubertus v. d. Goltz; eine ähnliche Figur stand 1989/90 vorübergehend auf der Mauer vor dem Brandenburger Tor); »Papierflieger« (Georg Kohlmaier); »L'albatros« (Rolf Lieberknecht); »Prototyp« (Paul Pfarr); »Balance IV« (Hein Sinken); »Der Fall Daidalos und Ikaros« (Rolf Scholz); »Drachen« (Ralf Wudtke); Reliefplatten Wernher v. Braun, Hermann Oberth und Rolf Nebel (Erich F. Reuter). – Im Gebäude Bilder von Gert Bubenik, H. J. Diehl, Manfred Henkel, G. L. Gabriel, Hella Santarossa, Ter Hell. – Zu nennen ist das farbige Leitsystem der Ein- und Auffahrten von Werner Noefer.
GK

Wittenau (Dalldorf)

1351 wird das Angerdorf Daldorph, an der alten Straße von Spandau nach Bernau gelegen, zuerst genannt. Sein Kern liegt in Alt-Wittenau. 1375 gehörte der Ort dem Spandauer Nonnenkloster. 1624 zählte es 121, 1801 176, 1856 472 Einwohner (in 43 Häusern). 1905 wurde Dalldorf in Wittenau umbenannt.   *HB-S*

Die Dorfaue mit altem Baumbestand ist gut erhalten. Einige **Bauernhäuser**, teilweise mit spätklassizist. Stuckfronten, vermitteln eine Vorstellung von dem Ortsbild
9 im 19.Jh. (Alt-Wittenau **Nr.43**, **56**, **39**; **Nr. 66** stammt aus dem 18. Jh.).   *HB-S*

9 **Dorfkirche** (Alt-Wittenau). Der rechteckige Saalbau mit Satteldach vom Ende des 15.Jh.

ist aus großen unregelmäßigen Feldsteinen roh gemauert. Die beiden spitzbogigen Blendarkaden im O-Giebel und die rundbogige, abgetreppte ehem. Türöffnung an der S-Seite sind ursprünglich; sämtliche Fenster und das W-Portal wurden 1860 verändert. Der Dachturm von 1799 mit spitzem Helm, heute mit Schiefer, war ehem. mit Schindeln verkleidet. Bei der Erneuerung 1956/57 wurde die flache Decke durch eine Tonne ersetzt.

2 *Glocken* des Geläuts sind 1484 bzw. 1583 datiert. – Im Inneren befinden sich ein *Kanzelaltar* von 1722 und qualitätvolle *Schnitzfiguren* der hll. Anna, Maria und Nikolaus als Reste eines got. Flügelaltars.   *HB-S*

Ehem. Volksschule Wittenau, heute **Oberschule** (Roedernallee / Alt-Wittenau).   Die Schule, auf einem dreieckigen Grundstück in der Straßengabel gelegen, wurde 1928–31 von Jean Krämer erbaut. Der weit ausladende, 3geschossige Bau aus Oldenburger Klinkern beruht im Grundriß auf einem Ringausschnitt; er ist axial mit betontem Mitteleingang aufgebaut. Die Seiten akzentuieren kürzere Flügelbauten, die auf der Hofseite halbkreisförmige Treppenhäuser besitzen. Die breite Eingangshalle in der Mittelachse des Bauwerks ist durch eine Freitreppe mit pfeilergestütztem Vordach markiert; der mittlere Teil des Gebäudes springt an dieser Stelle zurück. Die Fensterbänder sind durch betonte, durchlaufende Bänder aus vor- und zurückgesetzten Ziegeln stark hervorgehoben. – Die Schule wurde mit technischen Unterrichtseinrichtungen ausgestattet, die für jene Zeit außergewöhnlich waren: Lehrküche, Waschküche, Räume für Werk-, Kunst-, Musik- und naturwissenschaftlichen Unterricht. Alle Unterrichtsräume wurden für Lichtbildervorführung eingerichtet.
GK

Karl-Bonhoeffer-Nervenklinik (Oranienburger Str. 285). Die »Städtische Irrenanstalt in Dalldorf« wurde als geschlossene Einrichtung 1877–79 von Stadtbaurat Hermann Blankenstein in geometrisch geordneten Backsteinbauten errichtet. 1987 wurde von Joachim Ganz und Walter Rolfes die neue *Geschlossene Abteilung* fertiggestellt, die in vorbildlicher Weise humane Vollzugsbedingungen mit dem Respekt gegenüber den vorhandenen Anlagen verbindet.   *GK*

15 Märkisches Viertel (Wilhelmsruher Damm)

Werner Düttmann, Hans Müller und Georg Heinrichs unternahmen seit 1962 die Planung; die ersten Bauten hat man 1963 begonnen; 1974 war das Viertel so gut wie fertig.

Das Märkische Viertel hat wie kaum ein anderes Neubaugebiet in Deutschland im Zentrum der Kritik gestanden. Sie bezog sich u. a. auf die Massierung der (zu hohen) Bauten, die unzureichende Erschließung und Verkehrsanbindung, auf organisatorische Mängel bei der Wohnungsvergabe und verspätete Fertigstellung der »Wohnfolgeeinrichtungen«: Kindergärten, Schulen, Einkaufsmöglichkeiten usw. Der Grundgedanke der Planer war die Entwicklung einer neuen Stadtlandschaft durch Abkehr von der bisherigen Flächenbebauung mit einzeln stehenden Zeilen und Scheiben, ferner die Schaffung zusammenhängender Ketten gestaffelter Wohnhochhäuser, die vorhandene und neue Kleinhausgebiete umschließen. Die Dienstleistungen wurden in einem Zentrum zusammengefaßt. Ein urspr. vorgesehenes, umfassendes Farbkonzept (Utz Kampmann) hat man nach Anfängen (bei den Wohnbauten von Karl Fleig) verlassen. Das Gebiet umfaßt etwa 17 000 Wohnungen, 12 Schulen, 15 Kindertagesstätten, ein Hallenbad und 4 Kirchen oder Gemeindezentren.

Kommt man vom S-Bahnhof Wittenau, trifft man links auf die sich 4 bis 16 Geschosse hoch staffelnden **Wohnhäuser** von Herbert Stranz, die in lockerer Gliederung weite Höfe umschließen. Weiter rechts am W i l h e l m s - r u h e r D a m m erstreckt sich die Kette (4 bis 8 Geschosse) von Karl Fleig. Während rechts die bis 8 Geschosse hohen Wohnbauten von Ludwig Leo folgen, erscheinen gegenüber, als Diagonale auf das nun folgende Zentrum weisend, die gefalteten, ebenso hoch aufragenden Wohnblöcke von Oswald Mathias Ungers, deren Weiß durch tiefblaue Rücksprünge akzentuiert wird. Der Wilhelmsruher Damm wird von der überdimensionalen gelben **»Postbrücke«** überspannt, durch die man das **Märkische Zentrum** von Hans Bandel und Waldemar Poreike erreicht, an dem Einkaufszentren, Läden, Restaurants und ein Kaufhaus liegen.

Seit Beginn der 80er Jahre wurden unter Beteiligung der Bewohner umfangreiche Veränderungen vorgenommen, sog. »Wohnumfeldverbesserungen«.

Südl. der Straße (Nr. 161) das **ev. Gemeindezentrum Apostel Petrus** von Günter Behrmann. Die anschließenden grauen, mit zurückhaltenden Farbakzenten versehenen langgestreckten Bauten von René Gagès und Volker Theissen haben im Volksmund – nach dem Vorbild des Bartningbaus in Siemensstadt – den Namen »Langer Jammer« erhalten. Nördl. folgen dann die U-förmigen Wohnblöcke von Hans Müller und Georg Heinrichs mit Atelieraufbauten, durch rote, gelbe und weiße Farbflecken gekennzeichnet. Die ostwärts anschließenden Bauten von Ernst Gisel sind mit sog. »Maisonnette«-Wohnungen ausgestattet, deren Wohnräume jeweils in 2 Geschossen übereinander liegen. Südöstl. folgen in lockeren Zeilen die Wohnbauten (bis 16 Geschosse) von Werner Düttmann.

Nördl. des Packereigrabens, der von O in nordwestl. Richtung das Viertel durchzieht, stehen zunächst Baublöcke von Müller und Heinrichs sowie von Astra Zarina. Am S e n f t e n b e r g e r R i n g fällt (Nr. 25) ein kleines **Spielhaus** auf, das Engelbert Kremser 1973 in freien Formen errichtet hat, wobei er sich der »Erdarchitektur« als Konstruktionsweise bediente: Der Raum wurde zunächst als Erdhügel hergestellt, darauf wurde die Stahlbetonschale aufgebracht und nach deren Erstarrung das Erdreich wieder entfernt. – Im nördl. Teil des Märkischen Viertels sind Architekten mit anderen Auffassungen zum Zuge gekommen: Shadrach Woods, Jo Zimmermann, Peter Pfankuch, Heinz Schudnagies und Chen Kuen Lee, die ihre Herkunft von Hans Scharoun nicht leugnen. Die Gebäudeketten legen sich in freien Schwüngen um Innenhöfe, wobei die Wohnungen sich fächerartig zur Aussicht und zur Sonne öffnen. Der Gegensatz zu den blockhaften, oft brutalen Formen der übrigen Häuser ist augenscheinlich. Aber auch hier sind die Höhen durchweg zu hoch gewählt; 2 bis 3 Geschosse weniger hätten dem Erscheinungsbild des ganzen Märkischen Viertels bessergetan. Die Höherstaffelung (»Verdichtung«) ist auf Drängen der städtischen Behörden entstanden, denen an einer möglichst hohen Wohnungszahl lag. Veränderungen durch »Wohnumfeldverbesserungen«, die sich hauptsächlich auf Außenanlagen und Farbgebung der Bauten erstrecken.

Reinickendorf: Wittenau. Märkisches Viertel

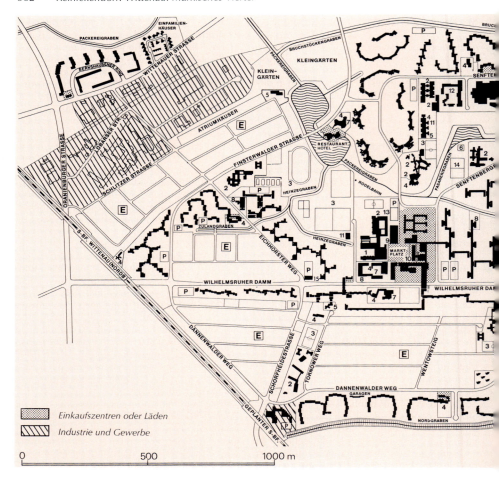

▓	Einkaufszentren oder Läden
▨	Industrie und Gewerbe

13 Am Seggeluchbecken, den Wohnhäusern von Lee benachbart, liegt die »**Kirche am Seggeluchbecken**« (Finsterwalder Str. 66) mit einem **ev. Gemeindezentrum**, beides 1969–72 von Bodo Fleischer, die sich mit ihren frei gefalteten Formen in die anschließende Bebauung gut einfügen. Der Innenraum der Kirche ist von Manfred Henkel mit freien, lebhaft wirkenden Farbschwüngen ausgemalt.

14 Die **Thomas-Mann-Schule** (Königshorster Straße), 1970–72 nach einem preisgekrönten Wettbewerbsentwurf von Hasso Schreck erbaut, ist die erste der Integrierten Gesamtschulen Berlins, die nach dem neuen pädagogischen Konzept geplant worden sind, das eine »horizontale Durchlässigkeit« der bisher streng getrennten Schulzweige ermöglichen soll. Die Schule besteht aus einem 5geschossigen, terrassierten Hauptgebäude, das die Unterrichtsräume aufnimmt, und flacheren Flügeln, von 4 Geschossen bis zu einem herabgestaffelt, die zusammen mit dem Hauptgebäude einen inneren Hof umschließen, der kein »Schulhof« in herkömmlichem Sinne

Reinickendorf: Wittenau. Märkisches Viertel 363

Märkisches Viertel. Lageplan

Gemeinschaftseinrichtungen:
1   Mehrzweckzentrum
2   Schulen
3   Sportanlagen oder Sportplätze
4   Kindertagesstätten
5   Gesundheitsfürsorge
6   Verkehrskindergarten
7   Kirchen- oder Gemeindezentren
8   Altenwohnheime
9   Schwimmhalle
10 Arbeiterwohnheime
11 Jugendfreizeitheim
12 Seniorenzentrum
13 Eisbahn
14 Jugendfreizeitfläche
15 Bücherei
P   Parkhäuser
E   Einfamilienhäuser – Altbebauung

ist. Diese Nebenflügel nehmen die Spezialunterrichtsräume auf. (Im S schließt sich das **»Theodor-Fontane-Haus«** [Mehrzweckgebäude] an, das von der Architektengemeinschaft Hasso Schreck, Jan Bassenge und Kay Puhan-Schulz erbaut worden ist.) Charakteristisch für die Thomas-Mann-Schule ist die durch mehrere Geschosse reichende »Schulstraße«, die zugleich der Verkehrsknotenpunkt der Schule ist und gewisse Funktionen der Schulgemeinschaft übernimmt, die früher etwa die Aula gehabt hat. Die Architekten haben gemeinsam mit dem Maler Claus Peter Koch ein Farbkonzept für die Gemeinschaftsräume der Schule erarbeitet, das auch den Schülern Raum läßt für eigene Aktivitäten.
Das **Musische Zentrum Atrium** (Senftenberger Ring 97) ist von Stephan Heise 1968–74 als Wilhelm-Raabe-Grundschule erbaut worden. Der vielgliedrige Flachbau staffelt sich an seiner höchsten Stelle zu 3 Geschossen auf. Die Fassaden bestehen aus unverputzten Backsteinen, konstruktive Bauteile aus Sichtbeton. Größe und Anordnung der Fenster richten

Märkisches Viertel. Jenseits des Seggeluchbeckens das evangelische Gemeindezentrum. Dahinter die Wohnbauten zwischen Senftenberger Ring und Finsterwalder Straße

sich nach den jeweiligen Erfordernissen. Die vielgestaltigen Räume gliedern sich um ruhige Innenhöfe. Der Bau markiert als Schule eine Gegenposition zu den in der Folgezeit errichteten übertechnisierten Schulbauten, deren Nachteile inzwischen erkannt sind. – Als die Schule wegen rückläufiger Schülerzahlen geschlossen werden sollte, bot sich die Gelegenheit, die Anlage zu einem Musischen Zentrum auszubauen. Notwendige Umbauten wurden vom Architekten 1985–87 ausgeführt; weitere Entwicklungen sind vorgesehen. GK

Auf dem Wilhelmsruher Damm stehen 2 Brunnen aus rotem Granit von Max Rose, ein Schalenbrunnen aus wohlproportionierten Zylindern (1977) und eine hohe Stele mit labyrinthischem Ornament (1981). HB-S

Stichstraßen. Weite Höfe, von lebhaft gefalteten Wohnblöcken umgeben, öffnen sich nach S und geben über den Packereigraben den Blick auf die Silhouette des Märkischen Viertels frei. Die Entwürfe der Häuser stammen u. a. von den Architekten Hans Scharoun (Doppelwohnhochhaus im äußersten NO des Baugebiets, Titiseestraße), Josef Paul Kleihues und Heinrich Moldenschardt, Jan und Rolf Rave, Gerd und Magdalena Hänska sowie Peter Brinkert. GK

Lübars

1247 erstmals erwähnt, wird der Ort 1375 als Lubaz oder Lubas im Besitz des Spandauer Nonnenklosters genannt, dem es bis zur Reformation gehörte. Das Dorf zählte 1624 auf 17 Bauern- und 4 Kossätenhöfen 162 Einwohner, 1801 236 und 1856 244 (in 26 Häusern).
HB-S

Der Ortskern ist Alt-Lübars, das seinen dörflichen Charakter nicht nur in der Dorfaue und seinen Häusern weitgehend bewahrt hat, sondern auch in der Einbettung in Felder und Wiesen. Von den noch vorhandenen 1stöckigen **Bauernhäusern** zeigen **Nr. 6**, **9**, **23** und **26** klassizist. Stuckfronten. **Nr. 22** ist ein strohgedecktes Kossätenhaus. HB-S

Dorfkirche (Alt-Lübars). Nach einem Dorfbrand 1790 wurde die Kirche 1793 (diese Jahreszahl zeigt die Wetterfahne) neu erbaut. Der

Waidmannslust

Südl. des Zabel-Krüger-Damms ist 1966–72 im Bereich einer ehem. Kiesgrube eine **Wohnanlage** mit über 2000 Wohnungen entstanden, die in ihrer Gestaltung gewisse Elemente des Märkischen Viertels aufnimmt. Die Erschließung erfolgt durch die schleifenartig geführte Schluchsee- und Titiseestraße mit

3 Achsen lange, rechteckige Putzbau mit W-Turm ist im urspr. Zustand erhalten. Kriegsschäden sind behoben. Die Formensprache ist noch ganz die des Barock in seiner strengen Ausprägung der Zeit Friedrich Wilhelms I. Die von den Ecken zur Mitte hin gerückten Lisenen am Turm lassen diesen eleganter erscheinen, als es seinem Volumen entspricht. Die Mittelachse des Kirchenschiffs ist durch rahmende Mauerstreifen mit Quaderung herausgehoben.

Das schlichte Innere mit einer Empore im W ist ausgezeichnet durch einen bei der Aufstellung 1956 veränderten *Kanzelaltar*, der 1739 von Friedrich Wilhelm I. der 1881 abgerissenen Gertraudenkirche am Spittelmarkt gestiftet worden war. Qualitätvoll sind bes. die beiden Putten zu seiten des Altars. *HB-S*

Hermsdorf

1369 wird »Hermannsdorf« erstmals erwähnt. (In der Elsenbruchstraße wurde 1955 ein Teerofen ausgegraben, der aufgrund keramischer Funde in das 13. Jh. datiert werden kann.) Der kleine Rundling liegt an einer von der Berlin-Oranienburger Straße abzweigenden Sackgasse; Ortskern ist Alt-Hermsdorf. 1624 zählte der Ort nur 59 Einwohner (1 Bauern- und 9 Kossätenhöfe), 1801 waren es 144, 1856 428. Die 1877 geschaffene Bahnverbindung mit Berlin führte zur Entwicklung als Villenvorort. Seit 1891 entstand östl. der Bahnlinie eine Landhaussiedlung. 1961 zählte Hermsdorf 16134 Einwohner. *HB-S*

Die Dorfaue, die durch die Seebadstraße zerschnitten wird, ist in ihrer südöstl. Hälfte gut erhalten und z.T. noch von 1stöckigen **Bauernhäusern** umstanden (Alt-Hermsdorf **Nr. 8, 10, 11, 27**). *HB-S*

8 **Dorfkirche** (Almutstraße). Ein mittelalterl. Vorgängerbau stand in der Mitte der Dorfaue. Ein Fachwerkbau des 18. Jh. befand sich bereits an der Stelle der jetzigen Kirche, eines rechteckigen Saales mit Dachturm, die 1830 erbaut wurde und durch ihre noch barocken Formen überrascht. Die Ecken des Saales sowie des Turmes sind mit Putzquadern eingefaßt. Am Turm sind sie innen von Lisenen begleitet. 1909 wurden ein eingezogener Chor und ein ebenfalls einspringender Vorbau an der W-Seite in den Bauformen des Langhauses hinzugefügt. 1960 mußte der Turm erneuert werden. *HB-S*

Das **Heimatmuseum Reinickendorf** (Alt-Hermsdorf 35–38) ist in einem ehem. Schulgebäude (um 1870) untergebracht.

Frohnau

Der Ort im äußersten N Berlins wurde 1910 als Gartenstadt neu angelegt (nach einem Bebauungsplan von J. Brix und F. Genzmer). *HB-S*

Von 2 runden Platzanlagen, dem Ludolfinger und dem Zeltinger Platz, zwischen denen die S-Bahn-Station liegt, entwickelt sich ein System gekrümmter Straßen. *HB-S*

Der **S-Bahnhof** wurde 1908–10 von Gustav Hart und Alfred Lesser errichtet, etwa gleichzeitig mit dem Baubeginn der Gartenstadt. Das Empfangsgebäude mit hohem Wasser- und Uhrturm ist mit dem Kasino verbunden; die Architektur des Gebäudes bezieht sich auf die Gartenstadt. *GK*

Die **ev. Johanneskirche** (Zeltinger Pl. 17/18) mit ihrem mächtigen Turm, 1936 von Walter und Johannes Krüger, den Erbauern des Tannenberg-Denkmals, errichtet, erweckt, bezeichnend für die Denkweise der Zeit, den Eindruck einer wehrhaften mittelalterl. Gründung. *HB-S*

Das **Buddhistische Haus** (Edelhofdamm 54) wurde 1924 auf Anregung des nach zwei Ceylon-Reisen zum Buddhismus übergetretenen Arztes Dr. Paul Dahlke von dem Architekten Max Meyer in den Formen eines ceylonesischen Tempels errichtet. Dahlke starb 1928; erst 1960 wurde das Haus durch ceylonesische Mönche wiederbelebt. *GK*

Wiltinger Straße. **Nr. 15** (Ecke Ariadnestraße): Das **Wohnhaus** ist ein charakteristisches Beispiel für die phantasievollen Häuser, die Heinz Schudnagies nicht nur in Frohnau (z. B. **Horandweg 28**, 1957), sondern auch in anderen Wohngebieten errichtet hat. Es ist 1958 erbaut worden als 2geschossiges Backsteinhaus mit großen, verglasten Wandflächen, mit weit vorspringendem Balkon und flach zueinandergeneigten Pultdächern, die einen bergenden Eindruck hervorrufen. Frei geformter Grundriß mit ineinander übergehenden Raumfolgen. Der große Wohnraum reicht durch 2 Geschosse; eine gewendelte Treppe führt zum Studio, das als Galerie über dem Wohnraum liegt. *GK*

Laurinsteig. Vor der nach der Künstlerin benannten **Schule** (Nr. 39) Bronze-*Fohlen* von Renée Sintenis (1932).

Die bedeutende **Invalidensiedlung** (Staehleweg) wurde 1937 für kriegsinvalide Offiziere vom Heeresbauamt Berlin mit einheitlich 2geschossigen Backsteinbauten (152 Wohnungen) und Nebenanlagen in abseitiger Randlage erbaut. Eine vorgesehene S-Bahnstation ist nicht eingerichtet worden. *GK*

Tegel

Das Straßendorf mit dem Kern Alt-Tegel wird 1322 zuerst bezeugt. 1361 wird es dem Nonnenkloster in Spandau verkauft, dem es bis zur Säkularisation gehört. Das kleine Dorf zählte 1624 77 Einwohner auf 8 Bauern- und 2 Kossätenhöfen, 1801 waren es 124, 1856 231. Seit der Mitte des 19. Jh. siedelte sich, zunächst südl. des Ortes, dann östl. der Bahnlinie, Industrie an (seit 1895 entstanden die Anlagen von Borsig). HB-S

Eine mittelalterl. Dorfkiche ist nicht mehr vorhanden; sie stand wohl an der Stelle der 1911/12 von Jürgen
26 Kröger erbauten **ev. Kirche** an der Staße Alt-Tegel.

Die ländliche Vergangenheit des Ortes ist, vom Schloß abgesehen, nur noch in geringen Spuren sichtbar, in
26 wenigen **Häusern** in A l t - T e g e l , in der K a r o l i n e n -
27 s t r a ß e (ehem. Hamburger Straße) im **Gasthof »Alter Fritz«**, einer 1752 erstmals erwähnten Poststation (nach dem Brand von 1977 wiederhergestellt) und einem ge-
28 genüber (**Nr. 10**) liegenden Fachwerkhaus, der **»Alten Waldschänke«.** – An der Karolinenstraße, Ecke Gabrielenstraße steht ein beschädigter *Meilenstein* des 18. Jh. aus Sandstein in Form eines Obelisken. HB-S/EB-S

Auf dem **ehem. Dorffriedhof** das schöne Urnengrabmal für *W. A. S. v. Holwede* († 1784), die Tante der Brüder v. Humboldt. HR

29 **Schloß Tegel, Humboldt-Museum**
● (Adelheidallee 19 – 20)

Urspr. ein Landhaus, um 1550 für den Hofsekretär Joachims II., Hans Bretschneider, gebaut, kam das Anwesen 1766 in Besitz der Familie v. Humboldt. Für Wilhelm v. Humboldt wurde der Renaissancebau 1820 bis 1824 von Schinkel so umbaut, daß er als O- und Eingangsseite einer größeren Anlage erhalten blieb.

Mit hohem Satteldach und runden Seitenerkern wahrt diese Seite trotz veredelter Tür- und Fensterformen ihren altertümlichen Charakter, während die übrigen Seiten eine klassizist. Villa von einzigartigem Gepräge bilden. Schinkel erfand eine neuartige Form, die der Geisteshaltung Wilhelm v. Humboldts entsprach und seiner Antikensammlung einen gleichgestimmten Rahmen gab.

Diese Sammlung, 1945 nach Moskau gebracht und seit 1958 teilweise in den Ostberliner Museen aufbewahrt, kehrte 1990 nahezu vollständig zurück.

Der südl. gelegene Renaissance-Turm wurde Anlaß für eine paarweise an der nördl. und südl. Schmalseite angeordnete 4-Turm-Gruppe, wobei die östl. Langseite vorspringt, die westl. fast um Turmesbreite zurücktritt. Ein noch weiter zurückspringendes Obergeschoß, das an das hohe Renaissance-Dach anschließt,

verbindet sich mit Riegeln an den Schmalseiten zu einem rudimentären 3. Stockwerk. Die W-Front öffnet sich in hohen Fenstern zum Garten; nur die seitlichen Nischen enthalten 4 1836 aufgestellte Marmorkopien antiker Statuen (Athena Giustiniani, Amazone vom Kapitol, Diana von Gabii, Faun von Praxiteles). Die Wandabschnitte zwischen den Fenstern erscheinen als dorische Pilaster; diese Form gliedert auch die Fenstergruppen der Türme und verleiht dem Haus, zusammen mit den scharfen Gesimsen, eine durchgegliederte Leichtigkeit und den gewünschten antikisierenden Charakter. Weiß und mit bläulichen Zinkplatten auf den flachen Dächern sollte der heitere Bau aus den Baumwipfeln leuchten. An den Türmen verdeutlichen die Reliefs (aus der Rauch-Werkstatt) von 8 antiken Windgöttern nach Vorbildern am »Turm der Winde« in Athen (1. Jh. v. Chr.) die Antikenbeziehung und deuten wohl auch den nach allen Himmelsrichtungen offenen Geist des Hauses an.

Schinkels I n n e n a n o r d n u n g , nach Wilhelm v. Humboldts Zeugnis »bequem und eigentümlich«, verbindet eine klare, den aufzustellenden Antiken angepaßte Architektur mit zweckgerechter Wohnlichkeit.

Das V e s t i b ü l geht durch die ganze Tiefe des Gebäudes; eine Kassettendecke und ein großflächiges Fußbodenmuster markieren die architektonische Gliederung des Raumes, der durch Pfeiler in der Flucht der Renaissance-Mauer 2geteilt ist. Im vorderen Teil steht vor 2 dorischen Säulen ein *antiker Pozzo* (2. Jh. n. Chr.) aus S. Callisto in Rom mit bacchantischen Reliefs (die Ergänzungen von Franzoni sind kenntlich; eine Inschrift Humboldts betrifft die Legende des hl. Calixtus und die Erwerbungsgeschichte des Stückes). Seitlich der Tür stehen 2 Knaben-Torsen, römische Marmorkopien griechischer Originale der 4. bzw. 2. Jh. v. Chr. Über seitlichen Sitzbänken in antiker Form sind *Abgüsse antiker Reliefs* eingelassen, links Thronender Zeus und Schreitender Vulkan nach ehem. in Tegel befindlichen Originalen. An der entsprechenden Stelle im westl. Teil stehen in Nischen Kopien des Bogenspannenden Amor von Lysipp (2. Hälfte 4. Jh. v. Chr.) und eines Ganymed sowie 2 Marmortische nach Schinkels Entwurf.

Die linken Türen führen zur B i b l i o t h e k , dem Arbeitszimmer Humboldts (an das 2 Turmkabinette anschließen). An der Längswand rechts vom Eingang stehen Abgüsse der Kapitolinischen Venus und der Venus von Milo, rechts das Bildnis *Alexander v. Humboldts am Chimborazo* von Friedrich Georg Weitsch (1810), an der Eingangswand, zwischen 2 griechischen Torsen des 4. Jh. aus einer Charitengruppe, eine Bildniszeichnung Wilhelm v. Humboldts von Franz Krüger, die *Singende Parze* von Carstens, von Friedrich Tieck model-

Reinickendorf: Tegel. Schloß 367

Schloß Tegel. Antikensaal und Blauer Salon

368   Reinickendorf: Tegel. Schloß. Bauten am Tegeler See

liert, und ein Abguß der auf dem Adler emporgetragenen Victoria von Rauchs Bülow-Denkmal, daneben 2 Fragmente nach Reliefs aus dem Fries der Ringhalle des Parthenon. Auf dem Schreibtisch Fragmente antiker Statuetten.

Der Bibliothek gegenüber liegt das T r e p p e n h a u s, das seine bescheidenen Abmessungen durch dekorative *Malerei* nach Schinkels Entwurf steigert: Marmorierung der Wandfelder, darauf 2 illusionistisch dargestellte Kandelaber; Ranken und Embleme in kleineren Wandpartien, Sterne auf blauem Grund an den Decken.

Im **Obergeschoß** liegt links der B l a u e   S a l o n. An seiner N-Wand, zwischen den *Bildnisreliefs Wilhelm* (1796 von Klauer) und *Alexander v. Humboldts* (1828 von Friedrich Tieck) in Tondoform eine Nische mit einer antiken Muse aus dem Tiber, die Christian Daniel Rauch als Quellnymphe, den Kopf mit Zügen von Humboldts Tochter Karoline, ergänzte. Über den Türen Abgüsse von Skulpturen Tiecks für den Teesalon Friedrich Wilhelms IV., im Berliner Schloß (1824): Odysseus, Achill, Persephone, Omphale. An den übrigen Wänden statt Gottlieb Schicks verschollener Bildnisse der Kinder Karoline, Adelheid und Gabriele v. Humboldt (1809) eine Kopie nach Wilhelm Schadows 1931 im Münchener Glaspalast verbranntem Porträt der Gabriele v. Humboldt als Braut (1818) und ein Bildnis der Kronprinzessin Elisabeth, Gemahlin Friedrich Wilhelms IV., von Wilhelm Wach.

Der anschließende A n t i k e n s a a l ist unter zart gemalter Kassettierung in blaumarmorierte Felder geteilt; in Dreiergruppen, deren Abmessungen den *Abgüssen griechischer Friese und antiker Skulpturen* (aus der Villa Ludovisi in Rom) folgen. An der W-Seite unter 3 Plattenabgüssen von Parthenonfries links der *Sitzende Mars*, rechts *Merkur mit Hirtenflöte* von Thorvaldsen, in der Mitte 3 farbige *Marmorsäulen*, Geschenke des Papstes Pius VII., mit Gipsnachbildungen von Vasen aus Giallo antico und Porphyrkopie der sog. Medusa Rondanini. An der O-Seite römische Marmorreliefs: sitzender Jupiter, Vulkan, Sarkophagfragment mit Raub der Proserpina, Abgüsse nach dem Amazonenkampf vom Fries des Apollo-Tempels in Bassae-Phigalia (2. Hälfte 5. Jh. v. Chr.), ein kolossaler *Juno-Kopf* und die *»Große Herkulanerin«*. An der nördl. Schmalseite flankieren die Gruppe des *Galliers mit seinem Weib* (Kopie einer hellenistischen Bronze aus Pergamon) und die Figuren von *Orest* und *Elektra* die Tür; auf dem Türsturz ein Athena-Kopf und 2 Bankstützen in der Form grotesker Tiere.

Das südwestl. gelegene B l a u e   T u r m k a b i n e t t enthält die Statue der *Spes* (Hoffnung) von Thorvaldsen (1817–29). Verschollen ist ein Tondo von Rauch: Venus zeigt Mars ihre verwundeten Finger (1810). Die römische Statue eines jugendlichen Dionysos ist z. Z. noch zur Restaurierung im Pergamon-Museum; erhalten sind: ein Relief der 3 *Parzen* (1. Jh. n. Chr.), ein *Knaben-* und ein *Mädchenköpfchen* aus Marmor (um 200 n. Chr.) und 2 römische *Graburnen* aus Kalkstein. Der *runde Tisch* mit Marmorfuß ist von Schinkel entworfen.

Das südöstl. G r ü n e   T u r m k a b i n e t t, urspr. der Wohnraum Karolines, enthält die Marmorfigur der 10jährigen Adelheid v. Humboldt als Psyche (1810),

ein frühes Meisterwerk Rauchs, sowie an der O-Wand auf Marmorkonsolen das Bildnis Wilhelm v. Humboldts (von Thorvaldsen, 1808) und statt Thorvaldsens Bildnis Karolines einen Abguß der Schinkel-Büste von Friedrich Tieck (1819); ein Jugendbildnis Karolines im Oval und ein Aquarell der Cestiuspyramide als Erinnerung an den in Rom verstorbenen Sohn Wilhelm.

Nördl. der Treppe liegt das grüne E ß z i m m e r mit dekorativer Grisaillemalerei. Die englischen Möbel sind aus dem Besitz Gabrieles und ihres Mannes Heinrich v. Bülow. An der Eingangswand neben den Türen 2 Landschaften von Heinrich Reinhold, an der O-Wand das Bildnis Alexander v. Humboldts von Julius Schrader.

Im anstoßenden n o r d w e s t l.   T u r m k a b i n e t t das Bildnis der Konstanze v. Heinz von T. Hamacher (1857) und eine Landschaft von Max Schmidt.   *EB-S*

Der **Park** von Tegel, im wesentlichen von dem Humboldtschen Hauslehrer Gottlob Johann Christian Kunth zwischen 1777 und 1789 geschaffen, enthält um das Schloß Baumgruppen; indessen ist der Ausblick nach W frei auf ein Rasenparterre, das nördl. von einem bewaldeten Hügel, der zum See abfällt, südl. von einer 1792 gepflanzten Lindenallee gesäumt wird und in der Mitte eine 400jährige Eiche trägt.

Vom Ende der Lindenallee rechts liegt die *Grabstätte der Familie Humboldt*. Nach Karolines Tod 1829 entstand die von Schinkel entworfene Anlage mit der Statue der Spes von Thorvaldsen (Kopie von Friedrich Tieck) auf einer ionischen Porphyrsäule vor einer Exedra-Bank, wie sie ähnlich an der Gräberstraße von Pompeji vorkamen. – Das *Grabmal Kunths*, eine Stele mit Giebelkrönung in einem Halbkreis aus Feldsteinen, liegt am Hügel nördl. der Humboldt-Gräber.   *EB-S*

Am Seeufer (An der Malche) wurde 1989 als Hommage à Hannah Höch zu ihrem 100. Geburtstag der *»Archaische Erzengel vom Heiligen See«*, Bronzeabguß einer Materialkollage von Siegfried Kühl, aufgestellt.   *HB-S*

Am nordöstl. Ende des T e g e l e r   S e e s, unmittelbar bei den Dampferanlegestellen, hat Heinz Schudnagies 1963–67 eine Gruppe bemerkenswerter Bauten errichtet, die das zuvor arg vernachlässigte Gebiet zwischen der Straße Alt-Tegel (der früheren Dorfaue) und dem alten Hafenbecken aufgewertet haben. In freier, an Ideen Hans Scharouns angelehnter Gruppierung stehen der Neubau des traditionsreichen **Restaurants** **»Seeterrassen«** (Wilkestr. 1), das leicht geschwungene, 7- bis 9geschossige **Wohnhochhaus** **»Nixe«** und das 13- bis 16geschossige **Wohnhochhaus** **»Neptun«** (Greenwichpromenade), deren Bewohner den weiten Blick über die Landschaft des Tegeler Sees und der Havel genießen. Das kleinere der beiden Häuser ist in konventionellem Mauerwerk errichtet, das höhere in Stahlbeton. Die Fassaden sind teilweise ge-

Phosphateliminierungsanlage Tegel

putzt, teilweise mit weißer Keramik oder mit Kunststoffplatten verkleidet.   GK

Bauten am Tegeler Hafen (Farbabb. 11). Im Zusammenhang mit der IBA (Wettbewerb 1980) sind am ehem. Tegeler Hafen Bauten unterschiedlichen Charakters errichtet worden. – Der Sanierung des vom Umkippen bedrohten Tegeler Sees dient eine **Phosphateliminierungsanlage** (Karolinen-/Buddestraße), von Gustav Peichl 1980–82 in klaren, funktionellen Formen erbaut. – Das von dem amerikanischen Architekten Charles Moore u. a. geplante Kultur- und Freizeitforum ist nur z.T. verwirklicht worden, in einem monumentalen Bau (1988) für die **Stadtbibliothek** (Karolinenstraße) mit postmodernistischem Dekor. Für das Hauptstück, das Freizeitzentrum mit »Spaßbad«, ist ein Bauherr noch nicht gefunden; lediglich eine 1990 aufgestellte Fischskulptur des Meisters deutet die Absicht an. – Den Bauten von Schudnagies (→ Nr. 31) östl. vorgelagert ist eine auffallende **Wohnbaugruppe** von Charles Moore, John Ruble und Buzz Yudell (1985/86), die eher an die Monumente Bofills erinnert als an Berliner Bautraditionen. Umgeben ist diese anspruchsvoll dominierende Gruppe von **kleineren Bauten** unterschiedlichster Architekten (1985–88), deren Architekturauffassung von rationaler Gestaltung bis zu exaltierter Phantasie reicht. Beteiligte Architekten: Karl-Heinz Steinebach und Friedrich Weber, Robert Stern, Stanley Tigerman, Paolo Portoghesi, Antoine Grumbach, John Hejduk und Moritz Müller. Die sachlichen 3geschossigen **Reihenhäuser** stammen von Regina Poly; Steinebach und Weber; Bangert, Jansen, Scholz und Schultes. – Der Volksmund hat schnell das Wort »Architekturzoo« gefunden, den anzusehen interessierte Stadtbesucher nicht versäumen sollten.   GK

Die **ehem. Villa Borsig** auf der Halbinsel Reiherwerder im Tegeler See, ein schloßartiges »Landhaus« in Formen, die dem Barock entlehnt sind, wurde 1911–13 von Alfred Salinger und Eugen Schmohl erbaut. Der Bauherr wünschte Anlehnung an Potsdamer Motive; so sind die Vorbilder für den – allerdings 2geschossigen – gerundeten Vor-

Reinickendorf: Tegel. »Freie Scholle«

bau und die seitliche Säulenhalle aus Sanssouci übertragen. – Das Haus dient heute der **Deutschen Stiftung für Internationale Entwicklung**. GK

Der – zugängliche – **Park** ist als Landschaftsgarten mit zahlreichen Baumarten angelegt.

36 **Siedlung »Freie Scholle«**
(Waidmannsluster Damm)

Die Siedlung beiderseits der Hauptverbindungsstraße zwischen Tegel und Waidmannslust wurde von Gustav Lilienthal gegründet und in den Jahren 1924–31 in 7 Bauabschnitten von Bruno Taut errichtet. Bauherr: die Gemeinnützige Baugesellschaft »Freie Scholle« und die Gehag.

Das Programm spiegelt die Zeit der Entstehung: Von den 103 Wohneinheiten des 1. Abschnitts waren 30 1-Zimmer-Wohnungen, 65 2- und 2½-Zimmer-Wohnungen und nur 8 3- und 3½-Zimmer-Wohnungen. Doppelhäuser mit Steildächern und Zeilenbauten mit Flachdächern ergänzten die Siedlung. Kernstück ist jedoch der 1927–29 gebaute **»Schollenhof«** (zunächst »Lilienthalhof«) nördl. des Waidmannsluster Damms, knapp gestaltet ohne jede schmückende Zutat, mit Bestrebungen zur Rationalisierung. Der 2geschossig umbaute Hof kennt nur 3 Gestaltungselemente: einen einheitlichen Fenstertyp für die Wohnräume, einen kleineren für die Bäder und begehbaren Bodenräume, senkrechte Schlitze für die Treppenhausfenster. Glatte, weiße Putzflächen mit schmaler Gesimslinie. Alle Hauseingänge liegen zum Hof. GK

*Borsigwerke Tegel.
Verwaltungshochhaus*

37 Im Hof des sog. **Tegel-Centers** (Berliner / Gorki- / Buddestraße), eines 1970 erstellten Einkaufszentrums, sind alle möglichen Relikte der alten Hauptstadt zur Schau gestellt (Zugang durch die Markthalle). Außer alten, gußeisernen *Laternen, Wasserpumpen* und einer der pittoresken *Rotunden* (die man als Bedürfnisanlagen noch am Fuße des Kreuzbergs und anderswo in Betrieb findet) sieht man die Gruppe »*Mutter und Kind*« von Emil Hundrieser (1889). *HR*

38 Borsigwerke (Berliner Straße)

● *Die Fabrikanlagen wurden Ende des vergangenen Jahrhunderts in Betrieb genommen, nachdem die innerstädtischen Betriebe in Moabit zu eng geworden waren. 1897 sind die ersten Anlagen in Tegel bezugsfertig gewesen.*

Das 1898 fertiggestellte **Werktor**, von den Architekten Konrad Reimer und Friedrich Körte entworfen, entspricht mit seinen massiven Rundtürmen aus Backstein und der dräuenden Zinnenbekrönung des Torbogens eher dem Zugang zu einer mittelalterl. Burg als einem Stadt- oder gar Fabriktor. Die Türme sind skulpturengeschmückt; in einem seitlich angesetzten Flügel ist jetzt der Zugang zum **39 U-Bahnhof Borsigwerke.**

Auf dem Werksgelände bemerkenswert ist Berlins erstes Hochhaus, der Turmbau des 12geschossigen **Verwaltungsgebäudes** (Berliner Str. 35), von Eugen Schmohl 1922–24 erbaut. Die Konzeption des Hochhauses entsprang weniger repräsentativen Bedürfnissen als der Platznot im bebauten Werksgelände (Gebäudegrundfläche 20 × 16 m bei ca. 65 m Höhe). Es ist ein traditioneller Mauerwerksbau aus Backstein, verkleidet mit Ilse-Klinkern und gegliedert durch eine maßvolle Werksteinverblendung; die senkrechten Lasten werden von 6 durchlaufenden Stahlstützen aufgenommen. Die beiden letzten Obergeschosse sind leicht zurückgesetzt und haben auskragende Abschlüsse erhalten. Der Turm wird von einem luftigen, laubenartigen Aufbau mit schwingender Gesimslinie bekrönt. *GK*

40 Südwestl. der Borsigwerke steht in einem aus Neubauten gebildeten Hof an der Ecke N e h e i m e r und B e r n a u e r S t r a ß e die 8 m hohe, aus Riedlinger Kalkstein gehauene *Vier-Elemente-Säule* von Paul Brandenburg. *HB-S*

Russischer Friedhof (Wittestr. 37). Einheitlich erhaltene **41** Friedhofsanlage von 1893 mit Alleen und der **Kapelle** (St. Konstantin und St. Helena, russ.-orth.) im Mittelpunkt. – Am Ende des rechten Querwegs steht das Gedenkmal für den Komponisten *Michail Glinka* (1804–57) mit einer von Masutin auf Veranlassung des sowjetischen Stadtkommandanten von Berlin 1947 erneuerten Büste auf einem starken Säulenpostament von rosa Marmor mit einem bronzenen Reliefband, das dicht gefüllt ist mit Gestalten seiner beiden volkstümlichen Opern »*Das Leben für den Zaren*« und »*Ruslan und Ludmila*«. *HR*

Heiligensee

1308 wird der Ort, ein Angerdorf, dessen Kern Alt-Heiligensee bildet, erstmals erwähnt. Funde belegen eine Besiedlung des Gebietes bereits in der Bronzezeit. Seit dem 13. Jh. war der Ort als Fährstelle über die Havel wichtig. 1624 gab es hier 15 Hüfner und 7 Kossäten, insgesamt 163 Einwohner, 1801 waren es 197, 1856 306, 1874 nur 260. Als Villenvororte haben sich seit 1865 Konradshöhe und seit ca. 1890 Tegelort entwickelt. 1920 wurde Heiligensee ein Ortsteil von Reinickendorf. 1959 zählten er und Konradshöhe 14860 Einwohner. *HB-S*

Bis heute hat Heiligensee seinen ländlichen Charakter **42** weitgehend bewahren können. Die Dorfaue A l t - H e i - l i g e n s e e mit altem Baumbestand ist gut erhalten; außer einem (restaur.) **Fachwerkhaus** (**Nr. 93**) sind noch mehrere **Bauern- und Kossätenhäuser**, teilweise mit spätklassizist. Stuckfronten (so **Nr. 22**, **76**, **82/** **43** **84**, **83/85**) vorhanden. Von der Fährstraße aus hat man einen schönen Blick über die Havel auf **NIEDER-NEU-ENDORF** mit seiner mittelalterl. **Dorfkirche**. *HB-S*

Dorfkirche (Alt-Heiligensee). Die heutige Kir- **42** che, ein Saalbau mit 3seitigem Chorschluß, wird in das 15./16. Jh. datiert und hatte einen mittelalterl. Vorgängerbau. Das hellgelb und weißlichgrau gestrichene Äußere wirkt barock und ist insbes. durch seine Fenster dem 1761 erbauten W-Turm angeglichen. Kleinteilig und zierlich in der Gliederung, mit einzelnen klassizist. Anklängen, wirkt dieser wie die Ausführung eines groß geplanten Entwurfs in verkleinertem Maßstab und erhält so eine chinoise Note, bes. auch in den Formen des Helmes. Der Innenraum mit einer Empore im W ist schlicht. *HB-S*

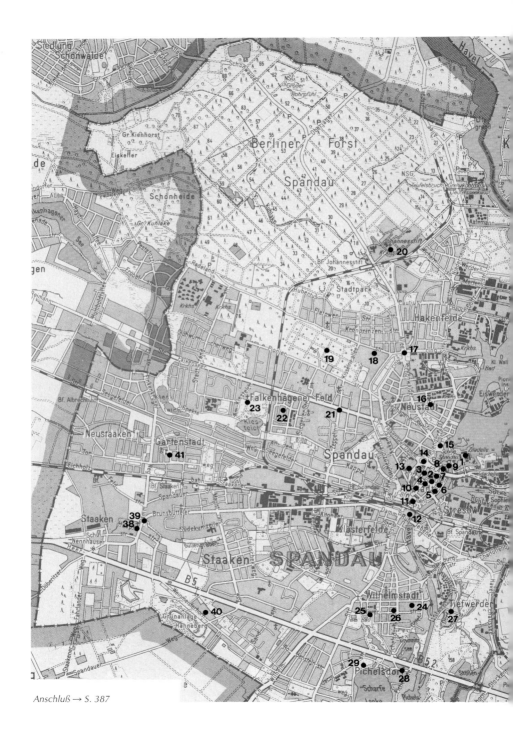

Anschluß → S. 387

Spandau 373

BEZIRK SPANDAU

Bei der Eingemeindung Spandaus nach Berlin, 1920, faßte man die Stadt mit den Dörfern Staaken (→ S. 385), Gatow (→ S. 386), Kladow (→ S. 387), Pichelsdorf (→ S. 383) und Tiefwerder (→ S. 383) zum 8. Verwaltungsbezirk von Groß-Berlin zusammen.

Spandau

Aus der Burgwallinsel südl. der Altstadt ist bereits im 8. Jh. eine befestigte Siedlung mit Burg nachzuweisen. Die Anlage wurde um 830 zerstört. Erst in der Mitte des 10. Jh. wurde das Gelände neu bebaut. Nach der Eroberung des Landes durch Albrecht d. Bären 1157 siedelten die Bewohner der Burgstadt in den südl. Teil der heutigen Altstadt über, und auf dem Gebiet der Zitadelle entstand eine 1197 erstmals erwähnte neue Burg an der Stelle einer vielleicht schon im 10. Jh. gegründeten slawischen Anlage. Die neue Burg hatte v. a. die Aufgabe, den Übergang der von Magdeburg nach O führenden Fernhandelsstraße über die Havel zu sichern. Eine älteste Stadtbefestigung Spandaus reichte im N nur bis zur Ritter-, Mönch- und Kammerstraße. 2 andere Siedlungskerne lagen im Bereich der Nikolaikirche und auf dem Behns, dem ehemals durch einen Wasserlauf (Kolk) abgetrennten nördl. Teil der Altstadt.

1232 wird Spandau erstmals als Stadt erwähnt. Südl. der Nikolaikirche wurde etwa gleichzeitig ein Dominikanerkloster (Reste im Haus Reformationspl. 3–4) und 1239 südl. der Altstadt das Benediktinerinnenkloster St. Marien, das bis 1639 bestand, gegründet. In d. J. 1244 fällt die Stiftung eines Hospitals. 1319 wird mit dem Bau der Stadtmauer begonnen, die nun das Nikolaiviertel und den Behns einschloß. Dieses über mehrere Jahrhunderte konstante Stadtgebiet zeichnet sich noch heute deutlich im Oval der Innenstadt zwischen Havel und Stadtgraben ab. Die Mauer, die bis in die 1880er Jahre noch größtenteils erhalten war, besaß 4 Haupttore: bei der heutigen Neuen Brücke das Heidetor, bei der Potsdamer Brücke das Klostertor, bei der Charlottenbrücke das Stresowtor und im NO, in der Nähe der Schleuse, das Mühlentor. 1330 wird die Vorstadt Stresow am östl. Havel-Ufer erstmals erwähnt. Der Neubau der Nikolaikirche und der Bau eines Rathauses im 15. Jh. an der S-Seite des Marktes (Ecke Carl-Schurz-Straße) bezeichnen die Fortdauer der wirtschaftlichen Blüte.

1522–38 wurde die Stadtbefestigung durch einen zweiten Graben im W und einen Wall mit 4 bastionsartigen Vorwerken verstärkt. 1539 wurde Spandau lutherisch. 1557 beschloß Joachim II., die Burg zur Zitadelle auszubauen. Damit verschwanden die Fischerhäuser in der Umgebung der Burg. Ihre Bewohner wurden auf dem Behns und südl. der Stadt angesiedelt. Damit war die spätere Rolle Spandaus als eine der wichtigsten Festun-

gen des Landes bestimmt. Seit 1631 wurde auch die Stadtbefestigung ausgebaut.
Im 18. Jh. entwickelten sich die Vorstädte Stresow (im S) und Neustadt (im N). 1813 wurde Spandau von den Franzosen gegen die Russen verteidigt. Dabei wurden die Vorstädte eingeäschert; die Altstadt erlitt schwere Zerstörungen. Nach 1813 vervollständigte man die Befestigung und bezog die Vorstädte mit ein. Wegen der Nähe der völlig unbefestigten Hauptstadt Berlin und der in Spandau konzentrierten Rüstungsindustrie wurden die Befestigungsanlagen bis gegen das Ende des 19. Jh. weiter ausgebaut. Erst 1903 wurde die Festung aufgehoben und damit der die Ausdehnung behindernde Gürtel gesprengt.
Im S hatten sich schon im 19. Jh. der Vorort Klosterfelde und weiter südl. anschließend die Wilhelmstadt entwickelt. Östl. der Havel bildeten sich die Vororte Haselhorst (→ S. 384) und – seit 1897 – Siemensstadt (→ S. 384 und S. 305), im NO Hakenfelde. 1920 wurde die Stadt eingemeindet.
Der 2. Weltkrieg brachte Spandau starke Zerstörungen. Der Wiederaufbau hat in der Altstadt den Charakter einer märkischen Landstadt jedoch nicht völlig verändern können. Eine bisweilen angestrengte Denkmalpflege und historisierende Neubauten suchen ihn neuerdings zu betonen. HB-S

Zitadelle mit **Stadtgeschichtlichem Museum Spandau** (Farbabb. 17)

1560 begann Christian Römer den i.J. 1557 von Kurfürst Joachim II. beschlossenen Bau der Zitadelle, vermutl. nach Plänen von Francesco Chiaramella Gandino, der seit 1562 die Bauarbeiten leitete. Sein Nachfolger (seit 1578) Rochus Guerini Graf zu Lynar vollendete die Festung, eine der bedeutendsten, die noch erhalten sind, 1594. Friedrich d. Gr. schätzte ihre strategische Bedeutung gering ein. 1806 befand sie sich in so schlechtem Zustand, daß sie zur Verteidigung nicht taugte. Die Franzosen setzten sie instand und verteidigten sie 1813. Im weiteren Verlauf des 19. Jh. wurden immer wieder Instandsetzungsarbeiten durchgeführt. 1856–58 entstand ein neues Zeughaus hinter der S-Kurtine, 1860/61 eine Kaserne hinter der N-Kurtine. Als 1935 ein Heeresgasschutzlaboratorium auf der Zitadelle eingerichtet wurde, hatte das umfangreiche Neu- und Umbauten (bes. am Palas) zur Folge. Mit Restaurierung und Rekonstruktion wurde 1962 begonnen.

Auf einer Talsandinsel in der Havel nördl. der Einmündung der Spree gelegen, entsprach die Anlage in der Form ungefähr eines 4zackigen Sterns mit quadratischer Innenfläche den sei-

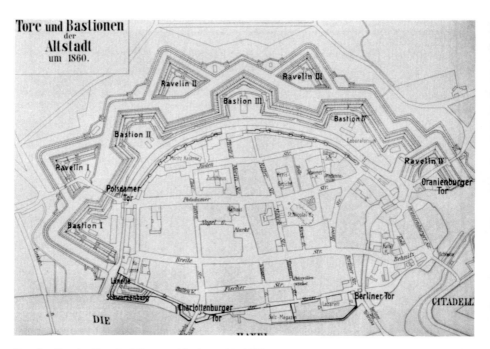

Spandau. Plan der Altstadt mit Toren und Bastionen. Um 1860

Spandau: Zitadelle 375

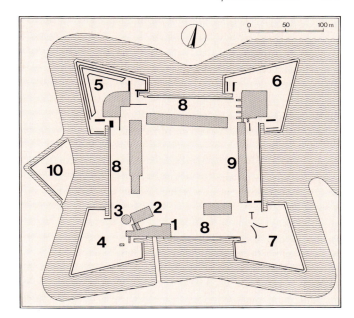

Zitadelle Spandau

1 Torhaus, darüber Kommandantenhaus
2 Palas
3 Juliusturm
4 Bastion König
5 Bastion Kronprinz
6 Bastion Brandenburg
7 Bastion Königin
8 Kurtinen
9 Magazingebäude
10 Ravelin Schweinekopf

nerzeit modernen Erkenntnissen der italienischen Festungsbaukunst. Den Kern der Anlage bilden ältere Teile in der südwestl. Ecke: **Palas** und **Juliusturm**. Seit 1701 heißen die 4 **Bastionen König** (im SW), **Kronprinz** (im NW), **Brandenburg** (im NO) und **Königin** (im SO).
Der Zugang zur Zitadelle erfolgt von S auf einem Damm und über eine moderne Brücke, vorbei an der Bastion König. Die *Fassade* des **Torhauses**, über dem das **Kommandantenhaus** liegt, stammt von 1839, ausgenommen der wohl um 1700 zu datierende Segmentgiebel in Sandstein mit dem Staatswappen (Besitzstand von 1701), umgeben von dem Band des Hosenbandordens, mit der aus dem Kurhut veränderten Königskrone darüber und flankiert von Adlern und Trophäen. Die 3schiffige Halle hinter dem Portal ist mit flachen Tonnen überwölbt, die in der Mitte auf 4 massigen Ziegelpfeilern ruhen. Hinter dem Torhaus führen links 2 rundbogige Eingänge zur Bastion König. Zwischen Torhaus und Palas befand sich als Verbindung spätestens seit 1659 das 1938 abgerissene Wachhaus.

Im Kommandantenhaus ist das **Stadtgeschichtliche Museum Spandau** mit einer Dokumentation der Vergangenheit von Stadt und Zitadelle untergebracht.
Der unverputzte Ziegelbau des 3geschossigen **Palas** läßt in den Unregelmäßigkeiten des Mauerwerks vielfache, im einzelnen schwer zu klärende Änderungen erkennen. Er wurde um die Mitte des 14. Jh. an der Stelle von 2 um 1200 und um 1260 zu datierenden Vorgängerbauten errichtet. Dabei verwendete man über 50 Bruchstücke von jüdischen Grabsteinen aus den Jahren zwischen 1244 und 1347 (mehrere ehemals an der S-Seite sichtbar, jetzt ausgebaut), Denkmalen der Judenverfolgung um 1350. Ein Umbau erfolgte 1521–23, als Joachim I. den Palas als Witwensitz für seine Gemahlin Elisabeth herrichtete. Unter den späteren Veränderungen gehören die banalsten dem 3. Reich an. Eine durchgreifende Restaurierung und Rekonstruktion 1976–82 hat im Obergeschoß einen den ganzen Raum einnehmenden *Festsaal* geschaffen, der durch ein rekonstruiertes got. Portal auf der N-Seite betreten wird.
Der runde, aus Rathenower Ziegelstein auf

376   *Spandau: Zitadelle. Nikolaikirche*

einem Feldsteinsockel erbaute **Juliusturm** an der SW-Ecke des Palas, seit 1584 nach dem Schwiegersohn Joachims II. Herzog Julius von Braunschweig-Wolfenbüttel so benannt, wird in den Beginn des 13. Jh. datiert. Den Zinnenkranz entwarf 1838 Schinkel. 1842 wurde der heutige Eingang angelegt. Das Erdgeschoß, unter dem sich noch ein Keller befindet, ist mit einer Kuppel überwölbt. Die hölzerne Wendeltreppe, die durch eine kreisrunde Öffnung nach oben führt, und ihre Fortsetzung an den Innenwänden stammen von 1965. Das Obergeschoß war urspr. durch 3 Balkendecken unterteilt. Sie wurden 1873 entfernt, als der Reichskriegsschatz hier eingelagert wurde (bis 1919); damals erhielt der Turm seine obere Kuppel. – Von oben bietet sich ein informativer Rundblick.

An der O-Seite wird der Zitadellenhof von dem wohl um 1700 zu datierenden schlichten **Magazingebäude** begrenzt, einem 3geschossigen, 34 Achsen langen Trakt, dessen Mitte durch einen hohen Rundbogen mit einfachem geometrischem Blendmaßwerk akzentuiert ist. Daran schließt sich nördl. zur Bastion Brandenburg hin der **Italienische Hof** mit einer Folge von Schwibbögen (19. Jh.) an, die den Kavalier mit den Kurtinenwänden verstreben. Die **nördl. Kaserne** von 1860/61 wurde in den 1930er Jahren entstellt; 2 Achsen der urspr. Wandgliederung sind rekonstruiert.   *HB-S*

Von der Tiergarten-Siegesallee (S. 201) stammen folgende Marmorwerke: Standbild *Albrecht d. Bär* (Walter Schott, 1898) vor der N-Seite des Torhauses, Statue *Friedrich Wilhelm IV.* (Karl Begas, 1898–1901) vor der Bastion Kronprinz, ferner die Büsten *Graf Rochus zu Lynar* (Martin Wolff) im Treppenhaus zum Kommandantenhaus, *Lamprecht Diestelmeyer* (Martin Wolff), *Friedrich Sesselmann* (Alexander Calandrelli), *Propst Simeon* und *Schultheiß Marsilius* (Max Baumbach) in der Pulverkammer.   *HR*

2   **Ev. St.-Nikolai-Kirche** (Reformationsplatz)

● *Es kann nur vermutet werden, daß ein erster Kirchenbau in der 2. Hälfte des 12. Jh. hier schon gestanden hat; 1210 ist das früheste überlieferte Datum. 1239 wird St. Nikolai als »ecclesia forensis« (»Marktkirche«) erwähnt, doch ist über ihr Aussehen damals nichts bekannt. Der bestehende einheitliche, also wohl in relativ kurzer Zeit hochgeführte Bau wird durch Stilvergleiche mit verwandten märkischen Hallenkirchen, durch Altarstiftungen 1424 und 1432 sowie das Datum der Weihe des Kirchhofs 1431 in die Zeit zwischen ca. 1410 und 1450 datiert. 1467–68 baut Paul Rathstocken aus Magdeburg den W-Turm, der einer der höchsten in der Mark*

war; Blitzschläge und Kriegseinwirkungen fügten ihm Schäden zu, weshalb er mehrmals – und mit Veränderungen – wiederhergestellt werden mußte. 1740–44 wurde das Glockengeschoß mit Haube und Laterne in barocken Formen erneuert. 1830–39 erfuhr die Kirche innen und außen eine durchgreifende Restaurierung. Emporen wurden eingebaut und das Glockengeschoß mit schlanken got. Blendarkaden versehen. 1902 wurden bei einer erneuten Renovierung die Zutaten der früheren Restaurierung z.T. beseitigt, der Giebel an der südl. Kapelle erhöht und mit got. Schmuckformen ausgestaltet. 1943 beseitigte man die neugot. Blendarkaden am Glockengeschoß und brachte statt dessen die barocke Gliederung mit Doppellisenen zu beider Seiten der Fenster wieder an. 1944 traf eine Bombe den Turm schwer; das Innere der Kirche wurde durch Brand verwüstet. Die Gewölbe hielten jedoch stand, und auch der Dachstuhl blieb erhalten. Beim Wiederaufbau nach dem Krieg (unter der Leitung von Hinnerk Scheper, später Jürgen Emmerich) wurde auf die Emporen verzichtet, so daß sich der Innenraum wieder in seiner urspr. Weiträumigkeit darbietet. Der Turm erhielt mit einer niedrigen Pyramide statt seiner barocken Haube einen bescheidenen Abschluß. 1988 wurden dem Turm eine Kopie der Barockhaube und die Schinkelschen Blendarkaden wiedergegeben.*

Das *Langhaus* wird durch den gleichmäßigen Wechsel von Strebepfeilern und schlanken, 3bahnigen Spitzbogenfenstern ruhig und klar rhythmisiert, unterbrochen nur durch die beiden Kapellenanbauten auf der N- und der S-Seite. Das Gesims über dem 2. Geschoß, das durch die Giebel in der Schrägsicht eine interessante, sternartige Form ergibt, ist das charakteristische Motiv des blockhaften *Turmes*. Sein Glockengeschoß ist als einziger Teil des Baues verputzt.

Das *Portal* in Kupfertreibarbeit stammt von Rudi H. Wagner (1966).

Das I n n e r e der 3schiffigen Hallenkirche mit Umgang zeigt eine dem Hallentypus entsprechende Übersichtlichkeit. Während die ersten 3 Mittelschiffsjoche wie auch die Joche der Seitenschiffe mit Kreuzrippengewölben versehen sind, besitzt das 4. Joch ein Sterngewölbe und leitet zu dem reicheren Sterngewölbe des Chores über, das aus einem schmalen Vorjoch und einem halben Sechseck besteht. Die Vermittlung zwischen den 3 Seiten des inneren Sechsecks zu den 7 Seiten des Vierzehnecks in der äußeren Wandung des Chores erfolgt durch den Wechsel von dreieckigen und viereckigen Jochen. Die 6kantigen Pfeiler sind durch hohe Spitzbogenblenden an jeder Seite gegliedert. Bei einer Erneuerung des Innenanstrichs 1957/58 sind diese Blenden ebenso

Spandau: Nikolaikirche 377

Nikolaikirche Spandau. Inneres

378 *Spandau: Nikolaikirche. Reformationsplatz. Ritterstraße. Markt*

wie die Wände, die Gewölbekappen und die inneren Vertiefungen der breiten Gurtbogen zwischen Mittel- und Seitenschiff weiß gestrichen worden, so daß ein scharfer, die Konstruktion betonender Kontrast zwischen diesen Flächen und dem Ziegelwerk der Fensterrahmen, der Rippen, Gurtbogen- und Pfeilerkanten entsteht.

Innenausstattung. Rechts unter der modernen W-Empore mit der 1956 eingeweihten Orgel das *Epitaph für Wolfgang Schneider* († 1603) aus Kalkstein, eine gute Arbeit, die ornamentalen Schwung und gespannten Ausdruck in Gesicht und Händen mit sensibler Oberflächenbehandlung vereinigt.

An der S-Wand das *Epitaph für Katharina Elisabeth Rincken* († 1758) in etwas schwerfälligen Rokokoformen. – Die *Kanzel* am ersten südl. Chorpfeiler, um 1700 für die Kapelle des Potsdamer Stadtschlosses im üppigen spätbarocken Akanthusstil geschaffen, wurde 1714 der Spandauer Johannesgemeinde geschenkt und 1904 nach dem Abbruch der Johanniskirche hier aufgestellt. – Am folgenden Pfeiler zur Mitte hin das *Doppelepitaph Joachim und Zacharias Röbel* († 1572/1575). Auf Löwen stehen die trotz aller Gleichartigkeit der Haltung und Rüstung doch unterschiedlich charakterisierten Figuren als kräftig ausgebildete, farbig gefaßte Reliefs in flachen Rundbogennischen. Das Schicksal der Brüder ist in ausführlichen Inschriften darunter geschildert.

Der 1581 geweihte und 1593–96 durch H. Rosenbaum farbig gefaßte *Hochaltar* aus Kalkstein und Tuff ist eine Stiftung des Zitadellenbaumeisters Graf Rochus zu Lynar und zugleich Altar und Epitaph. Die Form eines mittelalterl. Flügelaltars ist in Stein übersetzt und mit der manieristisch bereicherten Abwandlung einer ionischen Ordnung verbunden. Die Darstellung des Abendmahls flankieren die Bildnisse der Familie des Stifters. Über dem Abendmahl ein Jüngstes Gericht zwischen Fides (Glaube) und Caritas (Liebe) als Karyatiden. – Auf der Rückseite ist der Eingang zum Gräfl. Lynarschen Erbbegräbnis, in dem Graf Rochus 1597 beigesetzt wurde. Darüber das *Epitaph für Daniel v. d. Linde* († 1679) mit dem malerisch aufgefaßten, ausgezeichneten Bildnismedaillon des Verstorbenen im Dreiviertelprofil, darunter ein von einem Skelett gehaltenes Tuch mit der Grabinschrift.

Im Chorraum nordwestl. des Altars steht der bronzene *Taufkessel* von 1389 (lt. Inschrift), von den 4 Evangelisten getragen. Die mit Modeln geformten Relieffiguren auf der Wandung, bei denen mehrfach ein Kruzifix erscheint, ergeben keinen ikonographischen Zusammenhang. Die Öffnung des Kessels ist mit einer Taufschale von 1839 geschlossen. – An der N-Seite des Chorumgangs das vorzügliche *Epitaph für Johann Ludwig Haacke* († 1767) von Wilhelm Christian Meyer mit der Fama, der Allegorie des »Guten Rufes«, deren Form bereits den Klassizismus ahnen läßt, auf einer Konsole mit dem Chronos-Kopf. – Über dem Eingang zur N-Kapelle ist eine *Triumphkreuzgruppe* vom Ende des 15. bzw. Anfang des 16. Jh. mit neuer Fassung nach alten Resten angebracht. Der Kruzifixus, den beiden anderen Figuren in der Qualität überlegen und von anderer Hand, zeigt eine herbe Großzügigkeit in der Komposition, wogegen die wohl etwas späteren pfahlartigen Gestalten der Maria und des Johannes den reich bewegten Faltenstil der Zeit in starker Vergröberung aufweisen. – Die N-Kapelle (ehem. Marien- oder Ribbecksche Kapelle) besitzt *Glasfenster* von Siegmund Hahn (1960). *HB-S*

An der N-Seite der Nikolaikirche steht das 1816 nach Entwurf Schinkels von der Kgl. Eisengießerei geschaffene *Denkmal für die Gefallenen von 1813–15*, ein aus 12 Lanzen gebildetes Gitter mit 4 von mittelalterl. Helmen bekrönten Inschrifttafeln auf einem Sandsteinbau, überdacht von einem sich stufenweise verjüngenden Aufsatz mit einer flammenden Granate darauf. Das aus Waffen gebildete Monument war eine romantische Denkmalsidee, in die hier die Verehrung mittelalterl. Rittertums einfloß. *HB-S*

An seinem alten Ort vor dem Hauptportal der Kirche steht auf einem Sockel aus poliertem rotem schwedischem Granit die grün patinierte *Bronzestatue des Kurfürsten Joachim II.*, der nach der irrtümlichen Überlieferung in dieser Kirche am 1. November 1539 öffentlich das Abendmahl in beiderlei Gestalt genommen haben soll. Zur 350. Wiederkehr dieser damals vom Barnimschen und Teltower Adel begangenen Abendmahlsfeier gaben zahlreiche Städte der Provinz Brandenburg dem Bildhauer Erdmann Encke den Auftrag für ein Denkmal des Kurfürsten, der die Reformation in Brandenburg eingeführt hat. Erzählende Reliefs aus Bronze am Sockel: Unterweisung des Knaben in der Kenntnis der Bibel, Besprechung des Kurfürsten mit Luther und Melanchthon, Abendmahlsfeier. *HR* Südwestl. der Kirche steht die Halbfigur des *Freiherrn vom Stein* von Gustav Eberlein, 1901, ein Fragment der Siegesallee. *HB-S*

Der Reformationsplatz um die Kirche 2 bewahrt wenigstens in seinem östl. Teil noch viel Bausubstanz des 19. Jh., so das 1819 erbaute 3stöckige **Schulhaus** (Nr. 3–4) mit fein gezeichneter klassizist. Fassade. Das Eckhaus Carl-Schurz-Straße/Ritterstraße, der **Gasthof »Zum Stern«** aus dem Anfang des 18. Jh., wiederaufgebaut nach Kriegszerstörung 1944, gibt eine Vorstellung von der relativ bescheidenen Architektur der Stadt in dieser Zeit. *HB-S*

Die Ritterstraße, an der streckenweise noch alte **Häuser** stehen, führt auf das auffällige sog. **Wenden-** 3 **schloß** (Kinkelstr. 35). Der heutige Bau ist eine harte Kopie (ohne die Fensterläden) eines charakteristischen, 1967 wegen Baufälligkeit abgerissenen Fachwerkhauses wohl aus der mittleren 18. Jh. *HB-S*

Der Markt wird durch einen *Doppelbrunnen* von 4 Günter Ohlwein (1982) aus gegensätzlichen Bestandteilen beherrscht: einem langen, aus deutlich abgesetzten Granitblöcken zusammengesetzten hügeligen Relief, durch das sich eine in vielfachem Wechsel an- und

Spandau: Wohnhäuser. Kath. Garnisonkirche. Mauer. Rathaus 379

abschwellende Wasserrinne zieht, und einer gespaltenen Metallstele von eher organischer Form, deren Hälften auseinandergerückt sind und von der Wasser herabströmt. *HB-S*

In der Breiten Straße, der östl. Parallelstraße der Carl-Schurz-Straße, stammt das **Haus Nr. 20** am Markt, um 1800, aus der Schule David Gillys. Die Betonung der Mitte durch 2 glatte Pilaster, das Schmuckband mit der kargen Akanthusranke und die Fledermausfenster des Daches sind die prägnanten Merkmale, die zeigen, wie das Pathos der Architekturformen dieser Zeit auch einen Bau von kleinen Dimensionen erfaßte. – **Nr. 32** besitzt im Erdgeschoß ein spätgot. Sterngewölbe. Im 18., 19. und 20. Jh. immer wieder verändert, wurde es wegen seiner Bedeutung als einziges noch vorhandenes got. Haus Berlins 1985 von der Stadt erworben. *HB-S*

Neubauten an der Havelstraße. Im nördl. Teil der aus dem Mittelalter stammenden Altstadt standen bis zur Zerstörung im 2. Weltkrieg 2geschossige klassizist. Wohnhäuser. Im Zusammenhang mit dem U-Bahnbau wurden die Reste abgebrochen und 1986–88 durch maßstäblich der Altstadt angepaßte Neubauten ersetzt, die hin und wieder zu verspielten Lösungen geführt haben. Beteiligt waren die Bremer Architekten Goldapp und Klump sowie die Berliner v. Beulwitz, Dörken und Figge, Grünberg, Kloster und Kruse. *GK*

Der Charakter der Altstadt vor der Kriegszerstörung und vor dem Einbruch der modernen Geschäftshausarchitektur hat sich am besten in dem Viertel nördl. der breiten Straße Am Juliusturm, dem Behns, erhalten. – Die **kath. Garnisonkirche** (Alte St.-Marien-Kirche am Behnitz; Behnitz 9), von dem Kgl. Bauinspektor Julius Manger 1848 erbaut, im Krieg schwer beschädigt, 1946 provisorisch und 1964 gründlich wiederhergestellt, ist eine schlichte, 3schiffige Basilika auf gedrungenem Rechteckgrundriß mit einer halbrunden Apsis. Sie wirkt in der Seitenansicht durch die Wiederholung der Rundbogenfenster der Seitenschiffenster in proportionaler Verkleinerung und Verdoppelung im Obergaden. Der Turmaufsatz variiert dieses Motiv. Die urspr. Ausmalung des flach gedeckten Inneren ist verloren. *HB-S*

An der Havel (Behnitz 5) liegt das **Heinemann-Haus** (Abb. S. 380), ein 2geschossiger verputzter Fachwerkbau, der erst 1795 von dem Bauinspektor Lehmann errichtet wurde, obgleich seine abgerundeten Ecken und das bewegte Relief der Wand sowie der weiche Umriß des Daches noch spätbarockes Stilempfinden verraten. *HB-S*

Der Kolk mit dem Hohen Steinweg bietet ein reizvoll bewegtes, auch farbig lebendiges Straßenbild. In die alte bescheidene Bebauung sind mit Geschick moderne Elemente (**Am Kolk 1**, Architekt Bodo Fleischer) eingefügt. Das überragende **Haus neben der Garnisonkirche**, ein Bau aus der Gründerzeit und architektonisch dort ein Fremdkörper, ist durch eine phantasievolle, Architektonisches und Organisches verschmelzende Bemalung von Manfred Henkel (1973) dem Charakter dieses Viertels angepaßt worden. *HB-S*

Am Hohen Steinweg hat sich ein Rest der 1319 bis etwa 1350 erbauten **Stadtmauer** erhalten. Der westl. Teil ist allerdings eine Ausbesserung des 18. Jh. Das Mauerwerk eines Wehrturms am O-Ende kam 1981 beim Abriß eines Wohnhauses zutage und wurde anschließend vervollständigt. – Ein weiteres Stück mit 2 vorspringenden Weichhäusern steht noch am Viktoriaufer im SW der Altstadt. *HB-S*

Rathaus Spandau (Carl-Schurz-Str. 2–6)

Das Gebäude wurde 1910–13 als Ersatzbau für das innerstädtisch gelegene, längst zu klein gewordene alte Rathaus am Markt auf einem Gelände südl. der Altstadt errichtet, das durch die Auflassung der Festung (1903) als Baugelände zur Verfügung stand. Die Architekten waren Reinhardt und Süßenguth.

Das große Grundstück ließ eine freie Entfaltung zu, ohne daß die Baumasse des großzügig geplanten Baues (der im Prinzip heute noch den Ansprüchen genügt) den Maßstab der Altstadt störte. Ein durch einen Brückenbau nördl. angeschlossener Flügel (»Polizeiflügel«) leitet geschickt zur Maßstäblichkeit der Altstadt über. Die Architekten haben zur gleichen Zeit das Reichsmarineamt am Landwehrkanal erbaut; die stilistische Verwandtschaft ist unverkennbar. Groß dagegen ist der Sprung gegenüber dem von ihnen erst wenige Jahre zuvor erbauten Rathaus Charlottenburg.

Der regelmäßige Bau ordnet sich um 4 Höfe. Die Hauptfront zur Carl-Schurz-Straße ist kräftig gegliedert: Der Portalvorbau in einen 5achsigen Hauptteil und 2 1achsige Flügel, die anschließenden Flügel in einen je 6achsigen, 4geschossigen Hauptteil und anschließende 4achsige, 3geschossige Teile, die zu den N- und S-Flügeln überleiten. Die lange Front zur Havel (im O) ist einfacher in der Gliederung: Der mittlere 4geschossige Teil ist 11achsig, die anschließenden Flügel sind je 10achsig. Die Fassaden sind geputzt; Sockel und gliedernde Architekturteile bestehen aus Muschelkalk. Die Bauteile sind mit hohen Mansarddächern gedeckt. Der Turm liegt über dem rückwärtigen Teil des Hauptflügels;

380 *Spandau: Rathaus. Skulpturen*

Behnitz 5: Heinemannsches Haus (zu S. 379)

er ragte urspr. bis zu einer Höhe von 80,86 m auf. Bei der Wiederherstellung des Rathauses nach Kriegsbeschädigungen durch Rainer Seidel wurde der Turmkopf vereinfacht, dabei wurden auch 2 pavillonartige Bauten neben dem Segmentispiz an der Frontseite entfernt.

Am Bau beteiligte Bildhauer waren Heinrich Giesecke, Walter Schmarje und Karl Nacke. Von der urspr. reichen Ausstattung der Repräsentationsräume blieb nur wenig erhalten. GK

Im Vestibül ist der 1912 von August Gaul geschaffene *Eselsreiter* aufgestellt – insofern nicht der rechte Ort, da die Gruppe für den Park in Neu-Kladow mit Johannes Guthmann erdacht und abgesprochen war, also für eine private und zugleich naturnahe Sphäre, die dem Kreis um den feinsinnigen Sammler und Kunsthistoriker entsprach. In dem ungezierten Sitzen des Knaben wie in den klaren plastischen Formen von Akt und Tier gibt sich Gaul hier als moderner Secessionist in der Großplastik zu erkennen. HR

Südl., vor dem Neubau des **Postamts** (Klosterstr. 38–41), 1975–80 von Alfons Gierhards, steht ein *Brunnen* von Ursula Sax (1981), eine nur scheinbar einfache Eigenkonstruktion mit eingehängten Edelstahlblechen. HB-S

Vor der **Polizeikaserne** in der Moritzstraße steht auf einem hohen Pfeiler ein *Springendes Pferd* aus Bronze von Joachim Dunkel (1965). HB-S

Den Falkenseer Platz beherrscht eine Bronzeskulptur von Ursula Hanke-Förster, »*Fischer mit Netzen*« (1960). HB-S

Nordöstl. davon im **Wröhmännerpark** steht seit 1963 die anmutig bewegte Bronzestatue einer *Diana* von Reinhold Felderhoff (1900). – Hier befindet sich auch das *Brieftaubendenkmal* von Georg Roch (1939), ein

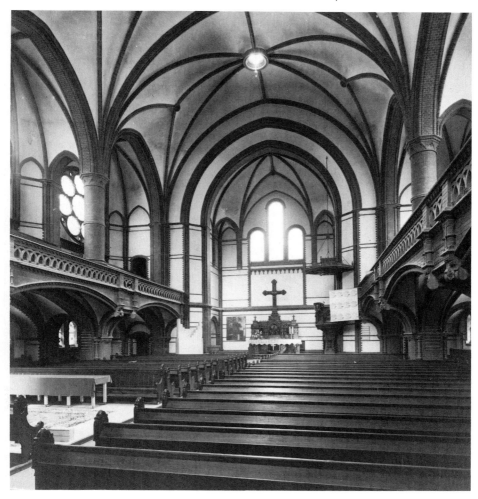

Lutherkirche Spandau. Inneres

Findling mit einem Schwarm auffliegender Tauben in Bronze. Paul Brandenburg hat die 1942 eingeschmolzenen Teile 1963 als ein Gebilde von zarter Sprödigkeit neu geschaffen. *HB-S*

Auf dem Lutherplatz steht die 1895–96 von A. Fritsch in Formen des rheinischen Übergangsstils errichtete **Lutherkirche**. Der außen geschlossen wirkende Ziegelbau, dessen asymmetrisch in die SW-Ecke gestellter Turm auf die Lasiuszeile ausgerichtet ist, hat einen 3schiffigen Innenraum mit steinernen Emporen, durch die großen Radfenster und einheitlich erhaltene Ausstattung eindrucksvoll. *EB-S*

Das *Denkmal für den Pionier Klinke* am Klinkeplatz, 1909 von Wilhelm Wandschneider als überlebensgroße Bronzefigur auf hohem Sockel errichtet, sollte in der alten Soldatenstadt gewiß beispielhaft wirken. Der Spandauer Pionier soll sich im Deutsch-Däni-

382 Spandau: Friedhof »In den Kisseln«. Johannesstift. Falkenhagener Feld

schen Krieg beim Sturm auf die Düppeler Schanzen 1864 mit einem angezündeten Pulversack in das feindliche Schanzwerk gestürzt haben, um eine Bresche für nachdrängende Kameraden zu schlagen (er wurde zwar verletzt, fiel aber erst später durch eine Kugel). Der Legende entsprechend schuf der Bildhauer einen schönen Jüngling im Waffenrock, zum Sturm gerüstet, auf der zerbrochenen dänischen Fahne stehend, mit der Hand auf der Todeswunde. *HR*

18 Das *Denkmal für Friedrich Ludwig Jahn* (1778–1852) vor der 1909–11 errichteten **Polizeischule**, der ehem. Preuß. Hochschule für Leibesübungen (Radelandstr. 21), ist entsprechend der modernen Denkmalsauffassung im Sinne einer Ideenverbildlichung nicht mehr als Porträtstatue entworfen. Ernst Wenck schuf 1929 einen athletischen, unbekleideten, sich aus einem Marmorblock emporreckenden Jüngling in Überlebensgröße. Mit einem Bein noch in der Bosse verhaftet, die verschränkten Arme hinter dem zum Himmel gereckten Haupt, hat die Figur ein michelangeleskes Pathos, wie es in diesen Jahren auch sonst, z. B. bei Kolbe, zu finden ist. Jahns eingemeißeltes Wort: EIN JUNGTUM / EIN ECHTES DEUTSCHES JUNGTUM / WOLLTE ICH ERRINGEN und die Aufstellung unter alten »deutschen« Eichen betonen das Nationale. *HR*

19 **Städt. Friedhof »In den Kisseln«** (Pionierstr. 82–156)
3 Kriegerehrenmale sind von Bedeutung: Das *Denkmal für die Gefallenen von 1864/66 und 1870/71* auf der Grünanlage stand einst als private Stiftung vor der Kapelle des ehem. Friedhofs an der Neuendorfer Straße und wurde 1932 in den rückwärtigen Teil des Städt. Friedhofs versetzt. Ernst Herter schuf 1875 die mächtige kniende Engelsfigur (Zink) auf gutproportioniertem spätklassizist. Postament. – Auf derselben Grünanlage ein *Französisches Kriegerehrenmal 1870/71* vom ehem. Garnisonfriedhof, für die 400 an den Pocken verstorbenen Kriegsgefangenen von ihren Kameraden errichtet. Der schlichte, von einem weißen Marmorkreuz bekrönte Sandsteinblock wird eindrucksvoll von 4 untereinander mit schweren Eisenketten verbundenen Steinpfosten umgrenzt.
Ein rühmenswertes Mal darf die 1919 angelegte *Ehrenfriedhof für die im 1. Weltkrieg Gefallenen der Stadt* genannt werden, auch wenn die stilvoll-strenge Anlage der Architekten Elkart und Wolff durch Birken, wuchernde Sträucher, nachträglich versetzte, sehr unterschiedliche Grabsteine und gegossene Namenssteine in Ton verunklärt worden ist. Ein von niedrigen Hecken gesäumtes Areal enthielt urspr. nur die Reihen der quadratischen, in die Rasenfläche eingelassenen Steinplatten. Auf der durch Stufen erhöhten Plattform an der rückwärtigen Schmalseite erhebt sich das von Richard Kuhnert ausgeführte *Denkmal* in Form eines hohen Muschelkalkpfeilers, der von einem großen Helm und Eichenlaubzweig bekrönt ist. Ein Geländer aus Muschelkalk-Kugeln mit geschmiedeter Verbindungsstange begrenzt das Mal; an den 3 Eingangspfosten zwischen den Hecken kehrt das Kugelmotiv wieder. Eine schöne steinerne Sitzbank unter Eichen auf der rechten Seite wirkt als belebende Nuance innerhalb der auf Achsen und Symmetrie ausgerichteten Gesamtanlage. *HR*

Ev. Johannesstift (Schönwalder Allee 26) 20
Die Anlagen entstanden 1908–10 nach den Plänen der Architekten Hermann Solf und Franz Wicharcs sowie Otto Kuhlmanns, als die früheren Einrichtungen des von Johann Hinrich Wichern 1858 gegr. Stiftes von Moabit in den Spandauer Stadtwald verlegt wurden.
In dem waldartig belassenen Gelände wurden die meist 2- bis 3geschossigen Backsteinbauten mit hohen Dächern in eine axiale Anlage gesetzt, deren Mittelpunkt die **Stiftskirche** mit hohem, in eine Spitze ausmündendem Kuppelturm ist. Zum Stift gehören soziale Einrichtungen mannigfacher Art, so ein **Krankenhaus**, **Alters-** und **Feierabendheime**, **Schulen** – darunter eine Musikschule –, **Kinderheime**, **Werkstätten**, **Heime für körperbehinderte Kinder und Jugendliche**, **Wohnheime**.
In den Jahren nach dem 2. Weltkrieg hat Otto Block, z.T. in Arbeitsgemeinschaft mit Karl Hebecker, weitere Neubauten in einfacher Ziegelbauweise errichtet, die sich der Gesamtanlage einordnen, dabei aber die Strenge des urspr. Entwurfs sowohl vom Grundriß als auch in bezug auf die städtebauliche Einfügung auflockern. Blocks letzter Bau ist ein 1976 eingeweihtes **Pädagogisch-Therapeutisches Zentrum**. *GK*

Die **Wohnhäuser** *an der* Zeppelinstraße / Falkenseer Chaussee *mit ihren auffallenden spitzen, expressionistischen* Ecktürmen *zur Straßenkreuzung hin wurden 1926/27 von Richard Ermisch und Adolf Steil errichtet. Nach leichten Kriegsschäden wurden die Türme wiederaufgebaut.* *GK* 21

Auf dem **»Falkenhagener Feld«**, beiderseits 22 der Falkenseer Chaussee, wurde nach einer Generalplanung seit 1963 von Hans Stephan eine größere **Wohnsiedlung** mit etwa 8000 Wohnungen errichtet, an deren Ausführung mehrere Architekten beteiligt waren, u. a. Paul Schwebes und Hans Schoszberger, Siegfried Fehr, Hans Stephan und Richard Kappey, Gerhard Krebs, Hans Wolff-Grohmann, Max Rudolph, Jost Vollering und Wilhelm Vormeier. Innerhalb der 4-, 6-, 8- und 12geschossigen Wohnzeilen in freier N-S- oder O-W-Stellung sind an einigen Stellen durch Punkthäuser mit 12, 14, 16 oder 17 Geschossen städtebauliche »Markierungspunkte« gesetzt. Versuche zu städtebaulicher Raumbildung sind trotz eines Ladenzentrums an der Falkenseer Chaussee nicht zu erkennen. *GK*

Spandau mit Tiefwerder, Pichelsdorf

Kath. St.-Markus-Kirche (Am Kiesteich 50). Erbaut 1977 von Hans Schädel und Hermann Jünemann, nach dem Modell der kath. Kirche St. Dominicus (Gropiusstadt; → S. 231). *GK*

In der südl. der Altstadt gelegenen **Wilhelmstadt** steht an der Betckestraße das *Flora-Denkmal* von Georges Morin (1919), eine halb kniende Figur, in anmutig dekorativer Weise das erhobene Füllhorn in ihre aufgestützte Linke leerend. Muschelkalkskulptur auf schlichtem Sockel mit Gründungsinschrift für die von der Stadt errichtete Häusergruppe **Betckestr. 27/28**. — Vor den Häusern **Nr. 34/36** in der Weverstraße errichtete Georg Hengstenberg 1926, ebenfalls aus Muschelkalk, die Skulptur *»Knospende Erde«*, eine Mutter mit 5 puttenhaft sich tummelnden Kindern auf fast 3 m langem Sockel. — An der Pichelsdorfer Straße steht eine abstrakte, ironisch die Vorstellung von Schrott und Kultobjekt verbindende *Eisenskulptur* von Herbert Press (1969). *HR/HB-S*

Tiefwerder

Das 1813 gegr. Fischerdorf, dessen Häuser an der Dorfstraße liegen, hat dank seiner Abgelegenheit auf einer Halbinsel das alte Ortsbild mit den 1stöckigen **Häusern** bes. im südl. Teil relativ gut bewahrt. *HB-S*

Pichelsdorf

Das Fischerdorf wird 1375 zuerst erwähnt. 1805 zählte es 103 Einwohner. *HB-S*

Der Kern in Alt-Pichelsdorf zeigt nur noch wenige alte 1stöckige **Häuser** (**Nr. 3**, **32**, **30**). Noch Mitte der 1970er Jahre sind einige abgerissen worden. *HB-S*

Westl. davon, an der Uferpromenade Bocksfelde, ist 1962 die Bronzeskulptur *»Schreitendes Mädchen«* aus dem Nachlaß von Fritz Röll aufgestellt worden, leider ohne Sockel. *HR*

Zentrale der Deutschen Lebens-Rettungs-Gesellschaft (Am Pichelsee 25). Das DLRG-Gebäude am O-Ufer der Scharfen Lanke wurde 1970–72 von Ludwig Leo erbaut, ein in seiner dreieckigen Kontur weithin sichtbarer Bau, etwa 30 m hoch (ohne den aufgesetzten Funkmast), der ein Liegehaus für rd. 80 Boote, Wohn- und Schlafräume, Werkstätten für Ausbildung und Schulung, Räume für Erste Hilfe und ein Tauchzentrum enthält. Über den sichtbaren Schrägaufzug sind die 10 Hauptdecks zu erreichen, welche die Boote aufnehmen. Dem landseitigen Zugang an der Straße Am Pichelsee wendet sich der hohe Betonturm zu, in dem die Aufenthaltsräume untergebracht sind. *GK*

An der Weinmeisterhöhe (**Höhenweg 9**) erbaute Hans Scharoun 1934/35 ein 2geschossiges **Wohnhaus** für Dr. Felix Baensch, dessen Landschaftsgarten von Karl Förster und Hermann Mattern angelegt wurde: ein frei geformter Grundriß, dessen Wohnraum – in 2 Ebenen angelegt – sich mit einem großen, gebogenen Fenster zur Landschaft (Havelblick) öffnet. Der Stahlgerüstbau ist mit Hohlziegeln ausgefacht, die geputzt oder mit Holz verschalt sind. Die innere Ordnung des Hauses spiegelt sich getreu in seiner äußeren Erscheinung. Das Haus wurde später leicht verändert. *GK*

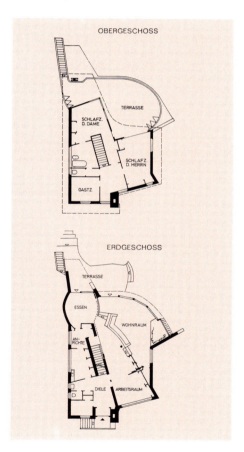

Wohnhaus Höhenweg 9 (Weinmeisterhöhe). Grundrisse

384   *Spandau: Siemensstadt. Haselhorst*

Siemensstadt

1898/99 wurde damit begonnen, auf dem Gelände zwischen Spree und Spandauer Schiffahrtskanal Industrieanlagen der Firma Siemens sowie werkseigene Siedlungen anzulegen. 1962 zählte Siemensstadt 12733 Einwohner. HB-S

Großsiedlung Siemensstadt → S. 305 (Charlottenburg).

Gebäude der Siemens AG
(Nonnendammallee 101–110)

32 Das **ehem. Hauptverwaltungsgebäude** der Siemens-Werke wurde 1912/13 von Friedrich Blume, der für die äußere Gestaltung zeichnete, und Karl Janisch, der für die Grundrißbildung und Bauleitung zuständig war, für die Siemens-Schuckert-Werke errichtet. Der schlichte, 4geschossige Mauerwerksbau ist großzügig gegliedert; seine Fassaden wurden im Wechsel geputzt, mit Heuscheuer-Sandstein und mit Freienwalder Verblendziegeln bekleidet. Historisierende Stilformen wurden vermieden. *GK*

33 Das *Denkmal für die Gefallenen der Siemens-Werke* (Nonnendammallee, Ecke Rohrdamm) schuf Hans Hertlein 1934 als Gewinner eines Wettbewerbs. Er wählte einen vertieften, mit Platten ausgelegten Platz für das stellvertretende Grabmal, eine große Muschelkalkplatte mit Bronzeschwert. Der 16 m hohe Muschelkalkpfeiler an der SW-Ecke mit dem großen getriebenen Bronzeadler von dem Münchner Bildhauer Josef Wackerle betont den kämpferischen Stil dieser Jahre; sein städtebaulicher Wert sei unbestritten. An den Innenseiten der Brüstungsmauer Bronzetafeln mit den Namen der fast 3000 Gefallenen. *HR*

34 Das **Schaltwerkhochhaus** wurde von Hans Hertlein, Baudirektor der Siemens-Werke, 1926–28 errichtet. Ursprünglich bestand die Absicht, an dieser Stelle einen 5geschossigen, winkelförmigen Bau zu errichten, der die benachbarte ausgedehnte, flache Shedhalle umgreifen sollte. Hertlein schlug anstelle dessen eine langgestreckte, (einschließlich des Kellergeschosses) 11geschossige »Scheibe« vor, die, in N-S-Richtung stehend, senkrecht auf die Nonnendammallee stößt. Der fast 175 m lange und über 16 m breite Bau nimmt das vorweg, was heute im Bürohausbau als »Großraum« bezeichnet wird. In allen Geschossen gibt es freie Flächen, die nach den Erfordernissen der Produktion gegliedert und eingerichtet werden können. Die

beiden oberen Geschosse springen zurück; sie enthalten Büro- und Wirtschaftsräume. Dieser Bau gehört zu den frühen Berliner Stahlbauten; das Skelett konnte in nur 7 Monaten montiert werden. Die Wände wurden mit Ziegeln ausgefacht und mit Klinkern verkleidet. *GK*

Das Gebäude des **Siemens-Werner-Werkes** 35 (Siemensdamm 50–54) wurde von Hans Hertlein 1929/30 erbaut. Die stark bewegte, kubische Baugruppe (mit 5, 8, 10 und 14 Geschossen) wurde als Stahlskelettbau errichtet und mit rotbunten Ullersdorfer Klinkern zu ungegliederten Wandflächen ausgefacht. Die Fenstergewände sind aus keramischen Formsteinen; die Fenster sitzen in den Fassaden bündig.

Am Kopfbau ein *Wappenrelief* von Douglas Hill mit den Städtewappen Charlottenburgs und Spandaus (an deren Bezirksgrenzen das Werk liegt); am Siemensdamm *Reliefs* von Josef Wackerle; im Hof ein *Brunnen* von Max Esser. *GK*

Haselhorst

Haselhorst im W von Siemensstadt war ein Gutsbezirk, dessen Gutshaus von 1817 noch 1965 abgerissen wurde. HB-S

Die **»Reichsforschungssiedlung Haselhorst«** 36 wurde zwischen der Gartenfelder Straße und dem alten Spandauer Schiffahrtskanal in mehreren Abschnitten 1931–34 nach einer städtebaulichen Planung von Walter Gropius und Stephan Fischer errichtet: 4- und 5geschossige Zeilen in annähernd genauer N-S-Richtung von mehreren Architekten, u. a. Fred Forbat, Paul Mebes und Paul Emmerich sowie vom Planungsbüro der »Heimag«. Nördl. davon wurden 1938 und 1940 noch zusätzliche Bauten errichtet. Südl. der Gartenfelder Straße wurden die Siedlungsbauten, ebenfalls in mehreren Abschnitten, 1954–60 von Felix Hedinger und Wolfram Vogel fortgeführt, wobei die Länge der Zeilen kürzer gewählt und ihre Abstände vergrößert wurden. *GK*

Der *»Adler im Horst«* von Max Esser ist 1935 als »Denk- 37 mal der nationalen Erhebung« anläßlich der Vollendung der »Reichsforschungssiedlung Haselhorst« in der **Grünanlage** hinter den Häusern am Lüdenscheider Weg aufgestellt worden: eine 1,60 m hohe Bronzegruppe eines Adlers mit schutzmantelartig über den 3 Jungen im Nest ausgebreiteten Flügeln auf hohem Granitsockel. *HR*

Staaken

Das erstmals 1273 urkundlich erwähnte Dorf Staaken, ein Angerdorf westl. von Spandau auf bereits im 11. Jh. v. Chr. besiedelten Gebiet, war seit 1292 im Besitz der Stadt Spandau. 1780 zählte Staaken 220 Einwohner. 1914–17 wurde die Gartenstadt im N angelegt. 1920 wurde der Ort Spandau eingegliedert. *HB-S*

38 Die **Dorfkirche** ist ein rechteckiger, flachgedeckter Saalbau vermutl. von 1436–38. 1712 wurden ihr im W anstelle eines baufälligen Glockenturmes von 1558 ein gedrungener Turmbau mit Pyramidendach (das Obergeschoß aus 1837 verbrettertem Fachwerk) und an der S-Seite ein Leichenhaus angefügt. Der enge Innenraum besitzt an W- und S-Seite Emporen. *HB-S*

Am Nennhauser Damm, der alten Hamburger Chaussee, hat sich (Nr. 104) ein alter *Post-Meilenstein* 39 in Form eines Sandsteinobelisken mit Relief des Preußischen Adlers und der Inschrift »III Meilen bis Berlin« erhalten. *HR*

Schullandheim (Semmelländerweg, Ecke Weinmeisterhornweg). Das frühere Herrenhaus des Gutes **Amalienhof** wurde wahrscheinl. bei einem Besitzerwechsel 1872 neu erbaut, denn neben Formen der Schinkel-Schule, die den Gesamteindruck bestimmen, weisen die bogenförmigen Fenstergiebel des Mittelbaues und die geschweifte Treppe am Balkonvorbau auf eine späte Entstehungszeit. Der gestreckte Mittelbau wird von 2 quergerichteten Riegeln flankiert, die ein interessantes Schmuckmotiv tragen. 2geschossige Pilasterstellungen unter Giebeln sind den Wänden vorgeblendet; in den Zwischenräumen liegen entweder Fenster oder glatte Wandflächen. Hier verbinden sich 2 Erfindungen Schinkels, die pilastergerahmten Fenster an den Turmriegeln von Schloß Tegel und die 40

Gartenstadt Staaken. Am Langen Weg 30–40 (zu S. 386)

386   Spandau: Staaken. Gatow

giebelbekrönte Schauwand im Treppenhaus des Palais des Prinzen Albrecht. Sie dienten der bedeutungsmäßigen Steigerung eines Wohngebäudes durch Anklänge an griechische Tempelformen. *EB-S*

41 **Gartenstadt Staaken** (Abb. S. 385)
● *Die »Gartenstadt«, am westl. Rand Spandaus gelegen, wurde 1914–17 für die Arbeiter der in Spandau ansässigen (staatlichen) Rüstungsindustrie im Stil einer deutschen Kleinstadt vom Stuttgarter Architekten Paul Schmitthenner erbaut. Angeregt und gefördert wurde der Bau vom Regierungsrat Adolf Scheidt aus dem Innenministerium.*

Schmitthenner war bestrebt, an die Traditionen eines handwerklich-sachlichen Bauens anzuknüpfen. Der Einfluß älterer märkischer Bautraditionen wie auch des »Holländischen Viertels« in Potsdam ist unverkennbar; die Einpassung in die Landschaft war ihm oberstes Gesetz. Verwendet wurden einheimische Konstruktionen und Materialien: Backstein, Putz, Mauerflächen mit bündig sitzenden Fenstern, Ziegeldächer aus Biberschwänzen. Anfänge der Rationalisierung sind festzustellen: »Fensterscheiben, zu Zehntausenden nach einem Maß geschnitten [...]« (Friedrich Paulsen, 1916). Die Häuser gruppieren sich meist als Reihenhäuser an geschwungenen Straßen; heimelige Platzbildungen kennzeichnen die Anlage.

1917 waren 804 Wohnungen fertiggestellt; in den Nachkriegsjahren wurde die Siedlung durch weitere Hausbauten ergänzt. 298 Wohnungen waren in Einfamilienhäusern untergebracht. *GK*

Gatow

Wann das an der Havel südl. von Spandau gelegene deutsche Dorf Gatow gegründet wurde, ist nicht bekannt. 1272 wird es zuerst als dem Nonnenkloster in Spandau gehörig erwähnt. Funde belegen eine Besiedlung dieses Gebiets bereits in der Jüngeren Bronzezeit. 1779 zählte der Ort 141, 1867 333 Einwohner in 36 Häusern. 1920 wurde die Landgemeinde Gatow mit Spandau vereinigt. *HB-S*
Der Kern des alten Angerdorfes mit einzelnen **Bauernhäusern** ist weitgehend erhalten. *HB-S*

42 **Dorfkirche** (Alt-Gatow). Die heutige Kirche, urspr. eine Chorquadratanlage, stammt in

ihrem westl., aus gespaltenen rohen Feldsteinen aufgemauerten Drittel (Turmhalle und 1. Achse des Langhauses) aus dem Anfang des 14. Jh. Die späteren Strebepfeiler lassen auf den Plan einer Wölbung des flach gedeckten Raumes schließen, können aber auch durch den Schub des Turmes erklärt werden. Im 15. oder 16. Jh. wurde der urspr. eingezogene Chor verbreitert. 1844 wurden die Fenster bis auf das westliche der N-Wand verändert und der Dachturm wiederhergestellt, der dem heutigen in der Form entspricht. 1869 fügte man den außen verputzten quadratischen Altarraum an und schließlich 1913 eine Sakristei an die O-Wand. – 1935 veränderte eine durchgreifende Restaurierung das Innere, der 1953 eine weitere folgte, bei der durch Fußboden, Bänke und Wandbehandlung eine nüchterne, moderne Atmosphäre hergestellt wurde.

Als Altarbild dient an der O-Wand ein *Epitaph des Martin Wins* aus der Marienkirche, eine Maria mit dem toten Christus zwischen den hll. Barbara und Dorothea, von dem nach diesem Werk benannten Meister des Epitaphs Wins, der aus dem Umkreis Michael Wolgemuts stammen muß. Ein Merkmal der fränkischen Herkunft ist bes. die geordnete, mit Architekturen gefüllte Berglandschaft. *HB-S*

Kath. Kirche St. Raphael (Alt-Gatow 46–50)   43
Die Kirche wurde 1963–65 nach Ablehnung mehrerer Entwürfe anderer Architekten einem aus d. J. 1960 stammenden Entwurf des Kölner Architekten Rudolf Schwarz folgend nach dessen Tod (1961) durch seine Frau Maria Schwarz und Walter Michalik errichtet.

Der Bau besteht aus einem Quader auf quadratischem Grundriß mit 17,60 m Seitenlänge, an den sich ein kleinerer Quader mit 9 m Seitenlänge anschließt. Seitlich verschoben liegt die Sakristei, ebenfalls auf quadratischem Grundriß mit 6 m Seitenlänge. Die Außenwände des Kirchenbaues sind undurchbrochen und weiß gestrichen; in der oberen Zone umzieht den ganzen Bau ein Fensterband. Der Turm trägt mit 2 glatten Scheiben die Glockenkammern.

Die Grisaille-Glasfenster sind nach einem Entwurf von Georg Meistermann ausgeführt. *GK*

Am R o t h e n b ü c h e r W e g, **Nr. 57**, hat Heinz Schud-   44
nagies 1959/60 auf frei geformtem Grundriß ein einfaches **Wohnhaus** mit flach geneigtem, ausladendem Pultdach errichtet, dessen versetzte Geschosse so angelegt sind, daß sich vom oberen Geschoß (mit Wohnraum und Studio) ein Ausblick zur Havel und zum Grunewald ergibt. *GK*

Spandau: Kladow 387

Anschluß → S. 372

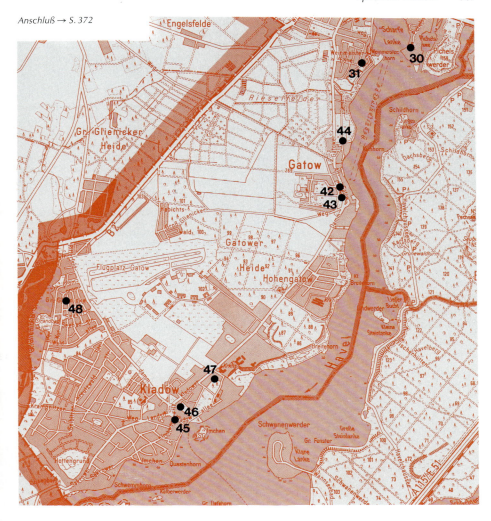

Kladow

Das südl. von Gatow an der Havel gelegene Dorf Kladow, eine alte slawische Siedlung, wird 1313 erstmals erwähnt. Ebenso wie Gatow war es Besitz des Spandauer Nonnenklosters. 1920 kann die Landgemeinde zum Bezirk Spandau. Seitdem entwickelte sich Kladow zu einem beliebten Villenvorort Berlins. HB-S

Der Kern des alten Angerdorfes ist noch zu erkennen. Vereinzelt stehen **Bauernhäuser** mit schlichten klassizist. Stuckfassaden zwischen neueren Gebäuden: Alt-Kladow (**Nr. 17**); Kladower Damm (**Nr. 387, 380–382**); Ritterfelddamm (**Nr. 17**); Dechtower Steig (**Nr. 4**); Sakrower Kirchweg (**Nr. 4**). **Nr. 6** in dieser Straße ist noch ein altes strohgedecktes Haus (daneben der Garten des Bildhauers Volkmar Haase mit mehreren seiner Skulpturen). HB-S

Dorfkirche (Alt-Kladow). Die wohl aus dem 14. Jh. stammende Kirche am Rand des Plateaus über der Havel, ein urspr. 4 Achsen langer rechteckiger Saal, ist nach einem Brand 45

1808 unter Verwendung der stehengebliebenen Umfassungsmauern aus Feldsteinen 1818/19 in einem gotisierenden Klassizismus erbaut worden. Die Inneneinrichtung aus dieser Zeit wurde bei einer durchgreifenden Instandsetzung 1953 durch eine moderne ersetzt. Einzig die Orgel mit ihrem charaktervollen Prospekt blieb verschont. Die spitzbogigen Fenster hat man mit Korbbögen geschlossen, wodurch ein barocker Charakter vorgetäuscht wird, der mit dem gedrungenen Dachturm und seiner geschweiften Haube übereinstimmt. Im O wurde ein über die Flucht der Seitenwände vorspringender rechteckiger Altarraum angefügt, der die Proportionen des Baues wesentlich verändert hat. *HB-S*

46 Der **ev. Gemeindestützpunkt** (Kladower Damm 369) wurde 1973 von Stephan Heise errichtet, ein stark gegliederter Bau, der die Raumvielfalt des fächerförmigen Grundrisses von außen erkennen läßt. Der Raumeindruck wird von der sichtbaren Dachkonstruktion bestimmt. *GK*

47 **Deutscher Entwicklungsdienst (DED),** Vorbereitungsstätte und Verwaltung (Kladower Damm 299). Dem ersten, 1970/71 von den Architekten Horst und Christine Redlich errichteten, stark gegliederten Bauabschnitt ist 1975–77 eine zweite, straffere Baugruppe gefolgt, die von der Architektengruppe AGP (Hans Heidenreich, Michael Polensky, Reinhard Vogel, Helmut Zeumer; Mitarbeiter Dieter Kross) erbaut wurde. Sie ist von einer längsgerichteten inneren Straße erschlossen. Diese Straße wird akzentuiert durch eine von der Bildhauerin Ursula Sax geschaffene »Allee«, eine wandbegleitende Folge kantiger Holzelemente, welche die Länge der Straße optisch mildert und als integraler Bestandteil der Raumfolge wirkt. *GK*

48 An der Kurpromenade (**Nr. 6**) steht das kleine, 1geschossige **Wohnhaus**, das sich der Architekt Sergius Ruegenberg 1960 selbst gebaut hat. Ein stark gegliederter, doch in sich kompakter Grundriß umschließt den Wohn- und Schlafraum, dem ein separat zugängliches Studio zugeordnet ist. Das Haus wendet sich bewußt von der Straße ab und öffnet sich mit dem großen Wohnraumfenster zum Garten. Trotz der freizügig wirkenden Anlage hat sich der Architekt in finanzieller Beziehung und in den Flächenabmessungen an die gültigen Normen des Sozialen Wohnungsbaus halten können. Seit 1990 steht das Haus unter Denkmalschutz. *GK*

MUSEEN

Ägyptisches Museum und Papyrussammlung
  (Bode-Museum) S. 404
Ägyptisches Museum Charlottenburg S. 391
Altes Museum S. 395
Antikenmuseum Charlottenburg S. 395
Antikensammlung (Pergamon-Museum) S. 475
Bauhaus-Archiv, Museum für Gestaltung S. 399
Berlin Museum S. 400
Berlinische Galerie S. 402
Bode-Museum S. 404
Bröhan-Museum S. 421
Brücke-Museum S. 422
Museum Dahlem S. 423
Frühchristlich-Byzantinische Sammlung (Bode-
  Museum) S. 408
Gemäldegalerie (Bode-Museum) S. 415
Gemäldegalerie (Museum Dahlem) S. 423
Museum für Indische Kunst (Museum Dahlem) S. 439
Museum für Islamische Kunst (Museum Dahlem)
  S. 441
Islamisches Museum (Pergamon-Museum) S. 483
Georg-Kolbe-Museum S. 447
Käthe-Kollwitz-Museum S. 448
Kunstbibliothek S. 448
Kunstgewerbemuseum Köpenick S. 453
Kunstgewerbemuseum Tiergarten S. 449

Kupferstichkabinett (Museum Dahlem) S. 432
Kupferstichkabinett (Altes Museum) S. 395
Märkisches Museum S. 458
Münzkabinett (Bode-Museum) S. 421
Musikinstrumenten-Museum S. 461
Otto-Nagel-Haus S. 461
Nationalgalerie S. 461
– (Altes Museum) S. 395
(Neue) Nationalgalerie S. 469
–, Galerie der Romantik S. 473
Museum für Ostasiatische Kunst (Museum Dahlem)
  S. 444
Ostasiatische Sammlung (Pergamon-Museum) S. 480
Pergamon-Museum S. 475
Skulpturengalerie mit Frühchristlich-Byzantinischer
  Sammlung (Museum Dahlem) S. 432
Skulpturensammlung (Bode-Museum) S. 410
Museum für Ur- und Frühgeschichte (Bode-
  Museum) S. 421
Museum für Völkerkunde (Museum Dahlem) S. 445
Museum für Volkskunde (Pergamon-Museum) S. 485
Museum für Deutsche Volkskunde Dahlem S. 485
Vorderasiatisches Museum (Pergamon-Museum)
  S. 481
Museum für Vor- und Frühgeschichte Charlotten-
  burg S. 485

Weitere Museen → Objektregister, »Museen (Gebäude u. Sammlungen)«.

Die Wiedervereinigung stellt Berlin die Aufgabe, die bei den kriegsbedingten Verlagerungen willkürlich getrennten Sammlungen der Staatlichen Museen im Ost- und Westteil der Stadt wieder zusammenzuführen.

1957 war im Westteil die Stiftung Preußischer Kulturbesitz ins Leben gerufen worden, um die hier und in West-Deutschland vorhandenen Teile des preußischen Kunstbesitzes nach der Auflösung des Landes Preußen wieder in Berlin vereinigen zu können. Zweck der Institution sollte es laut Gesetz sein, »bis zu einer Neuregelung nach der Wiedervereinigung die ihr übertragenen preußischen Kulturgüter für das deutsche Volk zu bewahren, zu pflegen und zu ergänzen, unter Beachtung der Tradition den sinnvollen Zusammenhang der Sammlungen zu erhalten und eine Auswertung dieses Kulturbesitzes für die Interessen der Allgemeinheit in Wissenschaft und Bildung und für den Kulturaustausch zwischen den Völkern zu gewährleisten«.

Diese Stiftung besteht weiter und sieht jetzt lediglich eine teilweise Rückführung der von der Museumsinsel stammenden Kunstwerke dorthin vor. Nach dem Wiederaufbau und der Erweiterung des Neuen Museums sowie anderen Wiederherstellungsarbeiten sollen Ägyptisches Museum, Antikenmuseum, Frühchristlich-Byzantinische Sammlung und die Bestände der Neuen Nationalgalerie an Werken des 19. Jh. dorthin zurückkehren, nicht jedoch Gemälde- und Skulpturengalerie sowie das Kupferstichkabinett. Das in hundert Jahren gewachsene Ensemble von Bauten und Beständen, in seiner Zusammenbindung von Antike und Abendland bedeutsamer Ausdruck der Berliner Geistesgeschichte, wäre damit grundlegend verändert.

Für das Bode-Museum gibt es noch kein gültiges Konzept. Die im Bau befindlichen bzw. geplanten Neubauten am Kemperplatz sollen Gemälde- und Skulpturengalerie sowie Kunstbibliothek und Kupferstichkabinett aufnehmen. Für die Neue Nationalgalerie ist die Ausstellung der Kunst des 20. Jh. vorgesehen, während die Kunst der Gegenwart ihren Platz im ehem. Hamburger Bahnhof finden soll. Das Museum für Deutsche Volkskunde soll in einem Museum für europäische Volkskunde aufgehen, für das die Räume des Kunstgewerbemuseums am Tiergarten vorgesehen sind. Das Museum Dahlem wird die immensen Bestände des Völkerkundemuseums vereinigen. Die noch nicht ausgereiften Planungen sind umstritten. *HB-S*

Ägyptisches Museum
(Charlottenburg; Schloßstr. 70)

Zur Geschichte der Sammlung → S. 404, zum Gebäude → S. 283. – Die einst auf westl. Gebiet ausgelagerten und heute hier – im östl. Stülerbau – versammelten Kunstwerke erlauben einen umfassenden kunst- und kulturgeschichtlichen Überblick auf höchstem Niveau; Schwerpunkte sind die Porträtplastik der Amarnazeit und der Spätzeit.

In einer Neuaufstellung seit 1983 ist eine Teilung zwischen den künstlerischen Spitzenwerken im Stülerbau und dem übrigen Bestand in einer kulturgeschichtlichen Anordnung im ehem. Marstall durchgeführt. Dabei soll die denkmalpflegerisch fragwürdige Aufstellung der Objekte in den schwarz gestrichenen Räumen des Hauptbaus, mit Spotlights effektvoll herausgehoben, sowohl an ihre Herkunft aus Grabkammern erinnern als auch den Eindruck der Schatzkammer erwecken – z.T. auf Kosten der eigentlichen, in ruhigem Licht sich entfaltenden künstlerischen Ausstrahlung der Werke.

Im T r e p p e n h a u s steht der granitene *Sargdeckel des Scheunenvorstehers Sa-iset* (19. Dynastie, um 1300 v. Chr.). Eindrucksvoll ist auch diese kolossale äußere Hülle der in mehreren Särgen verschlossenen Mumie noch als menschliche Gestalt aufgefaßt und durch Inschrift als persönliches Porträt ausgewiesen.

Erdgeschoß
R a u m 1 enthält die noch unsicher geformte Tonfigur einer Schweine-Gottheit sowie *Gefäße* aus *vorgeschichtlicher und frühdynastischer Zeit* (um 3600 bis 2650 v. Chr.). Dabei treten die beiden verschiedenen Formkomponenten des ägyptischen Stils deutlich hervor: die gegenständliche unterägyptisch-bäuerliche in dem Tragnetz- und dem Euter-Gefäß, die abstrakte oberägyptisch-nomadische in den streng geformten Steingefäßen; beides verschmolzen in der flachen Schale mit Kalbsfuß-Griff oder in dem Horusfalken (Symbol des Königs), bei denen der makellos bearbeitete Basalt organische Formen spüren läßt.

In R a u m 2 verdeutlichen 2 Sitzfiguren die Herausbildung der ägyptischen *Menschendarstellung* im *Alten Reich*. Die *Kalksteinfigur* (6) entstand um 2800 v. Chr. und trägt auf dem Rücken die Vorform einer Hieroglyphe, ihren Namen oder Zugehörigkeitsbezeichnung. Die gerade Sitzhaltung auf einem Hocker, eine Hand vor die Brust gelegt, ist bereits typisch ägyptisch, doch lösen sich die Glieder noch wenig vom Steinblock, erscheinen als flacher Umriß unter dem Mantel. Scharf eingeritzt sind die Details. Im mühsamen Heben des Kopfes, den schwer blickenden, urspr. eingelegten Augen zeigt sich die Anstrengung dieser Gestaltbildung. Was an tierischer Gewaltsamkeit noch spürbar bleibt, ist in der Ruhe und Sammlung der Figur gebändigt.

Im *Sitzbild des Meten* (7), eines hohen Beamten Ende 3./Anf. 4. Dynastie (um 2600 v. Chr.), ist der Typus bereits vollendet. Der Sitz ist fast würfelförmig geworden und beschriftet, der Körper, obwohl noch schwer, gerade aufgerichtet und streng auf Vorder- und Seitenansicht geordnet, Kopf und Glieder vollrund, das Gesicht frei. Die feinere plastische Ausformung, die keine Ritzzeichnung mehr benötigt, zeigt Sinn für die Lebendigkeit des Körpers. – Diese Bildnisstatuen, die in einem nur durch einen Schlitz mit der Kultkammer verbundenen kleinen Raum (Serdab) des Grabes aufgestellt waren, verkörperten die geistige Persönlichkeit des Ver-

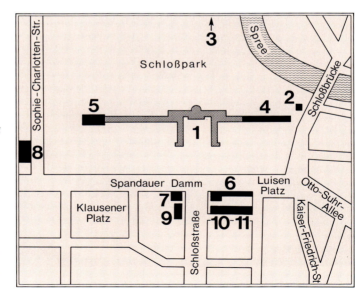

Die Museen im Bereich des Charlottenburger Schlosses

Sammlungen der Verwaltung der Staatl. Schlösser und Gärten:
  1 *Schloß Charlottenburg*
  2 *Schinkel-Pavillon*
  3 *Belvedere*
Staatl. Museen:
  4 *Galerie der Romantik*
  5 *Museum für Vor- und Frühgeschichte*
  6 *Ägyptisches Museum*
  7 *Antikenmuseum*
  8 *Gipsformerei*
Weitere Museen:
  9 *Bröhan-Museum*
  10 *Heimatmuseum Charlottenburg*
  11 *Abgußsammlung antiker Plastik*

Nofretete. Kalksteinbüste der Amarna-Zeit (Ägyptisches Museum; zu S. 394)

Museen: Ägyptisches Museum Charlottenburg 393

storbenen und garantierten, neben der Mumie, sein Weiterleben.

Die nach der monumentalen Ruhe der auf den König konzentrierten 4. Dynastie (2600–2480 v. Chr., Zeit der Pyramiden von Giza) in der 5. Dynastie einsetzende lebendigere Darstellungsweise zeigt sich in anschaulichen *Reliefs* (9) ebenso wie bei *Bildnissen* von Privatpersonen, oft von Ehepaaren (8), in diesem Raum und in

R a u m 3 (mit Durchgang zum Marstall). Das *Doppelbildnis des Priesters Tenti und seiner Frau Imertef* (11) zeigt in der Gleichartigkeit der beiden schreitenden Gestalten die hohe Stellung der ägyptischen Frau. Der feste Aufbau der Körper ist gleich: breite Schultern und Beine, das vorgestellte mit einem schwarz bemalten, d. h. als nicht vorhanden charakterisierten Stützpfeiler an den rückwärtigen Sockel gebunden, die Hände steif ineinandergelegt, die freien Hände um einen ebenfalls schwarz bemalten »Schattenstab« geballt. Auch die wach und derb blickenden Gesichter, die erst jetzt mimische Lebendigkeit erhalten, ähneln sich stark und sind noch nicht eigentlich porträthaft. In der gut erhaltenen Bemalung wird allerdings die gelbe, »zarte« Hautfarbe der Frau von der rostbraunen des Mannes unterschieden.

Beim *Sitzbild eines Ehepaares aus Giza* (12) ohne Inschrift, das den Titel der Gattin »Die den Arm um ihn schlingt« entsprechende Geste zeigt, sind die Züge dumpfer, obwohl die künstlerische Qualität, z. B. der feinen Gewandbildung, nicht geringer ist.

R a u m 4 zeigt an *Grabplatten* und der *Statue eines Aufsehers*, wie in der *1. Zwischenzeit* (2134–2040 v. Chr.) mit dem staatlichen Zerfall des Alten Reiches auch die Formkraft (als Spiegel einer für ewig gehaltenen Gesellschafts- und Weltordnung) verlorengeht.

Die Denkmäler des *Mittleren Reiches* (ca. 2040–1652 v. Chr.) knüpfen bewußt an die des Alten Reiches an, deutlich in der fest in den Mantel gewickelten gedrungenen Gestalt des *Intef* (21) an der Wende 11./12. Dynastie (um 2000 v. Chr.), spiegeln aber auch neue Erfahrungen, z. B. in den nun auch in Tempeln sichtbar aufgestellten *Bildnissen* der als Persönlichkeiten hervortretenden Könige der 12. Dynastie. Das vom Königskopftuch streng gerahmte Gesicht *Amenhoteps III.* (20) läßt in der Modellierung das Knochengerüst spüren. Trotz des jugendlich straffen Ausdrucks (es gibt auch Altersdarstellungen, wie sie von früheren Königen fehlen) deutet die vorgeschobene Unterlippe sowohl Skepsis wie Entschlossenheit und eine gewisse Brutalität an.

Statuetten von Privatpersonen (19), oft Weihgaben, spiegeln den gesteigerten Sinn für Individuelles; die hölzernen, die im Alten Reich Steinformen nachahmten, werden graziler, freier, in den Gesichtern feiner und, durch Einlage anderer Holzarten, preziöser. Ganz neu sind Bronzestatuetten.

R a u m 5 soll als Schatzkammer Gegenstände aus kostbarem Material aufnehmen.

1. Obergeschoß

Die Räume enthalten Werke des *Neuen Reiches* (18. bis 20. Dynastie, 1552–1070 v. Chr.) und der *Spätzeit*.

Eine gewisse chronologische Folge ergibt sich, wenn man vom Eingangsraum (Raum 8) mit dem Großen Grünen Kopf (der als Pendant zu der Büste der Nofretete in der gegenüberliegenden Tür aufgestellt ist) aus gleich nach links weitergeht.

R a u m 1 enthält *Statuetten* des *Mittleren Reiches* und der *18. Dynastie*. Die kleine Bronzefigur eines *Schreibers* (70) läßt viel von der neuartigen Lebendigkeit und Anmut erkennen. Mit dem aufgestellten linken Knie ist das im Alten Reich (vgl. die Figur des Henka [im Marstall]) entwickelte feierlich-symmetrische Schema durchbrochen. Der versonnene Ausdruck spiegelt Hingabe an seine Tätigkeit und individuelle Empfindsamkeit.

R a u m 2 enthält Werke der *18. Dynastie* vor der Amarna-Zeit sowie *Amarna-Masken*. Ein *Relief* aus dem Grab des Chaemhet mit dem *Bildnis des Königs Amenophis III.* (36) zeigt die neue Sensibilität. Jugendliche, idealisierte Schönheit und Vornehmheit sind das Ziel der Darstellung. Mit bisher nicht erreichter Feinheit sind innerhalb der präzisen Umrisse des Gesichtes Details wie Nasenflügel und Mund modelliert. Den klaren Flächen des Gesichtes kontrastiert die zwar streng geformte, aber reich gegliederte Perücke mit den winzigen Löckchen und dem Kronreif mit der Uräusschlange. An dem nur 9,4 cm hohen *Eibenholzköpfchen der Königin Teje*, der Gemahlin Amenophis' III. (37; um 1370 v. Chr.), verbinden sich Feinheit der Ausführung und scharfe Charakterisierung. Mit straffen Kurven ist ungewöhnliche Energie ausgedrückt, welche die politische Bedeutung der Königin erklärt und das unschöne Gesicht faszinierend macht. Dabei sind die Formen trotz des kleinen Formats großzügig zusammengefaßt. Von der über den intensiv blickenden Augen vorgewölbten Stirn laufen die scharfe Nasenlinie und die schmal werdenden Wangen zum vorgeschobenen Untergesicht mit dem aufgeworfenen Mund, der vorgezogenen Unterlippe. Der Kopf hatte urspr. glattes Haar aus silbrigem Metall und erhielt später eine Haube, deren Federschmuck und blaue Perlen verloren sind. Er gehörte zu einer ganzfigurigen Statuette.

Die künstlerische Revolution der Amarna-Zeit, der Regierungszeit Amenophis' IV. (1364–47 v. Chr.), war ein Teil der umfassenden geistigen Veränderung, die von diesem König ausging. Er verehrte ausschließlich den Sonnengott, und zwar in neuer Form als Aton = Sonnenscheibe, d. h. als Schöpfer des gesamten Lebens. Er ließ diese gegen die ägyptische Tradition gerichtete Lehre auch durch Bildwerke verbreiten, die eine neue Ikonographie des Aton als Lebensspender zeigten, darüber hinaus aber in der Darstellungsweise selbst entschieden nach Ausdruck des Wirklichen, v. a. des Besonderen, Individuellen strebten. Das ergab anfangs bizarre, »manieristische« Darstellungen bes. des Königs in seinen körperlichen Eigentümlichkeiten. – Das *Reliefbildnis Echnatons* (= »dem Aton gefällig«), wie sich der König nun nannte, steigert seine Physiognomie mit dem vorgeschobenen Untergesicht, den vollen Lippen, dem nach unten ausgebildeten Kinn (39), die bei seiner Mutter Teje (37) angedeutet ist, ins Expressive. Das Gesicht ist in eine Schräge verzogen, die sich rückwärts in der mützenartigen oberägyptischen Krone fortsetzt. Labil steht dieser bewegte Kopf auf einem übermäßig dünnen Hals. Neben feinen künstlerischen Formen wie denen der Nasenflügel sind auch grobe verwendet, so bei den simpel eingeritzten Halsfalten und mehr noch beim tiefschattenden Kontur des versenkten Reliefs, das die Abarbeitung des Steingrundes sparte und damit der schnellen Produktion der neuen Kunst zustatten kam.

Die neue, nach dem Tod des Gründers bald wieder verlassene Residenz Achet-Aton (= »Lichtland des Aton«) beim heutigen Tell el-Amarna erhielt das unberührte Bild der Zeit. Die Werkstatt eines Bildhauers Thutmosis enthielt zahlreiche Porträtköpfe und -masken. Von den *Stuckmasken* wirken manche wie Abgüsse vom lebenden Modell, so bes. das Bildnis eines gealterten, skeptischen Mannes (42). Am genauesten sind die klein und schlaff unter den zusammengezogenen Brauen liegenden Augen modelliert; Nasen- und Wangenpartie eher summarisch, Nachdruck liegt dann wieder auf dem schmalen, schräg verzogenen Mund. Auffällig ist auch der verschlossene Ausdruck; viell. war das Bildnis eine Totenmaske. (Weitere Amarna-Bildnisse im Bode-Museum.)

Die kleine *Stele des Bak und seiner Frau* (43) läßt aus traditionellen Formen etwas Neues entstehen: In eine Grabstele, die sonst nur mit Flachreliefs bedeckt ist, sind die Gestalten vollplastisch wie sonst bei freistehenden Bildnissen eingefügt. Weiche und allgemeine Formgebung lassen kein Detail dominieren; die Körperbildung mit dem vortretenden Bauch und der weichen Brust ähnelt den Echnaton-Figuren. Der Verlust der älteren tektonischen Festigkeit bringt einen Gewinn an Ausdruck bes. in den beseelten Gesichtern, in den fein und neuartig geformten Händen. Bak war nach seiner Inschrift »Oberster der Bildhauer« am Aton-Tempel, »einer, den Seine Majestät selbst unterwiesen hat«.

R a u m 3. *Amarna-Plastik*. Bis auf die expressive, als Altarbild zu wertende Szene der *königlichen Familie unter den segnenden Strahlen des Aton* (46) zeigen fast alle den gemäßigten Stil der späteren Amarna-Zeit wie der *Stuckkopf Echnatons* (49), der aus wenigen, großzügig geformten Partien besteht, deren sensible Ausbildung auf Ruhe und eine gewisse Schönheit abzielen.

R a u m 4. Das hervorragendste Werk dieser Gruppe ist die *Kalksteinbüste der Königin Nofretete*, die sowohl durch den Reiz der Dargestellten wie durch ihre vollständig erhaltene Bemalung unmittelbar beeindruckt (Abb. S. 392). Sie ist stärker geschönt als die Bildnisse Echnatons; dennoch ist das Gesicht lebendig, nicht zuletzt durch das mit Glasfluß eingelegte Auge. Ohne Perücke, daher unmittelbar wirkend, schlank und unter der schweren Krone mit einer gewissen Anspannung erhebt sich das schmale Gesicht und läßt so etwas von der geistigen Kraft der Amarna-Zeit erkennen. Die Seitenansicht zeigt, wieviel kunstvoller die Schrägen des zarten Halses und der von ihm getragenen, weit ausladenden Krone ausbalanciert sind als beim Echnaton-Kopf.

R a u m 5. *Amarna-Plastik, Werke der 19. Dynastie*. Das hölzerne *Sitzbild des Priesters Amenemopet und seiner Frau Hathor* (55) der frühen 19. Dynastie (um 1300 v. Chr.) läßt in der Beseeltheit der Gesichter noch das Nachwirken der Amarna-Kunst erkennen; dies verbindet sich nun mit einer außerordentlich genauen, feinen Darstellung des Gegenständlichen, der Gewänder und komplizierten langen Perücken, der verschieden gestalteten, bei Hathor mit einem Äffchen als Spielzeug der vornehmen Dame versehenen Stühle. Zwischen beiden ist als Ritzzeichnung der Sohn dargestellt. Der Sockel ist mit Gebeten in gelb ausgelegten zierlichen Hieroglyphen beschriftet.

R a u m 6. *Uschebti-Figuren, spätzeitliche Bronzen*.

R a u m 7. *Mumienmasken griechisch-römischer Zeit*.

R a u m 8. *Porträtköpfe der Spätzeit*. – Ein *Türsturz* mit der spiegelbildlich verdoppelten Titulatur Ramses' II. unter der Flügelsonne läßt in den vertieften Schriftzeichen die nachlassende Sorgfalt erkennen, die während der 19. und 20. Dynastie mit ihren ins Kolossale wachsenden Denkmälern üblich wurde. Obwohl die Spätzeit (21.–31. Dynastie, 1070–332 v. Chr.) als eine in Fremdherrschaft endende Epoche politischen Niederganges auch künstlerisch die nachlassende Kraft der alten Kultur bezeugt, brachte sie bedeutende Werke hervor. Deren Vorzüge liegen v. a. in einer Vertiefung des menschlichen Ausdrucks. – Beim sog. *Großen Grünen*

Großer Grüner Kopf. Frühe 27. Dynastie, um 500 v. Chr. (Ägyptisches Museum)

Museen: Altes Museum. Antikenmuseum Charlottenburg   395

Kopf (66; um 500 v. Chr.) deuten in der spiegelnd glatten, dennoch die Kopfform meisterhaft wiedergebenden Oberfläche scharfe Umrisse und Faltenzüge Altern, Skepsis und die Anstrengung der gewahrten Haltung an. Den Rang des Werkes verdeutlicht der Vergleich mit den anderen, bei aller Qualität schematischeren Hartstein-Porträts.

Marstall

Das im D u r c h g a n g zum Marstall aufgerichtete *Kalabsha-Tor* zeigt, wie stark auch in griechisch-römischer Zeit (332 v. Chr.–395 n. Chr.) ägyptische Formen weiterleben. Die Reliefs stellen Kaiser Augustus als Pharao dar, der Isis, Osiris und dem Ortsgott Mandulin opfert bzw. die Hieroglyphe »Feld« darbietet (d. h. dem Tempel Gebiete schenkt). Die Steine fanden sich im Füllmaterial des Kalabsha-Tempels, als dieser von der Bundesrepublik beim Bau des Assuan-Staudammes versetzt wurde; sie sind ein Geschenk Ägyptens.

Zu beiden Seiten sind mit Hilfe von Kapitell-Modellen (3. Jh. v. Chr.) die Charakteristika der ägyptischen Tempelbaukunst dargestellt.

Im gestreckten Raum des M a r s t a l l s sind in durchgehenden, durch Vorsprünge an jeder Seite in 5 Abschnitte unterteilten *Vitrinen* Gegenstände der ägyptischen Kultur thematisch gruppiert, unter ihnen auch hervorragende Kunstwerke wie die *Alabastergefäße des Alten Reiches* oder die Darstellung der *Isis als Schlange* aus römischer Zeit.

Es folgt ein dem *Totenwesen* gewidmeter Raum.

In einem A n b a u soll mit den originalen Fragmenten der *Totentempel des Königs Sahure* (5. Dynastie) rekonstruiert werden.   *EB-S*

Mi
57

Altes Museum
(Mitte; Bodestraße / Marx-Engels-Platz)

Zum Gebäude des Alten Museums → S. 67.

Kupferstichkabinett und Sammlungen der Handzeichnungen (Altes Mus., Untergesch.)

Zur Geschichte der Sammlung vor 1945 → S. 432.

Der öffentlich zugängliche Bestand des Kupferstichkabinetts und der Sammlungen der Zeichnungen ist im Alten Museum untergebracht (Eingang N-Seite). Durch die Verlagerungen sind dem Kabinett etwa 600 Zeichnungen alter Meister bis etwa zum Jahr 1800 und rd. 130000 druckgraphische Blätter sowie eine Sammlung illustrierter Bücher verblieben. Von den Zeichnungen befinden sich nur relativ wenige erstrangige Arbeiten hier, darunter Blätter von Hans Baldung Grien, Grünewald, Claude Lorrain, Watteau und bes. 61 Silberstiftzeichnungen zu Dantes »Divina Commedia« von Botticelli. 1969 wurde die Zeichnungssammlung der Nationalgalerie, die auch die umfangreichen, nach 1945 allerdings geschmälerten Bestände des Schinkel-Museums (ca. 4500 Zeichnungen) enthält, mit dem Kupferstichkabinett vereinigt. Schwerpunkte der Sammlungen des 19. Jh. bilden die Nachlässe Adolph Menzels (ca. 6000 Zeichnungen), Karl Blechens (ca. 1500 Zeichnungen) und Ölstudien) und rd. 1200 Zeichnungen Johann Gottfried Schadows. Insgesamt enthält die Zeichnungssammlung des 19. Jh. rd. 40000 Blätter.   *HB-S*

Nationalgalerie
(Altes Museum, 2. Obergeschoß)

Die seit 1966 hier untergebrachte Abteilung der *Kunst seit 1945* veranschaulicht hauptsächlich die offizielle Richtung in der ehem. DDR.   *HB-S*

Antikenmuseum
(Charlottenburg; Schloßstr. 1)

Ch
12

Die Bestände – seit 1960 im westl. Stülerbau (zum Gebäude → S. 283) – stammen bis auf einige Skulpturen aus dem Antiquarium, der Sammlung antiker Kleinkunst, die seit Gründung der Museen bis 1932 eine selbständige Abteilung (im Untergeschoß des Alten, später im Neuen Museum) war. Sie umfaßte Vasen – schon 1830 ca. 2000, unter Adolf Furtwängler (1880–94) bereits 4221 –, Bronzen, v. a. aus den Grabungen in Olympia und Samos, Gemmen – ca. 14000, dazu eine fast vollständige Abgußsammlung –, Gläser, Schmuck und die römischen Gefäße des 1868 erworbenen Hildesheimer Silberfundes. Im 2. Weltkrieg gingen die größere Teil der Glassammlung, von den anderen Gruppen v. a. Einzelstücke verloren.

Vom erhaltenen Bestand befinden sich an Vasen, Bronzen, Gemmen etwa die Hälfte und alle Terracotten in Berlin-Ost (z. T. im 2. Stock des Pergamon-Museums ausgestellt).

Bis auf die Schatzkammer ist der Bestand chronologisch, jedoch für die eigentliche Blütezeit, das 6. und das 5. Jh. v. Chr., thematisch geordnet, um dem modernen Betrachter entgegenzukommen (allerdings mit dem Nachteil, daß die Stilentwicklung und die Handschrift der einzelnen Künstler nicht mehr leicht abzulesen sind).

Erdgeschoß

R a u m 1. Kreta und frühes Griechenland.

Vitrine 2/1: *Bronzestatuette einer Betenden* (spätminoisch, 16. Jh. v. Chr.). Weich, rund, sehr lebendig und weiblich, steht die Gestalt auf dem Rock mit den schwingenden Volants, leicht geneigt, die Hände betend auf die Schulter und an die Stirn gelehnt. Die erstaunliche menschliche Haltung der kretischen Kunst, außerhalb jeder archaischen Strenge, wird unmittelbar deutlich – und mittelbar im Vergleich mit dem in seiner abstrahierten Gestalt eindrucksvollen *Kykladen-Idol 2/3*.

Vitrine 4/1: *Mykenische Amphora aus Kalavarda* (14. Jh. – 1200 v. Chr.). Bauchig, aber elastisch vom schmalen Stand ausladend und zum schmalen Ausguß zurückführend ist die Form dieses Vorratsgefäßes, das an 3 Schnurösen aufgehängt war. Auch der Dekor, rot, durch den Brand nach oben geschwärzt, betont kurvige Formen, die sich in den Argonautenschnecken mit ihren spiraligen Fangarmen als eine dem minoischen Stilgefühl verwandte Naturform vorfinden. Mit Pflanzenandeutungen erscheint die bemalte Schulterzone als ein Streifen Meeresgrund.

R a u m 2. Kunst im Zeitalter Homers.

Vitrine 1/7: *Attische Grabamphora* (um 720–700 v. Chr.). Kein Gebrauchsgefäß, sondern Denkmal über einem Grab war diese Amphora aus der »geometrischen« Periode griechischer Kunst. Zur Totenehrung

396   Museen: Antikenmuseum Charlottenburg

gehören die an den Rändern plastisch aufgesetzten Schlangen und die gemalten Figurenszenen: am Hals klagende Gestalten, am Bauch 2 Reihen von Kriegern bzw. Wagen. Sie dokumentieren den militanten Charakter der frühen griechischen Kultur gegenüber dem naturhaften der minoischen. Die Gefäßform ist steil, steif, dicht von kleinteiligen geometrischen Streifenmustern bedeckt. Dem gleichen Formgesetz folgen auch die Figuren. Bei den Kriegern ist der kreisförmige Schild das Zentrum; Hals und Helmdreieck ragen darüber, spitz geformte Beine, die schnellen Lauf andeuten, darunter hervor. 2 Speere in gleicher Schrägrichtung geben die Vorwärtsbewegung des Zuges an. Die zum Zeichen abgekürzte Darstellung macht das Gefäß zum Bildträger, von dem eine vielteilige Ordnung und eine starr geregelte Handlung abzulesen sind.
Vitrine 5/3: Bruchstücke einer *Amphora aus dem Ägina-Fund* (um 680–650 v. Chr.). Das Gefäß, eine Weihgabe, zeigt zum erstenmal erkennbare Sagengestalten. Vom Kentauren Chiron sind der Hinterkopf, der ausladende Hinterleib und der Stock mit erlegten Tieren erhalten. Die Malweise ist großformig, sehr einfach und naturhaft. Wenige, bestimmte Gegenstände lösen die allgemeine Vielformigkeit ab.
Frei ist eine *Grabamphora des Nessos-Malers* (Attika, um 610 v. Chr.) aufgestellt. Die bauchige Form, die Fülle der Bemalung mit gegenständigen Tieren und zwischen ihnen verstreuten phantastischen Pflanzen zeigen, daß kräftiges Gefühl für organisches Leben nun völlig die urtümliche Strenge der geometrischen Phase abgelöst hat.
R a u m 3. Korinth und Ostionien.
An den Wänden: *Tontäfelchen* des 6. Jh. v. Chr. aus Korinth. Sie sind entweder Weihgaben mit Darstellungen des Gottes (meist Poseidon) oder zeigen kriegerische bzw. handwerkliche Szenen. Überraschend anschaulich wird die Arbeit der Töpfer und Vasenmaler geschildert. Die Gestalten erscheinen, lockerer und bewegter als in der Vasenmalerei, als schwarzer Umriß mit eingeritzter Binnenzeichnung. Gelegentlich sind die Namen von Meister und Geselle oder Weihinschriften beigefügt.
2 Fragmente von Säulen des Apollon-Tempels in Didyma, Marmor (ionisch, um 540 v. Chr.). Über der Basis der kolossalen Säulen stand jeweils eine Trommel mit plastischen Mädchengestalten unter dem kannelierten Schaft. Die breiten Gesichter sind aus glatten, gerundeten Flächen und klaren Kanten gebaut und haben damit eine formale Beziehung zu den ionischen Säulen, in der hakenförmigen Haarlinie um Stirn und Ohren sogar zum ionischen Kapitell (die ionische Säulenordnung galt als Entsprechung zur weiblichen Gestalt). In den offen dargebotenen Gesichtern dominieren die kleinen Mandelaugen und der große Mund mit dem »archaischen Lächeln«. Sie strahlen eine unpersönliche, gewissermaßen übermenschliche Schönheit und Ruhe aus.
Vitrine 2/1: *Bronzestatuette eines Widderträgers* (Kreta, Ende 7. Jh. v. Chr.). Eine Weihgabe, die das Darbringen einer Weihgabe zum Thema hat. Schmal und gereckt, aus gelenkig verbundenen Einzelteilen erhebt sich die Gestalt von der Standplatte, über der eingeschnürten

Taille bis zu den waagerecht gespannten Armen ausladend. Über dieser glatten, tragenden Körperform liegt als rauhe passive Masse das Tier, das jedoch im Kopf Ausdruck gewinnt.
Vitrine 4/15: *Krater* (um 570 v. Chr.). Ein solch großes Gefäß erhält bereits menschliche Szenen, die über den anonymen Kosmos der tierischen und pflanzlichen Bemalung hinaus etwas Spezielles ausdrücken. Auf der Vorderseite ist der Abschied des Kriegers Antimachiodos (den Gestalten sind ihre Namen beigeschrieben) von seiner Familie und in einer zweiten Phase der Handlung seine Abfahrt auf dem Streitwagen dargestellt. Lebhaft, mit formalen Überschneidungen, mit farblichem Wechsel von Weiß, Schwarz und Dunkelrot auf dem rötlichen Tongrund ist die Szene geschildert. Sind die Gesichter noch unpersönlich, geben Bewegungen – der kleine Sohn faßt den Vater bittend am Kinn – einen tieferen Ausdruck. Die eingeritzte Binnenzeichnung erzeugt bereits plastische und perspektivische Raumvorstellungen. 2 sorgfältig gemalte Mädchenköpfe auf Platten über dem Henkel setzen eine Tradition fort, in der die Henkel plastische Mädchenköpfe waren (vgl. Nr. 3 in dieser Vitrine).
R a u m 4. Athen, Böothien, Sparta im 6. Jh. v. Chr
Vitrine 3/6: *Trinkschale des C-Malers* (Nola, um 570 bis 560 v. Chr.). Die Schalenform – flach geschwungen auf schlankem Ständer – hat eine neue Eleganz erreicht, der in der Bemalung größere Konzentration entspricht. Wenige und kleine Figuren stehen, fast ausschließlich schwarz – daher »schwarzfigurige« Malerei – auf dem rötlichen Tongrund. Der Umriß ist wesentlich. Be der Flucht von Perseus und Hermes vor den Gorgonen sind die weiten Sprünge bis zum Grotesken ausdrucksvoll, bes. da am oberen Rand eine Hasenjagd parallelläuft. Im inneren Kreisfeld der schwarzlackierten Schale der streng und ernst aufgefaßte Kampf des Herakles mit dem Löwen.
R a u m 5. Kampfbilder und Waffen.
Vitrine 4/1: *Schale mit Eris* (attisch, um 550–540 v. Chr.), eine der in Form und Bemalung bes. zierlichen »Kleinmeisterschalen«. Hier ist Eris, die Göttin der Zwietracht, in beflügeltem Lauf auf diese schmuckhafte Weise dargestellt. Der Widerspruch zwischen der Bedeutung der Göttin und der künstlerischen Gestaltung war viell. schon bewußte künstlerische Unabhängigkeit, doch deutet die Inschrift der Schale »Freu dich und trink schön« in Verbindung mit dem Bild auf eine breite Tradition, im Anblick der Vergänglichkeit zu geselligem Lebensgenuß aufzurufen.
Vitrine 1/3: *Attische Trinkschale* (um 520 v. Chr.), Umkreis des Lysippides-Malers. Die ungewöhnlich große Schale trägt 3 thematisch kaum zusammenhängende Bilder, die aber die Art, wie sie bei Gebrauch des Gefäßes betrachtet wurden, gut erkennen lassen. Stand es als Schaustück bereit, konnte der Kenner auf der Außenwand verschiedene Kampfdarstellungen betrachten: Herakles mit dem Nemeischen Löwen, flankiert von 2 Abschied von der Familie nehmenden Kriegern, auf der Rückseite kämpfende Viergespanne. Hob man die Schale empor, waren unter dem Fuß je 2 Löwen- und Pferdeköpfe zu sehen. War sie gefüllt, sah man am inneren Schalenrand auf dem »weinfarbenen Meer« 5

delphingestaltige Kriegsschiffe. Geleert bot die Schale innen ein Kreisfeld mit einer Zweikampfszene, in dem die Krieger kniend ins Rund komponiert waren.
Raum 6. Bronzen aus Samos, attische Vasen.
Freistehend ein *Mädchenkopf von einem Grabrelief,* Marmor (Attika, 2. Hälfte 6. Jh. v. Chr.), Fragment einer 4 m hohen Grabstele zweier Geschwister. Der Kopf des Mädchens ist im Profil nach rechts geneigt, in der Hand hält es eine Blüte. Diesen gefaßten, zarten Ausdruck von Trauer unterstützen die einfachen, aber fein und weich modellierten Gesichtsformen. Der Marmor erscheint als etwas der menschlichen Haut Adäquates; das wellige Haar war rot bemalt.
Vitrine 1/13: *Bronzestatuette eines Weihgeschenkträgers aus dem Heraion zu Samos* (um 550–540 v. Chr.). Die nackte schlanke Gestalt ist über den tektonischen Aufbau hinaus als lebendig aufwachsend erfaßt. Auf den vorgestreckten Händen lag urspr. eine Weihgabe, zu der das Gesicht geneigt ist – im »archaischen« Oval wirkt es belebt und differenziert. Das gescheitelte wellige Haar läuft als immer schmaleres Band über den Rücken.
Treppenhaus
Marmorner *römischer Senatoren-Sarkophag* (um 200 n. Chr.). Im Relief weit aus dem Grund hervortretende Gestalten von großen, würdevollen Formen mit ernstem Ausdruck kommentieren das Schicksal des Verstorbenen in verschiedenen Szenen: abschiednehmend von Gattin (und Mutter?) in ähnlicher Auffassung wie bei den attischen Grabstelen; den Göttern opfernd, d. h. als »frommer« Mensch; durch die Darstellung vom Tod des Adonis bei der Eberjagd in eine mythische Sphäre gehoben. Die ausfahrend in kleinen Bogen geschwungenen Falten der Gewänder, von den um Klassizität bemühten feinrieselnden augusteischen schon verschieden, geben stärkere seelische Unruhe an; die schmalen bärtigen Köpfe haben noch nicht die Härte des um diese Zeit einsetzenden severischen Stiles.

1. Obergeschoß
Raum 7. Sportbilder.
Vitrine 2/1: *Amphora des Andokides-Malers* (Athen, um 525 v. Chr.). In dieser Zeit, durch diesen Maler entsteht die rotfigurige Vasenmalerei, die allmählich die ältere schwarzfigurige verdrängt. Die frühere Technik stellte die Figuren trotz eingeritzter Binnenzeichnung als Silhouetten vor dem Tongrund, mit den schwarzen Ornamentformen und Streifen verbunden. In der rotfigurigen Malerei heben sie sich tonfarbig aus dem sonst ganz schwarz lackierten Gefäß heraus. Damit sind sie stärker betont und durch die Möglichkeit dünner schwarzer Binnenlinien stärker differenziert, plastisch und im Ausdruck belebt. Auf dieser Vase läßt sich das v. a. an den Gesichtern beobachten, aber auch beim Raub des Dreifußes des Apollon, der eigentlichen Hauptdarstellung,

Amphora des Andokides-Malers: Herakles und Apollon im Streit um den Dreifuß des Orakels von Delphi. Um 525 v. Chr. (Antikenmuseum)

398   *Museen: Antikenmuseum Charlottenburg*

in den Gewändern der Göttinnen und in dem räumlich
vor dem Körper des Herkules liegenden Dreifuß.
R a u m 8. Trinkgelage, Liebe und Tanz.
Vitrine 1/1: *Schale des Peithinos* (Athen, kurz vor 500
v. Chr.). Außen am Schalenrand stehen Liebespaare,
Jünglinge mit Mädchen auf der einen Seite, Jünglinge
mit Knaben auf der anderen. Verschiedene Namens-
inschriften mit der Bezeichnung »schön« zeigen, daß
die Darstellung bekannten zeitgenössischen Schönhei-
ten huldigt. Dem entspricht auch der elegante, preziöse
Stil mit schwungvollen Profilen und reich drapierten
Gewändern. Künstlerischer Höhepunkt ist das Innen-
bild, der Kampf des Peleus um die Liebe der Meergöttin
Thetis, die sich in Schlangen und Löwen verwandelt.
Obgleich kunstvoll in die Kreisform komponiert, besteht
das Bild doch v. a. aus spitzwinkelig gebrochenen, gegeneinander gerichteten Linien, die eine graphisch ausdrucksvolle, unkörperliche Form schaffen.
R a u m 9. Götter und Heroen.
Vitrine 1/1: *Bronzestatuette des blitzeschleudernden
Zeus* aus dem Zeus-Heiligtum von Dodona (um 480
v. Chr.). Die gespannte, federnde Schrittstellung, die
weitausgreifende Bewegung der Arme, der in der Stoß-
richtung des Blitzes ins Profil gedrehte Kopf entwickeln
die Gestalt im intensiven Ausdruck ihrer Tätigkeit.
Vitrine 1/2: *Schale des Brygos-Malers* (um 490 v. Chr.),
und 1/3: *Schale des Aristophanes-Malers* (um 410
v. Chr.). Beide Schalen stellen am äußeren Schalenrand
den Gigantenkampf dar und lassen die späteste archaische Stilstufe mit einer schon reifen, klassischen vergleichen. Auf der älteren Vase schafft ein Gewirr von
Formen, die sich drängen und überschneiden, die Vorstellung leidenschaftlicher, unentrinnbarer, überpersön-
licher Verstrickung. Die jüngere Schale betont das Individuelle: Zweikämpfer stehen einander gegenüber und
sehen sich an; das Geschehen ist überschaubar und
trotz des Ernstes ruhig und fast in schönheitlicher Pose
erstarrt dargestellt.
In der Monumentalskulptur ist, wie der *Torso eines stür-
zenden Kriegers* (um 440 v. Chr.) zeigt, die von innen
her belebte organische Darstellung der Menschengestalt
erreicht.
R a u m 1 0. Frauenleben, Hochzeit, Tod.
Vitrine 3/5: *Lekythos des Quadratmalers* (Athen, um
430 v. Chr.). Lekythen waren Ölkrüge für Trankspenden
am Grabe. Ein Kreideüberzug machte den Grund weiß
und ließ so die Zeichnung zarter, weniger betont davor
stehen. Die Darstellungen spiegeln die Gebräuche des
Totengedenkens, die im 5. Jh. persönlicher und beseel-
ter waren als 300 Jahre davor die auf den geometrischen
Grabamphoren gezeigten. Vor einer Stele, deren Akan-
thuskrone und Vogel auf die Wiedergeburt im Kreislauf
der Natur hinweisen, sitzt der tote Jüngling; ein Mädchen bringt mit gesenktem Kopf Gaben in einem flachen Korb. Die sparsamen Umrisse, die ruhige Haltung
drücken gelassene Trauer aus.
R a u m 1 1. Athenischer Alltag, Figuren des Dramas.
Vitrine 1/8: Bronzene *Spiegelstütze* (um 460–450
v. Chr.). Eine Mädchenfigur im Peplos, dessen Falten
symmetrisch geordnet sind. Die freien Arme, einer davon in die Hüfte gestellt, verleihen der nur mit dem Kopf
tragenden Figur Leichtigkeit.

Die hervorragende augusteische Kopie einer klassisch-
griechischen *Peplos-Statue* in pentelischem Marmor
gibt die ruhevolle, gelassene Harmonie der attischen
Kunst um 450 v. Chr. wieder.
R a u m 1 2. Griechische Kunst in Unteritalien.
Vitrine 2/1: *Apulischer Volutenkrater mit Odysseus* (um
350 v. Chr.). Die füllige, aber am Hals eingezogene
Form weicht von den klassischen Typen ab; naturalistische Motive an den Henkeln erhöhen die Unruhe, die
auch in der Bemalung herrscht. Allseitig ausladerd sind
Figuren auf gepunkteten Geländelinien in einem ima-
ginären Raum in nur lockerer Symmetrie verteit. Die
Linien sind sicher, aber flüchtig gezogen; statt der früheren Sorgfalt zielt alles auf den oberflächlichen Eindruck
von Pracht ab.
R a u m 1 3. Kunst des Hellenismus.
Die *Glasamphora* in Vitrine 1/2 zeigt durch ihre
schlanke, hochelegante Form, der bärtige *Bildniskopf
eines Feldherrn* (um 350 v. Chr.) durch eine mit flattern-
dem Haar, tiefliegenden Augen ausgedrückte Bewegtheit der Physiognomie ein neues Ideal der Gestaltung
an. Strenger, aber bei aller Idealisierung auch individueller ist der *Porträtkopf der Kleopatra* (Alexandria, vor
31 v. Chr.); ein Zug von Schwermut, aber auch von
unedler Härte charakterisiert das jugendliche, fast
männlich wirkende Gesicht.
R a u m 1 4. Funde aus Priene.
Terracotta-Statuetten des Hellenismus, z. B. *Fliegende
Eroten* (um 150 v. Chr.). Die Figuren, die aufgehängt
wurden, suggerieren das Fliegen durch bewegte Kör-
haltung und ausgebreitete Flügel. Alle plastische Modellierung ist leicht und flüchtig, zielt nicht wie früher
auf Darstellung der organischen Struktur des Körpers,
sondern der unmittelbar wirkenden Erscheinung.
Vitrine 4/1: *Aphrodite*, Bronzestatuette (Mitte 4. Jh.
v. Chr.) aus There. Die Göttin ist in einer gefälligen
weiblichen Haltung gezeigt, sie ordnet mit der Rechten
ihr Haar und blickt in den (verlorenen) Spiegel in ihrer
Linken. Der Kontrapost, die deutliche Akzentuierung
von Stand- und Spielbein, setzt sich als Schwung durch
den ganzen geschmeidigen Körper fort. Dennoch hat
die Gestalt noch die Ruhe und klare Form der klassischen Epoche.

2. Obergeschoß
Die Räume 15–18 enthalten etruskische Kunst, 18–20
römische.
R a u m 1 5 (rechts vom Eingang). Etruskische Kunst.
In den Anfängen, der Villanova-Kultur, entwickelt sich
an den menschengestaltigen *Aschenurnen* zwischen
ca. 650 (Vitrine 3/5) und ca. 600–550 v. Chr. (3/7) das
Darstellungsvermögen vom froschartig glotzenden zu
einem einfach geschnittenen, aber beobachteten Kopf.
Gleichzeitig erreicht die dünnwandige, schwarze, mit
Ritzzeichnungen oder plastisch gestempeltem Dekor
versehene *Bucchero-Keramik* eine hohe Meister-
schaft.
R a u m 1 6. Etruskische Kunst und in etruskischen Grä-
bern gefundene attische Vasen.
Vitrine 4/2: *Bronzekessel*. Die glatte, flach gebauchte
Form kontrastiert mit den als Griffhalter aufgelegten
Widderköpfen, welche die weiche faltige Haut der Tier-
köpfe und die scharfgratige Volutenform der Hörner

Museen: Antikenmuseum Charlottenburg. Bauhaus-Archiv   399

meisterhaft wiedergeben; ein Schritt zum Naturalismus der römischen Kunst in republikanischer Zeit.
R a u m 1 7. Etruskische Kunst und griechische Kunst aus Apulien.
Die *Bildnisbüste eines Mannes*, Terracotta (kampanisch, 2. Jh. v. Chr.), hat solche naturalistischen Züge in einem Material, das etwas grobformige Darstellung erzwingt. Mit dem strähnigen Haar, der gratigen Nase, den im Winkel hochgezogenen Brauen ist eine individuelle Physiognomie aber auch zu einer bestimmten Ausdrucksgebärde stilisiert.
Vitrine 3 zeigt mit *Bronzeappliken* (um 450 v. Chr.) und einem großen *Kelchkrater* aus schwarz glasiertem Ton aus Tarent (um 300 v. Chr.) die vom Klassischen ins Schlanke, Elegante gehende Entwicklung griechischer Kunst.
R a u m 1 8. Etruskische und römische Kunst.
Vitrine 1: *Bronze-Cisten* (4. Jh. v. Chr.). Auf die zylindrischen Büchsen für Toilettenutensilien sind figürliche Szenen graviert, die den schönlinigen Stil der griechischen Vasenmalerei vereinfacht, aber dadurch besonders ernst übertragen.
Die *Bronzen der Sammlung Bellori*, 1696 erworbener Grundstock der Berliner Antikensammlung, geben einen Überblick vom 5. vor- bis zum 5. nachchr. Jh.
R a u m 1 9. Statuetten römischer Götter.
R a u m 2 0. Funde aus Boscoreale am Vesuv.

Kellergeschoß
Nach einem links abzweigenden Raum mit etruskischen Volutenkrateren und dem Schmuck aus einem süditalienischen Frauengrab sind 3 Räume als S c h a t z k a m - m e r ausgebaut (1976, von R. Schüler, U. Witte, H. Sypereck), die die Sammlung an antikem Schmuck, Gemmen, Münzen, den Hildesheimer Silberfund und Mumienporträts zeigt.
Im 1. R a u m befindet sich in Wandvitrinen *griechischer, etruskischer und skythischer Goldschmuck* des 8.–1. vorchr. Jh. Unter den aufgehängten Schmuckteilen sind griechische Gemmen ausgelegt. Plastische Abdrücke lassen die Feinheit ihrer geschnittenen Formen erkennen. Tischvitrinen enthalten griechische Münzen der Sammlung Amersdorfer.
Die *Fibel in Habichtform* (Ephesos, um 600–550 v. Chr.) aus dem Grab einer Artemis-Priesterin gehörte zum kultischen Schmuck. Der gedrungenen Gestalt des mit ausgebreiteten Flügeln segelnden Vogels ist mit Goldkörnchen (Granulierung) ein die einzelnen Körperteile trennendes und sie akzentuierendes Muster aufgelegt.
Wohl eine Grabbeigabe war der *Goldkranz* aus Ölzweigen und Smaragden (Kleinasien, 4. Jh. v. Chr.). Aus leichtem, dünnem Goldblech, der Natur genau nachgebildet, wirkt er wie ein natürlicher Schmuck und läßt die Kunstfertigkeit seiner Herstellung vergessen. Nur das Mittelmotiv einer Blüte mit einer Zikade zeigt die bewußte künstlerische Formung.
Das Hauptstück des skythischen Goldfundes (6. Jh. v. Chr.) von Vettersfelde in der Niederlausitz (1882) ist ein aus blaßgold getriebener *Fisch*, wohl die Wangenklappe eines Pferdegeschirrs. Die Fischgestalt ist einerseits mit Schuppen und Flossen »natürlich« aufgefaßt, andererseits zugleich Bildträger für andere Vorstellun-

gen: über einer Trennlinie Gazellen jagende Löwen, darunter ein Schwarm einem Meerwesen folgender Fische, am Schwanz Widderköpfe und ein Adler. Der ganze, von Kampf und Stärke sprechende tierische Kosmos sollte diese Kräfte mythisch auf den Träger des Schmuckes übertragen. Das Stück, obwohl ungriechisch im Geist, zeigt im Detail die straffen Umrisse der archaisch-griechischen Kunst, denn es ist in einer ionischen Werkstatt entstanden.
R a u m 2 enthält den *Hildesheimer Silberfund*, römisches Tafelgeschirr der augusteischen Zeit (30 v. Chr. bis 14 n. Chr.).
Das Prunkstück ist die *Schale* mit der plastisch getriebenen Sitzfigur der *Athene*. Sie sitzt gerüstet, doch in leichter, eleganter Haltung auf einem Felsen, nach rechts aufs Meer blickend, als Zeugnis für den römischen Sieg bei Actium, jedoch völlig in organische Gestaltung eingebunden. Aus den erregten, vergoldeten Gewand- und Felsformen heben sich glatt und frei Kopf und Arm der Göttin heraus; mit zarten Pflanzenornamenten auf dem Schalenrand wird die Form harmonisch geschlossen; letzte Ausläufer der Bewegungsenergie sind die eingerollten Henkel.
In Wandvitrinen römische Silbergefäße und Gläser.
Im 3. R a u m befinden sich *Schmuck der römischen und byzantinischen Zeit* aus dem 1. Jh. v. Chr. – 6. Jh. n. Chr., *römische Münzen* (aus der Sammlung Amersdorfer) sowie *Mumienporträts*.
Noch ganz in der Tradition der griechischen Schönheitsvorstellung steht der *Ring* mit einem Onyx-Cameo, ein *Medusenhaupt* (1. vorchr. Jh.), aus Petescia. Aus der weißen Masse ist der Kopf fast vollplastisch herausgeschnitten. Das breite, fein und glatt modellierte Gesicht zeigt gebrochene Augen; die Schlangen und Flügel sind deutlich, aber so zurückhaltend in die Locken verflochten, daß der Charakter des Schönen den des Schrecklichen überwiegt. – Auf *römischen Orden* des 2. Jh. n. Chr., runden, getriebenen Silberblechen, zeigen die ideal-schönen Köpfe von Göttern dann bereits eine gewisse Verhärtung. – Stärker ist die Erstarrung in dem historisch einzigartigen *Rundbild* mit Porträts der *Familie des Kaisers Septimius Severus* (199 n. Chr.) erkennbar, aus dem Caracalla später die Züge des ermordeten Bruders Geta auslöschte. Die Köpfe, die noch plastisch aus den schematisch flach zurückgebildeten Körpern herausgeformt erscheinen, sind durch den starren Blick übergroßer Augen in eine überpersönliche Sphäre gerückt.
Der *byzantinische Schmuck* verbindet zarte durchbrochene Ornamentformen mit starrer und schwerer Gesamtwirkung.   *EB-S*

Bauhaus-Archiv, Museum für Gestaltung
(Tiergarten; Klingelhöferstr. 13–14)

Ti 66

Das 1960 von Hans M. Wingler in Darmstadt gegründete Institut konnte 1971 mit seinen stetig wachsenden Beständen nach Berlin verlegt werden und war zunächst in einem Haus in der Nähe des Charlottenburger Schlosses untergebracht. 1978 wurde der nach Plänen von Walter Gropius errichtete Neubau (→ S. 214) bezogen.
Der Zweck der Einrichtung ist die Sammlung, wissen-

Museen: Bauhaus-Archiv. Berlin Museum

schaftliche Bearbeitung und Darbietung von Dokumenten, um der Bauhaus-Idee ihre Wirksamkeit zu bewahren. Deshalb werden in den Schauräumen die Unterrichtsmethoden erläutert, und es wird aufgezeigt, wie die Arbeit des Bauhauses in weite Bereiche des Lebens eingegriffen hat. Wechselausstellungen mit didaktischer Absicht sind wichtiger als der Aufbau einer Schausammlung mit repräsentativen Einzelstücken. So besitzt das Bauhaus-Archiv nur wenige Gemälde und Skulpturen.

Beim Betreten des Museumsgeländes wird seine Tiefe durch 2 hohe signalartige Metallsäulen mit bunten Farbfeldern von Max Bill (1985) ermessen. Im Eingangsbereich dominiert das Originalmodell des Dessauer Bauhauses (1925) von Walter Gropius.

Folgende *Gemälde* und *Skulpturen* sind zu erwähnen: Oskar Schlemmer: Gruppe mit Sitzenden (1928); Paul Klee: Neues im Oktober (1930); Lyonel Feininger: Halle, Am Trödel (1929); Georg Muche: Vollendung des Kreises (1915/24); Johannes Itten: Horizontal-Vertikal (1917); László Moholy-Nagy: Konstruktion »Z 1« (1922/23). Die Skulpturen Abstrakte Figur (1921) und Freiplastik G (1921–25) von Oskar Schlemmer sowie Licht-Raum Modulator (1922–30) von László Moholy-Nagy sind neu gegossen bzw. rekonstruiert. Ebenso sind die meisten *Architekturmodelle* Rekonstruktionen.

Zu den ausgestellten Objekten gehören ferner Möbel, Textilien, Metallgefäße und -geschirre, Bestecke, Fotografien, Beleuchtungskörper.

Das Archiv besitzt u. a. die Nachlässe von Walter Gropius, Georg Muche und Herbert Bayer. HB-S

Berlin Museum (Kreuzberg; Lindenstr. 14)

Das Berlin Museum, das seit 1969 im Alten Kammergericht (→ S. 167) untergebracht ist, wurde 1962 nach der Trennung vom Märkischen Museum durch den Bau der Mauer gegründet, um für den westlichen Teil der Stadt eine Institution zu schaffen, die über die Geschichte Berlins orientiert und kunst- und kulturgeschichtliche Dokumente der Stadt sammelt. Die Initiative zu diesem Unternehmen ging hauptsächlich von dem Kunsthistoriker Edwin Redslob, einem Mitbegründer der Freien Universität Berlin, aus. 1971 wurde das bis dahin von einem Förderverein getragene Museum vom Senat übernommen. Angegliedert ist eine Jüdische Abteilung. Eine Vereinigung mit dem Märkischen Museum wird vorbereitet.

Im Vestibül erinnert ein Gipsabguß der Büste des Justizministers Samuel v. Cocceji von François-Gaspard Adam und Sigisbert Michel (1765, das Marmororginal im jetzigen Gebäude des Kammergerichts in Charlottenburg) an die ehem. Bestimmung des Baues. – Links ist das *Sandsteinportal* des ehem. 1689/90 von Arnold Nering als Palais des Ministers von Danckelmann errichteten *Fürstenhauses* eingebaut. Nach dem Abriß des Hauses 1886 war das Portal an einem Institut der Technischen Hochschule in Charlottenburg angebracht. Die knappe Plastizität, auch ein Detail wie der mittlere mit

Kaffee- und Teeservice von Marianne Brandt. Um 1924 (Bauhaus-Archiv, Museum für Gestaltung)

einem Kopf geschmückte Keilstein, läßt den Meister der ältesten Teile des Charlottenburger Schlosses wiedererkennen.
Der Raum hinter diesem Portal enthält *Gemälde, Skulpturen und Stiche zur Stadtgeschichte* hauptsächlich *des 17. Jh.* Eine 1553 dat. Auferweckung des Lazarus von Michael Ribestein, durch eine ornamental empfundene reiche Formgebung auffallend und an Maerten van Heemskerk erinnernd, vermutl. ein Epitaph, ist eines der qualitätvollsten Beispiele Berliner Malerei z. Z. Joachims II. Ein um 1678 gemaltes zierliches und leicht naiv wirkendes Bildnis des Großen Kurfürsten mit seiner zweiten Gemahlin Dorothea von Holstein-Glücksburg und Kindern aus beiden Ehen, darunter links der Kurprinz Friedrich, könnte von Jacques d'Agar stammen, der damals für kurze Zeit in Brandenburg tätig war. An das Berliner Schloß erinnern Stiche und eine Ansicht des Rittersaales von Eduard Gaertner (1844). Die kleine Eisengußnachbildung des Schlüterschen Reiterdenkmals des Großen Kurfürsten stammt von August Kiß (1822–24). In 2 Vitrinen sind Berliner Fayencen der Manufakturen Wolbeer und Funcke sowie märkische Gläser ausgestellt.

Der erste Raum links enthält ein 1970/71 auf der Grundlage des Vogelschauplanes von Johann Bernhard Schultz (1688; Abb. S. 15) geschaffenes *Holzmodell der Städte Berlin und Cölln mit dem Friedrichswerder.* An den Wänden hängen Stadtpläne.

Im anschließenden Raum sind *graphische Stadtansichten*, vor allem von Johann Georg Rosenberg, ausgestellt.

Es folgt im N-Flügel hinter der Halle ein dem *friderizianischen Rokoko* gewidmeter Raum mit einem Teppich der Manufaktur von Charles Vigne (um 1750), dem Bildnis des Christian Andreas Cothenius, Leibarzt Friedrichs d. Gr., von Anna Dorothea Therbusch (1777) und dem des Franz v. Reinhardt von Johann Harper. – In den beiden anschließenden Räumen wird die Kunst des *Klassizismus* mit Werken von Anton Graff (Bildnisse Friedrich Nicolais, 1783; seiner Gemahlin Elisabeth Makaria Nicolai, 1793; Königin Friederike Luise von Preußen; Gräfin Lichtenau, angeblich), Chodowiecki

Amphorenvase. Eisenguß, 1832
(Berlin Museum; zu S. 402)

402 Museen: Berlin Museum. Berlinische Galerie

u. a. dokumentiert. Ein vielfiguriges Familienbildnis stammt wohl eher von Susette Henry, einer Tochter Daniel Chodowieckis, als von Friedrich Georg Weitsch. Eine Büste Friedrich Wilhelms II. in Eisen geht auf Johann Gottfried Schadow zurück. Ein besonders edles Möbel des Rokokoklassizismus ist der Schreibsekretär des Grafen Hertzberg, der Minister unter Friedrich Wilhelm II. war.

Der G a n g enthält Vitrinen mit *Porzellan* der Manufakturen Wegely und Gotzkowsky sowie der 1763 gegründeten Königlichen Porzellan-Manufaktur, mit *Silber* und mit *Zinn*. Unter den *Porträts* ragen hervor: Friedrich Therbusch von seiner Frau Anna Dorothea Therbusch; Antoine Pesne, Selbstbildnis, von Anton Graff kopiert; Dame mit Teeservice (1763) von Anna Rosina de Gasc.

Rechts vom Eingang ist ein großer Raum der **Jüdischen Abteilung** gewidmet (weitere Räume im Martin-Gropius-Bau, → S. 172). Er enthält Dokumente zur jüdischen Kultur in Berlin, bes. silbernes Kultgerät, Tora-Vorhänge und das Modell der 1938 angezündeten Synagoge in der Fasanenstr. 78/80 (→ S. 292).

Im G a n g des S - F l ü g e l s sind das Familienbildnis des Frhr. Marquard Ludwig v. Printzen von Johann Harper und Erzeugnisse der Tonwarenfabrik von Ernst March ausgestellt.

Wandvitrinen im T r e p p e n h a u s enthalten märkische Landschaften sowie Genredarstellungen und Porträts von Franz Krüger, Carl Steffeck, Gustav Schwarz, Carl Friedrich Schulz, Jakob Munk, August v. Rentzell, Theodor Hosemann, Adolph Menzel, Karl Vogel v. Vogelstein und August Wilhelm Schirmer.

1. Obergeschoß

In der großen G a l e r i e ist die *historische Entwicklung Berlins* von 1806 bis 1870 in Objekten verschiedener Art dokumentiert. Im ersten Raum zur Lindenstraße hin sind um ein Modell, das die Gegend um das Schloß mit den wichtigsten Bauten Schinkels um 1830 dokumentiert, Gemälde mit *Stadtansichten* des 19. Jh. versammelt, und zwar Werke von Wilhelm Barth, Wilhelm Brücke, Eduard Gaertner (ein unvollendetes 2teiliges Panorama), Johann Heinrich Hintze, Adolf v. Mechel, Lesser Ury, Franz Skarbina, Julius Jacob und Carl Eduard Biermann (Die Eisengießerei Borsig, 1847; → Farbabb. S. 29).

Die n ö r d l. anschließenden R ä u m e stellen die *Wohnkultur in einzelnen Epochen* dar, beginnend mit dem Klassizismus, ein gelbes Zimmer mit Möbeln, Gemälden, Porzellanen und Silber, darunter eine Flötenuhr von Christian Möllinger. – Der folgende Raum vereinigt ein Biedermeierzimmer – hier eine Winterlandschaft von Carl Blechen – und ein Wohnzimmer im Stil des 2. Rokoko. – Das anschließende Eckzimmer ist im Stil der Neurenaissance ausgestattet. Hier hängt von Oskar Begas ein Bildnis seiner beiden Töchter (1877). – Es folgt ein Jugendstil-Speisezimmer mit einem Bildnis des Dirigenten Hans v. Bülow von Franz Lenbach und dem Porträt Eugen Schiffers von Lesser Ury. – Der nächste Raum im N-Flügel zeigt die Küche eines Arbeiters um 1900. – Das Berlin der Weimarer Republik ist im folgenden Raum mit Werken von Jakob Steinhardt, Franz Heckendorff, Gustav Wunderwald, Ludwig Meid-

ner (Lotte Lenya, 1925), Ernst Barlach (Tilla Durieux, 1937) und Max Oppenheimer repräsentiert. – Der letzte Raum ist den Themen »*Berlin unter dem Hakenkreuz*« und »*Berlin im Kalten Krieg*« gewidmet. Hier befinden sich Bildnisse Hitlers und Görings von Klaus Richter (1941), Selbstbildnisse von Otto Nagel (1934) und Käthe Kollwitz (1937), von Carl Hofer: Ruinennacht (um 1947), von Hans Wolfgang Schulz: Gedächtniskirche (1953), ferner neuere Werke von Wolf Vostell, K. H. Hödicke und Rainer Fetting.

Der G a n g im N - F l ü g e l enthält v. a. Werke der *Berliner Secession*, und zwar von Franz Skarbina, Max Slevogt, Max Liebermann (Gerhart Hauptmann, 1912), Louis Tuaillon, Lovis Corinth (Charlotte Berend, 1902), Ernst Ludwig Kirchner, Lyonel Feininger (Gasometer Schöneberg, 1912), Franz Heckendorff, Ludwig Meidner, Max Beckmann (Nollendorfplatz, 1911), Walter Leistikow, Konrad v. Kardorff und Curt Herrmann.

Der G a n g des S - F l ü g e l s ist dem *Theater* gewidmet.

Von hier gelangt man in einen Raum mit *Berliner Eisenkunstguß* des 19. Jh., mit Neujahrsplaketten, Schmuck, Statuetten und Gerät. Beherrscht wird der Raum durch eine große Amphora von 1832 (Abb. S. 401). – Der folgende Raum enthält *Porzellan* des 19. Jh. bis zur Gründerzeit. Hervorzuheben ist eine kraterförmige. auf einem Granitsockel stehende Prunkvase mit Ansichten des Kgl. Opernhauses und des Schauspielhauses auf dem Gendarmenmarkt, die Friedrich Wilhelm III. für den französischen Kultusminister Duc de La Rochefoucauld-Doudeauville hat anfertigen lassen (um 1825). – Es folgt ein Raum mit *Silber* des 19. Jh. und einigen *Interieurdarstellungen*. – Der letzte Raum enthält eine *Posamentenwerkstatt*.

Dachgeschoß

Hier befindet sich eine *Spielzeugsammlung*, eine Abteilung *Berliner Mode*, eine Dokumentation von *Handwerk und Gewerbe* sowie das *Kaiserpanorama* mit Stereobildern (um 1900). H3-S

Berlinische Galerie
(Kreuzberg; Stresemannstr. 110)

Kr 17

Die 1975 gegründete Berlinische Galerie, die es sich zur Aufgabe gemacht hat, die Kunst in Berlin seit 1870 zu dokumentieren (»Museum für moderne Kunst, Photographie und Architektur«), konnte erst 1986 im Martin-Gropius-Bau (→ S. 172) Räume für die ständige Präsentation der lawinenartig anwachsenden Sammlung finden.

In der Neuordnung von 1988 wird die Entwicklung im 20. Jh. in sehr gerraffter, pointierter Auswahl mit Bevorzugung des jeweils Avantgardistischen und der agitierenden Schärfe vorgeführt. So folgt auf einen Raum mit Impressionisten und ihren Nachfolgern (Lovis Corinth, Max Liebermann, Lesser Ury, Hans Baluschek, Philipp Franck) sogleich der Tradition in Frage stellende Dadaismus. Die Neue Sachlichkeit ist u. a. mit Georg Schrimpf, Rudolf Schlichter, Otto Dix, George Grosz, Christian Schad, Alexander Kanoldt und Gustav Wunderwald vertreten. Hervorgehoben ist der Beitrag rus-

Otto Dix:
Bildnis des Dichters
Iwar von Lücken. 1926
(Berlinische Galerie)

sischer Konstruktivisten (Naum Gabo, Kasimir Malewitsch, Henryk Berlewi, Iwan Puni). Unter den Expressionisten dominiert Ludwig Meidner. In den 1930er Jahren ist Carl Hofer in den Vordergrund gerückt. Für die Nachkriegszeit und die Gegenwart wurden die Akzente mit Werner Heldt, Alexander Camaro, Hans Uhlmann, Fred Thieler, Wolf Vostell, Martin Rosz und Karl Horst Hödicke gesetzt, denen einzelne Werke anderer Maler aus der schwer zu überschauenden Fülle der Kunstproduktion beigesellt sind. Da Dokumentation unmöglich ist, wird der provozierende Impuls zum Programm erhoben.

Das Museum sammelt auch Fotos und baut außerdem eine Architektursammlung auf. HB-S

Bode-Museum, ehem. Kaiser-Friedrich-Museum (Mitte; Am Kupfergraben, Zugang über die Monbijoubrücke)

Hier sind folgende Sammlungen untergebracht: das Ägyptische Museum, die Frühchristlich-Byzantinische Sammlung, die Gemäldegalerie, das Münzkabinett, das Museum für Ur- und Frühgeschichte, die Papyrus-Sammlung und die Skulpturensammlung. – Zum Gebäude → S. 71.

Ägyptisches Museum und Papyrussammlung
(Bode-Museum, Erdgeschoß)

Unter den Sammlungen außereuropäischer Kunst ist das 1823 gegr. Ägyptische Museum das früheste, da es von der z. Z. der Gründung der Kgl. Museen herrschenden künstlerischen Affinität des Klassizismus zur ägyptischen Kunst profitierte.

1823 erwarb Friedrich Wilhelm III. die aus Expeditionen von 1821/22 hervorgegangene Sammlung des Offiziers und Privatgelehrten Alexander v. Minutoli, 1830 die von Joseph Passalacqua. Zusammen mit dem Bestand der Kgl. Kunstkammer wurde die Abteilung im Schloß Monbijou ausgestellt. Passalacqua war 1828 bis 1865 ihr erster Direktor.

1850 erhielt sie die N-Hälfte im Erdgeschoß des Neuen Museums. Hier kulminierte die Konzeption Stülers, die Kunstwerke durch die Dekoration der Räume stilgemäß einzubinden und kulturgeschichtlich zu erläutern, im »Ägyptischen Hof«, der den Säulenhof des Ramesseums (Theben) nachahmte und mit Ausblicken auf ägyptische Landschaften bemalt war.

Das Museum, eine der bedeutendsten ägyptischen Sammlungen der Welt, verlor im 2. Weltkrieg relativ wenig. Der größere Teil der kleinformatigen Kunstwerke befindet sich im Ägyptischen Museum in Charlottenburg (→ S. 391). In Ost-Berlin wurden 1953 unter Siegfried Morenz die nicht in die UdSSR verbrachten Reste, mit Leipziger Beständen ergänzt, im W-Flügel des Bode-Museums ausgestellt. Dort ist seit 1959, nach Rückkehr der Hauptbestände, der Platz der Sammlung. Sie ist seit Juni 1989 neu aufgestellt.

R a u m 1. Links eine Vitrine mit Zeugnissen der *Vorgeschichte*. Auf die rotglänzenden, unten geschwärzten Tongefäße der Badari-Kultur, die nur durch ihre schlanke, harmonische Form wirken, folgen etwa ab der Mitte des 4. Jahrtausends v. Chr. in der Negade-Kultur Gefäße mit bildhaftem Schmuck: zunächst Ritz-

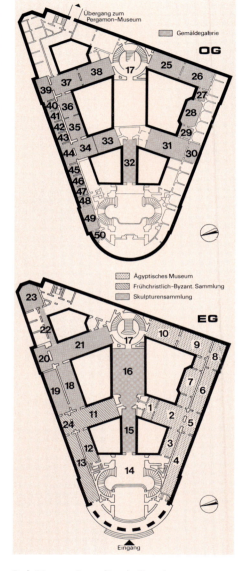

Bode-Museum. Raumpläne der Sammlungen

zeichnungen und, an einem steilen Becher, plastisch auf den Rand gesetzte Elefanten, später auf hellgrundigen, bauchigen Gefäßen aufgemalte Schiffe, Menschen und jagdbare Tiere.

Museen: Bode-Museum – Ägyptisches Museum   405

Rechts Werke aus *frühdynastischer Zeit* (um 3100 bis 2650 v. Chr.). Ein hoher Alabasterkrug aus einem Königsgrab in Abydos sowie große flache Schalen für Speiseopfer zeigen um 2900 v. Chr. eine bei der primitiven Steinbohrtechnik erstaunliche formale Vollendung und zugleich die im Bereich der Kleinkunst erreichte Sicherheit des ägyptischen Stils. Auch Tierfüße als Möbelstützen aus Elfenbein, liegende Löwenfiguren aus Granit zeigen die klare, dabei im Detail weich und fein ausgeformte Gestalt, die für die ägyptische Kunst charakteristisch bleibt.

Im Bereich der Großplastik war dies schwerer zu erreichen. Das älteste bekannte Werk, der Pavian des Königs Narmer (um 3000 v. Chr.), zeigt den ägyptischen Stil im Entstehen. Die betont axiale Haltung, auf Seiten- und Vorderansicht gearbeitet, ist typisch ägyptisch und entsteht zunächst beim Herausarbeiten aus dem Steinblock, der noch kaum eingeschnitten wird. Zeigen die Pfoten des hockenden Tieres noch eine etwas schwächliche, z.T. wie bei vorgeschichtlichen Werken eingeritzte Form, so sind Kopf und Mähne charakteristisch beobachtet und plastisch wirkungsvoll zusammengefaßt. Die Figur war eine Weihgabe des Königs, dessen Name vorn eingeritzt ist, an einen paviangestalteten Gott und zugleich eine Art Symbol der Königswürde selbst.

Die Erfindung der Schrift ging mit der Gewinnung des ägyptischen Stils parallel, beides hob das Land aus der Anonymität der Vorgeschichte zur ersten Hochkultur. 2 private Grabsteine der 1. Dynastie aus Abydos zeigen die Hieroglyphen noch in einer unsicheren Anordnung, während sich später auch die Schrift der rechtwinkligen Grundordnung der ägyptischen Kunst fügte.

Ein durch 2 Pfeiler gestützter Eingang in 3 Gräber aus Giza (um 2350 v. Chr.) mit gut erhaltener Bemalung führt zu
R a u m 2 mit Plastik und Reliefs des *Alten Reiches* (um 2650–2175 v. Chr.). Reliefs aus dem Grab der Hetepet (rechts) sind noch aus der 4. Dynastie (um 2500), als der Pyramidenbau seinen Höhepunkt erreichte, anschauliche Schilderungen des täglichen ägyptischen Lebens in den Gräbern aber noch selten waren. So ist die Gestalt, die im Boot durchs Lotosdickicht fährt, noch leicht instabil wie auch die ganze Komposition. – Alle übrigen Grabreliefs gehören zur 5. Dynastie, als mit der (in den Sonnennamen der Könige dokumentierten) Vorherrschaft des bäuerlichen Unterägypten die dieser Kultur eigene anschauliche Formphantasie völlig in die abstrakten Stilgesetze der ägyptischen Kunst eingedrungen war. – Die wenigen ausgestellten Reliefs vom *Sonnenheiligtum des Königs Niuserre* (rechts) zeigen dieses Gleichgewicht zwischen Fülle und Ordnung. In waagerechten Streifen, nach Gattungen und Lebensbereichen getrennt, sind die Tiere dargestellt: Gazellen in der Wüste (damals eine Prärie mit Strauchwuchs; auf den pilzförmigen Reliefs der Sykomoren sind noch aufgemalte Zweige erkennbar), in Reihen nach einer Richtung ziehend, jedoch nicht starr schematisiert; darüber in einem Streifen mit den Zickzacklinien des Wassers Fische, ornamental geordnet; darüber Vögel. Hinzu kommen Darstellungen menschlicher Tätigkeiten in den drei ägyptischen Jahreszeiten Überschwemmung, Aus-

saat und Ernte. Große Personifikationen dieser Jahreszeiten faßten die Streifen zusammen in einem Raum, dessen Sockel schwarz (als Darstellung der ägyptischen Fruchterde), dessen Decke ein Sternenhimmel war.

Vor dieser Wand 2 Sitzbilder aus Kalkstein, Porträtfiguren Verstorbener, die, im Grab in einem abgeschlossenen Raum aufgestellt, das persönliche Weiterleben garantieren sollten. Beide zeigen den für die 5. Dynastie typischen wachen Gesichtsausdruck. Bei der Figur aus Sakkara, deren Bemalung noch gut erhalten ist, sind die Augen zur lebendigeren Wirkung aus Alabaster eingelegt. Frau und Sohn des Verstorbenen sind klein neben seinem Hocker abgebildet.

In den Vitrinen Grabbeigaben. Bes. eindrucksvoll ist der *Ersatzkopf des Kahotep* (um 2400 v. Chr.), der als pars pro toto das Weiterleben des Toten garantierte. Er trägt noch die strengeren Stilmerkmale der 4. Dynastie, den knappen, glatten Umriß, in dem die anatomische Struktur nur durch ganz leise Modellierung angedeutet ist. Innerhalb der Beschränkung aufs Wesentliche steckt dennoch viel Sensibilität.

Unter den *Reliefs* der linken Wand zeigen die aus dem *Grab des Wesirs Pehenuka* in Sakkara und aus dem *Totentempel des Königs Sahure* in Abusir Schiffe, mit Ruderern für die Fahrt nilabwärts und Segeln zur Fahrt stromauf. Mit großer linearer Feinheit sind die schlanke Bootsform, das Gefüge der Taue wiedergegeben. Die an Land gehende Schiffsbesatzung stellt rhythmisch rasches Laufen in der parallelen Reihung der Gestalten dar; die weit ausgreifenden Beine bilden, sich überschneidend, eine ebenso ornamentale wie suggestive Form. Von den Reliefs des Sahure zeigt das Fragment mit Gefangenen die ägyptische Fähigkeit, die Physiognomien fremder Rassen zu erfassen; die Prozession, in der Götter dem König die Hieroglyphen der »Leben« und »Zufriedenheit« (»Gnade«) präsentieren, macht deutlich, wie die Ägypter abstrakte Begriffe formelhaft veranschaulichten. Die Jagdszene mit einem Fragment der riesigen Königsgestalt und den Streifen mit getroffenen Tieren zeigt die mythische Bedeutung des Königs. – Vor der Wand die *Granitfigur des Hausvorstehers Dersenedj*, aus Giza, 5. Dynastie. Sie vertritt den Typus als Schreiber (d. h. als gebildeter Beamter). Aus den untergeschlagenen Beinen, die etwas schematisch in den Sockel übergehen, wächst der streng aufgerichtete Oberkörper mit dem geradeaus blickenden Kopf heraus. Diese für die ewige Dauer des Toten angemessene Repräsentation wird belebt durch das Motiv des auf den Knien ausgerollten Papyrus, auf dem die rechte Hand noch in Schreibhaltung liegt und auf dem der Name steht.

An der Rückwand die Scheintür (ein idealer Durchgang von der Grabkammer zur Kultkammer) des Manofer aus Sakkara, Opfertafeln für Trankopfer, Opferständer für Speiseopfer für den Toten. – Rechts anschließend
R a u m 3 mit Denkmälern des *Mittleren Reiches* (um 2040–1652 v. Chr.), das nach Zerfall der staatlichen Einheit, nach wirtschaftlichem und künstlerischem Niedergang wieder an die Tradition des Alten Reiches anknüpfte. Die Statuette eines opfernden Königs der 13. Dynastie (rechts) zeigt die neu gewonnene größere Zierlichkeit und Beweglichkeit. Das stark beschädigte

406   Museen: Bode-Museum – Ägyptisches Museum

Oberteil einer Statue Sesostris' I. (1971–30 v. Chr.) läßt eine genauere, intensivere Porträterfassung erkennen.

In der Vitrine die Statuette des Bierbrauers Renef-seneb mit seiner Tochter (klein am Sitz), aus rotem Stein. Alle Formen sind schlank und glatt; der Kopf wirkt durch den weit ausladenden kahlen Schädel und die schmal eingeschnittenen Gesichtsformen. – Geschichtlich interessant sind die »Ächtungstexte«, Tongefäße mit den Namen von Feinden, die zu deren symbolischer Vernichtung zertrümmert wurden, und die von Merenptah usurpierte Statue Amenemhets III. an der Stirnwand.

An der linken Seitenwand 2 Türpfeiler vom Grab des Hapi (frühe 12. Dynastie), dessen Hieroglyphen teilweise erhaben auf dem Grund stehen, teilweise eingegraben sind. Das Sitzbild des Gutsvorstehers Chertihotep, ganz in einen faltenlosen Mantel gehüllt, ist dadurch sowohl streng umrissen wie weich geformt.

Beim Eingang zu Raum 4 schließt rechts ein K a b i - n e t t   m i t   ä g y p t i s c h e n   S c h r i f t z e u g n i s s e n an; neben Tonscherben (Ostraka) v. a. *Papyri*.

Die Papyrussammlung – die bedeutendste nach der Londoner – entstand durch von Alexander von Humboldt angeregte Ankäufe (Sammlungen Minutoli, Passalacqua), Erwerbungen Heinrich Brugschs (1853) und Richard Lepsius' (1857), wurde aber erst seit 1884 durch Adolf Erman eigentlich erschlossen, der mit Erkenntnis der grammatischen Struktur des Ägyptischen die Voraussetzung für präzises Textverständnis schuf. Durch Ermans Berliner Schule (bes. Ulrich Wilcken, Heinrich Schäfer, Alan H. Gardiner) mit ihrer Forschungs- und Grabungstätigkeit, durch die von Hugo Ibscher eingeführte Konservierungstechnik wurde die Sammlung ein Zentrum der Ägyptologie.

Die Texte – neben hervorragenden Literaturwerken (Sinuhe, Klagen des Bauern, Gespräch eines Lebensmüden mit seiner Seele) religiöse, juristische, medizinische u. a. Denkmäler – sind in hieratischer (aus den Hieroglyphen entwickelte Kursivschrift bis zum Neuen Reich), demotischer (weiter verschliffene Kursive der Spätzeit), koptischer (das späteste Ägyptisch christlicher Zeit in griechischer Versalien wiedergebend) und griechischer Schrift verzeichnet.

R a u m   4 zeigt Denkmäler des *frühen Neuen Reiches* (um 1570–1377 v. Chr.), der 18. Dynastie, als zur Zeit höchster Macht und größten Luxus die ägyptische Kunst Leichtigkeit und Eleganz, oft aber auch Glätte annahm. Rechts vom Eingang 2 stehende und 2 sitzende Granitfiguren der löwenköpfigen Kriegsgöttin Sachmet mit Inschriften Amenophis' III. (um 1380 v. Chr.) vom Mut-Tempel zu Karnak. Durch starke Abstraktion gelingt ein problemloser Übergang vom schlanken Frauenkörper zum Löwenhaupt. Dies bedingt allerdings eine gewisse schematische Typisierung, ein Phänomen der ägyptischen Kunst, v. a. wo sie mit den monumentalen Architektur zusammenkommt, z. B. bei dem Widder mit dem Standbild Amenophis' III. aus Soleb (um 1390 v. Chr.), Teil einer langen Allee mit paarweise angeordneten Widdern vor einem nubischen Tempel.

Der *Würfelhocker des Offiziers Senmut* (um 1500 v. Chr.), Günstling der Königin Hatschepsut und Prinzessinnenerzieher, wandelt eine der charakteristischsten Formerfindungen der ägyptischen Kunst, bei der der Körper des Sitzenden in die abstrakte kubische Form übergeleitet wird und nur der Kopf die Persönlichkeit wahrt, durch das vorgestellte Kinderköpfchen der Prinzessin Nefru-Re einmalig liebenswürdig ab. – Se bst die große Granit-*Sphinx der Hatschepsut* von ihrem Totentempel in Deir el-Bahari (um 1490 v. Chr.), noch stärker ihre kleinere kniende Bildnisfigur mit Opfergefäß zeigen im Gesicht den knappen, zarten, deutlich weiblichen Zug der Kunst unter dieser Königin. Reliefs von ihrem Totentempel mit Darstellung der Punt-Expedition sind nicht nur thematisch neuartig, sondern auch in der Form und bes. in den erhaltenen Resten der Farbigkeit von ungewöhnlicher Delikatesse. – Den fast kindlich jugendlichen Charakter hat auch das Sitzbild des Maj, Offizier unter Thutmosis III., während ein kleiner Kalksteintorso Amenophis' III. (um 1390 v. Chr.) mit minuziöser Angabe von Schmuckdetails den Höhepunkt an Verfeinerung zeigt.

R a u m   5 ist der Kunst der *Amarna-Zeit* gewidmet, als unter Amenophis IV. Echnaton (1364–45 v. Chr.) im Gefolge einer religiösen Revolution auch die Kunst aus den Grenzen des ägyptischen Stils zu treten suchte. Die nach dem Tod des Gründers wieder verlassene neue Hauptstadt Achet-Aton (Tell el-Amarna) brachte Funde aus dem Bildhaueratelier eines Thutmosis (der größere Teil in West-Berlin, → S. 393): Stuckmasken (vielleicht nach Totenmasken geschaffen), die eigentümlich verfallene Züge unstilisiert darstellen, Bildnisse der Königsfamilie, die den anfänglich bis zur Karikatur expressiven, später schönheitlich gemilderten Stilwillen der Zeit zeigen. Ergreifend im Ernst und einer ungeschützten seelischen Offenheit ist die Stuckmaske des Königs (links oben; Abb. S. 408). Modelle und unvollendete Skulpturen erlauben eine Vorstellung von der Arbeitsweise des Künstlers. Pflanzendarstellungen von einem der bemalten Palastfußböden (deren Mitte einen Teich darstellte) lassen ein neues, sensibles Naturgefühl erkennen, das mit der schwärmerischen Verehrung des Sonnengottes als Schöpfer des irdischen Lebens zusammenhängt.

R a u m   6 zeigt Werke des *späteren Neuen Reiches* (um 1330–1085 v. Chr.). Links der Tür die Grabstele des Generals Rij – die Familie des Toten betet Osiris an – mit dem seit der 18. Dynastie als künstlerischem Reiz ausgebildeten Wechsel von erhabenem und versenktem Relief.

Unter den Reliefs der linken Längswand ragt das *Trauerrelief aus Memphis* (um 1330 v. Chr.) durch Qualität und Ausdruck hervor. Die Fähigkeit der Amarna-Kunst, seelische Regungen zu verdeutlichen, und ihr Stil körperlicher Zartheit klingen in verhaltener und gemäßigter Weise nach. – Das Sitzbild des Ptah-mai mit seiner Familie (um 1250 v. Chr.) mit den langen, kompliziert geflochtenen Perücken der Damen die letzte Verfeinerung der Form in der 19. Dynastie. Sie betrifft aber nur noch das Modische; die puppenhaft glatten Gesichter beginnen die frühere Ausdruckskraft, die Körper die tektonische Festigkeit zu verlieren.

Bei der Kalksteinfigur eines knienden Beters mit einem Sitzbild des Osiris (als Weihgeschenk, um 1250 v. Chr.) sollten die Details beim Kauf des vorproduzierten Stük-

*Würfelhocker Senmuts.
Um 1500 v. Chr.
(Bode-Museum,
Ägyptisches Museum)*

kes individuell ergänzt werden. Der Ausdruck persönlicher Frömmigkeit überzeugt, z. B. in der Gestalt des Pavians, der Verkörperung des Gottes Thot, der auf den Schultern des Beters sitzt und schützend dessen Kopf umfängt. – Von der eigentlich typischen, ins Kolossale und oft auch Leere gehenden Kunst der Ramessidenzeit gibt nur der Obelisk Ramses' II. und der Kolossalkopf desselben Königs eine Vorstellung.
Vorzüglich erhaltene *Malerei aus dem Grab des Incher-chaa* in Theben aus der Zeit Ramses' IV. (um 1160 v. Chr.) zeigt Ahmes-nofretere und ihren Sohn Amenophis I., die als Schützer der Totenstadt verehrt wurden. Auf dem Stuckgrund in leuchtenden Farben aufgetragen, sind die Gestalten mit präzisem Umriß und schmuckhaften Details (Auge, Kragen, Geierhaube) in der charakteristischen ägyptischen Mischung aus Profil- und Frontalansicht dargestellt. Der schwarz gemalte Körper der Göttin schimmert durch das plissierte Gewand aus »feinstem Königsleinen«. – Beim Pfeiler vom Grab Sethos' I. (um 1200 v. Chr.) aus Abydos ist die vollständige Bemalung der Reliefs erhalten. Sie zeigt noch die gleiche Feinheit wie Werke der 18. Dynastie.
Von hier aus ist R a u m 7 zugänglich, mit Werken aus *Nubien* und dem *Sudan.*
R a u m 8 enthält Bronzen (Statuetten, Gefäße, Sistren), Siegel, Skarabäen, Kleinkunst und Schmuck.
R a u m 9, das von hier aus zugängliche K a b i n e t t und R a u m 10 sind dem für die ägyptische Kultur so wichtigen *Totenwesen* gewidmet und enthalten zugleich Denkmäler der *Spätzeit* (ca. 950–332 v. Chr., Raum 9) und der *griechisch-römischen Zeit* (332 v. Chr.–395 n. Chr., Raum 10). Unter den Särgen sind, aus dem Mittleren Reich, der des Ipu-anchu mit Reliefinschriften und der des Sebek-o mit einer Scheinarchitektur und Sargtexten (Sprüchen, die der Seele den Weg ins Totenreich ebnen sollten) bedeutend. Der Kalksteinsarkophag des Wen-en-nefer, aus der Spätzeit, zeigt im Innern des Deckels die Himmelsgöttin Nut, die den Toten aufnimmt. Ein Leichentuch (um 180

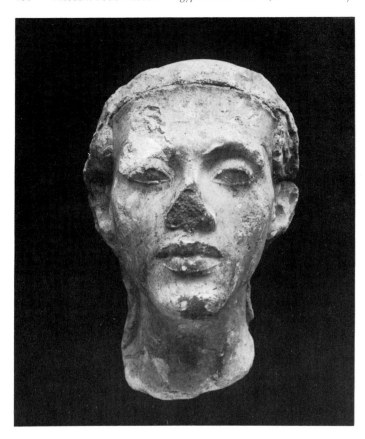

*Stuckmaske
Amenophis' IV. Echnaton.
Mitte 14. Jh. v. Chr.
(Bode-Museum,
Ägyptisches Museum;
zu S. 406)*

v. Chr.) stellt in lebensgroßen Figuren das »Werden zu Osiris« dar.

Wie in der Spätzeit das Nachlassen staatlicher Macht und der Einfluß libyscher und nubischer Dynastien zu einer gewissen Vergröberung, in einzelnen Werken aber zu einem klassizist. Anknüpfen an frühere Formen führt, zeigt die Reihe der *Würfelhocker*, bes. der des Hor (um 800 v. Chr.) mit dem Namen des Königs Osorkon III. – Aus der *Saïten-Zeit* (663–525 v. Chr.), einer Phase nationaler Selbständigkeit und strenger Rückbeziehung in der Kunst, stammt der *Königskopf aus grünem Stein*. An Königsbildnisse des Mittleren Reiches anschließend, gibt die brillante Bearbeitung des harten Steins den formelhaften Zügen einen neuartigen Ausdruck bewußter Disziplin. Ähnlich, aber ausdrucksvoller, der »Kleine grüne Kopf« (vielleicht aus der 30. Dynastie, um 350 v. Chr.).

Nach der Eroberung Ägyptens durch Alexander, als Befreiung von der Perserherrschaft empfunden, lebten die Ptolemäer (332–30 v. Chr.) noch einmal im Bann altägyptischer Formen, der noch bis zur römischen Kaiserzeit reichte, als Ägypten politisch machtlose Provinz, religiös aber Heimat der immer stärker verehrten Erlösungsgottheiten war. Es entstanden auch eigentümliche Mischungen wie das rein griechische, aber zu einem Mumiensarkophag gehörige Marmorkopf aus Phönizien (3. Jh. v. Chr.), die Statue der Arsinoe Philadelphos als Aphrodite oder die große Granitfigur aus der Villa Hadrians in Tivoli, Zeugnis tiefer Sympathie dieses Kaisers für Ägypten.

Der durch den ägyptischen Totenkult überlieferte Zweig römischer Porträtkunst, die *Mumienbildnisse* (im Zentrum von Raum 10), gipfelt in den ausdrucksvoll-lebendigen Darstellungen des »Nubiers« und der Aline mit ihren Kindern. *EB-S*

Frühchristlich-Byzantinische Sammlung
(Bode-Museum, Erdgeschoß)

Als 1883 Wilhelm v. Bode die »Abteilung der Bildwerke der christlichen Epochen« von der antiken Skulpturen-

Museen: Bode-Museum – Frühchristlich-Byzantinische Sammlung

Apsismosaik aus S. Michele in Affricisco, Ravenna (Bode-Museum, Frühchristlich-Byzantinische Sammlung)

sammlung trennte, bildete die frühchristliche Plastik eine Unterabteilung der neuen Skulpturensammlung. Unter ihrem ersten Direktor Oskar Wulff wurde sie seit ca. 1895 systematisch über den Bereich der Skulptur hinaus zu einem der führenden Museen für frühchristliche Kunst erweitert. 1875 kamen die Elfenbeinarbeiten aus der Kunstkammer, 1900 die koptischen Stoffe der Sammlung Reinhardt hinzu, 1901/02 erwarb Joseph Strzygowski in Ägypten koptische Kleinkunst. Die koptische Kunst wurde neben italienischen und byzantinischen Werken der bedeutendste Zweig der Sammlung.
Das Interesse an frühchristlicher Kunst ging jedoch bis in die Zeit Friedrich Wilhelms IV. zurück, als dieser Stil auch im Kirchenbau Vorbild wurde. Der König erwarb 1840 die Sammlung Pajaro mit byzantinischen und venezianischen Architekturteilen und 1844 das 1904 ans Museum gekommene Apsismosaik aus S. Michele in Affricisco in Ravenna.
Im 2. Weltkrieg verlor die Abteilung bes. Kleinbronzen, Knochenschnitzereien, einen Teil der Kleinkunst, Holzarbeiten, Gläser, Ikonen. In Ost-Berlin verblieben das Mosaik, fast die ganze Architekturplastik und Großplastik, nahezu die gesamte Stoffsammlung, Kleinkunst und Ikonen. In West-Berlin befinden sich die Elfenbeinsammlung, Goldgläser, Gold- und Bronzearbeiten, Ikonen und einige bedeutende Großplastiken. Neu erworben wurden koptische und römische Skulpturen.
Raum 11 enthält koptische und italienische Werke bes. der Bauplastik. Sie sind ausführlich beschriftet.

An 4 in den Raum gestellten Kästen sind koptische Steinplatten montiert. Kleine Grabstelen am 1. rechten Kasten machen die Wandlung des antiken Menschenbildes in einer provinziellen, tief religiösen Kunstwelt deutlich. Ein *eingeritzter Grabstein* aus Arsinoe (4. Jh. n. Chr.), eine sitzende Mutter mit Kind, hat in den groben Umrissen noch viel lebendige Anmut und räumliche Vorstellungskraft. Die *Stele der Rodia* aus Kom Bultjeh (5. Jh. n. Chr.) läßt die Gestalt als Orantin nur noch in dieser Geste des Betens leben. Der um den Kopf geschlungene Mantel rahmt das als geistiges Zentrum betonte Gesicht und macht die Analogie der Gestalt zu der im Giebel befindlichen »Nilschleife«, der ägyptischen Hieroglyphe für »Leben«, deutlich.
Der Panskopf (als Wasserspeier?) aus Kairo (5. Jh. n. Chr., links, 1. Kasten) zeigt das Weiterleben antiker Mythologie, wie auch in der Form plastische Weichheit, ein sinnlich lebendiger Ausdruck mit sehr einfacher Steinbearbeitung noch immer angestrebt wird. Im *Giebel einer Nische* (Giza, 5. Jh. n. Chr., an der linken Wand) wirkt im Motiv der Putten auf Delphinen, die eine Muschel mit Venuskopf halten, antikes Erbe, dekorativ veräußerlicht. In der Ornamentik entsteht etwas schöpferisch Neues.
In der 2. Raumhälfte stehen Sarkophage und venezianische Schrankenplatten, an der Stirnwand Zierplatten des 10.–13. Jh. mit dem Unsterblichkeit und Paradies andeutenden Motiv der Pfauen am Lebensbrunnen – die sich gelegentlich über einer Szene des Kampfes zwischen Gut und Böse erheben. Die ornamentale Form ist

410   Museen: Bode-Museum – Frühchristlich-Byzantinische Sammlung; Skulpturensammlung

betont weich und rund behandelt und gewinnt dadurch ein gewisses Leben. Ein Zug zum Prächtigen, unterstützt von der Wirkung des Marmors und urspr. noch der Bemalung, tritt hervor.

Raum 12 enthält eine Vitrine mit Kleinkunst, spätantike und frühchristliche Sarkophagplastik. Die rechte Seite ist in 3 Nischen geteilt.

An der Fensterwand *Sarkophagfragment mit 4 Gestalten in Philosophentracht* (Rom, um 270 n.Chr.). Die Gesichter sind ideal gebildet, im Ausdruck aber nicht mehr verklärt. Die großen, ohne Pupillenangabe wie seherisch erweiterten Augen, die von der Nase zu den Mundwinkeln gehenden Falten schaffen einen verhalten schwermütigen Ausdruck, dem auch die befangen aneinandergedrängten schmalen Körper und die brüchig und grob werdenden Gewandfalten entsprechen. Aus der lebendigen antiken Einheit von Körper und Geist beginnt sich das Geistige zu lösen.

2. Nische: Rechts unten *jüdischer Sarkophag aus der Vigna Rondanini* (Rom, 3.Jh. n.Chr.). Mit Symbolen des Lichtes – 7armiger Leuchter – und des Friedens – Palmen – und anderen Kultgeräten drückt ein Werk der jüdischen Kunst, das nicht in der antiken menschbezogenen Bildtradition steht, die Jenseitshoffnungen aus. – Links *christlicher Sarkophag mit Jonas und Hirten* (Rom, um 300 n.Chr.). Die noch im spätantiken Zusammenhang bleibende frühchristliche Kunst drückt eine lebendige Paradieseshoffnung mit Szenen der antiken Hirtenidylle und biblischen Legenden aus, die Verschonung und Entrückung beschreiben – hier der gerettet in der Kürbislaube ruhende Jonas. Locker und fast formlos erscheint die Komposition der vereinzelt auf dem Grund verstreuten, weich und grob geformten Figuren. Beginnendes Schema ist spürbar: Jonas liegt in der traditionellen Haltung des »seligen Schläfers«) in der Mitte; an den Seiten grenzt ein Baum eine Orantin und einen Guten Hirten aus, Verkörperungen der Kirche und des seelenrettenden Christus.

3. Nische: *Sarkophagfragment* (Rom, Mitte 4.Jh. n.Chr.). Eine Orantin, durch moderne Überarbeitung zum bärtigen Christus verfälscht, steht zwischen Petrus und Paulus. Aus einer Reihe wie auf den älteren Philosophensarkophagen bildet sich eine bedeutungsvolle symmetrische Dreiergruppe heraus.

Raum 13 hat durch die Aufstellung von Säulen, Brüstungsplatten und Schranken, auch durch das eingebaute ravennatische Apsismosaik das Aussehen einer frühchristlichen Kirche erhalten.

Das *Mosaik aus S. Michele in Affricisco* (545 geweiht) zeigt in der Apsiswölbung zwischen einer Engelgarde den jugendlichen Christus mit Gemmenkreuz, ein Buch den Text »Ich und der Vater sind eins« vorweisend. An der Stirnwand darüber Christus, bärtig, mit den Engeln des Jüngsten Gerichts – die Paradiesverheißung ist nun aus dem Bereich der Idylle in das himmlische Herrschaft entrückt. Dem entsprechen der Glanz des Mosaiks, durch Glas und Gold über die Wirkung farbiger Steine hinaus gesteigert, und die strenge Form der Gestalten sowie ihre feierliche Anordnung.

Schrankenplatte (Venedig, 6.Jh. n.Chr.). Ein (nur teilweise erhaltener) Krater läßt sowohl Weinranken aufwachsen als auch 2 Pfauen trinken – ein Gleichnis für

Christi Lehre als Lebensquell des Paradieses. Symmetrie und Formenstrenge weisen auf den Symbolcharakter hin, doch steckt z.B. in den Weinranken noch viel Leben. Auf den Pfauenkörpern ist durch Muster von Schuppen und Streifen die Verschiedenheit ihres Gefieders und ein plastisches Äquivalent für ihre farbige Pracht dargestellt.

Mitten im Raum: Schmalwand eines *Sarkophages* (Konstantinopel, um 400 n.Chr.). Der jugendliche Christus zwischen 2 Aposteln in Philosophentracht, mit vornehm feinfältigen Gewändern, steht in einer reichgeschmückten Architektur. Nur leichte Gesten deuten noch die Zuwendung der Gestalten an; die prunkvollen Säulen, deren Schmuck filigranhaft zierlich, aber nicht mehr organisch ist, sind schon ein Übergang zur feierlichen Strenge des 6.Jh., wie sie das Mosaik zeigt.

An der Schmalwand rechts, zu beiden Seiten der Tür: *Byzantinische Reliefikonen* der betenden Maria (10.Jh.) und des Erzengels Michael (12.Jh.). Nach dem Konzil zu Nicaea 787 war, um einer als Götzendienst aufgefaßten Bilderverehrung entgegenzuwirken, keine Rundplastik mehr erlaubt. So sind die Gestalten in engen Rahmen als sehr flaches Relief geformt, das bei der Madonna des 10.Jh. noch feine lineare Oberflächenreize hat, die im 12.Jh. zur starren Schichtung mit übergelegtem Schmuck werden.   *EB-S*

Raum 24. Links vom Eingang der Skulpturenabteilung befindet sich ein Raum mit griechischen und russischen Ikonen des 17. und 18.Jh. sowie Teilen eines Mosaikbodens aus Madaba (Jordanien) mit Jagd- und Hirtenszenen aus der 2. Hälfte des 6.Jh.   *HB-S*

Skulpturensammlung
(Bode-Museum, Erdgeschoß)

Der Anfang der Skulpturensammlung ist das 1830 im Alten Museum eingerichtete »Majolikenkabinett« gewesen, u.a. mit florentinischen Werken des Robbia-Kreises aus der 1828 angekauften Sammlung des preußischen Generalkonsuls in Rom, Jakob Salomo Bartholdy, denen einige andere Skulpturen des Mittelalters und der Renaissance aus der gleichen Sammlung angegliedert waren. In dem Bestand überwog das Kunsthandwerk, das durch Hinzufügung von Teilen der Sammlung Nagler noch stärker betont wurde. 1841/42 erwarb Gustav Waagen als Direktor der Gemäldegalerie in Venedig und Florenz über 100 Skulpturen des Mittelalters und der Renaissance, die den eigentlichen Grundstock der Sammlung bildeten und zugleich auch für die Zukunft einen Schwerpunkt bestimmten. Skulpturen waren damals noch kaum Sammelobjekte der Museen. Der Aufbau einer Sammlung von Gipsabgüssen, die 1859 im 1.Stock des Neuen Museums aufgestellt wurden, hemmte in der Folgezeit die Erwerbungstätigkeit. Erst in den 1870er Jahren ergriff Wilhelm v. Bode erneut die Initiative und erwarb zahlreiche bedeutende Werke der italienischen Renaissance.

1883 wurde unter Einbeziehung von Skulpturen, die 1875 aus dem Stadtschloß überwiesen worden waren, die »Abteilung der Bildwerke der christlichen Epochen« (im Unterschied zur Antikenabteilung) gegründet und unter Bodes Leitung gestellt. Damit wandte sich sein

Museen: Bode-Museum – Skulpturensammlung 411

Interesse auch der deutschen Plastik des Mittelalters und der Renaissance zu. Die Sammlung italienischer Plaketten wuchs zwischen 1870 und 1904 von 70 auf rd. 100 Stück. James Simon stiftete 1904, als die Skulpturenabteilung in das Kaiser-Friedrich-Museum umzog, zahlreiche italienische Bronzestatuetten. Durch den Ankauf der Sammlung Figdor 1933 wurde die Sammlung italienischer Skulpturen bis zum Barock im wesentlichen abgeschlossen. Mit dieser Sammlung kamen auch niederländische und französische Werke hinzu. In wachsendem Maß wurden nun auch Skulpturen des 17. und 18. Jh. erworben.

Im Friedrichshain-Bunker wurden 1945 große Teile der dort gelagerten Bestände zerstört. Von manchen Skulpturen konnten nur noch Fragmente geborgen werden. Der bedeutendere Teil der Sammlung gelangte durch Verlagerung in den Westteil der Stadt, jedoch verblieben bes. von den deutschen Skulpturen ca. 250 Werke, unter ihnen Hauptstücke, auf der Museumsinsel.

Wie zu Bodes Zeiten sind bei der Aufstellung Skulpturen und Gemälde in einigen Räumen gemischt, z.T. ist auch durch Möbel dem Ambiente ein zusätzliches Kolorit verliehen.

Im **Eingang** und im **Haupttreppenhaus (14)** stehen 6 Attikafiguren vom Berliner Schloß (Anf. 18. und 19. Jh.) und ein Nachguß vom Reiterdenkmal des Großen Kurfürsten von Andreas Schlüter (1896, das Original von 1696–1700 vor dem Charlottenburger Schloß) auf dem originalen Marmorsockel mit den ebenfalls originalen, von Johann Jacobi gegossenen Bronzereliefs (vgl. S. 265; → Farbabb. 4). – Weitere Skulpturen des 18. Jh. im Treppenhaus-Obergeschoß hinter der Cafeteria: Peter Benkert: Putto an einem Baumstamm; vom Palais des Prinzen Heinrich; Andreas Schlüter, Werkstatt: 6 Medaillons von der »Alten Post«; 4 Sandsteinputten; Adriaen de Vries: 2 Bronzegruppen von der Schloßbrücke in Bückeburg (1621), *Venus und Adonis* sowie *Raub der Proserpina*, Hauptwerke des spätmanieristischen, italienische und niederländische Elemente mischenden Stils am Prager Kaiserhof.

Der (im Erdgeschoß) geradeaus anschließende **Raum (15)** enthält *Bauplastik Andreas Schlüters.* Die 1711/12 von Schlüter für Ernst Bogislaw v. Kamecke in der Dorotheenstadt errichteten Haus, dessen Reste nach der Zerstörung im 2. Weltkrieg beseitigt wurden, stammen der Sandsteinputto mit Rosen und Tambourin (Frühling) sowie die 4 (von 8) großen Statuen, die sich mit ihren lebhaften Konturen auf dem Dach des Hauses gegen den Himmel abhoben. Dargestellt sind Götterliebschaften nach Ovids »Metamorphosen«: Neptun und Amphitrite sowie Apollo und Daphne. Von dem Paar Hermes und Herse ist nur der Kopf des Hermes, von dem Paar Zephyr und Flora der Kopf der Flora hier vorhanden. Die Figuren, den Einfluß Berninis zeigen, gehören zu den reifsten Werken Schlüters. Daphne, die vor Apollo flieht und sich in dem Moment, als Apollo sie ergreift, in einen Lorbeerbaum verwandelt, wendet den Kopf schmerzvoll ihrem Verfolger zu, während sie im Lauf innehält und den linken Arm abwehrend hochhebt. Das üppige Haar und das herabgleitende Gewand läßt noch etwas von der Bewegung des Laufens nachempfinden. Die Beine verharren am

Boden, wo sie Wurzeln schlagen, und die Verwandlung der Arme in Äste läßt sich vorstellen, obgleich sie noch nicht begonnen hat (Abb. S. 412). Das Thema der Metamorphosen, des Überganges von menschlich Gestaltetem in außermenschliche Natur, war für ein Haus am Stadtrand geeignet, entsprach aber auch in seiner Verschränkung von Lebens- und Todesmotiven barockem Empfinden überhaupt. – Ferner von Schlüter: 2 Sandsteinreliefs, Lünetten vom Portal V des Berliner Stadtschlosses, Allegorien der Stärke und der Gerechtigkeit, und 2 einen Balkon tragende Atlanten vom ehem. Haus Donner in Berlin (um 1710).

Die anschließende » B a s i l i k a « (1 6), ein in Formen der florentinischen Renaissance erbauter Saal, deutet im Sinne der Museumsarchitektur um 1900 für die hier ausgestellten Objekte den urspr. Rahmen an, dem sie entstammen.

1. Nische (rechts beginnend). Luigi Capponi: 2 Engel mit Eichenstamm (Rom, Ende 15. Jh.). Florenz (um 1440): Madonna mit 2 Engeln. Andrea della Robbia: Hl. Gregor (Florenz, Anf. 16. Jh.). – 2. Nische. Giovanni Paolo Olmo: Thronende Madonna mit Kind und Heiligen. Venedig (um 1600): Truhe. Urbino (15. Jh.): Wappen der Familie Montefeltre. – 3. Nische. Werkstatt Andrea della Robbia: Madonna mit 2 anbetenden Engeln (um 1505). Andrea della Robbia: Madonnenaltar (um 1470). – 4. Nische. Francesco Morone: Thronende Madonna mit Kind und den hll. Antonius und Onofrius. Siena (um 1540): Truhe mit Blattfriesen. – 5. Nische: Nach Desiderio da Settignano: Madonna (um 1460). Nachfolger des Antonio Rossellino: Madonna mit Johannesknaben und 2 Engeln (Ende 15. Jh.). Nach Meister Andrea: Madonna (Florenz, 2. Hälfte 15. Jh.). Schule der Lombardei: Sarkophag (Venedig, um 1520). – An der O-Wand: Werkstatt della Robbia: Madonna mit Johannesknaben und Engeln. Oberitalien (Anf. 16. Jh.): Wandbrunnen. Nach Desiderio da Settignano: Turiner Madonna (um 1464). Werkstatt Bartolomeo Bon: Hl. Hieronymus (um 1440). Venedig (Anf. 16. Jh.): Wandbrunnen mit Trevisani-Wappen. Donatello-Werkstatt: Maria mit Kind in Stühlchen (um 1440/50). – 6. Nische. Florenz (Mitte 15. Jh.): Madonna. Nach Francesco Giorgio Martini: Madonna mit Vogel (um 1460). Florenz (um 1460): Madonna vor Baldachin. Florenz (um 1500): Brunnenbecken. – 7. Nische. Giovanni della Robbia: Madonna zwischen 2 Heiligen (nach 1510). Oberitalien (nach 1550): Truhe mit 2 Masken. – 8. Nische. Girolamo dai Libri: Thronende Maria mit Kind und den hll. Bartolomäus und Zeno. Florenz (um 1570): Truhe. – 9. Nische. Luca della Robbia: Madonna mit 2 anbetenden Engeln (um 1450). Siena: Truhe mit Mäanderfries. – 10. Nische. Paolo Aquilano: Thronende Madonna (um 1475).

In der Mitte des Raumes: Brunnenmündung in Kapitellform von Bartolomeo Bon (Venedig, um 1430) mit Darstellung der Tugenden Stärke, Mäßigkeit und Gerechtigkeit. Chorgestühl mit reichen Intarsien von Pantaleone de Marchis (um 1495).

Weitere italienische Skulpturen sind in den Räumen der Gemäldegalerie im 1. Obergeschoß ausgestellt, zu denen man über das anschließende T r e p p e n h a u s (1 7) gelangt. In den 7 Nischen des Treppenhaus-Ober-

Museen: Bode-Museum – Skulpturensammlung

Andreas Schlüter:
Daphne.
1711/12, vom Haus
E. B. v. Kameckes
(Bode-Museum,
Skulpturensammlung,
zu S. 411)

geschosses stehen die 6 Marmorstatuen von Generälen Friedrichs d. Gr., die vor 1857 auf dem Wilhelmplatz standen: François-Gaspard Adam und Sigisbert Michel: Generalfeldmarschall Graf v. Schwerin (1759–68); Pierre-Antoine Tassaert: Feldmarschall v. Keith (1786); Joh. Gottfried Schadow: Fürst Leopold von Anhalt-Dessau (1800, urspr. im Lustgarten); ders.: General v. Zieten (1794); Pierre-Antoine Tassaert: General v. Seydlitz (1789); Joh. David d. J. und Joh. Lorenz Wilhelm Ränz: Generalleutnant v. Winterfeld (1777); ferner eine Kopie von Schadows 1792 für Stettin geschaffenem Denkmal Friedrichs d. Gr. von Franz Tübbeke.
Im **Erdgeschoß** sind 6 weitere Räume der Skulpturensammlung vom Saal mit koptischer und italienischer Architekturplastik (11) aus zugänglich.
Raum 18. Franken (Anf. 16. Jh.): Schlafender Johannes aus einer Ölberggruppe. Tilman Riemenschneider: Anbetung des Kindes, Fragment. Unterfranken (Anf.

Museen: Bode-Museum – Skulpturensammlung 413

16. Jh.): Hl. Eligius. Süddeutsch (um 1500): Verkündigungsrelief. Franken (Ende 15. Jh.): Auszug der Apostel. Süddeutsch (um 1510/20): Geburt Christi, Anbetung der Könige. Ulm (um 1510): Johannes Ev. Oberrhein (um 1520): Hl. Hieronymus. Schwaben (um 1460/70): Madonna auf der Mondsichel. – Nikolaus Gerhaert von Leyden: Hl. *Anna selbdritt* (um 1465). Anna ist auf die gleiche Stufe der Heiligkeit wie die Muttergottes gehoben. Das wird fast genrehaft veranschaulicht, und diesem Gedanken dient auch die fast symmetrische Komposition. Das Kind strebt vom Schoß der Großmutter auf den der Mutter. Der Charme einer solchen Darstellung ist ein Element der oberrheinischen Kunst. – Hans Syfer: Büste eines jungen Mannes, Büste eines bärtigen Mannes. Oberrhein (Anf. 16. Jh.): Thronende Madonna mit Kind. Oberrhein (um 1510/20): Apostel Philippus. Tilman Riemenschneider, Werkstatt: Christus am Kreuz, Hl. Valentin. Mittelrhein (um 1530): Hl. Bischof. Franken (Anf. 16. Jh.): Johannes Ev. Franken (Anf. 16. Jh.): Hl. Sebastian. Schwaben (um 1470/80): Christus auf dem Esel. Schwaben (um 1510): Engel mit Laute, Engel mit Viola. – Anton Pilgram: *Kanzelträger* (um 1490). An seinem urspr. Standort, der Stiftskirche von Öhringen (Württemberg), zog das Werk den Blick von der Großartigkeit und befreienden Wirkung der got. Architektur auch auf die damit verbundenen Mühen ihrer Errichtung, bezeichnend für die Zeit. Last und Anstrengung, deutlich v. a. in den geschwollenen Adern am Kopf, zeigen menschliches Leiden im Hinblick auf die Passion Christi (Kreuztragung). Das Zeitkostüm ist vereinfacht und monumentalisiert und so den Bauformen angeglichen. – Schwaben (um 1490): Madonna mit Kind. – Meister der Dangolsheimer Madonna: *Weibliche Heilige* (Straßburg, um 1480). Ihr Liebreiz beruht nicht nur auf dem Zauber des Antlitzes, sondern auch auf der fast koketten Beschäftigung mit dem Gewand, dessen reicher und bewegter Faltenfall um so größere Aufmerksamkeit weckt. Hinzu kommt das Spiel der Locken und die Andeutung einer Beweglichkeit des Körpers. – Oberrhein (um 1470/80): Thronende Madonna mit Kind.

R a u m 1 9. Brüssel (Anf. 16. Jh.): 2 Gobelins mit Szenen aus der »Ilias«. – Bayern (um 1525/30; Hans Leinberger?): *Hl. Georg.* Die Gestalt ist ein Bild unbeirrt mutigen und festen Verharrens in christlichen Grundsätzen trotz äußerer Unruhe. Das gesammelte, offene Gesicht, von flatternden Locken umrahmt, paßt zu dieser statuarischen Haltung, die ein bewegtes Gewand umspielt. Wichtiger als die Erzählung ist der moralische Appell. – Augsburg (um 1500): Geburt Mariens. Meister der Tegernseer Passionstafeln: Auferstehung Christi, Ermordung des Kaisers Philippus. – Meister von Rabenden: *3 Figuren von einem Ölberg* (Oberbayern, um 1510). *Christus.* Christus ist der geängstigte Mensch. Der Bildhauer hat diesen für die Zeit größter geistiger Erschütterung wichtigen Aspekt durch die Betonung des Menschlichen in Körper und Seele scharf herausgearbeitet, so im Gesichtsausdruck, in den Füßen mit ihren geschwollenen Adern oder in einem überraschenden Detail wie dem Knie. Zwischen dem expressiven Spiel der Faltenwulste erkennt man immer wieder die Flächen des Körpers darunter. – Oberbayern (um 1480):

Teile eines Kreuzigungsaltars. Augsburg (um 1510/20): Hl. Sippe. Oberbayern (um 1510/20): Hl. Sebastian. Sebastian Loscher: 3 Büsten vom Fuggergestühl aus St. Anna in Augsburg. Frankreich (um 1530): Bathseba. Frankreich (um 1520): Maria mit dem Kind. Nürnberg (Mitte 16. Jh.): Springbrunnen. Frankreich (um 1510): Gastmahl des Herodes. Oberschwaben (um 1520): Weibliche Heilige. Graubünden (um 1500): Hl. Petrus. Erasmus Grasser (?): Hl. Rochus. Augsburg (um 1525): Maria mit dem Kind. Jörg Lederer: 4 Heilige. Tirol (um 1490): Hl. Georg. Michael Pacher, Werkstatt: Tod Mariens. Hans Klocker: Flügelaltar. Nordtirol (um 1490): Beschneidung Christi. Österreich (um 1520): Hl. Florian.

R a u m 2 0. Antwerpen und Brüssel (1500–20): Teile von Altären. Utrecht (um 1525): Passionsaltar. Brüssel (um 1480): Flügelaltar. Niederlande (um 1520/30): Nikodemus, Joseph von Arimathia. – Antwerpen (Anf. 16. Jh.): *Passionsaltar.* Der Formenreichtum ist durch die Malerei angeregt. Die Erzählung des Geschehens war wichtig. Die Gesamtform und die zahlreichen architektonischen Details verbinden jedoch mit dem Realismus der Schilderung, bei der das Leiden im Vordergrund steht, die Idee der Kirche. Auf diese Überhöhung weist auch die Vergoldung neben der sparsamen (nur in Resten erhaltenen) farbigen Fassung. – Niederrhein (um 1500): Pietà. Niederrhein (um 1480): Hl. Anna selbdritt. Antwerpen (Anf. 16. Jh.): Beschneidung Christi. Niederrhein (um 1500): Abendmahl. Nordfrankreich (Ende 15. Jh.): Hl. Christophorus. Niederlande (um 1500): Hl. Christophorus. Meister von Osnabrück: Hl. Julia. Niederrhein (Anf. 16. Jh.): Hl. Christophorus.

R a u m 2 1. Mittelrhein (um 1430): Hl. Quirinus. Schlesien (um 1430): Schöne Madonna. Schwaben (um 1430): Maria Magdalena. Oberschwaben (um 1510): Hll. Jodocus, Theodul, Barbara und Katharina. Steiermark (um 1420): Hl. Augustinus. Oberrhein (um 1440): Vesperbild. Nürnberg (um 1430): Maria mit dem Kind. Schwaben (um 1350/60): Christus und Johannes. – Meister vom Schönen Brunnen (Nürnberg, um 1390): *Hl. Wenzel* und 2 Prophetenköpfe. Die Ganzfigur des Ritters, der in der Linken eine Lanze oder eine Fahne hielt, veranschaulicht in seiner Eleganz die Ausstrahlung böhmischer Kultur der Zeit Karls IV. auf Nürnberg. Der Biegsamkeit der Gestalt entspricht eine Sensibilität in den Gesichtszügen. Es ist mehr Gesittung als kriegerischer Impetus zur Schau gestellt. – Köln (um 1330): Thronende Madonna mit Kind. Köln (um 1350): Hl. Katharina, Thronende Maria mit Kind. Niederlande (um 1320/30): Maria mit dem Kind. Frankreich (um 1330/ 1340): Hl. Katharina. Frankreich (um 1320/30): Thronende Maria mit dem Kind. Franken (um 1340): Hl. König Caspar, Hl. König Melchior. Bayern (um 1400): Maria mit dem Kind. Nürnberg (um 1410): Hl. Michael. Frankreich (um 1330): Maria aus einer Verkündigungsgruppe. Westfalen (um 1410): Maria mit dem Kind. Frankreich (2. Hälfte 14. Jh.): Retabel mit Passionsszenen. – Lothringen (um 1330): Maria mit dem Kind. Die gedrungene Gestalt wirkt unterhalb des Gürtels wie ein machtvoll aufstrebender Sockel, über dem der Oberkörper und das Kind sich als 2 gleichwertige Hälften einer Einheit präsentieren, die Madonna energisch und fest, das Kind beweglich und aktiv, den Anfang seines Schicksalsweges bezeichnend. Die Schwere des Kalksteins bleibt als irdisches Element spürbar. – Westfalen (um 1425): Altar aus dem Dom zu Minden; die Predella bildet ein Altarschrein aus dem 3. Viertel des 13. Jh. Lübeck (um 1410/20): Apostelfiguren. Südtirol (um 1400): Hl. König. Salzburg (um 1430): Thronende Maria. Böhmen (um 1380/90): Hl. Nikolaus. – Elsaß (um 1400/10): *Maria im Wochenbett.* Das Kind wird gebadet, während Joseph schläft. Die Erzählung häuslichen Lebens schmückt den theologischen Gehalt aus und macht ihn volkstümlich, bezeichnend für die oberrheinische Kunst dieser Zeit. Im Einklang damit steht die harmonische Liniensprache des Faltenwurfs. – Elsaß (um 1430): Thronende Maria mit Kind. – Schwaben (um 1420/30): *Maria mit 2 trauernden Frauen.* Ein Nebengeschehen der Kreuzigung wird zum Gegenstand andächtiger Betrachtung, führt von der Erzählung zum Einfühlen in das Leiden. Während im Faltenfall noch die süße Melodik des Weichen Stiles vorherrscht, kündigt sich im Ausbruch des Schmerzes in den Gesichtern eine neue, auf Wahrheit zielende Gesinnung an. – Oberbayern (um 1440/50): Thronender Bischof. Salzburg (um 1400): Köpfe von einem Vesperbild. Nürnberg (um 1400): Köpfe von 2 Königen aus einer Anbetungsgruppe. Frankreich (um 1500): 2 Chorgestühlreihen. Frankreich (um 1370/80): Hl. Michael.

R a u m   2 1 a. Sachsen (um 1150): Christus am Kreuz. Giovanni di Stefano: Christus am Kreuz. Spanien (2. Hälfte 13. Jh.): Christus am Kreuz. Rhein-Maas-Gebiet (Mitte 13. Jh.): Thronende Madonna mit Kind.

R a u m   2 1 b. 4 Propheten aus der Liebfrauenkirche in Trier (um 1250). *Jeremias.* Im schönlinigen Fall der

Maria mit zwei trauernden Frauen. Oberschwaben, um 1420/30 (Bode-Museum, Skulpturensammlung)

Museen: Bode-Museum – Skulpturensammlung; Gemäldegalerie

Haare, in der schlanken Statur oder in den Säulenkanneluren ähnlichen Falten des Untergewandes erkennt man noch den Geist der französischen Vorbilder; er wird jedoch überlagert von Ernst und Härte in den Zügen, Ausdruck einer Macht und kämpferischen Entschlossenheit, Hinweis auf die vom Propheten gesehene Zukunft. – Ferrara (12. Jh.): 2 Löwen. Pisa (Ende 14. Jh.): Kruzifix. Oberitalien (Mitte 13. Jh.): Doppelkapitell mit Monatsbildern. Genua (Ende 14. Jh.): Humilitas. Giovanni Pisano, Werkstatt: Apostel. Niccolò Pisano: Erzengel Gabriel (1266/68). Tino di Camaino: Fragment einer Madonna (um 1335). Arnolfo di Cambio: Tod Mariae (um 1300). Piero di Giovanni (?): Apostel (um 1390). Toskana (1. Viertel 14. Jh.): Bärtiger Mann. Arnolfo di Cambio, Nachahmer: Geburt Christi (Anf. 14. Jh.). Rom (Anf. 14. Jh.): Behälter mit Cosmatenarbeit. Apulien (um 1180): Sarazenin und Sarazene. Toskana (um 1390): Kreuzigungsrelief. Rom (Anf. 13. Jh.): Szenen aus der Schöpfungsgeschichte. Venedig (15. Jh.): Flucht nach Ägypten. Rom (um 1330/40): Jünglingskopf. Italien (1. Hälfte 13. Jh.): Sitzender Petrus. Naumburg (um 1230): Christus am Kreuz (die zugehörige Maria im Museum Dahlem). Franken (um 1300): Thronende Maria. Rheinland und Niederrhein (13. Jh.): 2 Doppelkapitelle. Niedersachsen (um 1170): W-Empore der Klosterkirche in Gröningen. Maasgebiet (2. Hälfte 12. Jh.): Emporschwebender Engel. Schwaben (um 1170/80): Christus am Kreuz.

R a u m 2 2 . Schwaben (Weilheim, um 1620): *Maria mit Kind.* Viele belebende Motive vergegenwärtigen die Madonna, das Schreiten, das Ausgreifen der Gestalt in den Raum, die modische Kleidung und der Gefühlsausdruck, der ernstes Sinnen, Vorahnung der Passion, und kindliche Freudigkeit mischt. Ein Beispiel der neuen Blüte der Skulptur im süddeutschen Frühbarock. – Lothringen (um 1750): Allegorische weibliche Figur. Tirol (um 1730): Minerva. Hans Krumper: Taufe Christi (um 1620/24). Würzburg (um 1760/70): Hl. Sebastian. Anton Xaver Hauser: Hl. Joseph (um 1760). Oberbayern (Mitte 18. Jh.): Kalvarienberg. Tirol (um 1770): Hll. Rochus und Wendelin. Christian Jorhan d. Ä.: Büste eines Heiligen (um 1760). Joseph Götsch: Hl. Valentin (um 1765/70). Johann Peter Alexander Wagner: Herbst, Frühling (um 1770/80).

R a u m 2 3 . Oberschwaben (um 1760): Altarmodell. Giovanni Giuliani: Hll. Sebastian und Rochus. Bayern (um 1760): 2 Engel. Süddeutsch (um 1760): Hl. Dismas. Unterfranken (Mitte 18. Jh.): Hl. Eligius. Bayern (um 1760): Maria Immaculata. Schwaben (um 1660): Hl. Sebastian. Bayern (um 1640): Maria mit Kind. J. A. Feuchtmayer, Werkstatt: Puttengruppe. Schwaben (um 1750/60): Kniender Engel. – Paul Egell: Teile des Mannheimer Altars (um 1730/35), rechte Seite der Rückwand, 2 Büsten und 2 Kartuschen (Rest im Krieg zerstört). Büste eines *hl. Bischofs* (Filippo Neri?). Die Inbrunst des Gebets, die geistige und seelische Anspannung wird in den körperlichen Reflexen gezeigt. Dem dienen der Ausdruck des Gesichts und der nervösen Hände. Die Ausstrahlung der inneren Bewegung erfaßt schließlich das Ornat und den Büstensockel, so daß eine höhere, Geistiges und Materielles zusammenfassende Einheit suggeriert wird. – Johann Georg Dirr (?):

Maria (um 1760). Bamberg (um 1760/70): Kaiser Heinrich II. und Kaiserin Kunigunde. Franken (um 1770): Hl. Wendelin. Schwaben (um 1750): 2 Engel. Benedikt Witz: Kalvarienberg (um 1760). Georg Raphael Donner, Nachfolger: Merkur und Argus. Johann Georg Dirr: Magdalena. München (um 1770): Pietà. Johann Valentin Sonnenschein: Penelope.   *HB-S*

Gemäldegalerie
(Bode-Museum, 1. Obergeschoß)

Die Gemäldegalerie der damals Königlichen Museen wurde 1830 in dem von Schinkel geschaffenen Alten Museum am Lustgarten eröffnet. Damit hatte Berlin sehr viel später als Paris, Wien, Dresden oder München eine große öffentliche Gemäldegalerie erhalten. Die Bildergalerie Friedrichs d. Gr. in Sanssouci und eine von Friedrich Wilhelm II. im Berliner Schloß eingerichtete waren Vorläufer. Die Sammlung setzte sich aus 3 Teilen zusammen: 346 aus den Königlichen Schlössern ausgewählten Gemälden, 73 Bildern aus der 1815 in Paris gekauften Gemäldesammlung des römischen Marchese Giustiniani und 677 Bildern aus der 1821 erworbenen Sammlung des englischen Kaufmanns Edward Solly. Durch Solly erhielt die Galerie v. a. bedeutende italienische, niederländische und deutsche Gemälde des 14.–16. Jh., so daß auf diesen Gebieten Schwerpunkte entstanden, die den Sammlungen der Barockzeit fehlten. Aus der Sammlung Giustiniani kamen v. a. römische Gemälde des frühen 17. Jh. in die Galerie, so allein 4 Werke im 19. Jh. noch wenig geschätzten Caravaggio. Die Malerei des 17. Jh. war hauptsächlich durch Bilder aus den Hohenzollernschlössern repräsentiert.

Was die Berliner Galerie von Anfang an auszeichnete, war eine mit der Forderung hoher Qualität verbundene kunstwissenschaftliche Konzeption für Auswahl und Aufstellung. Dafür waren neben anderen die Künstler Schinkel und Rauch, ebenso die Kunsthistoriker Gustav Waagen und Karl Friedrich v. Rumohr sowie Wilhelm v. Humboldt verantwortlich. Zweck des Museums war der »höhere Bildung der Einwohner«.

Mit Waagen erhielt die Galerie einen überragenden Kenner als ersten Direktor. Die Sammlung wurde nun planmäßig durch Neuerwerbungen erweitert, um die der Zeit am wichtigsten erscheinenden Schulen möglichst gut zu repräsentieren. Waagen starb 1868.

1872 kam mit Wilhelm v. Bode die zweite Gelehrtenpersönlichkeit von außergewöhnlichem Rang an die Galerie; er war von 1890 bis 1929 ihr Direktor. Als geschickter und mitunter rücksichtsloser Organisator vermehrte er den Bestand beträchtlich und fand dabei die Unterstützung des Kaiserhauses. Der Ausbau der Museen sowohl durch Ankauf wie durch wissenschaftliche Leistung war ein Mittel, dem Kaiserreich auch zusätzliche internationale Geltung zu verschaffen. Allein 13 Gemälde Rembrandts kaufte Bode. Alle 7 Werke Dürers in der Galerie erwarb er in der Zeit von 1882 bis 1899. 1874 erfuhr die Galerie durch den Ankauf der Sammlung Suermond den gewichtigsten Zuwachs seit ihrem Bestehen. Obgleich bei der Vermehrung der Galerie weniger bedeutende Werke den Neuerwerbungen weichen mußten, wurde doch der Raum

416   Museen: Bode-Museum – Gemäldegalerie

beengt und damit ein Neubau erforderlich. Er konnte erst 1896 in Angriff genommen und 1904 vollendet werden. Das neobarocke Gebäude am westl. Ende der Museumsinsel von Ernst v. Ihne erhielt nach dem ehem. Protektor des Museums den Namen Kaiser-Friedrich-Museum (heute Bode-Museum). Der Wunsch, den Beitrag Deutschlands zur europäischen Kunst sichtbarer zu machen, veranlaßte Bode zur Konzeption des Deutschen Museums, in dem Malerei, Skulptur und Kunsthandwerk vom frühen Mittelalter bis zum 18. Jh. zusammengefaßt wurden. (1930, ein Jahr nach Bodes Tod, konnte dieses Museum im N-Flügel einer 1909–30 von Alfred Messel erbauten Anlage am Kupfergraben eröffnet werden.)

Nachfolger Bodes war Max J. Friedländer, der jedoch 1933 Berlin verließ. Die Mittel, hervorragende Werke für die Galerie zu erwerben, waren seit dem 1. Weltkrieg geringer geworden, nach 1933 fehlten sie fast ganz. Eine schwere Einbuße erlitt die Galerie, als infolge des Versailler Vertrages 1920 die Flügel des Genter Altars der Brüder van Eyck, die 1818 durch Solly gekauft worden waren, und die 1834 von Waagen erworbenen Flügel des Löwener Altars von Dirk Bouts an den belgischen Staat abgegeben werden mußten.

Bei Ausbruch des 2. Weltkriegs wurden die Gemälde teils in Bunkern, teils in Museumskellern untergebracht. Kurz vor Kriegsende, im März 1945, konnte der größte Teil der Galerie, 1225 Bilder, nach Thüringen verlagert werden. Wegen ihres großen Formats mußten jedoch mehr als 400 Gemälde im Hochbunker Friedrichshain zurückbleiben. Hier fielen sie nach der Kapitulation der Stadt und nach ihrer Besetzung durch sowjetische Truppen einem Brand zum Opfer, über dessen Ursachen keine objektiven Ermittlungsergebnisse veröffentlicht worden sind. Durch diese Katastrophe, die größte, die je ein Museum betroffen hat, war die Galerie der wichtigsten großformatigen Gemälde beraubt, die v. a. die Geschichte der flämischen und der italienischen Malerei dokumentierten. Die ausgeglichene Darstellung europäischer Malerei vom 13. bis zum 18. Jh., die Leistung einer wissenschaftlichen Sammeltätigkeit von mehr als hundert Jahren, war damit für immer zerstört.

Mit der Verlagerung von Gemälden nach Thüringen, die ihre Rettung bedeutete, begann die Spaltung der Galerie. Die amerikanische Besatzungsmacht brachte die Gemälde nach Wiesbaden, wo eine zentrale Sammelstelle für Kunstgut eingerichtet worden war. 1950–57 kehrten diese Bestände nach West-Berlin zurück. Die in die UdSSR verbrachten Werke kamen 1958 zurück und bildeten aus der Museumsinsel zusammen mit den hier verbliebenen Gemälden eine recht umfangreiche Sammlung, die jedoch nur relativ wenige Hauptwerke enthält.

Im Sinne Wilhelm v. Bodes ist die Präsentation durch Skulpturen belebt.

Raum 25. Schüler des Niccolò Pisano: Verkündigungsengel. Neri di Bicci: Thronende Madonna mit Heiligen. Lorenzo di Credi: Maria von Ägypten. Benedetto da Maiano: Kardinal Riaria. – Filippino Lippi: Jünglingskopf (Florenz, um 1460), Freskofragment. Die Lebendigkeit des Porträts beruht auf der präzisen, dabei jedoch die Melodik der Umrisse auskostenden Zeich-

nung und dazu auf dem Geschehen. Während der Körper nach vorn gerichtet ist, wird der Kopf pathetisch zurückgeworfen, und der Blick wendet s ch gegend dem Betrachter zu. – Urbino (um 1475): Eine Prinzessin von Urbino. Der zur Seite gerichtete Blick im Einklang mit der leichten Neigung der Körperachse gibt dem Bildnis eine zupackende Lebendigkeit, die nicht frei von höfischer Arroganz ist. Modisches in Haartracht und Kleidung machen das Bildnis zu einer Demonstration von Macht und zugleich von weiblicher Schönheit. – Francesco di Giorgio: Madonna mit Vogel. Francesco di Giorgio Martini(?): Idealarchitektur. Andrea Guardi: Madonna Orlandi. Antonio Rossellino: Maria mit Kind; Maria mit fröstelndem Kind. Benedetto da Maiano: Vision Papst Innozenz' III. Schule von Lorenzo di Credi: Maria das Kind anbetend. – Benedetto da Maiano: Maria mit Kind (Florenz, Ende 15. Jh.). Im Sitzmotiv der Madonna und, abhängig davon, im Faltenfall ihrer Gewänder herrscht noch viel hierarchische Symmetrie als Ausdruck göttlicher Würde. Andererseits ist besonders bei dem Kind ein pralle Körperlichkeit Veranschaulichung der Inkarnation Gottes. Trotz der gesteigerten Schönheit des Madonnengesichts wirkt es porträthaft. – Schule von Perugia: Maria, das Kind verehrend. Mino da Fiesole: Christuskind. Ambrogio Lorenzetti: Geburt Christi. Nachfolger des Simone Martini: Maria mit dem Kind. Toskanisch (Ende 13. Jh.): Thronende Madonna. Paolo di Stefano: Die hll. Hieronymus und Laurentius. – Lorenzo Ghiberti: Maria mit Kind (Florenz, um 1420). Die Jugendlichkeit der Mutter und das zärtliche Anschmiegen des Kindes machen im Motiv den Reiz des Reliefs aus. Der Künstler spricht das Gemüt an und unterstützt das durch eine weiche Modellierung sowie eine harmonische, aus der Tondoform entwickelte Komposition, die überall Rundungen betont. – Agnolo Gaddi: Triptychon. Maestro del Bambino Vispo: Maria Magdalena mit dem hl. Laurentius und einem Stifter. Donatello: Maria mit Kind im Mantel. Paolo Uccello(?): Maria mit Kind. Antonio Rossellino: Frauenkopf, Fragment. Francesco Laurana: Bildnis einer jungen Frau. Matteo Civitali: Profilbildnis eines Mannes. Francesco Laurana: Bildnis einer Prinzessin von Neapel. Verrocchio-Werkstatt: Schlafender nackter Knabe.

Raum 26. Ercole de Roberti: Hl. Hieronymus. Agostino di Duccio: Hl. Hieronymus. Sebastiano di Bartolomeo Mainardi: Thronende Madonna mit Kind und Heiligen. Domenico Ghirlandaio: Auferstehung Christi. Cosimo Rosselli: Hl. Anna selbdritt. Pedro Berruguete: Madonna mit Kind. Sperandio di Bartolomeo: Madonna mit Kind. Francesco Botticini: Maria mit Kind und Heiligen. Jacopo di Sellaio: Christus am Kreuz. Meister der Gardener Verkündigung: Thronende Madonna mit Kind. Schule von Perugia: Reliquiar. Florenz (um 1500): 2 Darstellungen aus dem Leben des jungen Tobias. Lo Spagna: Anbetung der Könige. Lombardisch (2. Viertel 15. Jh.): Ritter. Luca della Robbia: Jüngling. Rossellino di Jacopo Franchi: Liebesgarten. Luca della Robbia: Spiegelrahmen. Meister der Argonautentafeln: 2 Darstellungen aus der Geschichte von Amor und Psyche. Niccolò Saggi: Herkules am Scheidewege. Urbino (um 1475): Sibylle.

Lorenzo Ghiberti:
Maria mit Kind.
Um 1420
(Bode-Museum,
Gemäldegalerie)

Raum 27. Meister der weiblichen Halbfiguren: Anbetung der Könige. Meister von Frankfurt: Hl. Anna selbdritt. Albert Bouts: Pietà. Jacob Cornelisz van Oostsanen: Szene aus einer Heiligenlegende. Pieter Coecke van Aelst: Anbetung der Könige. Niederländisch (um 1490): Verkündigung.
Raum 28. Jan Massys: Die beiden Steuereinnehmer. Cornelis van Cleve: Maria mit Kind. Umkreis des Joos van Cleve: Maria mit Kind. Meister der Josephsfolge: Joseph wird an seine Brüder verkauft. Niederländisch (um 1530): Anbetung der Könige; Flucht nach Ägypten. Jean Bellegambe: Das Jüngste Gericht. Brügger Meister: Verkündigung. Juan de Flandes: Christus erscheint Maria. Brügger Meister: Ruhe auf der Flucht. Niederländisch (um 1520): Himmelfahrt Christi. Meister der Josephsfolge: Josephs Heirat mit Asenath. Jan Swart van Groningen: Hochzeit zu Kana. Bosch-Kopist (um 1540): Anbetung der Könige. Pieter Coecke van Aelst: Kreuztragung Christi. Nachfolger des Jan van Scorel: Taufe Christi. Maerten van Heemskerk: Momus tadelt die Werke der Götter. Jan Gossaert: Sündenfall. Lucas Cranach d. Ä. nach Hieronymus Bosch: Jüngstes Gericht. – Jan Gossaert: *Neptun und Amphitrite* (Middelburg, 1516). Der Meeresgott und seine Gemahlin werden als menschliche Gestalten sowohl in Körperbildung wie im seelischen Verhalten mit einer Naturnähe vorgeführt, die den Betrachter der Renaissancezeit betroffen gemacht haben muß. Sie präsentieren sich zugleich als Menschen und verehrungswürdige Götter in einem engen, tempelartigen Innenraum, dessen metallisch scharf geprägte Bauelemente etwas von der Kühle des Meeres vermitteln. Die perfekte Perspektive, das Werk berechnender Vernunft, erhöht den Eindruck des Kostbaren. – Marinus van Roymerswaele: Der hl. Hieronymus in der Zelle. Pieter Huys: Dudelsackpfeifer.
Raum 29. Peter de Witte gen. Candid: Aeneas wird von Venus in den Olymp aufgenommen. Jacques de Backer(?): Venus und Amor. Willem Key: Bildnis eines jungen Mannes. Pieter Pietersz: Bildnis des Amsterdamer Verlegers Laurenz Jacobszoon mit seiner Frau und drei Kindern. Jan Cornelisz Vermeyen: Hieronymus Tucher. Nicolas Neufchâtel: Nürnberger Patrizierin. Frans Pourbus d. Ä.: Gelehrter. Pieter Brueghel d. J.: Kreuztragung Christi.
Raum 30. Friedrich Georg Weitsch: Männerbildnis. Christian Wilhelm Ernst Dietrich: Wasserfall von Tivoli. Anton Graff: Bildnis des Malers Dietrich. Umkreis Johann Gottfried Schadows: Ältere Frau. Anton Maron: Selbstbildnis. Nach Andreas Schlüter: Sterbender Krieger. Johann Spilberg: Jael mit dem Hammer. Johann Carl Loth: Apollo und Marsyas. Anton Graff: Propst Spalding. Joachim Martin Falbe: Herrenbildnis. Antoine

Museen: Bode-Museum – Gemäldegalerie

Nicolas Poussin:
Selbstbildnis. 1649
(Bode-Museum,
Gemäldegalerie)

Pesne: Maturin Weissière de Lacroze. Emanuel Bardou: Daniel Chodowiecki. Georg David Matthieu: Kammerrat Giese. Johann Heinrich Roos: Italienische Landschaft mit Vieh. Georg David Matthieu: Frau Kammerrat Giese. Martin Gottlieb Klauer: Junger Mann.
Raum 31. Jean-Antoine Houdon: Otto Hermann v. Vietinghoff. Thomas Gainsborough: John Wilkinson. Art des Hyacinthe Rigaud: Bildnis eines Mannes. Nicolas de Largillière: Jean Forest. Alexis Grimoux: Frauenbildnis. Richard Wilson: Landschaft mit Flußtal. Hyacinthe Rigaud: Der Bildhauer Desjardins. Jean-Marc Nattier (?; wohl Johann Heinrich Tischbein d. Ä.): Maria Clara Philippine v. Ingelheim. Claude Michel gen. Clodion: Vestalin. Hubert Robert: Ruinen von Nîmes. Thomas Gainsborough: Margaret Gainsborough. James Londsdale: Mr. William Linley. Anna Dorothea Therbusch: Julius Vieth v. Golßenau. Deutsch (18. Jh.): Musizierende Gesellschaft in einem Wald. Bernhard Rode: Der Morgen, Skizze für das Neue Palais in Potsdam. Anna Dorothea Therbusch: Selbstbildnis. Sir William Beechey(?): Junge Frau. Nicolas Poussin: Rinaldo und Armida. Ders.(?): Landschaft mit Juno und Argus. – Nicolas Poussin: *Selbstbildnis* (Rom 1649). Das für Poussins Freund Pointel bestimmte Porträt, 1821 für Berlin erworben, wurde erst nach dem 2. Weltkrieg als eigenhändiges Werk wiedererkannt. Der Kopf vor dem leeren Relief des Hintergrundes mit 2 Putten, die ein Lorbeergehänge tragen, ist denkmalhaft herausgehoben, zugleich aber dem Betrachter freundlich zugewandt. Der Zeichenstift deutet auf den programmatischen Titel des Buches »De lumine et colore« (Über Licht und Farbe). Tektonische Ordnung und Farblosigkeit stehen lebhafter Körperbewegung, blühendem Inkarnat und seelischem Ausdruck gegenüber. Das bedeutet: Der noch im Leben stehende Künstler erwartet den Nachruhm. – Gaspard Dughet: Römische Gebirgslandschaft. Jean-François Millet: Auffindung des Mosesknaben. Jacques Courtois: Reitergefecht vor einer Zitadelle; Reitergefecht am Fuß einer Zitadelle. Henry Raeburn: Sir James Montgomery. Jean-Antoine Houdon: Christoph Willibald Gluck.

Museen: Bode-Museum – Gemäldegalerie   419

Edme Bouchardon: Genius des Überflusses. Lambert-Sigisbert Adam: Bacchus; Ruhendes Mädchen. Raum 3 2 (Gobelinsaal). Dirck Maes: Bildnisgruppe junger Jäger. Abraham van Beyeren: Stilleben mit Früchten und Prunkgefäßen. Aelbert Cuyp: Winterlandschaft mit toten Vögeln. Cornelis van Haarlem: Herkules besiegt den als Stier erscheinenden Flußgott Achelous. Pieter Claesz(?): Stilleben mit Trinkgefäßen. Roelant Roghman: Bergige Landschaft. Diego Velázquez, Kopie: Philipp IV. im Jagdanzug. Juan Carreño: Karl II. von Spanien als Kind. Werkstatt des Diego Velázquez: Infantin Doña Anna von Spanien. Luca Giordano: Prophet Bileam auf der Reise. Art des Luca Carlevaris: Fest des Bucintoro. Deutsch (Ende 17. Jh.): Seeschlacht bei Lepanto. Wouter Pietersz Crabeth II.: Falschspieler. Deutsch (Ende 17. Jh.): Schlacht am Kahlen Berge. Hans Vredeman de Vries: Architekturphantasie. Alessandro Varotari: Die Ehebrecherin vor Christus. Raum 3 3. Oberrhein (um 1490): Hl. Katharina als Philosophia. Hausbuchmeister: Abendmahl. Köln (um 1430): Christus am Kreuz und Heilige. Mittelrhein (um 1520): Hl. Margarete. Köln (um 1400): Marienaltar mit Heiligen. Westfälisch (um 1340): Maria als Thron Salomonis. Anton Woensam: Das Jüngste Gericht. Georg Pencz: Männerbildnis. Nürnberg (um 1510): Landsknechte. Christoph Amberger: Georg v. Frundsberg. Martin-Schongauer-Schule: Flügelaltar. Meister der Crispinus-Legende (1510/20): Vierzehn Nothelfer. Tirol (um 1490): Hl. Veit im Kessel. Augsburg (um 1500): Szenen aus dem Leben des hl. Kartäusermönchs Bruno. Hans von Kulmbach: Maria mit Christkind. Lucas Cranach d. J.: Leonard Badehorn. Raum 3 4. Fabio del Medico: Graf Raimond von Montecuccoli. Lombardisch (um 1700): Junger Gelehrter. Michele Marieschi: Dogenpalast in Venedig. Antonio Canaletto: Italienische Phantasievedute. Giovanni Paolo Pannini: Ruinenlandschaft. Pompeo Batoni: Vermählung von Amor und Psyche. Pietro Liberi: Diana und Aktäon. Venedig (17. Jh.): Allegorien der Ehre und des Reichtums. Francesco de Mura: Zug des Bacchus. Pietro Rotari: Tänzerin; Mann in orientalischem Kostüm. Pietro Bracci: Büste Papst Benedikts XIV. Domenico Guidi: Hl. Filippo Neri. Giovanni Domenico Tiepolo: Mann in orientalischem Kostüm. Giovanni Battista Tiepolo: Unbefleckte Empfängnis Mariens. Giuseppe Mazza: Madonna auf der Mondsichel. Giovanni Antonio Guardi: Tod des hl. Joseph. Federico Bencovich: Thronende Maria mit Kind und Heiligen. Raum 3 5. Salvator Rosa: Gebirgslandschaft mit Einsiedler. Bernardo Strozzi: Hl. Petrus. Francesco Maria Borzone: Stürmische See. Luca Giordano: Euklid; Archimedes. Giuseppe Maria Crespi: Zug des Silen. Giovanni Benedetto Castiglione: Deukalion und Pyrrha. Giulio Carpioni: Nymphe und Satyr. Giambologna: Nessus und Deianira. Girolamo Muziano: Landschaft mit dem hl. Hieronymus. Alessandro Algardi: Principe Michele Damasceni. Giovanni Francesco Romanelli: Zenobia demütigt sich vor Kaiser Aurelian. Giovanni Lanfranco: Hl. Andreas. Orazio Marinali: Kreuztragung. Giovanni Domenico Cerrini: Venus und Anchises. Alessandro Algardi: Alessandro Damasceni-Peretti.

Sassoferrato: Hl. Familie. Giovanni Lorenzo Bernini: Satyr und Panther. Raum 3 6. Francesco Brini: Maria mit Kind und Johannesknaben. Florenz (um 1550): Venus und Amor. Cecco del Caravaggio: Christus treibt die Wechsler aus dem Tempel. Bacchiacca: Enthauptung Johannes' d. T. Domenico Beccafumi: Maria mit Kind und Johannesknaben. Venezianisch: David. Sodoma: Wunder aus der Legende der hl. Katharina. Pellegrino Tibaldi: Anbetung des Hirten. Jacopo da Pontormo: Hl. Familie mit Johannesknaben. Jacopo Ligozzi: Brustbild einer jungen Frau. Sebastiano del Piombo: Bildnis eines Mannes. Giovanni Gagini: Marmorportal mit dem hl. Georg (Genua, um 1460). Luca Cambiaso: Caritas. François Duquesnoy: Cupido. Giorgio Vasari: Apostel Petrus und Johannes segnend; Giovanni de' Medici. Dosso Dossi: Hl. Familie mit dem hl. Franziskus. Raum 3 7. Vincenzo Catena: Maria mit Kind, 4 Heiligen und Stiftern. Hippolita Gonzaga. Giovanni de' Busi Cariani: Bildnis eines Astronomen. Giovanni da Asola: Hl. Sebastian. Umkreis des Pietro Lombardi: Johannes Ev. Cariani: Anbetung der Hirten. Pasquale da Caravaggio(?): Papst Alexander VI. Bartolomeo Montagna: Thronende Madonna mit Kind und den hll. Homobonus und Franziskus. Umkreis des Alfonso Lombardi: Nicola Sanuti. – Francesco da Sangallo: Maria mit lesendem Kind, Terracotta-Relief (Florenz, Mitte 16. Jh.). Im allgemeinen verkörpert die am Boden sitzende Madonna Demut (umiltà). Hier wirkt das Motiv jedoch heroisch und großartig. Der aufrecht stehende Christusknabe, selbstbewußt, geistiger Tätigkeit hingegeben, und der gebogene Körper der Maria sind in der Klarheit ihrer Komposition prägnante Zeichen. Die parallele Haltung der Köpfe ist Einklang der Bestimmung. – Giovanni Battista Benvenuto Ortolani: Maria. Liberale da Verona: Thronende Maria. Bartolomeo Veneto: Maria mit Kind. Giovanni Battista Moroni: Bildnis eines Mannes. Andrea Sansovino: Kardinal Antonio del Monte. Marco Marziale: Christus in Emmaus. Raum 3 8. Leonardo-da-Vinci-Werkstatt: Auferstehender Christus. Giovanni Antonio Boltraffio: Hl. Barbara. – Francesco Melzi: Vertumnus und Pomona (Mailand, Mitte 16. Jh.; → Farbabb. S. 18). Vertumnus, der Gott des Jahreswechsels, versucht, als alte Frau verkleidet, Pomona, die Göttin der Baumfrüchte, zur Liebe zu überreden. Die ovidische Erzählung ist Anlaß, den Reichtum der Natur in einem streng geordneten Arrangement vorzuführen und so auf das Sinnbildliche zu verweisen. Dem weiten Raum entspricht die Zeitspanne von Jugend und Alter. – Bernardo Luini: Gefährtin Europas, Freskofragment. Lorenzo Costa: Beweinung Christi. Bagnacavallo: Heimsuchung. Garofalo: Grablegung Christi. Bernardo Fasolo: Hl. Familie. Defendente Ferrari: Anbetung des Kindes. Pier Francesco Sacchi: Die hll. Martin, Hieronymus und Benedikt. Amico Aspertini: Anbetung der Hirten. – In einem Seitenkabinett sind ca. 165 Miniaturen ausgestellt, darunter Lucas Cranach d. Ä.: Katharina v. Bora; Ludger tom Ring d. Ä.: Bildnis eines Mannes; Adam Elsheimer(?): Flucht der Nymphe Arethusa; Gerard Terboch: Selbstbildnis; Anton Graff: Gattin des Künstlers mit Tochter. –

420   Museen: Bode-Museum – Gemäldegalerie

Man geht von hier zurück durch Raum 37 und gelangt geradeaus zu
Raum 39. Francesco Bassano: *Anbetung der Hirten* (Bassano, Mitte 16. Jh.). Das Herabbeugen zu dem Kind, bei Maria und den Hirten wie bei Ochse und Esel, ist das Motiv, das die Komposition zentriert und sammelt. Dieser Bewegung der Demut antworten das Aufragen der nur im Ansatz sichtbaren Säulen und die Tiefe der Landschaft als eine Perspektive auch geschichtlicher Art. Der fragend herausblickende Joseph, porträthaft charakterisiert, verweist auf die weltweite und zeitlose Wirkung des Geschehens. – Leandro Bassano: Brustbild eines jungen Mannes. Agostino Zoppo: Bildnis eines Edelmannes (Nachguß). Girolamo Romanino: Bildnis eines Mannes. Francesco Beccaruzzi: Ballspieler mit seinem Pagen. Venezianisch: Bildnis eines Mannes. Truhe (Rom, um 1540). Alessandro Varotari: Maria mit Kind und Heiligen. Paris Bordone: Thronende Maria mit Kind und Heiligen. Francesco Montemezzano: Beweinung Christi mit Stiftern. Truhe (Rom, um 1540). Francesco Giuliano da Verona: Haupt Johannes' d. T. Vincenzo Onofri: Bildnis eines Knaben. Kredenz (Mittelitalien, um 1580). Bonifacio dei Pitati: Allegorische Darstellung von Krieg und Frieden. Venezianisch (um 1500): Bildnis eines jungen Mannes. Pietro della Vecchia: Junger Mann und Mädchen; Konzert. Girolamo Romanino: Salome.
Raum 40. David Vinckeboons: Waldige Landschaft mit Fuhrwerk. – Roelant Savery: *Das Paradies* (Utrecht, 1626). Die Darstellung des Sündenfalls ist in die Tiefe gerückt, um das Querformat mit einer Enzyklopädie der Tierwelt zu füllen. Die ruhige Anordnung der Tiere, zumeist parallel zur Bildfläche, veranschaulicht den Frieden im Paradies und dient zugleich der Deutlichkeit der Abbildung, doch kündet die Stimmung der Landschaft mit ihren scharfen Lichtkontrasten die bevorstehende Katastrophe an. – Jacob Jacobsz van Geel: Waldige Landschaft mit Elias und der Witwe von Zarpath. Willem van den Bundel: Der Prophet Eliseus verflucht die ihn verspottenden Kinder. Abraham Bloemaert: Landschaft mit Bauerngehöft. – Abraham Bloemaert: *Bauerngehöft mit dem Verlorenen Sohn* (Utrecht, um 1650). Die biblische Geschichte ist so sehr in den Alltag auf einem holländischen Bauernhof eingebunden, daß der erzählerische Gehalt nur schwer zu erkennen ist. Die malerische Asymmetrie des Gehöftes mit den schwungvollen Umrissen der Dächer und die ausgewogene Verteilung von Licht und Schatten geben dem Bild den Reiz einer ornamentalen Bewegtheit, die Bloemaerts Herkunft aus dem Manierismus erkennen läßt. – Joachim Uytewael: Küchenstück mit Gleichnis vom Großen Abendmahl. Cornelis van Haarlem: Bathseba im Bade. Joachim Uytewael: Loth und seine Töchter.
Raum 41. Allaert van Everdingen: Burg am Fluß. Guillam Dubois: Landschaft mit waldreichem Flußtal. Ludolf Backhuysen: Leicht bewegte See; Stürmische See. Aelbert Cuyp: Sonnige Dünenlandschaft mit Ziehbrunnen. Herman Saftleven d. J.: Bauernhof mit Verlorenem Sohn. Aert van der Neer: Mondscheinlandschaft mit einem den Kahn ziehenden Pferd. Salomon van Ruysdael: Straße an einem holländischen Kanal. Thomas Heeremans: Winterlandschaft. Abraham Beerstraeten:

Winterlandschaft. Hendrik Cornelisz Vroom: Holländische Schiffe vor der dänischen Küste. Jan Asselijn: Dammbruch.
Raum 42. Dirck Verhaert: Landschaft mit römischen Ruinen. Bartholomäus van Bassen (Figuren von Frans Francken d. J.): Innenansicht einer Kirche. Johann Lingelbach: Königin Christine von Schweden. Holländisch (um 1660): Der Hohlweg. – Jan Miense Molenaer: *Die Werkstatt des Malers* (Haarlem, um 1635). Während einer Pause beim Malen beschäftigen sich die Modelle, die rechts auf der Staffelei noch einmal vorkommen, auf verschiedene Weise. Der Maler, wohl ein Selbstbildnis, reinigt seine Palette. Ein zweiter, auffällig kleiner Maler erscheint in der Mitte hinter dem unordentlich über einen Stuhl geworfenen Mantel. Offenbar enthält das trotz aller Lebendigkeit sehr bewußt komponierte Bild eine – bisher noch nicht gedeutete – symbolische Aussage. Tabakspfeife und Musikinstrumente sind Vanitassymbole. – J. W. Lansinck: Das geschlachtete Schwein. Dirk van Bergen: Tierstück mit Hirtin und Kind. Pieter de Hooch: Der vergnügte Zecher. Gerard van Honthorst: Das Puffspiel. Gabriel Metsu: Das Duett. Pieter de Bloot: Bauernbelustigung im Freien. Palamedes Palamedesz: Gefecht zwischen Schweden und Kaiserlichen. Willem Pietersz Buytewech: Lustige Gesellschaft.
Raum 43. Michiel Jansz Mierevelt: Der holländische Theologe Jan Uytenbogaert. Pieter de Ring: Vanitasstilleben. Abraham van Beyeren: Stilleben mit Fischen. Gerrit Willemsz Horst: Stilleben mit Goldpokal und Früchten. Bartholomäus van der Helst: Junge Frau. Jacob Adriaensz Backer: François de Vroude. Gerrit Willemsz Heda: Frühstücksstilleben mit Schinken und Gefäßen. Ferdinand Bol: Ältere Dame. Pieter Nason: Stilleben. Jan Davidz de Heem: Gemalter Rahmen. Pieter Nason: Junger Mann. Michiel Jansz Mierevelt: Anna Muncx.
Raum 44. Nicolaes Eliasz Pickenoy: Cornelis de Graeff; Catharina Hoofd. Willem van Honthorst: Willem II. von Oranien. Jan Anthonisz van Ravestijn: Edelmann. Kamin (Venedig, um 1560; Umkreis Sansovino). Portale (Bergamo, Anf. 16. Jh.). Werner van den Valckert: Fünf Regenten der Groot Cramergild in Amsterdam. Abraham van dem Tempel: Edelmann mit seiner Frau im Park. Willem van Honthorst: Prinzessin Maria Stuart.
Raum 45. Roelant Roghman: Gebirgslandschaft. Willem de Poorter: Gefangennahme Simsons. Salomon Koninck: Berufung des Matthäus. Jacob Adriaensz Backer: Das Gesicht. Gerbrandt van den Eeckhout: Der Feldarbeiter von Gibeah bietet dem Leviten und dem Kebsweib Unterkunft. Govaert Flinck: Verstoßung der Hagar. Jacob Adriaensz Backer: Der Trinker. Claes Cornelisz Moeyaert: Ruth und Boas. Jan Victors: Hannah übergibt ihren Sohn Samuel dem Priester Eli.
Raum 46. Art des Hendrik Bloemaert: Evangelist Markus. – Hendrik Terbrugghen: *Esau verkauft sein Erstgeburtsrecht* (Rom, vor 1614). Unter dem Einfluß Caravaggios hat Terbrugghen das Verhängnisvolle des Momentes durch harte Gegensätze von Hell und Dunkel veranschaulicht. Die Konstruktion der Szene unterstreicht den moralischen Gehalt. Unwahrscheinliches, z. B. die merkwürdige Anordnung der Dinge auf dem

Tisch, ist um seiner erregenden Wirkung willen eingebracht. − Salomon Koninck: Geistlicher in seinem Studierzimmer. Matthäus Stomer: Sarah führt Abraham die Hagar zu; Esau verkauft sein Erstgeburtsrecht. Gerard van Honthorst: Befreiung Petri. Art des Hendrik Bloemaert: Evangelist Johannes.
R a u m 4 7. Dirk van der Lisse: Landschaft mit tanzenden Hirten. Jan van Bijlert: Auffindung Moses. Jan Baptist Weenix und Dirk Stoop: Grotte mit Ruinen. Abraham van Cuylenburgh: Diana mit Nymphen. Jacob van Loo: Diana mit Nymphen. Dirk van der Lisse: Diana im Bad. Jan van Huysum: Italienische Landschaft. Gysbert Gillesz Hondecoeter: Gebirgslandschaft. Cornelis van Poelenburgh: Amaryllis reicht Myrtill den Preis.
R a u m 4 8. Melchior d'Hondecoeter: Ausländische Wasservögel. Abraham Cornelisz Begeyn: Stilleben mit Disteln und Vögeln. Philips Wouverman: Jagdgesellschaft. Jan Baptist Weenix: Jagdstilleben in Landschaft. Abraham Cornelisz Begeyn: Hirtenszene bei Tivoli. Jan Both: Italienische Landschaft. Jan Weenix: Stilleben mit totem Hasen und Vögeln.
R a u m 4 9. Peter Paul Rubens (?): Infant Ferdinand. Caspar de Crayer: Christus in Emmaus. Jacob Jordaens: Der auferstandene Christus erscheint den drei Marien. Peter Paul Rubens: Christus übergibt Petrus den Schlüssel. Rubens-Werkstatt: Christuskind mit Johannesknaben und Engeln. Thomas Willeboirts: Vermählung der hl. Katharina. Lodewijk de Vadder: Hohlweg. Pieter Franchois: Männliches Bildnis. Pieter Meert: Männliches Bildnis. Daniel Seghers: Blumengirlande. Jan Fyt: Stilleben mit Fischen. Jan Davidsz de Heem: Gehänge mit Früchten und Blumen. Jan Fyt: Hunde bei erlegtem Wild. Frans Snyders: Stilleben mit Früchten und Gemüse. Nicolaes van Verendael: Blumengewinde. Gaspar Pieter Verbrugghen d. J.: Steinvase mit Blumen.
R a u m 5 0. Paulus Bril: Bergiges Meerufer. Hendrik de Clerc: Minerva mit den Musen. Jan Brueghel d. Ä.: Fest des Bacchus. Cornelis Molenaer: Waldige Landschaft. Peter Snayers: Waldweg mit Wanderern. Adriaen van Stalbemt: Das Schloß im See. Bonaventura Peeters: Kriegsschiffe auf bewegter See. *HB-S*

Münzkabinett (Bode-Museum)

Das Münzkabinett geht in seinen Anfängen auf den Großen Kurfürsten zurück, der bereits als Knabe Münzen sammelte. Seit 1703 war ein Münzkabinett im Berliner Schloß eingerichtet. 1830 wurde es im Alten Museum untergebracht, 1904 im Bode-Museum. Durch den Erwerb großer Sammlungen in der 2. Hälfte des 19. und im Anfang des 20. Jh. wuchs die Zahl auf rd. eine halbe Million Münzen, Medaillen, Geldscheine und Siegel aus allen Ländern und Zeiten an. Dazu gehören auch Holz- und Steinmodelle von Medaillen. − Z. Z. verfügt die Sammlung über keine Schauräume. *HB-S*

Museum für Ur- und Frühgeschichte
(Bode-Museum)

Auch die Bestände dieses Museums sind magaziniert und nicht zu besichtigen. *HB-S*

Bröhan-Museum
(Charlottenburg; Schloßstraße 1 a)

Ch 14

Das 1983 eröffnete Museum (zum Gebäude → S. 283) trägt seinen Namen nach Karl H. Bröhan, der seine umfangreiche Sammlung der Stadt Berlin geschenkt hat.
In 18 von Winnetou Kampmann und Ute Weström eingerichteten Räumen, die den Eindruck einer großen Wohnung erwecken sollen, sind rund 1600 Objekte des europäischen Kunstgewerbes einschließlich *Industriedesign* aus der Zeit von etwa 1890−1940 ausgestellt. Die Zeit um 1900 dominiert. Das Ensemble ist deutlich vom Geschmack des Sammlers geprägt. − Bei den *Gemälden* und der *Graphik* hat er sich, von dem Polen Jean Lambert-Rucki und dem Münchner Hugo v. Habermann abgesehen, auf Berliner Maler wie Hans Baluschek, Willy Jaeckel, Karl Hagemeister, Walter Leistikow und Lesser Ury beschränkt. − Schwerpunkte der Sammlung sind: französische Möbel; Porzellan und Keramik von Kgl. Manufaktur Kopenhagen, Berlin (KPM),

Kandelaber von Henry van de Velde.
Bronze, versilbert. Um 1898 (Bröhan-Museum)

422 Museen: Bröhan-Museum. Brücke-Museum

Meißen, Fürstenberg, Rosenthal, Arzberg, Rozenburg (Den Haag), Bing & Grøndahl, Rörstrand; Silber aus den Wiener Werkstätten und aus Kopenhagen; Kayserzinn; Gläser von Pallme König & Habel, Lobmeyer und Orrefors. Von besonderer Schönheit ist die Sammlung von Jugendstilgläsern von Joh. Loetz Wwe. Ausgestellt ist nur ein Teil der Sammlung, die durch Neuankäufe erweitert wird. *HB-S*

Ze 60 Brücke-Museum
(Zehlendorf-Dahlem; Bussardsteig 9)

Das Brücke-Museum verdankt seine Entstehung umfangreichen Schenkungen von Karl Schmidt-Rottluff und Erich Heckel seit 1964 und konnte 1967 in dem Neubau von Werner Düttmann (→ S. 334) eröffnet werden. Seitdem ist der Bestand durch weitere Stiftungen, v. a. Schmidt-Rottluffs und der Deutschen Klassenlotterie, vermehrt worden und kann in einer Schausammlung von rd. 80 Gemälden (hinzu kommen Skulpturen, 2 Glasfenster, Graphik u. a.) die Wandlung der Künstlergemeinschaft »Die Brücke« von der Gründung 1905 bis zu ihrer Auflösung 1913 und darüber hinaus die weitere Entwicklung der »Brücke«-Künstler, insbesondere Schmidt-Rottluffs und Heckels, veranschaulichen.

Die »Brücke«, im Juni 1905 in Dresden von den vier Architekturstudenten Ernst Ludwig Kirchner, Fritz Bleyl, Erich Heckel und Karl Schmidt-Rottluff gegr., entwickelte autodidaktisch eine impulsive Malerei (und Druckgraphik), die sich, angeregt durch Gauguin, van Gogh und die »Fauves«, um eine ursprüngliche Kunstäußerung bemühte und sowohl gegen die verfeinerte Ästhetik des Jugendstils wie gegen den institutionalisierten Kunstbetrieb Stellung bezog. 1906 schloß sich Emil Nolde der Gruppe an, jedoch nur für eineinhalb Jahre. Max Pechstein stieß ebenfalls 1906 hinzu, wurde jedoch 1912 ausgeschlossen. Auch Ausländer traten der Gemeinschaft bei, der Finne Axel Gallén, der Schweizer Cuno Amiet und der in Paris lebende Niederländer Kees van Dongen. 1910 wurde Otto Mueller aus Berlin Mitglied. 1908 war Pechstein nach Berlin gezogen. Ihm folgten 1911 Kirchner, Heckel und Schmidt-Rottluff nach, so daß diese Stadt damit zum Sitz der »Brücke« wurde. Hier gelang es der Gemeinschaft, Beachtung in der Öffentlichkeit zu finden. 1913 löste sich die »Brücke« wegen Meinungsverschiedenheiten auf, die Impulse der gemeinsamen Arbeit wirkten jedoch bei den einzelnen Mitgliedern über die Zeit des tatsächlichen Bestandes der »Brücke« weiter.

Das Museum enthält auch Arbeiten von Künstlern, die den Brücke-Malern nahegestanden haben, wie Walter Gramatté, Otto Herbig, Max Kaus, Anton Kerschbaumer und Emy Roeder.

Das Museum gehört zu den gut überschaubaren, thematisch enger begrenzten Sammlungen, die eine intensive Begegnung mit dem einzelnen Kunstwerk erleichtern. Proportionen der Räume, Oberflächengestaltung der Wände, ihre Beleuchtung durch Tageslicht und die sich wiederholenden Ausblicke durch Fenster auf die Natur des Grunewalds schaffen ein dem Charakter der Werke völlig entsprechendes Ambiente. Die innere Disposition, um einen Innenhof angeordnete Räume verschiedener Größe, bewirkt den Eindruck jeweils begrenzter Einheiten, welche die Konzentration fördern, zum Verweilen einladen und die Zusammenfassung der Werke zu Gruppen erlauben, ohne daß jedoch der Rundgang durch schroffe Zäsuren zerteilt wird. – Der Rundgang beginnt links hinter dem Vestibül:

Erich Heckel: *Sitzendes Kind* (1906). Die Malerei in teils ungemischten, teils gebrochenen Farben besteht aus breiten, zumeist sehr kurzen, teilweise auch sehr pastosen Pinselstrichen, von denen jeder als eigener Impuls erlebt wird. So entsteht ein heftiger und stockender Rhythmus, dessen Urwüchsigkeit und Regellosigkeit der ungebrochenen kindlichen Vitalität zu entsprechen scheinen.

Emil Nolde: *Weiße Stämme* (1908). Durch die Äste und durch das Fachwerk der Häuser entstehen lockere Netze, deren Zwischenräume als Flecken in Kontrastfarben hervorleuchten. Im Gegensatz zu diesem teppichartigen Muster, das in der Gestaltung des Bodens mit seinen grünen und roten Strichen variiert wird, stehen die besonnten Stämme der Obstbäume, deren lineare, schriftartige Gestik noch an den Jugendstil denken läßt.

Otto Mueller: *Frau im Boot* (um 1911). Die schräggestellte und angeschnittene Ellipse des Bootes ist ein ruhiger Rahmen für den bewegten, aus wenigen eiligen Strichen gezeichneten Kontur der Frau, deren rechter Arm und Kopf den Bootsrand überschneiden, aber doch zu ihm eine enge Beziehung wahren. Die Großzügigkeit der Pinselschrift und ihr Schwung verbinden sich in überraschender Weise mit Zartheit in der Farbgebung und der Modellierung. Auch hier ist noch etwas von der Empfindungswelt des Jugendstils zu spüren, die jedoch von jeder modischen Eleganz befreit ist.

Karl Schmidt-Rottluff: *Bildnis Rosa Schapire* (1911). Die Frau erhält ihre kraftvolle Erscheinung hauptsächlich durch eine energische, rasche Strichführung und durch farbige Spannungen, ein Gegeneinander unterschiedlich ausgedehnter Farbmassen (hauptsächlich Rot und Grün), bei denen stellenweise, so im Gesicht, durch Modulationen aggressive Dissonanzen erzeugt sind. Der riesige dunkelblaue Hut mit seinem Zackenmuster steigert das Hellblau der Augen.

Karl Schmidt-Rottluff: *Sinnende Frau* (1912). Der ruhigen Bogenform von Schädel und Schultern antworten die spitzen Winkel der Arme. Die linke Hand und der Kontur der Frisur bilden sogar eine flammende Kurvatur. Die Unruhe dieser Formen findet in der Umgebung eine Entsprechung in den nervösen Schraffuren mit ihren Zackenlinien. Die Gestalt erhält durch das Zusammenspiel von Ruhe und Erregung eine psychologische Vertiefung. Der Einfluß Kirchners ist spürbar.

Ernst Ludwig Kirchner: *Frauen im Bade* (1911). Das Bild ist durch indische Malerei angeregt. Das erklärt neben der Fülligkeit der Körper die einfache, in einer Halbkreisbewegung auf- und abfallende Komposition mit ihrer ruhigen Reihung, die zum Vergleich der Gestalten auffordert, also der Variation eines Themas zum Prinzip hat. Die mittlere Figur ist durch das weiße Tuch und den roten Turban hervorgehoben.

Max Pechstein: *Fischerboot* (1913). Die Diagonale des Mastes wird durch die parallelen 4 Ruder rechts gestützt. Die Bewegtheit der Szene ist durch eine fest ver-

Museen: Brücke-Museum. Museum Dahlem   423

spannte Komposition abgefangen, die, auch durch das Format, den Willen zu einer wandbildartigen Gestaltung erkennen läßt. Sowohl in den Wolken wie in den Figuren ist eine Tendenz zum Geometrischen und zur Abschwächung farbiger und handschriftlicher Dynamik spürbar.
Ernst Ludwig Kirchner: *Otto Mueller mit Pfeife* (1913). In der Physiognomie sind stumpfe und spitze Winkel herausgearbeitet. Das Grundmuster der Komposition ist der Rhombus. Mit diesen Formen sind besonders auch Kragen, Halsausschnitt und der angewinkelte rechte Arm gestaltet. Die Parallelschraffuren der Haare wiederholen sich besonders in den Händen. Kompositorische Logik verbindet sich mit einer impulsiven Handschrift. Der Porträtierte und seine Umgebung, Physiognomie und Kleidung verschmelzen durch die Subjektivität des malerischen Stils zu einer Einheit.
Ernst Ludwig Kirchner: *Sich kämmender Akt* (1913). Während der rechte Kontur des langgezogenen Körpers eine beinahe senkrechte, vom Nasenrücken bis zum Fuß heruntergeführte Linie ist, steigt der linke Kontur zur Hüfte auf und verzweigt sich an dem spitzen Winkel des rechten Armes, der sich im linken, fortgesetzt durch das Haar, wiederholt. So wird auch die Parabelform der rechten Schulter durch Augenbrauen und Nasenkontur wiederholt. Dieser klar konstruierte und doch mit heftiger Empfindung gezeichnete Akt wird von den Formen der Umgebung umspielt, deren Gegenstände z.T. nur undeutlich erkannt werden können.
Karl Schmidt-Rottluff: *Sich kämmendes Mädchen* (1919). In der Komposition ist der Zug zu geometrischer Vereinfachung zu erkennen, jedoch sind alle Formen offen und fragmentarisch, so die Kreise des Gesichtes und der Hände. Die Winkel schließen sich nicht zu Flächen zusammen. Diese Offenheit gibt der Spontaneität und Lebendigkeit, der Vorstellung von Bewegung, aber auch von Zerstörung Raum. In vergleichbarer Weise ist der Kanon der Grundfarben, deren Auftrag nicht streng an die Zeichnung gebunden ist, durch vielfältige Mischungen und Trübungen ergänzt.
Karl Schmidt-Rottluff: *Fischersonntag* (1923). Die Figuren sind in ihren Gliedmaßen so vereinfacht, daß sie zusammen mit dem Balkengefüge des Geländers und der Brücke eine grobe, schwere und zeichenhafte Bildarchitektur mit weitgehender Symmetrie ergeben. Die Grundfarben Rot, Gelb und Blau sind in großen Partien zu Braun, Grün und Tiefblau abgedunkelt.
Erich Heckel: *Felsen am Meer* (1926). Durch den Blick von einem erhöhten Standpunkt breitet sich die Gebirgslandschaft mit ihren Felsschichtungen als ein flächiges Ornament aus, das durch wenige große Bewegungszüge – v. a. die abwärts führende Mauer und als Antwort darauf der aufwärts steigende Grat – ein barockes Pathos erhält. In der Pinselführung und in der Farbgebung wird jedoch dramatischer Überschwang vermieden und der Natur sachlich Rechnung getragen. *HB-S*

Ze **Museum Dahlem** (Zehlendorf; Arnimallee
37 23–27 und Lansstr. 8)
Der Dahlemer Museumskomplex (zum Gebäude → S. 330) bewahrt den größten Teil der West-Berliner

Bestände der Staatlichen Museen (anderes ist im Schloß Charlottenburg, den diesem gegenüber liegenden ehem. Kasernenbauten und in der Neuen Nationalgalerie). – Folgende Sammlungen sind hier untergebracht: Gemäldegalerie, Kupferstichkabinett, Skulpturengalerie mit Frühchristlich-Byzantinischer Sammlung, Museen für Indische, Islamische und Ostasiatische Kunst, Museum für Völkerkunde.

Gemäldegalerie (Museum Dahlem; Arnimallee 23–27; Erdgeschoß und Obergeschoß [rechts])

Seit 1950 sind die in West-Berlin vorhandenen Bestände der ehem. Kgl. Gemäldegalerie (vgl. S. 415) im Museum Dahlem untergebracht. Durch den Verlust fast aller großen Formate unterscheidet sich die Sammlung heute auffällig von anderen Galerien gleichen Ranges (München und Dresden z. B.); sie hat so einen eigenartig intimen Charakter erhalten. Die nicht für eine Gemäldegalerie konzipierte Architektur wird trotz Renovierungen als Notbehelf empfunden.
Die Malerei des Mittelalters und der Renaissance in Italien, Deutschland und den Niederlanden ist hervorragend vertreten. In der Epoche des Barock dominieren die Niederlande, während Italien, Frankreich und Deutschland schwächer zur Geltung kommen. Von der französischen und italienischen Malerei des Rokoko finden sich gute Beispiele, während die deutsche Malerei dieser Zeit fast ganz fehlt. Die englische Malerei des 18. Jh. ist durch neue Erwerbungen repräsentiert. Die relativ hohen Mittel bei höchsten Preisen für erstrangige Gemälde erlaubten nach dem 2. Weltkrieg nur wenige Ergänzungen, die v. a. auf dem Gebiet der italienischen Malerei des 17. und 18. Jh. glücklich gewesen sind. – Von rd. 1350 Gemälden sind etwa 700 ausgestellt. – Man betritt die Gemäldegalerie am zweckmäßigsten vom Eingang in der Arnimallee.
Links vom Vestibül sind *frühe Werke der italienischen Malerei* ausgestellt, in
Raum 115:
Giotto di Bondone (Werkstatt): *Marientod* (Florenz, 1. Hälfte 14. Jh.). Die einfache, strenge Komposition vereinigt 43 Figuren, außer Christus und den 12 Aposteln viele Engel. Körperlichkeit und seelischer Ausdruck begründen eine neue Glaubwürdigkeit, die revolutionär wirkte und Florenz zur Keimzelle der Renaissance machte.
Simone Martini: *Die Grablegung Christi* (Siena, um 1340). Übersteigerter Gefühlsausdruck kennzeichnet die Erfindung, eine Vielfalt von Klagemotiven in der ungewöhnlich zahlreichen Gruppe, dazu intensive Farbigkeit und Musikalität der Linienführung, schließlich das Mittel einer verdüsterten Landschaft, eine spätere Zutat statt des Goldgrundes. Die unten gefestigte Komposition löst sich nach oben auf. Empfindungsreichtum ist ein Merkmal sienesischer Kunst.
Pietro Lorenzetti: *Die hl. Humilitas heilt eine kranke Nonne* (Siena, um 1340). Wenige einfach gebildete Figuren agieren in einer sparsam angegebenen, bühnenartigen Architektur. Die jähe Perspektive erhält die Energie einer Geste.
Giovanni Battista da Conegliano, gen. Cima: *Thro-*

Museen: Museum Dahlem – Gemäldegalerie

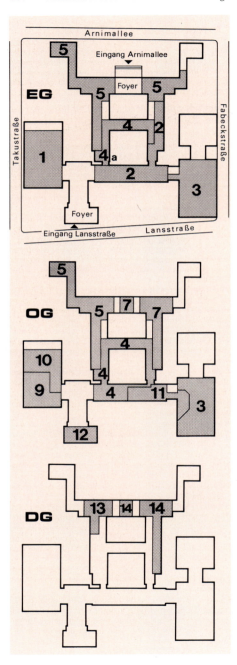

Museum Dahlem. Standorte der Sammlungen

Erdgeschoß:
5 Gemäldegalerie
4 Skulpturengalerie
4a Frühchristlich-Byzantinische Sammlung
1 Museum für Indische Kunst
   Museum für Völkerkunde:
2 Amerikanische Archäologie
3 Südsee

Obergeschoß:
5 Gemäldegalerie (Forts.)
4 Skulpturengalerie (Forts.)
9 Museum für Islamische Kunst
10 Museum für Ostasiatische Kunst
   Museum für Völkerkunde:
7 Afrika
11 Südasien
3 Südsee (Forts.)
12 Sonderausstellungen

Dachgeschoß:
13 Kupferstichkabinett
   Museum für Völkerkunde:
14 Ostasien

nende Madonna mit Heiligen (Venedig, um 1490). Aus der Camaldulenserkirche S. Michele bei Venedig. Die nach vorn greifende Architektur verklammerte einst das reale Kirchengebäude mit der Repräsentation der Idee der Kirche im Bild. Würdige Statuarik und lebensnahe Körperlichkeit gleichen die Figuren den Bauformen an. Der Himmel ist der Himmel über der Lagune.
Carlo Crivelli: *Thronende Madonna mit sieben Heiligen* (Venedig, um 1490). Eine prägnante Plastizität, z.B. in den Früchten, Ausdrucksschärfe in Gesichtern und Händen und Freude am Stofflichen führen dennoch nicht zu suggestiver Naturnähe. Abstraktion in Farbigkeit und Form – Elemente der Spätgotik – wahrt den Eindruck des Überwirklichen.
Raum 116
Andrea Mantegna: *Maria mit dem schlafenden Kind* (Mantua, um 1460). Kern der Komposition, um den sich Körper und Gewand der Mutter wie schützende Schalen legen, sind die lebensnah gesehenen fein geschnittenen Züge des Neugeborenen. Melancholie im Ausdruck Mariens, dazu der schwermütig-düstere Farbklang, sind Vorahnung der Passion.
Giovanni Bellini: *Madonna mit Kind* (Venedig, um 1460). Die Verklammerung der Hände und die Blicke, hier Trauer, dort Furcht, bestimmen den Ausdruck. Aus den Formen der Körper und des Gewandes entwickelt sich die herbe Landschaft mit ihren Kurvaturen als ein Resonanzraum der Gefühle. In der zeichnerischen Prägnanz schlägt sich das Studium Mantegnas nieder.
Vittore Carpaccio: *Die Grabbereitung Christi* (Venedig, um 1505). Der tote Christus ist umgeben von vielen Bildern der Zerstörung und der Trauer in Natur und Kunst. Präzise Zeichnung und Zersplitterung der Komposition in einer weiträumigen Landschaft steigern das Grauen und die Fassungslosigkeit der Klage. Der sitzende Greis ist vermutlich Hiob.

Andrea Mantegna: Maria mit dem schlafenden Kind. Um 1460 (Museum Dahlem, Gemäldegalerie)

426   Museen: Museum Dahlem – Gemäldegalerie

Raum 114
Fra Angelico: *Das Jüngste Gericht* (Florenz, nach 1445).
Beglückung bei den Seligen und Entsetzen bei den Verdammten begegnen in vielen Variationen, jedoch überwiegt das Paradiesische, auch in der hellen Farbigkeit, dem Gold und der Melodik der Linien. Christus in der Mitte, umgeben von der geordneten Versammlung der Heiligen, dirigiert das Aufsteigen und Niederstürzen. Innerhalb der florentinischen Entwicklung neigt Fra Angelico nach rückwärts zur Gotik.
Masaccio: *Die Wochenstube einer vornehmen Patrizierin* (Florenz, um 1430). Das Bild ist ein »Desco da Parto«, auf dem Wöchnerinnen Geschenke überreicht wurden. Die Menschen bewegen sich selbstbewußt und feierlich in einer edlen, exakt konstruierten Architektur im modernen Stil der Frührenaissance, Ausdruck eines neuen Lebensgefühls, das den Alltag zu überhöhen verstand.
Fra Filippo Lippi: *Maria, das Kind verehrend* (Florenz, um 1458). Das ehem. Altarbild der Kapelle im Palazzo Medici-Riccardi in Florenz zeigt das Geschehen mit symbolischen Anspielungen auf den Opfertod Christi im dunklen Raum eines Waldes. Felsen und Baumstämme sind ebenso plastisch durchgeformt wie die Figuren und ihre Gewänder.
Andrea del Castagno: *Himmelfahrt Mariae* (Florenz, 1449). Das Wunderbare ist durch unlösbare Widersprüche in der Gestaltung auf gewaltsame und doch faszinierende Weise veranschaulicht. Präzision in den Details, antikische Lebensnähe in den lässig dastehenden Heiligen Julian und Miniato oder die Monumentalität der Madonna stehen gegen die Abstraktheit der Farbe, die Symmetrie, Goldgrund und Phantastik der Wolken.
Antonio Pollaiuolo: *Profilbildnis einer jungen Frau* (Florenz, um 1460). Aphoristisch knapp ist das reine Profil des Kopfes über dem flächigen Brokatmuster vor das Himmelsblau gestellt, Spannung von irdischer Schönheit und Überirdischem. Die akzentreiche Melodik des Konturs erzeugt eine geisterfüllte Lebendigkeit.
Piero della Francesca: *Der hl. Hieronymus als Büßer* (Rimini[?], 1450). Die architektonisch geordnete Landschaft und der Heilige bilden, auch im Farbigen, ein ebenso strenges wie einheitliches Gefüge. Der Baum hinter dem demütigen Einsiedler wirkt wie ein Sinnbild seiner moralischen Kraft. Pieros herbe Monumentalität entwickelte sich abseits der Zentren Florenz und Venedig.
Domenico Ghirlandaio: *Judith mit ihrer Magd* (Florenz, 1489). Die Einwohnerin der von Holofernes belagerten Stadt Bethulia hat diesen betört und im Schlaf enthauptet. Gefeiert wird in der zierlichen Gestalt die Überlegenheit von Klugheit und Mut über Barbarei und Gier der Mächtigen, ein Ideal, in dem sich Florenz wiederentdeckte. Die moderne Architektur, der Ausblick in eine grandiose Natur und das antike Schlachtrelief begleiten den Gedanken.
Meister von S. Spirito: *Bildnis eines jungen Mädchens* (Florenz, um 1485). Der hoch gerückte Kopf steht vor dem Himmel, während die Schultern dem Gebirge zugeordnet sind. Die Gestalt beherrscht die Landschaft, ist zugleich jedoch von mädchenhafter Demut erfüllt. Die

Inschrift, Hinweis auf Christi Auferstehung, und das Kreuz an der Korallenkette geben dem Bildnis einen religiösen Sinn.
Sandro Botticelli: *Der hl. Sebastian* (Florenz, 1474). Scheinbar gleichgültig gegenüber seinem Leiden steht der Heilige wie eine antike Statue auf den Aststümpfen eines Baumstammes und überragt die weite Landschaft. Der schöne Körper wird im Sinne der Antike zum Bürgen für eine moralische Qualität. Botticelli war Schüler Fra Filippo Lippis.
Raum 111
Raffael: *Madonna aus dem Hause Colonna* (Florenz, um 1508). Lebhafte Bewegung, Lichtführung und helles Kolorit vermitteln den Impuls natürlicher Frische und Nähe wie bei einem Porträt. Das Ebenmaß hebt die Erscheinung jedoch ins Übernatürliche und den Augenblick ins Überzeitliche.
Angelo Bronzino: *Bildnis des Ugolino Martelli* (Florenz, nach 1535). Der junge Gelehrte im Hof seines Florentiner Palastes mit den Attributen seiner Bildung und Kunstliebe – im Hintergrund eine David-Statue Donatellos – kehrt sich posierend dem Betrachter zu. Der hochmütige Blick jedoch geht ernst und melancholisch über die Umgebung hinweg. Ein Beispiel des Florentiner Manierismus.
Raum 112
Francesco del Cossa: *Allegorie des Herbstes* (Ferrara/Bologna, um 1470). Das Bild, das wegen der Untersicht ursprünglich hoch angebracht war, zeigt ein Landmädchen in antikischem Gewand wie eine Statue. Irdisches – das Land und seine Produkte – wird durch Monumentalität verherrlicht.
Antonello da Messina: *Bildnis eines jungen Mannes* (Venedig, 1478). Die miniaturhafte Kleinheit und Präzision beruhen auf niederländischem Einfluß. Moralische Festigkeit äußert sich in der Plastizität des Kopfes vor dem grenzenlosen Himmelsraum, stolze Distanz zum Betrachter im Motiv der Brüstung. Gemäß dem Wahlspruch »Im Glück sei bescheiden, im Unglück aber klug« sind Demut und Selbstbewußtsein vereint.
Giorgione: *Bildnis eines jungen Mannes* (Venedig, um 1505). Ein Selbstbewußtsein in Blick und Haltung sucht sich gegen ein Wissen vom Wandel der Dinge, der im Helldunkel, in der Sensibilität und in der Stofflichkeit angelegt ist, zu behaupten. Mit Giorgione fand die venezianische Malerei den Anschluß an die Hochrenaissance.
Raum 111 a
Piero di Cosimo: *Venus, Mars und Amor* (Florenz, um 1505). Die belebte, weite Landschaft gehört zur Liebesgöttin, die, eben erwacht, Macht über den noch schlafenden Kriegsgott gewinnt. Von Botticelli beeinflußt, vernachlässigt der Maler kompositorische Konsequenz zugunsten erzählerischer Vielfalt.
Raum 110
Tizian: *Selbstbildnis* (Venedig, um 1150–60). Einem politischen Machthaber ebenbürtig stellt sich der alte Maler dar. Mit seherischer Bestimmtheit geht der Blick am Betrachter vorbei. Eine großzügige Kurve, die von der einen Hand über die Schulter zur anderen verläuft, umschließt die feste Gestalt, die der Auflösung im Spiel von Licht und Schatten Widerstand leistet.

Tizian: *Mädchen mit Fruchtschale* (um 1555). Wie die flüchtige Szene eines Festes vermitteln der im Vorbeigehen verführerisch zugewandte Blick, das kostbare Kleid und die mühelos gehaltene Schale die Vorstellung von Lebensgenuß, nicht ohne Andeutung seiner Vergänglichkeit.

Jacopo Tintoretto: *Maria mit dem Kind auf der Mondsichel und die Evangelisten Markus und Lukas* (Venedig, gegen 1580). Eine tektonische Ordnung als übernatürliches Prinzip bändigt die Erregung, die sich in den Sitzmotiven und der unruhigen Lichtführung äußert. Der Schüler Tizians wagte in seiner Handschrift eine vorher nicht gekannte Spontaneität.

Raum 109 a

Sebastiano del Piombo: *Bildnis einer Römerin* (Rom, um 1512/13). Reiche Kleidung, gezierte Handhaltung und der zwar beseelte, doch selbstbewußte Blick kennzeichnen soziale Stellung und Charakter. Die stimmungsvolle Abendlandschaft im Hintergrund, eine Erinnerung an Tizian und Giorgione, regt zu einem Vergleich mit dem Porträt an.

Lorenzo Lotto: *Bildnis eines jungen Mannes* (Venedig, um 1530). Die Überraschung des auch als Selbstbildnis angesprochenen Porträts besteht in der Raffung des hellroten Vorhangs, der über eine brüchige Mauer hinweg, betont durch die Schräge der Mütze, den Blick auf das Meer freigibt. Zwischen dem ernsten Gesicht und der Ferne baut sich ein Spannungsfeld auf.

Correggio: *Leda mit dem Schwan* (Mantua, um 1530). Nie zuvor sind Schmiegsamkeit der Glieder und Weichheit der Haut so wiedergegeben worden. Dieser neuen Sinnlichkeit entspricht auch die Nahsicht der Landschaft, deren nobler Farbklang auf die Figuren abgestimmt ist. Hinzu kommt die kunstvolle Melodik der Komposition. Das Bild gehört zu einem für Herzog Federigo II. Gonzaga gemalten Zyklus von Liebesabenteuern Jupiters.

Rechts vom Vestibül beginnt die *Altdeutsche Malerei.*

Raum 136

Westfälisch, nach 1250: *Altaraufsatz* in 3 Abteilungen. Ein Gnadenstuhl – Gottvater, den Gekreuzigten haltend, mit der Taube des Hl. Geistes – ist flankiert von Maria und dem Evangelisten Johannes. Die abstrakte, bizarre Faltenbildung, typisch für die Jahrhundertmitte nach einer Phase großer Natürlichkeit, ist Ausdruck gesteigerter spiritueller Kraft.

Böhmisch, um 1350: *Thronende Madonna mit Kind.* Das Bild wurde von dem hier klein porträtierten Prager Erzbischof Ernst von Pardubic für ein Glatzer Kloster gestiftet. Reichtum in kostbaren Stoffen und in einer vielteiligen, raumschaffenden Architektur des Thrones Salomonis, Sinnbild göttlicher Weisheit und Macht, dazu melodische Bewegtheit und inniger Gefühlsausdruck spiegeln die Kunstblüte am Hof Karls IV. in Prag, wo italienische und französische Einflüsse zusammentrafen.

Hans Multscher: *Wurzacher Altar* (Ulm, 1437). Eindringlich belegen die 8 Tafeln den Wandel vom harmonischen Weichen Stil zu einer auf Charakteristik und packenden Ausdruck zielenden Sprache. Das Leiden Christi wird drastisch geschildert. Häßliches wird betont. Multscher war auch Bildhauer. Das erklärt die plastische Wucht der Figuren.

Hans Baldung Grien: *Die Beweinung Christi* (Straßburg, um 1520). Der Schüler Dürers übernimmt die Sprache Grünewalds. Die herzzerreißende Klage über den toten Christus bestimmt alle Bewegungen, ja Verzerrungen der Körper bis in die zum Gestischen gesteigerten Landschaftsformen hinein. Detailreichtum und Genauigkeit sind beschwörender Hinweis auf die Wirklichkeit des Geschehens.

Hans von Kulmbach: *Anbetung der Könige* (Nürnberg, 1511). Das Thema veranlaßt den Dürer-Schüler, ethnologische Kenntnisse in Physiognomien und Gewändern auszubreiten. Der Stall von Bethlehem ist in eine Palastruine eingebaut, deren wohldurchdachtes Raumgerüst in Renaissanceformen der vielteiligen Gruppierung der Figuren korrespondiert.

Raum 137

Konrad Witz: *Christus am Kreuz* (Basel[?], um 1430). Eindringliche Vergegenwärtigung des Geschehens ist das Ziel des von niederländischen und burgundischen Vorbildern ausgehenden Malers. Dazu dienen die naturnahe Bodenseelandschaft, die greifbar-blockhafte Plastizität der Figuren und nicht zuletzt das Stifterporträt vorn. Witz führte den neuen Realismus am Oberrhein ein.

Martin Schongauer: *Die Geburt Christi* (Colmar, um 1480). Der Meister des Kupferstichs spricht aus dem Reichtum präzis durchgestalteter Formen an jeder Stelle der kleinen Tafel, Ausdruck verehrender Hingabe, in dem Geschehen entspricht. Strahlenförmig entwickelt sich die Komposition vom Christuskind aus. Schongauer war dem jungen Dürer ein Vorbild.

Raum 138

Albrecht Dürer: *Madonna mit dem Zeisig* (Venedig, 1506). Venezianisch sind das helle, bunte Kolorit und die Komposition. Im klar geordneten Raum mit absichtsvoll konstruierter Perspektive breitet sich eine Fülle erzählender Details aus. In der Signatur bezeichnet sich Dürer als »germanus«.

Albrecht Dürer: *Hieronymus Holzschuher* (Nürnberg, 1526). Der mächtige Kopf ist so nah gesehen, daß jedes Detail erkennbar wird. Leidenschaftliches und Lebendiges wiegt Geordnetes und Gefestigtes – v. a. in der Beziehung von Oberkörper und Kopf – auf. Der energische Blick des Patriziers wirkt unmittelbar.

Albrecht Altdorfer: *Ruhe auf der Flucht* (Regensburg, 1510). Während vorn die Figuren und der Brunnen mit seinen Sprüngen im Maßstab und dem Wechsel von Skulpturen zu lebendigen Engeln flächig angeordnet sind, öffnet sich in der Tiefe eine motivreiche Landschaft. Sinn für das Phantastische und Freude am Erzählen überrumpeln geradezu den Rationalismus der konsequenten Perspektive. So gelang es dem Hauptmeister der Donauschule, der das erste Landschaftsbild ohne Figuren malte, die elementaren Mächte der Natur zu erfassen.

Albrecht Altdorfer: *Christus am Kreuz* (Regensburg, um 1526). Der Schmerz der Trauernden, in ihrer Klage der Weite der grandiosen Landschaft hilflos ausgesetzt, ist das Hauptmotiv. Besonders die in sich zusammengesunkene Rückenfigur der Maria Magdalena unter

428   *Museen: Museum Dahlem – Gemäldegalerie*

Christus ist eine Erfindung von rührender Innigkeit. Das kleine Format entspricht der gefühlvollen Sicht des Geschehens.

Vom Raum 136 führen einige Stufen zum Seitentrakt und dort zu

R a u m   1 3 4 .

Lucas Cranach d. Ä.: *Ruhe auf der Flucht* (vermutlich Wien, 1504). Dem wuchernden Reichtum der Landschaft entsprechen die lockere Figurenkomposition und die Erzählfreudigkeit, namentlich bei den so unterschiedlich gebildeten und beschäftigten Engeln. Die Natur und die wie bunte hingestreuten Menschen und Engel, deren Gestik und Gewandformen in der Landschaft fortwirken, bilden eine Einheit.

Lucas Cranach d. Ä.: *David und Bathseba* (Wittenberg, 1526). Die betont modischen Kostüme bilden zusammen mit der Architektur und der Laubkulisse ein Ensemble von großem ornamentalem Reiz. Die biblische Erzählung ist in die Atmosphäre eines Renaissance-Hofes übertragen.

R a u m   1 3 3

Christoph Amberger: *Bildnis des Kosmographen Sebastian Münster* (Augsburg, um 1552). Der feste, ernste Blick geht in eine Ferne, aus der auch das Licht kommt. Nur die Hand auf der Brüstung schlägt eine Brücke zum Betrachter. Der alte Mann scheint, obschon er als Körper genau erfaßt ist, in einer geistigen Welt zu leben. Amberger war der führende Augsburger Bildnismaler der Renaissance.

Hans Holbein d. J.: *Der Kaufmann Georg Gisze* (London, 1532). Ungewöhnlich ist die Fülle der Gegenstände, ein Ausweis kaufmännischer Tüchtigkeit, die den Umriß des Oberkörpers nicht tangieren außer den Nelken in einem venezianischen Glas, einem Symbol der Vergänglichkeit. Der gesammelte Ausdruck des Gesichts und die Haltung im Einklang mit der Tracht verdeutlichen, daß eine geistige Kraft die Mitte dieses Kontors ausmacht. Die Übersetzung des Distichons auf dem Zettel an der Wand lautet: »Das du hier siehst, dies Bild, zeigt Georgs Züge und Aussehen – So ist lebendig sein Aug', so sind die Wangen geformt.« Als in Basel die Bilderfeindlichkeit überhand nahm, wanderte Holbein nach England aus, blieb jedoch dem Basler Humanismus verpflichtet.

R a u m   1 3 2 . *Französische Malerei des 18. Jh.*

Antoine Watteau: *Gesellschaft im Freien* (Paris, um 1720, unvollendet). Die Geselligkeit ist wie das Wuchern des Waldes oder das Spiel der Kinder mit dem Ziegenbock bei der Brunnenskulptur nur scheinbar ungezwungen. Es gibt ein gleichsam musikalisches Reglement, einen Takt, der die Heiterkeit Ernst, dem verfeinerten Lebensgenuß eine philosophische Dimension hinzufügt. Watteau überwand die förmliche Hofkunst der Zeit Ludwigs XIV.

Jean Baptiste Siméon Chardin: *Der Zeichner* (Paris, 1737). Tätigkeit – das Anspitzen der Kreide – verbindet sich mit versonnener Betrachtung. Die jugendliche Zartheit erhält so den Ausdruck geistiger Reife. Das bürgerliche Milieu wird durch die Kunst geadelt. Zwischen erzählendem Genre und repräsentativem Porträt verkündet das Bild ein neues künstlerisches Selbstbewußtsein.

R a u m   1 3 1 . *Englische Malerei des 18. und frühen 19. Jh.*

Sir Joshua Reynolds: *Lord Clive(?) und seine Familie* (London, um 1765). Im fahlen, doch delikaten Kolorit, das vom Teint der 3 Familienmitglieder und der indischen Dienerin bestimmt ist und dem sich sogar die Landschaft fügt, in den kostbaren Stoffen und dem symmetrischen Bildbau wird die Noblesse der Hauptpersonen präsentiert. Natur und Kultur, Gefühl und Vernunft, Bravour des Vortrags und Disziplin sind wohlabgewogen.

Von Raum 136 gelangt man geradeaus und über eine Treppe abwärts zur Abteilung *Altniederländische Malerei.*

R a u m   1 4 3

Jan van Eyck: *Maria in der Kirche* (Brügge, um 1425; → Farbabb. 19). Das Bild ist die linke Tafel eines Diptychons, zu dem ursprünglich rechts ein Porträt gehörte. Die maßstäbliche Diskrepanz zwischen Figur und Innenraum bedeutet die Gleichsetzung von Maria mit der Kirche als Institution. Auch das einfallende Licht ist symbolisch zu deuten. Von der hochentwickelten Buchmalerei ausgehend, leitete van Eyck die großartige Blüte des altniederländischen Tafelbildes ein.

Jan van Eyck: *Bildnis des Giovanni Arnolfini* (Brügge, um 1438). Die eigenartigen Züge, verschlossen, müde und doch lauernd, werden durch die komplizierten Falten der Kopfbedeckung umspielt. Die Feinheit der Durchführung macht das Zufällige gültig. Arnolfini war ein in Brügge lebender Kaufmann aus Lucca.

Petrus Christus: *Bildnis einer jungen Frau* (Brügge, um 1470). Das fahle Inkarnat, raffiniert auf die Farben der Tracht abgestimmt, der katzenartige Blick und die Einprägsamkeit der Komposition schaffen einen Widerspruch von Künstlichkeit und Lebendigkeit. So wirkt die Frau als rätselhaftes, überfeinertes Wesen. Der Maler war vermutlich ein Schüler van Eycks.

Rogier van der Weyden: *Bildnis einer jungen Frau* (Tournai, um 1435). Ungewöhnlich sind Lebensfülle und Körperlichkeit des Kopfes, auch der fest auf den Betrachter gerichtete Blick. Die Würde dieser Frau wird durch die das Gesicht rahmende Tracht betont.

Robert Campin: *Robert des Masmines* (Tournai, vor 1430). Durch den knappen Ausschnitt ungewöhnlich nah, zugleich aber auch durch den zur Seite gewendeten Blick distanziert, erscheint der charaktervolle Kopf in einer Spannung zwischen Körperlichkeit und geistigem Leben. Die Würde des Porträts liegt in der unbedingten Wahrheit.

R a u m   1 4 4

Rogier van der Weyden: *Bladelin-Altar* (um 1460). Peter Bladelin, kniend im Mittelbild dargestellt, war der Stifter des Triptychons für den Hochaltar der Stadtkirche der von ihm gegründeten Stadt Middelburg. Auf dem linken Flügel zeigt die Sibylle von Tibur den knienden Kaiser Augustus die Erscheinung der Madonna mit dem Christuskind. Rechts knien die Hll. 3 Könige aus dem Morgenland vor der Erscheinung Christi im Himmel nieder. Bladelin vergleicht sich auf diese Weise mit den Herrschern in West und Ost und verbindet mit seiner Demut adeliges Selbstgefühl. Die bei aller Detailtreue doch stilisierte Wirklichkeit und der Sinn für das Kostbare entsprechen dieser Gesinnung.

Museen: Museum Dahlem – Gemäldegalerie 429

Dirk Bouts: *Christus im Hause Simons* (Löwen, um 1450). Genaue Beobachtung der alltäglichen Dinge wie der Menschen, in kostbarer Malerei vorgetragen, verbindet sich mit hierarchischer Regelmäßigkeit der Komposition. So kommt die Bedeutsamkeit der Episode zum Ausdruck. Bouts war sowohl von Rogier van der Weyden wie von Petrus Christus angeregt.
Jean Fouquet: *Etienne Chevalier mit dem hl. Stephan* (Tours, um 1450). Das Bild ist der linke Teil eines Diptychons; der rechte, eine Madonna, befindet sich in Antwerpen. Niederländische Sachlichkeit der Menschenschilderung begegnet italienischer Großformigkeit. Frömmigkeit steht in Einklang mit Stolz, wie es auch die geradezu verwandtschaftliche Nähe von Stifter und Heiligem zeigt.
Hans Memling: *Maria mit dem Kind* (Brügge, um 1480). Die Strenge der thronenden Madonna ist durch wohlüberlegte Abweichungen von der Symmetrie, v. a. aber durch den sich dem Christuskind zuwendenden Engel gemildert. Eine wohnliche Atmosphäre und Anmut überbrücken die Distanz des Heiligen. Darin besteht der Unterschied vom Stil Memlings zu dem seines Lehrers Rogier.
Albert van Ouwater: *Die Auferweckung des Lazarus* (Haarlem, um 1450). In diesem einzigen gesicherten Werk des hochberühmten Holländers ist die Szene in den Chor einer romanischen Kirche verlegt, Andeutung historischer Distanz und dennoch Verbindung zur Gegenwart. Der Vorgang scheidet die Gläubigen von den Ungläubigen, die den Verwesungsgeruch wahrnehmen und vor dem Wunder zurückweichen. Die Drastik und ein volkstümlicher Ton in der Schilderung sind ein holländischer Zug, der Ouwater von seinem Vorbild van Eyck unterscheidet.

Raum 146
Hugo van der Goes: *Die Anbetung der Könige* (Gent, um 1470). Mittelbild eines Flügelaltars aus dem spanischen Kloster Monforte. Alles wirkt gewichtig, der schwerblütige Ernst der Gestalten, bäuerisch und doch edel, wie die Hände zeigen. Um so deutlicher spricht das Zarte im Kind, im Gesicht der Maria und in der ihr zugehörigen Akelei. Die jähen Verkürzungen erschließen den Raum, erzeugen Dramatik und damit eine Ahnung von der heilsgeschichtlichen Bedeutung des Vorgangs.
Geertgen tot Sint Jans: *Johannes der Täufer* (um 1485). Das Gesicht drückt ebenso wie der geschlossene Umriß der Figur, im Einklang mit der Form der Hügel, die Meditation über das Leiden Jesu aus. Tröstend wirkt dagegen das Leben der Blumen, Bäume und der Tiere, unter ihnen das Lamm. So wird die Landschaft zum Resonanzraum der Stimmung.

Raum 147
Hieronymus Bosch: *Johannes der Evangelist auf Patmos* ('s-Hertogenbosch, um 1490). Johannes schreibt die Apokalypse nieder. Mit einem neuen Wirklichkeitssinn ist die Landschaft geweitet, so daß die Lebewesen sich in ihr verlieren, so der Adler, das Symbol des Evangelisten. Diese Sicht weckt auch Angstvorstellungen, aus der Ungeheuer und Katastrophenbilder wie der Schiffsbrand entstehen. Auf die kostbare Oberfläche der früheren Zeit ist nun verzichtet.

Raum 148
Lucas van Leyden: *Maria mit Kind und Engeln* (Leiden, um 1515–20). Der freie Schwung der Bewegung, begleitet durch den Eindruck der Musik und ein lebhaftes Kolorit, ist durch eine symmetrische Architektur, bei der jedoch Dekoratives überwiegt, gezügelt. Die Gesichter wirken derb-natürlich.
Pieter Brueghel d. Ä.: *Die niederländischen Sprichwörter* (Brüssel, 1559). Die Volksweisheit der Sprichwörter enthüllt die Welt in vielen Szenen als ein durch Unvernunft beherrschtes Chaos – ein schroffer Gegensatz zur früheren niederländischen Malerei, auch im dünnen, materielle Kostbarkeit meidenden Farbauftrag.

Raum 149
Willem Key: *Bildnis eines jungen Mannes* (Antwerpen, um 1545). Die ausdrucksvolle Wendung zum Betrachter, dazu die Weichheit der Züge und der knappe Schwung der Komposition geben dem Bildnis eine gefühlvolle Note, einen seelischen Ausdruck, der neu ist. Rubens hat das Werk kopiert.

Raum 150
Pieter Brueghel d. Ä.: *Zwei angekettete Affen* (1552). Der Steinbogen ist vermutlich ein Fenster des Fort Philipp bei Antwerpen. Vielleicht symbolisieren die Affen die Unterdrückung der im Hintergrund gezeigten Stadt durch die Spanier, der linke in geduckter, doch lauernder Haltung schlauen Widerstandsgeist, der rechte dumpfe Resignation.

Im **1. Obergeschoß** rechts (östl.) folgen *niederländische Barockmaler.*

Raum 240
Peter Paul Rubens: *Perseus und Andromeda* (Antwerpen, um 1619/20). Der geflügelte Pegasus, geduldig verharrend, und die gefangen dastehende Andromeda rahmen Perseus, der ihr, von Liebe ergriffen, eilig die Fesseln löst. So entwickelt sich die Handlung von links nach rechts, wobei die Umrisse der Körper das Auge in lebhaft bewegten Linien leiten. Wichtiger als der Kampf mit dem Seeungeheuer war Rubens die Darstellung der Annäherung mit Zartheit und Takt.
Peter Paul Rubens: *Die hl. Cäcilie* (1639/40). Wesen und Wirkung der Musik sind gleichnishaft gekennzeichnet durch die Glut der Farben, die Logik der Architektur, die berauschende Kurvatur der Falten und den verzückten Blick der Patronin der Musik mit den Zügen von Rubens' zweiter Frau Helene Fourment. Diese Verherrlichung der Musik durch die Malerei ist eine bekenntnishafte Aussage über Kunst.
Anton van Dyck: *Bildnis einer vornehmen Genueserin* (Genua, um 1622–26). Überlegenheit gegenüber dem Betrachter soll demonstriert werden, nicht nur in dem prüfenden Blick, auch in dem erhöhten und unbewegten Sitzen. Der aufsteigende Kontur des Körpers mündet in die Säule, die über die Grenzen des Bildes hinausführt. Kostbarkeit der Kleidung und ein sonores Kolorit unterstreichen den distanzierten Ernst. Die aristokratische Porträtauffassung des Rubens-Schülers blieb bis weit ins das 19. Jh. hinein vorbildlich.

Raum 241
Peter Paul Rubens: *Landschaft mit Kühen und Entenjägern* (um 1620–30). Die Natur ist hier ein Kampf von Gegensätzen: kultivierter Boden mit trägen Rindern und

430   Museen: Museum Dahlem – Gemäldegalerie

die Wildnis des Waldes, die stetige Arbeit der Mägde und das Abenteuer der Jagd (wobei die aufrecht stehende Magd größere Würde besitzt als der schießende Edelmann), die Erhabenheit des weiten Raumes mit seiner Ruhe und der Knall des Schusses, Licht und Dunkelheit, Leben und Tod. Der Ausschnitt weitet sich so zum Weltganzen.

Adriaen Brouwer: *Dünenlandschaft im Mondschein* (Antwerpen, um 1635–37). Mit wenigen erdigen Tönen und grobem Pinselstrich ist eine schwermütige Landschaftsimpression wiedergegeben. Spiralartig entwickelt sich die Komposition von den Männern in der dumpfen Vordergrundzone über das Haus, die Bäume, die schwarzen Wolken, den Turm, die Männer am Strand und die Boote zum Mond als dem Ziel, dem fernen Gegenpol zum Schwarz vorn.

Raum 242

Jan Vermeer van Delft: *Die Dame mit dem Perlenhalsband* (Delft, um 1660–65). Schönheit als sich spiegelnde weibliche Anmut, als der Reiz kostbarer Dinge und auch als Feinmalerei mit edelsteinartiger Oberfläche wird moralisierend in Frage gestellt durch Strenge der Form, einen begrenzten Farbklang und eine melancholische Stimmung, Hinweis auf Vergänglichkeit der Schönheit und Eitelkeit des Irdischen.

Gerard Terborch: *Die väterliche Ermahnung* (Deventer, um 1654/55). In Wahrheit handelt es sich um eine Kuppelszene, doch hebt die Würde der Form das Bild über vordergründiges Moralisieren hinaus. Seelischem Empfinden ist Raum gegeben. Terborchs Modernität bestand in einer Kultivierung des Stofflichen.

Raum 243

Jan Steen: *Der Wirtshausgarten* (Leiden, um 1660). Ein zu Wohlstand gekommenes Bürgertum zeigt in seinem Benehmen noch bäuerische Derbheit, stellenweise sogar grimassenhafte Häßlichkeit. Die harmlose, doch höchst lebendige Genreszene erhält so eine kritische Note.

Von Raum 240 geht es in den Seitentrakt.

Raum 238

Frans Hals: *Malle Babbe* (1629/30). Das Bild war im 19. Jh. wegen seiner spontanen Malweise und als Milieustudie hochberühmt. Die Eule, Symbol der Weisheit, als Nachtvogel auch Negatives bedeutend, und der riesige Humpen bezeichnen den offenbar verwirrten Geist der alten Frau.

Raum 237

Jacob van Ruisdael: *Eichenwald an einem See* (Haarlem, um 1660). Der abgestorbene und, während er ins Wasser zu stürzen droht, mit einer Pathosgeste zum Himmel weisende Baum und die quellenden Regenwolken am abendlichen Himmel vergegenwärtigen die Macht der Natur, denen der Schäfer links hilflos ausgeliefert ist. Wegen seiner tiefen Naturempfindung gilt Ruisdael als größter holländischer Landschaftsmaler.

Hercules Seghers: *Holländische Flachlandschaft bei Rhenen* (Amsterdam[?], um 1625–30). Die Kirche verklammert Himmel und Erde, aber auch das weite Land und die Stadt als Zentrum der Kultur. Die Windmühle – technische Nutzung der Naturkraft – ist ein Nebenakzent. Bescheiden und zugleich stolz zeigt sich der Mensch als Herr der Welt. Seghers, von seinen Zeit-

genossen verkannt, war ein Einzelgänger, übte jedoch auf Philips Koninck Einfluß aus.

Raum 236

Rembrandt: *Der Mennonitenprediger Anslo* (Amsterdam, 1641; → Farbabb. 25). Der berühmte Prediger belehrt ein Mitglied seiner Gemeinde. Das Porträt ist damit dem Historienbild angenähert. Die ideale Mitte jedoch ist das Bücherstilleben, das von Anslo ausgelegte Wort Gottes.

Rembrandt: *Hendrikje Stoffels* (um 1656/57). Hendrikje, Rembrandts Hausfrau, erscheint in der soeben geöffneten Tür und scheint dem Maler ihren liebevollen Blick zuzuwenden. Auffällig ist der Ring an dem über die Brust gelegten Band. Die lebendige, durch warmes Licht gesteigerte Modellierung des Gesichts und der Hände setzt sich in den lässig fallenden kostbaren Kleidern fort.

Raum 235

Rembrandt: *Susanna und die beiden Alten* (Amsterdam, 1647). Der Blick Susannas scheint den Betrachter um Hilfe zu bitten. Das Angstgefühl wird durch die düstere Landschaft mit dem unheimlichen Gewässer gesteigert, in das die absteigende Bewegung der Figuren zielt, während der Frauenkörper dem Niederdrückenden mit einer moralischen Kraft widersteht. Das auf Susanna fallende Licht bezeichnet ihre Überlegenheit. So erfaßt Rembrandt den Gehalt der Geschichte, ihr vordergründiger Ablauf und die Gier der Alten sind Nebensache.

Raum 234

Philips Koninck: *Holländische Flachlandschaft* (Amsterdam, um 1655–60). Vom erhöhten Standpunkt aus entwickelt sich das Gelände in konzentrischen Kreisen bis zum fernen Horizont, Ausdruck eines stolzen und nüchternen Gefühls der Herrschaft über Land und Meer. Der Wechsel von Licht und Schatten fügt jedoch Schicksalhaftes hinzu, das alle Berechnung in Frage stellt. Hier erweist sich Koninck als Schüler Rembrandts.

Adriaen van de Velde: *Die Farm* (Amsterdam, 1666). Das Bild bäuerlichen Wohlstandes – saftige Wiesen, gepflegtes Vieh, große Bäume, mit satten Farben sorgfältig gemalt – erhält durch die abendliche Stimmung und den absterbenden Baum in der Mitte einen melancholischen Beiklang, Hinweis auf Grenzen.

Paulus Potter: *Der Stier* (Den Haag, 1649). Das Wesen des Tieres, seine furchterregende Kraft, sinnfällig durch die Dunkelheit seiner Gestalt und den drohenden Blick weg von den Kühen zum Betrachter hin, erscheint als Teil einer allgemeinen Gewalt der Natur, die sich z. B. auch in den quellenden Wolken zeigt. Potter war der erste auf Tierbilder spezialisierte holländische Maler.

Von Raum 240 gelangt man geradeaus in die Abteilung *Malerei des Barock in den romanischen Ländern und des Rokoko in Italien*.

Raum 244

Georges de La Tour: *Die Auffindung des hl. Sebastian* (Lunéville, um 1649). Die enge Farbskala bei Verzicht auf Tonübergänge und der Beleuchtungseffekt im dunklen, toten Raum wirken abstrakt, kalt und unheimlich. So wird mehr an die Grausamkeit des Martyriums als an die Erhöhung und Rettung des Heiligen erinnert.

Museen: Museum Dahlem – Gemäldegalerie   431

Raum 245
Andrea Sacchi (?): *Bildnis eines dicken Mannes* (um 1645). Vermutlich ist ein Schauspieler, nicht ein Feldhauptmann dargestellt. Die Hoheitsmotive, Säule und Fahne mit den Barberini-Emblemen, wirken bei der Korpulenz ironisch. Das Burleske verbindet sich jedoch mit Farbkultur und treffsicherer Charakteristik.
Diego Velázquez: *Bildnis der Gräfin Olivares* (Madrid, um 1630–1633). Das ausladende Kostüm, die vorgestreckte Rechte auf der Stuhllehne und die hochgetürmte Frisur vergrößern die repräsentative, stattliche Gestalt. Der überzeugende Gesichtsausdruck verhindert jedoch einen Eindruck von leerer Pose. Die lebendige Pinselschrift betont das Menschliche, während das delikate Kolorit und die großzügige Silhouette das Außergewöhnliche hervorheben.
Adam Elsheimer: *Ruhe auf der Flucht* (Venedig[?], um 1600). Der mühevolle Weg durch eine wilde Berglandschaft gibt eine Vorahnung der Passion, verdeutlicht durch das Lamm. Die herabschwebenden Engel sind Boten des Himmels und des Lichtes und damit Zeichen der Erlösung. Anregungen Tintorettos und Altdorfers sind verarbeitet. Elsheimer war schon zu Lebzeiten hoch geschätzt, z. B. von Rubens.

Raum 247
Caravaggio: *Amor als Sieger* (Rom, 1602). Die Macht der Liebe begegnet schockierend in der Gestalt des schamlosen und mutwilligen Knaben. Dieser Wirklichkeitssinn zeigt sich auch in der genauen Wiedergabe des Körpers und der Physiognomie, frei von Idealisierung, in scharfem, scheinwerferartigem und enthüllendem Licht. Caravaggio leitet mit dieser Auffassung eine neue Entwicklung ein, indem er sinnlichem Empfinden und Beobachtung den Vorrang vor der intellektuellen Konstruktion einräumt. Er wurde damit zum Wegbereiter des Barock weit über die Grenzen Italiens hinaus.
Orazio Gentileschi: *Der hl. Christophorus* (Rom, um 1600–10). Ungewöhnlich in der italienischen Malerei ist der Sinn für Einzelheiten der Landschaft, so die Spiegelungen und Lichtphänomene. Ihre liebevolle Schilderung erinnert an Elsheimer. Vor dem Baum im Zentrum behauptet sich die einprägsame Gestalt des Christophorus, dessen Gesicht die Überraschung bei der Botschaft des Kindes treffend ausdrückt.

Raum 248
Annibale Carracci: *Römische Landschaft* (Rom, um 1595). Die Architektur, ein wesentlicher Bestandteil der Landschaft, ergänzt deren Formen und scheint, wie die Natur, nur dem Vergnügen der Menschen zu dienen. Bäume, Bauten und Berge teilen das Bild mit wechselndem Rhythmus in 3 Gründe, die der Fluß verbindet.
Claude Lorrain: *Italienische Küstenlandschaft* (Rom, 1642). Sehr Verschiedenes ist auf engem Raum vereint, Gebirge und Meer, Zeugnisse einer großen Geschichte und Zeitlosigkeit des Hirtenlebens, idealisiert durch Kleidung und Flötenspiel, Kunst und Natur, Nähe und Ferne, eine allgemeine Verherrlichung Italiens, die durch die Wirkung von Licht und Atmosphäre als natürlich überzeugt. Der geordnete Reichtum bewahrt die Stille.

Nicolas Poussin: *Landschaft mit dem Evangelisten Matthäus* (Rom, um 1643). Der Engel ist zugleich Symbol und Genius des Evangelisten, und die Landschaft aus dem Tibertal bei Acqua Acetosa ist der feierliche Resonanzraum der Inspiration. Die Ruine betont die Gruppe, und das Band des Flusses begleitet den Dialog von Engel und Evangelist. So wird die Landschaft zum Träger göttlicher Ideen, die der Mensch rational durchdringt, während die demütige Eindrucksfähigkeit Claude Lorrains Überwirkliches unbestimmter anklingen läßt.

Raum 249
Johann Liss: *Die Verzückung des hl. Paulus* (Venedig, um 1625). Der Heilige kommt aus einer dunklen Welt und schaut in den Himmel mit der Trinität und musizierenden Engeln, im Kosmos heller, mit zartem Schmelz zusammenklingender Farben. Als rauschhaft musikalisch werden auch die virtuosen Verkürzungen bei den komplizierten Bewegungen der weich und doch betont modellierten Körper empfunden, eine Vorahnung des Rokoko bei diesem aus Oldenburg (Holstein) stammenden und in Venedig gereiften Maler.

Raum 251
Sebastiano Ricci: *Bathseba im Bade* (Venedig, um 1725). Ricci knüpft an Veronese an. Die biblische Erzählung ist Vorwand für die Darstellung eines luxuriösen Milieus in prächtigen Farben und dekorativ arrangierter Architektur. Ihr Verhältnis zu den Figuren sollte sich ursprünglich im realen Raum auf den Betrachter übertragen.
Giovanni Battista Tiepolo: *Martyrium der hl. Agathe* (Venedig, um 1756). Der grausige Vorgang – der Heiligen wurden die Brüste abgeschnitten, als sie sich weigerte, den heidnischen Götzen zu opfern – ist nur angedeutet. Mit der Brutalität des Henkers und dem roh gemauerten Kellergewölbe kontrastieren der Ausdruck der Heiligen, ihre kostbare Kleidung und die dorische Säule, Hinweis auf die ursprüngliche Funktion des Bildes als Altarblatt. Tiepolo vermochte noch einmal in einer zart Zierlichen neigenden Zeit barocke Großartigkeit zu entfalten.

Raum 252
Hier befinden sich u. a. 4 Werke Canalettos aus der Sammlung des in Venedig tätigen Berliner Kaufmanns Sigismund Streit zusammen mit seinem Bildnis von Jacopo Amigoni. Streit hatte seinen Gemäldebesitz 1757 und 1763 dem Gymnasium zum Grauen Kloster geschenkt. 12 der ursprünglich etwa 40 Bilder (der Rest ging im Krieg verloren) gelangten in die Gemäldegalerie.
Antonio Canaletto: *La Vigilia di S. Marta* (Venedig, um 1760). Das Fest vereinigt ärmeres Volk in einer bescheidenen Umgebung. Der spezifische Stil Canalettos, der mit unzähligen kleinen Strichen, Häkchen, Punkten und anderen Formeln die Dinge bezeichnet und ihnen eine ornamentale Haltung gibt, kommt im Nachtbild, einer Seltenheit in der Vedutenmalerei des 18. Jh., besonders klar zur Geltung.
Francesco Guardi: *Der Aufstieg eines Luftballons* (am 15. 4. 1784 in Venedig). Das Bild will nicht geschichtliches Dokument sein, sondern künstlerische Sensation. Die erregende malerische Form der Reihe von Rückenfiguren vorn ist die Hauptsache. Die dunkle Vorhalle

432 Museen: Museum Dahlem – Kupferstichkabinett; Skulpturengalerie

bildet einen Rahmen, der den Blick auf den Ballon konzentriert. Ein klares räumliches Kompositionsgerüst wird mit vibrierendem malerischem Leben erfüllt.

Raum 253
Francesco Solimena: *Maria mit dem Kind, dem hl. Dominikus und der hl. Katharina von Siena* (Neapel, um 1690–95). Der große dekorative Schwung mindert nicht die Bestimmtheit der plastischen Form, ja er steuert die Bewegungen der Körper. Aus dem Schwarzweißklang der unteren Zone mit den beiden Heiligen entwickelt sich nach oben eine kraftvolle, doch gedämpfte Farbigkeit. *HB-S*

Kupferstichkabinett (Museum Dahlem; Arnimallee 23–27; Dachgeschoß [rechts], über den Räumen der Gemäldegalerie)

Bald nach der Einrichtung der Kgl. Museen wurde 1831 das Kupferstichkabinett auf Anregung Wilhelm v. Humboldts und des Freiherrn v. Rumohr gegründet und in einem Saal des Alten Museums untergebracht. Die 400 Blatt umfassende Zeichnungssammlung Friedrich Wilhelms I. und einige andere Bestände an Zeichnungen und Stichen, darunter die Kupferstichsammlungen der Grafen v. Corneillan und v. Lepel, bildeten den bescheidenen Grundstock. 1835 rückte das Kabinett durch den Ankauf der Sammlung des Generalpostmeisters v. Nagler mit großen Beständen an Druckgraphik und illustrierten Büchern unter die bedeutendsten Einrichtungen dieser Art in Europa auf. 1843 wurde die Sammlung Pacetti mit zumeist italienischen Zeichnungen erworben. Hinzu kamen 1856 die Sammlung v. Radowitz, 1874 die Sammlung Suermondt, 1877 die Sammlung Posonyi (mit 40 Dürer-Zeichnungen), 1882 Teile der Handschriftensammlung des Herzogs v. Hamilton, 1902 die Zeichnungssammlung v. Beckerath. Daneben wurde der Bestand, der 1840–48 im Schloß Monbijou und seit 1848 im Neuen Museum untergebracht war, durch Einzelankäufe systematisch erweitert.
Durch die Bergungsmaßnahmen im 2. Weltkrieg gelangten die wichtigsten Teile der Sammlung über die Sammelstellen in Westdeutschland nach West-Berlin zurück. Im Flakturm Friedrichshain wurden im Mai 1945 v. a. Teile des Bestandes an niederländischer Druckgraphik des 17. Jh. zerstört. Aus dem Flakturm am Zoo gelangten die zweite Garnitur deutscher Druckgraphik (hauptsächlich 17.–19. Jh.), fast die ganze Sammlung illustrierter Bücher und einzelne bedeutende Zeichnungen (u. a. von Botticelli, Grünewald und Watteau) über die UdSSR nach Ost-Berlin. Von der modernen Druckgraphik waren 1937 von den Nationalsozialisten über 600 Blatt beschlagnahmt worden.
Seit der Rückführung der Sammlung nach West-Berlin ist das Kabinett provisorisch im Museum Dahlem untergebracht. Die Erwerbungstätigkeit mußte sich wegen mangelnder Mittel auf den Ankauf einzelner wichtiger Arbeiten beschränken, welche die Sammlung abrunden. Daneben wurde eine Abteilung klassischer moderner Druckgraphik wieder aufgebaut und durch zeitgenössische Arbeiten ergänzt.
Die *Zeichnungssammlung* mit rd. 22000 Blättern des 14.–19. Jh. hat auf dem Gebiet der altdeutschen Zeichnungen ihren Höhepunkt in der Dürer-Sammlung mit

ca. 125 Arbeiten. Cranach ist mit 16, Grünewald mit 14, Altdorfer mit 20, Holbein mit 10, Hans Baldung Grien mit ca. 20, Schongauer mit 4 Zeichnungen vertreten. Unter den niederländischen Zeichnungen haben die einzigartige Sammlung von 16 Zeichnungen Pieter Brueghels d. Ä. und die 150 Zeichnungen Rembrandts besonderen Rang. Unter den italienischen Zeichnungen sind die 27 Dante-Illustrationen Botticellis (61 weitere in Ost-Berlin) v. a. berühmt.
Die Zahl der *druckgraphischen Blätter* beläuft sich auf etwa 300000. Hervorzuheben sind die Bestände der Frühzeit (Schongauer, Meister E S), sodann die Werke Dürers, Lucas van Leydens, Rembrandts, Goyas. Die Berliner Radierer des 18. Jh., Chodowiecki, Meil und G. F. Schmidt, sind mit dem vollständigen Œuvre vertreten.
Unter den *Holzschnitten* bilden rd. 300 Einblattholzschnitte der Frühzeit (1400–60) einen einzigartigen Fundus. Die späteren deutschen Holzschnitte des 15. und 16. Jh. sind fast lückenlos im Besitz des Kabinetts.
Etwa 1500 *illustrierte Bücher* von ca. 1460 bis 1550 sind vorhanden.
Die Sammlung *mittelalterl. Handschriften* umfaßt 104 Werke und über 400 Einzelminiaturen.
Im Studiensaal des Kupferstichkabinetts kann der Besucher sich graphische Blätter nach Wunsch vorlegen lassen. *HB-S*

Skulpturengalerie mit Frühchristlich-Byzantinischer Sammlung (Museum Dahlem; Arnimallee 23–27; Erdgeschoß und Obergeschoß)

Nach der Rückführung der in den Westen Deutschlands verlagerten Bestände der Skulpturensammlung (vgl. S. 410) und der Frühchristlich-Byzantinischen Sammlung konnten seit 1956 zunächst lediglich einige Werke in den Räumen der Gemäldegalerie aufgestellt werden. 1958 wurde zum 78. Deutschen Katholikentag im Neuen Flügel des Schlosses Charlottenburg ein Teil der Sammlung als Ausstellung »Christliche Kunst Europas« aufgebaut und blieb dort bis 1963. 1966 konnte die Abteilung in Dahlem nun vollständiger in eigenen Räumen aufgestellt werden. 1973 wurde nach Hinzunahme neuer Räume die Abteilung neu geordnet.
Obschon Fragment, ist die Galerie auch heute noch die bedeutendste Skulpturensammlung Deutschlands, hier unübertroffen in ihrem Bestand italienischer Skulpturen vom Mittelalter bis zum Barock und deutscher Skulptur bis zur Mitte des 16. Jh. Die späteren Leistungen der deutschen Plastik v. a. in Süddeutschland sind dagegen nicht so reich vertreten. Von überragender Qualität ist die Sammlung von Kleinskulpturen. Die Erwerbstätigkeit der Skulpturenabteilung seit ihrer Rückführung nach Berlin war glücklich. Schwerpunkte waren die deutsche und die italienische Skulptur des Barock (u. a. wurden 2 Werke Berninis erworben) und die französische Skulptur des 18. Jh. Neuerdings wird auch Plastik des 19. Jh. gesammelt.

Erdgeschoß
Aus der **Frühchristlich-Byzantinischen Sammlung** sind in 2 Räumen (1102c) Skulpturen, Stoffe, Goldschmuck,

Museen: Museum Dahlem – Skulpturengalerie

Keramik, Glas und Bronzen ausgestellt, in einem weiteren Raum ca. 40 Ikonen. Man gelangt zum chronologischen Anfang der Sammlung vom 1. Saal der Abteilung Amerikanische Archäologie des Völkerkundemuseums oder von Raum 130 der Gemäldegalerie aus.

Raum 1102c
Relief mit der Hetoimasia, dem leeren Thron für den Weltrichter (Konstantinopel, um 400 n. Chr.). Trotz Tektonik und Symmetrie, so bei den beiden Rehen, zeigt jedes Detail Sinn für organische Form, Atmosphäre, Licht und Schatten. – *Bildniskopf mit Kranz* (Ägypten, 2./3. Jh. n. Chr.). Es fehlen die Augen aus Glasfluß und der Juwel am Lorbeerkranz. Trotz einer vereinfachenden Strenge der Züge und trotz asketischer Härte, z. B. bei den Ohren, ist in der Modellierung von Stirn und Wangen noch viel individuelle Lebendigkeit enthalten. Hierarchisches ist dem Menschlichen aufgeprägt. – *Thronende Isis mit dem Horusknaben* (Mittelägypten, 4. Jh. n. Chr.). Kraftvolle Mütterlichkeit spricht aus der lebhaft bewegten, üppigen Gestalt. Eine aufsteigende Schräge bestimmt die Komposition mit der Stellung der Füße, der Spannung der Falten über den Unterschenkeln, im Kind und im rechten Arm der Göttin. – *Grabstein eines Isismysten* (koptisch, 4. Jh. n. Chr.). Die abstrahierende Ordnung sowie der übergroße Kopf mit den Augen, die über alles hinwegblicken, verwandeln die Lebendigkeit im Sitzmotiv und in den Attributen Vogel und Taube zu einer vergeistigten Distanz vom Irdischen.

1. Standvitrine: Sog. *Große Berliner Pyxis*, Elfenbein (oströmisch [?], Anf. 5. Jh. n. Chr.). Hostienbehälter mit dem lehrenden Christus und Aposteln sowie dem Opfer Abrahams als Vorbild des Opfers Christi. Trotz der Symmetrie ist die Komposition durch Bewegungen, Gesten und individuelle Köpfe belebt. Überschneidungen schaffen Raumtiefe.

2. Standvitrine: *Elfenbeindiptychon*, Christus zwischen Petrus und Paulus und Maria zwischen den Erzengeln Michael und Gabriel (Konstantinopel, Mitte 6. Jh.). Die Figuren mit ihren lebendigen Köpfen und die schmuckreiche Architektur sind zu einer strengen und doch detaillierten Ordnung verschmolzen. Ein ornamentaler

Christus zwischen Petrus und Paulus, Maria zwischen Michael und Gabriel. Elfenbeindiptychon. 6. Jh. (Museum Dahlem, Skulpturengalerie, Frühchristlich-Byzantinische Sammlung)

434 Museen: Museum Dahlem – Skulpturengalerie

Gleichklang beider Tafeln fällt auf. Der Christusknabe sitzt so wie Maria.

5. Vitrine: *Die 40 Märtyrer von Sebaste,* Elfenbeinrelief (Byzanz, 10 Jh.). Die zum Einfrieren in einem Teich Verurteilten sind in 4 Reihen übereinander angeordnet. Die Bewegungen, Ausdruck von Furcht und Gottvertrauen, sind vielfältig; dennoch gibt es eine Symmetrie als Echo auf Christus und die Engel im Himmel. Der Zwischenraum mit dem schmuckhaften Bau rechts suggeriert Landschaft. Ursprünglich verstärkte Bemalung die Lebendigkeit.

4. Vitrine: *Einzug Christi in Jerusalem,* Elfenbeinrelief (Byzanz, 10. Jh.). Trotz einer gitterartigen Statik der Komposition macht eine Fülle von erzählenden Details den Ablauf des Geschehens von links nach rechts deutlich. Die Jünger und die Einwohner Jerusalems bilden dichte Massen im Kontrast zu leeren Flächen. Obgleich es keine Verkürzungen gibt, entsteht Raumtiefe.

Am Ende des langgestreckten Raumes ist ein Kompartiment abgeteilt, das *Ikonen* enthält.

1. Vitrine an der Stellwand: *Christus der Erbarmer,* Mosaikikone (Byzanz, um 1100). Durch die Anordnung der Mosaiksteine in kurvigen Linien erhält das Gesicht trotz seiner Strenge Lebendigkeit. Seine Achsen, die Rundung der Haarkappe und der Halsausschnitt gehören zum Kreuznimbus, in der das Figürliche ins Zeichenhafte überführt wird. Der asymmetrische Oberkörper dagegen wirkt natürlicher. – *3 stehende Heilige* (russisch, frühes 16. Jh.). Die Umrisse der Schultern und Köpfe samt Nimben ergeben eine regelmäßige, nur durch die erhobene Hand des rechten Heiligen unterbrochene Formabfolge. Der mittlere, durch kräftigere Farben betont und unübernschnitten, ist durch manche Details mit seinen Nachbarn verbunden, so daß eine beziehungsreiche Gruppe entsteht.

Rechts beginnt die **Skulpturengalerie**.

Christus an Eselreiter (Niederbayern, Ende 12. Jh.). Der zugehörige Esel verbrannte 1945 und wurde nachgeschaffen. Derartige Figuren wurden am Palmsonntag in Prozessionen mitgeführt.

Johannes an der Brust Christi (Oberschwaben, um 1320). Diese Skulptur aus Sigmaringen mit z. T. alter Fassung ist eine der schönsten Christus-Johannes-Gruppen, die zu Beginn des 14. Jh. am Oberrhein und im Bodenseeraum, v. a. in Dominikanerinnenklöstern, der Andacht dienten. Aus dem Erzählerisch-Dramatischen ist das Gefühlsmäßige der Lehrer-Schüler-Beziehung herausgehoben. Wohlklang der Form, Parallelismus und Kongruenz im Fluß der Gewandfalten und einfaches Verhältnis der Figuren zueinander entsprechen dem.

Raum 1102b

1. Vitrine links am Fenster: *Elfenbeintafel vom Deckel eines Evangelienbuches* (ostfränkisch, 9./10. Jh., Ada-Gruppe). Die Majestas Domini, d. h. Christus in einer Mandorla, ist von den Evangelistensymbolen, Sonne, Mond und 2 Cherubim umgeben. Die feierliche und ebenmäßige Gestaltung ist bezeichnend für die Würde der karolingischer Hofkunst. – *Elfenbeintafel vom Deckel eines Evangelienbuches* (Trier, frühes 11. Jh.). Majestas Domini mit 4 Evangelisten. Antikische Lebensnähe

spricht aus den gedrungenen, eher bäuerischen Gestalten mit ausdrucksvollen Gesichtern und betont unterschiedlichen, bewegten Körperhaltungen.

2. Vitrine links am Fenster: *Elfenbeintafel mit der Verkündigung an Maria* (Niederrhein, um 1100). Schmuckbedürfnis in den Gewändern und Prachtentfaltung in der Architektur verleihen dem Vorgang majestätische Würde. – *Elfenbeintafel von einem Buchdeckel* (Metz, 9. Jh.). 3 Taten Christi – der 12jährige Jesus im Tempel, Verwandlung von Wasser in Wein bei der Hochzeit zu Kana, Heilung des Aussätzigen – werden mit lebhaften Gesten und ausdrucksvollen, fein differenzierten Haltungen erzählt, typisch für die Wiederbelebung der Antike z. Z. Karls d. Gr.

Klagende Maria, möglicherweise von einer Triumphkreuzgruppe (um 1230) aus St. Moritz in Naumburg (der zugehörige Christus im Bode-Museum; die Johannesfigur verschollen). Obgleich in der formelhaften Geste der linken Hand noch der Romanik verbunden, gilt die lebensgroße Gestalt als bedeutendes Werk der sächsischen Frühgotik. Das starke Gefühl der Klage äußert sich im steilen Aufragen der Gestalt, dem der Fall des Gewandes in rhythmisch geordneten Falten antwortet. Der Kopf neigt sich Christus zu.

Engel der Auferstehung aus einer Darstellung der Frauen am Grabe (Köln, um 1170). Bezeichnend für die rheinische Romanik ist die gotische Empfinden vorwegnehmende Lebendigkeit, bes. im gütig-ernsten, empfindsam modellierten Kopf. Die differenzierten Fältelungen von Ober- und Untergewand beweisen Gespür für Stofflichkeit.

Muttergottes (Ostfrankreich, um 1330–40). Dieser Typus ist in Lothringen verbreitet. Die Gewandfalten und Details des Körpers sind flach eingeschnitten. So verbindet sich Grazie der Bewegung mit statuarischer Schwere und knospenhafter Festigkeit.

Muttergottes (Nordfrankreich, um 1320). Unter den schwingenden und fallenden Faltenbahnen zeichnet sich die leicht geknickte Haltung des Körpers nur schwach ab. Das Kind hält einen Zipfel des Gewandes vor der Brust der Mutter und betont so dessen Eigenwert. Innerlich sind Mutter und Kind kaum aufeinander bezogen. Das Majestätische überwiegt das Mütterliche.

Reliquienbüste einer Heiligen (Oberrhein, um 1300), mit beschädigter Fassung. Im Bild idealer Frauenschönheit. Aus dem Formelhaft-Ornamentalen löst sich im lächelnden Mund und im Blick eine Andeutung seelisch-geistigen Lebens.

In einer Vitrine am Fenster rechts: *Tabernakelaltärchen* mit Muttergottes aus Elfenbein (Paris, um 1300). Hoheit spricht aus den überlegen lächelnden Zügen, dem schlanken Wuchs und der schönlinigen Eleganz der Kleidung, ein höfisches Menschenideal, das auch in den Reliefszenen der Flügel begegnet.

Vesperbild (Pietà) aus Braunau am Inn (Oberösterreich, um 1440). Die Lindenholzgruppe mit alter Fassung gehört zu einem verbreiteten Typus. Formale Harmonie und Anmut der jungen Maria überspielen Leid und Trauer. Die im biblischen Bericht nicht erwähnte Szene war geeignet, durch Nachfühlen der Schmerzen Mariens zum religiösen Erlebnis zu gelangen.

Engel und Leichnam Christi im Grab, Lindenholzrelief mit alter Fassung (Oberrhein, um 1420–30). Die Arme Christi wiederholen die Form der Flügel des Engels. So wird das Einknicken des leblosen Körpers sinnfällig, den Faltenkaskaden vom Gewand des Engels rahmen. Die ebenso einfache wie durchdachte Komposition spricht das Gefühl an.

Hans Multscher: *Hl. Magdalena von Engeln emporgetragen* (Ulm, um 1435). Das Mienenspiel und die Gestalt der Heiligen lassen ein neues, auf Beobachtung beruhendes Wissen vom Menschen erkennen, das den formelhaften Wohlklang des sog. Weichen Stiles ablöst.

Figuren von einer Kreuztragung aus Lorch am Rhein (Mittelrhein, um 1425). Gebrannter Ton mit Resten alter Fassung. Die von niederländischen Vorbildern angeregte Erzählfreudigkeit hebt Einzelheiten der zeitgenössischen Tracht hervor, meidet jedoch krasse Dramatik und scharfe Charakterisierung. Schönheit verklärt das Geschehen als heilsgeschichtliche Notwendigkeit.

Raum 1102 a

Muttergottes (Burgund, um 1450). Das nackte Kind scheint von der noch kindlich wirkenden Mutter wegzustreben, die ihren Oberkörper zurückbiegen muß, um sich im Gleichgewicht zu halten, eine Vorahnung von Trennung und Passion. Natürliches wird symbolisch ausgedeutet.

Michel Erhart: *Schutzmantel-Maria* aus Ravensburg (um 1480). Alte Fassung. Würdevolle Einfachheit und ideale Schönheit zeichnen Maria aus. Nur das vorgesetzte Bein und der arabeskenartige Schwung des Kopftuches durchbrechen die Symmetrie der Figur. Im Kontrast dazu steht die unruhige Vielfalt der viel kleineren Menschen, die der Mantel als Nische hinterfängt.

Obergeschoß

Die Skulpturenabteilung wird im Obergeschoß des Traktes zur Lansstraße fortgesetzt.

Madonna aus Dangolsheim (Straßburg [Nikolaus Gerhaert?], um 1470; → Farbabb. 20). Natürliche Bewegung motiviert eine reiche Form bei großzügigem Umriß. Hinzu kommt ein bezwingender sinnlicher Reiz in dem noch kindlichen Gesicht Mariens und ihrem üppigen Haar.

Tilman Riemenschneider: *Die 4 Evangelisten* aus der Predella des Münnerstädter Altars (Würzburg, 1490 bis 1492). Die Fassung von Veit Stoß um 1502 ist abgelaugt. In Beschäftigung, Alter und Sitzmotiv verschieden, eint die Gestalten ein gefaßter, verinnerlichter Ernst mit einem Anflug von Melancholie, ein Merkmal aller Figuren Riemenschneiders.

Tilman Riemenschneider: *Muttergottes* aus Tauberbischofsheim (um 1510–20). Fassung abgelaugt. Die feierlich-gerade Haltung und die Eigengesetzlichkeit des Faltwurfes, der den Körper verbirgt, betonen die Göttlichkeit Mariens.

Hans Leinberger: *Muttergottes* (Landshut, um 1519), Bronze (Probeguß). In den mächtigen Schwüngen der wulstigen Gewandfalten scheint das Erschrecken des Kindes nachzuwirken, das sich vom Betrachter weg der Mutter zuwendet. Ihre Lieblichkeit bleibt, auch in den bäuerischen Gesichtszügen, trotz der Irrationalität der dynamischen Formen, zu spüren.

Hans Leinberger: *Kreuzabnahme,* Buchsbaumrelief (um 1520). Die 3 Kreuze umstellen einen Raum, in dem sich die Kreuzabnahme als ein vierfach gestuftes Niedersinken abspielt. Das Ziel der Bewegung ist Maria, deren Schmerz hemmungslos ausbricht.

In Vitrinen am Fenster:

Muttergottes (Brüssel, um 1480–90). Alte Fassung. Wie in der gleichzeitigen niederländischen Malerei ist die Symbolik – Löwenfüße des Faltstuhls und das Buch des Lebens – in eine leiblich anziehende und zugleich höfisch-vornehme Madonnendarstellung einbezogen.

Sebastian Loscher: *Gerechtigkeit,* Buchsbaumrelief (Augsburg, 1536). Der Gedanke – Unzulänglichkeit der irdischen und Vertrauen auf göttliche Gerechtigkeit – findet im Ruinenmotiv, einer Auflösung tektonischer Ordnung in landschaftliche Räumlichkeit, seinen Ausdruck.

Hans Schwarz: *Der Tod und das Mädchen,* Relief aus Ahornholz (Augsburg, um 1520). Beispiel für das in dieser Zeit in Deutschland oft dargestellte Motiv des Todes als Liebhaber eines Mädchens, das hier traurig zurückblickend vom Leben Abschied nimmt. Der Zerfall des Körpers zum Skelett stellt das plastische Empfinden der Renaissance in Frage.

Martin Zürn: *Die hll. Sebastian und Florian* (mit den Zügen Kaiser Ferdinands II. und Kurfürst Maximilians I. von Bayern) vom Hochaltar von St. Jakob zu Wasserburg am Inn (1638/39). Die verwirrend reiche ornamentale Behandlung der Oberfläche korrespondiert urspr. mit den Formen der Architektur. Das bekümmert aus dem fratzenhaften Helm blickende Gesicht Florians macht das Prinzip dieser Kunst deutlich. Äußere Form verweist auf einen inneren Zustand.

Friedrich Hagenauer: *Bischof Philipp von Freising,* Lindenholzrelief (München, um 1525–27). Die prägnante Individualität der Züge, ergänzt durch das großflächige Kostüm, strahlt herrscherliche Würde und geistige Disziplin aus.

Georg Petel: *2 Schächer am Kreuz,* feuervergoldete Bronzen (Augsburg, um 1625). Die virtuose, dem Manierismus noch nahe Durchbildung der heftig bewegten Körper mündet im gespannten Ausdruck der Köpfe, Reflex eines geistig-seelischen Vorganges, nämlich der Hinwendung zu bzw. der Abkehr von Christus.

Die *italienischen Skulpturen* sind im Obergeschoß des ersten Erweiterungsbaus aufgestellt, zugänglich auch von Raum 234 der Gemäldegalerie.

Raum 1202 c

Presbyter Martinus: *Thronende Muttergottes* (1199) aus dem Camaldulenserkloster in Borgo San Sepolcro, Toskana. Alte Fassung. Mit konsequentem tektonischem Formwillen ist in den nach vorn drängenden, symmetrisch geordneten Figuren göttliche Würde und heilsgeschichtliche Notwendigkeit ihrer Existenz veranschaulicht.

Idealbildnis eines Herrschers (Süditalien, 1. Hälfte 13. Jh.). Der Marmorkopf aus einem architektonischen Zusammenhang ist ein Beispiel für die Wiederbelebung der Antike in der Hofkunst Friedrichs II. Das mittelalterliche Formempfinden setzt sich bes. in der gesetzmäßigen Bildung der Haare durch.

436   Museen: Museum Dahlem – Skulpturengalerie

In einem N e b e n r a u m ist italienische Kunst der Gotik ausgestellt.

Giovanni Pisaro: *Lesepult* (Pisa, Anf. 14. Jh.). Trauer spricht sich v. a. in den großen Köpfen aus, dem Gegensatz der pathetischen, nach außen gedrehten der Engel und dem auf der Schulter liegenden Kopf Christi. Trotz lebhafter innerer Bewegung ist die hierarchische Symmetrie gewahrt. Der Einfluß antiker Sarkophagreliefs ist deutlich.

Giovanni di Agostino (Umkreis): *Thronende Madonna* (um 1350). Der hochragende Oberkörper der Madonna und das statuarische Kind sind als Parallelen komponiert. Eine noch byzantinische Gleichartigkeit liegt auch in ihren herben, in die Weite blickenden Gesichtern.

Francesco di Valdambrino: *Maria der Verkündigung* (Anf. 15. Jh.). Alte Fassung. Mit feiner Einfühlung ist die Reaktion auf die Ankündigung des Engels in Gesicht und Körperhaltung geschildert, die sich unter dem natürlich fallenden Gewand abzeichnet. Maria erscheint als vornehme Frau mit beinahe porträthaften Zügen.

In der Fortsetzung des Hauptraumes 1202c:

Lorenzo Ghiberti: *Madonna* (Florenz, gegen 1450). Alte Fassung. Den Sockel bildet die liegende Eva, Hinweis auf Maria als »neue Eva«. Das Kind schmiegt sich ängstlich an die tröstend sich ihm zuneigende Mutter. Betonung des Gefühls und weicher Fluß der Formen erinnern noch an den Weichen Stil. Fortschrittlich ist die Körperlichkeit und die Natürlichkeit der Bewegungen und des Faltenwurfes.

Donatello: *Madonna Pazzi* (Florenz, um 1420). Ein ganz selbständiger Gedanke ist die Begegnung der beiden Profile, innig und zugleich monumental. Dem entsprechen Zartheit in der Modellierung und großformige Zeichnung, Flächigkeit und perspektivische Tiefe in der Rahmung.

In einer Vitrine:

Donatello: *David* (um 1430). Ausguß eines Wachsbozzettos für die Marmorstatue der Casa Martelli in Florenz (dargestellt auf dem Bildnis des Ugolino Martelli von Bronzino in der Gemäldegalerie). David zeigt sich in Siegerpose. Das Standbein und der herabhängende Arm bilden Parallelen, während sich der Winkel des anderen Armes in dem auf den Kopf Goliaths gesetzten Bein wiederholt als eine Fortsetzung des kantigen Profils.

Francesco di Giorgio: *Johannes der Täufer* (Siena, Ende 15. Jh.). Der schlanke Oberkörper mit den wie gefesselt anliegenden Oberarmen steigert als geschlossene Form durch ihren Kontrast den ekstatischen Ausdruck des zur Seite gelegten Kopfes mit geöffnetem Mund. Haare und Gewand sind eins. Hier lebt noch einmal der Geist der Gotik auf, der die Ausstrahlung des Körpers um der religiösen Empfindung willen unterdrückt.

Luca della Robbia: *Madonna mit dem Apfel* (Florenz, um 1450). Vor dem farbigen Grund hebt sich die Halbfigur lebensvoll ab. Bewegung und seelischer Ausdruck, auch in den Mündern und in dem durch Malerei hervorgehobenen Blick, wenden sich unmittelbar an das Gefühl. Volkstümlich schlicht ist das Material: weißglasierter Ton.

Desiderio da Settignano: *Mädchenbüste* (Florenz, um 1460–64), angeblich der Marietta Strozzi. Die jugendlich-frischen Züge, Intelligenz und Selbstbewußtsein kennzeichnen das Unabhängigkeitsgefühl des reichen Bürgertums im Florenz der Frührenaissance. Die Mode bestimmt die Form wesentlich.

Mino da Fiesole: *Niccolò Strozzi* (Florenz, 1454). Über dem tektonisch gebildeten Oberkörper ragt der Kopf auf, dessen Merkwürdigkeit als individueller Wert bejaht wird. Der über den Betrachter hinweggehende Blick gibt die Bedeutung des Mannes zu erkennen, der die wirtschaftliche Macht des Strozzis begründete.

Andrea del Verrocchio: *Schlafender nackter Jüngling*, Studie (Florenz, um 1480). Der entspannte Körper ist mit großem Verständnis jeder Einzelheit modelliert. Er ist in seiner Schönheit, zugleich aber auch in seiner Vergänglichkeit gesehen, an die der Schlaf, mythologisch der Bruder des Todes, erinnern soll.

Raum 1202b

Andrea Briosco gen. Riccio: *Dornauszieher* (Padua, Ende 15. Jh.). Das an sich schon erzählerische antike Motiv ist hier ins Zeitgenössische und Genrehafte übersetzt. In der zerrissenen Kleidung begegnet uns eine neue Virtuosität der Nachahmung auf Kosten der klaren Gestaltung, die als Kern des Sitzmotivs noch empfunden wird.

Guido Mazzoni: *Bildnis eines Unbekannten*, Fragment (Oberitalien, um 1500). Unter der glatten Kappe kommt die detailreiche, bewegte Modellierung des Kopfes deutlich zur Geltung. Ein gespannter, leicht schmerzlicher Ausdruck und v. a. die realistische Bemalung steigern die direkt ansprechende Wirkung.

Jacopo Sansovino: *Madonna* (Venedig, nach 1540). Das bemalte Relief mit zugehörigem Rahmen mutet wie die Steigerung eines Gemäldes an. Überlängung der Proportionen, ausladende Bewegungen, die großen, einfachen Formen, ein schwermütiger, edler Ausdruck und kostbare Gewänder erzeugen eine distanzierte, majestätische Großartigkeit.

Alessandro Vittoria: *Ottavio Grimani* (Venedig, um 1571–76). Ein antiker Mantel liegt über dem zeitgenössischen Kostüm, an die Macht antiker Herrscher im Vergleich mit der eines venezianischen Prokurators erinnernd. In dem abgewendeten Gesicht spricht sich die Weisheit eines über den Augenblick hinausdenkenden alten Mannes aus.

Umkreis des Leonardo da Vinci: *Flora-Büste* (Florenz, Anf. 16. Jh.). Das Material (Wachs), die Neigung des Kopfes und das Lächeln sprechen das Körpergefühl des Betrachters an. Lebensnah wirkt auch die Frisur mit der Rose, Begründung für die Benennung als Flora. Die Drehung des Kopfes läuft der Bewegung der Arme entgegen. Als Bode die im 19. Jh. überarbeitete Büste 1909 in London erwarb und sie Leonardo zuschrieb, geriet sie in den Verdacht, gefälscht zu sein, und wurde heftig diskutiert.

Giovanni da Bologna: *Hockender Affe* (Florenz, um 1569/70). Bewegungen und Physiognomie, erstaunte Reaktion auf etwas, zeigen – vielleicht parodistisch – das Menschenähnliche. Die Torsion des Körpers – auf einem typischen Porträtsockel – und die raumgreifenden Bewegungen sind Merkmale des Manierismus.

*Desiderio da Settignano:
Mädchenbüste.
Um 1460–64
(Museum Dahlem,
Skulpturengalerie)*

Gianlorenzo Bernini: *Christus als Salvator mundi* (Rom, um 1660). Licht und Schatten ergeben in dem weich und doch großzügig modellierten Gesicht ein Spiel von Kurven, das sich schwungvoller noch im Haar fortsetzt. Herrscherwille spricht aus der energischen Bewegung des Kopfes. Geistige Ausstrahlung liegt im Blick und dem leicht geöffneten Mund.
In der Vitrine:
François Duquesnoy: *Kruzifixus* (Rom [?], um 1630). Die virtuose Modellierung des schwer durchhängenden Körpers erzeugt eine zitternde Bewegtheit. Qual und Unruhe sprechen auch aus dem Blick nach oben, der Stellung der Finger, dem kontrastreichen Fall der Haare und dem Faltenreichtum des Lendentuches.
Alessandro Algardi: *Kardinal Laudivio Zacchia* (1626). Scharf geschnitten ragt der fast kahle Kopf aus der Faltenfülle des Oberkörpers. Großartig und doch knapp künden die Züge von den Tugenden des Politikers: Nüchternheit des Denkens und Festigkeit.
Bernardino Cametti: *Diana als Jagdgöttin,* Brunnen aus dem Palazzo Orsini (Rom, um 1720). Obgleich eine wirbelnde Zentrifugalkraft die Figur, bes. auch den Hund, belebt, bleiben die Grenzen des Marmorblockes als Statuarisch-Dauerhaftes spürbar. Im Sockel ist die Naturbeziehung der Göttin gestaltet.
Raum 1202a
Pierre Puget: *Himmelfahrt Mariae* (Marseille, 1664/65). Der Reichtum der plastischen Mittel illustriert das Wunderbare, triumphal Festliche. In der straffen Komposition zielen heftige Bewegungen nach vorn und in den Raum. Stellenweise ist der Rahmen überschnitten.
Pedro Roldán: *Mater dolorosa* (Sevilla, um 1670–75). Die individuellen Züge, die Bemalung und bes. die Tränen aus Glas erzeugen eine frappierende, für die spanische Barockskulptur bezeichnende Naturnähe, die Mitleid als religiöse Empfindung erzeugen soll. Überhöhende Distanz liegt lediglich in der Büstenform und in der rahmenden Funktion des Schleiers.
Antonio Canova: *Danae* (Venedig, um 1780). Ein Gemälde Correggios ist ins Relief übersetzt. Die Körper sind zu einer klaren Komposition verbunden, v. a. durch die eleganten Bewegungen der Extremitäten. Kurvige Stoffbahnen umspielen diese gerüsthafte Gestaltung, für welche die Putten und das hohe Bett nur eine Art Sockel bilden.
Ignaz Günther: *Erzengel Michael* (München, um 1755

*Ignaz Günther:
Erzengel Michael.
Um 1755–60
(Museum Dahlem,
Skulpturengalerie)*

bis 1760). Das dramatische Thema, ein Herabschweben und Herabstürzen, ist mit tänzerischer Eleganz behandelt. Drehung der Körper und allseits in den Raum ausgreifende Bewegungen schaffen ein Kräftefeld. Auf dem Schild steht die lateinische Übersetzung des Namens Michael (Wer ist wie Gott).
Joseph Anton Feuchtmayer: *Maria aus einer »Lactatio« des hl. Bernhard von Clairvaux* (Bodensee, 1738–40). Der mittelalterl. Mystiker hatte eine Vision, wie Maria ihn mit ihrer Milch nährt. Sie ist hier ein verfeinertes Geschöpf. Die Hände in gezierter Haltung spannen das Gewand mit spiralig gewundenen Falten über den durchscheinenden Körper. Ein erfindungsreiches Formenspiel zieht den Blick nach oben, während Mariens Kopf gesenkt ist.
Georg Raphael Donner: *Putto mit Fisch* (Wien, 1740). Gußmodell für eine Brunnenfigur. Mit großer Natürlichkeit ist dargestellt, wie der Knabe den Fisch packt und sich dabei in Balance zu halten sucht. Die Versinnbildlichung des Wassers auf diese spielerische Weise entspricht dem Geist des Rokoko, der sich in der Kaiserstadt und bes. bei Donner jedoch vornehmer gibt als in Süddeutschland.
Im T r e p p e n h a u s des Neubaus *französische Skulpturen des 18. Jh.* und einige *Werke des 19. Jh.*
Jean-Antoine Houdon: *Dorothea Schlözer* (Paris, 1804). Malerisch-atmosphärisch wirkt die gleichmäßig weiche und dennoch klar durchgeformte Oberfläche des Ganzen. Ruhiger Stolz – Dorothea Schlözer promovierte 1787 als erste deutsche Frau – spricht aus der Drehung des Kopfes und der Wendung nach oben, welcher der feste Blick folgt.
Reinhold Begas: *Amor und Psyche* (Rom, 1857). Das Frühwerk auf der Grenze vom Klassizismus zum Neubarock wirkt wie ein Relief ohne Grund. Amor und Psyche schließen sich im Umriß zu einem Oval zusammen, das den Grundriß wiederholt. Weiche Modellierung und reicher Faltenwurf erinnern an Gestaltungen des späten 18. Jh., das auch den Reiz dieses Sujets liebte.

HB-S

Museen: Museum Dahlem – Museum für Indische Kunst   439

Museum für Indische Kunst (Museum Dahlem; Lansstr. 8; Erdgeschoß [links])

Das Museum für Indische Kunst ist erst 1963 durch Ausgliederung aus dem Museum für Völkerkunde entstanden, da wegen der hohen künstlerischen Eigenart der indo-asiatischen Kultur eine Betrachtung lediglich unter ethnologischen Gesichtspunkten nicht mehr gerechtfertigt schien. Die Sammlung enthält Werke aus Indien, Hinterindien, Indonesien und Zentralasien. Einzelne Werke ungleicher Qualität aus diesem geographischen Raum befanden sich bereits in der Kgl.-Preußischen Kunstkammer. Erst gegen Ende des 19. Jh. wurde der Bestand wesentlich bereichert. Zwischen 1902 und 1914 erhielt er einen gewaltigen Zuwachs durch 4 Expeditionen, die Albert Grünwedel und Albert v. Lecoq zu den buddhistischen Tempeln und Höhlenklöstern in Chinesisch-Turkestan durchführten. Die wichtigste Ausbeute bestand in den Turfan-Fresken. Der Ankauf der Sammlung Leitner führte dem Museum bedeutende Steinskulpturen zu. Auch zwischen den Weltkriegen konnte der Bestand erweitert werden. 1945 gingen dann 40 % der Turfan-Fresken, ferner 40 Kisten mit indischer Kunst und 60 Steinskulpturen verloren, die von sowjetischen Truppen abtransportiert worden sind. Die besten Miniaturen der Moghul-Zeit wurden vor dem Krieg an die Islamische Abteilung abgegeben und befinden sich heute in Ost-Berlin. Trotz dieser Einbußen ist das Museum mit seinen ca. 15000 Objekten heute die bedeutendste Sammlung indischer Kunst in Deutschland.

1971 wurde die von Fritz Bornemann arrangierte Ausstellung im Museum Dahlem eröffnet. Bes. die Skulpturen verlieren durch die effektvolle Beleuchtung bei Abdunkelung der Umgebung vielfach ihre körperliche Selbstverständlichkeit und erhalten statt dessen eine geisterhafte Erscheinungsweise, die den heutigen Betrachter allerdings oft anspricht.

Nr. 25. *Kopf einer Yakṣī* (Baumnymphe) (Sāñcī, Anf. 1. Jh. n. Chr.). Ein Lächeln belebt das regelmäßig gebildete, fleischige Gesicht. Der Schwung der Mundspalte und des Augenumrisses wirkt in dem asymmetrisch über dem Kopf liegenden Tuch fort, welches das rechte Ohr mit seinem schönen Umriß freiläßt.

Nr. 41. *Stehender Bodhisattva* (Werdender Buddha) (Gandhāra-Gebiet, 2. Jh. n. Chr.). In den entblößten Teilen des fülligen Körpers wird die Weichheit der Haut spürbar. Die statische Symmetrie der unbewegten Figur ist belebt durch die sich überschneidenden Ketten und anderen Schmuckstücke, auch durch die Falten des Gewandes, deren gleichmäßiges Rillenmuster wie eine den Körper streichelnde, jedenfalls ihn von außen berührende Bewegung empfunden wird.

Nr. 47. *Kopf des Asketen Gautama* (Gandhāra-Gebiet, 2./3. Jh. n. Chr.). Der Sinn der indischen Skulptur für plastische Rundung äußert sich hier bei dem Kopf des bis zum Skelett Abgemagerten gleichsam in der Negation, der Aushöhlung. Die herbe Melodik der Linienführung zeigt sich am Haaransatz – parallel zu den oberen Kanten der Augenhöhlen –, den Stirnadern, den Einkerbungen an Wangen und Hals und am herabgezogenen Mund.

Nr. 79. *Die Flußgöttin Gaṅgā,* auf einem Krokodil stehend, neben 2 weiblichen Personen und einem Torwächter (Zentralindien, 10. Jh.). Die Vorliebe für üppig wuchernde Formen wird bes. deutlich bei dem Krokodil und der Wiedergabe der Wellen, ähnlich dem Laubwerk links. Für die Figuren selbst sind eine quellende Körperfülle und eine heftige Bewegtheit des Körpers charakteristisch, ohne daß eigentlich eine Handlung wiedergegeben ist. Die Bewegtheit ist Ausdruck einer den Gestalten innewohnenden Kraft, die sich im Dasein verströmt.

Nr. 95. *Kultbild der Göttin Mārīcī* (Bihār, 9./10. Jh.). Die Göttin wirkt trotz ihrer 6 Arme und 3 Köpfe nicht monströs, sondern in ihrer Leiblichkeit durchaus natürlich, nicht zuletzt durch die schwingende Bewegtheit ihres Körpers, der auch der eher organische als tektonische Umriß des Reliefs folgt. Die kreisförmig zusammengebogenen vorderen Arme bilden ein ruhendes Zentrum. Die verschiedenen kleinteiligen Schmuckmotive sind in lockerer Ordnung über das Relief gestreut.

Nr. 101. *Dreiköpfiger Brahmā* (Bengalen, 12. Jh.). Der reichgestufte Sockel mit seinen verkröpften Profilen bereitet die plastische Fülle der Göttergestalt vor. Bei der Axialität der Figur wirkt die unterschiedliche Haltung der Arme und Beine als ein belebendes Prinzip, das in den üppigen Volutenbildungen des Vogelgefieders fortwirkt. In dem Schwung der Profilgestalt begegnet die gleiche Formgesinnung. Der Lotussitz vermittelt zwischen Architektur und organischem Leben.

Nr. 125. *Türvorhang* aus Damast, aus einem Moghulpalast (frühes 17. Jh.). Während die eine Hälfte der Darstellung die exakte Spiegelung der anderen ist, wird in der Entwicklung der Doldennarzisse von unten nach oben ein Reichtum an Varianten von aufstrebenden und herabhängenden Blüten- und Blattformen entfaltet, der den Vorgang des Wachsens veranschaulicht. Der Rand der Nische antwortet dem Umriß der obersten Blüte.

Nr. 138. *Mohinī als Versucherin,* Holzrelief (Tanjore-Distrikt, 19. Jh.). Die Frau in verführerisch-lässiger Haltung mit karikierend gespitztem Gesichtsausdruck wird gerahmt durch die üppigen, fleischigen Blütenstauden, deren Wesen dem Körper der Frau verwandt ist. Die kleinen Männer, die in ihrer Bewunderung die Hände über dem Kopf zusammenschlagen, entbehren nicht der Komik.

Nr. 140. *Geschnitzter Haustempel* (Gajarāt, 18. Jh.). Der Eindruck von Kostbarkeit wird durch die unübersehbare Fülle der Formen erzielt, die in horizontaler Richtung gereiht und gestuft sind, so daß ein geschwungenes, dabei jedoch klar rhythmisiertes Relief entsteht, und die sich in vertikaler Richtung durch eine phantasievolle Abfolge vor- und zurückspringender Glieder entwickeln. An wichtigen Stellen ist figürlicher Schmuck angebracht. Einheit der Idee und Menge der Einzelteile stehen in einem Verhältnis, das an pflanzliche Organismen denken läßt.

Nr. 161. *Ornamentierter Teller,* Jade (Delhi-Arbeit, 18. Jh.). Das schimmernde Material läßt sowohl an Wasser wie an lebendige pflanzliche Substanz denken und motiviert so die feine Lotusrosette, die schwach eingraviert ist. Das Ausstrahlen der Blätter von der Mitte

440 Museen: Museum Dahlem – Museum für Indische Kunst

Sitzender Buddha.
Tumschuq, 5. Jh.
(Museum Dahlem,
Museum für
Indische Kunst)

wird als ein Wachstumsvorgang empfunden, zugleich aber auch als ein kosmisches Sinnbild.
Nr. 163. *Miniatur aus einer Handschrift* (Westl. indische Schule, 2. Hälfte 15. Jh.). Gesichts- und Handbildungen, mit routiniertem Strich gezeichnet, sind in ihrer manierierten zugespitzten Bildung bei allen Figuren gleichartig. Dem entspricht eine naturferne Beschränkung auf die Farben Blau, Rot, Gold und Weiß. Der Eindruck des Turbulent-Dramatischen entsteht durch die lebhafte Formgebung, die leere Flächen meidet und Ornamente über das ganze Bild streut.
Nr. 205. *Porträt einer Fürstin* (Moghul-Stil, Mitte 18. Jh.). Mit dem einfachen und entschiedenen Umriß, der gerade Linien und rechte Winkel nicht meidet, kontrastiert eine reiche Musterung der Binnenform. Allerdings zeigt sich auch in der mathematischen Exaktheit der gereihten Perlen eine vergleichbare Strenge, die zusammen mit der Körperhaltung und der gezierten Handbewegung Ausdruck einer aristokratischen Gesinnung ist. Das Kolorit ist empfindsam auf das Inkarnat abgestimmt.
Nr. 233. *Gott Śiva und Familie* (Kāṅgrā, 19. Jh.). Die Menschen- und Tiergestalten im Vordergrund, durch Handlung zu einer Gruppe verbunden, ergeben ein kompliziertes und reiches Gebilde. In der Landschaft dahinter wird der Raum spürbar durch die Tiefe fluchtende Linien und durch die verschiedene Größe der Bäume. So verbindet sich Mythisches mit Virtuosität und rationalistischen Zügen.
Nr. 242. *Rādhā und Kṛṣṇa* (Pahāṛī, Anf. 19. Jh.). Mond

und Sterne deuten die nächtliche Stimmung an, welche die Intensität der Farbe kaum beeinträchtigt. Durch die Mannigfaltigkeit der Baumformen, die sich jedoch teilweise wiederholen und so eine Einheitlichkeit bewirken, und durch die unterschiedliche Neigung der Stämme, Äste oder Kronen wird eine lebendige Szenerie geschaffen, die der Handlung der Figuren zumindest gleichwertig ist. Die Tiefe des Waldes ist durch Übereinanderschichten der Bäume angedeutet.

Nr. 276. *Schlangengöttin* (Nepal, 16./17. Jh.). Die Windungen der Schlange motivieren ein reiches Volutenornament, das auch Erinnerungen an Ranken zuläßt, v. a. durch die Verzweigungen der Linien. Vor dieser Bewegung steht gleichsam als Kontrapunkt die exotische Tanzfigur der Göttin, deren Rumpf zugunsten durchgehender Züge der Extremitäten kaum in Erscheinung tritt. Überall ist die plastische Form durch zeichnerische Eintragungen belebt.

Nr. 318. *Die Waldtiere und der hochmütige Asket* (Pagan, Birma, um 1270). Die Gegenstände werden beinahe ohne Überschneidungen wie Hieroglyphen vor einen Grund gesetzt, ein Stil, der sich zu volkstümlicher Erzählung eignet. Die Glasur verleiht dem Ton ein kostbares Aussehen.

Nr. 331. *Kopf eines Buddha* (Hinterindien, Indonesien, um 800). Die gesenkten Augen und der ebenmäßige Mund sind in der Form verwandt, wie auch Nasenrücken und Augenbrauen als zusammengehörig empfunden werden. Das und die kugelige Form geben dem Gesicht die große Ruhe. So sind auch die Locken, jeweils eine zur Mitte sich zusammenrollende Spirale, zu einem gleichförmigen Ornament geordnet.

Nr. 358. *Rad-Emblem* aus Bronze (Ostjava, 13. Jh.). Das glatte Rund des Rades ist umspielt von der so gegensätzlichen bizarren Form der Drachen, die an das Rad gefesselt zu sein scheinen, wie auch ihre symmetrische Entsprechung als ein ihrer ausgreifenden Bewegung zuwiderlaufender Zwang empfunden wird. Die Speichen des Rades vermitteln zwischen den beiden Formqualitäten und verfestigen das Gebilde.

Nr. 384. *Blauer Dämon(?)* (Turfan, ca. 9. Jh.). Ein triumphierender Gesichtsausdruck stimmt mit den emporgehobenen Armen überein. Trotz einer schematischen Bildung der Haare, deren Form die der Ohren variiert, überrascht die Lebendigkeit, die aus einer inneren Freiheit zu stammen scheint. Die Leichtigkeit des Formens mit dem weichen Material kommt dem Ausdruck zugute.

Nr. 418. *Rinderhirt, einer Predigt lauschend*, Fragment einer Wandmalerei (Kyzil, um 500). Die Umrisse der gut proportionierten Figur verraten eine routinierte Hand. Der Ausdruck versonnenen Lauschens ist treffend wiedergegeben. Die Fläche ist dicht gefüllt; Raum entsteht lediglich durch Überschneidungen und Plastizität ist nur angedeutet, so daß eine dekorative Wirkung zustande kommt.

Nr. 444. *Kopf eines Mallafürsten*, Fragment einer Wandmalerei (Kyzil, 600–650). Die lineare Zeichnung grenzt im Gesicht Augen, Augenbrauen, Nase und Mund mit schwungvollen Zügen als eigene Gebilde von starker Ausdruckskraft heraus. Auch die Angaben von Licht und Schatten unterstreichen mehr den Zeichen-

charakter dieser Partie als daß sie modellieren. Die abflatternden Bänder und die Punktmuster mit ihrem harten Rhythmus steigern den Ausdruck der Erregung.

Nr. 463. *Sitzender Buddha* (Tumschuq, 5. Jh.). Die kleine Holzfigur besitzt eine innere Monumentalität, die auf der klaren Durchformung beruht. In der weichen Modellierung äußert sich das sanfte Wesen der Gottheit. Die symmetrische Gestaltung ist bis in die ineinandergelegten Hände durchgeführt, deren horizontal gelagerte Form über den Beinen als der kissenartigen Basis der Figur ruht. Schultern, Arme und Hände bilden ein sich dem Kreis annäherndes Siebeneck, das den Bogen von Kinnlinie und Halsausschnitt wiederholt.

Nr. 498. *Erregter Heiliger*, Fragment einer Malerei auf Seide (Turfaner Vorberge, 8./9. Jh.). Ein kurzer Moment höchster Dramatik ist geschildert. Die zum Schlag ausholende Faust, der schreiende Kopf und die abwehrend vorgestreckte Hand sind in einer Linie angeordnet. Die Zeichnung gibt Muskulatur und Knochenbau richtig wieder und ist dabei von großer formaler Einheitlichkeit. So ist z. B. das lineare Gebilde der Faust dem des Ohres verwandt. *HB-S*

Museum für Islamische Kunst (Museum Dahlem; Lansstr. 8; Obergeschoß [links])

Diese Abteilung besitzt seit Ende des 2. Weltkriegs vom urspr. Bestand der Staatlichen Museen den wertvolleren Teil an islamischer Kleinkunst – bis auf die Miniaturen –, während sich die Architekturfragmente und Grabungsfunde im Pergamon-Museum befinden (→ S. 483). Durch Neuerwerbungen wurde die Sammlung seither um etwa die Hälfte vermehrt; sie kann die islamischen Kulturen in ihrer ganzen Vielfalt repräsentieren. Seit 1954 in einigen Räumen des Dahlemer Museums ausgestellt, fand sie – nach einer Zwischenphase (1967–69) im Schloß Charlottenburg – ihren Platz im 1. Stock des Neubaus.

Vor dem Eingang hängt ein Deckengemälde von 1846 mit Darstellung des Paradieses.

In dem großen fensterlosen Saal sind die Kunstwerke in ihrer Anordnung und Beleuchtung wie in einer Schatzkammer präsentiert, was ihrem die Kostbare betonenden Charakter entspricht. Eine Gliederung durch aufgehängte Teppiche und Vitrinen lenkt den Besucher auf einen chronologischen Führungsweg.

Einige hervorragende Stücke in dem vorraumartigen E i n g a n g s t e i l stimmen auf den spezifischen Charakter der islamischen Kunst ein. Links vom Eingang sind *Schriftdenkmäler* ausgestellt: ägyptische Grabmäler des 9. Jh. (5–7), Schriftbänder auf Gewändern, eine frühe und eine aus dem 16. Jh. stammende prunkvolle Koran-Handschrift (18), eine türkische Urkunde von 1614 mit der schmuckhaften Tuğra, dem Sultansmonogramm (20). Sie zeigen nicht nur die Entwicklung der Schrift von dem charaktervoll aus winkeligen und runden Elementen zusammengesetzten Kufi zum flüssigeren, geschwungenen Tulut-Duktus, sondern auch die dekorative Bedeutung der Schrift und ihre Fähigkeit zu ornamentaler Ausgestaltung. Dies hängt mit dem religiösen Charakter der islamischen Kunst zusammen; Koran-Verse ersetzen gewissermaßen die vom Propheten verbotene figürliche sakrale Bildwelt – von der es dennoch

442 Museen: Museum Dahlem – Museum für Islamische Kunst

einige Beispiele gibt wie die persische Miniatur um 1490 in Vitrine 1 (15), die Mohammed zeigt, der die Idole von der Kaaba entfernt.

Rechts vom Eingang hängt eine große, auf Leinwand gemalte *indische Weltkarte* aus dem 18. Jh., die in ebenfalls altertümlicher Darstellungsweise die Erde als Scheibe wiedergibt und sich für die Form der Länder auf den arabischen Geographen Ibn Magid aus dem 15. Jh. beruft. Die Landkarte ist mit einzelnen Figuren (z. B. schwimmenden Menschen und Pferden) sowie ganzen Szenen aus dem spätantiken »Alexanderroman« illustriert. – Der große *persische Gartenteppich* aus dem 18. Jh. (2), der nach vorn diesen Raumabschnitt begrenzt, gibt in ganz ähnlicher Weise den Grundriß eines Gartens wieder, mit Kanälen, über deren Kreuzungen Blütenbäume stehen. An der unnaturalistischen Farbigkeit und geometrischen Erstarrung der Blumen, Wasserlinien und diagonal in die Fläche geklappten Bäume erkennt man die späte Entwicklungsstufe. Die Idee eines Gartens lag, wenn auch oft stärker verhüllt, den meisten Teppichen zugrunde und gehörte überhaupt, als eine vom Bilderverbot nicht berührte paradiesische Sphäre, zu den wichtigsten islamischen Vorstellungen.

Die Verwendung von Teppichen im Garten zeigt eine *persische Miniatur* des 16. Jh., »Empfang im Garten des Prinzen«, in Vitrine 2, die den *höfischen* Charakter der islamischen Kunst (ihrem wesentlichsten neben dem religiösen) mit kostbarem Gerät dokumentiert.

Die nächste, geradeaus anschließende Abteilung zeigt in den Vitrinen 3 – 6 *vorislamische Kunst.* Die *altsüdarabischen Grabstelen* des 3./2. Jh. v. Chr. (29–36) haben keine formale Beziehung zur späteren islamischen Kunst. Die schmalen, einfach geschnittenen Köpfe verarbeiten antike Anregungen in der abstrahierenden Weise einer frühen Kultur. Diese Konzentration ist eindrucksvoll. – Direkt spiegeln sich antike Formen in den *parthischen Reliefs* des 1.–3. Jh. n. Chr. Reiterfiguren aus Terracotta (47, 48) zeigen in der lebendigen Modellierung der Pferde antiken Einfluß, doch sind Barttracht und Gewand des einen Reiters orientalisch. – Wie in der Form, mischen sich beide Bereiche auch im Gehalt, so bei den Mond- und Sonnengöttern im *Reliefs aus Tempeln in Hatra* (62, 63) aus dem 2. Jh. n. Chr.

In der zeitlich anschließenden *sasanidischen Kunst* (3. Jh. n. Chr. bis 661) überwiegen orientalische sowie altpersische Vorstellungen und lassen die antiken Formen erstarren. Dadurch wird sie zur wichtigsten Grundlage der frühislamischen Kunst. Die silberne *Jagdschale* mit vergoldetem Grund (100, Vitrine 6) aus dem 7./8. Jh., vielleicht schon nachsasanidisch, zeigt einen König mit der sasanidischen Krone zu Pferde auf Löwen- und Eberjagd. Die Jagddarstellung als königliche Zeremonie hat assyrische Tradition. Wie dort gehörte sie zum vornehmen Wandschmuck. Bei den springenden Tieren auf der Schale ist eine ehemals bewegte Darstellungsart, die noch im parthischen Reiter (48) nachwirkt, zum Emblem verfestigt.

Die Bronzegefäße sind größer und weniger höfisch verziert. Hier wird die antikische schlankbauchige Kannenform (101) des 3.–5. Jh. im 6. Jh. von einer kantig abgesetzten, im Umriß schweren, aber fein ziselierten

Form (117) abgelöst. In der großen *Schüssel* aus dem 7. Jh. (119) ist im Mittelfeld, auf Flügelpalmetten stehend, ein iranischer Feuertempel eingraviert. Man erkennt über der Tür (in der eine Säule, der Feueraltar, sichtbar ist) einen Bogengang und 3 Kuppeln, seitlich Säulenvorhallen. Um dieses Feld sind kreisförmige Arkaden gelegt, abwechselnd mit einem Lebensbaum und einer Ranke gefüllt, die als kreisförmiger Laubengang um das Heiligtum zu lesen sein könnten.

Die islamische Kunst unter den frühen Dynastien der *Omayaden* (661–750 n. Chr.) und *Abbasiden* (750–1258 n. Chr.) schließt direkt an die sasanidische bzw. an die frühchristliche Überlieferung in den vom Islam eroberten Gebieten an (Omayaden-Kunst in Vitrine 7, Werke der Abbasiden-Zeit in den Vitrinen 8 – 12).

Einige Fragmente geben eine Vorstellung vom Baudekor. Die *Stuckverzierung* aus einem Raum in Nischapur in Iran (188, Vitrine 9) zeigt Blätter, Palmetten und Blüten in rundlich verfestigten Formen aus dem schattengebenden Grund ausgeschnitten. Nur die zarten rahmenden Flechtbänder unterscheiden diesen Dekor des 10. Jh. von dem um 840 in Samarra üblichen.

Zu diesem Stil stimmen auch die kostbaren *Gefäße*. Eine Elfenbein-Pyxis des 7. Jh. (130), ähnlich eine Platte (132) und eine großformatigere Holztäfelung (145), verwenden den frühchristlichen Typ aus einem Kelch aufwachsender Weinranken vereinfacht und flächenfüllend (Vitrine 7). Keramikschalen prägen Pflanzen- oder Tierformen zu starren, aus einzelnen ornamentierten Feldern bestehenden Figuren um (166, 168, 174). Ähnlich ist das bronzene *Räuchergefäß in Vogelgestalt* (234) aus dem 8. Jh., obwohl im ganzen noch organisch geformt – weich und zugleich elastisch – mit eingelegten Ranken und Rosetten verziert, die auf die Tierform keine Rücksicht mehr nehmen.

In Vitrine 10 zeigen *Glasgefäße* mit Schrägschnitt (195, 198) und die auf 2 Stellen konzentrierte Schmuck eine *Keramikschale* (194) eine neue Dekorationsweise. Eine andere entsteht im 11./12. Jh. in Turkestan (Vitrine 12) mit Hilfe der Schrift.

Mit der *Tuluniden-* und *Fatimiden-Zeit* in Ägypten, Syrien, Süditalien vom 9. bis 12. Jh. beginnt das islamische Mittelalter (Vitrinen 13 – 15). Die Formen der Geräte und ihre Verzierungen werden graziler; bewegliche Figurenszenen z. T. mit ritterlicher Thematik treten zum Pflanzenornament hinzu. – Zu den besten Werken dieses Kulturkreises gehören ägyptische und sizilische *Elfenbeine* (Vitrine 13 und vorn Nr. 21, 22).

Vitrine 16 enthält tauschierte Bronzearbeiten *spanischer* und einzelner *venezianischer Mauren* aus dem 14.–16. Jh., Höhepunkte dieses Kunsthandwerks. Bei dem *venezianischen Teller* (338) aus dem 16. Jh. ist die Ordnung flächenfüllender Ranken auf eine schon fast starre Weise vollkommen. Ein gliederndes Netz schmaler Bandranken, die sich teilweise zu Knoten verflechten, zentrierte oder rechteckige Felder bildet, gelegentlich auch in Blattformen enden, bildet das formale Gerüst. Unter ihm liegen spinnwebfeine Arabeskenranken. Pflanzliches Leben und geometrische Ordnung sind in einer bedeutenden Weise ineinander verwebt.

Museen: Museum Dahlem — Museum für Islamische Kunst 443

Die Vitrinen 17–21 zeigen Kunst der *Seldschuken* in Persien, dem Irak und Syrien im 11.–13. Jh. Sie ähneln den gleichzeitigen Werken der Fatimiden in den Themen und der zierlichen Form, doch wirken altorientalische Elemente (wie bei dem *Türklopfer* mit den gegenständigen Drachen [14, Vitrine 1]) oder sasanidische (wie bei dem *Silberschälchen* mit dem Lautenspieler [347]) stärker nach. Zugleich prägt sich auch neuer asiatischer Einfluß aus Indien und China aus.

Neuartig sind die mit Schmelzfarben bemalten *Keramikschalen* mit Reitern (360) oder Sphingen zwischen Palmettenbäumen (352). Zarte, vorher nicht verwendete Farben lassen die Darstellungen leicht und heiter erscheinen. So wirkt auch die künstlerisch noch feinere einfarbige Lüstermalerei eines Reiterzuges auf einer *persischen Platte* (375, Vitrine 18).

Die tauschierten *Bronzegefäße,* wie die fatimidischen mit Rankenwerk und figürlichem Schmuck in Kreisfeldern bedeckt, sind in den Formen härter. Das große *Waschgeschirr* des 13. Jh. aus Mosul (378) hat ein thematisch anspruchsvolles Programm. Die Schale zeigt zwischen Segenssprüchen die Sonne und 6 sie umgebende Planetengötter, die Kanne neben Sternbildern die üblichen höfischen Figurengruppen. Zwischen diesen großen Medaillons sitzen kleinere mit kantig-geometrisch verfestigtem Flechtwerk. Lebendiger sind die den Grund bildenden Blattranken, in die Tiere, selbst Fabelszenen eingeflochten sind. – Noch deutlicher erkennt man an der *Pyxis* (370), wie aus Blattschwüngen rudimentäre Tier- und Mischgestalten herauswachsen. So entsteht in der Ornamentik ein abgekürzter Kosmos, in der Form zwischen den älteren omayadischen Gegenständlichkeit und der späteren Abstraktion der Mauresken des 16. Jh. (vgl. die Schale 338) die Mitte hält.

Die beiden *persischen Stuckköpfe* (405, 406) und das *Reliefmedaillon* (404) aus dem 12. und 13. Jh. (Vitrine 20) knüpfen in der Technik an Sasanidisches an. Der eigentümlich »vollmondgleiche« Gesichtstypus mit eingeritzten geschlitzten Augen und winzig gekräuseltem Mund zeigt jedoch ein mehr ostasiatisches Schönheitsideal.

Unter den im 13. und 14. Jh. im Irak, Iran und Afghanistan herrschenden *mongolischen Il Hanen* und *Timuriden* bildet sich v. a. die Keramik weiter aus, bes. als Wanddekoration (Vitrinen 22–24). Es gibt figürlich oder ornamental bemalte, auch weich reliefierte *Fliesen* mit Lüsterglasur, daneben auch einfarbige – weiß, blau, türkis –, die aus Streifen-, Stern- und Sechseckformen großformatige Sternflechtornamente zusammensetzten. Von beiden Typen fanden sich Dekorationen im Takht-i-Suleiman, dem alten persischen Heiligtum, das in der Mongolenzeit neu bebaut wurde.

In diesem Raumabschnitt liegen – auf einem Kasten mit Fächern und Stoffproben – als Kostbarstes dieser Epoche Zeugnisse der *persischen Buchmalerei,* Blätter aus der 1420 in Schiraz entstandenen *Baisonqur-Handschrift* (489), einer Anthologie persischer Literatur (zugehörige Blätter im Islamischen Museum des Pergamon-Museums. Die Buchseiten sind kunstvoll in Schrift und Illustration geteilt; der Prosatext läuft senkrecht in 4 Spalten, schräg dazu das begleitende Gedicht. Höfische Szenen, die bis dahin in der dekorativen Malerei nur abgekürzt in ornamentaler Rahmung dargestellt wurden, erscheinen hier bildhaft ausführlich vor liebevoll beschriebenem, meist landschaftlichem Hintergrund. Alles ist flächenhaft, zierlich, von schwingendem, grazilem Umriß und einer subtilen, übernatürlich kostbaren und zarten Farbigkeit. (→Farbabb. 21.)

Die Kunst in Ägypten und Syrien im 12.–16. Jh. unter den *Ayyubiden* und *Mamluken* (Vitrinen 25, 26) erscheint strenger, stärker geometrisch bestimmt als gleichzeitig in Persien. Dies zeigen Teppiche ebenso wie z. B. die Holzarbeiten in Vitrine 25. – Der *Mamlukenteppich* aus Kairo um 1500 (529) ist so kleinteilig gemustert, alterniert so gleichmäßig in den Farben Rot, Hellgrün und Hellblau, daß man die formale Struktur erst allmählich wahrnimmt. Wie auf Bronzen erweckt auch hier das kleinformatige Muster den Eindruck eines unendlichen Gespinstes als Analogie für die Fülle der Welt. Daß beim Teppich konkrete Pflanzen- und Gartenvorstellungen hinter der Abstraktion stehen, zeigen zunächst die Palmen und Zypressen der Querstreifen, dann auch die Wellenranken, die schirmartigen (vom ägyptischen Papyrus) und geschweiften (vom ägyptischen Schilfblatt) Ornamente.

Einen Höhepunkt erreichen in dieser Zeit die *syrischen Gläser.* Sie sind schon in ihrer Form und Dünnwandigkeit besonders schön, die meisten darüber hinaus mit Emailmalerei und Vergoldung geschmückt. Bei der *Karaffe* (515) von ca. 1260–70 entspricht das Hauptmotiv, ein Zug Poloreiter, der Gefäßform ebenso wie dem flüchtigen Stil der Malerei. Die Umrisse sind leicht in Eisenrot gezeichnet, nur teilweise durch plastisch wirkenden Farbauftrag gefüllt. – Unter den *Stangengläsern* (513, 514, 524, 525), die z. T. Grabbeigaben waren, hat das mit Fischen dekorierte den besonderen Reiz, in gefülltem Zustand der Fische sozusagen beim Schwimmen zu zeigen. Ins Märchenhafte gesteigert war der Effekt bei den *Ampeln* (vorn Nr. 13), wenn sie von innen leuchteten.

In die islamische Neuzeit führten die türkischen *Osmanen,* die vom 14. bis zum 18. Jh. fast den ganzen Vorderen Orient sowie Ägypten beherrschten und auch auf Osteuropa übergriffen (Vitrinen 27–29). – Den eher abstrakten türkischen Formcharakter zeigen voll ausgebildet noch die (nach ihrem Vorkommen auf Bildhintergründen des Malers) sog. Holbein-*Teppiche* des 15. und 16. Jh. (580, 584, 585), während die Teppiche des 17. Jh. (553, 581–583) dann die schwungvollpflanzliche Manier der Perser übernehmen. – Der *Holbein-Teppich 584* aus Bergama, der am antiken Pergamon, hat – im Gegensatz zu den meist kleinmusterten Uschaks – eine großzügig übersichtliche Struktur. 4 große Quadrate mit einbeschriebenen sterngefüllten Achtecken sind frei von Rosetten umgeben; das Ganze ist von einer 3teiligen Bordüre umschlossen. Die zugrunde liegenden Pflanzenformen schimmern noch soweit durch, daß das Ornament nicht starr wirkt; das äußerste Flechtband verwendet kufische Schriftzeichen.

Neben den Teppichen tritt die türkische *Keramik* hervor, die, mit einem porzellanartigen weißen Scherben, auch den Dekor der bewunderten chinesischen Porzellane nachahmt, die Blauweißmalerei, Grün und Eisen-

444   Museen: Museum Dahlem – Museum für Ostasiatische Kunst

rot. Dennoch entsteht etwas Eigenes. Z. B. verbindet der *Teller* des frühen 17. Jh. (571) chinesische Elemente (Päonienblüten, Fels- und Wasser-Rand) mit den byzantinischen Fiederblättern und dem altorientalischen Tierkampfmotiv. Dies letztere, offensichtlich nicht für das Kreisrund komponiert, kommt aus der Wandmalerei, wie auch Fliesen ganze Innenräume verzierten. – Eine *Moscheeampel* des 16. Jh. (575) wendet die Blauweißmalerei, die in China stets zeichnerisch ist, flächenfüllend auf ein ruhevolles System von Streifen und Feldern an, aus dem als letzter Rest ornamentaler Energie kleine Flechtknoten ausblühen.

Die persische Kultur der *Safawiden* des 16.–18. Jh. und ihr Ausläufer, die indische Kultur unter den Moghulkaisern (V i t r i n e n 3 0 – 3 2), entwickelt den in ihrer Tradition angelegten Reichtum schwungvoller Blumen- und Rankenformen und harmonisierter Farben.

Das bedeutendste Werk dieser Abteilung ist die *Gebetsnische* in Fayencemosaik des frühen 16. Jh. (588) aus einer persischen Moschee. In der Verflechtung von Ornament und Koran-Text wird der fast magische, jedenfalls zur Meditation auffordernde Charakter der heiligen Schrift ebenso deutlich wie der geistreich die aus der Fülle der Dinge abstrahierten Formen verknüpfende Charakter der islamischen Kunst.   *EB-S*

Museum für Ostasiatische Kunst (Museum Dahlem; Lansstr. 8; Obergeschoß [links])

1907 wurde auf die Initiative Wilhelm v. Bodes hin die Ostasiatische Kunstsammlung gegründet, weil die Bedeutung der fernöstlichen Kunst den ethnologischen Aspekt überragte. Otto Kümmel war der erste Direktor, der bald einen Grundstock v. a. durch Ankäufe in Japan zusammenbrachte. Wesentlich bereichert wurde der Bestand 1915 durch das Vermächtnis von Frau Marie Meyer in Freiburg und nach dem 1. Weltkrieg durch die Schenkung der Sammlung Gustav Jacoby. Schwerpunkte des Museums waren koreanisches und japanisches Teegerät, chinesische und japanische Lackarbeiten, die vorbuddhistischen chinesischen Sakralbronzen, v. a. aber die klassische ostasiatische Malerei, die in keinem anderen europäischen Museum in vergleichbarer Reichhaltigkeit vertreten war. 1921 konnte die Abteilung in der Prinz-Albrecht-Straße erstmals eigene Ausstellungsräume beziehen. 1945 fielen etwa 90 % der Sammlung im Flakturm am Zoo sowjetischen Truppen in die Hände, welche die Bestände teils verpackt, teils unverpackt abtransportierten. Sie sind seitdem verschollen. Teils verlagerte Teile der Sammlung verbrannten im Keller des Museums. Lediglich ca. 300 Objekte (von insgesamt rd. 7000) waren nach Westdeutschland verlagert worden und kehrten nach West-Berlin zurück, darunter v. a. die etwa 155 Werke umfassende Sammlung chinesischer und japanischer Malerei, die damit fast vollständig erhalten blieb und heute den Mittelpunkt der Ostasiatischen Abteilung bildet (nur zu einem kleinen Teil ausgestellt). Durch Neuerwerbungen wurde die Sammlung unter großen Anstrengungen auf den heutigen Stand gebracht. Auf lange Zeit wird die bis in die Gegenwart fortgeführte Dokumentation der ostasiatischen Kunst lückenhaft bleiben, da Meisterwerke älterer Epochen schwer erhältlich und überaus teuer sind.

1967 wurden die ostasiatischen Holzschnitte und Handzeichnungen der Kunstbibliothek dem Museum überwiesen, das 1970 im Dahlemer Museum neu eröffnet werden konnte.

Nicht nur aus konservatorischen Gründen, sondern auch der in Ostasien üblichen Darbietung von Bildern folgend, werden die Malereien und Holzschnitte vierteljährlich gewechselt.

I

Vitrine I/3. *Zeremonialaxt* (China, 12./11. Jh. v. Chr.). Das Fratzenhaft-Wilde des Gesichtes wird durch Disziplin der Form zum Ausdruck einer höheren Notwendigkeit. So begegnen immer wieder die gleichen gespannten Linienführungen, z. B. bei der Schneide, dem Kinn, dem Mund, den Augen. Eine behutsame Modellierung gibt dem Gesicht plastische Werte, ohne die Vorherrschaft der linearen Zeichnung zu beeinträchtigen.

Vitrine I/4. *Gesatteltes Pferd* (China, T'ang-Zeit, 7. Jh.). Stellung der Beine und Haltung des Kopfes erwecken den Eindruck, als wolle das mit reichem Schmuck behangene und gesattelte Pferd im nächsten Moment davonstürmen. In dem gedrungenen Körper ist die ihm innewohnende Kraft zu spüren. Das wehende Tuch verstärkt den Eindruck des Momentanen, Lebensnahen.

Vitrine I/5. *Bronzespiegel mit einem trächtigen Tigerweibchen* (China, Ordos-Gebiet, 8.–6. Jh. v. Chr.). Geistreiches Ornament, dem Kreis des Spiegels geschickt angepaßt, und Unbefangenheit des Erzählens sind zu einer erstaunlichen Synthese gebracht. Das Zusammenkrümmen des Tigers und der 6 Embryos (ein siebenter ist mehr gestreckt) wird durch das Volutenmotiv, die Schärfe der Zähne und Krallen durch die Zackenlinien zeichnerisch verdeutlicht. – 2 *Plaketten in Form liegender Wildesel* (China, Ordos-Gebiet, 3./2. Jh. v. Chr.). Der Umriß ist geschlossen. Die zusammengeschobenen Hufe verraten am deutlichsten den Sinn für festgefügte Form. Die Beine bilden die horizontale Basis, während der ausdrucksvolle Kopf aufragt. Trotz der Richtung der Tiere ist eine gewisse Symmetrie beachtet. Daneben zeigt sich in den plastischen Rundungen Sinn für ihre Lebendigkeit.

II

In der Mitte des Raumes: *Sitzender Lohan* (China, Ming-Zeit, Anf. 16. Jh.). In Kopf, Schultern und Beinen wird ein Sinn für Kubisches deutlich, der die Figur mit ihrem Sockel verbindet. Andererseits ist sie durch schwingende Linien ausgezeichnet, deren Rhythmus sich vom Gewand bis in die Gesichtszüge hinein fortsetzt. Stirnfalten, Augenbrauen, Ohren, die von den Nasenflügeln abwärts führenden Linien und die Lippen zeigen einen einheitlichen Duktus, der die Geschlossenheit des Gesichtes bewirkt.

III

Vitrine III/3. *Teeschale mit »Öltropfen-Glasur«* (Chien-yao, China, Sung-Zeit). Die trichterförmige Schale erhält durch den nach außen gebogenen Rand einen leichten Schwung, eine das Ausgießen begleitende Bewegung. Eine faszinierende Lebendigkeit, die an die Haut eines Tieres, viell. einer Schlange, denken läßt, wird dem Gefäß v. a. durch die Glasur mit den silbri-

Museen: Museum Dahlem – Ostasiatische Kunst; Völkerkunde   445

gen, verfließenden und verschieden großen Punkten mitgeteilt, die ein Flimmern im Auge erzeugen.
Vitrine III/5. Kelch mit durchbrochener Wandung (China, Ming-Zeit, Wan-li, um 1600). Das kleine Gefäß erregt mehr durch die Feinheit der Technik als durch die künstlerische Idee Bewunderung. Die Malerei ist vergleichsweise flüchtig. Als einziges noch nachweisbares Stück von den ostasiatischen Gegenständen in der Kunstkammer des Großen Kurfürsten hat der Kelch für Berlin eine besondere historische Bedeutung.
Vitrine III/8. Tiefe Kumme der »famille rose« (China, 18. Jh.). Über dem flachen Standring entfalten sich eine kleine, aus Bodennähe gesehene Landschaft, ein Pfau auf einem ausgehöhlten Felsen vor Blumenstauden in beschwingtem Wuchs. Das durchscheinende Weiß des Porzellans ist der Himmel. So gewinnt die Form der Schale die Gültigkeit des Kosmischen.
Vitrine III/9. Achtpassige Jadeschale in Lotosblütenform (China, 18. Jh.). Die Vollkommenheit der Schale – die regelmäßige Form, der matte Glanz der Oberfläche – wirkt wie ein edles Naturprodukt. Die unregelmäßige grüne Äderung und das durchscheinende Material lassen an im Wasser treibende Pflanzen denken.

VI
Vitrine VI/1. Weinkanne (Korea, um 1200). Die Kantigkeit ist in der Form nur schwach angedeutet, jedoch durch die Zeichnung der Blumen auf jeweils einem schmalen Feld betont. Dadurch wird die Kanne zugleich als fruchtartiges Gebilde und als neutraler Grund für den Dekor empfunden. Henkel und Ausguß besitzen in ihrem Schwung eine der Pflanzenzeichnung verwandte Melodik, wie auch die weiche Oberfläche des Materials an Organisches denken läßt.
Vitrine VI/4. Wassergefäß (Mizusashi) (Japan, 17. Jh.). Das Becken wirkt durch seine rauhe, vom Zufall strukturierte Oberfläche wie natürliches Gestein. Die künstlerische Formung, die in der Gestaltung des Randes faßbar wird, ordnet sich demütig dem wie ein Naturgeschehen ablaufenden Herstellungsprozeß unter. Als Gebrauchsgegenstand deutet das Becken auf eine asketische Lebenshaltung, zugleich aber auch auf höchste Sensibilität hin.
VI/6. Vase in Kalebassenform (Japan, Arita, Ende 17. Jh.). Ausgleich von behäbiger Breite und energischem Emporwachsen in der Doppelform. Der Dekor, unten auf 3 Feldern, wirkt festlich-herbstlich, Chrysanthemen mit Goldzeichnung auf schwärzlichem Blau, blassem Gelbgrün, Aubergine, Lachsrot und Gold. *HB-S*

Museum für Völkerkunde (Museum Dahlem; Lansstr. 8; Erdgeschoß [Amerikanische Archäologie, Südsee], Obergeschoß [Südsee, Südasien, Afrika, Ostasien], Dachgeschoß [Ostasien])

Die Anfänge des Museums für Völkerkunde reichen bis in die Zeit des Großen Kurfürsten zurück, der bes. ostasiatische Altertümer sammelte. Nach Auflösung der Kunstkammer wurde 1829 eine »Ethnographische Sammlung« gegründet, deren Direktor der Freiherr Leopold v. Ledebur war. Ihm gelang es 1862, durch den Ankauf des »Museums aztekisch-mexikanischer Altertü-

mer« Carl Uhdes in Handschuhsheim bei Heidelberg den Grundstock für die einzigartige altamerikanische Sammlung zu legen. Ledeburs Nachfolger Adolf Bastian machte 1873 die Ethnographische Sammlung zu einem selbständigen Museum und erweiterte den Bestand in der Folgezeit hauptsächlich durch die Ausbeute von Expeditionen, so der von Adrian Jacobsen an die nordpazifische Küste Amerikas und nach Alaska (1881–83) und der von Karl v. d. Steinen nach Zentralbrasilien (1884 und 1887/88). 1876–81 konnte er 30 Steinskulpturen aus Cozumalhuapa nach Berlin bringen. 1881 erwarb er die Sammlung Jimeno mit mexikanischen Altertümern aus Yucatan, 1890 die Sammlung Strebel mit solchen aus Veracruz. Die afrikanische Abteilung, die v. a. durch die Gründung der Kolonien Zufluß an Material erhielt, wurde 1897 durch Bronzegüsse und Elfenbeinschnitzereien des 15.–17. Jh. bereichert, die nach der Eroberung des Königreichs Benin nach London gelangt waren. Ein 1882 von Bastian gegründetes »Ethnologisches Hilfskomitee« aus Berliner Mäzenen zur Finanzierung von Erwerbungen und Expeditionen erbrachte bes. 1907 durch das Vermögen des Forschungsreisenden Arthur Baessler reiche Mittel, die weitere erfolgreiche Expeditionen nach Südamerika, Mexiko und Guatemala ermöglichten. Auch nach dem 1. Weltkrieg wurden Expeditionen ausgesandt, so 1925/26 und 1928–30 nach Mexiko, 1930 nach Angola, 1930–35 nach China und der Mongolei, 1932–34 nach Vorderindien, 1933–35 nach Brasilianisch Guayana, 1936 nach Nordafrika, 1937–39 nach Peru. Auf diese Weise kam eine sämtliche Kulturen außerhalb der mittelmeerisch-europäischen umfassende Sammlung zustande, die bis zum 2. Weltkrieg auf 400 000 Objekte angewachsen war.
1886 bezog die Sammlung ein 1880–86 von Hermann Ende an der Prinz-Albrecht-Straße errichtetes Gebäude, das sich bald als zu klein erwies, so daß dafür 1912 der Neubau des Museums Dahlem in Angriff genommen wurde. Erst 1926 wurde hier lediglich eine Studiensammlung eingerichtet.
Der 2. Weltkrieg verursachte schwere Verluste. Die Afrikanische Abteilung verlor mehr als ein Viertel ihres Bestandes, die Abteilung Ostasien sogar 60 %. Einbußen haben auch die Abteilungen Amerikanische Archäologie, Südasien und Eurasien zu verzeichnen. Die rege Erwerbungstätigkeit nach dem Krieg hat die Bestände, die nur zu einem kleinen Bruchteil ausgestellt werden können, wieder wachsen lassen. Auch wissenschaftliche Expeditionen setzt seit 1952 wieder untermommen. 1963 hat man die Indische Abteilung ausgegliedert. Die Abteilungen Amerikanische Archäologie und Südsee wurden 1971 im Neubau von F. Bornemann, die Abteilungen Afrika und Ostasien 1973 im Altbau neu aufgestellt.

Man betritt vom Eingang in der Lansstraße her im Erdgeschoß zunächst die

Abteilung Amerikanische Archäologie.

Der erste Saal ist eine tiefe Halle. Sie bietet dem Besucher zunächst durch das gedämpfte Licht und die unübersehbare Fülle der durch unzählige Spotlights angestrahlten Objekte in den Ganzglasvitrinen einen verwirrenden Eindruck, bei dem die magische Ausstrahlung der Werke und die Raffinesse moderner Technik geschickt zu einer theatralischen Gesamtwirkung vermischt sind. Die Beleuchtung übersteigert die plastischen Werte in effektvoller Weise und hebt die Spuren der Verwitterung über Gebühr hervor. Der klare Führungsweg und die ausgezeichnete Beschriftung ordnen jedoch die Eindrücke, sobald man den Rundgang unternimmt.

Im ersten Abschnitt, der mit 30 Steinskulpturen des 9.–5. Jh. v. Chr., monumentalen Überresten der Cozumalhuapa-Kultur, beginnt, sind (Vitrinen 1–28) Zeugnisse der *Mesoamerikanischen Kulturen* ausgestellt: der Maya-Kultur, der Präklassischen und der Westmexikanischen Kulturen, der Teotihuacán-Kultur, der Kulturen der mittleren Golfküste, der Monte-Albán-Kultur, der Zapoteken, der Huaxteken, der Tolteken und Matlazinca, der Mixteca-Puebla-Kultur sowie der Azteken. – Es folgen ein kleinerer Raum mit der Darstellung der *Mittelamerikanischen Kulturen* von Costa Rica, Nicaragua und Panama (Vitrinen 29–33) und – in den Altbau übergehend – die *Goldkammer* (Vitrinen 34–36) mit Arbeiten aus Costa Rica, Panama, Mexiko, Peru und Kolumbien. – Im letzten Abschnitt sind in 2 Räumen (Vitrinen 37–69, 70–100) die *Südamerikanischen Hochkulturen* vertreten: Nordwest-Argentinien, die Chavín-Kultur, die Nazca-Kultur, die Vicús-, Virú- und Moche-Kultur, die Tiahuanaco-Kultur, die Küstentiahuanaco-Kultur, die Ica-Kultur sowie die Inka-Kultur. *HB-S*

Abteilung Südsee

Aus dem I. Saal der Abteilung Amerikanische Archäologie gelangt man, im **Erdgeschoß** geradeaus weitergehend, zu dem großen Saal der Abteilung Südsee. Hohe Vitrinen sind an den Wänden und in der Mitte so aufgestellt, daß sich Straßen ergeben. Die Objekte sind teils nach ihrer Zweckbestimmung, teils nach Herkunft geordnet. – Gegenüber dem Eingang: Sepik-Region. – Rechts an der Wand: Sepik-Region, Ok-Stämme, Hagen-Berg, Nordost-Neuguinea, Tami-Region, Massim-Distrikt. – Man gelangt in den westl. Teil des Raumes mit 9 Booten. – Links in den Vitrinen: Neubritannien, Salomon-Inseln, Santa-Cruz-Inseln, und gegenüber an der Wand: Admiralitäts-Inseln, Neuirland, Neue Hebriden. – An der O-Wand sind Bogen, Pfeile, Speere und Keulen aus Ozeanien ausgestellt. – In Vitrinen an der N-Wand: Sentani-Gebiet, Geelvink Bai, Asmat, Mimika und Marind-anim. – Im Zentrum des Raumes stehen ein Männerklubhaus von den Palau-Inseln und ein Kulthaus der Abelam. In den umgebenden Vitrinen: Neukaledonien und Maprik, gegenüber: Musikinstrumente aus Ozeanien.

Im **Obergeschoß** wird der Rundgang fortgesetzt. n Vitrinen an der O-Wand: Polynesische Exklaven, Palau-Inseln, Marianen; gegenüber: Paramikronesien, Karolinen; weiter zur Mitte des Raumes hin: Marshall-Inseln. – An der S-Wand folgen: Cook-Inseln, Austral-Inseln, Tuamotu-Inseln, Gesellschafts-Inseln, Marquesas-Inseln, Hawaii-Inseln, Gilbert-Inseln und Nauru. – An der W-Seite: Osterinsel und Neuseeland. – Die Mitte des

Herzopferschale. Mexiko, um 1500 (Museum Dahlem, Museum für Völkerkunde, Abt. Amerikanische Archäologie)

Museen: Museum Dahlem. Georg-Kolbe-Museum   447

Raumes ist erhöht. Hier sind Rindenbaststoffe aus Ozeanien ausgestellt und in weiteren Vitrinen Objekte von den Ellice-Inseln, den Samoa-Inseln und den Tonga-Inseln.

Abteilung Südasien

Im nördl. Teil des Südsee-Obergeschoßraumes beginnt die Abteilung Südasien: links Kultobjekte, Bekleidung und Kultplastiken aus *Indonesien*, rechts Flechtarbeiten, Keramik, Genußmittel, Haushaltsgeräte aus *Indonesien*, ferner Darstellungen von Jagd, Fischfang und Ackerbau in diesem Gebiet.

Die Abteilung wird fortgesetzt im Verbindungstrakt zum Treppenhaus mit: Textilien aus *Indonesien*, Schmuck, Schattenspielfiguren und Masken aus *Java*, Plastiken aus *Bali*, Waffen, Schattenspielfiguren aus *Indien*, Marionetten aus *Burma*, Theatermasken aus *Thailand*, Schattenspielfiguren aus *Thailand*, Tempelskulpturen aus *Burma*.

Abteilung Afrika

Die Abteilung Afrika des Völkerkundemuseums liegt im Obergeschoß des Altbaus, wird aber am zweckmäßigsten von der Skulpturenabteilung (Italien) aus betreten. – Die Ausstellung beginnt mit einem Raum *Nordafrika* (Schmuck, Textilien, Musikinstrumente und andere Geräte). – Es folgen der *Sudan* (Waffen, Werkzeuge, Lederarbeiten, Keramik, Messinggeschirr, Holzskulpturen) und *Oberguinea* (Textilien, Schnitzereien, Goldschmuck und anderer Schmuck, Keramik, Holzskulpturen, Flechtarbeiten, Terracotten, darunter Köpfe von edler Bildung). – Den Höhepunkt der Sammlung bilden die Bronzen und Elfenbeinskulpturen des 15.–19. Jh. aus *Benin* (Nigeria), meistens Köpfe, aber auch Statuetten, Tierplastiken und Gefäße. – Es schließen an: ein Raum *Unterer Niger* und *Crossfluß* (Holzschnitzereien, Flechtarbeiten, Schmuck, Masken, Holzskulpturen) und ein Raum *Südwest-Kamerun* (Schmuck, Puppen, Bootsspitzen, Keramik, Körbe, Speere, Schilde, Holzskulpturen, Maskenanzüge). – Zwischen den beiden Treppenhäusern befindet sich der Raum *Grasland von Kamerun* (geschnitzte Türpfosten, Waffen, kleine Skulpturen aus Ton, Elfenbein, Bronze und Holz, Textilien, Möbel, Großskulpturen).

Abteilung Ostasien

Die Abteilung Ostasien (Mongolei und China) des Völkerkundemuseums im Dachgeschoß ist nur über die beiden Treppenhäuser des Altbaus (Eingang Arnimallee) zugänglich.

Zwischen den Treppenhäusern liegt der Raum M o n g o l e i mit einer Jurte (samt Inneneinrichtung) in der Mitte. Die Wandvitrinen enthalten Textilien, Schmuck und Hausrat (1) sowie Kultgegenstände und Sakralgefäße (2). Jenseits des westl. Treppenhauses beginnt die Dokumentation der c h i n e s i s c h e n Kultur links in Wandvitrinen: Grabbeigaben aus Bronze und Keramik (3–5), darunter bes. Tierstatuetten der T'ang-Zeit (4), Darstellung des Beamtentums und seiner Rangabzeichen (6), Schreibgerät und Petschaften (7), freistehend ein Ahnenaltar, Totenkult (8), Dokumentenschrein (9). An der rechten Wand wird der Führungsweg fortgesetzt mit dem Konfuzius-Kult (10), Vorführung der Schriftar-

ten (11) und einer Darstellung des Mandschu-Beamtentums (12). Links folgen: Hochzeitsbräuche und Riten (13), Trauerkleidung (14), Totenkult und Altargerät (15), Schattenspielfiguren und Götter (16), das buddhistische und das taoistische Götterpantheon (17, 18). Frei im Raum stehen ein Weihrauchgefäß und die Waffen des Buddha. Es folgen in Wandvitrinen die Themen Apotheke und Heilkunde (22), Kuan-yins (23, 24) und Neujahrslampen (25). – Der anschließende Raum enthält links Gartengerät (26) und rechts eine Darstellung des Ackerbaues sowie in freistehenden Vitrinen Modelle von Dschunken und von einem Floß (27–30). – Der nächste Raum veranschaulicht den Fischfang (31) und zeigt handwerkliche Erzeugnisse, Teppiche, Porzellan und Lackmöbel (32) in der Wiedergabe eines Wohnraumes mit Möbeln. – Es folgen ein Schlafraum und eine Küche. – Der letzte Raum zeigt an der Eingangswand links Textilien und zugehöriges Gerät (33), rechts Cloisonné-Arbeiten und Schnitzereien. In der Mitte vor einer Stellwand ein großer Gong. Dahinter befinden sich links Schattenspielfiguren (35), rechts Theatergruppen (36) und an der Stirnwand eine Bühne mit Figurinen in Gewändern.

Keine eigenen Ausstellungsräume haben die zu dieser Abteilung gehörenden Objekte aus *Japan, Korea, Nordasien* und *Tibet*, die in der Studiensammlung untergebracht sind. *HB-S*

Georg-Kolbe-Museum
(Charlottenburg; Sensburger Allee 25)

Ch 72

Das Museum bewahrt als Stiftung (1949), einen testamentarischen Wunsch erfüllend, den umfangreichen Nachlaß Georg Kolbes (1877–1947), des in den 20er und 30er Jahren berühmtesten deutschen Bildhauers, der in jährlich wechselnden Ausstellungen gezeigt wird (ca. 170 Bronzen, über 100 Originalgipsmodelle, Konvolute kleiner Ideenskizzen neben zahlreichen meisterhaften Aktzeichnungen in verschiedenen Techniken). Das Museum sammelt jetzt auch Werke aus dem Umkreis Kolbes. – Zum Gebäude → S. 298.

Verständlicherweise überwiegen die hier entstandenen Spätwerke, die in ihrer Statuarik den erstrebten hellenischen Sinngehalt des »mens sana in corpore sano« in kraftvollen Gestalten vertreten; die Anmut und Zartheit seiner früheren »keuschen« Mädchengestalten ist überdeckt. Jedoch sind auch aus den 20er Jahren zahlreiche reich bewegte Aktfiguren in hervorragenden Güssen zu sehen, von skizzenhaften reinen Bewegungsstudien bis zu geschlosseneren Haltungen, manchmal thematisch als Brunnenfiguren und Najaden genauer bestimmt oder auch mit Gefühlsinhalten befrachtet (*Pietà* [1928], *Ruf der Erde* [1932]); in der »expressionistischen« Phase um 1920, in der sich exotische Einflüsse mit modisch-kubistischen auf stilvolle Weise verbinden, belebt durch feine Gestik (*Assunta* [1921; im Zusammenhang eines Mausoleums konzipiert], *Adagio, Nonne* [1923]), ist die gefühlsbetonte Thematik von modernerem Ausdruck. Gleichzeitige Bestrebungen des Ausdruckstanzes wie auch des »natürlichen« Tanzes müssen in ihren Relationen noch genauer bestimmt werden. Verhalten gefühlsbeladen die ergreifenden Werke nach dem frühen Tode seiner Frau: das *Requiem*, die *Frauenhände* und der *Einsame*

Georg Kolbe: Assunta. 1921 (Georg-Kolbe-Museum)

(1927); pathetisch oder melodramatisch das *Beethoven-Denkmal* (1926/47) und die Fassungen der *Zarathustra*-Gestalt (1932/47).
Zu den Arbeiten Kolbes kommen Werke anderer Künstler, z. B. 2 erstrangige Gemälde des Freundes Schmidt-Rottluff, *Aufgehender Mond* (1920) und *Abendlicher Wald* (1928), und das skizzenhafte Bild *Absteigende Kühe* (1920) von Kirchner.
In dem 1935 von Paul Linder angelegten S k u l p t u - r e n h o f kam als Trias die (heute in den Garten versetzte) *Aufsteigende Frau* zwischen *Jungem Streiter* und *Herabschreitendem* 1936 zur Aufstellung. Ferner: *Große Frauenstatue* (1933), *Pietà* (1930) und die als Brunnenfigur entworfene *Hockende* (1925). – Im G a r - t e n ferner der *Tänzerinnen-Brunnen* (1922, 1979 aufgestellt), die schöne *Kniende* von 1924, die *Herabschreitende* (1928), die *Verkündung* (1924; auch Kriegermal), die *Auferstehung* (1934) und *Zarathustras Erhebung* (bestimmt für die Nietzsche-Halle in Weimar 1939, aber von Hitler abgelehnt).
Weitere Skulpturen im benachbarten Georg-Kolbe-Hain (→ S. 298). HR

Käthe-Kollwitz-Museum Berlin (Charlottenburg; Fasanenstr. 24) Ch 45

In der noblen Villa, die 1984 von der Deutschen Bank AG erworben und wiederhergestellt wurde (→ S. 293), ist seit 1986 in 13 Räumen ein privates, eng mit mit dem Berliner Kunsthandel verbundenes Museum eingerichtet worden.
Die Sammlung enthält (1990) 119 Zeichnungen, Lithographien, Radierungen und Holzschnitte sowie als Stiftung der Käthe-Kollwitz-Erbengemeinschaft 13 Bronzen, darunter die »Mutter«-Gruppe und das »Liebespaar«. Die Darstellungen dieser mutigen Kämpferin für soziale Gerechtigkeit und für Frieden sind somit aus dem Arbeitermilieu in ein ganz anderes versetzt. Eine große Bronze von Gustav Seitz (1955–58; ein anderer Guß des Denkmals auf dem Kollwitzplatz, vgl. S. 114) stellt die sitzende Künstlerin dar. HB-S

Kunstbibliothek (Charlottenburg; Jebensstr. 2) Ch 39

Die Kunstbibliothek ist aus der wissenschaftlichen Spezialbibliothek des 1867 gegründeten Kunstgewerbemuseums hervorgegangen. 1894 wurde sie zu einer eigenen Museumsabteilung erhoben. Zu einem musealen Bestand neben der wissenschaftlichen Bibliothek gelangte das Institut v. a. durch die 1886 gekaufte Pariser Sammlung Destailleur mit ornamentalen Handzeichnungen, die durch die Überweisung von architektonischen und kunstgewerblichen Entwürfen der Sammlung Pacetti aus dem Kupferstichkabinett wesentlich vermehrt wurde. Der Aufbau einer Ornamentstichsammlung, die auch topographische Ansichten enthält, ergänzte diesen Komplex. Ein neuer Schwerpunkt bildete sich 1899 durch die Schenkung der Kostümbibliothek des Freiherrn v. Lipperheide u. a. mit Stichen und alten illustrierten Büchern zur Kulturgeschichte, insbes. zur Mode, aller Zeiten und Völker. Hinzu kam die Sammlung Grisebach mit illustrierten und druckgraphisch bedeutsamen Büchern des 15.–18. Jh. Aus den reichen Beständen an Gebrauchsgraphik ragt bes. die umfangreiche Plakatsammlung hervor. Im 2. Weltkrieg gingen große Teile der Ornamentstichsammlung, ferner rd. 10% der Bücherbestände. Zu den bedeutendsten Neuerwerbungen gehört der Nachlaß des Architekten Erich Mendelsohn (ca. 1600 Zeichnungen und 700 Baupläne, 1976). Die Bibliothek hat sich schon bei Lebzeiten die Sammlungen bedeutender Künstler gesichert, z. B. die des Produktgestalters Wilhelm Wagenfeld. Seit 1954 ist die Kunstbibliothek in dem ehem. Landwehrkasino in der Jebensstraße untergebracht. Der Umzug zum Kulturforum wird vorbereitet.

Als Museum vom Charakter eines Graphischen Kabinetts bietet die Kunstbibliothek keine ständige Schausammlung, doch stehen die Bestände allgemein für die Betrachtung und die Benutzung zur Verfügung. Wechselausstellungen werden regelmäßig veranstaltet. *HB-S*

Kunstgewerbemuseum
(Tiergarten; Tiergartenstr. 6)

Ti
41

1867 wurde im Zuge des allgemeinen Interesses am historischen Kunstgewerbe das »Deutsche Gewerbe-Museum zu Berlin« mit einer Unterrichtsanstalt, seit 1879 »Kunstgewerbemuseum«, als private Institution gegründet und im Diorama von Gropius in der Stallstraße untergebracht. 1881 zog es in den Bau von Martin Gropius in der Prinz-Albrecht-Straße um. Erst 1885 übernahm der Staat das Museum als Abteilung der Königlichen Museen. Eine zielbewußte Sammeltätigkeit, angeregt durch Schinkels und Beuths Wiederbelebung des Kunsthandwerks, hatte der Königlichen Kunstkammer schon früher bedeutende Bestände zugeführt, die nun den Rang der Institution sicherten: 1825 die Glasgemäldesammlung v. Derschau, 1828 die Majolikasammlung Bartholdy, 1835 die Sammlung v. Nagler (Majoliken, Emails, Gläser, Steinzeug) und 1858 die Sammlung v. Minutoli (Kunsttöpferei, Gläser).
Dem ersten hervorragenden Direktor Julius Lessing (1872–1908) verdankt das Museum u. a. die Erwerbung der Glassammlung Guastella (1872), der Ratssilbers der Stadt Lüneburg (1874), des mittelalterl. Kirchenschatzes aus Enger/Herford (1888) und der Dürer-Fenster aus der Landauer-Kapelle in Nürnberg (1892). Nach der Übersiedlung in die nach 1918 ungenutzten Räume des Berliner Schlosses erhielt das nunmehrige »Schloßmuseum« durch prunkvolle Innenarchitektur und Inventarstücke des Schlosses weiteren Glanz. Hinzu kamen 1933–35 Teile der Sammlung Figdor, der Welfenschatz und die Porzellansammlung H. Feist.
Durch den Krieg gingen nahezu vollständig die Textil- und die Glassammlung einschließlich der Glasgemälde verloren. Auch die anderen Materialgruppen erlitten große Verluste. Die in den westlichen Bergungsorten geretteten Bestände gelangten nach West-Berlin, während der größte Teil der Möbelsammlung, aber auch andere Kunstwerke, aus den mitteldeutschen Bergungsorten nach Ost-Berlin gebracht wurden. Sie sind seit 1963 im Schloß Köpenick (→ S. 453) zugänglich.
Eine Auswahl der West-Berliner Bestände war seit 1963 im Schloß Charlottenburg ausgestellt, bis endlich 1985 sich die Möglichkeit bot, den Reichtum der Sammlung im Neubau am Tiergarten (→ S. 209) chronologisch geordnet zusammen mit einer Informationsgalerie in 9 großen Räumen angemessen zu präsentieren.

Erdgeschoß
R a u m I: Hauptsächlich mittelalterl. Metallarbeiten, darunter der Schatz aus dem Stift des hl. Dionysius zu Enger und der Welfenschatz.
Vitrine 1: *Reliquiar in Taschenform,* Goldblech, Edelsteine, Perlen, Zellenverglasung und Zellenschmelz (alemannisch [?], 3. Viertel 8. Jh.). Die 13 Steine auf der Schauseite des Reliquiars, darunter 4 antike Gemmen, bedeuten Christus und die 12 Apostel. Ein senkrecht stehendes Kreuz und ein kleineres Diagonalkreuz bilden die Hauptachsen der Flächenaufteilung. Der Umriß des Ganzen und die Binnenzeichnung der Ornamentik zeigen einen Sinn für üppige Gestaltung und eine vibrierende Lebendigkeit – Merkmale der karolingischen Kunst – im Rahmen des Gesetzes der Symmetrie.
Vitrine 2: *Reliquienkreuz aus der Werkstatt des Roger von Helmarshausen* (in Westfalen tätig, wahrscheinl. identisch mit Theophilus Presbyter, dem Verfasser eines wichtigen Lehrbuches über künstlerische Techniken), Goldblech, Edelsteine, Perlen (um 1100; Fuß Anfang 15. Jh.). Die Kreuzform ist zu einem System rechteckiger Flächen bereichert, deren jede durch einen bes. großen Stein bzw. eine Gemme zentriert und in klarer Ordnung mit Perlen besetzt ist. Der Eindruck entsteht nicht nur durch den Glanz des Materials, sondern auch durch die Schönheit der Proportion.
Vitrine 6: *Taufschale des Kaisers Friedrich Barbarossa,* Silber, teilvergoldet (Schale um 1122 [?]; Gravierung [Aachen] nach 1155). Die symmetrische, dem Rund geschickt angepaßte Komposition zeigt den Täufling zwischen seinen Paten Otto v. Cappenberg und einem Bischof. Arme und Köpfe sind V-förmig angeordnet. Die Schrift wiegt die bildliche Darstellung auf, die von der breiten glatten Fläche der Silberschale wie von einer Aura umgeben ist.
Vitrine 7: *Reliquienkreuz Kaiser Heinrichs II.* aus dem Basler Münster, Goldblech, Edelsteine, Silberperlen (deutsch, Anf. 11. Jh.). Die Mitte bildet ein spätantiker Kopf-Cameo, dessen bannende Ausdruckskraft die Kreuzarme als eine Ausstrahlung dieses Kopfes empfinden läßt. So zielen auch die Abschrägungen am Umriß der äußersten Teile der Kreuzarme auf die Mitte des Kopfes. Der Glanz des Goldes und der Edelsteine verstärkt den Eindruck des Strahlenden, Sieghaften.
Vitrine 12: *Armreliquiar des hl. Sigismund,* Silberblech, Edelsteine, Bronze (Hildesheim [?], 11. Jh.). Die vornehme Strenge der ottonischen Kunst spricht aus dem schlank und gerade hochgereckten Arm, der klaren und einfachen Bildung der Hand, die mit zierlichem Griff den Lilienapfel faßt, und dem Sinn für Symmetrie. Zufällige Einzelheiten wie die Gewandfalten des Ärmels sind nur sparsam angedeutet und steigern die abstrakte Klarheit der Form bei der Hand.
Vitrine 17: *Tragaltar des Eilbertus von Köln* (sign. »Eilbertus coloniensis me fecit«), Gruben- und Zellenschmelzplatten, vergoldetes Kupfer, Bergkristall (um 1150–60). Das gleichmäßige Vorspringen von Boden- und Deckplatte vor dem von Rechteckarkaden umgebenen Mittelteil gibt dem Gebilde eine große Regelmäßigkeit. Es läßt an eine Architektur von klassischer Einfachheit denken. Dennoch gibt es keine alle Einzelheiten erfassende Komposition des Ganzen. Die Formen sind wie in Zeilen ohne senkrechte Achsenbezüge angeordnet. Der Schrift kommt große Bedeutung zu. Die Schriftbänder in den Händen der Apostel enthalten das Glaubensbekenntnis. Dieses Werk erweist Eilbertus als eine antikem Formgut verpflichtete bedeutende Künstlerpersönlichkeit, eine der ganz wenigen des Hochmittelalters, die wir mit Namen fassen können.
Vitrine 18: *»Welfenkreuz«,* Gold, Zellenschmelz, Edelsteine und Perlen, silbervergoldeter Fuß (Italien, Mitte 11. Jh.). Auf das Krückenkreuz in strengem rechtwinkli-

gem Umriß ist als älterer Teil das Brustkreuz mit figürlichen Motiven in Zellenschmelz und mit weicher gebogenem Umriß aufgelötet. Perlen und halbkreisförmige Ausbuchtungen an den Kreuzenden vermitteln geschickt zwischen den beiden Formauffassungen. Mit dieser disziplinierten Gestaltung kontrastiert der üppige, barock anmutende Stil des Kreuzfußes, in dem spätantike Motive (Löwenköpfe und Todesgenien mit gesenkter Fackel) in unbeholfener Form tradiert sind.

Vitrine 19: *Kuppelreliquiar*, Grubenschmelzplatten, Silber, Bronze und vergoldetes Kupfer, Walroßzahn (Köln, um 1175). Das Reliquiar, welches das Haupt des hl. Gregor von Nazianz enthalten soll, ist das Abbild einer überwirklichen, auf dem Rücken von 4 Greifen »schwebenden« Architektur. Reiche Ornamentik, teils geometrisch, teils pflanzenhaft, und der Zusammenklang von Gold, Walroßzahn und farbigem Grubenschmelz wirken prachtvoll. In den 13 Nischen des Kuppeltambours befinden sich die Figuren Christi und der 12 Apostel in vielfach variierten Sitzmotiven, unten 16 Propheten und Reliefs mit der Hl. Familie, der Anbetung der Hll. 3 Könige, der Kreuzigung und den Frauen am Grabe.

Vitrine 21: *Simson-Leuchter*, Gelbguß (norddeutsch, 1. Hälfte 13. Jh.). Die Prägnanz der plastischen Form setzt sich fort in einer ornamentalen Binnenzeichnung, die in den Kleidern Simsons gegenständlich erklärbar, auf dem Fell des Löwen jedoch reinem Formtrieb entsprungen ist. Bes. schön kommt der Formwille auch in der geordneten Darstellung der Mähne zum Ausdruck.

Vitrine 28: *Reliquienkasten*, Holz, Temperamalerei (Oberrhein [?], 2. Viertel 14. Jh.). Der Kasten besitzt die hausartige Form eines Reliquienschreines mit entsprechender Gliederung der Wände durch Arkaden mit Figuren. Der Reiz besteht hauptsächlich in der liebenswürdigen Naivität, mit der dem bescheidenen Behältnis das Ansehen des Kostbaren gegeben ist. Der Maler verfügt nur über wenig Möglichkeiten, um das Motiv der weiblichen Halbfigur zu variieren.

Tischvitrine 29: *Chormantelschließe* von Reinecke vam Dressche, Silber, teilvergoldet (Minden, 1484). Vor das ruhige Rund ist die lebhafte, vertikalbetonte, 3geteilte Baldachinarchitektur – wie der Querschnitt durch eine 3schiffige Kirche – mit kleinteiliger got. Ornamentik gestellt. Während der sitzende Petrus als Zentrum des Kreises empfunden wird (unter ihm kniend wie in einem Gruftgewölbe die Stifterfigur), betonen die Ritterheili-

Kuppelreliquiar.
Köln, um 1175
(Kunstgewerbemuseum
Tiergarten)

Museen: Kunstgewerbemuseum Tiergarten   451

gen Georg und Gereon (?) in ihrem breitbeinigen, geraden Stand das klare Aufstreben der Architektur.
Vitrine 38: *Georgs-Reliquiar* aus Elbing, Silber, teilvergoldet (nordostdeutsch, letztes Drittel 15. Jh.). Bizarrerie und Eleganz der Gruppe sind dem Material adäquat. Ein naturalistisches Element spricht sich bes. in der Rüstung und den Waffen aus. Die Dramatik des Kampfes, die sich auch in dem sperrigen Umriß äußert, schließt Zierlichkeit nicht aus.
An der Wand zu Raum II hängt das Fragment eines *Bildteppichs* (Schweiz, um 1430). An den blumenreichen, durch Tiere belebten Boden mit freier Rhythmisierung der Formen schließt sich ein regelmäßig gemusterter Hintergrund, einem Goldgrund vergleichbar, an, vor dem die Figuren mit weit ausladenden Gewändern in lebhafter Umrißwirkung stehen. Große Bedeutung für die Komposition besitzen die Schriftbänder. Die liebliche Szenerie wird durch den Greif als Symbol der Untreue gestört.

R a u m II: Italienische Majoliken, spanische Lüsterware, Gläser, italienische Bronzen, Maleremails und niederländische Bildteppiche der Renaissance.
Vitrine 5: *Gläsernes Becken* (Venedig [?], um 1500). Das Material mildert die Schärfe der kantigen Form. So entsteht ein Übergang vom Kristallinischen zum scheinbar Flüssigen. Das Glas wirkt lebendig modelliert. Der Schwung der S-förmigen Henkel trägt zur Bewegtheit des Gebildes bei.
Vitrine 10: *Apothekergefäß* (Florenz, 1430–60). Der mit großer Routine gemalte Dekor zeigt im Rankenwerk (mit Trauben?) durch seine lebhaften Schwünge, die auf den Umriß des Löwen abgestimmt sind, noch durchaus got. Formempfinden. Die herausragenden Henkel mit einer Tendenz zum Eckigen harmonieren mit dem Duktus der Bemalung.
Vitrine 12: *Majolikakanne* (Florenz, um 1520). Zu ihrer äußeren Erscheinung paßt die Demonstration von Macht und Reichtum durch das Wappen zwischen den Füllhörnern, welche die Kanne als ein vergleichbares Gefäß für die Gaben der Natur interpretieren. Rustikales mischt sich mit Städtisch-Herrscherlichem.
Vitrine 15: *Majolikaplatte* (Venedig, 1. Viertel 16. Jh.), bei der Perspektive und die kantige, monumentale Form moderner Renaissance-Paläste in Widerspruch zum Rund des Bildfeldes und dem Gesetz der Fläche als die Errungenschaften der neuen Zeit gestellt werden. Symbole von Wissenschaft, Musik und Kriegshandwerk, auch diese betont räumlich gebildet, weisen auf die Fähigkeiten des Menschen hin.
Vitrine 18: *Majolikaschale mit dem Profilbild der Deidamia von Skyros*, die der Sage nach dem Achilleus einen Sohn, Neoptolemos, geboren hat. (Von Nicola Pellipario, Castel Durante, um 1520–25). Das klare Profil kontrastiert mit dem wilden Ornament des Helmes, das Animalisch-Menschliches, Tierisches und Pflanzliches verschmilzt und sich mit seinen Voluten auf das Rund des Tellers bezieht. Die hoheitsvolle Gestaltung erinnert an Bildnisse auf Münzen und Medaillen.
Vitrine 39: *Pluviale*, purpurfarbener Seidensamt (Venedig [?], Mitte 15. Jh.). Der Reiz der Zeichnung besteht darin, daß die Linien sich nicht zu Umrissen zusam-

menschließen, sondern Blattformen nur andeuten und in graziös rhythmisiertem Schwung mit kurzen Abzweigungen in regelmäßigen Abständen die Fläche durchziehen. Die kleinen Granatapfelmotive bilden im Gegensatz dazu in gleichen Abständen kleine fixierte Flächenmuster.

R a u m III: Metallarbeiten der Renaissance, insbesondere das Lüneburger Ratssilber.
Tischvitrine 7: *Brustkreuz des Abtes von Averbode* (einem flämischen Prämonstratenserkloster), Gold, reich emailliert, Perlen, Edelsteine (Antwerpen, 1562). Der Körper Christi und die innere Kreuzform werden durch eine reiche und im Verhältnis dazu schwere Ornamentik gerahmt. Voluten und Überschneidungen des Rollwerks sowie die Perlen und Edelsteine geben dem Gebilde eine materielle Räumlichkeit, die logisch geordnet und zugleich dynamisch wirkt.
Vitrine 8: *»Bürgereidkristall«* von Hans von Lafferde, Silber, teilweise vergoldet, Email, Halbedelsteine (Lüneburg, 1443). Bei dem kleinen Reliquienschrein wird der architektonische Kern von der plastischen Fülle des Dekors überwuchert. Die Kreuzgruppe zwischen je 2 Aposteln auf der einen und Christus in der Mandorla als Weltrichter zwischen Maria, Johannes und 2 Engeln auf der anderen Seite, kräftig gebildet und mit reichem Faltenwurf, beherrschen die Flächen. Die Darstellung des Weltgerichtes hat ihren Sinn in der Verwendung des Reliquiars: Auf ihm hatten die Lüneburger den Bürgereid zu leisten.
Vitrine 9: *Muttergottes* von Hermen Worm (?), Silber, teilweise vergoldet und bemalt, Perlen, Halbedelsteine (Lüneburg, 1500–10). Das Bestreben, durch edles Material ein Gleichnis für göttliche Qualität zu geben, verbindet sich mit Naturnähe, die in der Bemalung des Silbers zum Ausdruck kommt, aber auch in der plastischen Form. Die Inkarnation Christi wird dadurch sinnfällig gemacht. Maria hält einen Zweig mit Früchten und Blumen. Hier ist ebenso wie in der Krone der Übergang der freien Naturform zum geordneten Ornament bes. deutlich zu beobachten.
Vitrine 11: *Großer Gießlöwe* von Joachim Gripswolt, Silber, vergoldet (Lüneburg, 1540). Der Löwe ist das Wappentier Lüneburgs. Modellierung und Punzierung der Oberfläche geben eine Vorstellung vom lebendigen Organismus des Tieres und der stofflichen Qualität des Felles, aber dieser Lebensnähe wirken die distanzierende Archaik der Haltung und die teils ornamentale, teils tektonische Behandlung entgegen. Die Biegung des Schwanzes setzt sich in dem arabeskenartigen Formspiel des kleinen Drachen fort.
Vitrine 14: *Weltallschale* von Jonas Silber, einem in Nürnberg und Danzig tätigen Goldschmied und Münzschneider; Silber, vergoldet und teilweise bemalt (Nürnberg, 1589). Das weitgespannte Programm – eine Darstellung des Weltalls – wird ohne Rücksicht auf Proportion und Schönheit der Gesamtwirkung lehrhaft und kunstvoll ausgebreitet: auf dem Fuß in Form eines Dreipasses die Erdteile Afrika, Amerika, Asien, als Schaft darüber der Baum der Erkenntnis mit Adam und Eva, auf der Baumkrone der Tempel des Alten Bundes, auf der Unterseite der Schale der Kaiser mit den 7 Kurfürsten und den Wappen der 97 freien Reichsstände (innen Eu-

452 Museen: Kunstgewerbemuseum Tiergarten

ropa als Frau mit den kaiserlichen Insignien), auf der Deckelwölbung der Himmel mit den Sternbildern und darüber auf der Kreuzung zweier Bügel Christus als Weltrichter und Erlöser. König Friedrich I. von Preußen erhielt das für Kaiser Rudolf II. gefertigte Werk 1703 als Huldigungsgeschenk der Halberstädter Judenschaft.

Vitrine 15: »*Kaiserbecher*« von Wenzel Jamnitzer, Silber, vergoldet (Nürnberg, 1564). Trotz des reichen Dekors, der ein flimmerndes Spiel von Lichtern erzeugt und nur bei genauem Hinsehen die Präzision der Form erkennen läßt, ist durch die klaren horizontalen Gliederungen eine Ordnung hergestellt, z. T. mit architektonischen Schmuckmotiven. Sie gipfelt in der denkmalhaften Gestaltung des Deckels mit dem Standbild Maximilians II., dem die süddeutschen Reichsstände bei der Krönung 1564 den Pokal geschenkt haben dürften (4 Reichsfürsten umringen den Pfeiler der Kaiserfigur: die Bischöfe von Würzburg, Bamberg und Salzburg sowie der Pfalzgraf von Nürnberg; auf der Cuppa die Allegorien der Reichsstädte Nürnberg, Augsburg, Nördlingen und Kempten). Der Kreisform des Querschnitts ist durch die 4 Porträtfiguren der Reichsfürsten oben in Wiederholung der 4 Kardinaltugenden am Schaft ein Achsenkreuz einbeschrieben. – *Diana auf dem Hirsch*, automatisches Trinkspiel von Matthias Wallbaum, einem Augsburger Goldschmied und Verfertiger von weit verbreiteten kostbaren Kleinmöbeln; Silber, teilvergoldet (gegen 1600). Die Elastizität des Frauenkörpers, die Betonung eines linearen Schwunges in den Gliedern, paßt zu den gestrafften Formen des springenden Hirsches und stimmt auch mit der Eleganz der Ornamentik überein. Die Umrisse der Körper ergeben ein lebhaftes, wohlabgestimmtes Linienspiel. In einem gewissen Gegensatz dazu, animalisch, stumpfer, sind die ruhig dastehenden Hunde gebildet. Die maßstäblich kleinere Jagdszene schafft eine perspektivische Illusion.

Vitrine 16: *Elefantenfontäne* von Christoph Jamnitzer, einem Hauptmeister der europäischen Goldschmiedekunst; Silber, vergoldet (Nürnberg, um 1600). Dargestellt ist ein Kriegselefant Hannibals in der Schlacht bei Zama. Die Neigung zu anschaulicher, detailreicher Erzählung läßt genügend Raum für ein Spiel mit Formen, nicht nur in den ornamentalen Einzelheiten. Die Beine des Elefanten mit ihren an gedrehte Säulen erinnernden Hautfalten, die Ohren, Stoßzähne und Rüssel sind mit ihren variierten Schwüngen bewußt komponiert.

Obergeschoß

R a u m I V: Werke der Renaissance und des Barock, Inhalt des Pommerschen Kunstschrankes, süddeutsche Bunthafnerware, rheinisches, sächsisches und süddeutsches Steinzeug, Gläser, Silber, Fayencen aus Delft, Berlin und Potsdam.

In den Vitrinen 1–3 ist der Inhalt des *Pommerschen Kunstschrankes* ausgestellt, dessen Übergabe an den Herzog Philipp II. von Pommern ein Gemälde von Anton Mozart zeigt. Der Schrank selbst, 1681 in die Kunstkammer des Berliner Schlosses gelangt, verbrannte 1945. Kabinettschränke dieser Art dienten nicht zuerst Gebrauchszwecken, sondern waren eine sinnreiche Demonstration kultureller Zusammenhänge und technischer Leistungen, von einer Vielzahl von Kunsthandwerkern geschaffen.

Vitrine 16: *Deckelhumpen*, Elfenbein, Silber, vergoldet (Flandern und Augsburg, 3. Viertel des 17. Jh.). Die Darstellung, Herkules, von einer gekrönten Frau bekränzt, und ein Reigen von 4 Nymphen mit 2 bekränzten Kindern und 2 Faunen mit Blasinstrumenten, erfordert es, den Humpen von allen Seiten zu betrachten. Die Walzenform des Gefäßes wird versteckt unter der Unregelmäßigkeit der Plastik, die in dem reich bewegten Henkel eine Steigerung erfährt. Die Üppigkeit des Dekors, das Sinnenhafte und die Freiheit der Formgebung erscheinen passend für ein Trinkgefäß.

Vitrine 30: *Ringflasche*, Steinzeug (Siegburg, um 1570). Das Gefäß wird durch Form und Dekor zu einem Ausdruck manieristischer Angstvorstellungen. Das Loch in der Mitte, eigentlich das Ergebnis einer funktionellen Formgebung, inspirierte zu einem geöffneten Mund des Schreienden darüber. Fratzenhafte Köpfe finden sich auch an anderer Stelle. 2 Drachen, Tiere, die zu berühren man sich scheuen würde, bilden die Henkel; 2 andere Drachen ringeln sich um den Hals.

Vitrine 36: 5teiliger *Vasensatz*, Rubinglas (München mit Augsburger Montierung von 1698 [?]). Bei den einzelnen Balusterformen wechseln Einziehungen und Ausbuchtungen so, daß die Konturen aller Vasen ein harmonisches Linienspiel ergeben, in das auch die Zwischenräume einbezogen sind. Die zierlichen Montierungen betonen die horizontalen Gliederungen mit wechselnden Schmuckmotiven und bereichern die mittlere Vase v. a. durch die elegant geschwungenen Henkel. Gold und Rubinrot bilden einen warmen und festlichen Klang.

Vitrine 56: *Deckelbecher* von Johann Christoph Treffler, Silber, vergoldet (Augsburg, um 1700). Der Becher läßt klar geschiedene Zonen erkennen: die kugelförmigen Füße, das Relief der geschweiften Godronen, die eine Drehbewegung suggerieren und zugleich nach oben zielen, das flächige Akanthusornament und als Abschluß und letzte Verflüchtigung von Plastizität ein glatte Ring. Im Deckel wiederholen sich die Elemente des Bechers in anderer Abfolge und mit gegenläufiger Bewegung.

R a u m V: Werke des Barock und Rokoko, Fayencen hauptsächlich deutscher Manufakturen sowie Meißener, Nymphenburger, Frankenthaler, Ludwigsburger und Berliner Porzellan, Miniaturen, bes. von dem Wiener Bildnismaler Heinrich Füger (1751–1818), ferner ein Chinesenzimmer aus dem Palazzo Graneri in Turin (um 1760).

Vitrine 15: *Walzenkrug* mit Malerei von Johann Gregor Höroldt (Meißen, 1725). Die schlichte zylindrische Form bringt den malerischen Reichtum voll zur Geltung. China ist als eine Welt voller Absurditäten karikiert. Den phantasievollen Witz des Bildes in der Kartusche begleitet die zierliche arabeskenartige Ornamentik der restlichen Fläche spielerisch. Hier äußert sich wieder ein Sinn für Ordnung und Symmetrie.

Vitrine 29: *Scaramuz und Colombine* von J. J. Kändler (Meißen, 1741; →Farbabb. 24). Die Skulptur schildert anschaulich einen flüchtigen Augenblick mit 2 Hauptfiguren der Commedia dell'arte: Die kokette Colombina (»Täubchen«) lauscht dem Klang ihrer Stimme bei einer offenbar schwierigen Partie, während der

»scharmützelnde« Liebhaber Scaramuz die Noten für seine Begleitung sucht. Die Malerei hebt die markanten Details hervor, beschreibt die Stoffmuster ausführlich und steigert den Eindruck des Genrehaften, so daß der Skulptur die Illusionswirkung eines Spielzeugs erhält.

Vitrine 31: *Lalagé* von Franz Anton Bustelli (Nymphenburg, um 1758). Auch diese Figur gehört zur Welt der Commedia dell'arte; Lalagé bildete mit dem komischen Diener Mezzetino ein Paar auf der Bühne der Italienischen Komödie, wie Bustellin in einem Ensemble von 8 solchen Paaren und 2 Harlekinen dargestellt hat. Die tänzerische Bewegung bringt im Verein mit dem Kostüm einen höchst eleganten Umriß zustande, der bei der Drehung der Figur, zu der das Motiv auffordert, immer neue Reize zeigt. Die Malerei ist so sparsam und abstrakt, daß das Künstliche der Gestaltung voll bewußt wird, die Distanz zur Natur erhalten bleibt und die edle Substanz des Porzellans zur Geltung kommt.

Vitrine 34: *Chinesin* von Friedrich Elias Meyer (Berlin, 1768). Die relativ große Porzellanfigur deutet das Exotische nur an und betont in Kostüm, Gesichtsausdruck und Bewegung die Verwandtschaft mit Europäischem. Natürliches Wesen wird als das Verbindende vorgestellt. Ein Merkmal des Rokoko ist das Momentane, wogegen der leichte Fall des Gewandes, als Funktion der Bewegung sichtbar gemacht, schon klassizistischem Empfinden entspricht.

Vitrine 40: *Flaschenvase*, braunes Böttgersteinzeug (Meißen, um 1715). Die Vase ist in ihrer reichen und dabei klaren Abfolge von konkaven, konvexen und geraden Zonen von einem streng architektonischen Denken gestaltet. Hals und Mündung lassen an eine Säule mit einem Kapitell denken. Der aufgesetzte Blattdekor ist von metallischer Schärfe. – *Porträtstatuette Augusts d. Starken*, braunes Böttgersteinzeug (um 1713). Trotz ihrer Kleinheit besitzt die Statuette die innere Monumentalität eines Standbildes. Zu der imponierenden Haltung trägt die Gleichmäßigkeit bei, mit der Rüstung, Mantel und die Physiognomie gebildet sind. Die Folge horizontaler Einkerbungen läßt die Figur wie aus Schichten aufgebaut erscheinen.

Vitrine 52: *Porzellankanne* aus der Ära des Kaisers Wan-li (China, 1573–1620; Montierung: Erfurt, um 1600). Die Form der Kanne, eines für den Export nach Persien oder Europa bestimmten Stückes, wird umspielt von den Metallteilen. Die exotische Kostbarkeit ist nicht als solche in ihrer Schönheit belassen, sondern durch eine europäische, gemessen prunkvolle Beigabe entschieden verändert und den gewohnten Gefäßtypen angepaßt.

Raum VI: Werke vom Rokoko bis zum Jugendstil; Möbel, Silber, Gläser, Berliner Eisenkunstguß, Keramiken, das Spiegelkabinett von Johann Georg Neßtfell aus Schloß Wiesentheid (um 1730).

Vitrine 6: *Terrine* von George Wilhelm Marggraff und Müller, Silber (Berlin, um 1765). Der glatte, sensibel modellierte Körper der Terrine wird umspielt durch die schwungvoll gespannte Kurvatur von Füßen und Henkeln, die zu einem Gebilde zusammengezogen sind. Die Schmuckformen sind sparsam angebracht und erfüllen eine bestimmte organhafte Funktion. In der be-

krönenden Zitrone kommt ein naturalistisches Element hinzu.

Vitrine 7: *Pokal* nach Entwurf von Karl Friedrich Schinkel, Silber (Berlin, 1826). Die klar voneinander abgesetzten Zonen, Fuß, Schaft, Nodus und Cuppa, zeigen jede eine gleichmäßig sanfte Schwellung der Gefäßform, die am Nodus im Reigen der straff modellierten Bacchanten und Mänaden, den Begleitern des Weingottes Dionysos – eine Anspielung auf den Zweck des Gefäßes –, ihre Parallele in der Gestaltung von Körpern hat. So beherrscht eine Empfindung für Menschliches die Formung des Pokals an jeder Stelle.

Raum VII (Treppenhaus): Werke vom Jugendstil bis Art déco.

Untergeschoß

Raum IX: Kunsthandwerk der Gegenwart.
Raum X: Produkt-Design, beispielhafte Formentwicklungen des 20. Jh. *HB-S*

Kunstgewerbemuseum (Köpenick; Schloß)

Zum Schloßgebäude → S. 157, zur Geschichte des Kunstgewerbemuseums bis 1945 → S. 449. – Der in Ost-Berlin verbliebene und am jetzigen Ort seit 1963 untergebrachte Bestand enthält in erster Linie Möbel; als eine Darstellung der Geschichte des Möbels vom Mittelalter bis zum 19. Jh. ist die Sammlung in Deutschland einzigartig. Nach dem 2. Weltkrieg erweiterten Stücke aus dem Berliner Schloß (v. a. Silber) und aus dem ehem. Hohenzollern-Museum im Schloß Monbijou (Berliner Porzellan) den Bestand des Museums. Durch Neuerwerbungen wurde v. a. die Abteilung von Kunstgewerbe seit dem Jugendstil einschließlich der Gegenwart (hier beschränkt auf die ehem. DDR) aufgebaut.

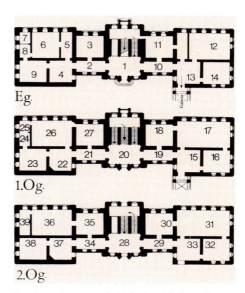

Kunstgewerbemuseum Schloß Köpenick. Raumplan

454 Museen: Kunstgewerbemuseum Köpenick

Das Vestibül (1) besitzt eine starkfarbige Stuckdecke von Giovanni Carove und vielleicht auch Giovanni Simonetti (renov. wie die meisten Decken im Schloß) mit Bildnisreliefs des Kurprinzen Friedrich und seiner 2. Gemahlin Sophie Charlotte (1684 vermählt). – Von hier führt eine Treppe in das gewölbte

Kellergeschoß,
wo 3 Räume mit zeitgenössischem Kunstgewerbe (Glas, Textilien, Keramik, Holzarbeiten) ausgestattet sind. Tür aus Stahlblech von Achim Kühn, 1975. – Im letzten Raum ist ein Fundamentstück eines der Renaissancetürme sichtbar.

Erdgeschoß
Der nördl. Flur (10) mit alter Stuckdecke enthält u. a. eine *Kastentruhe* (Augsburg, um 1580). Eine Vielzahl unterschiedlicher Prinzipien der Ornamentschnitzerei, der Intarsien, Profile, geometrischen und tektonischen Elemente, der Arabesken und bildlichen Darstellungen machen eine Betrachtung schwierig. Verwirrung wird bes. durch die gleichartigen Ansichten ruinöser Architektur mit ihrer flächensprengenden Tiefenwirkung erzeugt. Die Qualität besteht in der virtuosen Beherrschung vieler handwerklicher Mittel. – Teile einer Zimmervertäfelung (Tirol, um 1565).
Im südl. Flur (2) befinden sich Teile des Chorgestühls aus der Abtei Altenberg (Anf. 14. Jh.), ein eiserner Türflügel (Nürnberg, um 1500) und eine Hochzeitstruhe (Rheinland, Mitte 16. Jh.). – Von hier gelangt man in die Schatzkammer (3):
Vitrine 1: *Goldschmuck der Kaiserin Gisela* (Mainz, um 1000). Der Schmuck, 1880 in Mainz gefunden, ist der bedeutendste Bestand dieser Art aus ottonischer Zeit. Daraus: *Adlerfibel*, Gold, Edelstein und Email (deutsch, Ende 10. / Anf. 11. Jh.). Aufrecht und aufstrebend sprengt der Adler gleichsam oben den rahmenden Ring. Bis auf den nach rechts sich wendenden Kopf ist er streng symmetrisch gebildet. Hals, Flügel und Schwanz mit ihren farbigen Einlagen sind kreuzförmig um den goldenen Rumpf gruppiert.
Vitrine 2: *Gesellschaftsketten* (Dresden, um 1600). – *Goldenes Schreibservice Kaiser Karls V.* (Spanien, 16. Jh.). Das 8eckige Tintenfaß mit seinem kuppelartigen Deckel ist das Abbild einer Architektur. Die ovalen Schmuckfelder mit Emails auf den 8 Seiten wiederholen sich auf dem Deckel viermal, so daß sich eine Achsenbeziehung zwischen Achteck und Rund ergibt. Die strenge Ornamentik verrät maurische Einflüsse.
In Vitrine 3 silbervergoldete Pokale der 2. Hälfte des 16. Jh., darunter ein *Kokosnußpokal* von Elias Lencker (?; Nürnberg, Ende 16. Jh.). Die Kokosnuß, der Pokalkörper, war derzeit kostbarer als das vergoldete Silber der Fassung. Der obere Teil des Fußes mit seinen 3 henkelartigen Tiergrotesken wirkt selber wie ein kleines Gefäß, auf dem der eigentliche Gefäßkörper disproportioniert aufwächst. Das Bizarre mutet in Verbindung mit der Kokosnuß exotisch an. Der bekrönende Krieger in antiker Rüstung fügt dem die Vorstellung von Kampf und Eroberung hinzu.
Vitrine 4: Spanisches, italienisches und französisches Kirchengerät des 16. Jh.
Vitrine 5: Silbernes Tafelgerät des 18. Jh.
Vitrine 6: Z. T. vergoldete Prunkgeschirre des 17. Jh.,

darunter ein *Lastträger* von Heinrich Männlich (?; Augsburg, um 1695; vom Silberbuffet im Berliner Stadtschloß). Das Gefäß ist hier zu einer genrehaft erzählenden Skulptur geworden. Bewegung verwandelt sich jedoch durch das Bemühen um Balance wieder zu Statik. Der lebhaft modellierten Figur antwortet das regelmäßige Gebilde der mit einem Netz umflochtenen Kugel.
Vitrine 7: Schmuckanhänger, Ketten und Ringe des 15.–19. Jh.
Vom südl. Flur gelangt man weiter in Raum 4 mit mittelalterl. Möbeln. Der Form nach gehört dazu auch ein *Pfostenstuhl* (Tirol, 16./17. Jh.). Die Funktionen der einzelnen so einfach wie möglich gestalteten Teile sind klar abzulesen. Das gibt dem Möbel etwas von einem Thronsessel – Strenge und eine Würde, die sich auf den Benutzer überträgt. Die einzigen Schmuckelemente sind die Knäufe auf den Pfosten. – *Truhenvorderwand* (Ahaus, Westfalen, um 1400). Die Madonna in der Mitte unter dem baldachinartigen Schloß, die Arkadenreihen und die Apostel an den Endigungen sind in 1, 2 und 3 Geschossen angeordnet. Das Prinzip der nach den Seiten ausstrahlenden Reihung erfährt auf diese Weise eine Bereicherung, aber auch eine markante Begrenzung. – *Truhenvorderwand* (Niedersachsen, um 1300).
Eine Vitrine birgt kirchliches Kunsthandwerk des 12. und 13. Jh.
Schrank (Dithmarschen, um 1500). Das weit ausladende Kranzgesims und die Eintiefungen der Türen in reich gestuften Profilen erzeugen eine starke räumliche, in 2 Richtungen weisende Wirkung. Die Schräge des Kranzgesimsprofils zielt auf das Zentrum der beherrschenden Kreuzfigur. Die Unterscheidung von kleineren Türen oben mit maßstäblich verkleinertem Faltwerk und größeren unten belebt – neben der Farbe – die sonst strenge Gliederung der Front.
Der folgende Raum 9 besitzt eine Stuckdecke mit reichem Akanthusornament. Das Mittelbild fehlt. – *Schrank* nach Ornamentvorlagen von Peter Flötner (Nürnberg, um 1545). Formen der antiken Architektur, interpretiert durch die Renaissance, sind hier auf das Möbel übertragen. Die Unruhe des Vegetabilen ist durch kräftige Rahmung und symmetrische Ordnung gebändigt. Die beiden Geschosse sind klar voneinander getrennt und in der Größe gleichwertig. Nur durch das Ornament, die Profilköpfe, ist dem Obergeschoß ein gewisser Vorrang eingeräumt. – Vitrine mit Steinzeug des 17. Jh. und 2 Vitrinen mit Zinn des 16. und 17. Jh.
Der westl. anschließende Raum 7/8 besitzt nur noch in seinem zum Wasser gelegenen, urspr. abgetrennten Drittel eine Stuckdecke mit schlecht erhaltenem Bild. Athena übergibt Diana einen Schlüssel. – In 2 Vitrinen sind Bucheinbände des 15. und 16. Jh. und Kacheln des 16. Jh. ausgestellt.
In Raum 6 ist ein vertäfeltes *Zimmer* von einem Meister H. S. 1548 aus *Schloß Haldenstein* bei Chur im Kanton Graubünden eingebaut. Die Decke wurde 1607 nach einem Brand erneuert. Den hauptsächlichen Schmuck bilden große Intarsien mit Stadtansichten. Der Fayence-Ofen entstand um 1550 in Rügenwalde nach

Zimmer aus Schloß Haldenstein bei Chur, Graubünden. 1548 (Kunstgewerbemuseum Köpenick)

einem Vorbild auf der Burg Trausnitz bei Landshut von 1517.
Der nördl. benachbarte R a u m 5 enthält Kunsthandwerk des Mittelalters und der Renaissance. – Teile der *Emporenbrüstung aus der Johanniskirche in Herford* mit einer Darstellung der Wurzel Jesse, d. h. des Stammbaumes Christi (um 1500). Jede der Figuren ist auf eine eigene Weise beschäftigt und in ihr kreisrund gestaltetes Feld eingeordnet. Die üppig belaubten Ranken erwecken die Vorstellung von Wald. Die eckige Formensprache der Figuren kontrastiert mit den Rundungen des Rankenwerks. – *Truhenvorderwand* (Niederdeutschland, Ende 15. Jh.). Das tektonische Gerüst der 5 durch Fialen voneinander getrennten Eselsrückenbogen wird von abzweigenden Blättern belebt, so daß der Eindruck eines dichten Waldes entsteht, in dem phantastische Tiere hausen. Die Fabeltiere selbst gehen stellenweise in pflanzenartige Gebilde über.
Eine Vitrine enthält Messinggerät des 15. und 16. Jh., darunter eine *Kanne mit Drachenhenkel* (deutsch, 15. Jh.). Nicht der Zweck, sondern der künstlerische Ausdruck bestimmt die steile Form. Bauch und Mündung mit Deckel sind in ihrer expandierenden Gestalt ebenso verwandt wie Fuß und Hals als aufragende Form. Die Tiergestalten des Henkels und des Ausgusses sind so vereinfacht, daß sie sich gut mit dem balusterförmigen Gefäßkörper verbinden.
Es folgen 2 weitere Vitrinen, eine mit Gläsern des 15. und 16. Jh. und 6 Tellerbrettern mit gemalten Szenen (flämisch, 15./16. Jh.), eine zweite mit Minnekästchen des 14.–16. Jh., einer Hochzeitsschüssel (Nürnberg, 1528) und einer Kasel (Italien, 16. Jh.).

Auf dem A b s a t z d e r T r e p p e zum 1. Obergeschoß ist Schmiedeeisen des 16. und 17. Jh. ausgestellt.
1. Obergeschoß
Der V o r r a u m (2 0) besitzt eine Stuckdecke mit brandenburgischen Adlern in den Ecken. – 4 Vitrinen mit Gläsern des 17. und 18. Jh. aus Nürnberg, Brandenburg, Böhmen, Sachsen und Schlesien.
Im n ö r d l. F l u r (1 9) sind Ledertapeten und andere Lederarbeiten des 16.–18. Jh. ausgestellt.
Der westl. anschließende R a u m 1 8 besitzt eine Stuckdecke mit einer Darstellung von Venus und Adonis im Mittelfeld, möglicherweise von Jacques Vaillant. – *Kabinettschrank* aus Ebenholz von Jean Macé (Paris, Mitte 17. Jh.). Die quadratischen Türflügel bestimmen die Proportionen des Möbels, auch in der Säulenstellung des Unterteils. Zarge und Gesims betonen mit ihren geschnitzten Friesen die Horizontale. Die Rahmung der beiden figürlichen Reliefs verbindet Achteck und Quadrat in einem geistreich sich verschränkenden Bandwerk, das sich vom Tektonischen löst und zu den organischen Formen des Dekors überleitet. – *Stollenschrank* (Frankreich, 1. Hälfte 16. Jh.). Hans Vredeman de Vries: Phantasielandschaft. – *Truhe* (Südfrankreich, Ende 16. Jh.). Die Vorderseite zeigt die Taufe Christi als Relief. Der goldgefaßte Hintergrund läßt die Figuren deutlich hervortreten und gibt dem Möbel Leichtigkeit. Die Figuren von Adam und Eva begrenzen es als Pfosten an den Seiten, während oben ein Fries mit Ranken und Tierkämpfen auf eine Welt der Leidenschaften und des Unfriedens hinweist. Als Schlüsselloch dient der Mund eines Satyrs. – *Stollenschrank* (Frankreich, 1. Hälfte 16. Jh.). *Aufsatzschrank* (Frankreich, 1. Hälfte 16. Jh.).

456 Museen: Kunstgewerbemuseum Köpenick

Kredenz (Frankreich, 16. Jh.). – Vitrine mit Zinngeschirr (Frankreich, 16. Jh.).
Im folgenden S a a l 1 7 sind, wie die Decke erkennen läßt, 2 urspr. gesonderte Räume zusammengezogen worden. Die beiden südl. Kompartimente der *Decke* zeigen (stark übermalt) Putten mit Zepter und Königskronen, sind also nach der Krönung 1701 gemalt, während die Decke des größeren Raumteils das Monogramm SC (Sophie Charlotte) noch mit dem Kurhut aufweist. In dem stark zerstörten und übermalten Mittelbild ist Diana dargestellt, die einem Jäger (Endymion?) eine Rose überreicht. Ringsum Putten mit den Symbolen der Jahreszeiten.
5 Vitrinen mit venezianischen Gläsern, mit italienischen Metallarbeiten des 16. und 17. Jh. (darunter G. L. Berninis Modell für die Statuette der Markgräfin Mathilde von ihrem Grabmal in St. Peter in Rom), mit Fayencen des 16. Jh., emailliertem Kupfergeschirr aus Venedig des 16. Jh. sowie mit italienischen Majoliken und Mezzomajoliken des 15. und 16. Jh. – Kabinettschrank (Venedig, 17. Jh.). Lehnstuhl (Italien, 16. Jh.). Wandbehang: Artemisia und Xerxes (Brüssel, um 1560). Cassapanca (Florenz, nach 1550). Bücherschrank (Oberitalien, nach 1570). – Jacopo Tintoretto (?): Venezianischer Doge. – Große Kredenz (Siena, um 1540). Tisch (Florenz, um 1550).
Die *Holztreppe* des anschließenden K l e i n e n T r e p p e n h a u s e s (1 5), 1924 hier eingebaut, stammt aus dem ehem. Lagerhaus in der Klosterstraße und paßt sich in ihrem derben Barock dem Schloß gut an. – Mit chinesischem Porzellan bestückte Etagere aus dem Porzellankabinett des Schlosses Oranienburg (um 1695; eine gleichartige im Schloß Charlottenburg). Münzhumpen (Augsburg, um 1705). – In der anschließenden G a l e r i e stehen 4 Räume für Ausstellungen zur Verfügung.
Im s ü d l. F l u r (2 1) blieb der Deckenstuck erhalten. – Vitrine mit verschiedenen Arbeiten (deutsch, 17. Jh.). – Kabinettschrank, Ebenholz mit Steinintarsien (Augsburg, 2. Viertel 17. Jh.). – *Kunstschrank* von Matthias Wallbaum, einem Hauptmeister der Augsburger Goldschmiedekunst (um 1600). Mit den Füßen beginnend, verjüngt sich der Schrank nach oben in vielfältigen Abstufungen, so daß er als überproportionierter Sockel für die Figur der Venus mit dem Amor verstanden werden kann. Feingliedriges Ornament überspinnt das Möbel, aber trotz der Unruhe bleibt die tektonische Ordnung gewahrt. – Ebenholzschrank mit Steinintarsien (Augsburg, 1660). Prunktisch aus dem Heidelberger Schloß von J. D. Sommer (1684). – Georg Hinz: Innenansicht eines Kabinettschranks (um 1660).
Das *Deckenbild* des südl. folgenden R a u m e s 2 2 zeigt Diana, die ihre Hunde mit Brot füttert, also eine Beziehung von Diana und Ceres; um das Bild herum reicher Akanthusstuck. – Reliefintarsien von Adam Eck aus Eger: Kreuzigung und Auferstehung (Mitte 17. Jh.). Vitrine mit Emailgläsern (deutsch, 17./18. Jh.). – *Kredenz* von Johann Heinrich Keller (Basel, 1663). Das Möbel ist wie die Fassade eines Gebäudes mit einer giebelartigen Rankenbekrönung aufgefaßt und dazu bestimmt, auf ihren tiefen Gesimsen Gefäße zu tragen. Die Funktion des Tragens wird in der untersten Zone

durch die knienden Satyrn angedeutet. Die gedrehten Säulen, die sich teils rechtsherum, teils linksherum nach oben schrauben, vermitteln als plastische, zugleich auch malerisch aufgelockerte Gebilde zwischen der Wandfläche und den Gefäßen. – Lackschrank aus der Kunstkammer des Berliner Stadtschlosses von Gerard Dagly (Berlin, vor 1700). Spiegelrahmen und 2 Gueridons (norddeutsch, um 1700). – Vitrine mit Berliner Fayencen des 18. Jh.
Das *Deckenbild* im benachbarten R a u m 2 3 zeigt Ceres, Bacchus und Venus (»Sine Cerere et Baccho friget Venus« – ohne Ceres, die Göttin der Feldfrüchte, und ohne Bacchus, den Gott des Weines, friert Venus, d. h. die Liebe benötigt Essen und Trinken). – Kabinettschrank (Danzig, um 1700). Fayence-Platten mit den Evangelisten Lukas und Matthäus (Nürnberg, 1720). Leinenpresse (Danzig, um 1700). – *Dielenschrank* (Danzig, um 1700). Während die 3 Pilaster und das mächtig vorkragende Kranzgesims wie eine kleine Architektur wirken, die freilich durch die Kugelfüße vom Boden abgehoben erscheint, hat die Gestaltung der Türen eine physiognomische Intensität des Ausdrucks, auch dadurch, daß die Profile nach vorn drängen. Die reich geschnitzte Ornamentierung ist auf fest umgrenzte Flächen beschränkt, so daß ein klares Rahmengerüst sichtbar bleibt. – *Tisch* (Danzig, um 1700). Die tragende Funktion der Beine wird durch die spiralige Drehung in ein Emporheben der schweren Platte umgedeutet. Die Vorstellung einer nun energisch und zügig mit entschiedenem Richtungswechsel verlaufenden Bewegung wird auch durch die Führung der Profile erzeugt. Die Schnitzereien an der Zarge fügen ein erzählendes Element hinzu. Die Schwere des Tisches wird als Ausdruck von Macht empfunden. – Lehnstuhl (Danzig, um 1700). Bildteppich mit Darstellung einer Ernte in der Art von David Teniers (Brüssel, um 1700). 4 Vitrinen mit Berliner Fayencen aus der Manufaktur von G. Wolbeer und C. Funcke, darunter eine Art eines Kabaretts.
Der westl. anschließende R a u m 2 4 besitzt eine Stuckdecke mit schlichter Feldereiteilung (um 1800?). – 2 Wandleuchter (Frankreich, um 1730). Schreibkabinett (Koblenz, 1. Viertel 18. Jh.). Schreibschrank (deutsch, 1. Drittel 18. Jh.). Kleiner Schreibschrank (England, Anf. 18. Jh.).
Im kleinen E c k k a b i n e t t (2 5) zeigt das Deckenbild Merkur als Götterboten, Minerva einen Brief überreichend (wohl Ende 17. Jh., nicht nach 1804; die Aufschrift »Roßbach« auf dem Brief ist vermutl. später hinzugefügt). – Eckschrank (Lüttich?, Mitte 18. Jh.), darin Meißener Kaffee- und Teeservice (um 1742). – *Vitrinenschrank* (Lüttich, Mitte 18. Jh.), darin Meißener Porzellan. Das kunstvolle Spiel der Ornamentik verdeckt nicht das konstruktive Gerüst aus Senkrechten und Waagerechten. Die rahmenden Rechteckfelder werden nur stellenweise in wirbelnde Schwünge aufgelöst. Eine gewisse Strenge und Härte, die durch das Material des dunklen Eichenholzes bedingt ist, bleibt trotz aller Anmut spürbar.
Das *Deckenbild* des nördl. anschließenden S a a l e s 2 6, vermutl. von Jacques Vaillant, zeigt Bacchus, der als Erfrischung nach der Jagd vor Diana Trauben auspreßt. – Schreibschrank (Sachsen, um 1750). Schreibse-

kretär der Gebr. Spindler (Berlin, um 1770). Teil einer Zimmervertäfelung der Gebr. Spindler aus dem Neuen Palais, Potsdam (1768). Spiegelschreibschrank (Sachsen, 3. Viertel 18. Jh.). – *Schreibschrank* (Mainz, Mitte 18. Jh.). Das 3geteilte Möbel – Unterteil, Schreibplatte, Oberteil – wölbt sich nach vorn, da die rückwärtige Wand breiter als die vordere ist. So können die stark geschwungenen Seitenteile in der Verkürzung eine kräftige Rahmung ergeben. Der Bewegung nach vorn antwortet der Tiefenzug der Architekturdarstellung der Intarsien mit ihrer betonten Perspektive. Die verkürzten Fliesenböden sind das beherrschende Ornament. Das fordert zum Vergleich der realen Architektur des Möbels mit der dargestellten auf. – Kommode (Hamburg, um 1760). Schreibschrank (Mainz?, 1740/50). Kleiderschrank (Braunschweig, 2. Viertel 18. Jh.). Toilettentisch (Berlin, um 1735). Dielenschrank (Mainz, um 1760). Eckschrank (Berlin, 1. Hälfte 18. Jh.). Ein Paar Pfeilerspiegel und Konsoltische von Johann Christian Hoppenhaupt (Berlin, um 1750). Porzellanschrank (Würzburg, um 1750).
3 Vitrinen mit Meißener Porzellan, Geschirren und figürlichem Porzellan.
Das Deckenbild des nächsten R a u m e s 27 zeigt Meleager, der den Eberkopf seiner Jagdgefährtin Atalante überreicht, vermutl. von Jacques Vaillant.
Der aus dem Besitz Friedrich Wilhelms II. stammende Bestand an Möbeln David Roentgens (1743–1807), des berühmtesten deutschen Ebenisten seiner Zeit, ist einzigartig. Seine Werke wurden in ganz Europa, sogar in Paris, geschätzt und hoch bezahlt. Aus seiner Werkstatt in Neuwied gingen u. a. 3 hier nebeneinander gestellte Möbel hervor, ein Rollschreibtisch (um 1790), ein Tisch (um 1785/90) und ein weiterer *Rollschreibtisch* (1779). Das Möbel gehört stilistisch in die Übergangsperiode vom Rokoko mit seinen irrationalen Formspielen zum Klassizismus mit seiner Logik des Bauens. So ist es aus eindeutig faßbaren stereometrischen Gebilden additiv zusammengesetzt. Die Vermittlung zwischen Rokoko und Klassizismus liegt teilweise in der Idee der Chinoiserie begründet, welche die Intarsien zeigen. Klare Formen der Holzarchitektur und eine symmetrische Komposition der Figuren verbinden sich mit den spielerischen Effekten der Intarsientechnik, ihrer Doppeldeutigkeit und der Vorstellung exotischer Phantastik. Für den schweren Körper erscheinen die 4 Beine zu dünn, seine Last wird geleugnet.
H. Schmidt: Friederike Luise, Königin von Preußen (?), Pastell. – Pultschreibtisch, der sog. *Große Berliner Kabinettschrank*, von David Roentgen (Neuwied, 1779). – H. Schmidt: Friederike Luise, Königin von Preußen, Pastell. Standuhr (1787/90) und Tisch (um 1780/90), beide von David Roentgen. Kommode von J. Chr. Fiedler (Berlin, um 1790). Kommode von Joh. Ephraim Eben aus dem Marmorpalais bei Potsdam (1790/93).

2. Obergeschoß

Der V o r r a u m (28) besitzt noch seine Stuckdecke aus der Bauzeit, jedoch ohne das Mittelbild. Um 1800 wurden die Lünetten über den Türen mit Vasen und Lyren aus Stuck dekoriert. – In 6 Vitrinen sind Gläser,

Großer Berliner Kabinettschrank von David Roentgen. 1779 (Kunstgewerbemuseum Köpenick)

Fayencen und Metallarbeiten des Jugendstils ausgestellt.
Im anschließenden nördl. F l u r (29) Stuckdecke mit Akanthusornamentik. – 3 Vitrinen mit Porzellan, Steingut und Gläsern des Art Déco.
Nach W folgt R a u m 30, ohne Deckenstuck. – Kommode von Jean-Henri Riesener (Paris, um 1770). Die Vorderfront ist triptychonartig in 3 Felder gegliedert, obgleich die beiden Schubladen eine horizontale Teilung erfordern. Die Funktion ist zugunsten der ästhetischen Erscheinung negiert. Das Blumenstilleben in der Mitte wird von geometrischen Ornamentfeldern flankiert, bei denen die Bronzebeschläge mit den Griffen Zentren der Felder markieren. Geometrisch-Abstraktes und Freischwingend-Organisches sind maßvoll aufeinander abgestimmt. – Teppich nach Entwurf von François Boucher: Toilette der Psyche (Paris, um 1770/80). 2 Kommoden von Jacques Dubois (Paris, um 1750). Roll-

schreibtisch mit Aufsatz von J. Feuerstein (Paris, um 1770). Lackkommode von Leonard Boudin (Paris, um 1760).
Nördl. schließt sich der prunkvollste Saal des Schlosses an, der Wappensaal (31). Doppelhermen tragen Wappen der Besitzungen des Kurhauses; zugehörige Wappen zieren die Decke. – *Sitzbank* aus der »Roten Samtkammer« des Berliner Schlosses (Berlin, vor 1701). Das Möbel mit seinen vergoldeten Akanthusranken war urspr. Teil einer einen ganzen Raum auskleidenden Ornamentik. Obgleich vom Blattdekor überzogen, markieren sich die konstruktiven Teile doch kräftig, bes. die explosiv schräg nach außen strebenden Pfosten der Armlehnen mit den bekrönenden Adlern. Die unbequemen Lehnen sind ein reines Schmuckelement.
8 Vitrinen mit *Berliner Porzellan*: 1. Wegely-Kaffeeservice und 1. Potsdamsches Service. – 2. Tafelservice Friedrichs II. für Sanssouci (1769). – 3. Japanisches Tafelservice für Sanssouci (1769/70). – 4. Breslauisches Tafelservice (1767/68). – 5. Frühstücksservice für Friedrich II. (um 1780). – 6. Service »Bleu mourant« (1784). – 7. Tafelservice für Schloß Charlottenburg (1783). – 8. Kurlandservice (1785).
Im folgenden Raum 32 ist das von Johann Ludwig und Albrecht Biller (Augsburg, um 1698) gefertigte *Silberbuffet* aus dem Rittersaal des Berliner Stadtschlosses aufgebaut. – 2 vergoldete Terrinen von Joh. Ludwig Biller (Augsburg, 1731). Münzfaß von Christian Lieberkühn d. Ä. (Berlin, nach 1719). 2 silberne, teilweise vergoldete Gueridons (Augsburg, um 1700). 2 Thronsessel aus Silber von Sebastian Mylius (Augsburg, um 1700) aus dem Rittersaal des Berliner Schlosses. – Friedrich Wilhelm Weidemann: Friedrich I., König in Preußen.
Der südl. Flur (34) enthält Gläser und Fayencen des Historismus, einen Schreibsekretär (Paris, um 1880/1890) und ein Schränkchen der Firma Zwiener (Paris, 1880/1900).
Ein letzter Raum 35 ist dem frühen 19. Jh. in Deutschland gewidmet. Standuhr (Berlin, um 1790). Nachbildung einer etruskischen Vase in Kraterform (Berlin, Anf. 19. Jh.). Schreibsekretär von Heinrich Böttcher (1821). Stuhl von Schinkel. Prunktisch für die Prinzessin Alexandrine von Preußen von Schinkel (1821/22). – Vitrinen mit Glas, Silber und Porzellan des frühen 19. Jh.

HB-S

Mi 41

Märkisches Museum
(Mitte; Am Köllnischen Park 5)

Im Zuge des nationalen Aufschwungs nach 1871 begann man 1872 mit dem Aufbau des Märkischen Provinzialmuseums, das 1874 durch einen Magistratsbeschluß formal gegründet wurde. Es erhielt mit seinen ständig wachsenden Sammlungen zunächst im Roten Rathaus Unterkunft, 1875–80 im Podewilsschen Palais Klosterstr. 68, 1880–99 im Köllnischen Rathaus, das dann abgebrochen wurde, und anschließend im Gebäude der Städt. Sparkasse Zimmerstr. 90/91, bis 1908 der Neubau am Köllnischen Park (→ S. 58) bezogen werden konnte. Ab 1932 war im Ermelerhaus eine Zweigstelle für die bürgerliche Wohnkultur des 18.–20. Jh.

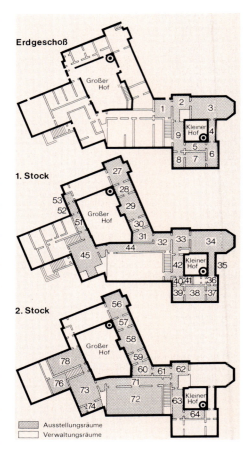

Märkisches Museum. Raumplan der Ausstellungsräume (z. T. nicht zugänglich)

Im 2. Weltkrieg erlitt das Museum durch Zerstörungen und Schäden bei der Verlagerung erhebliche Verluste. Die naturkundliche Abteilung ging vollständig verloren. Die in die UdSSR abtransportierten Teile wurden 1958 zurückgegeben. 1948 gelangte die Vorgeschichtliche Sammlung an das Museum für Vor- und Frühgeschichte (jetzt Schloß Charlottenburg). Durch die Nutzung der Nikolaikirche (→ S. 38) für die Darstellung der Entwicklung Berlins bis zur Mitte des 17. Jh. hat die Präsentation der Sammlung im Stammhaus starke Einbußen erfahren. Viele Räume sind unzugänglich.

Hinter dem Eingangsraum 45 im **1. Stock** sind in Raum 44/32 Steinskulpturen ausgestellt, hauptsächlich *Grabdenkmäler,* darunter: Johann Gottfried Schadow: Grabmal für F. G. Unger (1805); Friedrich

Bischof aus Wittstock. 2. Viertel 14. Jh. (Märkisches Museum; jetzt in der Nikolaikirche aufgestellt)

Gilly (?): Platte vom *Grabmal des Oberamtmanns Carl Gottfried Luft* (1794), ein Relief, das unmittelbar an griechische Skulptur erinnert; Türeinfassung (Anf. 16. Jh.), viell. aus der Petrikirche; J. G. Schadow: Grabmal für F. A. Büsching (1975); J. G. Schadow: Gedächtnissäule für Marianne Schadow, die erste Gemahlin des Bildhauers (1816); J. G. Schadow: Pferdekopf der alten Quadriga vom Brandenburger Tor, Kupfer (1793); Relief vom Haus Poststr. 26: Sturz des Paulus (um 1600); J. G. Schadow (?): Grabmal für Heinrich Fritzsche (1803); Epitaph des Siegfried Utzberg (1516), aus dem alten Berliner Dom.
Rechts führt eine Treppe hinab zur Abteilung »Ur- und Frühgeschichte« in 4 Räumen (6 – 9).
Über eine Treppe gelangt man vom Eingangsraum (45) hinauf zu Raum 76 mit got. *Textilien*: *Altartuch aus dem ehem.* Zisterzienserinnenkloster Zehdenick, Weißstickerei (Ende 13. Jh.); Antependium aus der Kirche zu Lindenhagen bei Prenzlau, niederrheinische Webarbeit (Anf. 16. Jh.).
Weiter oben folgt im **2. Stock** links Raum 78 mit *Automatophonen* des 19. und frühen 20. Jh., darunter Flötenuhren von Christian Möllinger (um 1800) und Johann Friedrich Lieder (um 1810). – Rechts gelangt man in den als gewölbte got. Halle gestalteten Raum 73, der einige *got. Skulpturen und Gemälde* aus Kirchen der Mark enthält. Die bedeutendsten Werke sind allerdings Importstücke und verdeutlichen den vergleichsweise bescheidenen Standard der einheimischen Kunst. Heilige, Sandstein (süddeutsch, Mitte 14. Jh.). Christus als Weltenrichter aus Wittstock (um 1400). *Bischof* aus Wittstock (2. Viertel 14. Jh.), überlebensgroße Holzfigur von vorzüglicher Qualität, die in dem souveränen Lächeln französischen Einfluß verrät. Hl. Barbara und Madonna mit der Birne aus Burghagen (Anf. 16. Jh.). Madonna auf der Mondsichel aus Staaken (um 1500). Anbetung des Christkindes (Gemälde, 2. Hälfte des 15. Jh.). Thronender Christus aus Wittstock (um 1400). Johannes auf Patmos und Johannes bei Aristodemus (Gemälde, niederdeutsch, 1. Hälfte 16. Jh.). Altarretabel aus Feldberg bei Fehrbellin (um 1520). Maria Magdalena aus Fürstenwalde (1. Drittel 15. Jh.).
Im Gang (71) ist *Zinn* des 17. und 18. Jh. ausgestellt. Christian Bernhard Rode: Eine spanische Mutter wiegt aus Dankbarkeit für die Genesung ihrer zwei Kinder diese mit Gold auf, das sie den Armen spendet (1791). J. G. Schadow: Das Walten der Feldärzte, Eisenrelief (1813).

In dem großen Raum 72 ist die Geschichte der *Berliner Malerei* vom 18. Jh. bis zur Gegenwart in knappster Form dargestellt. Isoliert steht das Bild eines unbekannten Meisters (Kopie um 1550 nach Vorbild von etwa 1480): Graf v. Arnim und Amois, ein Porträt, das durch den Ausdruck von Bosheit bemerkenswert ist. Charles Amédée Philippe Vanloo: Familie des Goldschmieds Müller (um 1763). Modestin Eccardt: Brett mit Stich und Zeichnung (1713). Puttengruppe vom Ephraim-Palais, Sommer und Herbst (um 1765). Christian Bernhard Rode: Anna Sophie Rode (vor 1750); Gedächtnisbild für Friedrich d. Gr. (nach 1786). Anna Dorothea Therbusch: Johann Georg Witthauer (1772). Susette Henry: Daniel Chodowiecki (Ende 18. Jh.). Daniel Chodowiecki: Familie des Künstlers im Tiergarten; Die Zelten (um 1770). Carl Traugott Fechhelm: Schloßplatz (1788). Jacob Philipp Hackert: Goldfischteich im Tiergarten (1761). Friedrich Georg Weitsch: Bildnis eines Kaufmanns (1805). Joseph Friedrich Darbes: Elisa v. d. Recke (1784). Johann Christoph Frisch: Frauenbildnis (1787). Eduard Gaertner: Ruine des Klosters Lehnin (1858). Johann Erdmann Hummel: Die Granitschale (1831). Carl Hasenpflug: Domkirche (1825). Johannes Rabe: Klosterkirche (1840). Carl Blechen: *Kloster S. Scholastica bei Subiaco* (1829). Friedrich August Calau: Ansichten Berlins in Aquarell. Franz Krüger: Bildniszeichnungen. Eduard Gaertner: Wohnzimmer des Schlossermeisters Hauschild. Franz Krüger: Therese Eunicke (1837); Friedrich Eunicke (1837). Wilhelm Scha-

Jacob Philipp Hackert: Goldfischteich im Tiergarten. 1761 (Märkisches Museum)

dow: Prinzessin Friedrich von Preußen (um 1830). Julius Schoppe: Friederike Schoppe (1834); Jacob Heinrich Schoppe (1836). Eduard Magnus: Marta Wolff (1860). Adolph Menzel: Am Kreuzberg (1847). Carl Graeb: Das alte Berliner Rathaus (1867). Adolf Henning: Fräulein Hinterlohner (1851). Max Liebermann: *Oscar Cassel* (1920). Lovis Corinth: *Walter Leistikow* (1893; →Farbabb. 32). Max Slevogt: *Dr. ing. Bergmann* (1926). Lesser Ury: Damenbildnis (um 1908); Berliner Straße im Regen (um 1925). Walter Leistikow: Das Bruch. Max Pechstein: Stilleben (1923). Lesser Ury: Berliner Straßenbild (um 1920). Edvard Munch: *Walter Rathenau* (1907). Max Pechstein: Bildnis in Blau (1919). Hugo Krayn: Wäscheaustragende Jungen (1915). Hans Baluschek: Kohlenfuhren (1901). Otto Nagel: Selbstbildnis (1935). Rudolf Schlichter: Margot (1924). Konrad Knebel: Sredzkistraße (1980). Gottfried Richter: Schneewehen am Leninplatz (1957). Milly Steger: Die Herbe, Bronze (nach 1932).
Die Räume 61 und 62 enthalten die bedeutendste Sammlung *brandenburgischer Gläser* vom 17. bis zum 20. Jh. Emailgläser vom Ende des 17. Jh. bis um 1800, Rubinglas aus Potsdam und Zechlin, darunter eine Kanne und 2 Koppchen von Johann Kunckel, ferner Erzeugnisse brandenburgischer Waldglashütten des 18. und 19. Jh.
Raum 60 enthält *Porzellan* der Manufaktur von Caspar Wegely. Hier ist ein Wandbild aus dem Ermelerhaus von Carl Friedrich Fechhelm untergebracht: Südliche Landschaft mit Badenden und Fischern (um 1768). Über einer kostbaren französischen Kommode mit Intarsien und vergoldeten Bronzen (um 1740) hängt das elegante Bildnis des Prinzenerziehers v. Usedom von Georg David Matthieu (1766). – Raum 59 ist mit einer Tapete aus Schloß Neuhausen bei Perleberg (um 1740) ausgestattet. Er enthält ferner friderizianisches Porzellan der KPM. – In Raum 58 ist Berliner Porzellan vom Ende des 18. Jh. bis zum Anfang des 20. Jh. ausgestellt. In der Mitte steht eine fast mannshohe Vase von 1837–44. – In Raum 57 wird *Steingut* der Manufakturen von Carl Friedrich Lüdicke, Rheinsberg (um 1787–1866), von Gottfried Burchardt v. Eckardtstein (1800–16), von Johann Friedrich Kammauf (1796–1800) und Ofenplastik von Tobias Christoph Feilner gezeigt.

Raum 56 ist dem *Berliner Eisenguß* gewidmet. An den Wänden hängen 4 von 7 auf Kupfer gemalte Darstellungen (2 im Museum für Verkehr und Technik in West-Berlin) »Entstehung der Lokomotive« (1873–76), von Paul Meyerheim für die Villa Borsig in Moabit geschaffen. Große Vase mit Bacchanal, Nachbildung einer antiken Marmorvase im Britischen Museum London (1832). Schmuck, Medaillen, Geräte, Möbel.

Man geht zurück und gelangt über eine T r e p p e abwärts (hier ein vorzüglicher Kopf eines Posaune [?] blasenden Engels aus dem Schlüter-Kreis und ein Caritas-Relief [um 1790]) in den **1. Stock**, wo in den R ä u m e n 4 2, 4 0, 3 9, 3 8 und 3 7 Dokumente zur *Geschichte der Berliner Theater* vereinigt sind. *HB-S*

Ti **Musikinstrumenten-Museum**
37 (Tiergarten; Tiergartenstr. 1)

Die 1888 im Zuge der Bemühung um die Wiederbelebung alter Musik gegründete Sammlung wurde 1893 in Schinkels Bauakademie untergebracht und 1902 in die Hochschule für Musik am Steinplatz verlegt. Der größte Teil des Bestandes fiel dem Krieg zum Opfer. Nach Zusammenführung der verstreuten Reste, einer beharrlichen Restaurierungs- und Sammeltätigkeit und nach mehreren Umzügen konnten 1984 die Räume in Scharouns Neubau des Staatl. Instituts für Musikforschung Preußischer Kulturbesitz (→ S. 206) bezogen werden.

In dem lebendig gestalteten weiten Innenraum, der unmittelbar musikalische Assoziationen weckt, sind hauptsächlich europäische Musikinstrumente seit der Renaissance übersichtlich aufgestellt oder in Vitrinen untergebracht, so daß das Museum überschaubar ist und zugleich seine Verwendbarkeit als Konzertsaal zu erkennen gibt.

Unter den künstlerisch bedeutsamen Stücken dominieren die *Tasteninstrumente*, so ein venezianisches Spinett (um 1570), ein süddeutsches Spinettino (um 1600) mit Rollwerkornamentik, 2 Antwerpener Cembali von Joannes und Andreas Ruckers (Anf. 17. Jh.; 1618), das Cembalo von Johann Christoph Fleischer (Hamburg, 1710–24) mit einer Schäferszene im Resonanzboden und das 1728 entstandene Clavicord von H. A. Hass (Hamburg) mit Bandelwerk.

Von den *Gemälden* und *Skulpturen* sind zu erwähnen: ein Kinderbildnis Giacomo Meyerbeers von Friedrich Georg Weitsch (1802), das Porträt Carl Maria v. Webers von Caroline Bardua (1821), Franz Liszt am Flügel von Joseph Danhauser (1840), Richard Wagner von Franz Lenbach sowie die Marmorbüsten Karl Friedrich Faschs (1800) von Johann Gottfried Schadow und Carl Friedrich Zelters von Christian Daniel Rauch. *HB-S*

Mi **Otto-Nagel-Haus**
38 (Mitte; Märkisches Ufer 16/18)

1982 wurde in dem Gebäude (→ S. 56) als Dependance der Staatlichen Museen eine ständige Ausstellung »Engagierte Kunst der 20er und 30er Jahre« eingerichtet.

Um 30 Werke Otto Nagels (1894–1967), der als Kommunist in den 20er Jahren unter dem Einfluß der Neuen Sachlichkeit v. a. Bildnisse und Figurenszenen mit teilweise sozialkritischem Ausdruck und seit ca. 1940 v. a. kleine Pastelle mit Stadtmotiven nachimpressionisti-

scher Stimmung malte, sind Werke anderer Zeitgenossen gruppiert, so von Hans Grundig, Otto Griebel, Curt Querner, Oskar Nerlinger, Alice Lex-Nerlinger, Hans Baluschek, Conrad Felixmüller, Otto Dix, George Grosz, Käthe Kollwitz. *EB-S*

Nationalgalerie (Mitte; Bodestraße)   Mi
                                          60
Die Bezeichnung Nationalgalerie besagt, daß das Museum deutsche Malerei und Skulptur des 19. und 20. Jh. sammelt, jedoch war bereits bei seiner Gründung der Bestand ausländischer Werke nicht gering. Den Anlaß zur Gründung bot nach einer längeren Geschichte der Projektierung, für die das Jahr 1848 einen wesentlichen Impuls gab, die Schenkung der Sammlung des Konsuls Joachim Heinrich Wilhelm Wagener an König Wilhelm I. 1861. Mit 262 Gemälden eine der bedeutendsten Privatsammlungen neuerer Kunst in Berlin, entsprach sie in ihrer Zusammensetzung ganz dem Geschmack der Zeit. Die Düsseldorfer und die Münchner Schule dominierten. Auch die Belgier, Franzosen und Holländer waren vertreten, jedoch nicht mit den heute bes. geschätzten Namen. Von den Frühromantikern gab es nur 3 Werke Schinkels und 2 C. D. Friedrichs. Zunächst war die Sammlung im Akademiegebäude Unter den Linden aufgestellt. Der 1866 nach Plänen von August Stüler begonnene Neubau für die Galerie wurde 1876 fertiggestellt. (Zur Geschichte des Gebäudes vgl. S. 70.)

Beim Ausbau der Sammlung berücksichtigte man in erster Linie die lebenden Künstler, wobei der Zeitgeschmack bestimmend zur Geltung kam. Den Anfang der Menzel-Sammlung machte erst 1873 die Erwerbung der »Tafelrunde Friedrichs II.« (Kriegsverlust). Auch Skulpturen wurden erworben. Der 1874 berufene Max Jordan war der erste bedeutende Direktor der Galerie. Er begann damit, Romantiker zu kaufen, erkannte jedoch auch in den Deutschrömern Böcklin und Feuerbach bedeutende zeitgenössische Künstler. 1878 folgte die Gründung der Sammlung von Handzeichnungen, Aquarellen und Ölstudien. 1896 wurde mit Hugo v. Tschudi ein der modernen, v. a. französischen Kunst aufgeschlossener Mann zum Nachfolger Jordans berufen. Er verstand es, gegen den Widerstand nationalistischer Kräfte, die durch den Kaiser Rückendeckung erhielten, den französischen Impressionisten Eingang in die Sammlung zu verschaffen, konnte sich aber schließlich gegen seine Feinde nicht mehr behaupten und ging 1909 nach München. Sein Nachfolger wurde Ludwig Justi, der eine kluge Ankaufspolitik verfolgte. Neben den Werken der besten modernen Künstler sammelte er auch besonders Romantiker, die im Gefolge der berühmten Jahrhundertausstellung deutscher Kunst von 1906 eine neue Bewertung erfahren hatten. Ein 1911–13 durchgeführter Umbau verschaffte der angewachsenen Sammlung neuen Raum. 1913 wurde als eine Nebenabteilung die Nationale Bildnissammlung in der Bauakademie eingerichtet, eine Institution, die in bereits 1856 gegründeten National Portrait Gallery Londons ihr Vorbild hat.

Die Revolution von 1918 gab Justi eine neue Freiheit für den Aufbau einer Sammlung neuester Kunst. Schon 1919 wurde die Neue Abteilung der Nationalgalerie,

462 Museen: Nationalgalerie (Mitte)

beginnend mit den deutschen und französischen Impressionisten, im Kronprinzenpalais Unter den Linden
eingerichtet. Die Neuankäufe bestanden nicht nur aus
Werken deutscher Künstler; auch Picasso, Braque, Gris,
Dufy und andere Ausländer waren vertreten. Als weitere
Filialen der Nationalgalerie wurden 1930 das Rauch-
Museum in der Orangerie des Charlottenburger Schlosses und 1931 das Schinkel-Museum im Prinzessinnenpalais neben dem Kronprinzenpalais eröffnet. 1933
mußte Justi die Nationalgalerie verlassen.

Bevor die Sammlung des Kronprinzenpalais der Beschlagnahmeaktion der Nationalsozialisten zum größten Teil zum Opfer fiel, hatte die Galerie den Höhepunkt ihrer Entwicklung erreicht. Die deutsche Kunst
des 19. und 20. Jh. war so vollständig wie an keinem
anderen Ort vertreten, dazu die wichtigsten ausländischen Künstler der Moderne. 1937 wurden der Sammlung 164 als »entartet« bezeichnete Gemälde, 27 Skulpturen und 326 der schönsten Zeichnungen entnommen.
Eine weitere Reduzierung des Bestandes brachten die
Kriegsverluste von rd. 900 größtenteils zweitrangigen
Gemälden. Jedoch befanden sich unter den verlorenen
Werken auch solche von Blechen (15), Böcklin (13),
Delacroix (1), Feuerbach (5), Friedrich (4), Marées (7),
Menzel (9), Munch (1), Reinhart (8) und Schinkel (17
und damit fast die Hälfte seiner Gemälde). Kurz vor
Kriegsende wurden rd. 400 Gemälde ersten und zwei-
ten Ranges nach Thüringen und 226 weitere in den
Harz verlagert. Diese Bestände, die von der amerikani-
schen und britischen Besatzungsmacht nach Wiesbaden
und Celle verbracht wurden, gelangten von dort
1953–57 nach West-Berlin zurück (→ S. 469).

Das im Krieg schwer beschädigte Stammhaus konnte
1949 teilweise wieder eröffnet werden. 1955 war der
Wiederaufbau abgeschlossen. Die auf der Museumsinsel verbliebenen Bestände der Nationalgalerie vermögen heute für das Gebiet der Malerei kein zusammenhängendes Bild der Epochen des 19. und 20. Jh. mehr
zu vermitteln. Dennoch befinden sich hier wichtige Bestände, v. a. Werke der Zeit um 1800 (Hackert, Graff),
die Fresken der Nazarener aus der Casa Bartholdy in
Rom, Hauptwerke Franz Krügers, Blechens, Menzels
und Feuerbachs, deutsche Impressionisten und die 3
Bilder Cézannes. Vollständiger ist dagegen die Sammlung der Skulpturen erhalten. Die Handzeichnungen
der Nationalgalerie sind jetzt mit den älteren Handzeichnungen und Kupferstichen im Kupferstichkabinett
des Alten Museums vereinigt (→ S. 395). Durch Neuerwerbungen wurden die Bestände an Kunst des 19.
und frühen 20. Jh. erweitert, v. a. konnte ein neuer
Grundstock zu einer Sammlung deutscher Expressionisten gelegt werden, der hauptsächlich der Autorität Ludwig Justis (1909–33 und 1946–57 Direktor) verdankt
wird. Ferner wurde der Ausbau der Skulpturensammlung betrieben. Die Kunst nach 1945 ist hauptsächlich
durch Künstler der früheren DDR vertreten. Diese Abteilung ist seit 1966 im 2. Obergeschoß des →Alten
Museums untergebracht. Die bis zum Krieg der Nationalgalerie angegliederten Museen Bildnissammlung,
Schinkel-Museum und Rauch-Museum (von letzterem
nur noch Reste im Depot der Skulpturengalerie) existieren nicht mehr als eigene Komplexe; die noch vorhan-

denen Bestände werden nicht ergänzt. Berliner Skulpturen des 19. Jh. sind seit 1987 in der Friedrich-Werderschen Kirche (→ S. 76) ausgestellt. Als Dependance für
soziale und politische Malerei des 20. Jh. dient seit 1982
das Otto-Nagel-Haus (→ S. 461).

Hinter dem E i n g a n g sind 2 Marmorgruppen, monumentale Beispiele des Neobarock, aufgestellt; von Reinhold Begas: Merkur und Psyche (1874/78), von Johann
Eduard Müller: Prometheus von den Okeaniden beklagt
(1868/79). – Es folgen Skulpturen Johann Gottfried
Schadows vom Grabmal des Grafen Alexander von der
Mark aus der zerstörten Dorotheenstädtischen Kirche
(1790), nämlich die Gruppe der 3 Parzen, die Gestalt
des Knaben und der Sarkophag mit folgenden Relief-dar-
stellungen: Der Knabe, der der Minerva zustrebt, wird
von Saturn in die Unterwelt gezogen (Mitte), Genius des
Todes und Genius des Schlafes. (Es fehlen die Inschrifttafel und eine Girlande darunter zwischen der Grab-
statue und der Parzengruppe, die in einer flachen Nische stand.) Der Tod ist ganz im Sinne der Antike, ohne
jeden christlichen Gedanken, aufgefaßt. – Gegenüber
von Louis Tuaillon: Amazone zu Pferde (1895).

Das T r e p p e n h a u s enthält folgende Skulpturen: Albert Hertel: Antigone und Ödipus auf Kolonos. Adolf v.
Hildebrand: Lyra spielendes Mädchen und Laute spielendes Mädchen (1908/13). Ludwig Sussmann-Hellborn: Dornröschen (vor 1880). Bertel Thorvaldsen: Eros
bei Anteros (1823). Ernst Rietschel: Amor auf dem Panther und Amor den Panther reizend (1859). – Ferner
sind aufgehängt von Wilhelm Busch: Stilleben; Zwei
Jungen. Julius Schrader: Konsul Wagener. Peter Cornelius: 2 Kartons, Aurora und Helios.

Im 1. S a a l, der ganze Breite des Gebäudes ein-
nimmt, sind klassizist. Marmorskulpturen ausgestellt:
Gustav Bläser: Die Gastlichkeit (1869). Heinrich August
Kümmel: Fischerknabe (1840). Christian Daniel Rauch:
Frau v. Maltzahn (1823); Adelheid v. Humboldt als Psy-
che (1810–26, aus Schloß Tegel). – Antonio Canova:
Hebe (1796). Im Herabschweben schenkt Hebe, die
Göttin der Jugend, den Trank der Unsterblichkeit ein.
Diese Idee ist als Überwindung irdischer Schwere ver-
anschaulicht. Die Formen, bes. der Wolken, sind teil-
weise noch dem Rokoko verpflichtet. – Friedrich Tieck:
Christian Daniel Rauch (1818, auf nicht zugehörigem
Sockel von Rauch mit einer Victoria). Christian Daniel
Rauch: Jason, unvollendetes Marmorrelief (1810–18).
Johann Gottfried Schadow: Goethe (1823). Julius Tro-
schel: Ruhendes Mädchen (1860). – Johann Gottfried
Schadow: Doppelstandbild der Kronprinzessin Luise
und der Prinzessin Friederike von Preußen (1795–97).
Natürlicher Charme überspielt statuarische Repräsenta-
tion. Dazu trägt auch die Überzeugungskraft des Stoffli-
chen bei, ohne daß ein genrehafter Eindruck entsteht.
Die Sympathie der Geschwister füreinander strahlt auf
den Betrachter aus. – Emil Wolff: Fischerin (1840). Jo-
hann Heinrich Dannecker: Frau v. Alopäus (1812). –
Emil Wolff: Badende (1836). Christian Daniel Rauch:
Thorvaldsen (1816); Kranzwerfende Victoria (1838/45).
Ludwig Schwanthaler: Ceres und Proserpina (1843).
Rudolf Schadow: Mädchen mit Tauben (1820). Christian Daniel Rauch: Victoria-Büste (1856).

*Johann Gottfried Schadow:
Prinzessinnengruppe.
1795–97
(Nationalgalerie)*

Friedrich August Tischbein: Prinzessin Friederike von Preußen (1796). Johann Gottfried Schadow: Prinzessin Friederike von Preußen. Anton Graff: Elisa v. d. Recke. Christian Bernhard Rode: Familie des Künstlers. Ferdinand Kobell: Neckarlandschaft (1782). Anton Graff: Propst Spalding (um 1800). Anton Raffael Mengs: Selbstbildnis (um 1774). Anton Graff: Gellert (1769). William Hamilton: Ariels Erscheinung (1777). – Anton Graff: *Henriette Herz* (1792). Das streng komponierte Porträt dieser hochgebildeten Frau wendet sich dem Betrachter zu. Schlicht, etwas befangen in der Haltung, zeigt das nicht eigentlich schöne Gesicht einen offenen und lauteren Charakter. Zurückhaltendes Kolorit steigert das Inkarnat. – Antonio Canova: Venus (1808). –

Francisco Goya: *Der Maibaum* (um 1816). Das Volk, eine dunkle Masse, aus der einige Farbflecken grell herausleuchten, drängt sich um das Fruchtbarkeitssymbol des Maibaums. Dieses Frühlingsfest hat nichts Freudiges. Der affenartig an dem Baum hochkletternde Junge, der Berg mit dem klobigen Schloßbau, die gewitterige Atmosphäre, das alles ist bedrohende Naturgewalt, gegen die auch das religiöse Zeichen des Kreuzes machtlos erscheint.

Im Durchgang zum nächsten Raum stehen 2 Skulpturen: Paris von Antonio Canova und Clemens Brentano (1803) von Friedrich Tieck.

Bertel Thorvaldsen: Psyche. Johann Martin Rohden: Italienische Landschaft (1819). Jacob Philipp Hackert:

464   Museen: Nationalgalerie (Mitte)

Waldlandschaft mit Kriegern (1800). – Friedrich August Tischbein: *Lautenspielerin* (1786). Die Exaltiertheit der äußeren Bewegung deutet auf eine seelische Entsprechung. Dazu paßt die historisierende Mode. Das Bild will mitreißen und schafft zugleich Distanz. – Jacob Philipp Hackert: Flußlandschaft (1805). Eberhard Wächter: Telemachs Rückkehr. Philipp Friedrich Hetsch: Paris und Helena (1801). Heinrich Füger: Fürstin Galitzin (1792). Gottfried Wilhelm Völcker: Blumen (1823). – Friedrich Georg Weitsch: *Alexander v. Humboldt* (1806). Der 37jährige ist als Erforscher der mexikanischen Flora, wohl mit Bezug auf die 1806 erschienene »Physiognomik der Gewächse«, unter einer Palme dargestellt. Wie aus einem Innenraum geht der Blick auf eine Küste und das Meer. – Johann Gottfried Schadow: Ruhender Eros (um 1798).

Johann Evangelist Scheffer v. Leonhardshoff: Hl. Anna (um 1820). – Julius Schnorr v. Carolsfeld: *Bathseba* (1825). Als Darstellung eines weiblichen Aktes steht das Bild innerhalb der nazarenischen Malerei vereinzelt da. Die flächige, melodiös umrissene Figur ist der klaren Räumlichkeit der Architektur, dann aber auch der schwer überschaubaren Fülle der Landschaft gegenübergestellt. Das Bild ist mehr demütige Verherrlichung der Naturschönheit als Erzählung des tragischen Vorgangs. – Joseph Wintergerst: Zuführung der Hagar (1809). – Moritz v. Schwind: *Die Rose oder Hochzeitsmorgen* (1845–47). Anders als in der gleichzeitigen Historienmalerei hat Schwind hier bei der Vorstellung spätmittelalterl. Lebens die poetische Empfindung behandelt, den Gegensatz von reichen, schönen Damen und armen, fast karikierten Musikern, die in die Burg einziehen. Die Rose, die als Zeichen der Huld den Künstlern zufällt, überbrückt die Kluft. Die Ritter dagegen bleiben im Hintergrund. Das Bild besitzt einen klaren Grundriß. Zentrum ist der niedrige Rundturm, um den sich der Zug der Musikanten in die Tiefe bewegt, fortgesetzt durch den Sog der Ferne. – Friedrich Drake: Die Winzerin (1837). Ernst Ferdinand Oehme: Burg Hohnstein (1827). – Wilhelm Schadow: *Thorvaldsen, Rudolf und Wilhelm Schadow* (um 1819). Das in Rom gemalte Bildnis (links das Kolosseum) ist die Bekräftigung eines Freundschaftsbundes, zugleich die Verpflichtung von Malerei und Skulptur auf ein gemeinsames Kunstideal, das hier in einer strengen, alles in klaren, durchgehenden Linien und Parallelen miteinander verbindenden Komposition verwirklicht ist.

Karl Begas: *Die Gattin des Künstlers* (1828). Der nach oben gekehrte Blick, der bewölkte Himmel, Kreuz, Rose und das aufgeschlagene Stammbuch heben das Bildnis in die Sphäre des Symbolischen. Die Anregung durch Wilhelm Schadow ist zu spüren. – Christian Daniel Rauch: Agnes d'Alton (1822). Franz Krüger: Therese Eunicke. Christian Daniel Rauch: Blücher-Denkmal. – Adolph Menzel: 2 Pferdestudien (1848); Ansprache Friedrichs d. Gr. vor der Schlacht bei Leuthen (1857, unvollendet); Falke auf Taube stoßend (1846). – Adolph Menzel: *Eisenwalzwerk* (1875; → Farbabb. 30). Der komplizierte und dramatische Produktionsvorgang ist in einem Höhepunkt durch eine Fülle von interessant bewegten und beleuchteten Figuren veranschaulicht. Indem die Mittelgruppe durch die sich

waschenden und die essenden Arbeiter eingefaßt wird, erhält die bei aller Spontaneität durchaus komponierte Darstellung über die Fixierung des Moments hinaus Feierlichkeit. Die umfassende Schilderung des Lebens der Fabrikarbeiter ist zugleich Würdigung ihrer Arbeit. – Fritz v. Uhde: *Heideprinzeßchen* (1889; → Farbabb. 31). Die natürliche Lebensklugheit eines Bauernkindes, gemischt mit Befangenheit und Keckheit, die sich in dem auffälligen Motiv des Strohhalmes im Mund äußert, ist in dem ganzfigurigen Bild gleichsam geadelt. Darauf zielt auch der Titel. Der schlichten Umgebung ist malerischer Reichtum abgewonnen. – Reinhold Begas: Adolph Menzel (1876). Wilhelm Leibl: Mädchenkopf (1879). Franz Krüger: Parade in Potsdam (1848/49). – Franz Krüger: *Parade auf dem Opernplatz* (1824–29). 1822 führte Großfürst Nikolaus von Rußland Friedrich Wilhelm III. bei einem Besuch des Großfürstenpaares in Berlin sein Kürassierregiment vor. Krüger malte das Bild als Geschenk des Großfürsten für dessen Frau, die eine Prinzessin von Preußen war. Es sollte damit zugleich eine Erinnerung an die Vaterstadt sein. Daher erscheint auf der Prachtstraße Unter den Linden – links das Prinzessinnenpalais, in dem die Großfürstin aufgewachsen war – das geistige Berlin in zahlreichen Bildnissen, aufgelockert durch volkstümliche Gestalten und dadurch von überzeugender Lebendigkeit. – Karl Friedrich Schinkel: Arkadische Landschaft (1823). Bertel Thorvaldsen: Spes (1827, aus Schloß Tegel). Wilhelm Ferdinand Bendz: Georg Heinrich Crola in seinem Atelier (1832). Karl Begas: Karl Begas d. J. als Kind (1850). Christian Daniel Rauch: Nachbildung des Reiterdenkmals Friedrichs d. Gr.

Karl Blechen: Pifferari, 4 Skizzen (1828/29); Sonne über dem Meer (1829); Selbstbildnis (1829); Boote mit Leuchtturm bei Genua (1829); Civita Castellana (1829); Ruine eines Rundturmes; Italienische Landschaft mit Haus; Fischer auf Capri. – Karl Blechen: *Villa d'Este* (1831/32). Neben den hoch aufschießenden Zypressen, zwischen denen die jede Raumvorstellung verwirrende manieristische Architektur der Villa aufragt, wirkt die Staffage im Stil des späten 16. Jh. winzig. Trotz der südlichen Sonne ist die Szenerie ein Alptraum. – Von Blechen ferner: Pater Medardus; König David und hl. Cäcilie (1833); Der hl. Lukas malt die Madonna (1833).

Ferdinand v. Rayski: *Freifrau Christiana v. Schoenberg* (um 1864–68). Das ruhige, etwas befangene Dasitzen verhält sich eigenartig zu der großzügigen, raschen Pinselführung. So verbindet sich der Eindruck nobler Zurückhaltung mit dem blühende Lebendigkeit sowie einer Erregbarkeit unter der Oberfläche eines anerzogenen Gleichmuts. – Friedrich v. Amerling: Karl Christian Vogel v. Vogelstein (1837). – Ferdinand Waldmüller: Am Allerseelentag (1839). – Ferdinand Waldmüller: *Frau Lindner mit ihrem Sohn* (1836). Während der Knabe die Mutter umarmt, wird beider Aufmerksamkeit wie durch das Hinzukommen einer dritten Person abgelenkt. So wird der Betrachter mit einbezogen. Dieser natürlichen Motivation der Gruppe entspricht eine überzeugende Wiedergabe des Stofflichen. – Andreas Achenbach: Zons am Rhein. Peter v. Hess: Palikaren bei Athen (1829). Johan Christian Dahl: Norwegische

Franz Krüger: Parade auf dem Opernplatz. 1824–29 (Nationalgalerie)

Landschaft. Victor Paul Mohn: Waldidyll. Ludwig Richter: Der Dorfgeiger (1845).
Adolf v. Hildebrand: Böcklin (1897). Arnold Böcklin: Italienische Landschaft (1858). – Arnold Böcklin: *Kentaur und Nymphe* (1856). Die bewegte Staffage paraphrasiert in Form und Farbe die malerische Dramatik der Baumgruppe mit ihrer Phantastik der Licht- und Schattenbildung. So wird die mythische Deutung der intensiv erlebten südlichen Natur glaubhaft gemacht. – Ferner von Böcklin: Angelika (1873). Anselm Feuerbach: Felsspalt mit Kühen (1855). Arnold Böcklin: Selbstbildnis mit Weinglas (1885); Ackerfluren im Vorfrühling (1886); Hochzeitsreise (1878). Hans Thoma: Sonnenblumen (1882); Cella, die Gattin des Künstlers (1878–80); Frühlingsblumen (1876); Bildnis der Schwester Agathe (1863). – Hans v. Marées: *Knaben im Orangenhain* (um 1878–84). Die Landschaft ist vereinfacht und durch Komposition und Farbmaterie der Behandlung der Körper so sehr angeglichen, daß der Eindruck einer ursprünglichen Einheit entsteht, paradiesische Idealität des Daseins. – Von Marées ferner: Zwei männliche Akte; Studienkopf. Hans Thoma: Waldlandschaft.
Adolph Menzel: Huldigung der schlesischen Stände in Breslau (1855); Friedrich d. Gr. in Lissa; Flötenkonzert; Tafelrunde (1849); Der Gerichtstag; Krönung König Wilhelms I. in Königsberg 1861; Schlafender Mann (1855); Nach dem Fackelzug (1858). – Adolph Menzel: *Mondschein über der Friedrichsgracht* (um 1855/60).

Die Mondscheinlandschaft, im frühen 19. Jh. in der Regel die Wiedergabe einer Naturstimmung, ist hier eine kaum harmonisierte Synthese von städtischer Unordnung und abendlicher Ruhe. Mit kritischem Blick ist der Stadt ein ungewöhnlicher Reiz abgewonnen. – Ferner von Menzel: Blick auf den Park des Prinzen Albrecht (1845).
Michael Munkácsy: Zigeunerlager. Fritz Huf: Max Liebermann (1929). Max Liebermann: Gänserupferinnen (1872). Anders Zorn: Maja (1900). Max Slevogt: Selbstbildnis (1888). Fritz Uhde: Mädchen im Vorzimmer. Max Liebermann: Emil Rathenau (1907); Schusterwerkstatt (1881; →Farbabb. 33). – Max Liebermann: *Flachsscheuer in Laren* (1886/87). Räumlich wirksam rhythmisierte Figuren stehen in einem Spannungsfeld, das durch die unterschiedliche Richtung von Dielen und Deckenbalken entsteht. Der geregelte Vorgang der Arbeit in einem einfachen Raum und die Uniformität der Kleidung stimmen mit der tektonischen Strenge der Komposition überein und verleihen dem Bild Würde. – Ferner von Liebermann: Waisenhausmädchen (1876).
Franz Lenbach: Richard Wagner. Hans Makart: Der Sommer, Entwurf. Franz Lenbach: Lady Lily Curzon (um 1902). Narcisse Diaz de la Peña: Orientalin mit Kind (1863/65). Carl Schuch: Stilleben mit Äpfeln (um 1870–75). Constantin Meunier: Hafenarbeiter (1890); Heimkehr der Bergleute; Puddler (1890). Franz v. Stuck: Frau M. Perl (1911). Henri Fantin-Latour: Gattin des Künstlers (1883). Gustave Courbet: Das Mühlwehr.

Paul Cézanne: Mühle von Pontoise. 1881 (Nationalgalerie)

— Henri Fantin-Latour: *Selbstbildnis* (1858). Hand, Kragen, Gesicht und die Kante der Leinwand sind helle Akzente in dem kantigen Gerüst der Komposition. Die Rundung der Stuhllehne antwortet dem Kontur der Haare. Der sachlich prüfende Blick stimmt mit der kalkulierten Komposition überein, die klassischer Tradition verpflichtet ist. – Franz Lenbach: *Bismarck* (1884). Constantin Meunier: *An der Tränke* (1899). Edgar Degas: *Tänzerin* (1882–95); *Tänzerin.* – Edgar Degas: *Unterhaltung* (um 1884, Pastell). Das Ausschnitthafte, das den Vorgang unerklärt läßt und die Gestalten skeptisch abwertet, wendet die Aufmerksamkeit der malerischen Struktur zu. Das Spiel von Farbe und Licht verselbständigt sich. – Aristide Maillol: *Renoir* (1919). Raoul Dufy: *Hafen* (1908). Auguste Rodin: *Jules Dalou* (1883). Maurice de Vlaminck: *Stilleben* (um 1920). Auguste Rodin: *Der Denker* (um 1882). Maurice de Vlaminck: *Landschaft* (um 1925). Paul Cézanne: *Stilleben mit Früchten und Geschirr* (um 1871/72). – Paul Cézanne: *Mühle von Pontoise* (1881). Die Komposition besteht hauptsächlich aus einem losen Raster von Senkrechten und Waagerechten, dessen Rhythmus auf die Eintragungen der nuancenreich abgestuften Farbwerte abgestimmt ist. Durch dieses überlegte System erhält die anspruchslose Landschaft eine würdevolle Haltung. Architektur und Vegetation verbinden sich wie in einem Gewebe. – Ferner von Cézanne: *Stilleben mit Blumen und Früchten* (um 1888/90). Aristide Maillol: *Weibliche Tonbüste* (1898). Auguste Rodin: *Joseph Falguière* (1899).

Im Aufgang zum 1. Obergeschoß: Paul Peterich: *Stehender Knabe* (1908). Eduard Daege: *Erfindung der Malerei* (1832). Hermann Schlösser: *Pandora vor Prometheus und Epimetheus* (1878). Arnold Böcklin: *Fertur lux in tenebras* (1881). – Max Klinger: *Amphitrite* (1894/98). Die Reminiszenz an Antike und Mythos ist durch die Darstellung als Torso betont; die genaue Wiedergabe der Gewebe unter der Haut, der Blick, die farbige Gestaltung der Haare und der Naturalismus des Faltenfalls erzeugen zugleich jedoch eine bestürzende Gegenwärtigkeit. Daraus ergibt sich eine durchaus moderne Dämonie. Das absichtsvoll drapierte Gewand assoziiert das Meer, aus dem der nackte Körper auftaucht. – Edwin Scharff: *Hockender* (1926–28). – Auguste Rodin: *Das Eherne Zeitalter* (1876/77). Im Kontur wird ein Aufbäumen, ein Abfallen und in dem emporgehobenen linken Unterarm ein erneutes Aufragen erlebt. Kopf und rechter Arm ergeben dabei in der Frontalansicht eine

Museen: Nationalgalerie (Mitte)   467

einprägsame Rechteckform. Der Adel der Gestalt beruht auf Leiden. Obschon kräftig durchgebildet, wirkt der Körper eher sensibel als athletisch. – Aristide Maillol: Stehende (um 1936). Auguste Rodin: Der Mensch und sein Gedanke (vor 1896). Richard Scheibe: Flora (1946). Adolf v. Hildebrand: Gedenktafel für Conrad Fiedler (1895). – Anselm Feuerbach: *Gastmahl des Platon* (1870–73). Das Bild ist die zweite, prunkvollere Fassung eines Gemäldes in Karlsruhe. Die Begrüßung des von einem nächtlichen Gelage kommenden Alkibiades durch den Dichter Agathon, in dessen Haus Dichter und Philosophen versammelt waren, gibt Feuerbach Gelegenheit, Sinnlichkeit in üppigen Motiven und philosophisches Denken, das dem klassizist. Formgerüst entspricht, zu einer Vorstellung antiker Lebens- und Geistesfülle zu vereinen. – Adolf v. Hildebrand: Wasser ausgießender Jüngling.

1. Obergeschoß. Der Rundgang beginnt in einem Raum mit 4 Skulpturen: Karl Begas d. J.: Junger Faun und Bacchusknabe (1876). – Reinhold Begas: Pan und Psyche (1858). – Reinhold Begas: *Venus und Amor* (1864). Durch das Sitzmotiv der Venus ist ihr Körper so verkürzt, daß an den gestreckt stehenden Amor nur wenig überragt. Ihre Unterschenkel werden mit seinen Beinen, ihre Unterarme mit seinen Armen verglichen. Das Erzählerische, das unmittelbar anspricht, gewinnt dadurch auch formale Haltung. Die vielfältigen Überschneidungen und Berührungen der Körper sollen ihre Weichheit und Wärme nachempfinden lassen. – Reinhold Begas: Kain und Abel (1909).

Vom Vorraum aus wird der Weg rechts fortgesetzt. Lesser Ury: Flämische Schenke; Blumen auf dem Kamin (1882); Am Schreibtisch (1889); Parkallee. – Lesser Ury: *Nollendorfplatz* (1925). Die Faszination der Großstadt wird weniger in der Architektur als im flutenden Verkehr, im Licht, in den Spiegelungen des nassen Asphalts erfahren. Der Blick aus dem Fenster läßt das Wohnliche hinter sich und wendet sich dem Dissonanten und Sensationellen zu. Das spricht auch aus der Hektik der Pinselführung. – Max Klinger: Überfall an der Mauer (1879). Franz Skarbina: Näherin am Fenster. Lesser Ury: Flieder (1922). Waldemar Rösler: Landschaft bei Großlichterfelde (1910). Lesser Ury: Morgensonne (1924). Louis Tuaillon: Herkules und der Eber (1904).

Christian Rohlfs: Heidelandschaft (1900); Berkaer Landstraße; Frühlingslandschaft; Auf dem Wege nach Gelmeroda (1893). Karl Albiker: Ludwig v. Hofmann (1927). Ludwig v. Hofmann: Träumerei (1898). Robert Sterl: Ernst v. Schuch dirigiert den »Rosenkavalier« (1912); Eisenschleiferei (1918); Auf der Wolga (1920). Hans Meid: Häuser in Palermo (1929). Robert Sterl: Geiger. August Gaul: Zwei Pelikane (1898). Paul Baum: Weiden am Bach (1900). Clara Rilke-Westhoff: Rainer Maria Rilke. Carl Herrmann: Schloß Belvedere bei Weimar (1912). Christian Rohlfs: Sommerlandschaft bei Weimar (1904). Gotthardt Kühl: Das blaue Zimmer (um 1902).

Wilhelm Lehmbruck: Torso der Knienden (1911). Oskar Kokoschka: Die Jagd (1919); Wilhelm Hirsch (1909). Richard Scheibe: Selbstbildnis (1931). Oskar Kokoschka: *Pariser Platz* (1925/26). Das städtische Ge-

triebe ist aufgefangen in der großartig abgetreppten Silhouette vom Reichstag über das Brandenburger Tor mit seinen Flügelbauten bis zum Hotel Adlon und gegen die grüne Fläche des Tiergartens gesetzt. Damit sind die Zusammenhänge von Verkehr, großzügiger Architektur und Durchsetzung der Stadt mit Grünflächen als Merkmale Berlins erkannt. – Ferner von Kokoschka: Dame mit Federhut (1909/10); Liebhartstal (1924). Oskar Moll: Stilleben. Georg Kolbe: Klage (1921). Hans Purrmann: Stilleben (1908). Rudolf Levy: Dorflandschaft (1926). Oskar Moll: Stilleben (1915). Ludwig Meidner: Johannes R. Becher (1916).

Leo v. König: Am Frühstückstisch (1907); Mutter des Künstlers (1922). Albert Weisgerber: Tänzerin in der Bar (1906). Leo v. König: Comtesse de Vaux St-Cyr (1932). Walter Leistikow: Aus dem Grunewald. Georg Kolbe: Paul Cassirer (1925). Walter Leistikow: Grunewaldsee (1895). August Gaul: Sicherndes Reh (1912). Wilhelm Trübner: Klostergarten von Stift Neuburg (1913). Lovis Corinth: Max Halbe (1917); Mutterliebe (1911). Max Slevogt: Blick auf die Alster bei Hamburg (1905). Edwin Scharff: Lovis Corinth (1924); Der geblendete Simson (1912). Max Liebermann: Richard Strauss (1918). Hugo Lederer: Richard Strauss (1908/10). Lovis Corinth: Pfalzlandschaft (1927). Lovis Corinth: Cesare Borgia (1914). – Lovis Corinth: *Charlotte Berend-Corinth* (1912). Die Bewegung des Kopfes, das Emporgreifen der Hand und der sich zum Sprechen öffnende Mund betonen das Momentane und Transitorische des Motivs, das, wie auch die spontane Malweise, ganz dem Ausdruck von Vitalität und Intimität dient. – Max Liebermann: Wilhelm v. Bode (1904). – Max Slevogt: *Der Sänger d'Andrade als Don Giovanni* (1912). Dargestellt ist der Moment, als Don Giovanni den Degen gegen die Erscheinung des Komturs zieht, während sich Leporello ängstlich hinter seinem Herrn verbirgt. Die Arroganz Don Giovannis hat Slevogt bes. in der ausladenden Figuration des weißen Mantels unterstrichen, der die aufrechte Gestalt in der Art barocker Bildnisse kontrapunktisch umspielt. Auftrumpfende Haltung und großzügige Malweise befinden sich im Einklang. – Georg Kolbe: Max Slevogt. Max Slevogt: Hermann Sudermann (1927); Fries zur »Zauberflöte« (1917). Georg Kolbe: Tänzerin (1912); Emporsteigende (1926).

Es schließt sich ein großer Saal mit Werken des deutschen Expressionismus an. Ernst Barlach: Drei Frauen. Erich Heckel: Carolastraße in Dresden (1911). Christian Rohlfs: Der Krieg (um 1914). Ernst Barlach: Die Flamme (1934). Christian Rohlfs: Stürzender Mann (um 1915). Erich Heckel: Frühling (1908); Selbstbildnis (1919). Ernst Barlach: Flötenbläser (1936). Erich Heckel: Allgäuer Tal (1921). – Erich Heckel: *Kanal im Winter* (1913). Die sich gegeneinander beugenden Bäume bilden zusammen mit ihrem Spiegelbild im Wasser eine Rhombenform, welche die Helligkeit in der Ferne vielfach rahmt. Wie zwei Arme greifen die bizarr geformten Uferstreifen zu diesem Ziel. Der Sinn für räumliche Weite und die Gestaltung der Landschaft als einem großformigen Ornament sind typisch für den Maler. – Ernst Ludwig Kirchner: Atelierecke; Stehende (1912, Skulptur). – Max Pechstein: *Sitzender weiblicher Akt* (1910). Das Sitzmotiv und die Kopfwendung zum Be-

468　Museen: Nationalgalerie (Mitte)

trachter haben etwas ordinär Herausforderndes, dem auch die Farbigkeit und Grobheit der Komposition entsprechen. Die schräge Stellung von Augen und Mund wird durch die Streifenmusterung des Hintergrundes betont. Dieses Muster ist mit der gleichen Breite der Pinselschrift wie die Konturen der Figur und die Binnenzeichnung des Kopfes angegeben. – Karl Schmidt-Rottluff: Haus unter Bäumen (1910). Gerhard Marcks: Adam (1926). Karl Schmidt-Rottluff: Häuser am Kanal (1912); Dr. Wilhelm Niemeyer (1921); Grünes Mädchen (1914/15). William Wauer: Herwarth Walden (1917). Karl Schmidt-Rottluff: Dorfhaus mit Weiden (1907). – Ernst Ludwig Kirchner: *Rheinbrücke in Köln* (1914). Die Verkürzung der Bögen der Hohenzollernbrücke ist mit der Rückansicht der Domtürme und dem Dachreiter zu einer jäh aufbrechenden Form verschmolzen, Zusammenprall der Gotik mit dem 20. Jh. – Ernst Barlach: Ruhender Däubler (1910/11). – Ernst Barlach: *Singender Mann* (1928). Das am Boden liegende Bein bildet die Basis, über der sich die Figur auseinanderstrebend aufbaut. Ihr gibt das Motiv der das rechte Knie umspannenden Arme Halt. So sind divergierende Formen zusammengeklammert; Ekstase und Disziplin, Sichöffnen und Sichsammeln, auch im Ausdruck des Gesichts, sind als Aussage über das Wesen der Musik vorgetragen. – Philipp Harth: Jaguar (1927/28).
Der Rundgang wird fortgesetzt in den K a b i n e t t e n d e r A p s i s. Carl Lohse: Dr. Hoppe (um 1920). Carl Crodel: Der blaue Esel (um 1922/23). Carl Lohse: Unreifes Korn (1920). Gustav Heinrich Wolff: Liegende Frau (1924/25). Heinrich Ehmsen: Im Irrenhaus (1925). Conrad Felixmüller: Marianne Britze (1913). Gustav Alfred Müller: Landschaft bei Laucha.
Bernhard Kretzschmar: Susanna am Klavier (1925); Bahnhof Sayda (1926); Konfektion (1927). Wilhelm Lachnit: Müdes Mädchen (1932). Christoph Voll: Dr. Fritz Glaser (1924). Wilhelm Lachnit: Blumenstrauß vor Vorhang und Landschaft (um 1933). Fritz Tröger: Mein Vater (1925). Hans Grundig: Liebespaar (1926).
Emy Roeder: Geschwister (1928). Carl Hofer: Berglandschaft (1925); Die Wächter (1936); Blumenstilleben (1944); Das Gehöft. Toni Stadler: Knabenkopf (1928). Werner Heldt: Am Stadtrand von Berlin. Magnus Zeller: Im Zirkus (1927/28).
Franz Lenk: Amaryllis (1930). Georg Schrimpf: Rundfunksender (1933); Kinderbildnis (1925). Alexander Kanoldt: Olevano (1927). Kurt Günther: Der Radionist (1927). Alexander Kanoldt: Stilleben (1926). Georg Schrimpf: Bahnübergang (1932). Fritz Burmann: Stilleben mit Kakteen (1925). Florian Karsch: Schwestern (1931). Erich Ockert: Meine Mutter und Schwester (1934).
Gerhard Marcks: Sitzendes Mädchen (1961); Schwimmerin II (1938); Adam, sitzend (1926); Zeichnungen und Holzschnitte.
Rudolf Schlichter: Geza v. Cziffra (1923). Franz Radziwill: Hafen mit zwei großen Dampfern (um 1930). Ludwig Kasper: Sitzende (1936). Otto Dix: Landschaft (1938); Altes Liebespaar (1923); Marianne Vogelsang (1931); Mondweib (1919). Gerhard Marcks: Große Barbara (1934/39). Conrad Felixmüller: Felix Stiemer

(1918). Hermann Blumenthal: Reiter (1936). Carl Hofer: Zwei Mädchen auf dem Hügel (1948). Franz Radziwill: Wohin in dieser Welt (1940–45). Käthe Kollwitz: Mutter mit Zwillingen (1926–36).
Theodor Werner: Komposition »Phoenix« (1937). Erwin Hahs: Die große Symphonie (1929). Renée Sintenis: Selbstbildnis (1931). Georg Muche: Das kleine Bild mit dem Gittermotiv (1917); Sie singen nicht mehr (1929); Dreiklang (1920). Rudolf Belling: Max Schmeling. Lyonel Feininger: Dämmerdorf (1909); Karneval (1908). Emy Roeder: Stute und Fohlen (1919). Alexej v. Jawlensky: Stilleben mit Blumen und Früchten (1910). Hermann Glöckner: Schleppdampfer II (1928/29). Ernesto de Fiori: Marlene Dietrich (1931). Arthur Segal: Gebirgsdorf (1925). Renée Sintenis: Der Läufer Nurmi (1926). Herbert Behrens-Hangeler: Komposition (1918).
Rudolf Belling: Kopf in Messing (1925). Alexej v. Jawlensky: Begierde (um 1925). – Oskar Schlemmer: *Weißer Jüngling* (1930). Parallel zu den Grenzen des Bildgevierts sind Schultern, der gewinkelte Arm und der untere Rand der Jacke eingetragen. Mund und Augen wiederholen die Horizontalen in Andeutungen. In heftiger Bewegung streben dagegen die Schrägen von Nakken, Nase und linkem Oberarm nach links. Stuhllehne, Hinterkopf, Ohr, Kinn und, weniger ausgeprägt, die Hände, auch Andeutungen einer plastischen Rundung sind ein drittes Formelement. Entsprechend einfach ist der Farbaufbau. – Lyonel Feininger: Stilleben mit Pinseln (1919). Hermann Glöckner: Messingfaltung (1935). Willi Baumeister: Drei gestaffelte Figuren mit Schwarz (um 1920); Figur mit Streifen (um 1920). Lyonel Feininger: Teltow II (1918). Rudolf Belling: Dreiklang (1919).
Ein eigener Raum ist den 1816/17 entstandenen *Fresken der Casa Bartholdy* (Palazzo Zuccari) in Rom, einer richtungweisenden Tat der Nazarener, gewidmet. 1887 wurden die Fresken abgelöst und nach Berlin gebracht. – Peter v. Cornelius: *Joseph gibt sich seinen Brüdern zu erkennen.* Das Hauptmotiv ist die ungestüme Umarmung Josephs und Benjamins, kontrastiert gegen die ruhig-unbeteiligte Haltung des Porträts links. Entsprechend der Teilung des Hintergrundes – Ausblick in eine Landschaft mit einer Renaissance-Loggia und nackte Wand – ist die Schar der Brüder in 2 Gruppen geteilt. Die Reaktionen auf die Entdeckung Josephs sind differenziert. Die betonte perspektivische Raumkonstruktion lehnt sich eng an Vorbilder des Quattrocento an. – Friedrich Overbeck: Die sieben mageren Jahre. Wilhelm v. Schadow: Jakobs Klage. – Friedrich Overbeck: *Der Verkauf Josephs.* Der harmonische Fluß der Linien und das Maßhalten im Gefühlsausdruck mildern die Dramatik. Auf eine unterschiedliche moralische Bewertung der Gestalten ist verzichtet. Statt dessen kommt nur heilsgeschichtliche Notwendigkeit des Geschehens zum Ausdruck. Die Form ist der Kunst Peruginos und des frühen Raffael entlehnt. – Wilhelm v. Schadow: Joseph im Gefängnis. Peter v. Cornelius: Joseph legt Pharaos Träume aus. Philipp Veit: Die sieben fetten Jahre (Veits Fresko »Joseph und Potiphars Weib« ist nicht ausgestellt). Ernst Hähnel: Cornelius (1876, Marmorbüste nach einer Studie von 1852). *HB-S*

Museen: Nationalgalerie (Tiergarten)   469

Ti **Nationalgalerie**
39 (Tiergarten; Potsdamer Str. 50)

Seit 1968 sind diejenigen Bestände, die infolge ihrer kriegsbedingten Verlagerung in den westlichen Teil Deutschlands nach West-Berlin zurückgegeben und seit 1959 in der Orangerie des Charlottenburger Schlosses ausgestellt waren, mit der seit 1954 bestehenden (städtischen) Galerie des 20. Jh. vereinigt und in einem Neubau (»Neue Nationalgalerie«, → S. 207) untergebracht. Nach dem Verlust der Abteilung moderner Kunst durch die Beschlagnahmeaktion der Nationalsozialisten ergab sich als vordringlichste Aufgabe die Erwerbung von Werken der klassischen Moderne, wobei bes. die außerdeutsche Kunst zu berücksichtigen war. Der späte Beginn dieser Sammeltätigkeit und die relativ geringen Mittel hierfür gestatten trotz einer geschickten Ankaufspolitik nur ein langsames Fortschreiten. Aus den gleichen Gründen war auch der Galerie des 20. Jh. bei wichtigen Künstlern oft nur die Erwerbung kleinerer Gemälde möglich. So liegt das Schwergewicht der Sammlung z. Z. noch ganz auf den Beständen des 19. Jh. Obgleich Fragment und seit dem Krieg kaum ergänzt, geben sie immer noch die umfassendste Dokumentation deutscher Malerei dieser Zeit. Sie sind jedoch seit 1986, soweit nicht magaziniert, auf die »Galerie der Romantik« im Schloß Charlottenburg und den Neubau verteilt. – Der Wunsch, die internationale zeitgenössische Malerei mit ihren überwiegend großformatigen Bildern breit zu präsentieren, hat bei der knapp bemessenen Hängefläche und der Grundrißanordnung mit ineinanderfließenden Räumen dazu geführt, daß historische Abläufe und regionale Zusammenhänge kaum mehr nachvollzogen werden können. Unter den ungünstigen Lichtverhältnissen leiden besonders die impressionistischen Gemälde, während alle dunklen Bilder durch die weiße Rauhfasertapete überstrahlt werden. Für Wechselausstellungen werden häufiger die Bestände der ständigen Ausstellung entfernt; meistens jedoch wird dafür die obere Halle benutzt. Es wird oft umgehängt.

Auf der T e r r a s s e sind monumentale Skulpturen aufgestellt.

George Rickey: *Vier Vierecke im Geviert* (Berlin, 1969). Die einfache Geometrie nimmt ein Motiv des Baues auf, hebt sich aber von ihm ab durch die spiegelnde Oberfläche und durch die vom Wind erzeugte Bewegung der 4 Flügel, Zufälligkeit, Variabilität und Instabilität als Elemente des Lebens der starren Konstruktion entgegensetzend.

Joannis Avramidis: *Polis* (Wien, 1965–68). Die Menschengruppe besteht aus intelligent variierten balusterartigen Gebilden, eine kompakte und doch bewegte Gesamtform, die das Verhältnis von Individuum und Masse spiegelt. Auch hier besteht eine Beziehung zur Architektur.

Alexander Calder: *Köpfe und Schwanz* (Roxbury [Conn.], 1965). Ein tänzerischer Rhythmus in den hochgereckten Köpfen, ausgreifenden Schreitbewegungen und Gesten leugnet die Schwere der Stahlplastik. Das Spiel mit Gerüsthaft-Tektonischem und Organischem sowie der Maßstab vermitteln zwischen dem benachbarten Bau und dem Publikum. (→ Abb. S. 208.)

Henry Moore: *Der Bogenschütze* (London, 1964). Die vielfältigen Kurvaturen erinnern an Gelenke oder Muskulatur, aber auch an Technisches. Die Vorstellung eines Bogenschützen, Anstrengung des Spannens, Präzision des Schusses, Schärfe des Pfeiles, Zusammenwirken von Körper und Gerät sind völlig umgesetzt in eine Form, die nur noch Assoziationen, aber kein Abbild mehr gibt.

Richard Serra: *Berlin Block – Charlie Chaplin* (1978). Der verzogene, rostende und scheinbar in den Granitplattenbelag der Terrasse versinkende Eisenwürfel ist als ironischer Kontrapunkt zu der eleganten Architektur plaziert. Archaik und Modernität sollen aufeinanderstoßen, Vergänglichkeit interessant und Trauer genießbar machen.

I n n e r e s.

Ferdinand v. Rayski: *Graf Haubold v. Einsiedel* (Dresden, 1855). Die selbstbewußte Haltung, Zeichen gesellschaftlichen Ranges, verbindet sich mit der jugendlichen Frische des Gesichtes. Trotz der flüssigen Pinselschrift ist die Gestaltung präzise und drückt charakterliche Zuverlässigkeit aus.

Hans Thoma: *Der Rhein bei Laufenburg* (Säckingen, 1870). Das typisch romantische Motiv, Blick von einer Anhöhe mit Wanderern, ist mit neuer Frische gesehen. Materieller Reiz und Naturtreue des Kolorits sind modern. Mensch und Umwelt, Stadt und Land stehen in Einklang.

Adolph Menzel: *Die Berlin-Potsdamer Bahn* (Berlin, 1847). Die neue Errungenschaft (seit 1838) ist mit Skepsis gesehen als ein Schmutz erzeugendes (etwas zu kleines) Ungeheuer. Die Strecke zerschneidet die staubige, vertrocknete Landschaft. Die riesige Baumkulisse wirkt drohend, die Stadtsilhouette dagegen verflüchtigt sich.

Adolph Menzel: *Das Flötenkonzert* (Berlin, 1852). Friedrich d. Gr., im Konzertzimmer von Schloß Sanssouci, wird als Künstler verherrlicht. Die Figuren sind Porträts, doch ist kein bestimmtes historisches Ereignis gemeint. Differenzierung der Charaktere beim Zuhören während des Flötensolos und Genauigkeit in Kostüm- und Raumdarstellung, dazu eine Schilderung des unruhigen Kerzenlichtes waren das Anliegen des Malers.

John Constable: *Das Haus des Admirals in Hampstead* (Hampstead b. London, 1821/22). Ein knapper Naturausschnitt – ein anspruchsloser Bau inmitten von Bäumen – ist durch eine temperamentvolle Handschrift mit Leben erfüllt. Man ahnt die Naturkräfte, auch im Spiel des Lichtes auf den Wolken, den Häusern oder dem Laub.

Hans v. Marées: *Die Ruderer* (Neapel, 1873). Entwurf für ein Fresko in der Zoologischen Station in Neapel. Der Gleichtakt des Ruderns schafft die Tektonik des Bildaufbaus; der Charakter der Fischer steht im Einklang mit der Großzügigkeit und der Kraft der Pinselschrift. So entsteht eine Symmetrie von Inhalt, Form und Malvorgang, die natürlich und frisch wirkt. (Abb. S. 470.)

Hans v. Marées: *Die Lebensalter* (Rom, 1873–78). Die 5 Figuren sind zu einer zeichenhaften, tektonisch-prägnanten Gruppe verbunden, die auch die Landschaft in ihre Gesetzmäßigkeit einbezieht. Diese ist ein ethischer

Museen: Nationalgalerie (Tiergarten)

Hans von Marées: *Die Ruderer*. 1873 ([Neue] Nationalgalerie; zu S. 469)

Wert. Durch wiederholte Übermalungen hat jede Gestalt eine große malerische Intensität, einen kostbaren Farbkörper erhalten.
Arnold Böcklin: *Selbstbildnis mit fiedelndem Tod* (München, 1872). Die naturnahe Gestalt des Malers ist – in der Nachfolge mittelalterlicher Totentänze – in schokkierender Drastik mit der phantastischen des Todes verbunden. Der Ausdruck scharfer Beobachtung beim Maler ist zugleich Lauschen auf den Tod – Unsterblichkeit der Kunst und Sterblichkeit des Künstlers.
Wilhelm Leibl: *Dachauerin mit Kind* (München, 1873/ 1874). Die monumentale Einfachheit der Komposition drückt die Würde des bäuerlichen Daseins aus. Der Blick ist skeptisch, distanziert. Köpfe und Hände erhalten durch Sorgfalt der Malerei eine Intimität der Auffassung, die die Hochachtung des Malers vor der Welt der Bauern spiegelt.
Anselm Feuerbach: *Ricordo di Tivoli* (Rom, 1867). Harmonisierung der Gegensätze war die Absicht des Malers: von Landschaft und Figuren, Klassischem und Modern-Genrehaftem, Emotion und Ratio. Der Detailreichtum der Natur ist um der Ordnung willen reduziert.

Gustave Courbet: *Die Welle* (Paris, 1870). Der Horizont halbiert das Bild. Quellende Wolken darüber, denen farblich ein Stück Strand antwortet, und die aufgewühlte flaschengrüne See darunter sind Ausdruck elementarer Macht. Ähnliche Energie spürt der Maler in sich und äußert sie drohend in ungestümer Pinselschrift.
Charles-François Daubigny: *Frühlingslandschaft* (Paris, 1862). Das schlichte Motiv in monumentalem Format, lebhaft gemalt, ist Verherrlichung der Natur auch in ihrer einfachen Erscheinung. Dazu paßt das Liebespaar. Vielfache Nuancen sind dem Grün abgewonnen.
Auguste Renoir: *Der Nachmittag der Kinder in Vargemont* (Paris, 1884). Die schillernde Farbe in ihrer kontrollierten Nuancierung ist in eine präzise Komposition eingeordnet. Die genrehafte Situation mit den Kindern von Renoirs Freund Paul Bérard erhält so eine heitere Würde.
Edouard Manet: *Im Wintergarten* (Paris, 1879; →Farbabb. 28). Die scheinbar alltägliche Szene in einem vornehmen Milieu erhält durch die überlegte, spannungsreiche Komposition eine nur zu ahnende novelli-

stische Bedeutungstiefe. Das Individuelle und Anekdotische wird jedoch nicht pointiert, sondern durch die Delikatesse des Kolorits und die schmiegsame, virtuose Pinselführung überspielt.
Vincent van Gogh: *Moulin de la Galette* (Paris, 1886). Die Pastosität der Farbe, die feste, energische Zeichnung und die rhythmische Ordnung, in die sich auch die Aufschriften einfügen, bannen gleichsam das Depressive dieses ärmlichen Vorstadtmilieus.
Max Liebermann: *Selbstbildnis* (Berlin, 1925). Nüchtern prüfend und doch selbstbewußt steht der Maler als Künstler und Weltmann in seiner bürgerlichen Umgebung. Das Inkarnat bestimmt das noble Kolorit. Die Handschrift ist temperamentvoll, aber doch knapp und gezügelt.
Max Slevogt: *Zitronenstilleben* (Berlin, 1921). Gedämpften, gebrochenen Tönen von seltener Erlesenheit sind in den leuchtenden Zitronen frische, vitale Farben zugesellt. Vornehmheit, auch in den Dingen, verbindet sich mit der Vehemenz des Vortrags, ein Ausdruck von Sicherheit der künstlerischen Existenz.
Lovis Corinth: *Walchensee mit Lärche* (Urfeld am Walchensee, 1921). Das Grandiose dieser Natur ist in die Heftigkeit der Pinselführung übersetzt. Die Mischung der pastosen Farbe ergibt ein nuancenreiches, dem Natureindruck nahes Kolorit.
Paula Modersohn-Becker: *Mädchen mit Blumenkranz* (Worpswede b. Bremen, 1902/03). Blumen und Landschaft betten die Gestalt in die Natur ein. Die Malerei ist dicht und fest wie die knospenhafte Erscheinung des Mädchens, deren klares Wesen auch aus der einfachen Komposition und der Reinheit der Farbe spricht.
Edvard Munch: *Lebensfries* für das Max-Reinhardt-Theater in Berlin (Weimar/Berlin, 1906/07). Der zarte Auftrag lichter Farben harmoniert mit einer fließenden Führung der meist flächigen, stellenweise aber auch Raum schaffenden Umrisse. Die Haltung der 8 Bilder ist lyrisch und frei von der sonst bei Munch oft begegnenden Dämonie.
Ernst Barlach: *Die Vision* (Güstrow, 1912). Über der Sphäre der Wirklichkeit weitet sich die traumhafte des Überwirklichen. Der schwebende Mann liegt wie eine Wolke in der Landschaft, Überwindung irdischer Schwerkraft. Unten lagert die erdhafte, massige Figur.
Max Beckmann: *Familie George* (Berlin, 1935). Explosive Spannung erfüllt den beengten Raum mit den zwei auseinanderstrebenden Figurentürmen – rechts der Schauspieler Heinrich George mit der Dogge, links Berta George-Drews mit ihrem Sohn und die Souffleuse mit dem Textbuch des »Wallenstein«. Das zärtliche Motiv der Mutter mit ihrem Kind bildet den Gegensatz zum Pathos der gewaltigen Hauptfigur.
Max Beckmann: *Frauenbad* (Frankfurt, 1919). Das Interieur ist eine Hölle. Die Menschen aller Altersstufen stören sich in diesem Sinnbild des Lebenslaufes. Die Deformationen steigern nicht nur den Ausdruck, sondern verweisen auch auf die Beschädigung des Menschen in der Gesellschaft.
Wilhelm Lehmbruck: *Büste der Frau L.* (Paris, 1910). Lebensnah ist die weich modellierte Oberfläche trotz einer vereinfachten, tektonisch-strengen Anatomie.

Max Beckmann: Familie George. 1935
([Neue] Nationalgalerie)

Zwischen den Oberarmen und dem Hals sowie zwischen den Brüsten und dem Kopf gibt es eine enge Formverwandtschaft. Nach dem gleichen Prinzip ist das Gesicht geformt. Die so erzeugte Harmonie wird als seelische Ausstrahlung empfunden.
Robert Delaunay: *Herwarth Walden* (Paris, 1923). Spontan und skizzierend ist der berühmte Publizist porträtiert, zugleich wird die Erscheinung jedoch einer klaren Ordnung unterworfen, in der Kreisformen dominieren. Entsprechend sind den natürlichen gebrochenen Farben reinere als abstraktes Element hinzugefügt.

472   Museen: Nationalgalerie (Tiergarten)

Otto Dix: *Flandern* (Hemmenhofen am Bodensee, 1934/36). Altmeisterliche Naturtreue und Formübertreibung treffen aufeinander. So steigert sich nüchternes Erkennen zur Erschütterung über etwas Ungeheuerliches. Die maßstablose Kraterlandschaft enthält nichts Lebendes mehr. Die Leiber der Soldaten werden zu Hügeln, ein Bild der Verwesung. Dix malte diese Kriegsschrecken, als Hitler den Aufbau der Wehrmacht betrieb.

George Grosz: *Stützen der Gesellschaft* (Berlin, 1926). Beobachtung und Konstruktion sind gemischt und mit schneidend scharfer Zeichnung als Ausdruck von Wirklichkeitsnähe und kritischer Überlegenheit vorgetragen. Der Figurenturm persifliert eine hierarchische Ordnung und das Pathos ihrer Selbstdarstellung.

Karl Hofer: *Die schwarzen Zimmer* (Berlin, 1943). Die Absurdität der Handlung in einem verbauten Innenraum ist Gleichnis für Zwang und Bedrückung im Krieg. Der Trommler fügt eine schmerzhafte Klangassoziation hinzu. Klassisches in der idealen Nacktheit ist pervertiert.

Ernst Ludwig Kirchner: *Der Belle-Alliance-Platz in Berlin* (jetzt Mehringplatz) (Berlin, 1912/13). Die rasche, spröde Zeichnung gibt der Architektur gestische Bewegung. An die Stelle perspektivischer Raumordnung tritt ein gefühlsmäßiges Erfassen der Tiefe. So wird die Dynamik des städtischen Lebens eingefangen. Die Farbe beschränkt sich auf den tristen Klang weniger Töne.

Otto Mueller: *Das Urteil des Paris* (Berlin, um 1910/11). Die 4 lebhaft bewegten Körper bilden eine zierlich-flächige Figur, die unten durch differenziertes Grün hinterlegt ist, oben jedoch sich nur zart vom weißlichen Himmel abhebt. Sensibel sind spontane Zeichnung und grobes Malmaterial verbunden.

Oskar Kokoschka: *Der Wiener Baumeister Adolf Loos* (Wien, 1909). Eine aufwühlende, kontrastreiche Pinselschrift, stellenweise schmierend und kratzend, legt Psychisches bloß. Den Eindruck solcher tiefdringenden Untersuchung, die im ruhigen Sitzen passiv hingenommen zu sein scheint, verstärkt die Beleuchtung der Hände und des Gesichtes bei nachtblauem Himmel.

Karl Schmidt-Rottluff: *Gutshof in Dangast* (Dangast, 1910). Einfache Farbkontraste sind ein Äquivalent für den blendenden Lichtreflex in sommerlich heißer Landschaft, Grobheit des Vortrags für die dörfliche Welt mit starken Naturreizen. Verschiedenfarbige bizarre Flächen sind verzahnt.

Hermann Blumenthal: *Kniender Junge* (Berlin, 1929/1930, Bronzeguß 1947). Rumpf und Kopf sind in ihren plastischen Werten den Extremitäten angeglichen. Die Bewegungen sind um einer gerüsthaften, in den Raum ausgreifenden Form willen gewählt und wirken wie ein Signal.

Emil Nolde: *Pfingsten* (Ruttebüll [Nordschleswig], 1909). Die Begeisterung der Apostel mit ihren maskenhaft vereinfachten Gesichtern äußert sich in einer glühenden Farbigkeit und einer lapidaren Form. Primitivität ist hier Ursprünglichkeit und Echtheit des Gefühls. Die dargestellte Ekstase stimmt überein mit dem missionarischen Anspruch des Malers.

Pablo Picasso: *Frauenkopf* (Paris, 1909). Der Kopf ist zu einem kristallinen Gebilde verformt, robust und dennoch zart in der Abstufung der erdigen und grünen Töne. Die schraffierende Pinselführung bezeichnet die Lagerung der Flächen im Raum.

Georges Braque: *Der Kupferkessel* (Paris, 1949). In einer steilen Komposition sind sonore Farbtöne harmonisch in einer Vielfalt von Formen teppichartig angeordnet, dekorativ und doch gewichtig.

Fernand Léger: *Komposition* (Paris, 1920). Zylindrische Gebilde, Streifen, Flächen, teils in den Raum ragend, teils bildparallel, farbig entschieden voneinander gesondert und lebhaft rhythmisiert, ergeben eine Vorstellung von Maschine und Architektur. Der laute, doch stimmige Klang bejaht emphatisch die Welt der Technik.

Paul Klee: *Verhext – Versteinert* (Bern, 1934). Das Gefüge der Linien begrenzt durch Schattierungen und Aufhellungen plastische Formen, die bald an Physiognomisches, bald an Vegetatives denken lassen – eine nächtlich-geheimnisvolle Atmosphäre.

Giorgio Morandi: *Stilleben mit Flaschen* (Bologna, 1940). Die Gefäße sind Variationen eines Themas, klar rhythmisiert und akzentuiert, auf der Basis des Tisches. Die schmale Farbskala bindet die Dinge und den Hintergrund, auch stofflich, zu einer homogenen Einheit zusammen.

Lyonel Feininger: *Kirche in Niedergrunstedt bei Weimar* (Weimar, 1919). Ausgehend von den Elementen der Architektur mit der Kirche als Kern wird die Landschaft in ein kristallines System von Strahlen aufgefächert, das im Helldunkel kraftvoll und dramatisch wirkt.

Piet Mondrian: *Komposition in Rot, Gelb und Blau* (Paris, 1922). Das Zentrum des Querformats ist ein großes weißes Quadrat, das so in einer Spannung zum Rahmen steht. Diese wirkt sich im Zwischenraum aus, wo Rechtecke in den 3 Grundfarben in eine Balance gebracht sind. Ein schwarzes Konturengerüst endet an zwei Stellen vor dem Rahmen, beunruhigend für das Auge und das Gleichgewicht gefährdend. Sehen heißt sich genaue Rechenschaft geben.

Salvador Dali: *Bildnis der Frau Isabel Styler-Tas* (1945). Die Frau, glatt und penibel gemalt, erfährt in ihrem Spiegelbild eine Metamorphose zur Landschaft und verschmilzt so mit dem Hintergrund. Der Körper löst sich in Raum auf. Banalität der Mode, Repräsentation, Anatomisches, Künstliches und grandiose Natur fließen zusammen.

Giorgio de Chirico: *Große metaphysische Figur* (Ferrara, 1916). Die überlängte puppenartige Figur ist mit zwecklosem, rätselhaftem und zugleich exakt konstruiertem Gerümpel gleichsam bekleidet. Rationales wird, auch in der übersteigerten Perspektive des Platzes, ad absurdum geführt. Der Himmel, das einzige natürliche Element neben dem fernen Gebirge, bedroht diese Welt des Gemachten.

Wols: *Peinture* (Paris, 1947). Gerüstartiges und Handschriftliches verschmelzend verdichtet sich die Mitte zu einer vielschichtigen und verschlungenen Figuration, einer Wunde ähnlich. Zudecken und Durchscheinen von Zeichnung und Farbe machen das Bild zum Organismus. Der heftig zuckende Strich wirkt als Reaktion auf Schmerz.

Museen: Nationalgalerie (Tiergarten) und Galerie der Romantik   473

Willi Baumeister: *Montaru 8* (Stuttgart, 1953). Die schwere schwarze Form in der Mitte schwebt und treibt nach links. Mit ihren Absplitterungen wirkt sie wie ein Fels und zugleich wie die Karte eines Kontinents, durch die Fäden und Fühler aber wie ein Lebewesen. Riesiges und Winziges sind in einer menschlichen Maßen fremden Proportion verknüpft.
Antoni Tàpies: *Peinture aux bois de lit* (Paris, 1967). Die Oberfläche des wandartigen Bildes zeigt Verletzungen durch plötzliche Gewalt und durch langsamen Verfall, eine Vanitas-Mahnung mit dem Pathos der Askese und zugleich einer Aufforderung zu ästhetischem Genuß.
Francis Bacon: *Isabel Rawsthorne in einer Straße von Soho* (London, 1967). In dem kühl konstruierten bühnenartigen Raum mit Dingen an der Peripherie, Figuren und einem Auto, steht die Frau, mit kurvigen Pinselschwüngen gemalt. In ihr wird die Bewegung der Linien materiell. Körperlichkeit entsteht, die sich stellenweise als verletzliches Fleisch von abstoßender Häßlichkeit aufdrängt.
Jean Ipoustéguy: *La femme au bain* (Paris, 1966). Die spiegelnde Oberfläche der Bronze suggeriert modischen Luxus, doch die plastische Idee, die das Innere in Schichten bloßlegt, widerspricht dem. Neugier soll in Erschrecken umschlagen. Die Skulptur als die positive Kunst des Beständigen stellt sich in Frage und fängt die Zeit ein.
Franz Gertsch: *Barbara und Gaby* (1974). Die Vergrößerung der alltäglichen Toilettenszene und die minuziöse Wiedergabe aller Details erwecken den Eindruck eines gedruckten Riesenplakates auf der Grundlage eines Fotos. Monumentalität soll ins Banale umschlagen.
Markus Lüpertz: *Kreuzigung* (1984). Während das Auge mühsam die Figuren zu erkennen sucht, wird es durch das Zusammenspiel dumpfer und greller Farben, durch energische Umrisse und brutale Pinselzüge attackiert. Der religiöse Stoff mit dem ganzen Gewicht seines Gehaltes wird dazu benutzt, den Betrachter zu überwältigen. Er dient als Sockel für die Kraftnatur des Malers.
Barnett Newman: *Who's afraid of red, yellow and blue IV* (1969/70). Ein breiter marineblauer Streifen ist zwischen einen zinnoberroten und einen zitronengelben Quadrat angeordnet. Die starke Beleuchtung steigert die Farbwirkung zu höchster Intensität. Das einfache, sehr große Bild wird durch die Inszenierung zu einer Art Kultobjekt, das Respekt fordert. Die rhetorische Frage des Titels erwartet Zustimmung.
Aus dem Hauptraum gelangt man in den S k u l p t u r e n g a r t e n, wo durch gärtnerische und architektonische Gestaltung den einzelnen Skulpturen ein eigenes Ambiente gegeben wird:
Auguste Renoir: *Die große Wäscherin* (Paris, 1917/18, Guß nach 1945). Schultern, Arme und Tuch ergeben eine ringartige Form. Das genrehafte Motiv ist also zum Vorwand genommen, um die kauernde Gestalt abzurunden und der rhythmischen Entsprechung von Armen und Beinen einen Ausklang zu geben.
Ernesto de Fiori: *Großer Schreitender* (Paris, 1921). In dem leicht geöffneten Mund, dem Blick, der Wendung

des Kopfes und auch in der Haltung spricht sich Individuelles aus, ohne daß es zu denkmalhafter Überhöhung kommt. Die Figur verbindet Idealität mit schlichter Selbstverständlichkeit.
Gerhard Marcks: *Maja* (Berlin, 1942). Die zum Kopf emporgehobenen Arme, eine Gebärde verhaltener Klage, bewirken einen einfachen, geschlossenen Kontur der Gestalt und eine Rahmung des Gesichtes. Eine zum Kantigen neigende Modellierung gibt der Erscheinung Sprödigkeit.
Marino Marini: *Der Schrei* (Mailand, 1963). Das traditionsreiche, von Marini oft behandelte Motiv des Reiters ist durch die Darstellung des Sturzes negiert. Die natürlichen Rundungen sind in kantige Formen verwandelt, die addierend angeordnet sind und an Architektur denken lassen. Die grobe, rauhe Oberfläche verstärkt den Eindruck von verletzender Gewaltsamkeit.   HB-S

Nationalgalerie, Galerie der Romantik
(Charlottenburg; Schloß, Neuer Flügel; Raumplan → S. 266/267)

Ch 6

Aufgrund einer politischen Entscheidung wurden 1986 137 Gemälde des 19. Jh. aus der Neuen Nationalgalerie in das Schloß Charlottenburg überführt und in 10 Räumen unter der Bezeichnung »Galerie der Romantik« ausgestellt. Ein wesentliches Motiv war die Eingliederung der 3 frühen Hauptwerke C. D. Friedrichs »Abtei im Eichwald«, »Mönch am Meer« und »Morgen im Riesengebirge«, seit 1810 bzw. 1812 Bestand der preußischen Schlösser, in die Sammlung der Nationalgalerie. Mit 5 Leihgaben der Schlösserverwaltung und 2 aus Privatbesitz war eine Massierung aller in Berlin befindlichen Gemälde (insgesamt 22) beabsichtigt. Auswahl und Hängung verfolgen mehr die Absicht einer dekorativen Präsentation beliebter Werke als die Erläuterung kunstgeschichtlicher Abläufe.

R a u m 1. Verschiedene Meister: Gottlieb Schick, Franz Catel, Carl Rottmann, Johann Martin Rohden, Joseph Anton Koch, Ernst Fries, Eugène Delacroix.
Philipp Otto Runge: *Frau und Söhnchen des Künstlers* (Hamburg, 1807, unvollendet). Der Kopf der Frau steht energisch, in Modellierung und Ausdruck plastisch vor dem unruhigen Himmel, während das Kind der Geborgenheit des Waldes zugeordnet ist. Der Körper des Kindes wächst aus der Mutter wie ein Ast aus einem Stamm. Das Porträt hat sinnbildhafte Allgemeingültigkeit erhalten.
Carl Rottmann: *Schlachtfeld bei Marathon* (München, 1845). Die Studie für eines der großen Wandbilder der Neuen Pinakothek in München beschwört durch die grandiose Einfachheit, die Weite des Raumes und die dramatische Stimmung die Erinnerung an die historische Bedeutung dieses Sieges der Athener über die Perser. Die Landschaft, radikal auf Atmosphäre und geologische Struktur, Licht und Dunkelheit reduziert, gewinnt eine kosmische Perspektive.
Joseph Anton Koch: *Wasserfälle bei Subiaco* (Wien, 1813). Die komponierte Landschaft ist durch Aufragendes wie Bäume, Felsen oder Gebäude und durch horizontal Gelagertes in einer Art räumlichem Raster geordnet, das Übersichtlichkeit und Klarheit bewirkt. In

474   Museen: Nationalgalerie, Galerie der Romantik

diese so gesteigerte Natur sind die Landbewohner und die großformigen kubischen Bauten harmonisch und doch mit herrscherlicher Würde eingebunden. Das kleine Format hindert nicht einen großen Reichtum, auch in den Bewegungsmotiven.
R a u m 2. Caspar David Friedrich. *Mönch am Meer* (1808–10) und *Abtei im Eichwald* (1809/10) sind Gegenstücke. Im »Mönch am Meer« stellt Friedrich sich selbst als Mönch in einer unermeßlichen, beängstigenden Räumlichkeit dar. Die Radikalität der Bildform, die die Zeitgenossen verwirrte, hat Friedrich selbst nicht mehr übertroffen. Die »Abtei im Eichwald«, eine freie Wiedergabe der Ruine Eldena bei Friedrichs Heimatstadt Greifswald, zeigt das Begräbnis des in dem Gegenstück dargestellten Mönches. Der Zug führt jedoch am offenen Grab vorbei zu dem Kruzifix. Theodor Körner hat den positiven christlichen Gedanken des Bildes in zwei Sonetten hervorgehoben. Auch der *Morgen im Riesengebirge* (1810/11) ist eine religiöse Allegorie, bei der mit der männlichen Staffagefigur der Maler selbst gemeint ist. Die genaue Erfassung des Gesehenen, bes. im Hintergrund, verbindet sich mit einer metaphysischen Idee.
R a u m 3. Caspar David Friedrich, Karl Friedrich Schinkel, Georg Friedrich Kersting.
Caspar David Friedrich: *Die Frau am Fenster* (Dresden, 1822). Der dunkle, nüchterne und beengte Innenraum als das Hier und Jetzt ist der lichtdurchfluteten Elblandschaft, die man nur durch das Fenster sieht, gegenübergestellt. Dieser heiteren Ferne ist die Aufmerksamkeit der Frau – der Gattin des Malers – sehnsüchtig zugewendet. Im System der strengen, geraden Linien erscheinen die organischen Formen um so anmutiger. Der religiöse Gehalt, den fast alle Gemälde Friedrichs besitzen, besteht hier in der Kontrastierung von Innenraum und freier Landschaft als Sinnbildern des Irdischen und des Jenseits.
Caspar David Friedrich: *Einsamer Baum* und *Mondaufgang am Meer* (Dresden, 1822). Die Bilder sind Gegenstücke und als Morgen- und Abendlandschaft aufeinander bezogen. Die großen formalen Gegensätze sind durch den Gedankengehalt bedingt. Die Morgenlandschaft, eine kultivierte Gegend mit großem Reichtum an Details und vital im Kolorit, versinnbildlicht die Zuwendung zum Irdischen. Das Hauptmotiv der Eiche, die gerade dort abzusterben beginnt, wo sie in den Himmel ragt, befindet sich im Vordergrund. Die Abendlandschaft zeigt in einfacher, konzentrierter Komposition nur Weniges: Städter, Fremdlinge also, die den Mondaufgang erwarten, während die Schiffe ihre Fahrt – Sinnbild der Lebensfahrt – beenden. Das zentrale Lichtmotiv liegt in unendlicher Ferne. Das Bild veranschaulicht die Zuwendung zur Religion am Abend des Lebens.
R a u m 4. Caspar David Friedrich, Karl Friedrich Schinkel, Franz Catel.
Karl Friedrich Schinkel: *Spreeufer bei Stralau* (Berlin, 1817). Das Bild vereinigt Motive aus der Umgebung Berlins mit Erfundenem und erhebt sich so über eine bloße Bestandsaufnahme, um mit der Landschaft Gedankliches, Metaphysisches, mitzuteilen. Die Schwermut der Abendstimmung und des Abschieds erhält

durch das massige Gewölbe, das an eine Gruft erinnert, und durch die Verwandlung der körperhaften und farbigen Dinge in schwarze Schemen einen Hinwes auf Vergänglichkeit.
R a u m 5. Verschiedene Meister: Peter Cornelius, Philipp Veit, Friedrich Overbeck, Julius Schnorr v. Carolsfeld, Johann Anton Ramboux, Moritz v. Schwind Georg Friedrich Kersting, Johan Christian Clausen Dahl, Carl Gustav Carus.
Friedrich Overbeck: *Der Maler Franz Pforr* (Rom, um 1811). Die strenge, flächige Komposition geht aus von dem empfindsamen Lineament der Physiognomie, v. a. dem Kontur der Haare. Ihm antwortet der Spitzbogen. Wie sich die Katze, ein Sinnbild der Häuslichkeit und zärtlicher Liebe, der Gestalt von rechts zuneigt, so das strickende Mädchen von links. Der angebundene Vogel ist ein Symbol der an das Irdische gefesselten Seele, deren eigentliches Element der Himmel ist. Der religiöse Sinn des Landschaftsausschnittes ist bes. durch die got. Kirche hervorgehoben. Der Bildraum, in dem Naturbeobachtung und abstrakte Konstruktion sich durchdringen, ist ein Ort, an dem sich Aussagen über Physisches und Metaphysisches verdichten.
Julius Schnorr v. Carolsfeld: *Bianca v. Quandt* (Rom, um 1820). Wichtiger als die unmittelbare Wirkung physiognomischen Ausdruckes war dem Künstler die Idealisierung durch Abrücken in eine Vergangenheit – Assoziationen an Bildnisse Raffaels, mittelalterl. Architektur und stilistische Anklänge an Dürer – durch Einbeziehen der Landschaft und die Vorstellung von Musik, die auch durch die überlegte lineare Komposition hervorgerufen wird.
R a u m 6. Ludwig Richter, Carl Philipp Fohr, Karl Blechen.
Karl Blechen: *Gebirgsschlucht im Winter* (Berlin, 1825). Die gespenstische Baumruine und die unwegsame Schlucht, in die sich der Betrachter als Wanderer versetzen soll, sind Sinnbilder für Todesbedrohung und Lebensangst. Die Madonnenstatue weist auf den Trost der Religion hin. In der Ferne erscheint ein erleuchtetes Haus als erlösendes Ziel für den Wanderer. Das monumentale Bild zeigt den Einfluß C. D. Friedrichs, ist jedoch in der Handschrift großzügiger.
R a u m 7. Karl Blechen, Carl Graeb. (Die als »Blechen« ausgestellte Ansicht von Sanssouci kann nicht von diesem Maler stammen, da die Brunnenanlage erst nach seinem Tod geschaffen wurde.)
Karl Blechen: *Blick auf Dächer und Gärten* (Berlin, nach 1832). Der Blick geht aus von Blechens Wohnung in der Kochstr. 9 (südl. Friedrichstadt) auf verwilderte Gärten. Die ärmliche Vorstadtsituation wird mit höchster malerischer Virtuosität zu einer künstlerischen Kostbarkeit gemacht. Damit tritt das Bild in Gegensatz zu der Vedutenmalerei in der Art Gaertners, die die bedeutenden Bauten einer Stadt verherrlicht und zu deren Reiz auch die Schönheit des Motivs beiträgt.
R a u m 8. Berliner Biedermeier: Franz Krüger, Eduard Gaertner, Johann Erdmann Hummel, Friedrich Eduard Meyerheim.
Johann Erdmann Hummel: *Die Schachpartie* (Berlin, 1818). Die Szene, in deren Zentrum das perspektivisch verkürzte geometrische Ornament des Schachbrettes

steht, ist die Veranlassung zur Demonstration kunstvoll ineinandergreifender Beleuchtungs-, Spiegel- und Perspektivwirkungen. Die mit nüchterner Malweise vorgetragene Lösung eines komplizierten künstlerischen Problems entspricht der dargestellten intellektuellen Anspannung bei der Schachpartie.

Franz Krüger: *Ausritt* (Berlin, 1836). Die überzeugende Wirkung des kleinen Bildes beruht auf der Übereinstimmung von künstlerischer Virtuosität – einer raschen, sicheren Malweise – und dem sportlichen Können der Reiter – dem Tempo des Geschehens. Dies ist mit sympathischer Anspruchslosigkeit und beiläufigem Witz vorgetragen, indem das bescheidene Motiv des Reiters, der sich zu dem rennenden Hund zurückwendet, zur hauptsächlichen Handlung erhoben ist, welche die beherrschende Diagonale der Komposition begründet.

Eduard Gaertner: *Unter den Linden* (Berlin, 1853). Eine exakte topographische Aufnahme ist mit einer überzeugenden Wiedergabe der atmosphärischen Wirkungen verbunden. Daneben ist auch ein Reichtum farblicher Sensationen im Detail mitgeteilt. Hinzu kommt die mit Sinn für das Leben der Bevölkerung treffend beobachtete Staffage, welche die Stadt als Lebensraum der dargestellten Menschen ausweist. Gaertner hat nicht nur das Aussehen, sondern auch den Geist der Stadt erfaßt.

Raum 9. Münchner und Wiener Biedermeier: Moritz v. Schwind, Wilhelm Kobell, Carl Spitzweg, Ferdinand Georg Waldmüller, Erasmus v. Engert.

Ferdinand Georg Waldmüller: *Vorfrühling im Wiener Wald* (Wien, 1864). Durch eine Malerei, die der Fülle der Details in der Natur nachgeht, so bei den Bäumen, aber auch durch einen geschickten Farbauftrag, wird eine vibrierende Lebendigkeit erzeugt, die den belebenden Eindruck der Landschaft, ihre Lichtreize und ihre atmosphärische Wirkung, aber auch das Chaos ihrer Kleinstrukturen wiedergibt. Ergänzt wird diese um Wahrheit bemühte Schilderung durch das bewegte, menschliche Wärme ausstrahlende Motiv der Kinder. Helligkeiten und Dunkelheiten sind locker verteilt, ohne daß sich eine Komposition deutlicher abzeichnet.

HB-S

Mi 62

Pergamon-Museum (Mitte; Zugang über eine Brücke vom Kupfergraben)

Im Gebäude des Pergamon-Museums befinden sich die Antikensammlung, das Islamische Museum, das Museum für Volkskunde, die Ostasiatische Sammlung und das Vorderasiatische Museum. – Zum Gebäude → S. 72.

Antikensammlung (Pergamon-Museum, Querbau Hauptgeschoß sowie N-Flügel Haupt- und Obergeschoß)

Schon im 18. Jh. war der ästhetische und, durch Winckelmann, auch der in umfassender Weise erzieherische Wert der antiken Kunst unumstritten und hatte unter Friedrich d. Gr. u. a. zur Erwerbung der Skulpturensammlung Polignac (1742), des »Betenden Knaben« (1747), der Gemmensammlung des Barons Stosch (1764) und 1770 zum Bau des Antikentempels in Sans-

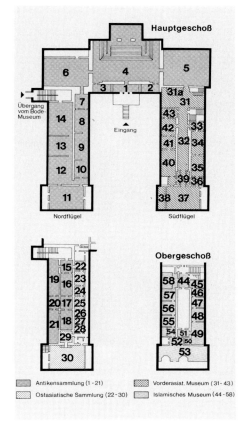

Pergamon-Museum. Raumpläne der Sammlungen

souci geführt, der den Typus des Gartenpavillons mit dem Zweck eines Museums verband. So war bei Gründung der Kgl. Museen 1823 die Antikenabteilung die neben der Gemäldegalerie wichtigste, die 1830 in Schinkels Altem Museum in der Rotunde und im Erdgeschoß (Skulpturen) sowie im Untergeschoß (Vasen und Kleinkunst) ausgestellt wurde. Die Teilung in eine Skulpturensammlung, die bis 1939 im Alten Museum blieb, und in eine Kleinkunstsammlung (Antiquarium, → S. 395) blieb bis 1932 bestehen.

Der erste Direktor war 1830–51 der Bildhauer Friedrich Tieck. Ihm folgte 1855–67 der Archäologe Eduard Gerhard. Da man glaubte, mit den verfügbaren bescheidenen Mitteln kaum noch bedeutende Originale erwerben zu können, wurde 1841 die Sammlung der Gipsabgüsse gegründet, für die im 1855 eröffneten Neuen Museum das ganze Hauptgeschoß vorgesehen war. Das Ziel war, zum Zweck der Bildung und Forschung möglichst viele

Museen: Pergamon-Museum – Antikensammlung

Pergamon-Altar:
Detail aus dem Nordfries.
2. Jh. v. Chr.
(Pergamon-Museum,
Antikensammlung)

Abgüsse der bedeutendsten Antiken zusammenzuführen. Carl Boetticher, seit 1855 Direktorialassistent, 1868–76 Direktor der Skulpturensammlung, vertrat es so betont, daß er bei einem Wandel in der Auffassung des Museums zurücktrat.

Das 1856 eingerichtete »Griechische Kabinett« trug der beginnenden Wertschätzung griechischer Originale gegenüber römischen Kopien bereits Rechnung, und die Erwerbstätigkeit (1883 die Sammlung Sabouroff, später bedeutende Einzelwerke) ging seither in diese Richtung. Mit den von Carl Humann 1873 geschenkten ersten Reliefs vom Pergamon-Altar begann schließlich eine neue Epoche: Unter den Direktoren Alexander Conze und Theodor Wiegand 1877–1931 wurde durch Ausgrabungen in Olympia (1875–80), den griechischen Städten Kleinasiens (Pergamon 1878–86, Magnesia 1891–93, Priene 1895–99, Milet 1899–1914, Didyma 1924/25) und Baalbek 1898–1905 der Bestand bedeutend vergrößert und die Architekturabteilung neu geschaffen.

Nach der Zwischenlösung des ersten Pergamon-Museums von 1901–09 kam die Architektursammlung 1930 in das Gebäude von Messel. Ganze Fassaden wie die des Markttores von Milet oder Teile von Tempeln wurden in Originalgröße aufgebaut. Dabei wurden die Originalteile hochgelegener Bauglieder (Kapitelle, Friese usw.) zur genauen Betrachtung am Boden aufgestellt und an ihrem Platz im Architekturzusammenhang Kopien angebracht.

Die Architekturwerke wurden im 2. Weltkrieg z. T. beschädigt, doch war das Pergamon-Museum seit 1954 teilweise, 1955 weitgehend vollständig wieder geöffnet. Der große Altarfries aus Pergamon steht seit 1959 in korrigierter Anordnung wieder an seinem Platz. Auch die Skulpturen, bis zum Krieg im Alten Museum, fanden im Pergamon-Museum Aufstellung, was zur Folge hatte, daß im Alten Museum Schinkels Säulenstellungen im Erdgeschoß nicht wiederhergestellt wurden.

Im Verteilerfoyer R a u m 1 – 3 sind kleinere griechische Architekturfragmente ausgestellt, die – z. B. rechts in Raum 2 das ionische Kapitellfragment aus Myus (um 540 v. Chr.) und die Reste des Poseidon-Altars von Kap Monodendri – einen Eindruck von der organischen Lebendigkeit griechischer Bauformen geben.

R a u m 4 enthält den *Pergamon-Altar*, einen von Eumenes II. gestifteten, um 180–159 v. Chr. geschaffenen großen, der Athena geweihten Altar, der auf der Burg von Pergamon frei auf einer Terrasse stand (Rekonstruktionsmodell der Burg). Auf quadratischem Unterbau mit Stufen und dem Gigantenfries erhob sich eine doppelseitige, nach W zwischen einer Freitreppe zurückspringende Säulenhalle. Diese W-Seite ist wiederaufgebaut, der übrige Fries an den Saalwänden aufgestellt.

Museen: Pergamon-Museum – Antikensammlung   477

Der Altar, in der Antike als Weltwunder gerühmt, im frühen Mittelalter verfallen, wobei sich die Reliefs in der byzantinischen Festungsmauer verbaut erhielten, wurde 1869 von Carl Humann entdeckt, 1878–86 ausgegraben und bis 1902 rekonstruiert. Dabei halfen die im Gesims über den Skulpturen stehenden Götternamen und die Anschlußmarken der Marmorblöcke.
Dem Anlaß seiner Weihe, der erfolgreichen Verteidigung des Landes, entsprechend stellt der Fries gleichsam als mythologisches Muster des Geschichtlichen den Kampf der Götter gegen die Giganten dar, den Herakles als irdischer Helfer der Götter entscheidet. Der Kampf ist in den drängenden, wuchtigen, dramatisch bewegten Formen des hellenistischen »Barock« dem Thema adäquat dargestellt. Die überlebensgroßen Gestalten scheinen den 2,30 m hohen Fries zu sprengen; stürzende, aufsteigende, laufende, ineinander verbissene Körper erzeugen ein Formgefüge widerstreitender Schrägen. Vor einem Gewirr feinstrahliger, rauschend bewegter Falten- und Flügelformen heben sich die nackten muskulösen Körper ab: die der Götter rein menschengestaltig, die der Giganten z. T. mit Schlangenfüßen, sonst aber, auch im Ausdruck der Köpfe, nicht weniger edel gebildet. Die Götter sind nach ihrer Verwandtschaft oder ihrem Wirkungskreis in Gruppen geordnet. Die bedeutendste, mit Zeus und Athena (und dem nicht erhaltenen Herakles), an der Rückwand des Saales.
Der (geschlossene) Raum oberhalb der Freitreppe, der die Stelle des Altarhofes des Pergamon-Altars einnimmt, enthält das unvollendete Telephos-Fries dieses Hofes. Ein Gang unter dem Altar zeigt Dokumente der Ausgrabungsgeschichte. Unter den im Zusammenhang des Altars gefundenen plastischen Werken sind 5 Statuen von Musen bzw. Priesterinnen durch ihre bewegte, mächtige Körperlichkeit und den Ernst ihres Ausdrucks bedeutend.
Rechts schließt der römische, links der hellenistische Architektursaal an.

R a u m 5 : Denkmäler der *römischen Kaiserzeit*. Über das Mosaik aus dem Speisesaal eines Hauses in Milet (1. Hälfte 2. Jh. n. Chr.) mit Orpheus- und Tierdarstellungen hinweg sieht man auf eine Halle vom Trajan-Tempel zu Pergamon (vollendet nach 117 n. Chr.) mit glatten, strengen, an griechische Vorbilder angelehnten Formen. Vorgebaut ist ein Teil der Bekrönung des Grabes der Cartinia aus Falerii (2. Hälfte 1. Jh. n. Chr.), eines noch heute als Ruine erhaltenen Rundbaus. Die Brüstung hat Akanthusranken, Lorbeer- und Eichengewinde in plastischen, im Umriß aber noch ruhigen, feinen Formen der Kaiserzeit.
Innerhalb der Trajanshalle stehen u. a. das Stadtmodell von Milet und ein kolossaler Dreifuß (2. Jh. v. Chr.) aus dem dortigen Rathaus, der eine Bronzeform in Marmor umsetzt.
Rechts von der Trajanshalle, hinter dem Sitzbild eines Kaisers (der Körper vielleicht augusteisch, aufgesetzter Trajanskopf), ist eine Ecke vom Trajan-Tempel zu Pergamon aufgerichtet, links von der Halle eine vom Caracalla-Tempel zu Pergamon (Anf. 3. Jh. n. Chr.). Die Formen des kolossalen Trajan-Tempels zeigen den eigentlichen rauschenden Stil der mittleren Kaiserzeit, neben dem der klassizistische der Halle einhergeht.

An der Eingangswand ist die 2stöckige, mit Nischen und vorgelegten Säulen reich geschmückte Schauwand des *Markttores von Milet* aufgerichtet. Diese Stiftung eines Bürgers (um 165 n. Chr.) diente keinem praktischen Zweck, sondern künstlerischer Repräsentation und verwendet Elemente der architektonisch massiven römischen Bühnenrückwände. Zwischen 3 rundbogigen Toren und Nischen darüber springen Säulenstellungen unter vorgekröpften Architraven vor. Die pflanzlichen Schmuckformen werden nach oben hin immer reicher und beleben damit das räumliche, mit Licht und Schatten hervorgebrachte Spiel der Architekturteile, zu dem auch die verschiedenen Formen der Kassettendecken gehören und die durch Vor- und Rücksprünge »gesprengten« Giebel (eine im europäischen Barock wieder auflebende Form). – Vor den Seitentoren Kolossalbüsten der Kaiser Hadrian und Trajan.
[Durch das Markttor gelangt man in die **Vorderasiatische** (Raum 31–43) und die **Islamische** (Raum 44–58) **Abteilung.**]
R a u m 6 enthält *hellenistische Architektur*. Man betritt ihn durch die Eingangshalle des Athena-Heiligtums von Pergamon. 4 dorische Säulen mit nur angedeuteten Kanneluren tragen ein Gebälk mit der Weihinschrift Eumenes' II. (197–159 v. Chr.). Die kleineren ionischen Säulen des Obergeschosses, die einen glatten Giebel tragen, sind durch Brüstungen mit Reliefs von Waffen, der Göttin geweihten Siegestrophäen, verbunden. Dieses leichte, einfache, offene Architektursystem umzog als Halle den Athena-Tempel von 3 Seiten (so auch beim Trajan-Tempel; vgl. Raum 5).
In beiden Ecken der Eingangswand stehen Teile vom Rathaus zu Milet (um 175–164 v. Chr.), links die korinthische Säulenordnung der Vorhalle, rechts der Aufbau des urspr. höheren Obergeschosses mit Halbsäulenvorlagen, zwischen denen Fenster oder Wandfelder mit Schilden standen.
An der rechten Wand folgen 2 Säulen des kolossalen ionischen Artemis-Tempels von Magnesia vom Ende des 2. Jh. v. Chr. Im Fries ein Reiterzug. Vor dem Tempel stand ein älterer, um 150 v. Chr. dem Pergamon-Altar nachgebildeter Artemis-Altar, von dessen Säulenhalle die links aufgestellten kolossalen Relieffiguren stammen.
Gegenüber der Eingangswand ist die 4säulige Front des Zeus-Tempels von Magnesia aufgebaut, eines im Vergleich zum Artemis-Tempel kleinen ionischen Tempelbaus vom Anfang des 2. Jh. v. Chr.
An der W-Wand stehen Bauteile aus Priene, in der Mitte 2 Säulen des späten 4. Jh. v. Chr. erbauten Athena-Tempels. Die Säulenbasen haben noch die schlanke, stark artikulierte kleinasiatische Form, das Gebälk hat noch keinen Fries. An den originalen Gebälkblöcken am Boden sieht man, wie durch überkragende Steine der künstlerisch so wichtige obere Abschluß des Gebälkes geschaffen wurde, der gleichzeitig durch Aushöhlungen und Wasserspeier die Platten und v. a. die Säulen vom Regen freihielt.
In der Mitte des Raumes liegt ein Mosaikfußboden aus Palast V der Burg zu Pergamon (kurz vor 150 v. Chr.), der auf einem illusionistisch aufgelegten Zettel die Künstlersignatur des Hephaistion trägt. Rahmende Or-

478   Museen: Pergamon-Museum – Antikensammlung

namentstreifen umziehen die leere Mitte, darunter ein perspektivischer Mäander in kunstvoll changierenden Farben und eine schwarzgrundige Akanthusranke mit Blüten, Tieren und fliegenden Eroten, die mit äußerst kleinen Steinchen eine lebendige Modellierung und feine, etwas müde Farbnuancen erreicht.

Es folgt R a u m 7 mit *archaischen griechischen Skulpturen* aus Kleinasien. 3 Sitzfiguren, ein Doppelsitzbild von Göttinnen aus Milet (um 550–520 v. Chr.), 2 stehende Koren – links aus Milet, um 550, rechts der Tür um 530–520 v. Chr., sämtlich Torsen ohne Köpfe, zeigen den weichen, reif-archaischen Stil der Ionier. Über die aufrechten, noch säulenhaft festen Körper der Koren ist in kleinen, dicht beisammenliegenden Wellenbahnen ein Gewand (Chiton) gelegt, über das ein an den Armen in Faltenbündeln zusammengenestelter kurzer Mantel fällt. Mit diesen Faltenbahnen wird die Figur belebt. 2 Kuroi zeigen die gleiche Formauffassung am nackten Körper; die Formen sind noch streng zusammengefaßt und doch in leichten Schwellungen und Einziehungen als etwas Organisches dargestellt.

Ein liegender Löwe aus Milet (um 530–500 v. Chr.), im Typus ägyptischen Löwen noch ähnlich, mit ornamental geordneter Mähne im Kontrast zum glatten Körper, gibt auf der gleichen Stilstufe eine überzeugende Form für die Ruhe und gesammelte Kraft dieses Tieres.

R a u m 8 enthält die in Qualität und Erhaltungszustand hervorragende *Stehende Aphrodite aus Attika* (Nr. 11, um 575 v. Chr.). Älter und als attisches Werk strenger als die ionischen Koren (von denen 2 überaus feine, um 550 entstandene vor ihr stehen, wovon die rechte die Namen der Dargestellten und des Bildhauers trägt), steht sie hochgereckt auf breiten Füßen, mit vom Mantel betonten Schultern auf die Fläche ausladend, im ganzen dennoch schlank, im schmalen Kopf von urtümlichem, aber direkt sprechendem Ausdruck. Nase und Augen wirken noch ornamental, aber der Mund versucht mit dem »archaischen Lächeln« Bewegung und Zuwendung zum Betrachter zu zeigen; Wangen und Kinnpartie sind organisch geformt. Großzügig und ruhig sind alle Formen, glatt die der Körperteile, in weich aufliegenden Parallelstreifen Gewand und Haar. Nur Schmuck und Fransen am Mantel sind fein ausgearbeitete Kleinformen, die mit der Bemalung – z. B. dem roten Mäander an der Mittelfalte – die strenge Gestalt belebten. Auch die Rückseite ist vollkommen durchgestaltet; die Seitenansicht verrät mehr von der Energie einer noch jugendlichen Kunst als die Vorderseite. Die Göttin hält einen Granatapfel als Sinnbild des Lebens.

R a u m 9 enthält als Hauptwerk die *Sitzende Göttin aus Tarent* (Nr. 22, um 480 v. Chr.), die ebenfalls Aphrodite darstellt. Ihre streng symmetrische Haltung ist durch graphisches Linienspiel der flach aufliegenden Falten, der Locken und des verzierten Thrones (urspr. auch des eingesteckten Bronzeschmuckes) belebt. Dieser Reichtum und die technische Meisterschaft des bis auf die Lehnenstützen aus einem Marmorblock gehauenen Thrones zeigen eine reife Sicherheit. Sie äußern sich auch in der bes. von der Seite erkennbaren gelassenen Haltung der Gestalt und dem vom archaischen Lächeln schon freien gesammelten Gesicht.

Am Fenster die *Mädchenstele Giustiniani* aus Paros (Nr. 25, um 460 v. Chr.), welche die Klarheit des strengen Stils der Klassik zeigt, nicht an einem Götterbild, sondern in der nun aufblühenden Menschendarstellung der Grabplastik. Gerade aufgerichtet wie die Stele ist die Gestalt; das Gewand wird beherrscht von einem einzigen großformigen Faltenmotiv. Als Krönung und Blüte, damit in Analogie zum Kopf des Mädchens, erscheint die prächtige, aus Kelchblättern und Voluten wachsende Palmette. Die Pflanzenform deutet eine Todesvorstellung vom Welken und Wiederaufblühen unter einem ewigen Naturgesetz an. – Der in die Nähe der Parthenon-Skulpturen des Phidias gehörende *Frauenkopf* (Nr. 23, um 440 v. Chr.) zeigt, obwohl in der Marmorbearbeitung unvollendet, die vollkommene Schönheit und den schwermütigen Ernst der hohen Klassik. Etwas weicher und zarter ist die Menschandarstellung bereits auf dem Grabrelief der Mynno (Nr. 29, um 430–420 v. Chr.).

Im 4. Jh. beginnen die Grabreliefs monumental zu werden und treten fast vollplastisch aus dem Grund hervor. Von hoher Qualität ist das *Grabmal des Thraseas und der Euandria*. Die Formen sind noch ruhig, aber bereits fülliger und weicher; dem entspricht ein intensiverer seelischer Ausdruck, der sich in den ineinander gelegten Händen des Ehepaares und dem dieser Geste entsprechenden ineinander versunkenen Blick zeigt (Nr. 38, um 350 v. Chr.).

Im Zentrum des folgenden Raumabschnitts steht der *Betende Knabe*, eine Bronze der Lysipp-Schule (Nr. 63, um 300 v. Chr.), früher in Sanssouci als Blickziel des Fensters der Bibliothek Friedrichs d. Gr. aufgestellt. Eine frei und leicht aufsteigende, körperlich anmutige und beseelte Gestalt, zeigt sie ebenso die Verehrung jugendlicher Schönheit ihrer Zeit wie eine vollendete Meisterschaft des Bronzegusses.

In R a u m 1 0 ist die (von Joh. Gottfried Schadow ergänzte) Sitzfigur der Nikarete (Nr. 74, um 330 v. Chr.) direkt dem Betrachter zugewandt. Das Schönheitliche dominiert bereits über den Ausdruck. Dieses Schönheitsideal zeigt ein kolossaler Göttinnenkopf aus Athen (Nr. 78, um 325 v. Chr.) in einer weichen, fast atmend lebendig wirkenden Form.

Der attische Grablöwe (Nr. 75, um 330 v. Chr.) gibt statt der würdevollen Ruhe des archaischen Tieres die wilde Energie des zum Sprung ansetzenden Raubtieres, zugleich einen Ausdruck animalischer Trauer.

Der Quersaal R a u m 1 1 und R a u m 1 2 enthalten *Kopien* berühmter *griechischer Skulpturen* aus der Zeit des Hellenismus, wie die Athena Parthenos für die Bibliothek von Pergamon (Nr. 99), v. a. aber aus der römischen Kaiserzeit, als sie zum prägenden Bildungsgut geworden waren. Die Nachbildung gelang oft so hervorragend, daß z. B. der Dionysos-Torso im Chiton (Nr. 102, nach einem Kultbild des Kalamis in Tanagra) noch 1946 als ein griechisches Original galt. Beim Kopf des Speerträgers (Nr. 90) erkennt man an den scharfkantigen Formen, daß ein griechisches Bronzewerk in Marmor umgesetzt wurde.

Im Spannungsfeld zwischen der allgemeingültigen Idealität griechischer Menschenauffassung und persönlicher Charakterisierung stehen die Bildnisse bedeutender Per-

Museen: Pergamon-Museum – Antikensammlung 479

sonen (Perikles [Nr. 95], Anakreon [Nr. 105], Sophokles [Nr. 106], Euripides [Nr. 118], Platon [Nr. 132]).
Über eine Treppe mit Trophäenreliefs vom Athena-Heiligtum in Pergamon erreicht man Raum 13 mit *hellenistischen Skulpturen*, v. a. aus Pergamon. Den im Altarraum (4) ausgestellten kolossalen Musen sind 2 weibliche Gestalten und die Kultbilder des Attis und der Kybele nahe verwandt. Das mächtige und begeisterte Lebensgefühl der Zeit verdichtet sich in dem Bildniskopf des Königs Attalos I. (Nr. 153, 241–197 v. Chr.), das von Pathos und machtbewußter, aber auch geistiger Energie durchformt ist.
Der nach dem Altar, um 160–150 v. Chr., entstandene »Schöne Kopf« (Nr. 159) mildert und verfeinert diesen Ausdruck. In der Frauengestalt aus Magnesia (Nr. 148) vom Anfang des 1. vorchr. Jh. ist er erloschen: Ruhe, Haltung und ein dementsprechendes diszipliniertes feines Faltenwerk des Gewandes lassen eine eher sachliche Auffassung erkennen.
Im *Römischen Saal*, Raum 14, wird die Spannweite dieser Kunst an verschiedenen Themen deutlich. Am Anfang und am Ende stehen 2 *Sarkophage*: der aus dem Palazzo Caffarelli in Rom (Nr. 171, Anf. 1. Jh. n. Chr.) zeigt die lebendige, dennoch scharf vom Grund abgehobene Pflanzendarstellung der augusteischen Reliefkunst. Bäume und Brunnen lassen eine paradiesische

Sitzende Göttin aus Tarent. Um 480 v. Chr. (Pergamon-Museum, Antikensammlung)

480   Museen: Pergamon-Museum – Antikensammlung; Ostasiatische Sammlung

Vorstellung, Fruchtgirlanden und Opfergefäße eine Atmosphäre von Frömmigkeit entstehen. Im Medea-Sarkophag (Nr. 187, um 170 n. Chr.) ist in gedrängten figürlichen Szenen, dennoch mit einem schönheitlichen Zug, der schreckliche Mythos zum Sinnbild für ein Leiden überwindendes, Unsterblichkeit erreichendes heldenhaftes Leben geworden.

In den Togastatuen Nr. 173 (um 50 n. Chr., mit nachträglich aufgesetztem Caesarkopf) und Nr. 184 (3. Jh. n. Chr.) wird die Stilentwicklung von der stofflichen Lebendigkeit zu der verhärtenden Abstraktion der Spätantike deutlich.

Noch ausgeprägter wandelt sich die als spezifisch römische Leistung schon in dem herben republikanischen Grabrelief des P. Aiedius und seiner Gattin (Nr. 172, 1. Hälfte 1. Jh. v. Chr.) erkennbare persönlich charakterisierende Porträtdarstellung. Der Bogen reicht vom Caesarkopf auf der Togastatue, noch ähnlich herb und vom gleichen ausgemergelten Typus, zu dem klaren, schön und doch gespannt aufgefaßten Terracottakopf eines griechischen Mädchens aus Unteritalien mit dem »claudischen Zopf« (Nr. 195), zu den modisch eleganten Kaiserbildnissen – noch idealistisch Marc Aurel (Nr. 180, 161–180 n. Chr.), unverhüllt brutal Caracalla (Nr. 200, 211–217 n. Chr.) – bis hin zu dem in der Qualität provinziellen, aber am Denkmal eines zu einer gewalttätigen und doch hilflosen Fleischmasse reduzierten Menschen erschütternden Kopf eines Athleten (Nr. 210, Ende 2.–Mitte 3. Jh. n. Chr.).

Die Antikensammlung setzt sich im **Obergeschoß** fort, v. a. mit Beständen des Antiquariums.

R a u m 1 5 enthält *römische Mosaiken*, bildhafte Szenen vor landschaftlichem Grund in sehr feiner technischer Ausarbeitung.

R a u m 1 6 zeigt *römische Porträtbüsten*, eine eindrucksvolle Konzentration hervorragender Werke. Nr. 3, ein Kopf aus grünem Schiefer (spätes 1. Jh. v. Chr.), einst im Besitz Friedrichs d. Gr., galt als Bildnis Caesars. Die scharfe spätrepublikanische Charakterisierung mittels Faltenlinien und prägender plastischer Details, ohne Kleinlichkeit, schafft den Ausdruck einer von Willen und Geist geprägten Persönlichkeit. Nr. 9, Profilrelief des Kaisers Augustus (30 v. Chr.–14 n. Chr.), schildert sachlich die idealisierten, aber noch bildnishaften Züge. Die Seitenansicht, dokumentarisch wie Münzporträts, aber monumental und durch den Marmor veredelt, unterstützt die distanzierte Auffassung.

Ein Bronzekopf des Kaisers Hadrian (Nr. 16, 117–138 n. Chr.) hebt das kluge, aber fleischige und nicht eigentlich edle Gesicht durch strenge Haltung und scharfe Formen, denen Haar, Bart und Mantel lebendige Fülle hinzufügen. Neben ihm ist ein Antinous-Kopf aus Kairo (Nr. 17, 2. Jh. n. Chr.), durch den Lorbeerkranz als postumes Bildnis des nach seinem Tod vergöttlichten Lieblings Hadrians ausgewiesen, ganz am klassischen Schönheitsideal orientiert; nur der weiche, schwermütige Ausdruck wirkt persönlich. Das Mosaik der Nilüberschwemmung aus Praeneste, als Typus eine im religiösen Sinne paradiesische Landschaft, veranschaulicht den Zusammenhang mit dem selbstgewählten Tod des Antinous und den als Bildungsbereich in Hadrians

Palast in Tivoli übernommenen ägyptischen Elementen.

Die Bildnisse des Polydeukion (Nr. 22) und des Äthiopiers Memnon (Nr. 23, um 160/170 n. Chr.) zeigen jung verstorbene Philosophen, deren Büsten Herodes Atticus in seiner Villa aufstellte; der intensive geistige Ausdruck ist durch großlinige, Details zurückdrängende Steinbearbeitung erreicht.

R a u m 1 7 enthält *Terracotten*.

In R a u m 1 8 Meisterwerke der griechischen und unteritalischen *Vasenmalerei*.

Die R ä u m e 1 9 – 2 1 , oft geschlossen, enthalten klazomenische Sarkophage, geometrische Vasen, etruskische und italo-etruskische Kunstwerke.   *EB-S*

Ostasiatische Sammlung
(Pergamon-Museum, N-Flügel Obergeschoß)

Von den Beständen des 1907 gegr. Museums ist der größte Teil nach dem 2. Weltkrieg in der Sowjetunion verschollen; ein kleiner Teil war schon im Krieg zerstört worden. Vom Erhaltenen befindet sich das meiste im Westteil der Stadt (→ S. 444). Die wenigen Bestände im Ostteil wurden durch Schenkungen der Volksrepublik China und privater Spender so ergänzt, daß eine kunstgeschichtliche Übersicht in großen Zügen möglich ist. Zwischendurch wird die historische Präsentation durch Spezialausstellungen ersetzt.

Nach einer Einführung in *Techniken der chinesischen Kunst* (Mal- und Schreibgeräte, elfenbeingeschnitzter Wandschirm [20. Jh.]) in R a u m 2 2 beginnt eine chronologische Anordnung mit

R a u m 2 3 , mit *Keramik und Bronzen* von vorgeschichtlicher Zeit bis zur T'ang-Dynastie (618–907 n. Chr.). Über die Nachahmung natürlicher Gegenstände in dauerhaftem Material (Dreifußgefäß in Form eines Ziegeneuters) hinausgehend, bilden sakrale Bronzegefäße der Shang-Zeit (1401–1122 v. Chr.) einen ersten künstlerischen Höhepunkt. Tonfiguren von Tänzerinnen und Sängerinnen aus der »Zeit der streitenden Reiche« (403–221 v. Chr.) zeigen in kurvig vereinfachten Körpern mit bretthaften oder ausgehöhlten Gesichtern einen eigenartigen, auf Ausdruck bedachten Formwillen. Gefäße und Tierplastik (Grabbeigaben) der T'ang-Zeit (618–907 n. Chr.) verkörpern danach den einfachen, sensiblen schönlinigen chinesischen Stil.

R a u m 2 4 zeigt 3 Holzfiguren der Sung- und Yüan-Dynastie (960–1278 n. Chr.), 2 davon die Glücksgöttin Guanyin (10. Jh.) in weichen ausdrucksvollen Formen, mit erhaltener Bemalung; ferner Seladon-Keramik.

In R a u m 2 5 , der den *Religionen in China*, v. a. dem Buddhismus gewidmet ist, ragt ein sehr fein ausgearbeiteter Bodhisattva-Kopf in Stein aus der T'ang-Zeit hervor sowie die Bronzefigur eines daoistischen Himmelsbeamten (um 1600) in ihrer als Konzentration wirkenden Symmetrie, verstärkt von den linear verfestigten Kurven der Gewandfalten. Die Bereiche des Wild-Dämonischen verkörpern Tonfiguren der 4 Himmelswächter der Ming-Zeit (16. Jh. n. Chr.) als Krieger in einer von plastischen Ornamenten überladenen, durch fleckige Glasur gesteigerten unruhigen Form.

18. Francesco Melzi: Vertumnus und Pomona. Nach 1516. (Bode-Museum, Gemäldegalerie)

19. Jan van Eyck: Maria in der Kirche. Um 1425. (Museum Dahlem, Gemäldegalerie)

20. Madonna aus Dangolsheim. Um 1470. (Museum Dahlem, Skulpturengalerie)

22. Christus in der Kelter. Rumänische Hinterglasmalerei, 19. Jh. (Museum für Deutsche Volkskunde, Sammlung »Das Evangelium in den Wohnungen der Völker«)

21. Baysonqur-Handschrift: Chosrau und Schirin. Persische Buchmalerei, 1420. (Museum Dahlem, Museum für Islamische Kunst)

23. Lucas Cranach d. Ä.: Quellnymphe. Um 1515. (Jagdschloß Grunewald, Gemäldegalerie)

24. Johann Joachim Kändler: Scaramuz und Colombine. 1741. (Kunstgewerbemuseum, Tiergarten)

25. Rembrandt: Der Mennonitenprediger Anslo. 1641. (Museum Dahlem, Gemäldegalerie)

26. Antoine Watteau: 2. Fassung des »Embarquement pour Cythère«. Um 1720. (Schloß Charlottenburg)

27. Carl Blechen: Ruine am Golf von Neapel. Um 1835. (Schloß Charlottenburg, Schinkel-Pavillon)

28. Edouard Manet: Im Wintergarten. 1879. (Nationalgalerie, Tiergarten)

29. Carl Eduard Biermann: Werk Borsig an der Chausseestraße. 1847. (Berlin Museum)

30. Adolph Menzel: Eisenwalzwerk. 1875. (Nationalgalerie, Museumsinsel)

31. Fritz von Uhde: Heideprinzeßchen. 1889. (Nationalgalerie, Museumsinsel)

32. Lovis Corinth: Bildnis des Malers Walter Leistikow. 1893. (Märkisches Museum)

33. Max Liebermann: Schusterwerkstatt. 1881. (Nationalgalerie, Museumsinsel)

34. Caspar David Friedrich: Riesengebirge (Vor Sonnenaufgang im Gebirge). Um 1830–35.
(Nationalgalerie, Schloß Charlottenburg, Galerie der Romantik)

Museen: Pergamon-Museum – Vorderasiatisches Museum   481

In Raum 26 sind neben Porzellan sowie Speckstein- und Jadeschnitzereien Seidenstickereien von Anfang des 19. Jh. ausgestellt, die Blüten und Schmetterlinge trotz ornamentaler Einbindung lebendig darstellen. Die Räume 27 und 28 enthalten *japanische Kunst*, v. a. Porzellan und Farbholzschnitte.
Ein Gang mit Schwertstichblättern führt zu Vorraum 29 und Saal 30, wo Sonderausstellungen stattfinden.   *EB-S*

Vorderasiatisches Museum
(Pergamon-Museum, S-Flügel Hauptgeschoß)

Das Vorderasiatische Museum ist den Denkmälern der orientalischen Völker vom 4. Jahrtausend v. Chr. bis zur griechischen Eroberung im 4. Jh. v. Chr. gewidmet, die in wechselnden, teilweise auch nebeneinander bestehenden Großreichen das Gebiet von Mesopotamien, Persien und Kleinasien besiedelten. 1899 unter Friedrich Delitzsch mit wenigen Beständen gegründet, wuchs es unter dem Direktorat von Walter Andrae durch die Grabungen der Deutschen Orientgesellschaft, insbes. Robert Koldewey, zu einem der bedeutendsten und, mit z. B. ca. 20000 Urkunden, zum vielseitigsten Museum dieser Kulturen an.

Ausgegrabene Architekturfragmente prägen den Charakter der Sammlung. Daher arbeitet die museale Aufstellung vielfach mit andeutungsweise ergänzenden Rekonstruktionen. Neben historischen Landkarten unterstützen große Gemälde vom Zustand der Ruinenplätze, Fotos und Gipsabgüsse von anderswo aufbewahrten Kunstwerken die Vorstellungskraft.
Die Raumfolgen, urspr. vom Eingang am W-Ende des Flügels her konzipiert, zeigen mehrere von W nach O gerichtete historische Entwicklungslinien: in den südl. Räumen (33–36) Denkmäler von ca. 3000–1000 v. Chr. in Mesopotamien und Persien, im westl. Quersaal und in der N-Reihe (37–43) hauptsächlich assyrische, im Mittelgang und im östl. Saal (32, 31) babylonische. – Hier ansetzend, geht der Führungsweg teilweise chronologisch rückwärts.
Überleitend von der Antikensammlung enthält Raum 31 die rekonstruierte *Hoffassade des Partherpalastes von Babylon* aus der Zeit des Partherreiches (ca. 130 v. Chr. – 226 n. Chr.). Antike Formen sind stark abstrahierend und kleinformig abgewandelt.
Aus der Blütezeit des neubabylonischen Reiches unter Nebukadnezar II. (604–562 v. Chr.) stammen das *Ischtar-Tor* von Babylon (rekonstruiert wurde das Vortor, dem ein doppelt so großes Haupttor folgte), die Wände des Thronsaales und die in halber Breite nachgebildete, urspr. durch das Ischtar-Tor zum Neujahrsfesthaus führende *Prozessionsstraße* (Raum 32; Modell der Gesamtanlage in Raum 31a). Charakteristisch sind die teils flächigen, teils aus Modeln in Flachrelief gepreßten glasierten Ziegel. Die leuchtende Farbigkeit gibt einen Eindruck von der innerhalb der altorientalischen Strenge bis auf Schönheit bedachten Hochkultur; die Löwengestalten sind trotz der formalen Gebundenheit ausdrucksvoll.
Beim Übergang von Raum 31 zur Prozessionsstraße (32) stehen *assyrische Beamtenstelen*, die, urspr. zwischen den beiden Stadtwällen von Assur aufgestellt, der Zäh-

lung der Jahre zwischen 1400 und 630 v. Chr. dienten.
Raum 33, der erste der südl. Raumfolge, enthält *persische Denkmäler*. In den Vitrinen 24 und 25 sind große, behäbig geformte Gefäße aus dem 3. Jahrtausend v. Chr. mit einer vom üblichen geometrischen Stil vorgeschichtlicher Keramik charakteristisch verschiedenen Musterung bemalt: Zwischen Streifen stehen ornamentale Tiergestalten, die horizontal und vertikal verdoppelt sind und aus sowohl spitzen als auch schwungvollen Formen bestehen. Dieser Kontrast setzt sich in den jüngeren Gefäßen der Lurestan-Zeit in der Gefäßform selbst fort (bauchig, jedoch mit spitzen Schnäbeln) und prägt auch die *Lurestan-Bronzen*.
Raum 34 ist *Babylon* gewidmet, das als sumerische Gründung auch ins frühe 2. Jahrtausend zurückreicht, doch konnten die ältesten Schichten wegen hohen Grundwassers nicht ausgegraben werden. Nur der links aufgestellte Kopf einer Diorit-Statue des Puzur-Ischtar von Mari (um 1950 v. Chr.) fand sich als Siegestrophäe assyrischer Feldzüge im Palast Nebukadnezars II. (604–562 v. Chr.). Mitten im Raum stehen Abgüsse der ganzen Figur sowie einer ähnlichen. Sie zeigen den von Sumer ausgehenden, jedoch strenger gebundenen assyrischen Stil. Zugleich ornamental aufgefaßt und höchst präzise geformt sitzen Augen und Mund, Bartlöckchen und Fransen des Gewandes auf den runden, glänzend polierten Körperformen. Menschlicher Ausdruck, der sich vorher leise regte, tritt hinter der Demonstration von Macht und Dauer zurück. – Beim *Grenzstein des Königs Marduk-apal-iddina II.* (721–711 v. Chr.) belebt sich diese Starre ganz leicht. Die walzenähnliche Körperform birgt Beobachtung, z. B. in den räumlich richtig bewegten Schultern (nicht wie in Ägypten frontal gesehen). Ein zeremonieller, abgemessener Geist, wie er im Vertragstext des Grenzsteines steckt, charakterisiert die babylonisch-assyrische Kunst. – Ein Glanzpunkt ist das *Onyx-Zepter* aus dem 6. Jh. v. Chr. in Vitrine 22, das aus scharfen kantigen und runden Formen kontrastreich zusammengesetzt ist.
Vom *Ischtar-Tor in Babylon* fanden sich 3 Zustände. Der 1. (auf der Rückwand) zeigt Drachen und Stiere in unbemaltem Ziegelrelief; vom 2. Zustand – mit denselben Tieren in glatten, aber farbig glasierten Ziegeln – Teile an der linken Wand. Der 3. Zustand, der beide Techniken zu farbigen Reliefziegeln verband, ist in Raum 31 zu sehen.
Raum 35 zeigt die Anfänge der sumerischen Kultur in *Uruk*. An der linken Wand Teile der *Wandverkleidung des Innin-Tempels*, farbiges Stiftmosaik aus Ton im Zickzack- und Rautenmuster auf weich geformten halbrunden Vorlagen. Sie stellen (um 3000 v. Chr.) die älteste Monumentalarchitektur in Vorderasien dar, die aber wie in Ägypten bis zur 3. Dynastie noch additiv mit kleinteiligen Formen arbeitete. – Aus der Djemdet-Nasr-Zeit (um 2800–2700 v. Chr.) stammen 2 große, edel geformte Gefäße aus Marmor sowie (als Abguß und als Originalfragment) Kultvasen vom Innin-Tempel, die in Streifen reliefiert die Naturvorstellung des Innin-Tammuz-Kultes zeigen: aus dem Wasser aufsteigend die Pflanzen, in der nächsten Region Schafe, darüber Menschen, darüber die Götter.

482 Museen: Pergamon-Museum – Vorderasiatisches Museum

Raum 36 enthält mesopotamische, v. a. *sumerische Kleinkunst*: Vitrine 7 Keramik vom Anfang des 4. Jahrtausends v. Chr. aus Samarra mit geometrisch stilisierten Tiergestalten, Vitrine 8 Ton- und Steingefäße zwischen 2500 und 2350 v. Chr. aus Schuruppak von sehr reinen Formen, Vitrine 9 Kleinplastik. Eine Frauenstatuette, die Gestalt eines Mannes mit gefalteten Händen und ein Priester, der ein Lamm trägt, aus der Mesilim-Zeit (um 2600–2500 v. Chr.) zeigen die ausdrucksvolle, innerhalb einer gewissen körperlichen Starre doch zierliche und in Einzelformen fein-bewegliche sumerische Menschendarstellung. Übergroße eingelegte Augen schaffen einen fesselnden Blick. – Technisch vollendeter, präziser und klarer ist der *Kalksteinkopf aus der Zeit des Gudea von Lagasch* (ca. 2050 v. Chr.). Die glattrunde Kopfform ist an Wange und Kinn weich ausgeformt; im Kontrast dazu sind Lippen, Augen und die zusammengewachsenen Brauen scharf und deutlich schönlinig eingeschnitten. Dies und die sensibel geformten Nasenflügel spiegeln eine bereits reife, differenzierte Menschenauffassung. Wie in der Form ähnelt das Werk auch in dieser Souveränität ägyptischen Skulpturen. – Strenger (v. a. wegen des harten Diorit-Materials) wirkt das Fragment einer Statue des Ur-Ningirsu (Sohn des Gudea von Lagasch), das durch die rückseitige Inschrift, aber auch durch den gesammelten Ausdruck und die (mit formalen Schwierigkeiten) gefalteten Hände als Weihgabe ausgewiesen ist. – Eine Treppe führt zur assyrischen Königsgruft von Assur aus dem 14. Jh. v. Chr.

Durch eine Verengung am Ende der Prozessionsstraße (Raum 39, s. u.) kommt man in den westl. Quersaal (Raum 37) und den davon abgetrennten früheren Eingangsraum (Raum 38) mit *Abgüssen hethitischer Reliefs* des 14. und 13. Jh. v. Chr., deren – gegenüber ihren altorientalischen Vorbildern – weichere, instabile Formgebung vielleicht mit der indoeuropäischen Herkunft der Hethiter zusammenhängt.

Raum 37, mit 4 einem Vorbild aus Assur nachgeformten Säulen, enthält noch den Abguß einer Kriegerfigur vom Königstor der Hethiterhauptstadt Chattuscha, ferner Zeugnisse der Fürstentümer, nach dem Zerfall des Hethiterreiches (nach 1200 v. Chr.) auf kleinasiatischem, nordsyrischem und nordmesopotamischem Gebiet entstanden, v. a. aus dem aramäischen Reich von Sam'al (Sendschirli) vom 10. bis 8. Jh. v. Chr. Monumentale Bauplastik gibt eine Vorstellung von der Wucht der Anlage der *Burg* von Sam'al. 6 Löwenfiguren als Träger von Wandvorsprüngen, die übelabwehrende Bedeutung hatten und zugleich Machtsymbole waren, zeigen die charakteristische, assyrisch geprägte Darstellungsweise. Aus beobachteter Naturform ist eine streng ornamentale Gestalt gebildet, in welcher der Steinblock noch stark durchschlägt. Ägyptische Anregungen sind deutlich, doch fehlt gerade das feinere Leben, das dort innerhalb strenger Gebundenheit entsteht; die Löwengestalt wirkt nicht ruhig, sondern drängend und drohend aufgefaßt. Eine Stilentwicklung ist zwischen den äußeren Löwen (der linke Gipsabguß) des Burgtors von Sam'al aus dem 10. Jh. v. Chr. und den inneren aus dem 8. Jh. erkennbar. Die inneren (nachträglich aus einem Löwenpaar ausgehauen) sind feiner

durchgebildet, in ihren Details stärker artikuliert. Aus dieser Zeit stammen auch 2 Sphingen, die eine Säulenbasis tragen, während andere Basen als kolossaler stilisierter Blattkelch oder als eine Reihe von Wülsten (mit kleinteiligen Pflanzenornamenten als einer Art Bekränzung) ausgebildet waren. Zwischen diesen Zeugnissen zweier »Stile«, der 1. und 3. Stufe von Sam'al, steht eine 2. (um 850 v. Chr.), aus der die Reliefs vom äußeren Burgtor stammen. Es sind Orthostaten, Platten aus massivem Stein, die eine dahinter aufgehende Lehmziegelwand im unteren Teil sowohl schützen wie verzieren. Hethitische Formen sind verfestigt und strenger geordnet, während Reliefs der 3. Periode um 750 wie die thronende Königin beim Mahl (als Grabstele wiederum ägyptisch beeinflußt) in der schweren, im Detail aber feinen Anordnung assyrisch wirken. Aus der 2. Periode (um 825) stammt auch die kolossale Statue des Wettergottes Hadad.

Die Nische am 3. Fenster zeigt vom Ruinenhügel *Tell Halaf* in Nordmesopotamien, wo um 900 v. Chr. die Hauptstadt eines aramäischen Reiches auf den Trümmern des Churriter(Mitanni)reiches stand, Orthostaten vom Chilâni-Tempelpalast und eine kolossale Falkengottheit auf einer Säule mit Pflanzenkapitell. In der Vogelgestalt ist sehr qualitätvoll, bei den Reliefs mit gröberen Mitteln die ornamentale Stilisierung ins Abstrakt-Schematische weitergetrieben.

Raum 39, in den man durch das äußere Burgtor von Sam'al gelangt, enthält die auch urspr. dort aufgestellte historisch bedeutende *Stele des Königs Assarhaddon von Assyrien* (680–669 v. Chr.), das Siegesmal der Eroberung von Sam'al. Der König steht als Flachrelief, im Wickelrock mit vielen gefransten Überfällen, mit assyrischer Löckchenfrisur und Bart, in reiner Seitenansicht unter 12 Göttersymbolen, zu denen er die rechte Hand mit einem Trankopfer erhebt. An Seilen hält er zwerghaft klein den Sohn des ägyptischen Königs Taharka und den Stadtkönig von Tyrus. Die Inschrift berichtet über seine Eroberung Ägyptens. – Die folgende Toröffnung flankiert ein Sphingenpaar (die rechte ein Abguß) vom Stadttor zu Chattuscha (um 1325 v. Chr.). Es schließt die nördl. Raumfolge mit *assyrischen Werken* an.

In Raum 40 und Raum 41 sind u. a. *Orthostaten* aus Alabaster *vom Palast Assurnasirpals II.* (883–859 v. Chr.) in Nimrud (Kalchu) aufgestellt. Sie zeigen in flachem Relief überlebensgroße Gestalten bei feierlichen Handlungen. 2 bärtige Genien berühren mit der Samenblüten der Palme den Lebensbaum bzw. den König; oder der König opfert den Göttern. Eine 20zeilige Inschrift, die über die Reliefs hinweggeht und sich wiederholt, berichtet von Assurnasirpals Eroberungen und Bauten, ausführlich über die Wiederherstellung der verfallenen Stadt Nimrud. Die Reliefs sind ein Höhepunkt assyrischer Kunst. Ägyptische Anregungen sind selbständig weitergeformt. Die gemessene Ruhe der großformigen Gestalten wird durch Partien mit dichten, ornamental behandelten Details belebt. Dabei sind auch weiche Körperformen ganz ins Linear-Ornamentale übersetzt. – Unter der assyrischen Kleinkunst in den Vitrinen sind ein 7 cm hohes Frauenköpfchen aus der Akkad-Zeit (um 2350–2150 v. Chr.) und eine männliche Statuette (als »ewiger Beter« im Tempel aufgestellt) den gleichzeitigen sumerischen Statuetten sehr ähnlich.

R a u m 4 2. Inmitten des Raumes steht das große *Wasserbecken vom Tempel in Assur* aus der Zeit des Sanherib (704–681 v. Chr.). Dargestellt ist Ea, der Gott der Wassertiefen und der Weisheit, der von Priestern in Fischmasken bedient wird. Die Ausführung ist etwas grob. – Reliefs vom Palast Sanheribs in Ninive an der hinteren Wand, mit Soldaten und Musikanten, und eine Darstellung Assurbanipals (668–626 v. Chr.) auf Löwenjagd zeigen die Differenzierung und Beweglichkeit, die der assyrische Stil in der Spätzeit erreicht.

Es folgt R a u m 4 3 mit Architekturfragmenten und Reliefteilen bzw. -abgüssen aus der *Partherzeit* (um 130 v. Chr. bis 226 n. Chr.), in der antike Formen und Vorstellungen mit orientalischen verschmolzen.   *EB-S*

[Gegenüber führt eine Treppe zum **Islamischen Museum** im Obergeschoß.]

Islamisches Museum
(Pergamon-Museum, S-Flügel Obergeschoß)

Das Museum enthält Kunst der islamischen Länder sowie des sasanidischen Persien. Es wurde 1904 auf Initiative Wilhelm v. Bodes unter Friedrich Sarre als Direktor gegründet. Kunstwerke aus beider Privatbesitz und v. a. die wegen des Baues der Mekka-Bahn abgerissene, vom Sultan als Geschenk erbetene Mschatta-Fassade waren der Grundstock der Sammlung, die später v. a. durch Grabungsfunde aus Samarra und Ktesiphon ihren besonderen Rang erhielt und vor ihren Kriegsverlusten (bes. an Teppichen) das bedeutendste Museum dieser Kulturen außerhalb der islamischen Länder war. Nach Sarres Ausscheiden 1931 war bis 1951 Ernst Kühnel, bis 1954 Kurt Erdmann Direktor. Von der Kleinkunst ist der größere und bedeutendere Teil heute im Museum für Islamische Kunst in Dahlem (→ S. 441).

Das Museum ist nach den verschiedenen islamischen Kulturkreisen und in deren Abfolge teilweise chronologisch geordnet, doch sind auch überregional zusammenhängende Gattungen wie Teppiche oder Schriftzeugnisse zusammengefaßt.

R a u m 4 4 führt Proben islamischen Kunsthandwerks vor, Teppiche (mit Erklärungen zur Knüpftechnik), Fliesen und Gläser. Von hier wendet man sich nach links.

R a u m 4 5 gibt mit Karten und einer Zeittafel der islamischen Dynastien eine erste Orientierung. Die interessante Weltkarte des Idrisi (1154) wird lesbar, wenn man bedenkt, daß Norden unten ist.

R a u m 4 6 enthält Schriftdenkmäler des 9.–16. Jh. auf Stein, Siegeln und Gefäßen.

R a u m 4 7 ist der vorislamischen Kunst der *Sasaniden* (226–661 n. Chr.) gewidmet, in der antike, persische und altorientalische Formen zu einem eigenen Stil verschmolzen. Fotos von den Grabungen in der Hauptstadt Ktesiphon (südwestl. von Bagdad) und dem Palast von Um Zaatir zeigen die schweren Mauern, die hohen, leicht gesteilten Bogennischen der vorwiegend orientalisch bestimmten sasanidischen Architektur. – An den Wänden Stuckplatten mit eingeschnittenen oder mit

Modeln abgedruckten Ornamenten, welche die Innenräume verzierten. Hierbei sind viele antike, meist pflanzliche Formen (die z. T. selbst altorientalische Wurzeln haben wie die Palmette) ähnlich wie in der frühchristlichen Kunst umgeprägt: vereinfacht, versteift, durch richtungslose Reihung von organisch wachsenden zu emblemhaft festen Gebilden verändert, wobei die Technik der Stuckschnitts z. T. den Stilwandel unterstützte. – Auch Figuren unterliegen dieser Umformung. Ein Pferdekopf und der Torso einer Heiligenfigur (im Sasanidenreich lebten viele Christen) zeigen, daß die Erstarrung antiker Formen nicht zur altorientalischen Strenge zurückführt, sondern zu einer weicheren, prächtigen Gestaltung. – Eine große Vase dokumentiert die Technik der Fayence schon in sasanidischer Zeit.

Durch ihre Eroberungen traten die islamischen Araber in diesen Kulturkreis. Ihrer ersten Epoche, der *Omayadenzeit* (661–750), gehört die Mschatta-Fassade (Raum 53, s. d.) an.

Aus der Frühzeit der ihnen folgenden *Abbasiden* (750–1258) stammen die *Grabungsfunde aus Samarra* in R a u m 4 8. Die 836 gegründete, um 883 bereits wieder verlassene Residenz bot einen geschlossenen Bestand aus dieser Epoche. Die große Moschee (Foto) folgte in ihrer Spiralform altorientalischer Tradition. Die Stuckverzierung der Innenräume bestand aus ornamentierten Sockeln, über denen gerahmte Fenster oder Nischen zwischen glatten Wänden saßen. Dabei entwickelte sich die Ornamentik in 3 Phasen. Stil A zeigt Ranken und rosettenartige Gruppierungen von rundlich vereinfachtem Weinlaub zwischen schmalen Ornamentbändern. Der Grund, freihändig mit dem Messer tief ausgestochen, wirkt als Schatten. Im Übergang zu Stil B verkümmern die Blattformen, die strahlig in sternförmigen Rahmen sitzen. Das Rahmengerüst ist im vollendeten Stil B dicht mit Blattformen, bes. der einfach geschwungenen Arabeske, gefüllt. Im Stil C wurden die Formen aus hölzernen Modeln abgeformt. Dabei veränderte sich auch der Formcharakter; gedehnte lappige, kaum noch pflanzliche Gebilde dominieren. Ein türkisches Element hatte (in der Kunst wie im politischen Leben) die noch vom antiken Erbe zehrenden Formen abgelöst.

R a u m 4 9 enthält v. a. *Teppiche*. Diese wohl von türkischen Nomaden entwickelte Technik kam erst in den städtischen Kulturen zu künstlerischer Blüte (ein frühes Beispiel in Raum 50). – Links von der Tür hängen 3 Mamluken-Teppiche des 15. und 16. Jh., die in einer sehr kleinteiligen Musterung von einem großen mittleren Achteck ausgehend zum Rand führen. Innerhalb der strengen Ornamente erkennt man winzige stilisierte Pflanzen, die aus dem ägyptischen Papyrus und Schilfblatt entwickelt sind und damit die zugrunde liegende Idee eines Gartens spiegeln. – Am Boden liegt ein großer nordwestpersischer Medaillonteppich von ca. 1600 mit der für Persien typischen Teilung in ein farbig abgesetztes, geschwungenes Mittelmedaillon, oft ähnlichen Eckmedaillons und rankengefüllten Grund. – Die übrigen persischen Teppichfragmente belegen als Tier-, Arabesken- und Vasenteppiche ihre gegenständliche Auffassung.

Museen: Pergamon-Museum – Islamisches Museum

In einem durch Kopien von Alhambra-Säulen abgeteilten Raumabschnitt hängen 2 kleine ägyptische Osmanenteppiche des 17. Jh.: ein Gebetsteppich mit einer architektonisch dargestellten Gebetsnische (Mihrab) innerhalb einer Rankenbordüre und ein zweiter, dessen Medaillon auf einem Grund mit kleinteiligem Wolkenmuster schwimmt. Für beide ist der Verlust der festen Verspannung durch Ranken oder geometrische Muster bezeichnend. Architekturfragmente deuten den zierlichen Reichtum der Innenausstattung islamischer Häuser seit dem Mittelalter an.

In Raum 50 hängt links der älteste Teppich der Sammlung, ein *spanischer Synagogenteppich* des 14. Jh. Kandelaberartig steigt aus dem dunklen Grund ein Muster auf, das im Umriß wie eine stilisierte Blüte, in den Formen aber wie eine Tür aussieht und als Darstellung des Thoraschreins gedeutet wird. Die Bordüre enthält eine kufische Inschrift. – Geometrischer Formcharakter erscheint auch in der häufigsten Gattung kleinasiatischer Teppiche des 15.–17. Jh., den sog. Holbein-Teppichen.

Im Vorsaal, Raum 51, hängen 4 Teppiche aus Uşak in Anatolien.

Von hier kommt man (durch den Vorraum 52) zu Raum 53 mit der *Mschatta-Fassade*. Das omayadische Wüstenschloß des frühen 8. Jh. in Jordanien war eine große quadratische Anlage mit 8 vorgelegten Türmchen an jeder Seite. Die beiden den Eingang flankierenden, 8kantig und größer ausgebildet, sowie die angrenzenden Wandstücke waren verziert und sind hier wiederaufgebaut. Zwischen einem vielfach profilierten Sockelgesims und einem etwas schmaleren oberen liegt die verzierte Fläche. Ein Zickzackband teilt sie in Dreiecke mit Rosette. Alle Glieder sind mit filigranartig feinem, durch schattende Aushöhlung des Grundes hervortretendem Pflanzenornament bedeckt, das in der Technik und in einer weniger architektonisch als textil wirkenden Flächigkeit von den spätantik-frühchristlichen Vorbildern zu den späteren abstrakteren islamischen Pflanzendekoren überleitet. In den stehenden Dreiecken wachsen Weinranken aus einer Bodenlinie auf, auf der auch antithetische Tiergruppen (Löwen, Kentauren etc.) stehen, die aus Brunnen trinken. Sie sind das Abbild einer paradiesischen Natur, ein für das Wüstenschloß (als eine Art architektonisch gefestigter Oase) sehr passender Schmuck, aber darüber hinaus eine Grundvorstellung der islamischen Kunst überhaupt, die z. B. auch in den viel späteren Teppichen noch durchkommt. An den Wandpartien rechts vom Tor fehlen die Tiergruppen; hier lag die Moschee und beachtete man das Bilderverbot strenger.

Raum 54 enthält im Vorraum Schriftproben vom 9. Jh. ab. Schreibgeräte und Bucheinbände, dahinter *persische Miniaturen*.

Raum 55 ist den türkischen *Seldschuken*, die im 12./13. Jh. in Kleinasien herrschten, gewidmet. Das Gebetpult aus Quonia aus dem 13. Jh. ist mit einem quellenden Bogen- und Rankenmuster beschnitzt, das noch eine Verwandtschaft mit dem türkisch bestimmten Stil C von Samarra (Raum 48) hat. Darüber sind Inschriften in 2 verschiedenen Schriftformen ornamental gestaltet. – Wahrscheinlich in dieser Kultur wurden zuerst die Teppiche künstlerisch bedeutend. – Die Gebetsnische aus der Moschee des Beyhekim in Konya (2. Hälfte 13. Jh.) hat streng ornamentale Formen (Sternflechtornamente), in die auch die Inschrift, der Thronvers (V. 255, 2. Sure), einbezogen ist. Wenige Farben und die Abstraktion der Architekturglieder prägen denselben Geist.

Raum 56 enthält *Bronzegeräte* und *Fayencen*. – Die Gebetsnische der Maidan-Moschee in Kaschan von 1226 verwendet in der Fayencetechnik Architekturformen auf zierlich-dekorative Weise. Die Lüsterglasur, ein durch Metalloxyd erreichter schimmernder Glanz, eine neue Erfindung, bildet mit dem flüssigeren Schriftduktus und dem sehr eleganten Arabeskenwerk einen einheitlichen Stil.

Raum 57 enthält v. a. *osmanische Fliesen*. Hier werden im 16. und 17. Jh., wie in den türkischen Teppichen, die Blütenformen der islamischen Ornamentik wieder gegenständlich und großförmig. Eine Farbigkeit aus Türkis, Blau und Eisenrot läßt einen Fliesendekor im Innenraum als kaum stilisierte Blütenhecken erscheinen. 2 große Figurendarstellungen des späteren 17. Jh. aus Isfahan transponieren den Stil des Riza-i-Abbasi in den Bereich großformatiger Raumdekoration. – 2 seidene persische Wirkteppiche des 17. Jh., sog. Polenteppiche, zeigen in der stark gegenständlichen Darstellung wie in den harmonisierten Farben die Spätstufe dieser Kunst.

Raum 58. Den Abschluß bildet das holzgetäfelte *Aleppo-Zimmer*, 1600–03 für einen christlichen Kaufmann in Aleppo ausgemalt. Auf dem meist roten Grund

Detail von einem Torturm des Omayaden-Schlosses Mschatta. 8. Jh. (Pergamon-Museum, Islamisches Museum)

Museen: Pergamon-Museum. Deutsche Volkskunde. Vor- und Frühgeschichte   485

liegen pilasterartige schmale Streifen von anderer Grundfarbe, über den vergitterten Fenstern Querfelder. Alle sind mit feinen, kleinteiligen Malereien in leuchtenden Farben bedeckt, mit Blütenornamenten, die sich in Medaillons auch zu Vasen und Sträußen verdichten, mit aufsteigenden Ranken, in denen Tiere sitzen, und an der Prunkwand neben der Tür auch mit figürlichen Szenen in Garten und Landschaft im Stil der Miniaturmalerei. Die Malerei überrascht bei genauerem Hinsehen durch viele reizvolle Details: kleine Medaillons mit figürlichen Szenen, Gesichter in Blatt- und Blütenformen. Ein vorkragendes hölzernes Gesims in Form von Stalaktiten und Palmettenranken leitet zur Decke über. *EB-S*

Museum für Volkskunde (Pergamon-Museum)

Die im 2. Weltkrieg sehr stark dezimierten Bestände hat man danach wieder zu ergänzen versucht. Aus der großen Zahl der magazinierten Objekte werden Wechselausstellungen gezeigt.

Ze
36

Museum für Deutsche Volkskunde (Zehlendorf-Dahlem; Im Winkel 6−8)

1888 wurde, v. a. auf Initiative Rudolf Virchows, ein Museum ins Leben gerufen, das sich der deutschen Volkskunst widmete. Schon 1889 konnte das »Museum für Volkstrachten und Erzeugnisse des Hausgewerbes« im Palais Kreutz in der Klosterstr. 36 eröffnet werden. 1893 erhielt es die umfangreiche Sammlung volkstümlicher Gegenstände, die für die Weltausstellung in Chicago zusammengetragen worden war. 1904 wurde es als »Königliche Sammlung für Deutsche Volkskunde« den Königlichen Museen angegliedert. 1936−38 waren die Bestände im Schloß Bellevue ausgestellt und mußten danach größtenteils magaziniert werden. Der 2. Weltkrieg vernichtete rd. 75 % der etwa 35000 Objekte zählenden Sammlung. 40 Kisten mit etwa 3600 Objekten gelangten aus dem Verlagerungsort in Thüringen über Wiesbaden 1958 nach West-Berlin, v. a. die graphische Sammlung (Andachtsbilder, Bilderbogen usw.), süddeutsche Votivbilder, Bauernschmuck, Textilien und Töpferwaren. Durch Neuerwerbungen wurde der Bestand ergänzt. 1970−76 erhielt das Museum einen eigenen Bau hinter dem Geheimen Staatsarchiv.

Die Schausammlung stellt in 2 Etagen fast ausschließlich das bäuerliche Volkstum Deutschlands in Objektgruppen dar, die unter verschiedenen Gesichtspunkten geordnet sind, unter denen der Landschaft, des Materials, der Zweckbestimmung sowie unter soziologischen Gesichtspunkten. Statt einer systematischen Darstellung (etwa nach Landschaften oder Materialien), für die der Bestand nicht ausreicht, ist eine vielseitige und dadurch nicht ermüdende Aufstellung gewählt worden.

Im **Erdgeschoß** *sind folgende Komplexe behandelt: norddeutsche Schrankformen, Trachten für Werk- und Feiertag, ländliche Möbel nach städtischem Vorbild, Truhen, Betten, norddeutsche Wiegen, Schmuck aus Norddeutschland, Stühle, soziale Stellung und Möbelbesitz, modischer Wandel, Bilder als Wandschmuck, süddeutsche Truhen, Ausklang der Möbelmalerei,*

Schmuck aus Süddeutschland, Schachteln, Stileinflüsse auf volkstümliche Möbel, festtägliche Kopfbedeckungen, Geschirr als Aussteuergut, Hafnergeschirr, Steinzeug, Fayence, Steingut, Zinn, Andenken, Glas, Silber, Holz, Blechgeschirr, Puppenstuben.

Im **1. Obergeschoß**: *Aufbereitung der Feldfrüchte, die Herdstelle in Niederdeutschland, Vorratsgefäße, Kochen und Backen, Backmodel und Modelgebäck, Gebildbrote, Milchwirtschaft, Konditoreiwesen, Flachsbearbeitung, Spinnen, Spinnräder, Bandweben, Weben, Leinenaussteuer, Waschen und Bügeln, Blaudruck, Klöppeln, Stricken, Sticken, Häkeln, Weißstikkerei, Perlarbeiten. − 2 Räume sind Sonderausstellungen vorbehalten.*

In einem Raum im **2. Obergeschoß** *werden wechselnde Ausstellungen der Sammlung Weinhold »Das Evangelium in den Wohnungen der Völker« gezeigt. (→ Farbabb. 22.)* *HB-S*

Museum für Vor- und Frühgeschichte (Charlottenburg; Schloß, W-Flügel, Langhans-Bau)

Ch
6

Schon der Große Kurfürst hatte seit 1642 v. a. rheinische Altertümer römischer Zeit aus dem zu Brandenburg gehörenden Kleve erworben. Es galt, antike Traditionen im Herrschaftsgebiet des Kurfürsten zu demonstrieren. So kaufte Friedrich I. 1707 eine in Wulfen bei Köthen gefundene Urne für die Annahme, es handele sich um eine römische Antike. Der »Thesaurus Brandenburgicus« von Lorenz Beger katalogisierte die Bestände um 1700. 1830 wurde im Schloß Monbijou das »Museum der Vaterländischen Altertümer« mit Beständen aus der so vermehrten Kunstkammer eingerichtet und unter die Obhut von Leopold v. Ledebur gestellt. Der Name des Museums deutet auf das Bestreben, die Frühgeschichte Brandenburg-Preußens darzustellen. Im Zuge des allgemeinen Interesses für die nationale Vergangenheit hatte Friedrich Wilhelm III. schon seit seinem Regierungsantritt 1797 heimische Altertümer erworben. Der Zuwachs durch Schenkungen und Käufe ganzer Privatsammlungen ließ den Bestand rasch anwachsen. 1856 zog die Sammlung in das Neue Museum um und erhielt den Namen »Museum der nordischen Altertümer«. 1880 umfaßte sie 18000 Stücke. Mit der Schenkung der von Heinrich Schliemann in Troja gemachten Funde (dem »Schatz des Priamos«) erweiterte sich das Sammelgebiet. Schon 1856 war die ethnologische Sammlung angegliedert worden. 1886 zogen beide Komplexe in das neu errichtete Museum für Völkerkunde (Stresemannstraße, damals Königgrätzer Straße) um. 1921 wurde die Altertümersammlung in den Räumen des Kunstgewerbemuseums in der Prinz-Albrecht-Str. 7 aufgestellt. Die Schausammlung mit 21 Sälen gab eine Übersicht über die vorgeschichtliche Kulturentwicklung in Europa und im Mittelmeerraum. 1930 wurde die Museum eine selbständige Abteilung der Staatl. Museen und erhielt seine jetzige Bezeichnung.

Die Verluste durch Kriegszerstörungen und Verlagerungen trafen das Museum auf das schwerste. Die wertvollsten Bestände, darunter der Schatz des Priamos und der Goldfund von Eberswalde in der Mark Brandenburg, der umfangreichste in Deutschland gemachte Goldfund aus der Bronzezeit, sind seit 1945 verschollen. Sammlungs-

486 Museen: Museum für Vor- und Frühgeschichte

teile, die im Keller des Berliner Stadtschlosses, im Bunker am Zoo und in Schönebeck verlagert waren, kehrten 1956 aus der Sowjetunion zurück und bildeten in Ost-Berlin ein Museum für Ur- und Frühgeschichte, das jedoch nicht über ständige Ausstellungsräume verfügt. Die nach Grasleben und Kaiseroda verlagerten Bestände gelangten nach West-Berlin und sind seit 1960 im ehem. Theaterbau von Langhans untergebracht. Durch Neuankäufe und durch Überweisung von Berliner Bodenfunden der neueren Zeit wurde die Sammlung erweitert.

Das Museum verfolgt das Ziel, mit Hilfe von Originalen, Kopien, Schautafeln, Dioramen und ausführlichen Beschriftungen eine Vorstellung von der biologischen und kulturellen Entwicklung des Menschen in Europa und Vorderasien in vor- und frühgeschichtlicher Zeit zu geben sowie speziell von der Entwicklung in Deutschland (mit Schwerpunkt in der Mark Brandenburg) in germanischer Zeit und im Mittelalter. Unter kunstgeschichtlichem Gesichtspunkt kann nur ein Teil der ausgestellten Objekte betrachtet werden.

Im **Erdgeschoß** ist die Entwicklung bis zum 2. Jt. v. Chr. veranschaulicht, mit Höhepunkten in den Städten und Staaten Vorderasiens. Folgende Objekte sind künstlerisch bes. bemerkenswert: Kopf von Lepenski vir (6. Jt. v. Chr.; 34); bemalte Keramik aus Anatolien und Iran (6.–5. Jt. v. Chr.; 45); steinernes Schlangenbecken aus Uruk (4. Jt. v. Chr.; 57); Kupfergefäße und Tierfiguren aus Mittel- und Südmesopotamien, assyrische Stempel, Zählsteine und Rollsiegel (58–61); Hausrat aus Habuba Kabira (um 3500 v. Chr.; 61, 62, 64); Keramik und Steinarbeiten aus Iran (3.–2. Jt. v. Chr.; 67, 68); Beterstatuette einer Frau und Kopf einer männlichen Beter-

statuette (um 2900–2600 v. Chr.; 73); babylonische Zauberschale (6.–7. Jt. v. Chr.; 79).

Im **Obergeschoß** des T r e p p e n h a u s e s sind u. a. Grabbeigaben aus Trans- und Ziskaukasien (14.–8. Jh. v. Chr.; 1–3) ausgestellt; Reliefplatte mit speisendem Götterpaar, neuelamitisch (8.–7. Jh. v. Chr.; 8).

Ein R a u m z u m G a r t e n hin vereinigt Reste der Troja-Sammlung und Nachbildungen von Stücken aus dem sog. Schatz des Priamos.

Im w e s t l. R a u m sind die bronzezeitlichen Kulturzonen Eurasiens vorgestellt. Hervorzuheben sind unter lokalem Aspekt: Urnengräber von einem Friedhof in Berlin-Wittenau und bei Gielsdorfer Mühle (Kr. Straußberg); ein Opferbrunnen aus Lichterfelde; Goldgefäße aus dem Hortfund bei Eberswalde (Anf. 1. Jt. v. Chr.; 20); Urnen aus dem »Königsgrab« von Seddin (9. Jh. v. Chr.; 21); ferner Bronzen und Keramik aus Luristan (23–25), Goldschmuck aus Adharbaidjan (1. Hälfte 1. Jt. v. Chr.) und ein assyrisch beeinflußtes Elfenbeinrelief mit einer Löwenjagd (8. Jh. v. Chr.; 28).

Der ö s t l. R a u m ist der Entwicklung in Europa seit der Eisenzeit gewidmet. Hervorzuheben sind: Pommersche Gesichtsurne (6.–5. Jh. v. Chr.; 3); Negauer Helm aus der Gegend von Innsbruck (2. Hälfte 1. Jt. v. Chr.; 4); keltische Flasche von Matzhausen (5. Jh. v. Chr.; 5); importierte römische Gläser, Keramik und Bronzen (1.–4. Jh. v. Chr.; 12, 13, 15); germanischer Schmuck des 5.–7. Jh., darunter 2 Bügelfibeln aus Weimar, und Goldbrakteaten (26); Kopien der Kaisermosaiken aus S. Vitale in Ravenna; eine männliche Sandsteinfigur des 12. Jh. aus der südrussischen Steppe; Zeugnisse der slawischen Kultur des 8.–12. Jh. (31–36); Funde aus mittelalterl. Städten der Mark Brandenburg und den Dörfern der Umgebung Berlins (12.–14. Jh.; 38, 39).   *HB-S*

KÜNSTLERREGISTER

A	Architekt, Baumeister, Ingenieur, Büro, Kollektiv	Kst	(Kupfer-)Stecher
Bh	Bildhauer, Plastiker	M	Maler, Zeichner
Des	Designer, Formgestalter	Med	Medailleur
Fbm	Festungsbaumeister	Mos	Mosaikkünstler
G	Gießer	Mu	Musikinstrumentenbauer
Ga	Gartenarchitekt	St	Stukkateur
Gl	Glasmaler, Kunstglaser	Stm	Steinmetz
Go	Goldschmied	T	Teppichkünstler, Textilkünstler, Kunststicker
Ker	Hersteller oder Entwerfer von Keramik oder Gläsern	Ti	(Kunst-)Tischler, Ebenist
Ksch	Kunstschlosser, -schmied	Um	Uhrmacher

Meister mit Notnamen sind am Schluß des Künstlerregisters aufgeführt.

»Abb.« verweist auf eine Abbildungs*seite*, »Farbabb.« auf eine Abbildungs*nummer*.

Aachen, Hans von (M)   49
Aalto, Alvar (A)   194, 195
Abraham, Raimund (A)   169
Acastro (T)   272
Achatzi, Pit (A)   213
Achenbach, Andreas (M)   464
Achnow, B. (Bh)   102
Achtermann, Wilhelm (Bh)   84, 278
Ackermann, Kurt (A)   210
Adam, François Gaspard (Bh)   19, 294, 400, 412
Adam, Lambert Sigisbert (Bh)   273, 419
Adams, Anton (A)   289
Adler, Friedrich (A)   165, 180; Abb. 181
Afinger, Bernhard (Bh)   175
Agar, Jacques d' (M)   401
Agesander (Hagesandros; Bh)   91
Agostino di Duccio (Bh)   416
Ahlborn, Wilhelm (M)   281
Ahlers-Hestermann, Friedrich (M)   30
Ahrends, Bruno (A)   26, 358
Ahrens, F. (A)   95
Aichele, Paul (Bh)   250
Aksoy, Mehmet (Bh)   182, 227
Albiker, Karl (Bh)   301, 467
Albrecht, Sven (A)   168
Algardi, Alessandro (Bh)   419, 437
Altdorfer, Albrecht (M)   427, 431, 432

Altmann, Hans (A)   250
Alverdes, Wilhelm (Ga)   198
Amberger, Christoph (M)   419, 428
Amerling, Friedrich v. (M)   464
Amiet, Cuno (M)   422
Amigoni, Jacopo (M)   431
Amman, Claudia (Bh)   182
Andrea (Bh)   411
Angelico, Fra, Giovanni da Fiesole (M)   426
Angermann (Ti)   345
Angles, Matthäus des (M)   269
Anlauf, Günter (Bh)   265
Anker, Alfons (A)   256, 301, 333
Antonello da Messina (M)   426
Apelles (M)   91
Aquilano, Paolo (Bh)   411
»Arbeitsrat für Kunst« (A)   26
Archipenko, Alexander (Bh)   206
Armitage, Kenneth (Bh)   284
Arnim, Ferdinand v. (A)   348, 349, 352, 354
Arnolfo di Cambio (Bh)   415
Asis, Jadegar (M)   283
Aspertini, Amico (M)   419
Asselijn, Jan (M)   420
Assmann, Gustav (A)   210
Astfalck, Theodor (A)   185
Auerbach, Johann Gottfried (M)   267
Aust, Herbert (A)   52, 121
Avramidis, Joannis (Bh)   469

Axelrad, Karen (A)   215
Aymonino, Carlo (A)   313

Bacchiacca, Francesco Ubertini gen. (M)   419
Bachem, Josef (A)   113, 151
Bachmann, Jürgen (A)   244
Backer, Jacob Adriaensz (M)   420
Backer, Jacques de (M)   417
Backer, Johann Hermann (Bh)   265
Backhuysen, Ludolf (M)   420
Backmann, Rolf (A)   213
Bacon, Francis (M)   473
Bagnacavallo, Bartolommeo Ramenghi gen. (M)   419
Bak (Bh)   393
Bakema, Jacob Berend (A)   194, 196
Baker, George (Bh)   284
Baldamus, Senta (Bh)   146
Baldessari, Luciano (A)   194, 196
Baldung, Hans, gen. Grien (M)   395, 427, 432
Baller, Hinrich (A)   185, 283, 332
Baller, Inken (A)   185, 283, 332
Baluschek, Hans (M)   30, 245, 402, 421, 460, 461
Bandel, v. (A)   183
Bandel, Hans (A)   214, 232, 297, 361
Bangert, Dietrich (A)   204, 213, 369
Bannwart, Edouard (A)   182

488   *Künstlerregister*

Bardou, Emanuel (Bh)   49, 90, 92, 418
Bardua, Caroline (M)   461
Barlach, Ernst (Bh)   299, 402, 467, 468, 471
Barraband, Jean (T)   16
Bartels, Finn (A)   253
Barth, Erwin (Ga)   222, 294, 298, 304, 307
Barth, Wilhelm (M)   402
Bartning, Otto (A)   26, 27, 219, 238, 305, 306, 308
Bartolomeo Veneto (M)   419
Bartsch, Volker (Bh)   213
Bartschat, Johannes (A)   338
Barwich, Reinhold (A)   232
Bassano, Francesco (M)   420
Bassano, Leandro (M)   420
Bassen, Bartholomäus van (M)   420
Bassenge, Jan C. (A)   213, 248, 363
Bastanier, Ernst (M)   102
Bäthge, Karl-Heinz (A)   66
Batoni, Pompeo (M)   419
Baucke, Heinrich (Bh)   288
Bauer, Friedrich (Ga)   222
»Bauhaus«   399, 400
Baum, Paul (M)   467
Baumann, Herbert (Bh)   332
Baumbach, Max (Bh)   203, 204, 376
Baumeister, Willi (M)   468, 473
Baumgarten, Paul (d. Ä.) (A)   100, 198, 285, 354
Baumgarten, Paul (G. R.) (A)   194, 196, 204, 210, 233, 290, 293, 294, 308, 321
Baumgartner (Bh)   196
Bautz, Hans (Bh)   314
Bayer, Herbert (M)   400
Bayerer, Peter (A)   288, 309
Beaudouin, Eugène (A)   194, 196
Beccafumi, Domenico (M)   419
Beccaruzzi, Francesco (M)   420
Becker, Fritz (Bh)   275
Beckmann, Max (M)   30, 402, 471; Abb. 471
Beechey, William (M)   418
Beer, Alexander (A)   136
Beerstraten, Abraham (M)   420
Bega, Melchiorre (A)   169
Begas, Carl (M)   25, 62, 107, 464
Begas, Karl d. J. (Bh)   25, 203, 276, 464, 467
Begas, Oskar (M)   343, 402
Begas, Reinhold (Bh)   25, 51, 61, 87, 94, 105, 146, 154, 186, 200, 201, 204, 213, 222, 246, 293, 331, 358, 438, 462, 464, 467

Begeyn, Abraham (M)   16, 271, 421
Behmer, Marcus (M)   299
Behn, Fritz (Bh)   213
Behnke, Heinz (A)   315
Behrens, Peter (A)   26, 27, 52, 192, 193, 220, 303, 333
Behrens-Hangeler, Herbert (M)   468
Behrmann, Günter (A)   361
Beier, Ulrich (Bh)   199
Beisel (A)   236
Bellegambe, Jean (M)   417
Bellermann (M)   70
Belling, Rudolf (Bh)   31, 56, 163, 179, 468; Abb. 162
Bellini, Giovanni (M)   424
Bellotto, Bernardo (M)   19, 270
Belopolskij, Jakow B. (A)   154
Belz, Walter (A)   169
Bencovich, Federico (M)   419
Bendemann, Eduard (M)   25, 91
Bendz, Wilhelm Ferdinand (M)   464
Benedetto da Maiano (Bh)   416
Benkert, Peter (Bh)   411
Bennewitz v. Loefen, Karl Wilhelm (M)   175
Benzelt, Balthasar (A)   13, 54
Berain, Jean (A, M)   15, 266
Berend-Corinth, Charlotte (M)   467
Berg, H. (Ga)   316
Bergen, Dirk van (M)   420
Berger (A)   245
Berger (Kst)   89
Berking, P. (A)   237
Berlewi, Henryk (M)   404
»Berliner Secession« (M)   29, 30, 200, 402
Berndt, Kurt (A)   97, 293
Bernhardt (A)   313
Bernini, Gianlorenzo (Bh)   51, 411, 419, 432, 437, 456
Berruguete, Pedro (M)   416
Besserer, Reinhard (Ga)   198
Bestelmeyer, German (A)   183
Bettkober, Chr. Friedr. Heinr. Sigismund (Bh)   90
Beulwitz, Dietrich v. (A)   170, 219, 220, 379
Beuroner Schule 218
Beyeren, Abraham van (M)   419, 420
Biederbick, Christa (Bh)   230
Biederbick, Karlheinz (Bh)   332, 360
Bielenberg, Hans (A)   250, 293
Biermann, Eduard (M)   25, 282, 402; Farbabb. 29
Bijlert, Jan van (M)   421
Bill, Max (A, Bh)   214, 400

Biller, Albrecht (Go)   458
Biller, Johann Ludwig (Go)   458
Binder (A)   238
Binder, Bernhard (A)   285, 292
Bissen, Herman Vilhelm (Bh)   354
Blankenstein, Hermann (A)   38, 89, 120, 180, 185, 193, 218, 221, 249, 360
Bläser, Gustav (Bh)   25, 69, 71, 72, 76, 87, 104, 213, 462
Blechen, Carl (M)   6, 24, 281, 282, 395, 402, 459, 462, 464, 474; Farbabb. 27
Bleeker, Bernhard (Bh)   210, 294
Bleibtreu, Georg (M)   25
Blessmann, Manfred (M)   269
Bleyl, Fritz (M)   422
Block, Otto (A)   237, 382
Bloemaert, Abraham (M)   337, 420; Abb. 337
Bloemaert, Hendrik (M)   420, 421
Blondel, Jacques François (A)   277
Blondel, Nicolas François (A)   14, 79
Bloot, Pieter de (M)   420
Blume, Friedrich (A)   384
Blümel, Carl (Bh)   333
Blumenthal, Hermann (Bh)   31, 468, 472
Blunck, Erich (A)   294, 338, 340
Bobeck, Karl (Bh)   265, 279
Bock, Friedrich (M)   270
Böckler, Erich (A)   232
Böcklin, Arnold (M)   51, 179, 260, 331, 461, 462, 465, 466, 470
Böckmann, Wilhelm (A)   213
Bocksfeld, Abraham (A)   166
Bodt, Jean de (A)   41, 43, 44, 78, 79, 202
Boeckh v. Tzschoppe, Gisela (Bh)   252
Boelcke, Friedrich Wilhelm (A)   283
Boermel, Eugen (Bh)   102, 283
Boese, Johannes (Bh)   226
Boethke, Julius (A)   304
Bofill, Ricardo (A)   369
Bogatzky, Hans-Erich (A)   52
Bohl (A)   225
Böhm, Gottfried (A)   313
Böhme, Martin (A)   18, 145, 263
Böhme, Uli (A)   293
Bol, Ferdinand (M)   337, 420
Bollandt, Heinrich (M)   336
Boltraffio, Giovanni Antonio (M)   419
Bon, Bartolomeo (Bh)   411
Bonk, Hartmut (Bh)   225
Bonn, Josef (A)   219
Borchardt, Wolf-Rüdiger (A)   183, 203, 250

Künstlerregister 489

Bordone, Paris (M) 420
Bornemann, Fritz (A) 173, 218, 284, 313, 330, 439, 445
Borzone, Francesco Maria (M) 419
Bosch, Hieronymus (M) 417, 429
Bosselt, Rudolf (Bh) 334
Botta, Mario (A) 215
Böttcher, Heinrich (Ti) 458
Böttcher, Karl (A) 221
Böttcher, Rudolf (A) 283
Botticelli, Sandro (M) 395, 426, 432
Botticini, Francesco (M) 416
Böttner, Wilhelm (M) 270
Bouchardon, Edme (Bh) 419
Boucher, François (M) 275, 457
Boudin, Leonard (Ti) 458
Boullogne, Louis d. J. (M) 272
Boumann, Georg Friedrich (A) 19, 72, 85, 247, 275
Boumann, Johann (A) 19, 62, 84, 87, 91, 127
Boumann, Michael Philipp Daniel (A) 19, 85, 198, 346
Bourth, Victor Hubert de (M) 338
Bouts, Albert (M) 417
Bouts, Dirk (M) 416, 429
Boy, Conrad (Bh) 58, 90; Abb. 90
Boye, Matthias (A) 232
Bracci, Pietro (Bh) 419
Bracht, Eugen (M) 204
Braghieri, Gianni (A) 170
Bramante (A, M) 91
Brandenburg, Paul (Bh) 285, 371, 381
Brandi, Jochen (A) 193
Brandt (A) 215
Brandt, Andreas (A) 283
Brandt, Henri François (Bh) 281
Brandt, Marianne (Des) Abb. 400
Braque, Georges (M) 462, 472
Bratring, Paul (A) 284
Braun, Josef (A) 315
Braun, Norman (A) 231
Bräuning, Fritz (A) 27, 237
Breitling, Gisela (M) 205
Breker, Arno (Bh) 213, 301, 315, 334
Bremer, Max (A) 299
Brendel, Günther (M) 65
Brendel, Johann Gottlieb (A) 344, 346
Brenne, Winfried (A) 172
Brenner, Anton (A) 26, 259
Brenner, Klaus Theo (A) 213, 214, 215
Bressler, Helmut (A) 288
Breuer, Christian Peter (Bh) 204, 258, 291
Brieske, Johannes (A) 52
Bril, Paul (M) 269, 421

Brini, Francesco (M) 419
Brinkert, Peter (A) 364
Brix, Joseph (A) 365
Brockhusen, Theo v. (M) 339
Brodersen, Albert (Ga) 148
Brodwolf, Ludwig (Bh) 51
Broebes, Johann Baptist (A) 78, 127, 163; Abb. 157
Broek, Jan Hendrik van den (A) 194, 196
Brohm, Kurt (A) 232
Bronchorst, Jan Gerrits van (M) 269
Bronzino, Angelo (M) 426, 436
Brouwer, Adriaen (M) 430
»Die Brücke« (M) 30, 422
Brücke, Wilhelm (M) 25, 281, 402
Brückner, Martin (Bh) 16
Brueghel, Jan d. Ä. (M) 421
Brueghel, Pieter d. Ä. (M) 429, 432
Brueghel, Pieter d. J. (M) 417
Brummack, Heinrich (Bh) 198, 308, 360
Brunelleschi, Filippo (A, Bh) 91
Brunow, Ludwig (Bh) 172
Brütt, Adolf (Bh) 87, 202, 204, 218, 244, 291
Bubenik, Gert (M) 360
Bubner, Ewald (A) 329
Buchholz, Max (A) 172
Büchner, Rudolf (A) 321
Bundel, Willem van den (M) 420
Büning, Wilhelm (A) 26, 289, 358
Bunning, Hermann (A) 236
Buntschuh, Kunz (A) 336
Bürde, Heinrich (A) 80
Bürkner, Edward (A) 148
Burmann, Fritz (M) 468
Burnat (M) 346
Busch, Wilhelm (M) 462
Busse, August (A) 210
Busse, Carl (A) 229
Bustelli, Franz Anton (Bh) 453
Büttner, Georg (A) 328
Butzke (A) 157
Butzke, Bernhard (Bh) 326
Buytewech, Willem Pietersz (M) 420

Calandrelli, Alexander (Bh) 25, 51, 71, 200, 204, 376
Calau, Benjamin (M) 271
Calau, Friedrich August (M) 459; Abb. 74, 179
Calder, Alexander (Bh) 469; Abb. 208
Camaro, Alexander (M) 30, 204, 206, 207, 209, 404
Cambiaso, Luca (M) 419

Cametti, Bernardino (Bh) 437
Camphausen, Wilhelm (M) 25
Campin, Robert (M) 428
Canaletto, Antonio (M) 419, 431
Candid, Peter (de Witte; M) 417
Candilis, Georges (A) 332
Canova, Antonio (Bh) 437, 462, 463
Cantian (Stm) 62, 103, 170
Cantian, Gottlieb Christian (A) 104
Capponi, Luigi (Bh) 411
Caraffe, Armand Charles (Bh) 91
Caravaggio, Cecco del (M) 419
Caravaggio, Michelangelo Merisi gen. (M) 415, 420, 431
Caravaggio, Pasquale da (M) 419
Cariani, Giovanni de' Busi gen. (M) 419
Carlevaris, Luca (M) 419
Carove, Giovanni (St) 454
Carpaccio, Vittore (M) 424
Carponi, Giulio (M) 419
Carracci, Annibale (M) 345, 431
Carrée, Michiel (M) 16, 336
Carreño, Juan (M) 419
Carstenn, Johann Anton Wilhelm 250, 257, 258, 259
Carstens, Asmus Jakob (M) 366
Carus, Carl Gustav (M) 282, 474
Castagno, Andrea del (M) 426
Castelli, Luciano (M) 30
Caster, Sebastian de (M) 271
Castiglione, Giovanni Benedetto (M) 419
Catel, Franz (M) 282, 473, 474
Catena, Vincenzo (M) 419
Cauer, Emil d. J. (Bh) 191, 316
Cauer, Ludwig (Bh) 218, 304
Cayart, Louis (A) 92
Cazes, Pierre Jacques (M) 272
Celesti, Andrea (M) 273
Cerrini, Giovanni Domenico (M) 419
Cézanne, Paul (M) 462, 466; Abb. 466
Chardin, Jean Baptiste Siméon (M) 274, 428
Charamella de Gandino, Francesco → Gandino
Chieze, Ludwig de (A) 13
Chieze, Philipp de (A) 13
Chirico, Giorgio de (M) 472
Chodowiecki, Daniel (M, Kst) 20, 88, 92, 104, 272, 401, 418, 432, 459
Christensen, Jeremias (Bh) 146
Christian 345
Christlieb, Harry (Bh) 146
Christus, Petrus (M) 428, 429
Chrukin, Justus (Bh) 227
Chryssa (Bh) 360

490 *Künstlerregister*

Cima da Conegliano, Giovanni
Battista (M) 423
Civitali, Matteo (M) 416
Claesz, Pieter (M) 419
Clerc, Hendrik de (M) 421
Cleve, Cornelis van (M) 417
Cleve, Joos van (M) 417
Clodion (Claude Michel; Bh) 418
Clodt v. Jürgensburg, Peter Jakob
(Bh) 247
Coecke van Aelst, Pieter (M) 417
Constable, John (M) 469
Cook, Peter (A) 215
Corinth, Lovis (M) 30, 402, 460,
467, 471; Farbabb. 32
Cornelisz van Haarlem, Cornelis
(M) 337, 419, 420
Cornelius, Peter (M) 25, 107,
205, 462, 468, 474
Correggio, Antonio Allegri gen.
(M) 269, 427, 437
Cosmaten (Mos) 352, 415
Cossa, Francesco del (M) 426
Costa, Lorenzo (M) 419
Courbet, Gustave (M) 465, 470
Courtois, Jacques (M) 418
Coypel, Charles Antoine (M) 272
Coxie, Anthonie de (M) 15, 269
Crabeth, Wouter Pietersz II (M)
419
Cramer, Carl (A) 245
Cranach, Lucas d. Ä. (M) 12, 47,
49, 236, 336, 417, 419, 428,
432; Farbabb. 23
Cranach, Lucas d. J. (M) 12, 336,
419
Cranach-Werkstatt (M) 336
Crayer, Caspar de (M) 421
Credi, Lorenzo di (M) 416
Cremer, Fritz (Bh) 31, 51, 119
Cremer, Wilhelm (A) 49, 100;
Abb. 110
Crespi, Giuseppe Maria (M) 419
Crivelli, Carlo (M) 424
Crodel, Carl (M) 151, 196, 229,
468
Crzellitzer, Fritz (A) 58
Curtis (A) 258
Cuylenburgh, Abraham van (M)
421
Cuyp, Aelbert (M) 419, 420
Cvijanović, Alexander (A) 214,
232
Czwiczek, Matthias (M) 13, 270

Daege, Eduard (M) 466
Dagly, Gerard (M) 267, 456
Dahl, Johan Christian Clausen
(M) 464, 474
Dali, Salvador (M) 472
Damart, Bartholomäus (Bh) 48
Dammann, Hans (Bh) 107, 290

Danhauser, Joseph (M) 461
Dankberg, Friedrich Wilhelm (Bh)
180, 187
Danneberg, Ernst (A) 245
Dannecker, Johann Heinrich (Bh)
94, 462
Darbes, Joseph Friedrich (M) 459
Darsow, Hans (Bh) 146
Dathe, Heinrich (Ga) 146
Daubigny, Charles-François (M)
470
David, Jacques Louis (M) 271
Davis (A) 258
Degas, Edgar (M) 466
Degen, Dismar (M) 18
Deilmann, Harald (A) 326
Deinokrates (A) 91
Delacroix, Eugène (M) 462, 473
Delaunay, Robert (M) 471
della Robbia → Robbia
della Vecchia, Pietro (A) 420
Delorme, Philibert (A) 341
Demblin, Franz C. (A) 168
Deppe, Ludwig (M) 281
Derdau, Günter (A) 52
Derossi, Pietro (A) 170
Desiderio da Settignano (Bh) 411,
436; Abb. 437
Desjardins, Martin (Bh) 418
Detroy, Jean François (M) 272,
275
Deutscher Werkbund 26
Diaz de la Peña, Narcisse (M) 465
Dibutades (Ker) 91
Diederich, Fritz (Bh) 114
Diehl, Edith (A) 163
Diehl, H. J. (M) 360
Diepenbrock, Alexander (A) 100
Diesing, Heinz (A) 213
Dietrich, Christian Wilhelm Ernst
(M) 273, 417
Dietrich, Max (Ga) 327, 332
Dieussart, Charles Philippe (A)
354
Diez, Robert (Bh) 204
Dill, Ludwig (M) 204
Dimitrijević, Braco (Bh) 280
Dinklage, August Georg (A) 113,
182, 191, 193, 320, 333
Dirr, Johann Georg (Bh) 415
Diterichs, Friedrich Wilhelm (A)
18, 41, 74, 85, 130, 132
Dix, Otto (M) 30, 402, 461, 468,
471, 472; Abb. 403
Döbel, Johann Michael (Bh) 160
Doflein, Carl (A) 250
Döll, Friedrich Wilhelm Eugen (Bh)
333
Donatello (Bh) 411, 416, 436
Dongen, Kees van (M) 422
Donner, Georg Raphael (Bh) 415,
438

Dörken (A) 379
Dorrenbach, Franz (Bh) 226
Dossi, Dosso (M) 419
Drake, Friedrich (Bh) 25, 69, 72,
76, 78, 175, 187, 198, 200,
202, 213, 246, 311, 464; Abb.
200
Drake, Fritz (Bh) 146
Drake, Heinrich (Bh) 31, 58
Dressche, Reinecke vam (Go) 450
Drewitz, Wilhelm (A) 176/177.
283
Dübbers, Kurt (A) 244, 287, 288
Dubois, Charles Sylva (M) 275
Dubois, Guillam (M) 420
Dubois, Jacques (Ti) 457
Dubuisson, Augustin (M) 273
Dücker, Friedrich (A) 323
Dufour (T) 146
Dufy, Raoul (M) 462, 466
Dughet, Gaspard (M) 418
Dülfer, Martin (Bh) 136
Dumanski, Johannes (Bh) 196
Dunkel, Joachim (Bh) 230, 265,
293, 306, 380
Duquesnoy, François (Bh) 419,
437
Dürer, Albrecht (M) 358, 415,
427, 432, 449
Duschat, Klaus (Bh) 332
Dutschke, Werner (A) 146
Düttmann, Werner (A) 28, 170,
194, 196, 197, 203, 284, 285,
287, 291, 334, 361, 422
Duyster, Willem Cornelisz (M)
338
Dyck, Anthonis van (M) 338, 429

Eben, Johann Ephraim (Ti) 345,
457
Ebenhech, Georg Franz (Bh) 84,
202
Eberlein, Gustav (Bh) 25, 176,
202, 378
Ebert, Dietrich (Bh) 332
Ebert, Friedrich (A) 306
Ebert, Wils (A) 183, 231, 232,
306, 330
Eccardt, Modestin (M) 459
Eckardtstein, Gottfried Burchardt v.
(Ker) 460
Eckstein, Christian (Bh) 90, 198
Eckstein, Johann (Bh) 279
Eeckhout, Gerbrandt van den (M)
420
Egell, Paul (Bh) 415
Eggeling, Fritz (A) 220
Eggers, Bartholomäus (Bh) 13
Eggert (A) 287
Egmont, Justus van (M) 269
Egtler, J. P. (Bh) 345
Ehmsen, Heinrich (M) 31, 468

Künstlerregister   491

Eicheler, Hans (A)   225
Eiermann, Egon (A)   191, 194,
196, 256, 291, 321
Eilbertus von Köln (Go)   449
Eisenmann, Peter (A)   169
Elkart, Karl (A)   382
Elliger, Ottmar d. Ä. (M)   14
Elsässer, Hubert (Bh)   85
Elsheimer, Adam (M)   419, 431
Elsholtz, Johann Sigismund (Ga)
247
Elsholtz, Ludwig (M)   272
Elsner, C.   Abb. 251
Emmerich, Jürgen (A)   183, 205,
376
Emmerich, Paul (A)   26, 126, 128,
135, 146, 155, 183, 210, 212,
222, 227, 244, 245, 255, 259,
317, 326, 327, 328, 384; Abb.
128
Encke, Eberhard (Bh)   185, 313,
316, 343
Encke, Erdmann (Bh)   25, 199,
202, 226, 278, 343, 378
Encke, Fritz (Ga)   244
Ende, Hermann (A)   105, 213,
214, 445
Endell, August (A)   238, 284, 290,
303
Engel, Horst (A)   290
Engelhardt, Hermann (Bh)   307
Engelhardt, Ludwig (Bh)   51
Engelmann, Ernst (A)   229
Engert, Erasmus v. (M)   475
Engler, Adolf (Ga)   259
Engler, Klaus (A)   237
Engler, Paul (A)   237
Englinghagen, Heribert (M)   183
Eosander [v.] Göthe, Johann Fried-
rich (A)   15, 16, 61, 65, 97,
127, 265, 266, 267, 269, 270
Epstein, Walther (A)   339, 340
Erben, Josef (Bh)   332
Erbs, Herbert (A)   135, 144
Erdmannsdorff, Friedrich Wilhelm
v. (A)   20
Erhart, Michel (Bh)   435
Ermisch, Richard (A)   27, 297,
341, 382
Ernst, Klaus H. (A)   195, 232, 293
Esser, Max (Bh)   213, 245, 319,
384
Estorff, O. v. (A)   213
Everdingen, Allaert van (M)   420
Ewald, Ernst (M)   71, 172
Eyck, Hubert van (M)   416
Eyck, Jan van (M)   416, 428, 429;
Farbabb. 19
Eyserbeck, August (Ga)   275

Fahlbusch, Wilhelm (A)   343
Fahrenkamp, Emil (A)   210

Falbe, Joachim Martin (M)   19, 92,
270, 338, 417
Falz, Raimund (Med)   16
Fangmeyer, Emil (A)   229
Fantin-Latour, Henri (M)   465, 466
Faskel, Bernd (A)   215
Fasolo, Bernardino (M)   419
Fasquel (A)   248
»Fauves« (M)   422
Favre, Titus (A)   245
Fechhelm, Carl Friedrich (M)   19,
56, 145, 460
Fechhelm, Carl Traugott (M)   19,
270, 459
Fechhelm, Johann Friedrich (M)
19, 270
Fehling, Hermann (A)   171, 194,
195, 241, 244, 257, 317, 331,
340
Fehr, Siegfried (A)   382
Fehrenbach, Gerson (Bh)   178,
198, 227, 230
Feilner, Tobias Christoph (Ker)
270, 460
Feininger, Lyonel (M)   400, 402,
468, 472
Felderhoff, Reinhold (Bh)   128,
154, 380
Feldmann, Christian Friedrich (A)
80
Felixmüller, Conrad (M)   30, 461,
468
Fellini, Eugen (Bh)   88
Fellner, Ferdinand (A)   88
Fenten (A)   126
Ferrari, Defendente (M)   419
Fesel, Gerd (A)   288, 309
Fetting, Rainer (M)   30, 402
Feuchtmayer, Joseph Anton (Bh)
415, 438
Feuerbach, Anselm (M)   461, 462,
465, 467, 470
Feuerstein, Joseph (Ti)   458
Fiedler, Johann Christian (Ti)   20,
457
Fiedler, Toni (Bh)   333
Figge (A)   379
Fink, Eberhard (Ga)   214
Finzelberg, Lilli → Wislicenus-Fin-
zelberg, Lilli
Fiori, Ernesto de (Bh)   31, 468,
473
Firle, Otto (A)   27, 163, 315
Fischer, Arno   51
Fischer, Christoph Heinrich (Bh)
279
Fischer, Lothar (Bh)   230
Fischer, Stephan (A)   384
Fischer v. Erlach, Joseph Emanuel
(A)   85
Fisker, Kay (A)   194, 196
Flath, Otto (Bh)   196

Fleig, Karl (A)   361
Fleischer, Bodo (A)   170, 362, 379
Fleischer, Johann Christoph (Mu)
461
Flinck, Govaert (M)   270, 420
Flötner, Peter (Ti)   454
Föhr (Bh)   92
Fohr, Carl Philipp (M)   474
Forbat, Fred (A)   26, 305, 384
Förster, Karl (Ga)   383
Fouquet, Jean (M)   429
Fraenkel-Brauer, Else (Bh)   213
Francesco di Giorgio (Bh)   416,
436
Francesco di Valdambrino (Bh)
436
Francesco Giuliano da Verona (M)
420
Franchi, Rossellino di Jacopo (M)
416
Franchois, Pieter (M)   421
Franck, Philipp (M)   29, 402
Franke, Harald (A)   297
Franke, Johann Heinrich Christoph
(M)   270
Fränkel, Louis (A)   136
Franzi, Gino (A)   169
Franzoni (Bh)   366
Freese, Hans (A)   225
Freudner, Jobst (Ksch)   270
Freund, Bernhard (A)   215, 227
Freund, Hermann Ernst (Bh)   104,
333
Freund, Martin August (G)   104
Freyberg, Conrad (A)   193, 283
Freymüller, Fritz (A)   252
Frick, Friedrich (Kst)   281
Friedrich, Caspar David (M)   24,
282, 461, 462, 473, 474; Farb-
abb. 34
Friedrich, Franciscus Joseph (Bh)
78
Friedrich Wilhelm I.   336
Friedrich Wilhelm IV.   347, 353,
354
Fries, Ernst (M)   282, 473
Frisch, Johann Christoph (M)   19,
56, 270, 345, 459
Fritsch, A. (A)   381
Fritsch, Daniel (M)   236
Fritsch, Karl Emil Otto (A)   284
Fröhlich, Albert (A)   249
Fromantiou, Hendrik de (M)   13,
338
Frömberg, Andreas (Bh)   182
Fromlowitz, Peter (Bh)   227
Frowein, Dieter (A)   183, 184
Fuchs, Hermann (Bh)   244
Füger, Heinrich (M)   452, 464
Fujiwara, Makoto (Bh)   227
Fünck, Johann Georg (A)   81
Funcke, Cornelius (Ker)   401, 456

Fürstenau, Eduard (A) 290, 330
Füssli, Johann Heinrich (M) 272
Fyth, Jan (M) 421

Gabo, Naum (Bh) 404
Gabler, Werner (A) 247
Gabriel, G. L. (M) 360
Gaddi, Agnolo (M) 416
Gaertner, Eduard (M) 25, 270,
281, 401, 402, 459, 474, 475;
Abb. 81
Gagès, René (A) 361
Gagini, Giovanni (M) 419
Gainsborough, Thomas (M) 418
Gallén, Axel (M) 422
Gandino, Francesco Chiaramella
de (A) 13, 374
Ganz, Joachim (A) 360
Garofalo, Benvenuto Tisi gen. (M)
419
Gasc, Anna Rosina de (M) 19,
270, 271, 402
Gauguin, Paul (M) 422
Gaul, August (Bh) 31, 146, 200,
244, 289, 293, 299, 329, 380,
467
Gaulke, Fritz (A) 230, 306
Geber, Hans (A) 285
Geel, Jacob Jacobsz van (M) 420
Geertgen tot Sint Jans (M) 429
Geiger, Nikolaus (Bh) 84, 247
Genelli, Hans Christian (Bh) 76
Gentileschi, Orazio (M) 431
Gentz, Heinrich (A) 20, 74, 116,
174, 251, 278, 346; Abb. 251
Genzmer, Felix (A) 365
Georgii, Theodor (Bh) 330, 355
Gerhaert, Nikolaus, van Leyden
(Bh) 413, 435
Gericke, Samuel Theodor (M) 16,
269
Gerkan, Meinhard v. (A) 215, 359
Gerlach, Hans (A) 327
Gerlach, Philipp (A) 18, 43, 97,
167, 262
Germer, Rudolf (Ga) 222
Gerstel, Wilhelm (Bh) 294
Gertsch, Franz (M) 473
Geselschap, Friedrich (M) 172
Gette, Emil (A) 252
Geyer, Albert (A) 278, 354
Geyer, Otto (Bh) 51, 174, 175,
186, 188
Geyger, Ernst Moritz (M, Bh) 227
Ghiberti, Lorenzo (Bh) 91, 416,
436; Abb. 417
Ghirlandaio, Domenico (M) 210,
416, 426
Giambologna (Bh) 419, 436
Giefer, Alois (A) 194, 196
Gierhards, Alfons (A) 380
Giersberg, Ludwig (A) 312

Gies, Ludwig (Bh) 227, 329
Giese, Benjamin (Bh) 19
Giesecke, Heinrich (Bh) 380
Gill (A) 114
Gilli, Alexander (Bh) 354
Gilly, David (A) 174, 175, 251
Gilly, Friedrich (A) 20, 42, 70,
85, 116, 174, 199, 208, 251,
281, 459
Gilly-Schule, -Umgebung u. a. (A)
115, 174, 175, 333, 379
Ginelli, Anatol (A) 231
Giordano, Luca (M) 419
Giorgione (M) 426, 427
Giotto di Bondone (M) 423
Giovanni da Asola (M) 419
Giovanni da Bologna (Bh) 419,
436
Giovanni di Agostino (Bh) 436
Giovanni di Stefano (Bh) 414
Girolamo dai Libri (M) 411
Gisel, Ernst (A) 361
Giuliani, Giovanni (Bh) 415
»Gläserne Kette« (A) 26
Glöckner, Hermann (M) 468
Glume, Friedrich Christian (Bh)
19
Glume, Johann Georg (Bh) 38,
49, 130
Glume, Johann Gottlieb (M) 19,
270
Gobes, Josef (Bh) 299
Godeau, Siméon (Ga) 275
Goes, Hugo van der (M) 429
Goeschl, Roland (Bh) 198
Gogel, Daniel (A) 171, 194, 195,
241, 244, 257, 317, 321, 331,
340
Gogh, Vincent van (M) 422, 471
Goldapp (A) 379
Goltz, Hubertus v. d. (Bh) 360
Gomansky, Edmund (Bh) 119
Gonda, Alexander (Bh) 197, 213,
296
Gontard, Carl v. (A) 19, 20, 92,
95, 121, 247
Göthe, Johann Eosander → Eosan-
der
Gossaert, Jan (M) 417
Götsch, Joseph (Bh) 415
Götschmann, H. (Bh) 188
Gottgetreu, Martin (A) 303
Gottheiner, Albert (A) 58
Gottlob, Fritz (A) 227, 257
Gottwald, Günther (A) 194, 195
Götze, Martin (Bh) 122
Gotzkowsky, Johann Ernst (Ker)
20, 279, 402
Goya, Francisco (M) 432, 463
Grabbe, Ernst (A) 327
Graeb, Carl (M) 25, 210, 246,
460, 474

Grael, Johann Friedrich (A) 18, 95
Graff, Anton (M) 201, 270, 271,
272, 338, 401, 402, 417, 419,
462, 463
Graffunder, Heinz (A) 52, 66,
146
Gramatté, Walter (M) 422
Gras, Fritz (A) 295
Grasme, Günter (A) 305
Grasser, Erasmus (Bh) 413
Grassi, Giorgio (A) 213
Grassi, Josef (M) 272
Grawert, Eduard (M) 270
Gregotti, Vittorio (A) 215
Grenander, Alfred (A) 27, 183,
249, 300, 327, 330
Griebel, Otto (M) 461
Grimmeck, Bruno (A) 297
Grimoux, Alexis (M) 418
Gripswolt, Joachim (Go) 451
Gris, Juan (M) 462
Grisebach, Hans (A) 182, 293
Gropius, Martin (M) 22, 102,
119, 148, 172, 186, 221, 236,
449; Abb. 103, 173
Gropius, Walter (A) 26, 27, 136,
194, 195, 214, 231, 232, 305,
306, 328, 333, 384, 399, 400
Grospietsch, Florian (M) 281
Gross-Mario, Wolfgang (Bh) 198
Grosse, Rudolf (A) 285
Großheim, Karl v. (A) 289, 293
Großmann, Peter (A) 320, 328
Grosz, George (M) 30, 293, 299.
402, 461, 472
Grötzebach, Dietmar (A) 306,
341
Grumbach, Antoine (A) 369
Grünberg, Horst (A) 219, 379
Grünberg, Martin (A) 15, 43, 78,
92, 263
Grundig, Hans (M) 461, 468
Grünewald, Mathias (M) 395,
427, 432
»Gruppe der XI« (M) 29
Gruson, Paul (Bh) 165, 320
Grzimek, Waldemar (Bh) 109,
213, 249; Abb. 109
Guardi, Andrea (M) 416
Guardi, Francesco (M) 431
Guardi, Giovanni Antonio (M)
419
Guidi, Domenico (Bh) 419
Günther, Ignaz (Bh) 437; Abb.
438
Günther, Kurt (M) 468
Gunzenhauser, Alfred (A) 315
Gutbrod, Rolf (A) 28, 209, 232,
249, 285
Gutkind, Erwin (A) 26, 126, 146,
358
Gutzeit (A) 225

Künstlerregister

Haacke, Harald (Bh) 222, 265, 299
Haacke-Stamm, Brigitte (Bh) 323
Haase, Volkmar (Bh) 192, 214, 215, 294, 313, 328, 387
Habermann, Hugo v. (M) 421
Hachfeld, Rainer (M) 196
Hacker, David (Ti) 20, 346
Hackert, Jacob Philipp (M) 19, 271, 333, 459, 462, 463, 464; Abb. 460
Hackert, Johann Gottlieb (M) 271
Hafemann (A) 213
Hagemann, C. Friedrich (Bh) 91
Hagemeister, Karl (M) 29, 421
Hagen, Dingeman van der (M) 337
Hagen, Hugo (Bh) 68, 74, 76, 185
Hagenauer, Friedrich (Bh) 435
Hahn, Siegmund (Gl) 378
Hähnel, Ernst (Bh) 468
Hahs, Erwin (M) 468
Hajek, Otto Herbert (Bh) 290, 306
Hake, Ernst (A) 95
Halbhuber, W. (Bh) 127
Halfmann, Jasper (Bh) 230
Hals, Frans (M) 430
Hamacher, Theodor (M) 368
Hämer, Hardt-Waltherr (A) 28
Hämer, Walter (A) 126
Hamilton, Frans de (M) 13, 338
Hamilton, William (M) 463
Hammerbacher, Herta (Ga) 288
Hampe, Carl Friedrich (M) 282
Hane, Fritz (A) 290
Hanff, Michael (Ga) 233
Hanke-Förster, Ursula (Bh) 380
Hanneman, Adriaen (M) 270, 338
Hänska, Gerd (A) 232, 256, 258, 318, 364
Hänska, Magdalena (A) 232, 256, 364
Hanslik, Rainer (A) 52
Häring, Hugo (A) 26, 221, 255, 305, 306, 327
Harndt, Thomas (M) 344
Harper, Johann (M) 18, 273, 275, 401, 402
Hart, Gustav (A) 328, 365
Harth, Philipp (Bh) 31, 468
Harting, Werner (A) 222, 355
Hartmann, Egon (A) 121
Hartung, Karl (Bh) 31, 285, 331, 333
Hartzer, Ferdinand (Bh) 87, 102, 170
Hasak, Max (A) 120, 178, 220, 311
Hase, Conrad Wilhelm (A) 143, 187

Haseloff, Horst (A) 219, 244, 311
Hasenpflug, Carl (M) 459
Hass, H. A. (Mu) 461
Hassenpflug, Gustav (A) 194, 196
Haug, Isolde (Bh) 182
Hauser, Anton Xaver (Bh) 415
Hauser, Erich (Bh) 209
Haverkamp, Wilhelm (Bh) 203, 222, 252, 291
Heartfield, John (M) 105
Hebecker, Karl (A) 256, 303, 323, 382
Heckel, Erich (M) 422, 423, 467
Heckendorf, Franz (M) 402
Hecker, Hans Dieter (A) 288, 309
Heda, Gerrit Willemsz (M) 420
Hedinger, Felix (A) 306, 384
Heem, Jan Davidsz de (M) 420, 421
Heemskerk, Maerten van (M) 13, 401, 417
Heeremans, Thomas (M) 420
Hehl, Christoph (A) 113, 252
Heidel, Hermann (Bh) 102
Heidenreich, Conrad (A) 209
Heidenreich, Hans (A) 388
Heider, Bruno (A) 304
Heider, Hermann (A) 304
Heidt, Andreas (M) 265
Heiliger, Bernhard (Bh) 31, 204, 206, 207, 285, 313; Abb. 286
Heilmann, Jacob (A) 285
Heimerdinger (A) 182
Hein, Lehmann & Co. 296
Heinrichs, Georg (A) 28, 169, 193, 210, 253, 298, 316, 361
Heintzy, Cornelius (Bh) 265
Heise, Heinz (A) 292
Heise, Stephan (A) 247, 363, 388
Heiß (A) 215
Hejduk, John (A) 369
Heldt, Werner (M) 30, 404, 468
Hell, Ter (M) 360
Hellwig, Friedrich (A) 218
Helmer, Hermann Gottfried (A) 88
Helst, Bartholomäus van der (M) 420
Hemmerling, K. (A) 81
Hendel, Klaus (A) 219, 244, 311
Hengstenberg, Georg (Bh) 166, 383
Henkel, Manfred (M) 360, 362, 379
Henn, Walter (A) 191
Henning, Adolf (M) 281, 460
Henning, Paul Rudolf (A, Bh) 26, 255, 305, 306
Henning, Wolfgang (A) 209
Hennings, Friedrich (A) 330
Hennings, Wilhelm (A) 330

Henry, Luise (M) 92, 402
Henry, Susette (M) 92, 459
Hensel, Wilhelm (M) 175
Henselmann, Hermann (A) 51, 52, 120, 121
Hentrich, Helmut (A) 291
Hephaistion (Mos) 477
Herbig, Otto (M) 423
Herbrich, Peter (Bh) 182, 193, 227, 230
Herfert, Gottlieb (Bh) 265
Hermann, Carl A. (M) 67, 205
Hermann, H. A. (A) 316
Hermkes, Bernhard (A) 285, 288
Herrmann, Carl (M) 467
Herrmann, Curt (M) 402
Herrmann, Hubert (A) 213
Herrnring, Otto (A) 316
Hersent, Louis (M) 338
Hertel, Albert (M) 24, 462
Herter, Ernst (Bh) 87, 178, 246, 283, 292, 382
Hertlein, Hans (A) 27, 306, 309, 384
Hertzberger, Herman (A) 168, 209
Herzenstein, Ludmilla (A) 120
Herzog, Walter (A) 51
Hess, Peter v. (M) 464
Hess, Richard (Bh) 206
Hesse, Ludwig Ferdinand (A) 100, 278, 351
Hessel, Ehrenfried (A) 292
Hetsch, Philipp Friedrich (M) 464
Hetzelt, Friedrich (A) 212
Heydecker, Gabriele (A) 182
Heyden, Adolf (A) 95, 97
Heydert, Martin (Ga) 343
Heymüller, Johann Gottlieb (Bh) 198
Heynitschek, Matthias (M) 19
Hielscher, Horst (A) 168, 283
Hilberseimer, Ludwig (A) 155, 255, 302
Hildebrand, Adolf v. (Bh) 355, 462, 465, 467
Hildebrand, Eduard (M) 24
Hill, Douglas (Bh) 219, 384
Hillinger, Franz (A) 113
Hilmer, Heinz (A) 209
Hilzheimer, Walter (Ga) 277
Hinrichs, Manfred Joachim (A) 232
Hinrichsen, Johannes (Bh) 244
Hinssen, Felix (A) 220
Hintze, Johann Heinrich (M) 270, 281, 402
Hinz, Georg (M) 456
Hirt, Michael Conrad (M) 14, 49
Hitzberger, Otto (Bh) 329
Hitzig, Friedrich (A) 22, 79, 100, 105, 187, 213, 246, 287

494 Künstlerregister

Hobrecht, James (A)   24, 112,
  167, 172, 261
Höch, Hannah (M)   30, 368
Höder, Friedrich Wilhelm (M)   19,
  273
Hödicke, Karl Horst (M)   30, 402,
  404
Hofbauer, Reinhard (A)   294
Hofer, Karl (M)   30, 334, 402,
  404, 468, 472
Hoffmann, Arthur (Bh)   315
Hoffmann, E. T. A.   176
Hoffmann, Fr. Ed. (A)   105
Hoffmann, Franz (A)   26, 56, 179,
  316
Hoffmann, Hans (A)   221, 306
Hoffmann, Hubert (A)   194, 195
Hoffmann, Ludwig (A)   23, 26, 42,
  58, 72, 87, 119, 132, 136, 185,
  190, 191, 193, 219, 225, 230
Hoffmann, Willy (A)   295
Höflinger, Christian (M)   271
Hofmann, Ludwig v. (M)   29, 467
Höger, Fritz (A)   27, 213, 255,
  314, 319
Holbein, Hans d. J. (M)   336, 428,
  432, 443
Hollein, Hans (A)   209, 213
Holz, Ferdinand Wilhelm (A)   191
Holzmeister, Clemens (A)   111
Hondecoeter, Gysbert Gillesz (M)
  421
Hondecoeter, Melchior d' (M)
  421
Höniger, Johann (A)   193
Hönow, Günter (A)   167, 194,
  196, 232, 386
Honthorst, Gerard van (M)   337,
  420, 421
Honthorst, Willem van (M)   13,
  270, 338, 420
Hooch, Pieter de (M)   420
Hopfgarten, Emil Alexander (Bh)
  183
Hopfgarten, Heinrich (Bh)   279
Hoppenhaupt, Johann Christian
  (Bh)   19, 20, 457
Hoppenhaupt, Johann Michael
  (Bh)   19, 20
Höroldt, Johann Gregor (M)   452
Horota, Stephan (Bh)   154
Horst, Gerrit Willemsz (M)   420
Horvatin, Heinrich (A)   113
Hosaeus, Hermann (Bh)   187,
  226, 329
Hosemann, Theodor (M)   25, 402
Hoßauer, George (Go)   104
Hotzel, Wolfgang (A)   219, 244,
  311
Houdon, Jean-Antoine (Bh)   418,
  438
Hoven, Hermann v. (A)   316

Hrdlicka, Alfred (Bh)   284, 306,
  326
Hübner, Julius (M)   25
Hückels (A)   286
Hude, Hermann v. d. (A)   92, 187
Huf, Fritz (M)   465
Hulot, Wilhelm (Guillaume; Bh)
  16, 79
Hummel, Johann Erdmann (M)
  25, 62, 281, 345, 459, 474;
  Abb. 61
Hundertmark, Dieter (A)   219, 287
Hundrieser, Emil (Bh)   289, 371
Hunecke, Alexander (A)   341
Hutter, Schang (Bh)   215
Huys, Pieter (M)   417
Huysum, Jan van (M)   421

Ihle, Jochen (Bh)   265
Ihne, Ernst v. (A)   55, 72, 87, 416
Iktinos (A)   91
Ipoustéguy, Jean (Bh)   297, 473
Isenbeck, Ludwig (M)   244, 256
Isenstein, Kurt Harald (Bh)   299,
  333
Isozaki, Arata (A)   168
Issel, Werner (A)   143, 191
Itten, Johannes (M)   400
Itzenplitz, Adolf (Bh)   246

Jachmann, Christine (A)   311
Jacob, Julius (M)   24, 402
Jacobi (A)   253
Jacobi, Johann (G)   16, 64, 79,
  265, 411
Jacobowitz, Georg (A)   295, 316
Jacobsen, Arne (A)   194, 196
Jacobsthal, Johann Eduard (A)   312
Jacopo del Sellaio (M)   416
Jaeckel, Willy (M)   421
Jaenecke, Fritz (A)   194, 196, 256
Jaenisch, Hans (Gl)   326
Jaenisch, R. (A)   132
Jamnitzer, Christoph (Go)   452
Jamnitzer, Wenzel (Go)   452
Janensch, Gerhard (Bh)   186, 187
Janisch, Karl (A)   384
Jansen, Bernd (A)   204, 213, 369
Jansen, Hermann (Ga)   332
Janssen, Peter (M)   30, 197
Janssens, Abraham (M)   337
Janssens, Victor Honoré (T)   268
Jassoy, Heinrich (A)   285
Jättnig, Ernst (Kst)   Abb. 118
Jättnig, Ferdinand (Kst)   Abb. 347
Jatzow, Paul (A)   316
Jawlensky, Alexej v. (M)   468
Jelkmann, Carlo (A)   111
Jendritzko, Guido (Bh)   180
Jensen, Bernd (A)   215
Jobst, Gerhard (A)   173
Johow, Wilhelm (A)   126

John, Erich (Bh)   52
Jordaens, Jacob (M)   271, 337,
  421
Jordan, Andre (Go)   338
Jorhan, Christian d. Ä. (Bh)   415
Josic, Alexis (A)   332
Jost, Wilhelm (A)   327
Jourdan, Jochem (A)   168
Juan de Flandes (M)   417
Jünemann, Hermann (A)   85, 231,
  240, 294, 383
»Junge Wilde« (M)   30
Jürgensen, Peter (A)   244
Jury, Emanuel (Bh)   90

Kaehler, Heinrich (Bh)   105
Kaehne, Stefan (Bh)   291
Kahl (A)   283
Kaiser, Josef (A)   52, 65, 121
Kaiser, Sepp (A)   259
Kajima (A)   66
Kalamis (Bh)   478
Kalide, Theodor (Bh)   25
Kambly, Melchior (Bh)   19, 20
Kammauf, Johann Friedrich (Ker)
  460
Kammerer, Hans (A)   169
Kampf, Arthur (M)   29
Kampmann, Rüdiger-Utz (Bh)
  198, 361
Kampmann, Winnetou (A)   172,
  421
Kandinsky, Wassily (M)   30
Kändler, Johann Joachim (Bh)
  279, 452; Farbabb. 24
Kanoldt, Alexander (M)   402, 463
Kappey, Richard (A)   382
Kardorff, Konrad v. (M)   402
Karnejeff, J. M. (M)   333
Karsch, Florian (A)   468
Karsch, Joachim (Bh)   31
Kasper, Ludwig (Bh)   468
Kaufhold, August (A)   228
Kaufmann, Oskar (A)   52, 171,
  289, 321
Kaulbach, Wilhelm v. (M)   25, 69
Kaus, Max (M)   30, 422
Kayser, Heinrich (A)   186, 289,
  293
Keil, Karl (Bh)   200
Keller, Fritz (A)   327
Keller, Johann Heinrich (Ti)   456
Kendel, Hermann (A)   209, 213
Kentsch, Paul (Bh)   111
Kerbel, Lew (A)   198
Kerschbaumer, Anton (M)   422
Kersting, Georg Friedrich (M)   474
Kerwien, Otto (A)   318
Key, Willem (M)   417, 429
Kiehl, Reinhold (A)   225, 230, 231
Kiemle, Manfred (A)   218, 332
Kies, Hans (Bh)   119

Künstlerregister 495

Kieschke, Paul (A) 290
Kiess, Hermann (A) 249
Kilpper (A) 215
Kimpfel, Johann Christoph (M) 21
King (M) 338
King, Charles (Bh) 267
Kinzer, Hugo (A) 157
Kirchberger, Hermann (Gl) 244, 315, 329
Kirchner, Ernst Ludwig (M) 402, 422, 423, 448, 467, 468, 472
Kiß, August (Bh) 39, 60, 69, 74, 76, 79, 82, 247, 349, 401; Abb. 40
Klante, Rudolf (A) 126
Klauer, Martin Gottlieb (Bh) 368, 418
Klee, Paul (M) 400, 472
Kleihues, Josef Paul (A) 28, 231, 232, 304, 364
Klein, Alexander (A) 26, 327
Klein, César (A) 237, 289
Klein, Max (Bh) 203, 331
Kliemann, Carl-Heinz (M) 30, 204
Klimsch, Fritz (Bh) 31, 102, 186, 218, 304, 313, 331, 333, 339, 355, 359
Klingenberg, Ernst (A) 215
Klingenberg, Georg (A) 186
Klingenberg, Walter (A) 143, 191
Klinger, Max (M, Bh) 466, 467
Klocker, Hans (Bh) 413
Klose, Friedrich Wilhelm (M) 25, 270, 281
Kloster (A) 379
Klug, Silvia (Bh) 182
Kluge, Kurt (Bh) 226, 339, 355
Klump (A) 379
Klutmann (A) 155
Knaus, Ludwig (M) 25
Knebel, Konrad (M) 460
Kneller, Godfrey (M) 16
Knille, Otto (M) 204
Knipping (A) 143
Knobelsdorff, Georg Wenzeslaus v. (A, M) 6, 18, 19, 48, 72, 80, 81, 84, 97, 174, 197, 198, 265, 272, 273, 275, 350
Knoblauch, Arnold (A) 327
Knoblauch, Dieter (A) 292
Knoblauch, Eduard (A) 97
Knöfel, Hans-Joachim (A) 220
Kobell, Ferdinand (M) 463
Kobell, Wilhelm (M) 475
Koch, Claus Peter (M) 363
Koch, Friedrich (A) 178
Koch, Joseph Anton (M) 473
Koeber (Ga) 202
Koenig, Fritz (Bh) 306
Koerner, Alfred (A) 259
Köhler, Lothar (A) 52

Kohlmaier, Georg (A) 288, 360
Köhn, Erich (A) 113
Köker, Azade (Bh) 182
Kokoschka, Oskar (M) 30, 169, 467, 472
Kolbe, Carl Wilhelm d. J. (M) 25, 282
Kolbe, Georg (Bh) 31, 102, 222, 245, 250, 296, 298, 299, 301, 340, 382, 447, 448, 467; Abb. 448
Kollhoff, Hans (A) 168, 283
Kollmann, Günter (A) 51
Kollwitz, Käthe (M, Bh) 30, 114, 144, 402, 448, 461, 468; Abb. 115
Kolwes (A) 193
König, Anton Friedrich (M) 272
König, Jürgen (A) 231
König, Leo v. (M) 340, 467
König, Michael (A) 215
Koninck, Philips (M) 430
Koninck, Salomon (M) 420, 421
Kopf, Josef (Bh) 104, 204
Kopp, Ernst (A) 320
Köppen, Carl (A) 221
Koppen, Karl 165
Köppen, Walter (A) 69, 126, 221
Korn, Roland (A) 52, 65, 147
Körte, Friedrich (A) 103, 154, 289, 371
Korth, Wilhelm (A) 232
Korthals, Manfred (A) 259
Kosina, Heinrich (A) 27, 237
Kosso, Eloul (Bh) 198
Köthe, Fritz (M) 197
Kott, Friedrich (A) 189
Kowalski, Ludwig Peter (Gl) 196, 263, 285, 294, 329
KPM (Kgl. Porzellan-Manufaktur) 20, 41, 271, 277, 279, 336, 402, 421, 460; Abb. 280
Kraaz, Johannes (A) 321
Krahn, Johannes (A) 194, 196
Krämer, Jean (A) 221, 303, 360
Kraus, August (Bh) 146, 292
Krause, Friedrich (A) 192, 220
Krayn, Hugo (M) 460
Krebs, Gerhard (A) 295, 382
Krebs, Klaus (A) 311
Krebs, Monika (A) 311
Kreidt, Hermann (A) 218, 332
Kreis, Werner (A) 168
Kreis, Wilhelm (A) 106
Kremmer, Martin (A) 155
Kremser, Engelbert (A) 230, 259, 361
Kreßmann-Zschach, Sigrid (A) 167, 252
Kretschmar, Johann Carl Heinrich (M) 25
Kretzschmar, Bernhard (M) 468

Kreuer, Willy (A) 173, 194, 196, 232, 285, 287, 288
Krier, Rob (A) 169, 213, 313
Kriester, Rainer (Bh) 170, 296
Kröger, Jürgen (A) 120, 122, 163, 188, 366
Kroh, Heinz (A) 315
Krückeberg, Hans (Bh) 210, 259
Krüger, Andreas (A, Kst) 48, 85, 272
Krüger, Andreas Ludwig (A) 349
Krüger, Franz (M) 25, 82, 272, 281, 338, 366, 402, 459, 462, 464, 474, 475; Abb. 465
Krüger, Friedrich Ludwig Carl (A) 346
Krüger, Johann Conrad (M) 270
Krüger, Johannes (A) 212, 365
Krüger, Walter (A) 212, 365
Krumper, Hans (Bh) 415
Kruse (A) 379
Kruse, Max (Bh) 179
Krusnik, Ivan (A) 182, 289
Kucher, Klaus (A) 169
Kuckuck, Heiner (Bh) 332
Kügelgen, Wilhelm v. (M) 338
Kühl, Gotthardt (M) 467
Kühl, Siegfried (Bh) 368
Kuhlmann, Otto (A) 382
Kuhlow, Kurt (A) 248
Kühn, Achim (Ksch) 47, 92, 93, 119, 132, 154, 156, 454
Kühn, Bernhard (A) 113
Kühn, Fritz (Ksch) 31, 52, 54, 65, 88, 90, 121, 146, 156, 286
Kuhn, Hans (M) 285
Kuhnert, Günter (A) 52
Kuhnert, Richard (Bh) 382
Kükenthal, Ursula (Gl) 237
Küllenberg, Hans Richard (A) 225
Kulmbach, Hans v. (M) 419, 427
Kümmel, Heinrich August (Bh) 462
Kunckel v. Löwenstern, Johann (Gl) 343, 460
Kunth, Gottlob Johann Christian (Ga) 368
Kupetzky, Jan (M) 338
Kupsch, Felix (Bh) 319
Kyllmann, Walter (A) 95

Lachmann, Louis (M) 136
Lachnit, Wilhelm (M) 468
Lafferde, Hans von (Go) 451
Lagotz, Alfred (A) 263
Lambart, Bruno (A) 287
Lambert-Rucki, Jean (A) 421
Lammer, Egbert (Gl) 294
Lancret, Nicolas (M) 18, 272, 274
Lanfranco, Giovanni (M) 419
Lange, A. F. M. (A) 293
Langeheinecke, Jochen (A) 263

496 Künstlerregister

Langerhans, Friedrich Wilhelm (A) 122
Langervelt, Rutger van (A, M) 13, 14, 160, 163; Abb. 157
Langhans, Carl Ferdinand (A) 81, 85, 154, 176
Langhans, Carl Gotthard (A) 20, 47, 81, 85, 88, 93, 94, 99, 102, 198, 241, 265, 279
Langhof, Christoph (A) 183, 230, 301
Lansinck, J. W. (M) 420
Lardera, Berto (Bh) 197
Largillière, Nicolas de (M) 418
Larsen, Henning (A) 332
Lassalle, Philippe de (M) 271
Lassen, Heinrich (A) 245
La Tour, Georges de (M) 430
Latt, Hans (Bh) 179
Latt, Karl (Bh) 122
Laurana, Francesco (M) 416
Lebedinskij (A) 88
Le Clerck (T) 272
Le Corbusier, Edouard Jeanneret gen. (A) 26, 27, 299, 300, 333
Lederer, Hugo (Bh) 30, 78, 102, 116, 183, 187, 206, 244, 298, 326, 467
Lederer, Jörg (Bh) 413
Lee, Chen Kuen (A) 361
Legeay, Jean (A) 113
Léger, Fernand (M) 472
Lehmann (A) 379
Lehmann, Abraham (A) 156
Lehmann, Arno (Bh) 301
Lehmann, Bodo (A) 263
Lehmann, Johann Friedrich (A) 156
Lehmann-Borges (Bh) 285
Lehmbruck, Wilhelm (Bh) 31, 467, 471
Lehrecke, Peter (A) 223, 298, 326
Lehrecke, Wilhelm (A) 326
Leibl, Wilhelm (M) 464, 470
Leibnitz, Robert (A) 135, 143, 155, 163, 287
Leibold, Emil (A) 52, 90
Leinberger, Hans (Bh) 413, 435
Leistikow, Walter (M) 29, 163, 255, 402, 421, 460, 467
Leitgebel (A) 314
Lemmer, Ludwig (A) 194, 196, 213
Lemoine, Prosper (A) 171
Lenbach, Franz (M) 402, 461, 465, 466
Lencker, Elias (Go) 454
Lenk, Franz (M) 468
Lenné, Peter Joseph (Ga) 24, 62, 118, 128, 146, 179, 180, 198, 219, 226, 277, 343, 347, 348, 350, 352, 354

Leo, Ludwig (A) 298, 308, 361, 383
Leonardo da Vinci (M, Bh) 258, 419, 436
Leoni, Leone (Bh) 419
Lepcke, Ferdinand (Bh) 179
Lequine, François (G) 84
Lesire, Paulus (M) 337
Lesser, Alfred (A) 328, 365
Lessing, Carl Friedrich (M) 25
Lessing, Ernst (A) 299
Lessing, Otto (Bh) 172, 201, 294
Lesueur, Blaise Nicolas (M) 19
Lettré, Emil (Go) 303
Levy, Rudolf (M) 30, 467
Lewicki, Hans-Bertram (A) 304/305
Lewin-Funcke, August (Bh) 259, 326, 329
Lex-Nerlinger, Alice (M) 461
Leyden, van der (A) 346
Leyden, Lucas van (M) 429, 432
Leygebe, Paul Carl (M) 16, 271
Liberale da Verona (M) 419
Liberi, Pietro (M) 419
Libeskind, Daniel (A) 167
Licht, Hugo (A) 136
Lichtfuß, Georg (A) 320
Liebau, Marlen (M) 183
Lieberknecht, Rolf (Bh) 332, 360
Lieberkühn, Christian d. Ä. (Go) 458
Liebermann, Max (M) 29, 114, 354, 402, 460, 465, 467, 471; Farbabb. 33
Lieder, Johann Friedrich (Um) 459
Liepe, Axel (A) 215
Lievens, Jan (M) 338
Ligozzi, Jacopo (M) 419
Lilienthal, Gustav (A) 259, 260, 370
Lilloe, Olaf (A) 193, 320, 333
Limburg, Josef (Bh) 255
Linder, Paul (A) 298, 448
Lingelbach, Johann (M) 420
Lingner, Max (M) 31
Lingner, Reinhold (Ga) 119, 146
Linke, G. A. (A) 214
Lippi, Fra Filippo (M) 426
Lippi, Filippino (M) 416
Lisiewski, Christian Friedrich Reinhold (M) 19, 92, 271
Lisiewski, Georg (M) 18, 19
Liss, Jan/Johann (M) 431
Lisse, Dirk van der (M) 337, 421
Lissitzky, El (M) 30
Listmann (A) 183
Littmann, Max (A) 285
Löber, Wilhelm (Bh) 146
Lock, Michel (Bh) 316
Lodziana, Tadeusz (Bh) 119

Loetz, Joh., Wwe. (Gl) 422
Löffler, Gerd (A) 213
Löffler, Hans Jürgen (A) 315
Lohse, Carl (M) 468
Lombardi (Bh) 411
Lombardi, Alfonso (M) 419
Lombardi, Pietro (M) 419
Lonas, Joseph H. (Bh) 359
Lonsdale, James (M) 418
Loo, Charles Amédée Philippe van → Vanloo
Loo, Jacob van (M) 421
Loos, Adolf (A) 472
Lopez, Raymond (A) 194, 196
Lorenzetti, Ambrogio (M) 416
Lorenzetti, Pietro (M) 423
Lorrain, Claude (M) 395, 431
Loscher, Sebastian (Bh) 413, 435
Loth, Johann Carl (M) 417
Lottermoser, Leo (A) 227
Lotto, Lorenzo (M) 427
Lucae, Richard (A) 23, 287
Luckhardt, Hans (A) 26, 184, 188, 256, 301, 333
Luckhardt, Wassili (A) 26, 27, 184, 188, 194, 195, 256 301, 332, 333
Luckhardt-Freese, Hedja (M) 332
Luckman (A) 213
Ludgerus, Pater (A) 218
Lüdicke, Karl Friedrich (Ke·) 460
Ludwig, Eduard (A) 194, 196, 229, 230, 237
Luerßen, E. (Bh) 178
Luini, Bernardo (M) 419
Lülsdorff, J. B. H. v. (A) 289
Lüpertz, Markus (M) 231, 473
Lütke (A) 287
Lütke, Peter Ludwig (M) 345; Abb. 89
Luttner, Eberhard (Bh) 333
Lynar, Rochus (Rocco) Guerini Graf zu (Fbm, A) 13, 335, 374, 376, 378
Lysipp (Bh) 91, 279, 365, 478

Macé, Jean (Ti) 455
Mach (Bh) 198
Mächtig, Hermann (Ga) 24, 144, 178, 214
Mack, Heinz (Bh) 313
Mäckler, Hermann (A) 194, 196
Maddersteg, Michiel (M) 338
Maerker, Otto (Bh) 146
Maes, Dirck (M) 419
Magnus, Eduard (M) 25, 460
Magnussen, Harro (Bh) 201
Mahlberg, Paul (A) 27, 237
Mahlmeister, Susanne (Bh) 230
Maillol, Aristide (Bh) 466, 467
Mainardi, Sebastiano di Bartolomeo (M) 416

Künstlerregister 497

Maison, Rudolf (Bh)   204
Makart, Hans (M)   465
Malewitsch, Kasimir (M)   404
Manet, Edouard (M)   470; Farb-
abb. 28
Manger, Julius (A)   379
Männlich, Daniel (Go)   38
Männlich, Heinrich (Go)   454
Mantegna, Andrea (M)   424; Abb.
425
Manthe, Albert August (Bh)   154
Mányoki, Adam (M)   266
Manzel, Ludwig (Bh)   204, 289,
322
March, Ernst (Ker)   188, 227, 262,
333, 402
March, Otto (A)   27, 92, 126, 285,
300
March, Walter (A)   27, 300
March, Werner (A)   27, 212, 300,
301
Marcks, Gerhard (Bh)   31, 196,
202, 205, 207, 265, 285, 318,
468, 473
Marcus, Carl August (Ksch)   226
Marcus, Karl Paul (G, Ksch)   202,
246
Marées, Hans v. (M)   462, 465,
469; Abb. 470
Marg, Volkwin (A)   215, 359
Marggraff, George Wilhelm (Ker)
453
Marieschi, Michele (M)   273, 419
Marinali, Orazio (M)   419
Marini, Marino (Bh)   473
Maron, Anton (M)   417
Martens (A)   293
Martini, Francesco di Giorgio
(Bh)   411, 416
Martini, Simone (M)   416, 423
Martinus, Presbyter (Bh)   435
Marziale, Marco (M)   419
Masaccio, Andrea (M)   91, 426
Massys, Jan (M)   417
Masutin, Wassili (M)   371
Mataré, Ewald (Bh)   31
Mathieu, Georges (M)   284
Matschinsky-Denninghoff, Brigitte
(B)   199, 286, 292, 293, 298
Matschinsky-Denninghoff, Martin
(Bh)   286, 292, 298
Mattern, Hermann (Ga)   240, 241,
383
Matthieu, David (M)   19
Matthieu, Georg David (M)   19,
418, 460
Matzner, Gerald (Bh)   332
Mau, Nathan (M)   13
Mazza, Giuseppe (M)   419
Mazzoni, Guido (Bh)   436
Mebes, Paul (A)   26, 126, 128,
135, 146, 155, 210, 212, 222,

227, 244, 245, 255, 259, 289,
317, 326, 327, 328, 338, 384;
Abb. 128
Mechel, Adolf v. (M)   402
Medico, Fabio del (M)   419
Meert, Pieter (M)   421
Mehlan, Heinz (A)   52, 54, 82,
143
Meid, Hans (M)   467
Meidner, Ludwig (M)   30, 402,
404, 467
Meil, Johann Wilhelm (Kst)   20,
432
Meinhardt, Fritz (A)   85
Meistermann, Georg (M)   196,
307, 386
Meller, Willy (Bh)   245, 301
Meltzer, Johann Daniel (Bh)   90
Melzi, Francesco (M)   419; Farb-
abb. 18
Memhardt, Johann Gregor (A)   13,
14, 35, 58; Abb. 14
Memling, Hans (M)   429
Mendelsohn, Erich (A)   26, 27, 95,
170, 193, 298, 301, 302, 313,
355, 448
Mengeringhausen, Max (A)   306
Mengs, Anton Raffael (M)   463
Menken, August (A)   120, 227,
313
Menzel, Adolph (M)   6, 25, 29,
87, 175, 186, 395, 402, 460,
461, 462, 464, 465, 469; Farb-
abb. 30
Mercier, Philippe (T)   16, 271
Merck, Johann Christoph (M)   18
Merian, Matthäus d. J. (M)   157,
271
Mersmann, Paul (Bh)   245
Mertel, Günter (Bh)   119
Messel, Alfred (A)   26, 58, 72,
122, 192, 244, 246, 293, 304,
305, 354, 416, 476
Metsu, Gabriel (M)   420
Metzner, Franz (Bh)   187
Meunier, Constantin (Bh)   465,
466
Meurer, P.   Abb. 110, 181
Meyer, Friedrich Elias (Bh)   20, 90,
279, 453
Meyer, Gustav (Ga)   24, 118, 154,
219
Meyer, Johann Friedrich (M)   19,
270
Meyer, Max (A)   365
Meyer, Wilhelm Christian (Bh)
247, 279, 343, 378
Meyerheim, Friedrich Eduard (M)
474
Meyerheim, Paul (M)   144, 461
Michalik, Walter (A)   386
Michel, Paul (A)   209

Michel, Sigisbert (Bh)   19, 294,
400, 412
Michelangelo Buonarroti (M, Bh,
A)   91, 355
Middendorf, Helmut (M)   30
Midell, Margrit (Bh)   51
Mierevelt, Michiel Jansz (M)   420
Mieris, Willem van (M)   337
Mies van der Rohe, Ludwig (A)
26, 27, 78, 140, 144, 207, 208,
222, 328, 341
Mijtens, Jan (M)   270
Miller, Wolfgang (Ga)   230
Millet, Jean-François (M)   418
Mino da Fiesole (Bh)   416, 436
Mitsui, Yasuo (Bh)   198
Möbius, Karl (Bh)   311
Möckel, Gotthilf Ludwig (A)   122,
187
Mocken, Franz (A)   203, 258
Modersohn-Becker, Paula (M)
471
Moeyaert, Claes Cornelisz (M)
420
Mohn, Victor Paul (M)   465
Moholy-Nagy, László (M)   30, 400
Mohrbutter, Alfred (M)   328
Möhring, Bruno (A)   220, 237,
240, 338
Moldenschardt, Heinrich (A)   232,
364
Molenaer, Cornelis (M)   421
Molenaer, Jan Miense (M)   420
Moll, Margarete (Bh)   206
Moll, Oskar (M)   467
Möllendorff, Wolf v. (A)   194,
196, 232, 340
Möller, Carl Heinrich (Bh)   69, 72,
271
Möller, Gustav (A)   172
Möllinger, Christian (Um)   402,
459
Mondrian, Piet (M)   472
Mönnich, Rudolf (A)   45, 248, 307
Montagna, Bartolomeo (M)   419
Montemezzano, Francesco (M)
420
Moore, Charles (A)   369
Moore, Henry (Bh)   197, 204, 469
Morandi, Giorgio (M)   472
Moreelse, Paulus (M)   337
Morin, Georges (Bh)   383
Morone, Francesco (M)   411
Moroni, Giovanni Battista (M)
419
Moser, Josef (A)   250, 293
Moser, Julius (Bh)   97, 174, 187
Moshamer, Ludwig (A)   212
Mozart, Anton (M)   452
Muche, Georg (M)   400, 468
Mueller, Otto (M)   422, 423, 472
Mügge, Georg-Peter (A)   168, 283

Mühlenhaupt, Kurt (Bh) 180
Müller, Bernhard (A) 168
Müller, Gustav (A) 169, 230, 245,
  285, 292, 297, 331
Müller, Gustav Alfred (M) 468
Müller, Hans (A) 191, 293
Müller, Hans E. Christian (A) 28,
  169, 193, 194, 195, 210, 298,
  361
Müller, Johann Eduard (Bh) 462
Müller, Johann George (Bh) 453,
  459
Müller, Moritz (A) 369
Müller, William (A) 218
Müller-Breslau, Heinrich (A) 259
Müller-Rehm, Klaus (A) 183, 194,
  195
Multscher, Hans (M, Bh) 427,
  435
Munch, Edvard (M) 29, 100, 460,
  462, 471
Munk, Jacob (M) 402
Munkácsy, Michael (M) 465
Münster, Bernd (Bh) 182
Mura, Francesco de (M) 419
Muthesius, Eckart (A) 339
Muthesius, Hermann (A) 26, 321,
  326, 328, 333, 334, 338, 339,
  340
Muziano, Girolamo (M) 419
Mylius, Sebastian (Go) 458

Naager, Franz (Bh) 43
Nachtlicht, Leo (A) 292
Nacke, Karl (Bh) 380
Nagel, Hans (Bh) 290
Nagel, Otto (M) 30, 31, 144, 402,
  460, 461
Nahl, Johann August (Bh) 19, 20,
  272, 273
Nahl, Johann Samuel (Bh) 16,
  265
Nason, Pieter (M) 420
Näther, Joachim (A) 56, 94
Nattier, Jean-Marc (M) 418
Nay, Ernst Wilhelm (M) 284
Nazarener (M) 25, 175, 462, 468
Neer, Aert van der (M) 420
Neide, Eduard (Ga) 198
Nering, Johann Arnold (A) 14, 15,
  43, 73, 78, 127, 160, 163, 263,
  400
Nerlinger, Oskar (M) 461
Neri di Bicci (M) 416
Neßtfell, Johann Georg (Ti) 453
»Neue Secession« (M) 30
Neufchâtel, Nicolas (M) 417
Neuhaus, Friedrich (A) 191
Neumann (A) 236
Neumann, Gerd (A) 306, 341
Neumann, Wilhelm (A) 214
Newman, Barnett (M) 473

Nickels, Klaus (A) 359
Nicolic, Vladimir (A) 215
Niebuhr, Louis (Bh) 182
Niedlich, Johann Gottfried (M) 21
Nielebock, Henry (A) 213
Niemeyer, Oscar (A) 194, 196,
  197
Nierade, Kunz (A) 88
Nitze, Philipp (A) 320
Niuron, Peter (A) 13
Noack (Bh) 172
Noack (G) 89
Noefer, Werner 360
Nolde, Emil (M) 422, 472
»Novembergruppe« (A, M) 26, 30
Nüttgens, Theodor (M) 252
Nylund, Kjell (A) 184

Ochs, Karl Wilhelm (A) 288
Ockert, Erich (M) 468
»Odious«, Gruppe (Bh) 230
Oefelein, Rainer (A) 215, 227
Oehme, Erich (Bh) 146
Oehme, Ernst Ferdinand (M) 464
Ohlwein, Günter (Bh) 378
Ohmann, Richard (Bh) 255
Ollk, Helmut (A) 220
Olmo, Giovanni Paolo (Bh) 411
Onofri, Vincenzo (M) 420
Oostsanen, Jacob Cornelisz van
  (M) 417
Oppenheimer, Max (M) 402
Orlowski, Hans (M) 30
Orth, August (A) 109, 113, 136,
  183, 218, 219
Ortolani, Giovanni Battista Benve-
  nuto (M) 419
Ostertag, Roland (A) 288, 309
Ottmer, Carl Theodor (A) 80
Otto, Frei (A) 213, 329
Otto, Karl (A) 231
Otto, Martin Paul (Bh) 49, 87
Otto, Waldemar (Bh) 193, 326
Otzen, Johannes (A) 173, 248,
  250, 354
Ouwater, Albert van (M) 429
Ovaska, Arthur (A) 168
Overbeck, Friedrich (M) 468, 474

Pacher, Michael (Bh) 236, 413
Pagels, Hermann Joachim (Bh)
  259, 307
Pagnest, Amable Louis (M) 338
Palamedesz, Palamedes (M) 420
Palladio, Andrea (A) 185, 292
Pankrath, Klaus-Rüdiger (A) 212
Pannini, Giovanni Paolo (M) 419
Pantaleone de Marchis (Ti) 411
Paolo di Stefano (M) 416
Paolozzi, Edoardo (Bh) 230
Pape, Eduard (M) 281
Pardon, Richard (A) 245

Pascal, Jean-Barthélemy (M) 281
Pater, Jean-Baptiste (M) 18, 272,
  274
Pàtzmann (A) 65
Paul, Bruno (A) 26, 27, 247 248,
  330, 334
Paulick, Richard (A) 73, 81, 121,
  293
Paulus, Ernst (A) 27, 113, 191,
  193, 319, 320, 333, 343
Paulus, Günther (A) 27, 319, 343
Pechstein, Max (M) 30, 318, 422,
  460, 467
Pechwell, August Joseph (M) 271
Peeters, Bonaventura (M) 421
Peichl, Gustav (A) 369
Pellipario, Nicola (Ker) 451
Pencz, Georg (M) 419
Pereira, Wilhelm Leonard (A) 213
Perini, Johann Baptist (Giovanni
  Battista Perrini; M) 13, 38
Permoser, Balthasar (Bh) 16,
  274
Persius, Ludwig (A) 22, 70 180,
  240, 348, 349, 350, 351, 352,
  353, 354; Abb. 353
Perugino (M) 468
Pesne, Antoine (M) 17, 18, 19,
  145, 146, 174, 266, 267, 269,
  270, 271, 272, 273, 275, 338,
  402, 418; Abb. 268
Petel, Georg (Bh) 435
Peterich, Paul (Bh) 466
Peters, Wolfgang (A) 172
Petersen, Ernst (A) 307
Petschnigg, Hubert (A) 291
Petzholtz, E. A. (A) 349, 350,
  354, 355
Pfankuch, Peter (A) 194, 195,
  331, 340, 361
Pfannschmidt, Carl Gottfried (M)
  187, 263, 278
Pfannschmidt, Friedrich Johann
  (Bh) 190
Pfarr, Paul (Bh) 230, 360
Pfeiffer, Eduard (A) 303
Pforr, Franz (M) 474
Pfuhl, Johannes (Bh) 204
Pfuhl, Karl (A) 236
Phidias (A, Bh) 91, 478
Picasso, Pablo (M) 462, 472
Pickenoy, Nicolaes Eliasz gen. (M)
  420
Piero della Francesca (M) 426
Piero di Cosimo (M) 426
Piero di Giovanni (Bh) 415
Pietersz, Pieter (M) 417
Pietsch, Paul (Bh) 246
Pilgram, Anton (Bh) 413
Pinnau, Cäsar (A) 212
Piombo, Sebastiano del (M) 419,
  427

Piranesi, Giovanni Battista (Kst) 205
Pisano, Giovanni (Bh) 415, 436
Pisano, Niccolò (Bh) 415, 416
Pitati, Bonifacio dei (M) 420
Pittoni, Giovanni Battista (M) 273
Pitz, Helge (A) 172, 219
Plarre, Hansrudolf (A) 194, 196, 213, 245
Plessow, Günter (A) 306, 341
Plonsker, Johannes (Ga) 218
Pniower, Georg (Ga) 154
Poelenburgh, Cornelis van (M) 421
Poelzig, Hans (A) 26, 27, 52, 100, 292, 295, 296, 297, 327, 343
Poelzig, Peter (A) 185, 195, 231, 304
Poelzig-Moeschke, Marlene (A) 343
Poeschke, Albert (A) 126
Pohle, Rudolf (Bh) 114, 246
Poirier, Anne (Bh) 314
Poirier, Patrick (Bh) 314
Polensky, Michael (A) 388
Pollaiuolo, Antonio (M, Bh) 426
Poly, Regina (A) 369
Pontormo, Jacopo Carrucci gen. (M) 419
Poorter, Willem de (M) 420
Poreike, Waldemar (A) 361
Portoghesi, Paolo (A) 369
Potter, Paulus (M) 430
Pourbus, Frans d. Ä. (M) 417
Poussin, Nicolas (M) 418, 431; Abb. 418
Pracht, Karl (Bh) 179
Prantl, Karl (Bh) 198
Prasser, Manfred (A) 100
Praxiteles (M) 91, 366
Preller, Friedrich d. J. (M) 204
Press, Herbert (Bh) 230, 245, 284, 383
Protogenes (M, Bh) 91
Prouve, Jean (A) 332
Prüfer, Theodor (A) 133
Puget, Pierre (Bh) 437
Puhan-Schulz, Kay (A) 213, 248, 363
Puhl & Wagner (Mos) 291
Puni, Iwan (M) 404
Punitzer, Martin (A) 256
Purrmann, Hans (M) 30, 467
Puttfarken, Christof (A) 184
Pysall, Hans-Joachim (A) 215

Quellinus, Artus (Bh) 49, 279
Querner, Curt (M) 461

Rabe, Friedrich (A) 346
Rabe, Johannes (M) 459

Rading, Adolf (A) 327
Radke, Wolfgang (A) 52
Radziwill, Franz (M) 468
Radziwill, Marie Eleonore Fürstin (M) 267
Raeburn, Henry (M) 418
Raemisch, Waldemar (Bh) 301, 315
Raffael (Raffaello Santi; M, A) 91, 426, 468
Ramboux, Johann Anton (M) 474
Ramsay, Allan (M) 270
Ränz, Johann David d. J. (Bh) 90, 412
Ränz, Johann Lorenz Wilhelm (Bh) 90, 412
Raoux, Jean (M) 267, 272
Raschdorff, Julius (A) 23, 62, 287
Rathenau, Walther 321
Rathstocken, Paul (A) 376
Ratz (A) 256
Rauch, Christian Daniel (Bh) 6, 21, 25, 30, 39, 76, 82, 84, 85, 87, 91, 104, 105, 107, 170, 178, 187, 201, 261, 271, 279, 280, 281, 282, 294, 345, 346, 349, 351, 352, 368, 415, 461, 462, 464; Abb. 83, 86, 105, 278
Rauch-Schule, -Werkstatt (Bh) 185, 202, 366
Rauch, Josef (Bh) 43, 119
Rave, Jan (A) 220, 302, 315, 359, 364
Rave, Rolf (A) 220, 302, 315, 359, 364
Ravestijn, Jan Anthonisz van (M) 420
Ravoth, Max (A) 292, 321
Rayski, Ferdinand v. (M) 464, 469
Rechberg, Arnold (Bh) 107
Reclam, Friedrich (M) 271
Redlich, Christine (A) 388
Redlich, Horst (A) 388
Rehnig, Otto (A) 209
Reichel, Alfred (Bh) 179, 223
Reichel, Rudolf (A) 170
Reichnow, Christoph Friedrich (Ga) 146
Reimer, Konrad (A) 103, 154, 289, 371
Reinhardt, Heinrich (A) 154, 211, 252, 284, 379
Reinhart, Johann Christian (M) 462
Reinhold, Heinrich (M) 368
Reischke, Erich (Bh) 198
Reiß (A) 236
Reith, Erika (A) 289
Reith, Oskar (A) 182, 289
Rembrandt (M) 48, 337, 415, 430, 432; Farbabb. 25
Reni, Guido (M) 345

Renoir, Auguste (M, Bh) 466, 470, 473
Rentsch, Ernst (A) 298
Rentzell, August v. (M) 281, 402
Repton, John Adey (Ga) 350
Reuter, Erich F. (Bh) 206, 207, 209, 287, 326, 360
Reuter, Georg (A) 315
Reynolds, Joshua (M) 428
Ribestein, Michel (M) 12, 47, 48, 49, 401
Ricci, Marco (M) 273
Ricci, Sebastiano (M) 431
Riccio, Andrea Briosco gen. (Bh) 436
Richter, Erich (A) 255
Richter, Georg (A) 315
Richter, Gottfried (M) 460
Richter, H. (A) 52
Richter, Klaus (M) 402
Richter, Ludwig (M) 465, 474
Richter, Werner (Bh) 146
Rickelt, Karl (M) 244
Rickey, George (Bh) 258, 469
Rié, Susanne (M) 247
Rieck, Günther (Ga) 219
Riede, Bernd (A) 209
Riedel, Helmut (A) 120
Riehl, Andreas (M) 13
Riehmer, Wilhelm Ferdinand August (A) 178
Riemenschneider, Tilman (Bh) 205, 412, 413, 435
Riesener, Jean-Henri (Ti) 457
Rietschel, Ernst (Bh) 81, 350, 462
Rigaud, Hyacinthe (M) 268, 418
Rilke-Westhoff, Clara (Bh) 467
Rimpl, Herbert (A) 219
»Der Ring« (A) 26, 305
Ring, Ludger tom (M) 419
Ring, Pieter de (M) 420
Rischar, Siegfried (M) 197
Risse, Otto (A) 285
Ritter, Paul de (Bh) 49
Riza-i-Abbasi (M) 484
Robert, Hubert (M) 418
Roberti, Ercole de' (M) 416
Robbia, Andrea della (Bh) 411
Robbia, Giovanni della (Bh) 411
Robbia, Luca della (Bh) 411, 416, 436
Robbia-Kreis (Bh) 410
Robins, Leslie (A) 182
Roch, Georg (Bh) 380
Roch, Maximilian (M) 25, 270; Abb. 60
Röchling, Carl (M) 25
Rochlitz, Heinrich (Bh) 107, 290
Rode, Christian Bernhard (M) 19, 25, 48, 92, 94, 102, 107, 115, 270, 279, 418, 459, 463
Rodin, Auguste (Bh) 466, 467

500 Künstlerregister

Roeder, Emy (Bh)   31, 422, 468
Roentgen, David (Ti)   20, 271,
   346, 457; Abb. 457
Roger von Helmarshausen (Go)
   449
Roghman, Roelant (M)   419, 420
Rohde (Bh)   345
Rohden, Johann Martin (M)   463,
   473
Rohlfs, Christian (M)   467
Roldán, Pedro (Bh)   437
Rolfes, Walter (A)   360
Röll, Fritz (Bh)   294, 383
Rollenhagen, Eike (A)   215
Romandon, Abraham (M)   14, 269
Romandon, Gedeon (M)   14, 16,
   269
Romanelli, Giovanni Francesco (M)
   419
Romanino, Girolamo (M)   420
Römer, Christian (A)   374
Roos, Johann Heinrich (M)   418
Rosa, Salvator (A)   419
Rose, Max (Bh)   364
Rosenbaum, Hieronymus (M)   378
Rosenberg, Johann Carl Wilhelm
   (M)   19, 345
Rosenberg, Johann Georg (Kst, M)
   19, 401; Abb. 16
Rösler, Waldemar (M)   467
Rosse, Franz (Bh)   176
Rosselli, Cosimo (M)   416
Rossellino, Antonio (Bh)   411,
   416
Rossi, Aldo (A)   170, 213
Roßteuscher, Ernst August (A)   185
Rosz, Martin (M)   404
Rotari, Pietro (M)   419
Roth, Alfred (A)   297
Roth, Werry (A)   230, 315
Rottmann, Carl (M)   282, 473
Royen, Willem Frederik van (M)
   13, 336, 338
Roymerswaele, Marinus van (M)
   417
Rubens, Peter Paul (M)   337, 421,
   429, 431
Ruble, John (A)   369
Rückel, Anton (Bh)   244
Ruckers, Andreas (Mu)   461
Ruckers, Joannes (Mu)   461
Rudolph, Max (A)   183, 382
Ruegenberg, Sergius (A)   194,
   196, 340, 359, 388
Ruf, Sep (A)   194, 196
Ruisdael, Jacob van (M)   430
Rümmler, Rainer Gerhard (A)
   252, 259, 315
Runge, Philipp Otto (M)   473
Rüster, Emil (A)   327
Ruysdael, Salomon van (M)   420
Ryckwaert, Cornelis (A)   13

Saake, Robert (Bh)   117
Sacchi, Andrea (M)   431
Sacchi, Pier Francesco (M)   419
Saftleven, Herman d. J. (M)   420
Sage, Konrad (A)   249, 256, 303
Sagebiel, Ernst (A)   27, 95, 237
Saggi, Niccolò (M)   416
Saldanha (Bh)   197
Salinger, Alfred (A)   369
Salomé (M)   30
Salviati (Mos)   200
Salvisberg, Otto Rudolf (A)   26,
   126, 252, 303, 321, 327, 330,
   358, 359
Samuelson, Sten (A)   194, 196
Sand, Wolf (A)   288
Sander, Wilhelm (A)   259
Sangallo, Francesco da (Bh)   419
Sansovino, Andrea (M)   419, 420
Sansovino, Jacopo (A, Bh)   60,
   436
Santarossa, Hella (M)   289, 360
Sartori, Constantin (Bh)   92, 272,
   346
Sartory, Barna v. (A, Bh)   288, 332
Sassoferrato, Giovanni Battista Salvi
   gen. (M)   419
Sattler, Christoph (A)   209
Savery, Roelant (M)   420
Sawade, Jürgen (A)   210, 215,
   240, 313
Sax, Ursula (Bh)   285, 380, 388
Schaad, Peter (A)   168
Schaad, Ulrich (A)   168
Schad, Christian (M)   402
Schädel, Hans (A)   85, 231, 240,
   306, 383
Schadow, Albert Dietrich (A)   61,
   105, 280, 343, 347
Schadow, Johann Gottfried (Bh)
   6, 20, 25, 42, 58, 76, 79, 82,
   85, 90, 91, 94, 104, 105,
   175, 199, 202, 265, 266, 281,
   294, 395, 402, 412, 417, 458,
   459, 461, 462, 463, 464, 478;
   Abb. 90, 463
Schadow-Schule (Bh)   281
Schadow, Rudolf (Bh)   25, 76, 91,
   462, 464
Schadow, Wilhelm (M)   25, 281,
   368, 459/460, 464, 468
Schaede, B. (A)   288
Schaefers, Hans (A)   213, 315
Schäfer, Dietrich (A)   232
Schallenberger, Paul Jacob (A)
   295
Schaper, Fritz (Bh)   25, 201, 203,
   204, 246, 291, 304
Schaper, Hermann (M)   291
Scharfenberg, Emanuel (Bh)   321
Scharff, Edwin (Bh)   31, 466, 467
Scharlipp, Heinz (A)   52

Scharoun, Hans (A)   5, 26, 27,
   120, 170, 171, 205 206, 207,
   209, 240, 288, 295. 305, 306,
   316, 319, 320, 361, 364, 368,
   383, 461; Abb. 305
Schatz, Arnold (Bh)   219
Schaudt, Johann Emil (A)   212
Schauss, Martin (Bh)   226
Scheffer v. Leonhartshoff, Johann
   Ev. (M)   464
Scheibe, Richard (Bh)   31, 95,
   210, 211, 244, 265, 284, 299,
   318, 331, 332, 339, 354, 467
Schenk, Hans, gen. Scheußlich
   (Bh)   12, 39, 47, 335, 336
Scheper, Hinnerk (M)   263, 376
Scheper-Berkenkamp, Lou (M)
   206
Schick, Gottlieb (M)   368, 473
Schiedhelm, Manfred (A)   215,
   220, 332
Schievelbein, Hermann (Bh)   69,
   72, 74, 91, 105, 246
Schinkel, Karl Friedrich (A, M)   6,
   8, 20, 22, 23, 24, 60, 52, 65,
   67, 68, 69, 70, 72, 74, 76, 78,
   79, 80, 82, 85, 90, 91 93, 97,
   100, 103, 104, 105, 106, 107,
   108, 128, 167, 169, 172, 174,
   175, 178, 186, 189, 199, 208,
   216, 218, 221, 241, 263, 273,
   278, 279, 280, 281, 282, 287,
   329, 344, 346, 347, 348, 349,
   350, 351, 353, 366, 368, 376,
   378, 385, 402, 415, 449, 453,
   458, 461, 462, 464, 474, 475,
   476; Abb. 68, 75, 77, 80, 106,
   108, 217, 282, 350, 352
Schinkel-Schule, -Umgebung u. a.
   (A)   5, 53, 60, 72, 102. 108,
   115, 125, 126, 129, 133, 135,
   136, 139, 151, 154, 155, 172,
   177, 180, 181, 193, 205, 236,
   241, 256, 258, 261, 287, 303,
   312, 385
Schirmer, August Wilhelm (M)
   281, 352, 402
Schirmer, Fritz (A)   287
Schleicher, M. L. (Stm)   95, 188
Schlemmer, Oskar (M)   400, 468
Schleuen, Johann David (Kst)   19;
   Abb. 127
Schlichter, Rudolf (M)   402, 460,
   468
Schloenbach (A)   253
Schlösser, Hermann (M)   466
Schlotter, Gerhard (A)   320
Schlüter, Andreas (A, Bh)   6, 14,
   15, 16, 18, 38, 41, 44, 47, 61,
   62, 64, 78, 79, 265, 272, 401,
   411, 417, 461; Abb. 48, 63, 78,
   264, 412

Künstlerregister 501

Schmalz, Otto (A) 45
Schmarje, Walter (Bh) 128, 255, 326, 328, 380
Schmettau, Joachim (Bh) 197, 226, 291
Schmid, G. (A) 283
Schmidt (Kst) Abb. 74, 179
Schmidt, Georg Friedrich (Kst) 19, 432; Abb. 18
Schmidt, Heinrich (M) 457
Schmidt, Max (M) 368
Schmidt, Robert (Bh) 182
Schmidt, Wilhelm (A) 316
Schmidt-Ott, Christoph (A) 253
Schmidt-Rottluff, Karl (M) 135, 334, 422, 423, 448, 468, 472
Schmiedel, Hans-Peter (A) 56
Schmieden, Heino (A) 102, 119, 148, 172, 180, 236, 304; Abb. 103
Schmitthenner, Paul (A) 327, 386
Schmitz, Bruno (A) 136, 187, 247
Schmock, Reinhard (A) 227
Schmohl, Eugen (A) 237, 246, 294, 369, 371
Schmoock, Otto (A) 314
Schneider-Esleben, Paul (A) 194, 195
Schneidereit, Bruno (A) 229
Schnitger, Arp (Mu) 269
Schnorr v. Carolsfeld, Julius (M) 464, 474
Schoenholtz, Michael (Bh) 230, 327
Schöffler (A) 253
Scholz, Rolf (Bh) 360
Scholz, Stefan Jan (A) 204, 213, 369
Schonert, Erich (A) 128
Schönfelder, Baldur (Bh) 146
Schongauer, Martin (M) 419, 427, 432
Schoonjans, Anthonie (M) 16, 269, 270
Schopohl, Fritz (A) 320, 327
Schoppe, Julius (M) 351, 460
Schoszberger, Hans (A) 213, 285, 292, 382
Schott, Walter (Bh) 219, 376
Schrader, Julius (M) 88, 368, 462
Schramm, Julius (Ksch) 210, 307
Schreck, Hasso (A) 362, 363
Schreiter, Gerhard (Bh) 205, 233, 263, 294
Schreiter, Johannes (Gl) 320
Schrieber, Ludwig Gabriel (Bh) 31, 196, 221, 294
Schrieck, Otto Marseus van (M) 337
Schrimpf, Georg (M) 402, 468
Schröder, Johann Heinrich (M) 271

Schubert, Emil (Ga) 332
Schubert, Peter (M) 275
Schuberth, Richard v. (A) 315
Schuch, Carl (M) 465
Schudnagies, Heinz (A) 320, 321, 361, 365, 368, 369, 386
Schuke, Karl (Mu) 269
Schüler, Ralf (A) 28, 214, 252, 283, 297, 399
Schüler-Witte, Ursulina (A) 28, 214, 252, 283, 297, 399
Schultes, Axel (A) 204, 213, 215, 369
Schultz, Johann Bernhard (Kst) 270, 401; Abb. 15
Schultze, Joachim Fritz (Bh) 198
Schultze, Johann Wilhelm (Bh) 247
Schultze, Richard (A) 165
Schultze-Naumburg, Paul (A) 303, 321
Schulz, Carl Friedrich (M) 402
Schulz, Hans Wolfgang (M) 402
Schulz, Martin (M) 13, 49
Schulz, Moritz (Bh) 70, 71, 200
Schulz, Otto (Bh) 290
Schulze, Friedrich (A) 95, 189
Schulze, Johann Gottlob (A) 263
Schumacher, Ernst (M) 30
Schupp, Fritz (A) 155
Schuster, Franz (A) 194, 196
Schuster-Woldan, Raffael (M) 204
Schütte, Hans (A) 157
Schwaderer, Horst (A) 249
Schwanthaler, Ludwig (Bh) 462
Schwartz-Buky, Moshe (Bh) 198
Schwartzkopf, E. (A) 220
Schwarz (A) 303
Schwarz, Gustav (M) 281, 402
Schwarz, Hans (Bh) 435
Schwarz, Maria (A) 386
Schwarz, Rudolf (A) 386
Schwarz, Walter (A) 100
Schwatlo, Carl (A) 95, 99, 304
Schwebes, Paul (A) 213, 285, 292, 293, 382
Schwechten, Franz Heinrich (A) 171, 181, 219, 220, 241, 247, 291, 322
Schweinitz, Rudolf (Bh) 51, 71
Schweitzer, Heinrich (A) 100, 320, 330, 332, 334
Schweizer, Peter (A) 147
Schwendy, Albert (M) 270
Schwennicke, Carl-Heinrich (A) 287, 288
Schwethelm, Godehard (A) 191
Schwind, Moritz v. (M) 464, 474, 475
Schwippert, Hans (A) 84, 194, 196
Scorel, Jan van (M) 417

Seeck (A) 255
Seeling, Heinrich (A) 100, 284, 304
Segal, Arthur (M) 468
Seghers, Daniel (M) 421
Seghers, Hercules (M) 430
Sehring, Bernhard (A) 292
Seibert, Georg (Bh) 332
Seibertz, Engelbert (A) 236
Seidel, Bernd (A) 66
Seidel, Rainer (A) 380
Seidl, Gabriel v. (A) 58
Seifert, Victor H. (Bh) 227
Seitz, Gustav (Bh) 31, 52, 105, 114, 448; Abb. 115
Sello d. J., Justus Ehrenreich (Ga) 198
Senn, Otto H. (A) 194, 196
Serlin, Louis (A) 293
Serra, Richard (Bh) 469
Seutter, Matth. Abb. 17
Seyfarth, Christian (A) 90
Sichert (A) 88
Siedler, Eduard Jobst (A) 237, 323
Sieg, Carl (M) 345
Siegmann, Gerhard (A) 194, 195
Siemering, Rudolph (Bh) 25, 55, 102, 172, 180, 186, 199, 202, 203, 229; Abb. 103
Siemering, Wolfgang (Bh) 202
Siepenkothen, O. (A) 245
Sieverts, Thomas (A) 232
Silber, Jonas (Go) 451
Silvestre, Louis d. J. (M) 269, 272
Simone di Martino (Ksch) 270
Simonetti, Giovanni (St) 454
Simoni (M) 351
Simonini, Francesco (M) 273
Sinken, Hein (Bh) 360
Sintenis, Renée (Bh) 31, 334, 365, 468
Siza Viera, Alvaro (A) 182
Skarbina, Franz (M) 29, 226, 402, 467
Skujin, Friedrich (A) 88
Skujin, Peter (A) 52
Slevogt, Max (M) 30, 402, 460, 465, 467, 471
Smids, Michael Matthias (A) 13, 47, 54
Snayers, Peter (M) 421
Snyders, Frans (M) 421
Sobotka, Franz Heinrich (A) 169, 230, 245, 285, 292, 297, 331
Sodoma (M) 419
Sokolow, Peter P. (Bh) 351
Solf, Hermann (A) 170, 321, 382
Solimena, Francesco (M) 432
Soller, August (A) 22, 60, 100
Sommer, J. D. (Ti) 456
Sonnenschein, Johann Valentin (Bh) 415

502 Künstlerregister

Spaeth, K. (A) 226
Spagna, Lo (M) 416
Spalding, Otto (A) 248
Spangenberg, Gerhard (A) 183, 184
Speer, Albert (A) 27, 106, 201, 212, 245, 246
Spelt, Adriaen van der (M) 338
Sperandio di Bartolomeo (M) 416
Spielberg, H. (M) Abb. 186
Spilberg, Johann (M) 417
Spindler, Gebr. (Ti) 20, 457
Spitta, Max (A) 99, 143, 218, 310
Spitzweg, Carl (M) 475
Srp (A) 213
Ssymmank, Günter (A) 206, 207, 209
Stackelberg, Otto Magnus v. (M) 333
Stadler, Toni (Bh) 468
Stahn, Günter (A) 39
Stahn, Otto (A) 343, 354
Stahrenberg, Peter Otto (A) 215
Stalbemt, Adriaen van (M) 421
Stall, Samuel (Bh) 270
Starck, Constantin (Bh) 259, 312
Starck-Buchholz, Helena (Gl) 318/319
Steen, Jan (M) 430
Steffeck, Carl (M) 25, 336, 402
Steger, Milly (Bh) 460
Steidle, Otto (A) 182, 215, 316
Steigelmann, Hartmut (A) 215
Steiger, Roland (A) 52
Steil, Adolf (A) 382
Stein, Erwin (Ga) 126
Stein, Theodor (A) 180
Steinberg, Curt (A) 154
Steinbrenner, Hans (Bh) 198
Steinebach, Karl-Heinz (A) 369
Steiner, Michael (Bh) 198
Steinhardt, Jakob (M) 402
Steinmetz, Georg (A) 327
Stephan, Hans (A) 382
Sterl, Robert (M) 467
Stern, Robert (A) 369
Stichling, Otto (A) 136
Stier, Gustav (A) 105
Stier, Hubert (A) 261, 323
Stier, Wilhelm (A) 241
»De Stijl« 355
Stingl, Helmut (A) 163
Stirling, James (A) 210
Stockhaus (A) 213
Stoeving, Curt (Bh) 354
Stomer, Matthäus (M) 421
Stoop, Dirk (M) 421
Störl, H.-P. (A) 203
Stoß, Veit (Bh) 435
Stötzer, Werner (Bh) 31, 51, 88
Strack, Heinrich (A) 104

Strack, Johann Heinrich (A) 70, 71, 73, 85, 104, 126, 178, 199, 287, 312; Abb. 105
Stranz, Herbert (A) 361
Strassenmeier, Werner (A) 94
Straumer, Heinrich (A) 27, 213, 255, 296, 330
Streckebach, Karl (A) 326
Streichenberg, August Julius (Bh) 246
Streitparth, Jörg (A) 163
Strozzi, Bernardo (M) 419
Strübe, Adolf (Bh) 301
Stryshewskij, A. (A) 88
Stubbins, Hugh A. (A) 27, 203
Stuck, Franz v. (M) 465
Stüler, Friedrich August (A) 22, 61, 69, 70, 97, 99, 104, 105, 118, 126, 148, 172, 180, 183, 189, 205, 241, 283, 321, 343, 347, 351, 404, 461; Abb. 118
Stummel, Friedrich (M) 113, 252
Sturm, Felix (A) 127
Stürzebecher, Peter (A) 184
Süßenguth, Georg (A) 154, 211, 252, 284, 379
Sussmann-Hellborn, Ludwig (Bh) 203, 462
Süssner, Jeremias (Bh) 275
Sutkowski, Walter (Bh) 163, 237
Swart van Groningen, Jan (M) 417
Swora, Karl-Ernst (A) 52, 66, 102
Syfer, Hans (Bh) 413
Sypereck, Helge (A) 399
Szankowski, Maciej (Bh) 227
Székely, Pierre (Bh) 198
Szelinski-Singer, Katharina (Bh) 226, 227
Szymanski, Rolf (Bh) 230, 286, 332

TAC (The Architects' Collaborative) 231, 232
Tàpies, Antoni (M) 473
Tappert, Georg (M) 30
Taschner, Ignaz (Bh) 43, 119, 175
Tassaert, Pierre Antoine (Bh) 20, 82, 199, 292, 412
Taut, Bruno (A) 26, 27, 113, 114, 135, 155, 185, 221, 222, 227, 229, 232, 305, 327, 370; Abb. 133
Taut, Max (A) 26, 27, 56, 143, 163, 179, 183, 194, 196, 230, 316, 354
Techow, H. (A) 95
Tempel, Abraham van den (M) 420
Teniers, David (M) 456
Tepez, Robert (A) 296
Terborch, Gerard (M) 419, 430
Terbrugghen, Hendrik (M) 420

Ternite, Wilhelm (M) 338
Terwesten, Augustin (M) 15, 269
Terwesten, Matthäus (M) 15, 270
Tessenow, Heinrich (A) 26, 27, 79, 111, 327, 334
Theissen, Volker (A) 361
Theophilus Presbyter 449
Therbusch, Anna Dorothea (M) 19, 271, 401, 402, 418, 459
Theyß, Caspar (A) 61, 336
Thiele, Klaus Jakob (A) 321
Thieler, Fred (M) 30, 404
Thoemer, Paul 45, 190, 226, 248, 307
Thoma, Hans (M) 465, 469
Thonke, Irene (T) 340
Thorak, Josef (Bh) 31, 193, 299, 301, 303, 355
Thorvaldsen, Bertel (Bh) 78, 105, 107, 113, 187, 354, 368, 462, 463, 464
Thurneisser 47
Thutmosis (Bh) 393, 406
Thyriot, Franz (A) 326
Tibaldi, Pellegrino (M, Bh) 419
Tieck, Christian Friedrich (Bh) 25, 53, 68, 76, 78, 82, 91, 92, 107, 178, 279, 281, 349, 366, 368, 462, 463, 475
Tiede, August (A) 107
Tiedemann, Joseph (A) 126
Tiedemann, Ludwig v. (A) 135, 143, 166, 256
Tiepolo, Giovanni Battista (M) 419, 431
Tiepolo, Giovanni Domenico (M) 419
Tigerman, Stanley (A) 369
Tino di Camaino (Bh) 415
Tintoretto, Jacopo (M) 427, 431, 456
Tischbein, Anton (M) 270
Tischbein, Friedrich August (M) 463, 464
Tischbein, Johann Heinrich d. Ä. (M) 418
Titz, Eduard (A) 100, 165, 303
Tizian (Tiziano Vecellio; M) 426, 427
Toberenz, Robert (Bh) 49
Tomskij, Nikolaj W. (Bh) 120, 297
Tongbragob-Strobel, Sutee (Bh) 332
Tonon, Benedict (A) 213, 214, 215
Treffler, Johann Christoph (Go) 452
Trier, Hann (M) 30, 272, 273
Tröger, Fritz (M) 468
Tropp, Paul (A) 219

Künstlerregister 503

Troschel, Julius (M) 462
Trübner, Wilhelm (M) 467
Tuaillon, Louis (Bh) 30, 103, 202,
   215, 304, 402, 462, 467
Tübbeke, Franz (Bh) 412
Tümler, Carl Heinz (Ga) 244

Uccello, Paolo (M) 416
Uechtritz-Steinkirch, Cuno v. (Bh)
   203
Uhde, Fritz v. (M) 464, 465;
   Farbabb. 31
Uhl, Johannes (A) 184
Uhlmann, Hans (Bh) 31, 197,
   206, 284, 290, 404
Ulrich, Gerhard (M) Abb. 171
Unger, Georg Christian (A) 19,
   85, 91, 92, 99
Unger, Johann Christian (Bh) 90;
   Abb. 90
Unger, Max (Bh) 329
Ungers, Oswald Mathias (A) 215,
   361
Unzelmann, Friedrich 175
Uphues, Joseph (Bh) 25, 175,
   200, 247, 304
Ury, Lesser (M) 30, 136, 402,
   421, 460, 467
Uytewael, Joachim (M) 420

Vadder, Lodewijk de (M) 421
Vago, Pierre (A) 194, 195
Vahl (A) 213
Vaillant, Jacques (M) 13, 15, 455,
   456, 457
Valckert, Werner van den (M) 420
Valenta, Rudolf (Bh) 182
Valentiny, Francy (A) 213
Vanloo, Charles Amédée Philippe
   (M) 19, 267, 272, 459
Varotari, Alessandro (M) 419, 420
Vasari, Giorgio (M) 419
Vecchia, Pietro della (A) 420
Veit, Philipp (M) 468, 474
Velázquez, Diego (M) 419, 431
Velde, Adriaen van de (M) 430
Velde, Henry van de (A, Des)
   Abb. 421
Venet, Bernard (Bh) 249
Verbrugghen, Gaspar Pieter d. J.
   (M) 421
Verendael, Nicolaes van (M) 421
Verhaert, Dirck (M) 420
Vermeer van Delft, Jan (M) 430
Vermeyen, Jan Cornelisz (M) 417
Vernet, Carle (M) 272
Verona, Bartolomeo (M) 272, 346
Verrocchio, Andrea del Cione gen.
   (Bh) 416, 436
Verschuir, Lieve (M) 271
Victors, Jan (M) 420
Viehrig, Heinz (A) 232

Vigée-Lebrun, Elisabeth (M) 272
Vigne, Charles (T) 16, 267,
   401
Vinckeboons, David (M) 420
Virchow, Hugo (A) 245
Vischer, Johann (G) 64; Abb. 64
Vischer, Peter (Bh) 12, 64; Abb.
   64
Vittoria, Alessandro (Bh) 436
Vlaminck, Maurice de (M) 466
Voelkel, Alwin (Bh) 259
Vogdt, Arthur (A) 185, 227
Vogel, August (Bh) 204
Vogel, Reinhard (A) 388
Vogel, Wolfram (A) 306, 384
Vogel v. Vogelstein, Carl (M) 402,
   464
Vogt, Gunnar (M) 269
Voigt, Peter 51
Voigtel, Richard (A) 227
Völcker, Gottfried Wilhelm (M)
   464
Völker, Heinz (A) 285
Voll, Christoph (M) 468
Vollering, Jost (A) 382
Vollmer, Johannes (A) 196, 285
Volpato, Giovanni (M) 346
Vordermayer, Ludwig (Bh) 304
Vormeier, Wilhelm (A) 382
Vostell, Wolf (M) 402, 404
Voulleaumé, Jakob (G) 13
Vredeman de Vries, Hans (M)
   419, 455
Vries, Adriaen de (Bh) 411
Vroom, Hendrik Cornelisz (M)
   420
Vuarin (G) 84

Wach, Wilhelm (M) 281, 282,
   368
Wächter, Eberhard (M) 464
Wackerle, Joseph (Bh) 301, 309,
   384
Waegener, Ernst (Bh) 104
Waesemann, Hermann Friedrich
   (A) 49
Wagenfeld, Wilhelm (Des) 448
Wagner, August (Mos) 196, 210,
   285
Wagner, Joachim (Mu) 49
Wagner, Johann Peter Alexander
   (Bh) 415
Wagner, Martin (A) 26, 27, 52,
   229, 230, 245, 297, 305, 341
Wagner, Rudi H. (Bh) 376
Wagner, Siegfried (A) 163
Waldmüller, Ferdinand Georg
   (M) 464, 475
Walerius, Sarra S. (A) 154
Wallbaum, Matthias (Ti, Go) 452,
   456
Wallot, Paul (A) 23, 204

Walthausen, Ludolf v. (A) 183,
   249, 260, 261, 326
Walther (A) 166
Walther, Wilhelm (A) 168
Wamper, Adolf (Bh) 301
Wandschneider, Wilhelm (Bh)
   288, 381
Wanschaff, Karl (Ti) 281
Warthmüller, Robert (M) 246
Watteau, Antoine (M) 18, 19,
   267, 273, 274, 275, 395, 428,
   432; Farbabb. 26
Wauer, William (Bh) 468
Weber, Friedrich (A) 369
Weber, Gerhard (A) 194, 196
Weber, Werner (A) 220, 229,
   238, 306
Weenix, Jan (M) 421
Weenix, Jan Baptist (M) 338, 421
Wegely, Wilhelm Kaspar (Ker)
   20, 279, 402, 458, 460
Wegner, Andreas (Bh) 182
Weidemann, Carl Aemil (M) 18
Weidemann, Friedrich Wilhelm
   (M) 16, 18, 267, 268, 269, 458
Weihenmeyer, Georg Friedrich
   (Bh) 16, 79
Weil (Ga) 198
Weisbach, Valentin (A) 123
Weisgerber, Albert (M) 467
Weishaupt, Karl (A) 327
Weißgerber, Otto (A) 287
Weißhaupt, Klaus (A) 163
Weitsch, Friedrich Georg (M) 25,
   271, 366, 402, 417, 459, 461,
   464
Wenck, Ernst (Bh) 108, 179, 329,
   382
Wenke, Karl (Bh) 219
Wentzel, Hermann Alexander (A)
   105
Wentzel, Johann Friedrich (M) 16
Wenzel, Jürgen (Bh) 193
Wenzel, Karl (M) 252
Wermuth, Christian (Med) 16
Werner, Anton v. (M) 25, 29,
   200, 210, 246
Werner, Christoph Joseph (M) 266
Werner, G. (A) 120
Werner, Theodor (M) 30, 290,
   468
Werner, Wolfgang (A) 222
Werner, Woty (T) 224
West, Benjamin (M) 272
Westphal, Karl (A) 320
Weström, Ute (A) 172, 421
Wever, Klaus (A) 66
Weyden, Rogier van der (M) 428,
   429
Wichards, Franz (A) 170, 321,
   382
Wichmann, Carl (Bh) 25, 90, 330

504　*Künstlerregister*

Wichmann, Ludwig (Bh)　25, 68, 72, 76, 100, 104, 178, 281
Widemann, Wilhelm (Bh)　43, 204
Wieling, Nicolaus (M)　13, 338
Wiesner, Erich (Bh)　332
Wille, Hartmut (A)　173
Willeboirts, Thomas (M)　338, 421
Wilm, Josef (Go)　329
Willmann, Michael (M)　14, 271
Wimmer, Hans (Bh)　333
Winkler, G. (A)　213
Winkler, Nikolaus (M)　47
Winner, Gerd (M)　191, 215
Winter, Fritz (M)　196
Wintergerst, Joseph (M)　464
Wislicenus(-Finzelberg), Lilli (Bh)　187, 316
Wisniewski, Edgar (A)　206, 207, 209
Witte, Ursulina (A)　→ Schüler-Witte
Wittig, Arnd (Bh)　119
Wittig, August (Bh)　76, 204, 279
Wittig, Paul (A)　183
Witz, Konrad (M)　427
Woensam, Anton (M)　419
Wohler, Johann Christoph (Bh)　90, 345
Wohler, Michael Christoph (Bh)　90, 345
Wohlgemut, Michael (M)　12, 386
Wolbeer, Gerhard (Ker)　401, 456
Wolf, Gustav (A)　327
Wolf, Heinrich (A)　27, 78
Wolf, Paul (Bh)　245
Wolff, Albert (Bh)　25, 39, 69, 72, 170, 190, 200, 261, 304
Wolff, Arthur (A)　382
Wolff, August (Bh)　105
Wolff, Dietrich (A)　180
Wolff, Emil (Bh)　25, 72, 76, 462
Wolff, Gustav Heinrich (Bh)　468
Wolff, Helmut (Bh)　210
Wolff, Johann Eduard (M)　25, 281

Wolff, Martin (Bh)　376
Wolff, Ulrich (A)　172
Wolff, Wilhelm (Bh)　72, 201
Wolff-Grohmann, Hans (A)　221, 382
Wolffenstein, Richard (A)　49, 100
Wolffgang, Johann Georg (Kst)　270
Wols, Wolfgang Schulze gen. (M)　472
Woska, Zofia (Bh)　119
Womacka, Walter (M)　52, 65
Woods, Shadrach (A)　332, 361
Worm, Hermen (Go)　451
Wotruba, Fritz (Bh)　284
Wouverman, Philips (M)　421
Wrba, Georg (Bh)　43, 119, 146, 288
Wredow, August (Bh)　72
Wright, Frank Lloyd (A)　355
Wudtke, Ralf (Bh)　360
Wulff, Wilhelm (Bh)　299
Wunderwald, Gustav (M)　402
Würzbach, Walter (A)　56
Wutschetitsch, Jewgenij W. (Bh)　154
Wuttke, H. E. (A)　215
Wyss, Sepp (Bh)　198

Yudell, Buzz (A)　369

Zaar (A)　213
Zacharias, Wilhelm (A)　157
Zander, Anneliese (A)　296
Zarina, Astra (A)　361
Zeller, Anton (M)　271
Zeller, Magnus (M)　468
Zelter, Carl Friedrich (A)　53
Zeumer, Helmut (A)　388
Ziesenis, Johann Georg (M)　271
Zille, Heinrich (M)　30, 58, 111, 284
Zillich, Clod (Bh)　230
Zimmermann, Carl Friedrich (M)　282

Zimmermann, Jo (A)　361
Zinsser, Ernst (A)　194, 196
Zoppo, Agostino (M)　420
Zorn, Anders (M)　465
Zschokke, Alexander (Bh)　333
Zürn, Martin (Bh)　435
Zweigenthal, Hermann (A)　293
Zwiener (Ti)　458

Meister mit Notnamen

Andokides-Maler　397; Abb. 397
Aristophanes-Maler　398
Brygos-Maler　398
C-Maler　396
Hausbuchmeister (M)　419
Lysippides-Maler　396
Maestro del Bambino Vispo (M)　416
Meister der Argonautentafeln (M)　416
Meister der Crispinus-Legende (M)　419
Meister der Dangolsheimer Madonna (Bh)　413, 435; Farbabb. 20
Meister ES (Kst)　432
Meister von Frankfurt (M)　417
Meister der Gardener-Verkündigung (M)　416
Meister H. S. (Ti)　454
Meister des Josephsfolge (M)　417
Meister von Osnabrück (Bh)　413
Meister von Rabenden (Bh)　413
Meister von S. Spirito (M)　426
Meister des Schönen Brunnens (Bh)　413
Meister der weiblichen Halbfiguren (M)　417
Meister des Wins-Epitaphs (M)　12, 48, 49, 386
Nessos-Maler　396
Quadratmaler　398

OBJEKTREGISTER

Alphabetisches Gesamtregister der besprochenen bestehenden und historischen Bauten, Denkmäler, Straßen, Plätze, Parks, Friedhöfe und Museen. **Haupterwähnungen** sind durch **fette Seitenzahlen** herausgehoben. »Abb.« verweist auf Abbildungs*seiten*, »Farbabb.« auf Abbildungs*nummern*. Die weitgehende Einordnung nach **Sachgruppen (fette Stichwörter)** ermöglicht schnelleres Auffinden:

Bäder
Bahnhöfe
Bauernhäuser
Bezirke
Bibliotheksbauten
Botschafts-, Gesandtschafts-, Konsulats-
  gebäude
Brücken
Brunnen
Denkmäler
Freiplastiken
Friedhöfe
Gaststätten, Restaurants, Cafés
Gerichtsgebäude
Herrenhäuser, Gutshäuser u. -höfe
Hochschulbauten
Hotelbauten
Industriebauten

Kasernen
Kinos
Kirchen, Klöster, Kapellen
Krankenhäuser
Museen
Orte, Ortsteile, ehem. Gemeinden
Palais
Parks, Anlagen, Gärten
Plätze
Rathäuser
Schlösser
Schulbauten
Siedlungen
Sportanlagen
Straßen
Theaterbauten
Tore
Wohngebäude

Abgeordnetenhaus, ehem. Preuß.
  95
Abspannwerk Leibnizstraße
  293
»Admiralspalast« 100
Akademie d. Künste, ehem. (Unter
  d. Linden) 17, 20, 197
– (Tiergarten) 195, **197**
Akademie d. Wissenschaften
  91
Akademiegebäude (ehem. Unter d.
  Linden) 67, 87, 461
Alexander, Bürohaus 27, **52**
Alfred-Brehm-Haus 146
Allgemeine Ortskrankenkasse
  (AOK), ehem. Zentralverwal-
  tung **58**
– Mehringplatz **170**
Allgemeiner Deutscher Gewerk-
  schaftsbund (ADGB) 27, **56**
Alliierter Kontrollrat, ehem.
  248
Alte-Leute-Heim Buch, ehem.
  132

Altenheim Niederschönhausen
  128
Altersheim Herz Jesu 113
Amalienhof, Schullandheim
  385
Anatomisches Theater d. Tierarz-
  neischule, ehem. **100**;
  Abb. 101
Anlagen → Parks
Arbeitsamt II 227
Archenhold-Sternwarte
  154
Artillerieprüfungskommission,
  ehem. 313
Atelier A. Breker 334
– P. R. Henning 255
– G. Kolbe **298**
– Kühn 156
Ausstellungs- u. Messegelände
  296
Autobahn-Raststätte Grunewald
  341
Autobahnüberbauung Wilmers-
  dorf 316

Autobahnüberführung Steglitz
  252
Autobus-Betriebshof **303**

Bäder
  Schwimmstadion **300**
  Sport- u. Lehrschwimmhalle
    Sachsendamm **245**
  Spreewaldbad **182**
  Stadtbad Charlottenburg **284**
  – Kreuzberg **185**
  – Mitte 27, **111**
  – Neukölln 225
  – Zehlendorf 328
  Strandbad Wannsee **341**
Bahnhöfe 24, 27, 35
  Alexanderplatz 52
  Anhalter Bahnhof 35, 167, **171**;
    Abb. 171
  Borsigwerke 371
  Breitenbachplatz **315**
  Dahlem-Dorf **330**
  Fehrbelliner Platz **315**
  Frankfurter Bahnhof 35

506 Objektregister

(Bahnhöfe)
Frohnau **365**
Görlitzer Bahnhof 167, 183
Güterbahnhof, ehem. (Kreuz-
berg) 172
Hamburger Bahnhof, ehem.
35, 189, **191**
Hansaplatz 196
Hauptbahnhof (fr. Schlesischer
Bahnhof) 117
Heidelberger Platz **315**
Hohenzollernplatz **315**
Johannisthaler Chaussee 231
Kottbusser Tor **183**
Krumme Lanke **330**
Lehrter Bahnhof, ehem. 189
Lipschitzallee 231
Mexikoplatz **328**
Müllverladebahnhof **308**
Nordbahnhof (Stettiner
Bahnhof) 35
Olympiastadion **300**
Omnibusbahnhof Messedamm
295
– Müllerstraße **221**
Onkel Toms Hütte **330**
Oskar-Helene-Heim **330**
Ostkreuz 117
Podbielskiallee **330**
Potsdamer Bahnhof 35
Prinzenstraße **183**
Rathaus Steglitz 252
Rüdesheimer Platz **315**
Schlesischer Bahnhof, ehem.
117
Schlesisches Tor **182**
Schloßstraße **252**
Stettiner Bahnhof (Nord-
bahnhof) 35
Thielplatz **330**
Wittenbergplatz **249**; Abb. 249
Wutzkyallee 232
Zoologischer Garten **290**
Zwickauer Damm 232
Bankengebäude 23
Bauakademie, ehem. 5, 22, 65,
74, 76, 91, 172, 221, 461; Abb.
75; → a. Schinkelklause
Bauernhäuser
Bohnsdorf 155
Gatow 386
Heiligensee 371
Heinersdorf 136
Hermsdorf 365
Hohenschönhausen 139
Kladow 387
Kaulsdorf 151
Lübars 364
Mahlsdorf 151
Mariendorf 238
Marienfelde 238
Marzahn 147

(Bauernhäuser)
Reinickendorf 565
Schönow 329
Tempelhof 235
Wartenberg 141
Wittenau 360
Bauhaus-Archiv → Museen
Bauverwaltung **315**
Belvedere Charlottenburg 20,
277, **279**
»Bendler-Block« 211
Berek-Haus **297**
Berlin-Hamburger Eisenbahngesell-
schaft, ehem. Verwaltung **191**
Berlin-Pavillon **195**
Berliner Handwerkerverein **99**
Berliner Verlag **52**
Berolina, Bürohaus 27, **52**
»Bessy« **317**
BEWAG **210**
Bezirke
Charlottenburg **261–309**
Friedrichshain 112, **117–123**
Hellersdorf **150–151**
Hohenschönhausen **138–141**
Köpenick **157–166**
Kreuzberg 112, **167–188**
Lichtenberg **142–146**
Marzahn **147–149**
Mitte **35–111**
Neukölln **223–233**
Pankow **124–132**
Prenzlauer Berg **112–116**
Reinickendorf **356–371**
Schöneberg **241–250**
Spandau **372–388**
Steglitz **251–260**
Tempelhof **234–240**
Tiergarten **189–215**
Treptow **152–156**
Wedding **216–222**
Weißensee **133–137**
Wilmersdorf **310–322**
Zehlendorf **323–355**
Bibliotheksbauten
Alte Bibliothek (ehem. Kgl. Bi-
bliothek) 19, **85**; Abb. 81
Amerika-Gedenkbibliothek 19,
173
Deutsche Staatsbibliothek
(ehem. Preuß. Staatsbiblio-
thek) 85, **87**, 209
Erziehungswissenschaftliche
Bibliothek d. FU **332**
Kunstbibliothek 209, **290**, 444,
448
Philosophisches Institut d. FU,
Bibliothek **332**
Staatsbibliothek 27, 88, **209**
Stadtbibliothek Breite Straße
54; Abb. 54
– Tegel **369**

(Bibliotheksbauten)
Städt. Volksbücherei Hansa-
platz **196**
Universitätsbibliothek d. FU
331
Zentralbibliothek 173 → Ame-
rika-Gedenkbibliothek
Bildungszentrum Schillerstraße
289
Börse, ehem. (Burgstraße) 23
Borsig-Haus, ehem. (Chaussee-
straße) **103**
–, Verwaltungsgebäude (Berliner
Straße) **371**; Abb. 370
–, ehem. Villa **369**
Robert Bosch, Geschäftshaus **293**
Botanischer Garten **259**
–, ehem. 61, 247, 259
**Botschafts-, Gesandtschafts-, Kon-
sulatsgebäude**
Dänemark **212**
Italien **212**
Japan **212**
Jugoslawien **212**
Norwegen **213**
Polen **90**
Spanien **212**
UdSSR **88**
Brandenburger Tor 20, 22, 84,
88, 281; Abb. 89, 90
Brennerei Düppel **328**
Brücken 35
Belle-Alliance-Brücke, ehem.
174
Charlottenburger Brücke **238**
Eiserne Brücke **69**
Friedrichbrücke, ehem. 58
Gertraudenbrücke **55**; Abb. 55
Graf-Spee-Brücke **214**
Herkulesbrücke 58
Hundebrücke 72 = später:
Schloßbrücke
Jungfernbrücke **55**; Abb. 55
Lange Brücke 35, 265; Abb. 60
= Rathausbrücke
Lichtensteinbrücke **214**
Löwenbrücke **198**
Marx-Engels-Brücke (ehem.
Schloßbrücke) **72**; Abb. 73
Mühlendammbrücke **41**
Putlitzbrücke **192**
Rathausbrücke 35, 265
Rudolf-Wissell-Brücke **305**
Schloßbrücke 67, **72**; Abb. 23,
73 → Marx-Engels-Brücke
Spreegassenbrücke, ehem. 55
→ Jungfernbrücke
Stadtbrücke, ehem. 55
Swinemünder Brücke **220**
Teufelsbrücke Kleinglienicke **353**
Brunnen
Adenauerplatz **293**

Objektregister 507

(Brunnen)
Bärenbrunnen 78
Budapester Straße 213
Burggrafen-/Kurfürstenstraße
213
Cuvrystraße 182
Delphinbrunnen 314
Entenbrunnen 289
Feuerwehrbrunnen 180
Fischerbrunnen 154
Frankfurter Allee 122
Fruchtbarkeitsbrunnen 116
Fuchsbrunnen 245
Geldzählerbrunnen 108
Hansaviertel 197
Haupt der Medusa 313/314
Hirschbrunnen 244
Hubertusbrunnen, ehem. 203
Jacobsbrunnen Pfaueninsel
346
Karl-Marx-Platz Neukölln 225
Kinderbrunnen 316
Kleinglienicke 350, 351
Klosterstraße Spandau 380
Köllnischer Park 58
Rathaus Lankwitz 256
Märchenbrunnen Friedrichs-
hain 119
– Neukölln 227
Markt Spandau 378
Mehringplatz 170
Neptunbrunnen 51; Abb. 50;
Farbabb. 1
Pfaueninsel 346
Potsdamer Straße Zehlendorf
323
Prometheus-Brunnen 289
Rathenau-Brunnen 222
Rüdesheimer Platz 316
Schwanenkükenbrunnen
293
Seelöwenbrunnen 213
Sintflut-Brunnen 250
Spindler-Brunnen 95
Strausberger Platz 121
Tiergarten 203
Tierpark Friedrichsfelde 146
Treptower Park 154
Tritonenbrunnen 204
Völkerfreundschaftsbrunnen
52
Wasserglocke Friedrichshain
119
Bahnhof Wedding 219
Weltkugelbrunnen 291
Wilhelmsruher Damm 364
Wittenbergplatz 249
Wrangel-Brunnen 185
Buddhistisches Haus **365**
Bundeshaus Berlin **313**
Bundesversicherungsanstalt
f. Angestellte **315**

Bunker Friedrichshain, ehem.
118, 411, 416, 432
– beim Funkhaus 296
– am Zoo 432, 444, 486
Bürogebäude Ernst-Reuter-Platz
285
– Oranienplatz **183**

Cafés → Gaststätten ff.
Canisius-Kolleg **212**
Carillon **204**
Centrum, Warenhaus, ehem.
52
Charlottenburger Tor **288**

Denkmäler (ohne Friedhofsdenk-
mäler; → a. Freiplastiken)
Ehren-, Gedächtnis-, Mahnmale
Antifaschistische Kämpfer im
Span. Bürgerkrieg 119/120
Gedenkstätte Plötzensee 306
Gemeinsamer Kampf polnischer
Soldaten u. deutscher Anti-
faschisten 119
Judendeportation (Levetzowstr.)
193
– (Putlitzbrücke) 192
Jüdische Gedenkstätte 292
Köpenicker Blutwoche 163
Opfer d. Faschismus u. Milita-
rismus 79
Opfer d. 20. Juli 1944 211
Sowjetisches Ehrenmal (Tier-
garten) 198, 202
– (Treptow) **154**, 297
Gefallenen-/Kriegerdenkmäler
Artillerie-Prüfungskommission
290
Charlottenburg (Alt-Lietzow)
261
Dahlem 329
Eisenbahner 191
Eisenbahntruppen 245
Feuerwehr 180
Feuerwerker 259
Kaiser-Franz-Garde-Grenadier-
Rgt. Nr. 2 185
Königin-Elisabeth-Garde-Grena-
dier-Rgt. Nr. 3 294
Luftschiffer 227
Reserve- u. Landwehr-Offizier-
korps 290
XII. Reserve-Korps 313
Schmöckwitz 166
Siemens-Werke 384
Spandau (1813–15) 378
Wannsee 355
Individualdenkmäler
Albrecht d. Bär (W. Schott)
201, **376**
Albrecht von Preußen, Prinz
(Boermel/Freyberg) 283

(Denkmäler)
Althoff, Friedrich (F. Hartzer)
102
Arndt, Ernst Moritz (H. Latt),
ehem. 179
Beuth, Peter Christian Wilhelm
(G. Bläser) 213
– (F. Drake) 213
Bismarck, Otto v. (R. Begas)
200
– (M. Klein), ehem. 203
Blücher, Gebhard Lebe-
recht Fürst (Rauch) 82;
Abb. 83
Bredow, Hofmarschall v.
(A. Tassaert) 199
Buch, Leopold v. 108
Bülow, Friedrich Wilhelm v.
82, 368; Abb. 80
Chamisso, Adelbert v.
(J. Moser) 97
Fischer, Emil (Klimsch/Scheibe)
331
Fontane, Theodor (M. Klein)
203
Friedrich I. (= III.; Baucke/
Wrba) 288
Friedrich II., d. Gr. (Rauch) 21,
85; 261; Abb. 86
– (J. G. Schadow) 266
Friedrich III. (= I.; A. Schlüter)
16, **265**
Friedrich Wilhelm, d. Gr. Kur-
fürst (A. Schlüter) 16, **265**,
401, 411; Abb. 60, 264
Friedrich Wilhelm I. (A. Rei-
chel) 223
Friedrich Wilhelm III. (F. Drake)
198, **202**
– (A. Wolff) 39
Friedrich Wilhelm IV. (Bläser/
Calandrelli) 70, **71**
– (K. Begas) 376
Germanicus 280
Gneisenau, August Graf Neid-
hardt v. (Rauch) 82, 84
Goethe, Johann Wolfgang
(F. Schaper) 201
Graefe, Albrecht v. (Siemering/
Gropius u. Schmieden) 102;
Abb. 103
Griesinger, F. 102
Großer Kurfürst → Friedrich Wil-
helm
Hardeleben, A. 102
Hauptmann, Gerhart
(F. Klimsch) 313
Haydn–Mozart–Beethoven
(R. Siemering) 202
Hecker, Johann Julius 163
Hegel, Georg Wilh. Friedrich
(G. Bläser) 87

508   *Objektregister*

(Denkmäler)
Heine, Heinrich (Grzimek) 109; Abb. 109
Helmholtz, Hermann v. (E. Herter) 87
Herrmann, August (P. Gruson) 165
Herrmann-Neiße, Max (J. Dunkel) 293
Heubner, Otto   102
Humboldt, Alexander v. (R. Begas) 87
– (K. Wenke)   219
Humboldt, Wilhelm v. (G. Bläser) 213
– (P. Otto)   87
Ilgen, Rüdiger v. (R. Siemering) 229
Jahn, Friedrich Ludwig (E. Encke) 226
– (E. Wenck)   382
Joachim II. (E. Encke)   378
Kleist, Heinrich v. (K. Pracht) 179
Klinke, Pionier (W. Wandschneider) 381
Koch, Robert (L. Tuaillon)   103
Kollwitz, Käthe (G. Seitz)   **114**, 448; Abb. 115
König, Franz (F. Hartzer)   102
Koppe, Christian (F. A. Stüler) 99
Körner, Theodor (E. Wenck), ehem.   179
Kraus, Friedrich (H. Lederer) 102
Krupp, Alfred (E. Herter)   288
Lenin, Wladimir Iljitsch (N. Tomskij)   **120**, 297
Lenné, Peter Joseph (S. Baldamus) 146
Lessing, Gotthold Ephraim (O. Lessing)   201
Leyden, Ernst v. (E. Boermel) 102
Lilienthal, Otto (P. Breuer)   258
– (F. Freymüller)   260
Lortzing, Albert (G. Eberlein) 202
Luise, Königin (E. Encke)   202
– (Rauch)   279
Luther, Martin (Schadow/Waegener) 104
– (Otto/Toberenz)   49
Luxemburg, Rosa   214
Marx/Engels (L. Engelhardt)   51
Meyer, Gustav (A. A. Manthe) 154
Mitscherlich, Eilhard (F. Hartzer) 87
Moltke, Helmuth Graf v. (J. Uphues) 200

(Denkmäler)
Mommsen, Theodor (A. Brütt) 87
Müller, Johannes   108
– (H. Heidel)   102
Ohnesorg, Benno (A. Hrdlicka) 284
Pawlow, Iwan P.   102
Roon, Albrecht v. (H. Magnussen) 201
Rückert, Friedrich (F. Lepcke) 179
Sauerbruch, Ferdinand (G. Kolbe) 102
Schaeffer-Voith (L. Cauer)   304
Scharnhorst, Gerhard v. (Rauch) 82; Abb. 80, 83
Schenkendorf, Max v. (A. Reichel), ehem.   179
Schiller, Friedrich (R. Begas) **94**, 201, **222**
Schmettau, Marianne v.   163
Schumacher, Kurt (Lonas/Rave) 359
Schwartz, Wilhelm (F. J. Pfannschmidt) 190
Senefelder, Alois (Pohle)   114
Siegesallee   25, 198, 201, 229, 376
Siemens, Werner v. (W. Wandschneider) 288
Sophie Charlotte (Baucke/Wrba) 288
Stein, Karl Frhr. v. u. z. (H. Schievelbein)   74
– (G. Eberlein)   378
Uhland, Ludwig (M. Kruse) 179
Virchow, Rudolf (B. Achnow) 102
– (F. Klimsch)   102
Wagner, Richard (G. Eberlein) 202
Wilhelm I., Kaiser (R. Begas) 61, 146, 201
–, Prinz (A. Brütt)   202
Wilms, Robert (R. Siemering) 180
Yorck v. Wartenburg, Ludwig Graf (Rauch)   82, **84**
Zille, Heinrich (H. Drake)   58
– (P. Kentsch)   111
Weitere Denkmäler
Luftbrückendenkmal   237
Nationaldenkmal auf d. Kreuzberg   178; Abb. 179
Schildhorn-Denkmal   321
Wiedervereinigung   219
Deutsche Bank, Zentrale Berlin **286**
Deutsche Buchdrucker, Verbandshaus (IG Medien)   27, **179**

Deutsche Lebens-Rettungs-Gesellschaft, Zentrale   **383**
Deutsche Stiftung f. Internationale Entwicklung   370
Deutscher Entwicklungsdienst DED   **388**
Deutscher Metallarbeiter-Verband, ehem. (IG Metall)   27, **170**
Deutsches Archäologisches Institut   **333**
Deutsches Institut f. Normung (DIN)   **213**
Deutsches Sportforum   **301**
Deutsches Stadion, ehem.   27, 300
Dietz-Verlag   58
Diplomatenviertel, ehem.   212
Diplomatische Vertretungen (ehem.) → Botschaftsgebäude ff.
Domkandidatenstift, ehem. 97
Donner, Haus, ehem.   411
Dorland-Haus   **249**

Eisengießerei, Kgl., ehem.   107
Eiskeller Dahlem   329
Elektro-Thermit, Verwaltungsgebäude   **238**
Engelbecken, ehem.   60
Entschädigungsamt   248 → Kathreinerhaus
Ermelerhaus   53, **56**, 65, 458, 460; Abb. 57
Eternit-Gästehaus   **321**
– Hauptverwaltung   **285**
Europa-Center   **291**

Fabrikgebäude → Industriebauten
Feilnerhaus, ehem.   167, 169
Femina-Palast, ehem.   250
Fernmeldeamt 1 (Winterfeldtstraße)   **248**
– 4 (Ringbahnstraße)   236
Fernsehturm   29, **51**
Fernsehzentrum SFB   **296**
Festung Spandau → Zitadelle
Feuersozietät Berlin, Verwaltungsgebäude   **210**
Filmhaus Esplanade   209
Filmtheater → Kinos
Finanzamt Kreuzberg   177
– Zehlendorf   326
Finanzministerium, ehem.   **80**
Fischerinsel   **56**
Flughafen Tegel   237, **359**; Abb. 359
– Tempelhof   27, 235, **236**
Forum Steglitz   **253**
Freie Universität → Hochschulbauten
Freiplastiken (→ a. Denkmäler)
Abend (G. Kolbe)   245

Objektregister 509

(Freiplastiken)
Adler (W. Raemisch) 301
– (Schinkel) 351
– im Horst (M. Esser) 384
Afrika IV (B. Matschinsky-Denninghoff) 199
Albatros (R. Lieberknecht) 360
Alexander betritt Ekbatana
(J. Ipoustéguy) 297
Altgermanische Büffeljagd
(F. Schaper) 203
Amazone (L. Tuaillon) 202
Antilope (A. Hoffmann) 315
Arbeit (J. Thorak) 303
Arc 124° (B. Venet) 249
Archaische Erzengel (S. Kühl)
368
Artemis v. Versailles 352
Asklepios 352
Athena (fr. 18. Jh.) 279
Athleten (W. Meller) 301
Atom im Dienste d. Menschen
(A. Kühn) 132
Auerochse (P. Mersmann) 245
Aufbauhelfer (F. Cremer) 51
Auge der Nemesis (B. Heiliger)
313
Bacchus (R. Ohmann) 255
Balance IV (H. Sinken) 360
Bär (Wrba) 146
– mit Kindern (H. Pagels) 307
Ballspieler (M. Schoenholtz)
327
Begegnungen (Matschinsky-
Denninghoff) 298
Berlin-Skulptur (Matschinsky-
Denninghoff) 292
Betender Knabe 218, 352
Big Butterfly (H. Moore) 204
Bison (R. Siemering) 199
Bogenspannender Amor
(H. Hopfgarten) 279
Borghesischer Fechter 264
Brieftaubendenkmal (Roch/Brandenburg) 380
Büffel (R. Siemering) 203
– (A. Strübe) 301
Chrom-Nickel-Stahl-Skulpturen
(H. Uhlmann) 197, 284
Denker (R. Scheibe) 95
Deutsche Ströme (Calandrelli,
Wittig u. a.) 204
Dialog (S. Kaehne) 291
Diana (K. Brütt) 244
– (R. Felderhoff) 380
Dionysos (G. Kolbe) 298
Diskuswerfer (K. Albiker) 301
Drachen (R. Wudtke) 360
Dschelada-Affe (M. Esser) 213
Eber (P. Gruson) 320
Eberjagd z. Z. Joachims I. (K. Begas) 203

(Freiplastiken)
Eisenskulptur (H. Press) 383
Elementwürfel (E. Scharfenberg)
321
Fall Daidalos u. Ikaros (R.
Scholz) 360
Farbige Stadtzeichen (O. H.
Hajek) 290
Felicitas Publica (Rauch)
351
Faustkämpfer (J. Thorak) 301
Fischer mit Netzen (U. Hanke-
Förster) 380
Fischfang (J. Moser) 174
Flamme (B. Heiliger) 285;
Abb. 286
Flensburger Löwe (H. Bissen)
354
Flora (18. Jh.) 203
– (G. Morin) 383
– (Süssner/Becker) 275
Flötenspieler (C. Starck) 259
Flug d. Vögel (Chryssa) 360
Fohlen (R. Sintenis) 365
Frauenfigur (Saldanha) 197
Friede (A. Wolff) 170
Friedenssäule (Cantian/Rauch)
170
Fuchsjagd z. Kaiserzeit (W. Haverkamp) 203
Galathea (J. G. Schadow) 199
Gefesselter (G. Boeckh v.
Tzschoppe) 252
Hl. Georg (A. Kiß) 39; Abb. 40
Hl. Gertrud (R. Siemering) 55;
Abb. 55
Geschichtsschreibung
(F. Hartzer) 170
Gestirne (J. Dunkel) 306
Granitschale beim Alten
Museum (Cantian) 62;
Abb. 61
Gorilla Bobby (F. Behn) 213
Greifen (A. Kiß) 349
Gröbenufer 182
Große Kniende (G. Kolbe) 298
Großer Stürzender (G. Kolbe)
298
Gruppenfigur (S. Hutter) 215
Hand (J. Schmettau) 197
Hasenhetze d. Rokokozeit
(M. Baumbach) 203
Heim (J. Thorak) 303
Herkules mit d. Eber (L. Tuaillon) 215
Herkules mit d. Kentauren Nessus (C. Boy) 58
Herkules mit d. Löwen (C. Boy)
58
– (M. Klein) 331
Herkules Musagetes (G. F. Ebenhech) 202

(Freiplastiken)
Hirsch (H. Darsow) 146
– (Rauch) 352
Ildefonso-Gruppe 350
– (C. H. Fischer) 279
Jagende Nymphe (W. Schott)
219
Junge Pferde (F. Drake) 146
Jüngling mit Speer (B. Bleeker)
294
Jünglingsreliefs (A. Wamper)
301
Kentaur u. Nymphe (R. Begas)
213
Kentaurengruppe (R. Begas)
331
Kinder mit Zootieren 146
Klio (A. Wolff) 39
Knabe mit Ziege (A. Kraus) 292
Kniende (J. Limburg) 255
Knospende Erde (G. Hengstenberg) 383
König David (W. Otto) 193
Königsfasan (M. Esser) 213
Kopfskulpturen (R. Kriester)
296
Kranoldplatz 227
Kriegergruppen (Calandrelli,
Wittig u. a.) 204
Laitière (P. Sokolow) 351
Lesender Arbeiter (W. Stötzer)
88
Lesendes Mädchen (E. Fellini)
88
Liegende (H. Moore) 197
– (R. Scheibe) 354
Löwe (W. Grzimek) 213
– (A. Rückel) 244
Löwengruppen (R. Begas) 146
– (A. Wolff) 190, 201
Mädchen mit Oleanderzweig
(C. Starck) 259
Mars u. Venus I (G. Kolbe) 298
Matrose (H. Kies) 119
Meleager 163
Mensch zwischen Himmel u.
Erde (H. v. d. Goltz) 360
Morgen (G. Kolbe) 245
Morgendämmerung Nr. 1
(B. Lardera) 197
Moschusochsen (W. Löber)
146
Mutter (E. Gomansky) 119
– (K. Kollwitz) 114
– Heimat 154
– mit Kind (R. Felderhoff) 128
– u. Kind (E. Hundrieser) 371
Neptun (E. Rietschel) 350
Obelisk (B. Dimitrijević)
280
– (H. Mack) 313
Orpheus (G. Marcks) 207

510   Objektregister

(Freiplastiken)
Papierflieger (G. Kohlmaier)
   360
Pilz (S. Ruegenberg)   359
Plastik (H. Nagel)   290
Platz der Republik   198
Pluton   351
Pomona (Süssner/Becker)   275
Pony u. Knappe (E. Encke)   199
Prototyp (P. Pfarr)   360
Riesenhirsch (E. Oehme)   146
Ringer (W. Haverkamp)   222
– (H. Lederer)   298
– (Matschinsky-Denninghoff)
   286
Roland von Brandenburg   58
Römische Göttin (18. Jh.)   202
Rossebändiger (P. J. Clodt v. Jür-
   gensburg)   247
Rosseführer (J. Wackerle)   301
Rufer (G. Marcks)   202
Ruhende (G. Kolbe)   298
Ruhender Athlet (G. Kolbe)
   301
Säbelzahnkatze (E. Oehme)
   146
Sämann (H. Pagels)   259
Sandalenlösender Knabe (F. Röll)
   294
Säugende Bärin (H. Lederer)
   326
Schiffahrt (O. Geyer)   174
Schmetterling (S. Ruegenberg)
   359
Schreitender (R. Scheibe)   210
Schreitendes Mädchen (F. Röll)
   383
Schwingend (V. Haase)   328
Sehnsucht (A. Lewin-Funcke)
   259
Seltener Fang (E. Herter)   178
Sieger (L. Tuaillon)   303
Siegerin (A. Breker)   301
Siegesgöttin (W. Meller)   301
Sitzender Mann (F. Klimsch)
   359
Skulptur mit Kern Rot/Blau
   (V. Haase)   294
Sonne (H. Baumann)   332
Speerwerfer (K. Möbius)   311
Sprea (J. Christensen)   146
Springendes Pferd (J. Dunkel)
   380
Staffelläufer (K. Albiker)   301
Stahlplastik (G. Rickey)   258
Stahlskulptur (V. Haase)   313
– (H. Press)   245
Streit (S. Kaehne)   291
Tangentiale Berührung (V.
   Haase)   214
Tanzendes Pärchen (J. Schmet-
   tau)   226

(Freiplastiken)
Torso (K. Hartung)   331
Trommler (W. Schmarje)   326
Trümmerfrau (F. Cremer)   51
– (K. Szelinski-Singer)   226
Vasen, 2 sich wandelnde
   (U. Beier)   199
Venus v. Capua   353
Venus v. Medici (Abguß)   279
Vier-Elemente-Säule (P. Bran-
   denburg)   371
Volkslied (L. Sussmann-Hell-
   born)   203
Vor d. Start zum Europaflug
   (K. Biederbick)   360
Wachsende Flügel (K. Hartung)
   285
Wapiti-Hirsche (R. Siemering)
   203
Weltzeituhr (E. John)   52
Winzerin (F. Drake)   311
Wissenschaft (A. Wolff)   39
Wohin gehen wir? (R. Kriester)
   170
Wolkentor (H. Brummack)   360
Zehnkämpfer (A. Breker)   301
– (G. Kolbe)   301
Friedenssäule   **170**
Friedhöfe   7, 112
St.-Annen-Friedhof   **329**
Bergmannstraße   **185 ff.**
Blankenfelde   130
Böhmische Gemeinde   **174 ff.**
Britischer Militärfriedhof   **302**
Brüdergemeine   **174 ff.**
Charlottenburg, Heerstraße,
   Städt. Friedhof   298
Dahlem, Waldfriedhof   **334**
»Dennewitz-Friedhof«   226
Dorotheenstädtische u. Fried-
   rich-Werdersche Gemeinden
   (Mitte)   **104**; Abb. 105
Dorotheenstädtischer Friedhof,
   Neuer (Wedding)   **218**
Dreifaltigkeitsgemeinde (Berg-
   mannstraße Kreuzberg)   **186**
– (Mehringdamm Kreuzberg)
   174 ff.
Falkenberg   141
Französischer Friedhof   **103**
Friedenau, ehem.   250
Friedrich-Werdersche Ge-
   meinde   **187**
Garnisonfriedhof (Mitte)   **99**
– (Neukölln)   **226**
St.-Georgen-Friedhof   112, **115**
Hallesches Tor, Friedhöfe vor d.
   174 ff.
St.-Hedwigs-Friedhof   **107**
Heerstraße   **298**
In den Kisseln (Spandau), Städt.
   Friedhof   **382**

(Friedhöfe)
Invalidenfriedhof   **105**
St.-Jakobi-Kirchengemeinde
   226
Jerusalems- u. Neue Kirche
   (Bergmannstraße Kreuzberg)
   187
– (Mehringdamm Kreuzberg)
   174 ff.
Jüdischer Friedhof (Weißensee)
   135; Abb. 135
– Adass Jisroel   **135**
–, Alter (Mitte)   **97**
– (Prenzlauer Berg)   112, **114**
Kaiser-Wilhelm-Gedächtnis-Kir-
   chengemeinde   **304**
Lichtenberg-Friedrichsfelde,
   Zentralfriedhof   **144**
Luisenkirchhof I   **262**
– II   **304**
– III   **304**
Luisenstädtischer Friedhof   **187**
St. Marien u. St. Nikolai   112,
   114
Märzgefallene, Ehrenfriedhof
   119
St.-Matthäi-Gemeinde, Alter
   Friedhof   **246**
Mohammedanischer Friedhof
   227
Neukölln, Städt. Friedhof (ehem.
   Standortfriedhof)   227
Nikolassee   **338**
Reinickendorf, Humboldtstraße,
   Städt. Friedhof   **358**
Russischer Friedhof   **371**
Schmargendorf   **318**
Schöneberg, Friedhof Alt-Schö-
   neberg   **241**
3. Schöneberger Friedhof   **250**
Sophienkirchhof, Alter   **97**
Steglitz, Bergstraße, Städt.
   Friedhof   **255**
Tegel, ehem. Dorffriedhof
   366
Urnenfriedhof, Städt.   218
Wannsee, Alter Friedhof   **343**
–, Neuer Friedhof   **354**
Wartenberg   141
Weißensee   113
Wilmersdorf, Berliner Straße,
   Städt. Friedhof   **316**
Zehlendorf, Onkel-Tom-Straße
   323
–, Waldfriedhof   **340**
Zentralfriedhof, Städt.   **144**
Zwölf-Apostel-Gemeinde, Alter
   Friedhof   **246**
Friedrich-Ludwig-Jahn-Sportpark
   113
Friedrich-Wilhelmstädtisches
   Kasino, ehem.   100

Objektregister   511

Friedrichs-Gesundbrunnen, ehem.
216
Friedrichsgracht **55**; Abb. 55, 57
Friedrichstadt-Palast **100**
Funkturm **296**

Galerie Wannsee 341
Galgenhaus **53**
Gärten → Parks
Gaststätten, Restaurants, Cafés
(→ a. Hotelbauten)
Alte Post, ehem. 41, 411
Alte Waldschänke 366
Alter Fritz (Kreuzberg) 169
– (Tegel) 366
Autobahn-Raststätte Grunewald
341
Bierpinsel, Turmrestaurant **253**
Café am See **230**; Farbabb. 15
Dorfkrug Altglienicke 155
– Buch 130
– Dahlem 329
– Mahlsdorf 151
– Rudow 232
Letzte Instanz **45**
Linden-Garten Alt-Buckow
230
Lutter & Wegner, Weinhaus,
ehem. 91
Moorlake **354**
Moskau **52**
Nikolskoe, Blockhaus **347**
Nußbaum **39**
Operncafé **74**, 82
Schinkelklause **74**
Seeterrassen 368
Stern **378**
Stolper Stuben 341
Trabrennbahn Mariendorf, Café
238
Wrangelschlößchen 251
In den Zelten, ehem. 203
Zenner **154**
Gedächtnistempel f. Königin Luise
346
Gedenkstätte Deutscher Wider-
stand **211**
– Plötzensee **306**
– d. Sozialisten **144**
Geheimes Staatsarchiv 330
Gemeindehaus, ev., Buckow
230
– St. Eduard **228**
– Giesensdorf **259**
– Gustav-Adolf-Kirche **308**
– Köpenick **163**
– Matthäuskirche **252**
– Melanchthonkirche **227**
– Zwölf-Apostel-Kirche **249**
Gemeinden, ehem. → Orte ff.
Gemeindestützpunkt Kladow, ev.
388

Gemeindezentrum Apostel Petrus
361
–, Jüdisches **292**
– Neu-Westend **303**
– Plötzensee **306**
– am Seggeluchbecken **362**;
Abb. 364
Generalkommandogebäude, ehem.
85
General-Lotterie, Direktion, ehem.
91
Geologische Landesanstalt, ehem.
107
Gerichtsgebäude
Amtsgericht Neukölln **226**
Bundesverwaltungsgericht **290**
Kammergericht, Altes (Berlin
Museum) **167**, 293, **400**;
Abb. 169
– (Elßholtzstraße) 167, **248**;
Abb. 248
Gerichtsgebäude am Lietzensee
248, **293**
Kriminalgericht Moabit 46,
190
Landessozialgericht 191
Landgericht am Tegeler Weg
307
Lichtenberg 46
Oberverwaltungsgericht, ehem.
Preuß. 290
Pankow 46
Reichsmilitärgericht/Reichs-
kriegsgericht, ehem. 293,
294
Rückerstattungsgericht, Oberstes
212
Schöneberg 46
Stadtgericht Mitte **45**; Abb. 44,
45
Gerichtslaube **39**
Geschäftsbauten am Fernsehturm
52
Gewerkschaftsgebäude 27, 56,
170, 179
Glockenturm Olympiastadion
300
Gouverneurshaus, ehem. **85**
Granitschale, Cantiansche **62**;
Abb. 61
Große Neugierde **351**
Großer Stern 197, 198
Grunewaldturm **322**; Farb-
abb. 16
Gutshäuser, -höfe → Herrenhäuser

Haus Berlin **121**
– d. Deutschen Sports **301**
– d. Elektroindustrie **52**
– d. Kindes **121**
– d. Lehrers **52**
– d. Ministerien, ehem. **95**

Haus d. Ministerrats d. DDR,
ehem. 42
– d. Reisens **52**
– d. Rundfunks 27, **295**; Abb.
295
Heckeshorn 354
Heereswaffenamt, ehem. 290
Heizwerk Siemensstadt **306**
Herrenhaus (Landtag), ehem.
95
Herrenhäuser, Gutshäuser u. -höfe
Amalienhof **385**
Blankenburg 136
Blankenfelde 129
Britz **229**; Abb. 228
Dahlem 329, **330**
Düppel **328**
Kasow, ehem. Gut 261
Lankwitz, ehem. Lehnschulzen-
gut 256
Mahlsdorf 151
Malchow **140**; Abb. 140
Marienfelde **240**
Rosenthal 129
Steglitz **251**; Abb. 251
Hochschulbauten 29
Anatomisches Theater d. ehem.
Tierarzneischule **100**; Abb.
101
Architekturfachbereich TU
285, **288**
Bundespost, Fachhochschule
236
Freie Universität (FU) **331** ff.
Handelshochschule **49**
Henry-Ford-Bau d. FU
331
Hochschule d. Künste **289**,
312
– f. bildende Künste, ehem.
289
– f. Leibesübungen, ehem.
Preuß. 382
– f. Musik u. darstellende Kunst,
ehem. **289**, 461
Humboldt-Universität (ehem.
Friedrich-Wilhelm-Universi-
tät) 85, **87**, 331
Ingenieurakademie Beuth,
ehem. **219**
– Gauß, ehem. **219**
Ingenieurschule f. Bauwesen,
ehem. **219**
Institute
– Allgemeine u. Kernverfahrens-
technik TU **288**
– Bergbau u. Hüttenwesen TU
285, **287**
– Chemie TU **287**
– Elektrotechnik TU **288**
– Geisteswissenschaften FU
332

512   Objektregister

(Hochschulbauten)
- Geologisches Institut, Zentrales **107**
- Heinrich-Hertz-Institut f. Schwingungsforschung TU **288**
- Hygiene FU   **257**; Abb. 258
- f. Kirchenmusik   **289**
- Lebensmittelhygiene HU **100**
- Luftfahrttechnik TU   **288**
- Mathematik u. EDV-Grundausbildung TU   **288**
- Organische Chemie FU   **332**
- Pflanzenphysiologie FU   **332**
- Physik TU   **287**
- Physikalische Chemie FU **332**
- Physiologie FU   **332**
- Städtebau TU   **288**
- Technische Chemie TU   **288**
- Wasserbau u. Wasserwirtschaft TU   **288**
- Zellphysiologie, ehem.   331
Institutsbibliotheken FU   **332**
Juristischer Fachbereich FU **331**
Kirchliche Hochschule   **326**
Klinikum Charlottenburg FU **304**
- Steglitz FU   **258**
- Wedding FU   **219**
Landeslehranstalt f. Medizinisch-Technische Assistenten   **256**
Landwirtschaftlich-Gärtnerische Fakultät HU   **107**
Mensa I FU   **331**
- TU   **287**
- Tierklinikum FU   **328**
- Wirtschaftswissenschaftliche Institute HU (ehem. Heiliggeist-Kapelle)   **49**
Physik-Fachbereich FU   **332**
Studentenhaus TU   **287**
Technische Fachhochschule **219**
Technische Universität (TU) **287 ff.**
Tierärztliche Hochschule, ehem. **100**
Tierlaboratorium, Zentrale, FU **258**
Universitätsbibliothek FU   **331**
Hofgärtnerhaus Niederschönhausen   126
»Hohes Haus«   35
Hospiz Angelicum   256
Hotelbauten   (→ a. Gaststätten)
Berlin   **215**
Berolina   **52**
Bristol Hotel Kempinski   **293**
Dom-Hotel   **66**

(Hotelbauten)
Esplanade   **215**
-, ehem.   **209**
Grand Hotel   **66**
Hotel am Zoo   **293**
Ibis   **295**
Intercontinental Hotel   **213**
Metropol   **66**
Palace   292
Palasthotel   **66**
Sporthotel   301
Stadt Berlin   **52**
Humboldt-Grabstätte   368
Humboldt-Universität → Hochschulbauten
Huth, Geschäftshaus   **209**

IBA-Bauten   28, 29, 168, 169, 182, 185, 213, 369
IBM-Gebäude   **285**
-, Verwaltungsgebäude Marienfelde   **240**
Immediatbauten, ehem.   19
Industriebauten
AEG-Fabriken   **219 f.**
- Turbinenfabrik   26, **192**; Abb. 192
Auergesellschaft   **191**
Borsigsche Maschinenbauanstalt, ehem.   287
Borsigwerk   237, **371**
Electrica-Kondensatorenfabrik **256**
Elektro-Mechanik-Fabrik   **256**
Eternit   **233**
Schering   **218 f.**
Scherk, ehem.   **255**
Siemens   27, **309, 384**
Siemens-Werner-Werk   **384**
Institut f. Musikforschung, Staatl. **206**
Institute → a. Hochschulbauten
Interbau-Bauten   195 f., 197, 203
Internationale Bauausstellung 1984/87 → IBA-Bauten
Internationales Begegnungszentrum d. Wissenschaften   **316**
Internationales Congress Centrum (ICC)   28, **297**
Internationales Handelszentrum **66**

Jagdschlösser → Schlösser
Jägerhof   **353**; Abb. 353
Japanisch-Deutsches Zentrum 212
Johannesstift, ev.   **382**
Jüdisches Gemeindezentrum **292**
Jugendgästehaus   **210**
Jugendstrafanstalt Plötzensee   306
Juliusturm   11, 375, **376**

Kadettenanstalt Lichterfelde, ehem.   257
Kaiser-Wilhelm-Turm, ehem 322
Kamecke-Haus, ehem.   411; Abb. 412
Kammermusiksaal d. Philharmonie 29, **207**
Kant-Garagen   **293**
Karl-Foerster-Pavillon   **230**
Kasernen
Gardekasernen, ehem. (Charlottenburg)   **283**
Garde-Dragoner, ehem.   **176**; Abb. 176
3. Garderegiment zu Fuß, ehem. 182
Gardeschützen-Kaserne, ehem. 259
Infanteriekaserne, ehem. (Charlottenburg)   **283**
Polizeikaserne Spandau   380
Zitadelle Spandau   **376**
Kasino Kleinglienicke   **351**; Abb. 352
Kasow, ehem. Gut   261
Kathreinerhaus   27, **247**
Kaufhof, Warenhaus   **52**
Kavalierhaus Kleinglienicke   **349**; Abb. 350
- Pankow   **125**
- Pfaueninsel   **346**
Kindergarten Hansaviertel 195
- Herz Jesu   113
Kinderhaus Kottbusser Tor   184
Kinderheime Johannesstift   382
Kindertagesstätte Gropiusstadt 232
- Vorbergstraße   247
Kinos
Babylon   52
International   52
Kosmos   121
Metropol-Theater   100
Titania-Palast, ehem.   253
Universum, ehem.   **313**; Abb. 314
Kirchen, Klöster, Kapellen
(→ a. Gemeindezentren)
St. Adalbert   **111**
Altlutherische Kapelle   **61**
Andreaskirche   **354**
Annenkirche   12, **329**
St. Ansgar   **196**
Apostel-Paulus-Kirche   **247**
Auenkirche   **310**
Auferstehungskirche   **120**
St. Augustinus   **113**
Bartholomäuskirche   **118**; Abb. 118
Bekenntniskirche   **154**

Objektregister 513

(Kirchen, Klöster, Kapellen)
Benediktinerinnenkloster St.
Marien, ehem. (Spandau)
216, 256, 360, 364, 366, 373,
386, 387
Bethanien, ehem. Krankenhaus-
kirche 180, 263
Bethanienkirche (Weißensee)
135
Bethlehemskirche, ehem. (Mitte)
6
– (Neukölln) 223
Böhmische Kirche 17; Abb. 16
St. Bonifatius 178; Farbabb. 7
Ev. Brüdergemeine, Betsaal
223
St. Canisius 294; Abb. 294
Christophoruskirche 163
Christuskirche (Oberschöne-
weide) 163
– (Wilmersdorf) 310
Dankeskirche 218
Deutscher Dom, Neue Kirche
6, 15, 91, 92, 174; Abb. 93
Dom 11, 12, 19, 62, 84, 185,
280, 287, 459; Abb. 23, 61,
63, 64, 65, 73
St. Dominicus 231, 383
Dominikanerkloster, ehem.
(Mitte) 11
– (Spandau) 373
Dorfkirchen 5, 11, 49
– Altglienicke 155
– Biesdorf 148
– Blankenburg 137
– Blankenfelde 130
– Bohnsdorf 155
– Britz 228
– Buch 130; Abb. 131
– Buchholz 130
– Buckow 12, 230
– Falkenberg 141
– Friedrichsfelde 144
– Gatow 386
– Giesensdorf 259
– Heiligensee 371
– Heinersdorf 136
– Hermsdorf 365
– Hohenschönhausen 39, 139
– Karow 137
– Kaulsdorf 151
– Kladow 387
– Lankwitz 256
– Lichtenberg 143
– Lichtenrade 240
– Lichterfelde 257
– Lübars 364
– Mahlsdorf 151
– Malchow 140
– Mariendorf 238, 323
– Marienfelde 11, 141, 238;
Abb. 239

(Kirchen, Klöster, Kapellen)
– Marzahn 148; Abb. 147
– Müggelheim 165
– Pankow 125
– Rahnsdorf 165
– Reinickendorf 358
– Rixdorf (= Bethlehemskirche)
223
– Rosenthal 129
– Rudow 232
– Schmargendorf 318
– Schmöckwitz 166
– Schöneberg 241
– Staaken 385
– Steglitz, ehem. 251, 252
– Stralau 122; Abb. 123
– Tempelhof 39, 235, 323
– Wartenberg 139, 140, 141
– Weißensee 133
– Wilmersdorf, ehem. 310
– Wittenau 360
– Zehlendorf 323
Dorotheenstädtische Kirche,
ehem. 6, 15, 104, 462
Dreieinigkeitskirche 232
Dreifaltigkeitskirche (Lankwitz)
256
– (Mitte), ehem. 6, 17, 95,
245
St. Eduard 228
Elisabethkirche 108; Abb. 108
Emmauskirche 183
Erasmuskapelle, ehem. (Schloß)
12, 61
Erlöserkirche (Lichtenberg) 143
– (Tiergarten) 193
Franziskanerkirche → Kloster-
kirche
Französische Kirche (Kloster-
straße), ehem. 17
Französischer Dom, Französisch-
Ref. Friedrichstadt-Kirche
6, 8, 15, 91, 92; Abb. 91
Friedenskirche (Grünau) 166
– (Niederschöneweide) 155
– (Niederschönhausen) 127
Friedrich-Werdersche Kirche,
ehem. 60, 76, 462; Abb. 77,
81; Farbabb. 6
Friedrichswerder Doppelkirche,
ehem. 15
Garnisonkirche, ehem. (Mitte)
6, 15, 17
– Kreuzberg, ehem. ev.
(= Kirche am Südstern) 185
– Spandau, kath. 379
Georgskirche, ehem. 116
Gertraudenkirche, ehem. 17,
365
Gethsemanekirche 113
Glaubenskirche 143
Gnadenkirche, ehem. 185

(Kirchen, Klöster, Kapellen)
Graues Kloster 45
Grunewaldkirche 320
Gustav-Adolf-Kirche 27, 308;
Abb. 308
Zum Guten Hirten 250
St.-Hedwigs-Kathedrale 6, 60,
84, 252; Abb. 81, 84
Heilandskirche 189
Hl. Geist (Moabit) 191
Heiliggeist-Kapelle, ehem. 6,
49, 238, 323
Hl. Kreuz (Kreuzberg) 173
– (Wilmersdorf) 311
Zur Heimat 326
Herz Jesu (Prenzlauer Berg)
113
– (Tempelhof) 236
Himmelfahrtkirche 219
Hochmeisterkirche 314
Hoffnungskirche 126
Hohenzollernplatz 27, 314
Immanuelkirche 113; Farb-
abb. 8
Jakobikirche 183
Jerusalemer Kirche, ehem. 17,
92, 167
Jerusalems- und Neue Kirche
167
St. Johannes (Neukölln) 227
Johanneskirche (Frohnau) 365
– (Moabit) 108, 189, 216
– (Spandau), ehem. 378
– (Zehlendorf) 328
Johannes-Ev.-Kirche (Mitte)
99
Johannesstiftskirche (Spandau)
382
St. Joseph 218
Kaiser-Friedrich-Gedächtnis-
Kirche 196
Kaiser-Wilhelm-Gedächtnis-Kir-
che 185, 285, 291, 292
Klosterkirche d. Franziskaner,
ehem. 6, 11, 12, 39, 45, 47,
48, 49, 189, 230, 241, 323,
329; Abb. 44, 45
Königin-Luise-Gedächtnis-Kir-
che 245
Kreuzkirche 27, 319, 343;
Abb. 319
Laurentiuskirche 39, 157
Lietzensee 294
Lietzow-Kirche 261
St. Ludgerus 210
St. Ludwig 313
Luisenkirche 15, 180, 262, 291
Luisenstädtische Kirche, ehem.
6, 15
Lukaskirche 172
Lutherkirche (Schöneberg) 248
– (Spandau) 381; Abb. 381

514   Objektregister

(Kirchen, Klöster, Kapellen)
Magdalenenkirche **225**
St. Maria Magdalena **127**
Maria Regina Martyrum **306**;
  Abb. 307
Marienkirche 6, 11, 12, 20,
  35, 39, **46**, 52, 256, 386;
  Abb. 46, 47, 48
St. Markus **383**
St. Martin **151**
Martin-Luther-King-Kirche **231**
Hll. Martyrer von Afrika **240**
Mater Dolorosa **256**
Matthäuskirche (Steglitz) 251,
  252
– (Tiergarten) 118, **205**;
  Abb. 208
St. Michael (Mitte) 22, **60**, 180;
  Abb. 59
– (Wannsee) **343**
Nazarethkirche 108, **216**;
  Abb. 217
–, ehem. Neue **218**
Neue Kirche 92 → Deutscher
  Dom
Neu-Westend **303**
Nikolaikirche (Mitte) 6, 8, 11,
  13, 14, 29, 35, **37**, 47, 49, 78,
  358, 458; Abb. 38, 39
– (Spandau) 11, 13, 358, 373,
  376; Abb. 377
Nikolassee **338**
Nonnenkloster Spandau, ehem.
  → Benediktinerinnenkloster
St. Norbert 241, **244**
Parochialkirche 6, 15, **43**, 92;
  Abb. 42, 43
– Charlottenburg → Luisen-
  kirche
Passionskirche **185**
Paul-Gerhardt-Kirche **241**
Paulskirche (Wedding) 108, **221**
Pauluskirche (Lichterfelde) **257**
– (Zehlendorf) **323**
St. Peter u. Paul **347**; Abb. 347
Petrikirche, ehem. 11, 17, 35,
  459; Abb. 28
Pfingstkirche **120**; Abb. 120
Philipp-Melanchthon-Kirche
  227
St. Pius **120**
St. Raphael **386**
Rosenkranz-Basilika **252**; Farb-
  abb. 12
Russisch-orthodoxe Kirche **316**
Russische Friedhofskapelle 371
Samariterkirche **122**
Schloßkapellen
– Charlottenburg 15, **269**
– Köpenick 14, **160**;
  Abb. 161; Farbabb. 9
–, ehem. Stadtschloß 12, 61

(Kirchen, Klöster, Kapellen)
Schönow-Kirche **329**
St. Sebastian **220**
Segenskirche **113**
Seggeluchbecken **361/362**
Sophienkirche 6, 15, 17, **95**,
  99; Abb. 96
Spittelkirche, ehem. 39
Stölpchensee **343**; Abb. 342
Südstern **185**
Tegel **366**
Tempelhofer Feld 27, **237**
Templerkirchen, ehem. 235,
  238
Thomaskirche **180**; Abb. 181,
  182
Trinitatiskirche **285**
Zum Vaterhaus **154**
Verklärungskirche **155**
Waisenhauskirche, ehem. 15
Werdersche Kirche → Friedrich-
  Werdersche Kirche
Zionskirche **109**, 113;
  Abb. 110
Zwinglikirche **122**
Zwölf-Apostel-Kirche **249**
Kleine Neugierde **351**
Kleist-Grab 355
Kleistkolonnaden → Königskolon-
  naden
Klosterhof Kleinglienicke **352**
Knoblauchhaus **39**
Kolonien → Siedlungen
Kolonnade Henriettenplatz
  313
Kongreßhalle 27, **203**; Abb. 203
Königskolonnaden 19, **247**, 248;
  Abb. 248
Konsistorium, Ev. **193**
Konsumkaufhaus, ehem. 183
Kraftwerk Klingenberg **143**;
  Abb. 144
– Lichterfelde-Giesensdorf 259
– Moabit **191**
Krankenhäuser
Am Urban 178, **185**
Bethanien, ehem. **180**, 187
Buch, Städt. Klinikum **132**
Charité **102**
Dalldorf, ehem. 360
Diakonissenkrankenhaus,
  ehem. 180 = Bethanien
Dr.-Heim-Krankenhaus **132**
Friedrichshain **119**
Hufeland-Hospital, ehem. **132**
Genesungsheim Buch **132**
Gertraudenhospital, ehem. 55,
  95
Heiliggeist-Spital, ehem. 49
Johannesstift 382
Kaiserin-Auguste-Victoria-Haus
  304

(Krankenhäuser)
Karl-Bonhoeffer-Nervenklinik
  360
Ludwig-Hoffmann-Krankenhaus
  132
Lungenheilstätte, ehem. 132
Maison de Santé, ehem. **247**
Martin-Luther-Krankenhaus
  320
Moabit **190**
Neukölln **230**
Nuklearmed. Klinik **132**
Robert-Rössle-Klinik **132**
Rudolf-Virchow-Klinikum d. FU,
  Charlottenburg **304**
–, Wedding 23, 132, **219**,
  230
Siechenhaus Schönhauser Allee
  (59) 113
Steglitz, Klinikum d. FU
  258
Wenckebach-Krankenhaus
  (ehem. Garnisonlazarett Tem-
  pelhof) 119, **236**
Westend-Krankenhaus, ehem.
  304
Krematorium Baumschulenweg
  302
– Ruhleben **302**
– Wedding **218**, 302
– Wilmersdorf 302, **316**
Kreuzberghaus zum Alten Fritz
  169
Krupp, ehem. Gästehaus 212
Küchengebäude, ehem., Fried-
  richsfelde **144**
Kulturforum 29, 209
Kunstamt Tiergarten 214
– Wedding 218
Künstlerhaus Bethanien 180
Küsterei Bethlehemsgemeinde
  223

Ladenzentrum Erich-Weinert-Stra-
  ße 113
– Gropiusstadt 231, 232
– Hansaviertel 196
Lagerhaus Klosterstraße, ehem.
  456
Landesinstitut f. gerichtl. u. soz.
  Medizin 191
Landespostdirektion **295**
Landesversicherungsanstalt Berlin,
  ehem. **58**
–, Verwaltungsgebäude **295**
Landtagsgebäude (Abgeordneter -
  haus), ehem. **95**
Landwehrkasino, ehem. 290,
  448
Lapidarium 172
Lenz-Haus **213**
Lettehaus **244**

Objektregister   515

Literaturhaus   293
Loggia Alexandra   **354**
Luisenbad, ehem.   216
Lütze, ehem. Hof   261

Mahnmale → Denkmale, → Gedenkstätten
Maifeld   300
Märkisches Zentrum   **361**
Markthalle VII   180
Markt- u. Kühlhallengesellschaft, ehem. Verwaltungsgebäude   172
Marstall (Mitte)   **54**; Abb. 54
–, Alter (ehem. Unter den Linden)   87
–, Neuer   **55**
– (Charlottenburg)   283, 391, **395**
Martin-Gropius-Bau (ehem. Kunstgewerbemuseum)   95, **172**, 221; Abb. 173
Martin-Niemöller-Haus   330
Mausoleum d. Königin Luise   277, **278**
Max-Planck-Haus   **72**
Max-Planck-Institut f. Bildungsforschung   **317**; Abb. 318
Meierei, ehem. (Bellevue-Park)   **199**
– Pfaueninsel   **346**
Meilensäulen, -steine   95, 283, 323, 366, 385
Messegelände   27, **296**
Messegesellschaft, Verwaltung   297
Mietshäuser → Wohngebäude
Ministerien, Haus d., ehem.   **95**
Ministerium f. Auswärtige Angelegenheiten der DDR, ehem.   **65**
Ministerrat d. DDR, ehem.   42
Mohrenkolonnaden   20, **94**; Abb. 94
Moschee   **316**
Müggelturm   **163**
Müllverladebahnhof   **308**
Münze   **42**
–, ehem. (Werderscher Markt)   20, 42
Münzturm, ehem.   44, 95
Museen (Gebäude u. Sammlungen)   **389**
Abguß-Sammlung antiker Plastik   **283**
Ägyptisches Museum u. Papyrussammlung (Bode-M.)   **404**; Abb. 407, 408
– ehem. (Neues M.)   70
– (Charlottenburg)   283, **391**, 404; Abb. 392, 394
Altertümersammlung, ehem.   485

(Museen)
Altes Museum   22, 24, 62, **67**, 76, **395**, 410, 415, 421, 432, 475, 476; Abb. 23, 68
Antike Kleinkunst, ehem. Sammlung   395, 475
Antikenmuseum (Charlottenburg)   283, **395**; Abb. 397
Antikensammlung (Pergamon-M.)   72, **475**; Abb. 476, 478
Antikriegsmuseum   118
Antiquarium, ehem.   395, 475
Arbeitsschutzmuseum, ehem.   286
Asiatisches Museum   330
Bauhaus-Archiv   **214, 399**; Abb. 214, 400
Berlin Museum (ehem. Kammergericht)   7, 29, **167**, 172, 285, **400**; Abb. 169, 401
Berliner Porzellane (Belvedere Charlottenburg)   **279**
Berlinische Galerie (Museum f. mod. Kunst, Photographie u. Architektur)   8, 172, **402**; Abb. 403
Bildnissammlung, ehem. Nationale   461, 462
Bode-Museum (ehem. Kaiser-Friedrich-M.)   **71, 404 ff.**; Abb. 71, 404; Farbabb. 4
Botanisches Museum   **259**
Brandenb.-preuß. Militärwesen, ehem.   79
Bröhan-Museum   **283, 421**; Abb. 421
Brücke-Museum   7, **334, 422**
Dahlem   330, **430 ff.**; Abb. 424
Deutsche Geschichte, ehem. (Zeughaus)   79
Deutsche Staatsbibliothek, Porträtsammlung   **88**
Deutsche Volkskunde   198, **485**
Deutsches Gewerbemuseum, ehem.   449
Deutsches Historisches Museum (proj.)   29, 79
Deutsches Museum, ehem. proj.   72
Deutsches Rundfunkmuseum   296
Domäne Dahlem   330
Düppel, Museumsdorf   **340**
Ephraim-Palais (Ausstellungen d. Märkischen M.)   41
Frühchristlich-Byzantinische Sammlung (Bode-M.)   **408**; Abb. 409
– (Dahlem)   **432**; Abb. 433
Galerie d. Romantik (Schloß Charlottenburg)   265, **473**
Gemäldegalerie (Bode-M.)   **415**; Abb. 417, 418

(Museen)
– (Dahlem)   331, **423**; Abb. 425
– (Jagdschloß Grunewald)   **335**
– (Kulturforum)   209
Gestaltung, Museum f.   **399**
→ Bauhaus-Archiv
Gipsabgußsammlung, ehem.   410, 475
Graphisches Kabinett d. Nationalgalerie   209
Gründerzeit-Museum   151
Heimatarchiv Wedding   218
Heimatmuseum Charlottenburg   283
– Reinickendorf   365
– Zehlendorf   323
Hohenzollern-Museum, ehem.   97, 453
Hugenottenmuseum   **92**
Humboldt-Museum   **366**
Indische Kunst (Dahlem)   331, **439**; Abb. 439
Islamische Kunst (Dahlem)   331, **441**
Islamisches Museum (Pergamon-M.)   **483**; Abb. 484
Jagdzeugmagazin (Jagdschloß Grunewald)   **338**
Kaiser-Friedrich-Museum, ehem.   → Bode-Museum
Knoblauchhaus (Depend. d. Märkischen M.)   41
Georg-Kolbe-Museum   298, **447**; Abb. 448
Käthe-Kollwitz-Museum   293, **448**
Kunstbibliothek   209, 290, 444, **448**
Kunstgewerbemuseum, ehem. (Martin-Gropius-Bau)   22, **172**, 485
– (Schloß Köpenick)   160, **453**; Abb. 453, 455, 457
– (Tiergarten)   28, **209**, 448, 449; Abb. 450
Kunsthalle, Staatl.   292
Kunstkammer, ehem. Kgl.   404, 439, 445, 485
Kupferstichkabinett u. Sammlung d. Handzeichnungen (Altes M.)   69, **395**, 448, 462
Kupferstichkabinett (Dahlem)   331, **432**
– (Kulturforum)   209
Lapidarium   172
Majolikenkabinett, ehem.   410
Märkisches Museum   7, 23, 38, 41, 56, **58**, 400, **458**; Abb. 458, 459, 460; Farbabb. 2; → a. Knoblauchhaus, Ephraim-Palais
Münzkabinett (Bode-M.)   **421**

516   Objektregister

(Museen)

Musikinstrumenten-Museum **206, 461**; Abb. 207
Otto-Nagel-Haus 56, **461**, 462
Nationalgalerie (Mitte) 22, 69, **70**, 72, 73, **461**; Abb. 70, 463, 465, 466
– (Friedrich-Werdersche Kirche) **76, 78**
– (Hamburger Bahnhof) 191
– (ehem. Kronprinzenpalais) 30
– (Mitte, Altes M.) **395**
– (Tiergarten) 27, 205, **207, 469**; Abb. 208, 470, 471
Naturkunde **107**
Neues Museum 22, **69**, 72, 352, 404, 410, 432, 475, 485; Abb. 69
Nikolaikirche (Museum f. Kunst u. Kultur in Berlin) 37
Ostasiatische Kunst (Dahlem) 331, **444**
Ostasiatische Sammlung (Pergamon-M.) **480**
Papyrussammlung (Bode-M.) **404**
Pergamon-Museum **72**, 395, 441, **475 ff.**; Abb. 475
Postmuseum **95**
Rauch-Museum, ehem. 462
Schinkel-Museum, ehem. 395, 462
Schinkel-Pavillon (Charlottenburg) **280**
Schloßmuseum, ehem. 449
Skulpturengalerie (Dahlem) 331, **432, 434**, 462; Abb. 437, 438
Skulpturensammlung (Bode-M.) **410**, 462; Abb. 412, 414
Spandau, Stadtgeschichtl. Museum 374, **375**
»Straßenmöbelmuseum« Tegel-Center **371**
Ur- u. Frühgeschichte (Bode-M.) **421**
Verkehrs- u. Baumuseum, ehem. 191
Verkehr u. Technik **172**, 191
Völkerkunde (Dahlem) 330, 331, 439, **445**; Abb. 446
–, ehem. (Prinz-Albrecht-Straße) 444, 445, 485
Volkskunde (Pergamon-M.) **485**
Volkstrachten u. Erzeugnisse d. Hausgewerbes, ehem. 485
Vorderasiatisches Museum (Pergamon-M.) 72, **481**
Vor- u. Frühgeschichte (Schloß Charlottenburg) 265, 458, **485**

Museumsinsel **67**; Abb. 67
Musisches Zentrum Atrium **363**

Neue Wache 22, **79**, 82; Abb. 80
Neuer Marstall **55**
Neugierde, Große/Kleine **351**
Nicolaihaus **53**
Nikolskoe, Blockhaus **347**
Nordstern-Lebensversicherungsbank, ehem. **395**
Nordstern-Versicherung, ehem. Verwaltungsgebäude **244**

Olympiaglocke 300
Olympiastadion 27, **300**
Operncafé (ehem. Prinzessinnenpalais) **74**, 82
Orangerien Charlottenburg 264, **275**, 462, 469
– Kleinglienicke **351**
Oranienplatz, Bürohaus **183**
Orte, Ortsteile, ehem. Gemeinden
(→ a. Bezirke, Siedlungen)
Adlershof **155**
Altglienicke **155**
Baumschulenweg **154–155**
Berlin 11, 32, 33, 35, 401; Abb. 14
Biesdorf **148–149**
Blankenburg **136–137**
Blankenfelde **129–130**
Böhmisch-Rixdorf 11, 223
Bohnsdorf 11, **155–156**
Boxhagen-Rummelsburg 143
Britz **228–230**
Buch **130–132**, 137
Buchholz **130**
Buckow **230–232**
Charlottenburg 19, **261–309**
Cölln 11, 32, 33, 35, 55, 401; Abb. 14
Dahlem **329–338**
Dalldorf 360 → Wittenau
Deutsch-Rixdorf 223
Dorotheenstadt 14, 33, 35, 73
Düppel 328, 340
Falkenberg **141**
Französisch-Buchholz 11, 130
Friedenau **250**
Friedrichsfelde **144–146**
Friedrichshagen **163–165**
Friedrichstadt 18, 28, 33, 35, 92, 94, 167, 174
Friedrichstädtische Vorstadt 189
Friedrichswerder 14, 15, 33, 35, 73, 401
Frohnau **365**
Gatow **386**
Georgenvorstadt 247

(Orte, Ortsteile, ehem. Gemeinden)

Gesundbrunnen 216
Giesensdorf 257, **259–260**
Glienicke **348–354**
Großlichterfelde 257, 259
Grünau **165–166**
Grunewald **320–322**
Hakenfelde 374
Hansaviertel **194–197**
Haselhorst **384–385**
Heiligensee 11, **371**
Heinersdorf **136**
Heinrichsdorf 136 → Heinersdorf
Hellersdorf 29, **151**
Hermsdorf **365**
Hessenwinkel 165
Hirschgarten 58
Hohenschönhausen 29, **139 bis 140**
Johannisthal **155**
Karlshorst **146**
Karow **137**
Kaulsdorf **151**
Kladow **387–388**
Klosterfelde 374
Cölln → Cölln
Königsvorstadt 35, 99
Konradshöhe **371**
Köpenick 11, 14, 24, 32, **157 bis 163**
Köpenicker Vorstadt 35, 167
Lankwitz **255–256**
Lichtenberg **143–144**
Lichtenrade **240**
Lichterfelde **256–259**, 486
Lietzow (Lützow) 197, 261, 263
Lübars 11, **364–365**
Luisenstadt 167
Lützow → Lietzow
Mahlsdorf **151**
Malchow **140**
Mariendorf 11, **238**, 255
Marienfelde 11, **238–240**
Marzahn 29, **147–148**
Moabit **189 ff.**
Müggelheim **165**
Neu-Hohenschönhausen 139
Neukölln (Rixdorf) 35, **223 bis 228**
Neustadt (Spandau) 374
Neu-Voigtland 35
Neuweißensee 133
Niederschöneweide **155**
Niederschönhausen **126 bis 129**
Nikolaiviertel 29, **39**
Nikolassee **338–341**
Oberschöneweide **163**
Pankow **125–126**
Pichelsdorf **383**

Objektregister   517

(Orte, Ortsteile, ehem. Gemeinden)
Rahnsdorf **165**
Rahnsdorfer Mühle   165
Reinickendorf **358–360**
Richardsdorf, Rixdorf   223
→ Neukölln
Rosenfelde   144 → Friedrichs-
felde
Rosenthal **129**
Rudow **232–233**
Ruhleben   302
Rummelsburg   143
Scheunenviertel   52
Schlachtensee   323
Schmargendorf **318–320**
Schmöckwitz **166**
Schöneberg   197, **241–250**
Schöneberger Vorstadt   189
Schöneweide   155
Schönow   323, **328–329**
Siemensstadt **384**
Spandau   11, 12, 13, 32, **373**
bis **383**
Spandauer Vorstadt   35, 95, 99
Spindlersfeld   157
Staaken **385–386**, 459
Steglitz **251–255**
Steinstücken   341, **355**
Stolpe   341 → Wannsee
Stralau   117, **122**
Stralauer Vorstadt   35
Stresow   373, 374
Südende   238, **255**
Tegel **366–371**
Tegelort   371
Tempelhof   11, **235–238**
Tiefwerder **383**
Tiergartenviertel   28
Treptow **154**
Waidmannslust **364**
Wannsee (Stolpe) **341–355**
Wartenberg **141**
Weinmeisterhöhe   383
Weißensee **133–136**
Wilhelmshagen   165
Wilhelmstadt   374, **383**
Wilmersdorf   197, **310–318**
Wittenau (Dalldorf) **360–364**,
486
Wuhlgarten   143
Zehlendorf **323–328**
Orte der Umgebung
Babelsberg   350
Hönow   29
Nieder-Neuendorf   371
Potsdam   351, 354
Sacrow   354
Teltow   329
Otto-Nagel-Haus **56**

Pädagogisch-Therapeutisches Zentrum   382

Palais   18, 20, 35
Altes Palais (ehem. Palais Kaiser
Wilhelms I.) **85**
v. Danckelmann, ehem.   400
Ephraim **41**, 459; Abb. 41
Kreutz, ehem.   485
Kronprinzenpalais, ehem. (Palais
Unter den Linden)   30, **73**,
74, 462; Abb. 18
Niederländisches Palais, ehem.
85
Podewils, ehem. **44**, 458
Prinz Albrecht, ehem.   167,
281
Prinz Carl, ehem.   282
Prinz Heinrich, ehem. (Hum-
boldt-Universität)   19, 87,
411
Prinz Wilhelm, ehem.   281
Prinzessinnenpalais, ehem. **74**,
462
Markgraf von Schwedt, ehem.
85; Abb. 74
Schwerin, ehem. **41**
Wartenberg, ehem. (Alte Post)
41, 411
Palast d. Republik, ehem.   29, 51,
66; Abb. 66, 67
Parkhaus Budapester Straße **292**
– Kantstraße (Kant-Garagen) **293**
– Nürnberger Straße **292**
– Rundfunk **296**
Parks, Anlagen, Gärten   14, 22, 24
Alt-Lietzow   261
Am Karlsbad   210
Bebelplatz-Anlagen **82**
Bellevue, Schloßpark   20, 198,
199
Biesdorf   148
Blankenfelde   14
Borsig-Villa   370
Botanischer Garten **259**
Britz **229**
Britzer Garten (Bundesgarten-
schaugelände) **230**; Farb-
abb. 15
Brosepark **128**
Buch, Garten   14, 76, **132**
Bundesgartenschau   230
Bundeshaus-Anlagen   313
Charlottenburg, Schloßgarten
20, 170, **275**; Abb. 277, Plan 276
Dreipfuhlpark **332**
Fischtalpark **327**
Friedrichsfelde, ehem. Schloß-
park   24, **146**
Friedrichshain, Volkspark   24,
118
Georg-Kolbe-Hain **298**, 448
Glienicke, Volkspark   348
Goethepark   Plan 222
Gröbenufer   182

(Parks, Anlagen, Gärten)
Hasenheide, Volkspark   167,
226
Heinrich-Lassen-Park **241**
Heinrich-v.-Kleist-Park **247,**
259
Heinrich-Zille-Park (ehem. So-
phienpark) **111**
Humboldthain   24, **219**
Jungfernheide, Volkspark   275,
307
Kleiner Tiergarten   24, 197
Kleinglienicke, Park   24, **348**,
352; Plan 348
Köllnischer Park **58**
Köpenick   163
Körnerpark **225**; Plan 225
Lietzenseepark   94, **294**
Lilienthal-Park **260**
Lüdenscheider Weg   384
Ludwig-Lesser-Park (Frohnau)
280
Lustgarten, ehem.   14, 22, 24,
61, 67, 247; Abb. 23, 61
Malchow   14, 140
Marx-Engels-Forum **51**
Mendelssohn-Bartholdy-Park
172
Monbijoupark, ehem.   20, 97
Niederschönhausen, Schloßpark
14, 20, 125, **128**
Operncafé-Anlagen **82**;
Abb. 83
Orangeriegarten Charlottenburg
275
Pankow, Bürgerpark **126**
–, Volkspark **126**
Pfaueninsel   20, 24, **343**;
Plan 344
Preußenpark **315**
Rehberge, Volkspark **222**;
Plan 222
Rudolph-Wilde-Park **244**
Rudow   14
Ruhwaldpark   304
Schäfersee-Anlagen   359
Schillerpark, Volkspark **222**
Schönholz   126
Schönholzer Heide   126
Schwarzer Grund **332**
Sophienpark, ehem.   111
→ Heinrich-Zille-Park
Steglitz, Stadtpark **255**
Tegel, Schloßpark **368**
Teltower Damm   323
Teltowkanal, Parkanlagen   258
Thielpark **332**
Tiergarten   7, 20, 24, **197**;
Plan 201
Tierpark Friedrichsfelde **146**
Treptower Park   24, **154**
Triestpark **332**

518   *Objektregister*

(Parks, Anlagen, Gärten)
Viktoriapark Kreuzberg   24,
  178; Abb. 179
Volkspark am Weinberg   **109**
Von-der-Schulenburg-Park   **227**
Wilhelmsaue   310
Wilmersdorf, Volkspark   311
Wröhmännerpark   380
Zoologischer Garten   **213**
Patentamt   **170**
Pfarrhaus Blankenfelde   130
– Britz   **228**
– Dahlem (Annenkirche)   **330**
– Glinkastraße   **95**
– Herz Jesu   **113**
– Jakobikirche   **183**
– Johanneskirche   **189**
– Melanchthonkirche   **227**
– Nikolassee   **338**
– Zwölf-Apostel-Kirche   **249**
Pfaueninsel   24, 278, **343**;
  Plan 344
Pflanzenschutzamt   **230**
Philharmonie   5, 27, **205**, 206;
  Abb. 260; Farbabb. 10
– Kammermusiksaal   206, **207**
Phosphateliminierungsanlage
  369; Abb. 369
Physikalisch-Technische Bundesan-
  stalt, Institute   286
Plätze
Adenauerplatz   293
Adolf-Scheidt-Platz   237
Alboinplatz   245
Alexanderplatz   **52**; Abb. 53
An der Apostelkirche   249
Arnimplatz   113
Arnswalder Platz   116
Askanischer Platz   171
Bayerischer Platz   244
Bebelplatz   **80 ff.**
Belle-Alliance-Platz, ehem.   35
  → Mehringplatz
Bismarckplatz   321
Brixplatz   304
Bülowplatz, ehem.   52 →
  Rosa-Luxemburg-Platz
Bundesplatz   311
Dennewitzplatz   248
Dönhoffplatz, ehem.   51, 73,
  95, 323
Ernst-Reuter-Platz   **285**;
  Abb. 286
Falkenseer Platz   380
Falkplatz   113
Fehrbelliner Platz   27, **315**
Forum Fridericianum, ehem.
  19, 37, 73, **80**, 84, 87;
  Abb. 18; → Bebelplatz
Friedrich-Wilhelm-Platz   250
Gendarmenmarkt   19, 29, **91**
  → Platz d. Akademie

(Plätze)
Großer Stern   197, 198, 203
Großfürstenplatz   198, 204
Hansaplatz   196
Hegelplatz   87
Henriettenplatz   313
Hermannplatz   226
Hohenzollernplatz   314
Humannplatz   113
Kalenderplatz   230
Karlplatz   102
Karl-Marx-Platz   225
Karolingerplatz   298
Klinkeplatz   381
Kollwitzplatz   114; Abb. 115
Koppenplatz   99
Kranoldplatz   227
Kurt-Schumacher-Platz   359
Leipziger Platz   35
Leninplatz   120
Leopoldplatz   218
Ludolfinger Platz   **365**
Ludwigkirchplatz   313
Lützowplatz   **214**
Mariannenplatz   180
Marienplatz   **258**
Marx-Engels-Platz   **61**, 62, 65,
  66, 67; Abb. 66
Mehringplatz (fr. Belle-Alliance-
  Platz)   **170**
Monbijouplatz   **97**
Oktogon   35 → Leipziger Platz
Opernplatz, ehem.   80
  → Bebelplatz
Pappelplatz   108
Pariser Platz   35, 73, 88, 89
Perelsplatz   250
Platz am Wilden Eber   320
Platz d. Akademie (ehem. Gen-
  darmenmarkt)   29, **91**, 121;
  Abb. 91
Platz d. Luftbrücke   237
Quarré   35, 73 → Pariser Platz
Reformationsplatz   378
Richardplatz   223
Robert-Koch-Platz   103
Rondeel, Rondell   35, 170
  → Mehringplatz
Rüdesheimer Platz   316
Rumeyplatz   237
Savignyplatz   292
Schloßfreiheit, ehem.   61, 62
  → Marx-Engels-Platz
Schloßplatz   51, 61 → Marx-
  Engels-Platz
Senefelderplatz   114
Spittelmarkt   55, **95**
Steubenplatz   303
Strausberger Platz   **121**
Theodor-Heuss-Platz   296
Viktoria-Luise-Platz   **244**
Werderscher Markt   76, 78

(Plätze)
Wilhelmplatz, ehem.   8₂
Wittenbergplatz   249
Zelten   198
Zeltinger Platz   **365**
Plötzensee   **306**
Polizeikaserne Spandau   380
Postamt Spandau   380
Postfuhramt Oranienburger
  Straße, ehem.   **99**
Postgiroamt   **171**
Preußischer Landtag, ehem.   **95**
Produktionstechnisches Zentrum
  309
Pumpwerk III d. Stadtentwässe-
  rung   **172**, 201

Raiffeisen-Gebäude   **285**
Rathäuser
Berlin, ehem.   11, 146
Berlin/Cölln, ehem.   35
Charlottenburg   **284**
Cölln, ehem.   33, 458
Friedenau   **250**
Köpenick   **157**
Lankwitz   **256**
Lichtenberg   **143**
Neukölln   **225**
Nikolassee   338
Pankow   **126**
Schmargendorf   **318**
Schöneberg   241, **244**
Spandau   373, **379**
Stadtmitte (Rotes Rathaus)   42,
  49, 458; Abb. 50; Farbabb. 1
Steglitz   **252**
Treptow   **154**
Wannsee, ehem.   **343**
Wedding   **218**
Zehlendorf   **323**
Rathaus-Passagen   **52**
Reichsbank, ehem.   27, **78**
Reichskanzlei, ehem.   198
Reichsknappschaftshaus, ehem.
  316; Abb. 317
Reichsluftfahrtministerium, ehem.
  27, **95**
Reichsmarineamt, ehem.   **211**
Reichspatentamt, ehem.   170
Reichspostamt, ehem.   **95**
Reichspostzentralamt, ehem.   **236**
Reichsschuldenverwaltung, ehem.
  183
Reichssportfeld, ehem.   27,
  300
Reichstagsgebäude   23, **204**
Reichsversicherungsamt, ehem.
  210
Reiherwerder   369
Reitbahn Charlottenburg   **283**
Restaurants → Gaststätten,
  → Hotels

Ribbeckhaus 13, **53**; Abb. 54
Rundfunk 27, **295**

S-Bahnhöfe → Bahnhöfe
St.-Gertrauden-Stift, ehem. 178
Schering, Verpackung u. Versorgung **219**
–, Verwaltungsgebäude **218**
Scherk-Haus **255**
Scherl, ehem. Verlagshaus 169
»Scheunenviertel« 52
Schinkelklause 74 → a. Bauakademie
Schinkel-Pavillon **280**; Farbabb. 14
Schlösser 7, 12, 15
Bellevue 19, 20, 189, **198**, **485**; Abb. 199
Biesdorf **148**; Abb. 149
Blankenfelde, ehem. 15
Buch **132**
Charlottenburg 15, 19, 20, 127, **263**, 432, 441, 449, **473**, **485**; Abb. 264, 274; Plan 266/267
Friedrichsfelde 15, 20, **145**; Abb. 145
Glienicke, Jagdschloß **354**
Grunewald, Jagdschloß 12, **334**; Abb. 335
Kleinglienicke 22, 348, **349**, 355; Abb. 350; Plan 348
Köpenick 12, 14, **157**, 334, 449, **453**; Abb. 157, 160, 161
Lichterfelde **257**; Abb. 257
Lietzenburg (Lützenburg), ehem. 261, 263
Monbijou, ehem. Schloß 15, 18, 20, **97**, 270, 335, 404, 432, 453, 485
Niederschönhausen 15, 126, **127**, 275; Abb. 127
Pfaueninsel 20, 343, **344**; Abb. 345; Farbabb. 13; Plan 344
Rosenthal, ehem. 15
Rudow **233**
Ruhleben, ehem. 275
Ruhwald, ehem. 304
Schoeler-Schlößchen **310**
Stadtschloß Berlin, ehem. 6, 12, 13, 14, 15, 20, 22, 39, 45, 51, 55, **61**, 65, 66, 67, 76, 247, 270, 272, 335, 336, 368, 401, 411, 421, 449, 458, 486; Abb. 60, 61, 74
Tegel **366**, 385; Abb. 367
Weißensee 133
Wrangelschlößchen 251
Schmiede Rixdorf 223

Schulbauten
Alexander-v.-Humboldt-Schule 163; Abb. 162
Alt-Moabit 189
Baumschulenweg **155**
Beucke-Schule **326**
Bildungszentrum Schillerstraße **289**
Britz 228
Bundespost 236
Französisches Gymnasium **215**
Gierkezeile Charlottenburg **263**
Graues Kloster, ehem. Gymnasium 45
Gropiusstadt 231, 232
Grundschule Levetzowstraße **193**
Herbert-Hoover-Oberschule **221**
Hermann-Herzog-Schule **218**
Joachimsthalsches Gymnasium, ehem. **312**, 313; Abb. 312
Johannesstift 382
John-F.-Kennedy-Schule **326**
Kirchner-Schule, ehem. Direktorhaus **193**
Kleist-Schule, ehem. **193**
Köllnisches Gymnasium, ehem. **58**
Kolumbus-Schule **359**
Lessing-Gymnasium, ehem. 221
Nöldnerplatz Lichtenberg **143**
Oberstufenzentrum Wirtschaft u. Handel **182**
Polizeischule 382
Reformationsplatz Spandau **378**
Renée-Sintenis-Schule 365
Schadow-Schule **326**
Theresienschule 113
Thomas-Mann-Schule **362**
Walt-Disney-Schule **232**
Walter-Gropius-Schule **232**
Wilhelm-Raabe-Schule, ehem. 363
Wittenau **360**
Schullandheim Amalienhof **385**
Schwanenwerder, Insel 341
Schweizerhaus Pfaueninsel **344**
Schwimmstadion **300**
Seehandlung, Kgl., ehem. 91
Senator f. Bau- u. Wohnungswesen, Dienstgebäude **315**
– f. Finanzen, Dienstgebäude 250
– f. Inneres, Dienstgebäude **315**
– f. Stadtentwicklung u. Umweltschutz 168
Sender Freies Berlin, Fernsehzentrum **296**

Seniorenheim Köpenicker Straße **182**
– Steinplatz **290**
Shell-Haus, ehem. **210**; Abb. 211
Siedlungen (→ a. Orte ff.)
Adlergestell 155
Albrechtshof, ehem. 213
Albrechts Teerofen 341
Alsen, Kolonie 341
Am Heidehof **328**
Böhmische Kolonie 223
Britz, Großsiedlung **229**, 305; Plan 229
Buch, Kolonie 130
Buckow (Britz-Buckow-Rudow) **231**
Carl Legien, Wohnstadt **113**
Ceciliengärten **245**
Charlottenburg Nord **306**
Ernst-Reuter-Siedlung **220**
Falkenberg, Kolonie **155**
Falkenhagener Feld **382**
Fichtenberg 251, **255**
Fischtalgrund **327**
Freie Scholle 26, **370**
Friedenau, Villenkolonie 24
Friedrich-Ebert-Siedlung **222**
Gropiusstadt 27, 229, 230, **231**; Abb. 231
Grunewald, Villenkolonie 24, 203, 320
Hans-Loch-Viertel **146**
Hansaviertel 27, **194**; Plan 194
Haselhorst, Reichsforschungssiedlung **384**
Hirschgarten, Villenkolonie **165**
Hubertushaus 323
Hufeisensiedlung Britz 26, 228, **229**, 305
Invalidensiedlung 365
Karolinenhof, Villenkolonie **166**
Köpenicker Feld **179**
Lichterfelde, Villenkolonie 24, **258**
Lindenhof 26, **245**
Mariendorf Monopolstraße **238**
Märkisches Viertel 27 f., **361**; Abb. 364; Plan 362/363
Neu-Steglitz 251
Neu-Tempelhof, Gartenstadt 235
Neu-Venedig 165
Neu-Zehlendorf, Kolonie 323
Onkel Toms Hütte 26, 305, 323, **327**; Abb. 327
Otto-Suhr-Siedlung **183**
Paul-Hertz-Siedlung **306**
Rauchlose Siedlung **255**
Reinickendorf, Großsiedlung **358**
Salvador-Allende-Viertel **163**
Siedlung am Schillerpark **221**

(Siedlungen)
Siemensstadt, Großsiedlung 26, **305**, 361, 384; Abb. 305
Sonnenhof **146**
Spreesiedlung **155**
Springsiedlung **183**
Staaken, Gartenstadt 385, **386**; Abb. 385
Tempelhofer Feld 235, **237**
Thomashof, ehem. 220
Vogtland 216
Weiße Stadt 26, 305, **358**
Weißensee 135
Westend, Villenkolonie 24, **303**
Zehlendorf, Gartenstadt 323
Siegessäule 198, **199**, 201; Abb. 200
Siemens, ehem. Hauptverwaltung **384**
Singakademie, ehem. (Maxim-Gorki-Theater) **80**, 202, 281
Spanisches Kulturzentrum 212
Spielhaus Senftenberger Ring **361**
Spittelkolonnaden 19, **95**
Sportanlagen (→ a. Bäder)
Deutsches Sportforum **301**
Deutsches Stadion, ehem. 27, 300
Doppelturnhalle Schloßstraße **283**
Friedrich-Ludwig-Jahn-Sportpark 113
Haus d. Deutschen Sports **301**
Horst-Korber-Sportzentrum **301**
Olympiastadion **300**
Reichssportfeld, ehem. **300**
Sporthalle Glockenturmstraße **301**
– Onkel-Tom-Straße 327
– Sachsendamm **245**
– Sömmeringstraße **308**
Axel Springer, Verlagshaus **169**
Staatsratsgebäude, ehem. 29, 61, **65**, 66
Stadtarchiv **55**
Stadtbad → Bäder
Stadtbefestigung → Stadtmauern
Stadthaus, Altes **42**
Stadtmauern 12, 32, 33, 35, **45**, 58, 73, 88, 89, 112, 117, 167, 170, 180; Abb. 21
– Spandau 373, **379**
Stadttore → Tore
Standesamt Charlottenburg **261**; Abb. 261
Steglitzer Kreisel **252**
Sternwarte **154**
Stiftung Preußischer Kulturbesitz 214
Strandbad Wannsee 27, **341**

Straßen (→ a. Wohngebäude)
Am Kupfergraben **72**
Breite Straße 35, **53**, 56, 65; Abb. 54
Brüderstraße 35, **53**; Abb. 28, 121
Döberitzer Heerstraße 24
Friedrichsgracht **55**
Hohenzollerndamm 24
Kaiserdamm 24
Karl-Marx-Allee (fr. Große Frankfurter Straße, Frankfurter Allee, Stalinallee) 29, **52, 120**; Abb. 53, 121
Klosterstraße 35
Kurfürstendamm 24, **293**
Märkisches Ufer **56**; Abb. 57
Mauerstraße Abb. 16
Mehringdamm **176**
Oranische Gasse, ehem. 85
Siegesallee, ehem. 25, 198, **201**, 229, 376
Thomas-Dehler-Straße **211 f.**
Tiergartenstraße **211 f.**
Unter den Linden 14, 27, 37, 67, **72 ff.**, 87, 89; Abb. 18, 74
Wilhelmstraße 35
Studentendorf d. FU, Internationales **340**
Studentenheim Eichkamp, Internationales **298**
– Siegmunds Hof **195**
Studentenwohnheim d. TU, ev. **298**
Sudhaus **189**
Synagoge Fasanenstraße, ehem. 292, 402
– Levetzowstraße, ehem. 193
– Oranienburger Straße **97**; Abb. 98

Tagesspiegel 210
Tauentzien-Palast **250**
Technische Universität → Hochschulbauten
Tegel-Center 371
Tegeler Hafen, Umbauung 28, **369**; Farbabb. 11
Tegeler-See-Bauten **368**
Telefunken-Gebäude **285**
Theaterbauten
Berliner Ensemble **100**
Berliner Theater, ehem. 250
Deutsche Oper Berlin **284**, 292, 313
Deutsche Staatsoper 19, 22, 80, **81**, 85, 87, 100, 273; Abb. 18, 81, 82
Deutsches Theater **100**
Freie Volksbühne **313**

(Theaterbauten)
Friedrich-Wilhelmstädtisches Theater, ehem. 100
→ Deutsches Theater
Friedrichstadt-Palast **100**
Grips-Theater 196
Großes Schauspielhaus, ehem. (= alter Friedrichstadtpalast) 100
Hebbel-Theater **171**
Kammerspiele **100**
Komische Oper **88**
Komödienhaus, ehem. 91
Kroll-Oper, ehem. 203
Maxim-Gorki-Theater (ehem. Singakademie) **80**
Metropol-Theater **100**
–, ehem. 88 → Komische Oper
Metropol (Schöneberg) **249**
Neues Schauspielhaus, ehem. **249**
Neues Theater, ehem. 100
→ Berliner Ensemble
Renaissance-Theater **289**
Schaubühne **313**; Abb. 314
Schauspielhaus (Konzertsaal) 8, 22, 91, **93**; Abb. 91
Schiller-Theater **285**
Theater am Nollendorfplatz ehem. 249
Theater am Schiffbauerdamm, ehem. 100 → Berliner Ensemble
Theater des Westens **292**
Theater Unter den Linden, ehem. 88 → Komische Oper
Theaterbau Schloß Charlottenburg 245
Volksbühne **52**
Waldbühne **300**
Theodor-Fontane-Haus **363**
Tierarzneischule, ehem.
– Lehrgebäude **100**
– Stallgebäude **102**
Tierpark Friedrichsfelde **146**
Titania-Palast **253**
Tore 35, 88; Abb. 21
Bernauer Tor (Königstor), ehem. 88, 112
Brandenburger Tor s. d.
»Charlottenburger Tor« **288**
»Friedenstor« 90 → Brandenburger Tor
Hallesches Tor, ehem. 88, 170, 174
Heidetor, ehem. (Spandau) 373
Klostertor, ehem. (Spandau) 373
Königstor, ehem. 88, 112
Köpenicker Tor, ehem. 15
Kottbusser Tor, ehem. 88, 183

Objektregister 521

(Tore)
Landsberger Tor, ehem. 112
Mühlentor, ehem. (Spandau)
373
Oranienburger Tor, ehem. 88
Prenzlauer Tor, ehem. 88, 112
Schlesisches Tor, ehem. 88
Schönhauser Tor, ehem. 88,
112
Stralauer Tor, ehem. 15
Stresowtor, ehem. (Spandau)
373
Trabrennbahn Mariendorf **238**
Tuilerien-Spolien 341

U-Bahnhöfe → Bahnhöfe
Ullstein, ehem. Druckhaus **237**
–, ehem. Verlagshaus 169
Umweltbundesamt 321
Unité d'habitation 27, **299**;
Abb. 299
Universitäten → Hochschulbauten

Victoria-Versicherung, ehem. Ver-
waltungsgebäude **168**
Villen → Wohngebäude
Villenkolonien 22, 24 → Sied-
lungen
Volksparks → Parks

Waldbühne **300**
Wasserturm Fidicinstraße 178
– Spandauer Damm **304**
Wasserwerk Friedrichshagen **165**;
Abb. 164
– Prenzlauer Berg, ehem.
114
Wendenschloß (Spandau) **378**
Werkbund-Archiv 172
Werkstatt Kühn 156
Wertheim-Gebäude, ehem. (Leipzi-
ger Platz) 26
Westhafen **192**
Weydingerhaus, ehem. 53, 80
Wissenschaftszentrum **210**
Wohngebäude (→ a. Siedlungen,
Straßen, Plätze, Bauernhäu-
ser) 12, 22, 23, 24, 26, 29
Achtermannstraße 126
Adalbertstraße (74) 180
Admiralstraße (16) 184, 185
Afrikanische Straße (14–41)
222
Ahornallee Charlottenburg (47)
303
– Pankow (6, 9) 127
Akazienhof 155
Alexandrinenstraße 183
Alexisstraße 178
Alfred-Kowalke-Straße 144
Alt-Biesdorf 148
Alt-Britz 228

(Wohngebäude)
Alt-Buch 130
Alt-Buckow 230
Alt-Heiligensee 371
Alt-Hellersdorf 151
Alt-Karow 137
Alt-Köpenick (6–14, 15) 157
Alt-Lichtenrade 240
Alt-Mahlsdorf 151
Alt-Marzahn 147; Abb. 147
Alt-Moabit (71) 189
Alt-Müggelheim 165
Alt-Pichelsdorf 383
Alt-Schmöckwitz 166
Alt-Tegel 366
Alt-Tempelhof 235
Altonaer Straße 195 f.
Am Erlenbusch (14 a) 333
Am Großen Wannsee (39/41,
42, 43/45) 354; Abb. 355
Am Karlsbad (1–2) 210
Am Kolk (1) 379
Am Kupfergraben 72
Am Rupenhorn (6, 9, 24) 301,
302
Am Sandwerder (1) 355
Am Schlachtensee (134) 340
Amalienpark 126
An der Apostelkirche (12) 249
Auguststraße 99
Backbergstraße 228
Bahnhofstraße Lichterfelde (35,
36, 37 a) 258 f.
Bänschstraße 122
Bartningallee 196
Bassermannweg (7–11, 21)
259
Bauhofstraße 72
Behnitz (5) 379; Abb. 380
Bejach, Wohnhaus 355
Bergmannstraße 177
Berliner Allee Weißensee 133
Bernadottestraße (56/58) 334
Bernhard-Beyer-Straße (12)
355
Bersarinstraße 121
Betckestraße (27/28) 383
Bietzkestraße 146
Binger Straße (51/52) 317
Bismarckallee (34 a) 321
Bismarckstraße Charlottenburg
(79/80) 284
– Wannsee (69) 355
Bleicheroder Straße 126
Bogotastraße (15) 328
Bolivarallee (9) 303
Bölschestraße (Spinnerhäuser)
163
»Bonjour Tristesse« 182
Borsig, Villa 369
–, ehem. Villa (»Palais«; Voß-
str. 1) 23

(Wohngebäude)
Branitzer Platz (15) 303
Breite Straße (11, 35) 53;
Abb. 54
– Spandau (20, 32) 379
Brüderstraße (10, 13) 53
Buchholzer Straße 113
Buhrowstraße (19) 255
Bundesallee (160–163) 311
Buntzelstraße (4) 156
Burgunderstraße (8) 340
Bürknerstraße (12–14) 227
Buschallee 135; Abb. 133
Cabanis, Wohnhaus 189
Carl-Heinrich-Becker-Weg (19)
255
Charlottenburger Ufer 283
Chausseestraße Wannsee 341
Christstraße 283
Clayallee (34–38) 334;
(355) 323
Corbusier-Haus 27, **299**;
Abb. 299
Cramer, Wohnhaus 334
Curtiusstraße (6) 259
Delbrückstraße (29) 321
Donaustraße 227
Dorfplatz Bohnsdorf (3) 155
Dorfstraße Kaulsdorf 151
– Rahnsdorf 165
– Tiefwerder 383
– Wartenberg 141
Dörpfeldstraße (28) 155
Douglasstraße (12) 321
Dreilindenstraße (30) 341
Dresdener Straße (24, 118) 180
Dudenstraße 179
Durlacher Straße (126–136)
311
Ebelingstraße (11–14) 122
Ebereschenallee (18) 303
Ebertystraße (11–13) 122
»Eden«, Apartmenthaus 292
Eichenallee (15, 61–63) 303
Erich-Weinert-Straße (fr. Car-
men-Sylva-Str.) 113;
Abb. 114
Ermelerhaus 53, **56**, 65;
Abb. 57
Eschengraben 126
Fabeckstraße (48) 332
Falckensteinstraße (10) 240
Falkenberger Straße Weißen-
see 133
Falkenseer Chaussee 382
Fasanenstraße (23–25) 293;
(62) 313
Feilnerhaus, ehem. 167, 169
Fischerhüttenstraße (106) 328
Fischerinsel 56
Flinsberger Platz (3) 319
Fraenkelufer (26, 38, 44) 185

522   *Objektregister*

(Wohngebäude)

Frankfurter Allee   143
Frauenstraße (6)   259
Freudenberg, Wohnhaus   340
Friedrichstraße Mitte   102
– Kreuzberg (32/33, 43)   169
Fritschweg   26, **255**, 328;
   Abb. 254
Fritz-Erler-Allee   232
Fritz-Reuter-Allee   229
Gartenfelder Straße   384
Gartenstraße Weißensee   135
Geibelstraße Lichterfelde (6)
   259
Genthiner Straße (28–30)   215
Gipsstraße (10, 11, 13)   99
Glienicker Straße Wannsee
   (21/23)   341
Glinkastraße (5)   95
Globsower Straße   148
Gneisenaustraße   177
Gneiststraße   113
Goebelstraße   306
Gorkistraße Tegel   358
Gotenburger Straße   221
Gottfried-von-Cramm-Weg
   (33–37)   321
Grabbeallee (fr. Lindenstraße)
   126, **128**, 328; Abb. 128,
   129
Granitzstraße   126
Grazer Damm   245
Greifenhagener Straße   113
Grellstraße   114
Großbeerenstraße (56–57)   178
Große Hamburger Straße (19a)
   99; Abb. 96
Große Seestraße   135
Grünauer Straße   155
Grüner Weg Britz   230
– Wannsee (29)   341
Gutschmidtstraße   230
Hagelberger Straße (9, 12)   178
Hallesches Ufer   171
Händelallee   195f.
Hanseatenweg   196
Hardanger Straße   126
Hauptstraße Blankenfelde   130
– Buchholz   130
– Hohenschönhausen (38)
   139
– Rosenthal   129
– Schöneberg (40–45)   241;
   Abb. 243
Havelstraße   379
Heckerdamm   306
Heerstraße (109, 161)   301;
   Abb. 301, 302
Heidehof   328
Heilmannring   306
Heinemann-Haus   379;
   Abb. 380

(Wohngebäude)

Hermannstraße (14)   328
Hermann-Matern-Straße (fr. Lui-
   senstraße; 8–11, 18)   102
Herter, Villa   292
v. d. Heydt, Villa   214
Hildebrand-Haus   125
Hildegard-Jadamowitz-Straße
   120
Hindenburgdamm   257
Hitzigallee (17–21)   210
Höhenweg (9)   383; Abb. 383
Hohenzollerndamm (35/36)
   316
Hoher Steinweg   379
Hönower Straße (61)   151
Horandweg (28)   365
Hultschiner Damm (361)   151
Hussitenstraße (4–5)   220
Innsbrucker Platz   245
Innstraße   227
Jacques-Duclos-Straße (fr. Möl-
   lendorffstraße)   143
Joachimstraße (5, 20)   99
Johannes-R.-Becher-Straße (fr.
   Breite Straße; 45, 46)   125,
   126
Johannes-Dieckmann-Straße
   95
Johannisthaler Chaussee   231
Josef-Nawrocki-Straße (10)
   165; Abb. 164
Jungfernheideweg   305;
   Abb. 305
Kaiserdamm (25)   295
Kaiserkorso   237
Karl-Marx-Allee   52, 120–122;
   Abb. 53, 121
Karolinenstraße Tegel (10)   366
Karolingerplatz (5/5a)   298;
   Abb. 298
Kavalierhaus   125
Kirchweg Nikolassee (25)   340;
   (33)   339; Abb. 339
Kissingenplatz   126
Kissingenstraße   126
Klaustaler Straße   126
Klopstockstraße   195
Knesebeckstraße (5)   326
Knoblauchhaus   39
Kochstraße Kreuzberg   (1–4,
   62/63)   169–170
Kochhannstraße (13–15)   122
Koenigsallee (47, 65)   321
Kogge, ehem. Villa   261;
   Abb. 261
Kollwitzstraße (25)   114
Köpenicker Straße Altglienicke
   155
Kottbusser Damm (2–3, 90)
   185, 227; Abb. 184
Kottbusser Straße (2)   184

(Wohngebäude)

Kottbusser Tor   184
Kreuzberghaus z. Alten Fritz
   169
Kurfürstendamm (37, 215)   293
Kurmärkische Straße (13)   249
Kurpromenade (6)   388
Kurt-Schumacher-Damm   306
Le-Corbusier-Haus   27, **299**;
   Abb. 299
Lehniner Platz   313
Leipziger Straße   94
Lemke, Wohnhaus   140
Lentzeallee   320
Leonorenstraße (53)   256
Lepsiusstraße (86, 101, 112)
   255
Liebermann, Villa   354
Limastraße (29)   328
Lincolnstraße   146
Lindenallee Charlottenburg (7,
   17)   303
Lindenstraße Kreuzberg (15–19,
   81–84)   168, 169
Linienstraße (62)   99
Lipschitzallee   231, 232
Luckauer Straße (10, 13, 14)
   180
Luisenplatz   283
Lützowplatz (9, 2–16)   214,
   215
Lützowstraße (92)   210;
   (46–51)   215
Lützowufer (1a–5a, 36)   213
Majakowskiring (2)   127
Manfred-von-Richthofen-Straße
   237
Mariannenstraße   180
Marie-Curie-Allee   358
Marienplatz   258
Marienstraße Lichterfelde (24)
   259
– Mitte   102
Markgrafenstraße (5–8)   168
Märkisches Ufer   56
Marthastraße Lichterfelde (4, 4a)
   259
Mehringdamm   177
Mehringplatz   170, 171
Mendelstraße   126
Methfesselstraße   179
Milinowskistraße (12)   328
Miquelstraße (39a)   320
Mittelhof   339; Abb. 339
Mozartstraße Biesdorf   148
Müggelseedamm (10, 218)   165
Mühlenstraße Lankwitz (4, 5, 22,
   32)   256
Naunynstraße   180
Neptun, Hochhaus   368
Neuchateller Straße (19/20)
   259

Objektregister 523

(Wohngebäude)

Neue Straße Tempelhof 235; Abb. 235
Neue Schönhauser Straße (6, 8) 99
Neuenburger Straße 183
Neumannstraße 126
Nicolaihaus 53
Nixe, Hochhaus 368
Nostitzstraße (13, 16, 20, 21, 27, 40) 177
Nußbaumallee (30) 303
»Öko-Haus« 213
Ollenhauerstraße 358
Oppenheim, Wohnhaus 354
Oranienburger Straße (71/72) 99
Oranienstraße 180, 183
Ossastraße (9–16a) 227
Ossietzkystraße (fr. Schloßstraße Niederschönhausen) 126
Ostpreußendamm (30, 66, 67, 69, 72, 132) 259
Pacelliallee (18/20) 333
Parkstraße Weißensee 135
Paul-Franke-Straße 128; Abb. 129
Paulinenstraße (25–28) 259
Paulsborner Straße (52) 320
Perls, Wohnhaus 328
Peter-Lenné-Straße (1–3) 333
Platanenallee 303
Posadowsky-Häuser 221
Poststraße (23) 39
Potsdamer Chaussee (48, 49) 340
Potsdamer Straße Lichterfelde (57, 63) 259
– Tiergarten (81/83) 210
– Zehlendorf (3, 5) 323
Prager Platz 313
Prierosser Straße 232
Prinzenallee 221
Proskauer Straße 122
Rauchstraße (4–10, 19/20) 213
Regattastraße (73) 166
Rennbahnstraße 135
Rheinbabenallee (32–34, 46–48) 320
Ribbeckhaus 13, **53**; Abb. 54
Richardplatz (6, 18, 24, 25) 223
Richardstraße 223
Richard-Strauss-Straße (12) 321
Riehmers Hofgarten 178; Abb. 177
Riemeisterstraße (23, 25/27) 327
Rietzestraße 114
Ringstraße Lichterfelde (58, 60/61) 259
Ritterstraße Kreuzberg 169
– Spandau 378
Rodenbergstraße 113
Rollberge 227

(Wohngebäude)

Romain-Rolland-Straße (fr. Kronprinzenstraße) 136
Rosa-Luxemburg-Platz 52
Rothenbücher Weg (57) 386
Rüdesheimer Platz 316
Rüsternallee (19, 27) 303
Schadow-Wohnhaus, ehem. 90
Schäferstraße Wannsee (22) 341
Scherenbergstraße 113
Schlangenbader Straße (12–36) 316
Schleswiger Ufer (6–8) 193
Schlickweg (6, 12) 328
Schloßstraße Charlottenburg (18, 18a, 45–47, 67) 283
Schluchseestraße 364
Schmidt-Ott-Straße (17, 21) 255
Schollenhof 370
Schönhauser Allee 113
Schönhauser Straße (40, 42) 126
Schopenhauerstraße (46, 71) 340
Schorlemerallee (7–11, 12–12c, 13–23) 333; Abb. 333
Schreinerstraße 122
Schuckertdamm 306
Schumannstraße (14a) 102
Schustehrusstraße (13) 263
Sebastianstraße 180
Seefeld, Wohnhaus 326
Semmelweisstraße 155
Senftenberger Ring 361
Sensburger Allee (26) 298
Sickingenstraße (7–8) 192
Siemensstraße (44) 256
Skalitzer Straße 184
Sonnenallee 227
Sophie-Charlotte-Straße Zehlendorf (7, 42a) 327
Sophie-Charlotten-Straße Charlottenburg (88) 284
Sophienstraße 99
Spandauer Damm 303
Springer, Wohnhaus 354; Abb. 355
Stahl-Versuchswohnhaus 193
Sternefeld, Wohnhaus 301
Stockholmer Straße 221
Strelitzer Straße (43) 220
Stromstraße (57, 58, 61) 189
Swinemünder Straße (48–54) 220
Talstraße Pankow 126
Tegeler Hafen 369; Farbabb. 11
Teltower Damm (34) 323; (87) 326
Tempelhofer Damm 237

(Wohngebäude)

Thulestraße **126**, 358
Tietzenweg (51/53) 259
Titiseestraße 364
Trierer Straße 135
Tucholskystraße 99
Uhlandstraße (6) 292
Ulmenallee (3, 12, 16, 17) 303
Unteroffizierswohnhaus, ehem. (Spandauer Damm) 283
Versöhnungs-Privatstraße 220
Waidmannsluster Damm 370
Waisenstraße (14–16) 45
Wallotstraße (7/7a, 9) 321
Walsroder Straße 255
Walter-Linse-Straße (10) 259
Warnemünder Straße (25, 25a) 320
Wassersportallee 166
Weberwiese 120
Weddigenweg (8, 9, 16, 17) 259
Weisbachstraße (1–8) 122
Weverstraße (34/36) 383
Weydingerhaus, ehem. 53, 80
Wichertstraße 113
Wiener Straße (9, 13) 180
Wiesbadener Straße (50, 59) 316
Wild, Villa 355
Wildmeisterdamm 232
Wilhelmstraße Kreuzberg (36–38, 119–120) 170
Wilhelm-Pieck-Straße (fr. Lothringer Straße; 3–6) 113
Wilhelmsruher Damm 361
Wiltinger Straße (15) 365
Winklerstraße (10, 11) 321
Wintergarten-Ensemble 293
Wissmannstraße (12a) 321
Wohnregal 184
Wolfshagener Straße 126
Wollankstraße (75–80, 96) 221
Wuttke, ehem. Villa 215
Wutzkyallee 232
Yorckstraße (83–86) 178
Zabel-Krüger-Damm 364
Zeppelinstraße 382
Zillestraße 283
Zwickauer Damm 232
Wohnungsbau-Kredit-Anstalt **311**
Wusterhausenscher Bär **58**

Zentralapotheke Buch **132**
Zentralkomitee d. SED, ehem. 78
Zentrum am Zoo 292
Zeughaus, ehem. 14, 74, **78**, 80; Abb. 18, 78
Zitadelle Spandau 11, 12, 13, 32, 373, **374**; Plan 375; Farbabb. 17
Zoologischer Garten 198, **213**
– Beamten-Wohnhaus **213**

QUELLENNACHWEIS DER ABBILDUNGEN

Akademie der Künste, Berlin: 302 (Foto Arthur Köster)
Bauhaus-Archiv, Museum für Gestaltung, Berlin: 400
Berlin Museum, Berlin: 171, 401; Farbabb. 29 (Fotos
Hans-Joachim Bartsch)
Berliner Flughafen-Ges.mbH, Berlin: 359
Constantin Beyer, Weimar: 140, 312, 381
Klaus G. Beyer, Weimar: 38, 63, 64 unten, 83 rechts,
96, 101, 123, 161
Bildarchiv Foto Marburg, Marburg (Lahn): 53, 211, 319
Bildarchiv Preußischer Kulturbesitz, Berlin: 433
(2; Fotos Jörg P. Anders), 438 (Foto Jörg P. Anders),
446, 470 (Foto Jörg P. Anders); Farbabb. 24, 28, 34
Bischöfliches Ordinariat, Berlin: Farbabb. 8, 12 (Fotos
Erika Drave)
Bröhan-Museum, Berlin: 421
Klaus Fräßle, Kornwestheim: 46, 94, 109, 114, 120,
409; Farbabb. 2, 6, 7
Reinhard Friedrich, Berlin: 214
Humboldt-Universität, Kunstgeschichtliche Bildstelle,
Berlin: 59, 98
Interbau, Berlin: 203 (2), 299
Kindermann & Co., Berlin: 286
Georg-Kolbe-Museum, Berlin: 448 (Foto R. Friedrich)
Günther Kühne, Berlin: 131
Landesbildstelle Berlin: 23, 66, 78, 82, 103, 115, 135,
144, 147, 149, 168, 199, 228, 235, 239, 243, 248,
251, 261, 277, 342, 377, 380, 385
Klaus Lehnartz, Berlin: 44, 54, 55, 73, 83 links, 208,
367; Farbabb. 9, 10
Märkisches Museum, Berlin: 459, 460; Farbabb. 32
Museum für Verkehr und Technik, Berlin: 355
Museumspädagogischer Dienst, Berlin: 276
Werner Neumeister, München: 40, 41, 48, 50 oben,
86, 91, 121, 173, 394
Orgel-Köhne, Berlin: 207
Erhard Pansegrau, Berlin: 162 (2); Farbabb. 3, 14, 15;
Einbandfoto
Presse- und Informationsamt der Bundesregierung,
Bundesbildstelle, Bonn: 28
Uwe Rau, Berlin: 369
Theodor Schwarz, Urbach: 21, 182, 194, 201, 203 un-
ten, 206, 266/267, 295, 298, 344, 348, 375, 391,
404, 424, 453, 458, 475; Vorsatzkarte
Der Senator für Bau- und Wohnungswesen, Berlin:
169, 177, 184, 231, 249, 258, 305, 307, 314, 318,
362/363, 364
Klaus P. Siebahn, Bonn: 339
Staatliche Museen zu Berlin. Ägyptisches Museum:
407, 408. – Antikensammlung: 479. – Gemäldegale-
rie: 418; Farbabb. 18. – Islamisches Museum: 484. –
Kunstgewerbemuseum: 455, 457. – Nationalgalerie:
463, 465, 466; Farbabb. 30. – Skulpturensammlung:
412, 414, 417
Staatliche Museen Preußischer Kulturbesitz, Berlin.
Antikenmuseum: 397 (Foto Jutta Tietz-Glagow). –

Museum für Indische Kunst: 440. – Kunstbibliothek:
127. – Kunstgewerbemuseum: 450. – Nationalgalerie: 61 (Foto Walter Steinkopf), 471. – Skulpturengalerie: 437 (Foto Jörg P. Anders)
Technische Universität, Plansammlung, Berlin: 186
Verkehrsamt Berlin: Farbabb. 1, 5 (Foto Michael Brodersen), 11, 16 (Foto Michael Brodersen), 17
Verwaltung der Staatlichen Schlösser und Gärten, Berlin: 14, 15, 16, 17, 18, 42, 43, 57, 60 (Foto Jörg P.
Anders), 74, 81, 89 (Foto Jörg P. Anders), 90, 145,
157, 160, 179, 200, 264 (Foto Jörg P. Anders), 268,
274, 278, 280 (Foto Jörg P. Anders), 282 (Foto Jörg P.
Anders), 335, 337 (Foto Elsa Postel); 345; Farbabb.
13 (Foto Jörg P. Anders), 23, 26, 27
Atelier Waldthausen, Berlin: 176, 192, 257, 370
Autoren- und Verlagsarchive: 39, 67 oben, 68 (2), 71,
75, 77, 80, 84, 93, 105, 106, 108, 118, 128, 129,
217, 254 (2), 294, 317, 347, 350, 352, 353, 392,
403 (© Otto-Dix-Stiftung Vaduz), 425, 476; Farbabb.
4, 19, 20, 21, 22, 25, 31, 33

Ferner wurden Abbildungen aus folgenden Veröffent-
lichungen übernommen:
Die Bau- und Kunstdenkmale in der DDR. Hauptstadt
Berlin. II. Henschelverlag, Berlin 1987: 133, 164 (2)
»Bauwelt«, Berlin: 308
Die Bauwerke und Kunstdenkmäler von Berlin. Stadt
und Bezirk Spandau. Bearbeitet von Gunther Jahn.
Gebr. Mann Verlag, Berlin 1971: 374
Berlin und seine Bauten. II und III. Berlin 1896. – Desgl.
Teil III, IV A und C. Verlag Wilhelm Ernst & Sohn,
Berlin 1966, 1970, 1974: 45 oben, 50 unten, 64
oben, 69, 70, 110, 181, 222, 225, 229, 301, 383
Georg Dehio, Handbuch der Deutschen Kunstdenk-
mäler. Bezirke Berlin/DDR und Potsdam. Deutscher
Kunstverlag, München/Berlin 1983: 45 unten, 47
»Kunstchronik«, Nürnberg (44. Jg. 1991, H. 1, S. 4):
67 unten
Rolf Rave und Hans-Joachim Knöfel, Bauen seit 1900 in
Berlin. Verlag Kiepert KG, Berlin 1963, ⁶1987: 327,
333

Die Lagepläne zu den 23 Berliner Bezirken basieren auf
Ausschnitten der Übersichtskarte von Berlin 1:50000.
Vervielfältigt mit Erlaubnis der Senatsverwaltung für
Bau- und Wohnungswesen – V – vom 1. März 1991.

Die Autoren und der Verlag danken der Generaldirek-
tion der Staatlichen Museen Preußischer Kulturbesitz
und den Direktionen der einzelnen in diesem Band
behandelten Sammlungen für freundlich gewährte Auskünfte und Unterlagen. Dank gilt auch – neben vielen
anderen Auskunftgebern – dem Bezirksamt Wedding
(Bau III 100) und dem Museumspädagogischen Dienst
Berlin.

INHALT

Vorwort zur 1. Auflage	5
Zur 4. Auflage	8
Zur Anlage des Bandes	9
Erklärung der wichtigsten Abkürzungen	10
Kunstgeschichtliche Einführung	11
Zeittafel zur Geschichte Berlins	32
Hauptsehenswürdigkeiten	34
Bezirk Mitte	35
Bezirk Prenzlauer Berg	112
Bezirk Friedrichshain	117
Bezirk Pankow	125
Bezirk Weißensee	133
Bezirk Hohenschönhausen	139
Bezirk Lichtenberg	143
Bezirk Marzahn	147
Bezirk Hellersdorf	151
Bezirk Treptow	154
Bezirk Köpenick	157
Bezirk Kreuzberg	167
Bezirk Tiergarten	189
Bezirk Wedding	216
Bezirk Neukölln	223
Bezirk Tempelhof	235
Bezirk Schöneberg	241
Bezirk Steglitz	251
Bezirk Charlottenburg	261
Bezirk Wilmersdorf	310
Bezirk Zehlendorf	323
Bezirk Reinickendorf	358
Bezirk Spandau	373
Museen	389
Anhang	
Künstlerregister	487
Objektregister	505
Quellennachweis der Abbildungen	524

SIEMENS

Innovativ
Initiativ
International

Umfangreiche Produktpalette auch in Berlin:
20 000 verschiedene Qualitätserzeugnisse der Elektrotechnik
und Elektronik, in 19 Produktionsstätten hergestellt, aus Berlin
in alle Welt – bewährt und zuverlässig im Einsatz.

Innovation · Engagement · Herausforderung:
Von Berlin aus zum Weltelektrounternehmen – Siemens

Die meinungsbildende Zeitung der Hauptstadt mit zuverlässiger Berichterstattung über das Land Brandenburg

Wo das Wort „Sect" erfunden wurde.

Gendarmenmarkt. 20ern" der hochtourige Motor der Metropole. Hier waren die Logenplätze des kulturellen Berlins zu finden. Und eine der ältesten und erinnerungsträchtigsten Weinstuben: Lutter & Wegner.

Hier lauschten die „Serapionsbrüder" Chamisso, Heine, de la Motte-Fouqué, Carl Maria von Weber den haarsträubenden Gespenstergeschichten des Kammergerichtsrates E.T.A. Hoffmann. Hier erfand Hofschauspieler Ludwig Devrient das Wort „Sect" für moussierenden Wein. Hier war das Zentrum für aufregend Neues und außergewöhnlichen Genuß.

Damals wie heute drückt sich Berliner Lebensfreude durch die Lust am Besonderen aus:
Lutter & Wegner ist das besondere Stück Berliner Sektkultur, das man immer wieder genießen kann.

Das vitale Prickeln

Berlin! Berlin!
Eine Großstadt im Gedicht. Herausgegeben von Hans-Michael Speier. 264 Seiten. UB-Nr. 8400 [3]

Mit Herz und Kopf und Witz und Schnauze entsteht in über 200 Gedichten aus den letzten 100 Jahren das Porträt Berlins.

Die Berliner Moderne 1885–1914. Herausgegeben von Jürgen Schutte und Peter Sprengel. 722 Seiten. 60 Abbildungen. UB-Nr. 8359 [8] (auch gebunden).

Berliner-Straßenecken-Literatur 1848–49. Humoristisch-satirische Flugschriften aus der Revolutionszeit. Schlußredaktion: Horst Denkler in Zusammenarbeit mit Claus Kittsteiner. 342 Seiten. UB-Nr. 9856 [5]

Dada Berlin. Texte, Manifeste. Aktionen. Mit 20 Abbildungen. In Zusammenarbeit mit Hanne Bergius herausgegeben von Karl Riha. 184 Seiten. UB 9857 [2]

Alfred Döblin: Die Geschichte vom Franz Biberkopf. Hörspiel nach dem Roman »Berlin Alexanderplatz«. Mit einem Nachwort herausgegeben von Heinz Schwitzke. 68 Seiten. UB 9810

Friedrich der Große: Das Politische Testament von 1752. Aus dem Französischen übertragen von Friedrich von Oppeln-Bronikowski. Mit einem Nachwort von Eckhard Most. 191 Seiten. UB 9723 [3]

Friedrich der Große und die Philosophie. Texte und Dokumente. Mit einem einleitenden Essay herausgegeben von Bernhard Taureck. 182 Seiten. UB 3772 [2]

Geschichte und Architektur

Max Missmann
Das grosse Berlin
Photographien von 1899–1935
136 Abb., 152 Seiten, DM 68.–

Max Missmann
Bahnhöfe in Berlin
Photographien von 1907–1938
80 Abb., 112 Seiten, DM 48.–

Das Berliner Schloss
Eine Photodokumentation der verlorenen Stadtmitte
106 Abb., 120 Seiten, DM 48.–

Unter den Linden
Die Geschichte des Boulevards
Über 120 Abb., 160 Seiten, DM 48.–

M. S. Cullen & U. Kieling
Der Deutsche Reichstag
176 Seiten, viele Abb., DM 29.80

Mehr erfahren Sie in Ihrer Buchhandlung

Argon   Der Verlag aus Berlin

Friedrich II., König von Preußen und die deutsche Literatur des 18. Jahrhunderts. Texte und Dokumente. Herausgegeben von Horst Steinmetz. 352 Seiten. UB 2211 [4]

Adolf Glassbrenner: Der politisierende Eckensteher. Auswahl und Nachwort von Jost Hermand. 248 Seiten. UB 5226 [4]

Rolf Hochhuth: Die Berliner Antigone. Erzählungen und Gedichte. Nachwort von Helmut Kreuzer. 86 Seiten. UB 8346

Max Kretzer: Meister Timpe. Sozialer Roman. Nachwort von Götz Müller. 311 Seiten. UB 9829 [4]

Vladimir Nabokov: Stadtführer Berlin. Fünf Erzählungen. Aus dem Englischen übersetzt von Dieter E. Zimmer und Renate Gerhardt. Nachwort von R. Müller-Schmitt. 88 Seiten. UB 8090

Berlin-Titel in Reclams Universal-Bibliothek

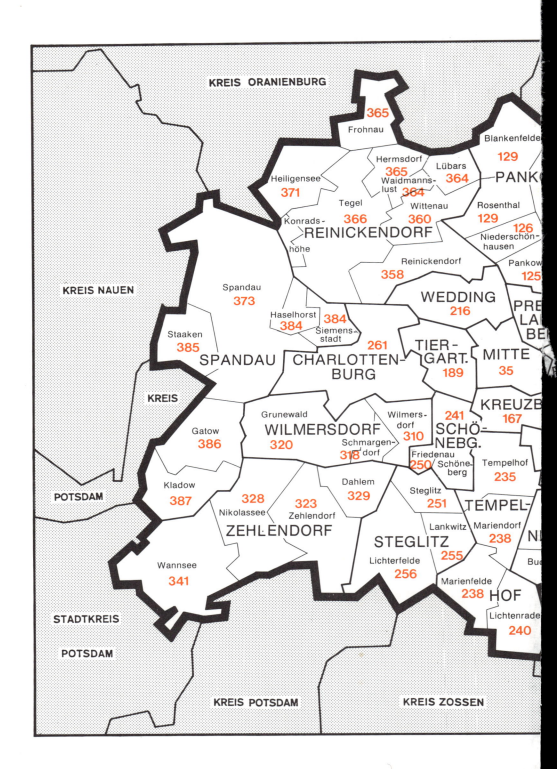